The Making of
the English Working Class

イングランド労働者階級の形成

エドワード・P・トムスン
市橋秀夫／芳賀健一［訳］

青弓社

THE MAKING OF THE ENGLISH WORKING CLASS
by EDWARD PALMER THOMPSON

Japanese translation rights arranged
with Victor Gollancz Ltd., London
through Tuttle-Mori Agency, Inc., Tokyo

イングランド労働者階級の形成／目次

第2部　アダムの罪

凡例

一、本書本文中の原著者の補足は（　）で、引用文中の原著者の補足は［　］でくくり、訳者による補足ないし簡単な説明は〔　〕でくくった。

一、本書には次の二種類の注をつけて、巻末にまとめた。

（＊）——原注

［＊］——訳注

一、原文中のイタリック体には、傍点を付した。

一、原書の明らかな誤植、脱落と思われる箇所は、とくにそれと明示せずに訳者の判断で訂正した。

一、原書にはない文献一覧を巻末に追加した。

ドロシーおよびジョウジフ・グリーナルドへ

序文

本書にはぎこちない表題がつけられているが、本書の目的にはかなっている。形成としたのは、この本が、外的条件と同じ程度に主体性に多くを負っているような、ある能動的な過程の研究だからである。労働者階級《ワーキング・クラス》は太陽のようにある決まった時刻に現れ出てきたのではない。労働者階級は自らの形成に参与したのである。

諸階級ではなく階級と表現したが、そのようにした理由の追求こそが本書の一つの目的である。もちろん違いがある。「労働者諸階級《ワーキング・クラスズ》」はあるものを定義するが、一方で同じくらいに多くのものをはぐらかしてしまう記述的用語である。この用語は一群の別個の諸現象を緩やかに結び付ける。ここに仕立て工がいて、そこに織布工《しょくふこう》がいて、そして彼らが一体となって労働者諸階級をつくりあげるというわけである。

階級という表現で私が理解しているのは、経験という未加工の素材ならびに意識の双方における、異質で一見したところ関連のない、多くの出来事を統合する一つの歴史的現象である。私は階級が歴史的現象であることを強調する。私は階級を「構造」とは考えないし、まして一つの「カテゴリー」であるとも思わない。階級は人間関係に実際に生じる（そして生じたと実証されうる）なにものかであると考える。

それどころか、階級という概念は歴史的な関係という内容を含んでいる。ほかのいかなる関係もそうだが、階級はある流動状態なのであって、どこか一定の時点で停止させ、その構造を細分化しようとすると分析できなくなってしまう。いかに精巧に織り上げられた社会学の網の目であっても、服従や愛の純粋な標本をわれわれに与えることができないように、階級の純粋な標本を提供することはできない。関係はいつでも、実在する人びとと実在する状況のなかに具現されているのだ。さらに、それぞれ独立に存在する二つの相異なる階級がまずあって、それからそれらを互いに関係させあう、といったこともわれわれにはできない。恋人なしに愛はありえないし、地主《スクワイア》と農業労働者《レイバラー》なしに服従もありえない。そして、人びとが（継承されたものであれ、共有されているものであれ）経験を同じくする結果、自分たちの利害のアイデンティティを、自分たち同士で、また自分たちの利害とは異なる（通常は敵対する）利害をもつほかの人びとに対抗するかたちで感じ取ってはっきり表明するときに、階級は生じる。階級の経験は、主として、人びとが生まれながらにして入り込む――あるいは、不本意でも入り込まざるをえない――生産関係によって決定される。階級意識とは、これらの経験を、伝統や、価値体系や、思想や、さまざまな制度に具現されている文化的な範疇で取り扱う様式である。経験はあらかじめ決定されているようにみえるとしても、階級意識はそうではない。類似の経験をしている類似の職業集団の反応のなかに、ある論理をみることはできるが、いかなる法則も定立しえない。階級の意識は、ときとところを異にしながら、同じような仕方で生じるとしても、まったく同じ仕方で生じることは決してない。

階級はモノであると仮定したい誘惑は、こんにちでもたえず存在する。マルクスが歴史に関する自分の著作のなかで言おうとしたのは、そんなことではない。しかし、こうした誤解が現代の多くの「マルクス主義者」の著作をだめにしている。「それ」すなわち労働者階級は実在すると仮定されているが、生産手段にたいして一定の関係に立つひじょうに大勢の人びとといった具合に、ほとんど数学的に規定されうるものなのである。いったんこう仮定してしまえば、階級意識とは「それ」が自分の置かれた立場と現実の利害を正しく認識した場合に「それ」がもつべきものである（しかし実際にもつことはめったにない）と演繹できることになる。文化的上部構造というものがあって、そこにおいてはこうした認識は効果的に広がらない。これらの文化的な「遅れ」や歪みはやっかいであるから、ここから何かかかわりの理論に移行することは簡単である。こうして、政党や宗派や理論家が登場する。それらは階級意識をあるがままにではなく、あるべきものとして開示するのである。

しかし、イデオロギー的境界線のあちら側でも同じような誤りが日々おかされている。あるものは、単純な否定のかたちをとる。マルクスに由来すると見なされる粗雑な階級概念にケチをつけるのは容易だから、いかなる階級概念も、事実に押し付けられた、軽蔑すべき空論的なつくりものだと見なされるのである。階級が生じたことはまったく否定されてしまうのだ。また別の形態では、奇妙な倒置法によって、動態的な階級観から静態的なそれへの移行がなされうる。「それ」――労働者階級――は存在しているし、また社会構造の一構成要素としてある程度正確に定義されうる。しかし、階級 - 意識とは居場所のないインテリが発明した有害物である。というのは、相異なる「社会的役割」を演じている諸集団の調和のとれた共存状態をかき乱す（また、そうすることで経済成長を阻害する）ものはなんであっても、「不当な騒乱症状」[1]として批難されるべきだからである。問題は、どのような条件を設けたら「それ」は最も適切にその社会的役割を受け入れるようになるのか、またどうしたらその不平不満を最もうまく「処理し、誘導する」ことができるのかを確定することなのだ。

階級がモノではなく関係であることを肝に銘じておけば、こんなふうには考えようがない。「それ」は理想的な利害関係や意識をもつために存在するのではないし、解剖台の上に患者として横たわるために存在しているのでもない。われわれはまた、ある権威がそうしたようには、事態を逆立ちさせることはできない。この権威は、（階級の現実の状態を一つも現実の歴史的状況で検討することのない、極端に方法論にこだわった階級についてのある研究で）次のように言っている。

階級は、一定の地位に結び付いた正統な権力の差異、すなわちそれぞれの権力期待と関連する社会的役割の構造にもとづいている。……個人が階級の成員になるのは、権力という観点からみて適合的な社会的役割を果たすことによってなのだ……個人は社会組織において一つの地位を占めているがゆえに、ある階級に属している。つまり、階級への参加は社会的役割を担うことによってもたらされる。[2]

問題は言うまでもなく、いかにして個人がその「社会的役割」をしかるべく担うようになったのかであり、またいかにして（所有に関する諸権利と権威構造を備えた）そうした特有の社会組織が存在するようになったのかである。これらは歴史的な問題である。もし歴史をある一定の時点で止めてしまえば、いかなる階級もなく、ただ無数の経験をもつ無数の個人がいるだけだ。しかし、こうした人びとをある適切に区切られた社会変動の期間にわたって観察するならば、彼らの関係、思想、制度にいくつかのパターンが現れるのである。階級は自分自身の歴史を生きる人びとによって定義されるのであり、結局のところ、これがその唯一の定義なのである。

たとえある種の社会学者が拘泥する方法論について、私が十分な理解を示さなかったとしても、なお私は本書が階級の理解に貢献するものであると見なされることを願っている。私の確信するところでは、階級が社会的・文化的に構成されるものであると考えないならば、われわれは階級を理解することはできない。そして階級は、かなりの歴史的期間にわたって自ら展開していくものとしてだけ研究しうるような諸過程から生成するのである。一七八〇年から一八三二年の期間、イングランドのほとんどの労働民衆は自分たちのあいだで、また支配者や雇用主に敵対する点で利害を同じくすると感じはじめた。当時の支配階級はそれ自身、かなり分裂していた。支配階級がこの同じ期間においてまとまりをもちえたのは、じつは、労働者階級の反乱に直面するなかで一定の対立関係が解消された（あるいは相対的にとるにたらないほどに弱まった）からにすぎない。こうして、一八三二年には、労働者階級の存在はイギリスの政治過程において最も重要な要因だったのである。

本書は次のように構成されている。第1部では、一七九〇年代のジャコバン派[1]の重要な運動に影響を与えた、引き続き存在していた十八世紀の民衆的伝統を考察する。第2部では、主体的な影響から客体的な影響に、すなわち私にとってはとくに重要だと思われる産業革命期の労働者諸集団の経験に考察を移す。また、工業の新しい労働規律の特質を、またメソジスト教会[2]がこの労働規律に与えた影響の評価を試みる。第3部では、庶民の急進主義の歴史《ストーリー》を取り上げ、ラディズム[3]からナポレオン戦争の終結期ごろの英雄的な時代にいたるまでそれを追求する。最後に、一八二〇年代と三〇年代の政治理論と階級意識のいくつかの側面を論じることにする。

これは首尾一貫した叙述であるというより、相互に関連したいくつかのテーマに関する研究を集めたものである。これらのテーマを選ぶ際に私がときおり意識したことは、影響力を誇っているさまざまな正統派の研究の重圧に抗して書くということだった。フェビアン[4]流の正統理論があって、そこでは先見の明のあるひと握りのオルガナイザー（有名なのは、フランシス・プレイス[5]）を例外として、労働民衆の大多数はレッセ・フェールの受け身の犠牲者だと見なされている。第二に、経験主義的経済史家の正統理論があり、そこでは労働民衆は、労働力であるとか、季節労働者であるとか、一連の統計データと見なされている。第三に、『天路歴程[6]』流の正統理論があり、そこでは福祉国家の先駆者兼開拓者や、社会主義共和国の創始者や、（ごく最近では）合理的な労使関係の原型やらを求めて、この時代がくまなく探索される。これら三つの正統理論には、それぞれ一定の妥当性がある。いずれもわれわれの知識を増やしてくれたのである。第一および第二の見解にたいする私の異論は、それが労働民衆の主体性を、すなわち労働民衆が意識的に努力して歴史形成に寄与した度合いを不明瞭にしがちだということにある。第三の見解にたいする私の異論は、歴史を後代の偏見に照らして読み取り、実際にそれが生じたかたちで読まないことにある。成功者（次に起こる進歩を先取りするような熱望をいだいていた人びとという意味での）だけが記憶される。状況の袋小路や、敗れ去った大義や、敗北者自身は忘れ去られている。

私は、貧しい靴下編み工や、ラダイトの剪毛工や、「時代遅れ」の手織工《ておりこう》や、「空想主義的《ユートピアン》」な職人や、ジョアンナ・サウスコット[7]にたぶらかされた信奉者さえも、後代の途方もない見下しから救い出そうと努めよう。彼らの熟練と伝統は死に絶えつつあったかもしれない。新しい産業主義にたいする彼らの敵対行為は退嬰的であったかもしれない。彼らの共同社会主義の理想《コミュニテリアン・アイディアルズ》は幻想であったかもしれない。彼らの反乱の謀議はむちゃであったかもしれない。しかし、こうした激烈な社会的動乱の時代を生きぬいたのは彼らなのであって、われわれではない。彼らの熱望は彼ら自身の経験からみれば正当なものであった。だから、彼らが歴史の犠牲者だったというのであれば、彼らは自らが生きた時代のなかで犠牲者だと判決をくだされたから、いまもなお犠牲者なのである。

ある人間の行動がそれにつづく進歩の見地から正当化されるか否かをもって、われわれの唯一の判断基準とすべきではない。つまるところ、われわれ自身が社会的進歩の果てにいるわけではないのである。敗北を喫したとはいえ、産業革命期の人びとの大義のなかには、こんにちなお正されなければならない社会悪への洞察をみてとることができる。そのうえ、現代世界の大部分はいかにして工業化し、いかにして民主主義的制度を形成するかといった問題にいまも苦しんでいるが、これは多くの面で産業革命期のわれわれ自身の経験と類似性をもっている。イングランドで敗れ去った大義は、アジアあるいはアフリカでいつの日か勝利を得るかもしれないのである。

　最後に、スコットランドとウェールズの読者にひと言おわびしておきたい。その歴史にふれなかったのは、決して排外主義によるものではなく、むしろ尊重したからである。階級は経済的な形成体であるが、また文化的な形成体でもあるから、イングランドの経験を超え出て一般化することを私は慎んだのである。（私はアイルランド人については、アイルランドにいるアイルランド人ではなく、イングランドへの移住者として考察した）。とりわけスコットランドの文書史料《レコード》は、われわれ自身の文書史料とまったく同じくらい劇的なものであり、かつ苦悩に満ちたものである。スコットランドのジャコバン派の運動はより激烈であり、より英雄的であった。しかし、スコットランドの歴史はじつに異なったものである。十九世紀初頭にどちらがより悪質であったかをいうのは難しいとはいえ、カルヴァン主義はメソジスムとまったく同じものではない。[8]スコットランド高地《ハイランズ》への移住者に匹敵する小農階級《ペザントリ》はイングランドにはいなかった。また、民衆文化も大いに違っている。労働組合も政治的結び付きも永続性を欠いて未成熟だったから、少なくとも一八二〇年代までは、イングランド人の経験とスコットランド人の経験を別個のものと見なすことが可能である。

　本書はヨークシャーで書かれたが、ウェスト・ライディングの史料でところどころ彩りを与えられている。本書にまとめあげる研究を数年前に開始できるようにしてくれたリーズ大学とS・G・レイボールド教授に、また本書の完成を可能にする特別研究員の地位を授与してくれたリーバヒューム財団に、私は最も感謝しなければならない。また、私が講師をしているクラスへの参加者からも多くのことを学んだ。私は本書で扱ったテーマの多くを彼らと議論してきたのである。さらに、手稿や著作権のある史料の引用を許可してくださった関係諸機関にも、謝辞を述べなくてはならない。個々の機関への謝辞については初版の末尾を参照されたい。

またほかの多くの方々にも感謝しなければならない。クリストファー・ヒル氏[9]、エイサ・ブリッグズ教授[10]、ジョン・サヴィル氏は、原稿段階での本書のいくつかの部分を批判された。とはいえ、彼らはいかなる意味でも私の判断に責任を負うものではない。R・W・ハリス氏は、本書が、当初に依頼された双書の限度を著しく超え出た際に、辛抱強く編集の労をとってくださった。ペリー・アンダーソン氏[11]、デニス・バット氏、リチャード・コブ氏、ヘンリー・コリンズ氏、デリク・クロスリー氏、ティム・エンライト氏、E・P・ヒーノク博士、レクス・ラッセル氏、ジョン・レクス博士、E・シグズワース博士、H・O・E・スイフト氏は、いろいろな点で私を助けてくれた。私はまた、結婚という偶然によってかかわりをもつことになった歴史家、ドロシー・トムスン夫人[12]に感謝しなければならない。各章について彼女と議論がなされたし、また私は、彼女の考えだけでなく彼女のノートからも史料を借りることのできる格好の立場にあった。彼女の協力は、あれこれの個所にだけでなく、問題全体の考察のされ方のなかにも見いだされるだろう。

一九六三年八月、ハリファクスにて

一九八〇年版への序文

一九五九年八月に私とヴィクター・ゴランツ社の間で契約が結ばれたとき、それは「労働者階級の政治、一七九〇―一九二一年」に関する「長さ約六万語」の一冊の本をということだった。本書は、その本の第一章に相当すると私は考えるのだが、出版社が陽気にかつ力づけてくれるような仕方で、私の膨大でこぎれいとはいえない草稿を受け取ってくれたことに感謝している。振り返ってみても、いつどのようにして本書が書かれたのかわからない。というのは、一九五九年から六二年に、私は最初の新左翼《ニュー・レフト》の活動や核兵器廃絶運動《キャンペーン・フォー・ニュクリア・ディスアーマメント》などに深く携わっていたからだ。かろうじて執筆することができたのは、それに先立つ十年間にウェスト・ライディングの成人教育講座《エクストラ・ミューラル・クラスズ》の講師として働くなかで、この研究の一部がすでに蓄積されていたからである。これらの講座での議論が、数種類の実践的な政治活動とともに、政治意識と政治組織の問題をある種の仕方で考えるよう、私を促したことはあきらかだ。

　多くの読者は、本書が両刃の批判をもって構成されていることに気づかれただろう。一方は、経済史のより保守的でアカデミックな学派で当時支配的であった、実証主義的な正統派への批判である。この正統派はごく最近では「近代化理論」の名称のもとに売り出されている。他方は、ある種の「マルクス主義的」な正統派（当時この国では影響力を失いつつあった）への批判である。この正統派は、労働者階級とは新しい生産力と生産関係から多かれ少なかれ自然発生的に生み出されるものだと考えていた。前者の学派に属する批判者のなかには、本書をスキャンダラスな事件であると見なす者もいた。そこで、私は一九六八年のペリカン版へのあとがき（本書に再録）のなかでこうした批判のいくつかに反論した。そうしたのは、私の著作は非の打ちどころがないと考えたからではなく、本質的な問題がかかわっていると考えたからである。後者の学派からの批判については、私はより理論的な種類の論争を何年かおこなってきたが、それは『理論の貧困』(*The Poverty of Theory*, Merlin Press, 1978)というかたちで結実している。

私は過去十年間の新しい研究を論評したうえで、もう一つあとがきを書くつもりはない。本書は広く受け入れられてきたし、歴史的な文書《ディスコース》になっている。また、私自身の結論に照らしてほかの学者にたいして審理し判決をくだすことはうぬぼれというものだろう。しかし、本書が印刷されているときにも私自身の研究がつづいていたことは、その校正刷りが証明しているとおりである。そして十八世紀における群衆《クラウド》ならびに慣習意識《カスタマリ・コンスシャスネス》についての研究のなかで、私は本書の最初の四章でもちいた史料の一部を自ら敷衍し修正した。そうこうしているうちに、もっと新しく重要な研究が公刊され、またより多くの研究が学位論文にまとめられたり、あるいはまとめられつつある。一七九〇年代についての研究が再開されたことは、アルバート・グドウィン教授の重厚な研究『自由の友』(*The Friends of Liberty*, Hutchinson, 1979)の文献目録にみられるとおりである。リチャード・ブラザーズ[1]とジョアンナ・サウスコットの預言者としての役割は、J・F・C・ハリスン『第二の再臨』(*The Second Coming*, Routledge & Keagan Raul, 1979)でいまや十分に検討された。ロンドンの職人、ロンドンの急進主義的政治運動、カロライン王妃事件[2]に関する私の説明にたいするきわめて重要な修正と追加は、イオルワース・プロザロー博士のジョン・ガスト[3]についての研究、『十九世紀初頭のロンドンにおける職人と政治』(*Artisans and Rolitics in the Early Nineteenth-Century*, Dawsons, 1979)でなされている。こう述べるのは喜ばしいことだが、無印紙出版物《アンスタンプド・プレス》の闘争は、「いまだその歴史家を見つけていない」とした私の注記は二つの称賛すべき研究によって先を越されてしまった。すなわち、パトリシア・ホリス『貧民出版』(*The Pauper Press*, Oxford University Press, 1970)とジョエル・H・ウィーナー『無印紙出版物の闘い』(*The War of the Unstamped*, Cornell University Press, 1969)である。

そのほかの領域には、いっそうの議論の余地が残されている。私は、おそらく以下のことを簡単に指摘しておくべきだろう。すなわち、メソジスムについての私の扱いについて後悔するところはないこと、数々の批判にもかかわらず、ナポレオン戦争期には小規模な「非合法の」《アンダーグラウンド》ジャコバン派が存在したという私の見解をいまも保持していること、マルコム・トミス博士のラディズムに関する諸研究は私見を変更させるにはいたっていないこと、ダンカン・バイゼル博士の研究『手織工』(*The Handloom Weavers*, Cambridge University Press, 1969)は、その一部を本書第9章への批判に割いているが、全般的な議論でも細部の内容でも誤っていると私には思われること、である。しかし、これらの問題のどれひとつであれ、追究しようとするならば、綿密にかつ根気強く証拠史料に注意を払うことが必要となろう。

研究と批判の作業は今後もつづくだろう。ここで私が重要な著作を見過ごしてふれていないとしても、それは、一つの文献目録になってしまうのを恐れてそうしたにすぎない。次のことだけは指摘しておきたいのだが、本書の主要な命題は依然として仮説のままであり、それが次に、正統的なものへと石化されることがあっては決してならないのである。

一九七九年十月、ウースターにて

第1部　自由の木

汝が人類の敵と闘っているのは汝自身のためだけではない。なぜなら汝は完全な自由の日を見ることはないだろうから。そうではなく、乳にしがみついている子供のためなのだ。

――巡回する代表団にたいするロンドン通信協会の指示（一七九六年）

獣と売春婦がなんの制限も受けずに支配している。

――ウィリアム・ブレイク（一七九八年）

第1章　会員に制限なし

「われらが会員に制限なしとす」。これは、ロンドン通信協会[1]の「主要規約」の第一条である。ロンドン通信協会の書記長がこのことにふれたのは、シェフィールドにある同種の協会と、一七九二年三月に通信のやりとりを始めたときのことである。(1) ロンドン通信協会の第一回の会合はすでに二カ月前、ストランド街からちょっと入った居酒屋（エクセター通りにある「ザ・ベル」）で開かれていた。九人の「よき意図をもった、謹厳で勤勉な人物」が出席した。創設者であり、初代書記長であるトマス・ハーディ[2]は、のちになって思い起こしている。「いつものようにパンとチーズと黒ビールとで夕食をすませたあと、パイプをくゆらせながら暮らしの困難なことやあらゆる生活必需品が高価であることについていささか話し合った……われわれの会合の目的である要件が持ち出された――議会改革がそれであるが、このような階級の人間が討議し対処する問題としては重大なものであった」。出席した九人のうち八人がその夜に創立メンバーとなり（九人目は熟考したうえで翌週加入した）、はじめの一週間分の会費として一ペニーを支払った。ハーディ（会計係でもあった）は、組織の基金全部、すなわち八ペンスを自分のポケットに入れてピカデリー九番地にある自宅へと帰った。それは国内の同じ志をもつ諸団体と通信するための文書類にあてられた。

二週間のうちに二十五人の会員が加わって、会計係の手元の総額は四シリング一ペンスになった。（六カ月後には二千人以上の会員がいたといわれている）。会員資格を得るのは簡単で、三つの質問にたいして賛成の返事をすることがその審査基準だった。なかでも最も重要だったのは次のものである。「理性をもち、またおかした罪のために資格を失していないすべての成人は、イングランド議会の議員にたいする選挙権をもつべきである。このことが、われわれの王国の繁栄にとって必要不可欠であることを貴君はゆるぎなく確信するか」。協会は最初の一カ月のうちに、連夜五日間にわたって「商工業者、商店主、あるいは職人であるわれわれは[3]、議会改革を勝ち取るべき権利を有するだろうか？」という問題を討議した――「考えうるかぎりのあらゆる観点から」じっくりと論議された。彼らは、自分たちが権利をもっていると判断をくだした。

二年後の一七九四年の五月十二日、キングズ・メッセンジャー[4]、二人のボウ・ストリート・ラナーズ[5]、内務大臣ダンダス[6]の個人秘書、そしてそのほかの高官たちが大逆罪のかどで製靴工トマス・ハーディを逮捕するためにピカデリー九番地に到着した。ハーディ一家の見守る前で、役人たちは部屋じゅうくまなく捜索し、書きもの机をこじ開け、ハーディ夫人の衣類をひっかき回した（夫人は妊娠中でベッドに横たわっていた）。そして四枚の大きな絹のハンカチーフを手紙でいっぱいにし、パンフレットや本や手稿をトウモロコシ用大袋に詰め込んだ。同じ日、通信協会の煽動活動に関する特別教書が国王から庶民院に寄せられ、二日後には製靴工の持っていた文書類を調査するための秘密委員会が庶民院に設置された。製靴工は何度か枢密院による取り調べを受けた。ハーディはこれらの対決についてはほとんど記録を残していない。しかし、彼の仲間の被告の一人が、この国の最高機関によって彼自身におこなわれた審問を劇仕立てで再構成していて、読む者を楽しませてくれる。「私は呼び入れられた」と、ジョン・セルウォール[7]は物語る。「そして、顎まで起訴状や書類に埋もれた全俳優諸君をじっくりと見た……誰もがひどく取り乱した様子であちこちに散らばっていた」。大法官、内務大臣、首相（ピット[8]）がすべて顔を揃えていた。

法務長官（弱く）　セルウォールさん、あなたの洗礼名はなんとおっしゃいますか？

セルウォール（いささか不機嫌に）　ジョン。

法務長官（なお弱く）　……最後のl《エル》は二つですか、それとも一つですか？

セルウォール　二つです。しかしそれにはなんの意味もありません。（ぞんざいに、いやむしろ不機嫌にとでも言うべきか）ご心配にはおよびませんよ。私はどんな質問にも答える気はありません。

ピット　なんと言っているんだ？（部屋の反対側から、すさまじい勢いで、ぐるりと突き進んできて、大法官の隣に腰を下ろす）

大法官　（銀鈴のようにおだやかに、ほとんどささやくかのように）彼はどんな質問にも答えるつもりがないと言っているのです。

ピット　何？——何？——なんだと？（激怒して）[2]……

それからジョン・セルウォールは、立派なお歴々に背を向け、「水彩画をじっと見つめはじめた」。首相は彼を追い払うと、次にセルウォール一家とともに生活していた十四歳の少年ヘンリー・イートンを尋問に呼び出した。しかし少年は一歩も退くことなく「政治演説をぶちはじめ、そのなかで彼はピット氏に向かってきわめて厳しい言葉を使った。民衆にたいして途方もない額の税金をふっかけてきたと、ピット氏を批難したのである……[3]」。

百年後の基準に照らしてみると、敵対している者たちは互いに不思議なほどに素人《しろうと》くさく、自分たちの役回りをはっきりと自覚していないようにみえる。けれども、奇異とさえいえるこの個人的《パーソナル》対決で彼らがおこなっていたのは、未来における大規模なインパーソナルな闘いの下稽古なのである。[4]丁重さと敬意とがともに入り混じっていて、そこにはなお、階級的な憎しみの敵意と並んで、個人的には丁重にふるまう余地があった。セルウォール、ハーディ、それからそのほか十人の囚人たちは、ロンドン塔、そしてのちにはニューゲイト監獄に投獄された。そこにいる間に、セルウォールはしばらく教会付属の納骨所に監禁された。そしてハーディ夫人は「教会と国王」暴徒[9]によって自宅が襲撃されたときに受けたショックがもとで出産の際に死んだ。枢密院は大逆罪のかどで押し切ろうと決意した。国賊にたいする最高刑は首から吊したうえ、まだ生きているうちに切り刻み、はらわたを出し（そしてそのはらわたは彼の目の前で焼かれ）、それから首を斬り落とし、四つ裂きにするというものであった。人格高潔な市民からなる大陪審《グランド・ジュリ》はこれを望まなかった。九日間の公判ののち、（一七九四年のガイ・フォークス記念日に）ハーディは無罪放免となった。陪審長はハーディの「無罪」を評決したあと気を失ってしまったが、ロンドンの群衆は熱狂して、勝利の歓呼のうちにハーディを町じゅうひっぱり回した。ホーン・トゥク[10]とセルウォールにたいする無罪放免が（そしてそのほかの訴訟の却下が）、つづいて決まった。しかし、群衆の祝福は時期尚早だった。というのは翌年、議会改革論者――というか「ジャコバン主義者」――への徹底した弾圧がふたたび始まったからである。そして一七九〇年代末までには、あたかもすべての運動が消えてなくなってしまったかにみえた。ロンドン通信協会は非合法化されてしまっていた。トム・ペインの『人間の権利』[11]は発禁とされ、集会は禁止された。ハーディはコヴェント・ガーデンの近くで靴屋を経営して、彼の過去の功績を称賛してひいきにする旧世代の議会改革論者たちのお気に入りとなっていた。ジョン・セルウォールは南ウェールズの遠く離れた農場にひきこもってしまった。つまるところ、「商工業者、商店主、あるいは職人」は議会改革を勝ち得る権利をまったくもたなかったようにみえた。

ロンドン通信協会は、イギリスでつくられた最初の明確な労働者階級の政治組織だとよく主張されてきた。こまかい点は別として（シェフィールド、ダービー、そしてマンチェスターの協会は、ロンドンのそれよりも早くつくられていた）、そう断定するには説明が必要である。一方では、労働者の参加する討論協会がアメリカ独立戦争時以来散発的ではあるがロンドンに存在していた。他方では、ロンドン通信協会を「労働者階級《ワーキング・クラス》」というよりも「民衆的急進主義者《ポピュラー・ラディカル》」の協会と考えたほうがより正確かもしれないのである。

ハーディはれっきとした職人だった。一七五二年に生まれ、スターリングシャーで製靴工としての徒弟時代を送った。キャロン製鉄工場[12]では煉瓦積み工として新しい工業主義を垣間見たはずである（製鉄業者であるロウバック[13]の家を建てていたときには、足場が崩れてあやうく死ぬところだった）。そして若者だった彼がロンドンにやってきたのは、アメリカ独立戦争の始まる少し前だった。ロンドンには、ジャーニーマン[14]がやがて独立し、運がよければ親方になりたいと望んでいるような職種がたくさんあったが、ハーディはそのうちの一つの職種で働いたのである。そしてハーディもついには親方になった。ハーディは大工兼建築業者の娘と結婚した。彼の同志の一人であり、ロンドン通信協会の議長でもあるフランシス・プレイスは親方仕立て工になろうとしているところだった。ジャーニーマンと零細親方との境界線はしばしば交錯していた。長・短靴製造のジャーニーマンは、一七九五年、小規模雇用主という新しい役割を担うハーディに反対してストライキをおこなっている。一方で、親方仕立て工になる前のフランシス・プレイスは、九三年、半ズボンをつくるジャーニーマンたちがストライキを組織するのを手助けしている。さらに独立した身分の職人（その作業場は「店」も兼ねていた）と、小商店主あるいは商工業者とのあいだの境界線はもっとぼんやりしていた。ここからほんの一歩踏み出せば、そこにはウィリアム・シャープ[15]やウィリアム・ブレイク[16]のような自営の彫版画師の世界があり、印刷工や薬剤師、教師やジャーナリスト、外科医や非国教派の聖職者の世界があった。

したがって、ロンドン通信協会の一方の端は、ピカデリー、フリート街、ストランド街などからちょっと離れたところにあるコーヒーハウスや居酒屋や非国教派教会へと広がっていた。そこでは独学のジャーニーマンと、印刷工や小商店主や彫版画師あるいは若い弁護士たちとの接触があったかもしれない。もう一方の端は、東方へ、そしてテムズ川の南側まで広がっていて、古くからの労働者階級コミュニティに達していた――河岸労働者たちのウォピング、絹織布工たちのスピトルフィールズ、旧非国教派の拠点であったサザック。二百年にわたる「急進的ロンドン」は、社会的または職業的に分析すると、二、三の主要産業をめぐって分類されうる中部諸州や北部地方の中心地よりも、つねにもっと異質で流動的であった。多くの場合、ロンドンにおける民衆運動は、同じ一つの職業上ないしは社会的な緊張関係にコミュニティ全体を巻き込むことによって生み出される一貫性と持久力に欠けていた。他方、総体的にいってそれらは、知的な、また「理念的」な動機によって左右されてきた。理念に訴えたプロパガンダは、北部よりも多くの聴衆を獲得していた。ロンドンの急進主義は、その初期からすでにひじょうに洗練されたものを身につけていたが、それは一つの共通の運動のなかに多様な活動を編み込む必要があったからである。新しい理論や新しい議論は、概してまずはじめにロンドンの民衆運動と結び付きをつくり、やがてロンドンから地方都市へと外側へ向かって伝播していった。

　ロンドン通信協会はそういうたぐいの一つの結節点であった。そしてわれわれはその最初のオルガナイザーが、ウォピングやサザックではなくて、ピカデリーに住んでいたことを思い起こさなければならない。新しい質をもつ組織が誕生したのだということを指し示すさまざまな特徴が、その初期の会合の短い描写のなかにさえ存在する――それらの特徴は、われわれが「労働者階級の組織」の本質を（一七九〇年から一八五〇年という時代背景において）説明する手助けになる。労働者が書記長であること。低廉な週単位の会費。経済的な課題と政治的な課題の混在、すなわち「暮らしの困難なこと」と議会改革。社交の場であると同時に政治活動の中心でもあるという会合の機能。手続き上の諸形式に関しての現実的な配慮。何にもまして、主要規約に体現されている、運動方針を宣伝し仲間を組織するための一決議の存在――「われらが会員に制限なしとす」。

　こんにちわれわれは、このような規約はありふれたものだとしてやりすごしてしまいかねない。けれどもそれは歴史が転換する軸点の一つなのである。それが刻印しているのは、あらゆる排他性の観念の、すなわち世襲エリートや資産家集団を保護するものとしての政治という観念の終焉である。この規約に従うことは、ロンドン通信協会が、何世紀にもわたる政治と財産権との同一視にたいして背を向けたことを意味した。その時代の「暴徒」は自己の目的を追求して自らを組織することはなかったが、ある党派――急進主義的党派でさえあった――によって突発的な行動に引き入れられてその活動力を強め、当局を震え上がらせた。この「制限なし」というやり方でプロパガンダならびに運動の門戸を開くことは、民主主義についての新しい考え方を含意していた。旧来のさまざまな制限を取り払って、一般の民衆が、自ら能動的に活動し、自分たち自身を組織する多様な過程を信頼したのであった。このような革命的な挑戦は、大逆罪の告発を誘わずにはすまなかったのである。

　この挑戦はもちろん、以前に表明されたことがある――十七世紀の水平派《レヴェラーズ》[17]によって。しかもこの問題はクロムウェル[18]の副官と軍隊の代表者たちとのあいだで、一七九〇年代の紛争を先取りするような言葉遣いで徹底的に論議されていた。パトニーにおける重要な論争[19]のなかで、(5)兵士の代表は、自分たちは勝利したのだから、ひじょうに広範な民衆の選挙権が認められるという利益を受けるべきだと訴えた。水平派のレインバラ大佐[20]の主張はよく知られている。

> いかにも私はこう考えます。イングランドにおける最も貧しき人びとも、最も偉大な人と同じく、生きるべき人生をもつと。それゆえ本当に、閣下、私は明白だと考えるのですが、一つの政府のもとで生きんとするすべての人間は、自らの同意によって初めてその政府のもとに自らを置くべきである……私は、こうした事柄を疑うような人間が、はたしてイングランド人か否かを疑うべきだと思うのであります。

クロムウェルの娘婿であるアイアトン将軍[21]——「高官たち《グランディーズ》」の代表——の返答は、「……わが王国における恒久の固定した利害《パーマネント・フィクスド・インタレスト》をもたない者は、何人たりとも国事の処理に関与したり参加したりする権利をもたない」というものであった。レインバラがアイアトンを抑え込もうとして、今度はアイアトンが激した。

> 私が主張している主要点はほかでもない、財産《プロパティ》に注目しようということである。私は勝利を競うようなことはしたくないと思っている。しかし、諸君もすべての財産を取り上げるようなことはしないだろう。というのはここにこそわが王国の国制[22]の最も基本的な要素があるのであり、もし諸君がそれを取り上げてしまうなら、それはなにもかも取り上げることになるのである。

「もしあなた方が呼吸をし、存在しているどんな人間をも認めるのであれば」、庶民院の大多数にはおそらく「地域的ならびに恒久的利害《ローカル・アンド・パーマネント・インタレスト》」をなんらもたない者たちが選出されることになる、と彼はつづけた。「こうした輩《やから》があらゆる財産権《プロパティ》に反対する投票をしないことがどうしてあろうか……どこで諸君はとどまるつもりなのか示されたい。このルールによってどうやって資産家《マン・イン・ア・プロパティ》を守るつもりか」。この政治的権利と財産権との無条件の同一視は激しい諫言をもたらした。セクスビー[23]はこう言った。

何千人ものわれわれの兵士が自らの生命をかけてきました。土地に関するかぎり、われわれはこの王国において資産《プロプライアティ》をほとんど持ちませんが、しかし生まれながらの権利は保持してきました。しかしいまや、この王国に固定資産を持つ者以外は誰も権利をもたない、ということのようです……われわれはすっかり騙されていたということなのでしょうか。

レインバラが皮肉を込めて割って入った。

閣下、すべての財産が取り上げられることなくして自由は確保しえない、と私は考えます。もしルールが敷かれなければならないというなら……そうでなければなりますまい。しかしながら私がむしろ知りたいと思うのは、兵士がこの間なんのために闘ってきたのかということであります。兵士は自らを奴隷とするために、富裕者《メン・オブ・リッチズ》、土地所有者《メン・オブ・エステイツ》に権力を与えるために、自身を終身奴隷とするために闘ってきたのです。

これにたいしてアイアトンとクロムウェルは一六八八年の妥協を先取りした護教論のような議論をもって応えた。一般兵士は三つの事柄をめぐって闘った。個人的な諸権利ならびに良心の自由を侵害する国王の特権の制限。たとえ代議員選出には参加できなくとも、代議員たちによって統治される権利。「金銭を得、それによって土地を得るための事業《トレーディング》の自由」——そしてこうした方法による政治的諸権利獲得の自由。こうした条件のもとであれば、「自由がもたらされうるのであり、財産権が破壊されることはない」。

一六八八年ののち百年間、この妥協——土地所有者と商人資本家による寡頭政治——は、挑戦を受けずにすんだが、しかし賄賂とコネと利権が織り成す布地は厚くなっていった。その込み入り加減についてはサー・ルイス・ネイミア[24]と彼の学派によって愛情のこもった歴史が書かれてきている。水平派の挑戦は、まったくの立ち消えとなった——もっとも、ローマ・カトリック派とジャコバイト[25]に挟まれた航海の難所にぶつかって、国制という名のご立派な船舶が独自に舵をとって進まなければならないときには、たしかに復活した水平派の亡霊がしばしば呼び出されはした。しかし、十八世紀の最後の四半世紀になるまで「十八世紀の共和国民」という隠健な共和主義的で自由主義的な衝動は、アイアトンの定義の限界のなかに釘付けにされていたようにみえる。(6) 一七九〇年代における議会改革論者と当局とのあいだの論争、また議会改革を標榜する相異なる集団間の論争を読むことは、パトニー論争がいま一度息を吹き返すのを見るのと同じことである。イングランドにおける「最も貧しき人」、すなわち「生まれながらの権利《バースライト》」をもった人間が『人間の権利』となる。他方「制限なし《アンリミテッド》」の会員たちによる運動は、バーク[26]によって「野蛮な群衆」の脅しだと見なされた。議会改革論者の脅迫に対抗する大規模な半官的組織は、「共和主義者と水平派から自由と財産を保護する」協会と呼ばれた。温厚なるヨークシャーの議会改革論者、クリストファー・ワイヴィル師[27]は、彼の献身についてはまったく疑う余地がないのだが、それでも普通選挙の原理にもとづく改革は「内戦なしには達成されえない」と確信していた。

> 激烈なる政治論争の時代には、選挙権は無知で凶暴な一般大衆と結び付いて、騒擾と混乱をもたらすだろう……最も恥ずべき賄賂によって名誉を汚され、最も激しい騒擾によって妨害を受けた一連の選挙ののちには、混乱し腐敗したイングランドの一般大衆は、最後にはわが国にうんざりして、そのあげくに不道徳な民主主義という耐ええない害悪を放逐するために、独裁的な権力の庇護のもとに逃げ込んでしまうだろう。(7)

彼は一七九二年にこう書いている。「万が一ペイン氏が下層階級を奮い立たせることができたとしたら、彼らの干渉はたぶん野蛮なやりくちで表明されることになろうし、われわれが現在所有しているすべてのものは、私有

財産であれ市民的自由であれ、法律を守ることのない、いきりたった下層民のなすがままになるだろう」(8)

これは古くからの論争の延長である。まったく同じ熱情、恐怖、緊張関係がそこにはある。しかしそれらは、いままでにない新たな言語と議論、そしてこれまでとは異なる力関係を伴った、新しい状況のなかで起こっている。われわれは二つの事柄をともに理解するよう努めなければならない――受け継がれているさまざまの伝統と、変わってしまった状況の双方を。どんな説明もどこかのある地点から始めざるをえないがゆえに、新しい事象にしか目を留めないということがわれわれにはあまりにも多い。一七八九年を出発点にすると、イングランドにおけるジャコバン主義はフランス革命の副産物のようにみえる。あるいは一八一九年のピータールー事件[28]から始めると、イングランドの急進主義は産業革命から自然に発生したものだと見なされる。たしかにフランス革命はある種の新しい運動をもたらしたし、たしかにこの運動は、成長しつつある製造業地域での新しい諸経験によってかたちづくられた働く人びとのうちに根を下ろした。しかし問題は残されている――これらの出来事によっていともすみやかに結実した要素とはいったいなんだったのだろうか？　われわれがすぐに気づくのは、ジョージ・リューデ[29]がパリの群衆のなかで最も激しやすい革命的要素だとして示した細民《マニ・ポプル》によく似ている、都市の職人や小商工業者の古くからの諸伝統である。(9)これらの受け継がれてきたさまざまの伝統の複雑さについて理解するために、三つの問題を区別してみよう。非国教派[30]の伝統と、メソジスト復興によって変容したその伝統。イングランド人の「生まれながらの権利」という理念のなかで結び付いている、あらゆる漠然とした民衆観念から成り立っている伝統。そして、ワイヴィルは恐れたが、ハーディは委員会や支部や責任ある行動をとりうる示威運動へと組織しようと試みた、十八世紀の「暴徒《モッブ》」の多義的な伝統である。

第2章　クリスチャンとアポルオン

非国教派《ディセント》という用語は、誤解を招きやすい。この用語は、あまりに多くの宗派《セクト》と、相互に対立する思想的かつ神学的傾向を含んでいるし、異なった社会的状況に応じてじつに多様な形態をとって現れる。クエーカー[1]やバプテスト[2]などの昔からの非国教派諸集団は、名誉革命以後ある程度類似したかたちで発展した。迫害が寛容へと道を譲るにつれて、会衆は以前ほど熱狂的ではなくなったが、以前よりも富裕化した。スペン・ヴァリー〔ヨークシャー、ウェスト・ライディング地方〕の毛織物業者や農場経営者は、一六七〇年には「境内」と呼ばれていた農家や「教会のそばの納屋のなかで」夜分ひそかに集まりをもっていたが、百年後には、裕福な執事[3]であるジョウジフ・プリーストリのいる立派な教会堂をわれわれは見いだすのである。彼は、祈禱日記に次のような記録を残している。

> 世界はほほ笑んでいる。私はこの職について、いささか心地いい責務を負った。「主よ、私は何を与えたらいいのでしょうか」、これがリーズに赴くときの私の言葉であった。私は、キリストの貧しき者たちに四荷か五荷の小麦を与えることを決めた。今日は嘆かわしいことがあまりにも多かったため、いくら思案しても神は私の前にお現れにならなかった。仕事に忙殺されるなかではそれは難しい……。

そして、翌週。

けさ私は……救済の方法などまったく知らないと思われる役人たちの一団と食事をした。私は、「イザヤ書」四十五章[4]を読み、少しばかりの喜びを覚えた。……神は同信オバデヤ[5]に、キリストの貧しき者たちに一荷の小麦を与えるよう命じられた(1)。

このプリーストリは、罪悪感にうちひしがれてはいるが、依然としてカルヴァン主義者[6]である。（疑いなく、「同信オバデヤ」もまたカルヴァン主義者であった）。しかし、彼の年少のいとこ——彼もまたジョウジフ・プリーストリ[7]といった——はこのころ、ダヴェントリ・アカデミーで学びながら、理性的な啓蒙の精神に心を動かされ、ユニテリアン、科学者、そして議会改革論者となって、彼の親類と教会とをひどく失望させたのである。一七九一年にバーミンガムで、「教会と国王」暴徒によって蔵書や実験室が破壊されたのは、このプリーストリ博士である。

以上は、非国教派の伝統の一部をごくわずかにスケッチしたものである。彼らの良心の自由は黙認されていたものの、いまだ審査法ならびに自治体法[8]によって公職につくことは阻まれており、非国教徒たちは、十八世紀をとおして市民的自由と信仰の自由を求める活動をつづけていた。世紀半ばまでに、教育ある若い聖職者の多くは自分たちの寛容で合理的な神学を誇りに感じていた。迫害された宗派《セクト》がもつカルヴァン主義的な独善性を放棄し、彼らは、アリウス派やソッツィーニ派といった「異端」を通じてユニテリアンに魅せられていった[9]。ユニテリアンからはもう一歩で理神論[10]へといたるものの、一七九〇年代までにこの一歩を踏み出した者はほとんどいなかった。十八世紀後半においては、懐疑論を公に認めることを望んだり、あえてそれを実行した者はもっと少なかった。一七六三年、七十歳の学校長ピーター・アネットは、ヴォルテール[11]を翻訳し、「自由思想」のさまざまな普及版小冊子を発行したために投獄されたし、そのわずかのちには懐疑論の傾向をもつロビン・フッド討論協会[12]が閉鎖された。自由の諸原理が議論されたのは、ソッツィーニ派やユニテリアンの立場からであった。その著名な人物のなかには、アメリカ独立戦争期に数カ月で六万部という驚くべき販売部数に達した『市民的自由についての考察』の著者であり、フランス革命を歓迎する演説でバークを激怒させたプライス博士[13]がいた。またプリーストリ博士その人もいた。そのほか、それほど著名でない人びとのなかには、ボルトンのトマス・クーパー[14]やケンブリッジのウィリアム・フレンド[15]のように、一七九〇年代の議会改革運動で積極的な役割を果たした者がいる。(2)

　ここまでは話は明瞭であるようにみえる。だが、これはあてにならない。こうした自由主義的な観念は、非国教派の聖職者や教師、そして都市コミュニティの教養ある人びとのあいだに広く普及していた。しかし、多くの聖職者は会衆を顧みなかった。ユニテリアンへ向かう動きが最も強く感じられ、ほかの非国教派諸集団に比べてとりわけ著しく衰退していたのは、長老派[16]教会であった。十八世紀の半ばにおいては、長老派と独立派[17]は（ひとまとめにして考えると）、西南地方（デヴォンシャー、ドーセットシャー、グロースターシャー、ハンプシャー、サマセット、ウィルトシャー）や、北部工業地帯（とりわけランカシャーとノーザンバーランド、ヨークシャー）や、ロンドンや、イースト・アングリア（とりわけエセックスとサフォーク）で、きわめて強力だった。バプテストは、これらの拠点のいくつかを争っていて、またベドフォードシャー、バッキンガムシャー、ケント、レスターシャー、ノーザンプトンシャーにも深く根を下ろしていた。このように、長老派と独立派は、商業および毛織物製造業の中心地で最も強力であったようにみえるし、他方、バプテストは、零細商工業者と小農場経営者、そして農村労働者が会衆の一部となっていたにちがいない地域に地盤をもっていた。(3)キリストの神性を否定してユニテリアンへと傾きがちな、寛容で「合理的な」宗教が、きわめて急激に前進しながらもその「会衆」の忠誠を失ったのは、古い毛織物工業のなかでも最大の中心地であるウェスト・カントリーでであった。デヴォンシャーでは、十八世紀末までに、二十以上の長老派の礼拝所が閉鎖された。非国教派を研究対象としている歴史家は一八〇九年の著作のなかで次のように言明した。

アリウス主義の揺籃地であったデヴォンシャーは、アリウス主義非国教派の墓場と化してしまった。この人口の多い州において、それが誕生したころにみられた長老派の二十分の一も残ってはいない。(4)

しかし、ほかの場所では話は違っていた。教会組織に関して、非国教派の諸宗派は、自主統治や地域ごとの自治の原則をしばしばほとんど無政府的といえるほど主張した。どんな中央集権的権威も——教会間の協議や連合でさえ——「大それた反キリスト的背教の産物」だと見なされたのである。

背教は、人類の市民的自由と信仰の自由にとって、とりわけ勇者たる古参のピューリタン[18]や非国教派にとっては致命的なものであったために、教会会議と幹部会、宗教会議と宗教会議決定条文集といった言葉そのものがいまなお純粋なプロテスタント非国教派の耳に突き刺さるのである。(5)

ランカシャーやヨークシャーの一部のように、カルヴァン主義的伝統の強い地域では、会衆はユニテリアンへの潮流に抵抗していた。つまり、頑迷な執事や教会役員やオバデヤたちは、聖職者の異端性を調査したり、追放したり、あるいはより真正な宗派形成のために袂を分かったりして、聖職者生活を圧迫した。(〔ロンドンの〕ラッセル街から少し離れたクラウン・コートにある長老派の会衆の宗派闘争で、トマス・ハーディは、彼としては初めての組織化の経験をつちかった)。しかし、プライス博士が啓蒙しようとし、またプリーストリ執事が数荷の小麦を与えた「キリストの貧しき者たち」はどうだったのだろうか？　スペン・ヴァリーは、人口密度の高い、発展しつつある製造業地帯の中心に位置していた。ここでは、非国教派が、迫害の数年間を耐えぬいた代償をついには手に入れたということが予期されるかもしれない。しかし、「キリストの貧しき者たち」[19]は、イングランド国教会にも非国教徒にも心動かされた様子はほとんどないのである。ジョン・ウェスレーは、「かつてイングランドでは一度もお目にかかったことのない無法者たち」と、一七五七年にハダズフィールド〔ウェスト・ヨークシャーの町〕

付近を馬車で通ったときのことを自らの『日誌』に記している。「男も女も子供も、われわれが通り抜ける街路にあふれ、食い尽くそうと手ぐすねひいているように見えた」

ユニテリアン派の合理的キリスト教信仰は、「公正」を旨とし、「熱狂主義」を寄せ付けないことと相まって、ロンドンの小商工業者や商店主や、大都市の同様な集団の心を動かした。けれども、それはあまりに冷厳で、あまりによそよそしく、あまりに上品で、また裕福な階級の安楽な価値観を連想させるところがとても多かったために、都市であれ農村であれ、貧しい人びとの心に訴えることはできなかった。その用語と論調こそが障壁となったのである。ジョン・ネルソン[20]は、ウェスレーに語っている。「良心の上に突然の雷鳴のように訪れるという旧来の方法以外に、ヨークシャーでなしうる説教はないのです。洗練された説教は、ここでは善きものであるどころか害をなします」。それでもなお、古いカルヴァン主義者は、いかなる福音主義的熱狂[21]も禁じる固有の障壁を築き上げてしまっていた。迫害を受けた宗派であるというだけでも容易にその独善的排他性をもちえたが、これが次には、カルヴァン主義のドグマがもつ厳格な教義をさらに強化していったのである。サヴォイの信仰告白（一六五八年）の一条項によれば、「神の選び」は、「腐敗した一群あるいは一般大衆には予定されていなかった」。「キリストの貧しき者たち」と「腐敗した一群」は、もちろん同一の人びとであり、したがって別の面からみれば、貧者が「粗野」であるということは、彼らは神の恵みの外部で生活しているという徴《サイン》なのであった。カルヴァン主義者の「選び」は、身内集団のなかに限定される傾向にあった。

このような過程をたどるにはほかの理由もあった。そのなかには、共和政における水平派の敗北にまでさかのぼるものもある。聖者の支配を願う千年王国の希望が砕かれたあとには、貧者のピューリタン運動の現世的願望と霊的願望との明確な分裂がつづいた[23]。すでに一六五四年に、つまり王政復古以前に、ジェネラル・バプテスト[22]の総連合は、（自派内の第五王国派に向けて）最後の審判の前に「聖者が、世界の支配と統治を自らの手に委ねられることを期待する、そのような根拠は認め」ないとする宣言を発した。最後の審判のときがくるまでは、「どこかで世界統治の支配を手にするよりも……辛抱強く現世の苦しみを受けること(6)」が、彼らに与えられた定めなのであった。共和政末期には、アンティノミアニズム[24]という反抗的伝統は、「掲げていたすべての要求を見捨てた」のだった。きわめて党派心の強い者たちは、ねたみ深い。実際に容赦のない、社会を思うがままに刈り取ろうとする庭師だったのだが、いまやこう言って満足していた。「毒麦は（仮に毒麦であっても）小麦と一緒にしておけ……」と。(7) ディガーズであるジェラード・ウィンスタンリ[25]は、「外界の王国」から「内面の王国」へと変化していく感情の動きを、われわれが理解するのを助けてくれる。

生ける魂と創造する精神とは同一物ではなく、分かたれている。前者は、その人の外界にある王国を探し求め、後者は、その人をその内面にある王国を求め熱望するべく導く。それは、売春婦や詐欺に堕落させられることがないし、盗人が打ち壊したり、盗んだりできないものである。これこそが永遠の王国であり、外界の王国は棄て去らなければならない。(8)

このひきこもり――また、ひきこもりにもかかわらず保持されたもの――を理解することが、十八世紀の理解、またのちの労働者階級の政治運動へと継承された要素を理解するのに決定的に重要である。ある意味で、その変化は二つの単語によって呼び起こされる相異なる連想のなかにみてとることができる。つまり、ピューリタニズムが呼び起こす積極的なエネルギーと非国教主義［ディセント］が呼び起こす自己保全的な撤退である。しかしまた、われわれは、「支配と統治」を達成するという望みを断って「辛抱強く現世の苦しみを受け」ようとするそれらの宗派の決意において、彼らが政治的静寂主義をある種のまどろみ状態の急進主義――説教や宗教小冊子の比喩的描写のなかや民主的組織形態のうちに保持されていて、何かより望ましい状況に接してふたたび燃え上がることのありうるもの――と結び付けえた方法について考えなければならない。バプテストとクエーカーには、これを最もはっきりみてとることができると期待されるかもしれない。しかし一七九〇年代までには、クエーカー[26]――連合王国のなかで二万人に満たなかった――は、かつてリルバーンやフォックス、ペンなどの人物を含んでいた宗派と似たところがほとんどなくなったように思われる。クエーカーは大いに繁栄していたが、アメリカへの移民が引き続いたため、そのきわめて力強い精神を失ってしまっていた。つまり、国家や権威にたいする敵対心は、形式上の象徴――宣誓したり、脱帽したりすることの拒否――へと後退し、その伝統の継承はせいぜい、民衆運動というより、中流階級の社会的良識へと受け継がれたのである。十八世紀半ばには、セットフォードのケージ通りの礼拝所――さらし台のある監獄に隣接している――に集まるような、貧しい会衆がなおも存在していた。若いトム・ペインは、そこで（彼自身の言明によれば）、「ひじょうにすばらしい道徳教育」を受けた。しかし、ペインが、一七九一年に、人間愛に貢献するという彼自身の観念を『人間の権利』の非妥協的な論調と結び付けたときに、それに呼応して立ち上がったクエーカーはほとんどいなかったように思われる。九二年に開かれたクエーカーのヨークシャー四季集会は、「われわれの国家に目下存在する不穏な状態」のなかで「心の真の平静」を保つよう参加者に訴えた。政治的団体を結社すべきではないし、また、「われわれは、国王や政府のもとで生活し、多くの特権や恩寵を享受している。そしてそれは、われわれが感謝して服従するに値することである。だから、その国王や政府にたいする不忠」[9]を奨励してはならないとされた。

彼らの祖先は服従を受け入れてはいなかったし、また感謝するという用語も容認しなかったことだろう。「外界」と「内面」の王国とのあいだの緊張関係が含意していたのは、共存せざるをえない領域を除いて、支配的権力を拒否するということであった。そして、かつては良心にとって何が「合法的」であり、何が非合法なのかをめぐってきわめて緻密な議論が展開された。バプテストはおそらく、最も一貫性を保っていた。というのは、教義上はきわめてカルヴァン主義的なままだったし、信徒たちのほとんどは庶民でありつづけたからである。そして、われわれは、とりわけバニヤン[27]のなかに、十八世紀を通じて温存され、十九世紀に繰り返し噴出するまどろみ状態の急進主義をみてとるのである。『天路歴程』は『人間の権利』とともに、イングランド労働者階級運動の二つの基礎文献のうちの一つである。バニヤンとペインは、コベットやオウエンとともに、一七九〇年から一八五〇年にいたるこの運動の原材料をなす思想や態度の礎を築くのに大きく貢献した。無数の若者たちは、『天路歴程』に初めての冒険物語を見いだしたのであって、それを聖書《ブック・オブ・ブックス》だとしたチャーティストのトマス・クーパー[28]に同意したことだろう(10)。

「私はある遺産を求めている、それは朽ちることなく、汚れず、消え去ることがなく……天国にあって、そこでは安全で……ある決められたとき、勤勉にそれを求めている人びとに授けられる。言うなれば、私の本をそう読み取ってほしいのだ」。ここには、「売春婦や詐欺に堕落させられることがない」ウィンスタンリの王国があり、この世に「辛抱強く耐える」聖者たちの超俗的な千年王国がある。ここには、パトニーでは敗北し、一六八八年の協定で分け前を得られなかった人びとの「悲しい叫び」――「私は何をしたらいいのか」――がある。ここには、老教皇《オールド・マン・ポープ》がおり、彼の先祖が彼をだめにしてしまったとクリスチャンは思っている。老教皇は、いまや「からだが弱り、関節がこわばっているために」、巡礼者に「もっとたくさん火あぶりにされないかぎりお前たちは決して改心すまい」と言ったり、「巡礼者が通り過ぎる際に……歯をむきだしたり、爪を噛んだり」しながら、洞窟の入り口に座っていることしかできない。ここには、貧しい非国教徒たち――つまり、バプテストの説教師である「仕立て工や皮革商、石鹸製造工、ビール醸造工、織布工、鋳掛け屋(11)」――の内面の精神世界がある。それは、情熱的なエネルギーと葛藤に満ちていて、外界での彼らの感情の挫折のために、いっそう毒々しくみえる。ベルゼブルの城、血まみれの巨人、大槌、善人虐殺、困難の丘、疑惑の城、虚栄の市、魅惑の地などの「誘惑と危険と罠と歓楽にあふれた」道がある。ここにはクリスチャンにとっての貴族の敵がいる――「肉欲侯、贅沢侯、虚栄心侯、親愛なる好色侯、貪欲侯、そしてそのほかすべてのわれらが貴族界の面々」。そして、ここに屈辱の谷があり、バニヤンの読者はその谷のなかに見いだされるはずであった。それは、「巡礼生活を愛する人びと以外のただ一人としてそのなかを歩かない谷」である。「慈悲嬢」は、次のように言う。

　私は、馬車のがたがたいう音や、車のごろごろいう音のしないようなところにいるのが好きです。ここでは、人からあまり妨げられないで、自分はどういう者なのか、どこから来たのか、何をしたいのか……、考えることができるような気がします。ここでは人は考えたり、心が砕けたり、気持ちが解けたりして、ついには、目が「ヘシュボンの池[29]」のようになるでしょう。

そして、迫害され、成功しなかった者の精神的な誇りをもって、「勇気者」がそれに応える。「私は何度もこの谷を通りましたが、ここにいるほど気持ちのいいことはありません」

しかし、この精神世界——正義と魂の自由の——は、たえずほかの世界からの脅威にさらされている。まず第一に、それは国家権力によって脅かされている。アポルオン[30]と出会ったとき、われわれは空想世界にいるかのような気になる。

彼は魚のように鱗におおわれ（それが彼の誇りだった）、龍のような翼をもち、両足は熊のようだった。そして胴体からは炎と煙が噴き出していた[31]……。

とはいっても、クリスチャンにたいして（「蔑むような顔つきで」）問い詰めにかかるや、この怪物は、困惑した地方の治安判事そのものになってしまうのである。説得と脅迫とを繰り返しながら、辻説法をやめるとバニヤンに約束させようとして、アポルオンはその口——それは「獅子の口のよう」だった——を開いて、押し殺した低い声でうなった。「きさまがいまからでもまだ戻るのであれば、おれは喜んですべてを水に流してやろう」。そして耳を貸さないと知るや、「道いっぱいに」両足を広げて立ちはだかって、こう宣言するのである。「地獄の淵に誓って、おれはきさまをここから一歩も先にはやらぬ」と。そしてアポルオンは、その狡猾さゆえに、クリスチャン自身の道づれや仲間の巡礼者のなかに協力者を見いだすことができるのである。この協力者たち——彼らはとびきり人数が多く、人を惑わせる——が、クリスチャンの朽ちることのない遺産にたいする第二の脅威の源である。一つまた一つと、バニヤンは、安楽と妥協を旨としたまやかしの議論をふっかけ、アポルオンと非国教徒とを和解させるやり方を準備する。公明正大な演説をおこなう「私心者」がいる。さらに、「現世執着者」「守銭奴」「吝嗇者」がいるが、みんな「北部の『欲張り』州の市場町『強欲』先生」の生徒である。「過度に清廉である」人びとを批難するのは、「私心者」である。

私心者　なぜ、やつらは晴雨にかかわらず旅を急ぐのでしょう。ぼくは風と潮を待っているのです。やつらは、神のためにすべてを一度に賭けるのですが、ぼくはあらゆる機会をとらえて、自分の生命と財産とを守ろうとするのです。やつらは、ほかのすべての人に反対されても、自らの考えに固執しようとします。しかし、ぼくは、時勢が許し、自分の安全にかなうかぎりで宗教に味方します。やつらは、宗教がぼろを身にまとい軽蔑されているときもその味方をします。しかし、ぼくは、宗教が黄金のスリッパを履き、陽の光の下を歓声を浴びて歩くときにその味方をするのです。

現世執着者　そうです。その立場をお守りなさい、私心者さん。……蛇のように賢明でありましょう。干し草をつくるのは、陽が照っているうちがいちばんじゃあないですか……。

吝嗇者　この問題については、私たちはみんな意見が一致したと思います。だから、これ以上この問題について語る必要はありますまい。

守銭奴　そうです、もうこの問題について語る必要などないのですよ。聖書も理性も信じない者は（ご存じのようにどちらも私たちの味方です）、自分自身の自由も知らなければ、自分自身の身の安全も求めないのです。[32]

これらは、十八世紀の非国教派の展開を十分に予見しているじつに見事な一節である。ある意味では、「私心者」の友人たちこそが、聖書と理性の両方を実際に味方につけたことを、バニヤンは承知していた。彼は、自らの信仰弁明書《アポロギア》のうちに、安全、安楽、啓蒙、自由に関する議論を取り入れた。彼らが失ったものは、道徳の高潔と憐れみである。朽ちることのない精神の遺産は、闘争という遺産が忘却されれば維持されえなかったと思われる。

これが『天路歴程』のすべてではない。ウェーバー[33]によれば、この書物の「基調」は、「死後の生活が、この世の生のあらゆる利益よりも重要だというばかりでなく、多くの点でより確実である」[12]というものである。そして、この指摘がわれわれに思い起こさせるのは、来るべき生への信仰が、たんに貧者にたいする慰めとしてではなく、現世の苦難や不満を感情のうえで代償するものとして役立っていたということである。卑しき者が得る「報酬」を想像することだけでなく、抑圧者がいずれ受けるだろう拷問を想像しながら抑圧者にたいするなんらかの報復を楽しむことが可能であった。さらに言えば、われわれは、バニヤンの比喩的表現の肯定的側面については強調したが、あきらかに否定的な側面――へつらいや現世での服従、個人的救済の利己的追求――については語ってこなかった。それらは、肯定的な側面と不可分に結び付いている。そしてこの両義性は、貧しい体制不服従者たちの言語のうちに、十八世紀にいたるまで持続するのである。バンフォード[34]にとって、『天路歴程』の物語は「日食の太陽から漏れてくる光のような、悲しい慰め」のように思われた。状況が希望に満ち、大衆運動が起こっているとき、この伝統がもつ力は最もあきらかになる。そのときには、クリスチャンが、現実の世界に住むアポルオンとまさに闘うのである。また、敗北と大衆の無関心の時代には、貧者の宿命論的な諦めを強化する静寂主義が頭をもたげてくる。クリスチャンは、滅亡の都に背を向け、魂の都シオン[35]への道を求めながら、馬車のがたがたいう音から遠く離れて屈辱の谷で苦しむのである。

バニヤンはさらに、妥協によってこの遺産が堕落することを恐れて、近づきがたいほどのピューリタン的禁欲に「まっすぐで狭い道」という彼独自の象徴的な表現を付け加えた。それはカルヴァン主義の選民がもっている警戒心が強い宗派主義をよりいっそう強化するものだった。かつて「キリストの貧しき者たち」に最も忠実たろうと努めていたまさにこれらの宗派が、一七五〇年までには、新たに回心することを最も嫌い、気質の面でも最も福音主義的でなくなっていた。非国教派は、相反する二つの傾向の緊張関係にとらわれていたが、両方の傾向が大衆的支持を失わせることになった。一方は、貧者にとってはあまりに知的で上品な、理性主義的人道主義や洗練された説教へと向かう傾向である。他方は、教団外との婚姻を禁じ、いかなる背教者も異端者も排除し、呪われるべき運命にある「腐った大衆」とは隔絶する、厳格な神の選びであった。「前者のカルヴァン主義は解体しつつあった。そして、後者は化石化しつつあった」と、アレヴィ[36]は記している。(13)

バニヤンのバプテストでさえこのような仕方で深く分断されていた。「アルミニウス派」のジェネラル・バプテスト[37]（ノーザンプトンシャーやベドフォードシャー、リンカンシャーに拠点をもっていた）は、おそろしくカルヴァン主義的なパティキュラー・バプテスト[38]にたいして地盤を失いつつあったし、パティキュラー・バプテストはそのカルヴァン主義のゆえに勢力拡大を阻まれていた。(14) 一七七〇年になってやっと、パティキュラー・バプテストは自分たちのドグマがもつ罠から解放され、福音主義と選民思想とを融和する教義を示す回状を（ノーザンプトンシャーから）発した。「救済されんとして、神のもとに行く、すべての魂は……勇気づけられよう……神のもとに行く魂は、選ばれざることを恐れるにはおよばない。なぜなら、そのような者以外のなにものも神のもとには行こうとしないからである」。けれどもバプテストの信仰復興は緩慢であり、それを貧者のもとへと引き戻したものは、内面的な原動力というよりはむしろ、メソジストとの競争であった。ヨークシャーの炭坑夫であり、五歳から炭坑で働きメソジストに改宗していたダン・テイラー[39]は一七六〇年代に、福音主義的な気質をもつバプテストの宗派を見て回ったとき、なんの満足も得られなかった。彼はヘブデン・ブリッジ上方の荒地から石を掘り出し、それを背に載せて運び、自らの礼拝所を建てた。(15) その後、（ピューリタン革命期の一つの本拠地である）織布工村ヘプトンストールから、リンカンシャーやノーザンプトンシャーまで渡り歩き、その間にも、頑固なバプテスト諸集団と接触しながら、ついには（一七七〇年に）バプテスト・ニュー・コネクション[40]を形成した。それからの数年間、二万五千マイルを旅し、二万回もの説教をおこなった彼は、ウェスレーやホワイトフィールド[41]と並んで記憶されるべき人物である。けれども彼の宗教的出自は、パティキュラー・バプテストでも、ジェネラル・バプテストでもない。おそらく彼は、精神的にはバニヤンの遺産を引き継いではいるが、しかし文字どおり大地から現れ出てきたのである。

われわれは、プライス博士とダン・テイラーの両者を記憶すべきである。そして彼らが良心の自由を実際に享受していたことも記憶すべきである。これらの人びとは、異端審問からも「緋色の服を着たバビロンの淫婦[16]」の地下牢からも脅かされてはいなかった。自主統治をおこなう教会もあれば、分立した教会もあるという旧非国教派の驚くべき無政府性《アナーキー》には、予想だにされない非正統的思想が、たとえばリンカンシャーの村とか、ミッドランズの市場町とか、ヨークシャーの炭坑に突然出現する可能性がはらまれていた。サマセットの毛織物の町フロムでは（ウェスレーが一七六八年の『日誌』に記しているのだが）、「あらゆる意見の持ち主、つまり、再洗礼派[42]、クエーカー、長老派、アリウス派、アンティノミアン、モラヴィア兄弟団[43]、そして得体の知れない連中などが混在」していた。スコットランドの商工業者や職人は、イングランドにそのほかの宗派を持ち込んだ。十八世紀の末期には、グラス派ないしサンデマン派[44]が、熱狂的な教会規律と、「教会内部での、市民生活における差別の廃絶」や信徒間の財産の共有という信念、そして――批評家たちの意見によれば――度を超えた霊的優越感と「貧しく、無知で、破滅的な大衆の無視[17]」をもって、わずかに勢力を拡大した。十八世紀末までには、ロンドン、ノッティンガム、リヴァプール、ホワイトヘイヴン、ニューカースルに、サンデマンの団体が存在した。

非国教派の思想の歴史は、対立・分離・変異からなっている。政治的急進主義の眠れる胚種がその内部には横たわっていて、有利かつ展望のある社会状況のなかに移植されたならばいつでも発芽する準備をしていることに気づく人も多いだろう。トマス・スペンス[45]は、サンデマン派の家庭に育った人だが、一七七五年にニューカースル哲学協会にたいして、土地社会主義《アグレイリアン・ソーシャリズム》の全教義を大まかに含む演説をおこなった。しかし、彼が真剣に街頭演説を開始するのは、九〇年代になってからである。また、クエーカーの家庭に育ったトマス・ペインは、ルイスにおいて収税吏としての平凡な生活を送る間に、自己の著しく異端の政治見解の徴候を示すことはなかった。状況は絶望的であり、政治は一種の「競馬騎手の策略」のようなものにすぎないかに思われた。アメリカに到着（七四年十一月）して一年もたたないうちに、彼は『コモン・センス』を出版し『危機』の諸論文を発表したが、それらは『人間の権利』がもつすべての基本的な考えをそのなかに含んでいた。「私は君主制を憎む。それは人間の尊厳をあまりに卑下せしめるものであるから。しかし、私はごく最近まで、この考えをもって他人を煩わすことはなかったし、イングランドでの私の生活には、その一言半句さえ公表することがなかった」と、彼は書いている。変化したものは、ペインその人ではなく、彼が著述をする環境のほうである。『人間の権利』の胚種は、イングランド産であった。しかし、アメリカ独立戦争とフランス革命によってもたらされた希望こそが、それに根を張らせることができたのである。

もし、旧非国教派[46]のなんらかの宗派が――ジョン・ウェスレーの代わりに――福音主義的信仰復興運動を先導していたとしたら、十九世紀の非国教主義《ノンコンフォーミティ》はより知的で民主的な形態をとっていたかもしれない。しかし、カルヴァン主義者のタブーを「魂の救済のほか、なすべきことは何もない」という簡単明瞭なメッセージで打ち破って「キリストの貧しき者たち」に最初に説教したのは、ウェスレー――政治的には原理主義者的トーリー《ハイ・トーリー》支持者であり、組織については聖職者尊重主義――であった。

人の世を追われし者たち、われ、汝の名を呼ばん、
　売春婦、パブの主人、そして盗人よ！
神はその腕を広げ、あまねく汝をいだかんとす。
　ただ罪人のみ、神の恵みを受けん。
心厚き人を得るは、神の願いにはあらず。
落伍したるを求め、救わんと、その人は世に現れし者なり。

来たれ、わが罪深き同胞よ、来たれ、
　罪の軛の下、苦しむ者よ！
神の心臓は血を流して、汝に部屋をつくり、

その脇腹を裂いて、汝を導き入れんとす。
いまこそ、神は、汝を招き入れん。
来たれ、おお、わが罪深き同胞よ、来たれ。

もちろん、福音主義的信仰復興運動が国教会内から現れざるをえなかったという事実には、一定の根拠がある。ピューリタンによる「召命《コーリング》」の強調は、ウェーバーやトーニー[47]が示したように、成功した勤勉な中流階級すなわち小ブルジョア集団にとりわけよく適合していた。よりルター主義的なイングランド国教会プロテスタント主義の伝統は、「選び」という排他的な教義にはなじまなかった。しかるに国教会は、国家の教会として、貧者にたいして独自の義務を負っていたのである——すなわち、服従と勤勉の徳を繰り返し彼らに教え込むという義務を。十八世紀のイングランド国教会の惰性と現実路線がそのようなものであったため、福音主義的信仰復興運動は、最終的にはウェスレーの意に反して、独立のメソジスト教会を生むことになった。それでもなお、メソジスムにはその出自が深く刻印されていた。すなわち、バニヤンやダン・テイラー、そしてその後のプリミティヴ・メソジスト[48]らによる貧しき者たちの非国教主義は、貧民の宗教であった。正統派ウェスレー主義[49]は、その始まり以来、貧民のための宗教にとどまったのである。

説教師として、また福音主義者としては、ホワイトフィールドをはじめとする初期の野外説教師たちのほうが、ウェスレーよりも強い印象を与えた。しかし、抜きん出て精力的で、巧みなオルガナイザー、統率者、立法者だったのはウェスレーである。彼は、民主主義と規律、また教義と煽情主義を、じつに正しい配分で組み合わせることに成功した。彼の偉業は、ヒステリックな信仰復興主義者の集会を開いたこと（タイバーンの時代[50]にはよくあることだった）にあったのではなく、商業や市場の中心地や、鉱夫や織布工や農業労働者のコミュニティでの自立したメソジスト団体を組織したことにあった。信徒たちの教団生活への民主的参加は、要求されたし、また厳格に監督され、規律づけられた。ウェスレーは、宗派主義的な教義の障壁をすべて排することによって、これら

の団体への加入をしやすくした。彼は記している。加入するにあたって、メソジストは、

なんであれいかなる意見も……押し付けてはならない。特定の救済を願っても、全般的救済を願ってもかまわない。無条件に神慮を信じていても、条件付きで信じていてもかまわない。国教徒か、非国教派か、長老派か、独立派か、そのいずれでもかまわない。それは障害とはならない。……独立派や再洗礼派は彼ら独自の方法で礼拝［してもいい］。クエーカーもそうだろうし、誰もそのことについて言い争ったりしてはならない。……一つの条件、ただ一つの条件だけが必要である――自らの魂を救済したいという真の欲求である。(18)

しかし、いったんメソジスト団体の一員になると、改宗者はより熱狂的なカルヴァン主義者の宗派に優るとも劣らない規律に従わなければならなかった。ウェスレーは、メソジストが「特別な人びと」であること、教団外での婚姻を放棄すること、身につけている衣装や上品な話し方やふるまいによって区別がつくこと、依然として「悪魔の国」にいる人びととはたとえ親類であっても交際を避けることを要求した。[51] はしたない行為とか、冒瀆やののしり、組会への出席の怠慢などの理由で、信徒は追放された。メソジスト団体は、信仰告白による団結集会、組、夜警、訪問などによって平信徒の秩序をつくりあげた。サウジー[52]の記したところによれば、そこには、いかなる堕落の徴候もつねに見逃すまいとする「精神の警察」が存在した。(19)「草の根民主主義」のゆえに、団体は商工業者や労働者によって管理されていたのだが、それが教義や教会統治の問題にまで拡大されることはまったくなかった。ウェスレーが非国教派の伝統ときっぱりと縁を切ったことは、地区ごとの自治への反対や、彼自身および彼が任命した牧師による権威主義的支配に最もよく示されている。

それにもかかわらず、メソジスムが最も急速に貧しい人びとのあいだに広まったのは、非国教派の長い伝統をもつ地域――ブリストル、ウェスト・ライディング、マンチェスター、ニューカースル――であることが多かった。一七六〇年代、ブリストルの石工ジョン・ネルソンはすでに、執事プリーストリとオバデヤがカルヴァン主

義的独立派教会をなお支援していたヘクモンドワイク〔ヨークシャー、ウェスト・ライディングの町〕から二マイルほど離れたところで、個人救済の新しい託宣を聞こうとする繊維労働者や鉱夫からなる膨大な会衆を引き付けていた。石切り場への行き帰りに、ネルソンはたびたび、老練な非国教派の聖職者の家に立ち寄って、聖句を取り交わしたり、罪や、恵みによる贖罪や、予定に関する諸教義を議論したのだった。（このような論争は、正統派のメソジスト神学が日和見主義的、反知性的、怠惰になるにつれ、後年ますますまれになった）。ネルソンは、ロンドンにいたとき、ウェスレーのムアフィールズ[53]での説教を聞いて改宗したのだった。彼の『日誌』は、執事プリーストリのそれとはまったく様相を異にしている。

> ある晩……私は夢をみた。私はヨークシャーにいて、仕事着のまま帰宅中だった。ポール・チャンピョンの家にさしかかったとき、私は大勢の人びとが苦しんでいるような大きな叫び声を聞いた。……突然、彼らは絶叫しはじめ、互いに重なり合いながら、のたうち回りはじめた。私は、どうしたのかと尋ねた。彼らは、自分たちのなかに悪魔が解き放たれたのだと言った。……それから、私は赤い雄牛の姿をした悪魔が人びとのあいだを駆け抜けていくのを見たように思った。野獣が生い茂った穀草のあいだを駆けていくようだったが、角で誰かを突くようなことはなかったものの、まるでその角が私の心臓を突き刺すかのようにして、私をめがけて直進してきた。それで私は、「神よ、われを助けたまえ」と叫ぶやいなや、何千という人びとの前で、悪魔の角をつかんで、右足でその首を踏みつけて背中を地面にねじ伏せたのだった……。

彼は汗びっしょりになって、疲れ果てて夢からさめた。そして、また別の晩のこと、「私の魂は神の愛で満たされた。私は神の前で泣いた」。

> 私は夢をみた。私はヨークシャーにいて、ゴマーサル丘陵の頂上からクレックヒートンへと向かっていた。

その道の途中、悪魔が私に会いにきたのを見たように思った。悪魔は背が高く、黒人で、頭の毛は蛇のようだった。……私は歩を進め、上着を引き裂いて広げ、裸の胸を見せて言った。「見なさい、ここにキリストの血が流れている」。すると悪魔は、野ウサギが走るような速さで逃げていった。

ジョン・ネルソンは、きわめて真剣だった。彼は陸軍に徴兵されたが、兵役を拒否した。彼と妻は仕事をしているときに襲われたり石を投げつけられたりした。しかし、それでもなお、ネルソンの悪魔はバニヤンのアポルオン以上に空想の世界に属しているように思われる。後者の火炎や巨大さにもかかわらず、そうである。そしてこの空想には、ヒステリーの潜在的要素と、損なわれ挫折させられた性衝動――しばしば回心をもたらす感情の激発を伴った(20)――の潜在的要素が含まれている。これらは、メソジスト信仰復興運動のまぎれもない特徴である。バニヤンが、治安判事や、背教者や、妥協への俗っぽい言い訳の世界におけるアポルオンの挑戦を暴いてみせたのにたいして、このメソジストの悪魔は、霊魂《プシュケー》のどこかに存在する、肉体を離れた力である。それは、内省を通じて見いだされるか、あるいは信仰復興運動を最高潮にした集団ヒステリーの激発にみられるキリスト的愛の女性的イメージとは対立する男根崇拝イメージとして現れ出てくるのである。

ある面では、この悪魔は、十八世紀の貧民の困窮と絶望の発散現象と見なされよう。別の面からは、社会生活における有効なはけ口をふさがれたエネルギーや、ピューリタニズムの現世否定の教義によって抑圧されたエネルギーが、人間精神にそら恐ろしい復讐をおこなうのを見ることができよう。われわれは、メソジズムを、十七世紀の「ランターズ」[54]にまでさかのぼる伝統の一変種だと見なすことができる――そのいとこにあたるモラヴィア兄弟団は、ウェスレーにひじょうに大きな影響を与えたのである。しかし、この「愛」のカルトは、「社会的宗教」であるとの主張と、挫折させられた社会的・性的衝動の病理学上の倒錯との均衡点に到達していた。一方における「売春婦、パブの主人、そして盗人」への真の憐憫と、他方での罪や罪人の懺悔への病的な没頭。本当の悪事にたいするの真の良心の呵責と、内省された罪責の途方もない精緻化。一方での、初期の一部のメソジスト団体の真の仲間意識と、他方での、公的生活でははけ口をふさがれた社会的欲求の、浄化された感情的自慰による発散。一方では、庶民を地元在住の説教師《ローカル・プリーチャー》や組指導者《クラス・リーダー》の地位につけたり、庶民に読み方を教えたり、自尊心を与えたり、演説や組織化の経験を与えたりする宗教であったが、他方では、知的探究や芸術的価値に敵意をもち、その知的信用をひどく落とした宗教でもあった。性愛としてであれ、絶対権威[55]との関係を荒立てるような社交形態の愛としてであれ、愛が実際に発現することを恐れるような「愛」のカルトなのである。献身という言葉は、本来、マゾヒズムを伴った性的昇華という意味をもっている。だから、「血の流れる愛」とか、傷ついた脇腹とか、神の子イエス・キリストの血と言うのである。

すべての享楽の誘惑に、
　私の心が惑わされぬよう導きたまえ。
神よ、私の愛、私の喜び、私の恐れよ！
　私の永遠なる神よ。
永遠なる私の友よ
愛されよ、おお、いつまでも私を愛されよ。

ロンドンでは、あるジャコバン主義者の彫版画師が「愛の庭園」に行き、「その上でよく遊んだ芝生のまんなかに……教会堂が建っている」のを見つけた。

この教会堂の門は閉まっていた、
「汝、するなかれ」と扉には書かれていた。

庭園のなかには、「花のあるべきところに墓碑群」があった。
　黒いガウンを着た僧侶たちが持ち場を歩いていた、
　私の喜びと欲望をイバラで縛りながら。

最近、労働者階級の運動へのメソジストの積極的な貢献についてあまりに語られてきているので、ブレイクやコベット[56]やリー・ハント[57]やヘイズリット[58]が別の見方をしていたということを思い起こす必要がある。通俗的な説明によれば、メソジズムは急進派や労働組合のオルガナイザー養成の基盤にすぎないのであり、そのすべては、「小さな神学図書室」と断固たる独立心を兼ね備えたトルパドルの殉教者、ジョージ・ラヴレス[59]をイメージしてつくりあげられたのだといった印象を与えられる。事態は、それよりはるかに複雑である。ある次元では、反動的な――実際、不愉快なほど服従的な――表向きのウェスレー主義の性格を立証するのになんの困難もない。ウェスレーの政治へのごく少数の積極的関与には、たとえばプライス博士やアメリカの植民地主義者に反対するパンフレット執筆があった。思想というよりも迷信の次元で表現された服従の教義を信奉者に印象づける機会を、ウェスレーはめったに見逃さなかった。[21]彼の死（一七九一年）は、フランス革命にたいする初期の熱狂と時期を同じくしている。しかし、その後のメソジストの年会[60]は、創設者の伝統を継承して、「国王にたいする偽りのない忠誠と、国制《コンスティテューション》への誠実な恭順」（リーズでの一七九三年の年会）を再確認した。ウェスレーの死んだ翌年に作成された規則は、はっきりしている。「われわれのいかなる者も、文書においてであれ、会話においてであれ、政府について、軽々しくあるいは不敬な仕方で語ってはならない[22]」

　このように、この面ではメソジストは政治的には後退させたり「安定させたりする」効果をもっていたように思われる。そして、われわれは、メソジストが一七九〇年代のイングランドの革命を阻んだという、アレヴィの有名なテーゼのある種の確証を見いだすのである。しかし、ほかの面では、労働者が団結するための自信と能力の成長に、メソジスムが間接的に貢献したという議論にも、われわれは慣れ親しんでいる。この主張は、早くも一八二〇年に、サウジーによって述べられている。

結社に団結したり、自主統治のための規則をつくったり、基金を募ったり、国の一地方からほかの地方へと連絡をとるといった作業を、メソジスムが下層階級に習熟させていった方法は、おそらくメソジスムがもたらした予期せぬ害悪のなかに数えられよう。

そして、ごく最近には、ウィアマス博士の興味深い著書[61]のなかでも、そのことが立証されている。けれども、その著書を読む者は、サウジーの重要な限定、「しかし、この点においては、メソジストはほかの諸運動が生み出した過程を促進したにすぎない[23]」を覚えておくといいだろう。メソジスムによる労働者階級の運動への「貢献」の大半は、ウェスレー派の年会があったにもかかわらずなされたのであって、そのおかげでなされたのではない。

事実、われわれは、初期のメソジスムの歴史のいたるところに、ウェスレーによって押し付けられた教義や組織形態に反対して闘う民主主義の精神が形成されているのをみることができる。平信徒の説教師たち、国教会との断交、集団内の自主統治形態――これらすべての問題にたいして、ウェスレーは抵抗したり、妥協したり、事後承諾したりした。ウェスレーは、彼自身の霊魂の平等主義が招いた結果から逃れることはできなかったのである。もし、キリストの貧しき者たちが、自分たちの魂は貴族やブルジョワと同じく立派であると信じ込むようになったのであれば、それは彼らが『人間の権利』の主張を受け入れる第一歩となりえたのである。バッキンガム公爵夫人はすばやくこの点に気づき、メソジストであるハンティングダン伯爵夫人[62]にこう述べた。

メソジストの説教師に関するお知らせをいただきまして、ありがとうございます。彼らの教義は最もぞっとするものであり、神にたいしておそろしく無礼かつ不遜なものです。すべての階級を平等にし、あらゆる区分を取り除こうと、たえることなく尽力しているのです。あなたが、地面を這いずり回っている惨めな者たちと同様に罪深き心をおもちであると聞かされるのは恐ろしいことです。(24)

御者のハンフリー・クリンカーがロンドンのやじうま連中を相手に説教するという過激な喜劇のなかで、スモレット[63]もほとんど同じことを指摘していた。そして、ジョン・ネルソンの足跡をたどった何百という平信徒説教師たちは、まったく異なる仕方でこれを学んでいたのである。国教会の著作家たちは、何度も繰り返しこの恐怖を口にしている。一八〇〇年、ある反ジャコバン派のパンフレット作家は、スパ・フィールズやハックニー、イズリントン・グリーンで説教する「青二才や職人や不熟練労働者」を批難した。さまざまな宗派の説教師たちのなかに、彼が見いだしたのは、古着商、研磨工、羊の頭売り、馬車塗装工、洗濯絞り機製造工、家事奉公人、歯抜き屋、かつら職人兼放血師、半ズボン仕立て工、石炭運搬人などだった。リンカン主教[64]は、これを邪悪な脅しとみた。「同じ手段が、教会だけでなく、国家を破壊し転覆させるために、同じ効果をもってもちいられるかもしれない(25)」

さて、説教から組織へと進もう。ここには二つの問題がある。つまり、非国教派のある自治の伝統がメソジスムへ一時的に浸透したことと、メソジスト・コネクションに特有な組織形態が労働者階級諸団体へ伝播したことである。第一の問題については、ウェスレーは、既存教会外の「異教徒」に神託を送っただけ（ときどきそのように考えられているが）でなく、旧非国教派の行き場のない感情にもはけ口を提供したのである。非国教派の聖職者や会衆全員がメソジストに加わることもあった。ある者は、一時的に信仰復興運動に加わるが、ウェスレー主義の権威主義的な支配にうんざりして、元の宗派に舞い戻るだけだった。かたや、一七九〇年代までに、非国教派は自らの福音主義的信仰復興運動を享受していた。しかし、ほかの者は、いささか反抗的な信徒としてとどまり、彼らの旧来の伝統は、聖職尊重のウェスレー主義組織の内部で闘いを継続したのである。第二の問題については、メソジスムは、組会とか、ごく少額の献金の組織的な徴収や「会員証」といった、急進派や労働組合もしばしば取り入れた形式を提供したばかりではない。それまで非国教派が持ち合わせていなかった、効率的な中央集権組織の経験――全国規模でも地域規模でも――も提供したのである。（残念なことに、ウェスレー派の年会は、「基本方針」とか、礼拝規定を検討する役員会とか、ことこまかな議事運営という点で、ごく最近の労働党の運動にもう一つの「貢献」をなしているように思われる）。

このように、十八世紀後半のメソジスムは、それ自身のなかでは異質な民主主義的傾向に悩まされていたが、同時に、それとは異なった組織形態のモデルとしてはからずも役立ったのである。ウェスレーの生涯の最後の十年間、内部の民主化要求は、創立者の高齢にたいする深い敬意と、年老いた独裁者が「大いなる報酬」を受け取るのもまもなくだとする人びとの確信だけで抑制されていた。異論を唱える諸団体のなかでは、たくさんの要求の声があがっていた。すなわち、選挙で選出された者による年会、地域の自治権の拡大、国教会との最終的な断交、地区集会や四季集会への平信徒の参加などが求められた。全般に急進的な潮流が盛り上がった時期におけるウェスレーの死は、「ピストルの合図」のようなものだった。競合する組織計画が熱心に討議されたが、こうした討議そのものは、論争のテーマと同じくらい重要である。「われわれは、迫害者ネロのふるまいと、大いなるバビロンの淫婦たちのすべての血塗られた所業を憎む。それでもなお、われわれのやり方で、その志を継ぐのである」と、アレグザンダー・キラム[65]は、『自由の進歩』と題した小冊子のなかで宣言した。[26]また彼は、自治を要求する遠大な計画を提出した。それは、パンフレットという手段で、また組会や、地元の説教師たちの集まりをとおして、メソジスト・コネクションのなかで広く討議された。そしてそこでの討議それ自体が、民主主義を教える重要な過程の一部をなしたにちがいないのである。[27]

一七九七年、キラムは、ウェスレー派に決別した最初の重要な分派であるメソジスト・ニュー・コネクション[66]を率いていた。それは、より民主的な組織構造を求める彼の多くの提案を採用した。このニュー・コネクションの最大の支持基盤は、製造業の中心地にあり、（おそらく）とりわけ、ジャコバン主義に染まった職人や織布工たちにあった。[28]キラム自身は、議会改革論者たちに共感していたが、自己の政治信念を表明することはなかった。

しかし、彼に敵対する正統派コネクションの人びとは、それをなんとかして表面化させようとした。「われわれは、われらがシオンのすべての手に負えない騒乱者を除去しなければならない」と、年会はアイルランドのメソジスト教会の信徒に訴え、この分派について「彼らは全員ペインの信条をいだく者たちである……」と説明した。ハダズフィールドでは、ニュー・コネクションの信徒は、「トム・ペイン派メソジスト」として知られていた。リーズにあるキラム派の拠点の教会堂に関する記録から、われわれは彼に従う人びとの様子を推察することができる。その教会堂は、五百人の信徒を擁し、「エビニーザ街のはずれの、密集した、貧しい、手に負えない人びととの住むまんなかにあるが、そこは中流階級のよそ者が行くことなど考えられない場所である」。さらに、いくつかの地域にニュー・コネクション派と本物のジャコバン組織との結び付きがあったことはたんなる推測ではない。ハリファクスのブラドショー教会堂では、読書クラブと討論協会が結成された。この織布工村の人びとは、自分たちの組会で、キラムの『自由の進歩』についてだけでなく、ペインの『人間の権利』についても討論した。四十年後にハリファクスのメソジズムについて書き記した歴史家は、「いやらしいトカゲの群れ」にたいする嫌悪を抑えることができなかった。連中は、ついには教会堂を占拠し、正統派の巡回聖職者も追放し、その敷地を買収して、自分たち自身の「ジャコバン」教会堂としてそれを継承したのである。(29)

ニュー・コネクションの前進はめざましくはなかった。キラム自身は一七九八年に死に、彼の信奉者は九〇年代後半の全般的な政治的反動によって減少した。一八一一年までに、ニュー・コネクションはたった八千人の信徒がいるとしか主張できなかった。しかし、その存在は、アレヴィのテーゼに疑問を投げかける。ウェスレーが死んだ時点で、およそ八万人の人びとがメソジストの諸団体を構成していたと推定されている。たとえ、その一人ひとりが彼らの創始者のトーリー的な原則を分かちもっていたと仮定しても、これでは革命の潮流を食い止めるにはまったく不十分である。事実、年会がいかなる決議をおこなっても、一七九二年と九三年の急進的な世論のうねりは、非国教派全般に、そして大半のメソジスト団体におよんだという証拠がある。リヴァプールの市長は、九二年に内務省に書簡を送った際、しっかり観察していたといえよう。

近辺のいかなる場所にも、メソジストやそのたぐいの礼拝所しかないのです。……つまり、最近ではこう想像するに十分な理由があると信じるのでありますが、無知であるばかりでなくわれわれのよき政治体制に敵対している一団の人間の指導のもとで、わが国の若者たちが訓練されているのであります。(30)

メソジスムが、労働者のなかに最も勢力を得て、また社会を安定させたり退行させる勢力として最もはっきりと機能したのは、一七九五年以降の反革命の時代においてであった。キラム派の離脱によって、より民主的で知的な要素が奪い取られ、より厳しい規律形態のもとに置かれたため、その時期のメソジスムは、まるで新しい現象であるかのようにみえる――これは、政治的反動の原因であるとも、またその結果であるともみることができる。(31)

産業革命の全期間を通じて、メソジスムは、権威主義的な傾向と民主主義的な傾向とのあいだの緊張関係を一度も克服できなかった。民主主義への衝動が最も強く現れたのは、離脱した宗派、すなわちニュー・コネクションと（一八〇六年以後の）プリミティヴ・メソジスムにおいてであった。さらに、ホブズボーム博士[68]が指摘しているように、メソジスムは、それが見いだされるところならどこでも、国教会と絶交することによって、十九世紀フランスでの反聖職者主義と同じ機能をある程度まで果たしたのである。(32) 農業村や炭鉱村では、非国教派と国教派の両極分解が、政治的形態や産業的形態における両極分解を促すこともあった。何年もの間、この緊張関係は抑えられていたかにみえた。しかし、爆発したときには、それは、世俗の指導者たちがほとんどふれえないような道徳的熱情に満たされていた――旧来のピューリタンの戦争神がいま一度軍旗を掲げたのであった。悪魔が誰なのか識別できず、また悪魔がどの階級なのか定まらないため、メソジスムは、労働者たちをある種の精神上の内乱――教会堂とパブ、罪人と救われる者、地獄に落ちる者と救済される者とのあいだの戦争――へと追いやった。サミュエル・バンフォードは『若き日々』で、仲間たちとともに使命感に満ちた情熱をもって、「いまだ悪魔が多くの砦を構えている」近隣の村々の祈禱会を渡り歩いたものだと語っている。「そこに集まって祈る者たちは、『悪魔《プリンス・オブ・ジ・エア》の権力』にたいする多大なる攻撃だと見なされた」[69]。（ペナイン山脈の反対側でも、同じような情熱が注目に値する賛美歌に吹き込まれている。「ブラドフォードを、汝、同じく見下ろしてみよ、そこには悪魔が座っている」）。ほんの数年ののちコベットは、ランカシャーの高地地帯の織布工たちに、対抗相手の村の居酒屋《エール・ハウス》にではなく、「議会」や旧腐敗体制[70]に悪魔を見つけ出すようにと教えていた。リヴァプール卿[71]やスパイ・オリヴァー[72]はアポルオンであるとすばやく識別することによって、織布工たちはピータールーへといたったのである。

非国教派の伝統のほかの二つの特徴について記さなければならない。どちらも、十八世紀には重要な影響力をもたなかったが、一七九〇年以降には、いずれも新たな意義を帯びるようになった。第一に、クエーカーやカミザール[73]や、とりわけモラヴィア兄弟団と関連する共同社会主義的な思想と試みの系譜である。ボルトンとマンチエスターでは、クエーカーの小集団の熱狂は、一七七四年、「マザー・アン」と一小集団がアメリカ合衆国に最初のシェーカーの共同体をつくるために出発した時点[74]で最高潮に達した。四十年後、ロバート・オウエン[75]は、このシェーカーの成功で自分もやってみる気になったのであり、シェーカーの思想を世俗的なかたちで普及させたのである(33)。ウェスレーの回心はモラヴィア兄弟団に負っているが、兄弟団は、十八世紀のイングランドには決して十分に根づくことがなかった。多くのイングランドの民衆が、ロンドンのモラヴィア兄弟団の会衆にばかりでなく、ファルネック（パドシー）［ウェスト・ヨークシャーの町］や、ダンキンフィールドやフェアフィールド（いずれもマンチェスター近郊）にある彼らの共同体に加わったが、これらの団体はドイツ人の説教師や管理者に依存したままだった。最初のメソジスト諸団体は、モラヴィア兄弟団との関連で誕生したが、後者は、その「静寂」「熱狂」の回避、実践的な共同社会主義的価値観の重視という点で前者とは区別された。［ファルネックでの］静かで、優しく、堅実で、甘美で、印象的な礼拝は、［メソジストの］信仰復興集会での熱狂、喧騒、叫び声にたいするある種の戒めのように思われる。モラヴィア兄弟団の影響は三つにまとめられる。第一に、その教育活動である。リチャード・オウストラ[76]やジェイムズ・モントゴメリー[77]（急進派の詩人で、『シェフィールド・アイリス』の編集者）が、ファルネックで教育された。第二に、モラヴィア兄弟団の共同体のあきらかな成功である。それは、シェーカーの共同体と同様に、十九世紀のオウエン主義者によってしばしば引き合いに出された。第三に、ウェスレーがモラヴィア兄弟団との関係を断ったあとも、「兄弟愛」あるいは「姉妹愛」という言葉で表現された共同社会主義的理想への憧憬がメソジスト諸団体内部に長く残ったことである。(34)

共同社会主義的伝統は、ときにもう一つのひそかな伝統《アンダーグラウンド》、すなわち千年王国主義との関連に見いだされる。ヨハネの「黙示録」[78]を文字どおり解釈したり、天上から降りてくる「新しきエルサレム」を予期するイングランド革命のより野蛮な弟子たち——ランターズや第五王国派——は、完全に消え去ったわけではなかった。マグルトン派[79](ルドヴィック・マグルトンの信奉者たち)は、十八世紀末でも、なおロンドンの原っぱや公園で説教をおこなっていた。シェーカーを生み出すことになるボルトンの団体は、「ひどく身を震わせながら」集会室を歩き回っていたマザー・ジェイン・ウォードリ[80]によって取り仕切られていた。彼女は宣告している。

悔い改めよ。神の王国はすぐそこにあるのだから。過去に預言された新しい天国と新しい地上が、まさに訪れようとしている。……そして、キリストが再来し、真の教会が完全なかたちで天上の光輝をもって現れたならば、そのとき反キリスト的なあらゆる宗派——その牧師、その教会、そしてその法王——は一掃されるのだ。(35)

一七五五年のリスボン大地震のような劇的な事件ならば、なんであっても黙示録的な期待を呼び起こした。実際は、メソジスム自身の核心のうちに、千年王国論的な不安定さがあったのである。ウェスレーは、魔女や悪魔の存在や、聖書占い(聖書を当てずっぽうに開いて、そのテキストから導きを探すこと)をある程度は信じており、審判の日が切迫している予感をときおり口にした。ウェスレー派の初期の賛美歌は、伝統的な千年王国の比喩的表現をもちいている。

ここに汝の幕屋を建てよ、

新しきエルサレムは降臨す。
汝ら自身のただなかに、聖者が現る、
そして、まばゆき汝の御座に、われらをして座らしめよ。
偉大なる千年王国の日が始まらん、
いまや救い主は、歓声とともに降りくだり、
汝が旗は天上に掲げられん、
かくて終わりなき喜びはもたらされん。

たとえ千年王国を文字どおりに信じることがなくなったとしても、黙示録的な仕方で催されたメソジストの信仰復興集会は、そうした想像をかりたて、一七九〇年以降の千年王国信仰の受容に道を開いたのである。ロンドンやブリストルやバーミンガムでは、スウェーデンボルグ派の新エルサレム教会のひと握りの会衆が、[81]より知的で神秘的な千年王国信仰を職人たちに準備していた。(36)

最近、歴史家や社会学者は、千年王国運動や千年王国幻想に以前よりも注目するようになったが、不適応とか「偏執症」という観点から論じがちなので、それらの重要性は一部曖昧にされてしまっている。だから、コーン教授は、『千年王国の追求』という興味深い研究において――そのいささかセンセーショナルな証拠の選別によって――「選民」は偏執症的かつ誇大妄想的観念であるとか、「千年王国志向の運動」は「現実感覚の慢性的損傷」であるといった一般化をすることができるのである。メシア的な運動が大衆の支持を得るとき――

それは、それまで人びとのあいだに拡散していた偏執症が、突如合体して、集団的な偏執症的狂信という、新しい統一体を形づくるようなものである。(37)

そうした「合体」の過程は疑わしい。たとえそのような現象があったとしても、歴史の問題は残る。つまり、不平不満とか、熱望とか、あるいは心理的異常さえもが、なぜ一定の時点においてだけ、そして特定の形態をとって「合体」し、影響力をもつ運動になるのだろうか？

われわれは、純粋の「変人」や奇想天外な倒錯と、バビロンやエジプトの捕囚、天の都エルサレム、悪魔との抗争などの比喩的描写とを混同してはならない。少数派集団は、何百年もの間、こうした比喩的描写で自分たちの経験を表現し、自分たちの熱望を投企してきたのである。そのうえ、特定集団によってもちいられた途方もない比喩的描写が、その当人たちの客観的動機や実際の意図をあきらかにするとはかぎらないのである。これは難しい問題である。つまり、われわれが「比喩的描写」というときには、比喩以上のものを意味する。比喩では、奥にある動機は「衣装を着せられている」のである。比喩的描写それ自体が強力な主観的動機の証拠なのであり、客観的なものと同じくらい十分に現実的であり、十分に実際的であって、ピューリタニズムの歴史のなかに、その歴史的主体のなかに繰り返しみることができる。それは、人間がどのように感じ、希望をもち、愛し、そして憎んだのか、また人間が特定の価値観を自分たちの言語という織物そのもののなかにどのように保存したのかを表す徴なのである。しかし、その豊饒な比喩的描写がときにあきらかに幻想でしかない目標をさしていることがあるからといって、それが「現実感覚の慢性的損傷」の指標であると簡単に結論できるわけではない。さらに、時代の苦難や困窮にたいする悲惨な「適応」が、千年王国論者の感覚と同様の損傷された現実感覚を指し示していることもある。このような現象に出くわしたときはいつでも、われわれは、黙示的ではあっても言葉のなかに蓄積され――解放されている――心理的エネルギーと、実際の精神異常とを区別するように努めなければならない。

産業革命を通じて、貧しい非国教派のなかに見いだすことができるのは、一方の極における千年王国主義を伴った「外界の王国」と、他方の極の静寂主義を伴った「内面の王国」とのあいだの緊張関係である。何世代にもわたって、最も一般的に利用された教育は、牧師や日曜学校、そして旧約聖書や『天路歴程』をとおしてのものだった。こちら側の比喩的描写と、あちら側の社会的経験とのあいだには、絶え間ないやりとりがあったのである。それは、感じ方と現実とのあいだの対話だった。この対話はときには実を結んだが、ときには不毛であり、ときには卑屈で自虐的であった。しかし、「偏執症的」であることはめったになかった。メソジスムの歴史が示唆しているのは、社会が反動的な時代では、病的に歪んだ「昇華」が貧者の最も一般的な倒錯形態であることだ。しかるに、偏執症的な幻想は、革命的熱狂が解き放たれる時代に属することのほうが多いのである。じつに長期間水面下にあった千年王国的な潮流が、突然、予期せぬ力をもって表面に噴出するのは、フランス革命直後のことだった。

　　真正の千年王国論者にとって、現在とは、以前内部に存在していたものが突如外部に姿を現し、外界をひっつかんでこれを変形させてしまう突破口となる(38)。

比喩的描写と現実とが、ふたたび混じり合うようになったのである。千年王国論は、その息吹きをもってブレイクの心をとらえた。それは、ロンドンの職人世界のジャコバン主義者や非国教派ばかりでなく、ミッドランズや北部の炭鉱村や織布工村や、南西部の村々へと歩みだしたのであった。

　しかし、大多数の心のなかでは、外界の経験と内面の王国とのあいだに、ある均衡が保たれていた。内面の王国は、世俗の権力《パワーズ・オブ・ザ・ワールド》がおよびえないものであり、旧約聖書の感動的な言葉を蓄えていた。トマス・ハーディは組織の実際的な面にたいしては細心の注意を払う、真面目な、平凡とさえいっていい人間だった。しかし、大逆罪による彼自身の裁判を思い起こしてみると、彼が最も平凡なイングランド人の理解する言葉ということで「列王記」[82]に頼ったことは、当然至極のことだったように思われる。

　　人びとは言った。「ダビデの家にわれわれの受け継ぐ分が少しでもあろうか。エッサイの子とともにする嗣業はない。イスラエルよ、自分の天幕に帰れ。……このようにイスラエルはダビデの家に背き、こんにちにいたっている」

イングランドのジャコバン主義運動に投げ込まれた要素の一つである非国教派の伝統に関して、お手軽な要約など示すことはできない。その伝統の多様性が一般化を妨げるのだが、多様性自体が最も重要な特質なのである。宗派が互いに競い合い、また教会が分離する複雑な事態のなかに、十九世紀の労働者階級文化の多様性をはぐくむ苗床がある。小規模だが影響力のある職人の信奉者を擁する、厳しい知的伝統のなかで育ったユニテリアンや独立派がいる。ウィリアム・ゴドウィン[83]の父もその聖職者だったサンデマン派、共同社会主義的伝統をもったモラヴィア兄弟団、インガム派[84]、マルグルトン派、コールド・バス・フィールズ[85]の脇の理髪店から始まって、『天国と地獄誌』を発行したスウェーデンボルグ派がいる。また、ヘイズリットが目撃した二人の旧非国教主義の牧師もいる。二人はあらゆる課税物品をボイコットすることによって旧腐敗体制を打倒せんと願って、パイプに木イチゴの葉を詰めていたのだ。さらに、ウェールズから来たカルヴァン主義メソジストの移民[86]や、スコットランドの契約派[87]のなかで育った移民たちもいる。――アレグザンダー・サマヴィル[88]は、有名な反穀物法評論家になった人物だが、バーヴィクシャーの農場労働者の家庭で厳格なアンチ‐バーガー派[89]として育てられた。また、ザカライア・コールマンという印刷労働者もいる。彼は『ターナー小路における革命』で見事に再創造された英雄[90]だが、その小説のなかでバーデット[91]やカートライト[92]の肖像画やサドラーのバニヤンの肖像画を壁に掛けている。「彼は、ランターズでも信仰復興運動家でもない、いわゆる穏健的カルヴァン主義者だった。つまり、カルヴァン主義を自分の本当の信条としていたが、現実の実践における要請があったときにはそれを修正した」。また、ホクストン〔ミドルセクスの一地区〕の古代理神論協会のような奇妙な協会もあった。彼らは（ブレイクのように）、夢について、また昇天した魂や天使との会話について語り、そして（ブレイクのように）、「フランス革命の強烈な衝撃にあっというまに魅了され」て「政治家(39)」になった。

良心の自由は、一般民衆が共和政《コモンウェルス》から引き継いできた大いなる価値であった。田舎はジェントリに支配され、都市は腐敗した自治体によって支配され、国家はあらゆるもののなかで最も腐敗した一団によって支配されていた。しかし、教会堂や居酒屋や家庭は一般民衆自身のものであった。「尖塔のない」礼拝所には、「制限なき会員《メンバーズ・アンリミテッド》」が自由な知的生活や民主主義の実験をおこなうための空間があった。理神論者や熱烈な神秘論者を周辺に抱えたロンドンの非国教派の背景に照らしてみれば、ウィリアム・ブレイクは、当時の上品な文化しか知らない人ならそうみるにちがいないが、もはや偏屈で無教育の天才とはいえないように思われる。(40)それどころか、彼は独自の、しかも長い民衆的伝統の真正なる代弁者なのである。もし、ロンドンのジャコバン派のなかに、ルイ十六世とマリー・アントワネットの処刑に奇妙にも平静であった者がいたとすれば、それは、かつて国王を処刑した自分たちの先祖を彼らが記憶していたからである。その骨身にバニヤンを刻み込んだ人物であれば、ブレイクの多くのアフォリズムを不思議には思わなかっただろう。

いままでに知られている最も強い毒は
カエサルの月桂樹の冠からとられた。[93]

多くの者が、ブレイクと同様に、合理的な理神論と、「内面の王国」で一世紀にわたってはぐくまれてきた霊的な価値観とのあいだで、自分たちが引き裂かれていると感じていた。ペインの『理性の時代』が弾圧時代に出版されたとき、ランダフの主教[94]の『聖書の擁護』（ペインへの返答として書かれた）の最終ページに注釈を加えたブレイクと、多くの人びとは考えを同じくしていたにちがいないのである。

いま私には、トム・ペインが、主教よりもよきキリスト者であるように思われる。[95]

このように非国教派をみるとき、われわれはそれを一つの知的伝統としてみているのである。この伝統のなかから、数多くの独創的な思想と独創的な人びとが現れてきた。しかし、「旧非国教派」が一つの組織として民衆側に立とうとしていたと考えてはならない。マンチェスターの議会改革論者であったトマス・ウォーカー[96]——彼自身は国教会信徒だった——は、審査法ならびに自治体法の撤廃に力を注いだ人物だが、非国教派の臆病さを軽蔑していた。

　非国教派は……組織的にはつねに、彼ら自身の原則に達することができないでいる。……恐怖か、何かほかの動機からか、彼らは極端な穏健主義の強固な唱道者であるので、民衆の権利のためにあえて最大の危険を冒して最大の実践に取り組んでいる人びとにとって、友というよりむしろ敵なのであった。[41]

ここにはおそらく、ロンドンと製造業大都市とのあいだの緊張関係がある。マンチェスターの非国教派、バーミンガムのオールド・ミーティング派、あるいはレスターのグレート・ミーティング派のなかには、それぞれの地区における大規模雇用主の一部が含まれていた。市民的・宗教的自由にたいする彼らの執着は、彼らの自由貿易のドグマへの執着と歩みを同じくしていた。彼らは、とりわけ一七七〇年代と八〇年代に、十九世紀の中流階級の政治行動形態を先取りして、議会外運動と圧力団体的政治活動に大きく貢献した。しかし、大規模雇用主の市民的自由にたいする熱狂は、『人間の権利』の刊行とともにしだいに消え去っていき、そのきわめて少数の者のうちに、一七九〇年代初期の裁判と処刑を乗り切って存続したにすぎないのである。ロンドンや、大都市のごく一部では、多くの非国教派の職人が、同じ時期に非国教派的イデオロギーから理神論を経て世俗のイデオロギーへと進んだ。「世俗主義」[97]について、ホブズボーム博士は記している。

　ロンドンのジャコバン派やプレイスから、反宗教的なオウエン主義者や協同組合主義者、反宗教的なジャーナリストや書籍商を経て、また、ホリヨーク[98]に傾倒しブラッドロウ[99]の科学会館に群がる自由思想をもつ急進主義者たちを経て、教会の弁説《チャペル・レトリック》への嫌悪感を隠さない社会民主連盟やロンドンのフェビアン主義者にいたる、ロンドンの労働史すべてをくくるイデオロギー的な導きの糸は、世俗主義である。(42)

労働者階級運動の理論家ほぼ全員が、このロンドンの伝統のうちにある。さもなければ、リーズの印刷工であるブレイ[100]のように、ロンドンの熟練労働者によく似ている。

しかし、ホブズボーム博士の一覧表自体には、あきらかに一つの側面が欠けている。つまり、ラダイトや、ブランドレス[101]や若き日のバンフォードや、十時間労働運動家《テン・アワー・メン》や、ノーザン・チャーティスト、そして独立労働党などが有していた道徳の力である。そして、こうした異なる諸伝統の一部は、十八世紀の宗教的布陣にさかのぼることができる。十八世紀末に民主主義の復興が訪れたとき、旧非国教派は民衆の信奉者の多くを失い、また依然としてそれに執着していた職人たちは、たとえばフランシス・プレイスのように、啓蒙的な利己主義的価値観におかされて視野の狭い功利主義哲学を受容するようになった。しかし、非国教派の怠慢によってメソジズムが勝利を収めた地方の大部分では、メソジズムは旧来の伝統がもっていた民主主義的で反権威主義的な要素をほとんど破壊し、民衆と革命的伝統のあいだに、国教会を補強する役割を果たす未熟な感情主義を差し挟んだ。それにもかかわらず、メソジストの反逆は、道徳にかかわる事柄についての特別な熱意と活力を特徴としていた。南と北、知性と熱狂、世俗主義の主張と愛というレトリック――十九世紀に受け継がれるのは、この緊張関係である。そして、二つの伝統は、それぞれが互いを補強することなく衰弱していったように思われる。

第3章　「悪魔の砦」

さて、福音主義者が全力をあげて矯正しようとした魂の持ち主である「悪魔の砦」の住人たち、すなわち「売春婦、パブの主人、そして盗人」は、どうしていたのだろうか。われわれが歴史の変化を問題にする場合には、意思表明《アーティキュレイト》をする少数派集団に注意を払わなければならない。しかし、こうした少数派集団は、意思表明することがより少ない多数派から立ち現れるのであり、その多数派の意識は、こんにちなら「準政治的《サブ・ポリティカル》」と記述されうるようなものであり、迷信あるいは消極的な無信仰、偏見、愛国主義から成り立っていた。

　意思表明せぬ者《インアーティキュレイト》たちは、その定義からして、自分たちの思想の記録をほとんど残していない。ゴードン暴動[1]などの危機的瞬間にそれを垣間見ることはできるが、けれどもなお、危機というものは典型的な状況ではないのである。犯罪の記録保管所のなかに入って彼らを追跡することは魅力的である。しかし、そうする前にわれわれは、十八世紀後半の「キリストの貧しき者たち」を、悔悛した者と殺人者・盗人・酔漢とに分けることができるとする思い込みにたいして警告を発しなければならない。

　産業革命期の民衆を、組織された、すなわち教会に通っている善人と、自堕落な悪人とに誤った区分けをすることは簡単である。というのは、史料は少なくとも四つの方向からわれわれがそう結論するよう促すからである。入手できるそうした事実は、しばしばセンセーショナルなかたちで発表され、批難する目的に合わせて分類・整理される。最も勤勉な研究者の一人、パトリック・カフーン[2]を信頼するならば、世紀の転換期には、首都だけでも五万人の売春婦と一万人の盗人がいたことになる。さらに拡大された彼の犯罪階級の推計には、故買屋、贋金づくり、博奕打ち、富くじ屋、いかさま商店主、河岸のクズ拾い、そして河岸のこそ泥、船荷盗み、ポン引き、ニセ富くじ屋、雲助御者、ぼろ拾い、熊いじめ興業師、辻音楽師ら彩り豊かな人物が含まれていて、総計して（先の諸集団と合わせて）百万人に満たない首都の人口のうちの十一万五千人を占めている。彼の国全体の犯罪階級の推計は——百万人の救貧手当受給者も含めて——総計百三十二万七百十六人になる。しかし、こうした推計は、ジプシーや浮浪者、失業者、そしてメイヒュー[3]の街頭商人たちの祖父母にあたる人びとを無差別に一括して扱っている。一方、売春婦たちは、子細な調査にもとづいて、「猥褻で不道徳な女性」だとされているが、そこには「結婚することなく住居をともにしている下層階級の膨大な人数」が含まれている（しかも、この時代には貧民たちが離婚することはまったく不可能であった）。(1)

それにこうした数値は、ある印象にもとづく推定である。それは、無産階級の実際の犯罪行動について多くのことをあきらかにしているが、それと同じ程度に有産階級の心性についても多くのことをあきらかにしている（彼らは、理由がなかったわけではないが、安定した仕事がなく財産もない人間はみんな非合法な手段によって自らを養っているにちがいないと考えていた）。カフーンの調査の日時は、彼の結論と同じくらい重要である。というのは、調査はフランス革命のあとのパニック状況のなかでおこなわれたからである。これに先行する二十年間に、上流階級のあいだで人道主義的関心が大きく盛り上がった。われわれはこれを、ハワード[4]、ハンウェイ[5]、クラークソン[6]、サー・フレデリック・イーデン[7]の著作に、そして、小ジェントリや非国教派の自営業者たちが市民的かつ宗教的自由への関心を高めたことにみることができる。しかし、「フランス革命の最初の衝撃を受け、労働者階級が目覚めたことは、上流階級を震え上がらせた」。フランセス、すなわちシェリー夫人[8]は『日記』にこう書いた。「誰もが自分の邸宅を秩序あるものとしておく必要を感じていた……」(2)

より正確にいうならば、財産をもつほとんどの男女が、貧民の家々を秩序あるものとしておく必要を感じていたのであった。提案された方策はさまざまだっただろう。しかし、より効果的な警察制度を提唱したカフーン、ハンナ・モア[9]の半ペニーの小冊子と日曜学校、秩序と服従をあらためて強調したメソジスト、バーリントン主教[10]のもっと人道的な「貧困状況改善協会」、そしてウィリアム・ウィルバフォース[11]とジョン・バウドラ博士[12]の「悪弊撲滅ならびに宗教奨励協会」[13]、これらの背後にあった衝動はほとんど同じであった。労働貧民に与えられようとしたメッセージは単純であり、「忍耐、労働、節酒、倹約、信仰が彼らに推奨されるべきである。そのほかのことどもはすべて正真正銘の不正行為である」と、飢饉の年の一七九五年にバークによって要約されている。「どんな災禍にあってもやむをえない下等な人間で一国を満たしたいのなら、広大な共有地《コモンズ》と月にたった一度の礼拝があれば十分だ。……フランスの原理こそが進歩をこれほど阻んでいるのだから、諸君は彼らにこうした救いの手を差し伸べるべきではないだろうか？」(3)と、農法宣伝家《アグリカルチュラル・プロパガンディスト》のアーサー・ヤング[14]は記した。ヴィクトリア時代の中流階級の感性は、鉱夫や陶工や刃物工が『人間の権利』を読んでいるのを知って震え上がったジェントリたちによってこの一七九〇年代にはぐくまれたのである。そしてその育ての親は、ウィルバフォースとハンナ・モアであった。こうした反革命の時代には、人道主義の伝統は見分けられないほど歪められてしまった。ハワードが暴露した、七〇年代、八〇年代の監獄における虐待は、九〇年代と一八〇〇年代になっても広くみられた。サー・サミュエル・ロミリー[15]は、十九世紀の最初の十年間、刑法を改革しようとする自分の努力が敵意と臆病風をもって迎えられていることに気がついた。フランス革命は、（彼の回想によれば）「上流階級のなかに、……あらゆる改革への恐怖心」を生み出した。「なにもかもが、フランスでの革命でもちきりになり、それに結び付けられた」と（スコットランドでの青春を）回想しているのは、コウバーン卿[16]である。「すべてのことに、あれかこれかではなく、文字どおりすべてのことに、この一つの事件が浸透していた」。道徳的なごまかしという暗鬱な雰囲気が、当時のイギリスをおおった。それはブレイクをして激怒させた。

すべての都会と農村にいる英国《アルビオン》の抑圧者たちのせいである……
彼らは、柔和で穏健な手段をもちいて、貧民にパンの皮で生きていくよう強いている。
彼らは、人間を飢えさせ、それから仰々しく与えるのだ。

エホバへの賛美が、飢え渇いた者の唇から詠唱される。(4)

有産階級の側にあった以上のような傾向は、(カフーンの事例ですでにみたように)正確な社会観察をおこなうのには役立たない。そしてそれは、居酒屋や定期市やそのほかの大勢の人の集まりを不法行為、すなわち怠惰、けんか、治安妨害、伝染病の源だと見なすという、当局が本来的に備えている傾向をいっそう強めることになった。そして、証拠を「でっちあげる」一般的な傾向は、十八世紀末にはさらに三つの方向からもあおられた。第一は、新興の製造業階級の功利主義的な態度である。工場都市部において労働規律を押し付ける必要から、彼らは多くの伝統的な娯楽や軽はずみの騒ぎに敵対した。第二は、メソジストからの圧力そのものであり、果てしない数の悔いた罪人たちの信仰告白の伝記が印刷物をとおして注ぎ込まれた。「全能なる父よ、なぜあなたはこのような反逆を我慢なさったのですか?」と、懺悔し罪を贖われたある船乗りは尋ねた。その放蕩の青春時代、彼は——

競馬、ウェイク[17]、ダンス、定期市に出かけ、劇場に通った。が、それだけでなく、神への畏怖と母親の説得とを省みなかったので、何度か火酒の虜になるほどだった。彼は、罰当たりな歌を口ずさんだり、冗談を飛ばしたり、こっけいなばかげた寸評を加えたりすることが達者であった……。

普通の船員はどうかというと——

歌、酒、そして恋人(たぶん町を行く売春婦)が、船員の三大娯楽である。考えるなんてことはしないし、本など読まないし、ましてやお祈りなんか絶対にしない。……神の召命《コール》について船員に聞いてみるがいい。甲板長の呼び声《コール》を聞くだけで十分だと言うだろう。……仮に天国のことを話題にしても、船員は高いところにすてきな寝床をこしらえることを望むだろう。地獄はどうかって？ 昇降口の下に押し込められることとさと冗談を飛ばすだろう。

「おお、わが子らよ、このような罪にとらわれていた者が救済の説教師になろうとは、なんという奇跡か！」[5]

「陽気な水夫」や徒弟やサンドゲイト〔ケントの港町〕の娘っこが、当局者やメソジストの説教師についてどう考えていたかを知りたいならば、このような文献は悪魔の光に照らして逆さに読まれなければなるまい。もしそうしないならば、歴史家は、庶民の人生を耐えうるものにしたものごとの一部をもって、十八世紀にきわめて乱暴な判断をくだすことになりかねない。さらに、われわれが初期の労働者階級の運動を評価しようというときに、この手の証拠は、第三の方向からも補強されるのである。運動の初期の指導者や記録者のなかには、その場限りの楽天的な居酒屋世界に背を向けて、自己鍛錬の努力によって自己を向上させてきた独学の労働者たちがいた。「私は、ほかの多くの男たちのようには、居酒屋に行くことはできない」と、フランシス・プレイスは書いた。「私は居酒屋と居酒屋の連中が大嫌いだ。私は飲めないし、ばかどものおしゃべりに多くの時間を割くことなど認めることはできない」[6]。彼らの自尊心という美徳は、しばしば狭量な態度を伴っていた――プレイスの場合には、功利主義とマルサス主義の教義が受容された。そして、プレイスは初期の運動の偉大なる記録者なのだから、無思慮、無知、貧民の放埒にたいする彼自身の憎悪は、その記録にまちがいなく影響を与えている。そのうえ、議会改革論者たちの闘争は、彼ら自身の階級内での啓蒙、秩序、節酒を求める闘争でもあった。そうであればこそ、ウィンダム[18]は、一八〇二年に、メソジストとジャコバンは同盟を結んで民衆の娯楽を破壊しようとしていると、若干の脚色をほどこして述べることができたのだ。

前者によって……すべての喜びは禁止されようとしていた。民衆にメソジストの熱狂的な教義を受容させるために。他方、ジャコバンにとっては、自分たちの教義の受容を促進する手段として、下層階級の性向にもっ

と真剣さと真面目さを与えることが重要な検討課題だった。(7)

労働者階級運動の祖先が真面目な気質をもっていたことを強調したい人びとは、より乱暴で粗野な特徴をときに過少に評価してきた。ここでなしうることは、いくつかの戒めを心にとめおくことだけである。われわれは、居酒屋世界の犯罪者や兵卒や船員たちの社会的態度をもっと研究する必要がある。また、われわれは道学者流の立場からではなく（「キリストの貧しき者たち」は、いつも立派というわけではなかった）、ブレヒト流の価値観、[19]つまり民衆の宿命論や、イングランド国教会のお説教をものともしない皮肉や、自己保身の強さなどを見抜く目をもって史料にあたるべきである。さらにわれわれは、バラッド歌手や定期市会場といった「ひそかな伝統《アンダーグラウンド》」も記憶しておかなくてはならない。さまざまな伝統は、それらを通じて十九世紀へ（ミュージック・ホールへ、ディケンズ[20]が描いたサーカスの見物人たちへ、あるいはハーディ[21]の行商人や芸人へ）と伝達されたのである。こうした方法で、「意思表明せぬ《インアーティキュレイト》」人びとは、治安判事や工場所有者やメソジストたちの禁止しようとする圧力にもかかわらず、一定の価値観——娯楽や連帯の自発的能力——を保持したのだった。

　われわれは、こうした「準政治的《サブ・ポリティカル》」な伝統が、初期の労働者階級の運動に影響を与えた二つの形態を区別することができる。一つは暴動や暴徒という現象であり、もう一つはイングランド人の「生まれながらの権利《バースライト》」という民衆に根づいた観念である。前者についてまず理解しておかなければならないのは犯罪にたいする民衆の一貫した態度であって、それはしばしば不文律にまでなっていて、国の法律とはまったく異なっていた。ある種の犯罪は、どちらの法規範からも不法だとされていた。妻殺しや子殺しは、タイバーン刑場へ引っ立てられる途中、きまって石つぶてを投げつけられ、ののしられた。追いはぎや海賊は、半ば英雄伝説として、半ば若年層への戒めとしてバラッドの主題になった。しかし、そのほかの犯罪、たとえば贋金づくり、密猟、（窓税ならびに十分の一税の）脱税、物品税のごまかし、徴兵忌避は、コミュニティ全体から実際に大目にみられていた。密輸に従事するコミュニティは、当局とたえざる戦争状態のなかで暮らしていたが、その不文律は双方から了解されていた。

すなわち、当局は密輸船を捕獲したりその村の手入れをおこなったりしてもいいし、また密輸業者は逮捕にたいして抵抗してもいい――「しかし、ときには不法奪還をすることはあっても、自己防衛を超えて戦う戦術を、密輸業者は決してとらなかった。報復措置がとられることは確実なのだから……」(8)。他方、実行が容易で、しかも特定のコミュニティの生計の道を奪うそのほかの犯罪――羊泥棒、開放耕地の番人の衣服強奪――は、民衆の批難を巻き起こした(9)。

法律の規範と不文律の民衆の規範という、こうした区分は、どんな時代にもよく見られるものである。しかし、十八世紀後半ほど、この二つの規範が鋭く区別されたことはめったになかった。この時代は、かたやタイバーン刑場、牢獄船、ブライドウェル監獄[22]をめぐって、かたや犯罪、暴動、暴徒の行動をめぐって階級戦争がおこなわれた時代だとみることもできよう。ラジノウィッチ教授[23]の研究した『イングランド刑法の歴史』は、ゴールドスミス[24]によっておなじみになった次のような情景に、陰鬱で有力な証拠を付け加えた。

勝手気ままな判事の誰もが、新しい処罰の法令をでっちあげる。
法律が貧民をしいたげ、金持ちがその法律を支配する……。

財産を侵犯する犯罪にたいする死刑の数をはるかに増加させた責任は（重大な留保をつけてではあるが）裁判官にではなく、立法府にあった。王政復古からジョージ三世の死にいたる期間〔一六六〇―一八二〇年〕に、死罪の数は約百九十人も増加した――一年あたり一人以上の増加である。これらのうち六十三件は、一七六〇年から一八一〇年の間に付け加えられた。けちな窃盗ばかりでなく、工業化時代の原初的反乱形態――絹織機《きぬしょっき》の破壊、共有地エンクロージャー〔囲い込み〕の際の打ち壊し、穀物の山への放火――も、死をもって罰せられた。警察制度がまったく不備であって、「司法《ジャスティス》」運営がでたらめだったことは確かである。同様に、十八世紀の後半に死罪が倍加する一方で、陪審の一部が有罪の宣告を躊躇するようになり、また実際に死刑を執行される既決囚の割合が下落したことも確かだった。[10] しかし、死刑判決は、たとえ猶予されたとしても、一般的には、牢獄船での恐ろしく悲惨な生か、流刑へと変更されたのだった。タイバーン刑場（のちには、ニューゲイト[25]の外側の処刑場）への行進は、十八世紀ロンドンの一大行事だった。荷馬車に閉じ込められた死刑囚――花やオレンジの入った籠を持ち、それらを群衆に向かって投げ与える、華やかに着飾った男たちと白に身を包んだ女たち――死刑囚の「最期の演説」（それは、この犠牲者がハンカチを落として絞首刑執行人に任務を遂行するよう合図する前に、もう売り出されていた）を手にしたバラッド歌手や行商人たち。およそ「タイバーン・フェア」[26]が象徴的に表現しているのは、ロンドンの民衆文化の核心に位置する儀式であった。

商業の拡大、エンクロージャー運動、初期の産業革命――すべては、絞首台の暗い陰のなかで起こった。白人奴隷は、われらが国境を去ってアメリカのプランテーションへ、のちにはヴァン・ディーマンズ・ランド〔オーストラリア南方の島タスマニアの旧称〕へと向かったが、その一方でブリストルとリヴァプールは、黒人奴隷からあがる利潤によって繁栄していた。西インドのプランテーション出身の奴隷所有者たちは、バースの結婚市場で自分たちの富を由緒ある家系に接ぎ木した。愉快な図ではない。もっと下層では、警察官や看守たちが、犯罪関連で私腹を肥やしていた――死刑犯の引き渡し報償金、差し押さえた金、囚人たちへのアルコール販売。盗賊逮捕者への累進報奨制度は、被疑者の犯罪を誇張させた。貧民は土地の権利を失い、自らの貧困のせいで、また犯罪の予防方法が不十分なために、犯罪へと誘い込まれた。零細商工業者や小親方は、債務者監獄への恐怖から文書偽造や不法な取り引きへと誘い込まれた。犯罪が立証できなかった場合でも、治安判事は、浮浪者や屈強ならず者や未婚の母親を、ブライドウェル監獄（すなわち「懲治鑑」）へと引き渡す広範な権限をもっていた――こうした邪悪と病弊に支配された場所は汚職役人によって管理されていたが、その状態は最悪の監獄以上にジョン・ハワードに衝撃を与えた。財産にたいする最大の犯罪は、何も所有していないことだった。

法律は憎まれていたが、しかし軽蔑されてもいた。最も凶悪な犯罪者だけが、人間を刑場へと送りやる密告者にたいするのと同じくらい大きな民衆の反感を買った。そして、有産者の法にたいする抵抗運動は、個々人の犯罪行為という形態ばかりでなく、断片的で突発的な反乱行為の形態をもとったが、その場合には参加者の数の多さがいわば訴追を免れさせたのである。「無法で猛り狂った賤民」の「野蛮な所業」について、ワイヴィル[27]がカートライト少佐に警告を発したとき、ワイヴィルはありもしないことに異議を唱えたのではない。イギリス民衆はその騒乱好きな性格でヨーロッパじゅうに知れ渡っていたし、またロンドンの民衆は服従の欠如をもって海外からの旅行者を仰天させていた。十八世紀から十九世紀初頭の時期に、しばしば暴動が発生した。これらの暴動は、パン価格、通行料徴収所と通行料、消費税、「不法奪還」、ストライキ、新型機械、エンクロージャー、兵士強制徴募隊、そのほか多くの不平不満から引き起こされた。特定の不平にもとづく直接行動は、一方では「暴徒」による政治的大反乱と融合した──一七六〇年代と七〇年代のウィルクス運動[28]、ゴードン暴動（一七八〇年）、ロンドンの街頭での国王襲撃《モビング・オブ・ザ・キング》（一七九五年、一八二〇年）、ブリストル暴動[29]（一八三一年）、バーミンガムのブル・リング暴動[30]（一八三九年）。他方でそれは、持続的な不法行為や反乱まがい《クオシ・インシュレクショナリ》の組織された形態と融合した──ラディズム（一八一一─一三年）、イースト・アングリア暴動[31]（一八一六年）、「最後の農業労働者の反乱《ラスト・レイバラーズ・リヴォルト》[32]」（一八三〇年）、リベカ暴動[33]（一八三九年、四二年）、「点火栓引き抜き《プラグ》」暴動[34]（一八四二年）。

この第二の反乱まがいという形態については、ラディズムを考察する際により詳しくみることにしよう。それは、特定の状況にあって引き起こされた直接行動の一形態であって、しばしば高度に組織化され、しかも地域コミュニティの保護下にあった。したがって、これに関して一般化することはここでは控えるべきである。第一の形態は、いまようやく歴史家の注目を浴びはじめたところである。リューデ博士は、『フランス革命における群衆』の研究のなかで、『暴徒』という用語は、外部の利害関係者のために行動する雇われ集団という意味をもつのだから、……慎重に、しかも特別な根拠によって正当化される場合にだけもちいられるべきである」と提案した。じつにしばしば、歴史家はこの用語をいいかげんに使って、立ち入った分析を回避したり、あるいは自らの偏見を（略奪品欲しさという犯行要因を示唆しつつ）あらわにしてきた。そしてリューデ博士は、革命状況にあったフランスの暴動だけでなく、十八世紀終わりのイングランドの暴動を議論する際にも、「革命的群衆《レヴォリューショナリ・クラウド》」という用語がより有用だろうと、提案している。

この区別は有用である。十八世紀のイギリスでは、暴動行動は、二つの異なった形態をとった。多かれ少なかれ自発的な民衆による直接行動の形態と、「上」の人物あるいは群衆とは隔りのある人物が威圧手段として意図的に群衆を利用する形態である。第一の形態は、受けるに値する注目を受けてこなかった。それはより明確な民衆の道徳的拘束力《サンクション》にもとづいていたし、「暴動」という用語が示唆するものよりも洗練された伝統によって正当化されていた。最もよくみられたのはパン暴動あるいは食糧暴動であり、この事例は一八四〇年代までほぼすべての都市と州とで繰り返し見いだすことができる。(11) これが、農産物の入った納屋の打ち壊しや商店の略奪に終わるような、たんなる大騒乱であったことはほとんどない。それは、旧来のモラル・エコノミー[35]を当然とする考えによって正当化されていた。このモラル・エコノミーが、民衆の必需品から不当利得をあさるために食糧価格を吊り上げるあらゆる不公正な方法が道徳《モラル》に反していることを教えたのである。

都市のコミュニティにも農村のコミュニティにも、ある消費者意識が、そのほかの政治的対立あるいは産業における対立に先行して存在していた。賃金ではなく、パンの価格こそが、民衆の不満の最も敏感な表示器だった。職人《アーティザン》や独立自営の職人《クラフツメン》やコーンウォールの錫鉱夫のような集団（そこでは、十九世紀まで、「自由な」鉱夫の伝統が彼らに影響を与えていた）(12) は、自分たちの賃金は、慣習《カスタム》あるいは彼ら自身の交渉によって規制されるものだと考えていた。彼らは、自由な市場で食糧を購入することを望んでいて、さらに品不足のときでさえも物価が慣習によって規制されることを期待した。（神が需要と供給の「法則」を授けられたのであり、それゆえに、食糧不足は必然的に物価の高騰をもたらすという考え方はまったく民衆の心に受け入れられず、相対での交渉という旧来の観念が根強く保持されていた）。物価の急騰は、きまって突然の暴動を引き起こした。法律と慣習が織り成す複雑な機構が「パン条例」を、すなわちひと塊のパンの大きさと品質を規制していた。(13) 小麦の販売に標準ウィンチェスター単位を課そうとする試みでさえ、慣習的な度量衡の前では暴動を引き起こすほどだった。北部デヴォン農業協会が一八一二年に、標準ウィンチェスター・ブッシェル単位をビディフォードの市場に課そうとしたとき、その主導者の一人は血も凍るような手紙を受け取った。

……冬の夜はまだ過ぎ去ってはいないのだから、おまえは生きて家には帰れないぞ――たとえ、このペンを動かしている手から偶然に逃げおおせたとしても、火のついたマッチが同じ処刑を執行するのだ。おまえの家族をおれは知らないが、しかし一人残らず炎に包み込んでやる。おまえの死体が仮に見つかることがあれば、犬どもにくれてやる、もし獣が食い尽くすような水気が死体に残っていたとすればだがな[14]……。

食糧暴動はときには大騒乱となった。たとえば一七六四年、ノッティンガムの鵞鳥市《グース・フェア》での「大チーズ暴動」のときには、すべてのチーズが路上に放り投げられた。また、同じノッティンガムの一七八八年の暴動は肉の高価格によって引き起こされ、屠場の扉と鎧戸が壊されて肉屋の帳簿とともに市場で燃やされた[15]。しかし、この暴力行為でさえ、飢え以上の複雑な動機があったことを示している。小売商は、その販売価格と肉の劣悪な品質が理由で制裁を受けたのである。多くの場合に「暴徒」は、慣習的な行動パターンの範囲内にある自己規律を示した。おそらくジョン・ウェスレーがその人生で無秩序な行動を褒め称えたのは、自分の日誌にアイルランドのジェイムズ・タウンでの暴徒の行動を記したとき、ただ一度だけである。暴徒は――

一日中動き回っていた。けれども彼らが問題にしていたのは、市場の買い占め屋だけだった。買い占め屋たちはいたるところの穀物を買い占めて、貧民を飢えさせ、波止場に停泊中のオランダ船に荷を積み込んでいる。しかし、暴徒はそれを全部ひっぱり出し、市場に運び入れて、通常の価格でその所有者の代わりに売りさばいた。そして彼らは、考えられるかぎり最大の静穏さと落ち着きをもって、また誰かを殴ったり誰かにけがを負わせることなく、これをおこなった。

一七六六年、ハニトン〔デヴォンの町〕では、レース編み工が農場経営者の屋敷内で穀物を差し押さえ、自分たちで市場に運び込んで売りさばき、その売上金ばかりか、穀物袋までも農場経営者に返還した(16)。同じ年、テムズ・ヴァリーの村や町（アビンドン、ニューベリ、メイドストーン）は、労働者《レイバラーズ》の大集団の訪問を受けた。彼らは「規制者」と自称し、すべての食糧品に民衆価格を押し付けた。（この行動は、有料道路の工事に従事していた一群の男たちによって始められた。彼らは、「みんな揃って一団になってニューベリに行こう。パンを安くするために」と言っていた(17)）。一七八三年のハリファクス〔ウェスト・ヨークシャーの工業都市〕の事例も、群衆の威圧と自己規律という同じパターンを再現している。群衆は町の外側にある織布工村から集まってきて、ある種の秩序をもって（「二手」に分かれて）、元兵士で贋金づくりのトマス・スペンサー[36]を親玉に、市場を襲った。穀物商人は包囲され、オート麦は三十シリング、小麦は二十一シリングで売るよう強要された。スペンサーと仲間の暴動参加者はのちに処刑されたが、奪還計略を予期して軍の強力な一部隊が動員された。霊柩馬車は、コルダー・ヴァリーをのぼってスペンサーの故郷の村へと向かったが、道筋は数マイルにもわたって嘆き悲しむ人びとであふれた(18)。

こうした「暴動」は、民衆のあいだでは正義の行為だと見なされたのであり、その指導者たちは英雄として崇められた。ほとんどの場合に、暴動は慣習的価格か民衆価格での強制的な食糧販売で頂点に達した。それは、売上金が所有者に与えられるフランスの「民衆による価格決定《タクサシオン・ポプレ》(19)」に類似している。さらに暴動には、一見そう思われる以上の準備と組織が必要だった。ときには「暴徒」は、市場を幾日にもわたって統制して、物価が下落するのを待った。あるときは行動が、手書きの（一七九〇年代は、印刷された）ビラによって前もって知らされた。またあるときは、女たちが市場を統制し、男の一団が路上や港や河川で穀物を奪取した。多くの場合、行動の合図は、一人の男か女が、黒いリボンで飾った、なんらかのスローガンの刻印されたひと塊のパンを高く掲げることだった。一八一二年九月のノッティンガムでの行動は、数人の女たちによって始められた。彼女たちは、半ペニーのひと塊のパンに赤い絵具でしま模様をつけて、それを釣り竿のてっぺんに突き刺し、さらにそれに

「喪服で着飾った流血の飢饉」……を象徴する黒い喪章を結び付けた。[20]

こうした「暴動」が最高潮に達したのは、一七九五年だった。このヨーロッパをおおった飢饉あるいは極端な欠乏の年に、古くからの民衆の伝統は少数派のジャコバン意識によって強められた。物価が高騰するにつれ、全土に直接行動が広まった。ノッティンガムでは、女たちは「あちこちのパン屋へ行って、そこにある在庫品に自分たちの価格をつけた。そしてお金を置いて、パンを持ち去った」。グロースター〔グロースターシャーの工業都市〕の市長は心配げにこう記した。

私には、フォレスト・オブ・ディーンの炭坑夫たちの訪問を懸念するもっともな理由がある。彼らは数日にわたって近隣の町々を経巡り、製粉業者や製パン業者の所有する小麦粉や小麦やパンを、ある減額した価格で売るのである。

ニューカースルでは、群衆がバターは一ポンドあたり八ペンス、小麦は一さやあたり十二シリング、ジャガイモは一荷あたり五シリングで販売することを、市の役人のいる前で強要した。暴力は、いささかもふるわれてはいない。ウィズベックでは、「バンカーズ」（「きわめて凶暴な男たちの一団で、大勢になれば恐るべき連中」）――溝掘りや柵づくりなどに従事する農村労働者の一群――が、安物のパンを刺した三つ叉を持った男に先導されて市場で暴動を引き起こした。カーライルでは、倉庫に隠されていた穀物が捜し出され、その在庫品は、ある船に積まれていた荷と同じく町役場まで運ばれ、一荷あたり十八シリングで販売された。コーンウォールでは、「錫鉱夫」の一団が農地に群がり、自分たちで決めた「最高価格の法則」を強要した。[21]

こうした規模の活動（これら以外にもたくさんあった）は、途方もなく深く根づいた行動パターンと信念を指し示している。さらに、これらはきわめて広範囲にわたったので、枢密院は（一七九五年の五月から十二月にかけては、主として穀物供給問題を懸念していた）、ある州からその隣の州への食糧の移送をほとんど確保できなかった。田舎と都会のあいだで、一種の戦争が起こった。農村地域の民衆は、自分たちの穀物は町へ送られ、その一方で自分たちは飢えにさらされると信じていた。農場経営者は、それが民衆価格で売られてしまうことを恐れて穀物を市場に送ることを拒否した。港では穀物運搬船は足止めをくわされた。仲買人がそれを海外に送っていると民衆が信じたためである。治安判事は、管轄する地域内に穀物をとどめておくことを黙認した。ウィトニー〔オクスフォードシャーの町〕では、「住民が……海外に送られようとしていたかなりの穀物を押収して、元に戻し、低価格でそれを販売した」。ケンブリッジでは、小麦の積み荷が差し止められ、市場で売り尽くされた。ウェスト・ライディングでは、コルダー河とエア河で荷船が止められ、暴徒によって没収された。バーフォード〔オクスフォードシャーの町〕では、民衆が穀物の荷が町の外へ送られるのを阻止し、一ブッシェルあたり八シリングでそれを売った。ある治安判事は、バーミンガムの民衆が遠征してバーフォードを攻撃するかもしれないと恐れていた。ウェルズ〔サマセットの大聖堂のある町〕では、「ひじょうに大勢の女たち」が、穀物の荷船がロンドンに出帆するのを阻止した。[22] こうした民衆行動は、昔からの温情主義《パターナリズム》的なモラル・エコノミーによって正当化されていた。買い占め業者を取り締まる古い法律は、十八世紀末までにたいていが取り消されるか廃止されるかしていたが、民衆の伝統と一部のトーリー的温情主義者の記憶のなかには衰えることなく生き長らえていた。買い占めや独占はコモン・ローでは犯罪となる、という自らの見解を一七九五年に発表した高等法院王座部主席裁判官〔ケニョン〕[37]も、まさにその一人である。[23] 民衆の考えでは、こうした犯罪には、食糧価格の引き上げをもくろむあらゆる搾取的行動、とりわけ仲買人、製粉業者、製パン業者、そのほかすべての中間業者のそうした行動が含まれていた。「これら残虐ナルなる悪党ドモ、つまり製粉業者、製パン業者、そのほかもろもろ、小麦粉販売業者は、ダン結して自分たちに都合のいい値段まで小ムギをツり上げ、豊かな国に故意に人イ的な飢饉をつくりだしている」――レットフォード〔ノッティンガムシャーの町〕の一七九五年のビラには、そう書かれてあった。「穀物仲買人や、われわれが穀物行商人とかあらびき粉挽き屋と呼ぶたぐいの人間が、穀物をツノ手にし、ヤツラはそれをとめおき、テメエたちのいい値で貧民に売っている」——リーズの労働者《レイバラーズ》が出した請願にはそう書かれてあった。[24] 大製粉業者は、価格を吊り上げるために穀類を買い占めると信じられていた。バーミンガムでは、スノウ・ヒルにあった蒸気を動力とする大きな製粉工場が、一七九五年に襲撃されている。また、ロンドンの大「英国《アルビオン》製粉工場」は、二度にわたって全焼した。一度目は、工場は混ぜ物をつくっていると信じられていたので放火されたと噂された。民衆は「すすんで見物人」となり、「歓喜のバラッドがその場で刷られ、歌われた」。二度目(一八一一年)は、「民衆は大災害に歓喜した[25]」。

こうして十八世紀の末期には、自由競争市場の経済に対抗して旧来のモラル・エコノミーを再度課そうとする民衆の、最後の死にものぐるいの努力がみられたのである。この点では民衆は、頭の古い治安判事たちから一定の支持を受けていた。彼らは、告発するぞと買い占め屋を脅かしたり、市場にたいする統制を強化したり、あるいは穀物の青田買いをする買い占め業者にたいして布告を発したりした。[26] パンの価格に連動して賃金に補助金を出すという一七九五年のスピーナムランド決議[38]は、こうした背景から登場したものだと見なされなければならない。市場の慣習は死に瀕していたので、温情主義者は救済という見地からそれを呼び戻そうとしたのだ。しかし、この古い慣習の観念はしぶとく生き長らえた。一七九五年から一八〇〇年の間に買い占め業者の告発が散発的になされた。一八〇〇年には、数多くの私設告発協会が結成され、ケニョン卿はすこぶる満足だった。[27] そして、ある買い占め業者にたいする重大な有罪判決が高等法院で支持され、有罪判決には賞金を出した。しかしこれは、古くからの温情主義的な消費者保護を強化しようとする最後の企てであった。以後、慣習による統制の完全崩壊は、保護主義者の地主と自由放任主義者の商業富豪からなる議会にたいする民衆の反感を強めることになった。

「暴徒」の行動のうちの、このたった一つの形態を考察するなかでさえ、われわれは思いもよらない複雑さに出くわした。というのは、こうした形態での民衆のいかなる直接行動の背後にも、権利を正当化するなんらかの観念が見いだされるからである。他方、リューデ博士の定義(「外部の利害関係者のために行動する雇われ集団」)

にある意味で最も近い「暴徒」の雇用という方法は、十八世紀にはひじょうによく使われた。そして――あまり注目されてはいないが――当局自体が長きにわたって暴徒を雇ってきたのだった。一六八八年体制[39]は、結局一つの妥協であった。その受益者は、一方で（潜在的なジャコバイトである）カトリック教徒にたいする民衆の反感をかきたて、他方で（潜在的な水平派である）非国教派にたいする民衆の反感をかきたてることで、自らの地位を堅固なものにしようとした。暴徒は、警察制度のほとんど敷かれていない国では、治安判事にとってきわめて有用な補助手段であった。ジョン・ウェスレーは、初めて野外説教師を務めていた若い時分に、治安判事の認可を受けて活動するそうした暴徒によく出会った。一七四三年、ウェンズベリとウォルソール（いずれもウェスト・ミッドランズの町）で、最も暴力的なものの一つに出会った。ウェスレーの説明によれば、暴徒はひじょうに気まぐれで、自分たちのはっきりした意図をもたず混乱していた。「賤民たちの親分」は、「町の英雄」だった。しかし、身元が判明しているのは「正直な屠場労働者《ブッチャー》」と「熊闘技場の賞金稼ぎ」の二人だけであり、彼らはともに、突然立場を変えてウェスレー側についたのだった。暴徒を支援していたのが地元の治安判事たちであり、また国教会から炭坑夫の「愛着を引き離し」、そのうえ国教会の聖職者を「もの言えぬ犬ども《ダム・ドッグズ》」と呼んでいたウェスレー派の説教師（「煉瓦積み工、それから鉛管工兼ガラス工」）に憤慨していた教区主管者代理だったことを知るなら、事態はよりはっきりする。実際には、ウェスレーの説明によれば、「何人かのジェントルマンが……出勤せず仕事をしないような炭坑夫や鉱夫はクビにするぞと脅した」[28]。ジョン・ネルソンの『日誌』は、次のようなイングランド国教会の牧師がいたグリムズビー（ハンバーサイドの港町）の事例を提供してくれる。この牧師は、

　一人の男に町じゅうにとどろくよう、町の太鼓を打たせせた。それから太鼓の前に行って、すべての賤民を集め、国教会のために自分とともに闘いに行こうと、酒をふるまった。

ネルソンが説教していた家の戸口には、群衆に向かって「この家を引き倒せ！　この家を引き倒せ！」と叫んで

いる人間がいた。

しかし、特定の問題にたいする地方の民衆のこうした感情表明よりもずっと重要なのは、ロンドンの暴徒だった。彼らは、十八世紀の政治史に途切れることなく登場するし、また一七六〇年代にウィルクスは、彼らを当局の手先の支配から完全に引き離していた。ある意味では、それは移行期の暴徒であり、自己意識をもつ「急進的群衆」になる途上にあった。非国教主義と政治教育のパン種が発酵していて、民衆的自由を擁護し、当局を無視し、「貧民の富める者にたいする潜在的な対立……がはっきりと目に見えるものになる……社会的抗議運動」[29]に向かう素地を民衆に与えた。スピトルフィールズの絹織布工とその徒弟は、反権力主義的な粗暴さをもって古くから知られていた。リューデ博士は『ウィルクスと自由』の研究のなかで、労使紛争がいつのまにかウィルクス派の示威運動に転化したり、さらに、そこでの群衆のスローガンが、共和主義的ないし革命的な方向に転じた事例を書き留めている。「国王をやっつけろ、政府をやっつけろ、判事をやっつけろ!」「いまこそ、かつて訪れたなかで最も輝かしい革命の機会だ!」。ほぼ十年にわたって、ロンドンと南部は、(ある批評家の言葉に従えば)「……『ウィルクス』という言葉にしか反応しない、付添人のいない、貧しく、怠惰で、おまけに酔っぱらった群衆に支配された、大ベドラム精神病院」[30]のようだった。その支持者たちは、

セント・ジョージ広場、ハイド・パーク・コーナー、ロンドン市長官舎、議会前広場、セント・ジェイムズ宮殿を示威行進した。彼らは、シティやウェストミンスターやサザックの街頭で「ウィルクスと自由」と叫んだりチョークで書き殴ったりした。彼らは、『ノース・ブリトン』誌第四十五号を焼き払うために、王立取引所にいた州長官ハーリー[40]と平の絞首刑執行人に悪口雑言を浴びせた。彼らは、ビュート卿[41]ならびにエグリモント卿[42]の窓ガラスを石を投げて壊し、オーストリア大使の長靴を汚した。[44]彼らは、シティの路上で「ブーツとペチコート」[43]のパレードをおこない、ロンドン塔の外でラトラル大佐とサンドウィッチ卿[45]とバーリントン卿[46]の人形を燃やした。これらは同時代人とのちの歴史家が——怠惰や偏見、あるいはより確実な知識の欠如から——

「暴徒」と呼んできた要素なのである(31)……。

また、これらの人びと――商工業者、家事奉公人、石炭運搬人、船員、職人、それにあらゆる種類の賃金労働者――は、国会議員選挙演壇[47]に立つウィルクスのために宣伝活動をおこない、彼が勝利したときにはきまって祝勝の街頭行進に彼をひっぱり出したのであった。

リューデ博士が、ロンドンの群衆をたんなるならず者《フーリガン》[48]や「犯罪分子」だという批難から救ったことは正しい。また彼が、反ウィルクス派の立候補者であるプロクターを支援するために投入された雇われ者のごろつきどもと、内部から沸き上がる熱情をもってウィルクス側に立った多数派とのあいだに一線を引いていることも重要である。しかしながら、歴史家の「偏見」には、彼は過度の抗議をおこなっている。というのは、一七六〇年代、七〇年代のロンドンの群衆は、自分たち自身の組織や指導者を形成しはじめていなかったからである。群衆は、彼らの「支配人《マネジャー》」がもっていた理論と異なる理論をほとんどもたなかった。そしてある意味では、群衆は操られていたのであって、「外部にいる利害関係者のために行動する」よう――ウィルクスの最も有力な支持者であるシティの富裕な商工業者、貿易業者、製造業者の利害のために――ウィルクスによって招集されたのである。ウィルクス自身は、彼を支持する庶民の歓呼にたいして冷笑的な軽蔑をいだいていた。彼は、国会議員候補者指名集会で声援を送る群衆を見ながら、政敵であるラトラル大佐にこう尋ねたといわれている。「この集まりにはかなりの数の愚か者や悪者がいるとは思いませんかな?」。ウィルクス支持の貿易商や商工業者がシティ当局の重要な地位を占めていたことを思い起こすなら、群衆の自由主義的な熱気と、それを支配する暴徒操作《モブ・テクニク》のあいだにある不調和はいっそうはっきりする。それゆえに、金持ちや権力者の馬車を襲ったり、その窓を壊したりしたロンドンっ子たちは――ウォルソールの鉱夫たちに劣らず――自分たちが認可を受けて行動しているのだということを知っていた。ウィルクスの群衆は、事実、民衆的政治意識の確立過程の中間点にいた。最も人気のあるスローガンは「自由《リバティ》!」だったが、その参加者の多くはひじょうに移り気だったので、くるりと向きを変えて「よそ者」分子を攻撃したり、「愛国心を示す」機会に灯火をつけ忘れた市民の窓を壊したりしたのも、もっともなことなのである。[32]

それは、一七八〇年のゴードン暴動に最もよく表されている。ここにわれわれは、三つの段階をすばやく通り過ぎた一つの民衆運動をみる。第一段階では、人気のあったプロテスタント協会によってよく組織された「革命的群衆」が、カトリック容認に反対する請願を議会に提出しようと、巨大な旗のもと、乱れることなく行進した。行進の先頭にいたのは、「良質なタイプの商工業者たち……いい身なりをした、じつに静かで規律正しく、しかもたいへん礼儀正しい……上品な人びと」だった。これは、「非国教派のロンドン」であり、ギボンはそのなかのかなり熱狂的な「ピューリタン」を、「まるでクロムウェルの時代に存在していて……墓から復活したような」と記述した。請願の討議を庶民院が棄却した——そしてジョージ・ゴードン卿が大演説をした——のちに険悪な状況が生まれ、第二段階が始まった。この段階は、認可された自発性の段階と呼ぶこともできる。それは、「ただ一日分であっても、金持ち連中へのつけを決済しようとする暗中模索の熱望」に満たされた暴徒の暴力を引き起こした。「良質なタイプの商工業者」は消え失せ、代わってジャーニーマン、徒弟、そして家事奉公人——それに一部の犯罪者——が、街路に群がった。[33] 共和政と一六八八年以来、「くたばれカトリック」という叫び声が民衆の記憶のなかでこだましていた。その叫び声はまちがいなく多数の者をとらえた。彼らの準政治的な反応は、デフォーによって「屈強な連中は、自分の最後の一滴の血までカトリックとの闘いに捧げるのだが、それが人間なのか馬なのか知らないのである」と、何年も前に記述されていた。暴動は、まずカトリック教会と富裕なカトリック教徒の家に向けられ、次に高位の官職にある著名な人物に向けられた——マンスフィールド高等法院王座部首席裁判官[49]やカトリック解放に共感をもっていると考えられていたヨーク大主教[50]が含まれている。そのあとで、監獄が狙われ——その在監者は解放された——、ついにはイングランド銀行そのものが襲撃されるにいたった。この第二段階の間ずっと、「認可された」暴徒という意識がそのまま残った。ウィルクス側に立つ市当局は、何もしなかったこと、あるいは登場しなかったことでかえって目立っている。それは、ある程度は、民衆の憎しみを招くことを恐れてのことだったが、ある程度は、騒乱状態を事実上黙認して国王とその政府に対抗する力を強化するためだった。第三段階が始まってはじめて——かたやイングランド銀行への襲撃、かたや酔っぱらい、放火、スリといった見境のない大騒ぎ——その「認可」は取り消された。何もしなかったロンドン市長もついに、「市当局を援助するために騎兵ならびに歩兵」を要請する必死の要請文を軍総指揮官に送った。そして、イングランド銀行の階段を占領している暴徒を追い返すために、市参事会員であるウィルクス自身が出向いた。暴動はあっというまに鎮圧されたが、これはシティ当局がその前に何もしなかったことをはっきり示している。

ここにあるのは、操られた暴徒と革命的群衆との混合体といったものである。ジョージ・ゴードン卿は、ウィルクスに張り合おうとしてきた。しかし、彼は、ウィルクスがもっていた要を心得た大胆不敵さと、民衆気分を把握する見事な感受性をもってはいなかった。ゴードン卿は暴動の自発的な過程を解き放った。しかしそれはなお、ウィルクス側に立ったシティの保護者たちの認可のもとにあったのだ。暴動参加者たちの諸集団は、ハリファクスの贋金づくりトマス・スペンサーを思い起こさせる、自分たちの一時的な指導者をかつぎだした——時計歯車工であるジェイムズ・ジャクソンが荷馬車馬に乗って赤と黒の旗を振り回し、サーカスの怪力男イノック・フォスターが、ホワイトチャペル地区の家に床板を投げつけて暴徒を喜ばせたのである。しかし、このたぐいの混合は、首都では二度とみられなかった。一七八〇年にロンドンの民衆は、そのいきすぎにもかかわらず、自由主義的なウィッグ党支持者の保護のもとにあった。ウィッグ党支持者は、暴徒を、王室の要求にたいする対抗的圧力だと見なしていた。バークは、暴動の鎮圧に軍隊をもちいたことを遺憾に思ったが、フォックスは、[51]「常備軍によって統治されるくらいなら、暴徒によって統治されるほうがましだ」と明言した。しかし、フランス革命以後は、こうした危険な勢力に賭けようとするウィッグ党の政治家はいなかったし、またそれを許容するシティの保護者たちもいなかった。他方、議会改革論者の側は、よく組織された世論をつくりだそうと働きかけていたから、暴徒を解き放つやり方を見くだしていた。「動員《モビリティ》」とは、平和的でよく統制された示威行動を示すために、十九世紀の急進主義者とチャーティストが誇りをもって採用した用語だった。

十八世紀暴徒の最後の大規模な行動は、一七九一年のバーミンガムで起こった。その形態は「革命的群衆」についての一般論を引き出すに際して、われわれをとくに慎重にさせる。(34) バーミンガムは、中流階級の非国教派のおそらく最大の中心地であった。バーミンガムの「旧ユニテリアン」ならびに「新ユニテリアン」には、地元の最大級の雇用主が含まれていた。非国教派は、市の経済活動や知的活動そして自治活動においてきわめて大きな役割を演じていたので、「教会と国王」派は、彼らの強さにではなく、自分たちの権力と威信の衰えに由来する反感をずっといだいてきていた。暴動のうわべの理由は、一七九一年七月十四日に、中流階級の議会改革論者たち（その多くは非国教派）が催したバスティーユ陥落を祝う晩餐会だった。その夜とつづく三日間は、「ぎゃあぎゃあわめく、乞食のような、あつかましい、つらの皮の厚い、怖いもの知らずで、ならず者で、騒々しい、愚か者のバーミンガム暴徒」が、市中およびその周辺で暴れ狂い、ユニテリアンの教会堂二カ所とバプテストの教会堂一カ所で略奪をはたらき、富裕な非国教派の（あるいはその共鳴者だと考えられた）二十軒ほどの家と多数の商店を焼き払ったり略奪し、市の監獄から囚人を解放した。非国教派（とくに議会改革運動にかかわる者）が主要な犠牲者だったが、「富裕な非国教派は非国教派であるがゆえに襲われたのかは、それとも富裕であるがゆえに襲われたのかは、かならずしもはっきりしなかった」（とローズ氏はコメントしている）。攻撃する者たちの叫び声は、「教会と国王！」から「くたばれカトリック！」まで、さまざまだった。

一部の富裕な非国教派にたいする民衆の憤りが本物だったことは、まったく疑いがない（たとえば、犠牲者の一人であるウィリアム・ハトンはすこぶる不人気をかこっていたが、彼は、少額の負債の支払いを強制する裁判所であるバーミンガム少額債権裁判所長官の職にあった）。しかし、バーミンガム暴動には、ジョン・ウェスレーがそのほぼ五十年前にウォルソールの暴徒たちから受けた扱いを想起させるような、独自の怪しげな事情がたくさんある。第一に、何人かの有力なトーリー派の治安判事や国教会聖職者のまぎれもない共犯関係が存在する。彼らは、暴動が始まったときに参加者たちをそそのかし、非国教派の教会堂へと彼らを向かわせ、介入に不熱心であり、犯罪者の起訴を拒絶したばかりか、暴徒の暴力に「さしつかえのない」目標を指し示しさえしたようである。第二に、重要な行動の際には、実戦を担いうる少数の暴動参加者が存在する。周辺の農村から来て週末の略奪に加わった鉱夫そのほかの人間は別にして、略奪をはたらいた暴徒が二百五十人を超えていたとは考えられないが、繰り返された説明によれば、深刻な被害の多くを与えたのは、三十人ほどの煽動者からなる中核集団だったということである。第三に、この中核集団（地元の人間で構成されてはいなかったのかもしれない）は、一定の運動計画に従って行動していたし、また有力者であるバーミンガム市民の宗教的ならびに政治的な同盟関係についてきわめて要領を得た情報を与えられていたという証拠がある。暴動は――プリーストリが批難したように――「宗教上のかたくなな信念」によって動機づけられていたのかもしれない。そして、「バスティーユの日」の祝賀が彼らに口実を与えたことは確かである。しかし、それは、一部の地元支配層の認可のもとで起きた特異な暴動なのであって、「攻撃的で成功していたバーミンガムのブルジョアジーという非国教派の威勢をそぐために、『地方の地主』が都市の暴徒を呼び集めたという、一つのエピソード」と見なされるべきである。同時にそれは、「古い宗教的な敵意と新しい社会的・政治的な不満が顔を合わせるという偶然によって引き起こされた、潜在的な階級憎悪と個人的な無法性の爆発」であった。そして、暴徒の行動は、最初に認可した時点で予想されていた限度を超えてしまったのである。(35)

しかしながら、フランス革命ないしは「ジャコバン的」理念にたいする都市貧民の全般的な敵意に関して、このバーミンガム暴動から一般論を引き出すのは重大な過ちである。のちにみるように、フランス革命の第一段階を歓迎したのは、主に中流階級ならびに非国教派集団だった。この理念は、一七九二年になってはじめて、主にペインの『人間の権利』を媒介して広汎な民衆の信奉者を獲得した。だから、プリーストリ暴動は、ペインのプロパガンダが新しい民主主義的意識を本格的に形成しはじめる以前に、移行期にある暴徒が最後に巻き起こした後ろ向きのつむじ風だと見なすことができる。もちろん、暴動は、九二年以降、長年にわたってつづいた。これらの暴動は、特定の問題に関するものだったり――バンフォードの『一急進主義者の人生行路』は、ナポレオン戦争末期の、ブリドポート、ビディフォード、ベリー、ニューカースル、グラスゴー、エリ、プレストン、ノッティンガム、マージー、バーミンガム、ウォルソールでの暴動を数えあげることで始まっている――、あるいは(とくに、一八三一年のブリストル、マージー、ノッティンガム、ダービー、そして三九年のバーミンガムでは)急進的運動の反乱の頂点であった。ブリストル暴動で、われわれはふたたびゴードン暴動とプリーストリ暴動がもっていた特徴のいくつかに出会う――主教の邸宅とロンドン市長公邸の略奪、監獄からの囚人の解放、評判の悪い市民の家や商店にたいする略奪と放火。しかし、当局は、暴動参加者の背後に共同謀議をまったく見いだすことができなかった――せいぜい、いきり立った自由思想家の自営業者チャールズ・デイヴィスどまりで、彼は「国教会の教会堂をぶっ壊して、それで街路を修復しよう!」と叫びながら傘の先端に載せた帽子を振りながら歩き回ったが、その罰として絞首刑にされたのだった。[36] ブリストル暴動は、「教会と国王!」ではなく、「国王と議会改革!」のスローガンのもとに起こった。国王が議会改革と結び付けられたのは、彼が議会改革を標榜する内閣を支持していると信じられていたためにすぎない。非国教派ではなく、有力な国教会信徒(その多くは西インドの奴隷所有者だった)が、主たる標的であった。同時にわれわれは、暴動参加者たちを鼓舞していた民主主義的感情から、ブリストル暴動を政治意識を備えた革命行動だったと誤認してはならない。一八三一年のブリストル暴動は、古い、後ろ向きの行動パターンの存続を例証しているのであって、それは一八一九年のマンチェスターが、自己規律をもった新しい労働者階級運動のパターンの登場を例証しているのと好対照をなしている。無知と迷信が、体制擁護派から急進主義者の進路へと投げつけられていた。しかし、「大聖堂参事会図書館」のたくさんの手書き文書や刊本を炎のなかへと投げ込んだブリストル暴動参加者の言葉には、ゴードン暴動ならびにプリーストリ暴動のにおいがする。彼らは「書物が燃やされずして改革はなしえない」と言い放ったのである。[37]

「外部の利害関係者のために行動する雇われ集団」という意味での真正の暴徒とは、一七九二年以降に、イングランドのジャコバン主義者をテロによって抑圧するために雇われた「教会と国王」暴徒である。[38] この暴徒たちは、ときに富裕で著名な議会改革論者を直接襲う――マンチェスターのトマス・ウォーカーの事例のように――こともあったが、ウォルソールの炭鉱所有者や「グリムズビーの教区牧師」の伝統に属しており、また

「外部の利害関係者」によってひじょうによく組織されていた――そしてときには賃金も支払われていた――ので、彼らを真正なる自律した民衆の感情の指標として取り上げることは難しい。さらに、多くの場所で、反ジャコバンの暴徒は、国教会の聖職者や治安判事から完全な認可を与えられていたにもかかわらず、選ばれたならず者の小集団以上にふくれあがることはほとんどなかったし、一七九二年のバーミンガム暴動規模の民衆暴力の点火剤になることも決してなかった。「教会と国王」暴徒の行動がきわめて限られた成功を収めた重要な大都市――とくにシェフィールドやノリッヂ――も存在した。こうした暴徒をロンドンで活動させることは、いかなる規模であっても不可能だった。九四年のジャコバン派囚人の無罪放免は、民衆の勝利をウィルクス派の祝典に相当する規模で告げるものであった。九五年には、ロンドンの群衆は革命気分でいたし、（ロンドン通信協会というかたちを通じて）新たな組織形態と指導体制を見いだしつつあった。おそらくはきわめて重要な衝突が、反ジャコバンの弾圧が最高潮に達した九七年十月にあった。このときにトマス・ハーディは海軍の勝利を祝う灯火をともすことを拒否したので、その筋の意向を受けて彼の家屋を破壊しようとする企てがなされた。その襲撃は、ロンドン通信協会の百人からなる警護団によって追い払われたが、警護した「彼らの多くは、アイルランド人で、堅いカシの棒で武装していた」。それは歴史的な勝利であった。「警護団」の一人が思い起こしている。「ハーディの家屋を守ろうとした者たちがその夜おこなったほど長くつづき、しかもよく指揮された戦闘を、私はかつて経験したことがなかった」と。この事件を振り返ったときのハーディ自身の感情は、断固としたものだった。「私は、暴徒の支配を好むものではない」[39]。そしてわれわれは、四年後の事件に、皮肉な結末をみることができる。一八〇一年、ロンドンではふたたび灯火がともされたが、しかし今回は、イギリスとフランスとのあいだで調印されるだろう和約の前祝いとしてであった。暴徒は、平和を祝う灯火を拒否した好戦的な反ジャコバン派のジャーナリストの家の窓をすべて打ち壊すことで、その感情を吐き出した。民衆による警護はいささかもなされなかったし、シティ当局さえもが、なかなか護衛を送らなかった。そのジャーナリストとは、ウィリアム・コベットであった[40]。

第4章　自由の身に生まれたイングランド人

一七九七年に、ハーディの家屋の防衛者たちは後衛戦を闘っていた。フランスによる侵略の可能性があったつづく数年間、民衆の愛国感情が、暴徒のテロを伴って、生き残ったジャコバンたちを震え上がらせたことは疑いない。有権者の範囲が広いウェストミンスターでは、買収や恭順といった手段を駆使して急進派を打ち負かすことが、一八〇六年でもなお可能であった。フランシス・プレイスは、ノーザンバーランド公爵[1]の家事奉公人たちが「派手な揃いの衣装を身につけて、密集したごろつきの群衆にパンとチーズの塊片を投げ込んでいる」のを目撃した。

> これらのごろつきどもは、パンやチーズの塊をつかみ、叫び声をあげ、ののしり、けんかをし、ありとあらゆる悪態をついている。そこでは女たちも男同様である。彼らはセント・ジャイルズやウェストミンスター、ポリッジ・アイランズ、そのほかの悲惨な地区の路地や横町から来た、ありとあらゆる卑しいろくでなしである。ウェストミンスターの有権者を代表するといわれているこうした民衆を目にしてみれば、それはたしかに、考えうる最低の堕落であった……。

ビールが群衆にふるまわれた。大樽の上部が打ち破られ、「石炭運搬人が、自分たちの山高の、広いふちのついた帽子でビールを汲み出した……しかし群衆が押し合ったので、樽はひっくり返され、ビールは側溝に沿って流れ出し、ある者はそこからビールを汲み取ろうと懸命だった」。プレイスはずっと見ていたが、この「恥ずべき光景」にギョッとした。しかし翌年（一八〇七年）には、プレイスと彼の友人たちは、急進派の選挙委員会を組織し、サー・フランシス・バーデットとコクリン卿〔2〕の二人の急進派議員をウェストミンスター選挙区から当選させようと民衆にはたらきかけた。(1) そして、それ以降もずっと、「急進派ロンドン」の伝統は、ほとんど途切れていない。バーデットは一八一〇年に、ウィルクスの戦術にならって自らの戦術を組み立てて、政府との論戦で民衆の支持を得ることができた。地方の主要な中心地でも、一二年までには、だいたい同じ状況になっていた。「暴徒は徹底した議会改革論者だけを好んだ」(2)（と、シェフィールドで日記をつけていたある人は書き留めている）。ナポレオン戦争が終わる（一八一五年）までには、ロンドンであれ、工業化の進んだ北部やミッドランズであれ、急進主義者にテロをおこなうのに「教会と国王」暴徒を使うことはできなくなっていた。

一八一五年から五〇年にかけて、急進派やオウエン主義者やチャーティストたちは、ときおり、民衆の無関心に不満をもらした。しかし――いつもの選挙の際の大騒ぎを度外視するならば――議会改革論者が労働者階級のコミュニティの支持によって保護されていたことは全般的には真実だった。大都市での選挙では、投票に先立っておこなわれる「国会議員選挙集会」での挙手による公開投票で、最も急進的な立候補者がいつも圧倒的な支持を受けた。議会改革論者たちはもはや「暴徒《モブ》」を恐れなくなったが、当局は兵営を築いて「革命的群衆《レヴォリューショナリ・クラウド》」にたいする予防手段をとらざるをえなかった。歴史の事実はきわめて重要であると、かえって簡単に見過ごされたり、当然のことと決めてかかられることがあるが、これもそうした事例の一つである。つまりそれは、大衆の、意思表明されることのない「準政治的《サブ・ポリティカル》」の態度の重点が大きく移行したことを示しているのである。

重点の移行は、「独立《インディペンデンス》」、愛国主義《ペイトリオティズム》、あるいはイングランド人の「生まれながらの権利《バースライト》」といった民衆の観念に関係している。一七八〇年代のゴードン暴動参加者と九一年のバーミンガムの「教会と国王」暴動参加者は、次の点で共通していた。すなわち、両者とも、自分たちの「生まれながらの権利」を脅かす外部分子から「国制《コンスティテューション》」を擁護しているのだと、ある漠然とした仕方ではあるが感じていたのである。彼らは、国王と貴族院と庶民院からなる国制に体現された一六八八年革命体制が、イギリス人の独立と自由を保障するものだとずっと教えられてきていた。それゆえ、国制イコール自由という考えが生まれたが、ふとどき者はこれにつけいるかもしれないとも考えられていた。しかし、プリーストリ博士の貴重な図書室と実験室を破壊したその暴動参加者たちが、自らを「自由の身に生まれたイングランド人」だと誇りをもって見なしていたということはありうるのである。愛国主義や民族主義、さらには偏狭な信念や抑圧まで、あらゆるものが自由というレトリックに身を包んでいたのである。旧腐敗体制《オールド・コラプション》でさえ、イギリス人の自由を褒め称えた。国家の栄誉や権力ではなく、自由が、貴族や煽動政治家や急進主義者によってこぞって使われる言葉になった。自由の名においてバークはフランス革命を批難し、ペインはフランス革命を擁護した。対仏戦争の開始（一七九三年）とともに、愛国主義と自由が、あらゆる三文詩人の心をとらえた。

　こうしてイギリス人《ブリトンズ》はその古来の名声を守り
　海を越えてその帝国を主張し、
　そして嫉妬する世界にたいして宣言する、
　国民はなお勇敢で自由だ――
　征服かさもなくば死を決意する、
　国王に、法律に、自由に誓って(3)

侵略の恐怖は、そうした主題を扱った瓦版《ブロード・シーツ》やバラッドをあふれさせた。それらは、ワーズワス[3]のきざで仰々しい、愛国的な十四行詩《ソネット》にふさわしい背景をかたちづくっている。

考えることはできない
イギリスの自由の洪水が、
暗黒の古代から、世界が褒め称える公の海へと向かって、流れ出したとは
「押しとどめることのできない、荘厳な流れ」となって[4]……

「考えることはできない」。しかし、まさにこの時期、出版の自由、集会の自由、労働組合結成の自由、政治結社の自由、選挙の自由は、いずれも厳しく制限されるか一時棚上げにされていた。では、一般のイングランド人の「生まれながらの権利」とはいったいなんだったのか？　「財産の保障！」とメアリ・ウルストンクラフト[5]は答えた。「注視せよ……イングランド人の自由の定義を」(4)。しかしながら、自由のレトリックはさらに多くのことを意味している――まず第一に、当然ながら、外国の支配からの自由。そして、この愛国的自賛の霞に包まれた内部には、旧腐敗体制がこびへつらわなければならないと感じていた別のいささか曖昧な観念があった。しかもその観念は、結局のところ旧腐敗体制にとっては危険だと判明するはずのものであった。絶対主義からの自由（制限君主制《コンスティテューショナル・モナキー》）。法にもとづかない逮捕からの自由。陪審による裁判。法のもとの平等。法にもとづかない家宅侵入と家宅捜索からの自由。思想、言論、良心の一定範囲の自由。議会に反対する権利や、選挙と選挙騒動（民衆は選挙権をもっていなかったが、行進し、万歳を叫び、国会議員選挙集会でやじる権利はもっていた）によって認められていた自由（あるいはそれに準じたもの）への疑似的参加。そして、旅行をしたり、商工業に従事したり、自分自身の労働を売ったりする自由。これらの自由のどれひとつとして、とるにたりないものはなかった。全部ひっくるめて考えると、これらの自由は、権力者がときには受け入れたし、またつねに考慮せざるをえなかったような、ある道徳上の合意を体現しかつ反映していたのである(5)。

「道徳上の合意《モラル・コンセンサス》」という概念は漠然としているかもしれないが、これは、イングランド人が「ああしろこうしろと無理強いされる」覚悟をしなくてすむ限度の、そして権力者もそれ以上はあえて踏み込もうとしない限度の

問題なのであって、この時代を理解するためにきわめて重要である。イングランド民衆の立場は、いかなる積極的な意味においても民主主義的ではなく、むしろ反絶対主義的であった。イングランド民衆は、積極的な権利はほとんどもたないが、しかし専断的権力の干渉を禁じる法律によって保護された個人主義者だと自らを見なしていた。さらにぼんやりとではあるが、名誉革命は抑圧に抵抗して暴動を起こす権利を認める国制上の先例《コンスティテューショナル・プリシデント》を与えたと、イングランド民衆は考えていた。そしてこのことこそが、思想のうえでも実践においても、十八世紀の核心を占める逆説であった。国制擁護主義《コンスティテューショナリズム》は「この時代の幻想」だった。[6]政治理論は、伝統主義者のものも改革主義者のものも、一六八八年体制が確立したウィッグ主義的限界の内にロックあるいはブラクストン[7]によって釘付けにされていた。ロックにとって、統治の主要目的とは、市民の平和の維持と人身ならびに財産の保障であった。このような理論は、利己心と偏見によって水増しされたうえで、財産の侵害者を処罰する最も血なまぐさい法典を有産階級にたいして与えた。しかし、それは人身や財産に関する権利を侵害したり、法の支配によって統制されることのない「専断的」権力を認めてはいなかった。それゆえに、血なまぐさい刑法が、リベラルな、ときにことこまかな法律の運営や解釈と併存するという逆説が、多くの外国人を驚かせたのである。十八世紀は国制理論家、裁判官、弁護士にとって、まことに偉大なる世紀であった。貧民は、法の罠に捕らえられたとき、なんの保護もない、とよく考えたことだろう。しかし、陪審制度は、ハーディ、ホーン・トゥク、セルウォール、ビンズら[8]が見いだしたような保護の手段をたしかに与えていた。ウィルクスは、裁判所と群衆を交互に利用しながら、国王や議会や行政にたいして公然と反旗を翻すことができた——そして新しい重要な先例をつくりあげることができた。法にもとづくことなく逮捕したり捜索したりする行政法や権利は存在しなかった。一七九〇年代でさえも、「大陸風」のスパイ制度を導入しようとする試みや、人身保護法の一時停止や、陪審を打ち切る試みがなされるたびに、議会改革論者の隊列を越えて抗議の声が巻き起こった。もし——タイバーンの記録、また弾圧の記録を目の当たりにして——こうした限度の重要性を疑問視したくなった[9]ならば、ハーディ[10]と彼の同志たちの裁判を、スコットランドの裁判所での一七九三年から九四年にかけてのミュア、ジェラード、スカーヴィング[11]、パーマー[12]の処遇と対比してみるべきである。[6]

この国制擁護主義は、「自由の身に生まれたイングランド人」の、あまりはっきりしない反応を生み出した。イングランド人は、一人に放っておかれること以外の権利を主張することはなかった。十八世紀には、水兵への強制徴募ほど憎悪された制度はなかった。常備軍にたいしては根深い不信があったが、ピットの弾圧措置は、工業都市の近隣での兵営建設ほどには不平不満を喚起しなかった。自衛のために個人が武器を携帯する権利が議会改革論者によって要求された。軍人という職業は卑しいものと考えられていた。「専断的君主制においては」とあるパンフレット作家は記した。

> そこにおいては、支配者である暴君は、その哀れな臣民に向かって、「わらを食え」と言うことができる。そして彼らはわらを食べる。彼らが、同じ人間である仲間を殺すために、人間の屠者たる軍隊を編成することができることに、なんの不思議もない。しかし、イギリス《グレート・ブリテン》のような、少なくとも自由であるフリをしている国において、数知れない人びとが、自由に伴う特権と恩恵を意図的に放棄し、一日六ペンスのはした金のために、最も破廉恥で下劣な「奴隷制」に自発的に自らを売るということが、少しも驚く事態ではなくなってきているのだ[7]……。

軍隊の募兵のために使われた、ホルボーン、シティ、クラーケンウェル、ショーディッチ〔いずれもロンドンの地区〕の「兵士誘拐徴募業者」は、一七九四年八月の三日間の暴動で暴徒に襲われ、打ち壊された。[8] 一八一二年の保護法制を求める掛け枠編み工の運動の最高揚時のことだが、マンスフィールド支部の書記長は、提案された規制の裏をかいている疑いのある製造業者《マニュファクチャラーズ》の家屋にたいする検査ならびに捜索の権限を認めるという一条項を労働者の代表が提出しているのを知って、驚きあわてて手紙を書いた。「あらゆるイングランド人の家は城なのであって、もしこの砦が破壊されようものなら、われわれの祖先の多くが血を流してきた強力な防壁が永遠に破壊されてしまい、無に帰してしまう」(9)。実効性のある警察にたいする反対は、十九世紀になってもつづいていた。議会改革論者は、もっと実効性のある予防警察が必要であり、そのために財産を守る警備員の数を増やしたり、夜警を強化したりすることに同意する用意はできていたが、強大な権力をもった中央権力的な警察はいかなるものであれ、次のように考えられていた。

一つの専制体制である。それは、スパイと密告者を組織した軍隊であり、すべての公衆の自由を破壊し、すべての個人の幸福を妨げる。そのほかのいかなる警察制度も、独裁の災いをもたらすものである(10)……。

一八一八年の議会委員会は、警察省設置を求めるベンサム[13]の提案を、「すべての家屋のすべての使用人をその主人の行動に関するスパイに、また社会のすべての階級を互いにスパイに仕立て上げようとする計画」だと見なした。トーリー派は、小教区ならびに地方に許された権利と、地方治安判事の権限が破壊されることを恐れた。ウィッグ派は、国王あるいは政府の権限が増大することを恐れた。バーデットやカートライトのような急進派は、市民の自発的連合ないしは戸主の輪番制といった考え方をよしとした。チャーティストの時代を迎えるまでは、急進派の民衆は、いかなる警察であれ抑圧装置だと見なしていた。世論はじつに驚くべき合意をもって、「ほかの国々で『高等警察』と呼ばれているような、最高の、抵抗のしようのない法廷――独裁政治によって発明された……一つの装置(11)……」の設置に反対したのだった。

どのような中央集権的な機関であろうとも、それらが権力を増すことにたいする敵意のなかには、地域の防衛とウィッグ理論と民衆の抵抗とが奇妙に混交されている。地域の権利と慣習は、国家干渉へ対立するものとして、ジェントリによっても一般民衆によっても等しく大切にされた。「政府《ザ・スィング》」や「お偉方《バショウズ》」にたいする敵意は、コベットからオウストラにいたって、そして一八三四年の救貧法への抵抗で頂点に達した急進派トーリーの主張に大いに貢献した。(皮肉なことに、政治や行政の権限をもった国家の主役は中流階級の功利主義者たちであって、彼らの国家主義の旗の裏には、経済的「自由放任」の教義が描かれていた）。一七九〇年代半ばのジャコバン弾圧の最盛期にさえ、その迫害は、「私的な」市民の「自発的な」結社《アソシエーション》（リーヴスの「反ジャコバン協会」[14]やウィルバフォースの「悪弊撲滅協会」）の仕業であるという作り話が信じられた。同じ作り話は、ナポレオン戦争後にリチャード・カーライル[15]が迫害された際にも使われた。戦時中の「公認」新聞にたいする国家助成は、やましさを感じながら執行され、多大な言い逃れと巧妙な否認がおこなわれた。戦後におけるスパイや「挑発分子」の雇用は、憤慨が炸裂するきっかけとなったが、そこには、男子普通参政権にたいして強く反対する多くの人びとが加わっていた。

さらに、国家の違法侵入からの自由ばかりでなく、法のもとでは富める者と貧しき者は平等だとする信念もまた、民衆の心からの祝福の源泉であった。『ニューゲイト・カレンダー』、あるいは凶悪犯罪人の血にまみれた記録簿[16]』のような際物的な読み物は、タイバーンに送られた貴族や有力者たちの事例にこと欠かなかった。地方年誌編纂者は、カッとなっておのれの借地人を殺害したために一七四八年に処刑された、リーズの「横暴で悪辣な荘園領主」のような例をさりげなく記している。急進主義者は、よく考えぬかれた皮肉を好んでもちいた。仮に法が富者と貧者にたいして同じく開かれているとすれば、ロンドンの居酒屋もまたそうである、とホーン・トゥクは言った。「しかし、もし自分の楽しみへの支払いに足りるだけのお金を持たずに来たならば、少しも歓迎してはくれないだろう[12]」。しかし、法の支配は「自由の身に生まれたイングランド人」の名誉ある遺産であって、専断的な権力に対する防衛手段であるとする確信は、ジャコバンによってさえ支持されたのであった。ロンドン通信協会は、一七九三年のある「呼びかけ演説」で、イングランドの民衆と革命前のフランスの民衆とのあいだの身分の違いをあきらかにしようとした。「われらが民衆は、法によって保護されていたのにたいし、彼らの生は、いずれも貴族個々人のなすがままにされていた。……われわれは人間であったが、彼らは奴隷であった」

この守勢的イデオロギーは、当然のことながら、積極的な権利にたいするはるかに大きな要求をはぐくんだ。ウィルクスには、この琴線にどうやって触れるべきかがよくわかっていた——自己の権利を防衛する闘士は、いつのまにか、国王と内閣に異議申し立てをおこない、これまでは誰も求めるものがいなかった権利を要求する、自由の身に生まれた市民へと転化したのである。一七七六年にウィルクスは、庶民院で「最もみすぼらしい職人、貧困にあえぐ小作農民ならびに日雇い労働者」の政治的権利を訴えるまでにいたった。彼らは――

自己の人身の自由、自分の妻や子供たちの人身の自由、とるにたりないとはいえ自分の財産と賃金……これは多くの商業や製造業で議会の権力によって規制されている……に関する重要な権利をもっている。……それゆえ、彼らの利害に深くかかわるこうした法律をつくる権力のいくぶんかは……このより下層の、しかしきわめて有用なる人びとにも分け与えられるべきである……。

これは、いまだもってアイアトン（あるいはバーク）の議論である。しかし財産に関する権利は、はるかにリベラルな意味で解釈されている。そしてウィルクスは、いつもながらの伝統と先例への訴えをもってしめくくった。

正当な庶民の代表なくしては、われわれの国制は本質的な欠陥を抱えたままである……そして、われわれの祖先が確立した統治形態の原初の純粋性をよみがえらせようとするこれ以外の改善策は、すべて効果がないだろう。

「原初の純粋性」「われわれの祖先」――これらは鍵となる言い回しであり、二十年間、議会改革論者たちの議論はこうした用語の綿密な解釈に向けられてきたのだった。どの形式が純粋で原初のものだったのか、どの祖先を議会改革論者は参照すべきなのか？　先例の拘束から自由になったアメリカ合衆国の建国の父にとっては、真実は「自明」であれば十分だと思われた。しかし、「独立宣言」（一七七六年）と同じ年に『自らの選択をせよ』というパンフレットを出版したジョン・カートライト少佐（一七四〇―一八二四年）にとっては、一年任期の議会、平等選挙区、議員への歳費支給、成年男子普通選挙権を求める彼の主張は、サクソンの先例を参照することによって支えることが必要だと思われた。「善良な白髪の少佐」（ほぼ五十年後、彼はそう知られるようになった）は、こんなにも早い時期に、一七七六年からチャーティストを経てその後も保持された進歩的な政治改革主義者たちの主要な要求を定式化していた。(13) そしてこのような主張から、彼は決して逸脱することがなかった。妥協することのできない風変わりで勇敢な少佐は、こうと決めた道を一途に進み、リンカンシャーのボストン選挙区の議員として、書簡やアピールやパンフレットを世に問い、裁判、暴動、紛争、弾圧を生き延びた。彼こそが、ナポレオン戦争が終結するよりも前に、新時代の最初の改革協会であるハムデン・クラブ[17]の創設に着手したのだった。それらは北部工業地帯にあったが、そこでは、聖職にあった彼の弟〔エドマンド・カートライト（一七四三―一八二三年）〕が力織機《りきしょっき》を発明し、別の変化の過程を速めていた。しかし、少佐の原則と提案は彼自身の長き生涯を越えてのちのちまで残ったが、彼の議論は残らなかった。

　すぐにわれわれはその理由を知るだろう（答えは、二語で、トム・ペインである）。しかしまず注目しなければならないのは、フランス革命の二十年も前に、すでに受け入れられていた国制のあり方に付け加わるかたちで、ある新しい局面が作動していたことである。新聞は、曖昧ではあるが国王や貴族院や庶民院からは独立した権利をすでに確立していた。ウィルクスの『ノース・ブリトン』をめぐる運動は、こうした権利が不安定なものであったことと、多数の公衆がそれを擁護するのに敏感であったことの双方を示している。しかし十八世紀の後半には、プラットフォーム――出版や大集会や請願といった手段によって「屋外の」世論を動員し、多かれ少なかれ限定した目的のために運動をおこなう「議会外」圧力団体――の興隆もまた見られる。(14) プラットフォームや請願は、ウィルクスの支持者、ワイヴィルのカウンティ連合、プロテスタント協会（それは、ゴードン暴動の始まる際に全貌を現した）、「経済」改革主義者、反奴隷制運動、非国教徒の法律上の無資格撤廃運動といった多様な集団によって、異なるやり方で活用された。ウィルバフォースやワイヴィルは、自分たちの運動をジェントルマンや自由土地保有者に限定したかったただろうが、これによって先例は確立され、このお手本はあっというまに広まった。国制の複雑な機械装置に、新しい歯車が付け加えられた。アースキン[18]とワイヴィルは、抑制と均衡というよく知られた機械の比喩を使って、[15]「民衆運動に時計じかけの規則正しさ」を要求した。ジョン・カートライト少佐はもっと先をいっていた——あらゆる階級の人びとのあいだで、最も遠大な要求をめぐって、大騒ぎがあおりたてられればたてられるほど、よしとした。

若い弓の射手に実戦的な目的にかなうだけ十分遠くに矢を射る力をつけさせるため、月をめがけて射るように教えるという古い格言にならって［と、カートライトはワイヴィルに書き送った］、私は、「普通選挙権」の原則の自由な議論こそが、闘うに値するなんらかの「改革」を実現する最も適切な手段だとつねづね考えてきました。

少佐は、先例と伝統という用語で自分の議論を表現しているけれども、「会員に制限なき」人びとによる運動方法を確信していた。弾圧の時代の一七九七年から九九年に、ボストンの大地主《スクワイア》が、北部ヨークシャーの議会改革論者ワイヴィルの用心深さにたいして批難の言葉を浴びせかけた。「私はあなたのヨーマンリを恐れてはおりません」と大地主はワイヴィルに手紙を出した。「しかし、あなたのジェントルマンが私は恐ろしい……私にとって幸運であったのは、これまでジェントルマンがいずれも、一人を除いて、別の側にいたことです。私の努力は、それゆえ、彼らの評議によって台なしにされることはなかったし、私は、あらゆる機会に遠慮なく公言してきたのです」

私は、強力な強壮剤とか、きわめて効きめの強い興奮剤といったものだけが民衆をあらゆる活動的な事柄に目覚めさせることができると考えています。……もしわれわれの訴えがすべての人を納得させえないならば、もしわれわれの語る真実がいやおうなく民心をつかむことができないならば、われわれはなにごともなしえないでしょう。……もし貴君が、ともかくうまく事を運ぶために、そうした活動への訴えを欠いた、その場しのぎの方策を提案しなければならないとしたら、集会に参加している断固たる人びとによってあなたがその状況から救い出されることを神に祈ります(16)……。

これと同じような、国制をめぐる諸議論もまた、論調および宣伝手段の大きな違いをおおい隠しているかもしれない。しかし、ペインよりも前の議会改革論者はすべて「国制の腐敗」から始めたのであって、彼らの急進主義の程度は、概してその著作に引用されている歴史上の先例から推定することができる。ウィルクス派の、大多数が貴族からなる権利の章典の支持者協会（その後継組織である「革命協会」〔一七八八年〕と民衆の友協会〔九二年〕）は、一六八八年体制という先例を強く主張することで満足していた。進歩的な国制知識普及協会は一七八〇年に創設されたが、ジェブ博士[19]、カートライト、ケイパル・ロフト[20]らが書いた協会のパンフレットは、トマス・ハーディに初めて議会改革論を教えたのであって、マグナ・カルタやそれ以前の史料にいたるまで広く先例を渉猟し、アングロ＝サクソンやアメリカの事例まで利用していた(17)。そして、フランス革命のあとになると、これら民衆のさまざまな協会の理論家たちはアングロ＝サクソンの「十人組」や「ウィテナゲモート〔アングロ＝サクソン時代の議会〕」やアルフレッド大王治世の伝説を頻繁に取り上げた。「原初の純粋性」と「われわれの祖先」は、多くのジャコバンにとって、古いサクソンの先例に接ぎ木することのできる、ほとんど新規といってもいい国制上の概念になった。ジョン・バクスターは、ショーディッチの銀細工職人でロンドン通信協会の指導者、そしてまた大逆罪裁判ではハーディと同じ刑事被告人だったが、時間を見つけて、一七九六年に八百三十ページの『新真正イングランド史』を刊行した。そこでは、サクソンの先例は、自然状態、高貴なる野性、あるいは原初の社会契約とほとんど区別されていない。「本来は、国制は自由なるものでなければならなかったのだ」と、バクスターは考えている。歴史とは、国制の腐敗の歴史であり、「イギリス人《ブリトンズ》は、初めローマ人によって、次にサクソン人によって征服された。これらはもう一度デーン人によって、そして最後に、すべてがノルマン人によって征服されたのだ……」」。一六八八年の名誉革命については、それは「専制君主を追放し、サクソン人の法を堅固なものとしたにすぎない」とした。しかし、回復されなければならないこうした法はいまだたくさんあった。そして、ジョン・バクスターが男子普通選挙権についで最も好んだものは、常備軍の廃止であり、市民が各自武装する権利であった。彼は、熱心に国制を論じることによって、国制に反抗する民衆の権利へと到達したのだった。

それでもなお、クリストファー・ヒル氏が「ノルマンの軛」の理論を研究するなかで示したように、これらの入り組んだ、しばしば見かけ倒しの論争は、真の重要性をはらんでいる。(18) 好古家的な議論の諸形式までもが、政治上の強調点の重要な相違をおおい隠している。匿名の『イングランド憲法に関する歴史評論』（一七七一年）から一七九〇年代はじめまで、より進歩的な議会改革論者たちはサクソンの事例の引用を好むことを特徴としていた。これよりずっと前に、トム・ペインが『コモン・センス』を刊行したが、その議論は先例への訴えにはほとんど頼っていない。

フランスの一庶子が武装した盗賊どもを率いて上陸し、原住民の同意も得ないで勝手にイングランドの国王になったということは、はっきりいえばひじょうにくだらない、卑しい起源である。そこに神聖さがないことは言うまでもない。……イングランドの古代の王政は見るに耐えないというのが、本当のところだ。[21]

しかし、これはアメリカの地で刊行されたものだった。これからみるようにイングランドでは、フランス革命および『人間の権利』の出版のあとにはじめて、こうした因習打破の声が聞かれたのである。「王位の継承がウィリアム征服王の血統でつづくのであれば、国民は支配されたままであり、したがって国民は、自らをこうしたあり方から救い出さなければならない」。一方、「ノルマンの軛」の理論は驚くべき生命力を示し、ペインが国外追放に処せられ、『人間の権利』が文書煽動罪で発禁にされた一七九三年以降、ジャコバン派のサークルで復活しさえした。

これはある程度は時宜にかなったことであった。ペインの起訴は、国制上の慣例として許されていた自由の限度をあきらかにした。「われわれの祖先」への訴えをすべて否定することは、実際に危険だった。シェフィールドの議会改革論者であるヘンリー・ヨーク[22]が一七九五年に裁判にかけられたとき、彼の弁護はこの点にかかっていた。「ほぼすべての演説において、私はトマス・ペインの教義への反論にことのほか骨を折りました。彼はわれわれの国制の存在を否定したのでした。……私はつねに、その逆のこと、すなわち、われわれはよき国制」、つまり「われわれのサクソンの父たち、そして不滅のアルフレッド大王の壮大な精神から受け継いだ、寛大な政府」を「もっているのだということを力説しました」。「サクソン人」は、一人残らずジャコバンであり「サンキュロット」だとしたジョン・バクスターでさえ、まったく敬意を欠いたペインから距離を置くことは当を得たことだと思っていた。

われわれは、トマス・ペイン氏の見解を大いに尊重するのでありますが……われわれが国制原理をもっていないという彼の考えには、同意できません。彼の誤りは、ノルマンの征服より前のことをまったく考察していないことから生じているように思われます。

しかし、それは時宜にかなっている以上のものだったのである。伝説によれば、サクソンの祖先は、制限《コンスティテューショナル・》君主制《モナキー》、男子普通選挙権にもとづく自由議会、そして法の支配に正当性を与えていた。カートライト少佐やバクスターのような人物は、「愛国主義者」とか国制擁護主義者として歩みでながら、その時代のレトリックを拝借しようと試みていたのである。[19] 問題が『コモン・センス』でペインが提起したのと同じように直截に持ち出されていたならば、議会改革論者たちは国制論議にかかわらずにすんだだろう。そして彼らの要求の根拠を、理性、良心、利己心、「自明の」真理に求めただろう。国制擁護主義の文化のなかで自らの精神をはぐくんだ多くの十八世紀イングランド人にとって、そうした考えは衝撃であり、狼狽させられるものであり、またその合意は危険であった。

　それでもなお、このレトリックの打破が必要であった。なぜなら、バクスターの嘘くさいサクソン用語で飾り立てられたときでさえ、それは、君主制、世襲制、巨大な土地貴族とイングランド国教会の伝統的権利、人権にではなく財産権にもとづく代表制といった、特定の慣例の絶対的な神聖を含意していたからである。いったん国制擁護主義者の議論の罠にはまると――たとえそれが男子普通選挙権の要求を前進させるためにもちいられたとしても――議会改革論者たちは国制を徐々に改善するという些事にとらわれてしまった。民衆運動が生じるためには、こうした言葉遊びをきっぱりやめて、もっと幅の広い民主主義的な要求を提示することが必要であった。一七七〇年から九〇年の間に、われわれは、国制擁護主義のレトリックがそれ自体の崩壊ないし止揚に貢献するという、弁証法的な矛盾をみることができる。ロックやブラクストンの評論を読んだ十八世紀の人間は、そこに、いまだ改革されざる庶民院での党派や利益集団の活動にたいする徹底した批判を見いだした。[20]第一の反応は、十八世紀の慣習を十八世紀の理論の見地から批判しようとするものであった。第二の、もっとゆっくりと現れた反応は、その理論そのものを信用できないものにしてしまおうというものであった。ペインが『人間の権利』をひっさげて登場したのは、この時点だったのである。

　フランス革命がもっと重要な先例をつくりだした。理性に照らして、そして根本原理から、新しい憲法《コンスティテューション》が起草され、それは「慣習や法や制定法の、不十分で、古くさく近づきがたい様式」を闇のなかに葬った。しかも、国制論議の重要な地ならしを最初にしたのは、ペインではなくバークであった。一方ではフランスの事例が、他方では、一六八八年以前の、あるいはノルマン征服以前の先例を掘り起こしていた真摯な議会改革論者たちが、旧来の地盤を擁護しえないものにしたのだった。『フランス革命の省察』（一七九〇年）においてバークは、知恵と経験の権威をもって先行事例の権威を補強し、伝統への敬意をもって国制への敬意を補強したのだった――すなわち、「生者と、死者と、これから生まれてくる者との……パートナーシップ」[23]である。特定権力の行使にたいする抑制と均衡の理論は、人間の本性の不完全性にたいする抑制と均衡という陰気な観念へと翻案された。

　一つの国《コモンウェルス》を構築する際の科学は……先験的に教えられてはならない。……人間の本性は込み入っているし、社会のものごとは考えられうる最大の複雑さをもっている。だから、権力の単純な配置や方向づけは、どんなものでも、人間の本性にも人間がかかわるものごとの性質にも適合しえない。……統治をおこなう際の人間の権利とは……しばしば善と善との差異の均衡に、またときには善と悪との妥協に、ときには悪と悪との妥協に存するのである……。

急進的な議会改革論者たちは、「人間の権利についての自分たちの理論にひどくとらわれているために、人間の本性というものをすっかり忘却してしまった」。「彼らは、その暴力的な性急さと、自然な本性の過程の無視とによって、すべての山師と投機者へ、すべての錬金術家とやぶ医者へと、盲目的に譲り渡されてしまったのである(21)」

バークの議論は、全体的には人間の道徳本性から演繹されている。しかし、バークを心配させたものは、腐敗した貴族の道徳的本性というよりも、「豚のような群衆《スワイニシュ・マルティテュード》」[24]としての民衆の本性であったという事実が何度も垣間見られる。その卓越した歴史感覚のおかげで、バークは、「本性の過程」はきわめて複雑で遅々としているので、いかなる革新も見えざる危険に満ちている――この過程で民衆はなんの役割も果たさない――と考えてしまった。バークの警告を拒絶した点でペインは間違っていたとしても（『人間の権利』はバークへの返答として書かれた）、バークの特異な弁論の基礎には階級的利害という慣性がはたらいていることをさらけだした点では正しかった。学界は、この二人の人物を奇妙な仕方で論じてきた。政治哲学者としてのバークの名声は誇張されてきた。とくに近年はそうである。ペインはたんなる通俗書の作者として片づけられてきた。じつをいえば、どちらの作家も、一流の政治理論家として評価されるほど体系的ではなかったのである。二人とも、天才的な政治評論家であり、両者が語っていることよりも、それが語られるときの論調こそが注目に値する。ペインは、読んでも深みがないし、文化的な安定感にも乏しいし、横柄でがむしゃらな気質に災いされて凡庸な文章を書くはめに陥っている。学者はそれに辟易して、ため息をついて脇にのけてしまうのだ。しかし、民衆がバークを記憶しているのは、彼の洞察力というよりも、彼の忘れがたい無思慮――「豚のような群衆」――のせいである。この思わずもらした寸言は、ペインにはない鈍感さをあらわに示している。バークの欠点は、落ち着き払った十八世紀の上流文化を無に帰するものである。バークの著作につづいてつくられた、怒れる民衆のパンフレットのすべてで、争点は五つの単語――かたやバークの二語からなる蔑称、かたやペインの三語の旗印――で言い表されたように思われる。陰気な幻想をもって、民衆のパンフレットの作者たちはバークの主旋律にもとづいてさまざまな変奏曲を奏でた。『豚に食わせる残飯』『豚肉』『椎の実とドングリ――懐かしきヒューバートによる収集』『民衆のための政治学――豚用ゴッタ煮』（「ブウブウ兄弟」「豚野郎」「吐き気を催す」からの寄稿つき）、以上はパンフレットや定期刊行物のタイトルである。豚小屋、豚飼い、豚の塩づけ燻製肉――これらもまたそうである。「あなた方が……おいしい残飯でいっぱいになった洗い桶からがつがつと詰め込んでいる間に、われわれは、食用豚の大集団と一緒に、日が昇ってから沈むまで、生活の糧を得るために、わずかばかりのドングリを拾う……活動に従事しているのだ」と、『豚のような群衆からのエドマンド・バーク閣下への挨拶』（一七九三年）には書かれている。かつてほかのどんな言葉も、「自由の身に生まれたイングランド人」をこれほど怒らせはしなかった――また返答を、これほど重苦しいものにはしなかった。

『人間の権利』は、イングランド労働者階級運動の礎《いしずえ》となるテキストなのだから、その議論と論調をより詳しくみなければならないだろう。[22] ペインはイングランドの地で書いたが、しかし実験を試み、因習打破の憲法をもつ活力のある環境のなかで十五年近くも生きてきた、国際的名声をもったアメリカ人として書いたのである。第二部の「序文」において彼は、「私はイングランドの慣習となっているものとは異なる思考様式と表現様式で書かれた著作が、いったいどう受け取られるのかを知りたかった」と書き記している。冒頭から、彼は国制論議の枠組みを拒否していた。「私は、生きている者たちの権利を擁護しているのであり、彼らが、一片の紙きれだけで自分にありと称している死んだ者たちの権威によって、意志をくじかれ、支配され、契約の拘束を受けることに反対する」。バークが、後世の権利をカビの生えた羊皮紙の権威に永遠に委ねようとしたのにたいし、ペインは後続世代がおのおの自ら権利を定め、新たに政府を樹立する権限をもつことを確信していた。

イングランドの国制についていえば、そうしたことはまったく存在しなかった。せいぜい、イングランドの国制は「先例の埋葬所」であり、「政治的カトリック教」の一種であった。「先例の原理を完全に無視して、先例に依拠する政府は、樹立されうるかぎりの最低の統治制度の一つである」。フランスとアメリカを除く、あらゆる政府は、征服と迷信から自らの権威を引き出していた。その礎は、「専断的権力」の上に置かれていた。そしてペインは、彼特有の激しい批難を、この権力の存続を保障している手段、すなわち世襲原理にたいする迷信にもとづく尊敬へと向けたのだった。「ならず者の山賊の一団が国を侵略し、貢ぎ物を出させている。こうして彼らの権力が確立されると、賊の親玉は、君主の名のもとに盗賊の名を取り除こうと画策した。かくしてこれが、君主制と国王の起源なのである」。相続の権利にかんしては、「政府を相続するということは、人民を家畜の群れでもあるように相続するということにほかならない」。「国王たちは、理性を備えた者としてではなく、野獣として、それぞれあとを継いでいく。……並の職人になるにはちょっとした才能を必要とするが、国王になるには、人間のかたちをした野獣でありさえすればいいのだ——一種の呼吸する自動人形のようなものだ」

イングランドが、オランダやハノーヴァーやツェルやブランシュワイクへ迎えをやり、年に百万ポンドもの金を出して、イングランドの法律も言葉も利害関係も理解できず、その能力は教区の治安官の職にもほとんど適合しないような連中に来てもらった自分を笑う日も、そう遠いことではない。[25]

「こうした人間はなんのために必要なのか」と、彼は尋ねた。

官吏の方々、恩給生活者の方々、侍従の方々、料理番の方々、ご不浄係の方々、そして次に何が付け加わるのかをご存じの貴族の方は、結局は国費でもって支払われる自分たちの俸給ほどたくさん、君主制を擁護する理由を見いだすことができる。しかし、農民《ファーマー》、製造業者、貿易商人、商工業者……一般の労働者《レイバラー》に、あなたにとって君主制はなんの役に立っているか、と尋ねてみても、なんの答えも得られない。君主制とは何か、と尋ねてみると、名目だけで収入がある閑職のようなものだと考える、と答えるのだ。[26]

世襲制度全般が同じように忘れ去られていた。「世襲による統治者などというものは、世襲による著述家と同様に、矛盾した存在である」

これらすべては冒瀆であった（そして若干向こう見ずなところがあった）。神聖なる「権利の章典」でさえ、ペインは「不法の章典、侮辱の章典」だと見なした。ペインは、こうしたかたちでものごとを考えた最初の人間というわけではなかった。多くの十八世紀イングランド人が、こうした考え方を個人的にはもっていたにちがいない。ペインは、思うところをたいへんな不敬をもってあえて表明した最初の人間だったのである。そして彼は一冊の本で、大昔からのタブーを破壊した。しかし、ペインはそれ以上のことをなしとげた。第一に、混乱した曖昧なやり方ではあったが、彼は国家論と階級権力論の方向を指し示した。『コモン・センス』のなかで彼はロックに従って、政府を「必要悪」だと見なした。一七九〇年代においては、ロックの曖昧さは二つに分裂したように思われる。一つはバークであり、もう一つはペインである。バークは政府の側を引き受け、経験と伝統に照らしてその機能を検証したが、ペインは統治される者を代弁し、政府の権威は、階級的に分断された社会において征服と世襲権力から引き出されたと見なした。階級は大ざっぱに定義されている――「この国には、二つのはっきりと異なった階級がある。税金を支払う者と、税金を受け取りそれで生活する者である」――そして国制はといえば、それは次の者たちにとってはいいものである――

廷臣、官吏、恩給生活者、腐敗選挙区保有者、党派の指導者たち……。しかし、それは百人の国民のうちの少なくとも九十九人にとっては、悪い国制なのである。

これはまた、有産者と無産者の戦争の原因にもなる。「金持ちが貧民の権利を略奪するなら、それは貧民が金持ちからその財産を略奪する模範になるのである」(23)。この議論によれば、政府とは、お偉方が寄生虫的生活を送るところとなる。つまり、税金は、恩給生活者や征服戦争のための、略奪の一形態である。さらには、「民政のすべては、教区の役人、治安判事、四季裁判所、陪審員、巡回裁判によって、いわゆる政府の手を少しも煩わさずに、各州各都市の住民によっておこなわれている」。すなわち——ここにおいて——われわれは、アナキズム理論にひじょうに近づく。必要なことは、政府改革というよりも政府の廃絶なのである。「形式的な政府が廃絶されたその瞬間に、社会が活動を始める」

一方、代議制という統治形態をとおして活動する「社会」は、新たな可能性をもたらした。それは、『人間の権利』の重要な第二部第五章を執筆中、ペインの頭のなかで突然火を噴いた。そこでは、商業と製造業を称賛し、植民地支配を攻撃し(そして——あとで——戦争に代わるものとして国際間の仲裁を提起している)、刑法をたたきのめし(「合法的な残虐行為」)、排他的な特許状や自治団体や独占を批難し、税金の重荷に反対して大声を張り上げたのち、土地貴族の罪についてしばらく目を向けたのだった。

なぜ……バーク氏は貴族院のことを地主階級の支柱だなどと言うのだろうか? そんな柱は、たとえ地中に没しても、土地財産は変わることなく存在をつづけ、畑を耕し、種をまき、刈り入れる仕事も変わることなくおこなわれつづけるだろう。貴族は、土地を耕す農民ではない……たんに地代を消費するだけの者である……。[27]

これが、ペインを政府と陸軍と海軍の経費削減のためのきわめて印象的な提案に導いたのであった。税金と救貧税を免じ、累進所得税によって追加徴収をおこなう（年収二万三千ポンドになると、一ポンドあたり二十シリングまで上昇する）。そして、徴収ないし節約された全体から、貧民の置かれた立場をやわらげるためのお金を支給する。家族手当、すべての児童に普通教育を授けることのできる公費、老人年金――「慈善の性質をもつものではなく、権利に属するものである」（なぜなら、納めた税額の一部しか、受給者は見返りを受けないから）、妊婦給付、新婚夫婦給付、窮迫している者にたいする葬儀給付、そしてロンドンにおいては、移民や失業者を援助する、住居と作業場をあわせもった建物の提供を、彼は提案した。

> 以上のような計画を実行すれば、かの牢獄に代わる責め道具ともいうべき救貧法は、その存在意義を失うだろう。……死に瀕した貧しい人びとが、教区同士の報復がゆえに教区から教区へとひきずり回され、そのあげく最期の息をひきとるというようなこともなくなるだろう。寡婦はわが子を養い育てる扶助を受けることになる……子供たちにしても、そうなれば、もはや両親の困窮を増すものと見なされることはなくなるだろう。……貧困と苦しみの結果として生まれる小犯罪の数も少なくなるだろう。そうなれば、富める者はもとより、貧しい者も政府の支持に関心をもつようになって、暴動や騒擾の原因も懸念もまったくなくなることだろう。汝ら、安逸のうちに座し富裕のうちに一人楽しむ者よ……汝らはこうしたことどもを考えしことありや？[28]

ペインの最大の強みはここにある。『人間の権利』第一部の成功はたいへんなものだったが、第二部の成功は空前であった。ウィッグ的な「共和主義者《コモンウェルスマン》」という旧来の伝統と、シェフィールドの刃物工やノリッヂの織布工やロンドンの職人たちの急進主義とのあいだに橋を渡したのは、第二部――とりわけこれらの章だったのである。議会改革は、こうした提案によって、毎日経験している経済的な困苦と関連づけられた。ペインのおこなった財政計算には、見かけ倒しのものがあったかもしれないが、それらの提案は改革運動全体に新しい建設的な形態を付与した。カートライト少佐が、以後百年間の運動の基礎となるべき男子普通選挙権への明確な要求を定式化したとすれば（そしてメアリ・ウルストンクラフトは、『女性の権利』で、第二の性のためのさらに長きにわたる闘争に着手した）、ペインは、この第五章で、二十世紀の社会立法の出発点を与えたのである。

ペインの思想には、おそらくこの「社会」に関する章のものを除いて、独創的なものはほとんどなかった。「ペイン流のやり方で自らの天才に没頭するものは、決して調査官《エグザミナー》たりえない」――このコメントはウィリアム・ブレイクのものである。彼がイングランド人に与えたものは、新しい急進的平等主義のレトリックであり、それは「自由の身に生まれたイングランド人」の真摯な反応を呼び覚まし、都市労働者階級の準政治的態度に浸透したのであった。コベットは真のペイン主義者ではなかったし、またオウエンと初期社会主義者たちは一緒になって一つの新しい潮流をつくりだした。しかし、ペインの伝統は、ウーラー[29]、カーライル、ヘザリントン[30]、ワトソン[31]、ラヴェット、ホリヨーク、レナルズ[32]、ブラドローといった十九世紀の民衆ジャーナリズムにしっかりと行き渡っていた。それは一八八〇年代に厳しい挑戦を受けたが、その伝統とレトリックは、ブラチフォード[33]やロイド・ジョージ[34]の民衆的な訴えかけのなかになお生きていた。ペインは、百年間近くにもわたって急進主義を組み込む新たな枠組みを確立したといえるだろう。その枠組みは、それが取って代わった国制擁護主義と同じくらい明確でありよく定義されたものであった。

この枠組みはなんだったのか？　君主制と世襲原理にたいする侮蔑を、われわれはみてきた。

どんなに修正されたものだろうとも、私は君主制や貴族制には賛成しない。世襲による差別やあらゆる種類の特権的地位……は、かならずや人間性向上の進展を妨害するにちがいない。だから、私はイギリスの国制の崇拝者たりえないのである。

この言葉は、ワーズワスの一七九三年の言葉である。そしてワーズワスの以下の回顧的な言葉もまた、革命時代の楽観主義以上のなにものかをとらえている——この時代にボウピュイ[35]と歩きながら——彼は「飢えに苛まれる」農家の少女に出会った——

この光景を見ると、私の友人は声を荒げて言った、
「あれこそまさにわれわれが闘っているものだ」。
私は彼とともに信じた、
ある慈悲深い精神があまねく行き渡り、
それは押しとどめることなどできないだろうことを。
このような貧困はやがてみられなくなるだろうことを。
この大地がその願いを妨げられることなく
恭順で、みすぼらしく、忍耐強い苦役の子に報いるだろうことを。
排除とむなしい威厳を合法化したすべての制度が永遠に消滅するだろう。
一人またはごく少数の者の布告によってもたらされたものであれ
荒廃した淫らな国家と残忍な権力は、廃止されるだろう。
そしてついには、これらの総決算として
強き力をもった民衆が自らの法律をつくりだすだろう。
こうしてよき時代がすべての人類にもたらされるのだ。[36]

楽観主義（ワーズワスはそれをまもなく失ってしまうのだが）とはいっても、そこには急進主義がしっかりと組みついていて、ペインが探究してやまなかった前提のうえに築かれている。その前提とは、代議制や理性の力、民衆のあいだにあって（ペインの言うところの）「眠ったままの状態にある思慮分別の魂」、そして「人間は、政府

によって堕落させられることがなければ、自然のまま人間の友なのであり、人間の本性それ自身が腐敗したものなのではない」という信念にたいする限りない信頼である。すべてこの種のものは、非妥協的で、向こう見ずな、うぬぼれの強い調子で表現され、独学の人間がもつ学問の伝統や制度への不信（「彼は、自分の書いたものはすべてそらで覚えていたが、ほかのことはなんにも知らなかった」というのが、ペインの知人の証言であった）と、威勢のいい経験主義や「コモン・センス」へと訴えることによって、複雑な理論的問題を避けようとする傾向を伴っていた。

この楽観主義の長所と短所はともに、十九世紀の労働者階級の急進主義において繰り返し再生産された。しかしペインの著作は、どんな意味においても、農場経営者や商工業者や知的専門職業人とはまったく別種なものとしての労働者階級にねらいを定めたものではなかった。彼の著作は「会員に制限なき」運動に適合した教義だった。しかし、彼は、富裕な者たちの私的所有権や、自由放任主義の教義にたいして異議申し立てをおこなっていないのである。彼自身の提携関係が最もはっきりとしているのは、議会に自らの代表をもたない製造業や商業に従業する階級、すなわちトマス・ウォーカーやホウルクロフト[37]といった人物たちであり、ロンドン通信協会というよりは国制知識普及協会であった。彼の累進課税の提案は、財産の再分配というもっと進んだ観念を予想させる。しかしその提案は、巨大土地貴族にたいして向けられたものであり、そこでの長子相続の慣習に含まれる世襲原理ゆえに、ペインは攻撃したのだった。政治的民主主義という見地から、彼は、世襲によるすべての差別と特権を廃絶しようとした。しかし彼は、経済的な平等化にはまったく賛成しなかった。政治的社会では、すべての人間が市民としての平等な権利をもたなければならないし、経済的社会では、すべての人間は本来的に雇用する者か雇用される者として存在しなければならず、国家は前者の資本や後者の賃金に干渉してはならない。『人間の権利』と『諸国民の富』とは相互に補足し補強しあっている。そしてこういった点でもまた、十九世紀労働者階級の急進主義の主要な伝統はペインによってかたちづくられたのである。オウエン主義とチャーティストの最盛期に、ほかの伝統が支配的になったこともあった。しかし、それらが後退したのちにも、ペイン流の前提の基礎は無傷のまま残った。貫族が主たる攻撃目標であり、彼らの私的所有権は脅かされたといってもいいし――土地国有化論やヘンリー・ジョージ[38]の単一税論にまでおよぶ――、彼らの地代は「フランスの一庶子」とその「武装した盗賊ども」に由来する封建的な取り立てだと見なされた。しかし――労働組合主義者たちは自分たちの雇用主にたいして激しく闘争したかもしれないが――産業資本は企業の成果であり、政治的な介入の彼岸にあるものだと見なされた。一八八〇年代にいたるまで、労働者階級の急進主義が釘付けにされたまま残ったのは、概してこの枠組みのなかでのことだった。

　十九世紀の伝統にペインが貢献したもう一つ別の要素があった。真正なるペイン主義者――カーライルやジェイムズ・ワトソンやホリヨーク――は、また自由思想家でもあった。「私の宗教とは、善を実行することだ」とペインは『人間の権利』に書き、その問題をほったらかしにしておいた。しかし、彼は自らを「虚構と政治的迷信の時代、悪巧みと神秘の時代」に対抗するそうした権利の第一人者だと考えた。そして、彼が、国定宗教やあらゆる形態の聖職者の策謀を一貫して批難する『理性の時代』で自分の仕事を完成させたことは、当然であった。ペインは、無神論者としてではなく、理神論者として書いた。ギロチンの恐怖のもと、一七九三年にフランスで書かれたその第一部で、天地創造と、宇宙それ自体に神の徴を見、そして神秘、奇跡、預言に反対して理性に訴えた。イングランドでは、印刷業者としての行為を問われ、七回も起訴され、一八一二年までに十五ヵ月間投獄され、三年間の法喪失宣言を受けたダニエル・アイザック・イートン[39]によって一七九五年に刊行された。そのさっそうとした挑発的論調にもかかわらず、『理性の時代』は、十八世紀の理神論者や進歩的な一神論者を驚愕させるものはほとんど持ち合わせていなかった。目新しかったものは、ペインが訴えたところの一般読者であり、そこで得られたペインの名の大いなる威信であった。九六年に（またも大胆不敵なイートンによって[24]）刊行された第二部は――旧約聖書の倫理と新約聖書の真実性とを批判した、ごたまぜの聖書批判論集であった。

　私は……肩に斧をかついで森に入っていく男のように、聖書に入っていき、木々を伐り倒した。ここに木々は横たわり、聖職者たちは、できるとなれば、木々をもう一度植えることだろう。彼らはたぶん、木々を大地に突き立てるだろうが、決して育てあげることはできないだろう。[40]

森の使いみちは別にあるのだということが言われなければなるまい。ブレイクは、ペインの議論の威力と衝撃を十分了解しており、彼独特のほかに類を見ない速記術でそれを書き直した。

聖書はすべて国家の策略にほかならない。どんな時代の民衆もそれを見抜くことができたけれども、その権力を放逐することはまったくなしえなかった、という議論がある。もう一つは、聖書の注釈者はすべて嘘つきで陰謀をはかるならず者であって、いい生活がしたいばかりに国定宗教を選択しているという議論である……私なら、そうした名前を百人ばかりあげることができる。[41]

しかしペインは、聖書のどの部分であれ、それを（ブレイクの言葉で言えば）「いかにも起こりそうな不可能事についての一つの詩」として読むことはできなかった。弾圧時代にペインに従った多くのイングランド人にとって、『理性の時代』は「分断するために送られたひとふりの剣」だった。非国教会あるいはメソジスト教会の一員であることをやめなかったジャコバンたちのなかには、ペインの著作と、それが「無神論者」と「共和主義者」にたいする新たな攻撃の機会を敵に与えたことに立腹する者がいた。当局側は、ペインの最新の攻撃は、彼の過去のすべての攻撃を上回るものだと見なした。すなわち、ペインは、居心地のいい一神論者の聖職者たちの上品な時代とギボン[42]の懐疑主義を取り上げ、それらをわかりやすい論争的な英語に翻訳して、地上にひきずり下ろしたのである。彼は、炭坑夫や田舎《いなか》娘も理解できる議論で聖書の権威を笑いものにした。

……彼らがイエス・キリストと呼ぶ人物は、彼らによれば、婚約してのちに結婚した女性の体から、彼らが聖なるものと呼ぶ幽霊によって、生み落とされたのだ。しかも彼らは、このばかげた話が語られてから七百年たっても、彼女を処女だと呼んでいる。……いま子供のいる娘が、幽霊から子供を授かったのだ、天使が自分にそう語ったのだと言ったとしても、いったい誰が彼女を信じるだろうか。[43]

教会や日曜学校が当時教え込んでいた野蛮で有害な迷信のことを考えるならば、(25)ペインの著作が深い解放的効果を多くの人びとの心にもたらしたことはあきらかである。それは、治安判事や雇用主にたいする服従を補強している宗教的服従のとばりから人びとが自由になる闘いの手助けをして、また断固とした思想上の独立独行と探究とへ向かって、多数の十九世紀の職人を送り出したのだ。しかし、ペインの「理性」の限界もまた、記憶されなければならないだろう。それは冗長であり、想像力の源が欠けていて、そこにはブレイクが酷評した「単線的な思考法」を想起させるものがある。ペインが「伝道の書」[44]のなかに見いだしたものは、「疲れ切った放蕩者の孤独な反省であり……彼は、もはや享受することができない光景を懐古しながら、すべてはむなしい！と叫んでいる。陰喩と感情の大部分は、曖昧である」ことだけだった。

『理性の時代』[45]は十九世紀の自由思想の唯一の原典ではなかった。多くのほかの小冊子や翻訳（ヴォルテールやドルバックやルソーの簡約版）が一七九〇年代のジャコバン・サークルで回覧された。そのなかで最も影響力のあったものは、ヴォルネイの『帝国の廃墟』[46]であった。これはペインのものよりも深みのある、想像力の豊かな著作で、宗教についての独創的な比較研究だった。さらに聖職者の策謀の発展に関するヴォルネイのたとえ話は、政治的専制の発展のたとえ話に結び付けられていた。その結論で、ペインよりもずっと普遍的な寛容とインターナショナリズムのメッセージを提示した。影響力が高度の教養をもった小規模なサークルに限られていたウィリアム・ゴドウィンの『政治的正義』（一七九三年）とは異なり、(26)ヴォルネイの『帝国の廃墟』は、廉価なポケットブック版で出版され、十九世紀の多くの職人たちの書棚に収められた。その第十五章「新時代」のヴィジョンは、一冊の小冊子として頻繁に出回った。そこでの語り手は、自らを二つの集団に分かつ決定をおこなった文明国家を取り上げる。一方は、「社会を支え維持する有用な労働者たち」からなり、他方は彼らの敵からなっている。圧倒的多数は第一の集団、すなわち「労働者《レイバラーズ》、職人、商工業者、そして社会にとって有用なあらゆる職業」についている。第二の集団は、「ひと握りの集団で、価値のない少数派」――「聖職者、廷臣、会計官、騎兵隊の指揮官、簡単に言ってしまえば、政府の行政上・軍事上・宗教上の代理人たち」である。二つの集団のあいだで対話がなされる。

民衆　……あなた方は社会でどんな労働をおこなっているのか？
特権階級　何もしていない。労働するようにつくられてはいないのだ。
民衆　ではどうやって自分たちの富を得てきたのか？
特権階級　おまえたちを統治する骨折りによってだ。
民衆　おれたちを統治するだと！……おれたちは汗を流して働き、おまえたちは楽をしている。おれたちが生産し、おまえたちが浪費する。富はおれたちから流れ出し、おまえたちがそれを奪い取る。特権をもった者たちよ、民衆とは別の階級よ、もう一つの国をつくって自らを統治せよ。

わずかな特権階級が民衆に合流する（と、「新時代」のヴィジョンはつづける）が、ほかの者たちは軍隊を使って民衆を威嚇する。とはいうものの、兵士たちは武器を地上に置いて、こう言う。「われわれは、民衆の一員だ」。特権階級は、次に聖職者を使って民衆を騙そうとする。しかし、彼らは拒否される。「宮仕えの者たちよ、聖職者たちよ、おまえたちの仕事はあまりに金がかかる。これからわれわれは、自分たちのことは自分たちでする」。翻訳上のおもしろい効果のために、ヴォルネイの見解は、フランス語のものより英語のときのほうがずっと進歩的にみえる。寄生生活を送る貴族の身分や地位といった観念は、より一般化されて、富裕で怠惰な「階級」の意味をもつようになっている。ナポレオン戦争後の急進主義の社会観はこれをよりどころとすることになる。それは社会を、一方の「役に立つ」あるいは「生産的な諸階級」と、他方の、廷臣、官職保有者、資産家、投機家、寄生的な中間業者《ミドルマン》とに分割した[27]。

けれどもヴォルネイの著作が影響力をもつのは、いくぶんあとになってからである。一七九〇年代はじめの民衆的急進主義を支配したのはペインであった。たしかに、彼の論争好きで融通のきかない性格は運動の幅を狭め、そしてこれは（ゴドウィンのより洗練された、根拠のない楽観論とともに）、フランスの革命的国民公会がテロルを経てボナパルティズムへと移行したときに、迷いから覚めた議会改革論者たちからこっぴどく戯画化された。バークとワーズワスとコールリッジ[47]の才をあわせもったような表現の批評や諷刺が現代の多くの研究者の判断を支配しているが、それは彼ら自身が、過去二十五年間に革命の夢からの覚醒という類似の経験にさらされてきたからである。ゴドウィンやペインの弟子たちのなかにはたしかに、救世主を求める強烈な雰囲気があったが、それが彼らに、人間の完全性というお手軽な（そして最後には夢からの覚醒に終わる）観念を受容せしめることになったのである。

> おお、ペイン！　数知れぬ人びとにささやかな自由が残されているのは、神についで、まことにあなたのおかげなのです。……アレキサンダー、シーザー、フェルディナンド、カペー、フレデリック、ヨゼフ、ロシア皇后たちは、……残忍なたたかいをおこなって、人間を奴隷化しようとしてきました。しかし、あなたにとっておかれたのは……ぐらついているヨーロッパのバスティーユ全体に、人間の権利という天の旗を振ることであり、多数の人びとの足首から、独裁政治の鎖をとりはずし、まだ生まれてこない無数の人びとの首にかけられる……圧政の軛を打ち壊すことでした[28]。

こうした雰囲気は、革命的熱狂の時代にはいつも見いだすことができる。しかし、ジャコバン的「全体主義」の神話がイングランドの状況にもあてはまるというなら、そのときには最も単純ないくつかの事実でもってそれに反駁する必要がある。ペインと彼に従ったイングランド人は、自分たちの敵対者の撲滅を説きはしなかった。それどころか彼らは、タイバーンや、むやみに死刑を科す刑法への反対を呼びかけていた。イングランドのジャコバンは、インターナショナリズムを唱え、戦争のかわりに仲裁を主張し、非国教徒やカトリックや自由思想家にたいする寛容を主張し、異邦人やトルコ人やユダヤ人がもつ人間的な美徳に気づくよう求めた。彼らは、教育と啓蒙活動によって、「暴徒」（ペインの言葉）を、「軍隊の信奉者」から「自由の軍旗」の信奉者へと転向させようとしたのだった。

だからといって、非現実的な考え方とか、薄っぺらな道徳上の実験といった、一部のイングランド人ジャコバンにたいする批難を排除しようというわけではない。そうしたジャコバンの最も顕著な表現は、ワーズワスの『逍遥篇』の三編にみられる。これらは、よくみられる「左翼」の悪弊である。ペインは、歴史的なセンスをほとんど持ち合わせておらず、彼の人間の本性についての見解はきわめて皮相であり、また彼の楽観主義（「私はヨーロッパの啓蒙国なら、どこだろうと君主制や貴族制が七年以上存続しうることはないと確信している」）は、二十世紀の考え方からしてみれば退屈な代物である。しかし、ウィッグ的あるいはマルクス主義的な歴史解釈にたいする反動が、われわれの時代にはあまりに大きなものであるため、一部の研究者は奇妙に転倒した歴史的役割を演じてきた。迫害された者が抑圧する側の先駆者と見なされ、抑圧者は迫害の犠牲者と見なされているのである。だから、われわれもこうした基本的な真実を復習せざるをえなかったのだ。「開かれた社会」における意見の自由なはたらきを信じたのがペインだった。「人間は、いまや考えるべきでないとか、読んではならないと言われてはならない」。ペインはまた、十八世紀の国制論議では「国民《ザ・ネイション》はいつも問題にされていなかった」ことを知っていた。国民を問題とすることで、彼は、もはや自分では統制したり予測したりすることのできない諸力を動かしはじめることになった。それこそが、民主主義の本質なのである。

第5章　自由の木を植える

われわれはここで一七九二年一月にエクセター通りの居酒屋ザ・ベルで出会ったトマス・ハーディとその仲間たちのところに戻らなければならない。十八世紀を十九世紀から、また労働者階級の運動の歴史をそれ以外の国民の文化史や思想史から分断している万里の長城を打ち壊すために、われわれはこれまで長い回り道をしてきた。一七九〇年代にイングランドで起きた出来事は概してバスティーユ監獄の嵐の反響音としか見なされていない[1]。しかしフランスの事例によってせきたてられたさまざまな要因——非国教的で自由主義的な伝統——は遠くイングランドの歴史にさかのぼる。そして九〇年代の運動はわずか五年間（一七九二―九六年）しかつづかなかったが、きわめて密度の高いものであり、影響も広範囲におよんだ。それは人びとの準政治的な態度を変化させたし、階級的連携に影響をおよぼし、今世紀にまでつながる伝統を創始したのである。フランスの出来事がそれに熱情を吹き込み、またそれを苦しめたのだけれども、それはフランスにかかわる運動ではなかった。それは、イングランドの民主主義を求める、きわめて重要なイングランドの運動であった[2]。

　国制原理《コンスティテューショナリズム》の擁護はそうした流れを調節する水門だったが、フランスの出来事がそれを打ち壊した。しかしその年は一七九二年なのであって、八九年ではない。また、流れ出てきたのはトム・ペインという水流だった。この問題に接近する一つの方法は、九二年の後半におけるイングランド北部でのいくつかの事件を媒介にするものである。その年の夏、戦争大臣は事態をきわめて深刻に考え、高級副官代理を派遣して軍隊の心理状態と非常事態の際の信頼性を確かめるにいたった。シェフィールドで高級副官代理は「煽動的なペインの教義と祖国の平和を乱そうとする不平分子たちが、私の想像をはるかに超えて広まっていることがわかった」。彼の目にはシェフィールドが「そうしたあらゆる煽動的陰謀の中心地」と映ったのである。二千五百人の「最下層の職人」が重要な改革団体（国制協会）の会員となっていた。

> ここではやつらは最も過激な出版物を読み、それらに注釈を加えております。さらに、近隣の町や農村にある支部協会ばかりでなく、わが王国のほかの地域にある……協会との通信でもそうしております。(3)

一七九二年の秋から冬にかけて、ウィルバフォース（ヨークシャー選出議員）はさまざまな情報提供者から急を告げる知らせを受けている。ワイヴィルは「ダーラムシャーの最下層の民衆の心理状態」についてウィルバフォースに書き送っている。

> バーナード・カースルの大勢の人びとが国制への不満を表明していて、「国王はいらない」とか「自由」とか「平等」といった言葉が市場十字架の上に書き付けられています。シールズやサンダーランドの平底船員のあいだで起きた最近の騒擾のとき、ラムトン将軍はこんなふうに呼びかけられました。「トム・ペインのこの小さな本を読んだことがあるかい？」「いや」「じゃあ読んでみな。おれたちはこれがひどく気に入ってるんだ。――大きな地所をもっているんだろう、将軍。そいつはおれたちのあいだで分けることになっているんだ」(4)

十一月、ある情報提供者がノース・シールズから直接ピットにあてて書き送ったものには、海員のストライキと暴動（「追伸。驚愕すべきことをお話しすることになりますが、いま現在群衆は、彼らの行動様式に従おうとしなかった船員《シーメン》や幹部船員《オフィシャルズ》たちを丸裸にして町じゅう追い回しているところです」）がパニック状態に近い言葉でつづられている。

あたりを見るとこの国が無数の坑夫や平底船員や荷馬車人夫やそのほかの不熟練労働者で一面おおわれているのがわかったのです。これまでとは違う新しい平等主義に強く影響を受けた向こう見ずなやつらです。そして、ほんのわずかな火花でさえ彼らを激しく燃え立たせてしまうこのような激しやすい状態にある現在、私は治安判事たちの怠惰が厳しい批難に値するものだと考えずにはいられません[5]。

リーズからはある名士がウィルバフォースに書き送った。「六ペニーのパンフレットに圧縮されて、大量に販売、配付されている……ペインの有害な著作……。服地仕上げ工のジャーニーマンのどの家でもごらんになれます。いたるところで兵卒たちは不正に関与しています」。「わが国の状態は……きわめて危機的であると思われる」と、ウィルバフォースは自らの日記に記した。そして彼はリーズの情報提供者にこう知らせた。「私はカンタベリー大主教に……断食と謙遜の日の取り決めを進言することを考えている」。しかしリーズからはいい知らせが届いた。愛国派の群衆が街路を進行したのだ。

トム・ペインの模像がポールの先に取り付けられて運ばれている。その後ろの男がペインの首にくくりつけられた縄を持っている。彼はその人形を馬車引きの鞭で絶えず打ちつづけている。人形は最後には市場で焼かれ、市場の鐘がゆっくり鳴った……どの顔にも笑みが浮かんだ……『ゴッド・セイヴ・ザ・キング』が通りに響き渡った[6]……。

けれども、シェフィールドの街路では、性質のまったく異なる光景が見られた。十一月末にはヴァルミーにおけるフランス軍の勝利[1]を祝う示威行進がおこなわれた。その様子は、議会改革論者を支持する週刊新聞『シェフィールド・レジスター』（一七九二年十一月三十日付）に報道されている。砲声がとどろくなか、五、六千人の行列が焼いた四半頭分の雄牛を町じゅう引いて回った。行列で見られたのは、イギリスを表す諷刺漫画――豚に乗ったバーク――、スコットランド生まれの大臣[7]によく似た上半身とロバの下半身をもった像……壊れて地上に横たわり、「真実は侮辱されている」と書き込まれている自由の柱。雲の後ろから顔を出そうとしている太陽、『人間の権利』を片手から落とし、ブリタニアを立ち上がらせようともう一方の手を伸ばす平和の天使。

――敵対心をもつ目撃者はこう言った。「これまでに目にしたなかで最も意志が強く最も決意の固い悪党連中」ふだんでは見られない何かがここにある。坑夫、平底船員、服地仕上げ工、刃物工がいる。ウォッピングやスピトルフィールズの織布工や不熟練労働者だけではないのである。彼らの派手で荒々しい示威行進はウィルクス擁護のときによくおこなわれたのだが、いまでは国全体のあちこちの村や都市の、自分たち自身の一般的な権利を要求する労働者も加わっている。フランスの恐怖政治ではなく、このことこそが、資産家階級をパニックに陥れたのである。

『人間の権利』の出版にまつわるさまざまの出来事をより詳しくみるならば、このことがわかるだろう。最初の民衆団体はバスティーユの嵐のあと二年以上たってからつくられた。中流階級や上流階級のあいだにはフランス革命の初期の事件を歓迎する一般的な風潮があった――伝統主義者でさえ、イギリスの「混合国家体制《ミックスド・コンスティテューション》」という考え方にフランスが遅ればせながら追いついたと論じた。非国教徒――とりわけプライス博士――は、イングランドにおける類似の事例を引き合いに出したり、名誉革命から自分たち自身の「大統領」を選ぶ権利をひっぱり出したりしてフランスでの出来事を説明した最初の人びとである。非国教徒たちの法律上の無資格（審査法ならびに自治体法）を撤廃するための運動は一七八九年から九〇年にかけての冬に最高潮を迎えた。そしてこの運動（さらにはその撤廃の拒絶）によってひじょうに高揚した感情のなかで、議会改革論者たちの地方における最初の国制協会がつくられた。同様に、貴族階級からなる敵対者たちの最初の「教会と国王」クラブもつくられた。バークの『省察』[2]（そのなかでプライス博士は批難されている）は全般的な反動を表す最初の重要な標であり、またフランス共和制宣言と反革命にたいする最初のテロルに先行して出版された。実際、バークの議論の激しさは、多くのためらいがちな議会改革論者（かつてはバーク自身と同様、ピットもその一員だった）はもちろん、伝統主義者さえも驚かせたのである。すでにみたように、一七九一年夏のバーミンガムにおける「教会と国王」暴動は「フランス革命」期に属するとは言いがたい。暴動の口実はバスティーユ陥落一周年を祝う晩餐会だったが、ジャコバンや反ジャコバンのプロパガンダが一般民衆に行き渡ることはほとんどなかった。九二年五月以降になると、ウィルバフォースがリーズで書き記したように、反ジャコバンの示威行動はより高度に組織され、道徳心のない、金で雇われた連中から構成されることがますます多くなり、もっと公然と庶民の議会改革論者を脅迫するよう命じられるようになった。

それでもなお、このバーミンガムの暴動は一つの転形期を表している。(8)当局側のあきらかな共犯関係と金銭の支払いは、国内のほかの多くの地域で妨害を受けることなくバスティーユの陥落を祝っていた議会改革論者たちを怒らせ、その士気を高めた。バーミンガム暴動はまた、『人間の権利』の第一部が好評を得ていたそのとき、予期に反する仕方で議会改革論者たちの活動の宣伝に役立った。ランカシャーの治安判事たちはバーミンガム事件を一因とする、「全般的な不機嫌」を感じ取った。彼らはそれを「すべての法律的統制にたいして不満をもつ、あらゆる職種の不熟練労働者や職人のあいだにきわめて広く行き渡っている団結の精神」(9)と結び付けた。八月にロンドンでは、おそらくバーミンガムでの事件に呼応して、以前ウィルクスの副官であったホーン・トゥクが居酒屋サッチド・ハウスでの「『普遍的平和と自由の友協会』の特別集会」の議長を務め、「呼びかけと宣言」を大型紙のかたちで発行し、そのなかで直截な言い回しでフランスにおける出来事がイギリスに関連していることを指摘した。

こうした動きは一七九一年から九二年にかけての冬に加速し、いくつかの改革協会が地方とロンドンに設立された。九二年二月に『人間の権利』第二部が、「社会」に関する重要な章を含んで出版された。五月には、議会改革論者の多様な派閥を精力的に仲介する活動にとりかかろうとしていた、有力者のホーン・トゥクの手で、国制協会[10]が再編成された。四月にはかなりの数のウィッグ系の貴族と議員が排他的な「民衆の友協会」[3]を設立した。その目的の一つは、ペインの非国制的な極論を相殺することにあった。そしてそのきわめて重要で積極的な貢献は、フェビアン的な完璧さをもって議会の代表制とその腐敗ならびにその影響の状況を調査した委員会報告を出版したことであった。一七九二年五月、煽動的な出版物にたいする、とりわけペインを標的にした国王布告が出された。その夏、オーストリア＝プロシア軍がフランスに侵攻し、国王と王妃がとらわれた。そしてアンシャン・レジームの支持者にたいする最初のテロルが始まった。九月に国民公会《ザ・ナショナル・コンヴェンション》が開かれ共和政元年であることが宣言された。十一月にはジョン・リーヴスが反ジャコバン協会を設立した。十二月になるとペインは法喪失宣告を（不在の間に）受け、『人間の権利』は文書煽動罪で非合法とされた。九三年の一月にはルイ十六世が処刑され、そして二月にはイングランドとフランスの戦争が始まった。

こんなふうにさまざまな事件を単調に並べたてては誤解を招くことになる。注目すべきことは、きわめて劇的な変化が一七九二年二月から九三年二月までの十二カ月間に起こったことである。九二年のはじめにはピットは「十五年間」の平和を自信をもって期待していた。六カ月以上たったあとでさえピットは、イングランドの中立を保ちながら、フランスの騒動から利益を引き出したいと望んでいた。九二年五月の布告は、ペインを信奉するプロパガンダの拡大について政府が初めて重大な警告を発したことを示していた。しかしこのことはなお、純粋に国内問題だと考えられていた。三つの要因がこの状況を変えてしまった。第一に、九月の虐殺以降のフランス革命の急速な過激化。第二に、新しい共和政の拡張主義的熱狂がもたらした、イギリスの利害とヨーロッパにおける外交上の均衡への直接の脅威。第三に、フランスの革命的熱狂と国内で伸長しつつあるジャコバン運動とが合流する危険な徴候。九二年十一月、国民公会はすべての民族にたいする「友愛と援助《フラタニティ・アンド・アシスタンス》」という有名な布告を発布し、その同じ月のうちに、ロンドンとスコットランドから友愛代表団が国民公会に出席した。また、ある代議員（グレイゴワール）はテームズ河畔にほどなく誕生するだろう新しい共和政に敬意を表した。フランスに亡命していたペインは、パ・ドゥ・カレの代議員に選出された。十二月までには、優柔不断なジロンド派の拡張政策はサヴォイ、ラインラント、ニース、ベルギーで確証され、「宮殿に戦争を、家々に平和を」というスローガンが鳴り響いた。戦争の実際のきっかけ（ルイ十四世の処刑とスケルト川の支配）はこの十二カ月間の終わりに生じた。それはピットを、経済緊縮・平和・漸次的改革の首相から、ヨーロッパ反革命外交の建設者へと転向させてしまった。(11)そしてこれは一人の男の転向であったばかりではない。貴族階級の転向であり、またピットのなかに経済の合理化と慎重な政治改革への希望を見いだしていた商業ならびに産業ブルジョワジー階級の転向でもあった。

これらの要因のなかで第三のもの――イングランドの民主的運動の深まりと熱烈さ――は一般に過小評価されている。イギリスの有産者のパニック、そして反革命攻勢は、フランスでの国王の拘束や九月虐殺の数カ月前に始まっていた。しかも九月虐殺が起こったとき、イングランド当局のあらゆる機関は、ありとあらゆる手段を使って、ギロチンの犠牲者や亡命フランス人の苦難を宣伝した。衝撃や同情の念からばかりではなく――おそらく、主にイングランドにおけるジャコバンのプロパガンダに対抗する手段として。

『人間の権利』第二部の成功は、本当の意味で驚くべき出来事だった。その年だけで販売が二十万部に達したという（一七九三年のあるパンフレットの）推定は、広く受け入れられている。この当時の人口は一千万人である。(12)第二部は、国制知識普及協会や地方の協会がスポンサーになって、すぐさま六ペンス版がつくられた。ハンナ・モアは、「反乱と不信心と悪徳の仲間たちが、有害なパンフレットをロバに積んで、粗末な家々や公道にばかりでなく、鉱山や炭鉱にもばらまくために力を尽くしている」と不平を言った。(13)シェフィールドでは、「刃物製造工はひとり残らず」ペインの著作を持っているといわれていた。ニューカースル（スタッフォードシャー）では、ペインの著作は「ほとんど誰の手元にも」あるといわれていて、とりわけジャーニーマンの陶工の場合はそうであった。「この人口稠密な地域の三分の二以上の人間が反乱に立ち上がるばかりになっている。とくに下層階級の住民が」。(14)ペインの本は、コーンウォールの錫鉱山やメンディップの農村、スコットランド高地地方、そしてほんの少し遅れてアイルランドのほぼ全域に出回っていた。ある政府側情報提供者はこう嘆いている。

ウェールズの北部地域には、『人間の権利』について詳しく話し、国王の政府を攻撃するメソジストの巡回説教師が横行している。(15)

イングランドの情報提供者はこう書いてきた。「その本はいまや『ロビンソン・クルーソー』や『天路歴程』とまったく同じく、わが国の定評ある著作となった」(16)

ペインの欠席裁判で法務長官は、『人間の権利』が「あらゆる種類の国民の手に押し込まれている。子供の砂糖菓子でさえそれで包装されているのだ」と不満を述べた。ダンダスは一七九二年五月の国王布告は「大規模な工業都市の多くの人間がきわめて有害な傾向をもつ教義を採用したり回覧したりしているときには」正当化されると釈明した。その要約版の安価さが攻撃をいっそう激烈にしたことがはっきりと述べられていた。国王布告は当局の注意深い後援を受けた全国各地の集会で支持された。地方の治安判事や国教会聖職者たちはペインを批難する愛国的呼びかけを起草し、またジェントリたちの協会が「古きイングランドの名誉ある国制を神聖に保持する」ためにつくられた。ペインを口汚く攻撃する二万二千部のパンフレットが印刷され「諜報機関」の基金から補助を受けた。(17) ペインは山のような攻撃にたいして、辛辣な『発信人に呼びかける手紙』でこたえた。そのなかで彼は貴族階級の「民衆の友協会」に反対し、また、議会改革の手段としての請願の行使にたいしても嘲笑を浴びせた。

議会改革は、議会に申請することによって、……古くさく、陳腐な主題になってしまうのであり、そんなことはわが国民には退屈である、と私は考える……。この権利とこの権利の行使は、国民にだけ帰属するのであり、したがって正しい手段は、すべての人びとによってその目的のために選出された国民代表者大会《ナショナル・コンヴェンション》によるものなのである。[18]

これは、国民公会の結果逮捕されてしまった海峡の向こうの国王を想定した革命的論議だった。しかし、『手紙』が刊行される前に、逮捕を逃れるために、ペイン自身が海峡を越えていた。彼の別れの一撃は、「共和政元年、十一月十一日、パリ」から法務長官にあてた一通の手紙であり、彼の公判で読み上げられた。ペインに不利な判決は「月にいる人間」にたいする不利な判決と同じようなものだろう（と彼は言った）。現実にはイングランドの民衆の権利に不利な判決となることを意味することになる。

閣下、時代は、裁判の手続きをもてあそぶには、あまりにも深刻なものとなりつつあります。いまイングランドのいかなる検察官、陪審員、法務長官も自分たちが安全だと考えていますが、それと同じように一年足らず前に自分たちを安全だと考えていたこちらの人びとの身に生じてきた恐ろしい出来事は、あなたのような地位にある人物にとって重荷であるにちがいありません。現在のイングランドの統治が、統治が始まってこのかた最大とは言わないまでも、相当の欺瞞と腐敗にまみれていることは、あなたもご存じないはずはありません……あなたあるいは私が……ゲルフ氏[4]やその放蕩息子の能力が一国の統治に必要であると信じることなどできるのでしょうか[19]……？

しかし、ペインがかくも辛辣な調子をもちいる以前においてさえ、彼の著作は、議会改革論者たちの確信の強さを見分ける試金石として役立っていた。貴族の「民衆の友協会」は、一六八八年体制への忠誠を強固なものにするために、そして国民公会に結び付く考え方のすべてと、「どんな分別も結果を予測できないし、どんな手腕も方向を指示しえないような改革精神に刺激を与える傾向のある……（ペインの）曖昧な妄想の言葉」（一七九二年五月）[20]から手を切るために苦心していた。

ヨークシャーのジェントルマンで議会改革論者のクリストファー・ワイヴィルは、バークに反対して『プライス博士の擁護』（一七九一年）を世に問うた。そのなかで彼は機会をとらえて、「最下層階級の民衆を暴力と不正義の行為にかりたてる」傾向をもつペインの著作の「悪影響」を嘆いている。[21]『人間の権利』の第二部が出版されたあと、ワイヴィルの調子はより激しくなった。全国の穏健な議会改革論者との通信で、彼は自らの相当な影響力を行使して、「ペイン氏の、時機を失った……有害な計画」の影響を最小限にするための反対運動を始めるよう訴えた。一七九二年四月に彼は「ロンドン国制協会」に「民衆一派」と手を切るよう強く勧めている。

ペイン氏は……金持ちの過剰な富から貧民に年金が与えられるべきであると主張することで自らの提案を裏打ちしているのだから、彼の不道徳な教義のきわめて危険な傾向に反対することが必要だと私は考えた……。

ペインが政治的要求と経済的要求とを結び付けたことによって、より先鋭な階級的敵対感が生み出されたが、それがワイヴィルにとってきわめて大きな警鐘となったことは確かである。「ペイン氏がかくのごとき反国制の立場をとり、金持ちを略奪するという展望を下層階級の民衆に与えて、彼らのうちに共和政体を要求する一つの党派をかたちづくったことは、公衆の大義にとって嘆かわしいことである」[22]と、彼は一七九二年五月にシェフィールドのあるジェントルマンに書き送った。

ロンドンの国制協会（ペイン自身その会員の一人だった）でワイヴィルを支持した者は、数のうえでペイン一派よりも少なかった。協会は公式に『人間の権利』の第一部を歓迎する一方、同じ時刻に混合国家体制の支持を明確にする全体決議を通過させている（一七九一年三月と五月）。その年の残りの間ずっと、穏健派の形勢は、確固不動のカートライト少佐、日和見主義者ではあるが大胆不敵なホーン・トゥク、ジャコバン派の弁護士であるジョン・フロスト[5]、そしてペインに最も近い一派のいずれにたいしても不利であった。「おお、新たなるエルサレムを！　千年王国を！　そして平和で永遠の至福がトマス・ペインの魂にあらんことを」と、劇作家のトマス・

ホウルクロフトは恍惚としてゴドウィンに書き送った。一七九二年の早春に国制協会が再編成される際には、ペインの支持者は完全に支配権を握っていた。『人間の権利』の第二部は公式に是認され――とりわけその「社会に関する」提案が是認された――そして、協会はいっそう力強い運動方針をとりはじめたのである。トゥクとフロストはハーディが通信協会を組織するのを支援した。通信は地方の諸協会とおこなわれるようになり、(一七九二年五月には)パリのジャコバン・クラブとも始められた。チラシやパンフレットやペインの廉価版が刊行された。協会はペイン擁護のために公衆から寄付を募りはじめた。その一方で、九二年の十一月と十二月にはジョン・フロストが協会の派遣代表としてパリを訪れ、そこで国王の裁判に出席した。ロンドン通信協会や、マンチェスター、ノリッヂ、シェフィールドの各地方協会は揃ってペインへの共感を表明した。ボルトンの若き商人でユニテリアンであり、またきわめて有能な活動家であるトマス・クーパーは、発行された『人間の権利』第二部に夢中になった。「それは、私を以前よりももっと政治に熱中させることになった。それは分別ある考えに満ちていて……たくさんの侮辱的な表現で活気づけられている。私はまさに宝石のような書物だと考えている。……バークはそれによって永遠に打ち負かされてしまったのだ[23]」

一七九二年は、だから、トム・ペインという驚異の年だったのだ。十二カ月のうちに彼の名前は誰もが知るようになっていた。彼の本が持ち込まれたことのない場所は、イギリス《ブリティッシュ・アイルズ》にはほとんどなかった。『人間の権利』は、不熟練労働者や職人との連合を模索し、ペインの社会的・経済的提案を歓迎し、一つの共和政を期待する少数の急進的な製造業者と専門職業人を、ジェントルマンの議会改革論者や貴族のウィッグから区別する試金石として役立ったのである。長らく延期されていたピットによるペイン起訴の決定は抑圧の時代の幕開けを合図するものだった。ペインの法喪失宣言(と『人間の権利』の発禁)に先立って、またそれに伴って、最前線にいる議会改革論者に対抗する執拗な努力が当局によってなされた。ペインは一七九二年夏にウォーカーあてに手紙を書いた。「われわれはいま石を転がしたのだから、廉価な出版物によってそれを転がしつづけなければならない。これはほかのなによりも王室の紳士諸君をうろたえさせることだろう。なぜというに、それは彼らがなじみのない分野だからだ[24]」。しかし「王室の紳士諸君」は彼ら自身の出版物で攻撃を開始し、そして彼らの支持者たちの運動に独特の「時計じかけのごとき規律正しさ」を注ぎ込んだ。リーヴスの「共和主義者と水平派から財産を保護する連合」は、すでに民衆のさまざまな協会に対抗して形成されていた治安判事やジェントリの多くの協会を統合し、強化したにすぎなかった。一七九二年から九三年にかけての冬に彼らは、前年バーミンガムでじつに効果的だった暴徒による暴力という手法を復活させ、煽動しようとした。九二年十二月、酔っぱらった暴徒の一団がマンチェスターのトマス・ウォーカーの屋敷へと計画的に差し向けられた。彼および彼の支持者たちは空に向けて発砲することで首尾よく身を守った。「これと同じ計略が、選挙戦でも使われた。人びとが別々の居酒屋に集められ、そしてそこからフィドル奏者を先頭にして通りを行進した。一枚の木の板を掲げていたが、そこには『教会と国王』と書かれていた[25]」とウォーカーは書いている。

トム・ペインに反対する「ガイ・フォークス」タイプ[6]の示威行動が、リーズからウィルバフォースに伝えられたものと同じ線に沿って、国じゅうで奨励された。ペナイン山脈にあるリポンデンという小さな織布業の町では、ある富裕な弁護士が一七九三年一月七日の日記に、トム・ペインの人形を運んでその人形を撃った人びとに十シリング六ペンス支払ったと記している[26]。ヘクモンドワイクのある工場所有者は、自分自身でペイン役を演じて、炭坑のなかで『人間の権利』を読んでいる自らの姿を「発見」させた。彼の仮面はわら人形へと移し替えられ、その人形は村じゅうを引き回されたうえ「処刑された」。近くにあるリトルタウンでは、ペインの木製の像が大ハンマーでこなごなに打ち砕かれたが、それを実行した者の手から血が流れるほどの激しさだった[27]。一七九二年十二月には、

> トマス・ペインの人形が、ひじょうな厳粛さをもって、リンカン・カースルから絞首台までそりに乗せられてひっぱっていかれた。それから、大勢の見物人の前で縛り首にされた。いつものとおりの時間吊されたあと、それはカースル・ヒルに運ばれ、このために建てられたさらし台の柱に吊された。夜になって人形の下に大き

な火が燃やされ、人形は……何百という人びとの喝采のなか、大きな楽団が演奏する『ゴッド・セイヴ・ザ・キング』に伴われて、灰になるまで焼き尽くされた……。

ブリッグやケイスターのような、定期市の開かれる小さな町でさえ、リーヴスの「連合」の支部がつくられた。その目的の一つは（ケイスター支部から引用すれば）、「……煽動的な文書ないしは著作を発行したり配付したりすることによって、あるいは非合法の結社ないしは陰謀団に加わることによって治安を乱すことを画策するあらゆる人びとを、摘発し裁判にかけるべく監視ならびに行動」することだった(28)。『人間の権利』が国じゅう広く行き渡っていたのと同じように、反ジャコバン協会も国じゅうに設立された。したがってイングランドでは、既成権力の力に支えられた反革命の攻撃にさらされるよりも前に革命勢力が力を結集しはじめることは、ほとんどなかった。ジョルジュ・ルフェーヴル[7]はこう述べた。

> それ以後、民衆が立ち上がることがあった際につねにヨーロッパじゅうの指導者たちが合意したことは、伝統が命じるところに従って、彼らの迷いは覚まされなければならない、という点である。まさしくフランス革命の成功は、その国境の外側においては、フランスで勝利を得た一連の事件とはちょうど正反対の展開をもたらしたのであった(29)。

しかしこれら周到に支援された忠誠の示威行動は、一時的に当局による買収や黙認によって広まったかもしれないが、だんだん人工的な色合いを帯びるようになった。ペインの人形を焼き捨てた炎はいずれも、ジェントリの国家体制と民衆の権利との差異を意図せざるうちに照らし出すことになった。「教会と国王」の行動は、外部集団にたいする偏見による盲目的な虐殺《ポグロム》というよりも、政治上の内戦におけるこぜりあいの現れなのである。トマス・ウォーカーは自分を襲った暴徒を「最も破廉恥な不平分子の卑劣な手先」と見なした。「もし民衆のしたいようにさせておくならば、すべてが……平穏なままだろう。むしろ暴徒は民衆なのだから、私の意見では、われわれの側にいるのだ(30)」

ウォーカーはたしてどの程度正しかったのか？　ありとあらゆる問いかけのなかで、それに答えるのが最も難しい。そこでわれわれはもう一度、つづく二年間の諸事件を手短かに考察しなければならない。

民衆の気分が大きく変化したあとにはいつも、硬化と収縮という反応が起こるものだ。一七九三年はじめの何カ月かの間、三つの理由からこの反応は促進された。すなわち、フランス国王の処刑、戦争の開始、議会改革論者への合法的な迫害の開始である。迫害された者のなかには、非国教徒の聖職者であるウィリアム・ウインターボウタム師[8]がいて、ある説教を理由に四年間投獄された。その説教は、プライス博士によってすでに周知のものとなっていた主権者の説明責任に関する見解を超えるものではなかった。また、弁護士のジョン・フロストは、さらし台にさらしたうえで十八カ月間拘置すると宣告された。実際にはフランス国民公会にイングランドの派遣代表になったためだが、メリルボンのコーヒー・ハウスで彼がしゃべったことが口実になった。「ぼくは平等に賛成するよ……なぜって、国王なんていらないからさ！」。ニューアークでは、ホルトという名の印刷工が、国制協会の初期の呼びかけを再版したかどで四年間牢獄に入れられた。レスターでは、議会改革を支持する『レスター・ヘラルド』を発行した書籍商のリチャード・フィリップスが十八カ月間拘置された。表向きの理由は『人間の権利』を販売したことだった。さらに多くの普通の人びとがさまざまなやり方でいやがらせをされたのだった。当局は、民衆のさまざまな協会にスパイを配置しようと努力したが、これはひじょうな成功を収めた。すでに、一七九二年の秋には、マンチェスターの居酒屋経営者百八十六人が、「これら忌まわしい輩がきわめて熱烈にかつ心から望むこと、すなわちこの国の破壊を実行しようとする性向をもった……あらゆるクラブないし協会」に部屋を使わせないという宣言文に署名した。署名しなかった者たちは視察を受けて、営業免許は更新されないだろうと警告された。金文字の看板がカウンターの上に置かれた。「ジャコバンお断り」。マンチェスター改革協会の書記はロンドン通信協会にあててこう書いた。「この町にいる改革の敵どもは、自由の高貴なる精神を萎えさせようと全力をあげています……」[31]

それと同じ半合法的な形態の脅迫がロンドンでもおこなわれ、ロンドン通信協会の支部は居酒屋から追い立てられた。「公認の異端狩りが、ポーツマスからニューカースルにいたる、そしてスウォンジーからチェルムスフードにいたるほぼすべての町ですぐに始まった」[32]。イプスウィッチでは治安判事が、「きわめて劣った人間から成り立っている」「論争クラブ」を居酒屋《エールハウス》から追い払った。ウィルトシャーでは学校長が「反逆的な表現」のために解雇された。ノーザンプトンシャーの村では、一軒ごとに忠誠調査がおこなわれた。いろいろな地域で諜報員《エージェント》が書籍商に行くよう割り当てられ、『人間の権利』を販売していると判明した者すべてを告発した。少なくとも一人の読み書きのできないビラ張りが、議会改革賛成のビラを張ったというかどで刑務所に入れられた。

イングランドのジャコバンの活動を容易にする外界の出来事は一つもなかった。当初は不評だった対仏戦争は、人びとのあいだに存在した、長い伝統をもつ反フランス感情を復活させた。最新の処刑——九月虐殺——国王——マリー・アントワネット——は、いずれもことこまかに報道され、こうした感情を増幅した。一七九三年の九月には、ペインの友人だったジロンド派が国民公会から駆逐され、その指導者たちはギロチンへ送られた。他方、九三年の最後の週にはペイン自身がルクセンブルグで投獄された。こうした経験は、あまりに熱烈かつ空想的な仕方でフランスの大義を自らの信念と同じものと考えていた一つの世代の知識人に、徹底した覚醒の第一段階をもたらすことになった。一七九二年の知識人の議会改革論者と平民の議会改革論者との団結はもう二度と実現することはなかった。

一七九四年には戦争熱がさらに強まった。志願兵の連隊がつくられ、公衆からの寄付金が募られ、軍隊の示威行進の際には伝統的な市が開かれた。政府は、新聞社への補助金交付を増加させて影響力を強めた。民衆受けのする反ジャコバンの新聞が増加した。エクスターでは一枚のチラシが出回った。

……現在の国家体制を……好まない連中には、相応の報いを与えよ。それは縛り首にしてさらし台にさらすことだ。そのあとで、ペインのように人形ではなく、連中の身体を焼き尽くせ。それにたいして、すべての忠誠心はアーメンと唱えることだろう。

バーミンガムでは口ぎたないパンフレット作者「ジョブ・ノット」が、議会改革論者に言った。

いなくなってしまえ――絞首台の新しい踏み台のことだけ考えていろ――お前たちは『ニュー・ゲイト・カレンダー』に記録されるだろう――流刑がお前を改心させるだろう――お前たちが高く吊されるのは当然だ――お前たちは絞首台の新しい踏み台を見たことがあるか？

リーヴスの「連合」の影響がとくに強いロンドンの教区では、一軒ごとの調査がおこなわれた。アン街では「間借り人やよそ者の性格、年齢、職業など」の記録簿がつけられた。ジェイムズ街では、住民は家事奉公人や下男や徒弟に国家体制への忠誠宣誓書に署名するよう義務づけようとしないすべての戸主を、「愛国心欠如」のかどで告発するよう求められた。リーヴスの代理人によって認可されなかった職人は雇用が禁止された。さらに、「疑わしい人物」の報告を怠った居酒屋の主人は営業許可をもらえなかった。忠誠心を試す補助的な手段として、軍隊のためのフランネルのチョッキの供出がリーヴスの委員会のメンバーによって押し付けられた。供出は、チョッキから「手袋、ズボン下、帽子、シャツ、ウェールズ製のかつら、靴下、靴、ズボン、長靴、シーツ、外套、ガウン、ペチコート、毛布……」へといたった。[33]

この程度の異端狩りの存在は、戦時期にあっては、広範な異端の存在を証明するものではない。こうした時期の「忠君愛国」はつねに「反逆罪」の存在を必要とするものである、たとえそれが忠君愛国自体の引き立て役にすぎないとしても。けれども、奔出する小冊子や説教、そして辺境の特定のジャコバンへの攻撃は、「戦争熱」

あるいは有産者階級の自責の念や不安感以上のなにものかを示している。一七九四年四月には、棍棒で武装した暴力団がミドルトンを通ったとき──、「ペイン一派」だというので呪いの言葉を浴びせ、窓をぶち壊して──幼いサミュエル・バンフォードを脅かした。彼らはロイトンへ行く途中だった。ここで彼らは、議会改革論者たちが会合を開いていた居酒屋ライト・ホースマンをめちゃくちゃに打ち壊し、参加者たちをぶん殴った。治安判事が、騒擾の現場から四十から六十ヤードばかり離れたところにあった自宅から出ることを拒んでいるあいだに、小高い丘の上に立った一人の教会区司祭がごろつきに向かって、逃げ出した者たちを指し示した。「一人行くぞ……そいつはジャコバンだ。ほら、そっちもだ!」(34)。当局は、大衆のものの見方が何か大きく変わり、気分の底流に何か変化があったこと──イングランドをペイン派やジャコバンの国にするというのではなく、イングランドを、煽動者をかくまって容認する国にしようというような変化──に気づいていたかのようである。あらゆる「火のつきやすいもの」を燃え立たせるためには、何かちょっとした事件で十分だろう。議会改革論者は監視され脅されなければならず、改革諸団体は孤立させられ嫌疑に取り巻かれなければならず、無知な者たちの偏見はかりたてられ、公認されなければならなかった。とくに、印刷機、書籍商、説教、演説に通じている専門職業人で平民の議会改革論者と協働している者たちは、威嚇の対象とされた。

意思表明しない者たちの態度の、あるいは貧民の感情構造のこうした大きな変化の裏付けは、思いがけない場所に見いだすことができる。一七九三年と九四年には、十七世紀以来なかった規模で、千年王国幻想が突然現れた。ホウルクロフトの「新エルサレム」は合理的な空想だったし、ブレイクの「エルサレム」は幻想的なイメージ(批評家がこれまで指摘してきた以上に千年王国的な背景によるものではあるが)をもつものであった。これにたいし、貧民や信じやすい者たちは、半給を受けて退職した海軍船長のリチャード・ブラザーズを、いっそう文字どおりに預言者だと考えたのである。彼の『預言および時代に関する啓示知識』は一七九四年のはじめに刊行された。彼の預言は、貧民の不同意という「火のつきやすいもの」を革命的時代のそれに結び付けるような言葉で、全能の神の意図についてのとっぴな知識を「黙示録」のありふれた調度品と組み合わせたものである。

すべての国の民は、怒りを招くバビロンの淫らなおこないのブドウ酒を飲み、地上の王たちは、バビロンと淫らなことをし、地上の商人たちは、バビロンの豪勢な贅沢によって富を築いた……。

彼の幻想の一つに、「ロンドンを流れる大きな川が人間の血で染まる」というものがあった。ロンドンがある決められた日に破滅するという預言がなされたのとたまたま同じころに、異常に猛烈な暴風雨が襲ってきた。ジョン・ビンズは、ロンドン通信協会の会合に行く途中、居酒屋に雨宿りしたが、そこで彼が（おかしさと驚きをもって）見いだしたのは、この世の終わりを待っている人びとであった。(35) そのあとすぐに、ブラザーズは、自分が最後の瞬間に介入したからこそロンドンは救われたのだと宣言した。そして彼がこうした力を全能の神とともに行使したことがあきらかとなったので、信者は倍増した。

彼が承認したものか否かはっきりしないが、八ページのリーフレット、『今後おこるだろうあらゆる注目すべきかつ驚くべき諸事件についてのブラザーズの預言……ローマ法王の没落、スペインとポルトガルとドイツにおける革命、わが国および外国の偉大なる人びとの死を、そしてまた恐ろしい飢饉、伝染病、地震を預言する……』が出版された。イングランド、そこは「言葉にできない喜びの混ざった、悲しみと災い」の場となる。「おごれる者や高慢な者たちは卑しき者となり、ついには塵あくたとなるだろう。しかし、正しき者と貧しき者は邪悪なる者たちの廃墟の上に栄えるだろう。宮殿は——となろう、そして貧民小屋は——となろう」。飢饉、伝染病、地震は比喩的なものとして考えられていた。

飢饉はスヽペヽイヽンと——のイモ虫どもだけを全滅させよう。伝染病は勤労の収穫物をたいらげるイナゴどもを一掃しよう。地震は極悪非道のリヴァイアサンを飲み込んでしまうだろう、その取り巻きどもも一緒に。すべてのこうしたことどもで、貧しき者、正直なる者、徳ある者、愛国心の強き者たちは、祝福されよう。

「フランスは新たな血をみることになろう。しかし、汚れた血だけが流れ出よう」。「イタリアはその王座からキリスト以前の者どもをほっぽりだすだろう……」。トルコとロシアは戦争に突入し、それはオスマン帝国、マホメット信仰、ロシア帝国、そしてギリシャ正教会の崩壊によって終結する。こうした慈悲の徴の最後には、普遍的な兄弟愛の時代が訪れる。「すべては、一つの心をもった、一つの民となるだろう……キリスト教徒、トルコ人、異教徒はもはや互いに区別されないだろう」

ときはきた。いまやバビロンの淫婦は失墜している、そして二度と上がってこられないところまで落ちよう。だから、前に進め、汝ら、永遠なる光の息子たちよ。そして無知と暗黒の息子たちに教えよ……。しからば戦争はもはやなく、欠乏も、邪悪ももはやなくなろう。そしてすべては平和で、豊饒で、徳あるものとなろう。

ブラザーズの影響は、これまで考えられてきたよりもずっと大きなものだったように思われる。[36] 彼の預言のいくつかは曖昧だったので、成就されたようにみえないこともなかった。実際フランス軍が勝利を収めたとき、こうした預言が思い起こされたのである。ロンドン通信協会の会員はよく彼のもとを訪れ、おそらく彼を励ましさえした。ブラザーズの預言の真実性について証言する準備のある庶民院議員もいた（よくあることだが）。有名な彫版画師であり議会改革論者でもあるウィリアム・シャープはその弟子になった。枢密院はブラザーズについてきわめて深刻に考え、一七九五年三月に彼を逮捕して、つづく数年間を精神病院に監禁した。リーズのジョージ・ターナーのような信奉者たちは（預言者を監禁したままにしておくと、イングランドというバビロンは破滅してしまうぞと脅しながら）、世紀の替わりめまで彼の釈放を求める運動をつづけた。そうすることで彼らは、ジョアンナ・サウスコットへのもっと大規模な熱狂を準備したのである。[37] 競合する預言集団が登場し、ヨハネの「黙示録」が大いに読まれた。他方、メソジストとバプテストの聖職者は、この新しい異端の説を駆逐しようと努力した。一七九八年に一人の「真正バプテスト」の説教師が、ノリッヂ、ウィズベック、リヴァプールの貧民信徒たちに懸命に説き聞かせていた。

> キリストの教えは、人間に俗世や政治で親交を結ばせようとするのではない。それは個々人に俗世から離れるよう呼びかけているのであり、個々人をただ地上の異邦人ないし巡礼者としてだけ考えている。あらゆる幸福の中心である、遠く離れた妻と家族のもとに急ぐ旅人は、通り過ぎるすべての町や村のしきたりにさしでがましいことを言うかもしれないが……国家体制に干渉しようとするキリスト教徒はこれとちょうど同じようなものだ……。

千年王国は、来世に移し替えられる。来世では、

> 高き者と低き者、抑圧する者と抑圧される者は、まったく同じ水準に引き戻されるだろう。飽食する専制君主とその窮乏した臣民、裕福な貴族とおろそかにされた貧民は、公正で偏見のない判決を受けるだろう[38]……。

ウィズベックやリヴァプールにやってきた千年王国の精神は、当局が「革新の精神」と批難したような御しがたい性格を、そして信じ込みやすい人びとの漠然たる社会的楽観主義（もっと教養ある人びとの革命願望と同類である）を示していた。「そのときはくる、何があっても、世界中の人間という人間が／何があっても兄弟となるときが」とバーンズは書いた[9]。「兄弟愛によらずして人間は生存することはできない[10]」とブレイクは応答した。これと同じ精神は、彼の「預言書」と彼の美しいエルサレムの幻想《ヴィジョン》の根底にあった。

われとの取り引きにおいて、あらゆる土地が
行き来し、わがものはあらゆる土地を行き交おう、
互いにエルサレムを建設するのだ、
われと汝ら、ともに心を合わせ、そして手を取り合って[11]

この精神は、幻想のかたちをとろうと迷信のかたちをとろうと、「理性の時代」の出現と奇妙に矛盾している。しかし、それは態度を変容させ、新しい願望をはぐくんだのであり、おそらくトム・ペインの議論と同様、長く影響を与えつづけたのである。

民衆の協会が一七九三年はじめの数ヵ月間の衝撃と魔女狩りを生き延びたことは、おそらく、九二年に起こった意気高揚の質を証明している。九二年に首尾よく設立された協会は、その地盤のほとんどをもちこたえただけでなく、その組織を拡大しさえした。ロンドン、シェフィールド、ノリッヂではそうであったし、おそらくダービーとノッティンガムでもそうだったろう。ほとんどの協会が会員数をいくらか減らし、影響力のあった中流階級の多くは脱会した。マンチェスター（暴徒から自分の土地家屋を守ったために大逆罪に問われて公判を待っていたトマス・ウォーカーが住んでいた）はひじょうに弱体化し、一方レスターの国制協会はフィリップスが投獄されたときに解体した。しかし、両中心地とも、品格《リスペクタブル》ある親組織がだめになったあとも、より庶民的《プレビヤン》な諸協会は存続したのである。（マンチェスターでは、地盤は、ウォーカーの国制協会と、「下層階級の職人」から構成されていたといわれる議会改革および愛国協会によって共有されていた[39]）。

一七九二年に二千人近い会員を記録した、最も強力な協会があったシェフィールドは、ほとんど影響を受けなかったようにみえる。四月にはこの協会は戦争を批難する歯に衣着せぬ一連の決議を可決した。五月には男子普通選挙権を求める国民請願のために一万近い署名を集めたと公表した。小親方や独立自営の強固な伝統をもつ職

人が大勢いた非国教徒の昔からの本拠地であるノリッヂは、運動の記録は不完全であるが、ジャコバン主義の主導的な地方中心地としてシェフィールドに優るとも劣らなかった。ノリッヂの革命協会は、『人間の権利』の廉価版のスポンサーになった一七九二年八月に、連合関係にあるクラブの数は四十八だと述べたが、十月までには「連合する兄弟」の数は二千人をくだらないと主張していた。[40] 九三年三月、ノリッヂは一群の小規模なクラブの中心地でありつづけていた。「田舎の村々の多くの協会に加えて」、市内には「三十から四十の別々の協会」があったのである。[41] しかし、六月にロンドン通信協会に送られた通信の論調は、彼らが困難にぶつかったことを示唆している。

……われわれがそれを支えるためにいかに多くの汗を流し、労苦にあえぎ、飢えに苛まれているかについて考えるとき、人民を従属させておこうとする計略が土地所有者と商人のなかにあることは説明されるまでもありません。というのは、やつらはパンを食べるようにして、人民を平らげているからです。――貴族と階級制度の与える影響は、ますます警戒すべきものになっています。なぜなら、やつらは人民を吸い込み、飲み込んでしまったからです。しかし、ある噂が南部から広まっています。そしてそれは専制君主たちにとっては恐ろしいものです[42]……。

ロンドンの状況を立証することはいっそう困難である。国制協会は戦争開始後ひどく衰退したようにみえる。一七九三年の秋までは、その活動は形式的な動議の可決以上のことはしていない。ロンドン通信協会もまた、ひじょうな困難に直面していた。九二年の末ごろに、会員数は数千といわれていた。九三年の一月には（ハーディの公判に出廷したスパイによれば）スピトルフィールズ支部とムアフィールズ支部の集会室借上料を補助するよう規則が決められた。両支部は貧しいけれども、「そのほかの支部を合わせたのと同じくらい大勢の人間」を擁していたのである。しかし、九月にはムアフィールズ支部を、「居酒屋グローヴ・イン・バンディ－レッグド－ウォークにあった……きわめて粗暴に見える」もう一つの支部と合体して、再組織する必要のあることが判明した。ロンドン通信協会は、委員会の努力にもかかわらず、国民請願の署名をわずか六千しか集めることができなかった——ジョウジフ・ジェラードは王座裁判所の（債務者収容の）監獄の囚人から二百の署名と〔名前の書けない人が署名の代わりに記す〕十字記号を集めた。[43] 一七七三年五月三十日には（かのスパイによれば）「ハーディは協会に三カ月間の活動停止を提案した。その提案は否決された」。七月にハーディは、もっと確信をもって、リーズに新設された国制協会に、「われわれは官職者や恩給生活者のクラブに抵抗してきた」と書き送った。

われわれは議会では悪口をたたかれ、公衆の前では中傷され、私生活では迫害され、居酒屋からは追い立てられてきた。けれども、じつに頻繁にわれわれは集会を開いてきた……そしてわれわれの教義はきわめて多くの改宗者をつくりだしている[44]……。

この確信は的はずれではなかった。なぜなら、夏には地方で通信協会がたしかに復活したからである——昔の協会が再起するか、ないしは新しい協会が結成された——国制協会よりもむしろロンドン通信協会が、それらのセンターとして機能した。バーミンガムのある協会は、一七九二年の末に結成され、七三年の初夏に慎重に活動を拡大し、そしてまれにみるほどの歓迎を受けたのだった。「あなたがたの会員数の増大は、『教会と国王』の暴徒たちの申し開きできない行為によってあなたがたの町に押された烙印を、まもなく取り除くことになるでしょう」。リーズからは、「貧しい職人の一団」という新設の協会がロンドン国制協会との「親交」を許可されたいと願い出た。

貴族の専制と民主主義への無知がリーズの町に広がり、威圧しているように思われます。そのひどさたるや、われわれが一般には民衆の友というよりも怪物のように見なされているほどです。過去六カ月間、無知な一部の民衆は（貴族と聖職者からあらぬことを吹き込まれて）われわれが民衆に襲いかかって破滅させてしまうと思い込まされてきた、と私は考えています。……われわれの会員数は二百人近くになり、しかも一貫して増加をつづけています……。

七月にはハーフォードシャーとテュークスベリの新設の協会がロンドン通信協会に書き送ってきた。「あなたがたの仲間たる市民、そして自由という栄光ある大義の協働者」、このようにテュークスベリの書記は自ら署名し、こんなふうに述べた――

トマス・ペインの人形を焼く行為は、現在の戦争の祝福すべき効果と並んで、実りある議論以上に自由の大義のために役立ってきました。自由の友の増加は驚くほどであり、また批判精神も広がりをみせています。政治について話をしない年配の女性はほとんどいません。

八月にロンドン通信協会は、ダービー、ストックポート、マンチェスター、ノッティンガム、コヴェントリの各協会との通信を再開した――「郵便よりも安全なわれわれの書簡の送付方法を指示する」よう各協会に依頼している――そして、「万人協会《ユニヴァーサル・ソサエティ》」の名称のもとに、一つの協会を結成するよう各協会に提案する計画をもっていた（しばらくのあいだ棚上げにされた）。ロンドン通信協会の議事録が示しているように、集会への出席率は高く、その運営も適切だったし、新しい支部が創設され、また昔からの支部には新しい会員が流入していた[45]。

さまざまな民衆の協会は最初の嵐を乗り切った。しかし、同時に、強調点と論調に重大な変更を加えた。ペインの名は後景に退き、彼の歯に衣着せぬ共和主義的な論調に代わって、「真正」なる国制の再建が再度強調されるようになった。（一七九三年六月には、ロンドン通信協会は一六八八年体制の際の用語を使ってこれを説明するまでにいたった）。しかし、こうした修正は、限度を超える表現法はすべて起訴するという当局のあきらかな意図のせいで必要になったが、そのほかの点では、迫害は諸協会を急進化させたのである。まず第一に、主導したのは、ロンドンではなく、スコットランド、シェフィールド、ノリッヂであった。第二に、ロンドンでは、ハーディやバクスターのような職人と並んで数人の熱心な専門職の会員――ジョウジフ・ジェラード、モーリス・マーガロット、[12] ジョン・セルウォール――が主導的役割を果たしていたが、一七九三年の諸協会に組織されていた議会改革論者の圧倒的多数は、職人、賃金労働者、小親方、小商工業者であった。そして一つの新しい課題が執拗に強調された――一つは経済的窮状と社会的救済であり、もう一つはフランスの例をまねた、組織および呼びかけの形態である。

トマス・ハーディは、もし議事録からわれわれが判断するなら、有能で真面目なオルガナイザーであり、彼につづいた一連の無給の書記連中にとって立派な模範であった。ビンズによれば、彼は「服装は質素であり、話し方は率直であった。どんなときにも、気取ったりもったいぶったりしなかった」。ロンドン通信協会の議長、モーリス・マーガロットは、ワイン商の息子だった。彼は子供時代の大半をポルトガルやスイスで過ごし（ジェノヴァ大学で教育を受けた）、ときどき「フランス人」と呼ばれていた。彼はエネルギッシュで大胆ではあったが、自分を芝居がかりで表現するという、イングランドのジャコバンに特有の悪癖にとらわれていた。(46) ジョウジフ・ジェラードとジョン・セルウォールはほかの誰よりも全国的指導者にして理論家たる資質を持ち合わせていた。「ウィッグ・ジョンソン」と呼ばれ、ウェスト・カントリーの学識界の長老であるサミュエル・パー博士[13]の優秀な門下生であったジェラードこそは、ペインの危険な提案――イギリスの議会改革論者による国民代表大会の招集――をきわめて強力に代弁したのである。(47) 政府に行動を決意させたのは、こうした議会改革論者の大同団結の脅威であり、さらに一方のイングランドとスコットランドの議会改革論者の連携ならびに他方の統一アイルランド人協会という、いっそう深刻で増大しつつある脅威であった。

当局のジレンマは国制擁護主義の矛盾から生じたものだった。陪審なしに地方の治安判事がくだす有罪判決《サマリィ・コンヴィクション》には十分な根拠となる法律があったが、しかし国王任命の法務官吏たちは重大な訴追を進言することはためらった。煽動についての法律は明確ではなく、したがって法務長官は大逆罪という恐ろしい罪で起訴するか、文書煽動罪というそれほど重くない罪で起訴するかの選択を迫られた。しかし、一七九二年はじめの穏やかな数ヵ月間にフォックスの「文書名誉毀損法」[14]が成立したので、陪審は事実だけでなく、争点となっている内実についても判断することになった。この法はフォックスの一般民衆にたいする最大の貢献だが、可決されたのは流れが弾圧へ向きを変える直前のことであった。(48) こうして、イングランドでは、政府は一連の障害に直面することになった――不明確な法律、陪審制度（一七九四年にダニエル・イートンを二度無罪にし、またトマス・ウォーカーも無罪にして当局に恥をかかせた）、偉大な弁護士トマス・アースキン（いくつかの裁判で弁護側を主導した）を含む少数精鋭のフォックス派反対グループ、国制擁護の言葉を詰め込み、個人の自由をあらゆる侵害から守ろうとする世論。

しかし、スコットランドの法律は違っていた。ここでは裁判官は従順であるかあるいは党派的で、さらに罰を受けることなく好ましい陪審員を選ぶこともできた。ここではまた、一七九二年十二月にスコットランドの民衆の友協会が国民代表大会《ナショナル・コンヴェンション》を開いていた。九三年から九四年にかけてのスコットランドの裁判は、きわめて精力的なスコットランドのジャコバン協会ばかりでなく、イングランドの諸協会をも標的にしていた。九三年八月に最初の一撃が加えられた。最も才能があるスコットランド人指導者トマス・ミュアが、ひどいいんちき裁判のあと十四年間の流刑を宣告されたのだった。スコットランド最高裁判所副長官のブラクスフィールド[15]は、その処理にあたっては検察当局以上に悪意に満ちていた。「こちらに来なさい、ホーナーさん、こちらに来なさい。われわれがあのどうしようもないならず者たちのうちの一人を縛り首にするのに力を貸しなさい」と、彼は判事席の後ろを通った陪審員にささやいた。陪審への説示のなかで、彼は「無知な田舎の人びとや下層階級にはたらきかけて仕事を放棄させる」ミュアの能力と宣伝活動を一つの加重事由として扱った。

ミュア氏はそうした下層民《ラブル》にたいして何の配慮もなすべきではないことをご存じだったかもしれません。代表制についてのどんな権利を彼らはもっているのでしょうか？……政府は……まさに一個の団体《コーポレイション》のようでなければなりますまい。わが国にあっては、それは土地所有者たちからなっていて、彼らだけが代表を有する権利をもっているのであります。

彼は陪審にこう告げた。ある事柄には「どんな証明」も必要ではない――「イギリスの国家体制《コンスティテューション》は世界の創造以来存在したもののなかで最良のものであります。したがって、これ以上によくすることは不可能であります」。彼の同僚の熟達した判事たちはこれに全面的に賛成した。その一人、スウィントン卿は煽動という犯罪には「殺人、窃盗、強盗、放火といったあらゆる犯罪が含まれる。……もしそうした犯罪に相応の刑罰……を探してみても、われらの法律に見つけることはできない。拷問は幸運にも廃止されているのだから」[49]。九月には第二の一撃がつづいた。イングランドのユニテリアンの聖職者であり、ケンブリッジ大学クイーンズ・カレッジの特別研究員であり、当時ダンディーで聖職者の勤めを果たしていたT・F・パーマー師は、パースで裁判にかけられた。彼の「罪状」は、ペインを読むよう奨励したことと、「下層の織布工と職人」の協会だと評されたダンディー自由の友協会の会員だったことである。判事席の偽善者たちは、「最も穏便な刑罰」としてボタニー湾〔オーストラリア、シドニーの流刑地〕への七年の流刑を言い渡したのだった。

この見せしめは、なんのためらいもなく平民の議会改革論者と協働しようとしてきた、二人の才能ある知的専門職業人にたいしてなされた。両者とも断固として、また威厳をもって裁判に耐えぬいた。そして、スコットランドの議会改革論者は、こうした判決がのしかかってきたにもかかわらず、ひるむことがなかった。彼らは、イングランドの諸協会との大同団結がなんらかの保護を与えてくれるだろうと考えて、早く国民代表大会を開くよう迫った。ハーディ、マーガロット、ジェラードが賛成して、エディンバラで開催される大会が三週間たらずの予告で招集された。ロンドン通信協会は、マーガロットとジェラードを派遣代表に指名し、一七九三年十月二十四日にハックニーでの最初の野外示威行動で彼らを承認した。数千人の支持者が参加したが、そのなかにはフランスのジャコバンが到着したとか、「トム・ペインが自由の木を植えるためにやってくるそうだ」といった噂に引き付けられた物好きも含まれていた。議事録は、派遣代表に交付することを議決した金額について几帳面に記録している（往復の交通費に十ポンドと旅行中の諸経費が四ポンド、エディンバラでの出費として一日につき九シリング）が、次の二週間はこれらの「手当」を募るためにひどく苦労した。とはいえ、その交通費は派遣代表を地球の反対側まで連れていくのに十分なほど高額であった。

この招請は予告期間があまりに短かったので、地方の協会は代表者を派遣するための基金を集められなかった。シェフィールドは例外だった。十一月一日に、シェフィールドはロンドン国制協会に、その活動怠慢を批判する痛烈な通信を送り付けた。

われらが姉妹たる王国で最近採用された措置、すなわち自由な国制に……水にたいする油のように対立する措置について、われわれ庶民が模範として仰ぎ見てきた、そして自らを愛国的と称しているわが王国の多くの団体、「ロンドン国制知識普及協会」や「民衆の友」などは、これまでのところきわめて冷淡にながめてきただけであります。……ここにいたってわれわれは、いまや自由の芽を摘んでしまうときだ……そうすれば自由の芽が無気力という霜に枯らされる恐れもなくなるだろう、と考えざるをえないのです……。

シェフィールドの協会は、エディンバラへの派遣代表にM・C・ブラウンを指名した。彼は元「プレイヤー」[16]の弁護士だが、リーズの協会の代表にも指名されていた。ノリッヂの諸協会はマーガロットに権限を与え、「手当」を補助した。新たな絶望の風潮が広がっていたが、それに寄与したのは、スコットランドの判決、ヴァランシエンヌ［北フランスの都市］でのフランスの勝利、物価の上昇と失業の増加、そして現実には強がりでしかない代表大会の招集である。バーミンガムの協会は代表者を派遣することができず、残念がった。

ピット氏による人道戦争《ウォー・オブ・ヒューマニティ》の結果、この町の商業はほぼ完璧に打ちのめされ、われらが最良の同志や職人のひじょうに多くの者が大西洋を越えていってしまった……。しかしながら、全体として……この戦争はうぬぼれを弱め、敵意をやわらげ、改革の敵どもの数多くの策略を挫折させる傾向を強くしてきた……。そして自由の大義へのたくさんの転向者を生み出してきた。

シェフィールドもまた戦争の影響を感じ取っていた。

われわれには何千という会員がいる。しかし、その大多数は労働者であり、戦争は彼らの多くの者からすべての雇用と、彼らの稼ぎのほぼ半分を奪った。われわれは、わが王国のどこにもましてだめにさせられてしまった(50)。

マーガロットとジェラードは自分たちが危険を冒していることを十分に承知していた。彼らはスコットランドの同志たちへ、精神的な連帯という「手当」を大急ぎで運んでいたのだった——もしそのとき差し止められていたならば、スコットランドとイングランドの運動は士気をくじかれる結果になっていただろう。さらに彼らは、ミュアやパーマーを処遇したのと同じ仕方でイングランド人を取り扱おうとするブラクスフィールドの判事席にも挑戦していたのである。その「手当」は時間ぎりぎりに届いた。エディンバラでの代表大会は、十月末に手短に開かれたが、イングランドの派遣代表がいないために中断した。彼らが到着すると、急遽代表大会は再開されたが、前回よりも参加者は増えていた。マーガロットとジェラード、そしてスコットランドの書記長であるスカーヴィングが議事を統括した。大会は一七九三年の十一月後半の二週間から十二月の第一週にかけて開かれた。その時点で指導者たちが逮捕されたので、大会は中断した。(その前に、マーガロットとジェラードは主要なスコットランドの諸協会を訪問するための追加の手当を、ハーディにしきりに申し入れていた——「いかなる召還の理由も根拠をもちえない、怖いからというのなら話は別だが。君に思い起こしてもらわなければならないことは、これはわれわれの問題なのであって、君のそれではないということだ」)。大会は、いくぶん芝居がかってはいたが、穏やかに進行した。それでもいくつかの事情はより革命的な色合いを与えた——大会の開催という事実そのもの——統一アイルランド人協会からのオブザーバー参加、エディンバラのフランスびいきの風潮のなかで芽生えたフランス式の進行および呼称(「市民」という語はシェフィールドでは長らく使われてきたのではあるが)。議事録には「イギリス代表大会元年」と年号が記され、一つの決議が採択された(そこで使われた用語がのちの裁判で争われることになる)。その決議では、人身保護法が停止されたり議会改革論者に敵対する法律が制定された場合には、ただちに緊急大会をある秘密の場所に招集することが認められた[51]。

裁判はミュアやパーマーのときと同じパターンでおこなわれた。スカーヴィングとマーガロットは立派にふるまった。彼らは十四年間の流刑を言い渡された。「主よ、この二日間になされたことがふたたび審判に付されるだろうことを私は知っております——それが私の慰めであり、希望のすべてであります」と、スカーヴィングは法廷を去る際に言った。マーガロットは、彼の頭上にM字型の「自由の木」を掲げた行列に伴われて出廷したが、自分の立場を過信していたし、殉教者の栄誉にあまりにも執心していた。しかし、彼は、裁判に先立って開かれたある晩餐会でブラクスフィールドが議会改革論者を流刑の前に鞭打たせてやるとか「暴徒は多少血を流せばそれだけよくなるだろう」とか大言壮語したことをとらえて、彼に果敢に挑戦した。コウバーン卿は(少年時代にマーガロットに会っているのだが)、「黒い服を着、絹の靴下をはき、白い金属のボタンを付けた、ちっちゃな、陰鬱なやつで、小さく弱々しいフランス人という通念そっくりで、きわめてずうずうしい、腹の立つ人間だった[52]」と彼のことを回想した。

ジョウジフ・ジェラードは保釈を取り付けて、ロンドン通信協会に報告するためにロンドンに戻った。そして身辺雑事を片づけ、一七九四年五月の公判に出席するためとって返した。彼はそうする必要などなかった——同志や友人たちが彼に保釈のまま逃亡するよう懇願したのだ。彼の体力は一七八〇年代に西インド諸島にいたときの病気のせいで衰えていたから、流刑は死刑の判決に等しかったし、事実そうなってしまった。しかし、ジェラードは、私が「名誉を誓った」のはスコットランドの裁判所にたいしてではなく、「私自身の議論に影響を受けて同じような災難に巻き込まれた」庶民にたいしてなのだと反論した。彼はたった一度だけ挑発をおこなった。「体制派」ふうに髪粉をつけることを拒否し、「髪粉のついていない髪を後ろにざっと垂らして」法廷に現れたのだ――「首をほとんどむきだしにした、折り重ねられた幅広の襟のシャツ姿。これは当時のフランス式の服装だった」。そのほかの点でも、コウバーン卿の評によれば、「裁判官とこれほど著しく対照的な物腰と話し方をもつ囚人はかつていなかった(53)」。ジェラードが、イエス・キリスト自身は議会改革論者だったと主張したとき、ブラクスフィールドは同僚の裁判官たちに向かって低く笑った。「彼がそんなにも大それたことをしていたとはな。あいつは縛り首にされたのだよ」。法律の教育を受けたジェラードは、ほかの議会改革論者の例にならって自らを弁護した。議会改革論者の要求を一言半句も撤回することなく、フッカー[17]やロックやブラクストンを豊富に引き合いに出しながら、改革運動をおこなう権利を主張した。それは共和政憲法《コンスティテューショナリスト》の擁護でもって国制擁護《コンスティテューショナリズム》のレトリックを暴露する陳述であった。

国制、国制、国制！という言葉が、絶えることなくわれわれの耳のなかに鳴り響いている。これは、改革に敵対する者たちが、妄信しやすい者や単純な者たちの頭ごしにふりかざすまじない札である。年老いた邪悪な魔法使いのように、最初にまじないでがんじがらめにし、彼らの術がつくりだした催眠状態を利用する。しかし、恩給生活者や小役人が国制について話しているのを聞くのは、彼らの生活すべてが国制の原理を一貫して侵害するものなのだから、それは坊さんが人びとに説教しているのを聞いているようなものである(54)。

ブラクスフィールドは、陪審への「説示」のなかで、こう述べた。「ジェラード氏が……今日みなさんがお聞きになったような演説をするのをごらんになったわけですが、私は彼が社会のひじょうに危険な構成員だと考えます。というのは、あえて申しますが、彼はきわめて雄弁に民衆に武装蜂起するよう説得できるからであります」。被告人が不意に言葉を差し挟んだ。「いったいなんということだ！　この陪審への申し立てのやり方はまったく不当だ……」

ジェラードは十四年の判決を受けた。彼とスカーヴィングはニュー・サウス・ウェールズに到着して一年たたないうちに死んだ(55)。ブラクスフィールドと「スコットランド法」の秘儀は、イングランドの歴史家たちによって、これらの評決の責任を過度に負わされてきた。この評決は、スコットランドの司法制度の評決であるのと同じくらいに、イングランド政府の評決でもあった。ピット、ダンダス、ラフバラ[18]、サーロウ[19]は、その後の議会討議のなかで、この訴訟手続きのどんなささいな点も擁護しようと骨を折った。ダンダスは、判事たちが判決を判断する際に、「健全な裁量」を行使したと考えた。ピットは、フォックスによる最も手痛い批難をかわそうとしながら、もし判事たちが、「こうした恐れを知らぬ犯罪者」を罰し、「わが国にとってきわめて危険な教義」を禁圧するために裁量の権限を行使しなかったとしたら、判事たちは「高度の過失」をおかしていたことだろうと判断した。（議会改革論者たちが苦心して指摘したのだが、これらの教義は表面上はピット自身が一七八〇年代に主張していたものとほとんど異ならなかった）。そしてウィルバフォースは、「公判記録を読んでいないにもかかわらず、人道思想《アイディア・オブ・ヒューマニティ》がパーマー氏にあてはまるとはお笑い草だとした」。「ウィルバフォースは、刑の執行が猶予されるべきであるとは考えないと、良心に誓ったうえで述べた(56)」

迫害は、よく知られているように、両刃の武器である。次の十年間、人びとは、ブラクスフィールドの時代ではなくて、――ド・クインシー[20]のように――「ジェラードの時代」を回想した。国王の敵どもと共謀して海を渡ったトム・ペインというイメージは、恐怖や憎しみを呼び起こした。しかし、こうした「判決」に立ち向かうために戻った一人の病んだ男というイメージでは、そうなりようがなかった。さらに、民族的な偏見は奇妙な仕方で議会改革論者の大義に貢献した。「自由の身に生まれたイングランド人」が感じていた罪悪感は、そうしたことはスコットランドでは起きたかもしれないが、「ここ」なら起きえなかったとする考えによってやわらげられた。

「慎み深い、立派な」イングランド人の激しい嫌悪の情は、イートンの三度目の無罪（一七九四年二月）と四月のトマス・ウォーカーの釈放によってはっきり示された。それは、ロベスピエールのテロルが引き起こした恐怖による敵対感情を食い止めるのに十分だった。ジェラードと彼の仲間は、自らが見せしめになることによって、ハーディ、トゥク、セルウォールの命を助けるのに大いに貢献した。自らを犠牲にすることで、彼らはイングランドを白色テロルから救うのに役立ったのである。

このスコットランドの犠牲者の事例は、イングランドの諸協会を、脅かしたというよりむしろ堅固にした。ジョン・フロスト（前年に下獄した）は、一七九三年十二月十九日に衰弱状態でニューゲイト監獄から釈放されたとき、勝利を祝ってロンドンの町じゅうをひっぱり回された。その際に、群衆は皇太子の邸宅の外で立ち止まり、悪罵を投げつけた。ジョン・セルウォールは、いまやロンドン通信協会の最も有能な理論家としてジェラードに取って代わり、囚人たちを擁護する基金を集めるために一連の講演を開始した。九四年一月十七日には、ジェラード（双方の協会の会員であり、そのときは保釈中だった）は国制協会の集まりに出席した。急速に活動を再開していた国制協会は、拍手喝采をもってジェラルドを議長に選出し、「専制政治が執行されているのと同じ手段をもって専制政治に反対する」決議を通過させた。「専制君主にたいする反乱は、神の命じるところである」ということを、ジェラードはすでにイングランドの議会改革論者たちに思い起こさせていた。三日後、居酒屋グローブは、ロンドン通信協会の総会のためにすし詰めになって床が抜け落ちた。新たなイギリス代表大会《ブリティッシュ・コンヴェンション》を、今度はイングランド域内で開くという提案が出された。市民ジョン・マーティンは議長席から挑発的な演説をおこなった。

われわれは意見が分かれている。われわれはいま、われわれ自身とわれわれの子孫のために、自由か奴隷かをただちに選択しなければならない。諸君は、あらゆる村に兵舎が建てられるまで、そしてヘッセン人やハノーヴァー人[21]がわれわれを手助けしてくれるまで待つおつもりか？

四日後、国制協会は「ロンドン通信協会は祖国に功績をなしてきた」と決議し、この声明を四万部印刷して配付するよう指図した。この声明の効果で各地方の協会は活気を取り戻した。声明を受け取ったブリストルの書記はこう書いている。「その晩、私は、できるかぎり多くの友人たちを集めました――われわれは読んだ――われわれは恥ずかしくなった――われわれは勇気がわいた……。あなた方の二通めの書簡は、われわれの勇気をかきたて、われわれの愛国心を活気づけました……さらに、われわれの会員数はいまや著しく増加しております[57]」

手紙は、そのほかの沈滞していた協会からも届いた。ニューカースル（長いこと消息がなかった）からは、かなりの数の「協会」が存在していることがわかり、そこでは「既知の友人たちだけが許されて、毎週集まっています。そして新聞社の名をかたっています」。これら以外にじつに多くの協会が存在していた――あるいは復活した――ことはあきらかである。それらはロンドン通信協会と正式に通信を取り交わしてはいなかったが、たとえば一七九四年四月に初めて名乗りをあげたロイトンやハリファクスの協会などは、活動する際に「これまでは最大級の用心深さと慎重さを旨としてきた」という事実について釈明した。

われわれが一般大衆のみなさんに知っていただきたいのは、この町と教区には、あらゆる自由な討論に……暴力的に反対する多くの人間がいるということであります。この町で自由を主張する人物が、罰金を科されり、さらし台にさらされたり、監獄に入れられたりするのを見ると、連中の怒りは言葉では言い表せないほど満足させられるのがつねでした。

同じ月に、ハリファクスでは野外の示威行動がおこなわれ、「リーズ、ウェイクフィールド、ハダズフィールド、ブラドフォードや近隣の地域から多くの友人が参加した。（ブリストルでは）派遣代表総会や国民代表大会《ナショナル・コンヴェンション》の計画も承認された。レスターではいくつかのクラブや「民主主義についての講演会」が居酒屋で開かれていた。ロンドンではロンドン通信協会と国制協会が代表大会——国制協会は何か別の名称を望んだが——の開催を求める合同委員会を形成した。四月のチョーク・ファームでの野外示威行動は成功し、セルウォールそのほかの演説を受けてこう決議した。「いまだ残存している法律を侵害する」今後の企てはすべて、「イングランド国民とその統治者とのあいだの社会契約を完全に解消する行為と見なされるべきである[58]」。

これは、迫害だけがもたらした成果ではない。物価上昇と経済的困窮がもたらした成果でもある。運動がより貧しいイースト・エンドの諸地区へ浸透しつつあったことを示す史料が存在する。十月のハックニーでの集会は初めてのことだったが、フランシス・プレイスはそこで、チョーク・ファームでの集会をこう回顧した。「ボウ・ストリート・ラナーズやさまざまな治安役人や政府のスパイや通信員からたくさんの侮蔑や挑発を受けながらも……私がかつて見たなかでも最も偉大なる秩序をもって……あらゆる種類の人間——男も女も——からなる……膨大な群衆」が参加していた。「……彼らは思考し、理性ある人びとだった[59]」。シェフィールドでも、同じく四月に、六千人から七千人が参加した集会が開かれ（議会改革論者たちは一万二千人だと主張した）、スコットランドの判決に異議を申し立てた。ダービーからやってきた、ひじょうに若く、雄弁ではあるが、情緒不安定なジェントルマン、ヘンリー・ヨークが議長になり、「全人民の命令する声が、セント・スティーヴン礼拝所にいる五百五十八人のジェントルマンに自分たちの任務を遂行するよう勧告する」時代の到来を展望した。「その夜、酔っぱらったやつら」がシェフィールドの議会改革論者の家々を襲った。そこで、協会の書記長であるデイヴィソンは、「手強い者とするのに十分な、大量の槍を愛国主義者に」供与する計画を勧めた。のちのハーディやヨークの裁判では、これが極度に重視された。検察当局はこれを蜂起を意図していた証拠として提出した。弁護側証人はその事実を否定し、最大の意図は、「教会と国王」の暴徒からの自己防衛にあったと抗弁した。実際のところ、さまざまな協会のなかには、おそらく両方の意図が存在していたのだろう。エディンバラでは、イギリス代表大会終了後も残った委員会の一部は、依然として秘密裡に集まりをもち、以前は政府のスパイだったロバート・ワット[22]の支配下に置かれていた。若干の槍の穂先と戦闘用の斧がつくられた。ワットは臨終の告解で、自分が議会改革の大義に転向したこと、そしてエディンバラ、ダブリン、ロンドンでの同時蜂起を計画していたと語った。ワット自身の動機がなんであれ、スコットランドの二十人ほどの織布工や職人は、彼の陰謀に深く関与していたのである。(60)

これが一七九四年五月のピットの突然の攻撃に先立つ状況だった。このとき、ロンドン国制協会とロンドン通信協会の指導者は逮捕され、文書類は押収され、これを調査する秘密委員会が議会によって任命された。(61)人身保護法は一時停止された。ノリッヂではアイザック・セイントそのほかの委員会メンバーが逮捕された。シェフィールドでは(エディンバラ代表大会へのシェフィールドの派遣代表者M・C・ブラウンは、すでに裁判を待っていた)、ヘンリー・ヨークや委員会メンバーが捕まった。協会の書記、リチャード・デイヴィソンは逮捕を逃れた。『シェフィールド・レジスター』の編集人であるジョウジフ・ゲイルズ[23]もまた、共謀罪で(六月に)告発されたが、アメリカへ逃亡した。こうした逮捕の直後に、議会で共謀がセンセーショナルに「発表」され、また蜂起の陰謀があるとか、協会とフランス人が結託したといった噂が流れるなかで、世論はなだれをうって反協会に回った。バラッド売りや瓦版売りは、「大逆罪！　大逆罪！　大逆罪！」と見出しをつけた印刷物を抱えて、通りを駆け巡った。訴状が町じゅうに張り出された。ハーディ夫人の住まいを暴徒が襲ったのは、海軍の勝利を祝う「栄光の六月一日」のことであった。そしてあるロンドンの新聞は、「その女は、愛するトミーが縛り首にされ、ひきずり降ろされ、四つ裂きにされる幻覚にとらわれた結果、死亡したのだ」と嘲った。クラブのなかには狼狽して解散したものもあったが、他方、この難局にひるまない人びとは、逮捕者の家族のための募金集めに従事した。(ロンドン通信協会の会員たちは、逮捕者の家族のため募金を集めようとしていたときに起訴された)。『タイムズ』は、イングランド革命なるものをからかう記事を掲載したが、そこでは、逮捕者たちは流血の権力を楽しんでいるように描き出された。(62)リンカンシャーでは、「バラッド歌いたちが雇われ、通りの端に配置された。ジャコバンの破滅を祝う歌をうたうために……」。上流社会では、裁判を話題にしないことでさえ疑惑を呼び起こした。(63)ノッティンガムには、法外な暴力でジャコバンをなぶりものにする「教会と国王」暴徒が存在した。前年にそうであったように、議会改革論者たちの住居は「こじ開けられ、住人はひきずり出され、絞首索が首に巻き付けられて、町の脇を流れる泥水の小川に突っ込まれた」。体制派のある委員会は、新しい運河を掘る「人足」を雇い入れてジャコバンたちを襲わせたが、市長は彼らジャコバンの保護を拒否した[64]。フェイルズワースでは、同じころ、一人の指導的なジャコバンが、「竜騎兵の馬の鞍にくくりつけられた。そして、興奮した狂信的な民衆が彼の足に釘を突き刺した[65]」。

しかしながら、ロンドン通信協会は決して崩壊しかかっていたわけではない。九人からなる秘密の執行委員会がつくられた。そのなかで最も活動的なメンバーは、製帽工リチャード・ホジソン[24]、書籍商ジョン・ボーン[25]、そして「市民グローヴズ」だった。ある公式の覚書――これがおそらくピットが行動を決意するのに影響した――によれば、ロンドン通信協会は春の間に精力的に会員を募っていた。一七九四年四月には、支部の数が四十八にのぼっていただけでなく、小商工業者や職人に加えて「最近は新しい種類の人物が彼らのあいだに見られるようになった。すなわち、数人の河岸運搬人夫、シティの卸問屋の店員、ジェントルマンの家事奉公人たちである」。五十人のアイルランド人が一団になってある班に加わり、そしてウールウィッチとデットフォードでは支部が結成された[66]。ハーディ、セルウォール、そのほかの指導者たちが逮捕されたあと、ホジソン、ボーン、「市民グローヴズ」は新入会員のほとんどを招集することができた。七月には「恐怖におそわれた十八の支部は集まりをもたなくなった」ので、それらを立て直すために代表者が派遣されたと報告されている。起訴は結果的には、協会内部での急進化の進行をいっそう促進することになった。たとえ八月にいくつかの支部が「休眠状態に入った」としても、そして一部の会員がほかの会員を残して脱会してしまったとしても、結果的には（ある密告者が記しているように）「ロンドン通信協会は、現在、主に大胆不敵で向こう見ずなやつらから構成されている」。集会での言論は、形式上は議会改革に限定されていた。「いまやこの国の政府を打倒しようとする意図は、広く知れ渡っている」。秋には、逮捕のショックはおさまり、民衆の気分にはもう一つの変化が生じていた。逮捕者たちの処遇は改善された。ハーディは、ニューゲートの一般の重罪犯たちが議会改革論者を尊敬をもって処遇しはじめたと記した。プレイスはこう回顧している。「政府の暴力的なやり方は大勢の人びとを脅かして追い払った」

しかしながら、私も含む大勢の人びとが、いま会員になることは、称賛に値することだし、また一つの義務の遂行でもあると考えていた……。これはロンドン通信協会の体質を向上させた。協会に加わっているほとんどの人びとは断固とした性格をもった、分別ある考えの人間であり、自らの目的をすぐに捨て去るような人間ではなかったのだから。(67)

そうしたなかで、協会の秘密執行委員会は自分たちの問題に煩わされていた。手紙を地方の各クラブに「安全に配達するための適切な方法と手段」を見いだすことは難しかった。八月には、もしボウ・ストリート・ラナーズが「別人を逮捕」していなかったら、協会の最も有能な会員である市民ホジソンは、大逆罪の令状で逮捕されるところであった。この件は（生き残りの執行委員たちに報告されると）、「爆笑を巻き起こした」。これ以後、ホジソンは執行委員たちと「徒歩旅行について」と便箋の上部に印刷された手紙でしか連絡することができなかった。九月三日にはボウ・ストリート・ラナーズたちが荒々しく執行部に押し入り、書記長代理を逮捕した。「市民グローヴズ」は彼らの権限に異議を申し立てた。それから逮捕された書記長代理の家族のために寄付金を募ろうと、ほかの者たちをひきつれて居酒屋に向かった。しかし、翌日にはもっと驚くべき出来事が起きた。グローヴズが、ハーディの職長《フォアマン》から政府のスパイだとして告発されたのである。そして、全員が出席したロンドン通信協会全体委員会《ジェネラル・コミッティ》の正式な裁判の場で自らを弁護した。彼の弁論は、やや芝居がかってはいたが、その誠実さで感動的だった。彼は自分がジャコバンであることを証言する証人とともに、自らの献身を示す多くの証拠を提出した。彼は意気揚々と容疑を晴らした。

しかし、「市民グローヴズ」は、実際にスパイだった——オリヴァーからチャーティストの時代にいたる、そしてそれ以降もつづく長い系譜のなかで最も有能なスパイの一人だった。秘密執行委員会が開かれるたびに、彼の完璧な報告が送られ、ピットかダンダスかあるいは大蔵省法律顧問官によって熟読された。われわれは、彼の特異な技能のおかげでのみ、これら何ヵ月間かの事件をともかく記述することができるのである。(68)

ハーディの裁判は一七九四年十月二十五日にオールド・ベイリー〔ロンドンの中央刑事裁判所〕でおこなわれた。罪状は大逆罪であった。そして、この罪状の恐ろしさを強調するかのように、ロバート・ワット――本物の陰謀家であり、たぶん「二重スパイ」だった――がほんの十日前にエディンバラで斬首されていた。一般大衆そして陪審は、被告人たちが生命を賭けた裁判にかけられていることを知っていた。(法廷でただ一人この訴訟の重大性を認めようとしなかったのは、ジョン・ホーン・トゥクだった。彼はまさしくウィルクス流に退屈だという見せかけと見当はずれのウィットを誇示した。彼は「神と祖国」から裁きを受けるのかどうか尋ねられたとき、「誰もこんなにうまくは装うことのできない意味深長な様子で何秒か法廷を見つめ、首を振りながら、きっぱりと答えた。『私は神と祖国によってならば裁かれたいと思う。しかし――!』」)。裁判が八日間のろのろと進むにつれて、危険な「共同謀議」の証拠はますます薄弱なものとなっていくように思われた。さらに、アースキンの高圧的で乱暴とさえいえる検察側証人への反対尋問は、その証拠をかつてそうだったよりもずっともろいものにみせた。公衆はハーディのうちに、国家権力に公然と反抗する堅固で威厳のある庶民という、自由の身に生まれたイングランド人を喜ばせる独立した一人の人物をあらためて見いだした。ハーディ夫人の死をめぐる状況がいっそうの共感を集めた。興奮が高まった。地方では旅行者や飛脚たちが街道で足止めされ、情報を求められた。陪審の評決が出る前日には、ハーディが無罪放免になり、馬がアースキンの馬車からはずされ、アースキンが町じゅうを勝利を祝って引き回された、という噂が流れた。最終日――陪審が三時間休廷したので――オールド・ベイリー周辺の街路は興奮した群衆でいっぱいになった。評決が「有罪」だったなら、それはまちがいなく暴動を引き起こしただろう。ノリッヂの愛国者協会の派遣代表デイヴィは、裁判を傍聴しようとロンドンに来ていた。無罪の知らせを受けて、彼は夜を徹してノリッヂに急行し、日曜日の朝、礼拝式のさなかに到着した。彼は、熱心な議会改革論者であるマーク・ウィルクスが聖職者を務める、セント・ポールのバプテストの集会所へ直行した。マーク・ウィルクスは、（農民としての）職業と無給の聖職とを兼業する古いタイプのバプテスト聖職者の一人だった。デイヴィが入ってきたとき、ウィルクスは説教壇にいた。彼は説教を中断して尋ねた。「いかなる知らせだ？　兄弟よ」「無罪です！」「それでは歌おう、『すべての祝福をもたらされる神を称えよ』を」

政府は、ホーン・トゥクにたいする訴訟にしつこく取り組んだ。しかし、この訴訟は、もっと大きな恥をかく原因となった。宰相ピットは、弁護側から召喚されて、かつてワイヴィルが主催した議会改革を要求する州の集会に自分が何度か参加したことを認めざるをえなかったのである。トゥクの無罪につづいて、十二月には、セルウォールに不利な評決を確保するための最後の画策がなされた。しかし結果は、あらかじめわかっていたとおりのものだった。セルウォールは、いささか芝居じみた性格の持ち主であって、ニューゲイトではハムデン[26]やシドニー[27]や専制政治を主題にした詩作に没頭していた。

土牢の有毒な薄暗がりのなかで
愛国者はなお、何にもひるまぬ決意をもって
活気あふれる顔つきを装い――
そしてほほ笑むことができる――祝福された意識の力をもって！[69]

結審が近くなったころ、彼は陪審にたいして自ら熱弁をふるいたいという願望にとらわれた。「もしそうしなかったら、おれは縛り首にされるだろう」、彼はアースキンにそう言った。「もしそうしたら、君は縛り首にされるだろう」というのがアースキンの返答だった。セルウォールの無罪放免の際に、残りの被告人にたいする起訴は取り下げられた。

読者は、通信協会への入会申し込みが殺到したと期待されるかもしれない。しかし、翌年の一連の出来事を整

理することは難しい。まず第一に、ほとんどの地方協会は、一七九四年の夏の間に自主的に解散してしまっていた。さもなければ、それらは、ほとんど痕跡を残さない「地下組織」の形態で存続した。（議会の秘密委員会は、通信の危険性についてきわめて明確に知らしめたし、また裁判は、政府のスパイが広く雇われていることをあきらかにした）。シェフィールドでは、ヨークがいまだ拘留されていたので、協会は休止したままだった。その裁判は一七九五年七月になってようやく始まったが、彼は共同謀議罪によって二年間の懲役を言い渡された。しかも、これらの裁判はたんなる見せかけにすぎなかった。地方では、治安判事が強大な略式裁判権を有していたし、また貧しい議会改革論者たちは、アースキンのように弁護を引き受けてくれる者などあてにできなかったのだ。[70]

さらに、こうした弁護の費用が賄われなければならなかった。（ノリッヂでは、有力な市民は依然として愛国協会を支援していたが、マーク・ウィルクスは、裁判の経費を負担するために、一七九五年四月、セント・ポール礼拝所で強烈な「ジャコバン寄付説教」を二度おこなった）。無罪判決は全面的な弾圧を防止した――ハーディが信頼すべき筋から知らされたところによると、議会改革論者にたいする少なくとも八百通の逮捕状が作成され（うち三百通は実際に署名されていた）、ハーディ有罪の評決が出されたならただちに執行されることになっていた――が、同時にこの裁判のなかで政府がどんなことまでしようと決意していたのかが暴露された。そして、無罪判決は体制側の政治評論家を支離滅裂の状態に追い込んだ。バークは、秘密委員会の報告書の準備にとりかかっていたが、当時年四千ポンドの恩給を受け取っていて、一七九四年以降はジェイムズ・リーヴス型の知識人になっていた。彼は有権者の五分の一そして選挙権を与えられていない者のほとんどは、「真正のジャコバンであり、まったく改善の余地のない、永遠に警戒を要する対象である」と考えていた。彼は、無罪になった者たちは「暗殺者」だとほのめかし、政体の病気には「焼灼器とナイフによる徹底的な弾圧」が必要だと力説した。[71]

第二に、議会改革運動の指導者のなかにはもうごめんだと考える者もいた。国制協会は二度と復活しなかったし、ホーン・トゥクは、一七九六年の選挙までは公の場から引退していた。ハーディは妻の死後、私事で頭がいっぱいで、ロンドン通信協会の中核をふたたび担うことはなかった。しかもロンドン通信協会は内紛によって分裂していた。何週間も、協会が新しい組織形態を確立すべきか否かをめぐって議論された。ある分派は、あらゆる組織が直接民主制の障害物となると主張し、別の分派は、迫害にはより厳しい内部規律をもって対応すべきだと主張した。（通信のなかで、われわれの「指導者」という言葉を使用しただけでも、協会内では民主的反対の叫び声が沸き起こった）。いろいろな個性がぶつかり合うなかで、二つの支部が脱退して新たな協会を結成した。ジョン・ボーンはロンドン改革協会の書記長になり、親団体と友好的な関係を維持した。ジョン・バクスターはまた別な仕方で脱退して、自由の友協会を創始している。それは、大仰な自由意思論に専念した。あるスパイは「細面で、黒い髪をたらし、こげ茶色の外套と、黒いうす汚いチョッキを着た、四十歳くらいの……陰険そうな男」だと描写しているが、バクスターは、より強硬な手段を提唱していたように思われる。彼は、「抑圧にたいする抵抗」という講演をおこなっていた。「国家の権力全体が土地を所有する人間たちに限られているあいだは、彼らが生死の手段を握っているのだと言ってもいいだろう」。ニューカースルの元学校長、トマス・スペンスは、「ペインの先を行く……もう一つの『人間の権利』」で支持者を増やしていた。貴族からその所有地を没収して、そこにスペンスの新しい協同組合が設立されなければならない――「あなた方は、たとえ土地所有者がこのまま居座りつづけても、議会を改革しさえすれば、人類がほどほどの自由と幸福を享受できるなどと考えているのだろうか。……人民の代表大会とか議会とかができたとしても、貴族と永遠に闘いつづけることになるだろう[72]」。

こうした緊張関係は、期待されるだけに終わった。早くも一七九三年十月には、ロンドン通信協会の議事録に、平等化の原理《レヴェリング・プリンシプルズ》を宣伝する人びとの除名を求める、ある支部からの申請が記録されている。生計費が上昇するにつれて――そして協会がイースト・ロンドンとウェスト・ロンドンで勢力を伸ばすにつれて――「社会」問題がますます前面に出てきた[28]。九四年の典型的なパンフレットには、議会改革の帰結として、税金と国内消費税の引き下げ、救貧法と狩猟法の改正、労働組合にたいする制限の撤廃、失業者にたいする仕事、兵士強制徴募隊[29]の廃止、軍隊の居酒屋への宿営割り当ての廃止、があげられている[73]。こうした要求は、協会内で全般的に受け入れられただろうが、スペンスやバクスターのより極端な見解はそうならなかっただろう。しかしはっきりしているのは、協会が戦術をめぐって分裂していたことである。ロンドンの執行部に加わった二人の新参者は、こうした傾向の違いを例証するものと見なすことができる。プレイス自身は、真面目な態度、組織化のすぐれた能力、知識の応用力、労働組合での組織活動の経験を持ち合わせていて、ハーディの伝統を引き継いでいた。一七九五年の夏に、彼はしばしば、毎週開かれる全体委員会の議長を務めた。彼自身の説明によると、彼は協会の主要な任務は労働者の政治教育にあると考えていた。

> 大臣たちは統治《ガヴァメント》が行き詰まるまで——もはや統治を維持しえなくなるまで居座りつづけるだろうと、私は確信していた。私には、人民が立派で安価な政府《ガヴァメント》を手に入れる、あるいは手に入れることができる唯一のチャンスは、人民が代議制の利点を教育されていることにあると思われた。……したがって、人民は大臣たちの施策が危機をつくりだしたときにはいつでも、安価で質素な政府を確立する可能性の高い人びとを支持するだけの適性をもつべきである。私はそれゆえ、通信協会はできるだけ騒ぎ立てずこっそりと運営されるべきだと進言した。

これは、あと知恵によってあまりにも飾りたてられている。「安価で質素な政府」は、のちのベンサムの用語からプレイスが借用した表現である。実際には一七九五年の通信協会は、自由と平等を根拠として抑圧の終結と男子普通選挙権を要求していたのである。

しかし、プレイスは、すでに一七九五年には労働者階級の議会改革論者の役割が中流階級ないし貴族の議会改革論者の添え物にすぎないと評価していたと語っているが、これに偽りはないだろう。労働者は、自らの力で自らのために議会改革を実現する希望をもちえなかったが、それでも譲歩を勝ち取る「可能性の最も高い」他者を支援しなければならなかった。これはある意味では先見の明のある戦略的妥協だった。しかし、それは民衆運動によって危機を促進する戦略というよりも、危機に便乗する——おそらく金融の混乱や食糧暴動そして民衆騒動を待ち受ける——戦略を意味していた。それは自尊心をもった商工業者や職人の戦略である。彼らは自分たちと騒々しい貧民の亀裂になんとかして架橋するよりも、中流階級とのあいだに架橋したいと考えていた。この戦略は、それだけをみれば「会員に制限なし」運動からの撤退を表しているが、他方では同時に、独学と労を惜しまない組織化という強みを備えていたのである。[74]

もう一つの傾向はジョン・ビンズに代表される。彼は、ダブリンの商工業者の家に生まれた青年で、当時ロンドンで配管工として働いていた。そして、一七九四年にロンドン通信協会に加入し、たちまちのうちにさまざまな委員会や示威行動の議長職に昇格した。会員の多数派は、無罪放免を勝ち取ったあとの協会は、その主張をもっと広く宣伝して、大規模な大衆的示威行動を組織すべきであり、そうすれば政府も「議会改革を認めざるをえない」だろうと主張していたが、ビンズもその一人であった。彼がめざしていた改革は、実質的には革命による改革であった。議会改革は協会が公言している目的だったが、「多くの［協会の］有力な会員たちの願望と希望は、彼らを君主制の打倒と共和制の樹立へとかりたてた」[75]（と彼は『回想録』に書いている）。

一七九五年の三月までに協会は、脱退が相次いだ結果、わずか十七の支部にまで減少した。[76]それ以上に深刻だったのは、地方との通信が減ってしまったために、議会改革運動が全国的な拠点を失ったことだった。さらに、ジョン・セルウォールが引退した。自分はロンドン通信協会から独立した演説家あるいは政治評論家として仕事をしたほうがいい（と彼は主張した）というのが表向きの理由だったが、おそらく実際には、意見の衝突にうんざりしたためだったのだろう。けれども一連の脱退後、協会はいっそう団結を強め、その活動は復活した。大衆集会は新たな迫害と人身保護法の停止を招くとするプレイスの主張にたいして、大規模な運動を志向するゲイル・ジョーンズ[30]とビンズの戦略が、ロンドンのすべての支部で全員投票《レファレンダム》がおこなわれたあとに承認された。これを受けて、六月末にセント・ジョージ広場で男子普通選挙権と一年任期の議会を支持する大集会が開かれた。たとえロンドン通信協会が発表した十万人という数字を多少割り引いて考えても、これはまちがいなく、ロンドンでそれまでおこなわれたなかで最大の改革集会だった。市民ジョン・ゲイル・ジョーンズが議長を務め、プレイスのベンサム調の回想とはまったく異なる燃えるような言葉で演説をぶった。

　われわれはイギリス人《ブリトンズ》ではないのか、自由はわれわれの生まれながらの権利ではないのか？　……鞭と棍棒を持ってくるがいい、汝ら復讐の大臣たちよ。処刑場をつくるがいい。……すべての街路に兵営を建て、すべての街角にバスティーユの牢獄を築くがよい！　すべての無実な個人を迫害し、流刑にするがよい。しかしお前たちは成功しはしないだろう。……首斬り斧から流れ出る愛国主義の神聖なる血は、かならず自由の小さな種を運んでくるのだ……。

集会参加者たちは、こうした血なまぐさい雑多な隠喩にたじろぎながら、それでもなお平穏かつ秩序を保ち、静かに散会した[77]。

　このときから年末にかけて、協会は急速な勢いで拡大した。職人と小商工業者のかなり限定された集団という殻を打ち破って、賃金労働者の支持を増大させた。六月には四百人、また七月には七百から八百人の新入会員があったと主張された。三月には十七だった支部の数は七月末には四十一になり、十月までには七十から八十にまで増えた。一方で、脱退した二つの協会もうまくいっていた。周辺には討論グループや読書クラブが登場した。理神論と自由思想が広まったので、ゲイル・ジョーンズは翌年、まるで当然のことのように「私はキリスト教徒でないことを公言するのだが……」と書いた。通信協会は一七九四年の無罪放免を祝して、またそのほかの機会をとらえて、記念硬貨や記念メダルをつくった。セルウォールは週二回の講演会にいつも何百人もの聴衆を集めていて、妻への手紙のなかで自慢せずにはいられなかった。

　私には二晩で六百人近い聴衆がいた……。とりわけ二つの講演が……腐敗体制の柱を揺るがし、腐敗した建造物を支えるすべての石材をうち震わすほどであった。言葉の一つひとつが電気のような伝播力をもって胸から胸へ飛んでいった。そのうえ、貴族自身が――大勢の貴族が講演を聞こうと押しかけてきていた――しばしば拍手喝采に加わらざるを……えなかった。

さらに、協会の周辺には、新しい耳ざわりな共和主義のレトリックを使うさまざまなグループや居酒屋《タヴァン》クラブが成長していた。「市民リー」（ときにメソジストだと記されている）は、「ソーホー、ベリク街九十八番地、イギリスの自由の木」から、一連の煽動的かつ挑発的な小冊子を発行していた。それらのタイトルには、『国王殺し』『イギリス人ロベスピエールの治世』『最後のジョージ国王の幸福な治世』といったものが含まれていた。彼が強調したのは（スペンスと同様）「教区連合体および村落連合体」だった。そしてまた、彼自身は、熱狂的な賛同の言葉でギロチンに言及する数少ないイングランド人ジャコバンの一人だった。おそらく彼の作った呼び売り本《チャップブック》やジャコバン物語や瓦版がハンナ・モアを刺激し、彼女は『廉価版教養文庫』によって反撃に出たのだろう。とはいえ、D・I・イートンやいくつかの地方協会もまた安価な小冊子販売をおこなっていた[78]。

一七九五年六月以降、地方との通信も復活した。野外集会が八月にシェフィールドで開かれ、そのためにロンドンから議長が派遣された。参加者は一万人と発表された[79]。しかし、そのほかの点で、最も強い印象を与える地方の大都市はノリッヂだった。愛国協会の支部が十九も活動していた。そして、協会は、織布工、コードヴァン靴製造工、職人、商店主を会員としていただけでなく、貴族的な商人一家であるガーニ家やテイラー家からも（用心されながらも）支持されていた。さらに、ノリッヂには専門職業人からなる有能な集団があり、九五年に彼らは定期刊行物『キャビネット』を発行した。これは、この時代の半ジャコバン的な知的刊行物のなかで、おそらく最も印象的なものである。掲載された論文は、ヨーロッパ情勢や戦況の詳細な分析をはじめとして、詩に近い感情表現や、マキャベリ、ルソー、女性の権利、ゴドウィン流社会主義についての論説にいたるまで、さまざまであった。ノリッヂでは、強調の度合いこそ異なるものの、反政府感情の一点で驚くほどの合意が成立していた。バプテスト教会から『キャビネット』の情熱あふれる啓蒙思想家まで、居酒屋ウィーヴァーズ・アームズ

(愛国協会の拠点となっていた)からガーニ家まで、フォックス派のホウカムのクック[31]からノリッヂの周辺の村々の不熟練労働者まで、すべてが合意していた。[80] その組織は、ノリッヂからヤーマス、リン、ウィズベック、ロウストフトまでおよんでいた。これに似た運動がメドウェイの町や、チャタム、ロチェスター、メイドストーンから起こり、医者や専門職業人から港湾の熟練職人《アーティフィシャーズ》までおよんでいた。ノッティンガムでも運動が復活し、製造業者と靴下編み工がある同盟関係を(もう一度)結んだ。また、ロンドン通信協会が発行する「通信」は、リーズ、ブラドフォード、バーミンガム、レオミンスター、ウィトチャーチ(サロップ)、メルバーン(ダービー近郊)、サンベリ(ミドルセクス)、ハイ・ウィカム、トルーロ、ポーツマスでの活動を報じている。

「一人の新しい教師が民衆のあいだで忙しく働いていた――すなわち窮乏である」。この言葉はマンチェスターの歴史家プレンティス[32]のものである。一七九五年はフランスでもイングランドでも危機の年だった。九四年から九五年にかけてのまれにみる厳しい冬、戦争による混乱、穀物の不作――すべてが食糧価格を高騰させた。九五年五月には、パンの価格に比例して賃金への救済補助額を調整するスピーナムランド決議がくだされた。小麦価格は信じられないほどの高さに達した。一クォーターあたりロンドンでは百八シリング、レスターでは百六十シリング。そして、多くの地域ではそもそも手に入れることができなかった。食糧暴動がかつてないほど多発し、夏から秋にかけて全国に広がったが、この過程で国民軍が暴動の一翼を担うことも何度かあった。[81] 軍隊には離反の兆候がみられ、アイルランドは反乱に動きつつあり、ノリッヂ、マンチェスター、ウェスト・ライディングの製造業者たちは平和を求める請願をおこなった。ジョン・セルウォールは、欠乏をテーマとしたきわめて説得力のある演説を数回おこなった。ジャコバン派ノリッヂ(と彼は明言した)では、少なくとも二万五千人の労働者が救済を求めている。救貧税による賃金補助額は、一ポンドあたり十二シリングから十三シリングの高さに達している。彼は、重要なスピトルフィールズの絹産業が破滅に瀕していると主張した。

私の乏しい記憶でも、ぼろをまとった裸足の子供は……この町のその地域にはほとんどいませんでした……

そのころを思い出します……当時は、スピトルフィールズのほどほどの労働者なら、仕事をする小部屋に加えて、小さなあずまやと狭い庭を郊外にもっているのが普通でした。そこでハトを飛ばしたり、チューリップを育てたりして月曜日を過ごしたのです。けれど、その庭はいまは荒れ果てています。その小さなあずまやと月曜日の気晴らしは、もうなくなってしまいました。いまでは、貧しい織布工とその家族は、劣悪で不潔で不健康な小部屋に一緒に詰め込まれて、ごく普通の楽しみはもちろん、並みの生活必需品にさえこと欠いているのです。

ここに描かれているのは、古きイングランドの没落である。それは、（セルウォールも利用した）「見捨てられた村」というテーマよりもっと強く、ジャコバン派のジャーニーマンや職人の記憶の奥深くにある感情の源泉に訴えかけるものがあった。[82]

一七九五年十月二十六日に、ロンドン通信協会は、市民ジョン・ビンズ（当時二十二歳）を議長としてイズリントンのコペンハーゲン・フィールズでおこなう、より大規模な示威行動を呼びかけた。「軽率な行動」だとみたプレイスは、集会でのいかなる公的な役割も引き受けなかった。セルウォールは、主要講演者の一人だったが、そのたぐいまれな雄弁の力を使って、群衆の平穏な雰囲気を維持した。彼はそこで、「オークニー諸島からテムズ河畔まで、ドーヴァー海峡の崖からこの島の果てまで、国全体が……一つの大きな政治連合体あるいは通信協会に結集する」、一つの未来像《ヴィジョン》を披露した。そして集会は、国内の主要都市に代表者を派遣する決議を採択した。（セルウォール自身は、十一月に協会に復帰した）。十万人から十五万人が参加したという発表を否定することはできない。[83]三つの演壇すなわち「弁士席」を使ったにもかかわらず、「半分の見物人は、ただの一語さえ十分には聞き取ることができなかった」。このときには、国王への「諫議書」が公表された——「いったいどうして、明白な豊かさのただなかで、われわれは飢えを強いられてきているのか？ なぜ、絶えず骨を折って精を出して働いているのに、われわれは悲惨と窮乏のうちに痩せ衰えなければならないのか？ 議会の腐敗が、……泡立つ渦巻き模様に、われわれのあらゆる労働の成果を飲み込んでいるのだ」。「弾圧二法《ツー・アクツ》」の匿名の歴史家はこう述べている。「このうえない調和、規則正しさ、すばらしい秩序が守られていた。それは自由に捧げられた日だった[84]」

その三日後――、自由に捧げ《セイクリッド》られた日ではなかったとしても――当局をはっきりと脅《スケアド》やかした日がやってきた。議会開会のために威風堂々と行進していた国王は、ののしられ、やじられ、あげくにその馬車に石が投げつけられたのだった。「ピットをやっつけろ！」「戦争反対！」「国王はやめろ！」「ピットはやめろ！」「平和を！」。およそ二十万人のロンドンっ子が街路を埋め尽くした。ある者は、黒いクレープの喪章で飾られた小さなパンを棒の先に刺して振り回した。群衆のなかで「一ペニーの『人間の権利』」を売っていた呼び売り商は、拘留されたが救出され、いすに乗せられて意気揚々とかつぎ回された。国王の馬車の窓が、おそらく小石に当たって割られた。しかし、上院にたどりついたとき、国王はあえぎあえぎこう言ったと言い伝えられている。「おお神よ、私、私、私は狙撃されたのです[85]！」。翌日、国王が劇場に行きたいと言い張った際には、路上は一掃され、百人の歩兵と二百人の騎馬隊、五百人の警備官がお供をした。

ロンドン通信協会は、いっさいの責任を否定した。しかし、なんらかのこうした示威行動を企図していただろうし、とにかく協会の支持者たちの怒りを抑えたいとは思わなかっただろう。（暴動のあった晩、ある居酒屋で、ロンドン通信協会のある会員が、馬車によじ登って国王を襲おうとしたのだとジョン・ビンズに自慢していた）。とにもかくにも、当局の対応はすばやかった。煽動的な集会を禁止する布告が出され、ピットはすぐに「弾圧二法」を提出した。その第一の法によって、演説ないしは著述によって国王や国制や政府を憎んだり侮辱したりするよう民衆を煽動することは反逆罪に問われる犯罪になった。第二の法によって、五十人を超えるいかなる集会も、治安判事への届け出なしに開くことはできなくなり、治安判事は、演説を中止し、弁士を逮捕し、集会を解散させる広範な権力を握った。けれども、死刑を科しうるもう一つの犯罪が法令集に付け加えられた――治安判事の命令を無視することは、死刑をもって罰せられたのである。ある特別条項は、とりわけセルウォールをねらったものだったが、議会改革論者の演説会場を「風紀紊乱の場所」として閉鎖することができた。

この法律の提出（一七九五年十一月十日）から国王による裁可の受理（十二月十八日）までの期間が、最後にして最大級の民衆運動の時期であった。フォックスを支持する小規模な反対派は、法律が通過するあらゆる段階で抵抗し、民衆の諸団体と肩を並べた最初で最後の運動をこの国でおこなった。ロンドン通信協会は十一月十二日にコペンハーゲン・フィールドにおける緊急示威行動を呼びかけた（このときは二十万人と公表された）[86]。プレイスはこう回想している。「この集会は、こうした機会には通常そうであるように、男性、女性、子供が参加した」。しかし、集会という機会や子供を連れてくる行為は、いずれも「通常」のことではなかった。とくに後者は、のちに労働者階級運動の伝統となる、平穏を求める意図があったことを示している。十二月、メリルボン・フィールドで協会は最後の大示威行動をおこなった。ジョウジフ・ファリントンの日記にそれが記されている。いくつかの「弁士席」にいる演説者には、ウィリアム・フレンド[33]、セルウォール、ジョン・ゲイル・ジョーンズが含まれていた。ジョーンズは、「みすぼらしいが、品のある」医者で、ちょっとした「けいれんの病気」を患っており、「ほとんどたえまなく頭や肩や腕を発作的に引きつらせていた」が、それにもかかわらず「鋭く、明瞭で、独自の、すばらしい声……」をもっていた。彼の演説には、ピットは「公開処刑」されるだろうという、脅しの一節があった。

　なんの騒ぎも起きなかった。称賛の手をあげなかったり、拍手に加わらなかったりというようなたぐいのいやがらせも、まったくなかった。[87]

盛大な示威行動が国のいたるところで催されたが、ほとんどが弾圧二法に反対するものだった。「もし辞職したら、六カ月以内に首を斬り落とされるかもしれない」とピットは語った。重大な反撃がヨークシャーでおこなわれた。ヨークシャー選出の国会議員であるウィルバフォースは、ピットとともにひそかに「反政府活動取締法案《セディシャス・ビル》」に取り組んで、「これを増補することによってよりいいものにする」ことを画策していた。（彼は周到にも、議会で一条項に反対することで、「独立《インディペンデンス》」の人物であるという自分の名声を守ろうとした）。一方ヨークシャーでは、クリストファー・ワイヴィルが、その穏健な信条に忠実に従って、異議を申し立てるための州大会《カウンティ・ミーティング》を要求し、四日間の告知期間をおいて――とある金曜日に――翌週火曜日にヨークに集まるようウェスト・ライディングのすべての自由土地保有者に呼びかけた。「貴君の織機《しょっき》を置いてやってこられよ、汝ら正直で勤勉な織元《クロウジアズ》たちよ。貴君の農場での仕事を一日止められよ、汝ら勇敢な独立したヨーマンたちよ、祖先の精神にのっとってやってこられよ……」。ウィルバフォースは、ロンドンで教会に行く途中（「私はキリスト者特有の品性を思い起こしたい。それは議会の荘厳さであり、ひそかな警戒心と内に秘めた真剣さに裏打ちされた明朗、親切そして寛容である」と、彼は数日前の日記に書き留めていた）、ヨークシャーからの急ぎの伝令を届けられた。安息日に旅行することのやましさをなんの苦もなく克服し、彼はピットに会うため馬車を走らせた。ピットは、ウィルバフォースは州大会に参加しなければならないと言った。しかし、ウィルバフォースの乗用馬車は準備されていなかった。ピットが言った。「私のものは準備ができている。それで出発するがいい」。（「君の乗っている馬車が誰のものかやつらが見抜くかもしれないから、君は殺される危険を覚悟しなくちゃならないぜ」と、取り巻きの誰かが言った）。ピットから借りた馬車を使って、ウィルバフォースは北へ向かって「強いられた行進」をおこなった。地域全部がヨークに流れ込んでいるように思われた。織元たちすなわち「ビリー・メン」[34]が、荷馬に乗っていた。ウィルバフォースがヨークに駆け込んだとき、大会はすでに始まり、政府に強硬に反対する調子で進行しているところだった。彼は「ヨークシャーにおいてこれまでおこなわれたなかで最大規模のジェントルマンと自由土地保有者の集会」の席上で演説し、「決していきすぎたところのない」雄弁さをもって、「意気消沈した小心者の体制支持派に力と勇気」を吹き込んだ。なにものにも頼らない、キリスト教博愛主義者であるというウィルバフォースの偉大なる名声はウェスト・ライディングのヨーマンや織元を魅了した。集会は二つに割れた。四千人の自由土地保有者たちの圧倒的多数派は、国王と国家体制を是認するウィルバフォースの演説を支持した。一方、「あの気の狂った男ソーントン大佐が軍服姿で立ち上がり、……ジャコバンを支持する……ヨークの粗暴な群衆に向かって」演説した。「諸君がいつ立ち上がろうとも、多くの兵士はそれに加わる用意ができていると彼は語った」。ソーントンは、「自分の軍服を群衆に投げ棄て」て演説を終えた。群衆は歓呼して彼を市庁舎までかついでいった。(88)

それは時代の転換点をはっきりと示す、歴史の瞬間の一つである。選挙を別にすれば、ヨークのウェスト・ライディングで開かれる次の大規模な集会は、オウストラの工場奴隷たちの「巡礼」であった（一八三二年）。ヨークの集会が国王を支持する自由土地保有農民と治安を脅かす非有権者のあいだで割れたのと同じように、十九世紀の社会は、一八五〇年まで、選挙演説会場では有権者と労働者のあいだで亀裂が生じがちだった。そして一七九五年の集会はもう一つの分断を象徴している。「ヨークシャーとミドルセクスは、その二地域だけでイングランドすべてなのだ」とフォックスは言った。ヨークシャーの反体制的な意識が脆弱であることははっきりしていた。「教会と国王」は功を奏しなかったのにたいし、ウィルバフォースとメソジストたちは影響力をおよぼすことができた。しかしミドルセクスでは、伝統的に非国教徒だった小商工業者および職人たちは、いまや自由思想へ著しく傾斜していた。そして、それは弾圧二法の帰結でもあったし、国教会と非国教派教会の指導者たちによる「忠誠《ロイヤルティ》」宣言の帰結でもあった。

弾圧二法はすぐに噛みつく犬よりもたちの悪い、よく吠える犬のようだと言われてきた。死刑は二法の条項のもとでまったく執行されなかった。人身保護法は八年間停止されたままだったが、裁判なしで短期間でも拘留された者はほんのわずかしかいなかったようである。(89) もちろんピットが望んだのは吠え声であった。つまり、恐怖、スパイ、際限のない権力を許されたなにひとつ見逃さない治安判事、散発的な見せしめの実例であった。二法の吠え声とその噛み傷のあいだには、いつもイングランドの陪審という障壁があった。また、「商店主や労働者からなる大衆は、それら［弾圧二法］を理解しないまま是認していたといえるだろう」(90) というプレイスの判断（一八四二年）には、疑問がある。

いずれにせよ、弾圧二法は成功した。ロンドン通信協会は最初は危険を冒して公然と反対する方策をとった。代表者が、全国組織再建の希望をもって地方へ派遣された。ジョン・ビンズは、最大の海軍基地のあるポーツマスへ派遣されたが、尾行されていて逮捕されかねないことがロンドンの委員会にわかった時点で呼び戻された。ジョン・ゲイル・ジョーンズは、ケントの諸都市――ロチェスター、チャタム、メイドストーン、ギリンガム、グレイヴズエンドを回った。ロチェスターで彼は、九つか十の支部をもつ強力な協会があることを知った。チャタムでは、集会が弾圧二法で許された五十人を超えていないかどうか、聴衆の一人が質問したところ、「ほかの一人がその男にたいして、部屋を出ていって人数を減らすのに貢献するよう、怒って要求した」。ジョン・ゲイル・ジョーンズは、チャタムの沖仲仕たちが、弾圧二法を支持する国王への請願に署名するのを拒否し、そのかわりにそれに反対する請願に署名したことを知った。これらの海軍基地にたいするロンドン通信協会の注目は、いかなる会員も「フランスの援助による共和政の樹立」を望んでいなかったとするプレイスの（何年もあとの）断固たる主張に疑問を投げかける。[35] こうした海軍造船所への訪問は、おそらくジャコバン派を一七九七年のスピットヘッドおよびノーアの海軍反乱者に結び付けた要素の一つなのである。[91]

ジョーンズとビンズは、それからバーミンガムへ代表として派遣され、一七九六年五月十一日の集会で、演説しているときに逮捕された。彼らは別々に裁判にかけられ、ジョーンズは九七年に監獄に入れられたが、ビンズは無罪を勝ち取った（ジェラードの恩師であるサミュエル・パー博士が、評決に大いに貢献した。公判のあいだじゅう陪審の真正面に陣取り、検察側の証人にたいしては野蛮な疑いのまなざしでにらみつけ、弁護側の指摘にはすべてやさしくうなずいた）。一方で、セルウォールは、論題を「ローマの歴史」と見せかけて講演をつづけたあとに、自分の講義室《レクチャー・ルームズ》を失い、『トリビューン』の出版も差し止められた。彼はイースト・アングリアを回り、ノリッヂでは二十二回の連続講演をおこなった。しかし、ヤーマスでは、彼とその聴衆は舶刀と棍棒で武装した九十人の水兵たちからひどい迫害を受けた。彼らは港に停泊していた海軍のフリゲート艦から、この目的のために派兵されたのだった。ロンドン通信協会は、指導者を欠いていたり逮捕されたり、しかも各地との大ざっぱな通信しかなしえなかったため、孤立化し、内部対立と分裂の段階に突入した。[92]

この内部紛争は、なんら実りのないものではなかった。それは、ある程度は宗教的な――あるいは反宗教的な——問題から起きたものだった。これらの男たちは以前は国家に対抗していたが、いまやその大部分が国家宗教と闘うことも熱望していた。プレイスは『理性の時代』の廉価版の刊行に加わった。これはロンドン通信協会の委員会の多くから支持されたが、信心家たちの脱会を招くことになった。[93] ジャコバン派の「反逆者」、ウィリアム・ハミルトン・リードは、この時期のロンドン通信協会についての報告を出版したが、それは信憑性の高いものである。全体委員会に派遣する支部の代表を選ぶ際には、「よき民主主義者にして理神論者」、あるいは「決してキリスト者でない」男を推薦することがあたりまえになっていた。クラブや読書グループは場所を変えながら開催され、居酒屋から居酒屋へ転々とした。ある討論協会《ディベイティング・ソサエティ》は、一七九五年にクリプルゲイトにある「グリーン・ドラゴン」で誕生したあと、フィンズベリ・スクエア、フェター・レイン、リトル・ブリテンにある「スカウツ・アームズ」へ、それからムアフィールズの二軒の居酒屋へ、そして最後は九八年に、「市の行政官の手の届かない」ホクストンへと次々に移動した。最後の日にいたるまで、この討論協会の集会には大勢の人が集まった。さらに野心的な冒険は、九六年の春に「理性教会《テンプル・オブ・リーズン》」をホワイトクロス通りにある「ニコル競売所」で始めたことだった。会員はそこに家具を揃え、図書室をつくった。それは大成功はしなかったが、一世代後にオウエン主義が根を張る土壌をはぐくんだのである。[94]

この叙述をまとめる前にちょっとひと休みして、諸協会について詳しく調べ、それらがどのような組織体だったのかを検討しよう。事例としてシェフィールドとロンドンの協会を取り上げる。というのは、これら二つの協会は最も強大だったし、またほとんどのことが知られているからである。

シェフィールド協会は、ロンドン通信協会と同じく、「食糧品の異常な高価格について話し合う……五人か六人の職人」から始まった。それは急速に拡大し、一七九二年一月までには八つの協会からなるにいたった。「それぞれが別々の家で、すべて同じ日の夜に会合をもった」。「会員証なしには何人も参加を許されず……そして完全なよき秩序が保たれた」。各協会は二週間に一度集まり、「数百人が参加する」総会は月に一度開かれた。『人間の権利』の第一部の小冊子版（六ペンス）には千四百人の購読者があり、「シェフィールドの多くの作業場《ワークショップ》で貪り読まれた」。一七九二年五月、創設されて四ヵ月後のことだが、協会は会員数が二千人近いと主張した。五月には新しい組織形態が採用された。

すなわち、全体を十人ずつの小集団ないしは小集会に分け、その十人が一人の代表者を指名する。こうした代表者十人が別の集まりをもつ。このようにして……最後には、委員会あるいは大評議会を構成するのに適当な数まで人数が減少する。

これらの支部は、サクソンふうにタイジングスと称された。[36] 当初から、地元のジェントリは、「最下層の人びと」からなる協会を警戒していた。しかし、穏健な改革を好ましいと考える外部者の報告は、最初の何カ月間かは、会員の穏健で秩序ある行動を強調している。ある通信員は、一七九二年五月には、協会が「真面目な性格の人びと……幅広い見識を備えた、深い思慮をもつ人びと」から構成されていることをワイヴィルに確信させようとしている。少数のクエーカーが会員にいて（組織としてのクエーカーからは承認されていなかったが）、「大勢のメソジスト」がいた。

ある人物がたまたま出席した集会は、秩序をもって整然と運営された。会合は議長が議事録を読み上げることから始まり、……そのあとで何人かの会員が選択された文章を順次読んでいった……それらは会合の方向性を示していたが、いずれも自由と平和的な改革を支持するものだった[95]……。

一七九二年から九四年の時期に、あらゆる協会のなかで、通信に最も熱心かつ迅速だったのはシェフィールドである。（全国組織を形成するのは非合法だったため、通信は――会員がほかの協会の名誉会員になることの公認とともに――全国的な連合を維持する手段であった）。すでにみてきたように、会員は、M・C・ブラウンやヘンリー・ヨークのような芝居がかった人物が演壇に登るのを好んだが、役員たちはすべてシェフィールドの工業に従事するジャーニーマンや熟練職人《クラフツメン》たちだった。シェフィールドは小親方と高度な熟練技能をもった――そして相対的に高賃金の――熟練職人の町だった。そして、（高級副官代理が嘆いたように）「いかなる公権力《シヴィル・パワー》も存在していない」。一七九二年、二人の治安判事が町から離れて暮らしていた。一人は十四マイル離れたところに住んでいた。もう一人は、「エンクロージャーに関連した昨年の暴動の際にある弾圧を加えたため、群衆が彼の敗産の一部に放火した。そのとき以来、彼が町にいることはめったになくなった」[96]。そんなわけで、シェフィールドはジャコバンの運動にとって理想的な都市だった。貴族階級の影響はほとんどなく、熟練技能をもって読み書き能力を備えた多くの労働者が存在し、民主的な独立の伝統があった。一人の「クエーカーの医者」が創立時の会員のなかにいたし、二人の非国教派の技師はヨークにおける公判で弁護側の証言をした。さらに、刃物製造工の親方の大部分は議会改革論者だった。シェフィールドの刃物製造工たちは組織面では傑出していたが、彼らの仲間内にすぐれた演説家がいた形跡はない。しかし、それらの委員会からハーディとヨークの裁判に立った証人たちは、連帯という点で、また反対尋問で脅されたり騙されたりすることを拒否した点で際立っている。ハーディの公判で一人の証人が、協会の目的を次のように明言した。

民衆を啓発し、民衆に彼らのあらゆる苦難の原因・根拠を示すことです。人間が、一週間休みなしで、一日に十三時間か十四時間も懸命に働き、それでも家族を養うことができないのです。このことが、私の理解したことであります。民衆に、どうして彼らは家族を養うことができないのか、その理由をあきらかにすることです。

「私は、ここに教訓を教わりに来たのではなく、真実を話しに来たのです」。ヨークの公判で反対尋問されたとき、別のある証人がそういさめた。一七九三年から九四年の不況（と弾圧）の時代に、彼らのなかに武装蜂起を画策したものがいたということはありうる。確かなことは、彼らは断固として戦争に反対したし、真っ先にパーマーとミュアを支持したのも彼らだった。

シェフィールドには一つの際立った強みがあった。協会を支持する週刊新聞『シェフィールド・レジスター』を出していた有能な出版業者であり編集者であるジョウジフ・ゲイルズの存在である。（より知的に洗練された雑誌『ペイトリオット』もまた、しばらくの間シェフィールドで発刊されていた）。『シェフィールド・レジスター』は一七八七年に創刊され、九四年には、週二千部という、当時としては大量の発行部数を達成していた。当時の「民主的」精神は、政治にたいして影響を与えたのと同じくらい、立ち居振る舞い《マナーズ》にも影響を与えた。「民主主義者」とは服装の改革論者であり、田舎を馬に乗っていくのではなく逍遥し、「ミスター」とか「エスクワイアー」といったあらゆる形式的な肩書を廃し、そしてジャコバン主義者であれば髪を短く刈り込んだのである。同じように、地方の民主主義者の雑誌――『シェフィールド・レジスター』『マンチェスター・ヘラルド』『ケンブリッジ・インテリジェンサー』（ユニテリアンの議会改革論者であるベンジャミン・フラワー[37]によって編集されていた）、『レスター・ヘラルド』――は、ロンドンの雑誌の切り張り細工をやめ、独自の論説を掲載することによって、地方ジャーナリズムに新しい基準を設定した。ゲイルズの開拓した方針は、『マンチェスター・ヘラルド』の創刊号（一七九二年三月三十一日号）でも表明された。

> われわれは、上流社会志向の記事を掲載することはしない――宮中の服装や色恋ざたについての記事――狩猟や宴会や物見遊山についての記事――それらには、社会の道楽者しか関心をもたない……。

ゲイルズの新聞、書店、小冊子出版は、シェフィールドの運動にとって欠くことができない要素だった[97]。

シェフィールドの協会は、発足時から、刃物産業における「下層の製造業者ならびに労働者《ワークメン》」を基盤にしていた[98]。

（周辺の農村部での宣伝活動についての言及がみられるが、炭坑夫や農業労働者は、いかなる委員会のメンバーにもなっていなかったと思われる）。ロンドンの協会の会員構成は、当然のことながら、はるかに多様であった。ロンドン協会は、馬車製造工会館や「自由討論協会」（ここでセルウォールは修業を積んだ）の伝統をひく多数の協会から、あるいはそのあとにできたリード言うところの「無神論者」の協会から会員を引き付けていた。ロンドン通信協会は、これらのなかでも飛び抜けて強力なものだったが、多くの集団がつねにその周辺にとどまりつづけた。

協会は「支部」から組織されていて、各支部は総勢三十人から構成され、四十五人あるいは六十人になると新しい支部が結成されることになっていた。各支部の代表者は、週一回の全体委員会に出席した（議決権をもたない副代表者も同様であった）。支部は代表者を罷免することができ、基本的問題について、意見を求められる権利を有していた。よく記録された議事録は、全体委員会と支部とのあいだに活発なやりとりがあったことを示している。全体委員会の権限を注意深く監視していた会員たちは、繰り返し決議を送り付けたのである。他方、一七九四年以降は、スパイにたいする恐怖心から、かなりの権限が執行委員会、あるいは約五人の会員からなる全体委員会の通信委員会に委譲された。[99]

協会の会員数を正確に算定することは、著しく困難である。会員数のピークは、一七九二年の秋、九四年の春、そして（たぶんすべてのなかで最も高かった）九五年の最後の六カ月に達成されている。協会自身はたびたび、何万人といった膨大な会員数を主張したが、歴史家は逆に、あまりにも控えめだと思われる会員数を主張してきた。（会員数は二千という数字を決して上回らなかったと示唆されたことが多いが、シェフィールドとノリッヂのいずれもこの数を超えていたと考えるに足る十分な理由がある）。九五年から九六年における委員会の二人の指導的会員が、それぞれまったく相対立する回想をしているために、この問題はいっそう複雑になっている。全体委員会の臨時議長であったフランシス・プレイスは、九五年の夏には七十の支部があり、毎週二千人が実際に出席していたと述べた。ジョン・ビンズは、もっと詳しく語っている。協会の収入は（彼の計算によれば）ある時期に毎週五十ポンドを超えていた。そして週一ペンスだとすれば、これは「一万二千人の会員の恒常的な出席」が必要だったことになる。多くの会員はめったに会費を支払わなかったり、ほんのたまにしか出席しなかったことを理由に、彼は、全体の平均的な出席会員数は、一万八千から二万人の「ひじょうにたくさんの人びと……商店主、職人《アーティザン》、職人《メカニクス》、不熟練労働者」だと述べている。彼が全体委員会の臨時の議長であったとき（一七九五―九六年）、ボーフォートの建物にある、セルウォールの講演室に出席した支部の代表者ならびに副代表者の平均人数は、百六十から百八十人であった。

　両者の説明はいずれも、事が起こった数十年後に書かれた。プレイスの説明はより信頼できるものだが、協会内において「活動家《アジテーター》」が果たした役割を控えめに考えようとする彼の願望によって偏向させられている。ビンズの偏向は、ジャコバンだった彼の青春時代をロマンティックに彩ろうとする点にある。問題の一つは、各支部の会員数の算定にある。支部は四十五人になったら分裂しなければならないという規則は、当初は守られていなかった。一七九二年から九四年の残存する諸支部の記録は、最小十七人から最大百七十人までの会員数を示しているが、その一方でハーディは、枢密院における穏やかで控えめな答弁で（一七九四年）、彼自身の支部は六百人の会員を数えたと主張した。しかし、これらのうち毎週会合に出席したのは五十人から六十人にすぎなかった――このような出席しない会員の割合は、民衆運動では例外的なものではない。マーガロットは、イギリス代表大会で（一七九三年十二月）、協会は一万二千から一万三千人の会員を擁していると主張したが、これはほぼまちがいなく誇張である。一七九四年五月に、内部事情に詳しいスパイ（おそらく「市民グローヴズ」）は、「彼ら自身は、一万八千を超える人数に達すると言っている……しかし、これはまったく信用できない」と報告した。この時点で（彼が報告したように）四半期ごとに二百八十ポンドの協会収入があるとすれば、（会員一人あたり四半期ごとに十三ペンスとして）だいたい五千五百人の納入会員がいたことになる。九五年の秋には別のスパイ（パウエル）が、諸支部の新入会員ならびに出席した会員に関する週ごとの支部発表を、定期的に報告した。これらは、二千人よりいくぶん少ない毎週の恒常的出席者というプレイスの算定が正しいこと、しかしその数倍の人数が協会名簿に記載されていたにちがいないことを示している。九五年末には、（パウエルの報告によれば）「協会の総覧が支部の名簿から作成されたが、実際に一万人以上が記載されていたようである」。しかし彼はこれを、九四年以降立ち去った多数の人びとはもとより、「名前を登録し、十三ペンス支払ったが二度と協会に戻ってこなかった人数」も含んでいるので、「偽りの計算」だと見なした。こうしてプレイスとビンズは、たがいに若干歩み寄ることになる。ピットは移り気だったが、しかしばかではなかった。彼が、総勢二千人を決して超えることのない団体を恐れて不人気な大逆罪裁判や弾圧二法を容認することは、ほとんどありえない。少なくとも二千人の活動的な会員、五千人の会費納入会員、そして一万人を超える登録会員というのが、一七九四年のはじめから九五年の後期までの信頼に足る数字だと思われる[100]。

協会の業務と財政は、ひじょうにきちょうめんに、また民主主義の原則に厳格な注意を払って管理された。運命的な十月集会では、マーガロットとジェラードがイギリス代表大会（一七九三年）に出席するよう指名推薦されたが、派遣代表者が報酬なしで（すなわち、手弁当で）自発的に出席することにたいしては、「われわれの協会の原則に反する」として異議が申し立てられた。これは——当時協会は資金難にあった——労働にたいする賃金支払いの原則を強調したものであり、資産や余暇をもつ人間によって協会の運営が乗っ取られることを防止するためのものであった。他方ビンズは、「私が彼らの代表として彼らのために旅行をするときには、彼らは私の諸経費をきちんと払ってくれた」と回想している[101]。

支部活動についての叙述は多様である。真面目な国制擁護運動家の系譜をたどることに強い関心をもっていたプレイスは、教育的活動に最大の重点をおいた。彼のロンドン通信協会はピットが考えていたようなものではまったくなく、労働者教育協会の先駆けだった。彼の支部は、個人の家で集会を開いた。「私は、好奇心の強い、頭のいい、正直な人びとと会した。……われわれは本の予約購読をおこなった。……われわれは日曜日の晩には、パーティー、読書会、歓談、そして討論をおこなった」

こうした毎週の集会での通常の進行形態は、次のようなものだった。議長（みんなが交代で議長を務めた）がなんらかの本の一節を朗読し、……出席者はそれについて意見を述べるよう水を向けられた。言いたいことのある者みんなが、座ったままで発言した。そして、別の個所が朗読され、二度目の水が向けられた。それから、残った部分が読み上げられ、三度目の水が向けられ、今度はまだ発言していない者が何か言うように求められた。それから、全体討論がおこなわれた。

「協会が道徳におよぼした効果は、実際、ひじょうに大きなものであった。それは、居酒屋で時間を費やすかわりに読書するよう、人びとに説いて勧めた。それは、彼らに思索することを教え、自分に誇りをもつことを教え、自分の子供たちを教育したいと望むよう教えた。それは、彼ら自身の意識を向上させた」[102]

このことはすべて、申し分のないことだ。それは一つの階級の独学による政治教育の第一段階の輝かしい説明である。真実の重要な一部を含んでいるのだから、それは部分的には真実である。しかし、プレイスがまた、白人のアンクル・トムとして、ジェイムズ・ミルに肖像画を描いてもらったことを、われわれは忘れてはならない。当時のスパイたちの報告は、プレイスがとらえそこなった活気を伝えてくれる。あるロンドンの運送人は言った。「ほぼ全員が発言する。代表者が立ち上がるまでは、いつもとてつもなく騒々しい。人びとは、きわめて無作法になり、じっと待とうとはしない。そこで代表者が立ち上がり、彼らを落ち着かせようとするのである」。さらに、支部は、いつも個人宅で日曜日に会合をもったのではないこともわかっている。貧しい街区にあった多くの支部は、居酒屋から居酒屋へと追い立てられた。W・H・リードによる、一七九〇年代終わりのクラブ集会の説明——「国教会の牧師がいつもかわらぬ罵倒の対象である歌」「パイプとタバコ」「一ペニーや、二ペニーや、三ペニーの出版物でいっぱいのテーブル」——は、プレイスの説明と同じくらい信用できる（そして矛盾してはいない）ように思われる。[103]

協会の社会的構成については、なんの疑問も挟む必要はない。それはなによりもまず、職人の協会だった。残存する支部記録によれば、絹織布工、時計製造工、コードヴァン靴製造工、家具製造工、大工、仕立て工がいる。

九十八人の会員がいたある支部の記録には、九人の時計製造工、八人の織布工、八人の仕立て工、六人の家具製造工、五人の製靴工、四人のコードヴァン靴製造工、三人の大工、染色工、床屋、二人の商人《マーチャント》、リボン《リボン・》仕上げ工《ドレッサー》、肉屋《ブッチャー》、靴下編み工《ホウジア》、彫り物師《カーヴァー》、煉瓦積み工、掛け枠編み工、半ズボン製造職人《ブリチズ・メイカー》、寝台製造工《ベッドステッド・メイカー》、陶磁器《チャイナ・》焼き工《バーナー》、一人の文房具屋、製帽工、製パン工、いす張り職人、錠前屋、針金製造工、音楽家、外科医、鋳物工、ガラス工《グレイジア》、ブリキめっき工、漆塗り工、書籍商、彫版工、織物商《マーサー》、卸売商《ウェアハウスマン》、不熟練労働者、そしてそれ以外に残った者たちは分類されていないことが示されている。(104) 協会の最も活動的な宣伝運動家たちが、ゲイル・ジョーンズやセルウォールのように医者やジャーナリストだったとしても、委員会メンバーの大部分は職人か小商工業者だった。アシュリーは製靴工、バクスターはジャーニーマンの銀細工職人、ビンズは鉛工、ジョン・ボーンはホルボーンの書籍商、アレグザンダー・ギャロウェイは数学用機器製造業者（のちにはロンドンの代表的な機械技師雇用主となる）、トマス・エヴァンズ[38]は版画の彩色師であり（のちには）特許をとった留め金製造工、リチャード・ホジソンは親方製帽工、ジョン・ラヴェット[39]は床屋、ラフマンは金細工職人、オクスレイドは親方製本工、ほかの者たちは製靴工、製パン工、旋盤工《ターナー》、書籍商、仕立て工に分類することができる。一七九四年六月に、「市民グローヴズ」は、協会の社会的構成を暴露する説明を彼の雇用主たちにおこなった。

慎みのある商工業者らしき身なりをした者がいます。彼らは、相当な、しかし活用されてはいない能力をもっています。そして、大胆ではあるが、注意深い。このたぐいの代表者は、きわめて少ない。より下の階層と思われるほかの者たちがいます――正真正銘のジャーニーマン、彼らはなんの能力ももたないようで、何も発言しないのではありますが、断固たる意志をもっているようで……あらゆる動議にたいしてきちんきちんと賛成投票し、相当の大胆さでもってそれを実行します。最後の種類の者たちは……最も数が多く、社会の最底辺層を構成しているのですが――身なりのきちんとした者はほとんどおらず、なかには不潔でぼろをまとった者もいます。ほかの者はならず者のごとくきわめてみすぼらしいために、彼らのあいだに腰を下ろすためにでさえ、十分な教育を受けている者なら誰もが必ず持ち合わせていなければならないような、かなりの程度の生まれながらの誇りというものが必要です。オールド・ベイリーでおこなわれた刑事巡回裁判で、裁判の最後に、証拠不十分で放免された連中を見たことがありますが、彼らのほうがもっときちんとした身なりをしております。こうした者たちは、きわめて粗暴で、すぐにもすべてのものごとを混乱と無秩序へともたらしかねないように思われます。[105]

こうしたイングランドのジャコバンたちはこれまで考えられていたよりも、もっと数が多く、またフランス革命を起こした細民にもっとよく似ていた。実際には、彼らはジャコバンよりも、熱烈な平等主義によって一七九三年から九四年の革命戦争でロベスピエール独裁政権を支えたパリの「諸分派《セクションズ》」のうちのサン・キュロットに似ている。[106]しかしながら彼らの拠点は、新興の工場都市ではなく、梳毛《そもう》産業でウェスト・ライディングにたいする優位をなお失ってはいなかった古い工業町ノリッヂや、ランカシャーの綿業との競争で被害をこうむっていて、悪名高い粗暴な徒弟たちがいた絹産業のスピトルフィールズや、多くの刃物師のジャーニーマンたちが小親方になりあがる途上にあったシェフィールドに住む、長い知的伝統をもった都市熟練職人《アーバン・クラフツメン》にあったのである。革命第二年のパリにおけるのとまったく同じく、製靴工たちはつねに傑出していた。これらの職人は、ペインの教義を極端なものにした――それは絶対民主主義であり、君主制と貴族制、国家と課税にたいする絶対反対であった。彼らは熱狂期においては、かたや小商店主、印刷工、書籍商、医師、学校長、彫版画師、小親方、非国教派の牧師から、かたや運送人、石炭運搬人、不熟練労働者、兵士、船員から、何千人もの支持者を得た運動の中核だった。

この運動が生み出した注目すべき理論家は、わずかに二人だが、彼らは、緊張関係の核心をあきらかにしている。絹織物商の息子であったジョン・セルウォールが最も重要だった――彼は、ワーズワスおよびコールリッジの世界と、スピトルフィールズの絹織布工の世界とにふたまたをかけていた。運動が衰退したあとは、「哀れなセルウォール」を侮るのがつねになってしまった。十九世紀初頭には、彼はもの哀しい人物だった。うぬぼれが強く、ありえないわけではない迫害の感覚につきまとわれ、雄弁術の教師として食いぶちを稼いでいた。彼はまた、不幸にも二流の詩人だった――この罪はわれわれの周囲では日常的におかされていることだが、歴史家や批評家には許すことができないのである。「ジャコバン主義への激しい嫌悪のなかで……ピットの名を賛美するよう」育てられたド・クインシーは、「セルウォールのごとき、哀れな中身のないティンパニのようなやつら」と言ったが、それは、次世代の知的な急進主義者たちのあいだで流布していた見解を表明したにすぎないのである。この見解は、クインシー以来こんにちまで残っている。

しかし、ジェラードとマーガロットの裁判のあとにジャコバン派の著名な指導者の役割をすすんで引き受けるには、また大逆罪の裁判の危険を冒すには、さらに（トゥクやハーディとは違って）弾圧二法の時代まで（またそれ以後も）運動をつづけるには、中身のないティンパニ以上のものが必要だった。これをなしとげるには、おそらく、彼の俳優気取りの気質が少しばかり必要であった。イングランドのジャコバン（ハーディは除いて）の悪癖は、自己を演出することであり、芝居じみた気取った態度のせいで彼らはときどき滑稽にみえる。しかし、当時はレトリックの時代であり、また、なりあがり者のレトリックというものは、バークのレトリックよりも落ち着きがないものである。自由の護民官という飾った表現（彼らは、実際に、現実の自由の護民官だった）は、それらが彼らに勇気を与えるものだったのなら、たしかに許されよう。さらに、一七九三年から九五年の間の繁忙な政治的活動で、セルウォールは大胆かつ懸命であった。九三年をとおして彼は、講演し議論する権利を確保するためにロンドン当局と公然と闘った。次々に会場を追われたあげく、ついに彼はボウフォート・ビルディングに場所を確保した。そこは、九四年と九五年に、彼の講演ならびに協会の全体的な活動の拠点となった。[107] 彼は、ハーディの逮捕に際して、ただちに協会を招集した。スパイが彼の講演に参加したときには、彼はスパイ制度について講演し、逆ねじをくわせたのだった。暴動をそそのかす企てがなされたときには、彼はだまって聴衆を引き連れて会場から出た。彼はいきすぎた決議を修正し、挑発を警戒した。彼の群衆にたいする指揮はすばらしく、二法に反対する最後の示威行進で「兵隊だ、兵隊だ！」という叫び声があがったときには、軍隊との友愛に関する当協会の教義を説いて、パニックの波を連帯の波へと転換させたといわれている。

一七九五年と九六年には、セルウォールの講演と著作は、ほかのいかなるジャコバン活動家のそれをもはるかに超える深さと一貫性をもっていた。彼はフランスにおける一連の出来事にたいするイングランド人の評価を明確に示した。

> 私が、フランス革命において誇りとするのは、かの革命の原理として擁護され喧伝されてきた次のことにあります。すなわち、旧来の悪弊は、その古さによって美徳へと転換されはしないということ……人間は、いかなる制定法や慣習によっても取り除くことのできない諸権利を有するということ……思想は自由でなければならないということ……理知的な生き物は、おのれの叡智を使う権利を付与されているということ……社会の一階層は、たとえどんなに長き年月にわたって略奪の罪をおかしてきたとしても、共同体のほかの人びとを略奪したり抑圧したりする権利などもたないということであります。これらが私が称賛する諸原理であり、これらが私をして、すべてにいきすぎがあるにもかかわらず、フランス革命に熱狂させるのであります。

セルウォールはロベスピエールの恐怖政治のあいだも、「フランスでのいきすぎと暴力は、革命の新しい教義の帰結ではないのであります。そうではなく、旧専制政治の組織的な残虐行為が生み出した復讐、腐敗、疑念という古いパン種の結果なのであります」と公言してはばからなかった。彼は、無能なジロンド派も山岳派も支持することはなく、「哲学的党派の愚かさと行動的党派の残忍さ」を批判した。しかし、ロベスピエールの死に際しては、彼はただちに「ピットとロベスピエールの性格における共通点について」講演した。

ロベスピエールは、不当に富者を抑圧して、自分の人気を貧民のあいだで維持できるとした。ピットは貧民を無視し、戦争とその結果としての税によって貧民を抑圧して、自分の人気を富者のあいだで確保しようとした。……ロベスピエールは自由な国制をつくりあげておいて、それに真っ向から対立する圧政をおこなった。ピットはもう一つの自由な国制を称賛しておいて、その条項をすべて足で踏みつけている。(108)

これもまた、勇気がいることだった。

セルウォールの週二回の講演は『トリビューン』に発表されたが、政治教育とさまざまな出来事に関する論評とを、コベットを先取りするような仕方で結び付けたものであった。彼は寛大なインターナショナリズムの精神を表明し、聴衆に、コシチューシコ[40]の率いたポーランド民族独立闘争が鎮圧された情景を思い起こさせた。彼の急進主義は、概してペインが設定した領域に限定されていた。しかし彼は、ペインよりもはるかに強く、経済的・社会的問題に力点を置いた。彼は、適度の労働による独立した暮らしを求める職人の要求を代弁した。「富裕な製造業者、請け負い業者、買い占め業者は……好むままに連合しうるのに……貧しいジャーニーマンが連合すること」を処罰する法律を批難した。(109) 彼は「水平化《レヴェリング》」の考え方を拒否し、また土地国有化や「万民平等社会」という「思弁的」で遠大な計画を批判した。彼は、「自らの額の汗」によって自らを高める独立の製造業者を支持した。しかし、「生産は、もしそれが公正な分配を伴わないとしたら、お笑い草である。……必需品と娯楽品を供給するには、わずかな量の労働で十分なのである」。賢明な分配の敵は、「土地の独占」とエンクロージャーであり、「資本の蓄積」である。『人間の権利』を、彼は『自然の権利』にまで拡張したのであった。

私は、あらゆる男性、あらゆる女性、あらゆる子供は、労働の成果の全体的分配において、食糧や、衣服や、みすぼらしいハンモックとそれをおおうぼろの掛け布より多くの何かを手に入れるべきであり、またそれは、六歳から六十歳まで……一日に十二時間から十四時間も働くことなくおこなわれるべきだと断言する。――彼らは、ささやかな慰安と楽しみにたいする、……こうした議論をするためのあらゆる程度の余暇にたいする、また、自分たちの諸権利を理解するためのなんらかの手段あるいは情報にたいする……神聖でおかすことのできない請求権をもっている……。

こうした「諸権利」には、「雇用主の利潤に比例して……生産物の分け前を得る権利」や、労働者の子供が「社会の最も高い地位」へ上昇できるような、教育にたいする権利が含まれていた。そして、セルウォールは、やがて十九世紀の労働者階級の政治戦略の潮流に流れ込むたくさんのアイデアや提案のなかでも（というのは、『トリビューン』や『自然の権利』は、十九世紀の急進主義者の書棚にも見いだされたからである）、八時間労働の系譜を労働者にとっての伝統的な「基準」としてあとづけようとした。

われわれは、セルウォールが、職人にたいして一貫したイデオロギーを提供したのだということができる。彼は『自然の権利』をさらに探究し、その本のなかで、「財産の起源と分配」と「封建体制」を分析した。ペイン同様、彼は私的な資本蓄積それ自体の批判は不十分なままで止めながら、労働条件と労働時間、健康と老後が守られる、小土地保有《スモール・ホールディング》農、小商工業者と職人、不熟練労働者による理想社会を描きながら、「独占」の作用と「商業上の」搾取とを制限しようとした(110)。

セルウォールはジャコバン主義を社会主義の境界線まで連れ出した。彼はまたそれを、革命の境界線まで連れ出したのであった。ここにおけるジレンマは、彼の頭のなかにではなく、彼の置かれた状況にあった。それは、チャーティズムの時代にいたるまでの、またそれ以降の、すべての急進主義的な議会改革論者のジレンマだった。議会に代表なき者たち、その組織は、迫害と弾圧に直面しながら、いかにして自分たちの目的を遂行すべきなのか？　チャーティストが名づけたような、「道徳的《モラル・フォース》」力か、あるいは「物理的《フィジカル・フォース》」力によってか？　セルウォールは、プレイスの教育による漸進主義政策を、中流階級の援助によるものだとして拒絶した。彼は制限なき運動を受け入れた。しかし地下革命組織という極端な方針は拒絶した。彼（そして、あとにつづく議会改革論者たち）を、反抗のレトリックか条件付き降伏かのいずれかの選択に追い込んだのは、この苦境であった。何度も何度も、一七九二年から一八四八年の間に、このジレンマは繰り返し起こった。ジャコバンやチャーティストたちは、圧倒的多数の人びとへの脅威をほのめかしながら、実際の革命の準備は見合わせたので、ある危機的な瞬間にあっては、自分たちの支持者の信頼の喪失と敵対者たちの嘲笑の両方に必ずさらされたのだった。

ロンドン通信協会の会員の一部が、さらに先に進む準備をしていたことはあきらかである。非合法活動をおこなうグループに関しては多くがつねに判然としないまま残ることは言うまでもない。彼らは、文書には頼らないよう注意した。しかし、ロンドン通信協会の革命家たちは、トマス・スペンスの名といつもどこかで結び付いていた。スペンスは、ニューカースル出身の貧しい学校長で（その地で彼は、はやくも一七九五年に土地国有化の諸理論を発展させていた）、一七九二年十二月にロンドンにやってきた。彼は来るや否や、『人間の権利』を販売したために逮捕されたが、釈放された。彼は小冊子を出版し、最初はチャンスリー・レインの店で、次にリトル・ターンスタイル八番地で、ずっとあとにはオクスフォード・ストリート九番地で、最後には手押し車で販売した。手押し車でサループ（サッサフラスの温かい飲み物）も売った。プレイスは、彼自身の回想によれば、「背は五フィートより高くなく、ひじょうに正直で、素朴で、誠実で、人類を愛しており、人間が、徳高く、賢く、幸福になるときがやってくることを固く信じていた。彼は、ほとんど想像できないほど、世間の流儀にうとかった」。一七九〇年代をとおして、彼は、ビラ、チョーク書きの通告をつくり、瓦版、定期刊行物『豚肉』（一七九三—九六年）を発行した。九四年五月から十二月の間、彼は人身保護法の一時停止のもとで、投獄された。九五年から九七年の間、彼は、ジャコバンの私製硬貨を取り扱うことによって小冊子販売の穴埋めをした。彼は、ふたたび一八〇一年に投獄された。彼が釈放されたあと、小さなスペンス派協会は、彼が死ぬ一四年まで、またそれ以降も、運動の拠点でありつづけた。

スペンスの皮相な改革案や音標アルファベット（それを使って、彼は一八〇一年の自らの裁判の記録を出版した）をもって、彼を変わり者だと見なすことは簡単である。しかし、彼の店に関連をもつ武装ならびに教練のいくつかの断片的な証拠が存在する。それは、一七九四年の大逆罪裁判で提出されている。また、ロンドン通信協会の後期の、トマス・エヴァンズやアレグザンダー・ギャロウエイを含む何人かの指導的会員はまちがいなくスペンス主義者であった。スペンスは、世襲の貴族制に反対するペインの主張を取り上げ、それを自分たちの結論とした。「私たちは、私的かつ世襲の貴族制ばかりでなく、その原因、すなわち土地の私的所有も、廃棄しなければならない」

世論《パブリック・マインド》は、私の小冊子が読まれることによって適切に準備されているのだから、……いくつかの隣接した教区が、その土地は自分たちのものであると宣言し、教区の代表者からなる議会をつくりさえすればいいのである。ほかの近隣の教区は、……その例にならい、同じくその代表者を派遣し、かくしてすばらしく力強い新共和国がただちに元気いっぱいに登場するだろう。戦争の権限と手段は、この方法で瞬時に民衆の手に渡るのだから、……圧政者たちは弱体化し害のないものとなろう……そして彼らを生み出す収入と土地を奪い取れば、われわれの自由の聖堂を転覆することができるほどに彼らの権力が増大することはないだろう。

スペンス自身が（一般的な煽動とは区別されるような）反乱の陰謀に直接かかわっていたかどうかは判然としない。しかし、彼はたしかに非公然の手段を信じていた——地下出版、匿名のビラ、敷石への炭での書き付け、居酒屋における集まり、そしておそらく食糧暴動。自らの裁判で彼は、自分は「相続権を奪われたアダムの子孫の、無報酬の代弁者」だと述べた。彼の宣伝活動が、都市部で多数の支持者を獲得することは、おそらくありえなかったと思われる。そして、農村地区へはまったくおよんでいなかったようである。しかし、彼の支持者の一人であるトマス・エヴァンズは、スペンスの土地社会主義をより一般的に適用した最初の人物である。ナポレオン戦争末期に出版された『キリスト者の政体、帝国の救済』のなかで、彼は要求した。

すべての土地、水、鉱山、家屋、そしてすべての永遠固定の封建的財産は、民衆に返還されなければならない……そして教会の財産と同様、共同で運営されなければならない。
強調点はなお、商業的あるいは工業的な富に対立するものとしての「封建的」な富に置かれている。しかし、階級の定義はペインが提示したものよりも明確になっている。

まず第一に、民衆の財産すなわち国土を公正かつ公平の原則にたって処分する。そしてこの一度の取り決めがすべての者を利するし……またすべてを現実に根底から改革するだろう。およそこれを棚上げにした改革の試みは、実際には破滅をもたらすだけであり……社会の階級関係を揺り動かすことはないだろう。

エヴァンズの著作は実際には戦後期に出版されている。しかし、彼はロンドン通信協会の最後の書記の一人だった。このことは、ナポレオン戦争をとおして途切れることなくもちこたえることに成功した、唯一のイングランドのジャコバン集団としてのスペンス主義者たちの重要性をわれわれに気づかせてくれる。さらに、もう一つの伝統がこの集団にとくに結び付いていた。『女性の権利』と性の解放の要求は、主として少数の知的同人——メアリ・ウルストンクラフト、ゴドウィン、ブレイク（そして、のちにシェリー）——のなかでは支持されていた。スペンスは、自らの著作を働く女性に捧げたたぐいまれなジャコバン宣伝活動家の一人であった。『子供の権利、または、子供に乳を飲ませ育てうるに十分な初歩的教育にあずかることへの母親の不可侵の権利』は、一人の女性と一貴族との対話形式で出版されたが、ペインの『土地所有における正義』を批判した書名がつけられている。女性は、夫たちが「女性自身の諸権利に関して情けないほど無関心でお粗末である」ことがわかったのだから、次のように言わざるをえないと考えられている。「私たち女性は、自分たち自身で問題に取り組むつもりである」。さらにのちの小冊子で、スペンスは、一般民衆が簡単に離婚する権利を支持した。

この問題は、わが国ではひじょうな思いをもって理解されていて、……革命の際には、結婚の神の鎖は、打ち壊されるべき第一のものの一つだと考えられている。しかも、家族生活の問題はキューピッドにまかせられている。キューピッドはちょっぴり気まぐれかもしれないが、看守のような神ほどに無慈悲ではない。

「もし、民衆が自分たちの家庭内の不平不満を除去しえないのであれば、政府の改革や大衆の不平不満の除去とはいったい何を意味するのだろうか(111)」

弾圧二法以後、「今後集まることを、ある者は危険だと考え、ある者は無益だと考えた」とプレイスは記した。「すべてのことが急速に衰微した。……会員が減少してから、協会の仕事は増大した」。全体委員会から代表者たちが、不活発であったり機能が低下した支部を訪れなければならなかった。「こうしてひと晩に三つもの支部に出向き、それぞれの支部の怠慢についてハッパをかけたことを覚えている。……地方との通信もまたひじょうに重要だった(112)」

協会は、自分たちがスパイに取り囲まれていると思い込んでいた。もしセルウォールがカキ料理屋や最新流行の肉料理屋に入ったならば（と、ビンズは言った）、「部屋の仕切り席の半分には政府のスパイが座っていると彼は自負したものだった」。ブレイクの友人で彫版画師仲間でもあるジョージ・カンバーランドは、「イギリスがアイルランド人を縛り首にし、逃亡奴隷を狩り、バンデの民衆〔フランス革命に反対して蜂起したフランス西部の農民〕を養い、人肉貿易を確立しつつあるということ以外にはなんのニュースもない」と書いた。彼がコーヒー店に入って朝食を注文しただけで、「ちょっと見慣れない、しかしいい身なりをした男が、私の仕切り席の向かい側に座ったものである(113)」。セルウォールは、ヤーマスで船員に襲われたあとも、講演旅行をつづけた。彼は、「船員と武装した仲間とイネスキリングの竜騎兵」によって、リン、ウィズベック、ダービー、ストックポート、アシュビ・ドゥ・ラ・ザウチにおける集会でふたたび襲われた（そして、治安判事から保護を拒絶された）。彼は

『ダービー・クーリア』の編集者を二週間務めたが、その職務からも放り出された。

彼はとうとう耐えられる限界に達した。イースト・アングリアと北部での旅行中、彼をもてなした「職人、商店主、非国教徒牧師、学校教師たち」は、あらゆる方面から脅迫された。一七九七年には侵略の恐怖が広まり、フランスの陰謀だけでなく国内の陰謀にも対抗する武装した王党派の諸協会や義勇軍が結成された。(114) セルウォールは、九六年に若きコールリッジと文通を始めていたが、コールリッジはブリストルで『ワォッチマン』を編集し、セルウォールの『自然の権利』を好んでいた。九七年にコールリッジは友人にこう手紙を書いている。「彼は勇敢で雄弁、しかも誠実である」、そして「万一暗黒と騒乱の日が来たならば、セルウォールの影響が下層階級にたいしてきわめて大きなものとなることは大いにありうる」と。しかし九七年の夏には、セルウォールの気力は衰えていた。彼は七月ストウイにコールリッジを訪ね、コールリッジおよびワーズワスとともに田園を歩き回り、彼らの平穏をうらやましく思った。

……それはきっと心地いいことだろう
優しく互いに助け合いながら、
われらのささやかな菜園を掘り返し、その間
しばしば腕を休めながら、心地いい会話が流れる
そして踏み鋤がふりおろされる、その間、熱心に、一人が提案し
そして一人が聞く、それぞれの示唆に富む言葉を気づかいながら、
そしてふさわしい返答を思案しながら……

それは『リリカル・バラッズ』が誕生した年であり、当の詩人たち自身が一人の政府スパイの関心の対象となった。スパイは、詩人たちとジャコバン――「黒い短髪で白い帽子をかぶった小柄のたくましい男」――の熱狂的

な会話について報告した。セルウォールは公的生活から手を引く決心をした。

ああ！　それなら私を、遠くへ行かせてくれ
公的生活の争いの場から（そこでは理性の警告する声は
もはや聞こえず、真実のラッパが
鳴るが、それは権力をもったならず者連中を呼び起こす、
無謀で無秩序で血なまぐさい行動へと）
ああ！　私に、どこか辺鄙な小さな谷に、
自分のぼろ小屋を建てさせてくれ、それは最高に楽しいことだろう、
わがサミュエル！　そなたの傍らで、私は何度も
そなたのすてきなおしゃべりを分かつのだ、最も愛する友よ！

しかしコールリッジは、「真実のラッパ」には飽き飽きしていて、自分の「キーキーと音をたてる煽動のトランペット」をぶち壊す準備をしていた。セルウォールにたいする彼の返答は、友情あるものだったが断固としたものだった。「いま私が思うに、君がここに定住すると、多大な害悪がもたらされるだけで、善はほとんどもたらされないでしょう[115]」

一方で、ロンドン通信協会は、裁判を控えたビンズとジョーンズを抱えながら、決して諦めようとはしなかった。一七九六年の総選挙で、ウェストミンスターではウィッグ派と急進派が非公式に連携した。国会議員選挙演壇においてフォックスは宣言した。「イギリス史上これほど憎むべき［政府］が存在したためしはない……。現政府は、海外での戦争で、ルイ十四世よりももっと多くの人間を殺してきた。さらに、ヘンリー八世以上に、国内のより多くの罪のない人間の命を奪おうとしてきた」。そして、つづく十年の間、（ネイミア学派の歴史家にはき

わめて不可解な）フォックス派の反対は、陪審制度とともに、イングランドの自由の最後の砦だった。フォックス自身は、難なくウェストミンスターで当選した。またバークの「暗殺者」の一人だったホーン・トゥクは、三千票近くを獲得した。[116] ノリッヂでは、クエーカーの貴族バートレット・ガーニが、愛国協会の支持を受けて、戦争大臣ウィンダムの対立候補として出馬した。ウェストミンスターと同じく選挙権の範囲が広かったので、彼は居住する自由市民の過半数を確保したが、ロンドンから移入された不在有権者にしてやられた。セルウォールの見解によれば、もしガーニが影響力のない不在候補者でなかったならば――ガーニは国会議員選挙演壇にさえ姿を現さなかったのだ――「労働する自由市民」が勝利を収めていただろう。ノッティンガムでは、ジャコバンの支持を受けたクロンプトン博士が相当な数の票を集めることができた。[117]

総崩れは一七九六年の終わりにやってきた。この年の秋にはロンドン通信協会はまだ、影響力をもつ『モラル・アンド・ポリティカル・マガジン』を出版するだけの十分な力をもっていた。プレイスが、賢明にも、それは資金を浪費することになると警告していたにもかかわらずである。また、その思想的な源泉は、大部分セルウォールにあったように思われる。十八の協会支部が、九七年七月でもなお会費を支払っていた。しかし同月に、新しい書記である（改革協会から復帰した）ジョン・ボーンは、全会員に印刷された回覧状を出して、彼らの欠席を批難していた。夏には協会は、非国教派やメソジストの野外説教師に範をとりながら、古い伝統をもつ街頭での政治宣伝活動に着手した。毎週日曜、彼らはシティ・ロード近辺や、イズリントン、ホクストン、ハックニー、ホーンジー、ベスナル・グリーンで、ジャコバンの宣伝を理神論や無神論と混ぜ合わせた演説をおこなった。（リードが言うには）彼らはまた、共済組合の計画的な拡大に着手した――非合法時代での労働組合の歴史にとってはきわめて重要な展開である。一七九七年七月に彼らは、セント・パンクラスにおける大衆示威行進を呼びかけ、弾圧二法への対決を試みた。かなりの規模の群衆が参加したが、治安判事によって解散させられ、演壇上の六人の会員（ビンズを含む）が逮捕された。地方との通信はなおもおこなわれており、ノリッヂの愛国協会は「われわれは、われわれの部署を堅固に保っている……撤退するくらいなら堂々と死ぬ覚悟がある……」と、七月に書き送っている。しかし書簡を届けることはいっそう困難であった。郵便物が疑われそうにない商店主たちの五つの新住所が示された。「われわれは、上記のあて先にときどき変更したほうがいいだろうと考えています」。七月の一連の逮捕のあと、スペンス主義者のトマス・エヴァンズが書記になった。十一月の全体委員会は、民衆の諸協会は無意味だとする見解を広めた「意志薄弱な人びと」を批難する宣言を出した。それはロンドン通信協会が最終目的を達成するまで存続することを誓っていたが、署名したのはわずかに七人だけだった(118)。

しかし、ロンドン通信協会に当時少なくとも二つの部門があったことを示す史料がある。一つは準合法的な存在を狙ったものであり（そしてそれまでどおり公然と会報を発行している）、もう一つは非合法の組織形態をとっていた。何人か――ジョン・ビンズ、その弟ベンジャミン、ジョン・ボーン――は、おそらく両方に属していた。歴史家は地下活動の史料を嘲笑してきたが、しかし一七九六年から一八〇一年の状況にあってこうした活動が展開されていなかったとするならば、そのほうがより驚くべきことだろう。労働者は、つまり、こうした活動形態をまったく知らなかったわけではなかったのである。密使が、不法な労働組合活動に従事して、イングランドのあらゆる地域のあいだを定期的に行き来していた。しかも、当局は書類を改竄し選択しかつ世間を騒がせる仕方で発表したとはいえ、一七九九年の『秘密委員会報告』に示されているような記録が捏造されたものであることを示唆する証拠はまったくないのである。

ジャコバンの「地下組織」は、パリにあるイングランド人亡命者の居留区へ、スコットランドの織布工の反乱（一七九七年、トラネント）へ、とりわけイングランド人のジャコバンと統一アイルランド人協会との関係へと、われわれを導く。統一アイルランド人協会の鬱積した反抗心は、一七九八年にはむきだしの戦争へと急変した。しかし、イングランドにとっての最大の革命の先触れは、九七年の四月から五月にかけてスピットヘッドとノーアで起きた海軍反乱だった。食事や給料や規律の身の毛もよだつような状況が突然の反乱を引き起こしたことにまちがいはないが、しかしジャコバンの直接の煽動があったことを示すいくつかの証拠もまた存在する。反乱参加者のなかには通信協会の会員たちが含まれていた。リチャード・パーカーは、ノーアに碇泊する「浮かぶ共和国」の反抗的「海軍元帥」であり、艦隊のなかに『人間の権利』の言語や委員会組織でのなんらかの経験を持ち込んだが、彼こそは教育ある「強制徴募水兵」が果たした役割を例証している。一万千五百人のアイルランド人水兵と四千人のアイルランド人海兵隊員の存在が革命のもう一つの構成要素になった。「お前のちんぷんかんぷんで長ったらしい布告が理解できたら、おれの目がどこかおかしいんだ」と、ある反乱参加者は「海軍本部委員会委員」に書き送った。

手短に言う。われわれがわが国の敵であるごろつきどもを探しにいく前に、われわれを公平に扱え。それだけだ。

これは大多数の者の言葉となりえただろう。しかし、テムズ河が封鎖された危機の一週間の間に、反乱参加者たちは艦隊のフランスへの移動について話し合っている（実際何隻かは、やぶれかぶれで最終的に出航した）。水兵たちのふるまいについて注目すべきことは、彼らの「揺るぎなき忠誠心」でもジャコバン主義でもなく、彼らの気分の変化の「粗暴でとっぴな本性」である。リチャード・パーカーが、臨終の遺言で友人たちに警告したのは、このきまぐれにたいしてであった。

覚えておきなさい、決して下層階級の指導者になってはなりません。というのは、彼らは卑怯で、利己的で、しかも恩知らずだからです。どんなささいなことでも彼らはおじけづくのです。あるときは、指導者を自分たちの煽動家として称賛していても、翌日には絞首台を平気で褒めそやすのです。こうした見解をあなた方に述べるのはつらいのですが、しかし……私は自分の経験のなかでそれを証明してきたし、またほどなくそれの見せしめになるのです。

しかしすぐつづけて彼は、自分は「人類の運動の殉教者」として死ぬのだと宣言した。[119]

これらの大反乱と翌年のアイルランド人蜂起は、たしかに世界的な意義をもつ出来事であり、またイングランドのアンシャン・レジームの足場がいかに不安定なものだったのかを示している。「理性の時代がとうとう巡ってきた」と宣言したイギリス艦隊——ヨーロッパ拡大の最重要手段であり、また革命下のフランスとその最大の敵とのあいだの唯一の防護壁である——は、覇権国が構築したものすべてをひっくり返す恐れがあったのである。大多数の水兵は明瞭な政治意識をほとんど持ち合わせていなかったのだから、これは船上での堅パンと未払い賃金をめぐる局所的事件なのであって革命的運動ではない、と主張することはばかげている。この見解は、民衆革命という危機の本質を誤解しているのであって、それは、大多数の者の不平不満と、政治的意識をもつ少数者によって表現された熱望が、ちょうどこの場合のように結合することから生まれるのである。しかし同時に、ロンドン通信協会がこの反乱にたいしてとった態度には、論議の余地が残されている。水兵たちがチャタムやポーツマスにおけるジャコバン集会に参加していたこと、またロンドン通信協会の個々の会員が戦艦の代表者や反乱参加者の演説家集団とさえ連絡をとっていたことの証拠はある。誰かはわからないが一人の「黒い服を着た紳士」が、パーカーや彼の仲間たちと連絡をとっていた者と推察されている。この人物は、ワトソン博士かもしれない。彼はこの時期にはたしかにフランスの侵略にたいする工作をおこなっていたが、(のちのある証言によれば)ロンドン通信協会からは除名されていた。[120]

海軍反乱は、ロンドン通信協会会員がもっている共和主義への共感と祖国への忠誠心との対立を、きわめて先鋭的なかたちで提示した。このころには、親フランス派や革命的な一団(それは多数のアイルランド人亡命者を含んでいた)を、国制擁護の志向をもった議会改革論者たちから区別することが可能である。議会改革論者の多くは、いまや(プレイスのように)離脱しつつあった。反乱直後の一七九七年七月に、ヘンリー・フェロウズなる人物がメイドストーンで軍隊にビラを配付していて捕まったが、彼はロンドン通信協会の密使であった。ロンドンのジョン・ボーンあてのある書簡は、メイドストーン通信協会の二つの支部が(六十人の出席を得て)活発に活動していることを報告し、『ボナパルトの呼びかけ』とペインの『土地分配の正義《アグレイリアン・ジャスティス》』だけでなく（とくにアイルランド人兵士向けの）追加ビラも注文していた。こうした出来事につづいて二つの法律が可決され、不法な宣誓ならびに軍隊に国家への忠誠を捨てるようそそのかす企てにたいして、死刑を科すことになった[121]。その直後、リチャード・フラーなる人物が逮捕され、コールドストリーム近衛歩兵連隊の一兵士に煽動的な呼びかけをおこなったかどで死刑が宣告された。

ロンドン通信協会自体は、地下組織とスパイの侵入防止に、より適合した新たな体制を採用していた。これに並行して秘密委員会が、ホルボーンにある居酒屋ファーニヴァルズ・イン・セラーで会合を開いていた。これが統一イングランド人協会の拠点だったということは大いにありうることである。この組織は、主として統一アイルランド人協会を援助する機関であった——事実、イングランドでは、この二つの組織はほとんど区別がつかないようにみえる。その意思伝達は、口伝えの言葉か暗号文によっておこなわれ、密使は合言葉と合図とをもっていた。

> ……一方が左手で相手の左手に握手をし、次に一方が親指で人さし指の第一関節を押さえ、そして相手も同じことをする。それが、確認の合図だった——一方が団結と言い、相手が真実と答える——一方が自由と言い、相手が死と言う……。

ロンドンでは、ジョン・ビンズ、ベンジャミン・ビンズ、デスパード大佐[41]が秘密組織のメンバーであった。ウェル・クローズ・スクエアにある、居酒屋コック・アンド・ネプチューンに集まった支部について、ある密告者は、そこには「主として石炭運搬人が出席していた」と報告している。秘密組織は、ここではテムズ河のアイルランド人労働者のあいだに勢力をもっていたが、リヴァプールとマンチェスターには五十もの支部を、また南東部ランカシャーの職布工村にはもっと多くの支部を有していると主張されていた[122]。マンチェスターでは、軍隊への浸透がある程度成功し、軽竜騎兵の兵士たちが宣誓させられていた。

　神の御前において、私はタイ佐にではなく……ミン衆に従うことを誓うのでアリマス。われらが将校ではなく、統一イングらんど人協会の委員カイに……そして私の力のおよぶカギりこのクニならびに他国に共和主義政府をジュ立するために武器を持って援助し、このクニを自由にするためにフランス人が上陸するのをエン助すると。

（アイルランド訛の軽快な調子が、この字のつづり方においてさえ表れている）。しかし、秘密組織は疑いなくアイルランド人の隊列を越えて拡大していたが、一七九八年の春には共謀者たちの見通しに相違がみられた。一方では、生粋のジャコバン主義者たちが、さまざまな隠れ蓑をつけて活動を継続していたように思われる。ロッチデイルやロイトンの「自由の友」協会は、「マンチェスターならびにその近隣の労働者への知識普及協会」と自称するマンチェスターの一拠点とつながりをもっていたようである（一七九七年夏）。ボルトンでは、あるスパイが統一イングランド人協会に首尾よく（宣誓をして）加入した（九八年二月）。その地区の指導者は「新たな帰依者をつくるのに有用な読書クラブ〔の設立〕を推奨した」。一七九八年二月にはソーンリーのあるアイルランド人司祭が、マンチェスターの二万人の統一イングランド人協会を自慢する、同僚で同郷人のフリーメイソン（「テンプル騎士団」）から勧誘された。「私はいわば教皇だったので」その男は秘密を打ち明けても大丈夫だと考えたのだ（と彼は当局に書き送った）。ボルトンの一聖職者は同月ポートランド公爵[42]にこうしたためた。「フランスの侵攻を望む彼らの意見は、完全には一致していないように思われます――ある者は、自分たちの問題は自分たちでなんとかできると言っています[123]……」

　一七九七年から九八年の冬には、アイルランド人の司祭オコイグリ神父[43]が、ランカシャー、アイルランド、フランスを「ジョーンズ大尉」の名で通過した。一七九八年はじめに彼はロンドンに着き、ジョン・ビンズが、オコイグリとアーサー・オコナー[44]をフランスへ運んでくれる密輸業者をケントのある港で探していたときに、三人揃って逮捕された。侵攻がおこなわれた際に、イングランドでどのようにフランス人を迎え入れるかを検討した文書がオコイグリから発見された。イングランド人はたくさんの不平不満をもっているが、彼らはまた、フランスがイギリスを一地方へと格下げすることがないかと心配していた。それゆえに、フランスは上陸に際して宣言を出すべきだと忠告された。㈠ブリテン諸島は「独自の共和国」を構成するものとする。㈡それぞれが独自の統治形態を選択するものとする。㈢侵攻に参加した者はすべて武器を供与される。㈣侵攻費用を賄うのに必要な額を超えて義援金は徴収されない。㈤フランスは、対仏同盟国がフランスから取り上げた船舶や海外領地の取得を制限する。オコイグリは、仲間について自白することを英雄的に拒否して、処刑された。不死身のビンズは大逆罪を免れたが――より軽い罰で起訴されない前に――偽名のもとに「多数の友人がいるダービーシャーやノッティンガムシャー」へ難を逃れた[124]。

アイルランド人の反乱にたいする共感はあきらかに、ビンズのようなアイルランド人にかぎられてはいなかった。ロンドン通信協会は一七九八年一月三十日に、会長のR・T・クロスフィールドと書記のトマス・エヴァンズが署名したアイルランド国民への呼びかけを公表した。

寛大で、勇気ある国民よ

願わくはこの呼びかけが、あなたがたがこうむっておられるあらゆる苦しみに、いかに真実われわれが共感しているかを確信していただくものとなりますように。願わくは……あらゆる時代において、またあらゆる国において、「現在の状況」が独裁政治の合言葉となってきたことを、また民衆がひとたび政府に自由の真正な原則をおかすことを許すならば、侵害のうえに侵害が重ねられ、悪のうえに悪が育ち、暴力が暴力につづき、権力が権力を生んで、あらゆる自由が暴君の思いのままに支配されるようになるのだということを、……国民が学ぶことになりますように……。

これは、アイルランド人抑圧の完全な共犯者であるとの批難からイングランド人を救い出す、心動かされる呼びかけである。またそれは、「アイルランド隷属化の手先」として行動することを拒否せよという、アイルランド駐在のイングランド人兵士にたいする訴えかけも含んでいた。エヴァンズと生き残ったロンドン通信協会の委員会メンバーは、一七九八年四月、フランス侵攻の際にいかなる行動をとるべきかについて白熱した議論を闘わせているさなかに逮捕された。トマス・エヴァンズは、フランス政府は革命の大義を裏切った、そして「共和主義の原則を普及するよりも、広汎な軍事独裁制を確立することを望んでいる」ように思われるとの見解をとった。したがって彼は、協会の会員は義勇軍に加わるべきだと提案した。クロスフィールド博士は、彼の批難には同意したが、しかし、ロンドン通信協会は最悪なるものに反対して悪を擁護することはできないと発言した。ボウ・ストリート・ラナーズがこの議論を終わらせた[125]。

その前日、デスパード大佐と三人の統一イングランド人協会の会員が逮捕されていた。一七九九年の議会秘密委員会が提出したこの組織の勢力に関する人騒がせな報告は、たしかに割り引いて受け取るべきものである。

イングランドじゅうの諸協会の大多数は、ロンドン通信協会と連絡をとり……統一イングランド人協会を結成するという同一の計画を採択してきた……これらの協会を生み出した破壊的原理の影響力は、クラブの設立によってコミュニティの最下層階級のあいだに依然としておよんでいる……そうしたクラブでは歌がうたわれ、乾杯がおこなわれ、きわめて煽動的な性質の言葉が使われているのだ。

しかし、同時に、プレイスの説明を歴史家がためらいなく受け入れるべき理由もないのである。その説明によれば、統一イングランド人協会は死産に終わったのであり、十二人以上の会員をもつことは一度たりともなかった[126]。プレイスは、非合法組織にたいしてばかりでなく、あらゆる形態の公然たる運動にたいしても当初から反対し、教育による無抵抗主義の政策をよしとしていたのであった。彼は一七九七年に協会から離脱していて、陰謀家の信頼を得ていなかったことはまちがいない。ランカシャーに統一イングランド人協会が存在した確たる証拠があるし、大蔵省法律顧問官や枢密院の文書のなかには、ロンドンにあるいくつかの支部の活動に関する密告者からの報告がある。ショーディッチやホクストンやベスナル・グリーンに点在する諸支部の代表者と並んで、全体委員会に入っていた二人のスパイは、代表者がエッピングの森において（九八年九月に）軍事教練を受けていて、そこには「自由の息子たち」として知られる競合関係にある団体も参加していたと主張した。[127]「幸運にも、われわれには指導者はいない」と、オコイグリから見つかった「イングランド秘密委員会からフランス執政官への手紙」は宣言している。

少数の富裕な者たちは実際、演説で、自分たちは民主主義の友であると公言した。しかし彼らは行動することはなかった。彼らは自分たちは民衆とは異なるものだと考えていて、民衆のほうは、民衆の支持を得ているという彼らの主張を不当でくだらないと考えているのである。……
　われわれはいまや、イタリアの英雄《ヒーロー・オブ・イタリー》とその偉大な民族の勇敢な老練兵とをじりじりしながら待つだけである。無数の人びとが彼らの到来を歓喜の叫び声で迎えることだろう[128]……。

真実は複雑にみえよう。一方では、「無数の人びと」は、「イングランド秘密委員会」が唱えた立場をとるどころか、一七九八年までには、フランスの侵攻の予想によって喚起された愛国感情の高まりにとらわれていた。この時期の義勇軍運動は、フランスに脅威を与えなかったかもしれないが、しかし一教会と国家が自国のジャコバン制圧にもちいたさまざまな手段を補助するきわめて強力な力になったのである。[129]プレイスがおそらく正しいのは、過激なロンドンのサークルには何人かの生まれついての陰謀家がいて、彼らが偏執狂的な空想の居酒屋世界に生き、現実との接点をほとんどもたず、彼らの呼びかけが（もし彼らがフランスを信じ込んでいたとすれば）まったくの誤りであったという点である。こうした人物の一人はリチャード・ワトソン博士であった（ように思われる）。彼は、ロンドン通信協会の創立メンバーであり、すでにふれたように、なんらかの方法で海軍反乱と結び付きをもっていた。一七九七年に彼は、ハンブルグ経由でフランスへひそかに情報を送ったかどで逮捕された。九九年に釈放された「市民ワトソン」は、フランス執政官政府へ陳情書を出したが、そこでは自らを「ロンドン通信協会の全体委員会の委員長であり、イギリス同盟の会員であり、バース、ブリストル、そのほかの諸協会の代表」だと記している。フランスに逃れると、彼は同じく仰々しい調子で、イギリス国民への呼びかけをはじめた。[130]

しかし、ほかの陰謀家は、一八〇三年のデスパード大佐の処刑が証明するようにもっと真摯だった。[131] 一七九七年までには、過激なジャコバン主義者は国制擁護志向の運動には絶望するようになっていた。このとき以降、二十年以上にわたって、ロンドンの民主主義者（スペンス主義者か共和主義者）のある小集団は、たぶんフランスに支援されたクーデター以外にはなんの希望ももたなかった。そのクーデターは、ロンドンの「暴徒」をなんらかの暴力行動によって刺激して自分たちの支持に立ち上がらせるというものである。この伝統こそは、一八一六年のアーサー・シスルウッドと、もう一人のワトソン博士[45]にと受け継がれることになる。その集団の何人かは、リチャード・ホジソンやジョン・アシュリー（製靴工でロンドン通信協会のかつての書記長）を含めて、一七九〇年代終わりにフランスへと難を逃れ、一八一七年になってもなおそこにとどまっていた。実際、この集団の二人のメンバーが同年ロンドンへ帰還したことは、シドマス卿[46]自身に危機をあおる報告が送られることになるほどに十分刺激的だった。[132]

このように、ジャコバンの陰謀家たちはたしかに存在したのである。そして彼らは、自らの生命を危険にさらしたり、投獄や国外追放に耐えうるほど真剣であった。しかし彼らの陰謀は、あるどぎつさと抽象的な共和主義的情熱をもっていたが、時代の風潮にはそぐわないものだった。さらに、陰謀はオコイグリの処刑、アイルランド反乱の敗北、ロンドンやマンチェスターにおける指導者の逮捕によって全国規模での試みであることをやめたのである。地下組織が存在していた地方では、地下組織は孤立して衰退するか、その地方固有の産業状況のもとで新しい種類の根を下ろした。一七九九年にはロンドン通信協会と統一イングランド人協会を名ざしで「完全に抑圧し禁止する」特別法が導入された。不撓不屈の陰謀家であるジョン・ビンズでさえこれ以上の全国組織は望みがないと考え、枢密院と不可侵条約を結ぼうとした。しかし、この試みはグロスター監獄で囚人として服役することにしかならなかった。逮捕されたとき彼は、一枚の会員証を持っていることがわかった。おそらくは旧ロンドン通信協会の最後の「隠れ蓑」の会員証であって、そこには「雄弁術学校への今学期の入学を許可する」と書かれていた。[133]

一七九九年までには、かつての指導者たちはほとんど全員、監獄にいるかあるいは亡命していた。囚人のなかには、エヴァンズ、ホジスン、ボーン、ビンズ、ギャロウェイ、デスパード、ジョン・バクスターがいた。獄中での彼らの処遇には、三十年前のウィルクスのそれと対比してみると、ひじょうにたくさんのことが欠落していた。トマス・エヴァンズは、彼自身の説明によれば、

> バスティーユに連行され、そして名ばかりの便所《ア・ボグ・オブ・ストロウ》と一枚の毛布と敷物の備え付けられた独房に何カ月も閉じ込められた。書籍、ペン、インク、紙、ろうそく、そしてほんのわずかの時間、火にあたることも認められなかった。

彼の家はボウ・ストリートの治安判事らによって差し押さえられ、妻と赤ん坊は軟禁された。彼は一年十一カ月間投獄された。コールドバス・フィールズ監獄でのエイリス監獄長による囚人処遇は憤激を呼び起こしたが、その暴露にあたっては、サー・フランシス・バーデットが中心的な役割を果たした。ロンドンの群衆の自由主義的な気質《リバテリアン・ディスポジション》は、囚人に肩入れする彼の運動が、かつてウィルクスによって勝ち取られた人気にだけ匹敵するような人気を獲得した事実によって示されている。何年もの間、ロンドンで最も人気あるスローガンは、「バーデット支持、バ

スティーユ反対！」であった。彼が釈放を勝ち取るよう助力した囚人の一人は、エドワード・デスパード大佐だった。十九世紀の急進主義の歴史は、この二人の人物をもって始まるのである。(134)


経験の代価はいくらだろう？　それは歌で買えるのだろうか？

あるいは知恵は街頭の踊りで買えるのか？　否、それはその人がもつすべて、すなわち家や妻や子供らすべてを代価にして買われるのだ。

知恵が売られているのは、誰も買いにくる者がいないうらびれた市場で、そして農夫がパンのために耕作してもむだに終わる枯れた耕地でなのだ。[47]

ウィリアム・ブレイクは、一七九六年から九七年にかけて『ヴァラあるいは四人のゾア』のなかでこのように書いている。ジャコバンの潮流がより隠れた地下水脈へと入っていくのと同じように、彼自身の預言もまたより神秘的かつ個人的なものとなっていった。この時期に拘禁はつづいていた。ゴスポートの製本工キッド・ウェイクは、「ジョージはやめろ、戦争をやめろ」といった罪で、一七九六年末に五年間の重労働とさらし刑の判決を言い渡された（一八〇三年にブレイク自身、かろうじてこうした告発から逃れたのであった）。書籍商でありゴドウィンの友人でもあったジョンソンが拘禁された。ランカシャーとリンカンシャーにおける反政府的煽動で告発されたのである。サマセットのある製籠工は、「フランスの勝利を望む」といったかどで拘禁された。(135)内務省のポートランド公爵自らが、居酒屋の諸協会を解散するよう指令を発し、スペンスの二分の一ペンスの瓦版を売っていた小さな子供を懲治監送りにした。(136)ハックニーでは、風変わりな古典学者のギルバート・ウェイクフィールド[48]が、自分の蔵書を調べ、労働者階級がフランスの侵攻によって失うべきものはほとんどないとの見解を出した。「私がこれを書いているこの家の三マイル以内には、飢えにさらされた悲惨な人間が、人の住むことのできる地球上の同じ広さのどの土地におけるよりも……はるかにたくさんいる」。(137)フォックスとの交遊関係も彼自身の学識も、彼を監獄から救うことはなかった。ブレイクは、ワトソン主教[49]の『聖書擁護論』の題扉に「獣と淫婦がなにものにも抑制されることなく支配している」と注記した。「この一七九八年という年に聖書を擁護することは、生命を犠牲にすることになろう」とも。事実、キッド・ウェイクは獄死し、ウェイクフィールドは死の間際にようやく釈放されたのである。

こうした迫害は、最後まで残っていたジャコバン知識人を職人や不熟練労働者から引き離した。ワーズワスにはこう見えた。フランスでは、

……すべてが軍事力の鉄のかせによって
沈黙させられていた。
市民の行動の揺れ動く目的、さまざまな機能、高度の権能は、
形式ばって、不愉快で、下劣な権力に屈した。
――イギリスでは、変化への恐怖心が支配していた。
無能な者が称賛され、報奨を与えられ、出世した、
そして、ただ軽蔑の念から、
もう一度、私は自分自身にひきこもったのだ。[50]

ここに現れはじめたのは、ある世代の知識人が革命の夢から覚醒する、例のパターンであった。それは、今世紀にもっと見かけ倒しの形態で現れるパターンの先駆けだった。万民平等社会の夢をくじかれて悔悟した人びとは、自分たちの思想の愚行はジャコバンのせいだと批難した。一七九七年の夏、詩人たちは、セルウォールを伴ってクワントク丘陵を散策するうちに、奥まったところにある美しい小さな谷にたどりついた。コールリッジは、「市民ジョン、ここは反逆の話をするのにいい場所だね」と言った。「いいや、市民サミュエル、むしろここは反逆

の必要性があることなどすべて忘れさせてくれる場所ですよ」とセルウォールは答えた。この逸話は最初のロマン主義の作家たちが後退して政治的「転向《アポスタスィ》」をとげることを予期させるものである――それは、サウジーには最も卑屈であり、コールリッジには最も複雑、ワーズワスには最も苦悶し自問するものであった。コールリッジは、一七九九年にワーズワスに手紙を書き送った。「私は君に無韻詩のかたちで一編の詩を書いてほしい。それを捧げる相手は、フランス革命が完全に失敗した結果、人類の改革へのすべての希望を打ち捨ててしまい、ほとんど享楽主義的といえる自己本位に陥りながら、そうであることを哲学者《フィロソーフ》への軽蔑と愛国心という心地いい名のもとに隠している人びとです」。このころまでに、セルウォールはサウス・ウェールズの人里離れた農場にひきこもってしまっていた。（そこに着いたとき彼は一人のスパイに尾行されているのを知って驚いた。それともこの迫害は妄想だったのだろうか？）。ワーズワスが彼を最後に訪れたのもここだった。そして、ワーズワスが『逍遥篇』で、千年王国時代の誤った信念について瞑想する隠者を描くことになる[138]のは、そのような隔絶した環境のもとでのことだった。

他方には、組織を解体され迫害された労働者たちがいて、全国的な指導部をもたないままなんらかの非合法組織を維持しようと奮闘していた。彼らの苦境は、リーズのある協会が一七九七年十月に百人ほどの会員を代表して書いた、ロンドン通信協会あての一通の手紙によく表されている。

われわれはほとんどが「働く職人」である。というのは、われわれの運動への共鳴者である当地の小商工業者たちのなかに、公然と前に進むだけの徳をもっている者がほとんどいないからである。というのは、貴族の影響がひじょうに強く、彼らはすべての商売《トレード》を管理していて、したがって腐敗体制の邪悪を暴露する小商工業者を圧迫する権力をもっているからである。当地にはきわめて立派な協会がほぼ三年来存在していたが、われわれの判事の恣意的な訴訟手続きが、ひじょうに恐るべきやり方でわれわれの仲間全体に適用されたために、仲間の情熱は穏健な水準以下に弱まってしまい、また胸の内に燃えつづけてきた聖なる炎はほとんど消えてしまった……。

彼らをあえて招き入れようとする居酒屋の主人は誰もいなかったし、彼らは会員証を「渇望」していたが、「その町にはわれわれのためにあえて何かする印刷職人はいなかった[139]」。

これを終わりだと見なすのはまちがっている。というのは、これは始まりでもあったからだ。一七九〇年代には、ナポレオン戦争後の労働者階級の意識形成に根本的な重要性をもつ「イングランド革命」と言いうるような何かが起こったのである。革命の衝動が、その幼年期に窒息死させられたことは真実である。そしてその第一の帰結は、苦しみと絶望だった。支配階級の反革命的なあわてぶりは、社会生活のあらゆる場に、すなわち労働組合主義にたいする態度、民衆教育にたいする態度、スポーツや礼儀作法にたいする態度、民衆の出版や協会にたいする態度、民衆の政治的権利にたいする態度に現れた。そして一般民衆の絶望の反映は、戦時期においては、倒錯したサウスコット派の千年王国説やメソジストの新たな信仰復興運動に見ることができるのである。一七九五年以降、イギリスには階級間の根本的断絶が存在するようになった。そして、労働する民衆はアパルトヘイト状況に押し込められた。その影響――社会面・教育面での精緻な差別――はこんにちでも感得しうるものである。イングランドがほかのヨーロッパ諸国と異なるのは、反革命的な感情と反革命的な規律づけが最高潮に達した時期に、産業革命もまた最高潮に達したことである。新しい技術と新しい工業組織形態が前進するにつれて、政治的・社会的権利は後退していった。せっかちで急進的な考え方をする工業ブルジョアジーと、形成過程にあったプロレタリートの「自然な」連合は、形成されるやいなや破壊されてしまった。バーミンガムや北部工業都市の工業家や富裕な非国教派の商工業者たちが動揺したのは、主として一七九一年と九二年であった。ロンドンやノリッヂやシェフィールドの職人や賃金労働者の「不満」が――ジャコバン主義運動によって引き起こされたものであれ、飢えによって引き起こされたものであれ――頂点に達したのは、九五年だった。これら二つが重なり合うのは九二年の二、三カ月にすぎない。九月虐殺のあとには、製造業者の大多数は議会改革に恐怖を感じるようになっていた。一七九〇年代にイングランドでなんの革命も起こらなかったのは、メソジスムのせいではなく、革命の遂行に十分な力をもつ唯一の連合が崩壊したからである。九二年以降は、ジャコバン派が入ってこられるように扉を開放するジロンド派などいなかった。ウェッジウッド[51]やボウルトン[52]やウィルキンソン[53]のような人間が、ハーディやプレイスやビンズたちのような人間と行動をともにしていたとすれば――そしてもし、ワイヴィルの小ジェントリたちが彼らと行動をともにしていたとすれば――ピット（あるいはフォックス）は議会改革に大きく一歩踏み出さざるをえなかっただろう。しかしフランス革命が土地所有者と製造業者とを共通の恐怖で結び付けたため、旧腐敗体制は打ち固められたのである。そして民衆の協会は脆弱であり、革命であれ議会改革であれ自分たち自身で遂行することはできなかった。[140]

　このことは、一七九六年にシェフィールドを訪れたセルウォールにさえなにがしか感じ取られた。彼は、シェフィールドの「サンキュロットたち」の知性と政治意識を喜んだ。「しかしそれは頭のない体である。彼らには不幸にも指導者がいないのである」。「かなりの財力と影響力をもった」何人かの人びとが「……彼らとともに考えている」が、彼らに加勢する勇気をもつ者はいなかった。

　その地において有力で経済的に影響力のある人物の三、四人が、こうした正直で知的な製造業者とその運動を（この種の人物が……ノリッヂでそうしてきたように）公正かつ公然と指導するならば、ノリッヂと同じようにシェフィールドでも、地方における迫害というちっぽけな圧政はたちまち終わりを告げるだろう[141]……。

これも、セルウォールがジャコバン主義者から転向したことを示してはいない。彼は一七九六年に本当のジレンマに直面している。一方には、議会改革論者の家父長的温情主義《パターナリズム》があった。彼は実践のなかでそれに出会って――ノリッヂのガーニがそうだったように――反感をもった。他方では、民衆の議会改革論者が苦痛にさらされていて、そのひどさは運動を破壊したり、運動を地下に追いやるほどのものであった。

さらに、運動は、教育ある中流階級の人びとの知的資源を大いに必要としていた。そうした人びとのなかには革命の夢からの覚醒にひどく苦しめられている者もいた。運動は、きわめて有能な宣伝活動家でありオルガナイザーであるジェラードとクーパーの二人を、強制的あるいは自発的な海外移住によって早い時期に失っていた。(142)『人間の権利』やフランスの流儀の模倣に頼って、あるいは古代ローマ人の上着《トーガ》やサクソン人の上着《スモック》をまとっていつまでも生き延びることはできなかった。しかし、運動は、頂点に達する一七九五年までの四年間ほとんど成長していなかった。運動の理論が構築されなければならなかったが、組織は大逆罪の警告と告発に取り囲まれて圧迫され、支持者は欠落し、ロベスピエールは華やかな演説の時代を陰鬱なギロチンで中断していた。国王陛下の密告者がいつも一人は入り込んでいる聴衆に向かってなされたセルウォールの講演は、自分の頭で考え出されたものであった。彼が最良の仕事をなしとげたのは、（意味深長ではあるが）運動が崩壊しはじめた九六年のことだった。イングランドのジャコバンたちが未熟さに苦しんだり経験の浅さに悩んでいたこと、そして多くの演説家が仰々しいしぐさで愚か者を装っていたことは驚くべきことではない。

このかぎりでは、それは挫折と失敗の記録のようにみえるだろう。しかしその経験は、もう一つの、全体としてみればむしろ肯定的な側面をもっていた。一つではなく多くの伝統が、この時代に起源をもつのである。そこにはゴドウィンやメアリ・ウルストンクラフトの伝統があり、それらはやがてシェリーによって再確認されることになる。理神論と自由思想の伝統があり、リチャード・カーライルはナポレオン戦争が終わる直前にペインの全著作を再刊しはじめた。進歩的なユニテリアンや「自由思想のキリスト者」の伝統があり、ベンジャミン・フラワーやウィリアム・フレンドといった人びとによって推進され、W・J・フォックス[54]の『マンスリー・レポジトリー』にいたることになる。(143) さらに、そこにはプレイスそのほかの真面目で国制擁護的志向をもつ小商工業者や職人たち（そのなかにはハーディやギャロウェイやプレイス自身のように、のちに小規模ないし大規模な雇用主として成功した者もいる）の伝統がある。彼らは、一八〇七年のウェストミンスター区の選挙にふたたび姿を現わして、トゥクの弟子であるサー・フランシス・バーデットを支援し、その後も活発な連携を保った。

これらの伝統は、思想ばかりでなく人物にも具現されている。何人かのジャコバンが離脱し、ほかの者——ジョン・ゲイル、トマス・クーパー、「市民リー」、ジョン・ビンズ、ダニエル・アイザック・イートン、そのほか多くの者たち——がアメリカへ移住する(144)一方で、そのほかのジャコバンたちは情宣活動を再開するあらゆる機会を待ち構えていた。ジョン・ゲイル・ジョーンズとジョン・フロストは、戦時中はロンドン討論クラブの会員となって、若い急進主義派世代に影響を与えたのだった。またジョーンズは、一八二〇年代までロンドンの急進派サークルの中心人物でありつづけた(145)。そして多くの地方の拠点に、同様の連続性を見ることができるのである。レスターのジョージ・バウンの拠点ほど、長期の記録を誇りうるものはほとんどない。彼は、一七九二年に国制協会の書記長であったが、一七九四年に逮捕され、一八四八年になってもチャーティズムの「実力行使派《フィジカル・フォース》」の唱道者として執筆しつづけていた(146)。しかし多くの都市では、戦争反対の志を同じくする商工業者や職人が会合をつづけていた。偉大な彫版画師であるトマス・ビュイク[55]は、ニューカースルの居酒屋ブルー・ベルやユニコーン、そして新聞閲覧室《ニューズ・ルーム》で会合していた「人類の自由を要求するしっかりとした唱道者たちの一団」を思い起こしている。そこには「分別と地位のある人物」「礼儀正しい商人」「銀行の事務員、職人、仲買人」がいた。ビュイク自身の同志には、製靴工、建築労働者、鋳物工、ブリキ職人、編集者、剣術の先生《フェンシング・マスター》、急進派ジェントルマン、そして何人かの俳優が含まれていた。全員が、戦争とその社会的影響への批難において一致していた。

> 海運業の利益は莫大だった。ジェントリは貴族の華やかさで大騒ぎをし、その品行と徳のある優しい行為がかつては低い身分の人びとに向けられるのがつねだったことを忘却した。そして、いまや彼らを汚いもののように見ることがはるかに多くなったように見受けられる。農場経営者の性格もまた変えられた。彼らはひじょうに不格好にジェントルマンとしてふるまい、近ごろではワイン以外には何も飲まなくなったのである。……こうしたなりあがり者のジェントルマンは市場をあとにすると、途上で……出会ったすべてのものを手に入れようとした。しかしこれとて、彼らが緋衣で正装し、……「ヨーマンリの騎兵」と呼ばれる際に、彼らの空っ

ぽないしは煙の詰まった頭にとりつく誇りと愚かさにおよぶものではなかったのである……。勤勉な不熟練労働者はそうではなかった。彼の窮乏はたいへんなものであった[147]……。

小親方や事務員や商工業者の多くが、ジェントリや資本家や大規模農場経営者にたいする敵意を、また「勤勉な不熟練労働者」への共感（そしてこれは、一七九五年以降五十年間の急進派の意識におけるとりわけ重要な特徴なのである）をもっていたとしても、それでもなお彼らは、リーズの商工業者たちと同じように、「貴族の影響」に脅かされていた。ピューリタン的な熱情をもつビュイクでさえ、戦時中は「より暴力的な気質をもつ人びとに適切なふるまいの手本となる」ような、そして「現代の極悪非道な政治」への義憤が「限度内」にとどまっているような人びととだけ連携するように気を配った。したがって、民衆層のジャコバン主義者は孤立し、自分たちしか頼ることができなくなり、合法的であることを装った組織ないしは地下組織という独自の手段を見いださなければならなかった。（ビュイクのニューカースルでは、たくさんの居酒屋友愛組合が戦時中に結成されたが、その多くはまちがいなく労働組合活動の隠れ蓑だった。そうしたクラブの集会での「熱心な討論と暴力的な言葉」に貢献したのは、かつてのジャコバン主義者たちであった[148]）。ほかの階級から孤立していたため、急進的な職人《メカニクス》、職人《アーティザン》、不熟練労働者たちは、いやおうなく独自の伝統と組織形態をはぐくまざるをえなかった。そうであるがゆえに、一七九一年から九五年の時期に民主主義の衝撃が与えられたのであり、われわれがまぎれのない「労働者階級意識」の成長について語ることができるのもこの弾圧の時代においてなのである。

最も陰鬱な戦時でさえも、民主主義の衝撃はなお水面下で作用していたことが感じられる。それは、諸権利の確認を、すなわち民衆の千年王国のかすかな光をもたらしたのであり、それが消え失せてしまうことは二度となかった。団結禁止法（一七九九―一八〇〇年）は、非合法のジャコバンと労働組合の潮流とをより密接に結び付けるのに役立っただけである[149]。「侵攻」騒動の時期でさえも、新しい思想と新しい組織形態が発酵しつづけていた。人びとの準政治的《サブ・ポリティカル》な態度に根本的な変化が生じたが、それには幾万もの、いやいやながらの兵隊経験が寄与していた。一八一一年までにわれわれは、新しい民衆的急進主義と新しい戦闘的労働組合主義が同時に登場するのを目撃することができるのである。これは一部は新しい諸経験の産物であって、一部は反動の時代にたいする不可避の応答であった。「私はイングランドの恐怖時代を忘れていない。そこに私の政治的態度の源泉があるのだ」と、「穀物法詩人」エビニーザ・エリオット[56]は書いている。彼の父親はシェフィールド近郊の製鉄所のジャコバン主義者の事務員であって、その父親にたいして「ヨーマンリは、父の家の窓を馬に蹴破らせてよく興じていた」[150]。

一七九二年から九六年の議会改革運動の歴史は、（一般的に言えば）中流階級の議会改革論者の欠落と、民衆層の急進主義者の急激な「左派への」移動とが同時に生じた歴史であった。この経験が五十年間にわたって民衆意識に刻み付けられたのであり、またこの時期を通じて、急進主義の原動力は中流階級ではなく、職人や不熟練労働者から与えられた。民衆協会の人びとは、正しくもジャコバンと呼ばれている。彼らの指導者たちの何人かは、セルウォールも含めてこの言葉を受け入れていた。

> 躊躇することなく私はジャコバン主義という言葉を受け入れる——㈠なぜならそれは、われわれの敵どもによって、一つの焼き印として、われわれに押し付けられているからである……。㈡なぜなら、私はフランスにおける最近のジャコバンたちの血なまぐさい蛮行を憎んでいるが、しかし彼らの原理……は、理性や人間の本性に関する私の考えと、これまでに出会ったもののなかで最も合致するものだからである……私はジャコバン主義という言葉を、中世の慣習法の権威や原理のうえに構築されているなどと称することのないような、広汎かつ包括的な改革の一体系を指し示すためにだけ使用するのである[151]。

彼らのジャコバン主義の特質は、平等《エガリテ》を強調する点にある。「平等《イクオリティ》」は（通常の英語の意味するところでは）あまりにも消極的な言葉であるため、彼らの行動の基礎となった、すべての身分差別の撤廃に関する、明確で積極的な教義を表現しえない。後年の労働者階級の運動は、その友愛と自由の伝統を継承し、豊富化することになる。しかし、組織の存在そのもの、またその資金の確保は、経験豊かな役員からなる幹部層の養成を必要とすると同時に、官僚主義的な形態と統制の源泉となる指導部にたいする一定の服従あるいは過度の忠誠を必要とした。一七九〇年代のイングランドのジャコバンは、まったく異なる伝統を創始した。そこにはジャコバン主義者のディアー卿[57]が普通の「市民ディアー」として職人や織布工と並んで座ったときのような、十八世紀の形式を踏みにじる痛快な平等《エガリテ》があった。しかし「一人の人間は一人の人間であり、それだけのことである」という信念は、ほかにもさまざまなかたちで表現されたが、それはわれわれの時代の実践への批判として思い起こしていいものである。委員会に参加するすべての市民がなんらかの役割を果たすよう期待されたし、委員会の議長職はしばしば持ち回りで分担され、指導者の野心はつねに監視された。行動は、すべての人間が理性をもってさまざまの能力を成長させうるという、また服従と身分差別は人間の尊厳にたいする冒瀆であるという思慮深い信念にもとづいていた。こうしたジャコバンの長所は、チャーティズムにたいして多大な貢献をなしたが、新しい社会主義が政治的権利から経済諸権利へと力点を移行させた十九世紀後半の労働運動では衰退した。二十世紀イングランドでの階級と身分の差別の強さは、ある程度は、二十世紀労働運動がジャコバンの美徳を欠いている結果である。

　ジャコバン的伝統のほかの側面、すなわち独学の伝統、政治制度や宗教制度への合理的批判の伝統、自覚的な共和主義の伝統、そしてなによりもインターナショナリズムの伝統などが重要であることは明白なのだから、あえて強調するまでもない。運動がその思想をこれほどすばやくイギリスの津々浦々まで広めたことは、驚くべきことである[152]。イングランドのジャコバン主義がもたらした最も重要な帰結は、きわめて深く、簡単には確定されえないが、おそらく「会員に制限なき」運動を禁じていたタブーを打ち壊した点にあった。ジャコバン思想が生き残ったところでは、また『人間の権利』が大事に隠し持たれてきたところではどこでも、人びとは、民主主義の運動を始めるためなら、ウィルクスやワイヴィルのような人物にかしずいてもいいとする意向をもはやなくしていた。戦時期の全般にわたって、イングランドのどの町どの村にもトマス・ハーディがいた。彼らは、急進的な書物の詰まった箱や棚をもっていて、時代に耐えながら、居酒屋や教会や鍛冶屋や製靴工の作業場でひと言差し挟みながら、運動が再生するのを待っていたのである。そして彼らが待ち望んでいた運動は、ジェントルマンや製造業者や地方税納税者のものではなかった。それは彼ら自身の運動であった。

ようやく一八四九年になって、ある明敏なヨークシャーの諷刺作家が、「農村政治家《ヴィレッジ・ポリティシャン》」とでもいうものを描写した小品を刊行した。それは真実を感じさせるものである。彼は典型的に描かれており、靴直《コブラー》しで、老人で工業化した農村の賢者である。

彼はいささか自慢にしている図書室をもっている。それは風変わりなコレクションである。……そこには、『高価な真珠』や『コベットの二ペンス雑誌』『天路歴程』……や『前進誌』、『邪悪な労働』や『人間の権利』『フランス革命史』やバニヤンの『聖戦』……、『理性の時代』と年代物の聖書がある。
彼は「もちろんボナパルトのたいへんな称賛者」である。「成功した革命について耳にすると、温めて甘味を加えた一クオートのエールを飲んだときのように、彼の古い情熱がかきたてられる――王権は倒れ、王たちは逃亡し、王子たちは海外に四散する。彼の若き日の夢が実現しようとしている、と彼は考える」。彼は「水平な社会」の上に昇る「自由の太陽」についての大げさな隠喩にふけり、ロシア情勢の知見を口にする。

彼は、危険を冒してまで街頭を歩くことなどなかった往時を思い起こす。彼は、どのようにやじられ、石を投げつけられ、追い払われたかを話す……そして人びとは彼に、トム・ペインのわら人形と一緒にある夜、生きたまま焼かれることがなかったとすればありがたいことだ、と言った。……まったく人身保護法がなかった時代について……そして、荒れ狂ったライオンのように国じゅうを行ったり来たりした法務長官について語るとき、彼は若者たちを聞き入らせる。……彼は、国王はシャツを着ないで生まれ、その結果煽動罪で流刑された……と語ったある男の話をする[153]……。

彼が夢みた革命は決して起こらなかったが、それにもかかわらず、ある種の革命があったのだ。息子のほうのジェイムズ・ワット[58]は一七九三年にこう不満をもらした。議会改革論者に敵対するよう暴徒をけしかけ、「下層の民衆」と「不正な交渉」をしてきたのは、体制擁護派だった。

彼らは、民衆に自らの力を知らしめることがきわめて危険であること、また民衆が必ず「教会と国王」という愚かな叫びを呪うようになる日がくること、そして民衆が自分たちの武器は自分たちの側にあるのだと気づく日がくること、こうしたことについてほとんど考えていない[154]。

飢饉同然の年である一七九五年以降、多くの場所で変化を感じ取ることができる。ノッティンガムでは、ジャコバンたちは一七九四年にすばやく身を隠していたのだが、九六年の選挙という公然闘争で、敵対者たちに対峙し打ち負かすほど強かった[155]。憤慨した体制支持者が九八年にこう書いている。「この町のほとんどの入り口には、板のついた柱が立てられ、その板には『すべての浮浪者は法の命じるところに従って逮捕され、処罰されるものとする』と書かれてある」が、いまや「浮浪者」という言葉のうえに「独裁者」という言葉が張り付けられていて、しかも誰もそれをはぎとろうとしなかった[156]。「長い間われわれは、自分たちが人間であるということをはっきりさせようと努めてきた」と、九七年の艦隊の反乱者たちは宣言した。「われわれには、いまそうであることがわかったのである。われわれは人間として扱われることになるのだ[157]」

一八一二年には、スコットランドの労働組合主義の威力とイングランドのラディズムの威力にあわてふためいて自分の周囲を見回しながら、スコットはサウジーに手紙を書いた。「われわれの足のもとで祖国が掘り崩されている」と。「鉱夫」を地下へ追いやったのはピットであった。当世の「農村政治家《ヴィレッジ・ポリティシャン》」のような人間は、一七八九年の農村ではほとんど見いだすことができなかった。ジャコバン思想は、織布村落、ノッティンガムの掛け枠編み工やヨークシャーの剪毛工の作業場、ランカシャーの紡績工場へと食い込んでいて、価格騰貴と困苦のあらゆる局面をとらえて広まった。しめくくりの言葉を語ったのはピットではなくセルウォールだった。「大勢の人間が集まるところではどこでも、ある種のソクラテス的精神がいやおうなしに成長するだろう」。そして、

……独占や、少数の者による恐るべき資本の蓄積は……それら自体の大罪のなかに、救済の種子を宿している……人間全体を圧迫するものはなんであれ……多少の害悪を生み出すだろうが、知識の普及を促進するものであるし、究極的には人間の自由を増進するものである。だから、すべての大規模な作業場や工場は、いかなる議会立法も押さえ付けることのできない、またどんな治安判事も追い散らすことのできない一種の政治社会なのである。[158]

第2部　アダムの罪

お前は顔に汗を流してパンを得る、土に返るときまで。お前がそこから取られた土に。お前は塵であり、お前は塵に返る。

——「創世記」三章十九節

第6章　搾取

どの「工場」も政治的な反乱の中心となりうるとみていたのは、なにもジョン・セルウォール一人ではなかった。一七九二年にヨークシャー・デイルズ〔イングランド北部の田園・峡谷地帯〕を訪れたある貴族の旅行者は、エイスガース〔ヨークシャー・デイルズにある教区〕の「牧歌的な谷間」に建てられたばかりの紡績工場を見つけて、「いやはや、いまここに巨大なけばけばしい工場があり、その背後の川の流れは、橋の上にある滝の水の半分を取り込んでいる」と驚き、次のように述べている。

工場の鐘の音と労働者のどよめきがために、谷間じゅうの静けさがかき乱されている。労働者たちは体制転覆や平等をもたらす制度について議論している。反乱は間近に迫っているのかもしれない。

工場は、まさに「自然のなりゆき」を破壊する社会的なエネルギーの象徴であった。それは、既成の秩序を脅かす二つの面をもっていた。一つは、工業的な富の所有者、すなわち地代というかたちで所得が限定されている地主を上回る不当な利益をあげていた成り金からの脅威である。

もしこのようにして金持ちになりはじめたり、事業でかくも容易に金儲けができるとすれば、われわれのような並の所得の者や決まった収入しか入らない者にとってはなんと嘆かわしいことか。すべてのナッパ・ホールズ[1]やこの国のヨーマンにとっても難儀きわまることであった。

もう一つは、工業労働の民衆からもたらされる脅威だった。彼らにたいしては、先ほどの旅行者が頭韻を踏む文体で敵愾心をあらわにしていたが、それはこんにち白人の人種差別主義者が有色人種にたいしていだいているものとさほど違いのない反応を示している。

たしかに、その人びとは雇われた者たちである。しかし、彼らはみんな群をなすがゆえの悪徳に身を委ねている。……工場で働いていないときは、彼らは密猟、放蕩、略奪に走るのである……。(1)

紡績工場と新たな工業社会との同一視や、生産関係と社会関係の新たな諸形態が合致しているという指摘は、一七九〇年から一八五〇年にかけての観察者たちのあいだではありふれたことだった。カール・マルクスが「手工業は封建領主の社会をもたらし、蒸気機関の工場は産業資本家の社会をもたらす」と宣言したときにも、彼はこの点を並はずれた迫力をもって表現していたにすぎなかったのである。そして、工場の所有者ばかりでなく、紡績工場のなかやその周辺で働く人びとも同時代の人びとにとって「新奇《ニュー》」と見えた。一八〇八年に、ある田舎の治安判事は、「われわれがランカシャーの製造業地域の境界に近づくやいなや、慣習、雇用、従属関係のいずれの点においても目新しい種類の人間に出会う……」と書いている。また、一五年にロバート・オウエンは、「国じゅうに製造業が一般的に普及したことは、住民たちにある新しい性格を……人民大衆の一般的性格にある本質的な変化を生み出している」と言明した。

一八三〇年代と四〇年代の観察者たちは、「工場制度」の目新しさにまだ驚嘆していた。三三年にピーター・ギャスケル[2]は、製造業に従事する人びとを「揺り籠のヘラクレスにほかならない」とし、「彼らが卓越した重要性をもつにいたったのは、動力として蒸気機関を導入してからのことにすぎない」と語った。蒸気機関は「人びとを稠密な大衆へとまとめあげ」たのであり、ギャスケルはすでに、労働者階級組織に「最も不快なたぐいの『国家のなかの国家《インピリアム・イン・インピリオウ》』」をみた(2)。十年後にクック・テイラー[3]は、同様の言葉遣いで次のように書いている。

蒸気機関は前代未聞であり、ジェニー紡績機に先駆者は存在しない。ミュール紡績機や力織機は、あらかじめ存在した伝統に頼ることなく登場した。それらは、ジュピターの頭から現れたミネルヴァ[4]のように突如として現れ出た。

しかし、この観察者を最も不安にさせたのは、これらの「新型機械《ノヴェルティーズ》」がもたらす人間への影響である。

よそ者は、紡績工場や捺染工場のまわりに蝟集したおびただしい数の人間のあいだを通り過ぎるとき……懸念の気持ちや周章狼狽せんばかりの感情なくして、この『群衆』を凝視することはできない。この人びとは、彼らが属する制度と同様新しい。しかし、彼らはたえず広がり、強大になっている。この新しい人口は大衆の集合体であり、それについてのわれわれの概念は、ゆっくりと生起し徐々にふくれあがる海のような……何か不吉で恐ろしいものを表す用語で彩られている。その海は、いつか将来、それもそう遠くない時期に、必ずや社会のありとあらゆる諸要素をその水面上へとひっぱり上げ、それらを神のみが知るところへと漂わせるにちがいない。この大衆のなかには眠り込んでいる強大なエネルギーがある。……製造業に従事する人びとは、その形成が新しいというだけではなく、その思考や行動の習慣も新しい。それらは、彼らが置かれた状態という環境によってかたちづくられたものであって、外部の諸源泉から教えや指導を受けたことはほとんどなかった(3)……。

『一八四四年のイギリスにおける労働者階級の状態』を書いたエンゲルスにとっては、「最初のプロレタリアは、製造業《マニュファクチュア》と結び付いており、それによって生み出された……工場労働者《ファクトリー・ハンズ》、つまり産業革命の最年長の子供たちが、その始まりからこんにちにいたるまで、労働運動の中核を形成してきた」ように思われた。

保守的な観察者、急進的な観察者、社会主義的な観察者は、それぞれ異なる価値判断をくだしながらも、蒸気機関＋紡績工場＝新しい労働者階級という同じ等式を提唱した。物的な生産装置は、直接的かつ多かれ少なかれ有無を言わせぬやり方で、新たな社会関係、新たな諸制度、新たな文化の諸様式を勃興させるものと見なされた。同時に、一八一一年から五〇年の時期における民衆運動の歴史も、この構図を確証しているようにみえる。それはあたかも、イングランドという国《イングリッシュ・ネイション》が一七九〇年代にるつぼのなかに入り、ナポレオン戦争後に別のかたちをとって現れたかのようである。すなわち、一八一一年から一三年の間にはラダイトの危機があり、一七年にはペントリッジの蜂起、一九年にはピータールー、つづく十年間には労働組合活動の激増、オウエン主義者たちの宣伝活動、急進派ジャーナリズム、十時間労働運動、三一―三二年には革命の危機があり、さらにそれ以後にも、チャーティズムを形成することになる数多くの運動がみられたのである。おそらく、なんらかの破局的変化の感じを（当時の観察者や歴史家のあいだに等しく）引き起こすことになったのは、何にもまして、この多様な形態をとった民衆運動の規模と激烈さである。

一七九〇年代のほとんどすべての急進的現象は、一八一五年以降十倍になって再生産されたのを見いだすことができる。ひと握りのジャコバン派の小冊子類が、二十ほどの過激急進主義やオウエン主義の定期刊行物に成長した。ダニエル・イートンは、ペインやリチャード・カーライルの著作を出版したことで投獄されたが、彼の職人たち《ショップメン》は同様の犯罪で、総計二百年以上の刑に服した。通信協会は二十ほどの町でかろうじて維持されていたが、戦後のハムデン・クラブや政治結社は小さな工業村に定着した。そして、この民衆運動が綿工業の劇的な変化のペースとともに想起されるとき、そこに直接的な因果関係を想定するのは自然なことである。紡績工場は、産業革命ばかりでなく社会革命の担い手と見なされ、より多くの財を生産するだけでなく「労働運動」そのものをも生み出すと考えられている。産業革命は状況描写として使われはじめたが、いまや一つの説明として引き合いに出されるようになった。

アークライトの時代から点火栓引き抜き暴動とそれ以降にいたるまで、われわれの産業革命のイメージは「暗い、悪魔の工場」[5]というイメージに支配されている。おそらくある程度は、それが兵営のような建物、巨大な工場の煙突、工場で働く子供たち、木靴と肩掛け、そしてあたかも工場が生み落としたかのように工場周辺に密集する住宅群といった、劇的な視覚的イメージであることに起因している。（それは、まず最初にその産業を想起させ、そののちに初めてこの産業に関係したり従事している人びとのことを想起するよう強いるイメージである）。また、ある程度は紡績工場と新しい工場町が、その急激な成長、その巧妙な技術、その規律の新奇さないしは過酷さのために、同時代の人びとには劇的で不吉なものに思えたからである。これは、「イングランドの状態」[6]問題をめぐる論争にとっては、内務省の『騒擾報告書《ディスターバンス・ブックス》』に多く見られさえする個性のない無秩序に広がる製造業地帯よりも、納得のいくシンボルだった。そしてここから、文学と歴史のある伝統が一体となって生み出された。産業革命の諸状態についての同時代人による古典的な考察は、ほぼすべてがランカシャーを中心とした綿工業にもとづいたものである。何人かの名をあげれば、オウエン、ギャスケル、ユア[7]、フィールデン[8]、クック・テイラー、エンゲルスらがそうである。『マイケル・アームストロング』『メアリ・バートン』『ハード・タイムズ』[9]といった小説は、この伝統を不滅のものにしている。また、こうした強調は、その後の経済史や社会史の一連の著作に際立って現れているのである。

しかし、多くの疑問が残る。たしかに綿工業は、産業革命のペースメーカーだったし、[4]綿工場は、工場制度の先駆的なモデルだった。しかしわれわれは、経済成長の動態と社会生活や文化生活の動態とのあいだに、なんらかの自動的な対応関係やあまりに無媒介な対応関係を想定すべきではない。（一七八〇年ごろに起こった）綿工場の「飛躍的発展」から半世紀の間、紡績工場の労働人口は、綿工業全体の成人労働人口から見れば少数にとどまっていた。一八三〇年代のはじめに、綿手織工だけで、綿、羊毛、絹の紡績ならびに織布工場の男女労働者総数を上回っていた。[5]一八三〇年においてもなお、成人男性の紡績工は、一九六〇年代のコヴェントリの自動車工場の労働者[10]がそうでなかったのと同じく、例の「平均的労働者」というとらえどころのない労働者像の典型などではなかったのだ。

この点は重要である。というのは、綿工場の目新しさが強調されるあまり、労働者階級のコミュニティを形成した政治的・文化的な伝統の連続性が過小評価されることになりがちだからである。工場労働者《ファクトリー・ハンズ》とは、「産業革命の長子」どころではなく、のちになって現れた者たちなのである。彼らの考え方や組織形態の多くは、ノリッジやウェスト・カントリーの毛織物労働者や、幅の狭い布地を織るマンチェスターの織布工などの、家内制工業の労働者によって先取りされていた。そして、綿業地域を別にすれば、一八四〇年代末（北部とミッドランズの若干の町では、大規模なロックアウトを引き起こした一八三二―三四年）以前のいかなる時期をとっても、工場労働者が「労働運動の核心だった」かどうかは疑わしい。すでにみたように、ジャコバン主義は、職人たちに最も深く根を下ろしていた。ラディズムは小規模な作業場の熟練労働者によるものだった。一八一七年からチャーティズムにいたるまで、北部とミッドランズの下請け労働者は、工場労働者同様、あらゆる急進主義運動で抜きん出た存在であった。そして、多くの町で、労働運動が理念、組織、指導力を引き出すうえで実際に中核を担ったのは、製靴工、織布工、馬具製造工、書籍商、印刷工、建設労働者、小商工業者といった人びとだった。一八一五年から五〇年の間、広範囲にわたってロンドンは急進的だったが、その力は主要な重工業からはいっさい得ておらず（造船業は衰退傾向にあったし、機械工はこの世紀の後半になってようやく影響をもったにすぎなかった）、さまざまのより小規模な職種や職業から得ていた[6]。

このような経験の多様さが、何人かの書き手に「産業革命」および「労働者階級《ワーキング・クラス》」といった概念に疑問をいだかせることになった。ここでは前者については議論する必要はあるまい[7]。この用語は、通常それに含蓄されている意味で十分役に立つ。後者については、多くの書き手が労働者諸階級という概念を好んでいるが、これはこの混成語のなかにある、地位、知識、熟練、労働条件の大きな開きを強調している。この点で彼らは、次のようなフランシス・プレイスの不平不満を繰り返しているのである。

労働民衆《ワーキング・ピープル》の性格や行状を、評論誌、雑誌、パンフレット、新聞、両院議会の報告書や工場監督官の報告書から取り出してみると、最も熟練度の高い労働者や最も分別のある労働者が、最も無知で分別のない不熟練労働者や貧民とともに、「下層階級《ロウワー・オーダーズ》」として一緒くたにされていることがわかる。しかし、彼らのあいだの差異は本当に大きなものであって、実際多くの場合、ほとんど比較などできないのである。[8]

もちろんプレイスは正しい。つまり、サンダーランドの船員、アイルランド人の土方、ユダヤ人の行商人、イースト・アングリアの村の救貧院の被収容者、『タイムズ』紙の植字工――彼ら自身互いの訛がほとんど理解できなかっただろうが、「より裕福な者たち」にしてみれば、彼らは「下層諸階級《ロウワー・クラスズ》」に属すると見なされたことだろう。

にもかかわらず、よく注意を払ってみると、一七九〇年から一八三〇年の間の時期の際立った事実は、「労働者階級《ザ・ワーキング・クラス》」の形成なのである。これは、第一に、階級意識の成長に表れている。すなわち、労働する人びとの多様な集団すべてのあいだでも、また、それ以外の諸階級とは対立する点でも、利害が一致しているという意識の成長である。そして第二に、これに対応する、さまざまな形態の政治組織や産業別組織の成長である。一八三二年までに、強固な基礎を築き上げた自覚的な労働者階級の諸制度――労働組合、友愛組合、教育運動や宗教運動、政治組織、定期刊行物――、労働者階級の知的伝統、労働者階級コミュニティの基本的な型、そして労働者階級としてのある感受構造[11]が存在したのである。

労働者階級の形成は経済史上の事実であると同時に、政治史や文化史上の事実である。それは、工場制度から自然発生的に生み出されたものではなかった。またわれわれは、「産業革命」という外的な力が、人間性というなんの特徴ももたない画一的な原材料にはたらきかけて、それを最後に「新しい種族の人間」に転換したと考えるべきでもない。産業革命期の変化しつつある生産諸関係と労働諸条件は、原材料にではなく、自由の身に生まれたイングランド人に――ペインが遺産として残したような、あるいはメソジストが陶冶したような、自由の身に生まれたイングランド人に押し付けられたのである。工場労働者や靴下編み工もまた、バニヤンや、記憶にとどめられていた村落の権利や、法の前の平等という観念や、工芸技術の伝統《クラフト・トラディション》の継承者であった。彼は強大な宗教的教化の対象だったし、政治的諸伝統の創造者でもあった。労働者階級は、それがつくられたものであるというに劣らず、自らを形成したのである。

このように労働者階級をみることは、こんにちの経済史や社会学の諸学派の支配的な風潮に対抗して、この時期についての「古典的な」見解を擁護することである。というのは、マルクス、アーノルド・トインビー[12]、ウェッブ夫妻[13]、ハモンド夫妻[14]によって初めて区画され測量された産業革命という領土は、いまでは学術上の戦場の様相を呈してきたからである。この時期を「破局的《カタストロフィック》」と見なすよく知られた見解が、逐一論駁されてきた。経済的不均衡、極度の貧困と搾取、政治的弾圧と英雄的な民衆運動の一時代とこの時期をみるのが通説となっていたが、いまや注目を集めているのは、経済成長率（そして、自立した技術的再生産へと「離陸《テイク・オフ》」する際のさまざまな困難）である。こんにちでは、エンクロージャーは、農村の貧民を排斥する残酷さのためというよりは、急速に成長する人口に食糧を提供することに成功したものとして注目されている。この時期の諸困難は、搾取や熾烈な競争よりも、対仏戦争、不十分な交通手段、未成熟な銀行制度や為替制度、不確実な市場、そして景気循環、それらの帰結としての秩序の混乱によるものとみられている。民衆騒擾は、小麦価格の騰貴と不況との不可避的な同時発生の結果であり、それらのデータから引き出された初歩的な「社会的緊張」の図表によって説明できるとされた。[9]全般的にいって、一八四〇年の工業労働者の地位は一七九〇年の家内工業の労働者のそれに比べて、ほとんどの点で良好だった。産業革命は、破局とか激烈な階級対立や階級抑圧の時代ではなく、進歩の時代なのであった。[10]

破局という古典的な通説は、新たな反破局的通説によって置き換えられてきた。後者は、その実証的《エンピリカル》な注意深さにおいて抜きん出ており、またその最も傑出した提唱者たち（サー・ジョン・クラパム[15]、ドロシー・ジョージ博士[16]、アシュトン教授[17]が、旧学派の著述家たちの粗雑さを辛辣に批判した点で際立っている。新たに通説となった研究は、歴史的な学識を豊かなものとしてきたし、重要な点で古典学派の研究成果を修正した。しかし、この新たな通説もまた、いまでは古いものとなり、ほとんどの学術的牙城でその地位を固めるにいたり、挑戦を受ける側に回るようになった。そして、この偉大な経験主義者《エンピリシスト》たちの後継者たちにじつにしばしば見受けられるのは、道徳的自己満足、参照範囲の狭さ、当時の労働民衆の実際の運動に十分通じていないという点である。彼らがより詳しく通じているのは、産業革命が引き起こした社会関係や文化様式の諸変化というよりも、正統派実証主義者の心構えについてなのである。そのために失われたものは、全体的な過程——その当時の全体的な政治的・社会的状況——をつかむ感覚である。有益な限定づけとして現れたものが、目に見えないいくつかの段階を経て新しい一般論（それを支えうる史料はほとんどない）へと移行し、そしてこの一般論から一つの支配的な態度が生まれたのである。

　経験主義的正統派はしばしば、J・L・ハモンドとバーバラ・ハモンドの仕事にたいして一連の批判をおこなっている点でほかと明確に区別できる。ハモンド夫妻が歴史をあまりに道徳的にとらえようとしたり、また過度に史料を「憤慨した感情」をもって整理しようとしていたのは事実である。[11] それ以降の調査研究に照らしてみると、多くの点で彼らの研究には欠点があり限定を付す必要がある。そしてわれわれは、彼らとは別の提案をするつもりである。しかし、ハモンド夫妻の擁護が必要なのは、おびただしい引用と広範な文献渉猟を伴った労働者《レイバラース》に関する夫妻の著作が、長くその当時に関する最も重要な資料集でありつづけるだろうという事実によるばかりではない。われわれはまた、夫妻がその歴史叙述をとおして、産業革命を引き起こした政治的な文脈についての理解を示しているということができる。一つの紡績工場の会計簿を調査する研究者にとっては、ナポレオン戦争は海外市場に影響をおよぼし需要を変動させる、例外的な事態にしかみえない。ハモンド夫妻は、ナポレオン戦争がジャコバン主義に反対する戦争でもあったということを一瞬たりとも忘れたことがなかった。「本書で議論されている時代のイングランドの歴史は、一つの内戦の歴史として読める」。これが『熟練労働者』の序章の冒頭である。そして『都市労働者』の結論部分では、月並みなさまざまな評言に混じって、その時代全体を一挙に浮かび上がらせる次のような洞察が見られる。

市民《シチズン》という言葉の新しい魔力に、ヨーロッパの半分が夢中になり、ほかの半分が恐怖をいだいた時代に、イングランドの民衆は、市民権《シチズンシップ》の理念を自分たちの宗教や文明への挑戦と考える人びとの手中にあった。彼らは故意に、不平等な生活を国家の基礎に据えようと画策し、働く人びとの地位を被支配階級として強調し永続化させようともくろんだ。それゆえに、産業革命がイングランド人を分断したほどには、フランス革命はフランス人を分断しないということが生じたのだ……。

「それゆえに、……生じたのだ」という判断は、疑問の余地があるだろう。しかし、依然として、この洞察——イングランドで起こりはしなかった革命が、フランスで起こった革命以上に破壊的であり、いくつかの点でより分断的なものであったということ——には、真に破局的なその時代の本質を見いだす鍵が含まれているのである。この時代を通じて、二つではなく、三つの大きな影響力が同時に作用していた。おびただしい人口増加があった(イギリス本島《グレイト・ブリテン》では、一八〇一年の千五十万人から四一年の千八百十万人になり、なかでも一一年から二一年にかけて最大の増加率に達した)。技術的な意味での産業革命があった。そして、一七九二年から一八三二年には、政治的な反革命があった。

結局のところ、蒸気機関と同じ程度に、政治的な文脈が労働者階級の意識と諸制度を形成するのにきわめて大きな影響をおよぼした。十八世紀末に政治改革を推進した諸勢力——ウィルクス、都市の商人、ミドルセクスの小ジェントリ、「暴徒《モッブ》」——あるいはワイヴィルや、小ジェントリとヨーマン、織元《クロウジア》、刃物製造業者、商工業者——は、一七九〇年代には、少なくとも若干の断片的勝利を収める前夜にあった。ピットは改革をめざす首相の役どころを割り当てられた。出来事が「自然な」道筋をたどっていたならば、地主と商人との寡頭制と、中流階級の運動のしっぽにくっついていた労働民衆を伴った製造業者ならびに小ジェントリとのあいだで、一八三二年よりもずっと前になんらかの決着がついていたと期待できたかもしれない。製造業者と専門職業人が選挙法改正運動のなかで突出していた一七九二年でさえ、依然として勢力の均衡がみられた。しかし、『人間の権利』の成功、フランス革命の急進化と恐怖政治、そしてピットによる弾圧の開始のあとにあっては、反革命戦争に反対して立ち上がったのは民衆的性格をもつ通信協会だけであった。そして、九六年にはいかにも弱小であったにもかかわらず、これらの民衆団体こそが、戦争の終結にいたるまで持続した「非合法活動《アンダーグラウンド》」の伝統をつくりあげたのである。フランスの出来事に驚いた貴族と製造業者は、愛国主義的な戦争熱のなかで、共通の目標を掲げた。イングランドのアンシャン・レジームは、国家的な諸問題においてばかりでなく、膨張する工業都市に悪政を敷く時代遅れの地方自治体の永続という点でも命拾いをした。その見返りに、製造業者は重要な譲歩を手に入れた。とりわけ、産業における徒弟制度や賃金規制や労働条件に関する「温情主義的」な立法の破棄や撤廃がそうであった。貴族は民衆のジャコバン主義的「陰謀」を弾圧することに関心をいだき、製造業者は賃上げをたくらむ民衆の「陰謀」を打ち負かすことに関心をいだいた。そして団結禁止法が、この両者の目的を満たしたのである。

こうして労働する民衆は、対仏戦争中（ちなみに、彼らもまたこの戦争を戦わなければならなかった）、政治的かつ社会的なアパルトヘイトを強いられた。これはまんざら新しいことではなかったというのは事実である。新しかったことは、この戦争がフランス革命を伴ったということであり、この革命とともに自己意識の成長やより広範な熱望が生じたということであった（たとえば「自由の木」がテムズ川からタイン川まで植えられていた）。また、人口が増加するなかで、ロンドンや工業地帯では、人数というものについての純然たる感覚が年々研ぎ澄まされていったこと（人数が増加するほど、親方や治安判事、あるいは教区牧師への服従が、ますます希薄になるようであった）、そして、経済的搾取がより強力かつ明白になったことも新しいことだった。搾取は、農業や旧来の家内工業でより強化され、新設の工場とおそらくは鉱業においてより明瞭なものとなった。農業では、一七六〇年から一八二〇年の間に大規模なエンクロージャーがおこなわれ、これによって村という村で入会権が奪われ、土地をもたない者や、南部では貧民と化した農業労働者が、農場経営者や地主、そして教会の十分の一税を維持すべく放っておかれた。一八〇〇年以降、家内制工業でこの傾向は広まり、小親方は没落してより大きな雇用主（製造業者や仲買商人）に道を譲り、大多数の織布工、靴下編み工、釘製造工は、多かれ少なかれ雇用が不安定な賃労働の下請け労働者となった。紡績工場や多くの鉱山地帯では、当時は児童雇用の（および女性鉱夫の）時代だった。そして大規模な事業や、新しい規律を伴う工場制度、工場を中心にしてできあがったコミュニティ——そこでは工場主は、「労働者《ハンズ》」の労働から富を築いたばかりでなく、一代で富を築き上げる者たちと見なされた——これらすべてが、搾取の過程を透明にし、搾取される人びとの社会的・文化的な団結に寄与した。

　われわれはいまや、産業革命の真に破壊的な性質について理解しうる。また、イングランドの労働者階級が、なぜこの時期に形成されたのかという理由についても理解することができる。人びとは同時に二つの耐えがたい関係、つまり経済的搾取と政治的弾圧の両方の関係の様態の激化にさらされていた。雇用主と労働者の関係はより過酷となり、人格的なつながりは薄れた。これによって、労働者の潜在的な自由が拡大したということは真実である。というのは、農場で雇用されている奉公人や家内工業に従事するジャーニーマンは、（トインビーの言葉を借りれば）「農奴と市民の身分の中途にとどまっていた」からである。この「自由」は、労働者が自らの不自由をよりいっそう感じるということをも意味した。しかし、彼が搾取に抵抗せんとするところではどこでも、雇用主か国家の弾圧に、通常その両者の弾圧に直面した。

　大部分の労働する人びとにとって、産業革命の決定的な経験は、搾取の性質と強度が変化したという点で感受された。これは、史料に押し付けられたなんらかの時代錯誤の考えではない。われわれは、マルクスが生まれた年である一八一八年に、一人の注目すべき綿工場労働者《コットン・オペラティヴ》がみとった搾取過程について、いくつかの個所を記述することにしよう。この報告——ストライキで工場が操業停止しているマンチェスターの公衆にたいする「あるジャーニーマンの綿紡績工」からの呼びかけ——は、雇用主と労働者を「二つの異なった階級に属する人びと」として記述することから始められている。

それでは、第一に、雇用主について。きわめてわずかの例外を別にすれば、彼らは、マンチェスターの取引所での小さな商人世界との交流で得たもののほかには、教育を受けたり作法をならったりすることなく綿工場から飛び出してきた者たちだ。しかし、この不十分さを埋め合わせるために、彼らは豪勢な邸宅、従者つき馬車、下男たちへの揃いの制服、庭園、猟馬、猟犬などをこれ見よがしに見せびらかして、立派な外見を繕う。また彼らは、それらを最ももったいぶったやり方で外来の商人に見せびらかすために気を配るのである。たしかに彼らの家は壮麗な宮殿であり、その建物の大きさでも広さでも諸君がロンドン近辺で目にするこぢんまりしたきれいな別荘に比べてはるかにまさっている……しかし、自然《ネイチャー》と熟練技能《アート》とが結び付いた美を知る上品な観察者は、嘆かわしい欠陥をもった趣味をそこに見いだすだろう。彼らは、自分の家族を最も金のかかる学校に通わせ、彼ら自身が欠いているものをその子孫には二倍の量にして与えようと躍起になっている。したがって、別の考えに思いをはせるということがほとんどないので、彼らは、彼ら自身がかかわる特定の教区では、絶対的で専制的な文字どおりの小君主となる。そして、これを維持するために、いかにして最小の支出で最大量の仕事を生み出すか工夫することに、彼らのすべての時間が費やされている。……端的に言って、反駁を恐れずにあえて言うのだが、そこの親方と綿紡績工のあいだには、ロンドンの筆頭商人とその最も下っ端の家事奉公人や職人とのあいだ以上に大きな違いが見られる。たしかに比較にならない違いがあるのだ。親方紡績工の大部分は、紡績工を窮乏した元気のない状態にしておくために賃金を低く抑えたがる、ということが事実であることを私は知っている……それは、剰余を自分のポケットにしまい込まんがためである。

親方紡績工はこの王国のほかのあらゆる親方商工業者《マスター・トレイズメン》とはちがって一つの階級である。彼らは無学で高慢で暴君である。ではこうした親方の道具となっている人間、いや生き物とは、いったいなんなのか。なぜに、彼らは、彼らの妻や家族とともに長年それを堪え忍んでいるのか——無慈悲な親方の男奴隷・女奴隷なのである。

法は金持ちも貧乏人も平等に保護し、紡績工は、もし賃金に不満ならば親方のもとを去ることができるのだから、こうした人びとは自由である、といった所見にもとづいて私たちの共通理解を侮辱するのは、意味のないことである。たしかに彼は親方のもとを去ることはできるが、では、彼はどこへ行けばいいというのか。たしかに、彼は別の親方のところへ行けばいいだろう。おそらく彼はそうするだろう。すると彼は、以前どこで働いていたのかと尋ねられる。「親方があんたをクビにしたのかね」。いえ、賃金で折り合いがつかなかったのです。あんたにしろほかの者にしろ、そういう理由で親方のもとを去った者を雇うことはできないな。どうしてこうなるのか。なぜならば、いまわしい団結が親方のあいだには存在するからである。この団結は、一八〇二年にストックポートで初めて確立され、マンチェスターを中心として円周何マイルにもわたるすべての大規模な親方を含むにいたった。小規模の親方は含まれず、排除された。小規模な親方は、大規模な親方にとっては考えられるもののなかでも最も嫌われた存在であった。……この大規模な親方の団結が最初に出現したとき、その冒頭の規約の一つには、以前の親方がその男を解雇したかどうか確認されるまで、その男を雇ってはならないとある。そのとき、この男はどうすべきだろうか。もし、彼が教区、すなわちすべての独立した人間の墓場へ行けば、彼はそこで次のように言われるだろう――私たちはあなたを救済することはできない。もしあなたが親方とけんかをして、家族を扶養しないというのであれば、私たちはあなたを監獄へ送ることになるだろう。こうであるからして、この男は、もろもろの状況のしがらみのなかで自分の親方に服従せざるをえない奴隷なのである。彼は、製靴工や指物師や仕立て工のように、旅をしてどんな町であれ仕事につくということはできないのである。彼はその教区に閉じ込められているのである。

彼ら労働者は、一般に穏和で、気取らず、どのようにして情報を得ているのか私にはほとんど謎だが、よく物を知っている連中である。彼らは、過度にあおりたてられることさえなければ、従順で素直である。このことは、彼らが六歳のときから、朝五時から夜九時まで仕事をする訓練を受けてきたことを考えれば、不思議でもなんでもない。親方への従属を説く者は、朝五時少し前の工場へつづく通りに立ち、どんな天気のときでもかくも朝早く起床する幼い児童とその親の惨めな姿を観察してみるがいい。また、主にオートミール製のビスケットのかけらが入った薄い粥とひとつまみの塩からなるが、ときにはわずかなミルクで彩りが添えられ、わずかなジャガイモの並んだ、また昼食時には少量のベーコンや脂肉を伴った、わずかの量の悲惨な食べ物を吟味してみるがいい。ロンドンの職人が、はたしてこれを食べるだろうか。仕事場に着けば（もし、数分でも遅刻すれば、一日の賃金の四分の一をカットされる）、彼らはわれわれが今年の夏に経験した最も暑い日々よりもさらに暑い部屋に夜まで閉じ込められ、一日のうち昼食の四十五分間以外のいかなる休憩時間も認められていない。彼らが、それ以外の時間に食事をとるときにはいつも働きながらとらなければならない。西インド諸島の奴隷は、焼け付くような太陽のもとで働くとしても、たぶんちょっとしたそよ風が彼にうるおいを与えることがあるだろう。彼は空き地をもち、それを耕す時間を認められている。イングランドの紡績工奴隷は、屋外の空気や至福のそよ風を享受することはない。八階建ての工場に閉じ込められ、重苦しい機械がストップするまで気を休めることができない。それから、翌日のために元気を取り戻すべく帰宅する。家族との団欒の時間はない。彼らはみんな等しく疲労困憊しているのだ。これはなにも誇張した姿なのではない。それは文字どおり真実である。もう一度私は問おう。イングランド南部の職人たちはこうした状態に服従するのだろうかと。

　綿紡績が幼年期にあり、人間労働を不要にする蒸気機関と呼ばれる恐るべき機械が導入される以前には、小親方と呼ばれる人びとが多数いた。彼らは、小資本で何台かの機械を入手し、成人男性と少年からなる少数の労働者（たいてい二十人から三十人まで）を雇った。労働生産物はすべてマンチェスターの中央市場へ持ち込まれ、仲介業者《ブローカー》の手に渡された。……仲介業者はそれを商人に売った。こうした方法によって親方紡績工は、家庭を支え、仕事をこなし、彼の雇う労働者の面倒をみることができた。綿花は、原綿の状態で俵から紡績工の家にいる妻たちに分配され、彼女たちは工場で働く紡績工が使えるよう綿花を熱し、汚れをとった。この仕事によって、彼女たちは毎週八、十、あるいは十二シリングを稼ぎ、食費と家族の維持に使った。しかし、現在ではこのように雇用されているものはいない。というのは、すべての綿花は機械で開綿され、悪魔と呼ばれる蒸気機関で巻き取られるからである。したがって紡績工の妻たちには、毎週四シリングか五シリングほどの子供でもできる仕事を一日中するために、工場に出かける以外には雇用がなくなった。かつては、職人が親方と折り合いがつかず、親方のもとを去っても、よそで仕事にありつけた。しかし、ここ数年で事態は変化した。蒸気機関が使用されるようになり、それを購入したり、六百人から七百人の労働者を収容できる大きさの建物を建設するには、莫大な資本が必要になった。機械動力は小親方が同じ価格で生産しうるより多くの（しかしより上等とはいえない）市場性のある製品を生み出した。これは、短期間の間に小親方の没落という結果をもたらした。そして、急激に成長した資本家たちが小親方の没落のなかで勝利を得た。というのも、この小親方が資本家と労働者の完全な支配とのあいだに立ちはだかる唯一の障害物だったからである。

その当時、労働者と親方とのあいだで製品の品質をめぐってさまざまな紛争が生じた。労働者は彼に与えられた綿花で生産する糸のかせの数かヤード数に応じて支払いを受けていた。それはつねに職長によって認定されるものだったが、職長の利害上の立場は親方に同調せざるをえないものであり、できあがったものを実際以上に粗雑だと見なすことにあった。もし、労働者が承服しないとすれば、彼は雇用者を治安判事の前に召喚しなければならない。その地区で職務にあたった治安判事は、二人の裕福な聖職者を別にすれば、いずれも親方紡績業者と同じ出自をもつジェントルマンである。雇用者は、自分の奉公人《サーヴァント》など会うに値しないことだと考えて、なんであれこうした召喚にたいしては、通常自分の代わりに職長を出向かせることですませてしまう。判事の決定は、一般に、職長だけの証言にもとづくものであるにもかかわらず、親方に有利であった。労働者はかかる費用のことを考えて、あえて上級裁判所《セッションズ》に訴えることはしなかった……。

労働者へのこうした悪行は、富と権力が少数者の手に握られているような地域に存在する恐るべき独占から生じてきたものだった。彼らは傲慢にも心中、自らをこの世の領主と考えているのである。(12)

このきわめて説得力のある事実の読み込みは、ブルーム卿[18]による「政治経済学」の読み込み同様、一方に偏った論述である。しかし「ジャーニーマンである綿紡績工」は、異なる次元の事実について叙述している。われわれは、彼の判断のすべてが正しいかどうかと心配する必要はない。彼の呼びかけがなしていることは、資本主義的な搾取がもつ性格の変化について、労働する人びとが感じている不平不満の種を逐一列挙することである。すなわち、伝統的な権威や義務をもたない親方階級の勃興、親方とそのもとで働く労働者との格差の拡大、労働者の新しい富と権力の源泉としてのあきらかな搾取、労働者の地位の喪失とりわけ自律性の喪失、親方が所有する生産用具への労働者の全面的な依存、法の不公平、伝統的な家族経済の崩壊、労働の規律や単調さや時間や条件、余暇およびアメニティの喪失、「道具」の地位への労働者の引き下げ、である。

　労働民衆がこれらの不平不満を十分に感じていたこと——怒りをもって感じていたということ——は、それだけで十分注目に値する事実である。そして、これは、この時期の最も激しい紛争のいくつかが生計費統計では理解しえない諸問題にかかわっていたということを、否が応でも思い起こさせてくれる。最も激しい怒りを招いた問題は、きわめて多くの場合、直接「パンとバター」にかかわる問題というよりも、伝統的な慣習、「正義」、「独立」、生活の保障《セキュリティ》、あるいは家族経済《ファミリー・エコノミー》、そうした諸価値を問う問題であった。一八三〇年代のはじめには、賃金問題を二の次の課題とする運動が燃え上がっていた。それは、現物給与制度《トラック・システム》に反対する陶工、十時間労働法案を要求する繊維産業労働者、共同の直接行動をとった建築労働者、労働組合への参加権を要求するさまざまの労働者集団による運動であった。一八三一年の北東部の炭坑地帯での大ストライキは、雇用の保障、「現物支給所《トミー・ショップ》」、児童労働にかかわるものであった。

　搾取関係は、不平不満と相互の敵対関係とをたし合わせただけのものではない。それは、さまざまに異なる歴史的文脈において異なる形態を、すなわち所有形態と国家権力の形態に対応した形態をとるものなのである。産業革命の古典的な搾取関係は、温情主義や服従、あるいは「同職《トレイド》」の利害といった互恵的義務のいかなる残滓も入る余地のないという意味において、脱人格化されている。自由競争市場の諸力の作用に対抗するものとしての、社会的ないしは道徳的な拘束力と関連して正当化される賃金や「公正」価格は、少しもみられない。敵対関係は生産諸関係の本質的な属性として受け入れられている。管理や監督の機能は、労働から最大限の剰余価値の獲得を推進する人格を別にすれば、あらゆる人格を抑圧するよう要求する。これが、マルクスが『資本論』で解明した政治経済学である。労働者は一個の「道具」となるか、そのほかの費用項目と同列の記載事項の一つとなる。

実際には、複雑な産業企業体であれば、いずれもかかる哲学に沿って運営できるものではない。産業平和や安定した労働力、そして熟練と経験を積んだ労働者集団の必要は、経営技術の修正を必要不可欠なものとした。事実一八三〇年代までに、紡績工場では新たな形態の温情主義の成長がみられた。しかし供給過剰の下請け産業は、つねに十分な数の未組織の「労働者」が雇用を求めて競争していて、こうした配慮は機能しなかった。ここでは、旧来の慣習が侵食され、旧来の温情主義が脇に追いやられるにつれ、搾取関係が極端な姿で現れた。

これは、産業革命の過酷さにたいする「責め」をすべて「親方」や自由放任主義に負わせられるということを意味するものではない。考えうるいかなる社会状況にあっても、工業化の過程は、苦痛を伴い、古くから重んじられてきた生活様式の破壊を伴わざるをえない。最近の多くの研究は、イギリスの経験に特有な困難に光を当てている。すなわち、市場の不確実性、ナポレオン戦争による多岐にわたる商業上・金融上の影響、戦後のデフレ、交易条件の変動、そして人口「爆発」による異例の圧力である。さらに、二十世紀特有の先入観によって、われわれは経済成長がなににもまして重要な問題だと気づかされることになる。産業革命期のイギリスは「離陸《テイク・オフ》」の諸問題に直面していたと論じることができる。すなわち、運河、工場、鉄道、鋳物工場、鉱山、公益事業などへの膨大な長期的投資は、現在の消費を犠牲にしたものであった。一七九〇年から一八四〇年の労働者世代は、消費の拡大という希望の一部かすべてを、将来のために犠牲にしたのである。[13]

これらの議論はすべて綿密な注意を払うに値する。たとえば、南アメリカ市場の需要変動や地方銀行業の危機に関する研究が、特定の産業の成長や停滞の原因についてわれわれに多くを語ってくれることがあるのだ。学界を支配する正統派への異議は、実証的な研究そのものにたいするものではなく、全体の歴史過程についてのわれわれわれの理解の断片化にたいするものなのである。第一に、経験主義者はある特定の事柄をこの過程から切り離し、それらを別個に考察する。これらの事柄を引き起こした諸条件は当然のことと仮定されるのだから、出来事はそれ自体で説明可能であるばかりか、必然的なこととしてとらえられている。対仏戦争は重税をもって賄わなければならなかった。戦争はこの点で成長を促し、あの点では成長を阻害した、というわけである。これは、示してみせることができるから、そこには必然的にそうなったのだということもまた含意されることになる。しかし、当時の多数のイングランド人は、トマス・ビュイクの「この比類なき邪悪な戦争」という批難に同意していた(14)。不平等な税負担、国家の負債から利益をあげていた国債所有者たち、不換紙幣《ペーパー・マネー》――これらを多くの同時代人は所与の事実としては受け入れず、激しい急進派の運動のかっこうの対象としたのである。

しかし第二段階があって、そこで経験主義者は、これらの断片的な研究をふたたび結び付ける。相互に組み合わさったひじょうに多くの必然性、すなわちばらばらの行列から構成される一つの歴史的過程のモデルを構築するのである。信用制度や交易条件を吟味してみると、おのおのの出来事は説明可能であり、またほかの出来事を生む十分に自立した根拠のようにみえるので、われわれはある事後的決定論へとたどり着く。人間のおよぼす力の次元は失われるし、階級的な諸関係という文脈は忘れ去られるのである。

経験主義者が指摘する事態が実際にみられたことは、まさにそのとおりである。一八一一年の枢密院令はたしかに、いくつかの職種をほとんど行き詰まり状態に陥らせた。戦後の木材価格の上昇は建築費用を引き上げた。流行のめまぐるしい変化（レースがリボンに取って代わった）は、コヴェントリの織機を停止させた。力織機は手織機と競合していた。しかしこれら明白な事実ですら、これら事実へのざっくばらんな証明書ともども疑問に付すに値する。誰の枢密院なのか。なぜ命令なのか。誰が品薄の木材の買い占めで最も儲けたのか。無数の農村の少女たちが、リボンで着飾ることを夢みながらも買う金がないときに、なぜ織機が遊んだままになっていたのか。いかなる社会的錬金術によって、労働節約のための発明が、悲劇を生み出す機械装置となったのか。凶作といった生の事実は、人間の選択を超えているようにみえる。しかし、事実が結果として出てくるのは、人間関係のある一定の複合体、つまり法や所有制度や権力を通じてなのである。「景気循環の強力な干満」といった大げさな言い回しに遭遇したときには、われわれは用心してかからなければならない。というのは、この景気循環の背後には、ある種の財産没収（地代、利子、利潤）を助長しながら、ほかの財産没収（窃盗、封建的な賦課金）については非合法としたり、ある種の対立（競争、戦争）を合法としながら、ほかの対立（労働組合、食糧暴動、民衆的な政治組織）は禁止するという、社会関係の構造――将来の人びとの目には野蛮で短命なもののように映るかもしれない構造――があるからである。

これらの大きな疑問を提起することは不必要であるようにもみえる。というのは、歴史家は自分が研究する社会が信用にたるものであることを疑問に付すことがいつも可能とはかぎらないからである。しかし、これらの疑問はすべて実際に同時代の人びと、つまり上流階級の人びと（シェリー[19]、コベット、オウエン、ピーコック[20]、トムソン[21]、ホジスキン[22]、カーライル）ばかりでなく、はっきり意思表明する何千もの労働者によっても提起されたのである。政治的な諸制度ばかりでなく、産業資本主義の社会的・経済的構造も、彼らの代弁者によって疑問に付された。正統派の政治経済学が論じる事実に、彼らは彼ら自身の事実、彼ら自身の算術を対置した。こうして早くも一八一七年には、レスターの掛け枠編み工たちが、資本主義の過小消費恐慌論を一連の決議として提起したのである。

大多数の民衆を貧しく惨めにした賃金の引き下げに比例して、製造業者の消費も同じだけ引き下げられるはずであること。

もし、気前のいい賃金が全国一様に職人《メカニクス》に与えられたとすれば、われわれの生産物の国内消費はただちに二倍以上になり、したがってすべての労働者はすぐに完全雇用されるだろうこと。

外国市場で外国の製造業者よりも安値で売らんがために、労働者が自分の労働だけでは生活できないほどこの国の職人の賃金を低い水準に引き下げるということは、外国で一人の顧客を得ることにはなっても、国内で二人の顧客を失うということになる(15)……。

雇用されている人びとがより短時間の労働をおこない、児童労働が制限されれば、手工業労働者《ハンド・ワーカーズ》にもっと多くの仕事が生み出され、失業者は雇用され、彼らの労働生産物が直接交換されて——資本主義的な市場の気まぐれを避けて——、商品はより安くなり、労働はより多くの報酬を得られるだろう。自由市場のレトリックに、彼らは「新しい道徳秩序」という言葉を対置した。人間の序列に関する代替的で相容れない見解——一方は互恵性にもとづき、他方は競争にもとづく——が、一八一五年から五〇年にかけて相互に対立しあったため、こんにちの歴史家はいまだにどちらかの立場に与する必要を感じている。

もし、われわれが、少なくとも「あるジャーニーマンの綿紡績工」のような男がどのようにこの事実を読み込んだのかを理解するために想像力をはたらかせなければ、当時の民衆運動の歴史を叙述することはほとんど不可能である。彼は個人の総計としてではなく、一つの階級としての「親方」について語った。そういう存在として、「やつら」は彼の政治的諸権利《ゼイ》を否定した。もし、景気の後退があれば、「やつら」は彼の賃金を切り下げる。もし、景気が回復すれば、彼はこの改善のなんらかの分け前を獲得できるような地位を「やつら」から闘いとらなければならない。もし、食糧が豊富であれば、「やつら」はそこから利益を得る。もし、食糧が不足ぎみならば、「やつら」のうちの何人かはもっと利益を上げる。「やつら」はあれこれの事実においてばかりでなく、すべての事実が正当化される、根底にある搾取関係で共謀していたのだ。たしかに市場の変動や凶作などがあった。しかし、搾取強化の経験が恒常的だったのにたいし、それ以外の困窮の原因は可変的であった。後者は、労働する人びとに重荷としてのしかかったが、それは直接にではなく、はなはだしい不公平を伴って損得を分配する一定の所有体制と権力体制に屈折されてのことなのである。

これらの広範囲にわたる考察は、何年もの間、「生活水準論争」として知られた学界の練習問題（すべての研究者は、賛否どちらかの立場でこの問題をこなさなければならない）によっておおい隠されてきた。大半の人びとの生活水準は、一七八〇年から一八三〇年の間に上がったのか下がったのか――あるいは一八〇〇年と五〇年の間ではどうか[16]。この議論の意義を理解するために、われわれは簡単にこの論争の展開過程をみておかなければならないだろう。

価値をめぐる論争は産業革命と同じくらい古くからある。生活水準論争はもっと最近のものである。イデオロギー上の混乱は、さらに最近になってのことだ。われわれはまずこの論争のより明快な論点の一つから始めてみたい。サー・ジョン・クラパムは、『近代英国経済史』の初版の序文で次のように述べている。

> 人民憲章の起草と万国博覧会［一八三七年と五一年］との間のはっきりはしないがどこかの時点までは、労働者にとってはすべてがより悪化していたという伝説が、しぶとく生き延びている。一八二〇年から二一年にかけての価格下落のあと、一般に賃金の購買力が――もちろんすべての人びとの賃金ではない――フランス革命戦争やナポレオン戦争直前よりも決定的に大きくなったという事実は、伝統的な理解とはひどく相容れないためにまったくといっていいほど言及されることがない。賃金と価格についての統計学者の仕事を、社会史家はずっと無視しているのである。

これにたいして、J・L・ハモンドは、『エコノミック・ヒストリー・レヴュー』（一九三〇年）で二種類の反論をおこなった。第一に、彼はクラパムの農業所得統計を批判した。これらの統計は、農業地域の諸平均を合計し、次にそれらを州の数で割って算出した全国平均にもとづいている。しかし、南部の低賃金所得の諸州の人口は、高賃金所得の諸州の人口（そこでは農業所得は、工業にきびすを接していることから吊り上げられていた）よりもずっと多かったのである。したがってハモンドは、クラパムのいう「全国平均」は、労働人口の六〇パーセントが「平均」値以下の賃金の諸州に存在しているという事実をおおい隠すものだということを示すことができた。反論の第二点で、彼は価値（幸福）に関する議論へと転じているが、きわめて不明瞭で不十分だった。クラパムは彼の第二版（一九三〇年）の序文で、この反論の第一点を受け入れた。第二点については、彼はそっけない警告で応じた（「言葉のごまかし」とか「より高度な問題」）。にもかかわらず、彼は次のことを認めた。「物質的幸福を示す統計では、決して人びとの幸福を計ることはできないということ……に、私は心から同意する」。さらに彼は、「すべてがより悪化している」という見解を批判したとき、「私はすべてがよりよくなったということを言おうとしたのではない。私はたんに最近の歴史家があまりにしばしば……悪化を強調し、よりよくなった点を軽視したり蔑視しているということを言ったにすぎない」と主張した。この点に関してハモンド夫妻は、『希望なき時代《ザ・ブリーク・エイジ》』の後期の版（一九四七年）で、次のようにクラパムとの和解を表明した。「統計学者が言いたいことは……所得が増加したこと、そして、大部分の男女は、自分たちの不平不満を騒々しくがなり立てていたときには、十八世紀が秋のような沈黙のなかで円熟しはじめたときに彼らが貧困であったほど貧しくはなかった、ということである。もちろん、史料は乏しく、解釈はそれほど単純ではないが、この一般的な見解はおそらく多かれ少なかれ正しい」。不満の説明は、「厳密に経済的な諸条件の領域の外部に求められなければならない」。

　そのかぎりでは、たしかにそのとおりだろう。この時代の最も多産な――しかし厳密さを欠いた――社会史家は、著名な経験主義者の辛辣な批判と一戦を交えた。その結果、双方が譲歩した。そして、その後引き起こされた活発な議論にもかかわらず、この論争の主役たちが主張する厳然たる経済的結論の差異は、実際には微々たるものである。いまとなっては、思慮深い学者なら誰一人として、すべてが悪化したとも、すべてがよくなったとも論じないだろう。ホブズボーム博士（「悲観論者」）とアシュトン教授（「楽観論者」）は、ナポレオン戦争中ならびにその直後では、実質賃金は下落したということで合意している。ホブズボーム博士は、一八四〇年代半ばまでは、生活水準のいかなる顕著な全般的上昇も認めないだろう。一方、アシュトン教授は、一八二一年のあとの「より穏やかな」経済状態――「顕著な上昇傾向は、一八二五年から二六年と三一年との不況によってだけ妨げられた」――について述べている。そして、紅茶、コーヒー、砂糖などの輸入増加という観点から、「労働者がこの利益の分け前にあずからなかったとは信じがたい」と述べている。他方で、オールダムやマンチェスター地区に関する彼の価格表は、「一八三一年の貧民の標準的な食事は、一七九一年以下だったということはほとんどできない」ことを示しているが、彼はそれに対応する賃金率表を示してはいない。彼の結論は、労働者階級の内部に二つの主な集団が存在していたことを示唆するものである――「たんなる生存の水準を十分に上回るまで引き上げられた大規模な階級」と、「露命をつなぐのがやっとといった生活必需品への支払いでほとんどその所得が消えてなくなる不熟練労働者や貧しい熟練労働者――とりわけ農業に従事する季節労働者や手織工」。「私の推測では、経済的進歩の利益の分け前を得ることのできた人びとの数は、この利益から締め出された人びとの数よりも、その数は確実に増えつづけていた(17)」

実際には、一七九〇―一八三〇年の期間に関するかぎり、こうした生活水準の上昇はほとんどなかった。大多数の人びとの状態は一七九〇年には劣悪であった。それは一八三〇年でも劣悪なままだった（しかもこの四十年という歳月は長いのである）が、労働者階級内の諸集団の、そのときどきの規模については異論が存在する。そして事態は次の十年間でもいっこうにはっきりしない。労働組合活動が噴出する一八三二年から三四年の時期の組織労働者の実質賃金は、疑いなく上昇した。しかし、三三年から三七年にかけての好景気の時期には、政府、治安判事、雇用主が協力して労働組合を弾圧した。三七年から四二年は不況の時期にあたる。したがって、「人民憲章の起草と万国博覧会とのあいだのはっきりはしないがどこかの時点」において――われわれに言わせれば四三年の鉄道ブームとともに――流れが変わりはじめるのである。さらに、四〇年代半ばにおいてさえ、労働者のひじょうに大規模な諸集団が悲惨な窮状にあったことには変わりがなかったし、鉄道恐慌《クラッシュ》が四七年から四八年にかけての不況を招いた。これは、「成功物語《サクセス・ストーリー》」であるようにはとても見えない。工業主義が全面的に発達したこの半世紀の間に、生活水準は、大規模ではあるが数は定かではない諸集団にとって、やっと生きていける水準にとどまったままであった。

しかしながらこれは、現代の多くの著作から受ける印象とは一致しない。というのは、社会改革論者でもあった先行世代の歴史家たち（ソロード・ロジャース[23]、アーノルド・トインビー、ハモンド夫妻）が貧民への同情から、しばしば歴史とイデオロギーを混同するにいたったのと同じように、現代の何人かの経済史家は資本主義的企業家への同情から、歴史と弁護論を混同するようになったことに、われわれは気づいているからだ。(18) この転換点を画したのは、一九五四年のシンポジウムをまとめた、F・A・ハイエク[24]教授の編集による『資本主義と歴史家』の出版だった。この本自体は、「何年にもわたり全体主義的な脅威に反対して自由社会を守るための諸問題を議論するために定期的に会合を開いてきた」専門家集団の仕事であった。この国際的な専門家集団は「自由社会」とは資本主義社会であると定義していたので、そうした経済理論と特殊な申し開きとの混交の成果は嘆かわしいものとなった。とりわけ寄稿者の一人、アシュトン教授の仕事は、彼の一九四九年の注意深い発見が、それ以上の証拠もないままに――「大多数の人びとにとって実質賃金の増加は十分なものだったと、こんにちでは一般的に合意されている」という、きっぱりとした声明に変形されてしまった。(19) 論争が、混乱状態に陥ったのは、この時点でのことである。そして、学問のためにそれを救おうという近年の努力にもかかわらず、(20) 多くの点で、この論争は断定と個別的訴答の泥沼状態にある。

　生活水準論争は二つの部分に分かれている。第一に、豊富だが断片的な史料から、賃金統計や価格統計そして統計指標を組み立てることは、きわめて困難だということがある。われわれは、職人について論じる際に、こうした史料を解釈することのさまざまな困難について検討することにしよう。ここからさらに一連の困難が始まる。というのは、「水準」という用語は、統計的な計測になじむデータ（賃金とか消費財）から、統計学者がしばしば「評価不可能」と見なす満足といったものへわれわれを導くからである。われわれは、食糧から家庭へ、家庭から健康へ、健康から家族生活へ、そしてそこから余暇、労働規律、教育や遊び、労働強度などへと導かれる。生活水準《スタンダード・オブ・ライフ》から生活様式《ウェイ・オブ・ライフ》へとわれわれはいたるのである。しかしこの二つは同じものではない。前者は、量に関する計測である。後者は質に関する説明（ときには価値評価《エヴァリュエイション》）である。統計的史料は第一の計測には適しているが、後者については「記述的な史料《リテラリ・エヴィデンス》」に多くを負わなければならない。混乱の主な原因は、一方にとってだけ適切な史料からもう一方にかかわる結論を引き出すところから生まれる。統計学者は、「この指標は、紅茶、砂糖、肉、せっけんの一人あたりの消費の増加を示していて、したがって労働者階級はより幸福になった」と論じ、社会史家は「記述的な資料では人びとは不幸であり、したがって彼らの生活水準は悪化したにちがいない」と応答しているかのようにみえることがしばしばある。

　これは単純化されている。しかし単純明快な論点が指摘されなければならないだろう。統計的な平均と人間の経験とが相反する方向へ展開することは十分ありうるということである。一人あたりの量的な要素の増加は、同時に人びとの生活様式や伝統的な人間関係や道徳的拘束力に、大きな質的動揺をもたらすかもしれない。人びとはより多くの財を消費しながら、同時により不幸に、より不自由になることもあるのである。産業革命期に、農業労働者についで大きな単独の労働大衆集団は、家事奉公人《ドメスティック・サーヴァント》だった。彼らの大多数が、雇用主の家に住み込み、狭苦しい部屋を共用し、長時間労働して数シリングの報酬を得る家事奉公人《ハウスホールド・サーヴァント》であった。にもかかわらず、われわれは確信をもって、この集団を産業革命の期間に平均してわずかに生活水準（食糧や衣服の消費）が改善した恵まれた集団に分類できるだろう。しかし、飢餓に瀕していた手織工とその妻は、自分たちの地位が「制服を着た奉公人《フランキー》」よりも上にあると見なしていた。あるいはまた、炭鉱業のような産業を引き合いに出すこともできる。その実質賃金が一七九〇年から一八四〇年にかけて上昇したが、それはより長い労働時間と、よりきつい労働という代価を払ってのことであり、したがって一家の稼ぎ手は四十歳になる前に「すり切れた」のである。統計上これは、上昇のカーブを描くことになる。その家族にとって、それはますます悲惨になることと感じられたことだろう。

　このように、おざなりな観察では対立するかのようにみえる二つの命題を両立させることは、まったく可能なのである。一七九〇年から一八四〇年にわたって、平均的な物質的生活水準にはわずかな改善がみられた。同じ時期に、搾取は強化され、不安定性は大きくなり、人間的な悲惨も増えた。一八四〇年までに、大部分の人びとは、彼らの先行者の五十年以上前の暮らしに比べて「より裕福」だったが、彼らはこのわずかな改善を、破壊的な経験として耐えていたし、その後も耐えつづけなければならなかった。労働者階級意識の政治的・文化的表現は、この経験から出てきたのだが、それを検討するために、われわれは以下のような課題に取り組むことにする。第一に、三つの労働者集団、すなわち農場労働者《フィールド・ワーカー》、都市の職人、手織工の生活体験の変化を検討する。(21) 第二に、人びとの生活水準で「熟考に値する」価値がより少ない要因について、議論する。第三に、産業生活がもたらす内的な衝動強迫と、メソジスムのそれらへの影響について議論する。そして最後に、われわれは新しい労働者階級のコミュニティの構成要素について検討しよう。

第7章　農場労働者

農業労働者[1]は一七九〇年から一八三〇年にかけて全産業のなかで最大の労働者集団であったが、その歴史を検討してみれば、「生活水準《スタンダーズ》」を評価する難しさがわかる。(1)史料が「不十分」であるというのは(ハモンド夫妻はそう示唆しているが)必ずしも真実ではない。困難は、むしろその解釈にあることのほうが多い。十九世紀初頭の賃金や価格については豊富な記録があるものの、同一の仕事や同一の地域に関して継続的にとられた信頼できる数字はずっと少ない。サー・ジョン・クラパムの『近代英国経済史』の生い茂った史料の茂みを、そこに描かれた地域と職業の慣行の多様性とともに検討した者は誰であれ、その豊饒さに圧倒されるのは当然だろう。そして、事実、クラパムの「農業組織」と「工業組織」に関する章[2]はそれだけで教えられるところが多い――ただし、史料の解釈上ではなく、史料の必要条件に関して教えられるところが多いのである。

労を惜しまない探求を通じ、この偉大な経験主義者は一つのこと――神話的な「平　均《アヴェレージ》」の追求――を除いてあらゆる一般化を差し控えている。農業についての彼の議論のなかでわれわれは、「平均的な農場」、「平均的な小土地保有」、雇用主にたいする労働者の「平均的な」割合に出くわすが、それらは事態をあきらかにするよりもわかりにくくすることのほうが多い。というのもそれらは、クラパム自身は区別しようと骨を折っているのだが、ウェールズの山岳地帯とノフォークのトウモロコシ農地の史料を一緒くたにして得られたものだからである。さらに「エンクロージャー」(囲い込み)によって影響を受けた地域の平均的な小屋住み農」、工業の副業が農業所得に与えた「平均的な」損失額、「どちらかというと漠然としたものではあるが、平均的なイングランド(ウェールズも含む）の農業労働者《レイバラーズ》」の総所得、などに出くわす。われわれはすでに、この「平均化」がきわめて奇妙な結果をもたらすことをみてきた。すなわち、一八三〇年には、農業労働者の六〇パーセントは「平均的な」水準以下に落ち込んだ低賃金の諸州に属していたのである。(2) クラパムは、「いかなる平均であれ、平均化するのにもちいられた数値の五〇パーセントほどはこの水準以下にあると考えられる」と譲歩している。しかし、もしこの平均自体が常雇い労働者の慣習的賃金にもとづいているとすれば――すなわち、もし地主が自分の帳簿を詳しく調べて、耕夫《プラウマン》や荷馬車の御者の慣習的賃金は十二シリングであると農業局に報告したとすれば――その場合には、すべてもしくはほとんどの臨時雇い農業労働者はこの平均水準に達しないと考えていいだろう。

しかし、われわれが社会的な現実から離れてしまったと感じるのは、補完的な所得とエンクロージャーの影響に関する彼の議論――そこではわれわれはクラパムによって、経験的なことこまかな事実（グラモーガンでの「愛の刈り入れ《ラブ・リービングス》」や、ラドローでの半エーカーの庭）[3] と「平均」の推定値とのあいだを往復させられる――においてなのである。

> もし、一七九四年よりも一八二四年のほうが、豚や住み小屋の庭が平均的なイギリスの農業労働者によりわずかな収入しかもたらさなかったとしても……ジャガイモ畑の収穫物が、ここでも平均でのことだが、この損失を埋め合わせただろう。たしかに、この三十年間の共有地の利用権の喪失は、多くの場所で多くの人びとの生活を悪化させたが、イギリス全体を平均してみれば、共有地のエンクロージャーによる厚生《ウェル・ビーイング》の喪失がきわめて大きかったかどうかは疑わしいのである。民衆の回想のなかで、それは誇張されてきたのである。というのは、それはイングランドの多くの地域でほとんど影響を与えず、ウェールズではさらに影響は少なく、スコットランドでは、純然たる農業労働者にとっての影響は皆無だったからである。(3)

さて、何が平均化されているのだろうか。先の引用の第一の部分は、もし小屋の庭が失われた同じ村で小さなジャガイモ畑ができたことが実証されうるなら（それぞれの地代をも比較すべきだが）、価値あるものである。しかし、すでに都合のいい伝統となってしまっている第二の部分は、平均化の例ではなく統計的な希釈の例である。エンクロージャーがなされたイギリス各地の数値を、なされなかった各地の数値でもって希釈し、この薄められた液体を全部の州の数で割り、「エンクロージャーによる」厚生の「平均的な」喪失を算出するようにとわれわれは勧められている。しかし、これはばかげている。異質なものの数量の平均をとることはできないし、数量を州の数で割ることによって意味のある平均など得ることはできない。クラパムがおこなったのはこうしたことなのだ。

もちろん、彼が本当にしていたことは、エンクロージャーの最盛期に、「厚生」というつかまえどころのない質について、一個の仮説的な価値判断を提示することであった。しかし、そうするためには、さらにきわめてたくさんの要素――物質的な要素と同様に文化的な要素――が、その価値判断に影響を与えるものとして取り入れられなければならなかったはずである。クラパムの価値判断は、かくもことこまかな生活状況という茂みから樫の木のように突き出ているので――そして、それは「平均」なる偽装を施されているので――事実の表明だと容易に誤解されるのである。

また、これらの事実そのものも、クラパムが示唆しているほどには明確なものではない。十九世紀の大半を通じて、農業所得は統計的な形式に還元されることを頑固に拒否している。[4] 労働需要が季節的に著しく変動したばかりでなく、農業労働には少なくとも次の四つの異なる主従関係があった。㈠一年または四半期雇用の農場《ファーム・》奉公人《サーヴァント》、㈡大農場で、多かれ少なかれ一年中雇用される常雇い労働力、㈢日払いか出来高払いの臨時雇い労働力、㈣ある特定の仕事のために雇用契約を結ぶことのできる、多かれ少なかれ熟練をもつ専門家。

この時期を通じて減少していた第一のカテゴリーは、最も安定しているが、最も独立性がない。きわめて低賃金で長時間労働し、農場経営者の家に賄いつきで下宿していた。第二のカテゴリーには最も条件のいい者と最悪の者がいる。耕夫と羊飼いは賢明な農場経営者のもとであれば安定が保証された。その妻子は臨時雇いの労働に従事する優先権を与えられ、安い値段でミルクや穀物を分けてもらえた。もう一方の極には十代の作男《ファームハンド》がおり、彼らは乾し草を置く納屋の二階に住み、いつでも解雇されうる状態に置かれていて、初期の工場における教区徒弟《ポーパー・アプレンティス》と同じように貧しい生活を送っていた。この両者のあいだに、「必要に迫られて誰かの奴隷とならざるをえなかった不幸な男たち」がいて、彼らは雇用主の貸小屋に住み、「一年中一定の低賃金で働くことを余儀なくされていた」(5)。第三のカテゴリーは、はかりしれないほど多様である。つまり、被救済貧民労働者《ポーパー・レイバー》や被救済貧民並みの賃金《ポーパー・ウェイジ》で働く女性と子供や、アイルランド人の移動労働者（収穫期の高い稼ぎを求めて繊維産業労働者やそのほかの都市の職人までもが仕事をやめてやってきた）がいた。そして干し草畑の刈り取り人たちに適用されるような、こまかく等級化された出来高制がとられた。第四のカテゴリーでは、無数の多様な慣行や、下請け仕事ないしは家族からの隠れた所得があり、それらはどんな統計表をも役立たずにする。

三月二十一日	サムソン、二十九エーカーの排水	八・九
	ロバート、樹木の枝払い一日	一・九
五月二十日	よそ者、三シリング六ペンスでの小麦畑五エーカーの耕作	十七・六
七月二十九日	ライト、クローバー畑七エーカーの刈り入れ	十四・〇
	リチャードソンとペイヴリー、中庭の池の掃除	二・十二・六

——以上のように、一七九七年のエセックスの農場経営者の会計簿に記載されている(6)。ジョウジフ・カーターは、一八二三年から三〇年の時期に関して、アレグザンダー・サマヴィルに、「私は編み垣作り《ハードル・メイカー》であったり、屋根ふき職人であったり、生垣を扱う仕事をしたりしていた」として、次のように語った。

地主は、七年の間そんな仕事をして私がどのように彼から年六十四ポンドを得たのかを説明した。しかし、そのとき彼は、たいていの場合、私が自分の手伝いとして一人の男を雇い、場合によってはさらに二人の女性も雇っていたということにはふれなかった。彼はそのことを言わなかった。私は長年手伝いたちに二十ポンドも支払ってきた。(7)

もしそれらの数字が「そのことにはふれていない」とすれば、それらがほかの多くの影響、すなわち、現物支払いあるいは低率の支払い、庭やジャガイモ畑、エンクロージャーの影響、租税、十分の一税、狩猟法、救貧税などの影響、農村部における雇用の変動、そしてなによりも一八三四年以前および以後の救貧法の影響についてふれることは、不可能である。発生したさまざまな不平不満は、ときとところを異にすればまったく異なって感じられることだろう。ある地域では、またある農場では、現物支給が賃金への追加をなし、生活水準の向上を意味するかもしれない。しかし、より一般的には（農業史家が警告するように）われわれはこれらの支給を「農業における現物支給制度の丁寧な婉曲語法」――賃金を低くとどめおく手段、あるいは極端な場合には貨幣賃金での支払いをまったくしないですませる手段――とみるべきだろう。(8)

総じて、こうした相互に対立する証拠――一方での救貧法の影響と他方での新規のジャガイモ畑、あるいは一方での入会権の喪失と他方での農業労働者の住む小屋先の庭――のあいだの解きがたいもつれあいは、「平均的な」農業労働者というものがまったくとらえどころがないことを証明している。(9) しかし、たとえ平均を手にすることができなくとも、それでもなお、多くの農村部で進行していた全般的な過程をある程度素描することはできる。そして、まず最初にわれわれは、十八世紀の農業改良の精神が、醜い荒地をなくすための、あるいは――ありきたりの言い回しだが――「増加する人口を養う」ための利他主義的な欲求よりも、より多額の地代収入やより大きな利潤を求める欲求によって突き動かされていたということを想起すべきである。そのようなものとしてその精神は、このうえなくけちな顔を農業労働者に向けた。

午前と午後の二回、その仕事がなんであれ、彼らに飲物を与える……慣行が広く行き渡っている。これはばかげた慣習であり、ときを移さずに廃止されるべきである。寒い冬の日に、ビール《エール》を飲むために三十分も耕夫が馬を休ませているのを見ること以上に、ばかげたことなどあろうか(10)。

エンクロージャーの宣伝家たちの議論は、一般に、より高い地代と一エーカーあたりのより多くの収穫という観点から引き合いに出された。村という村でエンクロージャーは、貧民の生存ぎりぎりの経済を破壊した。法的な権利証明をもたない小屋住み農が補償を受けることはほとんどなかった。要求を実現できた小屋住み農に与えられたのは、生計を支えるには不十分なひと握りの土地ときわめて高額なエンクロージャー費用の法外な負担だった。

エンクロージャー（そのあらゆる複雑さが考慮されるならば）は、財産所有者ならびに法律家からなる議会が策定した財産に関する公正なルールと法にもとづいておこなわれた、階級的略奪のきわめて明白な事例である。最近の学術研究では、このゲームのルールが、ハモンド夫妻の名著『農村労働者』で指摘されている以上に公正に守られていたと示唆されている。すなわち、零細土地所有者でさえ分別ある扱いを受け、多くのエンクロージャー委員は誠実に活動した、などである(11)。しかし、これらの有益な限定づけをおこなう際に見落とされがちなのは、問題になっていたのは農業土地所有そのものの性質の転換だったという、より重要な事実である。だから、チェインバーズ[4]やミンゲイ[5]はエンクロージャーについて次のように注記したのである。

> 入会権付きの小屋の居住者は……その小屋の賃借権にもとづいて入会権を享受していたが、なんの補償も受けなかった。というのは、彼らはもちろん、この権利の所有者ではなかったからである。これは、所有者と賃借人とのまったく適切な区別によるものであり、エンクロージャー委員たちが小屋住み農をごまかしたり軽視したりしたことによるのではない(12)。

資本主義的な所有関係の観点から「まったく適切な」ものであっても、それはやはり、村落の慣習や権利の伝統的なおおいを破壊するものであった。そして、エンクロージャーの社会的暴力はまさに、資本主義的な所有の定義を村落へ激烈に、徹底的に強制する点にあった。もちろん、こうした定義はエンクロージャーに先立つ何世紀もの間に村落内部に侵食してきていたものではあった。しかしそれらは、資本主義以前の村落共同体の構造に存在する自治的かつ慣習的な要素と共存していたのであり、そうした要素は――たしかに人口増加の圧力によって崩壊しつつあったが――多くの場所でひじょうな活力をもって存在しつづけていた。謄本土地所有権やもっと曖昧な慣習的な家族賃借権（それは入会権を伴っていた）は法的には無効となったかもしれないが、共同体の集団的な記憶によって承認されていた。落ち穂拾いや燃料の取得、また小道や切り株畑での家畜の係留といった村落民のささやかな権利は、経済成長史家にとっては重要ではないが、貧民の生計には決定的に重要だっただろう。

じつのところエンクロージャーは、農業生産手段にたいする人間の慣習的な関係を蝕んできた、何世紀にもわたる過程の頂点であった。それは、イングランドの農民社会の伝統的な要素の破壊を白日のもとにさらけだすものであり、重大な社会的な帰結をもつものだった。十八世紀イングランドの農業をアーサー・ヤングの『農業年報』や、農業局向けに（この世紀の変わり目に）おこなわれたさまざまな州別調査をとおしてみるのであれば、慣習的な拘束力がずっと以前にその威力を喪失していたとたぶん推測することになろう。しかし、もし村落民の立場からもう一度この事態をみるならば、そこには権利と慣行とがぎっしり詰まっていることがわかる。一群の権利と慣行は共有地から市場まで広がっていて、全体として農村貧民の経済的かつ文化的な宇宙を形成していたのである。

チェインバーズ教授の次の叙述は申し分のないものである。

法的な所有者が、共有の未開墾地を実際上すべて自分たち自身の排他的な使用のもとに専有するということは、増大しつつあった農業労働者集団を完全なプロレタリア化から隔てていたカーテンが引き裂かれることを意味した。このカーテンは、たしかに薄くてもろいものではあった……しかしそれは実際にあったのであり、代替物を与えることなしにそれを彼らから奪うということは、農業労働者たちの労働強化だけが生み出す利益を当の労働者たちには与えないということを意味していた(13)。

共有地の喪失は、貧民にとって、排除されたのだという きわめて厳しい意識をもたらした。内務省の文書にはエンクロージャーにたいする抗議がときおり思いがけなく現れるが、そのなかにほかに例をみない激しい怒りの込められた手紙に出くわすことがある。たとえば、チェスハント・パークの地主《エスクワイア》オリヴァー・クロムウェル[6]にあてられた一七九九年の匿名の手紙には次のようにある。

この手紙をお前にカいているわしらは、われらが教区の権利を擁護せんとするチェスハント教区連合の者である。お前は、われらが権利を不法にもわれらから奪い取ろうとしている……

上記の連合によって次の決議がナされた。もしお前が、われらが共ユウする共ユウ地、すなわち小麦畑や牧草地や沼地などを囲い込む意図をもつならば、わしらは……その残忍で不法な行為より先に、お前の心臓の血を尽きさせてやると決議した。もしお前が先の残忍な行為をおこなうのであれば、罪のないまだ生まれぬ者たちから略奪をはたらかんと欲するすべての者の血を奪い取るまで、わしらはウマビルのごとく、血をよこせ、よこせとわめき立ててやる。「おれに敵の手がおよぶことはない」などと勝手にほざいてはならぬ。なぜなら、わしらは、猛禽のごとくひそかに待ち受けて、先に述べた者ドモの血をしたたらせるのを待つのだから。その者ドモの名前と居所は、われらが鼻のなかの膿んだ腫れ物のようなものだ。わしらははっきり言っておく。汝が寝床にツくときに「おれは安全だ」などとほざいてはならぬ。なぜなら、焔のただなかでは目が開けられないのだぞ(14)……。

チェスハントの「連合」は、例外的にはっきりと意思表明しているし、断固としていた。彼らは議会にたいして対抗請願を起こすことに成功した。そして、彼らの圧力の結果、入会権はエンクロージャーの裁定に際して考慮されることになった。しかし、このような手紙の論調は、エンクロージャーを農村部の権力と服従の全体的な状況のなかでみなければならないことをわれわれに気づかせる。この手紙の筆者のような社会的・文化的地位にあった人びとは、きわめて例外的な状況下でだけ——しかも教育や資産のある者たちの助言を得て——自分たちにはなじみのない文化と権力の、金も時間もかかる手続きに頼ることができたのである。このつねに存在する権力と、不均等にばらばらに起こるエンクロージャー（隣接する村々でのエンクロージャーが数十年の歳月によって隔てられているかもしれない）に直面した小屋住み農が宿命論の立場をとったことは、彼ら犠牲者が無抵抗のようにみえることをいくらかは説明するものである。

たとえそうだったとしても、無抵抗というのは誇張である。エンクロージャーにたいして貧民が実際にどのように反応したのかについての研究はほとんどおこなわれてきていないし、何十年にもわたって、何百もの異なる村々においてそれぞれ固有の経験を負っている、読み書きができず意思表明することのない人びとにかかわる問題であるのだから、こうした研究には特有の難しさがある。(15) エンクロージャー反乱、柵の破壊、脅迫状、放火は、農業史家たちが考えている以上に頻発していた。しかし、貧民による抵抗の性格がきわめて寄せ集め的なものであった理由は、貧民自身の内部における分裂に見いだすことができる。この点について、チェスハントの「連合」の手紙の後半部分に一つの手がかりがある。

わしらは、たくさんの変更の余地があると言わずにはいられない。というのは、ほかの誰一人として何も持ち込むことが許されていないのに、あのラスキン一家やその何人かの者がなぜわれわれの共有チを使っているのか、わしらにはわからないのだ。もし汝が入会権に変更を加えるのであれば、軽蔑されるどころではないぞ。

汝の名前はわれらに注がれた臭い軟膏のように残ることだろう。われらならびに教区のタイ半の声は、入会権の規制を要求するものである……。

十八世紀の終わりには非合法占拠者《スクウォッターズ》や小屋住み農によってばかりでなく、「あのラスキン一家」のような大規模牧畜業者によっても、共有地への重圧が増し、共有地での家畜の過剰な放牧が起こったことを示す史料がある。こうした状況下では、零細土地所有者と貧しい小屋住み農とのあいだを分割する線が決定的に重要となる。零細土地所有者は共有権の最も厳密な制限と規制に関心をもった。小屋住み農や非合法占拠者にとっては慣習のもっと緩やかな定義が利益になった。小土地所有者は（いかなる時代でもいかなる国でも貧農であればそうであるように）、完全な所有権――エンクロージャーがもたらすかもしれない四ないし五エーカーでさえ――が得られるという短期的な展望に目を輝かせたかもしれない。しかし、いかなる所有権ももたない小屋住み農は、エンクロージャーによってすべてを失った。小土地所有者の利得も、長期的には幻想であることが証明されただろう。しかし、こうした幻想は高物価であった対仏戦争期には維持されたのである。

たしかに、エンクロージャーの主要な二つの目的（より多くの食糧とより高い地代）は戦争中に達成された。地代は新たに囲い込まれた地域ではじつに著しい上昇をみたのであり[16]、それはより高い価格と一エーカーあたりのより高い収穫量によって維持された。一八一五―一六年と二一年に価格が下落したときも、地代は高いままだった――あるいはいつもそうだが、ごく緩慢に低下した――ので、エンクロージャーから得られたわずかな自己保有地にしがみついてきた多くの小土地所有者を破滅させることになった[17]。高地代は地主の途方もない贅沢や派手な出費を支え、高価格は農場経営者やその妻たちのより高い社会的地位への要求――コベットはそれをひどく嘆いた――を強めた。これは、バイロンが彼の『青銅の時代』[7]で酷評した「農村の愛国者たち」にとっての最盛期であった。

しかし、貪欲だけで、この時期に農業労働者が追いやられた境遇を説明しうるわけではない。地主や農場経営者の富が増加しているときに、農業労働者を悲惨な生存ぎりぎりの水準にとどめおくことがどのようにして可能だったのか。われわれはこの時期全体の一般的な反革命的な風潮に一つの解答を求めなければならない。一七九〇年以前の時代には、とくに製造業地帯あるいは鉱業地帯に隣接した地域では、おそらく農業労働者の実質賃金は上昇しつつあった。「賃金を引き下げる戦争が必要だ」というのが、北部の一部のジェントリの九〇年代の要求であった。[18] そして、フランス革命が貴族層のあいだにかきたてた恐怖心と階級的憎悪は、その反作用として、それまで主従間にあった抑制を取り払い、主従間の搾取関係を悪化させるほどのものであった。対仏戦争は都市の議会改革者たちの弾圧を招いただけでなく、ワイヴィルに代表される人道的なジェントリをも失墜させた。全般的なエンクロージャーに関して、貪欲をめぐる議論に新たな議論が付け加えられた――社会的な規律の議論である。トマス・ビュイクは、「過去何世代にもわたる貧しい者の相続財産」である共有地に自らの手で小屋を建てて暮らす独立した農業労働者を心に思い浮かべることができたのだが、[19] その共有地はいまや規律欠如の危険な中心と見なされるようになった。アーサー・ヤングは、それを「有害人種を育て上げる」、「野蛮人」の飼育場と見た。そして、リンカンシャーの沼沢地帯について、「かくも荒廃した地方は、この湿地帯と同じくらい荒廃した人種を育て上げるものである」[20] と述べた。

利己心にイデオロギーが付け加えられた。小屋住み農を共有地から排除し、小屋住み農を従属状態に追いやり、補助的な収入を削り取り、小土地所有者を追い出すことは、ジェントルマンにとって公共的精神にもとづく政策課題となった。ワーズワスが、「親譲りの畑」を維持しようと闘う老マイケルと彼の妻の徳行を激賞していた同じときに、もっとずっと影響力のあった『商業と農業雑誌』は、「ヨーマン」にたいして異なる見方をとっていた。

不道徳で、意固地な小農場経営者は、彼の農地にいる雌豚のように、ほとんど孤立している。彼は人付き合いもなく、したがって世の中の意見にたいする敬意などもたないのである。

エンクロージャーの際の小屋住み農の権利については、「彼の要求に注意を払うことは不必要だとみえるだろう」として、次のように述べている。

　しかし、ほかの権利要求者の利害関心は究極的に一定の広さの土地を農業労働者が取得するのを認めるという点にかかわっている……というのはこうした恩恵を与えることによって、救貧税がすみやかに減ぜられるにちがいないからである。四分の一エーカーの庭先の土地が、小農をどのような援助からも自立させる効果があることはまちがいない。しかしながら、この恵み深い意図にも、節度が守られなければならない。さもなくばわれわれははからずも農業労働者を小農場経営者に転換することになるかもしれないのである。それは、勤労の利用のなかで最も利益あるものから最も無用なものへの転換である。農業労働者とその家族が夕べに耕すことのできる以上の土地を保有しはじめたとき……農場経営者はもはやその労働者に規則正しい仕事をしてもらえなくなり、干し草作りや刈り入れは……ときには国家的な不利益をもたらすかもしれない……ほどの損害をこうむるにちがいないのである。

農村の貧しい人びとについてはどうかというと、彼らは「さまざまな口実のもとに教区を騙そうとする、腹黒い詐欺師」であり、「彼らのすべての能力はうまい嘘をつくことに費やされ、それをもって教区の役人から怠惰と放蕩のための手当をせしめるのである[21]」。

　もちろん、例外もある。しかし、一七九〇年から一八一〇年の時期に、事態はこの道筋に沿って進行したのである。安価な労働予備軍の従属度を増大させること——干し草作りや刈り入れで農場経営者の便宜をはかるため、またエンクロージャーに伴う道路建設、柵作り、排水施設工事のための「勤労の利用」——は、政策的な課題であった。コベットが「スコットランドの感情哲学《フィールオソフィー》」と呼び、ハモンド夫妻が「時代精神《スピリット・オブ・エイジ》」と呼んだものは、製造業者だけでなく土地所有者によっても心から支持された。しかし、それは手袋のように産業革命の条件にぴったりとはまりはしたが、農業においては、（せいぜい）古くからの温情主義の伝統（農場労働者にたいする地主の義務）と、必要に応じた所得という伝統（年齢、結婚の有無、子供の数などに応じて賃金格差を設ける古くからの慣習で、スピーナムランド救貧制度のもとでも永続した）と競合したにすぎず、（悪く言えば）それは劣った労働人種にたいする貴族階級の封建的な傲慢さによって強化されたのである。労働は需要と供給の法則に従ってそれ自体の「自然」価格を見いだすという学説が、「公正」賃金という観念を長きにわたって排除してきていた。対仏戦争中、この学説はあらゆる手段で宣伝された。「労働にたいする需要が必ず賃金を規定しなければならない」と一八〇〇年にある地方治安判事は書いた。そして、彼はさらに、救貧税は過剰人口を維持し、結婚を促す——それによって、労働の供給がつねに需要を超過することを保証する——から賃金総額を減少させると論じた。次の記述は、たしかに彼が「平均」の科学におけるパイオニアであることを示している。

　イングランド全体の一年分の救貧税と賃金総額を加えて合計するとしよう。この合計額は、救貧税が存在しなかった場合には、賃金総額だけよりも小さくなると、私は考える。(22)

救済をパンの価格や子供の数に関連づけるさまざまな救貧制度を導入する動機はたしかに多様だった。一七九五年のスピーナムランドの決定は、人道主義と必要性との両方によって余儀なくされたものだった。しかし、スピーナムランド制度や「ラウンズマン」[8]制度の永続化は、かたちを変えながらもすべて、不定期もしくは臨時の労働を必要とする産業にあって、恒常的な低賃金労働予備軍を必要とする、より大規模な農場経営者からの要求にもとづいていたのであった。

戦後には、新たな点が強調されるようになる。すなわち、農場経営者は「人口にたいする奨励金」に反対するマルサスの警告にいっそうすすんで耳を傾けている。救貧税は一七八〇年代には一年につき二百万ポンド以下だったものが、一八〇三年には四百万ポンド以上へ、一二年以降には六百万ポンドを超えるまでに増加した。救貧法委員会が一八三四年に述べているように、人口にたいする奨励金はいまや「怠惰と悪徳にたいする奨励金」だと考えられた。地主と農場経営者は、貧民が教区委員のところへ来ることなしに生計を維持することを可能としていた共有地――すなわち牛やガチョウや燃料用泥炭――が失われてしまったことを後悔しはじめた。何頭かの牛が戻ってきた。あちこちでジャガイモ畑がわずかながらも広がった。農業局は菜園利用の宣伝を精力的に支援した。しかし、全般的な進行過程を逆転させるにはあまりにも遅すぎた。共有地はまったく返還されなかった（それどころかさらに多くの土地が囲い込まれた）し、農業労働者に土地を貸す（おそらく、年最低六ポンドで牛一頭にたいして四エーカー）ような危険を冒す地主はほとんどいなかった。戦争景気の時期に倹約の教えを奉じていた農場経営者たちは、小麦価格が下落したときも倹約をやめるようなことはなかった。さらに、農村人口は、帰還兵のために増大した。倒産した自作農が農業労働者に加わった。エンクロージャーに付随する仕事は減った。そして、北部とミッドランズへの繊維産業の集中は、イースト・アングリア、ウェスト・カントリ、そして南部の農業労働者の地位をさらに弱体化させた。新規ないしは拡大しつつあった農村工業（麦わら編みやレース）が、一時的に労働者を救済した州もあっただろう。しかし、全体的な低落（最も顕著だったのが紡績である）については、議論の余地がないのである。そして、家内制工業における雇用が減少するにつれて、農場労働者としての低賃金女性労働が増大した。(23)

地代の高騰と価格の下落。戦争公債と通貨危機。麦芽や窓や馬にたいする課税。狩り場番人、仕掛け銃、人捕り罠、そして（一八一六年以降の）流刑などの一式を揃えもった狩猟法。以上すべては、直接間接に農業労働者への締め付けを強化することに役立ったのである。「ジャコバンはこうしたことはしなかった」とコベットは厳しく批難した。

そして政府は「神」がそれをなしたと見せかけようというのだろうか。……バカな！　これらのことは、フ、ランスの出来事がイングランドに革命を引き起こすことを恐れて、フランスの自由を押しつぶそうと骨折った代償である。これらのことはそうした企ての代償なのだ(24)……。

農業労働者は、「平均的な」教区主任司祭が保護者となってくれることも期待できなかった。――コベットにとっては、こうした教区主任司祭は低賃金で働く助任司祭に礼拝をおこなわせながら、自分の家族をバースで楽しませる不在の聖職兼職者だった。

ほぼ四十年近くにわたって、伝統的な道徳的拘束力が蝕まれ、好き放題の反革命に支配されてきて地方が蝕まれていると感じ取られていた。あるベドフォードシャーの「感情哲学者《フィールオソファー》」（マックウィーン博士）は、一八一六年に農業局にたいして「救貧税はつねに労働者階級の怠惰と堕落に結び付いていると、私は考えている」として、次のように書いている。

> コミュニティの下層階層《ロウワー・オーダーズ》の道徳は、礼儀と同様に、フランス革命の最初期以来悪化してきている。平等と人権の教義はいまだに忘れられておらず、愚かにも心にいだきつづけられ、しぶしぶとしか放棄されないのである。彼らは、自分の教区を自分の権利であり、相続財産であり、彼らはそれらに助けを求める資格があると考えている(25)……。

イングランドが農業労働者のものでもあったということを想起することは、容易ではないのである。南部と東部の教区では救貧の権利をめぐって長期にわたる消耗戦が闘われていた。共有地が失われたあとでは、これが農業労働者の有する最終的かつ唯一の権利であった。若者や独身者――あるいは村落の職人――なら、思い切って町に出たり、運河沿いに（のちには鉄道沿いに）行ったり、移住したかもしれない。しかし、家族をもつ中年の農業労働者は、彼の「定住《セトルメント》」の安定性を失うことを恐れた。このことが、コミュニティと農村の慣習への愛着と同じくらいに、工業労働市場でのアイルランド人貧民（彼らは農業労働者たちよりもさらに不運であり、失うべき定住地をもたなかった）との全面競争を回避させた。製造業地帯での労働力「不足」のときでさえ、農業労働者の移住は進まなかった。一八三四年以降、救貧委員たちが、主としてランカシャーとヨークシャーの工場へのそうした移住を――おそらくは労働組合への反撃として――促進しようとしたとき、優先されたのは、「子供を抱える大家族の寡婦、あるいは大家族の……手工職人……だった。成人男性は工場の上級工程に不可欠な技能を獲得することができなかった」。マンチェスターやリーズに労働市場が設けられたが、そこでは、紡績工場の所有者は、家族の詳細――子供の年齢――労働者としての性向――道徳的性向――特記事項（「きわめて健康」「その年齢にしては申し分なし」「三人の孤児の親の役目を進んで引き受けている」）――を、売りに出された家畜のように調べることができた。期待をもったサフォークのある貧民救済委員は、「もし一緒に雇っていただけるなら、たとえば、男性なら八シリング、女性は四シリングで働く意向をもつ夫婦者のような、小家族がたくさんおります(26)」と書き添えた。

それゆえ、救貧税は農業労働者の最後の「相続財産」であった。一八一五年から三四年まで闘いはつづいた。ジェントリや監督官の側は、倹約、定住訴訟、砕石や懲罰的な労役、安価な労働の集団請け負い《レイバー・ギャング》制、労働者を競売にかけたり、さらには荷車に引き具でつなぐまでして味わわせる屈辱を武器とした。貧民の側は、監督官にたいする脅し、散発的な妨害行為、「こびへつらいながら狡猾な」あるいは「不機嫌で不満な」精神、救貧法委員会の報告書のページというページに記録されているあきらかに反道徳的な態度を武器とした。「こうした制度のもとで働くよりもすぐにでも奴隷となったほうがましかもしれぬ……労働者の意気をくじいたところで、いったいなんになるというのか?」。スピーナムランド制度の敷かれた南部諸州では、農業労働者は自分自身について苦い冗談をとばしていた――農場経営者は「穴のなかにジャガイモを貯蔵するようにおれたちをここに（救貧税に）とどめおいて、そしてもはやおれたちなしには何もやっていくことができなくなったときにだけおれたちを取り出して利用する(27)」。

これは、適切な記述である。コベットは、大規模な農村人口の減少を激しく批難するなかで、原因については正しく述べたが結論を誤った。エンクロージャー——とくに戦争中の南部や西部の耕作可能な土地のエンクロージャー——は、全般的な人口減少をもたらしはしなかったように思われる。農業労働者は——村から町へ、そして州から州へとさざ波のように——移住していたが、全般的に人口は、人口の減少を補う以上に増加した。戦後、物価が下落し、農場経営者がもはや「陸軍や海軍に若者のはけ口を得る」こと（州治安判事にとっては、懲戒処分の権限として役に立つものだった）ができなくなったとき、「過剰人口」をめぐって大騒ぎが起こった。しかし、新救貧法が一八三四年に施行されて以降は、かなりの村でこの「過剰」が虚偽であることが証明された。これらの村では、労働費用の大部分が救貧税から支払われていた。農業労働者たちはほんの数日や半日雇用されると、その後は教区に帰された。「霜が降りれば彼らは農業労働者を解雇する」とある監督官は述べている。「春になると彼らは私のところへやってきて、また労働者たちを連れていく。農場経営者は私の家を私たちの世界で呼ぶところの職人宿《ハウス・オブ・コール》にしている」。雨期は「過剰」を生み出し、収穫期は「不足」をもたらした。雇用主は、隣人の労働力が救貧税からの補助金で賄われていることに嫉妬し、彼ら自身の労働者を解雇して監督官に労働力を派遣してくれるよう申し込む、ということがよくあった。「誰それは労働者のうち二人を解雇した。私は彼らの賃金にたいして支出することになるのだから、そいつらにお前の賃金を支出させてやる。お前はクビだ」というわけである。それは、混乱と浪費と強要の終わりなき置き換えを——そして同じく農業労働者の側のいくつかの策略をも——免れない制度である。しかし、——狡猾さやまったくの強情さを別にすれば——それはただ一つの傾向をもっていた。つまり、農業労働者が自分の賃金や労働生活を支配していたことの最後の痕跡を破壊する傾向である。(28)

「一つの制度」——この、当時の政治経済学のはやり文句は、スピーナムランドに関して、こうつづく——「それは、主従間の相互依存のきずなを破壊した」。事実は、南部の農業労働者は一つの階級として、主人へ全面的に従属する存在へと切り下げられたのである。しかし、奴隷労働は「非経済的」であり、失われた権利への不満や「自由の身に生まれたイングランド人」という未発達の抵抗心をはぐくんでいる人間にそれを強要したときにはとくにそうである。隊を組んで働く農業労働者を監督することは（東部諸州では長年にわたっておこなわれてきたにもかかわらず）「非経済的」である――一年の大半を通じて農業労働者は、彼ら自身の判断にもとづいて、牧畜であれ耕作であれ生垣づくりであれ、二人か三人で一組となって仕事をしなければならないのである。この時代に、搾取関係は強化され、ついには「賃金支払い」をとりやめるにまでいたった。――この種の貧窮労働は、結局のところ、けちなこそ泥、居酒屋でのたかり屋、密猟者、浮浪者を生み出した。抵抗するよりは移住するほうが簡単だった。というのは、搾取関係の強化は政治的弾圧の強化でもあったからである。読み書きできないこと、極度の疲労、志ある者や才気ある者や若者の村からの移住、地主や教区司祭の脅威、エンクロージャー暴動や食糧暴動参加者や密猟者への過酷な処罰――すべてが重なり合って宿命論を受け入れさせ、不平不満の表明を妨げた。最も偉大な農業労働者の権利の擁護者であったコベットは、農場経営者や小さな市場町に多くの支持者をもっていた。一八三〇年以前に、多くの農業労働者が彼の名前を知っていたかどうか、あるいは彼がどのような人物であるかを理解していたかどうかは疑わしい。コベットがオールド・セイラム〔イングランド南部ウィルトシャーの丘陵地で、「腐敗選挙区」として有名〕の「呪われた丘《アカースト・ヒル》」を通りかかったとき、仕事帰りの一人の農業労働者に出会った。

私は、暮らしぶりはどうか尋ねた。彼は、ひどく悪いと言った。私はその原因は何かと尋ねた。彼は、厳しい時代だからと言った。「なんの時代だって？」と私が言った。「夏の天候もこれまでと比べてよかったし、収穫も順調だったが……？」。「ああ！　やつらが貧乏人にたいして悪くするんだよ、ほかが全部よくてもね」と彼は言った。「やつら？　やつらって誰のことかね」と私が言うと、彼は黙り込んだ。私は、「いやいやちがうんだ！　わが友よ。それはやつらではなく、君を収奪しているのはあの呪われた丘なんだよ……」と言った。[29]

対仏戦争期を通じて「社会全体の体制」は、この「悲惨な……田舎の土台」によって支えられていた。「国が必要とする働き手を提供しながら、人の死がつねに野営地や都市につくりだす隙間を埋める頑強な子供たちを育てたのは、こうした農業労働者の妻たちであった」[30]と、デイヴィッド・デイヴィスは書いた。戦後、物価の急騰と村々への兵士の帰還に伴って、世間を騒がすいくつかの反乱が引き起こされた。ヨーヴィル地区からの心痛著しいある手紙にはこう書かれていた。「いま、われわれに課せられている重荷にたいして、われわれはもはやがまんしないと決めた」「血、血、血、全面革命が必ずや起こる……[31]」。しかし、こうした威嚇の激烈さがまさに、ある無力感を指し示している。農業労働者がしばしば大規模な集団ごとに雇用されたイースト・アングリアで深刻な騒擾が起こったのは一八一六年だけだった。最低賃金（一日二シリング）の要求が、物価の上限への要求と結び付けられた。食糧暴動が起き、ジェントリから金が強制的に徴収され、脱穀機が破壊された。しかし、騒動は残忍に弾圧され、密猟戦争や匿名の脅迫状や穀物の山への放火という非合法活動へと押し戻された[32]。

一八三〇年に、奇妙にも優柔不断で血に飢えたところのない群衆が反乱〔＝反道徳的な自由人の騒乱〕を起こしたとき、それは「黒人」〔顔を黒く塗った密猟者〕[9]の蜂起にたいするのと同じたぐいの非道な行為によって鎮圧された。ワーテルローの戦いの勝者は、「私は治安判事たちに馬にまたがるよう促した」と記録している。

> おのおのが、馬の鞭や拳銃、猟銃など手近にあるもので武装した奉公人、家来、馬丁、猟師、狩り場番人の先頭にたって、いっせいに……これらの群衆に攻撃を仕掛け、追い散らし、殺し、逃げ遅れた者を捕えて監禁するよう促した[33]。

しかしながら、反乱者を恐怖に陥れるように特別命令をくだしたのはウェリントン公爵ではなく、〔選挙法改正法案を通過させようとしていた〕新しいウィッグ党内閣だった。そして、この過酷な出来事にたいする激しい抗議を主導したのは中流階級の急進主義の機関紙『タイムズ』だった。そこでは次のように報道された。

［一八三一年の］一月九日に、二十三人の被告人にたいして、バッキンガムの製紙機械を破壊したかどで死刑判決がくだされた。十一日にはドーセットで、三人にたいして恐喝のかどで、二人にたいして強盗のかどで死刑判決がくだされた。ノリッヂでは、五十五人の被告人が機械打ち壊しと暴動で有罪が宣告された。イプスウィッチでは、恐喝で三人が、ペットワースでは二十六人が機械打ち壊しと暴動で、グロスターでは三十人以上が、オクスフォードでは二十九人が、ウィンチェスターでは有罪とされた四十人以上のうち六人が死刑を言い渡された。……ソールズベリでは、四十四人の被告人が有罪と宣告された(34)……。

そして、三年後に、ドーセットシャーのトルパドルの農業労働者を、無礼にも労働組合を結成したとして流刑を是認したのもまたウィッグ党の内閣であった。

この農業労働者の反乱は、ハモンド夫妻の説明にみられる以上に、南部の諸州に加えてイースト・アングリアやミッドランズのもっと広い範囲に広がっていたし、もっと長くつづいた。農業労働者の側からの直接の体験にもとづく説明はほとんど残っていない。一八四五年にサマヴィルが、サットン・スコトニーの村（反乱が始まった場所の一つ）からやってきたハンプシャーの農業労働者、ジョウジフ・カーターの話を書き取った。その労働者は、流刑を宣告されポーツマスの牢獄船で二年間過ごした経験をもっていた。「みんなが参加せざるをえず、拒否する者はいなかった」とカーターは語った。

おれはその晩、通りを隔てた角の家の集会に出ていた。ジョー・メイソンがおれたちみんなにオヴァートンから来たという手紙を読んだ。その手紙には差出人の名前はなかった。しかし、ジョーはそれが誰からの手紙か知っていると言った。ジョーはたいへんな物知りだった。おれは知っているのだが、その手紙はD――sのやつからのものだった。もうやつは死んでしまったが。それはニュートンからきたもので、オヴァートンから来たものでは絶対にない。手紙にはこう書いてあった。おれたちは、みんな仕事を放棄する。サットンの労働者も出かけるから耕作を中止する。自分たちで面倒をみろと農場経営者たちの家へ馬を送り返し、労働者を一緒に連れていく。それから彼らは納屋から労働者を連れ出す。そして全員で出かけ、機械を壊し、農場経営者が脱穀しなければならないようにする。……

さて、その手紙だが、ジョー・メイソンはそれを読み上げた。おれたちはそのときにはそれが誰からの手紙か知らなかった。しかし、いまこの場所でおれたちはみんなD――sのやつがそれを書いたことを知っている。やつはコベットの大の親友だった。コベットさんによく手紙を書いていた。やつはそのことで一度も面倒なことに巻き込まれたことはなかった。やつはひじょうに優秀な組織者だったので、自分が巻き込まれるような面倒に他人を巻き込んだりしなかった。いやいや、おれはこのことでコベットさんを批難しているのではない。D――sという製靴工のことを言っているのだ……。

それからその農業労働者たちはジェントリや農場経営者から金を集めたり強要したりした。ジョウジフ・カーターが会計係に任命された。

彼らは、おれは正直だと言った。そして、彼らはおれが金を管理するようにと持ってきた。おれは一時は四十ポンドを、ぜんぶシリング銀貨で所持した。そのあとおれがそれを持ち逃げすべきだったのにと語った者もいた。一度はそうしようと考えた。おれたちがロンドン通りをのぼっていたとき乗合馬車が近づいてきて、おれはこの乗合馬車に乗って、四十ポンドと一緒にこの仕事すべてにおさらばしようと思いついた。しかし、妻を置き去りにしようとしていることや、仲間がおれのことをどんなならず者と呼ぶだろうか、といったことを考えているうちに、馬車は通り過ぎていってしまった。……

おれはまったく裁判にかけられるにおよばなかった。ウインチェスターの監獄にいるあいだじゅう、やつらはおれから二人のメイソンに不利な証言を得ようと何度もやってきた。やつらは、もし二人のメイソンに不利だと知っていることをしゃべりさえすれば、おれを放免すると申し出た。もし、おれが知っていることを話していたら、二人はボロウマンやクックやクーパーが吊されたように確実に縛り首にされたことだろう。おれはほかの囚人たちと一緒に連れ出されて、やつらが絞首刑を執行するのを見た。やつらはそうやって脅かして、おれたちがお互いについて知っていることをすべて話させようとした。しかし、おれは口を割らなかった。それで、メイソンたちは流刑にされただけだったが、おれも流刑にされた。そうだとも、群衆《モッブ》はおれの意志に反しておれを連れていった。しかし、だからといってみんなを裏切ることはないよ、だってわかるだろう。おれはみんなと一緒にいたよ。……やったのはまだ若い仲間だった[35]……。

農業労働者の反乱は、正真正銘の機械打ち壊しの発現なのであって、隠された政治的動機のしるしはほとんどなかった。穀物置場などの私有財産が破壊された（農村地域の若干の工業機械も同様だった）が、主たる襲撃目標は脱穀機であった。機械は（未来信者の説教にもかかわらず）まちがいなく、すでに飢えに苦しんでいる農業労働者に取って代わりつつあった。したがって、機械の打ち壊しには実際に、なんらかの直接的な救済効果があった[36]。しかし、「若い仲間」のあいだでは、もっと重要な政治理念が広まっていた可能性がある[37]。ジョー・メイソンのような「物知り」は、ジョージ・ラヴレスを予示するものであるといえよう。D――sのような急進的な靴直《コブラー》しは、ほとんどの小さな市場町に見つけることができた。ノフォークでは、ジャコバンや急進主義者の運動がなんらかの痕跡を村々に残していたと示唆したい誘惑にかられる。一八三〇年と三一年にリンカンシャーで、コベットの『〔ポリティカル・〕レジスター』を読んでいた農業労働者たちを脅迫する最も強力な画策がなされた[38]。しかし、目覚めはじめた政治的な意識がたとえあったとしても、都市と農村の労働者が共同の組織をつくったり共同の運動を起こしたりできるような段階には達しなかった。そうなったのは、農業労働者の反乱が鎮圧されて何年もたってからのことだったのである[39]。

一八三〇年の反乱は、まったくなんの効果もなかったというわけではなかった。それは、一時的に南部諸州の賃金を引き上げることになった。そして、間接的には、旧腐敗体制に最後の一撃を加えた。多くの農場経営者と若干のジェントリはこの出来事を恥じ、暴徒と交渉し、あるいは彼らを消極的にではあるが支援した。反乱は、ジェントリの自信を打ちのめすことと、一八三一―三二年の選挙法改正運動を奮起させること、その両方に寄与した。コベットは、「この問題の重要な特徴は、これまではいつも、一般的に言って、労働者階級と敵対してきた中流階級が、行動においてはつねにそうではないが、いまや心のなかでは彼らとともにあることだ。……商工業者のあいだでは、首都においてさえ百人中九十九人までが農業労働者の味方である」と書いた[40]。貴族は「めんつ」を失った。選挙法改正の必要性と緊急性がより明白になった。そして、農村部の労働者のあいだに主義主張の明確な政治的発展がみられるようになったのはこの時期以降なのである。一八三〇年代には労働組合主義は孤立しながらも存在した。三五年には穀物法支持の請願署名を拒否したジョウジフ・アーチ[10]の父（「昔気質の毅然とした、こつこつ働く人物」）が犠牲になっている。またイースト・アングリアや南部ではチャーティスト運動の支部が散在した。

しかし、農業労働者の不満は、都市の労働者階級にとってわがことのように感じられ、その意識をつくりあげているほかの諸要素と絡み合った。フランスやアイルランドとは違って、首尾一貫した国民的運動を引き起こすことは一度もなかったにもかかわらず、農村の不満の大きなうねりは、つねに土地にたいする権利へと立ち戻った。「ブレドロウが囲い込まれる以前のほうがいい時代だった。……われわれは、喜んで一ルード〔四分の一エーカー〕の土地を占有し、その地代を全額払う」（バッキンガムシャーの農場労働者の請願、一八三四年）。「……鋤で耕作できる小菜園の農業労働者への割り当て……」（エセックスの農業労働者の請願、三七年）。「彼はすべての農業労働者が農場経営者が支払うのと同額の地代で三ないし四エーカーの土地を得ることを望んだ。農業労働者は、喜んで、これを支払うだろう（大きな歓声……）」（ウィルトシャーの農業労働者の演説、四五年）。農業労働者やその子供たちが町に移っても、依然として残ったのはこの願望だった。そして、十分の一税や狩猟法、脱穀機が忘れ去られても、失われた権利の意識はなかなかなくならなかった——あるいは、クラパムに言わせれば、「民衆の回想」のなかで「誇張された」。われわれは、コベットとハント[11]という二人の農場経営者がいかに新たな都市部の急進主義の形成に手を貸したかをみるだろう。しかし、田舎の記憶は、おびただしい数の個人的な経験を通じて都市の労働者階級の文化に送り込まれた[41]。十九世紀全般にわたって都市部の労働者は、おそらく彼の祖父がひそかに心にいだいていた「土地貴族」への憎しみを、明確に表明した。彼は低俗なメロドラマのなかに登場する地主をみるのを好んだ。そして、彼は気前のいいご婦人からの施しよりも貧民救済委員会のほうがまだましだと考えた。彼は、土地所有者はその富への「権利」をもたないが、工場主は、たとえ汚いやり方であったとしても、自分で「稼いでいる」と思った。トルパドルの農業労働者の流刑にたいする都市部の労働組合主義者の対応は、すばやく圧倒的であった。そして、のちのアーチの組合闘争への対応もこれに劣ることはほとんどなかった。そして土地にたいする切なる思いは下請け労働者による「独立」への欲求と絡み合って、スペンスの時代からチャーティストの「土地計画」、さらにはそれを越えて、何度も何度も現れた。おそらくその痕跡が、こんにちのわれわれのなかにも市民菜園《アロットメント》や庭先菜園のかたちでまだ残っている。土地は地位や安定や権利といった、収穫物の価値よりも深淵なものをつねに連想させるのである。

この影響は、はやくも一七九〇年代に、土地貴族にたいするジャコバンの憎しみに現れている。これは、職人の急進主義がずっともちつづけた特徴であり、ペインの『土地配分の正義《アグレリアン・ジャスティス》』や、土地の国有化を主張するスペンスによる宣伝活動によって助長された。厳しい戦後不況のなかで、ワトソン博士やそのほかの演説家はスパ・フィールズでの集会に参加した失業者や、解雇された水兵や兵士から、絶大な支持を勝ち取った。

……交易と商業は破局を迎えつつあるが、しかし、大地はなお本質的に人間を維持するようにつくられたのだ。大地は人間が困窮しないで生きるのに十分なだけいつも存在する……もし人が鋤と鍬さえ持っていれば[42]……。

次の十年間に、オウエン主義が庶民の支持者のあいだでその形態を変えるにつれて、土地にもとづく協同社会の夢は途方もない力を得た。

そして、「ノルマンの庶子とその武装した盗賊ども」以前にあったとされるイングランド人の自由という政治的な神話に、エンクロージャーならびに対仏戦争以前の農村共同体は黄金時代にあったという社会的な神話が付け加えられた。

古のイングランドの時代、古のイングランドの食事、古のイングランドの休日、古のイングランドの正義、そしてすべての者が額に汗して生きる、そうした時代の復興を生きて見られますように……その時代には織布工は自分の織機で仕事をし、自分の土地で手足を伸ばし、法律はすべての豊饒なるものへの貧しい者たちの権利を認めていた……。

——これは、チャーティスト運動の指導者であるファーガス・オコナー[12]の言葉である。彼はこの神話を巨大なものに仕立て上げた。しかし、コベット、ハント、オウストラそして二十人ほどの急進主義運動の指導者たちもこれに寄与した。いにしえのイングランドの残酷な刑法、窮乏、懲治監は忘れられていた。しかし、失われた温情主義的な共同体という神話は、それ自体で一つの勢力を形成した——おそらく、オウエンや社会主義者のユートピア的な計画と同じぐらい強力な勢力をもった。それを「神話」というのは、それがすべて虚偽であったということではない。むしろそれは、記憶のモンタージュであり、すべての失われたもの、すべての虐げられたものが一つの全体へ寄せ集められてつくられた「平均」である。(オコナーのパンフレットのなかで)「老ロビン」が工場主にこう語っている。自分が子供のころには、「詐欺氏や略奪氏やけちんぼう氏のものの背後にあるすべてのこれらの新しい通りは……すべて野原だった。そして子供たちはそこで八、九、十、十一歳、いや十二歳まで、ゲーム、クリケット、落とし穴、おはじき、球戯……それに馬跳び……で遊び暮らしたものだった」。それから

「金持ちの連中が、『やつが来るぞ』とか『やつらが来るぞ』と貧乏人を意味ありげに脅かす」時代がやってきた。
「ロビン、『やつら』って誰のことなんだい?」

もちろん、ボナちゃん〔ナポレオン〕とフランス人さ、まちがいないさ。そうだとも、そのとき金持ち連中が貧乏人たちを脅かして土地をみんな盗んだんだ。これはありふれたことで、当時はね、スミスさん……猫も杓子も監獄や兵営行きになるのはありふれたことだった。そして、みすぼらしい連中はみんな牛かロバか馬を共有地で飼い、クリケットに興じ、競争し、レスリングをやったものなんだ。……

……やつらは一方に兵営を建て、他方に教会を建てた……そして最後には、ほとんどすべての連中が、虐待弁護士《ロウヤー・グラインド》とゆすり弁護士《ロウヤー・スクイーズ》へ支払うために、牛を売らなければならなかった。……そしていまや、やつらのなかの誰かの息子が市長になり、もう一人が銀行経営者になっている。ああ、なんてこった、たくさんの正直者が昔ながらの共有地のために縛り首になったり流刑にされたんだからな。(43)

土地返還を求める最も一貫した全国的な運動をおこなったのが、田舎の労働者ではなく、都市の労働者だったというのは歴史の皮肉である。彼らの一部は農業労働者の息子や孫であり、彼らの機知は地主の影響から自由な都市の政治生活によって研ぎ澄まされた。ある者——土地計画《ランド・プラン》の支持者たち——は、田舎出身の織布工や職人であった。「父や祖父や私の家系に属するすべての人は土地で働いた。そして土地は彼らを殺しはしなかった。それなのになぜ、それが私を殺すというのか?」(44)。膨張する都会の瓦礫の山のなかで、困窮と失業とに直面し、失われた権利の記憶が剥奪の苦々しさを新たに呼び起こしたのだった。

われわれは、平均からはるかにはずれてきてしまった。そしてそれは意図したことであった。というのは、厚生《ウェル・ビーイング》の平均をつくることはできないからである。われわれは、ジェイン・オースティンの小説世界[13]とは反対の側をみてきた。そして、この側に住む人びとにとって、この時代は十分に破局的であると感じられたのである。

「農場経営者がジェントルマンになったとき、彼らの農業労働者は奴隷になった」とコベットは書いた。もし、この過程の終わりに何か利得があったと論じうるとしても、われわれはこの利得が別の人びとの手に渡ったということを忘れてはならない。サフォークの農業労働者を綿工場で働く彼の孫娘と比較する場合、われわれは二つの生活水準《スタンダード》ではなく、二つの生活様式《ウェイ・オブ・ライフ》を比較しているのである。

しかしながら、これらの平均に関連して二つの論点を指摘できる。一つは、同じ数値が与えられたとしても、貧困の相対的な低下と絶対的な上昇との両方を示しうることである。農業は、労働需要については非弾力的な産業である。もし、一七九〇年にある農場で十人の労働者が必要とされたとすると、一八三〇年には同じく十人——あるいは、改良された鋤や脱穀機によって八人——しか必要とされないだろう。われわれは、常雇いの農業労働者や荷馬車の御者が、この時期に実質賃金を引き上げたと証明できるかもしれない。だが、農村での人口の増加——臨時労働や失業というかたちでの——は、貧困人口を絶対的に増加させた。そして、こうしたことは農業で最も明白だっただろうが、同じ仮説は、国民全体について論じるときにも留意されなければならない。議論のために、一七九〇年に人口の四〇パーセント（千八百十万人）だけが、ある「貧困線」以下で生活していたと仮定しよう。それにもかかわらず、貧困人口の絶対数は約四百万人からゆうに五百万人以上へと増加することになるだろう。貧困がさらに進行したと「感じられ」るだろうし、さらに、実際により多くの貧民が存在することになろう。

これは数字の手品ではない。おそらく、この種のことが現実に生じたのである。しかし同時に、平均に関するこうした評価は、「平均的な」人間関係については何もわれわれに語ってはくれないのである。こうした点を判断するためにわれわれは、対立しあう主観的な史料をかいくぐるわれわれなりの道をできるだけうまく選ばざるをえない。またこの時期についての判断は、「平均的な」イングランドのジェントルマンに関するなんらかの印象を必ずや考慮しなければならない。コベットの激しい批難——あらゆる神の創造物のなかで「最も残酷、最も冷酷、そして最も残忍なほど傲慢」——を受け入れる必要はない。だがわれわれは、最近ふたたび現れるようになった、つぎのようなより風変わりな見解に頼る必要もまったくない。「イングランドの農村部のジェントルマンは、おそらくまちがいなく、世界中にある、あらゆる社会がかつて生み出した人間のなかで、最も抜きん出た階級である」[45]。この見解に代えて、われわれは、「アシルのジェントルマン」へあてた匿名の手紙に書かれている、ノフォークの労働者の意見を示すとしよう――「きさまはわれわれに最も重い荷を負わせ、またわれわれが知るなかで最も厳しい軛をわれわれにかけた」。

> それはわれわれにとってあまりにも耐えがたい。きさまはしばしば、この過ちは議会の役人にすべてその責任があると言ってわれわれをごまかしてきた。しかし……彼らはこの教区の規制とはなんの関係ももたない。きさまは自分の好き勝手にしている。きさまは、貧しい者たちから入会権を奪い取って、はぐくむために神が与えた牧草を掘り起こしたため、貧民は牛や豚や馬やロバを飼うことができない。また、牧草の成長を妨げるために路上に土砂や石を敷いた。……きさまら五、六人の者がこの教区の土地全体を自分の手中に収めている。そしてきさまは金持ちになりたいと願い、そのほかのすべての貧しい者たちが飢えることを望んでいるのだ……。

「数えてみると、きさまたち一人にたいしてわれわれは約六十人いる。だから、一人にたいしてこれだけ多くの数の人間をきさまが統治すべきなのだろうか？」[46]

しかし、村落共同体がとくに嫌悪感をつのらせたのは、十分の一税を浪費する聖職者にたいしてだった。エセックスのある十分の一税受給司祭が、一八三〇年に、「おまえの邪悪な魂の死の準備をしろ」と脅されたが、手紙には二本のマッチ棒が同封されていた。「きさまときさまの仲間全員は教区で最大の救貧手当受給者だ……」。フレッシュウォーター（ワイト島）の教区主管者は、一人の教区民から、手紙とともに、軽い放火というかたちのずっとあからさまな脅迫を受けた。「過去二十年の間、われわれはお前のいまいましいうぬぼれをまかなうために、ずっと飢餓状態にあった」として、次のように述べている。

いま、われわれがなしたことは、われわれの意図に反して心痛むものだが、きさまのこコロは、パウロのこコロと同じほどに冷酷だ……それだから、この火事を侮辱だと受け取ってはならない、なぜならきさまがそれに値していなかッたら、それはなされるはずがなかッたのだから。わがフるきトモであるきさまはたまたまそこにいなかっただけだ。もしそこにいたらきさまはまる焼けになっていただろう。そうなっていれば、農場経営者たちは老教区司祭がついにまる焼きにされたのを見てどんなに笑ったことだろう……。

この手紙の書き手は、「こんな小サな火事にくよくよするな、われわれがお前の納屋を焼き払えば、もっとひでえことになるんだからな……」と、穏やかな不機嫌をもってしめくくった。[47]

第8章　職人とそのほかの労働者

もし、平均なるものが農業ではあてにならないものならば、都市の工業労働者にも同じことが言える。一八三〇年になっても、典型的な工業労働者は、ミルないしはファクトリーと呼ばれる工場ではなく、（アーティザンないしは「メカニック」と呼ばれる職人として）小規模な作業場《ワークショップ》や自分の家で働いたり、（不熟練労働者《レイバラー》として）路上、建設現場、ドックで多かれ少なかれ臨時雇いとして働いていた。コベットは『ポリティカル・レジスター』を一八一六年に一般大衆に向けて出していたとき、労働者階級ではなくて、「ジャーニーマンと労働者《レイバラー》」に呼びかけたのだった。「職人《アーティザン》」という用語にはひじょうに大きな階層の違いが隠されている。自分の裁量で労働者を雇用してどの親方からも独立している裕福な親方職人《マスター・クラフツマン》から、低賃金で過重労働に従事する屋根裏部屋住まいの労働者《レイバラー》までが含まれる。このため、さまざまな職種における職人の数と地位についての正確な推定はどのようなものであれ困難をきわめる。一八三一年の国勢調査での職業表では、親方、自営労働者、不熟練労働者《レイバラー》を区別しようとはしていない。[1] 農業労働者と家事奉公人（一八三一年のイギリス本島《グレート・ブリテン》については六十七万四百九十一人の女性の家事奉公人だけが記載されている）について大きな集団は建築業で、三一年には、おそらく三十五万から四十万人の成人男子および少年がいた。下請け労働《アウトワーク》がいまだに支配的であった繊維産業を別にすれば、最大の職人産業は、三一年には十三万三千人の成人男性労働者がいると見積もられていた靴製造業であり、服仕立て業の七万四千人がそれにつづいていた。（こうした数字には、雇用主、農村部の靴直し《コブラー》や仕立て工、下請け労働者、商店主、そしてなによりも都市部の職人が含まれている）。世界最大の職人の中心地ロンドンでは、十九世紀初期にはあらゆる種類の十万人にのぼるジャーニーマンがいたとの大雑把な見積もりの権威づけにドロシー・ジョージ博士が手を貸しているようにみえるが、サー・ジョン・クラパムは次のように忠告している。

……典型的なロンドンの熟練労働者は、醸造職人でも、船大工や絹織布工でもなく、建築業についていた者とか製靴工、仕立て工、家具製造工、印刷工、時計製造工、宝石職人、製パン工であった――これらが一八三一年にそれぞれ二千五百人以上の成人の熟練労働者を擁していた主要な職業である。(2)

十九世紀はじめの熟練職人の賃金は、多くの場合労働市場の「需要と供給」によるよりも、社会的な評判や「慣習」によって決定されていた。慣習による賃金規制には、伝統が田舎の職人に与えた地位から、大都市部での複雑に制度化された規制まで、多くの事柄が含まれている。工業は、いまだ地方全体に広く分散していた。鋳掛け屋、刃物研ぎ、行商人は、農場から農場、市から市へと商品や熟練をもって渡り歩いたものだった。大きな村には石工、屋根ふき職人、大工、車大工、製靴工、鍛冶工の火床があった。小さな市場町には、馬具製造工、皮なめし工、仕立て工、製靴工、織布工、そしてことによるとあぶみづくり《ステイラップ・メイキング》とか枕のレース編みといった地方特有の職業が、郵便宿《ポスティング・イン》、農産物や石炭の運送、製粉やパン焼きなどのあらゆる商売とともに存在した。これら農村部の職人の多くは、よりよい教育を受け、より多才であり、都市にやってきたときに接触するようになった都市労働者――織布工や靴下編み工、あるいは鉱夫――よりも自分たちは「一段上」だと感じていた。彼らは自分たちの慣習を持ち込んだ。そして疑いもなく、そうした慣習は、やがては一大都市産業――建築業、馬車製造業、そして機械産業《エンジニアリング》――に成長していくこれら小都市熟練職の賃金の取り決めや格差に影響を与えたのである。

原価計算（それはほとんど理解されていなかった）より、慣習が多くの農村工業での価格を支配していた。とくに、地方産出の原料――木材や石――がもちいられるところではそうだった。鍛冶工は、これこれの金額では荒っぽい仕事をし、それより少し多い金額では上等の仕事をしたという。ジョージ・スタート[1]は、その古典的な研究『車大工の仕事場』のなかで、彼が一八八四年に家族経営の企業を取得したとき、いかに慣習的な価格がファーナム〔ロンドン南部に隣接する州サリーの町〕では支配的だったかを記述した。「私の大きな困難は、慣習価格を見定めることであった」として次のように述べている。

> この地方には、生産費用がどれほどであるのかとか、利潤がどれほどであるのかということや、ある特定の仕事に関して利益を出しているのか損をしているのかということを本当に知っている商工業者がいたのかどうか疑問である。——私はそのような車大工は一人としていなかったと確信する。

利潤の大半は「臨時の仕事《ジョビング》」や修理からあげられた。二輪荷車や四輪車については、「私が利潤を得る唯一の機会は、生産物の質を落とすことだったが、これは職人たちの気質からして問題外であった」。職人は、その熟練が要求するペースで仕事をした。「彼らはたぶん（そして正しくも）、よき仕事とよき原材料への敬意を誇張した」。そして、原材料についていえば、「労働者は気分を害すると、私が彼に提供したものを使うことを拒否するということがしばしば起こった」。この労働者は、「よき車大工の仕事はかくあるべしというその地方の言い伝えのすべてを大事にしていた[3]」。

熟練仕事の慣習的な諸伝統には、通常、「公正《フェア》」価格や「正当《ジャスト》」賃金という観念の名残が伴っていた。社会的かつ道徳的な基準——最低限の暮らし、自尊心、一定水準の仕事への誇り、さまざまな熟練の程度に応じた慣習的な報酬——これらは、厳密な意味での「経済的《エコノミック》」論争と同様、初期の労働組合の紛争に顕著にみられたものである。スタートの車大工の仕事場は、多くのさらに古い慣例にしばられていたのであり、それは、大型四輪馬車建造という都市産業の、農村部でのいとこにあたるものであった。十九世紀はじめに、都市の大型四輪馬車建造業には真正なる階層制が存在していた。つまり、その賃金格差は経済的な理由によって修正されることはきわめてまれでしかなかったのである。「賃金は、仕事の精巧さに比例する」と、一八一八年版の『イングランド職種辞典』に述べられている。車本体の製造工の場合、一週間で二から三ポンド、仕上げ工《トリマー》は「およそ二ポンド」、台車製造工は一から二ポンド、鍛冶工はおよそ三十シリングを得ていた。塗装工は独自の階層制をもっていた。紋章塗装工は二ポンドほどであった。そしてジャーニーマンの塗装工は二十シリングから三十シリングであった。この格差は、多分に社会的評判を維持するものであり、あるいはおそらくそれを反映するものであった。

車体製造工はその一覧表の最初に名前を連ねている。ついで台車製造工、仕上げ工、鍛冶工、スプリング製造工、車大工、塗装工、めっき工、留め具製造工《ブレイスメーカー》などとつづく。車体製造工は、全員のなかで最も裕福であり、ほかの労働者が半ば尊敬、半ば嫉妬とを感じて見上げるある種の貴族を構成している。彼らは自分たちの重要性を知覚しており、ほかの人びとをさまざまに考慮しながら扱った。台車製造工は、恩着せがましくなれなれしい連中だとされ、装飾業者は軽蔑するにはすばらしすぎると見なされている。塗装工の職長は尊敬をもって扱われるが、塗装工たちはせいぜい会釈で好意を示されるにすぎなかった。[4]

こうした状態は、「四輪馬車製造工共済組合」の活動によって支えられていて、また団結禁止法のもとで一八一九年に共済組合の委員長とほかの二十人のメンバーにくだされた有罪判決を乗り越えて存続した。しかしここで注目すべき重要なことは、熟練職人に言及する際に、早くも「貴族」という用語が使用されていることである。[5]「労働貴族」現象は、ときおり、一八五〇年代と六〇年代の熟練労働者の労働組合主義と同時に生じた――あるいは帝国主義がもたらしたとさえ考えられている。しかし実際には、古い労働エリートと新しい労働エリートの両方が一八〇〇年から五〇年の間に存在していたのである。古いエリートは親方職人《マスター・アーティザン》から構成されていて、自分たちが親方、商店主、専門職業人と同じくらい「すぐれている」と考えていた。[6](『イングランド職種辞典』は、大工、皮革工、仕立て工、陶工と並んで薬剤師、弁護士、メガネ職人、そして、公証人を列挙している)。若干の産業では、職人の特権的な地位は、慣習や団結の力や、徒弟制の規制を通じて、あるいはその技能が高度な熟練を要したり高度に専門的なもの——ガラス、木工、金属工業など奢侈品部門での精巧で「趣向を凝らした」作品——であることによって、作業場や工場生産になっても生き残った。新しいエリートは、製鉄業や機械産業や製造業で新しい熟練とともに登場した。これは機械産業にきわめて明白に見いだされる。しかし、綿工業においてさえわれわれは次のような警告、「われわれはみんなが綿紡績工なのではない」を思い起こさなければならない。作業監督官、機械を調整し修理するさまざまな種類の熟練「機械担当工《テンター》」、サラサ捺染の型製図工、そしてそのほか多数の熟練のいる補助的な技能職種があり、どれほど例外的な賃金を稼ごうともそれらは、一八四一年の国勢調査であげられた綿工業における雇用の下位分類項目千二百二十五に含まれていた。

とくに恵まれた貴族が、ロンドンの奢侈産業や、大製造業での熟練工と技術者ないしは経営者といった役割との境界線上にみられる一方で、熟練を要するほとんどすべての産業において、職人や特権的な労働者からなる二流の貴族も存在した。これを知るには、ランカシャーの靴下編み工で、一八一二年に靴下編み産業の労働条件を規制する法案通過のために庶民院議員にたいしてはたらきかけるロンドンへの代表団に参加したトマス・ラージの、好奇心の強い、ユーモアある目をとおして垣間見ればいい。(7) ロンドンに到着するや、掛け枠編み工——彼らはこのとき、彼らの法案通過を促進するために結成された臨時の委員会のほかには恒久的な労働組合組織をもっていなかった——は、団結禁止法にもかかわらず、職人宿で容易に捜し出せたロンドンの労働組合活動家と接触した。

〔トマス・ラージはミッドランズの友人たちにこう返事を書いた〕——われわれが予約したのは大クの委員会が開かれた部屋であったが、その委員会の際に彼らはコウルティングの制ド〔不熟練工の雇用や徒弟の過剰雇用〕に関する最近の裁判を議題にした。われわれはこの問題で彼らと話す機会をもった。彼らはわれわれがいつでも、どんな要求にも応じられる、恒久的な原則にもとづく基金をもっていると考えていた。もし、そうであったならば、彼らは二千から三千ポンドを貸してくれただろうが（というのは、この職種に属する基金には二万ポンドあったから）、しかし、われわれの職種が自らを支える恒常的な基金をもっていないことがわかったとき、彼らはわれわれに金を貸す代わりに、彼らの鼻が無意識のうちに上向きになった。そしてお互いに意味ありげに見つめ合い、絶叫した。なんてこった!!! なんてばかな!!! うまくいかなくても、当然だ！ 十倍も当然だ!!! われわれはいつも靴下編み職人は貧しい連チュウだと思っていた！ ポケットに金がないように、根性もないやつらだ。もし、われわれが団結しなかったら、われわれの職種はどうなるだろう。たぶん、いまの君たちのように、貧乏になるだろう！ ほかの職種を見てみよ！ みな団結している（スピトルフィールズの織布工は例外である。彼らはなんて悲惨な状態にあることか）。仕立て工、製靴工、製本工、金箔師、印刷工、煉瓦積み工、外套縫製工、製帽工、皮革工、石工、ブリキ職人を見てみろ、週三十シリング未満しかもらってない職種など一つもない。三十シリングから五ギニーはもらっている。これはすべて団結によって実現されたのであり、それなしには彼らの職種も君たちのと同じように劣悪なものとなるだろう[8]……。

トマス・ラージの一覧表にわれわれはさらにそのほか多くの職種を加えることができよう。植字工や印刷工《プレスマン》は当時、三十シリングという特権的な限度ギリギリのところにあって、団結したロンドンの親方たちと対峙しながらとりわけ困難な組織化闘争をおこなってきていた。若干の熟練職人は不運だった。活字鋳造工の団結は粉砕され、一八一八年の彼らの賃金は、平均でたった週十八シリングにすぎないといわれていて、一七九〇年からまったく上昇していなかった。同様のことは、メガネ職人やパイプ製造工にも真実であった。『ゴルゴン』[9]は一八一九年に、通年で平均したとき、二十五シリングが平均的なロンドンの「職人」の賃金であると主張した。しかし、二四年に団結禁止法が撤廃され、ロンドンのさまざまな職種に職種別組合が公然と姿を現したが、二五年の『職種新聞』のコラムに最も頻繁に登場するいくつかの職種を引用することによってわれわれは、「二流の貴族」を理解することができる。ラージの一覧表にさらに、樽製造工、船大工、木挽き工、船舶漏水防止工、針金製造工、打ち金鋳造工、獣皮の毛剝ぎ工、皮革仕上げ工、ロープ製造工、真鍮鋳造工、絹染色工、時計製造工、皮剝ぎ工などを付け加えることができる。これは印象深い一覧表である。そしてほかの大都市と同様と同様にロンドンでも、こうした男たちは当時の職人文化と政治運動のまさに中心に位置していた。決してこれらの職業すべてが等しく特権的であったというわけではない。一八二五年、いくつかの職種クラブでは、会員は百人以下だったし、五百人を超えたクラブは多くはなかった。いす張り職人のような例外的に特権的な集団（彼らは徒弟制への受け入れに際して「巨額の謝礼金」を課した）から、すでに下請け労働者の地位にまで転落するという危機的状態に陥っていた製靴工にいたるまで、さまざまだった。[10]

同じように重要な特権的な職人や熟練労働者の集団が地方に見いだせるが、それは同じ職種ばかりでなく、ロンドンでは代表されることのほとんどない職種も含まれていた。とくに、シェフィールドの刃物類製造業とバーミンガムの小間物産業にこのことがあてはまる。後者では、膨大な数の零細作業場が十九世紀に入ってもずっと存続し、バーミンガムを小親方の首都にした。ボウルトンのソーホー工場は、経済成長史で重要な位置づけを与えられている。しかし、この都市の人口の大多数は、十八世紀末にあって、きわめて零細な作業場に、不熟練労働者か半独立的な職人として雇用されていた。バーミンガムの生産物の若干を数え上げてみれば、複雑な熟練の集積体であることが理解できるはずである。すなわち、締め金、刃物類、拍車、ろうそく立て、おもちゃ、銃、ボタン、鞭の柄、コーヒー・ポット、インク立て、鐘、馬車の調度品、蒸気機関、嗅ぎタバコ入れ、鉛管、装身具、ランプ、台所用品などである。「私が会ったどの男も鯨油と金剛砂の悪臭を放っていた」[11]と一八〇七年にサウジーは書いている。

ここ、ブラック・カントリー〔ミッドランズの町ダドリーを中心にした工業地帯の名称〕は、十九世紀の最初の三十年間の専門化の過程には、釘や鎖の製造といったより単純な工程が周囲の下請け労働者村落に移転され、より高度な熟練を要する作業は大都市バーミンガム自体に残る傾向があった。[12]こうした職人中心の職種では、小親方と熟練したジャーニーマンとのあいだの溝は、ジャーニーマンと一般の都市労働者のあいだの溝ほどには、心理的にも、ときには経済的にも、大きくなかったといえる。その職種への正規の加入は、そこですでに働いている者の息子に限定されるか、高額の徒弟謝礼金を支払った者だけに許された。その職種への加入制限は、会社の規制（たとえばシェフィールドの刃物会社のそれは、一八一四年まで廃止されなかった）によって支持され、親方によって推奨され、友愛組合の名を借りた労働組合によって維持された。十九世紀のはじめのこうした職人たちに「私たちがみているのは、雇用者と賃金労働者とのあいだで水平にではなく、依然として職種ごとに垂直に分断されている工業社会なのである」(13)（とウェッブ夫妻は述べている）。同様に、特定の産業の労働者の特権的な部分だけが加入の制限と自分たちの労働条件の改善に成功したということができよう。たとえば、ロンドンの運送人——ビリングズゲイトの運送人も含む——についての最近のある研究は、一部の労働者の歴史がじつに魅力ある複雑なものだったことを実証している。彼らは、日雇い労働者であると安易に想定されるかもしれないが、実際には市当局の特別な監督のもとに置かれていて、十九世紀の半ばまで、不熟練労働の大海にあって特権的な地位を維持していたのである。(14) さらに一般的に、区別は熟練工ないしは徒弟と、その下で働く不熟練労働者とのあいだにあった。つまり鍛冶工とその助手《ストライカー》、煉瓦積み工とその下で働く不熟練労働者、サラサ捺染の型製図工とその助手、などである。

職人と不熟練労働者とのあいだの——地位、組織、そして経済的報酬に関する——区別は、一八四〇年代の終わりから五〇年代の時期のヘンリー・メイヒューのロンドンでは、ナポレオン戦争期よりも大きかったとはいえないにしても同程度には大きかったのである。「熟練工のいるロンドンの西端から不熟練労働者のいるロンドン東部地区に来てみると、道徳的かつ知的な変化はきわめて大きいので、われわれはあたかも新しい土地の、別の人種のところにいるのかと思われる」とメイヒューは論評している。

職人たちは、激烈な政治家であるといっていい。彼らは十分な教育を受けていて、思慮深く、国家にとって自分たちが重要であることを知っている。……不熟練労働者は別の階級に属する人びとである。いまでのところ彼らは従僕と同じように非政治的で、荒っぽい民主的な意見を歓迎することもなく、なにごとにも政治的な意見をもっていないようにみえる。あるいは、もし彼らが政治的な意見をもっているとしても……彼らは労働者の優勢に向かってというよりもむしろ「あるがままの現状」の維持に向かって進む[15]。

ロンドン南部では、友愛組合の会員が最も多く労働組合組織が最も持続しかつ安定していたのは、職人たちのあいだでだった[16]。教育ならびに宗教運動が盛んであり、オウエン主義が最も深く根づいていたのも職人のあいだにおいてであった。仕事を求めて「渡り歩く」習慣が広範にみられたのも職人のあいだでだったため、ある歴史家はそれを「職人にとっての大陸巡遊旅行」〔2〕と述べたほどだった[17]。われわれは、彼らの自尊心と独立を求める欲求がいかにして戦後の時代の政治的急進主義を彩ったのかをみるだろう。そして、もし熟練や労働組合という防壁が取り去られたならば、職人はメイヒューのロンドンにおける最も惨めな人物の一人となっただろう。「貧窮した職人は通常の浮浪者とはまったく異なる階級である」とメイヒューは、ワンズワース・アンド・クラパム同盟の議長から聞かされた。彼らの下宿先や「職人宿」は遍歴職人の宿や「旅人」の友愛施設とは違っていた。彼らは本当に絶望的になったときにだけ労役場《ワークハウス》に頼る。「しばしば彼らは、入所を申し込む前にシャツやチョッキを脱いで売り払っていた……」。「哀れな職人は、茫然自失した人間のように、脅えて、浮浪者収容室に座り込むのである。……街頭の浮浪者となったとき、彼は籠から解き放たれた鳥のようだ。どこへ行くべきかわからないし、どうやったら少しは稼げるのかも知らない[18]」

ロンドンの職人が、こんなにも惨めなところにまで転落することはめったになかった――労役場の入り口にたどり着く前に多くの中途の段階があった。職人の歴史は職種ごとに大きく異なる。そして、もし私たちがロンドンを離れて北部やミッドランズの工業中心地を眺めるならば、熟練労働者《スキルド・レイバラー》や工場労働者といった別の重要な諸階級の存在を目にすることになる――特定の炭田の鉱夫、綿紡積工、建築業の熟練労働者、製鉄や金属産業における熟練労働者――彼らをアシュトン教授は、「経済進歩の利益の分け前を得ることのできる」労働者だと記述した。ダーラムの鉱夫もその一員だったが、彼らについてコベットは一八三二年に（サンダーランド地方で）次のように述べた。

諸君はここでしゃれたものなどなにひとつ目にしない。しかし、すべてが豊かな価値に満ちているようにみえる。そして最もすばらしいのは、働く人々がいい暮らしを送っていることだ。……坑夫《ピットマン》は週二十四シリングを稼ぎ、家賃は無料で燃料費もただ、医者にかかる費用もただである。彼らの仕事は、たしかにひどいものだ。そして、たぶん、彼らは持つべきものを持ってはいない。しかし、いずれにせよ、彼らはいい暮らしをしている。彼らの家屋はすばらしいし家具もいい。そして……彼らの生活は人類のうちの労働する人びとが無理なく期待できるような、いい状態にあるようにみえる。(19)

鉱夫《マイナー》は、多くの地区でほとんど「世襲的なカースト」だったといえるのだが、相対的に高い賃金を稼ぐ労働者という評判をとっていた。たとえば、

炭坑夫《コリア》は金や銀を得る
工場労働者は真鍮のほかは何も得ない……。

アシュトン教授は、彼らの実質賃金は、戦時中の最良の時期を別にして、一八四〇年代にはほかのいかなる時期よりもおそらく高かっただろうとみている。しかし、彼らの労働条件はおそらくさらに悪くなっていた。(20)多くのこのような集団が、一七九〇年から一八四〇年の間に実質賃金を上昇させた。この前進は、しばしば考えられてきたほどには順調でも持続的なものでもなかった。それは、各産業における労働組合活動の成功と失敗とに密接に関連していた。また、「楽観的な」賃金統計にたいしては、失業や季節的な操業短縮を対置しなけれ

ばならない。しかし、もし、われわれが常雇用の熟練した「組合員《ソサエティ・メン》」だけを考慮すれば、生活水準についての論争はずっと以前に楽観派の主張に軍配が上がっていたことだろう。

しかし、実際には、問題全体はひじょうに複雑な様相を呈している。アシュトン教授のテキストのなかに次のようなたぐいの確信に満ちた記述を目にした学生は、ただちに危うさを感じ取らなければならない。

一八三一年の生計費は一七九〇年よりも一一パーセント上昇した。しかし、この期間に、都市部の賃金は、少なくとも四三パーセント以上上昇していたように思われる。(21)

生計費指標はそれ自身が深刻な論争の的であるばかりではない――アシュトン教授自ら、彼の叙述の根拠としている指標は、「糖尿病患者」の日常食とおぼしきものから引き出されたものだと記述している。(22) さらに、われわれは、都市部の賃金指標が主として常勤の熟練労働者の賃金にもとづいているということを知るべきだろう。そして、いっそう多くの問題が出てくるのもまさにこの点においてなのである。急激な人口増加の時期に、臨時雇いや失業者にたいする常雇の熟練労働者の比率が、後者に有利なかたちで変動したとなぜ仮定すべきなのか？　なぜ、社会史家は、この時代が大多数の大衆にとって異常なほど苦痛に満ちた時代であったと示唆する史料に繰り返し出くわすのか？　もし、一八二〇年から五〇年に生活水準がはっきりと感知できるほど上昇したとすれば、――一八五〇年から八〇年の疑う余地のない改善の三十年が過ぎたあとにも――ブースやラウントリー[3]によってあきらかにされたように、イングランドの不熟練労働者が九〇年代にいたっても極端に貧困な状態で生活をしていたのはどうしてなのか？

十九世紀の前半は、慢性的な不完全就業の時期と見なされなければならない。そこでは、熟練工の職種は、技術進歩と不熟練ないしは未成年労働の侵入によってあらゆる方角から脅かされている島のような存在であった。熟練工の賃金それ自体が、数々の強制的な支払い、つまり機械の賃貸料、動力の使用料、欠陥品や労働規律の欠如にたいする罰金、そのほかさまざまな強制的な控除を、しばしば隠蔽している。鉱業、製鉄業、そして陶器製造業では請け負いが一般的であり、建築産業でも広く普及していた。この請け負いでは、「親方《バティ》」や「組頭《ギャンガー》」はより不熟練な労働者を自分で雇った。また、児童――紡績工場での糸継ぎ工や炭坑のハリヤー〔石炭運搬用の籠を切り羽から縦坑の最深部まで運ぶ労働者〕――は一般に紡績工や炭坑夫によって雇われた。マンチェスターの綿紡績工は一八一八年に、二ポンド三シリング四ペンスの賃金には次のような支払いが含まれていると主張した。

一人目の糸継ぎ工へ週あたり	――九シリング二ペンス
二人目の糸継ぎ工へ週あたり	――七シリング二ペンス
三人目の糸継ぎ工へ週あたり	――五シリング三ペンス
平均的な夏冬の週あたりのろうそく代	――一シリング六ペンス
疾病そのほかの臨時の支出	――一シリング六ペンス
支出合計	――一ポンド五シリング

――差し引き残るのは十八シリング四ペンスになる。(23) どの産業でも同様の事例を引き合いに出せるが、労働者が申し立てる賃金は雇用主が申し立てるそれとは異なる性質をあきらかにするものである。さらに、「現物支給《トラック》」、すなわち生産物での支払い、そして「現物支給所《トミー・ショップ》」はこの構図をさらに込み入ったものにする。水夫や港湾労働者は、しばしばパブの主人の手にかかって特有の搾取にさらされた。たとえば、一八四三年のある保護立法までは、テムズ河の石炭陸揚げ人はパブの主人を通じてだけ雇用を確保しえたのであり、パブの主人のほうはパブで賃金の五割になるまで飲む者だけを雇うのであった。(24)

熟練が問題になるところでは、職人は雇用主に圧力をかけることと同じくらいに、不熟練工から自分の地位を守ることに関心をもっていた。同じ職種において熟練工と不熟練工の両方の要求を満たそうと努める労働組合は、一八三〇年以前にはまれだった。そして、オウエン主義運動の高揚した時期に、建築工が不熟練労働者を受け入れる提案を採用したときにも、きわめてはっきりとした区分けがなされた。

これらの支部は、順次、建築技師、石工、煉瓦積み工、大工、スレート工、左官、配管工、ガラス工、塗装工から構成されるものとする。また石切り工、煉瓦製造工、不熟練労働者については、彼らの家族の精神、道徳ならびに一般的な状態を最短期間で改善することに多大な関心を寄せるほかの仲間の援助を受けて、よりよい習慣とより多くの知識をもって自分たちで行動できる準備ができ次第、支部を構成するものとする。[25]

しかし、われわれはまた、技術革新が急速で労働組合による防衛が脆弱な時期には、多くの熟練が全般的に不安定であることに留意しなければならない。発明は古い熟練の価値を低下させると同時に、新しい熟練の価値を引き上げる。この過程には決まった型はほとんどない。一八一八年になってもまだ『イングランド職種辞典』（主としてロンドンの熟練をもとにした小型本）は、機械工や蒸気機関製造工、あるいはボイラー製造工を取り上げていない。旋盤工はまだ主として木工労働者と見なされ、機械工《エンジニア》のさまざまな熟練は「機械担当熟練工《マシニスト》」――それは、多くの職業に通じた親方で、「きわめて創意に富み、優れた機械の知識をもち、指物師、真鍮や鉄の鋳物工、鍛冶工や旋盤工などきわめて広い範囲にわたる才能と経験とを持ち合わせる者」――のなかで一体化されていた。わずか十年後に、九百ページを超える『当代の職人ならびにイギリスの機械担当熟練工』が出版され、かつて水車大工の仕事とされたものがいかに多岐多様であったかを示してみせた。そして、新しい熟練の分化は、のちに機械工の組織を形成することになる初期のさまざまな協会や労働組合の結成のなかにみられるのである。十八世紀末の水車大工のよく組織された職種クラブは、鉄鋳型工友愛協会（一八〇九年）、万力工およびろくろ工友愛共済協会（ロンドン、一八一八年）、職人友愛組合協会（ブラドフォード、一八二二年）、そして職人友愛組合（マンチェスター、一八二六年）を生み出した。

しかし、これらの協会の発展は、新たな熟練が確立されるにつれてたえず前進を記録したのではない。逆に、(少なくともロンドンでは)水車大工は貴族であり、自らの組織(団結禁止法可決のきっかけの一つになるほど強力であった)[26]と徒弟制度の制限とによって保護され、十九世紀のはじめに二ギニーの賃金水準を維持していたが、一八一四年にエリザベス朝職人条例(5 Eliz. c.4)の徒弟条項が撤廃されると厳しい競争にさらされることになった。ロンドン通信協会前副書記長で当時はロンドンの指導的な機械工の雇用主であったアレグザンダー・ギャロウェイは、この徒弟条項の廃止以後、「労働者が、一年、二年、あるいは三年のいずれかの徒弟修業をおこなってきたのか、それともまったく徒弟修業をしていないのか、そうしたことに無関係にどんな仕事にでもつくことが認められたときに、あらゆる団結の首の骨がへし折られた」という証言を一八二四年におこなった。年長の水車大工たちは「新入りに完全に打ち負かされたので、われわれは年長者なしでやることができた」。また、出来高制やそのほかの奨励賃金制度は、労働組合活動家の敗北を決定的なものにした。機械工を劣った成り上がりの職種だと考えていたため、水車大工は「機械工の名前を嘲り、軽蔑したものだった」が、いまや水車大工に消滅する番が回ってきた。徒弟制度を経ていない機械工は週十八シリングで見つけることができた。そして旋盤への自動原理の導入(工具送り台すなわちモーズレイの「ゴー・カート」)は、若者と不熟練労働者の流入を招いた。

したがってこの産業――まちがいなく新たな熟練の導入の最も顕著な産業の一つ――でさえ、技術革新の速さに見合って地位や賃金が容易に向上したわけではなかった。むしろ、向上は十八世紀末ごろに絶頂期を迎え、十九世紀の一八二〇年代には不熟練労働の流入によって急速に衰退し、それにつづいて新たな階層制と新たな団結の形態が確立した。仕事は高度に細分化され、しばらくの間は(初期の労働組合の名称の多様性が示唆するように)どの職種が優位に立つのかはっきりしなかった。[27]機械製造業での熟練機械工の賃金上昇は、その経験の希少性によって促進された。初期の機械製造工場での労働異動は驚異的であった。一八二四年に八十人から九十人を雇用していたギャロウェイは過去十二年間に彼の工場をやめていった者は千人から千五百人にのぼると主張した。この数字は一年あたりの労働異動総数が従業員数を超えていたことを示している。外国の雇用主の代理人たちは、熟練労働者をフランス、ロシア、ドイツ、アメリカに引き抜こうと期待してイギリスを歩き回った。[28] ロンドンの雇用主は当然のことだがとくに被害を受けた。ある外国の代理人は（ギャロウェイによれば）「私の工場の門前で機械工が出入りするのを観察するだけで、最も有能な男たちの名前をつかむのである。そしてこのやり方で、この種の多くの契約がなされてきている」。結局、最も優秀な者の賃金は一貫して上昇し、一八三〇年代から四〇年代までには彼らは特権的なエリートの地位にあった。一八四五年にイギリス第一の織物機械工場である（オールダムの）メサーズ・ヒバート・アンド・プラッツ社は、賃金三十シリングで二千人近くの労働者を雇用していたが、優秀な労働者にはそれ以上が支払われた。（あるメソジストの労働者が不満を述べているのだが）機械工はふんだんに金を使い、競馬やドッグ・レースの賭けごとをし、ウィペット犬〔レース用にも使われる痩身の小型犬〕を訓練し、「一日に二度三度と」新鮮な肉を食べていた。しかし、このころには事態は大きく転換していた。ギャロウェイは、二四年には彼の最も優秀な労働者をとどめおくために賄賂を与えざるをえなかったのに、このころには熟練機械工は、ヒバート・アンド・プラッツ社が最上の質をもつ労働者だけを注意深く選抜できるほどに数が増えていた。そのメソジストは、「私は、多くの者たちが雇われた初日にお払い箱にされたり、なかにはもっと短い時間試用されて首になる者も見てきた」と回想している。すでに機械工は自分の労働条件を守るために熟練の希少性に依拠することはできなかった。彼は労働組合主義に戻らざるをえなかった。ヒバート・アンド・プラッツ社が五一年の機械工によるロックアウトの台風の目であったことは重要である。[29]

われわれはつねに、古い熟練の死滅と新たな熟練の勃興とが重なり合っていることを心にとどめておかなければならない。十九世紀が経過するにつれて、繊維産業では次々に古い家内的な熟練――「剪断工」や「剪毛工」、手作業のサラサ捺染工、手作業の梳毛工、ファスチアン織布裁断工――が不要とされていった。しかしなお、ときには児童によっておこなわれる骨の折れる低賃金の家内作業が、技術革新によって、細心の注意を払って守られる熟練仕事に転換するという正反対の事例もあった。羊毛工業の梳毛は、革の背のついた「梳き櫛《カード》」でおこなわれたが、そこには数千本の針金の歯が取り付けられなければならなかった――一八二〇年代と三〇年代にはこれは千五百本から千六百本につき二分の一ペンスの歩合で児童によっておこなわれた。そして(ウェスト・ライディングのある服地産業の村のことなのだが)「ほとんどすべての小屋の炉辺で、ほとんど歩くこともできない幼い労働者たちが、一本一本の歯を村のあらゆる住民に見立てて梳き櫛に取り付けることで、うんざりする仕事の単調さをやわらげていた。人にみたてた針金を取り付けるときにそれぞれの名前を呼ぶのであった[30]」。その後五十年もたたないうちに、梳き櫛製造機が次々に革新されたことで、梳き櫛製造工ならびに機械担当工の小規模な熟練職組合は羊毛産業の「貴族」のなかでも特権的な地位を確立することができたのである。

しかし、われわれが特定の産業の歴史をたどるなかで、古い熟練が廃れるにつれて新たな熟練が起こるのをみるとき、古い熟練と新たなそれは、ほとんどいつも異なる人びとの特典だったということを忘れがちである。十九世紀前半の製造業者は、成人男性の熟練職人を不要にし、彼らを女性や若年労働に置き換えうるような技術革新を推し進めた。古い熟練が同等もしくはそれ以上の熟練を要する新たな工程によって置き換えられるときですら、同じ労働者が一方から他方へ、あるいは家内的作業場から工場生産へ移動することはまれにしかみられないのである。機械と技術革新に直面しての不安、そして敵愾心は、たんなる偏見や(当局がほのめかすような)「政治経済学」についての不十分な知識の結果ではない。剪毛工や梳毛工は、新しい機械が自分の息子や誰かほかの息子に熟練を要する雇用を提供するかもしれないが、彼には何ももたらしはしないことを十分に知っていた。「進歩の行進」の報酬は、誰かほかの者が獲得するようにいつもみえたのである。

ラディズムを検討するとき、このことはもっとはっきりする。しかし、そうであるとしても、われわれは問題の外縁にふれているにすぎない。というのは、この特有の不安は、この時期のあらゆる熟練の全般的な不安の一つの相であるにすぎないからである。雇用の規則性――一ヵ所で長年にわたって、標準的な賃金で一定の時間働く――という観念そのものがこの時代には存在しないのだ。すでにみたように、農業における問題は慢性的な半就業状態にあった。これはまた大部分の工業の問題でもあったし、都市部での一般的な経験でもあった。自分自身の仕事道具を所有し、一つの職種で生涯働く徒弟を経た熟練労働者は、少数派だった。工業化の初期の段階では、成長する都市があらゆる種類の、生地を追われたり移住してきた労働者を吸収したということはよく知られている。これは現在のアフリカやアジアでもいまなお経験されている。定住した労働者でさえ、次々とめまぐるしく雇用先を変えた。熟練を要する職種において支払われた賃金率から導き出された賃金統計は、失業と臨時雇いの繰り返しという、統計には表れない厄介な現実を語ってはくれない。こうした現実は、一八二〇年代の終わりから四〇年代にかけての少年時代や青年期を思い起こしているヨークシャーのチャーティストの回想のなかに表れている。

私は生涯一度も昼間の学校へ通ったことはなかったので、『トム・ブラウンの学校時代』は、私にとっては魅力に欠けるものだった。ひじょうに幼くして働きはじめなければならなかったが、夏には四時から五時の間にベッドからひっぱり出され……一マイル半の距離をロバを連れていった。そしてそれから多くの牛の乳搾りに加わった。夕方にはふたたびミルクを持っていかなければならず、それをやり終えると八時を過ぎたものだった。それから梳き櫛の作業場へ行って二分の一ペンスで千五百本の梳き櫛の歯を取り付けなければならなかった。一八四二年から四八年にかけて、私の週賃金は平均九シリングにもならなかった。野外での労働は当時実入りが悪く、賃金はたいへん低かった。私は羊毛の織布工、梳毛工、鉄道工夫、そして採石夫《ベアラー・イン・ザ・デルフ》をしたこともある。だから、私は労働者階級の状態について少しばかり知っているといえるのである。[31]

事態は一八二〇年代ならびに三〇年代をとおして、また四〇年代に向かうにつれて徐々に悪化したということを示唆する証拠がある。すなわち、賃金がゆっくりとではあるが生計費に比べて高めに推移する一方で、完全就業労働者にたいする慢性的な不完全就業労働者の比率が上昇しつづけたのである。ロンドンの貧民についての偉大な研究の一節を臨時雇い労働の問題に割いたヘンリー・メイヒューは、これが問題の核心だと理解していた。

ほとんどすべての職業において……不熟練労働者の過剰がみられ、このことだけでも正規よりも臨時の性格をもつ膨大な数の労働者の雇用を引き起こす傾向にある。たいていの職種で、労働者の三分の一が完全就業で、三分の一が不完全就業、そして残る三分の一が年間を通じて失業状態にあるという計算になる。[32]

メイヒューは十九世紀半ばに、ほかに並ぶ者がない最もすぐれた社会調査員だった。観察力が鋭く、皮肉のきいた、突き放した、しかしながら熱情的な彼は、統計的な尺度ではとらえられないあらゆる厄介な特殊事情に目を向けてきた。事実発見の時代にあって、彼は統計学者が忘れている事実を探し求めた。彼は、彼独自の激越なる政治経済学の「諸法則」を発見し、意識的に彼の時代の正統に反抗して書いた――「過小な賃金支払いが超過労働を生み出し」、「超過労働が過小な賃金支払いを生み出す」。彼は東からの風のためにテムズ川が閉鎖されると、二万人の港湾労働者がただちに職を失うということを知っていた。木材取引業やボンネット帽子製造工、パン菓子職人の季節的な変動を知っていた。その年に、何時間、また何ヵ月の間、街路掃除人やごみ運送人が実際に雇用されたかを発見しようと骨を折った。調査している職種の労働者の会合をひらき、彼らの生活史を書き取った。もし、(アシュトン教授が示唆したように)生活水準論争がどちらの集団が増加していたのか――「経済進歩の利益の分配を得ることのできた」集団か「締め出された集団」か――についての「推測」に本当に左右されるとすれば、メイヒューの推測はわれわれの注目に値する。

メイヒューの推測は次のようなかたちをとっている。

……労働者諸階級を四百万から五百万人のあいだにあると見積ったうえで、こう断言していいと私は思う――彼らの多くの雇用がいかに特定の時期、季節、流行、そして偶然の出来事に依存したものであるか、またほとんどすべての安っぽい職種では大量の超過労働と手抜き仕事がみられるということ……男性の稼ぎを引き下げるためにさまざまな手工業に持続的に流入させられている多数の女性と児童がいること、そして、ある場合には人間労働が機械によって代替されていること……これらすべてのことを考慮して、私はまちがいなく次のように結論づけることができると確信すると申し上げたい。つまり、わが労働者の半分の正規雇用がみたされるだけの仕事も十分にはないということ、したがって、百五十万人だけが完全かつ継続的に就業できるにすぎず、残る百五十万人以上は半日しか就業できず、残る百五十万人は、ほかの若干の人びとに代わって日雇いの仕事をときに得ることはあっても、全体としては失業しているということである。(33)

これは一つの推測の域を出るものではなく、ロンドンの複雑な経験を統計的な表現で把握したものにすぎない。しかし、それは別の調査結果にもとづいている。とりわけ、「通常……各職種の組合員は全体の十分の一を構成する」(34)という調査結果である。組合員の賃金は慣習と労働組合の強制力によって規制され、非組合員のそれは「競争によって決定され」ていた。ロンドンでは、一八四〇年代までに同じ職種のなかに「名誉ある《オナラブル》」部分と「卑しい《ディスオナラブル》」部分との明瞭な区分が生まれた。そしてこの分断が顕著な職種のなかには、家具製造工、大工、指物師、長・短靴製造工、仕立て工やすべての衣料産業労働者、そして建築産業が含まれていた。名誉ある部分は、贅沢品や高級品の部門からなる。卑しい部分は「安物でいかがわしい」あらゆる領域――できあいの衣類、見かけ倒しだったり飾りのない家具、薄板張りの道具箱や安物のメガネ、教会建設の（「臨時労働者斡旋人《ランパー》」からの）下請け仕事、軍や政府の請け負い仕事――からなる。一八一二年には組織されていて、高額の支払いを受けていたとトマス・ラージが述べている多数の職種で、以後三十年間にわたって職人の地位と生活水準の深刻な悪化がみられた。さまざまの職種の低落は多様なかたちをとり、ときには激しい紛争を経てもたらされたが、紛争は場合によっては一八三〇年代までつづいたこともある。ウィリアム・ラヴェット[4]はペンザンス〔コンウォール南西部の港市〕のロープ製造工だったが、二一年にロンドンにやってきて――彼の職種では働き口が見つからなかったので――大工か家具製造工の仕事を探したときには、名誉ある職業と卑しい職業との区別はさほど顕著ではなかった。徒弟修業を終えていないという事実は彼にとってきわめて不利だったが、しかし、卑しい仕事場でのひどい経験と自分の製品を行商しようとした際のさらにつらい経験のあとに、ついには彼は大規模な家具製造工場に働き口を得た。彼が徒弟修業を終えていないということが知れ渡ったとき、仕事場の男たちは——

「略奪女将《マザー・ショーニー》を仕掛けてやる」と話していた。これは、この職種における隠語で、お前の仕事道具を捨ててやる、お前の仕事を台なしにしてやる、おまえを仕事場から追い出すようなやり方でいじめてやる、といったことを意味していた……彼らの気持ちを十分に知るようになるや否や……、職場集会を招集し、私の主張をみんなの前で提起することが最上だと、私は考えた。この種の集会を招集するために第一に必要なものは、酒（たいていはビール《エール》一ガロン）を取り寄せることだ。そしてそれから金槌と締め具とを一緒に打ち付ける。まるで鐘のような音なのだが、それは、作業場にいる者すべてを音を鳴らした者の作業台のまわりに集める招集命令なのである。そして議長が指名されて、用件を述べるように求められる。

自分が苦境にあることを訴えたラヴェットの説明は男たちを納得させた。「しかし、なんであれ特定の仕事のやり方を見せてもらうとなると、その一人ひとりが私に酒を要求したし、加えて罰金やら工場からの借金で、しばしば私の一ギニーの稼ぎから週七シリングか八シリングもの額が消えた」(35)。十年後あるいは二十年後であれば、彼はちゃんとした《リスペクタブル》工場や組合のある工場《ソサエティ・ショップ》で働き口を得ることはできなかったことだろう。影響力のある家具製造工組合（ラヴェット自身その会長になった）は、この職種における高級品部門で働く組合員の地位を固め、外でがやがやと騒ぎ立てる徒弟を経ていない者や半熟練の労働大衆に門戸を閉ざしたのだった。同時に、卑しい職種が続々と誕生していた(36)。中間業者《ミドルマン》が「大安売り店《スローター・ハウス》」や大型家具屋を始めたり、ベスナル・グリーンやスピトル・フィールズの貧しい「屋根裏親方」[5]が、自分の家族や「徒弟」を雇って、いすや粗悪な家具をつくって破格の値段で小売店に卸した。それほど幸運に恵まれていない労働者でさえ、木材を買ったり寄せ集めたりして工具箱とか小型テーブルをつくり、それを自ら路上で呼び売りしたり、イースト・エンドの安売り店に売ったりした。

それぞれの職種の歴史は異なっている。しかし一般的なパターンの輪郭を示すことは可能である。一般的に、戦時中の物価上昇期には生活水準が低下したと想定されているが（そしてこれはたしかに不熟練労働者や織布工やまったくの未組織労働者には事実であった）、にもかかわらず戦争は多くの産業を活気づけ、そしてより完全な就業状態を生み出した。ロンドンでは兵器工場や造船所や波止場は活況を呈したし、軍用の衣類や装備については政府から大規模な発注がなされた。同様にバーミンガムも大陸封鎖の年まで繁栄した。戦時後期には徒弟制度の制限は、実際にも法的にも全般的にゆるみ、ついには一八一四年のエリザベス朝職人条例（5 Eliz. c.4）の徒弟条項の撤廃にいたった。職人たちはそれぞれの地位に応じて、この脅威に激しく反応した。われわれは、この時代にはほとんど学校教育がなく、職人学校も技術専門学校もなかったこと、そして各職種のほとんどすべての技能《スキル》ないしは「奥義《ミステリ》」は仕事場における教訓や実例を通じて、渡り職人によって徒弟に伝えられたことを、想起しなければならない。熟練職人はこの「奥義」を彼らの財産と見なし、彼らの疑問の余地のない権利、すなわち「技巧《アート》や職種……を内密かつ排他的に利用し享受」する権利を行使していた。したがって、撤廃はたんに抵抗されたばかりでなく、「初期状態の労働組合評議会」がロンドンで結成され、全国で六万の署名が集められて徒弟制に関する諸法を強化するための請願がおこなわれた[37]。しかし、この脅威の結果として、職種クラブが実際に強化され、そのため多くのロンドンの職人が戦後比較的強い立場で現れたことを示す史料もある。

しかし、この時点で、異なる職種の歴史は分岐しはじめる。押し寄せる不熟練労働の波は、閉ざされた門戸を激しく打ち、さまざまな仕方で、また激しさの程度を異にしながらも門戸を打ち壊した。いくつかの職種では、名誉ある職種と卑しい職種とのあいだの境界区分はすでに十八世紀に存在していた[38]。名誉ある職種が、長年にわたる脅威にもかかわらずその地位を保持してきたことは、いくつかの理由から説明されうるだろう。十八世紀の職種の多くは、高度な職人技術を要する奢侈品の製造にかかわるものであって、苦汗労働によって得られるものではなかった。さらに、完全就業の時期には、小規模の卑しい職種が、組合員の条件よりもいい条件を実際に提供することができた。かくして、『ゴルゴン』は一八一八年に、メガネ職人と活字鋳造工について、次のように

述べたのである。増大しつつあったのは、

屋根裏親方と呼ばれる小規模の職人階級であり、彼らは、製品をより大きな資本の製品よりも安価に売り、より大規模に商売をおこなっているだけでなく、実際に彼らは被雇用者たちにより高い賃金を与えてもいる。こうしたことはすべての職種にあてはまるとわれわれは信じている(39)……。

こうした区分のあらましは、「堅気な《フリント》」仕立て工と「野卑な《ダング》」仕立て工との区別、戦闘的でよく組織された婦人靴製造工と男性用の長・短靴製造工との区別にみることができる。しかし、両方の製靴工とも、「非合法」の労働者の流入の全面的な影響を最初に受けた者たちだった。ロンドンの製靴工の地位は、ノーザンプトンシャーやスタッフォードシャーでの長・短靴の大規模な下請け産業の伸長によって弱められた(40)。ロンドン製靴工の歴史におけるいくつかの出来事が、スペンス主義的社会主義者アレン・ダヴンポートによって記録されている。

私がベインブリッジ氏のために働きはじめたのは一八一〇年だった。そしてその当時私は初めての職場会議に参加した。私がそれまで働いてきた職場はどこも、いかなるたぐいの会合とも無縁だった……たぶん会合はあまりにとるにたらないものと考えられていたのだろう……私は第五支部の女性用労働者の組合員［すなわち婦人靴製造工］から温かい歓迎を受け、それからホルボーンの居酒屋ヨーク・アームズで会合がもたれた。そしてまもなく代議員となった。……このときから私は一三年まで組合員であり、婦人靴製造工は組合員数を大きく増やしたし、財政面でも大幅な向上をものにした。一時期、ロンドンには十四の支部があった。われわれはただ団結していただけではなく、重要な問題についてはすべて、王国全体のすべての都市や町にいる同職者とのじつに規則正しい通信によっても支えられていた。まさにこの時分、われわれの職種は、非合法の労働者を雇用したりその労働者の解雇を拒んだりした親方にたいする訴訟を起こした。この訴訟は、王座裁判所の法廷で一人の弁護士によって補佐されながら……二人の知的な職場の仲間がとりしきった。……われわれは勝訴したが、組合はこの訴訟で百ポンドもの資金を費したのであって、それは金を捨てるようなものだった。というのもこのすぐあとで、われわれの職種において徒弟期間を修了していない労働者を親方が雇用するのを違法だとするエリザベス朝の法律が撤廃され、われわれの職種はすべての人に開かれてしまったからである。

一八一三年の春に、組合は詳細な価格表を擁護するためのストライキを打った。「われわれの要求はすべて承認された。われわれは気持ちよく仕事に戻った」

しかし、もっと乱暴な一部の組合員は、われわれの前回のストライキの成功に興奮して、ばかなことに数週間後にもう一つのストライキをおこなう提案をした。……この傲慢なやり方がこの職種に危機をもたらした。そのときまでなんらの組織ももたずにお互いに見ず知らずだった親方連中が、動揺し、お互いに呼びかけ、団体をつくり、完全に組織化したため、労働者は敗北し、散りぢりになり、何百人もの男、女、子供が次の冬の間、ひじょうな欠乏を耐え忍んだ。この致命的なストライキ以降、この職種の労働者の力が衰えはじめ、親方製靴工の専制が開始されたと私はみている。[41]

この製靴工の闘争の苦しみは、戦後期にその組合員の多くが極端な急進主義に走ったことからもおしはかることができる。婦人靴製造工は一八二〇年から二五年の好況期には自分たちの地位にしがみついた。しかし、二六年の不況はただちに彼らの弱さを露呈させた。組織労働者は数多くの小規模な「卑しい」作業場に取り囲まれ、その小規模な作業場では靴が一足八ペンスとか一シリングで「靴直し《スノッブ》」や「古靴修繕人《トランスレイター》」によってつくられていた。一八二六年の秋に、組合員の何人かは七週間以上におよぶストライキで起きた暴動や暴行のとがで裁判にかけられた。ある組合活動家は、ある「スト破り」にたいして「低賃金で働いたからにはおまえの肝臓を切り取ってやる」と言ったと申し立てられた。[42] しかし、長・短靴製造工たちは、それにもかかわらず全国的な組織を維持したし、三二年から三四年にかけての組合運動の大きなうねりのなかでは、ノーザンプトンシャーとスタッフォードシャーの下請け労働者が「平等化」を求めて同じ闘争に加わった。[43] 最終的に職人の地位が奪われたのは、三四年に一般労働組合運動が崩壊したときであった。

仕立て工は職人としての地位をかなり長く維持した。われわれは彼らの組合を、職人の準合法的な労働組合のモデルとして取り上げることができる。[44] 一八一八年にフランシス・プレイスは、彼らの活動に関して、われわれが現在入手できる最も詳細な記述を刊行した。生活費の上昇にわずかの遅れをとったとはいえ、効果的な団結によって、ロンドンの仕立て工は戦時期をとおして賃金の引き上げに成功していた。（プレイスの平均値によれば）その数字は一七九五年に二十五シリング、一八〇一年に二十七シリング、〇七年に三十シリング、一〇年に三十三シリング、一三年に三十六シリングとなる。賃上げのたびに親方たちの抵抗も厳しくなった。「この時期には強要しなければ一シリングたりとも獲得できなかった」。貴族主義的な「堅気の」仕立て工の多くの「職人宿」には、組合員の名簿が置かれて、親方は職人宿を事実上雇用斡旋所として利用した。[45]「いかなる者であれ雇用を請うことは許されない」——親方は組合に申請しなければならなかった。仕事は輪番で配分され、組合は「労働者的でない《アンワークマンライク》」者を処罰した。仕立て工は二通りの会費を支払った。大きいほうの分担金は、福利厚生のために、小さいほうの分担金は組合自体の必要のためにとっておかれた。完全就業の時期を除いて、一日十二時間労働が強制された。失業している組合員のための徴収がなされた。また、ストライキの準備のための特別徴収もなされたようである。その際には、たとえその目的が説明されなくとも、組合員は質問しなかった。組合の実際の指導者は団結禁止法による訴追から注意深く守られた。それぞれの職人宿には代表者がいたが、彼らは、

……ある種の暗黙の同意によって選ばれたが、大部分の人びとは誰が選ばれたか知らないことが多かった。代表者は委員会を構成し、さらに多少似た方法でひじょうに小規模の委員会をもう一度選び、ひじょうに特別な

機会には、すべての権力がそこに委ねられた……。

「いかなる法もその息の根を止めることはできなかった」とプレイスは書いている。「労働者のあいだの信頼の欠如以外にはいかなるものもそれを妨ぐことはできなかった」。そして、事実少なくとも一八二六年の不況までは、「針の騎士《ニードル・オブ・ナイト》」はきわめて強力にみえる。彼らの組織は「まさしく軍隊そのもの」だといってもさしつかえなかった。しかしプレイス自身の記述のなかに隠されてはいたが、弱さの徴候もみられた。

彼らは、「堅気」と「野卑」と呼ばれる二つの階級に分断されていた――堅気は三十以上の職人宿をもち、野卑は九つか十もっていた。堅気は日決めで働き、野卑は日決めか出来高払いで働いた。以前には彼らのあいだに大きな憎悪が存在した。野卑は一般よりも低賃金で働いていたのである。しかし、近年は賃金上の差はさほど大きなものではなくなってきた……そして最近のいくつかのストライキでは、両者がたいてい共通の要求をおこなってきている。

これは、卑しい職種と、地位に過敏な「堅気」とのあいだに、なんらかの組織的な連携を保持しようとする印象的な試みとみることができよう。一八二四年にプレイスは一人の「野卑」にたいして三人の「堅気」がいると見積もった。しかし「野卑」は「ひじょうに長時間働き、家族が彼らを支えている」。一八三〇年代のはじめまでには、安物の既製服をつくる職種の潮流はもはや押しとどめえなくなっていた。「針の騎士」は一八三四年、ある大紛争のあとについに落ち込みはじめた。その紛争時には、二万人が「平等化」のスローガンを掲げてストライキに参加したといわれた[46]。

ジョン・ウェイド[6]は、一八三三年のロンドンの仕立て工について、「首都の一般的な働く人びとの受け取る報酬よりもずっと高い報酬を享受している」と語ることがまだ可能であった。たしかに彼は、彼らを「団結の強さによって公衆やほかの働く人びとの利害に逆らって自らの利害を堅固にする」職人の例として引用した(47)。しかしメイヒューが四九年に、『モーニング・クロニクル』で自分の調査を発表しはじめたときには、仕立て工を「低賃金で粗雑な」苦汗産業の最悪の事例の一つとして引用している。四九年のロンドンの仕立て工二万三千五百十七人のうち、メイヒューは二千七百四十八人が独立した親方仕立て工だと推定した。残りのうち三千人は名誉ある職種の組合員（二一年には五千ないし六千人だった）で、卑しい職種にあった一万八千人は「安服《スロップ》」や既製服産業での稼ぎを大規模な中間業者に全面的に依存していた。

ロンドンは職人にとってのアテナイ[7]ではあったが、ロンドンの状況は例外と見なされるべきではない。そして名誉ある職種の組織労働者の賃金率からつくりあげられた賃金統計の証拠に反する、ある搾取のパターンがここにみられることに注意することが大切である。これは、慣習的な条件および制約の破壊と、労働組合の防衛という両方のかたちをとった。「職人」の職種が二つの決定的な紛争の時期を通過するというのは概して正しい。最初の時期は一八一二年から一四年で、このときに徒弟制度の規制が撤廃された。製靴工や仕立て工といった職種はすでに組合か職種クラブに強固に組織化されており、同じ時期に親方のあいだでより大規模な組織化がみられたにもかかわらず、職人条例撤廃以降もストライキやそのほかの直接行動によってある程度の地位を防衛することができた。しかし一八一五年から三〇年の間の「組合《ソサエティ》」によるクローズドショップの強化は犠牲を伴った。「非合法の者」はこの職業のより優秀な部分から排除され、外部の未組織の「卑しい」職種にその多数が吸収されたにすぎなかったのである。第二の決定的な時期は三三年から三五年であった。この時期は大々的な労働組合運動のうねりの頂点にあって、名誉ある職種における労働条件の「平等化」と労働時間の短縮、また卑しい労働の撤廃が試みられた。これらの試みは（ロンドン仕立て工のそれはとりわけ）雇用主と政府との団結した力の前に敗北したばかりか、「組合」に所属していた者の地位を少なくとも一時的に悪化させた。この時代の急進派や労働組合活動家がトルパドルの殉教者や三四年の大ロックアウトの事例をすべての階層の労働者にとって重大であると考えたのと同じように、経済史家もそれらの事例を重大なものとみるべきである(48)。

しかし、職人と大規模雇用主とのあいだのこの対立は、もっと全体にわたる搾取パターンの一部にすぎなかった。職種のうちの卑しい部分が増大し、（数人のジャーニーマンや徒弟を雇う）小親方は、大規模な「製造工場《マニュファクトリー》」や（家内下請け労働者を雇ったり下請け仕事を出す）中間業者に取って代わられた。意味のあるすべての徒弟制度の安全装置が崩壊し（名誉ある職業の孤立した領域は別だが）、不熟練工や女性や子供が流入した。労働時間が延長され、日曜労働が導入された。そして、賃金、出来高賃率、卸売り価格は厳しく引き下げられた。こうした悪化の形態と範囲は直接に産業の物質的条件――原材料の費用、道具、必要な熟練、労働組合の組織化に有利あるいは不利な条件、市場の性質――に関係している。すなわち、木工労働者や製靴工は彼ら自身で原材料を安価に入手でき、彼ら自身の道具を所有していたから、失業した場合には、独立の「屋根裏親方」とか「部屋親方」[8]として身を立て、家族全員――それにたぶんそのほかの未成年を――週七日働かせ、自分の裁量で製品を行商した。より多くの出費を必要とする大工は「過重労働を強いられる作業場」[9]へと追いやられた。そこでは職長の見回りのもとに安ピカ物をつくる仕事が、病気になるほどの速度で持続され、それについていけない者は首にされた。仕立て労働者は、まれにしか自分の服を買うことができなかったが、苦汗価格で仕事を下請けに出す中間業者に完全に依存するようになった。婦人服の仕立てはとりわけ「苦汗」職種であったが、大部分が大規模な会社から請け負っている工場のお針子（それはしばしば農村部や小さな町からの移住者たちだった）によっておこなわれた。建築労働者は、自分の煉瓦を買うこともできなかったし、大聖堂の一部を街頭で行商することもできず、下請け業者の言いなりだった。熟練の「組合」員でさえ冬期は一時解雇されるのが普通だった。そしてどちらの階層の労働者も、しばしばあからさまな投機的建築工事によって自らの苦境から逃れようとした――クラパムが述べたように「土地は期待をもって賃借され、資材は信用で確保され、売られたり賃貸されたりする前の半分しか完成していない家を抵当に貸付金が調達され、倒産の危険は高かった[49]」。他方、馬車製造工、船大工、あるいは機械工は、自分の道具をまったくもたず、原料も自分で買い入れなかったが、にもかかわらず、この仕事特有の性質ならびに熟練労働の希少性という理由から、労働組合による防衛を維持したり、拡大したりしやすい、いい状況にあった。

職人の地位の同様の崩壊は、より歴史の古い地方の中心地でも起こった。その過程は複雑であり、部分的な違いもあった。一方では、ロンドンの製靴工が卑しい職種を抑制しようとなお試みていたときに、スタッフォードやノーザンプトンシャーの長・短靴製造業はその職人的な性格をずっと以前に失っていて、下請け体制のもとで運営されていた。他方、シェフィールドの刃物産業では、極端な専門化が――最も信念の固いジャコバンだった労働者たちによる例外的に強力な政治的かつ職種上の団結の伝統とあいまって――半独立の黄昏の世界にありながら熟練労働者の地位の維持を可能にした。この黄昏の世界にあって、労働者は商人(ときには複数の商人)のために働き、動力を「公共の水車」から借り受け、厳格な価格表を忠実に維持していたのである。シェフィールド刃物製造工条例(一八一四年)は、この職を自由市民にたいしてだけ与えるとする諸規制を撤廃し、「いかなる者も自由市民であることなしに社団を結成している職種で働くことができ、いかなる条件で何人の徒弟を受け入れてもかまわない」状況をもたらしたが、それにもかかわらず、組合は――ときには「ラトニング」〔道具の窃盗や機械の打ち壊し行為〕やそのほかの威嚇形態の助けを借りながら――不熟練労働の潮流を押しとどめるのに十分なほど強力であった。もちろん、ときには法で定められた職種を安売りしようとする「小親方」や、「非合法」労働者や、自営のジャーニーマンからのたえざる脅威はあった。[50] バーミンガムの諸産業には、大規模な工場から、零細工場や名誉あるとされたり卑しいとされる自営のジャーニーマンたちの迷宮を経て、釘製造に従事する村の半裸でおとしめられている下請け労働者にいたるまで、ありとあらゆる変種が見いだせる。一八一九年のウルヴァーハンプトンからのある報告は、どのようにして「屋根裏親方」が不況期に出現するのかを示している。

ものの秩序……は完全に逆転させられている。いまや飢えに苦しむジャーニーマンの最後の手段は親方として身を立てることなのである。彼の雇用主は、利潤の上がる仕事を見つけてやることができないために、彼を解雇せざるをえない。その哀れなやつは自分のベッドを売って、金床を買い、わずかな鉄を調達し、数少ない製品をつくってそれを売り歩く……売れるだけの値で。……彼は以前には従業員《サーヴァント》として週十シリングを受け取っていたかもしれないが、いまでは親方製造業者として七シリングを受け取れれば幸運なのである。[51]

コヴェントリのリボン織布業では、もう一つの黄昏、つまり半下請け的・半職人的状況があった。「筆頭織布工《ファーストハンド・ウィーヴァー》」は自分で高価な織機を所有し、ときには「ジャーニーマンのジャーニーマン」を雇いながら、貧しい職人の地位を維持していた。他方、この都市のほかの織布工は作業場や工場でそれにひけをとらない賃金で雇用された。しかし北部の織布に従事する村々では、半失業状態の織布工が多数いて、臨時雇用の下請け労働者として劣悪な賃金率で働いていた。

ある観点からは、真の下請け労働者産業とは、全面的に職人的地位を失い、その職に「名誉ある」要素が少しも残っていないような産業であると考えることができる。[52]

資本主義的な下請け仕事が全面的に確立していると言いうるのは、原材料が取り引きをおこなう雇用主に属し、下請け労働者の熟練が必要とされる工程が完全に終了したあとにそれが雇用者に戻ってくる場合だけである。——紡ぐために羊毛が配給され、織られるために糸が配給され、縫い合わされ、襠《まち》と幅広の白襟が付けられるためにシャツが配給され、釘用の棒鉄は釘となって戻り、木の大枝は人形になって戻り、皮革は長靴となって戻ってくる。[53]

クラパムの推測によれば、これがジョージ四世治下の産業組織の「支配的形態」であった。そして真の下請け労働者（手織工、釘製造工、大部分の梳毛工、鎖製造工、一部の長・短靴製造工、掛け枠編み工、ファスチアン織布裁断工、手袋製造工、一部の陶器製造工、枕のレース編み工、そしてそのほか多数）にロンドンや都市部の職人の「卑しい」職種を加えれば、これがおそらく一八四〇年まで支配的だった。

われわれは下請け労働者の一例として、のちに織布工について検討しよう。しかし下請け労働者にも職人にもかかわるいくつかの一般的な論点がある。第一に、織布工や「安服」仕立て工の窮状を「機械化の過程によって排除された古い熟練の衰退事例」として説明しつくすことはできない。また、われわれは、「収入が最低で、その伝統と作業方法が十八世紀のものであったのは、工場の被雇用者ではなく、家内工業労働者たちだった(54)」という軽蔑的な性格をもつ見解も受け入れることはできない。これらの見解が示唆しようとしているのは、こうした状態と産業革命の真の改良の推進力とが、ともかくもわれわれの頭のなかでは分離されうるということだ——彼らは「より古い」、前工業化的な秩序に属し、これにたいして新たな資本主義的秩序の真正なる特徴は、蒸気機関、工場労働者、そして肉を食べる機械工たちにみられるというわけである。しかし、下請け産業に雇用される数は一七八〇年から一八三〇年の間に大きくふくれあがったが、きわめて多くの場合その原因は蒸気機関と工場だった。糸を紡ぎ出す紡績工場や釘用の棒鉄を製造する鋳造所こそが下請け労働者を雇用したのである。イデオロギーは一方を褒めそやし、他方を批難しようと望むものかもしれないが、事実に従えば、それぞれが単一の過程の相補的な構成要素だったといえるのである。この過程は最初に手工業労働者（手仕事でのサラサ捺染労働者、織布工、ファスティアン織布裁断工、梳毛工）を増加させ、次に新たな機械でもって彼らの生活の糧を失わせた。さらに、下請け労働者の地位の低下が、「工程の機械化による置き換え」という文章が示唆するほど単純だったことはきわめてまれであった。それは、卑しい職業におけるのと同様の搾取方法によってなしとげられたのであり、しばしば機械との競争に先んじていた。そしてまた、家内工業労働者の「伝統と作業方法」が「十八世紀のそれであった」というのも真実ではない。十八世紀における最大の家内工業労働者の集団はスピトルフィールズの絹織布工だったが、その状態は十九世紀の半就業状態のプロレタリア的下請け労働者の状態を予想させるものだった。これは、絹における「産業革命」が綿や羊毛におけるそれに先んじていたからなのである。事実、苦汗下請け労働は、工業生産や蒸気機関と同じように産業革命に固有なものであったということができる。卑しい職種における「安服」製造労働者の「伝統と作業方法」に関していえば、それらは、もちろん、安価な労働が豊富にあるところならばどこでも何世紀にもわたって見られたものであった。にもかかわらず、それらは、十八世紀末のロンドンの職人の状態を深刻に劣悪化させたように思われる。

われわれが確信をもっていえるのは、職人は自分の地位と生活水準が一八一五年から四〇年の間に脅かされたり、低下していると感じていたということである。技術革新と安価な労働の過剰状況は職人の立場を弱体化させた。職人は政治的な権利をもたなかったが、国家の権力は、断続的にでしかなかったとしても、その労働組合を破壊するためにもちいられた。メイヒューが明晰に示しているように、（卑しい職種における）低賃金が過重労働を助長したばかりでなく、結局のところ仕事を減少させていたのであった。こうした経験こそが一職人の、そしてより激烈なかたちでは下請け労働者の政治的急進化の基盤にあったのである。想像上の不満と現実の不満が結び付いて彼らの怒りを生み出した――失われた特権、直接的な経済状態の悪化、熟練の価値が低下するにつれての誇りの喪失。「組合」員たちも、もっと恵まれていたにもかかわらず、同じく急進的であった――ロンドンや農村部の多くの労働者階級の指導者たちはウィリアム・ラヴェットのように、この階層から生まれた。彼らは自分たちの地位を労働組合の戦闘性の昂進によってだけ維持しえていた。そして彼らの生活状態は、競争が悪弊であり団結行動が徳であることを繰り返し教え込んだ。彼らは（事故や酒に負けて）より不運な隣人や職場仲間がもっとひどい深みに転落するのを目にしていた。こうした深みにはまった者たちこそが政治的な省察を最も必要としたが、その時間的な余裕をほとんどもたなかったのである。

農業労働者が土地を切望したのにたいし、職人は「独立」を願望した。この願望が初期の労働者階級の急進主義を多分に特徴づけている。しかしロンドンでは小親方になるという夢（一七九〇年代には依然として強く、そしてバーミンガムでは一八三〇年代にもまだ強かった）は、一八二〇年代や三〇年代には、「部屋」親方あるいは「屋根裏」親方の経験に直面してもちこたえることができなくなった――「独立」とは、問屋や安服商店にまるまる一週間奴隷のように従属することを意味したのである。このことは二〇年代の終わりにオウエン主義への支持が突然高まったことを説明するのを助けてくれる――労働組合の伝統と独立への熱意は彼ら自身の生計の手段を社会的に統制するという理念、つまり集産的な独立の理念のなかにともに織り込まれた。[55] オウエン主義的な企図が大部分失敗したときも、ロンドンの職人たちはなお最後まで独立のために闘った。皮革、木材、あるいは布が使い果たされたとき、革紐やオレンジや木の実を行商する路上の売り子たちの数はふくれあがった。主として「過重労働を強いられる職場」に入ったのは農村部出身の労働者であった。ロンドン生まれの職人はその作業速度にほとんどついていけなかったし、プロレタリアートになりたいとも思わなかった。

われわれは、賃金指数をはっきりとは示さなかったが、現存の賃金指数を読み込んで批判する方法は提起した。とくに、われわれはこの数字が組合に所属する者かそうでない者にもとづくのかをはっきりさせなければならないし、またどの職種であれ、所与の時点でどれほど分業が進んでいたのかも見定めなければならない。大部分の職種と産業に共通する一定の経験というものはあった。戦後の不況期に苦難を受けなかったものはほとんどいない。そして大部分が一八二〇年から二五年の間には上昇傾向にあった――たしかに完全就業のそうした時期には卑しい職種は実際にその領域を拡張しながらもほとんど注目されることはなかった。というのも、彼らが組合員たちの地位を脅かすことはなかったからであった。団結禁止法の撤廃後の十二カ月間は、例外的な上昇の時期であり、全般的な繁栄が攻撃的な労働組合活動と結び付くことによって、多くの労働者集団が多大な向上を勝ち取った。一八二五年の夏には、ポタリーズからのある報告が「職種新聞」に掲載された。それは、当時の急進的ないしは労働者階級のジャーナリズムにあってはまったく異例の言葉で自分たちの繁栄状態を認めたものだった。「労働者階級は織布工を例外としてより多くの満足を享受しているが……このような時代をあげることは難しいものだ」。それまでの八カ月間、ポタリーズは文字どおりストライキの波によって洗われた。

スタッフォードシャーでは大工が最初にストライキに突入した。それから、すべてのほかの職種が輪番でストライキに入った。炭坑夫は陶工が自分たちなしにはやっていくことができないのを知っていた。そして陶工がある成果を獲得したときにも、一本とてつるはしが持ち上げられることはなかったし、一つたりともつるべが下ろされることもなかった……陶工たちは二回目の就業拒否を貫徹し、そして、一般労働者は現在、一日六シリングを稼いでいるが、出来高で仕事をする上級のジャーニーマンは実際には週三ポンドを受け取っている、というような声明を出して駆け引きをした。仕立て工でさえ、理由と原因とがわからなければ服の寸法合わせや製縫、アイロンかけや縫い合わせ、あるいは襟当てを付けることを頑固に拒否した。また、元気のいい床屋は……五〇パーセントの賃上げを主張していた(56)……。

この成果の多くは一八二六年には失われ、つづく三年間で回復され、三〇年代のはじめにもう一度失われた。そして、この全般的な歴史のなかに、個々の職種に特有の歴史が存在した。一般に、多くの資本、熟練、そして機械が必要な産業では、職人はなにがしかの独立性を失ったが、しかしかなり楽な過程を経て、熟練した、特権さえもったプロレタリアになっていった。すなわち、水車大工は機械工か金属職人になり、船大工の熟練は造船業のなかの諸職種へと細分化された。仕事が下請けに出せたり未成年や不熟練労働が引き入れ可能な産業では、職人は不安定の増大とはなはだしい地位の喪失という対価を支払ってはじめてなんらかの独立性を保持した。

　われわれが戦後期の政治史に立ち戻るときに、最も関心をもつのは職人の視点である。したがって、職人よりも低い地位を占める人びとについてはごく表面的に取り扱うことになるかもしれない。事実、十九世紀の最初の数十年間の不熟練労働者についてはわからないことが多い。というのも、彼らはいかなる組合ももたず、彼らの不平不満をはっきりと表明する指導者をもたず、議会の委員会も彼らについては衛生と住宅問題を除いてほとんど調査することがなかったからである(57)。地位の低下した職人は、つらい半熟練や不熟練労働に従事できるような体格や素質をほとんど持ち合わせていなかった。そうした職業集団は自分たちのなかから労働者を補充するか、農村部やアイルランドからの移民によって拡大した。彼らのなかには臨時の仕事でいい賃金を得た者もいた――造船所で、あるいは土方や、土掘り人夫《スペイドマン》として。これらは徐々に「戦力外労働者《カジュアルティーズ》」、すなわち臨時雇い労働者《カジュアル・レイバラー》へと変質した。そして完全に失業した都市への移民は、ロンドンに初めてやってきたときの若きウィリアム・ラヴェットのように、「何週間もつづけて、一日一ペニー分のパンと最も手近なポンプから水を飲む」生活に落ちぶれたことだろう。彼とコンウォール出身の同胞は、

……一般に五時に起き、九時ごろまでいろいろな店や建物を尋ねて歩いた。それからわれわれは一ペニーのパンを買い、それを分け合った。そしてふたたび午後の四時か五時まで歩き回り、一切れのパンを分け合って一日の仕事を終えた。そして靴擦れと空腹を抱えて早々とベッドに入った。(58)

しかし、こうした最後の数ペニーで暮らしをやりくりしていく規律をもつ者はまれだった。常態となった雇用の不安定性は、すべての社会調査員も知るように、将来への配慮をくじき、仕事のあるときの使い放題と困窮というおなじみの循環をもたらすのである。不熟練労働者（馬丁、道路掃除人、河岸労働者、不熟練建築労働者、運送人など）は、「臨時労働《カジュアルティー》」が一つの生活様式となっている人びととは違っていた。後者は、路上売り《ストリート・セラー》、物乞い《ベガー》や乞食《カジャー》、細民、一時的あるいは職業的犯罪者、軍隊などである。路上売りのなかには、繁盛する者もいた。手の負えない常習のたかり屋もいた。呼び売り商人《コスターモンガー》、口上香具師《バタラー》、バラッド売りなどは、エドウィン・チャドウィックやケイ博士[10]の説教口調の主張にたいする滑稽かつ辛辣なアンチテーゼを提供している。犬の糞を集めたり、雑草のハコベを売ったり、一回一ペンスか二ペンスで手紙を代筆する（恋文用には「最高の金縁、素敵な封筒、そして辞書が欠かせない」）などといった、人間がおのれの生を保つためのさまざまな方策を前にすると、目まいがするほどだ。路上売りの大部分は、たしかに一八四〇年までは絶望的に貧しかった。統計をひと休みすれば、倉庫、市場、運河船、造船所、鉄道からのこそ泥の機会がひどく増大したのだから、（三〇年代後半に）効果的な警察力が確立するまでの期間、平均的な犯罪者（売春婦は別）の生活水準が上昇したと大胆に主張することもできる。たぶん、かなり多くの臨時雇い労働者が自分たちの稼ぎをこうした方法で補ったのだ。純粋の職業犯罪者や

「渡り者《トラベラー》」の犯罪者は、彼ら自身の告白によれば、華麗なる生活水準を有しているようにみえる。彼らは「楽観主義者」だったといえるだろう。未婚の母親の生活水準は、女性雇用が豊富だったランカシャーなどの地域を別にすればたぶん悪化した。彼女らはウィルバフォースの気分を害しただけでなく、マルサスや政治経済学の諸法則にたいしても目ざわりなものであった。

五歳から十五歳までの六人の子供をもつ紡績工場町の寡婦が、恵まれていると考えられていた時代であった。そして、盲目の乞食が浮浪者仲間の「貴族」であり、目の見える者や身体頑強な者が彼の稼ぎの分け前をもらうために一緒に放浪しようとした時代であった。「盲目の者はどこでも道案内を得ることができた。というのは、彼らは盲目の者が確実に何かを手に入れるということを知っていたからである」と、盲目の靴ひも売りはメイヒューに語った。彼は、生まれ故郷のノーザンバーランドをたって下宿屋から下宿屋へと放浪しながら、物乞いの「卓抜な手段に抜け目ないやつ」になり、「人生はますますもって快適なものとなり、どうして他人のあとについていくやつがいるのか不思議に思った」。彼がとうとうロンドンに着いたときには、「通りを歩くにつれて……おれが通りを歩いていくのか、通りがおれを運んでいるのかわからなかった(59)」。

別の楽観主義者には、高度に専門化した「乞食《カジャー》」が含まれていた。彼らは早変わりを演じる役者と同じくらい多くの変装をし、ほかの者たちの困窮の程度を推定し、その職種の状態に応じて手を変え品を変えた——「品位ある落ちぶれた商人とか没落したジェルトルマンの窃盗」、「貧乏な機械工のペテン」、「困窮した船乗り」などである。

オイラは……ガーンジーシャツ〔水夫用の毛糸編みシャツ〕と靴下、破れたぼろのズボンを着てシャロー・ブリゲイド〔浅瀬大隊の意〕の一員に扮して出かけた。四人で徒党を組んでいたんだ。おれたちはかなりの生活の糧、すなわちみんなで一日十六シリングか一ポンドを稼いだよ。おれたちは石炭運搬人とか通りすがりの誰でも、海で戦う船長と呼んだもんさ。こう言ったもんだ。「やあ、われらが海で戦う船長殿よ、おれたちネルソン提督の兵《つわもの》に、あんたの船倉から余分な酒をちょいと失敬してきてくれよ」とね。……シャロー・ブリゲイドはロンドンではえらく有名になっちまって、その供給は過剰になったんだ。それでオイラは地上の海軍をやめたってわけさ。路上じゃあ難破はごくあたりまえだったからさ、わかるだろ、だから誰もそんなやつのことなんか気にとめたりしなかったよ[60]……。

詐欺師たちは市場について研究し、人の同情という使い尽くされ非弾力的でもある需要に見合うように受難の供給をたちどころに変化させることができた。彼らは本当の困窮者よりもずっといい暮らしをしていた。本当の困窮者は、自分の悲惨を最高の利益を見込んで市場に出すには、あまりにも誇りが高く経験不足でもあった。一八四〇年代までには詐欺師の策略の多くは知られてしまっていた。ディケンズやメイヒューがもっていたような人間性についての知識をもっていない中流階級の男は、すべての開かれた手のひらに怠惰と欺瞞の証拠を見ただけだろう。そして、ロンドンや大都市の中心部でなら、それはそれで正しかったのかもしれない。というのも、彼が歩いていたのは超現実主義的な世界だったからである。開かれた手のひらは盗品故買人のそれだったかもしれない。吹雪のなかの半裸の男は「震える工夫」をしていたのかもしれなかった(「相当に過酷な季節におけるうまい工夫も……かつてのような一日に二シリングも稼げるほどにうまいもくろみではなかった」)。破れた紅茶の袋をめぐって側溝で泣いている子供や小銭を失くした話は、母親によってうまく人を欺く工夫を教えられてのことだったかもしれない。両腕を失くした炭坑夫は羨望の的となった。そして、

大きくふくれた足をもった男がおり、彼は舗道の上に座り、炭鉱でトロッコが彼を轢いたことについて長いほら話をしゃべっている。彼はとてもじょうずに、驚くほどじょうずに話した[61]。

最もひどく虐げられていた人びとの大部分は、こうした人びとのなかにはいなかった。彼らは、家族とともに

スピトルフィールズの屋根裏に、アンコーツ〔ランカシャーの村〕や南リーズの地下室に、下請け労働者の村々にとどまっていた。われわれは細民の生活水準が低下したことにかなりの確信をもつことができる。一八三四年の新救貧法にいたる三十年間は、救貧税率の引き下げや院外給付でもっての場当たり的な対応、あるいは新型の救貧院の開設といった試みが次から次へとなされた。[62] クラッブ[11]が『自治都市』（一八一〇年）で描いたのは、チャドウィックの「バスティーユ」ではなく、もっと以前からあるモデルであった。

あなたの計画は好きになれない、――あなたは番号を
あなたの貧しい者たち、あなたの哀れな少数の人につけた
それがため、一つの家に、一生涯住まわなければならない、
彼らが見るのを嫌うその貧民窟に。
巨大な建物、その高くそびえる塀、
彼らは粗末な服を着て歩く、そびえ立つ途方もない広間を！
大きな音をたてて時を知らせる時計は、恐ろしい時を毎時告げる
それらが門や錠、それらすべては権力のしるし
そこは監獄、より穏和なる名前をもった
恐れと恥辱なしには誰もそこに住まうことはできない

一八三四年の新救貧法とそれにつづくチャドウィックやケイのような人物による救貧行政は、おそらく人間の欲求に関する明白な事実を無視してイデオロギー的なドグマを課そうとする、イングランド史上最も持続した試みだったろう。三四年以降の生活水準をめぐる議論はいかなるものであれ、問題を多く抱えた貧民救済委員会《ボード・オブ・ガーディアン》が不況にあえぐ工業中心地での院外救済の廃止や残酷な制限に関するチャドウィックの狂気の指示通達を実施しよう

と試みたのだから、その結果を検討しないのであればなんの意味ももちえない。また、マルサス的ベンサム主義の教条的信念を経験主義に頼っていた北部地方に持ち込もうと企てた救貧法副書記《アシスタント・コミッショナーズ》たちの宣教師的な熱意の検討なくしても、それは意味をなさない。出発点から、規律と抑制の教義が、物質面での「不適切」(63)な教義よりも重要であった。きわめて創意に富む国だったなら、屋根裏親方や、ドーセットの不熟練労働者、掛け枠編み工や釘製造工のそれよりも劣悪な生活水準に合わせた制度を懸命につくろうとしたことだろう。体系的に飢餓をつくりだすという非実際的な政策は、心理的におじけづかせる政策、すなわち、「労働、規律、抑制」に取って代えられた。「われわれの意図は、できるかぎり救貧院を監獄と同じようにすることにある」とある救貧法副書記は語った。別の一人は「われわれの目的は……恐怖を植え付けて、そこに入るのをやめさせるような、きわめて過酷で抑圧的な規律をそこに確立することである」と述べた。ケイ博士はノフォークでの彼の成功を満足げに記録した。日常食の切り詰めは、「正確かつ規則正しい日課の履行」、礼拝、食事中の私語の禁止、「即座の服従」、完全な男女分離、家族の隔離（同性の場合であっても）、労働、全面的な監禁ほど効果的ではなかった。彼はそこで、いつの日か親指締めの拷問具や足かせのついたさらし台と同じくらい風変わりなものとなるだろう異常な儀式ばった英語で記録している。

私は、貧民たちが救貧院の壁のなかに住まいながら、物入れや陶器や衣類などの持ち物を所有することを許可するという慣習が長いことつづいていたことを見てきた。……そこで、私はこれらのものを各所長が取り上げ、……倉庫にしまうよう指示した。コスフォード・ユニオン労役場でのこの変更を実施した際に、プラム氏は、これらの物入れのなかにたくさんのパンが隠されているのを発見した（これは日常食がいかに豊富であるかを示している）。そして救貧院の倉庫から盗まれた石鹸そのほかの物品が見つかった。……この変更をおこなった朝に、十二人の労働能力のある女性の貧民が、外で働いたほうがマシだと言って労役場を去った。

家族もちの寡婦とか老人、健康に恵まれない者、病人にはいずれも――ケイ博士はチャドウィック的な嘆きを十全に込めて、つづけるのだが――これら労役場での屈辱を味わわせるべきではない、というのも不倹約や詐欺行為を温存したり、勤勉……倹約……思慮分別……子としての義務……働き活動できる労働者の自立的努力……などの動機を害するおそれがあるからである。

ケイ博士とプラム氏の目を見張るばかりの勝利！　労働能力のある十二人の女性は（おそらく悲観主義者から楽観主義者へと姿を変えて？）たちまちにして倹約と思慮分別を与えられた！　それでもなお、彼らのあらゆる努力にもかかわらず、そうした新たなるバスティーユが機能していた一八三八年の三カ月間にイングランドとウェールズの四百四十三の教区連合から回収された報告は、不完全ではあるが（とりわけランカシャーとウェスト・ライディングが含まれていない）、七万八千五百三十六人の救貧院収容者がいることを示している。四三年までにこの数字は十九万七千百七十九人に増加した。貧困の深刻さを最も雄弁に証言するものは、とにかく救貧院に収容者がいたという事実なのである。(64)

第9章　織布工

十九世紀の織布工《しょくふこう》の歴史は、いまよりもいい時代がかつてあったという伝説につきまとわれている。こうした記憶はランカシャーやヨークシャーで最も強かった。しかし、イギリスの大部分の地域に、また繊維産業のほとんどの部門にそれは流布していた。一七八〇年代のミッドランズの靴下編み工に関して次のようにいわれている。

ウェイクが来ると、靴下編み工は、こぢんまりとした庭でとれたエンドウマメやインゲンマメを食べ、たくさんの強いビールを飲んだ。

彼には、「平日に着る服を一着と日曜日に着る服を一着、そしてありあまるほどの余暇[1]」があった。グロースターシャーの織布工については次のように述べられている。

彼らの小さな小屋は幸せそうで満足しているように思われた……織布工が教区の救済を求めることはめったになかった。……平和と満足とが織布工の表情にうかがえる。[2]

ベルファーストのリンネル織布工の地区については、

……ある地区は、かつてはきちんとして整頓が行き届いていることでよく知られていた。彼は、彼らのしっくい塗りの家と小さな花壇のことを覚えていた。また、市場や礼拝式などに彼らが家族と一緒に身ぎれいな格好で現れたことを覚えていた。これらの家は、いまではひどく汚れていて悲惨である……。(3)

ドロシー・ジョージ博士は彼女の明快で説得力のある著書『転換期のイングランド』のなかで、「黄金時代」は一般的にいって神話だったと主張している。そして彼女の主張が勝ちを収めてきた。

勝利を収めるのはおそらくきわめて容易だった。結局、もしわれわれが「黄金時代」という九柱戯の木柱[1]を立てるとすれば、それを倒すのは難しいことではない。十八世紀のスピトルフィールズの絹織布工の状態は、たしかにうらやましがられるようなものではなかった。そして、南西部やノリッヂの紡毛・梳毛《そもう》産業の資本主義的な組織構造が、ランカシャーやヨークシャーでののちの展開を先取りする多くの敵対的労使関係を早くも生じさせていたことも確かである。十八世紀の織布村落の状態が、ギャスケルの影響力ある著作『イングランドの製造業人口』(一八三三年)で理想化されていたこともまた、確かなことである。それはエンゲルスによっても理想化されている。一八四四年の工場労働者《オペラティヴ》の祖父母たちが「このうえない敬神の念と廉直をもって正しい平和な生活を送った」姿を(ギャスケルにならって)思い起こさせたのは、彼だったのである。

しかし、一方に十八世紀には困苦と対立があったという事実があり、他方にはそれが十九世紀に理想化されたという事実があるが、それで問題がおしまいになるわけではない。当時の記憶はまだ残っている。安易な解釈を許さないようなたくさんの証拠もまた残っている。小規模な農耕ないしわずかな庭先の菜園、糸紡ぎ、収穫期の労働などから得られた補足的な収入が存在していたことは、この国の大部分で立証されている。十八世紀後期のペナイン地方の多くの織布村落の健全さを立証する建築上の証拠は、こんにちも存在する。こんにちにおける最もよくある誤りは、ギャスケルやエンゲルスのそれではなく、楽観論者の誤りなのであって、彼らは、職人の地位から打ちひしがれた下請け労働者の地位への変化が苦しくつらいものだったという事実を、次のようなだめるような言い回しで、曖昧にしてしまうのである。

産業革命以前の時代はある種の黄金時代だったという見解は、神話である。初期の工場時代の悪弊は、それ以前の時期のものよりひどかったわけではない。十八世紀の家内紡績工や家内織布工は、工場労働者が一八四〇年代に工場主によって「搾取された」のと同じように無慈悲に、織元《クロウジア》によって「搾取された」のである。[4]

われわれは、十八世紀に見いだされる織布工と雇用主との関係を四種類に区別することができる。㈠顧客―織布工――まさにサイラス・マーナー[2]であり、村や小さな町に独立した地位をもって暮らしていて、顧客の注文に応じて仕立てる親方仕立て工とよく似ている。その数は減少しつつあり、ここでは取り上げる必要はないだろう。㈡上級職人の地位をもち、自営であり、親方を選び、出来高で仕事をする織布工。㈢親方―織元の仕事場か、あるいはより一般的には自宅で、一人の親方のために自分の織機《しょっき》を使って働くジャーニーマンの織布工。㈣農場経営者ないしは小土地保有農で、パートタイムでだけ機織りの仕事をする織布工。

あとの三つの集団は相互に重なり合うが、区別することは有益である。たとえば、十八世紀の半ばにマンチェスターの幅の狭い布地やチェック柄の織物は、大部分が職人的織布工《ウィーヴァー・アーディザン》（第二の集団）によって営まれ、高度に組織化されていた。綿工業が同じ世紀の後半に拡大するにつれて、より多くの小規模農場経営者（第四の集団）が高賃金に引き付けられて、パートタイムの織布工になった。同時に、ウェスト・ライディングの紡毛産業の大部分は、ほんのひと握りのジャーニーマンと徒弟（第三の集団）を自分の家の作業場に雇っているような、小規模な労働者でもある織元《ワーキング・クロウジア》を基礎にして組織されていた。一七八〇―一八三〇年の時期の経験を単純化して述べれば次のようになる。すなわち、この時期にこれら三つの集団すべてが、その地位を大きく低下させた一つの集団に統合されつつあった[3]――つまり、ときには織機を所有し、ときには賃貸して自宅で仕事をし、工場や中間業者《ミドルマン》の代理の業者の仕様に従って糸を織り上げるようなプロレタリア的下請け労働者の地位に落ち込んでいったのである。下請け労働者は第二・第三の集団ならば期待しえただろう地位と安定を失い、そして第四の集団の副収入も失った。彼はロンドンの職人の感覚でいえば、まったくもって「卑しい《ディスオナラブル》」状態にさらされたのである。

北部の織布工のあいだでは、失われた地位の記憶が真正な経験として教え込まれ、きわめて長く残存した。十八世紀の末までにウェスト・カントリーでは、織布工はすでに下請け労働者となっていて、大規模な地主《ジェントルマン》の織元に雇用されていた。織元は「羊毛を買い付け、紡績、織布、裁断、染色、剪毛、仕上げなどに支払い」をするが、これらの工程に千人も雇うこともあった。一八〇六年にヨークシャーのある証言者が、二つのシステムを対照させている。ウェスト・カントリーでは、

> われわれがヨークシャーで家内工業制度と呼んでいるものはみられない。家内工業制度ということで私がさしているのは、村や遠隔地に、きわめて快適に暮らしながら、自分の資本で商売をおこなっている小規模な織元である。……私は、イングランドの西部ではまったく逆であると理解している。そこの織布工は、一軒家に住んでいることを別にすれば、ヨークシャーの工場のわれわれ普通の労働者と同じである。織布用の羊毛は彼らに配達されているが、ヨークシャーでは羊毛は彼自身の所有物である。[5]

しかし、ヨークシャーの十八世紀の家内工業では、羊毛は織布工のではなく、小規模な親方―織元の所有物だった。大部分の織布工は一人の織元のために働くジャーニーマンであり、（いかにあとになって理想化されたとしても）従属的な地位にあった。織元の生活の「牧歌的な」様子は、「一七三〇年ごろに書かれた、織元のふるまいの詩的記述[6]」に見いだすことができる。織布工たち――われわれには、トム、ウィル、ジャック、ジョー、そしてメアリが、ジャーニーマンなのか徒弟なのか、あるいは「親方」の息子か娘なのかわからないのだが――が、共同の食卓で食事をとっているところが描かれている。それは、「朝の五時からヨルの八時まで！／手足を動かし」つづけたあとのことである。

親方いわく――「野郎ども、一生懸命に働け、頼んだぞ、
次の市の日には布を売らにゃならんのだ
そしてトムは明日、紡績工のところへ行くんだ
そしてウィルは、縮械工を見つけるんだぞ
そしてジャックは明日、時間までに起きて
そして糊付け《サイジング》のために糊付け小屋へ行くんだ
そして縦糸を準備して、布を織るんだ
そいつをとって織機にかけるのさ
ジョーよ、行ってわしの馬に餌をやれ
というのもわしは明日、ウォルド平野に行くことになっている
だからわしの靴を手入れしてピカピカに磨いておけよ
というのも、朝になったらそれがすぐに要るんだ！
メアリよ、羊毛がある、これを取り出して染めるんだ
その亜麻袋のなかにあるのさ！」

おかみさんが言う、「そうやってあんたは私の仕事を決めるんだね
私はあんたの肌着をもっと直す必要があると思うわ
いったい誰が紡車につくんだい？
それから巻き糸軸架けのてっぺんにケーキがあるわけじゃないんだよ！
それで私たちがパンを焼き、ぶら下げ、混ぜ合わせるのさ

それから牛乳を搾り、そして子供たちを学校へやる
それからだんごを野郎どもにつくってやり
それからパン種を買い、『そんなことばかり』！
それから朝、昼、夜と、洗い仕事をし
それからお椀を熱湯につけ、牛乳を運ぶ
それから夜に、子供たちをまた連れにいく」

この描写は、南部の小規模農場経営者とその農業労働者とのあいだの家父長制的な関係についてのコベットの懐古趣味的な叙述によく似ている。彼らは、十八世紀には食卓と資産を分かち合っていた。これはその時代の信じるにたる描写なのであって、ハリファクス地区やリーズ地区では、布製造のほぼすべての工程が単一の家庭の単位内でおこなわれていたのである。十八世紀の終わりまでには一定の限定条件が必要となっていた。親方はもはやウォルドズ〔イングランド中東部のハンバー河を挟んだ丘陵地帯〕で羊毛を買い入れなかっただろうし（彼はいまでは、紡績工場から直接糸を買い入れることができた）、最終工程は専門の作業場でおこなわれただろう。彼の製品を売る市場もまた「無料」ではなかった。とはいえ、大規模なヨーマンの「服地会館《クローズ・ホール》」の建物が最後にハリファクスに建設されたのは一七七九年という遅い時期になってからのことだったし、また九〇年代には新たな非合法の服地会館がリーズにつくられ、そこではもぐりの商人、徒弟修業をしていない「製靴工や鋳掛け屋」、自営の織布工が各自の布地を販売した。小規模な織元は、ますます商人、代理業者、あるいは工場に依存するようになった。彼は、もし成功すれば、小資本家になって、その多くが各自の自宅で仕事をする十五人か二十人くらいの織布工を雇っただろう。もし、失敗すれば、自分の独立を失っただろう。彼の利潤は、下請けへの支払い、つまり中間業者の仕様に応じて糸を布に織り上げるという仕事への支払いだけで消えてなくなる。景気の悪い時期には、彼は商人に負債を抱えることになろう。彼はたんなる手織工《ておりこう》になる途上だったのであり、また競争がより

厳しくなるにつれて、親方のおかみさんの家庭経済もまたその職種への需要を失ったのである。

これらの過程はゆっくり進んだし、当初は異例な苦痛を伴うといったものではなかった。一八〇七年にウィルバフォースに投票するためにヨークに旅だった者たちのなかには、何百人というヨーマンの織元が含まれていた。この産業が複雑な小部門から成り立っていたことで、かなりの小親方がさらに五十年以上にわたってその地位を確保することができたし、ほかの者たちも小規模の仕上げ作業場や剪毛作業場を構えることができた。さらに、紡糸《ぼうし》生産量の飛躍的増大が、織布工の労働に特別の割増金をもたらした。一七八〇年から一八二〇年の間、織元の独立性ならびに地位の喪失は、仕事が豊富にあったことによってある程度隠蔽された。そして、もし親方の地位が、いくつかの事例にみられるように、彼の下で働くジャーニーマンのそれにまで転落しつつあったとすれば、トムやウィル、ジャック、ジョーの地位は上昇しているようにみえた。工場と代理業者は織布工を必要としていたので、ジャーニーマンは親方―織元から若干の独立を獲得した。彼はいまでは、親方を選び取ることができたのである。綿工業同様、羊毛工業でも、これがジャーニーマンである織布工にとっての「黄金時代」だった。

十八世紀のはじめにあって、前述の詩のなかに描かれた人間関係は、家父長的な意味においてだけ牧歌的だった。否定的な側面をあげれば、ジャーニーマンは、農場で年季で雇われる労働者《ハンド》以上に、親方から独立していたわけではなかった。教区徒弟《パリッシュ・アプレンティス》は、もしひどい親方に付けられた場合、何年にもわたって奴隷に近い境遇に置かれた。肯定的な側面としては、ジャーニーマンは、自分のことをたんなる織布工というよりも「織元」と見なしていた。彼の仕事は多様で、その多くは機織り場《ルーム》でのものだったが、それ以外の仕事やそれに関連する周辺の仕事もいくらかあった。彼は、羊毛を買うことのできる信用を獲得し自分の責任で働く小親方になるという、いくばくかの希望をもっていた。もし彼が親方の作業場ではなく自分の家で仕事をするのであれば、自分が課す労働規律にだけ従った。小親方とそのもとで働く労働者とのあいだの関係は人格的なものであり、ときには親密なものであった。両者は同じ慣習を守り、同一の共同体的価値観にたいして忠実であった。

「小生産者」……とは誰にたいしても帽子をとってあいさつしたりしない者たちで、地主《スクワイア》であれ牧師であれ、彼を問いただしたり彼に干渉したりする権利を認めなかった。……彼らのぶっきらぼうさや率直な話し方は、ときには無礼であることもあった。……もし小生産者が……隣人たちを数人ほど雇えるほどに出世したとしても、だからといって自分で働くのをやめたりはせず、雇った者たちと同じように、いやおそらくその誰よりも一生懸命働いた。彼は、話し方や服装でも偉ぶらなかった。(7)

親方―織元は、産業革命の時代の小農《ペザント》、あるいは小クラーク[4]であった。ヨークシャーにたいする無愛想とか独立という評判は、親方―織元へとさかのぼることができる。

綿工業は別の経過をたどった。そこでは平均的な生産単位はもっと大きく、ノリッヂやイングランド西部に似た人間関係は十八世紀後期からみられた。一七五〇年代までに、マンチェスターの幅の狭い布地やチェック柄布地の織布工は、強力な職種団体を組織していた。すでに彼らは、徒弟期間を終えていない労働の流入を制限することによって、自らの地位を維持しようとしていた。「非合法」の労働者は「急速に増大し、正規労働者の行く手に立ちはだかり」はじめていた。夏の間、こうした男たちは「日雇い労働のような、下請け労働を引き受ける」（と織布工たちはこぼした）。そして、秋には、

ふたたび織機に戻ってきて、冬に飢えるよりましだということで、どんな条件の仕事でも満足したり、あるいはどんなたぐいの奴隷仕事でも引き受けようとした。こうして甘んじて引き受けたことが、まもなく一般的原則になった……。(8)

オールダムのチェック柄織布工が、一七五九年に、徒弟制の制限に法的な強制力をもたせようとしたが、巡回裁判の裁判官は敵対的な判決をくだした。判決では国法は留保され、その時点ではまだ公表されていなかったアダ

ム・スミスの教義が支持されたのである。もし徒弟制が強制されるならば、「さまざまな事業《トレイズ》を起業する自由（それは、現在のマンチェスターの繁栄状況をつくりだした基礎である）は破壊されてしまう［だろう］」。

事業が幼年時代にある場合には、エリザベス女王時代の諸法は公共の安寧にとって十分考えぬかれたものだろう。しかし現在では、われわれが知るように、事業が成長してこのような完成の域に達しているのだから、右の諸法はおそらく廃止されるのが有益だろう。というのも、最初は規制《ルール》によって獲得されることが必要だった知識を、拘束し制約するようになっているからである……。

団結〔結社〕については、「もし劣った者が彼らに優る者たちに命令をくだそうとすれば、すなわち足が頭になりたいと熱望するとすれば……法はなんの目的のために制定されるのだろうか？」。「その初期の段階で団結を禁止するよう努めることが、共同体を擁護する者として、すべての人びとの必要欠くべからざる義務」であった(9)。

この注目すべき判決は、職人条例の実際の撤廃に半世紀も先行していた。職人たちの組織は決して消滅させられなかったにもかかわらず、初期の綿工場からの綿糸の産出量の莫大な増加によって、ランカシャー南東部全体の織布業が目を見張るばかりに拡大していたときに、織布工はなにひとつ法的な庇護なしに放置されたのである。この時期のペナインの高地についてのウィリアム・ラドクリフの説明はよく知られている。

……旧式の機織り作業場《ルーム・ショップ》では不十分となり、あらゆる物置が、また古い納屋や荷車小屋やあらゆる種類の離れまでもが改修されて、壁を破って窓が取り付けられ、機織り作業場に仕立て上げられた。こうした空き場所の余地が最終的に使い果たされると、機織り作業場を備えた織布工の新しい小屋があちこちに建てられていった(10)……。

何千人という規模で移住者を引き付けたのは、織機であって、紡績工場ではなかった。一七七〇年代以降、高地地帯――ミドルトン、オールダム、モトラム、ロッチデイル――への大規模な移住が開始された。ボルトンの人口は一七七三年に五千三百三十九人だったが、八九年には一万千七百三十九人に跳ね上がった。対仏戦争の開始期には――

大勢の者が入隊したにもかかわらず、労働者階級のための住宅の入手は困難を伴った。そして昨年の夏に多くの住宅がこの町の郊外に建てられたが、いまでは空きがない(11)。

小規模農場経営者は織布工になり、さらに農業労働者や移住してきた職人がこの職種へと参入した。ラドクリフが織布工のコミュニティについて「この偉大な職種の黄金時代」と述べたのは、一七八八年から一八〇三年の間の十五年間に関してだった。

彼らの住居や小さな庭は清潔でこざっぱりとしている――家族はみないい身なりをしていた――男たちはそれぞれポケットに時計を持ち、女たちは彼女たちなりの好みで着飾っていた――教会は毎日曜日には超満員だった――どの家にも上品なマホガニーの時計や飾り戸棚といった家具が備え付けられていた――おいしい紅茶がスタッフォードシャーでつくられた陶器に入れて供された――バーミンガムやポタリーズやシェフィールドでつくられた製品が、生活必需品や装飾品として使われた……多くの小屋住みの家族が牛を飼っていた(12)……。

世紀の変わり目には、織布工の家族は週四ポンド稼いだというギャスケルの説明や、バンフォードによるミドルトンでの彼自身の『若き日々《アーリー・デイズ》』に関する記述がそうであるように、経験と神話とがここには混ざり合っている。オールダムで日記をつけていたある人の記述からわかるように、この繁栄は、この職種のなかで最も劣悪な部門であるファスチアン織り《ファスチアンズ》にまではおよんでいなかった。(13) 事実としておそらく、ほんの少数の織布工だけがラドクリフの生活水準を獲得していた。しかし、多くの者がそれを熱望していた。この十五年間ないしは二十年間のおだやかな繁栄のなかで、織布工のコミュニティにある独特の文化のパターンが現れた。たとえば、労働と余暇のリズム。また、十九世紀の最初の数十年に見いだされるものよりも穏健で人間的なウェスレー主義がいくつかの村にみられ（バンフォードの通った日曜学校は彼に読み書きを教えた）、その組指導者や地元在住の説教師が織布工のなかに存在していたこと。政治的急進主義の活発化、そして独立という価値観への深い傾倒。

しかし、この機械紡績の生産量の急増によって引き起こされた繁栄は、より根本的な地位の喪失を隠蔽した。職人ないしはジャーニーマンの織布工が「手織工《ハンド・ルーム・ウィーヴァー》」の一般名称に統合されるようになったのは、この「黄金時代」においてなのである。少数の特殊な部門を除いて、年配の職人（彼らの徒弟制の壁は完全に破壊されてしまった）は新参の移住者と同列に置かれた。また農業を兼業する織布工《ファーミング・ウィーヴァー》の多くも、小保有地を捨てて織機に専念するようになった。織布工たちは、紡績工場あるいは高地地帯に糸を持ち込む「問屋《プッターズ・アウト》」に完全に依存するまでに切り下げられていたが、いまでは次から次へと賃金を切り下げられていった。賃金カットは長きにわたって、雇用主の強欲によってばかりでなく、貧困は勤勉に不可欠な突き棒〔家畜を追うための先端がとがっている棒〕であるという広く流布された理論によっても是認されていた。『羊毛に関する思い出《メモワールズ・オブ・ウール》』の著者は、おそらくイングランド西部のこの産業を念頭において次のように書き記した。

ある程度まであれば、欠乏は勤勉を促すということ、また三日の労働で暮らしていける製造業者は、その週の残りの日々には怠惰になって酒を飲んで過ごすようになることは……よく知られた事実である。……製造業諸州の貧民は一般的に言って、生活と毎週の放蕩三昧とを支えるのにちょうど必要な時間を超えて働くことは、決してない。……紡毛生産での賃金の切り下げは、国民の恩恵や利益となるものであり、貧乏人を真に傷つけるものではまったくないということ、これをわれわれは正当に断言しうる。この方法によって、われわれはわれわれの事業を維持し、われわれの地代を守り、そしておまけに人びとを改革するだろう[14]。

しかし、この理論は、多くの治安判事や聖職者はもちろん、雇用主のあいだでまた綿工業地帯で、ほぼあまねく見いだされた[15]。織布工の繁栄ぶりは、一部の親方や治安判事のあいだに激しい警戒心を呼び起こした。ある治安判事は一八一八年にこう書いている。「何年か前には」、織布工たちは「週に三日か四日働いてべらぼうな支払いを受け、かなり贅沢な状態を維持することができた」。彼らは「かなりのたくさんの時間と金を居酒屋で費やし、家庭でも一日二回茶卓を囲んで、ラム酒を飲みバター付きの最上等の小麦パンを食べていた[16]」。

ナポレオン戦争期には、賃金の切り下げが、ときには大規模な雇用主によって、ときには最も節操のない雇用主によって、またときには小親方や「仲買業者《コミッション・ハウス》」のもとで働く自営の織布工によって強制された。市場が不振なときには、製造業者はこの状況を逆手にとって、どんな価格でも仕事がほしくてたまらない織布工に下請け仕事を出し、それによって織布工は「まったく需要がないときに、大量の製品を製造する」ことを余儀なくされた[17]。需要が回復すると、その製品が市場で値引きして売りに出された。したがって、それぞれのちょっとした景気の後退のあとには、安価な製品で市場が供給過剰になる時期がつづき、そのために賃金は不況期の水準に引き下げられたままだった。雇用主のなかには、ずさんな仕事に罰金を科しながら糸の重量をごまかすといった悪辣な行為をする者がいた。しかし、十九世紀の最初の三十年間に、賃金はどんどん切り下げられながら、織布工の数は増加しつづけたのである。織布の仕事は、一般的な不熟練肉体労働についで、北部の失業者にとっての主要な収入源であった。ファスチアン織りは、重労働で単調だが、すぐに覚えられる仕事だった。農業労働者、復員兵、アイルランド移民はみな、織布工の数を膨張させつづけた。

厳しい全般的な賃金切り下げが最初になされたのは、世紀の変わり目であった。ナポレオン戦争期の最後の一、二年間は回復したが、一八一五年以後いっそう切り下げられ、その後は不断に低下していった。織布工の最初の、そして一七九〇年以降もつづいた要求は、法定最低賃金の要求だった。雇用主の側にもこれを支持する者がいたが、彼らはこれをあまり節操のない競争相手の雇用主にたいして公正な競争条件を強制する手段として支持したのである。この要求が一八〇八年五月に下院によって退けられると、ストライキが発生し、一万人から一万五千人の織布工が連日マンチェスターのセント・ジョーンズ・フィールズで示威行進を展開した。この示威行進は治安判事によって追い散らされたが、その際に流血の事態を伴った。そして当局側の全面的な報復は、傑出した製造業者である義勇軍のジョウジフ・ハンソン大佐への、国家による起訴と投獄によってあきらかにされた。彼は、最低賃金法案を支持していたが、馬に乗って織布工たちに加勢し、「悪意ある煽動的な言葉」を口にしたために投獄されたのだった。

諸君の大義を貫き通せば諸君は必ずや成功するだろう。ネイディン[5]だろうと彼の一派だろうと誰も諸君を今日この広場から追い払うことはできない。紳士諸君、諸君は諸君の労働で生活をしていくことができないでいる。……私の父は織布工だった。私自身も織布の仕事を教えられた。私は織布工の真の友人である。

織布工はのちに、ハンソン大佐に銀杯を感謝のしるしとして贈呈したが、それには三万九千六百人が寄付をした。マンチェスターの歴史家であるアーチボールド・プレンティスは、「このあさはかな起訴の影響は、長期にわたって有害なものと感じられた。それは、一八一二年、一七年、一九年、そして二六年に表明されたような、雇用主にたいする被雇用者の敵意の感情をもたらした……」。(18)

プレンティスが選び出した年は、力織機《りきしょっき》の破壊(一八一二年、二六年)、ブランケティアズの行進(一七年)、そしてピーターールー事件(一九年)の年である。法的な保護を期待できない織布工たちは、より直接的に政治的急進主義の方向に向きを変えた。(19) しかし一八〇〇年以降の数年間は、メソジスムと「教会と国王」の乱暴な行為とが連繫したため、ほとんどの織布工は政治的には「体制擁護派《ロイヤリスト》」のままにとどまった。彼らのうち二万人が対仏戦争の初期に義勇軍に加わり、また君主制や恩給名簿を批判すれば殴り倒される時代があったといわれた。一八三四年の手織工特別委員会で、ボルトンのある証人が、「私は、旧式の議会改革論者になってしまう深刻な危機に直面していた二、三の人物を知っております」と証言した。真に急進的な潮流が生まれたのは、戦後になってからであった。そして、一八年に、第二の深刻な対立が織布工と雇用主とのあいだに起きた。この年にはマンチェスターの綿紡績工の大ストライキがあり、一般組合主義《ゼネラル・ユニオニズム》（「博愛主義《フィランソロフィック》のヘラクレス」）[6]をもくろむ最初の印象的な試みのあった年である。織布工は再度ストライキを打ち、マンチェスターばかりかボルトン、ベリー、バーンリなどの織物の町々でも、彼らは織機の杼を集めて、教会堂や作業場にしまい入れて鍵をかけた。このストライキは、親方側の短命に終わる譲歩と、織布工の指導者若干名の起訴と投獄をもって終わった。[20]これが、ランカシャーの織布工の効果をあげたゼネスト運動としては最後のものであった。これ以降は、一八三〇年代まで、大部分の部門で賃金は切り下げられつづけた――九シリング、六シリング、四シリング六ペンス、そして臨時労働の週賃金はさらにそれ以下へと。

織布工の置かれた状況悪化の原因を力織機のせいにするのは単純化しすぎである。[21]織布工の地位は一八一三年までに凋落したが、この年に力織機の連合王国における総数は二千四百と推計されており、力織機と手織との競争は主として心理的なものであった。力織機の推計数は二〇年に一万四千に増加しているが、その時点でさえ速度は遅く扱いにくいものであり、まだジャカードの原理[7]に従って改造されていなかった。そのため、力織機は、難しい紋様を織り上げることはできなかった。手織労働のひじょうな安価さと過剰さとが、織物業における機械の革新と資本の投下を遅らせたということができる。織布工の地位の低下は、卑しい職人的職種に従事する労働者のそれとよく似ている。次々に賃金は引き下げられ、彼らの立場はいっそう守るすべのない状態になった。織布工はいまでは、これまで以上に夜遅くまで働いてもこれまでより少ない賃金しか稼げなかった。新しい「政治経済学」の主唱者でさえ驚愕した。「アダム・スミス博士はこうした状態を一度でも予想したか？」とある人道的な雇用主が大声をあげたが、この雇用主の立派なおこないは彼自身を破滅させる原因となった。

彼〔アダム・スミス〕が存在するとは思わなかった不平不満にたいする解決策を見いだすために彼の本を読むのはむだである。すなわち、（前述したことだが）需要がないときには、十五万人分の仕事を十万人の織布工が、しかも半分の報酬でおこない、そして残りは救貧税によって支払われているのである。製造業の利潤とは、貧乏人の苦労して得た稼ぎから一人の親方が別の親方以上に搾り取ることのできるものにほかならないことを、彼は想像できただろうか？(22)

「十五万人分の仕事を十万人の織布工がおこなう」――これは、後年メイヒューがロンドンで見た、卑しい職種の本質である。すなわち、不完全就業状態、守るすべのない状態にあって、お互いに賃金を切り下げ合う過剰労働者の貯水池こそがそれである。織布工、とりわけ高地地帯の村落の織布工の労働環境そのものが、労働組合運動にたいするもう一つの障害物であった。ソルフォード〔マンチェスターに隣接する貧困地区〕の織布工はこうした状況について、一八三四年の特別委員会で次のように説明した。

手織工が置かれているきわめて特殊な環境は、彼ら自身の労働の価値をわずかに統制する可能性さえ妨げています。……たった一人の雇用主が雇っている織布工たちが広い地域にちらばっているという事実は、もしこの雇用主がそうしようと思えば、お互いの賃金を代わるがわる引き下げる手段として織布工を利用する恒常的な機会を与えているのです。つまり雇用主は、ある者にたいして「ほかの者はもっとうんと安い賃金で仕事をしていて、これ以上は支払えない、さもなければ仕事はやれない」と話すのです。そしてこうしたことを、順々にほかの者たちに話すのです。……だから、織布工にこの陳述が本当なのか嘘なのかをわからせることの困難さと時間のむだ、その間に、ほかの者たちが割って入って、提供されている仕事を奪うのではないかという恐れが……すべての人びとの心に燃え立っており、彼らの意向と感情を分断させる嫉妬と敵意、これらすべてが重なり合って、賃金の切り下げが確実にもたらされるのです……。

ヨークシャーの紡毛ならびに梳毛の織布工の没落はしばしば、綿工業の変化から十五年かそれ以上の遅れをとったが、平行した過程をたどった。一八〇六年の紡毛業に関する委員会に提出された資料には、紡毛産業ではいまだに家内工業制度が支配的だと示されている。しかし、「小生産者《リトル・メイカーズ》」は減少しつつあった。「親方の家は多くが、いまでは労働者の家になっている」。同時に商人兼製造業者《マーチャント・マニュファクチュアラー》は、動力設備をもたない一つ屋根の下の「工場《ファクトリー》」に、仕上げ工程とともに、多数の手織機を集めていた（ある証人は、「工場とは、彼らが一つの同じ建物に二百人ほどの人間を雇っている場所である」と述べた）。工場は、（リーズのベンジャミン・ゴットの工場が有名だが）[8]、小親方にもジャーニーマンにもはげしい嫌悪を引き起こした。というのは、工場は最上の得意先を引き抜いたり、仕上げ工程――そこでは服地仕上げ工や剪毛工が高度に組織化されていた――に「非合法」の労働者を雇い入れたからである。ある証人は、富は「ますます大きな固まりになっていった」と明言した。ジャーニーマンは、工場は景気のいい時期により多くの仕事を下請け労働者に出すが、不景気のときには、小規模の親方―織元なら、あいかわらず自分たちの仕事口を見つけようとしてくれるのに、工場は情け容赦なく解雇する、と不平を述べた。さらに、蒸気力の使用以前ですら、手織機の「工場」は、深く根づいたさまざまな道徳的な先入見を踏みにじった。「織元組合《クロウジャーズ・コミュニティ》」とか「協会《ザ・インスティテューション》」といった労働組合が、剪毛工や織布工のあいだに存在したが、その公然の目的は、零細な織元と団結して工場の規制と徒弟制度の強制を求めて請願することだった[23]。

「小生産者」もジャーニーマンも庶民院からいかなる成果も引き出せなかった。彼らの請願は、彼らの団結や、まもなく廃止された古い温情主義的法律にたいして注意を引き付けることにしか役立たなかった。リーズやスペン・ヴァリーの織物業地域では、小織元がねばり強かったので、彼らの没落はさらに五十年以上引き延ばされた。問屋制家内工業《プッティング・アウト・システム》が一八二〇年代まで最も十分に発展したのは、ブラドフォードやハリファクスの梳毛業地域、そしてハダズフィールドの南部にいたる高級紡毛業《ファンシー・ウールン》地域だった。そして、綿工業の場合とまったく同じように、織布工は賃金切り下げの犠牲者であり、値切った商品の在庫をため込む「大安売り業者《スローター・ハウスメン》」の犠牲者だった。

紡毛産業では剪毛工が職人エリートだったのとちょうど同じように、梳毛工が梳毛産業のエリート労働者だった。彼らは製造工程の要所を支配していたので、彼らの職種への新参者の参入を制限することのできる間は、その地位を維持できる立場にあった。そして彼らはこれにある程度成功したが、それは少なくとも一七四〇年代にまでさかのぼることができる異例の労働組合組織のおかげである。十九世紀の初頭には、団結禁止法にもかかわらず、彼らは実効性のある全国組織をもち、規約を定め、非合法の組合に必要な道具一式を備え、不服従と時間を守らないことで評判だった。

彼らは月曜日の朝にやってきて、梳き釜《コーム・ポット》に火を入れると、出ていってしまうことが多く、おそらく水曜か、あるいは木曜になるまで帰ってこない。……予備の長いすがいつも作業場に用意してあり、その上で渡り職人は休息をとることができる……。[24]

ブラドフォードでは、一八二五年二月に、梳毛工の聖人であるブレイズ主教を祝う祭り[9]が大々的に催された。[25] 六月には、新しい産業主義への移行をあたかも中断させるかのように、ブラドフォードの歴史上最も激しいストライキが始まった。ストライキには、二万人の梳毛工と織布工が参加し、二十三週間つづいて、ストライキ側の全面敗北に終わった。[26] 団結禁止法はその前年に廃止されていた。このストライキは、賃金引き上げや合理化の要求に始まったが、労働組合の承認を要求する闘争へと転化していった。雇用主たちは、組合を脱退するという書類に署名することを拒否した親の子供をみな紡績工場から解雇することまでおこなった。全国がこの抗争を重要と見なし、ストライキ基金にたいして二万ポンドにのぼる支援が寄せられた。ストライキ敗北後、梳毛工は、ほとんど一夜にして特権的な職人から守るすべをもたない下請け労働者へと転落した。徒弟制度による制限はすでに崩れており、一八二五年以前の何年かの間に、何千人もの労働者が高賃金に魅せられてこの職種に参入していた。大規模な作業場で働く梳毛工もいたが、三、四人で一緒に組んで一つの独立した作業場を営むのが普通だった。いまや彼らには、自宅で不健康な職業を営む何百人もの新参者が付け加わることになった。梳毛機械は一八二五年までに存在してはいたものの、上質の梳毛には向かなかった。そして梳毛工の労働は安価であったから、彼らはさらに二十年にわたって機械の脅威をかわすことができたのである。この時期を通じて、梳毛工は独立と「民主的な」政治でその名をはせつづけた。梳毛工組合は、一八二五年には七千人か八千人がブラドフォードのこの職種に従事していたと推定している。二十年後になっても、この地域にはなお一万人の手工梳毛工がいた。多くの者は、一八二〇年代に農村部からやってきたのだった。

彼らは、ケンダル、ヨークシャー北部、レスター、デボンシャー、そしてエメラルド島〔アイルランドの異名で、緑が豊かなことを示す〕からさえやってきた。だから、一時間もパブにいれば（梳毛工という天職はのどが渇く職だった）、さまざまな方言のまったく騒々しいやりとりを耳にすることになるだろう。……田舎生活への梳毛工の愛着は、いつも干し草や収穫期になると、梳毛道具をほったらかしにして、草刈り鎌を持ち出し……故郷に収穫作業に出かけてしまうという事実に現れている。……彼は鳥の愛好家でもあって、その梳き作業場はしばしば完全に鳥類の飼育場へとつくりかえられた。……梳毛工のなかには雄弁術の才能をもつ者がいたし、すばらしい力をもって朗唱することができた。……またほかのある者は劇の役を演じるにじつに巧みだったので、自分たちで劇団を結成する労苦を少しも惜しまないほどであった……。

――こんな具合に、ブラドフォードについてある説明がなされている。[27] クレクヒートンに関するある記述は、より憂鬱な言葉づかいでなされている。

たぶん、年をとった梳毛工以上に悲惨な労働者の階級が存在したことはない。仕事はみな自分の家でなされ、彼らの小屋の最良の部屋がこの作業のために占領された。家族全員、ときには六人とか八人が、男女ともに、炭で熱せられた「梳き釜」を囲んで仕事をした。その煙や臭いは彼らの健康に著しい悪影響をおよぼした。作業場はまた、やむをえず寝室を兼ねてもいたということを付け加えるならば、梳毛工が例外なく痩せ衰えて見え……彼らの多くが寿命の半分も全うできないのも不思議なことではないだろう……。

彼らの妻たちもまた、「しばしば『羊毛の束《バッド・ポスト》』のところに立って朝六時から夜十時まで夫同様に働かなければならなかった」。

梳毛工のもう一つの特異な点は、彼らがほとんど例外なく過激な政治家だったということである。……チャーティスト運動を彼らら以上に熱心に支持する者はいなかった。彼らの教科書の一つは『ノーザン・スター』紙だった。(28)

おそらく、梳毛工ほど「名誉ある職」から「卑しい職」へとまっさかさまに転落した集団はほかにはなかった。梳毛―織布工や、紡毛―織布工は、十八世紀の梳毛工ほど特権的な地位をかつて占めたことはなかった。そして当初は、彼らは自分たちの賃金が低下していくのにさほど頑固に抵抗しなかった。一八三〇年になってもまだ、ブラドフォードの手織工の最大の雇用主は次のように書いている。

織布工は、われわれがかかわりをもつすべての階級のなかで、最も規律正しく堅実であり、私の知るかぎり、賃金の前借りを無理じいすることが一度もないばかりか、あらゆる欠乏や苦難をほとんど例に見ない忍耐強さと辛抱強さで甘受しています。(29)

二年後、コベットがハリファクス地方を馬で旅して、次のように報告している。

> まことに嘆かわしいのは、以前には週二十シリングから三十シリング稼いでいた何千人という人びとが、いまでは五シリングか四シリングあるいはそれ以下で生活せざるをえなくなっているのを目にすることである。……彼らが独立していた日々に形成された率直で奔放な性格をいまなお保持しているのだから、彼らがこうした状態にいることを目にするのはいっそう悲しいことだ。(30)

ハダズフィールドの「高級」産業の不振は、一八二五年以来途切れることなくつづいた。二六年には、三千五百家族がサドルワース地区にあるデルフの被救済民名簿《ポウパー・リスト》に載っていた。また、「工業を対象にしたスピーナムランド制度」（すでにいくつかのランカシャーの綿業地帯では実施されていた）が一定程度拡張され、それによって織布工は働きながらも救貧税による救済を受けることになったが、そのために彼らの賃金はいっそう引き下げられたのである。（サドルワースでは週二日の道路工事で、織布工は一日あたり重さにして十二ポンドのオートミールを受け取った）。ハダズフィールドでは、二九年に、家族成員全員で頭割りにすると一人あたり一日二ペンスで生計を立てている人が二万九千人の人口のうち一万三千人以上いることを親方で構成される委員会が証明した。しかし、それは奇妙な「不況」であって、実際の紡毛織物生産量は以前のどの時期をも上回っていた。織布工の状態は、そっけなく「賃金を切り下げる忌まわしいシステム」のせいだとされた。(31)

ここでもまた、織布工の没落は力織機との厳しい競争に先行して起こっている。一八二〇年代後期まではどのような規模であっても蒸気力が梳毛織布業に導入されてはいなかった。「高級」紡毛業に導入されたのは、三〇年代の末になってからである（そのときでも、それはほんの部分的にであった）。他方、力織機が絨毯織物に合うように効果的に改造されたのは、一八五一年になってからである。蒸気力との直接的な競争が存在する場合でも、力織機の織布の速度が手織機の三倍ないし四倍を生産するような速度に上昇するまで、長い期間がかかった。[32] しかし、疑いなく連鎖反応は起こり、織布工は綿平織りやファスチアン織りから駆逐され、上質布や絹あるいは梳毛織りへ、さらには「高級」紡毛とか絨毯へと移っていった。[33] 蒸気力は、事実、十年、十五年、あるいは二十年にわたって、手織りの補助道具として多くの繊維部門に存在しつづけたのである。一人の証人が特別委員会に(多少筋がとおっていないが)次のように報告した。

ハリファクスには、二人のきわめて規模の大きい製造業者がいます。二人は兄弟［アクロイド両氏］であります。一人は力織機で織り、もう一人は手織機で織っています。……彼らは自分の製品を互いに対抗して販売しなければならず、したがって利潤を得るためには……自分たちの賃金をできるかぎり等しい点に近づけなければなりません。[34]

ここでは、力織機と手織機は互いに賃金を引き下げるテコだったようにみえる。別の側面からみれば、製造業者は、定常的な業務の基礎を自分の力織機小屋に置きながら、好景気のときには家賃や織機などの固定費用を自分で負担する手織工により多くの仕事を割り当てる、というやり方に十分満足していた。一八三九年にウェスト・ライディングについて調査した補佐委員は次のように報告している。

需要が落ち込んだときには、手織機だけでなく力織機も利用している製造業者は、当然のことながら、できるかぎり長く自分の固定資本を稼動させようとします。したがって、手織工の労働は最初に不用なものとなるのです。

一八二〇年代から四〇年代さらにはそれ以降の大部分の織布工の状態は、「記述が不可能」あるいは「よく知られている」と表現されるのが通例である。しかしながら、それらは記述されてしかるべきだし、もっとよく知られるべきである。三〇年代までは選ばれた織布工集団があり、彼らはなんらかの特別な技能を有するがために、職人の地位を維持していた。リーズのラシャ織布工は、大多数の者よりもいい状態にあった。他方、ノリッヂの梳毛織布工は、例外的な強さをもったジャコバンの伝統と労働組合の伝統があり、ピケッティング、親方や「非合法」労働者への脅し、地方自治体への政治力、機械にたいする暴力的な反対を組み合わせて、三〇年代には賃金を上げつづけることに成功したが、それらはすべて、ウェスト・ライディングの梳毛産業がノリッヂにとってかわる一因になった。[35]しかし、大多数の織布工は、餓死の境界線の寸前で（ときにはこの境界線を越えて）生活していた。「移住に関する特別委員会」（一八二七年）には、ランカシャーのいくつかの地区の状態に関する証言がなされたが、それはアイルランドのジャガイモ飢饉を先取りするように読めるものであった。

ハルトン夫人と私自身が貧民を訪ねたとき、ほとんど餓死しかかっている人に家に入るように誘われた。私たちがそこで見たものは、暖炉の一方のそばにいるひじょうに年をとった、あきらかに死にかけている老人と、もう一方にいる膝の上に一人の子供を抱いた十八歳くらいの若者であった。この子の母親はといえば、死んで埋葬がすんだばかりだった。私たちは、その家を離れようとしたとき、先ほどの女性が「失礼ですが、あなたがたはすべてをごらんになってはいません」と語った。私たちが二階に上がると、ぼろ布の下にもう一人の若者がいた。彼は妻を亡くしたのだった。彼は自分でぼろ布をどけることができなかったが、それをめくってみると、もう一人の死にかけた男がそこにおり、実際にこの男はその日のうちに死んだのである。この家族がこの時点で餓死しつつあったことを私は疑わない……。

この証言は、ウェスト・ホウトンからのものであり、そこでは、五千人の住民のうちの半分は「まったく寝具がなく、衣服もほとんど持っていなかった」。六人が実際に餓死の途上にあったと述べられている。

これらの時代のものとして引き合いに出される低賃金（十シリングから四シリング）は、多くの妻や少女や子供もまた第二、第三の織機で働いていたのだから、同一家族が得る複数の賃金のうちの一つしか表示していない、というのは真実である。しかし、この賃金は、そこから支払われる経費や控除額を含んでいる。一八三五年にブラドフォードの梳毛織布工は、十シリングの平均賃金から糊付け作業《サイジング》にたいして四ペンス、機織りにたいして三ペンス、横糸の巻き上げにたいして九ペンス半、照明にたいして三ペンス半の支出があり、またそれには四ペンス以上が織機の経費や摩損費用のために加えられるべきであると主張した。もし、家賃（一シリング九ペンス）や、燃料や洗濯（一シリング六ペンス）への支出が加えられれば、控除額は総計五シリング三ペンスにのぼる。ただ、妻あるいは息子が二台目の織機で仕事をしていれば、これらの間接費は二つの賃金に分散されえた。(36) ある場合には織機そのものが織布工によって貸貸されていたし、また、織機を所有していても、柄織りのための伝導装置《ギアリング》やおさ《スレイ》を雇用主から賃貸されなければならない場合があった。多くの織布工は、つねに「問屋」に債務を負っている状態にあり、その負債を働いて賦払いで返済しなければならなかったし、またどんなに低賃金だろうともそれを拒否できない状態に置かれたのである。

彼らの状態がますます悪化するにつれて、不払い労働——物を持って行ったり来たりする仕事やそのほか一ダースほどの雑用——に多くの時間を費やさなければならなくなった。一八四四年に、ある観察者は次のように述べている。

私はその時代のことをよく覚えている。当時、製造業者はあちらこちらの地区に部屋を借り、そして縦糸や横糸が織布工に都合のいいように馬や馬車でそこに運び込まれ、雇用主は雇われた者たちを気遣ったものだ。しかしいまでは事情はまったく正反対となり、労働者は仕事を求めて長い旅をするばかりか、多くの失望を運命づけられている。(37)

不払いのあらゆる付随的な仕事についてのさらに具体的な記述が、パドシー〔ウェスト・ライディングの町〕から伝えられている。

　景気の悪くない時期に、織布工や紡績工が仕事を探してあちこちに行くのを見ることはまったくよくあることである。……もし彼らが職を得るのに成功するとすれば、それはたいてい、羊毛をばらす作業を手伝うという条件のもとでのことである。すなわち、梱を開け、羊毛を広げ、ブリッチと呼ばれる粗い部分を取り除き、それをシーツに入れて、それから工場に行ってそれを洗浄するのを手伝い、それからそれを「漂白する《リット》」するか染める。……これらはすべて、わずかのビール、チーズ、パンなどのためのささやかな報酬が払われるいくつかの場合を除けば、無報酬なのである。……始紡工が撚り糸の最初の一組をはずすと、今度は誰がそれを手に入れるのかが、しばしば深刻な問題となり、くじを引くことでそれを決めることがよくあった。……縦糸を織機に仕掛ける際には、糊付けの作業《サイジング・プロセス》を経なければならないが、原則として織布工は、自分で糊を購入しなければならなかった……この縦糸を糊付けしたあと、すべての工程のなかで最も重要な作業の一つだが、それを戸外で乾かした。……場所が選ばれ、縦糸用の棒ないしは張り具が用意され、もし凍りつくような天候ならば、縦糸の両端を支える棒を立てる穴を地面にあけるために、つるはしが使われた。……ときには縦糸を乾かすために織布工とその妻が膝まで雪に埋もれて外に行くのを見かけることもあった……。

このあとで、織布の作業が夜遅くまでなされ、ろうそくや油明かりのもとで「少年、少女、あるいはおそらくは織布工の妻が、糸の切断を見張って織機の一方の側に立ち、織布工はもう一方の側を見張った。というのも、もし、一本の糸が切れると、もう一つの『撚り糸《ショイト》』がちぎれ、さらに一ダースが切れてしまうかもしれないからだった」。そして織布のあとには、また半ダースほどのしなければならない雑多な仕事があり、それから布は運送業者によってリーズへと運ばれるのだった。

これらの雑多な仕事は、すでに述べたように、すべて無報酬でなされた。……また、仕事を終えたあと、織布工がかなりの期間にわたって支払いを受けられないでいることも、べつに特別なことではなかった。……手織工が「貧しき負債者」と呼ばれるようになったのも、不思議なことではないのである。(38)

これらの作業工程のいくつかは、綿業では一般におこなわれていなかったものであり、梳毛業ではすでに専門化した工程へと発展して久しいものであった。それらは、小規模な紡毛業が時代遅れになっていたことを示している。しかし、梳毛織物や高級紡毛織物の地帯では、同じくらい時間を浪費する雑多な仕事があった。分散した高地地帯の小集落では、「人間の荷馬《ヒューマン・パックホース》」が知られていた。つまり、荒野地帯《ムーアランド》の道を五マイルあるいは十マイルも、重い完成品を自分の労働によって運ぶ男女のことである。完全に打ちひしがれた下請け労働者が最も多くいたのは、ブラドフォード、キースリー、ハリファクス、ハダズフィールド、トドモーデン、ロッチデイル、ボルトン、マクルスフィールドといった中心都市を取り巻く織物地帯だった。一八三四年の特別委員会は、「この大規模な価値ある人間集団の受難は、誇張されたことがなかったというばかりか、何年にもわたってその広がりや厳しさについて信用されたり理解されることがほとんどなかった」ことが判明したと報告した。一八三五年にこの委員会で証言したジョン・フィールデンは、じつに大勢の織布工が最も質素で安い種類の食糧も十分に確保できていなかったこと、ぼろを着ているので、子供たちを日曜学校に通わせることを恥ずかしく思っていること、家具もないし、わらの上に寝ている例も見受けられるということ、「一日十六時間」働くことも「よくあった」ということ、すさんだ精神による道徳的頽廃がみられ、栄養不足と不衛生によって衰弱していることを主張した。「黄金時代」に獲得された財産は、織布に従事する世帯からは失われてしまった。あるボルトンの証人が次のように証言した。

私が覚えているかぎりでは、私の知っているほぼすべての織布工が、自分の家に箪笥、時計やいす、寝台、燭台、それに絵画などの贅沢品ももっていました。いまではそうしたものは消えてしまいました。それらは職人の家か、あるいはもっと上層の階級の人の家に行ってしまったのです。

製造業者であるこの証人は、「私のところの織布工で新しい上着を買った者は、多年にわたって、たった一人の例しか思い出す」ことができなかった。新品で二シリング六ペンスする粗悪なベッド・カバーが、毛布の代わりを果たした。「私は二つか三つの三脚腰掛けしかない家をたくさん見てきました。私の見た家のうちの何軒かは、服をしまえていすがわりになるお茶箱が一つあるだけで、腰掛けやいすさえありませんでした」

　貧しい織布工とその家族の日常食については意見が一致している。オートミール、オート麦ケーキ、ジャガイモ、タマネギ粥、脱脂乳《ブルー・ミルク》、糖蜜か自家醸造のビール、そして贅沢品として紅茶、コーヒー、ベーコンである。「彼らの多くは、新鮮な肉がどんな味のするものなのかをまったく知らなかった。……彼らの子供たちはときにはハダズフィールドまで走っていって物乞いをし何か持ってくるが、それがたいそうな贅沢品なのである……」と、リチャード・オウストラは断言した。もし確証が必要ならば、一八三八年に王立委員会《ロイヤル・コミッション》の任命後、国を視察した補佐委員[10]たちの注意深い調査がそれにあたる。おそらく最悪の状態は、アイルランド人の失業者が手織機で数シリングを稼ごうとしていたリーズやマンチェスターなどの大きな町の地階の住居で見られたものだろう。

　しかし、コールダー・ヴァリーの奥地やウォーフデイル、サドルワース、クリスローなどの美しいペナイン高地では、農村部の織布工が、長い縦仕切りの窓のついた手織機作業場のあるしっかりした石造りの小屋で、貧困を埋め合わせるような快適《アメニティ》な生活環境を享受していたと考えるのは安易である。ヘプトンストール近くのある小村落（十七世紀の内戦時代に繁栄していた紡毛村落）でのチフスの流行を調査していた一人の外科医が、そうしたコミュニティの悲惨な滅亡の様子を書き残した。荒野《ムーア》の高地に位置しながら、生活用水は汚染されていた。誰もが利用できる小川は一軒の屠場のために汚れていて、夏になると「胸の悪くなるような動物たちの繁殖場」になった。下水溝が一軒の織布工の小屋の敷石庭の下を直接通っていた。家々は、じめじめして寒く、一階は地表よりも低かった。古くなった牛乳と糖蜜に「オートミールとジャガイモだけで、彼らはなんとか生き長らえているといっていいだろう」。もし紅茶やコーヒーが工面できなければ、ミントかヨモギギクかヤナギハッカが煎じて出された。こうした日常食ですら「彼らは決して十分には入手できなかった。……住民たちの健康は急速に悪化しつつあった」。医療費や葬式の費用は一般に救貧税から支払われた。十人に一人しか出産にたいする医療上の援助を受けていなかった。

分娩時の手織工の妻の状態はどんなものだったか。彼女は両側から女性に支えられて立ち、彼女の腕は両脇の女性の首のまわりに置かれていた。産みの苦しみのなかで、彼女は彼女を支えている女性たちをもう少しで床に引き倒しそうになった。こういう状態で、出産がおこなわれた。……ではなぜこのようにしてそれはおこなわれるのか？　その答えは、ベッドのシーツの替えがないからなのである……。

この人道的な外科医は、「彼らがどうにかこうにか生き長らえてるさまは、まさにわが目わが耳を疑うようなものである」[39]と感嘆した。

「ハモンド夫妻」にたいする現在の否定的態度はいきすぎており、そのため、この時代にはこうした史料がありふれたものであるのに、それらを引用することは、批難する意図をもってのことだと糾弾されることなしにはほとんど不可能になっている。しかし、そうすることは必要なのである。なぜなら、そうした細部がないと、実際に生じた悲劇の大きさを少しも理解することなく、「手織工の没落」という表現を読みとばしてしまう可能性があるからである。織布に従事するコミュニティには、ウェスト・カントリーとペナインでは三百年から四百年にわたって持続的に存在していたものもあるし、またより新しいコミュニティもあったが、それらにも固有の文化的様式《カルチュラル・パターン》や文化的伝統が見られた。そうしたコミュニティが、文字どおり消え去ろうとしていた。ヘプトンストール－スラック〔ペプトンストールの北西にある地区で、一八三四年にはチフスが村をおそった〕の人口構成は尋常ではなかった。人口三百四十八人のうち、半分以上が二十歳以下（百四十七人は十五歳以下）であり、五十五歳以上は三十人しかいなかった。これは、コミュニティの成長を示しているのではなく、寿命が短いことを示しているのである。一八三〇年代と四〇年代の破滅的な時代には、力織機やアイルランド移民の流入や新救貧法が、賃金カットによって開始された事態の総仕上げをおこなったが、体制転覆という、チャーティストである織布工たちの希望と並んで、もっと恐ろしい話もあった。たとえば、子供の葬式クラブ（そこでは、日曜学校のそれぞれの生徒が、自分自身や仲間の生徒の葬式費用のために週一ペンスずつ寄付をした）の存在や、嬰児殺しを勧めるある小冊子（「マーカス」なる著者による）が普及し、それが真剣に議論されたということである。しかしこれで話がおしまいになるわけではない。こうした断末魔の苦悶にいたるまでは、織布に従事する古いコミュニティは一つの生活様式をその住人にもたらしていたのであり、彼らはその生活様式を工場町のより高い物的生活水準よりも好んでいた。ペプトンストール地区から来たある織布工の息子は、一八二〇年代にはまだ子供だったが、織布工たちが「よい時代を送っていた」ことを覚えていた。「周辺の空気は、工場の煙……によって汚されてはいなかった」

四時とか五時に彼らを起こすような鐘はなかった……好きなように仕事を始めたり、仕事から離れたりする自由があった……晩には、まだ仕事をしていたが、日曜学校の年に一度の記念日などには、織機の杼の音楽的なリズムが規則正しく刻まれていた一方で、若い男女は賛美歌の合唱に真心を込めて参加したものだった……。

織布工のなかには自分の菜園で果物や野菜、花を育てる者がいた。「私は織機のそばで仕事をしました。糸を巻き取っていないときには、父が私に読み書きと算数を教えてくれました」。キースリーの工場で働くある子供は、十八歳のときに工場をやめて手織機に移るのだが、サドラー委員会（一八三二年）で、紡績工場よりも手織機のほうが「ずっと」好きだと述べている。「私は、よりリラックスするんです。私は自分のことを考えて、外に出て、ちょっと気分転換することができるんです」。織布工が正午の食事時間に集まるのは、ブラドフォードでは慣習になっていた。

……そしてそのときどきのニュースや噂話についてほかの織布工や梳毛工とおしゃべりをした。なかには、豚の飼育、鶏の飼育、鳥の捕獲などについて一時間も時間を費やして話をする一団もいた。そしてときには自由な恩寵《フリー・グレイス》について、また幼児洗礼と成人洗礼のどちらが正しいかや、聖書に書かれたものごとの実践の仕方についても激論が交わされた。私はこの……話題をめぐってけんかも辞さない男たちを大勢見てきた。(40)

社会生活上の保守主義《ソーシャル・コンサヴァティズム》、郷土にたいする誇り、身につけた教養《カルチュラル・アテインメント》、それらの特有な混交がヨークシャーやランカシャーの機織りコミュニティの生活様式をつくりあげていた。ある意味では、これらのコミュニティは、たしかに「後ろ向き」だった――コミュニティの方言の伝統や地域の慣習にたいしても、著しい医学上の無知と迷信にたいしても、同じくらいの頑固さをもって執着した。しかし、彼らの生活様式を子細に見るほど、経済進歩とか「後ろ向き」といった単純な観念はいっそう不適切に思われる。さらに、北部の独学の織布工やはっきり意思表明のできる男たちが、高度な学識のパン種をもっていたことは確かなことである。どの織布業地帯にも、織布工の詩人、織布工の生物学者、織布工の数学者、織布工の音楽家、織布工の地質学者、織布工の植物学者がいた。『メアリ・バートン』に登場する老いた織布工がそうした生活世界からとられたものであることは、確実である。織布工によってつくられた蝶や蛾の標本や記録をいまも所蔵している北部の博物館や自然史研究会がある。庭に敷いた板石にチョークで印をつけて自分たちで幾何学を学んだり、微分法について熱心に議論していた、人里離れた村落の織布工の話も残っている。(41)強撚糸を使った平織りの仕事のなかには、実際に織機に本を立てかけて仕事中に読むことができるものもあった。

織布工の詩も残っている。あるものは伝統的なものであり、またあるものはより洗練されたものである。ランカシャーの「グリンフィルトのジョン」という一連のバラッドは、（ジャコバンによる一連の対抗バラッドとともに）対仏戦争開戦時の愛国的な局面を経過し、さらにチャーティスト運動の時代を超えてクリミア戦争の時期まで存続した。最も感動的なのは「グリンフィルトのジョンの息子《ジュニア》」で、対仏戦争の末期に歌われたものである。

オいらは貧しい綿織フ工、たくさんの人が知ってるようにね、
オいらのイエに食い物は何もねえし、オいらのフクはすり切レちまった、
オいらがやってける六ペンスもアんたはくレない、
オいらの木靴はドっちもアながあいてるし、オいらは靴シたももっちゃいない、
　あんたはそりゃつらいと思わないか、こんな世ノ中に送られて、
　ウムも言わさずできるかぎりのことをさせられるのを

ワれらの教区のボク師はオいらたちにずっといいつづけた
われらはよきじ代を迎えん、もし黙ッてさえすればと、
オいらは黙りこくッてきたさ、息もできないほどにね、
オいらは心のなかで考える、彼はおいらを死ヌまで黙ラせておくツモリだと
　オいらは知ッてるさ、彼がヨイ暮らしをしてることを、ワれらは悪マの陰口をタタく、
　ケれど彼は一度たりとも自分の暮らしのことをシャベらない

ワれわれは六週間仕事をスル、マイ日が最後の日であると考えながら、
ワれわれはちょっとやめてはまた始め、イマではとっても早くなった

ワれわれはイラクサの上で生活スル、イラクサがいいものであるうちは
そシてウォータールー粥〔ミルクの代わりに水で調理した粥〕が最上のわれわれの食べ物
オいらは真実を話してルんだ、オいらは大ゼイの人ビトを見ツケルことがデキル
オいらより少しもましな暮らしをしていない人タチを……

執行官補佐人が押し入り、こぜりあいのあとに彼らの家具を持ち去る。

オいらはワれらがマーギットに言った、オれたちが床に横になったときに、
「この世ノ中でこれより下に落ちることはケッしてないね、マちがいないね……」。

彼が、自分の出来高分を親方に持っていくと、前回の出来高分への支払い超過分の負債がお前にはあると、ジョンは告げられる。彼は、絶望して問屋をあとにし、妻のもとに帰る。

さてワれらがマーギットは言ったさ、着ルものをもっている者は、
ロんどンまで行って偉大なる人に会い、
そんで、もし昔からのままで、何も変わらなかったならば、
始めるぞと言って、最ゴの最ゴまで、血の闘イを闘おう、
いまふたたビ王となる者は、公正なことを好ム人
そんで、誰かが傷ついたときにはそのことがわかると言う人。(42)

これとは異なる性格の織布工の詩人として、独学の詩人がいた。顕著な例は、トドモーデンの織布工サミュエ

ル・ロウで、トムソンの『四季』[11]を手本にした詩を一七七二年に出版した。この詩は、文学上すぐれた点はほとんど見られないが、ウェルギリウス、オウィディウス、ホメロス[12]についての（原典での）知識や、生物学や天文学についての知識をもっていたことを示している。

まさしく、一日は長く、日々宵闇のなか、
私は織機の響きのなかで瞑想する
そうして、私は花模様の織り込まれた布を織った
凍りついた耕地よりも冷たい指で。
そしてしばしば、体全体に、
荒んだぞっとする恐怖、そして吐き気が走った。(43)

後代の織布工の詩人は、哀感《ペーソス》以上のものを表現していないことが多い。それは異質な文学上の形式（とりわけ「自然詩」）を模倣しようと自覚的に努力したからだが、この形式では織布工の真の経験をとらえることは難しい。一八二〇年から五〇年にかけて手織工だったが、当時力織機工場で仕事を得ていたある織布工は、この変化が彼の詩にもたらした影響について嘆いた。

当時私はラデンデンの教会墓地が見渡せる小さな部屋で仕事をしていた。私は……食事どきには……野原や森に出かけていき、夏鳥の歌声を聴いたりラドン川の流れをながめたりしたものだった。……ときどき私には、恋に悩む孤独な少女が思い浮かべるような夢想が喚起されることがあった。彼女は……恩知らずの風に向かって激しい心の嘆き悲しみをぶつけていたのだ。それから私は家に帰り、執筆にとりかかった。……しかし、そうしたことはみな終わってしまった。私は機械の騒々しい音のなかで働きつづけなければならないのだ。

独学の時代がうわべだけ美しい決まり文句をもたらすだけの結果に終わったのは悲しいことである。しかし、習得された学識それ自体は本物の満足をもたらした。一八二〇年代後期の青年時代の彼の自然についての観察は、恋に悩む少女についての観察よりもはるかに深い基盤をもったものだった。

私は村の大勢の若者たちとともに昆虫採集をした。私たちは図書館をつくった。……私と仲間は、二十二の大きな昆虫箱と百二十種類の異なるイギリスの鳥の卵を収集し、それに加え、ひじょうにたくさんの貝（陸生と淡水生）、化石、鉱物、古代ならびに近代のコインを集めた(44)……。

サミュエル・バンフォードは、十八世紀のコミュニティの民俗的伝統《フォーク・トラディションズ》（それは次世紀に入っても長く残存した）と、十九世紀の最初の数十年間のより自覚的な学識とのあいだの架け橋としての役割を果たした。この二つの時期の間には、深い変容をもたらした二つの経験がみられる。すなわち、メソジスムと政治的急進主義の経験である(45)。しかし、知性のパン種を説明する際に、われわれは織布工の地位に切り下げられた織元の人数も忘れてはならない(46)。これら織元たちは教育にもとづく学識とささやかな図書館を携えてやってきたのである。

織布コミュニティの価値観は、チャーティスト運動の歴史のうちに十全に表現されている。北部およびミッドランズの地元のチャーティスト運動の指導者に占める下請け労働者の割合は高かったが、彼らを形成する経験は一八一〇年から三〇年の時期にやってきた。こうした指導者たちのなかに、一七八五年に生まれ、すでに一八三二年までに「古参《ヴェテラン》」の議会改革論者となっていたハリファクスのベンジャミン・ラシュトンがいた。あるいは、一八〇六年生まれのバーンズリのリンネル織布工であるウィリアム・アシュトン。彼は一八三〇年にストライキ暴動の共犯のとがで流刑に処されたが、三八年に解放され、彼の仲間の織布工の寄付金でオーストラリアから帰国し、チャーティスト運動で指導的な役割を演じて、今度は禁錮刑に処せられた。あるいは、もともとは手織工で力織機に鞍替えしたリチャード・ピリング。彼はランカシャーにおける点火栓引き抜き暴動《プラグ・ライオット》の「父」として知られている。あるいは、プリミティヴ・メソジストの地元在住の説教師で靴下編み工、そしてラフバラのチャーティスト指導者だったジョン・スケヴィントン。そしてリーズのラシャ織布工だったウィリアム・ライダーや、ブラドフォードの梳毛工だったジョージ・ホワイト。[47]

こうした人びとの経歴を追究することは本書の研究範囲を超えるものだろう。しかし、一八一六年から二〇年のランカシャーの急進主義は大部分織布工の運動であり、こうしたのちの指導者たちの形成は、この種のコミュニティでなされたのである。初期の労働者階級の運動に彼らがもたらしたものについては、いくら評価しても評価しすぎるということはほとんどない。彼らは、都市の職人同様、地位の喪失という感覚をもっていたが、それは自分たちの「黄金時代」の記憶が残っていたためであった。そして、このこととともに、彼らは独立という価値観をひじょうに高く評価していた。こうした点で、一六年に彼らは、コベットのごく自然な聴衆になったのである。原糸の横領についての厄介な問題を別にすれば、ほぼすべての証人が、織布工は正直で独立独歩であると述べた――「国王陛下の臣民たるあらゆる法人団体同様に、信義に厚く、道徳的で、信頼できる……」。[48]しかし、都市の職人以上に彼らは深い社会的平等主義を旨としていた。より暮らし向きのよかった時代には、彼らの生活様式はコミュニティによって共有されていたので、彼らの受難はコミュニティ全体の受難であった。そして、彼らの地位はきわめて低くおとしめられた。かつて彼らは不熟練工や臨時労働者を防ぐために経済的ないし社会的な防壁を建てたのだが、そうした階級がもはや彼らの下に存在しないほどだった。オウエン主義の言語で表現されるにせよ聖書の言語で表現されるにせよ、これが彼らの抗議に特有の道徳的な響きを与えたのである。彼らは、党派的な利害よりも、本質的権利と、人間的な連帯および行動という基本的観念に訴えた。彼らが社会改良を要求したのは、コミュニティ全体としてであり、一気に新たに社会をつくりなおすというユートピア的な考え――オウエン主義に立つコミュニティ、万人によるゼネラル・ストライキ、チャーティスト土地計画《ランド・プラン》――は、野火のように彼らを席巻した。しかし、多くの異なったかたちをとって現れる夢は本質的には同一だった――

すなわち、親方や仲買人によってゆがめられることなく自分たちの生産物を交換しあうことで成り立つ、独立小生産者のコミュニティであった。一八四八年になってからでさえ、バーンズリのあるリンネル織布工（ウィリアム・アシュトンとともに流刑された仲間）は、チャーティスト国民代表大会《ナショナル・コンヴェンション》で、もし憲章《チャーター》が勝ち取られれば、「彼らは土地を小農地に分割し、すべての人びとに自らの額の汗によってその生計の糧を得る機会を与えるだろう」(49)と宣言した。

この時点でわれわれは、もっと厳密に一八三〇年代の織布工の実際の状況を調査し、とりうる救済策を検討すべきである。彼らの苦境は「絶望的」であり、「病んだ」職種ないしは「廃れかかった」職種にあって、「負け戦」を戦い「不可避的な没落」に直面していたと描くことがつねになっている。他方、二〇年代の後期まで力織機は彼らの没落のほかの原因から注意をそらす一つの口実としてももちいられたといえる(50)。二〇年までは、力織機と手織機の直接的な競合の事例をあげることは困難である。綿業では力織機は増大しつつあったが、綿の消費も同時に急速に増大していたことは忘れられがちである(51)。同じたぐいのことが、三五年までの梳毛産業にあてはまるし、ほかの羊毛部門でも四〇年代まではそうであった(52)。だから、手織工の没落には二つの局面があったのである。第一の局面は三〇年ないしは三五年までで、力織機はしだいに浸透していく副次的な原因であった。とはいえ、心理的にはより大きな影響をもっていた（そしてそれは、この意味で、賃金切り下げの引き金となった）。第二の局面では、力織機は実際に手織機の生産物を駆逐した。賃金の大きな切り下げ（二十シリングから八シリングへ、としておこう）が起こったのは、この第一の局面においてであった。

二つの局面はともに不可避だったのだろうか？　大部分の歴史家の判断では、不可避だったとみられている——ただし、織布工がより多くの援助や指導を受けたと示唆されることはある。大多数の同時代の人びと——織布工やその代表者たちを含めて——の判断では、そうではなかった。没落の第一の局面では、没落に寄与した要因は、戦後のデフレの十年間の全般的影響を含め一ダースにおよぶとされた。しかし、基本的な原因は、第一に、慣習ならびに労働組合による保護の両方が瓦解したこと、第二に、織布工が賃金切り下げの最悪の形態に全面的にさらされたということ、第三に、すでに「敗残者の最後の避難所」になっていたこの産業が、失業者であふれかえったことである。あるボルトンの製造業者は、決定的な原因を次のように簡潔に規定した。

……私にわかっていることは、ボルトンでの綿モスリン製造の最初期から、織布という職業が、はじめはひじょうな高賃率であったものの、そのあとはやりたい放題の賃金切り下げにさらされてきたということである。労働にたいする報酬はその適切な水準を見いだすはずだとみんな思っている。しかし、じつにその最初から、賃金引き下げの先例を決める権限は一人ひとりの製造業者にあったのである。私は事実として知っているが、彼らは得てしかるべきだと考えているような製品販売価格が成立しえないときには、ただちに織布工の賃金引き下げにとりかかった。

しかし同時に、景気のよかった一八三四年のボルトンには、「失業中の織布工は一人もいなかった。この時期には失業する恐れはまったく存在しなかった[53]」。

慣習と労働組合主義の瓦解は、国家の介入によって直接的な影響を受けた。それらの瓦解が「不可避」であるのは、われわれがこの時代の支配的イデオロギーと反革命的風潮を前提とした場合においてだけである。織布工ならびにその支援者たちはこのイデオロギーに反対して、正反対の分析ならびに政策を対置し、製造業者と織布工からなる職種委員会《トレイド・ボード》によって強制される最低賃金規制を要求しはじめたのである。彼らは、「供給―需要」のお説教をきっぱりと拒絶した。賃金はそれ自体の「水準」を見いだすように、放っておくべきではないのかと問われたとき、あるマンチェスターの絹織布工は「資本と呼ばれるものと労働と呼ばれるもの」のあいだにはなんらの類似性もないと答えた。

資本とは、労働の生産物の蓄積以外のなにものでもないということを私は証明できる……労働はつねに、所有するものも売るべきものももたない、したがってただちに労働を手放さなければならない者によって、市場に持ち込まれる。……不適切な価格が提示されたという理由で……もし私が、資本家にならって、労働を手放すことを拒否するとすれば、私が……今週するだろう労働、私はそれをビンに詰めておくことができるだろうか？　私はそれを塩漬けにしておくことができるだろうか？　労働の本性と資本の本性とのあいだのこうした二つの違い（すなわち、労働はつねに貧民によって売られ、金持ちによって買われるということ、そして労働を保存しうる可能性などまったくなく、一刻の余裕もなく売られなければならず、さもなくばただちに失われるものであること）は、労働と資本が正義に照らして同じ法に従うことなどできないということを私に確信させるに十分である[54]……。

「資本と財産は保護されており、労働は偶然に委ねられている」と、リチャード・オウストラは証言したが、織布工はこれをはっきりと理解していた。特別委員会で「政治経済学」派の一人に詰問された際のオウストラの証言は、社会的責任について選択しうるもう一つの見解を生き生きと表現している。

［オウストラ］労働時間は短縮されるべきであり、……また政府は、どのようにして賃金を規制するのかという問題を解決するために……親方と労働者から選出された……委員会を設置すべきです。……

質問　あなたは労働の自由に終止符を打つおつもりですか？

答弁　私は、人殺しの自由ならびに労働者をその体力を超えて使用する自由に終止符を打ちたいのであります。私は、貧民が公正で理にかなった仕事をしていい暮らしを享受する、それを妨げるものにはなんであれ終止符を打ちたいのであります。そして、私がこうしたことに終止符を打ちたいと思っているのは、それが人間の生活を破壊するからなのです。

質問　それはあなたが望むような結果をもたらすのでしょうか？
答弁　自由な労働がこんにちもたらしている結果は貧困であり、不幸であり、そして死であると私は確信しています……。
質問　価格がきわめて大きく上昇して、あなたの財貨が輸出できなくなることを念頭に……置いていますか？
答弁　われわれはそれらを国内で使うことができます。
質問　そんなにたくさんは使用できないのではないですか、そうでしょう？
答弁　三倍かそれ以上の量を使用できましょう。というのは、労働者はより多くの賃金を支払われるでしょうし、またそれらを消費するようにもなるでしょう。資本家はそうした財貨を利用しませんが、そこに大きな過ちがあるのです。……もし、賃金がもっと高ければ、労働者は自分で衣類をまかなえましょうし……自分で食事もまかなえましょう……しかもこれらの労働者は、結局は農産物や工業製品の大いなる消費者なのです。資本家ではそうはいきません。というのは、大資本家はどんなに金持ちであっても、一時にたった一着のコートを着るだけでありますし、少なくとも、二着着ることなどほとんどないのです。しかし、千人の労働者が千着のコートを買うことができるようになれば、いまは彼らは一着も買うことはできませんが、ほぼ確実にその産業は成長するでしょう……。

仲介業者すなわち「大安売り業者」に関しては、オウストラは法律による直接的介入が好ましいとした。

あなたがたが、自由と抵触しないような法律をこの議会で制定したことは一度もありません。あなたがたは人びとが盗みをはたらくことを阻止する法律をつくりますが、それは人間の自由をおかすものです。あなたがたは人が殺人をおかすことを妨げる法律をつくりますが、それも人間の自由をおかすものです……私は、こうした大安売り業者の人間にそうしたことをさせてはならないと言いたいのです……。

資本家は「まるで特権的階層であるかのようにみえますが、なぜ彼らがそうであるのか、私にはまったくわからないのです[55]」。

「大きな誤りがある」——織布工は、自分たちがぼろをまとって布を織ることで、正統派の政治経済学がもつ致命的な誤謬を有無を言わさず教え込まれることになった。ランカシャーの織布工たちが彼らの「哀歌」を歌ったのは、力織機との競争以前の時期、そして彼らの数がまだ増えつづけていた時期であった。

おまえたちジェントルマンや商工業者《トレイズメン》は、意のままに支配する、
われら貧乏人を見くだすのさ、おまえたちを傲慢にするにはそれで十分。
われら貧乏人を見くだすのさ、おまえたちは追い立てる、
おいらは思う、神様がおまえたちの高慢さをきっと地に落としてくれると

コーラス——なんじイングランドの暴君たち、おまえたちの命数はもうすぐ尽きるだろう、おまえたちが
やってきたひどい仕打ちの責任をとらされることになるだろう。

おまえたちは、語るも恥ずかしいことながら、われわれの賃金を引き下げる。
おまえたちは市場に出かけ、売ることができないと言う。
そしてわれわれがこうしたひどい時代はいつになったら改まるのかと尋ねると、
おまえたちは即座に答える、「戦争が終わるときさ」と。

織布工の子供たちがぼろを着ているのに、「おまえたちは人間《マンキー》らしく着飾っているが、それは見世物の猿《モンキー》が着飾

っているのと同じだ」。

おまえたちは日曜日に教会にいくが、それは自尊心からにほかならない、
人間性が投げ捨てられているようなところには、宗教などありえない。
もし天国が取引所のようなところなら、
われらが貧しき者の魂はそこに近づいてはならない。迷子の羊のように、われらが魂はさまよわなければならない。

選び抜かれたおいしい食べ物が食卓にあふれ、
良質なビールと強いブランデーで、おまえたちの顔は赤くなり、
おまえたちは一連の客を呼ぶ――それはおまえたちの喜びすべて――
そしておまえたちは額を集めて謀議を巡らし、われわれの顔を青ざめさせる。

おまえたちは、ボナパルトの野郎がすべてをだめにしたと言う、
だから、彼が失墜するよう祈る理由がわれわれにはあると。
いまやボナパルトの野郎は死んでいなくなっちまった、そしてはっきりとしているのは
われわれには、もっと巨大な暴君であるわれわれ自身のボナ野郎がいるということだ。[56]

搾取の明白さが、織布工の怒りと受難を増幅した。ピータールーに軍隊を送った経緯、あるいは彼らの親方が製造業地区に大邸宅を建設しえた経緯には、彼らにとって「自然」であるとか「不可避」であると思われるものはなにひとつなかった。

賃金規制が「不可能」だと決めてかかっている歴史家たちは、それを裏付ける事例を提示しようとはしていない。各地区ごとに業界委員会が定期的に見直す最低賃金というジョン・フィールデンの提案は、「不可能」なものではなかった。それは、十時間労働法案が「不可能」でなかったのと同じである。十時間労働法案は、三十年におよぶ激しい運動を経てはじめて、またそれに等しい激しい反対に直面するなかで、やっと勝ち取られたのだ。フィールデンは、織布工ばかりでなく、節度を守らぬ者および「大安売り業者」の規制を望む親方をも味方に付けた。困難は、(スメルサー教授の言うような)「当時の支配的な価値体系」にあったのではなく、少数の親方による強力な反対と議会の雰囲気とにあった(スメルサー教授は、織布工の「正当化しえない騒擾の兆候」を成功裡に「処理し」、「方向づけた」として議会を称賛している)[57]。一八三四年に庶民院は、同情的なペイズリーの製造業者であるジョン・マクスウェルを議長とする特別委員会を任命した。彼と(この委員会の委員であった)ジョン・フィールデンは、十分な数の同情的な証人たちを確保した。この委員会は、織布工たちの窮状に深い危惧を表明したが、三四年にはなんの確たる勧告も出さなかった。しかし、三五年には、さらに証拠を集めたあと、フィールデンの最低賃金法案を是とする明確な報告を提出した――「この法案は、最も劣悪な賃金を支払っている親方たちから、彼らが現在もっている賃金規制の権力を奪い取ることになろう」。

この法案の審議はきわめて重要であり、「それは少なくとも、議会が彼らの困窮にたいして同情を寄せていることを示すだろうし、また救済を求める彼らの願いに耳を貸そうとすることを示すだろう」。

議会はこうした性質の事柄に介入することはできないし、介入すべきでもないという感情にたいし、当委員会は断固として反対する。逆に、多数のイギリス臣民の安逸と幸福が危ぶまれているようなところでは、議会は調査を一時も延ばしてはならないということ、そしてもし可能であれば、救済策を講じるべきであると、当委員会は考える。

したがって、当委員会は、フィールデン氏によって提案されているような性質の法案がただちに導入されるべきであることを勧告する(58)……。

こうした勧告に従って、一八三五年六月二十八日に、ジョン・マクスウェルによって実際に法案が提出された。強力な反対の態度がプーレット・トムソン[13]の演説に表明された。

この国の政府が賃金率を固定することなどできるだろうか？　労働者が自由でないなどということがありうるだろうか？

こうした法案は「暴君の法」となるだろう。ボウリング博士と（『リーズ・マーキュリー』の）エドワード・ベインズ[14]は、子供たちを別の職業につかせるべく育てることで「自己救済をする」ようにと織布工たちに忠告した。ジョン・フィールデンは、「聞き取りえない《インオウディアヴル》」として『国会議事録[15]』から削除されている。この法案は、四十一対百二十九で否決された。一八三六年にふたたびマクスウェルによって提出されたが、その第二読会は繰り返し延期され、結局廃案になった。三七年五月、休会の動議提出の際にマクスウェルは再度提出しようとしたが、法案提出の許可は三十九対八十二で否決された。自由放任主義の議会に逆らって、ペイズリーやトドモーデン選出の製造業者たち（彼らの選挙区住民の多くは飢餓の淵にあった）は闘いつづけた。ジョン・フィールデンは、三七年十二月二十一日に新たな法案を提出する動議を出したが、十一対七十三で否決された。しかし、そのときフィールデンはその場で立ち上がり、庶民院が何かするまではあらゆる財政法案に反対すると通告した。このときには彼の声は「聞き取りうる《オウディアブル》」ものであった。王立委員会が任命されて、正統派の「政治経済学」の長老ナッソー・シニア[16]の手中にしっかりと握られ、もう一つの「処理し、方向づける」段階が始まった。補佐委員たちは、三八年に困窮地区を視察したが、前もってシニアから、「多くの人気のある理論と闘う」ことは避けられず、「漠然としており、あるいは度を超しているが、しかし首を長くして待たれている多くの期待を裏切ることになるかもしれない」と警告されていた。いくつかの場合には織布工の環境を詳細に調べる人道的な知識人もいたが、それでも彼らが自由放任主義のイデオローグだったことにかわりはない。彼らの報告書――そしてこの委員会の最終報告――は、三九年と四〇年に公刊された。ウェスト・ライディングに関する補佐委員の味気ない報告は――もし将来の社会史家の利用に供するためでないとすれば――こうした調査など決してなされなかっただろうと思わせるものである。

私が確立しようと努めてきた一般的な結論は、資本蓄積を阻害するあらゆる要因を取り除き、そうして労働への需要を拡大するのは立法府の仕事だが、しかし立法府は供給については何もなしえないということである。

しかし、これまた彼の仮説でもあった。次のように報告されている。

ロシアのツァーの権力ですらそういう状況下にある労働者の賃金を上げることはできないだろう……したがって、なしうる唯一のことは、手織工に彼らが置かれている現実の状況を説き教え、彼らにこの職種を離れるよう警告することであり、また子供をこの職種に引き込まないよう用心させることである。というのも、彼らはそうした最も凶悪な犯罪をおかさないように用心するだろうからである。(59)

およそこうした「処理と方向づけ」は、少なくとも二つの結果を招いた。それは、織布工たちを確固たる「実力行使派《フィジカル・フォース》」のチャーティストへと変えた。そして綿業だけでも、一八三〇年に比べて四〇年には一万人も織布工が減少した。たしかにフィールデンの法案が成立していたとしても、部分的な効果しかあげられなかっただろうし、また力織機との競争が厳しくなった三〇年代には微々たる救済しかもたらすことができなかっただろうし、そして半失業者群を何かほかの産業に押し出すことになっただろう。しかし、われわれは言葉には慎重でなければならない。三〇年代の「微々たる救済《スライト・リリーフ》」は、死ぬか生きるかの違いを意味したかもしれない。「すでにあまりにも遅すぎたと私は思うのです」と、オウストラは三四年の特別委員会で述べた。「私は、この問題について生じている遅れが、イギリスの何百人という労働者《オペラティヴ》を墓に送り込んだと信じます」。この十年間にランカシャーでは、職を失った十万人の織布工のうち、別の職業につくことができたのはおそらくごく少数だろう。そのほか大多数の者の一部は、天寿を全うして死を迎えたが、残りは寿命が尽きる前に「死に絶えた」[60]。（なかには、工場に働きに出ていった子供たちによって扶養される者もいただろう）。しかし、彼らにいかなる救済の手段も提供できないと知った立法府が、救貧法修正法案をもって直接かつ積極的にその状況に介入したのは、一八三四年のことだった。院外救済――それは、多くのコミュニティの支柱であり、ときには「スピーナムランド」制度の規模にも達した――は、（すくなくとも、理論的には）三〇年代後期以降「監獄《バスティーユ》」によって置き換えられた。その結果は、まさに破滅的だった。もし、スメルサー教授が織布工の「支配的な価値体系」を検討するならば、彼は、あらゆる救貧策が嫌われていたこと、それにもまして、マルサス的労役場は独立と結婚の価値観を重視する織布工にとって絶対的なタブーだったことを発見するだろう。新救貧法は、織布工とその家族の救済を否定し、彼を最後の最後までその職業に縛り付けたばかりでなく、実際にほかの人びと――一部の貧しいアイルランド人のように――をこの職業に追いやったのである。「私は、こんな状態には少しもがまんできない」と、ボルトンのある綿モスリン織布工は三四年の委員会で次のように語った。

私は次のような状況のなかにおります。私はいまこの時点で一年以内に六十歳になりますが、あと八年のうちに被救済民《ボウパー》になるだろう推定としています。私は、最大限度の能力を発揮しても、一シリングも貯めることができません。そして、私は健康なときでも、命をつないでいくだけで精いっぱいなのです。……私は、こうした状態にある者として、この問題についてざっくばらんに申し上げます。私は、現在の救貧法改正法案は、貧しい者たちに強制する体系だと考えます。そして、きわめて端的に言って、私はこの法律の恐るべき施行に支配されるでしょう。私はこんなことをされるいわれはありません。私は、忠誠心のある人間で、この国の諸制度に強い愛着をもっていますし、祖国を愛する者でもあります。「そのあらゆる過ちも含めて、それでもなおわれはイングランドを愛する」ということが私の心の言葉であります[61]……。

救貧法への抵抗が暴力的になり、長引き、激烈化したのは、アシュトン（ここでは、チャーティストである牧師ジョウジフ・レイノア・スティーヴンスが、反乱を呼びかける演説をおこなった）、トドモーデン（ここでは、フィールデンが公然と法に逆らった）、ハダズフィールド、ブラドフォードといった織布業地帯であった。

しかし、織布工の没落の第二の局面──力織機との全面的な競争──に入ったとき、そこにはどのような解決策があったのか？　クラパムは、「織布工のための国による年金や、力織機の禁止、手織りの職業訓練の禁止のほかには、いかなる法制化もほとんど役に立たなかっただろうが、それを見きわめるのは難しい[62]」と記している。これらのことは、織布工たちの要求には入っていなかったが、彼らは次のようなことにたいしては抗議した。

……改良された、あるいは改良されつづけている機械を無制限に使用（というより濫用）すること……
……一切れのパンを求めてイングランドの労働市場に群がることを余儀なくされているアイルランド貧民の雇用と生活手段の提供を怠ること。
……わずかでも改良した機械を、子供、若者、女性に使わせて、労働すべき者たちすなわち男たちを排除すること[63]。

機械にたいする織布工たちの反応は、これらの決議が示しているように、しばしば想定される以上に選別的であった。力織機の直接的な破壊は、それが極端な不況や失業と時を同じくして導入された場合（一八一二年のウェスト・ホウトン、一八二六年のブラドフォード）を除いては、ほとんど起こっていない。一八二〇年代後期以降、織布工たちは三つの首尾一貫した提案をおこなってきた。

第一に、彼らは競争条件を平等にするために、力織機への課税を提案した。その税の一部は織布工の救済のために分配されることになっていた。われわれは、手織工が自らも救貧税を課されていただけでなく、間接税の重い負担額を払っていたことも忘れてはならない。

彼らの労働は、力織機によって奪われてきた。彼らのパンには税金が課せられている。彼らの麦芽にも課税されている。彼らの砂糖、彼らの紅茶、彼らの石鹸、そして彼らが使用したり消費するほとんどすべての物が課税されている。しかし、力織機は課税されていない――。

一八三五年のリーズのラシャ織布工からの手紙にはこのように書かれていた。(64) 財政の細目を議論するときにわれわれが忘れがちなのは、対仏戦争後の課税が貧民から金持ちへの再分配機能を果たしていたばかりでなく、その基準が異常に搾取的だったことである。ほかの課税対象品目には、煉瓦、ホップ、酢、窓、紙、犬、獣脂、オレンジ（貧民の子供にとっては贅沢品）があった。三二年には、その大半が一般的な消費財にたいする間接税で得られた約五千万ポンドの収入のうち、二千八百万ポンド以上が国債費として支出され、千三百万ポンドが軍事費として支払われたが、これとは対照的に行政には三十五万六千ポンド、警察には二十一万七千ポンドが支出されたにすぎない。三四年の特別委員会で、ある証人は、働く者たちに年々ふりかかる税負担について、次のように要約して述べた。

第一に、麦芽への課税、四ポンド十一シリング三ペンス、第二に、砂糖への課税、十七シリング四ペンス。第三に、紅茶またはコーヒーへの課税、一ポンド四シリング。第四に、石鹸への課税、十三シリング。第五に、住居への課税、十二シリング。第六に、食糧への課税、三ポンド。第七に、衣服への課税、十シリング。

労働者《レイバラー》にたいする年間の課税総額は、十一ポンド七シリング七ペンス。労働者が一日あたり一シリング六ペンスを受け取り、年間三百日働く（ひじょうに大勢の者がそうしている）と見積もると、この所得は二十二ポンド十シリングになります。したがって、少なくとも、百パーセントないし所得の半分が彼から税金として取り去られることになります。……食べたり、飲んだり、眠ったり、自分がしたいことをすると彼はなんらかのかたちで課税されるのです。(65)

この要約には、ほとんどの手織工が入手しえない物が含まれているが、残念ながらしばしばパンまでもがそうだった。

パンに課税された織布工は、みんなわかっている
課税が汝になしたことを
そして汝の子供は、卑しくも導かれていく
恥ずべきパンを求めて賛美歌を歌いながら
どの道の石も
彼らの裸足の足を知らないことがないまでに

――エビニーザ・エリオットの「穀物法詩集《コーン・ロウ・ライムズ》」の一つはそう語っている。(66)

驚くにはあたらないが、国債所有者にたいするコベットの攻撃は好意的に受け止められ、またファーガス・オコンナーは、コベットと同じ意見を述べることによって、北部の「ファスチアン織りの上着と髭を剃ってない顎」の者たちから初めて拍手喝采を浴びた。

あなたがたは、何も支払ってはいないと考えている。なぜだろう、なにもかも支払っているのはあなたたちであるのに。軍隊を維持するために六百万とか八百万ポンドの税金を支払っているのはあなたたちである。なんのために？　税金を維持するためである(67)……。

たしかに、力織機への課税は、窓、オレンジ、あるいは煉瓦への課税と比べて「不可能」だというわけではないように思われる。

そのほかの二つの提案は、力織機工場における労働時間の制限に関するものと、成人男性である力織機織布工の雇用に関するものであった。これらのうちの第一の提案は強大な影響力をもち、その結果、多くの手織工が十時間労働運動を支持することになった。このことは、一八三〇年代から現在にいたるまで、織布工を苦しめてきた。織布工の男たちは、「女のスカートの後ろに隠れている」とか、時間短縮という自分たち自身の要求の口実として子供の窮状を利用していると批難されてきたのである。しかし、実際には、その目的は公然と工場の労働者や織布工たちによって宣言されていた。彼らの主張するもう一つの政治経済学モデルに内在していたのは、工場の労働時間が短縮すれば、これと同時に児童労働が軽減され、成人工場労働者の労働日が短縮され、いまある仕事がもっと広く手工業労働者や失業者に配分されるだろうという考えであった。第二の提案の場合には、ミュール紡績は一般に男性労働者によって保持されたのにたいし、力織機は女性や未成年者によって受け持たれることがずっと多かった。ここでわれわれは、手織工が工場制度に反対した理由をもっと立ち入ってみなければならない。

「理由」というのは、適切な言葉ではない。というのは、この対立は、二つの文化様式《カルチュラル・モード》ないしは生活様式《ウェイ・オブ・ライフ》のあいだの対立だからである。われわれがすでにみたように、動力が優勢になる以前でさえ、紡毛織布工は手織機工場を嫌っていた。第一に彼らは、工場規律に、工場の鐘やサイレンに憤慨した。そして、労働時間を守ることが、健康を損ねることや家族生活、あるいはより多様な活動からの自由な選択より優先されることに憤慨した。一八〇六年の「協会《ザ・インスティテューション》」で活動したことで処罰されたジャーニーマンの織布工であるウィリアム・チャイルドは、「正確に何時何分に行くよう制約されること、そしてそこでおこなわれている悪辣な管理……」に反対して手織機工場に入ることを拒否した。

ある病弱な男は、自宅で仕事をしていた時分には、自分の都合に合わせて仕事をすることができた。だが、そこには、決まった時間に行かなければならない。五時半に鐘が鳴り、六時にまた鳴り、それからドアが十分間だけ開けられる。十一分を過ぎると、男性、女性、子供のいずれにたいしてであれ扉は閉じられる。その場合には、扉の外で立っているか、八時ごろ家に帰るしかない。[68]

「黄金時代」に雇用主たちが頻繁に口にした不満は、織布工たちは金曜日と土曜日の夜に仕事を埋め合わせることによって、「聖月曜日」――そしてときには火曜日も休日にした――の慣行を維持しつづけているというものであった。伝統によれば、織機は週のはじめのうちは「たーくさんの時間、たーくさんの時間」という緩慢な速度で動いた。しかし、週末には、織機は「一日中カタカタ、一日中カタカタ」と音をたてつづけた。十九世紀には、ほんの少数の織布工だけが、小土地保有農兼織布工に匹敵する多様な生活を送ることができたことだろう。小土地保有農兼織布工の一七八〇年代の日記には、雨の日には機を織り、晴れの日には荷車を押し、溝を掘って排水し、草を刈り、バターをつくるといった仕事《ジョビング》をしたことが示されている。[69] しかし、家禽の飼育、若干の庭、「ウェイク」ないし休日、猟犬との日帰り行楽といった各種の多様性は、最悪の時代が来るまでつづいていたことだろう。

さあ、みな集まれ綿織布工の諸君、諸君はじつに朝早く起きなければならない。
そうさ、諸君は朝から晩まで工場で働かなければならないのだ。

一日に二、三時間、自分の庭を散歩することも許されない。
そうさ、諸君はやつらの命令に従って、杼を動かしつづけなければならないのだ[70]。

「命令に従う」こと――これは最も忌むべき侮辱の念を引き起こした。というのは、織布工は、心のなかでは、布の真の製作者は自分であると感じていたからである（そして彼の両親は、綿や羊毛が家庭でも紡がれていた時代について記憶していた）。工場というのは、貧民の子供たちのための労役場であると考えられていた時代がかつてあったのである。そしてこの偏見がなくなった時代でさえ、工場に入ることは、貧しくとも自分の意志で働く人間から、奉公人《サーヴァント》や「小間使い《ハンド》」に地位が落ちることを意味していた。

次に、彼らは工場制度の家族関係への影響に憤りを覚えた。紡績工程が家庭から引き揚げられてからも、織布工程は家族全員に雇用を提供した。年少の子供たちは糸巻き《ボビン》を巻き上げ、年長の子供たちは欠陥品がないか見守ったり、布から節をとったり、広幅織機《ブロード・ルーム》に杼を投げ入れるのを手伝った。若者は、二番目・三番目の織機で仕事をした。妻は、家事の合間をぬって織り仕事を交替した。家族は一緒だったし、どんなに貧しい食事ではあっても、少なくとも自分たちの好きな時間に食卓に着くことができた。家族の生活とコミュニティの生活のパターン全体は、織機のある仕事場を中心に成立していた。仕事は会話や歌を口ずさむことを妨げはしなかった。子供たちだけに雇用を提供した紡績工場や、その後の、一般に妻や若者だけを雇用した力織機工場は、貧困があらゆる防御手段を打ち壊してしまうまで抵抗された。そうした場所は「不道徳」なものとみられていた。すなわち、性的放縦、口汚い言葉、虐待、無惨な事故、相入れない行動様式《エイリアン・マナー》の場所であった[71]。特別委員会での証言者たちは、一人また一人と前に出て異議を唱えた。

……誰も力織機で仕事をしたがりません。みな力織機が嫌いです。ガタガタという音や騒音があまりにひどく、何人かの者はもう少しで気が違いそうになっています。それから、手織工は、かつて一度も受け入れたことのない規律に従わなければなりません。

……力織機で働くすべての人は、そこで無理やり働かされているのです。というのは、彼らはそれ以外の方法では存在しえないからです。たいていは、家族が困窮し、家族でおこなう仕事が破壊されてしまった人たちです……彼らは、こうした工場に入植する小さな植民者のようになりがちです。

工場での事故で死亡した息子のいるマンチェスターのある証人は、次のように証言した。

私には七人の息子がいました。しかし、たとえ七十七人の息子がいたとしても、一人たりとも綿工場へはやらせません。……私の大いなる異議は、彼らの道徳が著しく腐敗しているということです。……彼らは、朝六時から夜八時まで工場にいなければなりません。したがって、彼らには教育の機会がないのです。……彼らによい範を示すことがないのです……。

「もし彼らが肉体労働に取って代わる機械を発明するのであれば、彼らは、機械の面倒をみる鉄でできた少年を見つけなければならないと、自分としては確信しています(72)」

最後に、われわれは、あらゆる反対論を別々にではなく、コミュニティの「価値体系《ヴァリュー・システム》」の指標として取り上げてきた。たしかにこれは、歴史社会学の研究にとって価値ある素材だろう。というのは、一八三〇年代のイングランドには、異なる伝統、規範、経験をもった工場コミュニティ、織布コミュニティ、農業コミュニティが互いに交錯する「多元的な社会《ブルーラル・ソサイアティ》」が存在していたからである。ある面では、一八一五年から四〇年にかけての歴史は、三つのコミュニティのうちの最初の二つに属する人びとが共通の政治運動（急進主義、三二年の改革、オウエン主義、十時間労働運動、チャーティズム）に合流した物語である。そしてある面では、チャーティズムの最後の段階は、それらの共存が容易でなく最終的に解体する物語であった。マンチェスターやリーズといった大都市では、手織工は、職人の伝統の多くを共有し、お互い同士で結婚し、早い時期から子供たちを工場に送っていたが、それらの地ではこうした差異はほとんどみられなかった。高地地帯の織布村落では、コミュニティはずっと排他的だった。彼らは、「都会人《タウンズ・フォーク》」を軽蔑した――それはみな、「下劣で激しタやつら」の集まりなのであった(73)。何年にもわたって、サドルワース、クリスロー、コールダー・ヴァリーの高地といった地域では、その丘陵地の小村落の織布工たちは、織機のある自分たちの仕事場に子供たちを連れていって訓練し、峡谷《ヴァリー》の奥にある工場とは接触をもたなかった。

であるから、一八三〇年代にまでには、われわれはたしかに「消える運命にあった《ドゥームド》」職種について語りはじめることができよう。そしてその運命の一部は、その職種についている人びと自身の社会生活上の保守主義に責があった。しかし、織布工が自らの運命を受け入れた場合でさえ、「この職種から離れるように」という王立委員会の忠告はしばしば見当はずれのものであった。子供たちは工場で働き口を見つけることができたし、成長している娘たちは力織機へ移ることができた。

もし、あなたが織機の作業場に行けば、そこには三組か四組の織機があるだろう。
それらはみな使われないままで、部屋のじゃまものになっている。
そしてもしあなたがその理由を尋ねれば、そこの年老いた母親があなたにわかりやすく語るだろう。
私の娘たちはこれらを見捨てて、蒸気による織物へと行ってしまったと(74)。

しかし、いつでもこうしたことが起こったわけではない。多くの工場では、紡績工や既存の労働者が自分の子供にたいする優先権をもっていた。それが起こったところでは、妻や子供たちへの依存、すなわち伝統的な役割の無理やりかつ屈辱的な逆転が織布工の屈辱感を一段と募らせた。

われわれは、初期の工場制度では成人と未成年労働者の均衡が欠落していたことを思い起こす必要がある。一八三〇年代の初期には、綿工場の（すべての階級の）労働力の三分の一から半分は二十一歳以下であった。梳毛では、未成年者の割合はもっとずっと高かった。成人については、その半数よりかなり多くが女性だった。ユア博士が一八三四年の工場監督官報告から推計しているように、連合王国の繊維工場すべての成人労働力十九万千六百七十一人のうち、十万二千八百十二人は女性であり、わずか八万八千八百五十九人が男性であった(75)。男性の雇用パターンはじつにはっきりしている。

> ランカシャーの綿工場では、被雇用者数が最大である十一歳から十六歳の時期に、男性の賃金は平均して週あたり四シリング十・七五ペンスだった。しかし、次の五年間の時期、すなわち十六歳から二十一歳になると、平均賃金は週十シリング二・五ペンスに上昇する。そしてもちろん、この価格では製造業者はできるかぎり少ない人数を雇おうとするだろう。……次の五年間の時期、すなわち二十一歳から二十六歳には、週平均賃金は十七シリング二・五ペンスである。ここでは、実際に実施できるかぎりにおいて、男性の雇用をやめようとする動機はよりいっそう強い。つづく二つの期間に、平均賃金はさらに上昇し、二十シリング四・五ペンスに、さらに二十二シリング八・五ペンスになる。こうした賃金では、なんらかの技巧《アート》、手仕事《クラフト》、奥義《ミステリ》で、ひじょうな肉体的頑健さや重要な熟練を必要とする労働に不可欠な男性だけが……あるいは、信頼できる事務職に携わる人物だけが雇用されることになろう(76)。

二つの明白ではあるが重要な論点が、この雇用パターンに関して指摘されなければならない。第一に、すでに「卑しい」職種に関連して指摘したことだが、われわれは、頭のなかで人為的に、工場での「いい」賃金を「時代遅れの」諸産業の劣悪賃金から分離することはできない。「実際に実施できるかぎりにおいて」成人男性労働者の雇用をとりやめることを原則とする制度では、工場の熟練工場労働者の賃金と、十六歳か二十一歳で工場から排除される不熟練労働者の賃金とは、同じ硬貨に刻印された二つの面にすぎないのである。たしかに、紡毛織物産業では、工場から排除された若年労働者は、十代のうちに、ときには手織機へと戻らざるをえなかった。第二に、成人男性の手織工が苦境のゆえに偏見を克服したとしても、工場に雇用される機会は農業労働者として雇用される機会と比べて多かったわけではない。成人男性手織工は工場労働者にほとんど適応しなかった。彼は、「ひじょうな肉体的頑健さ」をもっていたわけでもなければ、いかなる工場技能の熟練も持ち合わせていなかった。状況を最もよく知る立場にあった親方の一人であるジョン・フィールデンは、一八三五年を次のように回想している。

私は毎週大勢の手織工から求職の申し出を受けた。彼らは、このような仕事を探し求めざるをえないほど生活状態がひじょうに追い詰められていた。そして、私や私の共同経営者は、この仕事に申し込んだ多くの人びとに仕事を拒絶せざるをえないことに……少なからず心を痛めた(77)。

一八三〇年代初期のランカシャーの職人の職種では、賃金はまあまあ高かった。鋳型工、機械工、製靴工、仕立て工、熟練建築労働者などでは、十五シリングから二十五シリングであった（機械工はそれ以上）。しかし、こうした賃金率は団結の強さによってだけ得られたものだったが、その目的の一つは、解雇された工場の若者や手織工を排除しておくことだった。もし、織布工が、なんらかの熟練職種に仕事を変えたり、子供たちをそうした職種の徒弟にすることができたのであれば、社会生活上の保守主義はそうすることを妨げなかっただろう。不熟練労働にたいしては、その理由を理解しうるような偏見があったことは確かである。それは、地位の最終的な喪失だと見なされたのだ。

けれどオイらはこの仕事をやめちマッテ、スコップをもっテ働くさそれとも出かけてっテ道路の敷石を砕こうか……

と「グリンフィルトのジョン」は苦しい試練の絶頂期に宣言した。

しかし、この職種にさえ、いくつかの困難があった。労働価値説のいろはを庶民院で講釈したマンチェスターの絹織布工は、運搬人の仕事(賃金は十四シリングから十五シリング)を得ようとして失敗した。織布工の体格が、不熟練の重労働に適していることはまれであった(煉瓦積み工の不熟練労働者や「土掘り人夫」の賃金は十シリングか十二シリングだった)し、より頑健で低賃金でも働こうとするアイルランド出身の不熟練労働者と競争することになった。(78) そして、たしかに大都市の織布工は多くの種類の劣悪な賃金の臨時仕事を見いだしたが、中年の田舎の織布工は彼の家や家族を移転させえなかったのである。

この変化は、年老いた手織工の心に恐るべき影響を与えた。……私たちは、目に涙を浮かべた年老いたパドシーの織布工が、……彼の織機のすばらしい点を列挙しているのを見たことがある。まさしく、織機ならまさにそうあるべきように、それは釘で取り付けられていた。また、織機ならまさにそう動かなければならないように、それは行ったり来たり動いた。向こう側に行く部分は簡単に元に戻すことができ、しかも支障なくその仕事を元どおり始め、またどんな量の横糸も扱おうと思えば扱えた。そうした織機がイングランドのある最良の製造業者から届いたとき……隣近所の人たちはみなそれを見に来て、それを称賛し、ほしがった。しかし、いまではかなりの間、この織機ももう一台も静まり返ったままで、ほこりとクモの巣におおわれている(79)……。

手織工の物語は、産業革命期の生活水準をめぐる全般的な問題に多くの点で影響を与えるものである。初期局面では、それは「楽観論者」的立場を支持する証拠を提供しているようにみえる。紡績工場は、何千人もの下請け労働者を引き付け、彼らの生活水準を引き上げる乗数器だというのである。しかし、生活水準が引き上げられるにつれて、彼らの地位と防御手段は切り下げられた。一八〇〇年から四〇年にかけて、史料はほとんど変わることなく「悲観論者」的である。もしわれわれが、この時期の生活水準について「未来信者的」な見地からではなく、その時代を経験し生活している世代の見地から評価しようとすれば、織布工が経済的進歩の「利益を共有」していなかったばかりではなく、急激に没落した集団だったことにも注目しなければならない。織物は産業革命の基軸産業であり、紡績部門よりも織布部門により多くの成人が関与していたのだから、このことは、何にもましてこの時期の経験を記述する方法として妥当なものに思われる。通例の記述は、おそらくはその劇的な様式のために、乗数器（ミュール、紡績工場、そして蒸気機関）に注目するが、われわれは、乗算された人びとを見てきた。

もちろん「楽観論者」も、織布工の窮状を認めている。どの説明にも、「手織工のような、ごく少数の特殊で不幸な人びとの諸集団」、「繁栄するコミュニティのなかの小さな集団」、あるいは「技術革新がもたらした不完全就業者の孤立集団」[80]を例外とする、なんらかの保留条項がある。しかし、クラパムがよく知っているように、一八四〇年代後半よりも前にはどんな意味であれ、織布工を「小さな」集団として論じることはできない。織布工は、おそらく数百年にわたって、イングランドの工業労働者の単一集団としては最大のものだった。彼らはわれわれの基軸産業の耕夫であった。一八二〇年から四〇年のどの時期をみても、彼らは、農業労働者、家事奉公人についで職業表の三番目に位置し、ほかのいかなる工業集団をも大きく上回っている。「それら（すなわち、連合王国における織機）についての統計はかつてとられたことはなかった。しかし、五十万台より少なかったことはないだろうが、それよりもずっと多かったということはありうる」[81]。綿、羊毛、絹、リンネル、亜麻、そしてリボン織布といった特殊技能者の部門（ただし掛け枠編みを除く）も合わせた織機の推計は、連合王国ではときに七十四万台にのぼることもあった。しかし、多くの家族は、二台、三台、四台の織機をもっていただろう。八十万人から八十四万人が全面的に織機によって生活を支えていたという一八三四―三五年の特別委員会の推計が、われわれが得ることのできる最も確かなものだろう。

立法府は何もせず、「自然」な経済諸力がコミュニティの一部に害悪を与えるままに放置したが、そのことに完璧な言い訳を提供するのは、時代遅れのイデオロギーのなかにしぶとく残る自由《フリーダム》の神話である。力織機は、国家と雇用主の両者に鉄のアリバイを提供した。しかし、われわれは織布工の物語を、産業革命期に存在したきわめて異常な状況の表現として見てもいいだろう。織布工の物語は、抑圧的で搾取的なシステムが労働組合という防御手段をもたない労働者の一部門に影響を与えた、パラダイムとなる一つの事例である。政府は、織布工の政治的組織や労働組合に反対して積極的に介入しただけではなく、資本の自由という負の教義をも織布工に押し付けたのであり、それは、政府がアイルランドの飢饉の被害者に押し付けたのと同じように非妥協的なものであった。

この教義の亡霊はこんにちでもなお徘徊している。アシュトン教授は、金融的な要因が力織機への投資を妨げたと悔しがっている。

産業革命の「害悪《イーヴィル》」は、それが進行した速度の急激さのせいだとときに示唆されている。家内工業に従事した繊維労働者の事例は、まったく逆のことを示唆している。もし織布産業にアークライトのようにタイプの人間がいたとすれば、もし利子率が低いままであったとすれば、もし移入民が一人もおらず、また救貧手当がなかったとすれば、工場への転換は速やかに実現し、苦難もより少なかっただろう。しかし実際には、一世代以上にわたって、多数の手織工が蒸気力に反対して勝ち目のない闘いをつづけたのである。(82)

しかし、すでにみたように、力織機の親方にとっては、安価な労働予備軍を得ることは、「闘い」ではなく、大いなる便宜であった。この労働予備軍は、好況期にはいつでも利用できる要員であり、また力織機で仕事をする女性や少女の賃金(一八三二年のマンチェスターでは、八シリングから十二シリング)を押し下げておく手段だったのである。もし、動力の導入がもっと迅速だったならば、その場合には――ほかの事柄が同じだったとすれば

——その結果はよりいっそう破壊的なものになっていただろう。

何人かの経済史家は、産業革命期の技術革新が、鉄道の時代まで成人熟練労働を追放してきた（金属産業を別にして）という事実を直視しようとしないようにみえる（おそらく、人間の進歩と経済成長を等しいものとみる隠された「進歩主義」のためだろう）。そのように労働が追放されたため、人間の筋肉だけを使った骨の折れる仕事に従事する安価な労働の供給が際限なく増大した。この点で、この時代はたいへん浪費的であった。鉱山、港湾、煉瓦工場、ガス工場、建築業、運河や鉄道の建設、運送・運搬業はほとんどないしはまったく機械化されていなかった。石炭はなお、船倉から長いはしごを伝って人間の背中にかついで運び出されていた。一八三〇年代のバーミンガムでは、九マイルの道のりを二輪の手押し車で砂を運び、九マイルを空《から》で帰ってくるのに、一日一シリングで労働者を雇うことができた。三二年には、機械工の賃金（二十六シリングから三十シリング）や大工の賃金（二十四シリング）と、土掘り人夫の賃金（十シリングから十五シリング）や織布工の賃金（八シリングとしよう）との格差は、社会生活上の保守主義だけで説明できるものではない。それが示唆しているのは熟練職種こそが例外であり、また不熟練の肉体労働や下請け産業の状態は「特別に不幸」であるどころか、あらゆる点で人間の労働を安価にしようと雇用主、立法者、そしてイデオローグたちが設計したシステムの特徴なのである。そして、生活水準が急速に悪化した時期に織布工が過剰になったという事実は、それを雄弁に立証している。マルクスが記したように、搾取は下請け産業で最も「破廉恥」だが、「そうなるのは、近代的な産業や農業によって『過剰にされた』大衆の、この最後のよりどころでは、仕事を求める競争が最も激しくなるからである[83]」。

もちろん注目に値する「未来信者」的議論もある。よりよい時代が来るまで生き延びた労働者の多くは、実際にそうした議論を受け入れたのである。この移行がいかに苦難に満ちたものであったにせよ、ある労働者は次のように論評した。

……力織機の織布工は、織機も紡績のためのジェニーも買う必要はない。糸巻きやフラスケットやバスケットを買う必要もない。賃貸料や設置している織機の税金を支払う必要もない。仕事場を明るくし温めるろうそくもガスも石炭も必要ない。彼らは修理費や磨滅にたいして支払う必要もない……また、杼、ピッカー、土台かせ機、杼板《シャトル・ボード》、ほぐし棒《ピッキング・スティック》、そして皮紐や綱を買う必要もない。……踏み子や腰掛けに支えてもらう必要もなく……強度を増すために腕に包帯を巻く必要もない……。彼らは、始紡糸を運んだり、織物枠に縦糸を巻いたり、織りべりを編んだり、糊付けしたり、織物を外に出して乾燥させたり、歯車を探したり、布地を気遣ったり、織物を張り枠に張ったり、水や露で湿らせたり、布地をたたむ必要はない。そして、羊毛を切って洗浄し染めることについても彼らは考えたりしない。すべてが無用になったのだ[84]。

この観点から手織工の労働を見るならば、その労働がつらいものであり時代遅れであったことは確かなのだから、いかなる移行も、どんなに苦痛に満ちたものであれ、正当化されうるだろう。しかし、この議論はある世代の苦難を将来の利益で割り引いている。苦難をこうむった人びとにとっては、このように将来の時点から振り返って慰められてもほとんどなんの意味もないのである。

第10章　生活水準と経験

1　財

産業革命期の生活水準をめぐる論争は、平均的労働者なるものを仮定してその賃金率を追究するといういささか現実離れのしたことをやめて、食糧や衣料や住宅のような消費財に、また、さらに健康状態や死亡率に注意を向けたときに、きわめて価値あるものとなってきたといえるだろう。その論争点の多くは錯綜しているから、ここで試みうるのは継続中の論争に若干の評言を付すことだけである。計測可能な数量を考察すれば、一七九〇年から一八四〇年の期間に国民生産物が人口よりも急速に増加していたことは明白だろうと思われる。しかし、この生産物がどのように分配されたのかを評価することはきわめて困難である。たとえ、ほかの考慮事項（この増えた分のどれくらいが不利な交易条件のせいで輸出されたのか、どれくらいが個人消費向けの財にではなく投資に回ったのか）を度外視したとしても、この増えた分のどれほどが国民のどの階層に分配されたのかを確定することは容易ではない。

産業革命期の人びとの日常食に関する論争は、主として穀物、肉、ジャガイモ、ビール、砂糖、紅茶に向けられている。小麦の一人あたりの消費量はおそらく十九世紀の最初の四十年の間、十八世紀終わりの水準から減少しつづけた。ジャガイモの歴史の研究家であるサラマン氏[1]は、地主や農場経営者や教会区牧師や製造業者、また政府自身が労働者の日常食を小麦からジャガイモに無理やり変えようとした「パンの戦い」について、説得力ある遂一の詳細な説明をおこなっている。決定的な年は一七九五年であった。この年以降、戦時の必要性に代わって、貧民の食事を安価な最低限の日常食に切り詰めることの利益を唱える議論が前面に出てきた。対仏戦争期にジャガイモの耕作面積が増加した原因を小麦の不足にだけ帰することはできない。「なにがしかの欠乏はたしかにあったが、しかし騰貴した物価の結果として社会の相異なる諸階級が不平等に分裂していたことこそがはるかに強力な要因であった……」。イングランドの人びとの大多数は、北部においてさえ、一七九〇年までに粗悪な穀物から小麦へと切り替えていた。だから白パンは、彼らの地位を象徴するものとして羨望をもってみられていたのである。南部の農業労働者は飢餓寸前の状態になったときでさえ、チーズを添えたパンという日常食を手放しはしなかった。そして五十年間にわたって日常食をめぐる階級戦争が常態化し、南部ではジャガイモがパンを侵害し、北部ではオートミールとジャガイモがパンを侵害していった。実際、サラマン氏は、アレヴィがメソジスムに見いだしたよりもずっと効果的な社会安定化装置をジャガイモのなかにみているのである。

……ジャガイモをもちいることによって……実際、労働者はぎりぎり最低限の賃金で生き延びることが可能になった。こうして、ジャガイモはイングランドの大衆の貧困と劣悪をもう百年間引き延ばし、促進したといえるだろう。だがその代わりになるものが何かあったかといえば、それはまぎれもなく流血革命だった。十九世紀のはじめにイングランドがそうした暴力的激変を回避した功績は……かなりの程度、ジャガイモにあることを認めなければならない(1)。

いまでは栄養学の専門家はジャガイモが滋養に満ちているとわれわれに教えている。たしかに、生活水準が十分に上昇して、ジャガイモが追加の一品になり、食事に多様性を添える場合にはつねに、ジャガイモは利得であった。しかし、ジャガイモがパンやオートミルに取って代わることは地位の格下げだと感じ取られた。ジャガイモを日常食とするアイルランド移民（エビニーザ・エリオットは彼らを「アイルランドの根っこ食い育ちのやつら」と呼んだ）はその雄弁な証拠だと考えられていたし、またきわめて多くのイングランド人はコベットの考えに、すなわち貧民たちは、彼らをアイルランド人の水準に引き下げようとする陰謀の犠牲者なのだとする考えに同意していた。産業革命期にはつねに、人びとの判断においては、パン（そしてオートミール）の価格こそが生活水準の第一の指標だった。穀物法が一八一五年に成立したとき、議会の両院は軍隊の力で民衆から守られなければならなかった。「穀物法反対」はピータールーに翻った旗のなかでとくに目立っていたし、また一八四〇年代の反穀物法運動にいたるまで（とくにランカシャーでは）そうでありつづけた。

小麦と同様に、肉にも、食物としての価値以上に地位についての感情が絡んでいた。『古きイングランドのロースト・ビーフ』[2]は職人の誇りであり、不熟練労働者の願望であった。肉についてもやはり、一七九〇年から一八四〇年にかけて一人あたりの消費量は低落したと思われるが、しかしその数値については異論が出されている。その議論は主として、ロンドンの屠場で解体された動物の頭数と重量をめぐってなされている。しかし、たとえこうした数値がはっきりしたとしても、どの階層の人びとがどのくらいその肉を食べたのかは依然としてあきらかにはならない。肉は、実質所得の増分が最初に支出されるはずの品目の一つだったから、たしかに物的水準の信頼にたる指標だろう。季節労働者は五十二回の日曜日の夕食の計画を綿密に立てたりはしなかった。それどころか仕事のあるときには金を使ってしまい、その年の残りの期間は運を天にまかせたのである。ヘンリー・メイヒューは次のように聞かされた。

夏の日の長い天気のいい時分には、仕事のある煉瓦製造工の娘は、「ねえ、おやじさん、とうちゃんはいまは値段のことなんか気にしないの、ただいい厚切り肉がなくちゃダメなのよ。ラインチョップスとね、それからテンダーをね、ちょうだい。——だってとうちゃんは煉瓦工なんだから」と言って、肉屋に厚切り肉やそのほかの上等の食べ物を注文するのがつねであった。冬になると、「ねえ、お願い、おやじさん、ここに四ペンスしかないの。とうちゃんに何か安いのをやってちょうだい。安ければなんであってもとうちゃんは気にしないの。冬だから仕事がないのよ、おやじさん、――だってとうちゃんは煉瓦工なんだから」。[2]

ロンドンっ子は生活水準について地方の不熟練労働者よりも高い期待の念をもつ傾向があった。一八一二年の不況のどん底の時期に、ある観察者は、ロンドンの貧民が北部や西部の貧民よりもうまく暮らしている印象を受けている。

首都の貧民は、生活必需品のとんでもない値段にもかかわらず、現実には比較的安楽に生活している。この地のきわめてみすぼらしい不熟練労働者でも、食事に肉(新鮮な肉)を食べることがよくあるし、またいつでもチーズ添えのパンをある種のビールと一緒に食べている。しかし、ウェスト・カントリーの小農は自分の家族にそうした食物を手に入れることはできない。[3]

もちろん、さまざまな低級な「肉」、すなわち、ニシンないしは薫製ニシン、牛の足、羊の足、豚の耳、肝臓、胃袋、ブラック・プディング[3]も売られていた。ランカシャーの田舎の織布工たちは都会の食べ物を見くだしており、「ナイフで殺された食べ物」(この言い回しは、自分の家で直接豚を飼って家計のたしにする暮らしが引き続きおこなわれていたこと、そして都会の肉が病気にかかった動物の肉ではないかと疑っていたことを示している)を好んだ。町で食べざるをえないときには、「一口食べるごとに、この四つ足動物は生きているときにはなんだったのか、いったいどんな理由でこの動物はこの世をおさらばしたのか、あれこれ不快なことを考えることになった」。[4] 都市の住民にとって、不純な食物や混ぜ物の入った食物にさらされるのは目新しいことではなかった。しかし、都市労働者の人口が増えるにつれて、こうした経験はひどいものとなっていった。[5]

一八〇〇年から三〇年の間に一人あたりのビール消費量が減少したことは確かだし、また一人あたりの紅茶と砂糖の消費量が増加したことも確かである。他方、一八二〇年から四〇年の間にジンとウィスキーの消費量は著しく増加した。これもまた、栄養学の問題であるばかりでなく、文化の問題である。農業労働者や石炭陸揚げ人や鉱夫は、重労働には（「汗を取り戻す」ために）ビールが不可欠だと考えていたし、北部の地域ではビールは「飲み物」の代名詞だった。少量のビールを自家醸造することは家庭経済に欠かせなかったから、「若い女性がじょうずにオートケーキを焼き上げたり、醸造したりできると、その娘はいい女房になると考えられた」のである。他方、「メソジストの組指導者《クラス・リーダー》のなかには、一杯のビールの『ジョッキ』なしでは、組の指導はできないという者もいた」(6)。ビール消費量減少の直接の原因は麦芽税にあった。この税金はあまりに不人気だったので、同時代人のなかには麦芽税が革命を誘発すると考えた者もいた。ハンプシャーの聖職者でもあったある治安判事は一八一六年に次のように主張した。麦芽税を廃止せよ、そうすれば労働者は、

> 喜んで日々の仕事に出かけ、男らしい活力と満足感をもって仕事を遂行し、自分の家や家族を、そしてとりわけ祖国を愛するようになるだろう。目上の人びととともに、素朴で健全な飲み物を分かち合うことを許す祖国を。貧民は、イギリス議会が彼らに授けうるなにものにもまして、この飲み物を尊重しているのだ(7)。

強いビールへの税金の加算は脱税の拡大をもたらした。また「もぐり酒場《ハッシュ・ショップ》」もあちこちにでき、そうした場所では、サミュエル・バンフォードは収税吏ではないかと疑われて殺されかかるということもあったが、飲んでいた連中の一人が「逃亡中」の真正の急進主義者であることを思い出してくれて彼は助かったのである。

これらの税金には、たしかに自家醸造と家庭での飲酒の量をかなり減少させたし、また同じ程度に、飲酒を通常の食事の一部ではなく、一つの家庭外活動にする効果があった。（一八三〇年に強いビールへの税金は廃止されて、ビール法が可決されたが、それから五年のうちに三万五千軒のビール酒場が地面から飛び出すかのように続々と誕生した）。喫茶の増大は、ある程度はビール、そしておそらくミルクの代用として紅茶が飲まれるようになったためである。

そしてまたもや、多くの同時代の人びと――コベットはその代表だったが――はここに劣悪化の証拠をみてとった。紅茶は、質の劣った代替品と見なされただけでなく、蒸留酒消費の増加と並んで、刺激物への欲求を示すものと見なされた。そうした欲求は不十分な食事のまま過度の労働時間をこなすことによって引き起こされたのである。しかし、一八三〇年までには、紅茶は必需品と考えられるようになった。だから、あまりに貧しくて紅茶が買えない家族は、一度使ったお茶の葉を近所の人に乞い求めたり、あるいは焦げたパンの外皮に熱湯を注いで、紅茶に似た色を出そうとさえしたのである。(8)

結局のところ、これはすばらしい記録とは言えない。産業革命の五十年間に、国民生産物のうちの労働者階級の分け前が有産階級や専門職階級の分け前に比較して低落したことはほとんど確実である。「平均的」男性労働者は、まわりには国富増大の証拠があった同じ時期に、生存水準すれすれにとどまったままだった。その国富の大部分はあきらかに労働者自身の労働の成果だったが、同様にあきらかな仕方で、自分の雇用主の手に渡っていった。心理的見地からは、これはまさに生活水準の低下として感じ取られたのである。「経済進歩の恩恵」から労働者自身が分け前として得たものは、より多くのジャガイモ、自分の家族のためのわずかばかりの綿織物製品《アーティクル》、石鹸やろうそく、少しばかりの紅茶と砂糖、そして『エコノミック・ヒストリー・レヴュー』誌に掲載されてきた多数の論文《アーティクル》ということになる。

2 住居

都市部の環境に関する史料を解釈することは決して容易ではない。十八世紀末の農業労働者は、湿っぽい地面よりも低い、一部屋しかない小屋に家族と一緒に住んでいた。こうした状態は五十年後にはまれになった。成長する工業都市では、無計画な安普請と不当な利益の獲得についてとかくとりざたされたが、ともあれ家そのものは、田舎からの移住者の多くがかつて住んでいたような家よりはましになった。しかし、これら新興工業都市が成長するにつれて、上水道や下水道や過密の問題、さらには住居を工業目的で使うという問題が激増し、ついには一八四〇年代の住宅と公衆衛生に関する調査によって暴き出されたような、ぞっとする状態に行き着いたのである。田舎の村あるいは織布工の村落の状態が、プレストンやリーズとまったく同じくらいひどかったということは真実である。しかし、この問題の規模はもちろん大都市でより深刻だったし、また大都市では劣悪な状態が複合して疫病の蔓延を容易にした。

さらに、大都市の状態はより徹底して不快で不便だったし、またそう感じ取られた。墓地のすぐ隣で湧く村の井戸水は不潔かもしれない。しかし、少なくとも村人は、夜中に起きて、いくつもの街路にたいして唯一水を供給している配水管の前に列をつくって順番を待つ必要もなければ、それに金を払う必要もなかった。工業都市の住人は多くの場合、産業廃棄物や蓋なしの下水の悪臭から逃れることはできなかったし、その子供たちはゴミや汚水溜めで遊んだのである。似たような状態は、こんにちでも、北部やミッドランズの工業都市の景観に残されている。

こうした都市環境の悪化は、美学的にみても、コミュニティの快適さの見地からも、公衆衛生や人口密度の見地からも、産業革命がもたらした最も破滅的な帰結の一つとして当時の多くの人に衝撃を与えたように、現代のわれわれにも衝撃を与える。しかも、この劣悪化は、生活水準の改善に関する「楽観論」の史料がよく依拠する高賃金地域の一部でとくに著しかった。常識に従えば、われわれは両方の史料をともに考慮しなければならないだろう。しかし、実際にはさまざまな罪状軽減論が提起されてきている。たとえば、従業員の住宅の状態に関心を払う進歩的な工場主の事例が見いだされている。こうした事例は、おそらくわれわれに人間の本性を見直させることになるだろう。しかしそれらは問題全体の外縁部にふれているにすぎず、それはちょうど称賛すべき慈善病院がおそらく死亡率をほんのわずか引き下げたにすぎないのと同じことである。さらに、模範的共同体《モデル・コミュニティ》の真剣な実験が始まったのは、(ニュー・ラナークを別にすれば)たいていが一八四〇年以降のことであり、あるいは、

「労働者階級の衛生状態」（一八四二年）と「都市の健康」（四四年）の調査が世論を喚起し、三一年と四八年のコレラの流行が世論に警鐘を与えてからあとのことである。四〇年以前のそうした実験は、たとえばタートンのアシュワース家のそれのように、自給自足的な工場村に限定されていた。

また、都市の諸状態の悪化は、誰の落ち度でもなく、ましてや「資本家」の落ち度ではないのだから、ともかく割り引いて考えていいということがいわれている。「安普請屋《ジェリイ》」と呼ばれる者のなかに悪党はいないというわけである。最悪の建物のなかには、小規模ななんでも屋《ジョバーズ》や投機目的の小規模商工業者ばかりか、自営の建築労働者が建てたものもあった。あるシェフィールドの調査官は、地主と、（高利でローンを提供する）小資本家と、「たった二、三百ポンドしか自由にできず」、また「実際に自分の名前さえ書けない」者もいる小規模の建築投機家のそれぞれに、等しく責めを負わせた。(9) また、バルト材や煉瓦やタイルやスレート瓦への課税のせいで、価格は高く維持されていた。かくして、アシュトン教授は、被疑者全員を完全に無罪放免することができるのである。「機械にも、産業革命にも、さらには投機的な煉瓦積み工や大工にさえ、まったく罪はなかったのだ」(10)。これはすべて本当のことかもしれない。すなわち、広く知られているように、労働者階級の住宅状態は、どんなノミにも「咬みつくことのできる自分より小さいノミがいる」ということわざの例証なのである。ランカシャーの多くの織布工が家賃不払いのストライキをおこなった一八二〇年代には、それらの小屋を所有していた一部の家主は救貧税に頼らざるをえなかったといわれている。また、大都市のスラムでは、居酒屋の主人や小商店主が、最低の「家畜檻《フォールズ》」あるいはぼろぼろのモルタルでできた人間用ウサギ小屋の所有者としてしばしば引き合いに出される者たちのなかにいた。しかし、これらのいずれも実際の状態を少しも緩和するものではない。また、責任の所在の適正な配分についていくら議論しても、ある者がほかの者の必需品を食い物にしうるような過程そのものは免責されえないのである。

いくつかの古い都市では、舗装や照明や下水やスラム一掃などの改良は十八世紀にまでさかのぼることができるが、その改良の程度を強調するという、より有用な修正意見がある。しかし、しばしば引用されるロンドンの事例でも、シティの中心部の改良がイースト・エンドや河岸の近隣地区にまでおよんでいたのかどうか、あるいは改良がどの程度まで対仏戦争中もつづけられたのかは、まったくあきらかではない。かくして、公衆衛生改革論者、サウスウッド・スミス博士[4]は、一八三九年のロンドンについて次のように伝えている。

> 富裕な階級の住む地域では、道路を拡張したり……排水溝や下水を延長し改良する……体系的な努力が大規模に進められてきたが、貧民の住む地域の状態を改良するためには何もなされていない[11]。

イースト・エンドの状態は、健康にきわめて有害であったから、医師や教区の行政官は責務を果たす過程で自分の生命を危険にさらした。しかも、ハモンド夫妻が指摘しているように、産業革命の好況に沸く都市においてこそ最悪の状態がみられたのであった。「ロンドンが［商業革命期に］こうむった苦しみを、ランカシャーは十八世紀末から十九世紀はじめにこうむったのである」[12]。シェフィールドは熟練職人の比率が高く、歴史の古い比較的繁栄した都市だが、安普請業者がいるにもかかわらず、十九世紀前半に住宅状態が改善されたことはほぼ確実である。すなわち、一八四〇年には平均して一戸あたり五人であり、ほとんどの職人は、居間が一つと寝室二つがある家族用の住居《ファミリー・コテージ》を自分で借りていた。最も非道な劣悪化の証拠——過密、地下室の住居、言語を絶する不潔さ——がみつかるのは、織維工業地帯とアイルランド移民が最も多く流入した都市、すなわちリヴァプール、マンチェスター、リーズ、プレストン、ボルトン、ブラドフォードにおいてであった[13]。

最後に、次のようなことが、厭きもせず繰り返し語られている。スラムや悪臭を放つ河川や自然破壊やぞっとする建築物などはすべて許されてしかるべきだ、なぜなら、すべては強い人口圧力のもとで、あらかじめ計画を立てることも先例になる経験ももたないままに、きわめて急速にまたまったく予期せぬかたちで生じたことなのだから、と。「多くの場合、悲惨の原因になったのは、貪欲ではなく無知であった」[14]。だが、現実にはあきらかにその両方が原因だったし、またそのどちらの性質がより好ましいかも決して明白ではない。この主張はある時点までしか、つまり大部分の大都市では一八三〇年代ないしは四〇年代までしか妥当しない。それらの時代には、医師と公衆衛生改革論者、ベンサム主義者とチャーティストが、土地所有者の無気力や「安価な政府」を叫ぶ納税者の煽動に抗して、改善を求めて繰り返し闘ったのである。この時期までに、労働民衆は悪臭の立ち込める地域に実質的に隔離されてしまっており、また中流階級はこの地域から、馬による交通の便が許すかぎり遠く離れるというかたちで、工業都市についての彼らの真の意見をはっきり示したのである。比較的うまく建設されたシェフィールドでさえ、

職人と貧しい商店主は別だが、すべての階級が田舎の安らぎと隠遁に引き付けられている。弁護士、製造業者、食糧雑貨商、織物商、製靴工、仕立て工は、見晴らしのきく住居をすばらしい場所に建てている……。

一八四一年には、シェフィールド在住の弁護士六十六人のうち四十一人が田舎に住んでいたが、残り二十五人のうち十人はこの都市に来たばかりの者たちだった。マンチェスターでは、貧民は袋小路や地下室に住んでいたが、

……たくさんの店舗や工場や倉庫や工業施設によって上流階級の目からは隠されており、したがって主にチータムやブルートンやチョールトンのひらけた土地に住む富裕な隣人たちは、ニュージーランドやカムチャッカの原住民ほどにも貧民たちのことを知らなかったのである。

「金持ちは貧乏人を忘れている。あるいは、貧乏人が浮浪者か物乞いか犯罪者として現れ、注意を向けざるをえないときに、貧乏人がいたことを思い出すのがせいぜいである」。「われわれは、格言『世界の半分は残り半分がどのように生活しているかを知らない』を改良して、『世界[5]の半分は残り半分がどのように生活しているか気にかけない』に変えてしまった。アードウィクは、アンコーツについて中国ほどにも知らない(15)……」

空前の人口増加率と工業地帯への前代未聞の集中率は、どんな社会であれ大きな問題を生み出しただろう。まして、利潤追求と計画《プラニング》への敵対を根本原理とするような社会にあってはなおさらである。われわれはこれらの問題を、工業化の問題と考えるべきだろうが、レッセ・フェール（自由放任）資本主義の略奪衝動によってそれはさらに悪化させられた。しかし、問題がどう定義されようと、定義自体は同じ出来事を叙述したり、解釈したりするいろいろな仕方にすぎないのである。そして、一八〇〇年から四〇年の工業の中心地帯を調査すれば、アメニティが目に見えて破壊され剥奪された証拠を見逃すことはありえない。ともかく、バース市を再建したこの世紀は、美的センスに欠けていたのでも、市民としての責任《シヴィック・レスポンスビリティ》を知らなかったわけでもない。ただ、産業革命の初期の段階はこれらがともに衰退したことを示している。あるいは、少なくともこれらの価値観が労働民衆には拡張されなかったという強烈な教訓を与えてくれる。一七五〇年以前の大都市の貧民の状態がたとえどんなにひどいものであったとしても、それ以前の世紀における都市は通常、ある種の公共的価値観や建築上の優美さや、職業と商業と製造業のあいだのなんらかのバランス、つまりある種の多様性の感覚を備えていた。おそらく「煤煙の町《コークタウンズ》」とは、住民の数が一万を超える規模としては初めて、労働と「現実《ファクト》」にただただ奉仕することになった都市をさすのだろう。

3　生命

健康と寿命の問題を解釈することは、はるかにむずかしい。イギリスにおける一七八〇年から一八二〇年の人口「爆発」の主な要因が、死亡率の低下とくに乳幼児死亡率の低下にあることは、最近まで広く受け入れられていた。したがって、これが医学知識、栄養（ジャガイモ）、衛生状態（石鹸と綿のシャツ）、水道設備、住宅などの改善によってもたらされたと考えることは理にかなっていた。しかし、いまではこうした主張のあり方全体が疑問視されるにいたっている。人口「爆発」はヨーロッパ大の現象と見なしうるのであって、イギリス、フランス、スペイン、アイルランドで同時に生じたが、これらの国々では前述の諸要因が同じようには作用しなかったのである。第二に、いまや人口学者はこれまで受け入れてきた史料に異を唱えている。そして、人口「爆発」の原因として、死亡率の低下よりも、出生率の上昇をあらためて強調する有力な説が提起されている(16)。

われわれがクラウス博士の見解、すなわち出生率が一七八一年以後に上昇して、一八三一年以後に低落したこと、また「死亡率になんらかの重大な変化があった形跡はない」ことを受け入れるとしても、これは労働者階級の健康と寿命が改善された証拠にはまったくならない。一八二一年に出生率（すなわち、妊娠可能な年齢層の女性千人あたりの、〇歳から四歳までの子供の数）が最も高かったこと、しかも第一位が産業革命の中心地（ランカシャー、ウェスト・ライディング、チェシャー、スタッフォードシャー）であり、第二位が手ひどい打撃を受けた南部の「救貧法諸州」だったことは興味深い。一見したところ、これは当時広く流布し、またコベットがひどく嫌悪したマルサスの主張、つまりスピーナムランド救貧制度と工場での雇用機会（児童労働を含む）が出生率を高めたとする主張を確証しているように見えるだろう。だがわれわれは、賃金稼得者を増やしたり、あるいは救貧手当の請求額を増やすために、両親が意識的により多くの子供をもとうと決意したのだと考える必要はない。出生率の上昇というものは、コミュニティや家族の伝統的な生活パターンの崩壊（スピーナムランド制も工場も、早期の「軽率な《インプロヴィデント》」結婚へのタブーを弱める傾向があった）や、農場における奉公人や徒弟の「住み込み《リヴィング・イン》」の減少、ナポレオン戦争の衝撃、新興都市への集中という観点から、あるいは繁殖能力の最も高い者の遺伝的な選別という観点からさえ、説明されうるのである。それ以上に確かなことは、出生率の上昇は生活水準上昇の証拠たりえないということである(17)。十九世紀初期の観察者たちは、労働者のなかで最も貧しく最も「軽率な」部分が最大の家族規模をもっていたことをつねに問題としていた。他方、アイルランドでは、大飢饉《ザ・グレイト・ファミン》の痛烈な経験がアイルランド人の小農の人生における結婚のパターン全体をすっかり変えてしまった(18)。

これにかかわる論争は錯綜しているから、さしあたりは人口学者にまかせておくのが最良である。しかし、われわれは、死亡率が低下しているという想定にたって解釈されてきた慣例上の証拠を見直す必要があるという点には到達している。一八〇〇年以前にあっては、医療の進歩は労働民衆の平均余命にごくわずかの影響しか与えなかったように思われる。十八世紀中葉では、ロンドンやそのほかの古い「職人」都市では、ジンの飲酒の減少と、公衆衛生を改善し啓蒙する初期の活動とが効を奏して、現実に死亡率がある程度低下したということはありうる。人口「爆発」が十八世紀中葉に始まり、それは、「人間の営為では対処しえない感染力や抵抗力の変化」をもたらす伝染病が減少したことから起きたということもまたありうる。(19) 当初の人口増加は、長期の豊作と、産業革命の後期ではなく最初期に生じた生活水準の改善によって維持された。産業革命が本格化するにつれて、また、根なし草の移住者の大群が押し寄せて急成長する大都市に典型的な過密状態と混乱状態がみられるようになると、都市住民の健康状態もひどく悪化した。十九世紀はじめの三十年から四十年間に乳幼児死亡率は、新興工業都市のほうが農村部よりもきわめて高く、ときには二倍ほどにもなった。「大都市の住民の一〇パーセントさえ十分な健康に恵まれてはいない」とリーズのターナー・サクラー博士は断言した。(20) そして、労働民衆の疾病率・栄養不良度・幼児死亡率・職業による肉体損傷率に関する、主として医療専門家から情報を得た文学的史料も豊富にある。この史料はときおり矛盾しているが、工場での児童労働がもたらす影響についてはとくにそうである。なぜなら、十時間労働運動が一八三〇年代に最高潮に達したとき、医者はときに反対の論陣を張ったからである。しかし、「楽観論」の歴史家には、改革論者に有利となる医者の史料を「偏りがある」として退ける一方で、雇用主の主張を擁護する医者の証言は「客観的」で信頼がおけるとして受け入れる傾向があるが、この傾向には終止符が打たれてしかるべき時期がきている。(21)

登録本庁長官《レジストラー・ジェネラル》第一回報告書（一八三九年）によれば、全死亡率のうち約二〇パーセントは、その原因が肺結核にあった。通常、貧困と過密に結び付いていて、都市部と同様に田舎にも行き渡っていた病気である。一八一八年から二七年に、リーズのある毛織物工場では、成人および青少年労働者の死者九十二人のうちの五十二人以上が、その原因が結核ないし「衰弱《ディクライン》」であり、つづく二つのカテゴリーが「消耗《ウォーン・アウト》」ないし「高齢《トゥー・オールド》」（九人）

と喘息(七人)であった。シェフィールド総合病院の医師、ホランド博士が提出したより詳細な数値には、三七年から四二年の五年間におけるシェフィールド登録地区の死亡原因が含まれており、これを検討することは興味深い。この時期の一万千九百四十四人の死者(乳幼児を含む)のうち、この五年間に百人以上の死者をもたらした原因として以下の病因があげられている。

一	肺結核	千六百四件
二	ひきつけ	九百十九件
三	肺炎	八百七十四件
四	体力衰弱	八百件
五	事故(検死官の報告による)	六百十八件
六	猩紅熱	五百五十件
七	無力症	五百十九件
八	歯牙発生	四百二十六件
九	腸炎	三百九十七件
十	脳炎	三百五十一件
十一	衰弱	三百四十六件
十二	はしか	三百三十件
十三	天然痘	三百十五件
十四	百日咳	二百八十七件
十五	そのほかの炎症	二百八十件
十六	通常の熱病	二百五十五件

十七	喘息	二百六件
十八	クループ	百六十六件
十九	小児マヒ	百七件
二十	肝臓病	百六件

この症状診断の明白な不適切さについては、指摘するまでもないだろう（胃腸炎もジフテリアもあげられていない）。ホランド博士がコメントしているように、これらの報告結果は「過度に信頼すべきではない」のである。「衰弱」は、「喘息」の多くの事例と同様、その原因は肺結核にあるとされるべきである。「食糧不足」による死亡がたった一件しか登録されていないことについて、彼はこう書いている。

いかなる医者であれ、その観察するところは実際にはきわめて限られているにちがいないのであって、この都市の何百人もの死亡の原因が生活必需品の欠乏にあるという結論はそこからもたらされはしないのだ。彼らは病気が原因で死ぬのではあるが、しかしその病気は、激しい労働と結び付いた、劣悪な生活状態によって引き起こされるのである。

しかし、このシェフィールドの数値によれば、出産時の死亡者は五年間にたった六十四人しかいなかった（この場合、症状診断上の誤りはほとんどありそうにもない）。これは過去百年間にめざましい改善があったことを示している。この改善には、産褥熱の減少や、衛生状態と助産術の改善が大いなる貢献をなした。しかし、母親の死亡率があらゆる階級で低下しつつあったとしても、このことは、労働者階級の母親たちにとっては、生き長らえてより多くの子供を産むことを意味するだけであり、その子供たちが生き残るチャンスは工業中心地では減少しつつあったのである。そして、幼児死亡率が高いという場合、われわれは子供の生命にとって危機的な時期が〇から一歳期でなく〇から五歳期であるということを忘れてはならない。したがって、先の五年間のシェフィールドにおける一万千九百四十四人の死者の年齢分布は、以下のとおりである。

一歳未満　二千九百八十三人
一歳　千五百十一人
二から四歳　千五百四十四人

これは五歳未満の死者が六千三十八人であることを示しており、したがって残りの死者五千九百六人はそのほかの年齢集団に属する。この時期のシェフィールドの乳幼児死亡率（〇から一歳）は千人あたり二百五十人だったが、〇から五歳児の死亡率は千人あたり五百六人であった。マンチェスターでも事態はほぼ同じであり、（ケイ博士が記しているように）「貧民の子供の半分以上が……五歳になる前に死んでしまう」し、また登録本庁長官報告書（一八三九年）には、〇から五歳の年齢集団では千人あたりの死者が五百十七人であることが示されている。しかし、工業の中心地はつねに成人の移住者であふれかえっていたのだから、この数値は実際の乳幼児死亡率を過小に（おそらくかなり過小に）見積もっている。かくして、一八五一年の国勢調査（そこには出生地が記録されている）は、「ほとんどすべての大都市で、よそからの移住者がその都市で生まれた人の数を上回った」ことを示している。また、移住民の死亡者数は乳幼児死亡率を実際よりもつねに割り引く役割を果たすことになった。四〇年以前については、大都市の成長の原因を、人口の自然増加率が田舎よりも高かったことに求めることはできない。もし、伝統的な見解が正しく、したがって古くからの中心地や市場町や村落では、人口の大部分が産業革命によってもたらされた諸製品（ならびに衛生についての啓蒙）からある程度の恩恵を享受したとしても、そうした財を生産した人びとは恩恵を受けなかったのである。誰もが次のように考えるだろう。高賃金の工業中心地では子供たちが次々に生まれたが、その半数以上は言葉を話せるようになる前に死んでしまった、と。他方では、低賃金の田舎の子供たちは救貧税で命をつなぎ、やがて移住して、都市部での重労働に従事する成人労働力を補充したのだ、と。[22]

成人の工場労働者の健康状態が平均以下だったと考える理由はない。それどころか、成人の綿紡績工の健康状態が一八一〇年から三〇年の間に改善されたこと、またそれ以降には、労働時間が制限されたり、機械が囲われたり、空間、換気、しっくいが改良されたため、さらに急速に健康状態が改善されたことを示す証拠がある。しかし、紡績工の子供たちは、ほかの労働者とともに苦しめられたように思われる。マンチェスターの雇用主のために三三年に実施されたある調査によれば、調査対象となった既婚の紡績工たちは三千百六十六人の子供をもっていたことがわかっている（一夫婦あたり平均四人半）。「これらの子供たちのうち、千九百二十二人つまり全体の六〇・五パーセントは生存しているが、千二百四十四人つまり三九・五パーセントは死亡していた」。[23]調査の時点で乳幼児だった子供たちが五歳に達するまでに、あるいは達しただろう時期までに、この三九・五パーセントは五〇パーセント近くにまで跳ね上がると考えることは理にかなっている。産業革命の恩恵を受けた者としてしばしば引き合いに出される労働者の子供たちの死亡率が高い原因は、一つには全般的な環境衛生条件に求めうるだろう。また、子供のころから工場で働いてきた若い女性の骨盤が著しく変形し狭くなっていて、難産になりやすいためであるかもしれない。[24]あるいは、母親が妊娠の最後の週まで働くため、産まれる子供がひ弱であることにも原因があるかもしれない。しかし、なによりも大きな原因は、適切な育児がなされないことにあった。母親は仕事を失うのを恐れて、出産後三週間あるいはそれ以前に工場に戻った。それでも、ランカシャーやウェスト・ライディングの都市では、一八四〇年代には子供は工場に連れてこられ、食事休みの時間に乳を飲ませてもらっていた。年若い母親は、おそらく八歳か九歳のころから工場で働いており、家事の訓練を受けていなかった。医学の知識は驚くほど欠けていたし、そうした親たちは命をも奪うような迷信（教会がこれを奨励することもあった）のえじきになっていた。赤ん坊を泣きやませるために、アヘン剤、とくにアヘンチンキが使われていたのである。乳児ならびに幼児は、親戚か、有料で子供を世話する老婆か、まだ小さすぎて工場の仕事につけないほかの子供に預けられた。幼児にはきたないぼろでできた人形をおしゃぶり用に与えられることがあったが、「それにはミルクと水に浸されたパンのひと塊がくっつけられていた」。そして、二、三歳のよちよち歩きの赤ん坊が「こうしたぼろをくわえて、工場の近辺で走り回っている」姿が見られたのである。(25)

自分自身が身体に障害のある労働者が次のように書いている。

> 工場で働く不熟練労働者は道を歩いていても、すぐにそれと見分けがつく。ほとんど必ずといっていいくらい関節のどこかが悪いからだ。膝が内側に曲がっていたり、くるぶしが腫れていたり、肩の一方が下がっていたり、猫背だったり、ハト胸だったり、そのほか、どこか変形しているのだ。(26)

しかし、工場内でおこなわれるものだろうと工場外でおこなわれるものだろうと、工業関連の多くの職種について同じことがいえる。綿紡績工は四十歳を過ぎるとほとんど雇用されなかった（雇用された紡績工は弱者をふるい落とす長い選別過程を経てきた者である）が、年老いた鉱夫や刃物工もほとんどいなかった。サクラー博士は再生毛糸を扱う労働者《ショディ・ワーカーズ》とばた屋《ラグ・ピッカーズ》に職業病の罹患率が高いことを見いだしたし、ホランド博士はシェフィールドの研磨工の病気と事故に関する詳細な論文を書きあげた。家内工業の梳毛工の労働条件がひどいことはすでにみたが、織布工も身体の変形を免れなかった。同じことはメンディプス〔サマセットのメンディプス丘陵〕のガラス工や、ロンドンの製パン工や、多くの苦汗産業の労働者にもあてはまる。仕立て工は毎日何時間も「台の上にあぐらをかいて」座りつづけるため、その肩と胸は特徴的に変形していた。

ターナー・サクラー博士は最悪の家内労働と綿紡績工場での労働にはほとんど違いがないと考えていた。マンチェスターの綿紡績工場から出てくる子供たちは、博士の目には次のように映った。

> ……ほとんど一様に顔つきが険しく、小柄で、生気がなく、裸足で、身なりも貧しかった。多くは七歳以下

> であるように見えた。およそ十六歳から二十四歳くらいの男たちは、一人として年老いてもいないのに、この子供たちとほとんど同じくらい、青白く痩せこけていた。女たちが最もいい身なりをしていた……。

博士はこれらの人びとを、ウェスト・ライディングのより小規模な工場《ミルズ》と仕上作業場《フィニッシング・ショップス》の労働者、すなわち「頑健な縮絨工、強壮な粗紡工、汚くはあるが陽気で血色のいい糸継工」と対比した。綿工場労働者のなかに、

> 私は、退廃した人種、――発育を止められ、衰弱させられ、堕落させられた人間――年をとらせてもらえない男女――健康な大人になることなど決してない子供たち――を見た、というか見たように思った。

博士は紡績工場主が集めた健康状態に関する証拠を疑問としたが、というのもほとんどの男子工場労働者は成年期の早い時期に解雇されるのであり、したがって体力の衰えた綿紡績工はどこか別の産業で死を迎えることになるからである。新興の工場と旧来の家内工業のどちらにおいても、年老いた労働者は、「体力や外見の点で年老いた小農《ペザント》よりもはるかに劣っている」ように見えた。[27]

　われわれは乗数と被乗数を同時に考察しなければならない。これらの工場で不具にされる膨大な数の子供に、われわれは、織布工や下請け労働者一般の子供たちのくる病患者数を対置しなければならない。一八三〇年までには、都市部の「平均的」な労働者は発育を阻害され、また体格が劣っているために、激しい肉体労働には不向きであり、そうした労働はアイルランドの貧民にまかされるということが、当然のことだと認められるようになっていた。綿紡績工は、失業するとまったく寄る辺がなかったか、せいぜい「使い走りか、市場の業者に仕えるか、ピンと針、バラッド、紐とレース、オレンジ、ショウガ入り菓子パン《ジンジャーブレッド》を売る」[28]仕事に従事することを望みうるぐらいだった。

　基本的な人口統計に議論の余地がある以上、いかなる結論も仮のものとなることは避けられない。十八世紀初

頭のジン「大流行」期にロンドンの死亡率がぞっとするほど高かったことを、決して過小評価すべきではない。しかし、十八世紀後半の職人や一部の農村労働者の生活状態や労働条件が、十九世紀前半の工場労働者や下請け労働者のそれよりもむしろ健全であったように思われる。この時期にロンドンやバーミンガムの死亡率が低下していたとすれば、その理由はおそらく、これらの都市がかなりの程度「職人」の都市であり、したがって児童の保護の水準が高く、労働条件もわずかであれ不健全ではなかったことにあった。北部工業地帯やポタリーズやほとんどの炭田地帯では、乳幼児死亡率は上昇し、人生は短く、より苦痛に満ちたものとなった。おそらくその結果として、職業病の害に加えて、アルコール消費とアヘン剤の使用が増加した。そして、きわめつけの悲惨さが生殖率を上昇させたのかもしれないのである。ホランド博士は賃金が最低でほとんど未組織のシェフィールドの労働者のなかにこそ「とてつもなく放埒で、無暴で、軽率な者」がいるとした。「われわれは、広汎な調査にもとづいて主張するのだが、職人の状態が悲惨であればあるほど、その婚期は早い」[29]

全国の死亡率、とりわけ幼児死亡率が、十九世紀の最初の四十年間にわずかながら低下したことを認めるとしても、この死亡率の統計にたいしてわれわれは、すでに賃金統計や消費財統計にたいしてしたのと同じ疑問を提起しなければならない。死に瀕した子供とか疾病とかが、衣料や食肉よりも公平に行き渡っていたなどと考えるべき理由はない。それどころか、そうではなかったということがわれわれにはわかっている。オウストラが記しているように、金持ちの主人は一時に二枚の上着を着ることはなかったかもしれないが、しかし彼の家族には、診察、薬品、看護、食事、広い部屋、静けさを享受するチャンスが十倍もあった。一八四二年には、さまざまな工業の中心地における社会集団別の平均死亡年齢を推定する試みがなされた。

	ジェントリ	商工業者《トレイズメン》	労働者《レイバラーズ》
ラトランドシャー	五十二	四十一	三十八
トルロウ	四十	三十三	二十八

ダービー	四十九	三十八	二十一
マンチェスター	三十八	二十	十七
ベスナル・グリーン	四十五	二十六	十六
リヴァプール	三十五	二十二	十五

リーズでは、数値はそれぞれ四十四歳、二十七歳、十九歳だったが、三グループの総和平均は二十一歳であった。ハリファクスは人口が分散している大きな教区であり、人口がより集中しているさまざまの中心地の死亡率と比較すると、より健全であるが、ある医者の計算によれば、「ジェントリと製造業者およびその家族」の平均死亡年齢は五十五歳、商店主は二十四歳、工場労働者《オペラティヴズ》は二十二歳であった(30)。

人口学者がこうした数値を統計的史料というより「文学的」史料だと考えることは正しいのだろう。しかし、この数値は次のことを示唆している。すなわち、数百万人の中流階級と労働貴族の幼児死亡率が著しく低下し、その平均余命が上昇したために、全国平均にすると、労働者階級全体の劣悪化しつつあった立場がおおい隠されてしまうことである。シェフィールドのホランド博士は私たちに先駆けてこうした見方をしていた。

われわれはためらうことなく、労働者階級の困苦とそこからもたらされる幼児死亡率は、以前の時期よりも現在のほうが大きいと断言する。実際、多くの製造業地域における労働者階級の死亡率は、人口全体との関連においてではなく、この階級だけに絞って研究するならば、考えるだに恐ろしいものになる。寿命が延びたといわれる事態は、主として……中流階級の人数が以前よりも相対的にかなり増加したことによる……。

さらに、博士はこうつづけている。「総計表《グロス・リターンズ》」によって「われわれは欺かれ」、……社会の物的かつ社会的状態は改善されつつあると思い込まされているのかもしれない。だが、実際には、最も数の多い階級は以前と同じか、あるいは悪化の過程をたどっているのかもしれないのである。(31)

4　子供時代

われわれはすでに児童労働にふれた。しかし、児童労働はもっと立ち入って検討するに値する。この問題が論争の対象として認められているのは、ある意味で奇妙なことである。一七八〇年から一八四〇年の間に、児童労働の搾取の強度は急激に高まったのであり、関連史料に精通した歴史家なら誰でも、それが事実であることを知っているからである。炭鉱でもそうだった。非効率的な小規模の炭坑ではしばしば坑道がきわめて狭く、最もたやすく通り抜けられるのは子供だけだったし、また大規模な炭坑でも、切り羽が通気縦坑から遠ざかるにつれて、子供が「籠運び」[6]として、また通気口を操作するために必要とされることがあった。工場では、児童と青少年労働力が年々増加したし、また多くの下請け家内工業労働者や「卑しい」職種では、労働時間が長くなり労働強度も高まった。そうであるなら、いったいどんな論争点が残されているというのだろうか。

しかし、ハモンド夫妻の時代以来、「楽観論者」たちは、この問題にあまりに多くの修正を付け加えてきているので、児童労働などとるにたらぬ問題だと片づけようとする共同謀議があるのではないかと疑りたくなるほどである。すなわち――児童労働に関して「新しいものは何もない」。「旧来の」産業でも新興産業でも同じように条件は劣悪であった。史料の多くは党派的で誇張されている。一八三〇年代に激しい抗議の声があがる以前に、事態はすでに改善されつつあった。児童を最もひどく扱っていたのは工場労働者自身であった。抗議の声をあげたのは、「利害関係をもつ」諸集団、つまり、製造業者に敵対する地主や、自分たちの労働時間の制限を求める成人の労働組合員か、あるいは児童労働については何も知らない中流階級の知識人であった。あるいは（逆説的ながら）この問題全体があきらかにしていることは、過酷さや非情さではなく、増大しつつあった雇用主階級の人間性である。――だが、独特の弁解とイデオロギーをでたらめに混ぜ合わせることによって、これほど歴史からかけ離れてしまった問題はほかにあまりないのである。

　児童労働は目新しいものではなかった。子供は一七八〇年以前から農業経済ならびに工業経済の欠くことのできない構成要素だったし、また学校制度によって救い出されるまでそうでありつづけた。煙突掃除の少年や船で働く少年など、一定の職種は、初期の工場の最悪の条件は別として、おそらくなによりも悪かっただろう。ピーター・グライムズのような漁師[7]や、狭い「水平な入坑口《ディーホール》」で働く飲んだくれの炭坑夫のもとに教区から「徒弟に出された」孤児は、もっと戦慄すべき残忍な仕打ちにさえさらされることがあっただろう(32)。しかし、こうした極端な事例から、産業革命以前に広く行き渡っていた態度に関して一般化することは誤っている。それに、なにはともあれ、ピーター・グライムズの物語の要点の一つは、漁村の女たちによる彼の追放にあるのであり、彼を死へと追いやるその罪にあるのである。

　児童労働の最もありふれていた形態は、家庭のなかや家族経済《ファミリー・エコノミー》のなかにあった。子供たちは、満足によちよち歩きもできないうちから、物を取ってきたり運んだりする仕事につけられることがあった。クロンプトンの息子の一人は、「歩くことができるとすぐに」仕事につけられたと回想している。

　よく母は針金のふるいの上で綿を打ったものです。次に、強い石鹸水を張った深い茶色の桶のなかにそれは浸けられました。そして、母は私のペチコートを腰までたくし上げて、私を桶のなかに入れ、底にある綿を足で踏ませたのです。……この状態は桶が満杯になって立っているのが危険になるまでつづけられました。そして、そうなるころには、いすが桶のそばに置かれ、私はその背にしがみついたのです。……。

もう一人の息子も次のように回想している。「七歳になると、踏み台の上に乗せられて、紡績の前段である打綿機《ブレイカー》の上に綿花を広げさせられました。そして兄のほうは手回し車を回してその打綿機を動かしていたのです」[33]。次には、木管の巻き取り作業がくる。そして、十歳か十一歳になると、紡績か、あるいは足が踏み子に届くほど長ければ織機の仕事につけられる。児童労働は繊維産業にきわめて深く根づいていたので、この産業は、子供が仕事を見つけられず、したがって家族収入に何も付加することができないほかの職業の労働者からしばしばうらやましがられた。また、羊毛工業の初期の手織「工場」は、子供を失業させるという理由で反対にあっていた。ある証人は一八〇六年に次のように明言した。もし工場制度が普及するならば、

それはすべての貧しい労働者を居住地と住まいから工場に連れ去ってしまうでしょう。そこでは……労働者はかつて自分の家で得ていた家族からの助けや便宜を失うことになります。たとえば私が四人、五人、あるいは六人の子供の親で、そのうちの一人が十四歳、もう一人が十二歳、もう一人が十歳だとしましょう。私が家で家族と一緒に働いていれば、子供たちに仕事を与えることができます。一人には木管を巻き取らせ、もう一人には織機で、もう一人にはジェニー紡績機で働かせるといったように。しかし、もし私が工場に出かけるならば、子供たちを一緒に連れていくことは許されはしないのであり、私は子供らを漠とした世界に残して堕落させるほかないのです[34]……。

こんにちの基準に照らせば、これは耐えがたく、残虐でさえある。あらゆる家庭で少女はパン焼きや醸造や洗濯やそのほかの家事に従事していた。農業では、子供たちはしばしばひどい服を着て、どんな天候でも牧草原や農場で働くのがつねであった。しかし、工場制度と対比すれば、重大な修正が必要となる。すなわち、仕事にはかなりの多様性があった（単調さは子供にとってとくに苦痛である）。通常の状況であれば、仕事はきまって断続的であった。仕事は一連の決められた作業から成り立ち、木管の巻き取りのような規則性をもった作業でさえ、特殊な状況（たとえば、一人ないし二人の子供が二人の織布工に仕える場合）を除けば、一日中つづくことはなかった。

どんな幼児も一日八時間、週六日にわたって、桶のなかの綿花を踏む必要はなかった。要するに、子供たちは能力や年齢をある程度考慮されて、段階的に仕事につけられたのであり、またその仕事も使い走りや野イチゴつみや薪拾いや遊びによって適宜中断されたと考えていいだろう。とりわけ児童労働は、家族経済の内部にあり、したがって両親の保護の下にあった。子供にたいする両親の態度が十八世紀には異例なほど過酷であったことは事実である。しかし、サディズムや愛情の欠如が一般的であったなどという主張はなされてきてはいないのである。

こうした解釈はほかの二つの事情によってその正当性が立証されている。一つは、十八世紀に、種々のゲームやダンスやスポーツが持続していたことである。これは子供たちが工場の労働時間に縛り付けられていたなら、ほとんどありえないことだったろう。もう一つは、手工業労働者が自分の子供たちを初期の工場に送り込むことに抵抗したことである。この抵抗は、工場が救貧徒弟を雇用する原因の一つだった。しかし、工場だけが、一七八〇年から一八三〇年の間に児童労働を強化した唯一の要因ではなかったし、おそらくは主要な要因でもなかった。児童労働を強化したのは、まず第一に、専門分化の事実そのものと、経済的役割の分化の増大と、家族経済の解体であった。第二には、十八世紀後半にみられた人道主義の解体である。さらに、対仏戦争期の反革命の風潮があったが、それは雇用主階級の不毛な独断的態度をはぐくんだ。

第二点は後段でみることにする。第一点について言えば、十八世紀に知られていたほとんどすべての悪徳は、より強められたかたちで十九世紀はじめの数十年の間残存していた。ディケンズにはわかっていたことだが、ピーター・グライムズはジョージ王朝のオールドバラにだけではなく、ヴィクトリア王朝のロンドンにも見いだすことができた。一八四二年の児童雇用委員会の報告書は、スタッフォードシャーやランカシャー、そしてヨークシャーで、新型の貧民救済委員会が、「被服費」として一ギニーをおまけに付けて、六歳、七歳、八歳の救貧少年たちを炭坑夫のもとに徒弟に出して、厄介払いをつづけていたことをあきらかにした。この少年たちは「親方の完全な支配下」に置かれ、一ペニーも支払われていなかった。ハリファクスのある少年は、親方に殴られたり石炭を投げつけられて逃げ出し、廃棄された坑道で眠り、そして「その坑で見つけた、坑夫が前の晩に残していった何本かのろうそくを長い間」食べたのだった。[35] このぶっきらぼうな報告書のなかから、恐怖と諦めが入り交じった子供たちの想いが浮かび上がってくる。換気口の開け閉めに「日中」十三時間働かされる八歳の少女はこう語った。「明かりなしで閉めなきゃならなくて、怖いの。……明かりをもってるときには歌うこともあるけど、暗闇では歌わないわ。歌う気になんかならないもの」。あるいは、十七歳のペイシェンス・カーショウは異なった就業形態の長所について論じた。

……私の頭の禿げた部分は、石炭籠に押し付けられてできたものです。私の足がむくんだことはありませんが、妹たちは工場に行って足をむくませていました。石炭籠を地下で一マイル以上も急いで運び、また戻ります。籠は三ハンドレッド・ウェイト〔約百五十キログラム〕あります。……私を雇っている採坑夫は帽子をかぶっているだけで、素裸です……私が遅いと殴ることがあります。……私は炭坑よりも工場で働きたいです。[36]

これは十八世紀の最悪の条件を増大させた以外のなにものでもない。専門化と経済的分化によって、工場の外部にいた子供たちは、出来高払いの特定の作業を課せられることになり、十時間とか十二時間、あるいはそれ以上も単調な仕事に専念することになった。梳き櫛製造《カード・セッティング》に従事する村、クレックヒートンについてはすでに言及したが、そこでは、「小さなよちよち歩きの四歳の子供たちが……ちっぽけな指を使って針金を毛羽立て装置にはめ込む単調な作業に何時間も従事させられ、その小さな頭がぼんやりし、目も充血して痛くなり、体力の弱い子供らが倒れ伏すまでつづけられた」。こうした労働は家庭でも依然としてなされていたことだろう。そして、史料の示すところでは、この種の苦汗児童労働は十九世紀の最初の数十年間に、ほとんどの下請け家内産業と農村工業（麦わら編みやレース）、そして卑しい職種においてどちらかといえば増加しつつあったのである。[37] 工場制度の罪は、家内工業制度がもっていた家庭による代償機能をまったくもたない状況下で、その最悪の諸特徴を引き継いだことにある。「工場制度は、救貧児童であれそうでない児童であれ、その児童労働をシステム化し、徹底した残忍さで搾取した……」。(38)家庭でなら、子供にとっての諸条件は親や親方の気質に応じてさまざまだっただろう。また、子供の労働は、ある程度までその能力に応じて段階的に設定されていたことだろう。工場では、機械が労働の環境、規律、速度ならびに規則性、労働時間を一方的に決定したのであり、それは虚弱な者にとっても強壮な者にとっても一律であった。

工場における子供について、初期の救貧徒弟工場から一八三〇年代および四〇年代の工場法運動にいたる長く悲惨な年代記を繰り返す必要はないだろう。しかし、同時代人や歴史家の「誇張した」話をやわらげようとする見解がこんにち流布しているから、そうした修正論のいくつかについて論じておくべきだろう。修正意見のほとんどは、一九二六年にハット教授[8]が発表した、挑発的で、のんきなとさえいっていい論文のなかに盛り込まれている。ひとさじのレモン・ジュースをたまに飲むことは身体のためになるが、しかしレモン・ジュースだけで生き長らえることはできない。薄っぺらで、ほとんど史料的裏付けがない、ただ人を惑わすことの多いこの論文は、こんにちまで脚注に引用されてきており、また『資本主義とその歴史家たち』に再録されてもいる。(39)その論文の論点はほとんどすべてが、すでに十時間労働日の提唱者たちによって予想され反論されていた。とりわけ、ジョン・フィールデンの、抑制が効きしかも史料にしっかり裏付けられた『工場制度という災禍』(一八三六年)でそれはなされている。

その論点のすべてを取り上げることは退屈だろう。しばしば引用される論点だが、一八三二年のサドラー委員会に提出された証拠が党派的だったことは真実である。また、(フィールデンやエンゲルスはそうではないが)ハモンド夫妻や、ハチンズならびにハリソンといった歴史家たちが、あまりにも無批判にこの証拠に依拠していると批判されうることも真実である。オウストラの助けを受けて、労働者の時間短縮委員会は、サドラー委員会に提出するために、証拠の収集——とくにウェスト・ライディングから——を取り仕切った。委員長のマイケル・サドラーは十時間労働法案の議会内での中心的推進者であった。そして、その証拠は雇用主からの証拠が収集される前に公刊されたのである。しかし、だからといって、サドラー委員会でなされた証言が真実ではないということにはならない。それどころか、この膨大な証拠史料を読めば誰でも、そこに信じざるをえないような信憑性があることに気づくのである。もちろん、証言者の是非をそれぞれ識別したり、大綿工業都市にある大規模工場の労働条件と比較する場合と同じように、小中心地（たとえばキースリーやデューズベリ）にある小規模工場における最悪の労働条件のあいだにも相違があることを見落とさないよう留意しなければならない。ハット教授の主張、すなわちその翌年に――雇用主《マスター》の主張によって――任命された工場法委員会が、「［サドラー］委員会でなされた批難のほとんどすべてに効果的な解答」を与えたとする主張には、まったく根拠がない。その委員会に提出された証拠のほとんどは、これとは異なる結論を導くものである。さらに、証拠が相対立する場合、被雇用者の証拠ではなく、雇用主（と職長）によって提出された証言のほうをためらうことなく選んでもらいたい、という論理に従うことなどできない相談である。(40)

ハット教授やスメルサー教授のような人びとは、工場法委員会（一八三三年）の証言がサドラー委員会の証言を反証していると称賛するが、ハモンド夫妻が批難されているのと同じ誤りをおかしている。正しいにせよ誤っているにせよ、オウストラと時間短縮委員会は、この工場法委員会の任命を故意の引き延ばし策と考え、またその委員たちを雇用主の手先であると見なしていた。彼らは戦術として、工場法委員会に証拠を提出することを拒んだ。工場地区における補佐委員たちの動きはつぶさに監視された。そして、補佐委員たちは、工場主と夕食やワインをともにしたとか、ごくわずかの時間しか工場視察に使っていないと批判された。また、補佐委員たちが訪れる前に、わざわざ工場にしっくいを塗ったり、洗浄したり、また基準の年齢に達していない子供を見えないところに移動させたりしたことが確認された。労働者たちは敵意ある行動に出ることで満足した。(41)補佐委員らの報告は、労働者の側から、かつてサドラー委員会の報告書が雇用主の側から受けたのに劣らぬたくさんの批判にさらされた。サドラー委員会の証人の一人はこう明言した。

私は隣人の一人から、朝五時半にリーズ橋に出向くよう委員会に勧めるよう求められました。その時刻には、貧しい児童工場労働者たちが通りすぎるので、そこに一時間もいれば、七年間調査するよりも多くの証拠を委員たちは得られるというわけです。私は、何人かの子供がひとかけのパンを手にして、泣きながら工場に走っていくのを見ました。昼の十二時までに子供たちが食べられるのはそれで全部ですし、泣いているのは遅刻するのが怖いからなのです。

サディスティックな職長の話はおくとしてもなお、おびただしい数の子供たちの一日はこうして始まり、夜の七時か八時まで終わらなかったのである。終わりの数時間には、子供たちは泣いたり、立ったまま眠ったりしていたが、その手は「糸継ぎする《ピアシング》」際の糸の摩擦で出血していた。両親は子供を眠らせないために殴ることすらあったが、同時に職長が鞭を持って巡視していた。水力に依存する田舎の工場では、注文が「殺到」する時期には、夜間労働や十四時間から十六時間の労働日が普通だった。ハット教授がこうした事態を「体系的な残酷さ」だと見なしはしないとしても、フィールデンやウッドのような人道的工場主は、その事実に疑いをもつことなどなかったのである。

また、成人労働者の多くは、児童労働者の両親ないし親族だったが、その態度に不可解な点などありはしない。スメルサー教授が示したように[42]、家内工業制度のなかの家族経済は、ある意味で工場にも引き継がれたのである。児童の収入は家族賃金の重要な構成要素であった。おそらく過半数とはいえないとしても、多くの場合に、成人の紡績工ないし労働者はその下で働く児童の親族であった。児童と成人は同じ工程で働いていたから、児童と同様に成人の労働時間を制限する要求が出されるのは当然であった。児童の労働時間だけを制限したとしても、抜け道が見つけだされるか、あるいは子供が二交替制で働かされるだろう（その結果、成人の労働日が延長されてしまう）。実際に工場の機械を停止することだけが労働時間の制限を保証できるのである。さらに、成人労働者が時間短縮によって利益を受ける立場にあったとしても、このことは労働者に人道的な考え方が欠けていたことを意味しないし、また工場児童労働者のために一八三〇年代におこなわれた偉大な行脚《ピルグリマージュ》や示威行進を偽善的行為だったとする悪意のある提案を正当化するものでもない。

両親が自分の子供の収入を必要としていたばかりでなく、子供たちに働くことを期待していたことは、まったく真実である。むろん、労働者のなかにも自分の子供にすら乱暴な者もいただろうが、工場コミュニティでは一定の人間性の水準の遵守が期待されていたことを史料は示している。デューズベリ地区のある紡績工は、短気なことと粗紡機のローラー《ビリー・ローラー》で子供を殴ることで知られていたが、「彼の下で働く者を町じゅうどこにも見つけられず、ほかの場所に移った……」。両親が自分の子供を手荒く扱った労働者に仕返しをする話もまれではない。たとえば、ある証人はサドラー委員会で、彼が子供だったときに、粗紡工《スラバー》からどのように殴られたかを説明した。

「ある梳綿工《カーダー》のもとで働いていた若者の一人が外に出て、私の母を捜し出しました」

　母はなかに入ってくると……、どんな道具で殴られたのかと私に尋ねましたが、答える勇気はありませんでした。誰かそばに立っていた人が、その道具を指さしました……すると、母はそれをつかみ……そいつの頭を殴って、彼の目のまわりに黒いあざを一つ二つくれてやったのです。(43)

これは、ときになされる、一般に両親が冷淡であったとするいいかげんな主張とは調和しない。両委員会の報告書史料が示すところでは、機械装置それ自体の規律こそが、監督労働者や（小規模工場であれば）親方の酷使にたっぷり補完されるかたちで、残酷さの源泉になっていた。全産業に共通の慣行が「親方の意志や知識に反して」つづけられたとする主張には、反論する必要はない。たしかに、多くの親は自分の子供が一八一九年と三三年に制定された法定年齢以下で雇用されるのを黙認した。ドハーティ[9]や労働時間短縮委員会に列したような人びとこそが、屈辱を受けた者たちに尊厳をもつよう励まし、また教育のない者に教育の価値を説きながら、そうした悪弊の撲滅運動を労働者のなかで断固繰り広げたのであって、その功績は評価されるべきである。工場法運動には、工場労働者ではない何千人もの人びとも参加した。「怪物のような蒸気に口輪をはめたい」織布工や若年層によって工場から追い出され、自分の子供の稼ぎに支えられている親も運動に加わったのだ。ギャスケルは（一八三三年に）こう考えた。労働者の不満の原因は単純な賃金問題というより、むしろ、

家族の離散、世帯の崩壊、そして人間の心を人間本性のよりすぐれた部分、すなわち本能と社会を愛する情とに結び付ける、あらゆる紐帯の破壊(44)……

にある、と。工場法運動は、その初期の段階では中流階級の人道主義の成長というよりは、労働者自身による人権の主張を表すものであった。

事実、十八世紀には無制限に児童労働が容認されていたが、一八三〇年代までには、新しい強められた形態での児童労働は容認されにくくなってきたのだから、これは「その時代」の人道主義が成長したもう一つのしるしなのだ、とする議論がある。しかし、これほどうわべだけの議論もまれである。ハイエク教授は「この社会的良心の覚醒」について次のように言及している。

以前には気づかれずに見過ごされてきた諸事実がしだいに自覚されるようになった。……経済的窮状が前よりも人目につくようになり、また正当化されなくなったのは、全般的な富が以前よりもずっと急速に増加しつつあったからである。

アシュトン教授も同種の議論を繰り広げている。十九世紀はじめの王立委員会や議会の調査委員会は、

ヴィクトリア時代初期の栄光の一つである。これらの委員会は、社会的良心の再生、窮境にたいする敏感な感受性をはっきり示していたのである。ほかの時代やほかの国では、こうしたことが明確になされたことはなか

った。

そして、教授は議会の調査委員を擁護する際に、いつにない強い感情を披瀝している。

……進取の精神と勤勉さをもって事実を収集し、その事実を包み隠さずに公表する正直さをもち、精力的に改革の責務に着手した世代は、これまで議会委員会報告書《ブルー・ブックス》の著者としてではなく、害悪それ自体の張本人としてやり玉にあげられてきた。[45]

十九世紀初期の議会委員会報告書は多くの目的に役立っていたが、しかし改革の優先順位は低かった。議会の調査がおこなわれたのは、請願にたいする型どおりの対応措置としてか、あるいは不満を「操ったり誘導する」とか、引き延ばしたり、反抗的な庶民院の議員をごまかしたりする手段としてであった。あるいは純粋に、過剰な功利主義的お節介からということもあった。アイルランドは、一見避けようのない大飢饉を頂点とする多くの苦難に見舞われて衰退したが、[46]それにたいしてはなんらの救済措置もとられなかった。だが、平均して年五回もの議会調査がなされたのである。飢えている手織工と掛け枠編み工にたいして、しかるべく調査がおこなわれた。警察制度の創設に先立って、十年間に八回の調査がなされた。（後者の場合は結果が実施に移されたが前者の場合にはそうされなかったという事実は示唆的である）。グラッドグラインド氏[10]は一八一五年以降、まちがいなく病床を離れて活躍していたが、しかしディケンズが知り尽くしていたとおり、グラッドグラインド氏は、「社会的良心の覚醒」や「窮境への敏感な感受性」を支持していたのではなく、効率、安価な中央集権的政府、レッセ・フェール、堅固な「政治経済学」を支持していたのである。

議会委員会報告書は（少なくとも、公衆衛生に関する重要な調査を迎えるまでは）「ある時代」の所産とか「ある世代」の成果などではなく、改革論者とその妨害者が闘った戦場だった。そしてそこではほとんどの場合、人道主義の大義は葬り去られたのである。上流階級についてみれば、一八三〇年代にみられるのは、新たな「良心の覚醒」ではなく、対仏戦争の時期には沈黙していた社会的良心が、さまざまな場所やさまざまな人びとのなかで、ほとんど火山が噴火するように噴出したことである。こうした良心は、すでに十八世紀の後半期にはっきりと存在していた。ハンウェイが参加した、少年煙突掃除夫を保護する運動は、ほとんど反対なしに一七八八年に法律として制定された。戦時期にあらゆる虐待がふたたびおこなわれるようになり、そして戦後に新しい法令によって保護を実現しようと試みられたが、これは真っ向から反対にあい、貴族院で葬り去られた。なぜなら、もし煙突掃除の少年なしですますことになっていたら、貴族院の議員たちは自分の煙突を改造しなければならなくなったかもしれないからだ[47]。ハワードが囚人のためにおこなった名誉あるすべての仕事も後世に強い印象を残すことができなかったが、それは、彼の死後に状態が逆戻りしたためであった。階級的な嫌悪感と恐怖感への感染がいかにして人道主義的な良心を腐敗させたかについて、われわれはすでに記した。たしかに、ピールの一八〇二年の法律[11]はこうした暗黒状態に反対するものとしてきわめて重要である。しかし、この法律の効力は救貧徒弟に限定されていたし、また法律そのものも新しい立法の先駆けというよりは、慣習的な徒弟保護策を新しい時代状況のなかで拡大しようとする試みだった。地方ジェントリの良心が衰退したことのほうが、もっと重要であり、工場の児童にとってはより破滅的だった。というのも、彼らだけが貧民を保護する権威と伝統的な義務とを有していたからである。

　真の「覚醒」が起こったあり方ほど、この良心の衰退と階級間のモラルに生じた深い亀裂《エイリネイション》をたしかに示しているものはない。多くのジェントルマンや専門職業人は、一八三〇年代と四〇年代には人道主義的運動になにがしかの支持を与えたが、二〇年代には人口稠密な工業地帯に住んでいながら、自分の家の門からほんの数百ヤード先でおこなわれている虐待を知らなかったように思われる。リチャード・オウストラ自身、ハダズフィールドのはずれに住んでいたのに、ブラドフォードの製造業者ジョン・ウッドから教えられるまで、児童労働に気づかなかったのである。半裸の少女たちが炭坑から連れ出されたとき、土地の有力者たちは心底驚いたようなのだ。

ステインランドで開業している弁護士のハルロイド氏と外科医のブルック氏がその場に居合わせたが、彼らは数マイル先に住んでいるにもかかわらず、このような非キリスト教的で残酷な制度がありうるとは信じられないと告白した(48)。

虐待が表ざたになるまで、どれほど長い期間「知られざる」虐待がつづきうるものなのか、また悲惨そのものが反乱を起こすまでは、人びとは悲惨な状態を見てもどれほど気にとめないものであるか、われわれはこうしたことをすぐに忘れてしまう。一七九〇年から一八三〇年の時期、金持ちの目には、工場の児童労働者は「活気」があり、「勤勉」で、「役に立つ」と映った。児童労働者は金持ちたちの庭園や果樹園に入ることはなかったのであり、安価だった。たとえ良心の呵責が頭をもたげたとしても、普通は宗教的な呵責を覚えることでことたりた。たとえば、一八一九年に、ある庶民院議員が少年煙突掃除夫についてこう言っている。「概してこの職業についている少年たちは貧民の子供ではなく、金持ちの子供なのである。ただ、不道徳《インプロパー》な仕方で生まれただけなのだ(49)」。これは、階級的偏見の完全な欠如だけでなく、道徳的上品さという優雅な感覚をも示している。

しかし、この時期の「金持ち」の良心はきわめて複雑だった。一八三〇年代には、野放図な工業主義にたいする「トーリー」からの激烈な攻撃が、サドラーやシャフツベリーやオウストラやディズレーリといった人びとによって表明されたが、それはじつのところ製造業者とその反穀物法同盟にたいする土地所有者階級の復讐にすぎないという主張は、「党派的政治」の観点からはある程度理解できる。この攻撃は、伝統主義者が技術革新や金をため込んだ中流階級の力の増大を前にして感じた奥深い怒りと不安をあますところなく示しているというのは真実である。しかし、小説『シビル』や、ハモンド夫妻のシャフツベリー伝や、セシル・ドライヴァーの感銘深いオウストラ伝にざっと目をとおしただけでも、こうした観点からだけ判断をくだすことがいかに浅薄であるか、すぐにわかるだろう。われわれが目撃しているのは、ある文化的な変容であるように思われる。つまり、十八世

[12] [13]

紀の国制擁護主義の場合にみられたように、見た目には無内容でありきたりなレトリックでありながら、個々人の精神では熟慮された情熱的な信念として火を吹くレトリックを目撃しているのである。
さらに、昔ながらのトーリー的温情主義の議論と並んで、われわれは失望したロマン主義の新しい影響を見ることができる。啓蒙主義への反動として、ワーズワスやコールリッジやサウジーは、伝統的な神聖な感情、すなわち「自然で社会的な人間の本能」をあらためて主張した。彼らは秩序や権威や義務に立ち戻ったが、子供についてのルソーの教えを忘れてはいなかった。『逍遥篇』の第八巻で、ワーズワスは昔の田舎の家族経済と対比するかたちで工場制度を批難した。

家々は空っぽだ！　あるいはおそらく
母親が一人残されている——不機嫌な赤ん坊
揺り籠を揺すってくれる手助けもおらず、
紡ぎ糸を回すのに忙しい娘たちも、
また日々少しずつ増える家事をこなす娘たちもいない。
見事な技術の針仕事もなされず、炉端のにぎわいもない、
そこではかつて誇りをもって食事が準備されたのに。
一日が早々と過ぎていくようなこともなければ、心を躍らせてくれるようなものもない。
褒め称えたり、教えたり、命じたりする者もいない！
　父親が、仮に昔ながらの仕事に従事し、畑や森に行くとしても
息子たちがその後先をともに行くことはもはやない。
息子たちは仕事などしなかったことだろう——しかし父親の目の届くところにいたのだ、
新鮮な空気を吸い、緑の大地を踏みしめながら。

とうとう幼年時代という短いとらわれなき日々はやみ、
二度と戻ってはこなくなった！　その生まれながらの権利はいまや失われてしまったのだ。

こんにちでは、温情主義的感情とは、超然とした恩着せがましいものだと考えられているが、それは誤っている。それは情熱的で、深くかかわりあうものでもありうるのである。この伝統主義的な社会的急進主義の潮流は、ワーズワスやサウジーからカーライルやそれ以降にまでおよぶが、その起源と発展をみると、たえず革命的な結論をかりたてずにはおかない弁証法を含んでいるように思われる。伝統主義者もジャコバン派と出発点は同じだった。セルウォールはこう叫んだ。「巨大工場とは、ありふれた監獄にすぎない。そこでは、多くの不幸な人びとが不品行と重労働の刑に処せられ、一個人が巨額の富を手に入れることができるのである」[50]。セルウォールの友人でジャコバン派であり、ランカシャーにおける産業革命の初期段階を経験したトマス・クーパーは、「私は製造業制度を憎む」と言明した。

この制度のもとでは、民衆の大部分はたんなる機械に変えられ、無知で堕落した野蛮な状態に置かれることになる。そして、彼らの一日十二時間ないし十四時間の労働の剰余価値は、金持ちや商業資本家や産業資本家の懐に流れ込み、連中に贅沢品を供給しているのだ[51]。

サウジーは、製造業制度こそは「国家の腫瘍であり、ポリープ状のできもの」であるという、より激越とさえいえる批難をおこなって、製造業者の「哲学者」たるアンドリュー・ユア博士を激怒させた[52]。ジャコバン派とトーリー派は政治的には両極端に位置するとはいえ、両者のあいだには感情や論争の火花がたえず飛びかっている。ブルーム、チャドウィク、ユアといった「知性の前進」派の預言者たちは、別の世界に属しているように思われる。トーリー派の伝統主義者は、工場制度についての思慮深い議論の枠を超えて、自分の感情を行動に移そうとするたびに、困ったことに、労働組合主義者や労働者階級の急進派と同盟せざるをえないことに気がつくのだった。中流階級の自由主義者は、ここにトーリー派の偽善のあかしを見るだけであった。サドラーが一八三二年の選挙法改正選挙においてリーズで議席を争った（そして敗れた）とき、ある商店主は日記にこう記した。

……少数の、暴政の軛のもとにあるやつとか、最下層の急進主義者を別にすれば、誰も彼を支持してはいない。由緒あるトーリー党が自分のソ織を守ルために、ありとあらゆることで急進派に頼らざるをえないのは、ボナパルト野郎の仕わざのためだ(53)……。

二年後、新救貧法は、そのマルサス的かつチャドウィック的条項によって「自然で社会的な人間の本能」をすべて踏みにじったが、少数のトーリー党急進主義者にとっては、秩序の価値と人間性の価値のいずれかを選択する究極的機会をもたらすことになったようにみえる。大多数はしりごみして、別種の人道主義的改良をめざす計画で満足した。しかし、少数の者は、コベット主義者ばかりでなく、オウエン主義者が自由思想家やチャーティストとも連合する覚悟をしていた。実際ジョウジフ・レイナー・スティーヴンス[14]は「監獄《バスティーユ》」への放火を呼びかけたし、オウストラは、市民的不服従――ときには、ひどく礼儀知らず《アンシヴィル》なこともあったが――を煽動し、工場児童労働者の保護者という役回りから、法をおかす工場主にたいする労働サボタージュの実施を呼びかけさえした。

その場合には、私は適切でたいへん明瞭な指示をつけた、針や砂や錆びた釘の絵を小さなカードに印刷する。このカードを見れば、法違反者たちは自らを省みて、法と国王をばかにするのは気がふれたも同然のことだときっと後悔することだろう。だから、これらの私のカードは工場児童労働者の教理問答集となろう(54)。

十年間にわたって、オウストラは革命ぎりぎりの状況を歩んできた。しかし自らの一定期刊行物に彼がつけた題名は、『家庭、聖餐台、王座、そして小屋住まい』だった。

かかる深い同情の念の噴出の原因を、スティーブンスを投獄し、オウストラを中傷した「時代」に求めることはできないだろう。工場児童労働者のため比較的早い時期に実際に尽力した人びとの多くは、自分の階級から中傷され、追放される憂き目をみたし、ときには私的な損害をこうむることもあった。また、ドライヴァー氏があきらかにしたように、オウストラの生涯における決定的な時点は、児童労働の事実に目覚めたときではなく、彼自身と急進的労働組合主義者とのあいだで「フィクスビー・ホール協定」[15]が結ばれたときであった。児童労働への覚醒は、決してトーリー主義全体を特徴づけるものではなかった。一八〇〇年ないしは三〇年のトーリー支持者の良心を解剖しようというならば、まず地主層が自分の農業労働者にたいしてとった態度を考察することから始めるべきである。一八三〇年代の人道主義の文化的な起源は、トーリー主義的温情主義と、自由主義的な非国教徒の奉仕と「善行」というもっと地味な伝統との双方にある。しかし、人道主義は、散発的に、個々の男女において効果をもったにすぎない。[16]フィールデンとギャスケル夫人が自由主義的な非国教徒的良心の代表とはいえないように、オウストラとブルもトーリー主義を代表してはいないのである。

もし、トーニーが正しくて、子供時代と貧困への対応の仕方が「社会哲学の真の性格」を示す二つの「試金石」であるならば、(55)一八三〇年にこの試験に最も厳しくさいなまれたのは自由主義的な非国教徒の伝統であった。半分懐疑論的で半分非国教徒的な、よくあるどっちつかずの世界というものが存在することは真実であり、ヴィクトリア朝初期の知的ないしは精神的生活の最良のものは、大部分がこの世界から生み出されることになった。しかし、一七九〇年から一八三〇年の時期に、非国教徒の社会的良心が驚くほど退廃したことも等しく真実である。そしてなによりも、メソジストの職長と並んで、名うての非国教徒の工場主がいて、彼らは、週日には子供をこき使い、土曜日には夜中の零時五分前まで工場を動かし、安息日にはその子供たちに日曜学校に出席するよう強制するというので悪評が高かったのである。

次の光景は、一部はフランセス・トロロープの『工場少年労働者マイケル・アームストロング』[17]（一八四〇年）

から取り出したものだが、「ロバート・トムリンズ氏とジョウジフ・トムリンズ氏は、工場を所有する真面目な紳士だが……毎日曜日の朝には、親方と子供両者ともに時間を有効に役立てているのを確かめるべく、自ら出席している」。これは架空の、しかも誇張された光景ではあるが、一八四〇年というよりも二〇年にふさわしいものであり、どこかの大綿工業都市の工場よりも、教区徒弟制が残っているような田舎の人里離れた工場にあてはまる。しかしなお、三〇年代でも、トロロープ夫人がダービーシャーの「深い峡谷《ヴァリー》」に描き出したような状態は、ペナイン山脈のランカシャー側とヨークシャー側の双方に位置する、たくさんの僻地の峡谷に見いだされうる。ある十時間労働法の提唱者がアッパー・コルダー・ヴァリーでおこなった事実収集の視察によれば、そこではその地区の牧師の反応にとくに注意が払われているが、いかなる一般化も容易ではないことが示されている。リポンデンでは、国教会の教区主管者代理は支持するのを断ったが、メソジスト派の礼拝所は十時間運動の集会に貸し出されたのだった。ヘブデン・ブリッジでは、ある老齢のメソジストの平信徒説教師がこう明言した。彼はいつも工場制度に反対する説教をしていたのだが、「なぜなら、舌が口の上側にくっついている間はわしらは説教もしよう。しかし、この制度がいまみたいにつづくのを許しているかぎり、善をなしたことにはならないからだ！」。だが、彼はひどく嫌われるようになり、彼が説教する番になると、ミソムロイドの地元のメソジストの工場主がいつも教会に鍵をかけてしまうほどだった。サワビ・ブリッジでは、バーリーのブル教区主任司祭（十時間労働時間運動におけるオウストラの著名な同志）の兄弟であったブル師は、支持を拒否し、雇用主の慈悲を「上回るものなどありはしない」と自信をもっていた。ある工場労働者の一団は、工場主の一人であるサトクリフ氏が建てたメソジスト派の礼拝所のそばを通りすぎる際に、「その礼拝所のほうを見て、礼拝所が地獄に落ちればいい、そしてサトクリフ氏も一緒に行けばいいと願った」。

私は、サトクリフ氏はみんなのために教会を建てたのだから、それはよくないと言いました。「あのクソったれが」と別の一人が言ったのです。「おれはあいつを知っている。どんなやつだかよく知ってるんだ。あの礼拝所の一角はおれのものだし、教会全部がやつのところで働く者のものなんだ[56]」

クラグ・デイルは、遠く離れたコルダー・ヴァリーから枝分かれした峡谷であり、文字どおりの「深い谷《ディープ・デイル》」であった。どこの宗派かはわからないが、ある聖職者が次のように言明した。

もしイングランドのどこかに、立法による干渉を必要とする場所が一カ所あるとすれば、それはここだろう。なぜなら、しばしば人びとは一日十五時間から十六時間も働き、ときには夜を徹して働くからだ。おお！なんという残忍な制度だろう。工場主たちは社会の害悪であり恥辱である。人間的な神聖なる法では工場主を十分に抑えることができない。連中はホブハウス法案[18]など気にも留めず、「政府には適当だと思う法律をつくらせておけ、この峡谷《ヴァリー》はそんなものはこっぱみじんにしてやることができるのだ」と言っている。

この聖職者は最近埋葬したばかりのある少年について語った。少年は羊毛を腕いっぱいに抱えて立ったまま眠っているところを見つけられ、目を覚まさせようと殴られたのだった。この日、少年は十七時間も働いていた。少年は父親の手で家まで運ばれたが、夕食を食べることができず、翌朝四時に目を覚ますと、遅刻するのを恐れて兄弟たちに工場の明かりが見えるかと尋ね、そのまま息を引き取った。（彼の九歳の弟はそれ以前に亡くなっていた。父親は「分別があり勤勉な」、日曜学校の教師だった）。この地の国教会の助任司祭は児童労働の制限を無条件で支持した。

私はこの峡谷の貧民たちが虐げられるのを見てきました。それを暴露することが私の義務だと考えたのです。……私の職務に当然伴う責任からして、この事態と、福音書の自由で思いやりある真理との矛盾をあきらかにせずにはいられません。……そして、抑圧がなされると、それに少ししか耐えられない人びとにきわめて重くのしかかるのが普通です。……なぜなら、そうした寡婦には夫がなく、その子供たちにはこの地に父がいないからなのです。……こうした人びとが最も酷使されているのをよく目にします。……。

彼が説教をし、また雇用主へ個人的に抗議した結果、工場主たちは町の通りで彼とその娘たちをののしり辱めた。こうした暴露につづいて、この峡谷で抗議集会がもたれたが、それはオウストラ一流のスタイルで告知された。

……汝らは西インド諸島の奴隷酷使者よりももっと暴君でもっと偽善者だ。……汝らの吹聴する自由が……専制であり、汝らの自慢の信心深さが……瀆神以外のなにものでもないことを……証明しよう。……汝らの、「鞭打ち」「罰金」「超過勤務」や「現物支給」「食事時間中の機械の掃除」「日曜労働」「低賃金」といった制度は……すべて「公開審問」の試練にかけられよう……。

「私がその集会から戻ってきた、まさにその土曜の晩に」とオウストラは、はっきり言っている、

この峡谷の二つの工場にまばゆいほど明々と灯がともっているのが見えた。あのとらわれ人たち、哀れな被害者たちは、十一時半までそこにとどまらなければならず、そして私は、これらの工場主のうちの一人が嘆き、祈り、信心家ぶる著名な宗教家であるのに気がついた(57)……。

われわれはのちにメソジストに立ち戻って、なぜ児童労働の擁護者として行動することが彼らに固有の使命だったのかを考察しよう(58)。ブル教区主任司祭が親方という「人種」を攻撃する際に、主として念頭に置いていたのが、非国教徒の工場主だったことに疑いはないだろう。

……この人種の智恵全体は、可能なかぎり若い労働者から、可能なかぎり最大の労働量を、可能なかぎり短い時間内に、可能なかぎり少ない賃金で引き出す、可能なかぎり安上がりな方法を考案することのできる悪賢さで成り立っている……アグル[19]であればこの人種についてこう言ったことだろう。一つの人間集団がある。おおその瞳はなんと高慢。そしてその瞼は見開かれている。一つの人間集団があって、その剣のような歯とナイフのような奥歯は、大地から貧民を、人間のなかから困窮者を引き離して貪り喰らう[59]。

他方で、公式の非国教教会は、実質上全員一致で共犯関係にあったため、時間短縮委員会の工場労働者たち（ある者は工場主の日曜学校で初めて聖句を教わった）からだけでなく、ブルやオウストラからも聖書にもとづく攻撃にさらされていたが、イギリス国教会が団結して容赦なく児童のために活動していたと考えてはならない。実際、イギリス国教会がそれに値するのであればまちがいなく太鼓判を押しただろうシャフツベリー自らが、こう語っている。ブルという卓越した例外を除くと、国教会の牧師は「集団として……何もしようとしない」と[60]。

したがって、全般的な「良心の覚醒」があったとする主張は誤解を招く。こうした主張は、ひと握りの北部の専門職業人を揺り動かして、児童問題に肩入れさせることになった、深い共感の真の激しさを軽視するものである。また彼らにたいする敵対が、彼らをときにほとんど革命をめざす方向に押しやるほど凶暴だった事実をないがしろにするものである。さらに、人道主義的歴史家はそうしがちなのだが、先の主張は二十年以上にわたるたゆまぬ運動のなかで、ジョン・ドハーティのような人びとや労働者自身の時間短縮委員会が果たした役割を過小評価するものである。ごく最近では、ある著作家が、核時代の包容力ある良心にふさわしい退屈さをもってこの問題を概観している。彼が言うところでは、現代の読者は「強制収容所をよく知っており、そのことによってよく鍛えられている」から、児童労働の惨状には「比較的心を動かされない」のだそうだ[61]。われわれには、より伝統的な一つの見解を再確認することが許されよう。述べてきたような規模ならびに強度で幼い子供たちを搾取することは、われわれの歴史における最も恥ずべき出来事の一つだったのである。

第11章　十字架の変形力

1　道徳装置

ピューリタニズム――ディセント――ノンコンフォーミティ[1]、こうした衰弱が進行し、ついには降伏する。ディセントは「アポルオン」や「バビロンの淫婦」への抵抗という響きをまだもっているが、ノンコンフォーミティは控えめであり、弁解じみている。つまり、放っておいてほしいと頼んでいる。マーク・ラザフォード[2]は、十九世紀の非国教主義《ノンコンフォーミティ》の精神史が全面的な荒廃の歴史であることを理解している数少ない人物の一人だが、なお彼自身は、ともかくも生き残った価値観の証左なのである。そしてその『自伝』のなかで、彼が若いころに慣例となっていた礼拝の様式について記している。

礼拝は通例、われわれはみな罪人であるという告白から始まったが、個々人の罪は決して告白されなかった。次に、神との対話のようなものがつづくが、それは、後年私が庶民院において、議会開会時に、国王への勅語奉答文の発議者ならびに支持者から聞いた言葉遣いと瓜二つであった。

この例はカルヴァン主義独立派からとられているが、しかし、メソジズムが世俗的権威を獲得する以前にどんな立場をとっていたのかを描き出すことにも見事に役立っている。このような降伏は、メソジスムの起源に、つまりその創始者のトーリー主義とイングランド国教会にたいする曖昧な態度のなかにひそんでいた。最初から、ウェスレー派は、非国教《ディセント》主義と国教会のあいだを揺れ動いており、両世界のいちばん悪いところを最大限に取り入れたのだった。そして、権力者の擁護者という役割を務めたのだが、権力者のほうは彼らをもの笑いや見くだしの対象としかみておらず、決して信用することはなかった。フランス革命後には、代々の年会《アニュアル・コンファレンス》において、服従と、既成秩序という敵と闘う熱意とが延々と告白された。さらに、「公衆の道徳の水準を引き上げたり、また社会の下層階層《ロウアー・オーダース》の人びとの服従と勤勉を奨励するとともに、中間身分《ミドル・ランクス》の人びとの忠誠心を奨励する」自分たちの活動に注意を引こうとした。[1] しかし、メソジストが国教会から聴衆として受け入れてもらえたことはほとんどなかった。受け入れられたとしても、裏口から入れてもらったにすぎなかった。何か栄誉ある地位を授けられることもなかった。彼らこそは、道徳に関するスパイ行為をおこなうに最も適した者たちだったが、もしメソジストが勲章を受けるにふさわしいとの推挙を得ていたのであれば、そうしたスパイ行為のたぐいはおそらく妨げられていたことだろう。

対仏戦争期に、メソジスト信者は著しく増加した。[2] そして、この時期にはまた、(アレヴィが述べているように)すべての非国教諸宗派において「間断ない革命精神の衰退」がみられた。メソジスムは対仏戦争期では二つの点でとくに際立っている。第一に、その信者の増加は新しい工業労働者階級のあいだで最も大きかった。第二に、ウェスレーの死後、聖職者《ミニスター》の新しい官僚制が強化されたが、彼らは信者の従順さを操作したり、権威を侮辱することになるかもしれないような逸脱が教会の内部で増長しないよう規律づけることを自分たちの義務だと必得ていた。

この点で、彼らは著しい効果をあげた。国教会は何世紀にもわたって貧民に服従の義務を説教してきた。しかし、国教会は貧民からあまりにかけ離れていた——そして、この距離は聖職者の不在と聖職禄兼有《プルラル・リヴィングス》が見られたこの時期ほど大きいことはほとんどなかった——ので、説教はそれほど効果的でなくなっていたのである。農村部の人たちの服従は、内面的な信念からというよりも地主《スクワイア》の権力にひどいめにあわされてきた経験に根ざしている。国教会の内部で福音主義運動がより大きな成功を収めたという証拠はほとんどない。ハンナ・モアの半ペニーの小冊子の多くは、大邸宅の家事奉公人の部屋に読まれずに放り出されていた。しかし、メソジストは、あるいはその多くは、貧民だった。メソジストの小冊子の多くは、貧民のなかから救済された罪人の告白文であった。また、地域の説教師の多くは謙虚な男たちで、（ある者が述べたように）「ジェニー紡績機の背後」に説教の主題を見つけだしたのだった。一七九〇年以降にメソジストが大きく伸びたのは、鉱業地帯と製造業地帯でだった。非国教派の礼拝堂《サレム・アンド・ベテル》といった古い礼拝堂と並んで、新しい煉瓦造りのブランズウィックふうやハノーヴァーふうの礼拝堂がメソジストの忠誠心を物語っていた。「リヴァプールにある、あなた様の講堂のすばらしさを耳にしております」と、ある聖職者は一八一一年にジャベツ・バンティング師[3]に書き送った。

その礼拝堂の一方の端から他方の端まで言葉を響き渡らせるには、丈夫な肺が必要でありましょう。ブラドフォードでもキースリーでも、彼らはシェフィールドのカーヴァー・ストリート礼拝堂とほとんど同じくらい大きな礼拝堂を建設中でございます。メソジスムは二、三年のうちに、どれほど大きくなるのでございましょうか。(3)

ジャベツ・バンティングは、ゆうに半世紀にわたって活動をつづけた聖職者だったが、ラダイト運動の時期からチャーティズム運動の末期まで、正統派ウェスレー主義の有力者だった。彼の父は、マンチェスターの仕立工で、最初期のフランスの革命家の大義を激しく信奉する「徹底した急進主義者」だったが、それにもかかわらず、十全たるメソジストであった。(4)しかし、一七九〇年代の後半に、そしてキラム派のニュー・コネクションが離脱したあとに、若い聖職者の一団が登場した。バンティングはそのうちの一人であり、彼らはなによりもまずメソジスムからジャコバン派の染みを取り除きたいと願っていた。一八一二年にバンティングは、ラダイトでもあるメソジストを追放することで名をあげた。その翌年、リーズで、「守旧派トーリーの治安判事たち、つまり『教会と国王』派を、おそらく礼拝所の敷居を一度とてまたいだことがないのに、自分の説教の忠実な聴衆の一員」として勘定に入れた。[5] 彼とその仲間の聖職者——そのなかでも鼻持ちならない者の一人がエドマンド・グリンドロド師と呼ばれていた——は、まずもってオルガナイザーであり組織管理者であって、コネクション流の悪巧みを止めどなく仕掛けるのに忙しく、また規律統制にうんざりするほど熱心だった。旧非国教徒の無政府的な自治にたいするウェスレーの嫌悪感は後継者たちに受け継がれ、年会（ウェスレー自身が任命した聖職者が参加することで重要性を誇示した）と、それに属する特権委員会に権威が与えられた（一八〇三年）。プリミティヴ・メソジストは追い出されたが、それはその野外集会が「騒動」にいたり、政治集会のひな型となるのではないかと危惧されたからである（事実そうなった）。「テント・メソジスト」や、バイブル・クリスチャンズすなわちブライアン派[4]は、等しく処罰された。女性による説教は禁じられたし、年会とサーキットと呼ばれた連合体の監督者の権限は強められた。他人の道徳の欠点を密告することが奨励され、組《クラス》の内部では規律が引き締められた。そして一八一五年以降、末端地区の説教師が大勢、政治的な「堕落」を理由にして追放されたり「将来計画《プラン》」から除外されたりしたが、その数は宗教上の「堕落」を理由とする場合に匹敵した。たとえば、「ハリファクス地区説教師議事録」には、次のように記入されている。「同志Mは、自分の組にいるべきときに、政治的会合に参加したかどで咎められた」（一八一六年十二月十六日）。あるいはまた、ニューカースルからバンティングあてに送られた、危機感に満ちた一通の手紙がここにある。

……心の痛むいやな話題ですが、われわれの地元在住説教師のうちの二人（ノース・シールズ出身）が大規模な急進派の議会改革集会に参加いたしました。……私は、われわれの男性信徒のおおかたは急進派の一員ではないと信じております。しかし、われわれの指導者のうち、少数の者は、急進派の精神や企図を断固として支持しております。……そして、じつに信心深いのですが、誤った指導を受けた女性信徒のなかには、急進派の旗をつくる手助けをする者もおります。喜ばしいことですが、説得により、幾人かのメンバーが組（彼らはメソジストの会組織体系を取り入れているので、「組指導者」「地区集会」などの用語は彼らのあいだでも完全に流布しているのです）を脱会しました。人びとが、冷静に大群衆に対処するすべを布教集会や聖書集会で教え込まれ、また演説する能力を身につけ、そのうえで、こうして得た強力な道徳的武器を使って、この国の政府の存在そのものを脅かしはじめるなら、われわれはきっと窮地に立たされることでありましょう……。

これが書かれたのは、一八一九年、ピータールーの年だった。この年の出来事に応えて、メソジスト特権委員会は一通の回状を出そうとしたが、そこにはバンティングが書いた「痕跡がはっきり残っている」のだった。

最近この国の何カ所かで目撃されたような、かならず騒動を引き起こす集会は、断固絶対に認めてはならない。そこでは大勢の民衆が不法に（多くの場合、きわめて驚愕すべき不敬な文字が書かれた旗のもとに）集められている……集会のねらいは、反キリスト教的な信条や粗野で欺瞞的な政治理論、煽情的な演説によって……あらゆる統治を見くださせ、いたるところに不満と反抗と無政府状態を行き渡らせることだ。[6]

ウェスレーは少なくとも勇気ある軍馬ではあった。彼は決して骨おしみをしなかった。彼は物を投げつけられても、市場十字架の前に立っているような、一途な信者であった。バンティングは、「堅実で理路整然とした話し方」をしたが、ウェスレーほど称賛すべき性格の持ち主ではなかった。「信条を必要に合わせる」ようにというのが、彼自作の忠告だった。バンティングがまだ若い聖職者だったころの友人が、彼の息子にこう告げた。「われわれの親しい交わりでは」、

彼の話はいつでも真剣で、ためになりました。説教壇に立っているときのように、どの語もぴったりの場所に

納まっていたし、どの句もあらかじめよく咀嚼されたものでした。……ときには、あなたの母君の抑制を知らぬウイットが、一同の厳粛な雰囲気を突然妨害することもありました。しかし、彼自身にふさわしい性格、つまりキリストの福音の説教師以外の彼を見ることは決してありませんでした。

バンティングの徹底した安息日厳守主義も、自分の都合に合わせてのことであって、完全に遂行されはしなかった。「彼は聖職の仕事を遂行するのに必要なときには、遠慮なく動物を使役した。もちろん、いつでも自制はしたけれど……」。しかし、子供の問題となると、まったく別問題であった。われわれは、少なくともメソジスト教会が子供にも大人にも日曜学校で初歩的な教育を授けたことを思い起こすとき、その罪のいくつかは許してやりたくなる。バンフォードの記した幸福そうな光景がときおり思い起こされる。それは、一七九〇年代後期のミドルトンの学校の光景であり、そこには「炭坑で働く男の子やその姉妹たち」や、ウィットルやボウリーやジャンボウやホワイト・モスに住む織布工と労働者《レイバラー》の子供たちが通っていた。しかし、初期メソジストの手ぬるさを示す、まさにこのような光景こそ、バンティングが決して許すことができないものであった。一八〇八年にシェフィールドで聖職についていた時分に、日曜学校でどうやって書くかを教わっている子供たちを見たとき、バンティングは見境もなく怒ったのである。それは「安息日のひどい悪用」だというのである。神学上、それが不適切であることに疑問の余地などなかった――なぜなら、子供たちが聖書の読み方を習うのは「霊的に善《スピリチュアル・グッド》」であるが、これにたいして、書き方は「世俗的な術《セキュラー・アート》」であって、「世俗の利得」を生むかもしれないというのである。シェフィールドで闘いが始められた（相手は、『シェフィールド・アイリス』で子供たちの利益を擁護していた元「ジャコバン」のジェイムス・モントゴメリーだった）が、勝利を収めたのはバンティングだった。その翌年（一八〇九年）には、リヴァプールで闘いが再開されたが、結果は同じだった。バンティングは運動の最前線に立ったが、この運動は、一八四〇年代になるまで、「主の日」にたいする狡猾な「侵犯」を根絶するのにきわめて大きな成功を収めた。実際、これはバンティングが全国的な名声を勝ち得た方法の一つであった。[7]

名声が必要だったのは、おそらく、子供たちの問題に週六日間専念するためにだった。バンティングやその仲間には、感性の歪みが見受けられるように思われる。この歪んだ感性は、彼らが目にとめることのなかった、工場の児童労働者の歪んだ身体と相補関係にある。彼が工業の中心地で聖職者を務めていた初期のころ（マンチェスター、リヴァプール、シェフィールド、ハリファクス、リーズにいた一八〇四―一五年）のおびただしい手紙すべてにおいて、コネクション派との果てることのないささいな争いや、道徳家ぶったたわごとや、若い女性の素行に関する淫らな詮索などが書かれているが、彼もその仲間も、工業化がもたらした結果についてはなにひとつ気に病んでいなかったようにみえる。(8) だが、これらメソジズムの若き指導者たちは、怠慢ゆえに児童労働という犯行の共犯者になっただけではない。彼らは貧民に服従という要素を積極的に付け加えて、貧民を内部から無力化したのである。彼らはメソジスト教会の内部で、製造業者が最も必要とした労働規律という心理的な構成要素をつくりあげるのに最適の要因を助長したのである。

早くも一七八七年に、初代ロバート・ピールはこう書いていた。「ランカシャーの私の事業をメソジストの管理に委ねたが、彼らは申し分のない仕事をしてくれている」(9)。すでにウェーバーとトーニーによって、資本主義的生産様式とピューリタン的倫理の相互浸透はきわめて完璧に分析されているのだから、もう付け加えることなどほとんどないかのように思われるだろう。メソジズムとは、このピューリタン的倫理を、変化しつつある社会環境のもとでたんに拡張したものにすぎないと見なしうるかもしれない。また、「倹約家《エコノミスト》」らしい議論もすぐに頭に浮かぶ。それは、バンティングの時代のメソジズムは、道徳的には愚鈍でありながら規律と秩序の価値を高く評価したおかげで、たたきあげの工場主や製造業者と、職長《フォアマン》や監督《オーヴァールッカー》者や下級管理者集団との双方に例外的にうまく順応することができたという事実に依拠するものである。この主張、すなわちメソジズムは親方製造業者とその取り巻きがイデオロギー的に自己を正当化するのに役立ったとする主張には、真理の重要な一部分が含まれている。すでにジョン・ウェスレーは――しばしば引用される一節で――予見し、かつ嘆いていた。

……宗教はかならずや勤勉と倹約を生み出すものであり、勤勉と倹約は富をつくりださずにはおかない。そして、富が増えるにつれて、現世への高慢や怒りや愛も増大するだろう。……メソジスムすなわち魂の宗教は、いま緑の月桂樹のように生い茂っているが、いったいどのようにすれば、今後もこの状態を維持しつづけることができるだろうか。メソジストはどこでも勤勉と倹約に努めるから、その結果、裕福となる。それゆえ、これに比例して、信徒は高慢や怒りを強め、肉欲や物欲や生活の高慢を増すだろう。そうなれば、宗教の形式は同じままでも、その精神は急速に消え失せてしまう。

メソジストだった多くの工場主――そして実のところバンティング自身もそうだった――は、十九世紀初頭の時期にこうした事態がもたらされたことを立証するものだろう。[10] しかし、この議論は、ある決定的な点で形勢が悪くなる。というのは、メソジスムはまさにこの時期に工業ブルジョワジーの宗教（この分野にはほかの非国教徒の諸宗派も入り込んでいたけれども）として、またさまざまなプロレタリアート階層の宗教として、同時に大成功を収めたからである。また、多くの労働者階級コミュニティが（鉱夫、織布工、工場労働者、船員、陶工、農業労働者が一様に）メソジスト教会に深く帰依したことも、疑いえない。いったい、いかにしてメソジスムは、これほどの活力をもって、この二重の務めを果たすことができたのだろうか？

これは、ウェーバーもトーニーも自ら言及することのなかった問題である。両者は主として十六世紀から十七世紀のピューリタニズムと、商業資本主義の発生に心を奪われていた。両者とも、なによりも中流階級の心理的・社会的発展を研究したが、ウェーバーはピューリタン的な「召命《コーリング》」概念を強調し、またトーニーは自由、自己鍛錬、個人主義、財貨獲得欲といった価値を強調している。両者の議論にとって本質的なことは、ピューリタニズムは、中流階級諸集団の心理的な活力と社会的な一体性を高めるのに貢献したということであり、これら諸集団は自らが「召命される《コールド》」とか、「選ばれる《エレクティド》」と感じ、また財貨獲得に熱心に（ある程度成功裡に）取り組んだということである。では、こうした宗教は、並はずれた苦難の時代に形成されつつあったプロレタリアートにたいして、いかにして訴えることができたのだろうか？　プロレタリアートの大多数はいかなる集団的な召命感ももたなかったし、また彼らの生産点やコミュニティでの経験は個人主義的《インディヴィデュアリスト》価値よりも集団主義的《コレクティヴィスト》価値のほうを支持していたし、さらに彼らの倹約や規律や財貨獲得といった徳目は彼ら自身を成功に導くというより、彼らの親方に利潤をもたらしたというのに。

たしかにウェーバーもトーニーも、ピューリタン的ないし疑似ピューリタン的価値観を労働者階級にまで拡張することの効用について、雇用主の立場からの強力な論拠を提出している。トーニーは「貧困に効く新薬」を詳しく分析したが、この新薬は労働者《レイバラー》の怠惰と無思慮を批難するものであり、成功とは選びのしるしであり、貧困とはそれ自身精神的な下劣さのあかしであるとする身勝手な信念を携えていた。[11]ウェーバーは、労働者階級にとってきわめて重要な問題、すなわち労働規律問題をより強調した。ウェーバーはこう書いている。「近代資本主義が人間労働の強度を高めることによってその生産性を高める作業を始めたところではかならず、前資本主義的労働……のこのうえもなく頑固な抵抗にぶつかった」

こんにちの資本主義経済は諸個人が生まれ落ちる一つの巨大な宇宙《コスモス》であって、……個人がそこで生活するしかない変えようのない秩序として、個人の前に立ち現れる。それは、個人が市場関係のシステムにかかわる以上、その個人をして資本主義的な行動規範に従うよう強制するのである。

しかし、工業資本主義が出現するとともに、こうした行動規則は自然に反する、憎むべき拘束だと感じられるようになった。小農《ペザント》や、まだ囲い込まれていない村落の農業労働者、また都市部の職人や徒弟でさえ、労働の報酬を貨幣収入だけで計算していたのではない。彼らは、毎週毎週規律に従って働くという考え方に反抗したのである。ウェーバーが「伝統主義」と（不十分にではあるが）記述している生活様式にあっては、「人は『生まれつき』できるだけ多くの貨幣を得ようと願うものではなく、むしろたんにそれまで生きてきたように生きて、それに必要なだけ稼ごうと願うのである」。出来高賃金やそのほかのインセンティヴでさえ、内面的な強制がなければ、ある時点で有効性を失う。十分稼げば小農は仕事をやめて自分の村に帰り、職人は酒盛りに出かけるのである。しかし、同時に、低賃金という逆の規律も、技能や注意力、あるいは責任が必要な仕事の場合には有効ではなかった。必要なものは——フロムがウェーバーの議論を敷衍しているように——「内面的な強制」であって、それは「あらゆるエネルギーを労働に役立たせることにおいて、どんな外的な強制よりも有効に機能する」ことを実証してきた。

外的な強制にたいしては、いつでもある程度の反抗心が生じるものであって、これは労働の効果を妨げたり、知識や自発性や責任が必要などんな種類の仕事もできなくさせてしまう。……疑いのないことだが、もし人間のエネルギーの大部分が労働に向けて導かれなかったとしたら、資本主義は発展しえなかったのである。

労働者は「自分自身にたいする奴隷監督者[12]」へと変えられなければならないのである。

こうした強制をかたちづくる諸要素はいままでになかったものではない。[13]ウェーバーは、十七世紀の「問屋制」諸産業（とりわけ織布業）の雇用主が、労働者の変則的な労働慣行（飲酒、糸の横領など）のために経験したさまざまな困難について記している。イングランド西部の紡毛工業でのことだが、たとえばキッダーミンスターでは、長老派の牧師、リチャード・バクスター[5]はその聖職を利用して労使関係にめざましい変革をもたらした。そして、メソジストの労働規律の諸要素の多くは、彼が一六七三年に書いた『クリスチャン・ダイレクトリー』のなかに完全なかたちで展開されている。[14]鉱山主や、北部の紡毛工業や綿工業の製造業者も十八世紀をとおして同じような困難な目にあった。炭坑夫は一般に月払いであり、「彼らの習慣や性格は当然のことながら乱暴で短気で粗野である」という苦情が出ていた。

彼らの収入は多いが不確実である。そして彼らの仕事は一種の請け負い作業であって、あらかじめ儲けを確定しうることはほとんどありえない。こうした環境が、彼らにばくち打ちのような浪費癖を与えているのである。……

炭坑夫の性格のもう一つの特徴は、働き口の変更が好きなことだ。……坑夫が毎年替わることは、季節の循環と同じくらいありふれたことだ。……坑夫はそれまでどんな恩恵を受けていたとしても、要求が一つでも拒否されると、すべてがご破算にされたと考える。[15]

小土地保有者の織布工は、農耕に何か緊急事態が起きると、仕事をほっぽらかすことで有名だった。十八世紀のほとんどの労働者は、自分の仕事を喜んで放棄して一ヵ月間の収穫に従事した。初期の綿工場の成人労働者は、「だらしがなく、放浪癖があり、長く工場にとどまることはほとんどなかった」[16]。初期の企業経営における管理上の問題のいくつかは、ウェッジウッドのエトルリア工場の罰金リストに示されている。

……いかなる労働者であれ、監督労働者を殴るなどの暴挙に出た者は解雇する。

いかなる労働者であれ、勤務時間中に工場にビールや酒を持ち込んだ者には二シリングの罰金を科す。

いかなる者であれ、窓のある壁に向かってファイヴズ〔6〕をした者には二シリングの罰金を科す。[17]

産業革命期の親方製造業者は、工場で労働者に仕事をさせるにせよ、労働者の自宅で仕事をさせるにせよ、こうした規律の問題に異常に執着した。下請け労働者には（雇用主の見地からすると）、「方式化《メソディカル》された習慣を身につけさせ、指示に厳しく注意を払わせ、請け負い仕事を期限までに完成させ、原料の横領が罪深いおこないであることを教え込む必要があった。一八二〇年代までには、（ある同時代人が語るところでは）「織布工の大多数」には「メソジスムの教理が深く浸透していた」。いまや彼らの雇用主となった、たたきあげの男たちのなかには、メソジストないしは非国教徒の者もおり、その者たちは倹約によって――ウェスレーが予見したように――財を築いていたのだった。彼らは仲間の信徒をひいきする傾向があったが、それは「品行の保証」と「品性の重要性についての自覚」をその仲間うちに見いだしたからである。[18] 織布工の「職人」的伝統は、独立という価値観を重視しており、ある種のピューリタン的信念を織布工たちが受け入れられる準備を早くから整えていたのである。[19] では、工場労働者はどうだろうか？

アンドリュー・ユア博士の『製造業の哲学』（一八三五年）は、その悪魔のような提唱でエンゲルスとマルクスに大きな影響を与えたが、われわれは、この本のなかに、宗教の機能を労働規律として擁護する「倹約家」の論理が完全に先取りされていることに気づかされる。ユアにとって、工場という用語は、

巨大な自動装置という考えを伴っているが、この自動装置は機械的器官と知的な器官から成り立っていて、これらの器官が共通の目的物を生産するためにたえず協力して作動し、またすべての器官が自動制御の原動力に従うのである。

工場制度の「主たる困難」は、技術的なものというよりは、むしろ「装置のさまざまな構成要素を一つの協働体に配置すること」であり、とりわけ、「人間を訓練して、とりとめのない労働習慣をやめさせ、複雑な自動機械の単調な規則性に一体化させること」である。

勤勉な工場労働の実現に適した工場規律のうまい規準を考え出し、実施することは、きわめて難しい事業であって、アークライトが見事になしとげたところである。システムが完璧に組織され、また労働が極度に軽減されている現在でさえ、農村出身であれ職人出身であれ、思春期を過ぎた年齢の人びとを役に立つ工場労働者に変えることは、じつのところ、ほとんど不可能である。彼らは、無頓着で御しにくい自分の性癖をなんとか

克服しようとしばらくの間は努力するが、そのあとは自発的に仕事をやめるか、あるいは注意力の不足という理由で監督者によって解雇されてしまう。

「労働大衆は規則性なしに発作的に勤勉に働きだすことに慣れているが、彼らの手に負えない気性を抑え込むには、じつのところ、ナポレオンのような神経と覇気を備えた人間が必要である。……それがアークライトだった」。さらに、労働者は、熟練工になればなるほど規律にたいして従順でなくなる。「自己確信が強ければ強いほど……機械的システムの構成要素としては不適当になる。このシステムでは、たまの不規則によっても、全体に害がおよぼされるだろう」。かくして、製造業者は「特有の手先の器用さや着実さ」を必要とするすべての工程を「悪賢い労働者」から取り上げて、これを「自動制御されていて、子供でも監視できるような機械的仕組み」に委ねようと努めた。「したがって、近代的製造業者の遠大なる目的は、資本と科学を結び付けて、労働者の課業を注意深さと機敏さで遂行しうるものに切り詰めることだ。こうした資質は……若者ならすぐに完全に修得できる[20]」

　子供にとっては、監督者や機械による規律づけだけで十分かもしれない。しかし、「思春期を過ぎた年齢」の人びとには、内面的な強制が必要だった。したがって、ユアは自分の本の一節を「工場制度のモラル・エコノミー」にあて、また特別に一章を割いて宗教を論じることになった。贖罪していない労働者は、ユアの目から見ればおそるべき被造物であって、「巧妙な煽動政治家」のえじきになり、秘密結社や組合にいつでも引き付けられ、自分の親方に非道な仕打ちをしかねない。綿紡績工は高賃金を得ているが、そのために、「室内で働く者にとってはあまりに豪華で刺激的な食事をとって過度に食欲を満たすことで、ちょっとした神経症になる者がいる」。

　製造業者は当然のことながら、ひじょうに大勢の人を狭い場所に密集させている。すなわち製造業者たちは、秘密結社にあらゆる便宜を与え、……粗野な精神に知恵と活力をもたらし、気前のいい賃金を支払うことによって金銭的な争いの源を提供しているのである……。

こうした環境にあって、日曜学校は「崇高なる光景」だった。一八〇五年にストックポートに設立されたある日曜学校の委員会は、一八三二年に、すなわちここかしこで「政治的な騒ぎ」が起こっていたときに、自分たちの町で「端正さ」が保たれていることを祝った。「叡智に富んだ博愛心が悪徳や無知の侵入を防ぐべく築き上げたもの言わぬ要塞に、一つならず出会うことなしにこの町に近づくことなどできまい」。そして、ユアはここから、一般的な政治的服従に関するだけでなく、工場それ自体での行動に関する一つの道徳律を引き出した。

道徳的規律の無視は、どんな工場にあっても、制度全般の混乱や、個々の機械の不規則性や、時間や原料の浪費として現れ、経験を積んだ者であればすぐにそれを見抜くことができる……。

たんに賃金を支払うだけでは、「心からの献身」は得られない。道徳的配慮を怠り、自分自身「福音書の無私無欲の徳を知らない」ような雇用主は、

うわべだけの勤めしか期待できないことが自分でもわかっているから、きわめてやかましく監視するのだが、結局労働者《オペラティヴ》に出し抜かれることを防ぎえない。労働者は誰もがいわば本能的に、そうした親方にたいしては陰謀をたくらむのだ。雇用主は、どんなに骨を折っても、すぐれた労働者の熟練技能《ワークマンシップ》を支配することは決してできない……。

したがって、どの工場所有者にとっても、比類のない関心事は、機械装置の場合と同じくらい強固な原理にもとづいて道徳装置を編成することにある。そうしなければ、工場所有者は、すぐれた生産物に欠かせない、確かな手の動きや、注意深いまなざしや、素早い協力などを支配しえないのだから。……実際、福音書の教え

「敬虔は有益なり」は、ほかのどこよりも、広い工場の管理に適用できるものなのである。[21]

かくして、この議論は完成する。工場制度は人間の本性の変形を要求する。職人や下請け労働者の「発作的な労働」は方式化されなければならず、それは人間が機械の規律に順応するようになるまでおこなわれなければならない。[22] では、こうした規律という徳は、（監督者になれないのであれば）たとえ敬虔であってもそれによって一時的な益さえ得られそうにない人びとに、どうしたら教え込めるのだろうか。これを成就しうるのは、「最大の教え……すなわち、人は自分の第一の幸福を現世ではなく、来世に求めざるをえないという教え」を教え込むことによってだけである。労働は、超越的存在の愛によって触発された、またわれわれの意思と感情に……はたらきかける……純粋な有徳行為」としてなされなければならない。

では、人間はこの変貌させる力をどこに見いだすのだろうか。キリストの十字架に、である。それはおかした罪を取り除くいけにえであり、罪への愛着を取り除く動因である。それは、卑劣な行為があのような恐ろしい償いによってしか洗い流せないことを示して、そうした行為を克服する。それは不服従を償う。それは服従へとかりたてる。それは服従する力を獲得する。それは服従を実行しうるものにする。それは服従を受け入れられるものにする。それは服従を強いるのであり、服従をある種避けえないものにする。最後に、それは服従への動因であるばかりでなく、服従の手本である。[23]

だから、ユアはいわば綿工業都市のリチャード・バクスターなのである。ここで、われわれはユアの超越的な高みから降りて、ごく手短に神学の世俗的な側面を考察しておこう。一八〇〇年には、イングランドのすべての教会の神学が詭弁に満ちていて、製造業者の道徳的自尊心を高めるのに十分だったことがあきらかである。製造業者は、聖職者位階制にもとづいた信仰をもっていようと、自分自身が選ばれたと感じていようと、自分の成功こそ神の恩寵や敬虔さのあかしであると考えていようと、ブラドフォードの工場のそばにある自分の邸宅をバードシー島〔北ウェールズ西海岸沖の小島〕の修道院の一室と引き換える気はなかった。しかし、メソジストの神学は、社会経験上、自分たちを「選ばれた」と感じる理由など少しももっていなかったプロレタリアートの宗教としては、行き当たりばったりのご都合主義のおかげで、ほかの神学よりも適切たりえたのである。ウェスレーは、その神学で、ピューリタニズムの最良の要素を省いて、より劣悪な要素をためらうことなく選り出したかのようにみえる。つまり、メソジズムは、階級的な見地からすると両性具有だが、教義の見地からは雑種なのである。すでに指摘したように、メソジズムは旧非国教徒の知的で民主主義的な伝統とは断絶している。しかし、権威への服従についてのルターの教義は、一七八九年以降のウェスレー派のどの年会でも典拠として利用されたようである。

たとえ権威をもつ者が邪悪だったり信仰心に欠けるとしても、権威とその権力はなお善であり神のものである……。

神は、いかに邪悪な政府であれ、政府が存在することを堪え忍ばれるだろう。それは、暴徒のなすことがいかに正当なものであれ、暴徒に反乱を起こさせるよりはずっとましである……。

(しかし、ルターと違って、ジャベツ・バンティングは、そもそも暴徒が「正当化」されうるという考えを決して認めることはできなかっただろう)。ウェスレー主義が全般的にルター主義の偏向をもっていることは、これまでもしばしば注目されてきた(24)。ウェスレーが神の恩寵の普遍性という教義を支持したことは、カルヴァン主義的な「選び」の思想とは両立しえない。もし恩寵があまねく存在するなら、罪もまたあまねく存在する。いかなる人間であれ、罪を悟れば、恩寵が訪れて、自分がキリストの血によって贖われていることを知ることができる。このかぎりでは、これは宗教的平等主義の教義である。すなわち、少なくとも罪と恩寵への機会が、金持ちにも貧乏人にも平等に与えられている。そして、知性というより「魂」の宗教なのだから、最も無知でほとんど教養のない人でも、恩寵を得ることを期待することができる。この意味で、メソジスムはあらゆる教義上の障害、そしてまた社会的な障害をふるい落として、労働者階級に門戸を開いたのである。このことからわれわれが思い起こすのは、ルター主義もまた貧民の宗教だったという事実であり、また、ミュンツァーが公然と宣言し、ルターが犠牲を払って学び取ったように、宗教的平等主義には、自らの堤防を破って、世俗の流れに合流する傾向が備わっていることである。それによって、宗教的平等主義はルター主義の信条に解消しえない緊張関係を持ち込んだが、それと同じ信条をメソジスムはふたたびつくりだしたのである。

　しかし、キリストによる贖罪は暫定的なものにすぎなかった。この点で、ウェスレーの教義はまだ確定していなかった。ひとたび恩寵が悔い改めた者に訪れてしまうと、永遠なる恩寵という観念をウェスレーはもてあそんだ。そして一種の生気の抜けたカルヴァン主義（「選ばれた者《エレクティド》」はいまや「救済された者《セイヴド》」に変わった）が、ふたたび裏口から入り込んできた。しかし、十八世紀もときがたつにつれて、信仰による義認という教義が強化されていった。おそらくそれは、信仰復興運動で「救済された」者の多くが、何年かたつと、あるいは一年に満たないうちに昔の習慣に戻ってしまったからである。そこで、罪の赦しがつづくのは、悔い改めた者が新たな罪をおかさないかぎりにおいてである、という教義へと変わった。「救済された」男や女の信徒は、条件つきの暫定的に選ばれた状態にあるのであった。いつでも「逆戻りする《バックスライド》」可能性があったのであり、また、人間の弱さを考慮すれば、神とジャベツ・バンティングのみるところ、そうした堕落は大いにありそうなことだった。さらに、バンティングは次のような神の考えに注意を促さんと労をとった。

　罪は……その本質は変わらないが、その罪をおかした者を赦すことによって……それほど「大いなる罪」ではなくなるようにできる。罰は赦され、また罰を受ける義務は消滅する。しかし、寛大に赦されたとしても、罰は言うまでもなく受けるべきものとしてある。したがって、赦された罪でさえ告白し悔いつづけることは、妥当であるし義務でもある。寛大な神の御業によって、罰がもたらすさまざまな帰結から解放されたとしても、われわれは、自己卑下の屈辱こそ神の前でわれわれが受けるにふさわしい待遇だということを銘記すべきである。(25)

しかし、この教義にはもっと錯綜したところがある。人間が自分自身の意志で自己を救済しうるなどと想定することは、思い上がりであった。救済は神だけがもつ特権であって、人間がせいぜいなしうるのは、このうえなくへりくだって、救済に向けた準備をすることだけだった。しかし、ひとたび恩寵を確信し、完全にメソジスト信徒の同胞世界へと導き入れられてしまうと、働く男や女にとって、「逆戻り」は決して軽々しいことではなかった。「逆戻り」とは、彼らが工業におおわれた荒野で唯一知っているコミュニティ集団からの排除を意味しかねなかった。またそれは、恐ろしい処罰が永遠につづくのではないかという恐怖感に始終つきまとわれることを意味していた。

恐ろしい地獄があり
永遠につづく苦痛がある。
そこでは罪人は悪魔とともに暮らさなければならぬ
暗黒と火のなかで、鎖につながれて。

では、どうしたら恩寵を失わずにすむのだろうか。善行によってではない。なぜなら、ウェスレーは信仰を善行の上に位置づけたからである。「あなた方には、魂を救済する以外になすべきことはない」。善行は高慢の罠であり、また最上の善行は罪の垢と混じり合っている。ただし、もう一つのご都合主義的なごまかしでもって、善行は恩寵の徴たりうるのだった。(このカルヴァン主義の名残は、工場所有者と商店主のためのものだった)。現世は永遠への待合室なのだから、富や貧困といった現世のことはきわめて瑣末なことである。金持ちは教会に奉仕することによって、（とくに、自分たちの雇う労働者のために礼拝堂を建設することによって）恩寵のあかしを示すことができた。貧民は、「肉欲や視覚の欲望や虚栄」に誘惑されることが少ないから幸運であった。貧民のほうがより恩寵を保持しやすいのは、「召命」のためではなく、逆戻りするような誘惑に出会うことが少ないからなのである。

恩寵を維持するためのわかりやすい手段が三つ提示された。第一は、組指導者や地元在住の説教師として、あるいはもっと身分の低い立場で、教会そのものに奉仕することによって。第二は、宗教的な修練や、小冊子の読書によって、しかしとりわけ回心、罪の自覚、悔い改め、恩寵の訪れといった感情の激動を再生しようと試みるなかで、自分自身の魂を修養することによって。第三に、生活のあらゆる側面を、方式にのっとって規律づけることである。なかでも、労働それ自体（これは卑しくつまらないものだから、善行と混同されてはならない）は、外的な動機のためにではなく、（ユア博士の言う）「純粋な有徳の行為」としておこなわれるものであるから、そこには恩寵のあかしがみられるのである。さらに、神がエデンの園から追い払ったときにアダムにかけた呪いが、「一生涯にわたる」厳しい労働と貧困と悲しみが祝福であることに、反論しえない教義上の論拠を与えたのである。

ここでわれわれは、メソジスムが労働者階級に教え込んださまざまな徳と、中流階級の功利主義に不可欠な要件とが驚くほど一致していることを理解する。[26] ユア博士は、「機械装置の場合と同じくらい堅固な原理にもとづいて道徳装置《モラル・マシナリ》を編成する」ように工場主に助言するなかで、両者の接合点を指摘している。この側面からみれば、メソジスムは、産業資本主義の労働規律への移行期における、功利主義の荒廃した内面的光景であった。手工業労働者の「発作的な労働」が方式化され、また勤勉に働こうとしないその衝動が統制されるにつれて、手工業労働者の感情的・精神的な発作は増大する。卑屈な告白の小冊子は、エドウィン・チャドウィックやケイ博士の非人間的な散文のスタイルのもう一つの側面なのである。「知性の前進」と魂の抑圧とが、手を携えて進行する。

しかし、メソジスムはなによりもまず「魂の宗教」であるというのがウェスレーの主張だった。メソジスムは、その「熱狂主義」と感情の恍惚状態の点でこそ、古いピューリタンの諸宗派と最も明確に異なっていた。[27] われわれは、その公認された宗教的な体験の諸段階についてなにがしか記しておいてもいいだろう。一七九〇年代に出された、船乗りジョシュア・マースデンの回心をつづった典型的な小冊子を取り上げてみよう。こうした小冊子には、普通決まりきった型がある。まず、罪深い青年が描き出される。悪態をつき、ばくちを打ち、酒におぼれ、怠け者で、性的にだらしなく、ただただ「肉欲」に身を委ねているような青年である。[28] 次に、その罪人に死を自覚させるような、なんらかの劇的な経験（致命的な病からの奇跡的な回復や、難破や、妻ないし子供の死など）が起こる。あるいは、たまたま神の言葉に巡り合い、罪人はそれを嘲るのだが、しかし救済への道を学びつづける。われらが船員はこれらすべてを経験した。難破によって、彼は「水と火と両方に飲み込まれそうになり、恐怖感で震えおののいた……過去におかしした罪の亡霊が死人のような姿で彼の前に歩み寄ってきた」。重病を患って、「しばしば涙を流し、打ちひしがれた彼は、恩寵の御座に近づき」「肉欲を破壊し、焼き尽くし」「キリストへのかかわりなしに死ぬことが、どんなに恐ろしいかを思い知った」。友人から誘われて、メソジストの組会《クラス・ミーティング》に出席したとき、「彼の魂はやわらいで、子供のように泣きたい気分になった。……涙が細い流れになって頬を伝わり落ちた」。その次には、赦しを求める嘆願と、以前の罪深い生活に舞い戻る誘惑との闘いという長い試練がつづく。ただ恩寵だけが、「罪人の魂を縛っている、無知と虚栄と不信心と憎悪と強情と情欲と貪欲の七つの封印」を解くことができる。そして繰り返しこの悔悛者は、「修練期間中」に、曖昧にほのめかされる「誘惑」[29] に屈服するのである。

> あらゆる努力にもかかわらず、彼はときに誘惑の暴力と衝動にかられ、その結果、打ちひしがれた魂が受けるあらゆる苦悩にさいなまれた。罪に打ち負かされたあとには、祈りをいっそう増やすのがつねだった。……ときには、赦しを得ないままで死んでしまうのではないかという恐怖が彼の心を大いにかき乱し、永遠の世界

で目覚めるのではないかという恐怖で眠ることができなかった。

「肉欲」がある程度まで抑えられると、「敵」は悔い改めた者の行く手にもっととらえにくい精神的な誘惑をおく。とりわけやっかいなのは、「かたくなな魂」へと行き着くようなあらゆる気質である――つまり、軽率さや虚栄などであるが、とりわけ、「救済を、血を流す和解者の無限の徳を通じて、神の無償の贈り物として受け取る」べく辛抱強く待つよりも、善行によって「救済を買い取る」という誘惑である。善行という教義は、「かのヘブライ人の、かのローマ・カトリックの、人間の徳についての教義」である。したがって、「かたくなな魂」は完全な服従を拒むあらゆる気質のなかにも存在している。

神は……われわれを完全に義認なさる前に……われわれの野生のつる草を枯らせ、虚栄に満ちた希望の花をしおれさせ、自己依存の支柱を取り払い、キリスト不在の義というけばけばしいおおいを剝ぎ取り、偽善的な自立を自慢することをやめさせて、罪深く、卑しく、恥じ、赤面し、自己に絶望した罪人を十字架の足元にひれ伏させるのだ。

このおとしめられた時点では、「彼の展望はすべて荒涼とした、もの寂しい荒野のようにみえた」。しかし「救済のときはいまや間近だった」。メソジストの礼拝堂の愛餐会では、悔い改めた者は、信徒席にひざまずき、「苦悶し、神に一心不乱に祈りはじめた」。「敵は猛威をふるい、洪水のように彼に押し寄せてくる」が、幾人かの指導者が信心深い女性たちと一緒に回廊にやってきて、揃って恩寵の御座に向かって彼のためにとりなした。みんなが祈れば祈るほど、彼の苦悩と重荷はいや増し、最後には消尽しきってしまった。汗が流れ落ち……やがて動く力もなく、信徒席の床に横たわった。しかし、これこそが救いの瞬間だった。……彼は言葉では言い表せないことを感じ取った。なにものかが彼の上にとどまっているように思われたが、それは神が現れて彼の身体に染み渡っていったかのようであった。彼は急に立ち上がって、キリストに頼ることができるのは信仰によってなのだと感じ取った。

このときから、「罪の重荷がとれた」。「この新しい被造物は新しい道徳上の美点によってはっきり示された。すなわち、愛、喜び、希望、平安、子としてふさわしい恐れ、イエスを喜びとすること、穏やかな確信、より親密な交わり《コミュニオン》とより完全な従順さを願うこと、である。……新しい正義の王国がその魂に植え付けられたのだ」。神の栄光が「一つひとつの行為の目的」となった。だが、救済は暫定的であった。恩寵の自覚は、人間とは「みすぼらしい、盲目の、堕落した、惨めで、哀れな、（神の恩寵なしには）無力な罪人である」という認識とともに存在したからである。(30)

われらが罪人は、「悪魔の強大国から、神の寵子たちの王国へと移し替えられた」。そして、われわれは、このぞっとするような比喩的表現のなかに心理的な試練をみることができるわけだが、その試練のなかで、工業化以前の反抗的な労働者《レイバラー》や職人《アーティザン》の性格構造は従順な工業労働者《インダストリアル・ワーカー》の性格構造へと鋳直されたのである。事実、ここにこそユアの言う「変形する力」がみられる。それは、人格の根源そのものに浸透して、感情や精神のエネルギーを抑圧するように方向づける点で、ほとんど悪魔的といえる現象である。しかし、「抑圧」は誤解を招きやすい言葉である。こうしたエネルギーは禁止されたというより、個人生活や社会生活での表現を奪われて、教会に奉仕すべく差し押さえられたのである。工業地帯には、箱型の陰鬱な礼拝堂が人間心理にたいする巨大な罠のようにして屹立していた。礼拝堂の内部自身でも、逆戻りする者や、告白や、悪魔への急襲や、迷える子羊など、感情のドラマが休みなくつづけられていた。とくに、信心深い女性信徒がここに宗教の偉大な「慰め」の一つを見いだしたのではないかと推測できる。もっと知的な者にとっては、次のような精神のドラマが演じられていた。

試練、誘惑、落胆、疑惑、争い、無気力、顕示、勝利、冷淡、放浪、悩み、救済、助け、希望、祈りへの報い、調停、安心、不満……魂の活動、信仰の作用、暗い摂理の混乱を通じての導き……火の試練、まさに打ちのめされんときの救い[31]。

しかし、強調しておかなければならないのは、ウェスレー派の感情主義の不連続な性格である。同時代の人びとがよりしばしば言及したのは、平凡なメソジストの性格について、あるいはその家庭生活についてであって、方式化され規律のとれた、抑圧的なその気質についてではなかった。あらゆる自発性を禁止するという点で悪名高いことは、「魂の宗教」にとってはパラドックスである。メソジズムは「魂の活動」を教会の諸行事に限って認めた。メソジストは賛美歌は書いたが、注目に値するような世俗的な詩はまったく書かなかった。情熱的なメソジストの愛人などといった考えは、この時代には考えられない。(「情熱はどんなものであれ避けよ」とウェスレーは忠告した)。言葉そのものは心地いいものではないが、しかし、この時期のメソジズムのなかに、一種の儀式化された心理的自慰行為をみないわけにはいかない。社会秩序にとって危険な、あるいは(ユア博士の言う意味で)非生産的にすぎないエネルギーと感情は、愛餐会や除夜の集会、音楽集会や信仰復興運動をときおり組織するといった無害なかたちで発散された。そうした愛餐会では、賛美歌を歌い、儀式としてケーキかウォータービスケットを分けたあとに、説教師が、粗野で感情的なやり方で、自分の宗教体験や誘惑や罪との格闘について話した。

その説教師がこうして説教に没頭している間に、あちこちの聴衆のあいだから、ため息やうめき声や真剣な吐息や……祈りか称賛の不意の叫びが発せられた。

それにつづく緊張感のなかで、会衆たる個々の信徒は立ち上がって、罪や誘惑について、またしばしば性関係について個人的な告白をした。これを見ていたある人は、「若い女性のなかには、立ち上がって話す直前に、はじらいと内心の動揺をさらけだす者もいた(32)」と記している。(サウジーが書いているように)メソジストは宗教を、「共感と刺激を永遠に渇望する、興奮と情熱からなるもの(33)」にしたのだった。安息日におけるこのような感情のオルガスムがあったから、平日には、こうしたエネルギーが一つの目的に方向づけられて生産的労働を極限まで発揮させることができたのである。さらには、救済は決して保証されるものではなかったし、また誘惑もあらゆる側面にひそんでいたから、四六時中、また一年中毎日、恩寵の目に見えるあかしたる「真面目で勤勉な」行動をとるようかりたてるものがつねに心のなかにあった。「解雇」だけでなく、地獄の炎もまた、仕事中に規律に従わないことの帰結でありえた。神は最も油断のない、すべてを監視する監督者であった。煙突の上にさえ、「神は私を見ておられる」という言葉がかけられていた。メソジストは、貧困と屈辱の「十字架に耐える」よう教え込まれただけではない。磔は(ユアが考えたように)服従のまさに手本だった。「血を流されたわれらが子羊の真の信奉者として、いまやあなた様の不断の十字架の上で、われらは死にます(34)……」。労働とは十字架であり、「変形された」工業労働者はそこで磔となるのであった。

しかし、人間の人格が根底から解体されることなくしては、衝動の転換がこれほど徹底的になされることはなかっただろう。いまやわれわれは、ヘイズリットがメソジストを「宗教的な不具者の集まり(35)」と呼んだ理由が理解できる。ウェスレーがルターから権威主義を受け継いだとすれば、メソジスムはカルヴァン主義と十七世紀のイングランドのピューリタンの聖職者から、快楽の欠如すなわち「あらゆる自発的な楽しみを厳しく避けることと一体化(36)」した、方式化された生活規律を引き継いだのである。さらに、両者からは、メソジスムは人間の邪悪さにたいする、ほとんどマニ教的な罪悪感[7]を引き継いだ。そして、よけいなおまけとして、ウェスレー兄弟は、十八世紀初期の死体愛好症という奇妙な現象と、モラヴィア兄弟団の伝統のなかでも最も不愉快な倒錯したイメージを吸収し、賛美歌と書物を通じて後世に伝えた。ウェーバーは、バクスターのような聖職者の教えのなかにある性的抑圧と労働規律のつながりについて記している。

ピューリタニズムの性的禁欲は、修道院生活のそれと程度を異にするだけで、根本原理は違っていない。しかも、ピューリタン的な結婚観のために、それの実際の影響は修道士のそれよりもいっそう広範囲におよんでいる。というのは、夫婦間においてさえ、性交が許されるのは「産めよ殖やせよ」の戒めに従い、神の栄光を増す手段として神が望む場合だけだからである。宗教上の懐疑や小心な自虐に打ち勝つためばかりでなく、あらゆる性的誘惑に打ち勝つため、適度の菜食と冷浴と並んで、「汝の天職《コーリング》で一生懸命に働け」との教えが説かれた。(37)

メソジズムには、性衝動は罪深いものであり、また性器はとくに罪深いものだとする教えが浸透している。性器、とくに男性器（というのは、女性は「肉欲」を感じることができないというのがしだいに世間的常識になったから）は、目に見える肉体上の悪魔の砦である。それは永遠の誘惑の源泉であって、まったく方式化されていないし、（熟慮され、神の意に従った子づくりのためでないのであれば）非生産的な無数の衝動の源泉である。(38) しかし、性衝動にたいするメソジストの妄想じみた関心は、メソジストの倒錯したエロティシズムの比喩的描写のなかにその正体を現している。すでに言及したように、ジョン・ネルソンの回心の際にも、悪魔は男根と同一視されていた。普通神は、執念深く独裁的で抑圧的というありふれた父親のイメージであり、キリストはこの神に向かって、「あらゆる人間の魂のために、血を流して恩寵を求める」燔祭の子羊《サクラフィシャル・ラム》の赦しを請わなければならない。しかし、キリストと女性の性的比喩による描写と——あるいは、より多くあることだが、両性具有の性的比喩による描写とを結び付けることは、もっと当惑を招く不愉快なものである。

ここでわれわれは、層をなして折り重なる矛盾した象徴体系に直面させられる。ウェスレー派の賛美歌の大部分は、「愛」の化身であるキリストに向けられている。しかし、キリストは、母親であったり、エディプス・コンプレックスであったり、性的であったり、サド・マゾ的になったりもするのである。モラヴィア兄弟団の伝統で傷と性的比喩による描写が驚くべき仕方で融合されていることは、しばしば言われてきたところである。罪深い「うじ虫」としての人間は、「住まいと寝床と食事を子羊の傷口」に見つけなければならない。しかし、性的比喩による描写はたやすく子宮の比喩的描写に移し替えられる。「神聖で貴く千倍も美しい小さな脇腹の、最も大切な小さな口」は、「再生した者が安らいで一息つく」罪からの逃避場所でもある。

なんと貴い脇腹の穴のくぼみよ
われは汝のなかで暮らしたい……
脇腹の穴の、神聖な喜びの場所で
われはすべての将来の日々を送らん
そうとも、永遠にとどまるのだ
汝の脇腹の裂けているその場所に(39)

ここでは性的比喩による描写と「子宮回帰」の比喩的描写が融合されているようにみえる。しかし、メソジストの賛美歌の言葉と、そのモラヴィア派のコミュニティにみられるアンティノミアンの異端性にたいするしつこい批難とが大っぴらなスキャンダルとなったのは、ウェスレー兄弟がモラヴィア兄弟団と袂を分かったあとのことである。ジョン・ウェスレーとチャールズ・ウェスレー兄弟の賛美歌では、明白な性的比喩による描写は意識的に抑えられ、うじ虫とはらわたの比喩的描写に取って代わられている。

来たれ、わが罪ある兄弟たちよ、来たれ
自分の罪の重荷にうめく兄弟たちよ！
神の血がしたたる心臓はあなたに場所を与え

神の脇腹の傷口はあなたを迎え入れる……。

しかし、この比喩的描写は圧倒的な血による犠牲のイメージに支配されている。あたかも、初期のキリスト教会を悩ませた、ミトラ教[8]の血による犠牲という隠れた伝統が、突然十八世紀のメソジストの賛美歌の歌詞のなかにほとばしり出たかのようであった。ここにあるのはキリストの「血を流している愛」、すなわち罪人が身を浸す燔祭の子羊の血であって、それは犠牲と悔い改めた者の罪とを結び付ける連想だった。ここには、「すべての者が入れるようにと開いた、キリストの脇腹からほとばしり出る泉」がある。

あなたの血の泉は
罪人のために大きく開いたままである
いま、たったいま、主たる神よ、
私はあなたの脇腹で身を浄めます。

自己犠牲的な言葉、マゾヒスティックな言葉、エロティックな言葉、そのすべてが一つの共通の絆を同じ血の象徴性のなかに見いだしている。

われらは渇きあなたの貴い血を飲まん、
われらはあなたの傷口で安らまん、
そして、不死の食物を口にせん、
そしてあなたのあらゆる愛を楽しまん。

キリストの愛と合体することは、とりわけ聖餐式での「婚礼の祭り」(教会は「神にキリストの身体を捧げる」ことによって集団として「神に自らを捧げる」[40])においては、「救い主の胸に宿されている」苦行の感情と子宮のなかの無意識状態へのあこがれと性欲の苦しみとを結び付けることである。

そこにいつでもとどまり、
一時も離れないだろう、
あなたの脇腹の裂け目のなかに隠され、
永遠にあなたの心臓のなかにとどまって。[41]

人間の生命のこれ以上の根源的な破壊、人間性のあらゆる側面にかならずや映し出される自発性の源泉のこれほどの汚染は、考えにくい。喜びは罪と罪責感に、痛み(キリストの傷)は善と愛に結び付けられていたから、あらゆる衝動はねじられて逆さまにされた。そして、大人や子供が神の目のなかに恩寵を見いだすのは、苦しい、骨の折れる、自分を打ち消してしまうような仕事をしている場合だけだと考えることが当然になった。骨折り悲しむことで楽しみは見つかるのであり、またマゾヒズムこそが「愛」であった。

この奇妙な比喩的描写は、産業革命期に、メソジストの賛美歌のなかばかりでなく、その説教と告白という表現方法のなかにも長く残ることになった。この比喩的描写は見過ごされてしまっていたわけではない。「神性が最も粗野な比喩的描写のなかに具現され実体化されている」と、「メソジズムの下品さと冒瀆的な恍惚状態について」と題したエッセイのなかでリー・ハントは論評した。「たとえ神が世俗的な愛の言葉でもって呼びかけられなければならないとしても、どうして愛人としてではなく父親として呼びかけないのだろうか」[42]。しかし、十八世紀末までには、メソジストの伝統は不気味な変化をとげつつあった。チャールズ・ウェスレー自身、この変化を預言するような賛美歌を一つならず書いていた。

なんと愛らしい死の姿！
この世の光景でこれほど美しいものはない
生きとし生けるどんな楽しい野外劇も
死体には匹敵しえない。

この点では、メソジストの伝統は両義的だった。一方では、メソジストの説教師たちは、死への恐怖と地獄での無限の苦しみへの恐怖という、発作状態を引き起こす技術を完成していた。子供たちは、言葉を話せるようになるころから、ごくささいな不品行でも永遠に罰せられるのだというイメージにおののいた。子供たちは夜ごと、フォックスの『殉教者物語』をはじめとする読み物で、気味の悪い思いをさせられた。[43]それと同時に、読む能力のある人びとには、十九世紀初期には、「聖なる死」を賛美する小冊子が洪水のように押し寄せた。いかなるメソジストの雑誌であれ福音主義の雑誌であれ、臨終の場面がないものはなく、それらにおいては（リー・ハントも指摘しているように）初夜を待ちきれないでいる花嫁や花婿の言葉のなかに死がしばしば先取りされていたのである。死は人間が罪責感なしに望みうる唯一の目標であり、生涯にわたる苦難と労苦ののちに得られる報いとしての平安であった。

近年、メソジスト運動の歴史の大方は、護教論者か、あるいは偏見はないが自分では理解しえない運動を酌量しようとする世俗主義の立場をとる研究者によって書かれてきた。したがって、十九世紀末のレッキーの評価を知れば、誰しも衝撃を受けるだろう。

これほど恐ろしい宗教的テロリズムの体制、ぐらついている知性を不安に陥れ、感じやすい性質を陰鬱な悪意あるものとするのにこれほど適した体制は、めったに存在しない。[44]

産業革命におおいかぶさっていたのは、『嵐が丘』の冒頭部でロックウッドの気味悪い夢に現れるジャベツ・ブランダラム師（ジャベツ・バンティングをモデルにしていることはほぼ確実だ）の姿だった。「なんということだ！たいへんな説教だ。じつに四百九十節に分かれていて……しかもそれぞれが異なる罪を論じているのだ！」。このすべてを包み込む「汝するなかれ！」の言葉は、程度こそ違え当時のすべての宗教に普及していたが、これを考慮してはじめて、われわれはウィリアム・ブレイクの偉大さを了解することができる。ブレイクが、きわめて寓話的で預言的な著作から抜け出て、格言ふうの平明さをもった最終局面へと『永遠の福音』で進んだのは一八一八年のことであった。ここで彼は、かつて自分の初期の歌のなかにあった価値観、すなわちアンティノミアンの立場からといっていい性の喜びの肯定と、無心の肯定をあらためて力説した。その詩のほとんどすべての行が、メソジスムと福音主義にたいする「神経戦」の布告と考えることができる。(45) 彼らの見る「キリストの幻影」は、ブレイクの預言では「最大の敵」だった。とりわけ、彼が攻撃したのは卑屈と服従の教えだった。すべてを禁止するこの卑屈さこそが、「太陽と月を抹消し」「天を極から極まで歪め」、

とげある幹をもって根を張っている
埋葬された魂とそのすべての宝石の上に。[9]

2　絶望の千年王国説

労働規律としてのメソジスムの効用はあきらかである。理解するのがそれほど容易でないのは、なぜそれほど多くの労働者がこの心理的な搾取に屈服したのか、である。メソジスムが、搾取する側と搾取する側の双方の宗

教として、二重の役割をかくもうまく果たしえたのは、どうしてなのだろうか。

一七九〇年から一八三〇年の時期[46]については、三つの理由をあげることができる。すなわち、直接の教化、メソジストのコミュニティ感覚、反革命の心理的帰結である。

第一の理由、すなわち教化を過大評価することはできない。福音主義派の日曜学校は、その活動を実際どの程度「教育的」と呼びうるかは知りがたいけれど、一貫して活発であった。ウェスレー派は、その創始者から子供は生まれながらに罪深いものだという奇妙に強い確信を受け継いでいた。そして、ウェスレーの場合、多くのイエズス会士を青ざめさせただろう迫力で、この確信を表明した。

早くから子供の意志をくじきなさい。子供が一人で走れるようになる前に、はっきり話せるようになる前に、いやなんであれ語を発するようになる前に、この仕事を始めなさい。子供をだめにしたくなかったら、どんな苦痛を支払ってでもその意志をくじきなさい。子供が一歳を過ぎたら、鞭打ちに脅え、静かに泣くよう教えなさい。その歳からは、命令されたように動くよう子供に教えなさい。十回も子供を鞭打てば、そうするようになります。……いま子供の意志をくじけば、その魂はかならず生き長らえ、おそらく子供は永遠にあなたに感謝するでしょう。[47]

ウェスレーのキングズウッド校では、ゲームや遊びは「キリスト教徒の子供にふさわしくない」という理由で、薪割りや穴掘りなど厳しい労働を伴う「レクリエーション」だけが許されていた。(「私は殺すか治すかだけだ」とウェスレーは言ったが、彼はするつもりがないことを決して口にしなかった。「私には、あれかこれかのどちらかしかない。つまり、キリスト教の学校か、何もなしかのどちらかだ」)。十九世紀初頭の日曜学校でよく使われた「教育用」素材を一瞥すれば、その真の目的があきらかになる。大人の礼拝に使われたウェスレーの賛美歌は、アイザック・ワッツの『子供の聖歌』[10]か、それ以後の書き手の手になる道徳臭のする類似の歌に取って代わられた。幼児たちは、自分たちが「生まれながらに、そして実際にも、哀れな罪の奴隷」なのだと歌うよう教えられた。すべてを見通している神の「射抜くような目」は子供たちの最も「ひそやかなおこない」を眺めていた。

われらはどんな罪もおかさない、
どんな邪悪な言葉も口にしない、
あなたの恐るべき本のなかに書かれているもの以外は、
最後の審判の日に備えて。

この時期のある典型的な訓話が、こうした「教え」の全般的な傾向をよく表している。(48) ジョン・ワイズは「貧しい男の息子だったが、この男は子だくさんで、一生懸命働いてもパンさえ満足に子どもたち全員に与えられなかった。彼は週七日、全力で働かなければならず、オート麦のケーキとお湯で煮たオートミールで暮らしていた」。にもかかわらず、彼の父親は「信仰心に篤い」人間で、神の祝福に繰り返し感謝していた。たとえば、「私たちは死んでいたかもしれないのに、みんなが生の国におります」というように。ジョンの母親は労働規律に従う太陽に関するワッツの賛美歌を教えた。

東の部屋から
朝の競争が始まる、
太陽は倦まず、たゆまず、
全世界を照らす、

だから、太陽のように、私も

この日の務めを果たし、
私の仕事を早く始め、
神の道を前進しつづけよう。

両親はジョンに安息日の神聖さを教え、義務や服従や勤勉についてさまざまな訓戒を与える。それから、ジョンの不道徳な妹ベティの恐ろしい話がつづく。ベティは日曜日に散歩に出かけて、靴を片一方なくして、濡れて泥だらけになって帰ってくる。父親はベティを叱り、家族に向かって、安息日に薪を集めた男は石を投げつけられて打ち殺されるべきだとしたモーセの命令を読み聞かせる。ベティの罪はこの男の罪よりも重いが、今回は許される。しかし、もっと悪い罪がつづいて起こる。子供の何人かが日曜学校をずる休みして、そのかわりにフットボールをするのだ！　次の日曜日にその子供たちは説教され、年老いたエリシャをからかったため、慈悲深い神の命令でずたずたに切り裂かれた四十二人の子供たちの話を聞かされる。次に、この子供たちはワッツのもう一つの賛美歌を歌う。

いたずら遊びをしていた子供たちが
年老いたエリシャを嘲った
そしてこの預言者にここから立ち去れと指図した、
「上っていけ、はげ頭、行け」

神はすぐに子供たちの嘲りをやめさせ
二頭の猛りくるった熊をつかわされた、
熊は子供たちをずたずたにして殺す、

血とうめき声と涙のなかで。

最後に、ジョンとその父親の篤い信仰は、貧困にたいする彼らの忍耐強さと従順さに深く心を動かされた見知らぬ人が、遺産を贈ることで報われる。

人はこうした訓話を笑うかもしれない。しかし、この心理的な残虐行為は、子供たちにとっては恐ろしい現実であった。また、ある著作家が近年強調した、ピューリタン流の赤ん坊の（ぴっちりした産着での）締め付けや肛門期におけるしつけがおよぼす抑圧的な影響については疑問が出るかもしれないが、この指摘をはなから否定することはできない[49]。しかし、ほとんどの教科書では、この時期に教会がとった「教育上のイニシアティヴ」について陳腐なことが繰り返し述べ立てられているけれども、日曜学校は村の私塾と比べてさえ恐るべき代物であった。十八世紀における貧民への教育の機会は、不十分で点在していたにすぎないものだったが、それはたとえ（シェンストンの女性教師がしたように）草花の名前を教える程度ではあっても、やはり教育のためのものだったが、反革命の時期になると、教育の機能は一にも二にも貧民の子供の「道徳の救済」にあるとする福音主義の支配的な考え方によって汚染されてしまった[50]。書き方の教育が否定されただけでなく、きわめて多くの日曜学校の教師たちが、自分の生徒たちを読む能力のないまま放置していたが、このことは旧約聖書のなかの最も道徳教化的な考え方ではともあれ神の祝福だった。ほかの子供たちも、鉱山業の児童労働に関する委員会のある委員にたいして次のように証言した少女同様のことしか学ばなかった。「いい子のまま死んだら、きっと天国に行けます。もし悪い子だったら、地獄の業火で焼かれてしまいます。昨日、学校でそう教えられました。前にはそんなこと知りませんでした[51]」。思春期のずっと以前から、子供は日曜学校で、また（両親が信心深ければ）家庭で、最悪のかたちの感情的な脅しをかけられ、自分の罪を告白し救済を悟るよう強いられた。つまり多くの者は、若き日のトマス・クーパーと同じように、「一日二十回も人目のつかないところに」行って、「赦しを求めて祈った[52]……」。

実際、「宗教的テロリズム」というレッキーの形容は、それ以外のいかなる教育制度も貧民の子供たちに提供しなかった社会にたいしては決して誇張ではない。少なくともランカスター方式の慈善学校運動[11]が始まるまではそうであった。この運動では、「道徳の救済」なる考え方が、純粋に教育的な意図と、職業向けの知識を子供に授けようとする功利主義的な関心によって修正されたのである。(53) しかし、――ここで第二の理由に移ることになるのだが――われわれは、日曜学校の初等読本を史料として、またバンティングのような人物の教養をもとにして、福音主義教会をあまりに寒々と、またあまりに無限定に描いてしまうことにも注意しなければならない。正統的なメソジストの聖職者が意図していたことと、多くのコミュニティで実際に起こっていたこととは別物なのである。古き「アルミニウス主義者」たるメソジストは、日曜学校の教育にたいして、もっと人間的な姿勢をもっていた。ニュー・コネクション派のメソジストのやり方は、正統派ウェスレー主義よりもいつもずっと知的だった。すでに指摘したように、ジェイムズ・モントゴメリー（『シェフィールド・アイリス』の編集者）は日曜学校の時間割りに書き方の授業を残すために、シェフィールドの非国教派内での闘いを主導した。授業を自発的にかってでた世俗の教師であれば、狂信的にはなりにくかっただろう。たしかに、ときに思いがけない結果をもたらす緊張関係は不断にあった。ボルトンのある聖職者は一七九八年にポートランド公にこう書き送った。

> われわれの日曜学校でさえ、事情によっては派閥争いの温床になりうるのです。われわれは、「統一イングランド人協会」に誓いを立てた者で、いま日曜学校の教師を無報酬で務めている者を、二人とまではいなかったのですが一人発見いたしました(54)……。

ストックポートの日曜学校は、一八三〇年代にユア博士から「物言わぬ要塞」だと激賞されたが、一八一七年から二〇年にかけては激しく攻撃されていた（ある程度は実際に乗っ取られた）。この時期には、ジョウジフ・ハリソン師とストックポート政治同盟とが、正統的な学校の元教師たちを採用していたにちがいない「急進主義日曜

学校」の運動を後押ししていたのである。(55)

こうしたことは、日曜学校についてだけでなく、メソジスト教会の全般的な影響力のなかにもみてとれるはずである。教義としてのメソジスムは無慈悲な労働イデオロギーとして現象する。しかし、実際にはこの教義は、それが説かれるコミュニティ内の社会関係の要求や価値観やパターンによって、程度を異にしながらも、やわらげられ、人間化され、修正された。結局のところ、メソジスト教会は一建築物以上のものであり、その聖職者の説教や指示以上のものだった。さらに、教会は組会や裁縫グループや寄付集めの活動に、また聖職者であればほとんど訪れることもない辺鄙な小村での小さな集まりに仕事を終えたあと数マイルも歩いて参加した地元在住の説教師に具現されていた。よく持ち出されるメソジストの連帯意識《フェローシップ》なるものは、あまりにも幸福に描かれている。連帯意識だけが強調されて、そのほかのメソジスト教会の特徴がすべて忘れられるまでになっていた。(56)しかし、礼拝堂の扉を開け放っていたメソジスムが、よりどころを失い見捨てられた産業革命期の民衆にたいし、駆逐されつつあった古いコミュニティにかわってある種のコミュニティを提供したことは真実だし、また重要でもある。（非民主的ではあるが）権威をいまだ確立していない教会であったから、労働民衆はそれをある意味で自分たちのものにすることができた。このことは、メソジスト教会が根を下ろしているコミュニティ（鉱山業や漁業や織物などの村落）で人びとの結び付きが密になればなるほど、いっそうあてはまったのである。

事実、この時期の多くの人びとにとってメソジスト教会の「会員証《チケット》」は、物神的な重要性をもっていた。移住する労働者にとって、ある町からほかの町へ移ったときに会員証は新しいコミュニティへの入場券になりうるからだった。この宗教コミュニティの内部には、（すでにみたように）それ自体のドラマ、地位や重要性について自分たち自身の基準、特有のゴシップがあり、そしてかなりの相互扶助がおこなわれていた。プロレタリアート家庭出身の聖職者はほとんどいなかったが、わずかではあれ階層移動もあった。男たちも女たちも、敵意に満ちた社会にあって、教会のなかでは自分の居場所があると感じていた。彼らは自分たちの真面目さや貞節や信心深さを認めてもらったのだ。そのほかにも、家族と家庭の安定への貢献といった積極面があったが、これについてはあとでふれよう。さらには、そのピューリタン的な性格構造は、教会と雇用主への奉仕のためだけに差し押さえられてしまうようなものではなかった。いったん移し替えがなされれば、これらの役割奉仕を可能としたのと同じ献身的性格が、労働組合やハムデン・クラブを統率し、夜遅くまで自学し、責任をもって労働者階級の組織を指導する人びとのなかにも見いだされるだろう。メソジスムのイデオロギーを分析する際に、われわれは思想として処理された像を描き出してきた。流動する社会生活のなかでは、平明な常識や思いやりや、古いコミュニティの伝統の頑強な生命力などのすべてが混じり合って、メソジスムの抑圧的な特徴をやわらげたのである。

しかし、なぜ労働民衆がナポレオン戦争の時期にあれほどメソジスムに影響されたのかという、第三の理由を取り上げなければならない。おそらくこれはすべての理由のなかで最も興味深いものだが、ほとんど注目されてこなかった。これを理解するには、メソジストやバプテストの信仰復興運動の、また群小諸宗派のヒステリー症的な面をまず思い起こすことが最適だろう。産業革命の最悪の時期には、本物のアヘンが工業地帯できわめて広く服用されていた。そして、チャールズ・キングズリー[12]ののしり言葉、「大衆のアヘン」から思い出すのは、メソジストの教義のかきたてる夢が幸福なものだとはいえなかったとしても、多くの労働民衆は「慰安」を求めて宗教に頼ったということである。信仰復興運動の説教師のやり方は感情による暴力で知られていた。まず緊張させ、突然の死と災難をなまなましく説明し、罪の大きさについて際限のないレトリックを使い、劇的な仕方で救済を示してみせるのである。さらに、メソジスムの野外に集まった群衆や初期の会衆もまた「熱狂主義」の暴力――恍惚となり、うめき、叫び、涙を流し、けいれんを起こす――で知られていた。実際サウジーは、信仰復興運動が催眠術に近いものであることを示唆した。ウェスレーは「新しい病気をつくりだして、その原因を自然科学によってでなく、神学によって説明したのだ[57]」と。これらの症状は荒々しい大衆ヒステリーのかたちをとることもあった。たとえば、ウェスレーの『日誌』に記録されたブリストルの事件がそうである。そこでは、「猛烈な音が……稲妻のように全会衆をかけめぐった」。

その恐ろしさと混乱は筆舌に尽くしがたい。それは嵐に襲われた町のようなものであった。人びとは互いにできるかぎりの激しい力でぶつかり合い、いすがばらばらに壊れ、会衆の十分の九は同じパニックに襲われたように見えた。

ウェスレーが一七八六年に書き留めているところでは、チャペル－アン－ル－フリスでは、このヒステリー状態はすでに習慣となっていた。

会衆の何人か、いやおそらくはその多くが、うち揃ってできるかぎり大きな声で叫んでいる。なかには不適当な、さよう、下品な表現を使って祈る者もいる。幾人かは死んだように崩れ落ちて、死体のように動かない。しかし、しばらくすると急に立ち上がって、「神に栄光あれ」「栄光あれ」と叫びはじめる……。

こうした過度のヒステリー状態をウェスレーは、「真の仕事を侮る」[58]ものだと批難した。けれども、産業革命期の全般にわたって、より弱められたかたちでのヒステリー状態はメソジストの信仰復興運動につきものだった。鉱夫や丘陵地帯の農夫や職布工らの人間関係の濃密なコミュニティでは、最初は野外説教活動や祈りの集会がコミュニティ内でおこなわれることに抵抗があったかもしれない。しかし、やがて「乾いた骨のあいだに少しうずくもの」が感じられるようになり、そして、「火がついた。ちょうど、共有地に生えるハリエニシダに火がつけられたときのようだ――火はまばゆく燃えさかった[59]」。

この実例は、一七九九年から一八〇一年におけるウェスト・ライディング地方の織布工の村落での布教活動からとられたものだが、この時期にはすべてのコミュニティが、自分たちは――少なくとも一時的には――「救済された」と宣言した。ほとんど注目されていないことだが、ナポレオン戦争期には、とくに北部の労働者階級のあいだでメソジスムが最も拡大しただけでなく、これとともにヒステリー現象も復活したという証拠がある。たとえば、一八〇五年から〇六年にはブラドフォードで多くの人びとがメソジストになったが、「多くの場合、聖書の一節が読み上げられるやいなや、説教師は打ちひしがれた人びとの叫び声に妨げられたので、礼拝は……神へのとりなしをいっせいに求める熱心な礼拝へと変更されてしまった」[60]。「私が話している間に、三人が倒れた」と、デヴォンのバイブル・クリスチャンズの説教師は、一六年の日記に満足げに書き留めている。「われわれは祈った。するとすぐにもう何人かが倒れた。気を失った者は六人だったと思う」。荒野地帯に住むこの宗派の農民や農場労働者の礼拝には、多くの場合、うめき声や平伏や「賛美の叫び声」や「大声の痛々しい、悔い改めの叫び」などがつきものだった[61]。

メソジスムは革命を阻止したのかもしれない。ともあれわれわれは、ナポレオン戦争期のメソジスムの急速な拡大が反革命の心理的な過程の一構成要素だったと確信をもって断言することができる。ある意味では、死後の生活をとくに強調するいかなる宗教も、敗北し絶望した者の千年王国なのである。「ユートピア的な未来像は反対の未来像をもたらした。革命家の千年王国的な楽観主義は結局のところ諦めという保守的な態度を生み出したのだ……」――カール・マンハイム[13]は、別の運動についてではあるが、こう書いていた。そして、マンハイムは心理的過程の本質についての手がかりをわれわれに与えてくれている。

千年王国説はつねに革命的な爆発を伴い、その爆発に精神を授ける。この精神が衰えて運動を見捨てると、世界にはむきだしの群衆の狂乱と精神を失った憤りだけが残される[62]。

一七九〇年代のイングランドでは、革命への衝動は「爆発」の臨界点に達する前に抑え込まれたから、精神が衰えたときにも、その反動は狂乱にまでは行き着かなかった。しかし、この数十年間には、ほかの仕方ではほとんど説明しえないような現象がたくさんある。真正な千年王国運動は、イングランドのジャコバン主義の敗北、ナポレオン戦争の開始、リチャード・ブラザーズの精神病院への幽閉とともに九〇年代後半に終わりを告げた。しかし、つづく十五年間、「新エルサレム主義者」の多くの宗派が興隆した。[63] 預言者が次から次へと現れたが、その一人、エビニーザ・オルドレッドはダービーシャー・ピークの人里離れた村（ハクロウ）のユニテリアンの牧師だった。

そこで彼はほとんど孤絶のうちに暮らして、夢想的で興奮しやすくなった。神のお告げを扱い、「黙示録」にナポレオンを見いだした。そして、ついには、自分が大地にも水上にも立たずに、ある大都市の崩壊を告知する預言者だと夢想するようになった……。

そして、白い衣をまとって白髪を肩にたらした姿で、テムズ川を小舟に乗っていき、小冊子を売ったり、滅亡を預言したりした。[64] それによれば、急進主義者、神秘主義者、軍国主義者は「黙示録」にいう衣を求めて争っており、ゆくえ知れずのイスラエルの諸部族は、バーミンガムとワォピングで発見された。そして「イギリス帝国は救世主の特別の持ち物であり、その救世主によって海の支配を約束されている」という「証拠」が発見された。[65]

しかし、「精神を失った憤り」の最も驚くべき実例は、あらゆる預言者のなかで最も偉大な預言者、ジョアンナ・サウスコットのまわりに形成され、そして本人よりも長続きした運動のなかに見いだされる。彼女の突拍子もない預言の小冊子、『信仰の不思議な作用』が発行されたのは一八〇一年のことであった。狂乱を待ち望む当時の雰囲気は、このデヴォンの農夫の娘で家事奉行人だった人間の名声が全国を席巻した速さによく示されている。人を引き付ける彼女の力は、多くの奇妙な要素から成り立っていた。古きイングランドについての真に迫った迷信の想像力がそこにはあり、これはとくにサウスコットの故郷であるウェスト・カントリーに強く残っていた。『ターントン・クーリエ』には一一年に次のように書かれていた。

超自然的な力への信仰は西部諸州にあまねく行き渡っていて、この地方のほとんどの村では「地獄の暗黒の手引き」に精通している人間を最低一人は頼りにしている。サンフォードの幽霊[14]は、しばらくの間、何千人もの信奉者を獲得した(66)……。

また、メソジスト流聖餐式のどぎつい比喩的描写と熱情もそこにあって、（サウジーによれば）ジョアンナはそれに「熱烈に魅せられていた(67)」。さらに、ジョアンナ流のやり方での奇妙な合成がそこにはあり、神秘主義のへたくそな詩が、明敏な、あるいは飾りけのない自伝ふうの散文——子供のころの思い出、不幸な恋愛事件、頑固な小農の娘と不実な聖職者やジェントリの出会いなどの話——と並べて脈絡なく書き記されていた。なにもまして、そこにはこの時期の悲惨な状況と戦争疲れがあり、ブラザーズの支持者が依然として新しい啓示を期待して日々暮らしているような時代から生じる千年王国を待み望む気持ちがあった。この時代には、

ある狂人は自分の夢想を、別の狂人は自分の白日夢を出版した。ある人は抜き身の剣を手にした天使が太陽から出てくるのを目にし、別の人は空中に燃える龍や、戦闘隊形をとった大勢の天使を見た。……下層諸階級は……第七の封印がまさに解かれようとしていると信じはじめていた(68)……。

ジョアンナはもちろんジャンヌ・ダルクではなかったが、しかし、ジャンヌ・ダルクが貧民を引き付けたいろいろな魅力の一つを備えていた。それは、神の啓示が小農の娘にも国王にたいするのと同じくらいたやすく起こりうるのだという感覚である。彼女はブラザーズの真の後継者として喝采を浴びたし、また自分のまわりに、教養ある幾人かの男女を含む取り巻き連中を集めた。（ブレイクの預言的な著作は、当時広く行き渡っていた預言を求める雰囲気の周縁部における特異なエッセイだとある程度見なしうるだろうし、彼の知人で銅版画師にして元「ジャコバン」のウィリアム・シャープもまたジョアンナに全面的に忠誠を捧げたのだ）。しかし、ジョアンナの魅力に最も強く引き付けられたのは、ブリストル、南部ランカシャー、ウェスト・ライディング地方、ストックトン‐オン‐テ

ィーズなどの西部および北部の労働民衆だった。

おおイングランドよ！　おおイングランドよ！　イングランドよ！　斧は木にあてられたのだから、木は伐り倒されなければならないし、伐り倒されるだろう。あなたは天罰のくだる日を知らない……真夜中の時刻があなた方すべてのところにやってきて、突然あなた方に襲いかかるだろう。すべてのことどもが成就されるときはもうすぐなのだから、いまやあなた方の前には危難が待ち受けていることを警告しておこう。「ボッラでつくられた深紅の衣を着てくる者は誰か。正義を語り、信じる者すべてを力強く救う者は誰か。しかし、私は怒りのうちに私の敵を踏み、憤りのうちに敵を踏みにじるのだ。私の心のうちに復讐の日があり、私の救いの年がきたからだ」[15]

ジョアンナの預言の大半は終末論的な雰囲気を伝えるだけにすぎないし、また破局の預言はきわめて曖昧だったので、ナポレオン自身を「野獣」になぞらえる場合のように、ナポレオン支配下のヨーロッパの危機や激変に簡単にあてはめることができた。彼女の流儀にはブラザーズには備わっていた革命的特性が欠けていた。しかし、最も確かなことは、彼女の終末論は善人と悪人をはっきり選り分けるものだったということだ。ジョアンナをとおして主は次のように語った。「大地は主の恵みに満たされ、地獄は主の恐怖に満たされん。……私の憤りは表にあらわされる――そして、私の誠実な思いやりは、いま私のもとにやってくるすべての人を救うのである」

目覚めよ、目覚めよ、おおシオンよ、汝の美しい衣を身にまとえ、おお、エルサレムよ。主の日はもうすぐなのだから……私は思い上がった者の高慢をくじき、柔和な者の魂を褒め称えよう。

救いを受けた者には漠然としたユートピアが示された。

地獄の力と罪から
私が人びとを救うとき、
私はあなた方の家を建て替えて、
そして、あなた方には宮殿がもたらされよう、
私は金鉱を持っているのだから。
泡立つ海は岸辺に送り付ける
そこに隠された何百万もの財宝を、
そして、宝石の鉱山が現れるだろう……
私はオフィル[16]の金を持っており、それがなすのは
エルサレムを再建すること、
そして、最初に救いを受けた人びとは、
口にせん、われわれが主張したこうした約束を……。

そこにはペインの「一庶子とその武装した盗賊ども」の名残さえあったし、また土地は労働民衆に返されるべきだと示唆されてもいた。

しかし、いまや私は相続人たちを解放するのだ、
すべてこれらの奴隷たちを追い払わん、
そして真の相続人は何も気遣うことはない。
なぜなら、私が悪い種族を根絶やしにして、

やつらの代わりに真の相続人を据え、
この土地を与えるからだ。

おそらくジョアンナ・サウスコットは、詐欺師などでは決してなく、単純で、ときおり自己不信に陥りやすい女性であって、また自分自身の不安定さと軽信さの犠牲者だった。（彼女を「売り出した」何人かの取り巻き連中についての評価はもっと厳しいものになろう）。自分の「お告げ」を忠実に筆記したジョアンナの飾りけのない文章にはパトスがある。主が彼女に伝えるよう命じた長文のメッセージは、ジョアンナ自身の有能さを示す最高の証明書である。

というのは、地上に新しいなにものかが現れるからだ。
ここであなた方に告げよう、天地創造このかた
これほど驚くべき女性が地上に現れたことはなかったと……。

最上の審判者から褒めそやされて、彼女は、軽率に信じ込みやすい人びとに一種の心理的恐喝を加えることができたのだが、それは地獄の業火を説く説教師の恐喝に負けず劣らず人を怯えさせる性質のものだった。ある日、売り払った家を掃除しているときに、ありふれた印証を、「あたかも偶然であるかのように」、主は彼女に見つけさせた」。それ以来、彼女の信奉者たち――「ジョアンナ一家」すなわちサウスコット主義者――は彼女から、特別の印証を、すなわちそれを持つ者は「生命の樹を受け継いで神の相続人兼イエス・キリストの共同相続人になれる」という一種の約束手形を得ることができた。千年王国の約束をもらえるのは「印証を受けた人びと」だけであり、他方、これを嘲笑う者はより恐ろしい脅しを受け取った。

汝らに告げておくが、敵が増えるにつれて、
あらゆる難儀は急速に増え、
戦争と騒乱はやむことがない。
人間の魂が私のもとに戻り、
汝を罰する怒りがやむまでは。

何千もの人びと（ある推計では十万人）がこのようにして「印証を授け」られた。実際一時は、中世後期にあった十字架の聖遺物の市場に匹敵する、印証の市場が存在していた。この時代の感情の不安定さは、「ジョアンナ一家」の熱狂にだけでなく、彼女に仕える下級の預言者たちをときおり襲撃した暴徒の、前者の熱狂に劣らぬ暴力的な感情にも示されている。サウスコット主義はどうみても革命的な千年王国説の一形態とはいえない。それは人びとをして効果的な社会行動に奮い立たせるものではなかったし、現実の世界というものにかかずらうこともほとんどなかった。むしろ、サウスコット主義の終末論的な熱情はメソジスムの熱情によく似ていた。つまり、それは自分を救ってほしいという欲求をヒステリー症的な激しさにまで高めたのだった。ともあれ、サウスコット主義が貧民のカルトだったことは確かである。サウスコットの神は、共謀してパンの価格を吊り上げるイングランドの贋の「守護者」（地主と政府）をののしった。

もし彼らが繁栄のさなかに貧民を飢えさせるならば、彼らにたいする私の批難は厳しくなり、私の審判は地上で最も激しいものになるだろう。……私がニネベ、ソドム、ゴモラについて語ったこと、私がティルスとシドンについて語ったこと、私がガリラヤ人について語ったこと[17]、これらはいまやイングランドの守護者たちにたいする批難になっている。

「バビロンの淫婦」の古い比喩的描写が混乱の度合いを増してよみがえり、そして「国じゅうの聖職者」のすべてがイゼベル[18]の「恋人にして姦夫」であって、「不貞な男が不貞な女と姦淫して私の聖書を汚しているのだ」と指摘された。すべての貧民のカルトがそうであるのだが、そこでは自分たちの苦境とイスラエルの民の試練がただちに同じものだと見なされていた。「ファラオ[19]がイスラエルの民を追って間近に迫ったように、悪魔は内部からは誘惑によって、外部からは迫害によって、印証を持つ人びとを間近まで追いかけてくるだろう……」。こうしたイメージの奔出のなかであらゆる意味連関が消え失せてしまうこともしばしばである。そこでは旧約聖書の固有名詞がエインシャント・ピストル[20]のリズムをものにしようと格闘している。

出てこい！　出てこい！　ソドムにその破滅を気づかせろ。ロトはいまどこにいるのだ。ツォアルの町は安全なのだ！　ロトの妻はどこにいる。彼女は淫乱ではないのか？　壁にはこう書かれている――汝ら神の碗を手にした淫らな平等主義者よ。……ベルにばらばらに引き裂かせろ！　……いま聖人たちが現世を裁くのだ。万能の神がここにおられる、力をもち、その言葉には気迫がこもっている。――剣、白馬、そして王のなかの王が燃える剣を抜いた！　喜べ、汝ら聖人たちよ、喜べ！　……偉大なオグとアガグよ、お前たちはどこにいるのだ！　エリコの城壁よ、崩れ落ちよ！　ヨシュアの雄羊の角、その七番と十二番の角がヨルダンの流れを渡る。……救世主が世を治められる。――エフライムの杖あるいは律法は、十集まって一つとなり、ユダの衣を離れない。――人間の子がイスラエルを治めている。――干からびた骨がいま生き返る。……花嫁はやってきた。――いま花婿が結婚の印証を受け取る。律法と福音がいま結び付く。――月と太陽が現れてくる。――カレブとヨシュアは再建のために意気揚々と流れを渡る。――カナンの人びとよ、汝はいまどこにいるのか？　怒りくるった連中よ、汝らはどこにいるのか？――

ヘテ人[21]は行ってしまった！　もはや姿を現して、傷つけ悩ませることはない。

いまやイスラエルの息子たちは平和を手に入れ、カナンの地を楽しんでいる。
見よ、エドムから私は血に濡れた衣を着て現れる。
私の息子たちは解放され、紫色の川のなかで救いを受け、洗われる。(69)

このカルト教団の最初の熱狂は一八〇一年から〇四年にみられた。そして次に最高潮に達したのは一四年のことで、このときには年老いたジョアンナは想像妊娠をし、そして神の子「シロ」を産むと約束した。ウェスト・ライディングでは、「この地域全体に髭をはやした預言者が出没した」。他方、ランカシャーのアシュトンは、のちに北部の「ジョアンナ一家」のいわば「首都」になった。(70)この女性預言者が、痛ましくも自らの「お告げ」に幻滅して一四年の最後の週に死んだ際には、この教団がきわめて深く根を下ろしていることが証明された。彼女の預言の衣鉢を継ぐと称する者が次から次へと登場したが、そのなかで最も注目に値するのはブラドフォードの梳毛工、ジョン・ローだった。サウスコット主義者の諸分派は次から次へと逸脱していったが、メシアの生気を突然に燃え上がらせうることを十九世紀の末年にいたるまで示しつづけた。(71)

サウスコット主義への熱狂が、とくにブリストル、ランカシャー、ヨークシャーでメソジスト陣営に甚大な打撃を与えたことは疑いない。実際、ジョアンナの数少ない神学論争のエッセイはメソジストに向けられたものだった。彼女は彼らが「カルヴァン主義的」教義を保持していると批難したのだったが、その教義は、

あらゆるものの創造主にして父なる神を、その「愛」があまねく広がり、その「慈しみ」が「神の御業」のすべてに行き渡るような存在としてとらえるのではなく、筆舌に尽くしがたいような残酷な存在におとしめている。(72)

もちろんメソジストは、サウスコット主義者に比べて、安定した組織や金や権威者への穏健な態度などの多くの

強みをもっていた。メソジストは、どれほど信徒をこのカルト教団に奪われようと、おそらくすぐに取り戻しただろう。しかし、だからといって、このカルト教団を、容易には変わらない社会の発展方向とは無関係な、たんなる「奇形」にすぎないと片づけることはできない。それどころか、われわれは「ジョアンナ一家」とこの時期のメソジストの復興が密接に関係していると考えるべきである。ナポレオン戦争期は巡回する平信徒説教師の全盛期だった。彼らは「敬虔なる不意の鋭い祈り、神聖なうめき声、清らかな恍惚感」を持ち前としていたが、[73] コベットはそれらを「まったくのたわごと」だとしてひどく激怒した。

彼らの天与の賜物、彼らの使命、彼らの霊感、彼らの内部ではたらく恩寵の感情、そしてそのほかの信心家ぶった支離滅裂な話、これらは常識にたいする粗野で非道な侮辱であり、この国にたいするはなはだしいスキャンダルである。このような宗派が日々勢力を伸ばしている間は、われわれの啓蒙された国家を誇るなど無意味である。[74]

正統派ウェスレー主義と同じように、「ランターズ」の諸分派も隆盛した。すなわち、ウェールズの「ジャンパーズ」(アメリカの「シェーカーズ」の従兄弟)、プリミティヴ・メソジスト、「テント・メソジスト」、トランス状態に陥るか「未来世界《ヴィジョンズ》」を見たデレミア・フォリストの「マジック・メソジスト」、ブライアン派すなわちバイブル・クリスチャンズ、ウォリントンの「クエーカー・メソジスト」、マクルスフィールドの「インディペンデント・メソジスト」などがそうである。戦中そして戦後のイングランドでは、信仰復興運動の宣教師たちが「主のもとに帰り、救いを求めよ!」と叫びながら通りを行き交っていた。

誰しも驚かされるのは、メソジストの回心が安定感を欠いていたばかりか、長続きしない現象だったことだ。教会の信徒数の増加を示すグラフは誤解を招きやすい。それよりも確かなことは、信仰復興運動が波状の変動を示したこと、あるいは希望の時期と絶望や精神的苦悶の時期が交互に現れたということである。一七九五年以降、貧民はふたたび屈辱の谷に入り込んでいた。しかし、貧民はしぶしぶと、しかも何度も過去を振り返りながら入っていったのである。そして、希望がよみがえったときにはいつでも宗教的覚醒は脇に追いやられたし、それが新たな熱情とともに再登場するのは打倒された政治的なメシア信仰の廃墟の上でのことにすぎなかった。この意味で、一七九〇年から一八三〇年にかけてのメソジストの飛躍的な増加は、絶望の千年王国説と考えることができる。

これはこの時期についての通説的な解釈ではない。この解釈はもっと立ち入った検討を必要とする一つの仮説として提示されている。フランス革命の直前には、メソジストはイギリス全土に約六万人の信者がいると公称していた。これは、工業地帯にある少数の地盤のほとんどすべてを意味するにすぎなかった。その後、公称された信者数は、一八〇〇年には九万六百十九人、一〇年には十三万七千九百九十七人、二〇年には十九万一千二百十七人、三〇年には二十四万八千五百九十二人、というように増加した[75]。信仰復興運動によって信者がとくにめざましく増えた時期は、一七九七―一八〇〇年、〇五―〇七年、一三―一八年、二三―二四年、三一―三四年であった。これらの時期は、政治的な自覚と活動が最高に達した時期に重なっているのだから、ホブズボーム博士が「宗教意識、社会意識、政治意識のそれぞれの動きのあいだにみられる著しい並行関係[76]」に注意を払っているのは正当である。しかし、政治的高揚と宗教的高揚の関係が密接であることはあきらかだとしても、この関係の性格ははっきりしないままである。つまり、「メソジスムが前進したのは、急進主義が前進したときであって、それが弱まっていたときではなかった」という結論はかならずしも出てこないのである[77]。それどころか、信仰復興運動は「政治的な」運動すなわち現世の運動が敗北したまさにそのときに優勢になった、とも考えうる。このように、われわれはいわば魂のグラフを描くことができるが、それはフランス革命と『人間の権利』に結び付く広範囲にわたった感情の動揺とともに始まった。一七九〇年代のはじめには、世俗的なジャコバン主義とリチャード・ブラザーズの千年王国への希望がみられた。九〇年代の終わりから一八〇〇年代にかけては、メソジストの信仰復興運動と「ジョアンナ一家」の熱狂が見いだされるが、多くの同時代人はこれら二つは基盤を同じくし、また同じ支持者をもつものと見なした。(78)ラダイト運動（一八一一―一二年）のあとには信仰復興運動の波がふたたび起こったが、一八一六年から一七年にかけての冬には、政治運動の復活に取って代わられた。その最後の二年間には、プリミティヴ・メソジストがノッティンガムシャー、ダービーシャー、レスターシャーにある掛け枠編み工の村落に浸透し、信仰復興運動と政治的急進主義の関係はとくに密接だったようにみえる。一六年の聖霊降臨日には、ノッティンガム・フォリストで催された野外集会に一万二千人が集まったと主張された。この運動は一七年秋から一七年の夏にかけては、民衆のエネルギーは急進主義運動に吸収されたようにみえる。一六年の六月のペントリッジ「蜂起」で頂点に達したが、この「蜂起」では少なくとも一人の地元在住説教師が指導的な役割を果たしている。しかし、一七年と一八年にこれらの諸州で起こったプリミティヴ・メソジストの大規模な信仰復興運動（「これまで経験したなかで……最も注目に値するものの一つ」）に火がついたのは、ペントリッジの惨事以後だったように見なすことができる。(79)一九年は、戦後の十年間のうちで政治的に最も活発な年だったが、信仰復興運動の面では注目に値しない年である。他方、三一年から三四年に熱烈な信仰復興運動が広がったのは、ある程度は、「最後の農業労働者の反乱」のあとに、南部と西部の農村諸州で信仰復興運動がなされたためだろう。(80)

以上は仮説である。さらに踏み込むためには、われわれは年単位ではなく、月単位、そして州単位ではなく、町や村単位の信仰復興運動についてもっと知ることが必要である。そのうえ、プリミティヴ・メソジストやバイブル・クリスチャンズの政治運動にたいする関係は、正統派ウェスレー主義のそれとは大きく違っていた。しかしながら、信仰復興を経験したすべての教会を詳しく調べてみればわかることだが、それらの教会は一貫して発展していったのではなく、きわめて大勢の人びとの回心がなされたときにときおり急増するという変化を伴ったものであった。それは、急上昇のあとには後退がくるという一種の波動の性質を帯びていたのである。トマス・クーパーが一八二〇年代の自分自身の回心を説明した文章は、その典型と考えていい。「この実例は驚くほどの伝染力をもっていた。この町（ゲインズバラ）とその周辺の何百人という人びとが聖なる魂を求めて祈りはじめた……」。何週もの間、彼は「この世の聖なる天国」で自分が変容したと感じた。それからついに彼はこの世に戻ったが、自分が教えている学校で子供たちに腹を立てると、彼の変容感覚は消え失せてしまった。

巡回先の町や村落に住む多くの信者が、私と同じような経験をした。またこれこそが、連合体を構成する巡回先すべてでみられる経験である。いわゆる「信仰復興」は、聖なるものを得ようと努める誰か一人ないしそれ以上の人びとともに始まることが多い。このお題目はほかの人びとの欲望をかきたて、……しばしば何カ月にもわたって一つの巡回先を燃え立つような興奮で満たす。しかし、衰退はかならず始まる……。(81)

クーパーはこうした経験をわれわれに伝えてくれる。しかし、社会的過程の見地からすれば、マイナスの極にある信仰復興運動とプラスの極にある（革命的な千年王国運動の色合いをもった）政治運動とのあいだを揺れ動くある振幅のようなものをわれわれは想定しうるだろう。この両極をつなぐ概念はつねに「イスラエルの民」である。一方の極では、絶望の千年王国説はメソジストの労働者を最も卑屈な人間に切り下げてしまうことができた。労働者は牧師から「悪魔の息子」である議会改革論者に近づくなと警告されていた。「われわれは……主の救いをじっと待つべきである。ときがくれば、主はご自身の大切な特別の人びとを救われるのだ」(82)。こうした「特別の人」である労働者は、雇用主の「犬」ではないかと疑われて、ときどき自分の仕事道具を壊されたり、労働組合への加入を断られたりした。コベットはメソジストへの攻撃をさらに強めた。「北部の民衆のあいだで、やつらはスパイや賞金稼ぎの役を務めている」(83)

他方では、あたかも期待を裏切るかのように、メソジストの労働者、そして実際に地元在住の説教師が、労働者階級の政治運動のさまざまな分野で——各地とも少人数でではあるが——活動家労働者として十九世紀には繰り返し登場した。メソジストであるジャコバンは少数だったが、メソジストのラダイトはよりも多かったし、ピータールーで示威行進したメソジストの織布工や、メソジストの労働組合主義者やチャーティストも大勢いた。

彼らが運動を先導することはほとんどなかった（炭坑の、またのちの農村の労働組合運動は例外である）。先導役を務めたのは、異なる道徳的言語ではぐくまれて現れたオウエン主義者や自由思想家であることが多かった。しかし、彼らは献身的な演説家やオルガナイザーであることをしばしば見いだされて、自分たちの属するコミュニティから――メソジスト教会から追放されたあとでさえ――信頼されていた。

こうなった一つの理由は、ウェスレー主義の根底にある多くの緊張関係に求められよう。ちょうど性衝動の強圧的な禁止が、まったく反対の効果――特殊ピューリタン的な反抗という形態（D・H・ロレンスの先駆け）であれ、アンティノミアニズムという形態であれ――を引き起こす危険性をつねにもっていたのと同じように、メソジスムの権威主義的な教義は自由論《リバタリアン》というアンチテーゼを生み出すことがあった。メソジスム（とその福音主義の片割れ）は政治意識の高い宗教であった。一七八九年以前の百年間に、非国教徒《ディセント》は、民衆に向けたレトリックでは、二つの敵を設定していた。すなわち、罪と教皇である。しかし、一七九〇年代になると、憎しみの対象は大きく転換した。教皇は呪いの座を追われ、代わってトム・ペインが昇進した。バンティングはこう宣言した。「メソジスムは罪を憎むのと同じように民主主義を憎む」。だが、ジャコバン主義に反対する説教をしつづけることは、大衆の意識の前面にこの問題を置いておくことにもなったのだった。困窮の時期あるいは政治的興奮が高まる時期には、メソジストの労働者の心のなかに「鬱積した敵意」(84)が一挙に現れ出ることがあったろうし、また信仰復興運動の敏速さをもってジャコバン思想や急進思想が「ハリエニシダの野につけられた火」のように広がったことだろう。

さらには、宗教的平等主義と世俗的平等主義のあいだの緊張関係がルター主義の特徴であることを銘記すべきである。労働民衆は旧約聖書のなかにたんに権威主義的で執念深い神以上のものを見つけたし、また自分たちの苦難の寓話も見いだした。この一群の象徴体系こそが（『天路歴程』とともに）千年王国論者や「ジョアンナ一家」や「ジャンパーズ」や正統派ウェスレー主義に共通したものだった。いかなるイデオロギーであれ、信奉者によって全面的に取り入れられることはない。イデオロギーは、衝動と経験に批判されるかたちで、実際にはこなごなに分解するものである。労働者階級のコミュニティは相互扶助や隣人愛や連帯など自分たち独自の価値観を礼拝堂のなかに注ぎ込んだのである。それ以上に理解しなければならないのは、こうしたヘブライ人の系譜学や破門の話や年代記は、織布工や鉱夫の日常経験と比べてみたときに、まったく信用できない呪文のように映ったにちがいないということである。どんな状況にもあてはまるような聖書の章句があちらこちらで目にとまっただろう。おそらくそれらは、宗教的巡礼を表すのと同じくらい階級闘争を表しているようにみえただろう。一八〇一年の「地下組織」の場合はまさにそうであった。信頼できる報告によれば、このときに、ランカシャーの陰謀家たちは「エゼキエル書」[22]にもとづいて宣誓したのである。

悪に汚れたイスラエルの君主よ、汝の日、最後の刑罰のときがきた。神である主はこう仰せられる。かぶり物を脱ぎ、冠を取れ。すべてがすっかり変わるのだ。低い者は高くされ、高い者は低くされる。

私は打ち倒す、打ち倒す、打ち倒す。もはやそれは存在しない、権利をもつ者が来るまでは。そして私はそれをその者に与えよう……。

剣、剣が抜き放たれた。それは虐殺のために研がれ、その輝きがために心を奪う[85]。

同じような聖書の章句は、ニューカースル地区にあるインディペンデント・メソジストの無給牧師のうちの一人の言葉のなかにも見られる。このグループは一八一九年に急進主義者の平信徒説教師が追放されたあとに分派したものである。

不平等な法律と偏った統治は、あらゆる人の胸に苦痛の種を植え付け、あらゆる人の顔つきを憂鬱にする。……そうした支配者については、まさにこう言えるだろう。彼らのブドウの木は、ソドムのブドウの木、ゴモラのブドウの畑からのもの。彼らのブドウは毒ブドウ、その房は苦い。そのブドウ酒は蛇の毒、コブラの恐ろしい毒である。しかし、メシアの王国では、平安が川のように流れている。……神の力の杖は、シオンから出でたものであり、抑圧の杖ではないのだ。(86)

このように、日曜学校という「要塞」でさえ反乱を生み出すことができただろう。十九世紀はじめのトドモーデンでつくられた寄付簿(87)には、ストライキ基金を納めたすべての人がそれぞれの選んだ偽名で掲載されており、礼拝堂とパブとが産業危機に際して結束した時期の雰囲気をわれわれに教えてくれる。

	ポンド	シリング	ペンス
当代のマントを授けられている人物は残念なことにソロモンの言葉、「箴言」第二十七章第二十二節を確証している、と思っている者	〇	二	六
ロバを連れた塩の行商人	〇	〇	二
真理を守る	〇	〇	六
野兎と猟犬亭	〇	〇	六
慈悲を愛し、正義をおこなえ	〇	〇	四
老いぼれを吊せ	〇	〇	二
トムの女房のような女とやれ	〇	〇	二
友	〇	一	〇
ジョージ国王亭	〇	一	〇
老いぼれロバートショウに「エレミア書」第二十二章第十三節を読めと言え	〇	〇	六
イーストウッドの織布工	〇	五	四

もしディック・オー・ジョスの女房が報告書を燃やすのをやめないのなら、
古い途方もない音をたてる木靴が教えてくれよう、彼女が半クラウンの
晴れ着を着ていることを　○四三・五
上着を買った男　○○二
罰のためにそいつの尻尾を切って縫ってしまえ　○○四

しかし、一七九〇年から一八三〇年の時期にメソジストの平信徒説教師らが過激な急進主義運動に参加したことを、労働者階級の運動への「メソジストによる貢献」だと評することは、極端なアンティノミアニズムのあいだでの自由恋愛の実践を性の解放への「ピューリタンの貢献」だと評するのと同じくらい愚かなことだろう。いずれも反発としての、文化形態なのである。とはいえ、ピューリタンの性的な反抗が（D・H・ロレンスにみられるように）男女間の「正しい関係」について深刻な懸念をいだいている点で依然として「ピューリタン」であるように、メソジストの政治的反逆は、急進的活動あるいは革命的活動のなかに、深甚なる道徳的誠実さ、公正と「召命」の意識、持続的に組織に献身するために「方式化《メソジスト》する」能力、そして（なかでも最もすぐれた）高度の個人としての責任感を持ち込んだのである。これらの点は、ペントリッジ蜂起に参加したメソジストたちにみることができる。そのなかの一人はダービーで大逆罪で処刑されたが、「その巡回地域《サーキット》のなかで最も有能な地元在住説教師だった[88]」。それは、サミュエル・バンフォードのよりすぐれた資質に、また彼が一八一九年の示威行進参加者にもたらした自己規律にもみられる。さらに、ドーチェスターの農業労働者にして「トルパドルの殉教者」であるラブレスにもみることができる。民衆運動が激しさを増すときにはいつでも、この種の「異端」が姿を現した。実際、一八三〇年代までには、バンティングの古参たちが破門や追放によって地位を守ろうと万策を尽くしたにもかかわらず、全コミュニティで、とくに織布工と靴下編み工のコミュニティで、メソジズムとチャーティズムが合体するにいたっていた。

この過程にはほかの要因も影響を与えた。十九世紀はじめまでには、有給聖職者たる職業化したウェスレー主義と、平信徒説教師の自発的《ボランタリズム》な訪問伝道とのあいだには著しい緊張関係が存在した。キラムのニュー・コネクションが分派しても、恣意的に任命された聖職者の一団に正統派メソジズムの最高統治権が授けられていることにたいして多くの平信徒が感じる怒りはなくなりはしなかった。コベットはメソジストの年会を「教皇選挙秘密会議《コンクラーベ》」だとして繰り返し嘲った。彼はこの年会を「この世で最も忙しくかつ忍耐強い連中」から構成される新しい官僚制度であると表現した。連中は現世の利益を保ち、また新しい世襲的司祭制を永続化しながら、貧者が寄進する小銭に頼って気楽に生活することに汲々としているのだった。コベットはキングズウッドにあるウェスレーの学校について、新しいエリートを永続化する機関だと考えた。(89) コベットが「イングランドの最も憎むべき自由の敵」として批難したのは、地元在住の説教師ではなく、職業牧師だった。

……国教会の聖職者も自由にたいして敵意をいだいているけれども、彼らの敵意はその激しさの点で、これらごろつきの分派主義者たちの敵意と比べればまったくとるにたらない。……彼らは次々に本を書く。次々に小冊子を書く。非道な説教を次々にする。彼らは西インドの奴隷所有者を……ののしるが、しかし彼らがランカシャーやアイルランドの奴隷所有者をののしる言葉などひと言として耳にしたためしがない。それどころか、彼らは神に感謝せよと繰り返し民衆に告げているのだが、……それは腹がいっぱいで暖かい寝床があることにたいしてではなく、自分たちが無限の恩寵の受け手であることにたいして、またそのことにたった週一ペニーしか要求しないということにたいしてなのである。(90)

コベットの攻撃は全面的に公平無私というわけではなかった。彼はかつてメソジストを同じように激しく攻撃したが、しかしまったく逆の理由からであった。それは彼がトーリー党を支持していた時期のことであり、デスパード大佐の仲間にメソジストがいることを知ったからだった。(91) この反感は彼が一貫してもちつづけた偏見の一つであった。そして、一八二〇年代はじめに、彼はバンティングと「教皇選挙秘密会議」の極端なトーリー主義にたいしてだけでなく、急進派の示威行進に参加したまさにその同じ人びとからメソジスト教会が小銭を巻き上げる巧みさにも腹を立てていた。しかし、疑いなく、多くの平信徒説教師や組指導者は、常任の聖職者にたいして、そしてまた金持ちへの信徒席の貸賃や特別待遇といった慣行にたいして、コベットと嫌悪感を共有していた。そして、この嫌悪感をコベットは広めようと骨を折ったのである。彼はこう書いた。「一週間休みなしに靴をつくってきた男は、それがために日曜日にひどいことを説教したりはしないのである」

> これまで一度たりとも説教をしたことはないが、年会のメンバーよりもじょうずに説教できる何千人もの労働者や職人や製造業者がいる。年会メンバーの圧倒的大部分は労働者や職人だったが、彼らが説教師になったのは、働くよりも説教するほうが楽しいからなのだ。

（コベットが描くところの）「信心深く私欲のない」無給の地元在住説教師は、年会の「高慢な寡頭制」によって「抑え込まれ」ていた。

> 年会の大御所たちは彼らに顔をしかめている。彼らをでしゃばり屋としてしか遇しない。彼らを小さな村々に送り込んで、ごく少数の人たちを相手にした説教をさせている。他方、大御所自身は何千人もの人びとに説教しているのだ。いまや、王国じゅうのすべてのメソジストにとっての重要事は、ただこれら私欲のない人びとにだけ耳を傾けることである。もし年会が彼らを礼拝堂から締め出すなら、メソジストは彼らの自宅で、あるいは納屋や樹陰で彼らに耳を傾けるべきである。

コベットがメソジスト信徒に提案するもう一つの「治療法」は、「小銭の寄進を見合わせる」こと、あるいは少なくとも議会改革論者ではない聖職者への寄進をいっさい見合わせることであった。[92]

多くのメソジストがコベットの勧めに従ったかどうか、あるいはメソジストが実際にすでに寄進を見合わせていたのでコベットがそのように勧めたのか、あきらかではない。しかし、コベットの言葉は、私たちが十九世紀初頭の時期の多くの離脱した諸分派——とりわけプリミティヴ・メソジストとバイブル・クリスチャンズ——の特徴を理解するのにたしかに役立つ。キラム派の分離はメソジスト教会内部での垂直的な分裂を示し、比較的知的な信徒が分派したのにたいして、この時期の分離はなによりも水平的な分裂であって、平信徒説教師とその会衆が職業聖職者から離れていったのである。バイブル・クリスチャンズが生まれたのは、熱心な平信徒であるウィリアム・オブライエンが、自分の召命の認知をメソジスト主流派《エスタブリッシュメント》側が拒否したことを知ったからである。彼は主流派の規律上の禁止事項を無視して、デヴォン北部で自由契約の説教に従事したので、「放浪する乞食」として除名された。彼とともに改宗した信徒集団を彼は率いた。バンティングの伝記を、真面目な水車大工兼指物師（スタッフォードシャーの炭坑や「山岳地帯の農場」で、その場で機械装置をつくったり、木材を使って修理をしたり、鉄材を加工したりする仕事を請け負った）でプリミティヴ・メソジストを創始したヒュー・ボーンの伝記と並べて読むことは、二つの別々の世界を行き来するようなものである。ボーンはこう思い起こしている。「炭坑の縦坑口が、またほかのどんな場所もがわれわれの教会になった。われわれは、善人であれ悪人であれ、粗野な人であれ洗練された人であれ、すべての人に会話形式で福音を説いた」[93]。その地域のウェスレー派の主流派側は、ボーンとクラウズが炭坑や陶業の町で改宗させていた人びとにほとんど関心をもたなかった。福音主義の熱狂によって初めて野外集会がマウ・コップで開かれた（一八〇七年と〇八年）が、その熱狂はただちに否認された。

バンティングは派閥がらみの関心という高所から労働者を見くだしていたが、ボーンとクラウズは労働する民衆の一員だった。バンティングは熱心にメソジスト教会を国教会の片腕にしようとしたが、プリミティヴ・メソジストは、ウェスレー主義を起源とする苦難と迫害の世界に依然として生活していた。これら二つの教会を同じ角度から論じようとしても無理である。プリミティヴ・メソジストの説教は、その会衆の生活と同じくらい厳しく、(ホブズボーム博士が述べているように)「救われた者の栄光と地獄に落ちた者の炎に焼かれた暗黒」のこのうえなく鋭い対照を必要とした。しかし、これは貧民に向けてではなく、貧民によって説教された。この分派でも、またほかの分派でも、地元在住の説教師は教会を自分たちのものにした。それゆえに、これらの分派は正統派コネクションよりもはるかに直接的に、その後の労働組合運動と政治的急進主義の歴史へ貢献したのである。[94]

どんな色合いのメソジズムであれ、より階級意識を備えた姿をかならずとる別の環境があった。すなわち、農村部である。農村にあるメソジストの礼拝堂は、当然ながら国教会の教区主管者代理と地主《スクワイア》を侮辱するものであり、また農業労働者が独立と自尊心を勝ち取る拠点だった。ここでもまた、プリミティヴ・メソジストの影響力は——とりわけイースト・アングリア地方で——著しく際立っていることを実証した。しかし、その論理は、プリミティヴ・メソジストが創始される数年前の一八〇五年に、激昂したある農村部の教区主任司祭が書いたパンフレットのなかに見ることができる。[95]そこでは、メソジズムに改宗した農業労働者たちはあらゆる種類の反乱を企てていると批難された。労働者はこう語った。「この穀物もほかのすべての大地の実りも神の摂理によってはぐくまれたものであり、それらは金持ちと同じく貧民のためのものでもあるのだ」。彼らは自分の賃金に満足していなかったし、「雇用主が緊急時に要求する途方もなく長い時間を働く」つもりもなかった。もっと悪いことに、日曜日になると彼らは翌週の労働のために体力を回復させるどころか、数マイルも歩いて説教を聞きに出かけ、へとへとに疲れてしまった。週日の夜には、まっすぐ寝床に向かわずに、賛美歌を歌いながら暖炉とろうそくを浪費した。この牧師は、「ある冬の夜……九時というかくも遅い時刻に、きわめてみすぼらしい小屋の何軒かで」こうした光景を目にして驚愕した。何年もあとになってから、ジョージ・ハウエル[23]は、ドーチェスターの農業労働者たちの事件に評言を加えた際に、こうした態度がジェントリのあいだに残っていたことを強調した。メソジズムは、「そのころ、とくにドーセットとほかの西部諸州の多くの村では、衝撃的な犯罪行為だった。実際、あらゆる犯罪行為のなかで、それは密猟に次いで最も由々しきものだった」。

こうしたいろいろな仕方で、服従と労働の神聖化とを神学上の基調とするような宗教の中心部に、たえず緊張関係が生み出されていた。この反発の弁証法は、鉱夫や農業労働者のその後の労働組合運動の歴史と、チャーティズム運動の歴史とで全面的に展開されることになる。しかし、その起源は一八一〇年から三〇年の時期にあるのであって、ハリファクスのベン・ラシュトン[24]やラフバラのジョン・スケヴィントン[25]といったチャーティストの指導者たちは、この時期に将来を決定づけることになる経験を積んだのである。一七八五年生まれの手織工であり、またメソジストのニュー・コネクションに属する地元在住の説教師でもあったラシュトンは、ピータールーのときには急進的政治運動で活動し、おそらく投獄され、さらにコベットがメソジストに向かって会費の支払いを拒否するよう訴えていたころにニュー・コネクションを追い出されたか脱退した。一八三〇年代のはじめに、彼は救貧法反対運動と手織工救済のためにふたたび活動した。三九年の初期のチャーティストの大野外集会（これ自体がプリミティヴ・メソジストを手本にしたものだった）で、ラシュトンと一緒に数人の地元在住説教師が演説をした。そのうちの一人ウィリアム・ソーントンは、祈り――「邪悪な者の邪悪さがなくなりますように」――で集会の幕を開けた。そして、ファーガス・オコナーは彼の肩をたたいてこう言った。「よくやった、ソーントン。人民憲章が実現できたら、きみがヨーク大司教になれるだろう」。別の説教師は、この集会で「礼拝の実施が市民的自由に反しているような礼拝所には行かず……これからは事態の必要に見合った仕方で、われわれそれぞれの地域ごとに集まる」よう義務づけるべきだとする動議を提出した。ベン・ラシュトンもこの動議を支持して、こう明言した。「彼自身、一八二一年このかた教区主任司祭にまったく寄進したことがない。やつらが彼から一ペニーを手に入れても、それはやつらの利益になるだけだ」と。また、別の地元在住の説教師ハンソンは、聖職者にたいする弾劾を加えた。

> やつらはキリストと一片の干からびたパンについて、また黙従と無抵抗について説教する。そうした教会と礼拝堂から身を守ろう（「そうするぞ！」）。キリストと満腹、キリストとよくしつらえられた寝床――キリストとよい住宅――キリストと普通選挙権について説教するような人びとのところに出向こう。[96]

ラシュトンやソーントンやハンソンといった人びとがチャーティスト運動に影響を与えたことは、きわめて高く評価できる。彼らの影響は野外集会の性格や、次の「貧困の子らは集まらん」といったチャーティスト賛歌のなかにみられる。

汝意気地なしよ、見よ勇者を、
　その者はおまえたちの正しい大義を高く掲げる。
彼らへの反対を口にしなかった者がいただろうか？
　まさにキリストと同じように、彼らは、
　　迫害されたのだ
悪いやつらと不正な法律によって。
やつらを静かなまどろみから目覚めさせよ、
　やつらをうぬぼれのまっただなかで苦しめよ。
おまえたちの隊列を増やし、おまえたちの数を増やせ、
　憲章をさらに広く普及させよ。
　　真理はわれわれの側にある、
神はわれわれの味方だ。(97)

影響は、『オールド・ハンドレッド』[26]を歌いながらハリファクスに行進した点火栓引き抜き暴動の参加者たちにもみてとることができる。また、スローガンにもそれは表れていて、たとえばラシュトンの故郷の村オーヴェンデンの織布工がチャーティストの示威行進に持ってきた大きな旗にはこう書かれていた。「やつらを恐れるな。

神を思い起こせ。神は厳しくも、偉大でもあり、われわれの兄弟、息子、娘、妻、そして住まいのために闘っておられるのだ[98]」。さらに、ラシュトンの影響はチャーティストの礼拝堂にもみることができる。スペン・ヴァリーでは、かつて執事プリーストリが「キリストの貧民」にパンを恵んでやり、ジョン・ネルソンがゴマーサルの丘で悪魔に会い、また十九世紀のはじめにはサウスコット主義者やアンティノミアンやメソジストのラダイトたちの姿が見られた地域だが、いまやその地には礼拝堂が建てられていて、一八四〇年代には、その礼拝堂でラシュトンは聖書を引いて「汝ら貧民はつねにあなたとともにおります」と説教したといわれている。ラシュトンは貧民を三種類に分けた。足や目が不自由な人は「神の貧民」とされ、怠け者や向こう見ずな者は、放置して自分で自分の世話をさせればよいとされた。

そして、第三に、生涯にわたって懸命に努力して働いたにもかかわらず、他者の悪行と抑圧によって貧しくさせられたり、貧しいままにとどめおかれてきた貧民がいる。……つづいて、隣人に政治的正義が与えられることを拒み、また隣人を抑圧してその生活をたんに生き延びるための長い絶望的な闘いにしてしまう連中を、彼は燃えるような雄弁さで公然と批難した。

彼の雄弁と義憤が勢いをつけるにつれて、「聴衆の感情は熱烈な叫び声ではっきり表現された……抑圧者にたいするラシュトン氏の激しい批難にわれを忘れた一人の聴衆がついにこう叫んだ。『そうだ、こんちくしょう、こんちくしょう[99]』」。

ラシュトンのような人びとが多くの地域のチャーティスト運動にきわめてすぐれた道徳的熱狂をもたらしたことは確かだが、チャーティスト運動の内部の（「実力行使派《フィジカル・フォース》」に対抗する）「穏健派《モラル・フォース》」グループに肩入れする素質がもともと彼らのなかにあったと考えるのはまったくの誤りである。それどころか、彼らは、新型軍《ニュー・モデル・アーミー》の男たちならすぐ理解しただろう「闘いの神」に仕えたのであり、また少なからぬ数の元平信徒説教師は、「剣を持たぬ者には、その上衣を売らせて剣を買わせよ」という聖句をすすんで説教した。ラシュトンは——ある友人から「これまでイングランドの演壇に立ったなかで最も堅実で、恐れを知らぬ、誠実な政治家」だと評された——すすんで点火栓引き抜き暴動を指導した（また、ふたたび投獄される危険をすすんで引き受けた）。彼は六十歳代になってもアーネスト・ジョーンズ[27]のために運動に参加し、演説した。この織布工説教師は死ぬまでひっぱりだこだった。あるときは、織布工の小さな村の記念礼拝で、「いちばんいい身なりで、つまり長い上っぱりや前かけを含む衣服と木靴を着けた」会衆に向かって説教しているすり切れた衣服と木靴を着けたラシュトンの姿があり、またあるときは、危機状況にあるチャーティストの支部を鼓舞せんとして、毎晩何マイルもの道をとぼとぼ歩いている彼がいた。（あるとき年若い同僚が、ラシュトンの木靴がすり切れて靴下が地べたに接するまでになっているのに気づいたことがある。「おや、本当だ」、この老人は政治演説をほんの一瞬中断して言った。「でも、それがもたらす報奨についてこれから考えてみよう」）。一八五三年の彼の死に際しては、壮大なチャーティストの葬儀がおこなわれた。[28]そして、ラシュトンはいかなる有給の聖職者も式を司ってはならないと条件をつけていたので、ガメイジとアーネスト・ジョーンズが弔辞を述べた。(100)

ともかくも、ジャベツ・バンティングとベン・ラシュトンは同じ世界の住人ではなかった。想像力にたいして暴力をふるわないかぎり、このチャーティストの織布工と権威主義的な聖職者とが共通の「運動」のなかで結び付いていたと考えることなどできない。というのは、バンティングの神が呪ったのは、人間の原罪《ジ・アダム》にほかならないラシュトンだったからである。

第12章　コミュニティ

1　余暇と人間関係

対仏戦争期のメソジストの信仰復興運動は、産業主義の労働規律の成立に手を貸した。さらに、この運動はある程度は労働民衆のあいだにあった絶望感の表れでもあった。メソジスムと功利主義は、一体となって、産業革命の支配的イデオロギーを構成する。しかし、メソジスムのなかに、われわれは社会全体の内部で進行中の変動の最も明瞭な表現をみるにすぎない。その特徴の多くは、あらゆる教会での福音主義運動で、また功利主義者や理神論者による社会理論で再生産された。ハンナ・モアは、「子供たちを汚れなき存在と見なすことは根本的な誤り」であって、むしろ子供とは「堕落した本性と邪悪な気質をもった」存在だという見解に、ウェスレーと同じくらい強く固執していた。[1]そして、イングランド国教会が一七九〇年代から一八〇〇年代にかけて多くの村で奨励した日曜学校でも、ストックポートやハリファクスの学校の事例ですでにみたのとまったく同じ規律と抑圧が（温情主義的色合いをもつこともあったが）重視されていた。一様に記述されていることだが、日曜学校の役割は貧民の子供たちに「勤勉と節約と敬神の精神」をはぐくむことにあった。ケイスター（リンカンシャー）の日曜学校教員は次のように指示された。

……子供たちの抑制されていない獰猛な感情をなくすこと、子供たちの不快で堕落した卑猥な言葉遣いをやわらげること、子供たちのひねくれた反抗心を抑えること、子供たちを正直に、忠実に、礼儀正しく、勤勉に、従順に、秩序を守るようにさせること[2]……。

規律づけ秩序だてようとする圧力は、一方では工場から、他方では日曜学校から始まって、余暇や人間関係や話し方や立ち居振る舞い《マナーズ》などの生活のあらゆる側面におよんだ。工場、教会、学校、治安判事、軍隊といった規律の執行機関と並んで、準公的といっていい諸機関が、規律正しい道徳的なおこないを強制するために設立された。メソジズムの精神《エートス》を国教会の聖油と混交させた人物、またこうした運動に一七九〇年から一八一〇年にかけて最も精力的に活動した人物は、ピットの道徳面の副官であったウィルバフォースである。一七九七年に彼は「服従という最高法規」について長々と説明し、貧民を管理するためのさまざまな条項を規定した。

……彼らの下等な人生は神の手によって按配されてきたものであること、忠実にその義務を果たし、満足してその不便に耐えることが彼らの本分であること、現在のような状態はすぐに終わること、俗物たちが熱心に争い取ろうとしている目的はそうした闘争に値しないこと[3]……。

一八〇九年までに、彼は公然たるジャコバン主義がもはや危険ではないことに満足していたが、しかし道徳面での規律の欠如が現れるたびにそこにジャコバン復活の危険性を嗅ぎ取った。彼はこう書いている。「われわれは政治犯罪には敏感であるが、道徳犯罪にはまったく鈍感であるように思われる」

このようにウィルバフォースが言うのはあまりにも控えめというものである。というのは、彼自身深くかかわった悪弊撲滅協会は、一八〇一年と〇二年だけでも六百二十三件の安息日遵守法を破ったとの理由による告発を成功裡になしとげたからである[4]。しかし、下層階級のあいだでは道徳の軽薄さと政治的な煽動とが密接に結び付いているという彼の確信は、彼の階級に特徴的なものであった。飲酒と下品な行為にたいする告発は増加した。ブレイクの古くからの敵であるランダフの主教ワトソンは、〇四年のある説教で、職業的密告者の任務は「宗教的観点からも政治的観点からも……気高い意図」を表すものであると述べた。貧民の娯楽を禁じる説教がなされ、また法令が制定されて、まったくたわいのない娯楽さえ身の毛がよだつ忌わしいものと見なされるまでにいたった。悪弊撲滅協会は干渉の範囲を「安ビール《トゥー・ペニー・ホップス》、ショウガ入り菓子パン市《ジンジャーブレッド・フェア》、猥褻画」にまで拡大した。(5) 裸で海水浴をする人たちは、まるでフランス革命時の死刑囚護送車とギロチン台の前ぶれでもあるかのように迫害された。「姦通に関して言えば」、とジョン・バウドラはそれとなく脅すように書いている。「ユダヤ法では死刑に処せられたのだから、現在もそうあるべきだと考える者が……われわれのなかにもいる」。この福音主義者は上流階級にたいして、礼儀作法《マナーズ》を改め貧民の手本になれと戒めた。「社会」それ自体に、革命期以後の時代になると、「陽気さとユーモアにとって破滅的な……よそよそしい礼儀作法の拡大」(6)がみられた。

社会的な規律づけの進展になんの異論も唱えられなかったわけではない。バウドラ博士の支持者たちは姦通者を投獄する新しい法律を可決させようとしたが、この試みは庶民院で失敗した。安息日破り、乞食、放浪者、踊り子と軽業師、バラッド歌い、自由思想家、裸で水浴する者など、庶民に科される刑罰とは違って、姦通を取り締まる法律は、貧民だけでなく金持ちの楽しみも締め出すかもしれないという点で反対された。さらに、民衆の余暇に干渉しようとするそのほかの試みも庶民院で僅差で否決されたが、それは自由放任主義《レッセ・フェール》からくる惰性と、フォックス派による個人の自由の擁護、そして伝統的なトーリー流の「パンとサーカス」への寛容ならびにメソジスト的「狂信」への嫌悪感による成果だった。(この時代の一つの皮肉は、ウィンダム戦争大臣が福音主義者と議会改革論者に対立して牛掛け《ブル・ベイティング》を弁護したことであった。そして、この弁護にたいしては悪魔の砦から「ウィンダムと自由!」の歓声が沸き起こったのである)。

しかし、規律主義者は、いくつかの立法上のこぜりあいでは負けたとしても、産業革命の戦いには勝利した。しばしば十八世紀イングランドの都市部と農村部の貧民の属性だと考えられた「アイルランド人」気質は、この産業革命の過程で、産業資本主義の方式化《メソディカル》された生活様式に転換された。農村部でのこうした転換は、小農がやっと生活していくための気まぐれで「不経済な」リズムにたいして、貨幣経済が勝利した事実のなかにきわめてはっきりと示されている。工業地帯では、それは工場のベルや時計の規律が労働時間から余暇時間へ、労働日から安息日へおよんだこと、そして「靴直しの月曜日」[1]や伝統的な休日や定期市への批難にみることができる。

十八世紀の定期市——年に一度の「雇用市」や、馬や牛の定期市や、種々雑多な商品の販売——の経済的機能はなおきわめて重要であった。が、定期市が貧民の文化生活でも同じくらい重要だったことを忘れてはならない。依然として産業革命の初期には、労働者の一年は困苦と乏しい食糧の周期で成り立っていたが、それは「祭り《フィースト》」日によって明確な区切りがつけられていた。そうした「祭り」のときには、飲み物や肉が豊富にあったし、オレンジやリボンのような贅沢品が子供のために買われたし、踊ったり、求婚したり、宴会に招いたり、スポーツが催されたりしたのである。十九世紀も終わり近くになるまで、全国に定期市のネットワークがあり（権力側はその多くを制限したり禁止しようと試みたが、効果はなかった）、そこには、行商人、トランプ詐欺師、本物や偽物のジプシー、バラッド売り、呼び売り商などの同業者の一団が参加した。(7) ノーザンバーランドのある日記の著者は、一七五〇年のウィット・マンデイ〔精霊降臨日後の第一月曜日〕についてこう記している。

……馬車競争《カートン・スポーツ》に出かけた——鞍、轡《くつわ》、鞭などが全速力疾走の賞品だった。……たくさんの若い男女が、ここらでは「夕食逃し《ルージング・ゼア・サパーズ》」と呼ばれるゲームというか遊戯を楽しんでいた。……そして、最後に彼らは居酒屋での大騒ぎで娯楽をしめくくり、若い男たちはその夜のほとんどを、女の子相手にキスをしたり、いちゃついたりして過ごした。

三週間後には、レバーストン娯楽大会[2]がおこなわれた——「鉄輪投げでは銅鍋が賞品だった。……また、いろんな色のリボンやそのほかの装飾品で飾られ装われた一羽のハトを賞品にして、村の娘たちが踊りを競った(8)……」。

一七八三年にはボルトンの治安判事がこう文句をつけている――オートミールが一荷あたり二ギニーで売られているご時勢に、

……この町には欠乏の兆候はほとんど見られないのであって、ある晩などは、フィドルや花輪を持ち、そのほか田舎《いなか》の派手な服で着飾った若い男女がきわめて長い行列をつくって、たんに怠惰な祝日を祝うために、あるいはここ一、二年の間彼らが喜んで出かけていっているもの、つまり近所の共有地にある下劣なわらぶきの居酒屋での定期市を祝うために、街道でモリス・ダンス[3]を踊っているのに出くわしたほどだ。(9)

昔ながらのスポーツや祭りの衰退を、たんに「農村的」価値観が「都市的」価値観に取って代わられたという見地から説明することについついいなりがちである。しかし、これは誤解を招きやすい。動物掛けとか拳闘[4]といったような野蛮なかたちであれ、あるいはもっと陽気なお祭り騒ぎのかたちであれ、より粗野な楽しみごとは、十八世紀にはしばしば、いやより頻繁に、田舎と同じようにロンドンやそのほかの大都市にも見いだすことができる。そうした楽しみごとは十九世紀になっても存続したが、テューダー期のロンドンの徒弟たちの乱暴な伝統を思い起こさせ、また十九世紀のロンドンの住民の大部分が農村から移住してきた人びとであることをあらためて教えてくれるような活気に満ちていた。あらゆる定期市のなかで最大のものは、バーソロミュー・フェア[5]であり、動物の見せ物、スリ、ハーレクインとファウストのパントマイム、トランプ詐欺師、芝居、野蛮人《ワイルド・メン》や馬術の見せ物などがつきものだった。一八二五年に『職種新聞《トレイズ・ニューズペーパー》』紙はこう嘆いた。

何週間も前から、それは聖職者や新聞によって批判されており、正直の道を踏みはずした徒弟とか、純潔を奪われた雑働きの女中とか、頭を割られたりけんか騒ぎなどの話でいっぱいである……。(10)

これに先立つ十年前から、すでに当局は、この定期市が「あらゆる煽動活動の根城や、反乱のきっかけ」となることを恐れていた[11]。

他方、産業革命は、田舎からいくつかの産業を奪い取り、農村の生活と都市の生活の均衡を壊したわけだが、さらに孤立や「愚かさ」という農村イメージをわれわれの頭のなかにつくりあげた。だが、われわれがしばしば想像する以上に、十八世紀イングランドの都市文化はもっと「農村的」（普通使われる意味で）だったし、農村文化はもっと豊かだった。コベットは、「人間は同じ場所にずっととどまるとばかになる、などと考えるのは大きな誤りである」と力説した。そして、新興工業都市のほとんどは、田舎に取って代わったというよりも、田舎の上に成長したのである。十九世紀初期の最もありふれた産業の空間的配置は、周辺部の中核として機能する商業ないし製造業の中心地と、そのまわりに円形をなして散在する工業村落から成り立っていた。村落が都市の郊外となり、耕地が煉瓦でおおわれるにつれて、十九世紀後期の大都市圏ができあがっていったのである。

しかし、この過程で最も暴力的だったのは、古くからの伝統を無理やり破壊しようとしたことであった。ランカシャー南部、ポタリーズ、ウェスト・ライディング、ブラック・カントリーにおいては、地域の慣習や迷信や方言は切り捨てられも移転されもしなかった。村や小さな町の職人は工業労働者へと脱皮した。バンフォードは自著『若き日々』のなかで、世紀の変わり目ごろのランカシャーの織布工の村の活気ある伝統について証言している。魔女やお化けや「妖精」の物語があり、荒々しい拳闘や闘鶏があり、（イースターのときの）「卵集め《ペース・エッギング》」や、「ライディング・ザ・ブラック・ラッド」[6]といった慣習があり、またクリスマスやシュローヴ・タイドや「シンベリンの日曜日」や八月の「ラッシュベアリング」[7]といった伝統的な祝い方がなされる祝日があった。この「ラッシュベアリング」のときには、ミドルトン、オールダム、ロッチデイルの町にはモリス・ダンスを踊る人たちが見られた。

新調の靴がとても立派なので、

その気になればモリス・ダンスを踊れるよ。
それに、帽子とシャツを着たならば、
最高のモリス・ダンスを踊ってみせるよ。

あるいは、五月一日の「悪ふざけの夜」[8]には、少年たちが村の女たちの戸口の階段に印を残したものだった。

ハリエニシダの束は淫らなことで名うての女であることを、またヒイラギの束はひそかに愛されている女であることを示していた。雄羊の角は男ないし女が結婚生活に不実であることを、若木の枝は真実の愛を、カバの若枝はかわいい娘であることを意味していた。(12)

われわれは、この一七九〇年代についてのバンフォードの叙述を、過渡期にあって古い生活様式と新しい生活様式が並存していた一八二〇年代のウェスト・ライディングにあった「遅れた」服地産業村であるパドシーについてのジョウジフ・ローソンの記憶と比べることができよう。この村の家屋は「まるでうっかり落とした種から芽を出したかのように」散在し、道路は明かりもなく板石で舗装もされておらず、集落へは曲がりくねった窪地や小路づたいに行くほかなかった。部屋の天井は低く、窓は小さくて、窓枠がついていなかった。

衛生の知識は極度に乏しい。医者は、熱病患者のいる家に行くと、まずステッキでガラス窓を打ち壊す。最初に彼が処方する一服の薬は新鮮な空気なのだ。

大半の家にはオーブンがなく、調理用の「石かまど」があるだけである。石でできた床は砂だらけで、家具は質素で数も少ない。「一部の家には、オーク材の衣類箱か櫃、つまり先祖伝来の家財があり、あるいは、小さなつくりつけの戸棚が部屋の角にあったり、壺や皿を入れる食器入れがあったりする」。水は貴重で、洗濯日には井戸の前に二十人から三十人もの長い列ができることがある。石炭とろうそくは高価なので、冬には近所の人たちが寄り集まって、互いに暖炉の火を分かち合う。パン焼きと酒の醸造はそれぞれの家でなされる。白パンと肉は贅沢品と考えられている。「オートケーキ、黒パン、オートミールのプディング、脱脂乳、ジャガイモ、自家製のビール、それを彼らはいつも『飲み物』と呼んでいるが、それらが主要な食品である」

　こうした貧しい日常生活の繰り返しは、ときどきの「聖節」や祭期によって中断される。そうしたときには「少しばかりの牛肉」が買われ、そしてみんなが定期市に出かける。市では、ショウガ入り菓子パンや果物やおもちゃが売られ、またワーテルローの戦いののぞきからくり、パンチ・アンド・ジュディの人形劇、小屋掛けの賭博場やブランコなどがある。それに、慣例の「愛の市」では、若い男たちがブランディ風味のケーキや木の実といった「知らせ《タイディングス》」で娘たちの気を引く。労働民衆で新聞を読むだけの読み書き能力をもつ者はごく少ない。それでも、新聞は鍛冶屋や床屋やパブで取られている（そして声に出して読まれる）。ニュースのほとんどは、バラッド売りや街頭歌いを通じて伝えられる。昔ながらの迷信は、老人にとっても若者にとっても現実味のある恐怖の種である。ジャンブルの井戸やベイリーの絞首台やボガード通りには、幽霊がいる。だから親が子供をしつける際には、「子供を取って食うお化けのいる、地下室のような暗い場所に」押し込めるのが普通である。「もう一つの、きわめて深刻で有害な迷信は、どんな子供であれ死んでしまうのは、そうあるべきだとする神の御心によるものだという、広く行き渡っている信念であった」。公衆衛生改革の推進者は「不信心者」と見なされた。闘犬や闘鶏もよくおこなわれた。さらに、祭礼のときに「いくつかのリングが設けられ、そこでは肌を露わにした男たちが、ときには意識不明になるまで闘ったものである……」。酔っ払いがどこにも見られ、とくに休日や「靴直しの月曜日」にはそうであった。後者は靴直しだけでなく織布工や節玉取り工《バーラー》によってもおこなわれていた。しかし、木球打ちや「ダック・ノップ」や路上でのフットボール[9]のような、それほど乱暴ではない娯楽もたくさんあった。この村は内部においては同族中心的であり、またよそ者にたいしては、わずか二、三マイルしか離れていない場所の人間にたいしてさえ閉ざされたコミュニティであった。大昔の伝統もいくつか残っていた。たとえば、「丸太乗り《ライディング・ザ・スタング》」がそうで、女房を虐待することで知られている男や、淫らであると考えられている女がいると、わめき立てる群衆がわら人形を持って通りを運び、しかるのちにその不届き者の戸口で人形を焼く、というものである。[13]

地方の伝統は消え去りつつあったのではない。それどころか、産業革命の初期には、地方のプライドと自意識は強まっていたこともありうる。ランカシャー南部とウェスト・ライディング地方は一七八〇年以前に、農村の未開地だったわけではない。すでに二世紀にわたって家内工業の中心地であった。新しい工場規律が手工業労働者の生活様式を浸食したり、コーポレーション・ストリートおよびコロネーション・ストリートがイェプ・フォウドとフロッグ・ホールとトリンズにかけて建設されるにつれて、喪失感によって自意識が強められた。さらには、工業労働者の文化のなかで疑似愛国主義的心情が階級的感情と混じり合った（新しい機械と古い慣習の対立、ロンドンによる専制ないしは「よそ者《フォーリン》」資本と地元の織物業者との対立、土着の織布工とその賃金を切り下げるアイルランド人との対立）。十時間労働運動の指導的な情宣担当者であったジョージ・コンディは、ロビーの『ランカシャーの伝統』（一八三〇年）に序文を寄せたし、バンフォードは、十八世紀の「ティム・ボビン」[10]にならって地方の慣習と方言を称賛し理想化した多くの庶民作家のうちの一人にすぎなかった。

しかし、これは昔からの生活様式が消滅していくことへの意識的な抵抗であり、政治的急進主義としばしば結び付いていた。[14]この消滅過程で、共有地や「遊び場[15]」といったたんに物的な喪失と同じくらい重要だったのは、遊ぶための余暇の喪失と遊び心に満ちた衝動の抑圧であった。バニヤンやバクスターのピューリタンの教えはそっくりそのままウェスレーによって伝えられた。「地獄の業火を避けるように、あらゆる軽率さを避けよ。呪いやののしりを避けるように、くだらぬふるまいを避けよ。女性に触れるなかれ……」。トランプ遊び、色物の衣服、装身具、演劇、これらすべてがメソジストでは禁止された。「冒瀆的」な歌や踊りを批難した小冊子が書かれた。[16]また信仰心の篤い態度に欠ける文学や美術はひどくうさんくさい目で見られた。かの恐るべき「ヴィクトリア朝」の安息日は、ヴィクトリア女王が生まれるはるか前からその圧迫を拡大しはじめていた。

前工業化時代の伝統を工業地帯から根絶やしにしようとするメソジストの決意がどれほどのものであるかを示す典型的な小冊子がある。[17] 一七九九年にシェフィールドでおこなわれた四季集会において、信徒のなかに「毎年の祭期に訪問したり、訪問を受けたりする慣習を完全にはやめて」いない者のいることが指摘された。こうした祭りは、「ウェイクス」(ダービーシャー、スタッフォードシャー)、「ラッシュベアリング」(ランカシャー)、「レヴェルズ」[11](イングランド西部)などいろいろな名前で知られていた。それらは、おそらくもともとは許されていたのだろうが、「きわめて極悪非道な目的のために、恐ろしい仕方で乱用される」ようになってきていた。「不節制に飲み食いしたり、罰あたりなこと、あるいは少なくとも無益なことをしゃべりちらしたり、大笑いしたり、冗談を言ったり、不義密通をはたらいたりする」ことに時間が費やされた。そうしたことに加わることは、最低でも「暗黒のむなしき仕業と親交を結ぶこと」であった。貧民は、貯蓄できたはずの金を浪費し、そして多くの者が借金を負った。そうした祭りに加わるメソジストは、回心していない人びとの世俗的な慣習に身をさらすことになるのであり、逆戻《バックスライディング》りがお定まりの結末だった。信徒は、訪れてきた(非回心者)がたとえ友人や親戚であっても、歓待してはならない。そうした訪問者を門口で断わることができないときには、ただ聖書の朗読や神についての語らいや賛美歌の合唱だけで、もてなすべきである。

兄弟たちよ、われわれは何をしているのだろうか！　深い穴の底には死がある。災厄は始まった。怒りはむなしき信仰告白者に向けられている。罪のうたた寝がわれわれをとらえている……。

そのほかの残存している慣習、たとえば葬儀の前の「通夜《ウェイク》」での飲み食いも同じくらい批難された。また、急病の場合以外には、安息日に親戚を訪問することさえ許されなかった。[18]

こうした激烈な主張は、バンフォードの生地、ミドルトンのような多くの場所で、古い生活様式と新しい規律の闘争が猛烈に、しかも長期にわたってなされたことを示唆している。そして、パドシーに関するローソンの説明は、「教会堂に集う者たち」がその陰気な流儀のゆえに一つの集団としてコミュニティから遊離していたことを示している。敬虔な家族に育てられながら、そのしつけ方に強く反発した者も多かった。たとえば、ウィリアム・ラヴェットがそうであった。

……日曜日に三度も礼拝所を訪れるよう強制されること、また聖書と祈禱書以外のすべての本を厳しく禁じられること、そして教会に行く以外には散策する楽しみも許されないこと……これらは少年たちの感情を十分に説明している。私の哀れな母は……こう考えていた。神は、明るく、快活で、胸の高鳴るたくさんの物を天空と地上につくられたが、ほかのなにものにもまして、真面目くさった表情、堅苦しい服装、半分眠ったような物腰の人間たちに満足なさっているにちがいないし、また宗教の真髄は人間の堕罪について繰り返し語られる話に耳を傾けることにある、と⒆……。

ラヴェットのような戦後世代の多くの人びとにとっては、メソジストこそが粗野で時代遅れのように思われた。そして、これは、産業革命期の労働者階級のコミュニティがもっていた道徳上の色合い《モラル・トーン》や立ち居振る舞い《マナーズ》について一般化して論じることがきわめて難しいということを、われわれに思い起こさせてくれる。はっきりしているのは、一七八〇年から一八三〇年の間に重大な諸変化が生じたということである。「平均的」なイングランドの労働者はより規律化され、「時計」の生産のテンポにさらされることがより多くなり、より控えめで方式化《メソディカル》され、かつてほど乱暴でも天真爛漫でもなくなった。伝統的なスポーツは、それほど身体を動かさないような趣味に取って代わられた。

鉄輪投げ[12]、レスリング、フットボール、捕虜取り[13]、長弓射ちなどの運動競技は廃れてしまった……彼らはいまではハトやカナリアを飼育したり、チューリップを栽培したりしている。

以上のような不満を、あるランカシャーの作家が一八二三年に書き留めていた。[20] フランシス・プレイスは、自尊心の高まりと「労働者の性格」の向上という見地から、一つの変化についてしばしば論評した。彼は、ピータールーの一カ月後にこう書いている。

見てみなさい、ランカシャーでさえ、二、三年前には、見知らぬ人が町を歩いていると、「うさんくさい」目で見られ、やじられた。そして、「よそ者」に石が投げつけられることもあった。「粗暴なランカシャー」は、一般によく知られたぴったりの名称だった。ごく最近まで、どんな機会にであれ、彼らが五百人集まれば、物騒なことになっていたことだろう。少なくともパン屋や肉屋はいつも略奪の憂き目にあったことだろう。いまでは十万人の人間が集まっても、暴動など起きはしない[21]……。

評価がきわめて難しくなるのはここにおいてである。コベットからエンゲルスにいたる同時代の著作家の多くはイングランド古来の諸慣習の消滅を嘆いたが、牧歌的な角度からだけこの事態を眺めることはばかげている。こうした慣習は決して無害でも、風変わりで楽しいものでもなかった。未婚の母は、罰として懲治監《ブライドウェル》に収容され、おそらく彼女が救済を受ける権利を有する教区からも見捨てられただろうから、「愉しきイングランド」を称える気にはならなかったはずである。ジン横丁や、タイバーン・フェアや、乱痴気騒ぎの泥酔や、獣的な性衝動や、鉄の鋲をつけた木靴をはいての賞金目当ての死闘などの消滅は、嘆くに値しない。

しかし、古い迷信と新しい偏狭さのはざまにあっては、自分たちこそ知的な啓蒙の担い手だとする福音主義者の主張には用心してかかるのが正しいだろう。すでに指摘したように、メソジストには、宗派として固まって、自派の信徒を非回心者の悪習に染まらないよう切り離しておく傾向があり、また自分たちは居酒屋《エール・ハウス》や悪魔の砦の住人と内戦状態にあると考えがちであった。メソジストがコミュニティのなかで少数者集団である場合には、美徳の信奉を公言し同時に罪を激しく批難することで態度をますます硬化させた。これら二面は、実際のふるまいというより、深い敵意を表している。そのうえ、十九世紀初頭の雰囲気は擁護論と反対論とで重苦しかった。とくに、手工業職人と工場労働者の価値観が対立したり、児童労働の反対論者と擁護論者の価値観が対立する場合にはそうだった。工場制度の批判者は、児童労働が家族生活を破壊すると考え、また工場こそが粗野きわまる性的放縦の中心であるとたえず指摘した。ランカシャーの女工たちの乱暴な言葉遣いと自立した態度は、それを目にした多くの人に衝撃を与えた。ギャスケルは、家内労働者の牧歌的な天真爛漫さと、工場での熱に浮かされたようなふしだらさとを対比した。家内労働者は、妊娠した場合にだけ結婚を義務づけた異教徒ばりの自由を享受する青春時代を送ったが、工場で一部の雇用主が女工たちと演じた光景は——

ローマ人の好色なサトゥルナリア祭[14]や、インドの寺院で仕える女性の儀式や、ひどく淫らなオスマン帝国のハーレム生活さえ赤面させるものだった。[22]

当然のことながら、雇用主だけでなく、工場労働者自身も、こうしたどぎつい描写に憤慨した。彼らは、多くの農村地帯では婚外児の出生率が工場町のそれよりも高いと指摘した。多くの工場では、最大限の礼儀作法が強制された。工場主のなかに「オスマン帝国の住民」がいたとすれば、女性に道徳の退廃を見つけるとかならず解雇した家父長的な工場主もまたいたのである。

釣り合いのとれた判断をくだすことは容易でない。一方で、産業革命が女性の地位を引き上げたという主張は、極端な長時間労働、狭苦しい住居、たび重なる出産、恐るべき幼児死亡率といった記録と並べてみたときにはほとんど意味がない。他方、繊維工業地帯で女性の雇用機会が豊富になったことで、女性は自立した賃金労働者の地位を得た。未婚ないしは寡婦たる女性労働者は親戚や教区の救済に頼らないですむようになった。未婚の母でさえ、多くの工場で「道徳の規律」が緩んだおかげで、以前には知られていなかった自立をなしとげることができたことだろう。マクルスフィールドの最大規模の絹工場では、高潔なる雇用主たちが、一歩でも「足を踏みはずし」した少女は解雇することを誇りにしていた。ある観察者は、マンチェスターのより寛容な流儀をこれと対照させ、道徳家を困惑させる見解を述べた。

私の知るところでは、次のことはごくありふれた……事実である。すなわち、工場に婚外児の母親がほとんどいないところでは、通りに売春婦があふれている。逆に、少女が出産後職場に戻ることを許されているところでは、そうした不幸な存在が路上に見られることは比較的少ないのだ。[23]

この時期には、こうした逆説がたくさんみられる。戦時中には、女性の権利の要求を「ジャコバン主義」と結び付けて制限したり論駁したりする訓戒と忠告の小冊子がうんざりするほど出版された。結婚生活における女性の従属が寒々とした言葉で命令された。ペイリーはこう明言している。「キリスト教徒の聖典」は、結婚生活において妻が服従するよう「断定的かつ絶対的な言葉で」命じているから、「犯罪でないかぎり、あるいは女性の幸福にまったく相反するものでないかぎり、これはあらゆることにおよぶように思われる」[24]、と。しかし、これと同じ時期に、断固とした少数派の伝統も、主として大都市部の専門職業人と急進的な職人のあいだにみられた。そして、彼らはフランス革命以前に知られていたいかなるものよりも遠大な要求を提出した。メアリ・ウルストンクラフトやウィリアム・ブレイクやトマス・スペンスが一七九〇年代に出した要求が全面的に見捨てられることは決してなかった。そうした要求はシェリーのサークルのなかだけではなく、戦後の急進派の出版物にも繰り返し現れたのである。『ブラック・ドウォーフ』[15]では自己批判的に、リチャード・カーライルの著作ではもっと耳ざわりな声音で、アンナ・ウィーラーやウィリアム・トムソンやオウエン主義運動ではきわめて力強く表明された。[25] しかし、女性の経済的地位の変化によって働く女たちが政治運動や社会運動へ最も早く広範に参加しはじめたのは、繊維工業地帯でだった。十八世紀末にあっては、女性の共済組合や女性メソジストの組活動が経験と自信を与えたのかもしれない――地元在住の説教師として活動したいという女性の要求は、ウェスレー派では一貫して「異端」であった。しかし、戦時中に、紡績工場だけでなく手織機においても女性労働への需要が増加すると、この要求は加速されて進展した。[26] 一八一八年と一九年には、初めての女性改革協会がブラックバーン、プレストン、ボルトン、マンチェスター、アシュトン‐アンダー‐ラインに設立された。サミュエル・バンフォードの説明は――もしこれを信用するならば――意識の突然の飛躍があったことを示唆している。ランカシャーとヨークシャーの州境にあるサドルワース地区のある集会で、

私は、演説のなかで、こうした集会に参加する女性には挙手によって決議案に賛成したり反対したりする権利があり、またそれが正当であることを力説した。これは新しい考え方だった。荒涼とした畝に集まったたくさんの女性はこれを熱狂的に歓迎した。男たちが異議を申し立てなかったので、決議がとられると、女たちは大きな笑い声をあげながら手をあげた。このとき以来、女たちは急進派の集会では男と同じように投票するようになった。……これは慣行になり、また女性議長と各種委員会、そのほかの役員を擁した女性の政治組織がつくられ、さらにこの慣行はすぐに……宗教組織や慈善組織［によって］取り入れられた。[27]

(同じ時期に、ニューカースルでは、ジャベツ・バンティングの通信相手の一人が、議会改革を求める旗に刺繡をほどこしている「敬虔な女性信者」たちの誤ちを嘆いていた)。一八一五年から三五年の二十年間にはまた、自立した労働組合運動の兆候が女性労働者のあいだで初めてみられた。ジョン・ウェイドは、三五年にウェスト・ライディングで千五百人の女性梳き櫛製造工が起こしたあるストライキについて論評しながら、次のような教訓を指摘している。「警戒心の過度に強い者なら、女性の自立のこうした兆候のほうが、すでに確立している制度にとって『下層階級の教育』よりはるかに危険だと考えるかもしれない」[28]

しかし、こうした前進のなかにすら逆説的な感情がみられる。北部の働く女性たちの急進主義は、失われた地位への郷愁と新たに見いだされた諸権利の要求とから構成されていた。感覚に深く根づいていた慣習によれば、女性の地位は、家族経済《ファミリー・エコノミー》や、家事の管理と計画、パン焼きやビールづくり、掃除と育児を、主婦としてうまくきりもりすることにかかっていた。工場で、あるいは織機に常勤として張り付くことで新たに得られた自立は新しい要求を可能にしたが、同時に、地位と人格的自立の喪失とも感じ取られた。女性は雇用主や労働市場にいっそう依存するようになったので、自宅での紡績や養禽などから家庭の収入をあげる「黄金の」過去に後ろ髪を引かれた。景気のいい時期には、家内経済《ドメスティック・エコノミー》は、小農経済《ペザント・エコノミー》と同じように、家を中心にした生活様式を支えた。この生活様式では、外部からの規律よりも内面の気分と意欲のほうが大きな意味をもっていた。工業が分化し特殊化していく各段階はまた、夫と妻そして両親と子供の慣習的関係を混乱させ、「労働」と「生活」をもっとはっきりと分化させながら、家族経済に打撃を与えた。こうした分化が、労働を節約する〔家庭電化製品などの〕機器のかたちで働く女性の家庭に見返りをもたらすのは、たっぷり百年後のことである。当面は、家族は工場のベルの音で毎朝乱暴に引き裂かれ、そして賃金労働者でもある母親は、自分が家事の世界でも仕事の世界でも最低だとしばしば感じたのだった。

「一度でも私たちの勤労でしつらえた、イングランド流のもてなしの食卓にあなたをお迎えできていましたら」と、一八一九年にボルトンの女性の議会改革論者はウィリアム・コベットにあいさつした。「一度でもイングランド女性のあの輝くような顔色であなたにあいさつできていましたら。……清潔さと整頓で王宮に匹敵するような私たちの小家屋《コテッジ》をお見せできていましたら」。ブラックバーンの女性の改革論者も同じ主題を取り上げた――彼女たちの家は「あらゆる装飾を剝ぎ取られ」、ベッドは「無情な徴税人の過酷な手で……むしり取られた」ので、「議席を金で買った暴君ども」は「羽毛のベッド」で休んでいるのに、彼女らの家族はわらの上に横になっている。とりわけ、彼女たちは自分の子供たちのために訴えた。「豚にさえ与えないような粗末な食べ物を子供たちが貪り食うさまを見るたびに、毎日心臓を切り刻まれる思いがします」。まもなく著作『コテッジ・エコノミー』[16]で彼女たちの支援を確固たるものとしたコベットに、また「家庭」を強調するオウストラに、彼女たちが共感するのは当然だった。しかし、コベットもオウストラも婦人参政権の考えを少しも支持しなかったし、またさまざまな女性改革協会も自分たちですすんでそうした要求を掲げなかった。彼女たちの役割は男たちへの精神的支援、すなわち、改革派の示威行進の際に儀式ばって披露される自由の旗や帽子をつくったり、決議や声明を可決したり、集会の参加者数を増やしたりすることに限定されていた[29]。しかし、こうした参加形態でさえ反対者からはののしられた。『クーリエ』では、マンチェスターの「ペチコートをはいた議会改革論者」は、「最悪の性の売春行為、精神の売春行為」の罪をおかし、「自分のいるべき場所を放棄」し、妻そして母としての「神聖な徳」を捨てて「煽動と不信心の無法な悪徳」を求める「堕落した女たち」と評された。コベットは、たとえ婦人参政権についてどんな考えをもっていようと、ためらうことなく女性の改革論者に助けの手を差し伸べた。

> 女性はオート・ミールをつくったり、部屋を掃除するためだけにつくられたというのか！　女性には思慮がないとでもいうのか！　ハンナ・モアや小冊子書き《トラクト・ジェントリ》の連中が、イングランドの女性をアフリカの黒人女性の水準にまで落としたとでもいうのか！　イングランドには女王がいなかったとでもいうのか[30]！

2　相互扶助の儀礼

「古きイングランドの消滅」を分析することは、何度試みても難しい。産業革命が決してできあがった社会状況ではなく、二つの生活様式のあいだの移行期であったことを想起するならば、変化の道筋がもっとはっきりわかるだろう。そして、一つの「典型的」なコミュニティ（たとえばミドルトンやパドシー）ではなく、同時に存在している多くの異なるコミュニティをみなければならない。ランカシャー南東部だけでも、数マイル四方のなかに、イギリスの各地から移住者が集まってくる国際都市マンチェスターがあり、半封建制からようやく脱しつつあった炭坑村（たとえばブリッジウォーター公所有のいくつかの炭坑）があり、温情主義の模範といえる村（たとえばタートン）があり、新興の工場村（たとえばボルトン）があり、昔ながらの織布工の小村落があった。これらすべてのコミュニティで、規律の強化と労働者階級意識の成長を促す多様な影響力が収斂していた。

十九世紀初期の労働者階級のコミュニティは、温情主義やメソジスムの産物ではなく、かなり高度の意識をもった労働者階級の努力の産物だった。マンチェスターやニューカースルでは、自己規律やコミュニティ意識を強調する労働組合と友愛組合の伝統は、はるか十八世紀にさかのぼる。一七五〇年代にマンチェスターの小間物織布工のあいだに残っていた規則はすでに、手続きや制度化された礼儀にこまごまとした注意が払われていたことを示している。この執行委員会の委員は決められた順序で席に着かなければならない。部屋の扉は鍵をかけて閉めておかなければならない。「金庫《ボックス》」の保管は念入りに規定されている。委員は、「不節制、敵愾心、冒瀆的ふるまいが、あらゆる団体の活力そのものを蝕む害悪である」ことを忘れてはならない。

この団体は、ビール《エール》とタバコを楽しんだり、いろんな話題についてとりとめなくおしゃべりするために集まるような連中の集団ではなく、何百人という人びとが……生計を立てている職業の、その権利と特典を守るためにつくられた団体なのだと考えるならば……委員たちがでたらめに席を占めて、いろいろな話題をとりとめなくおしゃべりするのを見るのは困ったことではないか……。

「礼儀正しさ《ディーセンシー》と規則正しさ《レギュラリティ》」がその標語である。「ジェントルマンや治安判事」がこうした秩序正しさに気づいたら、「そうした団体を罰するのではなく、むしろ畏怖の念をもって崇めるだろう」[31]と期待さえされている。

そうした謹厳さが当局者に気に入られるだろうという期待はかなりの失望に終わったとはいえ、ここには自尊心をもつ職人の規範《コード》が表現されている。同じような考え方にもとづいて、ハーディやプレイスのような人物はロンドンで教育を受けたのだった。ただし、産業革命が進むと、この規範は（ときには模範となる規約のかたちで）より多くの労働民衆に広まった。小商工業者、職人、不熟練労働者、その誰もが「基金クラブ《ボックス》」や友愛組合の一員になって、病気や失業や葬式[32]に要する費用に備えて保険をかけたのだった。それよりも、基金の保管や集会の整然たる実行やもめごとの裁決には規律が欠かせないわけだが、この規律には、新しい労働規律に必要であったのと同じほどの自己規制の努力を必要とした。ナポレオン戦争期にニューカースルとその周辺に存在していた友愛組合の諸規約を調べてみると、その罰金と罰則の一覧表はボルトンのある綿工場主のものよりも厳しい。ある一般組合《ジェネラル・ソサイアティ》は、疾病手当を受け取った組合員の「名誉を傷つけ」たり、安息日に酔っ払ったり、ほかの人を殴ったり、「お互いにあだ名で呼びあったり」、酒を飲んでクラブルームに来たり、神の名をみだりに唱えたりする組合員には、すべて罰金を科した。麦芽製造工友愛組合は、これらに加えて、いかなるときであれ酔っ払ったり、組合員や自分の妻の葬式に参列しないことにたいしても罰金を科した。ガラス製造工友愛組合（早くも一七五五年に設立）は、集会を欠席したり、役員の当番が回ってきたのに引き受けなかったり、注意されても静粛にできなかったり、おしゃべりしたり、幹事に口答えをしたり、クラブ内で賭けごとをしたり、（どこにもある規約だが）団体の秘密を外部に漏らしたりすることにも罰金を科した。さらに、

> 評判が悪かったり、性格が好ましくなかったり、口争いが多かったり、乱暴だったりする者は当組合の組合員になれない。……坑夫《ピットマン》、炭坑夫《コリアー》、竪穴掘り工、船頭は組合員になれない……。

船頭友愛組合も、これに負けまいとして、「不潔な女性と寝てもらった病気、すなわち性病や梅毒」によって身体をこわした組合員には手当を認めないという一項を付け加えた。相手を嘲笑ったり、挑発して怒らせたりする組合員には罰金が科せられることになっていた。全員一致組合《ユーナニマス・ソサイアティ》では、疾病手当を受け取っているにもかかわらず「居酒屋にいたり、賭けごとをしていたり、酔っ払っている」のを見つかった組合員には、手当が打ち切られる

ことになっていた。全員一致を守るために、「政治問題や教会問題、あるいは政府や統治者」についての議論や論争を提案する組合員には罰金が科された。全職種友愛組合では、ドラフト[17]で「取れる駒を取らなかった罰として相手の駒を取る」のと同じような決まりがあった。つまり、ある組合員がほかの組合員に罰金を科す機会があったのにそうしなかった場合にも、罰金が科せられた。コードヴァン靴製造工友愛組合では、幹事の許可なしで酒やタバコを求めることにも罰金がかけられた。内装工・指物師友愛組合には、「不忠な意見」や「政治的な歌(33)」を禁止する一項があった。

こうした規約のうち、たとえば政治的な議論や歌の禁止といったものは、おそらく多少割り引いて考えるべきだろう。これらの友愛組合には、居酒屋兼宿屋《イン》で会合をもつ二、三十人たらずの職人から構成される入会条件の厳しい疾病クラブもあったが、そのほかのクラブはおそらく労働組合活動の隠れ蓑だった。シェフィールドと同じようにニューカースルでも、二法《トゥー・アクツ》制定ののちには、友愛組合の設立がジャコバン派組織の隠れ蓑として利用されたということはあるだろう（ある「御用《カンパニー》」友愛組合は、一八一六年に、ニューカースルの多くの組合では「規則が誠実で、愛国的で、穏健だ」と証言したが、しかしこうした規則が「激しい論争や過激な言葉」を防ぐのに十分でないことが多かったと不満を述べていた(34)）。ナポレオン戦争期に当局者は友愛組合に強い疑念をいだいていたから、規約の目的の一つは地方治安判事のもとへ確実に登録することにあった。しかし、労働組合や労働者クラブの手続きや礼儀に通じている現代人なら誰でも、いまだ残っている慣行の起源がそうした規約のなかにあることがわかるだろう。要するに、これらの規約は、自己規律が達成され、また見事な秩序の経験が広まっていたことを示しているのである(35)。

友愛組合の組合員数は、一七九三年に六十四万八千人、一八〇三年に七十万四千三百五十人、一五年には九十二万五千四百二十九人と推定されている。一七九三年の最初の友愛組合法のもとで治安判事に登録しておけば、役員が債務不履行に陥った場合でも法に従って基金を保護することができるようになったにもかかわらず、数は不明だが多くのクラブが、当局者への敵対感や偏狭な惰性からか、あるいは一八四〇年代はじめになってもホランド博士[18]のシェフィールドでの調査を挫折させるほど強かった秘密主義ゆえに、登録をしなかった。一八一五年以前のほとんどすべての組合は、完全に地域限定的で自治的な性格をもっていて、また疾病保険の機能をクラブでの陽気な夜や毎年恒例の「遠足」や祭りと結び付けていた。ある人は一八〇五年にメトロクの近くで次のような光景を目にした。

……五十人ほどの女性が、陽気な調べを奏でる一人のフィデル奏者に先導されていた。それはある女性共済組合の一行だったが、すでにイーヤムで説教を聞き、これから一緒に食事に出かけるところだった。シェフィールドのわが女性共済組合はこんな贅沢にふけることがない。口にするのはお茶だけで、普通は歌やダンスやタバコやニーガス酒を楽しむ程度だ。(36)

友愛組合の組合員で、事務員や小商工業者よりも高い社会的地位をもつ者はほとんどいなかった。その大多数は職人だった。組合員の一人ひとりが組合に基金を払い込んだことで、組合員数は安定したし、厳しい監視の目をもった自治への参加が可能になった。中流階級の組合員はまったくといっていいほどいなかった。また、組合員たちを好意的な目で眺める雇用主もいたが、組合員の実際の行動が、温情主義的な支配に惑わされる余地はほとんどなかった。保険経理に不慣れなための失敗がよく起きたし、債務不履行に陥る役員もまれではなかった。こうしたことは全国各地に伝わったから、経験から学ぶ（しばしば悲痛な）機会でもあった。

友愛組合の秘密主義そのものと、上流階級の監視下でのその不透明さこそ、労働者階級の独立した文化と諸制度が成長している確かな証拠である。まさしくこのサブ・カルチャーのなかで、それほど安定的ではなかったが労働組合が成長したのであり、労働組合の役員たちが訓練されたのである。(37) 労働組合の規約は、多くの場合、疾病クラブの同種の運営規範よりももっと洗練されていた。梳毛工の場合のように、秘密のフリーメイソンふうのやり方が付け加えられることもあった。

新来の者よ、わが支部の目的は愛と団結にあり、
それは衡平《エクイティ》の原則の上に築かれた自己防衛を伴う、
そしてわれわれの秘伝の権利をすべて経験したときには、
われわれの秘密はすべてあなたの前に開示されるだろう(38)。

一七九〇年以後、ジャコバン派の運動に影響されて、友愛組合規約の萌芽のなかに新しい音色が響きはじめた。啓蒙哲学の「社会的人間《ソーシャル・マン》」という言葉がもたらした奇妙な帰結の一つは、それがイングランド工業地帯の居酒屋や「非合法酒場」に集まるような正体のはっきりしないクラブの規約のなかに再生産されたことである。タインサイドでは、「社会」組合や「博愛主義」組合が、その目的を、使い捨てにされる言い回し――「信頼できる、長続きする、愛にあふれた組合」「友情と真のキリスト教的慈愛をはぐくむ」「人間は自分自身のためだけに生まれたのではない」――に始まり、次のようなもっと激しい哲学的な主張にいたるまでのいろいろな用語で表明した。

人間は、肉体の構造からいっても、精神の性向からいっても、社会のためにつくられた被造物である……。

われわれ、この社会の成員は、人間が、つねに相互の扶助を必要とする……社会的存在であることを厳粛に考慮する。そして、われわれは、仲間が悲嘆に陥っているときにいつも感じる人間的な同情の感情を、われわれの組合規則《コンスティテューション》のなかに織り込んでいる(39)……。

友愛組合は、かくも多種多様なコミュニティに存在して、統合をもたらす文化的な影響力を発揮した。経済的かつ法的理由から、友愛組合はそれ自体としては連合していくのが遅かったが、地域的かつ全国的な労働組合の

連合化を促進した。さらに、組合がもちいた「社会的人間」という言葉は、労働者階級意識の成長に役立った。この言葉は、キリスト教的慈愛の言語と、メソジスト（およびモラヴィア派）の伝統にある「同胞愛《ブラザーフッド》」というまどろんだ比喩的表現とを、オウエン派社会主義の社会観に結び付けた。初期のオウエン派の組合や販売店の規約は、「イザヤ書」（四十一章六節）の言葉、「彼らは近所の誰であれ助けの手を差し伸べた。誰もが声をかけた、善き勇気をもてと」で始まっていた。しかし、一八三〇年代には、この主題に磨きをかけた友愛組合や労働組合の聖歌や歌がたくさん出回っていた。

レイモンド・ウィリアムズ氏[19]はこう示唆している。「産業革命以後のイングランド人の生活でとくに特徴的な要素は……社会関係の本質に関する新たな理念《オルタナティヴ・アイディアス》のなかにみられる」。個人主義や（せいぜいのところ）奉仕《サーヴィス》という中流階級の理念と対比すれば、『労働者階級文化』が正しくも意味するのは……集団主義の基礎理念《ベーシック・コレクティヴ・アイディア》であり、またこの理念から生じる制度、慣習・思考習慣や意図である」[40]。友愛組合はなんらかの理念から「生じた」のではなかった。理念と制度の双方が、ある共通の経験に反応して生じたのである。何にもまして、こうした区別は重要である。相互扶助というありふれたエートスをもつ友愛組合の単純な細胞構造のなかに、労働組合や協同組合やハムデン・クラブや政治同盟やチャーティスト支部などにおいてより洗練された複雑な形態で再生産された多くの特徴をみることができる。同時に、友愛組合は、家庭や職場における労働民衆の人間関係の「濃密」で「具体的」な細部に広くしみこんでいた相互扶助のエートスが結晶化したものと見なすことができよう。十九世紀のあらゆる種類の証言者、つまり聖職者、工場監督官、急進派の評論家などが、最も貧しい地域での相互扶助の広がりに言及している。緊急事態、失業、ストライキ、病気、出産といったときであれば、「近所の誰であれ助けを差し伸べた」のは貧民であった。ランカシャーの慣習の変化についてプレイスが論評してから二十年後、クック・テイラーは、ランカシャーの労働者が「極端な悲惨さ」に耐えていることに驚愕した。それが耐えられているのは、気高い道徳上の尊厳、そしてたしなみや礼儀や清潔さや秩序にたいする鋭敏な意識によってだったが……それらは私がこの目で見たひどい苦難を少しもやわらげるものではない。この国に、あるいは地上のいかなる国であれ、かつて存在したなかで最も高貴で最も価値ある人びとがしだいに犠牲にされるさまを、私は眺めていたのだ。

「私がマンチェスター北部で出会った困窮している工員たちのほとんど全員が……教区の救済を受けざるをえなくなることに強い恐怖感をいだいていた[41]」

　これが実効性をもった唯一の「労働者階級」倫理であったと考えることは誤っている。職人たちの「貴族」願望や、「自助」という価値観や、何が犯罪行為であり堕落であるかについての価値観も、同じ程度に行き渡っていたのである。どの生き方を撰択するのかをめぐる争いは、中流階級と労働者階級のあいだだけでなく、労働者階級コミュニティの内部でも闘いぬかれた。しかし、十九世紀の初頭までには多くの工業コミュニティで集団主義的価値観が支配的になっていたということができる。そこには明確な道徳的規範があって、スト破りや雇用主やよそ者の「手先」には制裁を加えたし、変わり者や個人主義者にたいしては不寛容であった。集団主義的な価値観は自覚的に維持され、政治理論や労働組合の儀式や道徳的表現でも広められた。実際、この集団主義的な自己意識こそが、それに照応した理論や制度や規律やコミュニティの価値観とともに、十九世紀の労働者階級を十八世紀の暴徒《モブ》から区別するものなのである。

　政治的急進主義とオウエン主義の双方が、この「集団主義の基礎理念」に依存し、またこれを豊かにしたのである。フランシス・プレイスが、一八一九年にランカシャーの群衆の行動様式が変化した原因を「一七九二年に国制協会や通信協会が活発化して以来全国に広がった」政治意識の向上に求めたのは、おそらく正しいだろう。

　いまでは十万人の人間が集まっても、暴動など起きはしない。なぜだろうか？……民衆はいまや一つの目的をもっており、それを追求することが、彼ら自身の考えでは彼らに重要性を与えるし、また彼ら自身の意見では彼らを向上させるものなのである。だからこそ、かつてなら暴動の指導者となっただろう人びとが、いまでは平和の守護者になっているのだ。(42)

もう一人の人物の見立てによれば、ランカシャーでのこうした変化の原因はコベットと日曜学校の双方の影響にあり、労働者諸階級の性格が「全般的かつ根本的《ラディカル》な変化」をこうむったという。

貧民は、苦しみを感じたり不満をいだいても、もはや暴動を起こすことはなく、集会をもつ――自分たちの近隣の人びとを攻撃するかわりに、彼らは内閣を糾弾するのだ。(43)

こうした自尊心と政治意識の成長は、産業革命の真の成果の一つである。それはいろいろな形態の迷信や服従を追い払い、またある種の抑圧をこれ以上耐ええないものに変えた。相互扶助のエートスのたゆまざる成長の証拠を、団結禁止法が廃止されて半ば合法的に現れてきた労働組合や職種クラブの力強さと儀式への誇りのうちにわれわれは山ほど見いだすことができる。(44) 一八二五年にブラドフォードの梳毛工がストライキをしていたときのことだが、友愛組合がしっかりと定着していたニューカースルでこのブラドフォードのスト基金に寄付をした組合のうちには、鍛冶工、水車大工、指物師、製靴工、モロッコ皮仕上げ工、家具製造工、船大工、製材工、仕立て工、梳毛工、製帽工、皮なめし工、織布工、陶工、鉱夫が含まれていた。(45) さらに、友愛組合はある意味で、職人ギルドがもっていた儀式への愛着と高い身分意識を拾い上げて労働組合運動に持ち込む手助けをしたといえる。実際、こうした伝統は十九世紀初頭になっても、昔からの特許会社や親方と親方職人からなるギルドには依然として驚くほど強く残っている場合があり、そこで定期的におこなわれる儀式には「同じ職種」の親方とジャーニーマンの双方の誇りが表現されていた。たとえば、一八〇二年にはプレストンの「諸ギルド」の大記念祭が催されている。一週間にわたっておこなわれた行列や展覧では、貴族、ジェントリ、大商人、商店主、製造業者のすべてが参加したが[46]、その際に、ジャーニーマンにはとくに目立つ役どころが与えられた。

梳毛工と綿業労働者は……それぞれ綿花の枝を手にした二十四人の若く華やかで美しい女性に先導され、その後ろには男たちの肩にかつがれた一台の紡績機械がつづき、そのまた後ろには、一台の織機がそりに乗せられて引かれた。どちらも、労働者が忙しく従事していた……。

ブラドフォードでは、一八二五年の大ストライキの直前に、梳毛工によるブレイズ主教の祭りが、驚くべき華麗さで繰り広げられた。

　　　　　先駆けは旗を持っている。
二十四人の羊毛商人は馬の背に乗り、それぞれの馬は飾られている、
　　　　羊の毛皮で。
　　三十八人の梳毛紡績工と製造業者は馬の背に乗り
白いラシャのチョッキを着け、それぞれ羊毛の篠《スクライヴァー》を肩にかけ、
　　　白いラシャの飾り帯をつけている。
　馬の頸部は太糸でつくられたネットでおおわれている。

などとつづき、最後に次のようになる。

　　　　　ブレイズ主教

男の羊飼いと女の羊飼い。
羊飼いの恋人たち
百六十人の撰毛工は馬の背に乗り、飾りのついた帽子をかぶり、
色とりどりの切れ端をかけている。
三十人の梳毛具製造工。
炭焼き。
梳毛工の旗。
楽隊。
四百七十人の梳毛工は羊毛のかつらなどをつけている。
楽隊。
四十人の染色工は、赤い花形帽章と、青い前かけを着け、
赤の青の篠を交差させて肩にかける。[47]

大ストライキ以降には、このような儀式は二度とおこなわれなかった。

「同じ職種」という旧来のあり方から、一方には親方連中の組織があり、他方には労働組合があるという二元性へのこの移行は、産業革命の核心をなす経験へわれわれを導く。[48] しかし、友愛組合と労働組合は、親方たちの組織に劣らず、古い伝統をもつ儀式とそうした伝統への誇りを維持しようとした。実際、職人《アーティザン》（あるいは当時はなお商工業者《トレイズマン》と呼ばれていた）は、自分たちこそが生産者であって、親方はその熟練に寄生していると考えていたから、なおさら伝統を強調した。団結禁止法の撤廃とともに、彼らの旗は公然と通りを練り歩くようになった。テムズ船舶漏水防止工組合（一七九四年創設）は、「手と心」「活力、真理、融和、迅速」というフランス語の標語を掲げたが、それらは中世の熟練の誇りを示すものであった。ロープ製造工組合は白い旗を掲げて進んだが、

そこには巣のまわりを飛ぶ蜜蜂の群れと、「勤勉な息子たち！　組合は力を与える」というスローガンが描かれていた（賃金を上げてくれた親方たちの家の前に来ると、そこで止まり、敬礼をした）。ジョン・ガストが率いるテムズ船大工共済組合は、ロンドンの「さまざまな職種」を主導する役割を果たしていたが、「オークの心は老人を守る」と書かれた青い絹の旗、六頭の鹿毛の馬に引かれた見事な船、青いジャケットを着た三人の騎上御者、楽隊、執行委員会、たくさんの大きな旗や小さな旗を持った組合員、そしてシールズやサンダーランドやニューカースルからの職種組合の代表団などで、ほかのすべてを圧倒した。参加した組合員は青いバラの形の飾りとオークの小枝を身につけ、またその船のなかには、ステプニーにある組合の養老院に暮らす年老いた船大工たちが乗り込んでいた[49]。一八三二年のナントウィッチでは、製靴工は、自分たちが職人で構成される熟練組合《クラフト・ユニオン》の地位にあるとする意識をあらゆる意味で保持していたが、それは彼らが携えていた旗と、「王権の表章と、法衣と、飾りのついた前垂れと……そしてクリスピヌス王[20]のために秘密裡に注文された王冠と礼服一揃い」によって表されている。三三年には、クリスピヌス王が馬に乗って町を練り歩き、裾持ちと、「施し物、聖書、大きな一対の手袋、紳士と淑女の長・短靴の見本」を持った家来がこれにつき従った。

約五百人がその行列に参加しており、それぞれが巧みな飾りのついた前かけを着けていた。しんがりを務めたのは、渡り歩くときと同じ完全装備の職人で、背には道具箱を負い、手には杖を携えていた[50]。

たった一つの理由だけでは、労働民衆の慣習のこうした変化を説明しつくせないだろう[51]。また、変化の程度も過大評価されてはならない。酔っ払ったあげくの路上での大騒ぎは、相変わらずよく起きていた。しかし、ナポレオン戦争以後の二十年の間、労働者が、多くの場合最も謹厳であり、また規律をよく守ったことも真実である。その時期には多くの労働者が真摯に自分たちの権利を主張した。したがって、われわれは、謹厳になったのは唯一あるいは主として福音主義の伝道の結果なのだという主張を受け入れることはできない。そして、コインをひっくり返して裏側を見てみればこれがよくわかるだろう。一八三〇年までには、国教会ばかりでなくメソジストの信仰復興運動も、労働者階級のほとんどの中心地で、自由思想家やオウエン主義者や特定の宗派に属さないキリスト教徒たちの激しい反対にさらされていた。ロンドン、バーミンガム、ランカシャー南東部、ニューカースル、リーズ、そのほかの都市では、カーライルあるいはオウエンの理神論的信奉者が膨大な数の支持者を集めていた。メソジストはすでに自分たちの足場を固めていたが、しかし商工業者や特権的な労働者集団を代表する傾向を強めており、したがって道徳面で労働者階級のコミュニティ生活から切り離されがちであった。昔の信仰復興運動の中心地のなかには「異教信仰」へ戻ってしまったものもある。かつて「痛飲するように神に祈り、ののしるように賛美歌を歌うことで知られていた」ニューカースルのサンドゲイトでは、メソジストは一八四〇年代までに貧民の支持者をすべて失っていた。ランカシャーの織布工のコミュニティや工場労働者のなかには、大部分の者が教会堂を離れてオウエン主義と自由思想の虜になっていた地区があった。

もし日曜学校がなかったなら、社会は現在までにひどい状態になっていたことだろう。……不信心は驚くほど広がっている。……カーライル、テイラー、そのほかの不信心者の著作が、聖書やそのほかのどんな本よりもよく読まれている。……私は毎週毎週織布工たちが一室に集まるのを見たが、その部屋には四百人もが入り込んで、「神はいない」と断言し主張する人びとに喝采を送っていた。……私がお祈りにいく教会堂のまわりにある小家屋に入っていくと、二十人ほどの人間が集まって不信心な出版物を読んでいた[52]……。

オウエン主義運動や非宗教的運動は、かつての信仰復興運動がそうであったように、しばしば「共有地のハリエニシダ」のように火がつきやすかった。

エンゲルスは、一八四四年にランカシャーでの自分の経験について書いているが、そのなかでこう主張した。「労働者は信仰心をもたず、教会に行かない」、ただアイルランド人、「少数の老人たち、それに半ブルジョワ、監督者、職長といった連中」は例外だ。「大衆のあいだには、ほとんどいたるところで宗教にたいするまったくの無関心がみられる。そして、信仰があったところでもせいぜい理神論にすぎない……」と。これは、エンゲルスが誇張して述べているため、説得力に欠ける。とはいえ、ドッド[21]は十人中九人がいかなる教会にも行かないストックポートのある工場を例に引いているし、他方、一八四二年にはランカシャーの労働者たちがキリスト教の正統主義に異議を唱える際に示す迫力と聖書の知識に、クック・テイラーが仰天している。そのなかの一人はメソジスト説教師にこう語った。「もし私のまわりで目にするあらゆる悲惨さの原因が神であると考えるなら、私は神への礼拝をやめ、それは私が考える神ではないと言うでしょう」。同じように、チャーティスト運動期のニューカースルでは、何千人もの職人や機械工が断固とした自由思想家であった。従業員二百人のある工場では、「礼拝所に出かける者は六、七人を超えない」。ある労働者はこう語った。

労働者諸階級は、知識を集積しているが、知識を積めば積むほど、労働者諸階級といろいろな宗派とのあいだの断絶はますます広がります。そうなるのは、労働者諸階級が聖書について無知だからではありません。私自身は聖書に畏敬の念をもっています……そして、聖書をのぞいてみると……預言者は、抑圧する者と抑圧される者とのあいだに立ちはだかって、どんなに金持ちで権力者であっても、悪いことをした者を批難したことがわかります。……説教師が聖書に立ち戻るときには、私も彼らの言うことを聞きに戻るのにやぶさかではありませんが、それまでは戻りません……。

日曜学校は思いがけない収穫をもたらしつつあったのである[53]。

教会の影響力が弱まったことは、決して階級的な自尊心や規律が衰えたことを意味しなかった。それどころか、工業面・政治面での組織化の長い伝統をもつマンチェスターとニューカースルは、チャーティスト運動期には、規律のとれた大規模な示威行進で有名であった。かつて「恐ろしい野蛮な坑夫」がニューカースルに一団になって入り込んできたときには、市民や商店主は不安に襲われたものだが、いまでは炭坑主はストライキ中の坑夫を排除するために、町じゅうのスラムを走り回って「スト破り《キャンディ・メン》」やぼろ拾いを探さなければならなくなっていた。一八三八年と三九年には、毎週毎週、何千人もの職人や鉱夫や不熟練労働者が整然と通りを行進し、軍隊のわずか二、三フィートそばを通ることがあっても、どんな挑発にも乗らなかった。そのときの指導者の一人はこう回顧している。「われわれの民衆は、『われわれが求めているのは暴動ではなく、革命なのだ』ということを、よく教えられていたのだ」(54)

3 アイルランド人

新しい労働者階級コミュニティの構成要素の一つで、本書のこれまでの分析ではどうしても扱えなかったものがある。すなわち、アイルランド人移民である。一八四一年の推計によれば、グレイト・ブリテン島の住民のうちアイルランド生まれの者は四十万人以上にものぼり、アイルランド人を親としてイギリスで生まれた者がさらに多く何十万人もいた。その大多数はカトリックであり、また賃金の最も低い不熟練労働者だった。大部分はロンドンと工業都市に住んでいた。リヴァプールとマンチェスターでは、生産年齢人口の五分の一から三分の一ほどがアイルランド人だった。

十九世紀前半のアイルランド人の極貧状態に関するぞっとするような話を詳しく述べることが、ここの課題ではない。しかし、アイルランドを苦しめた災難の原因は、ジャガイモの胴枯れ病というより、統一アイルランド人協会の反乱（一七九八年）が、イングランドで起きたいかなる反乱よりもはるかに残忍に情け容赦なく弾圧されたあとの反革命による後遺症であり、またアイルランド合同法（一八〇〇年）の政治的・経済的・社会的な帰結であった。一七九四年、統一アイルランド人協会のウィリアム・ハミルトン・ロウアンとフランス側との仲立ちをしていた、アイルランド国教会の聖職者でウィリアム・ジャクソン[22]という名の人物がダブリンで捕えられたが、彼は、アイルランドの情勢とフランス軍が侵攻した場合の支援の見通しについて略述した文書を持っていた。そこでは、アイルランドの人口は（誤って）四百五十万人と推定され、[55]そのうち四十五万人がイングランド国教徒、九十万人が非国教徒、三百十五万人がカトリックだと考えられていた。非国教徒（「この国で最も啓蒙されている集団」）について、文書はこう語っていた。

彼らは確固とした共和主義者であり、一身を自由《リバティ》に捧げ、フランス革命にたいして、そのあらゆる段階を通じて、熱烈に思いを寄せている。人口のなかで最大の集団をなすカトリックは、最低の無知と欠乏状態にあり、どんな変化であれこれ以上悪くなることはないから、いかなる変化でも受け入れる準備ができている。ヨーロッパで最も抑圧され惨めな境遇にいるアイルランドのすべての貧農は、カトリックだと言っていい。

イングランド人なら反フランスという偏見によって「あらゆる階層の者が侵攻者に反対して団結する」が、アイルランドという「征服され、抑圧され、隔離された国では、イングランドと名のついたものとその権力がいたるところで嫌悪されている……」。

イングランド権力にとって、非国教徒は理性があり熟慮するから敵であり、カトリックはイングランドと名のついたものを嫌うから敵なのである……。

要するに、熟慮や利益、偏見、変化を求める精神や、国民の大多数が陥っている悲惨な状態や、それにもましてほぼ七世紀にわたる暴政の結果としてのおよそイングランドと名のついたものへの憎悪があるのだから、フランス軍の侵攻が民衆に支持されることは疑いないと思われる。[56]

フランス軍がヨーロッパを失ったのは、モスクワを目前にしてのことではなく、たんにイギリス海軍の水兵の反乱がフランス軍と反乱前夜のアイルランドのあいだに立ちはだかった一七九七年であった、と主張することもできる。[57] しかし、実際になされた侵攻は、異なる種類のものであった。すなわち、アイルランドの貧民によるイングランドとスコットランドへの侵攻であった。そして、裁判所に提出されたジャクソンの上訴趣意書は、アイルランド人の移住が普通に考えられている以上に差異をはらんだものであったことをわれわれに教えてくれる。九八年前後の時期にあっては、最も工業化の進んだ地方であるアルスターの非国教徒はアイルランド人のなかで最も忠誠心に富んでいたのではなく、最も「ジャコバン主義的」であった。一方、「オレンジ党員」と「ローマ・カトリック《ペイピスト》」のあいだの敵対感が、アイルランド政府《ザ・キャッスル》によって権力維持の一つの手段として故意にあおりたてられたのは、かの反乱が弾圧されたあとのことである。移民のなかには、コノートから来た刈り入れ季節労働者や、ウェクスフォードから逃げ出した小土地保有農や、アルスターの職人が含まれていたが、彼らはコーンウォールの農業労働者《レイバラーズ》がマンチェスターの紡績労働者と違っているのと同じくらい、互いに大きく相違していた。(悪名高い土曜の晩のけんか騒ぎは、アイルランド人とイングランド人のあいだでよりも、アイルランド人同士で起きるほうが多かった。また、こうした騒ぎはいつも宗教をめぐるものとはかぎらなかった。レンスター、マンスタ、コノート間のライバル関係がプレストンやバトリの窪地や袋小路でもむし返されたのである)。移民の波は次から次へと押し寄せてきた。[58] 一七九〇年から一八一〇年にかけての移民は、相変わらずプロテスタントとアルスター出身者がかなりの程度混交していたが、彼らの多くは商工業者、職人、織布工、綿業工であり、そのなかには『人間の権利』の信奉者もいた。アイルランド合同のもとでの経済競争の不平等性がはっきり感じ取られるにつれて、絹織布工やリンネル職布工や綿業労働者は、自分たちの衰退産業を離れてマンチェスター、グラスゴー、バーンズリ、ボルトン、マクルスフィールドに向かった。この波に乗って、若き日のジョン・ドハーティもやってきた。彼は十代のときにミースの綿工場で働いていたが、ナポレオン戦争の末期にマンチェスターに到着し、二、三年のうちにランカシャーの綿業労働者の指導者のなかで大立者になっていた。

者と対比するかたちで称賛された。

このころから、カトリックと小農の移民がこれまでになく増加した。一八一一年のある地方紙の記事によれば、リンカンシャーのヨーマンリは「長年にわたり、彼らを広告で勧誘してきた」。これは季節移民、すなわち刈り入れ労働者のことをさしているのであって、その「勤勉な努力の精神」は「貪欲」なリンカンシャーの農業労働者と対比するかたちで称賛された。

リンカンシャーの農業労働者は、農場主の足元をみて法外な賃金を得ようと望んでいて、最も忙しい季節には、一日半ギニーでも彼らを満足させることはできないのであり、

さらには「アイルランド人の予備軍」を嫉妬の念をもって眺めているとまで批難された[59]。移住の経路がよく知られるようになると、より多くの移民が住み着くようになった。ジャガイモの相次ぐ不作、とくに一八二一年と二二年の凶作は、移住をかりたてた。

一八二八年から三〇年にかけて、「自由土地保有」小農が大量に追い払われたため、ぎゅうぎゅう詰めの船でリヴァプールやブリストルに旅立つ人数がふくれあがった。しかし、イングランドは「彼らのあこがれの地ではまったくなく、じつのところ自分からすすんでは絶対に行きたくない場所であった」。運よく移動の金を貯めることのできた連中は、アメリカかカナダに移住していて、この国にやってきたのは最も貧しい人びとであった。いったんこの地に到着し、働き口を見つけるやいなや、懸命に努力してアイルランドへの送金がなされ、さらには親族を連れてきたり、イングランドで家族が合体するのに必要な小金をつくることも多かった[60]。

戦後の移民の大部分があとにしてきた状況は、議会報告書の表現を使えば、「ごくありふれた生活必需品」をまかなうにも不十分であった。

彼らの住居は悲惨なあばら屋であって、家族の者の何人かは一緒になってわらの上かむきだしの土の上で眠

る……食事は干からびたジャガイモが普通であり、しかもこの貧弱な食事でさえ……一日一食に切り詰めざるをえない。……ニシンや少量のミルクを手に入れることもあるが、肉を手に入れることができるのはクリスマスや復活祭や四旬節前の三日《シュローヴタイド》に限られる。(61)

以上のような西ヨーロッパで最も安い労働力としての彼らの歴史は、よく知られている。公衆衛生、犯罪、住宅、手織工を憂慮した政府報告書はどのページも、アイルランド人がイングランドに持ち込んだむさ苦しさや、穴蔵の住居や、家具とベッドの少なさや、戸口のほうに押しやられているゴミや、イングランド人労働者の賃金引き下げなどの記述に満ちている。最後にあげた点がもつ雇用主にとっての効用は強調するまでもない。あるマンチェスターの絹製造業者はこう明言した。「ストライキが起きてすぐに人手がいるときには、アイルランドから十家族、十五家族、あるいは二十家族と呼び集めるのです(62)……」

しかし、アイルランド人移民の影響は、こうしたこと以上に両義的であって、またもっと興味深い。逆説的ではあるが、イングランド人労働者の性格構造を変化させる圧力がうまく成功を収めたからこそ、工業的な労働規律を身につけていない補完的労働力への必要が出てきたのである。すでに考察したように、この労働規律には、方式化された揺らぐことのない努力と、内的な謹厳の動機づけと、計画性と、契約の几帳面な遵守が必要であった。簡単に言えば、熟練あるいは半熟練の仕事では統御されたエネルギーの支出が必要だった。これとは対照的に、工業社会の基礎をなす激しい肉体労働の仕事では、純然たる肉体的エネルギーの浪費的支出、すなわち激しい労働と騒々しい息抜きの交互の繰り返しが必要だった。こうした繰り返しは、前工業的労働リズムの属性であるし、またイングランド人の職人や織布工には、体力の弱さとピューリタン的気質の両方の理由から適していなかった。

こうして、アイルランド人労働力は、たんに、あるいはなによりも「安い」からではなく（イングランド人の織布工や農業労働者の労働力もかなり安いことは確かであった）、アイルランドの農民たちがバクスターやウェスレーの刻印を免れていたから、産業革命に不可欠であったのだ。アイルランドでは最低生活さえ維持しえない経済とコンエイカー制度（アイルランド農民はこの制度のもとで、ジャガイモ畑の使用と引き換えに、農場経営者の半奴隷にまで零落させられていた）によって意気消沈させられていたため、彼らはそれまで無気力で無能だという評判を得ていたのである。よい小作人が罰として地代を二倍に引き上げられるような国では、エネルギーはなんの役にも立たなかった。ところがイングランドでは、彼らは驚くべき偉業をなしとげることができた。その際に彼らが示したのは、以下のようなものだった。

……きわめて過酷で、やっかいで、不愉快な種類の荒々しい労働、たとえば石工や煉瓦積み工やしっくい塗り工の労働とか、港や埠頭や運河や道路をつくるために掘削する労働とか、重い荷物を運んだり、船から荷を降ろしたり積み込んだりする労働における、自発性、機敏さ、ねばり。

ケイ博士は、一八三五年にランカンシャーの雇用主のアイルランド人労働者への評価を調査した結果、イングランド人労働者は「工場での仕事にとくに必要な安定したねばり」を備えているので、熟練を要する職種で好まれていることを発見した。「イングランド人はより安定し、清潔で、熟練のある労働者であり、また親方《マスター》と奉公人《サーヴァント》のあいだで結ばれた契約をより忠実に履行する」。何千人ものアイルランド人が綿工業で雇われていたが、「程度の高い工程に従事する者は……いるにしてもごく少数である。……彼らのほとんどすべてが除塵室にいる……」。「責任ある部署」についている者はほとんどいなかったし、「紡績工の地位に到達した」者もほとんどいなかった。他方、不熟練の職種では事態は逆転した。バーミンガムのある雇用主は一八三六年にこう証言した。

アイルランド人の労働者はどんなときでも働こうとします。……きわめて貴重な労働者だと思います。われわれは彼らなしではやっていけません。親切に扱えば、彼らはわれわれのためになんでもします。……イングランド人には彼らがしている仕事ができません。せっつけば、アイルランド人はすすんでやりとげようとしますが、イングランド人はそうした意志をもっていません。アイルランド人はどんな状態のもとであれ、負けるくらいなら死を選ぶでしょう。彼らは誰かに追い抜かれるくらいなら、倒れるまで激しい労働に立ち向かうでしょう……。

「彼らはもっと面倒をみてやることが必要です。彼らは仕事中にかなりおしゃべりをするのです」。経済的動機づけよりも人格的な動機づけのほうが、はるかに効果的であるといわれることが多い。アイルランド人は陽気だったから、陽気な雇用主のためには最もよく働いたし、また雇用主は彼らが互いに張り合うように仕向けた。「アイルランドはイングランド人と比べて、より粗暴で気短ですが、それほど頑固でも、気むずかしくも、身勝手でもありません」。彼らの気前のよさと衝動に付け込むのは簡単なことだった。アイルランド人が「負けるくらいなら死を選ぶ」というのは、まさにそのとおりであった。「自分の国にいるとき、彼らは極端に怠け者でぞんざいなことで有名でしたが、海峡を渡ってからは、勤勉と活力の模範となりました」。港湾や掘削工事では出来高賃金か集団請け負い賃金《ギャング・レイト》で支払われたので、「労働者は自発的にへとへとになるまで働く気にさせられ、二、三年で健康と体格をだめにしてしまう。ロンドンの運送人や石炭運搬人やそのほか多くの単純労働者の場合がそうであり」、そのかなりの部分がアイルランド人だった。リヴァプール埠頭を観察したある者は、オート麦が船に積み込まれる仕方についてこう書いている。

これらの男たち（主にアイルランド人である）は、クレーンで降ろされてはずされた中身のぎっしり詰まった袋を肩に乗せて受け取り。道路を横切って運んだ。夏の一日の労働時間中、彼らはこの重労働を、規則正しく途切れることないペースで、すなわち船から倉庫までゆうに五十ヤードはある道のりを少なくとも時速五マイルの速さで遂行した……この仕事では、すぐれた労働者は、百袋あたり十六ペンス、一日あたり十シリングを稼いだ。したがって、片道はオート麦のぎっしり詰まった袋を肩にかつぎながら……七百五十回往復したことになるから、五十三マイル……の距離を歩いた勘定になる……。

イングランド人が卑しくて不愉快な仕事だとして拒否したり、あるいはそのペースについていけなかったような、あらゆる種類の仕事が一八三〇年代までにはほとんど完全にアイルランド人の手に移っていた。(63)

こうして、雇用主は、前工業世界と工業世界の双方から、最良の労働力供給を途方もない規模で手に入れたのである。規律づけられた労働者は心の底では自分の仕事を嫌っていた。仕事への集中力と熟練の発達に寄与した性格構造が、同時に、汚い仕事やみっともない仕事にはつかないという自尊心の防壁をつくりあげた。ある建築業者は、なぜアイルランド人が過酷な仕事にだけ限定されているのかを説明しながら、こう証言した。

彼らがすぐれた職人になることはめったにありません。ものごとを深く調べることがないのです。理解するのは早いのですが、しかし表面的です。すぐれた水車大工とか機械工といったような、思考力を要するものにはなれません。……アイルランド人労働者に図面を渡す場合には、その労働者をたえず見守ってやらなければなりません。さもないと、彼はまちがいをしでかすか、あるいはより多くの場合おそらく何もできないでしょう。

これは「生来の無能さ」の結果ではなく、「集中力の不足」の結果だった。そして、これは「知性」の面での欠陥ではなく、「道徳」の面での欠陥だった。

明日のことを思い煩うことなく、ただ過ぎていく瞬間だけを目的に生きているような人間は、厳しい規律に耐える気持ちをもちえないし、さらにはすぐれた職人になるのに必要な、忍耐力のいる苦しい努力を払う心構

えもちえない。(64)

『イギリスにおけるアイルランド人貧民の状態に関する報告』は、一八三〇年代の議会報告書のなかで最もすぐれた社会学的評論の一つだが、次のような結論に到達した。

アイルランド人のイギリスへの移民は、それほど文明化されていない人びとが、より文明化されたコミュニティの下方に一種の基層として広がるという、そしていかなる産業部門においても卓越することなくあらゆる部類の最低の肉体労働につくという、一つの実例である。

ポタリーズのある親方が述べているように、雇用主連中は「この国で生まれた人びとは、全員がもっと洗練され、熟練を要する仕事に雇われているから」、こうしたことが「有利」であることに気づいていた。しかしながら、雇用主の観点からしてみれば、移民は「まじりっけなしの利益だったわけではない」。というのは、アイルランド人は仕事中と同じように、息抜きの際にもあふれんばかりの元気さと規律のなさを披露したからである。「製造業都市で働くたくさんのアイルランド人は……自分たちの稼ぎを次のような仕方で使う」

賃金を受け取った土曜の晩には、彼らはまず店屋のツケと……家賃を払い……そして負債を払い終えると、賃金の残りがなくなるまで蒸留酒を飲みつづける。月曜日の朝には、彼らは一文無しになっている……。

「自分の国で保持していた水準をほとんど超えない、ある固定した生存水準」を維持していた彼らには、集中力と計画性の美徳が欠けていただけでなく、倹約と謹厳というピューリタン的美徳も欠けていた。土曜の晩になるといつも、マンチェスターやリヴァプールやそのほかの工業都市の通りは、酔っ払ってけんか騒ぎを起こす何百人ものアイルランド人に占拠された。

そのうえ、アイルランド人の美徳と悪徳は、規律づけられたイングランドの職人のそれとは多くの点で正反対であった。アイルランド人は、ときに乱暴に、ときに陽気なユーモアをもってイングランド当局を軽蔑した。たんに支配者の法律と宗教がなじみないものだっただけでなく、イングランドの法廷で起訴されることを不名誉と見なすようなコミュニティの道徳的拘束もなかった。ある雇用主が述べているように、手厚く処遇すれば、彼らは頼りになった。「ちょっとした盗みが見つかったりすると、そいつはほかの連中からのけ者にされます」。しかし、評判の悪い雇用主や農場主からのちょろまかしや、家賃の支払いを拒絶していることの判明したアイルランド人は、仲間からの承認だけでなく、仲間の集団的な実力行使による支持も受けた。あるマンチェスターの綿工場主は、「彼らはときおり、ありとあらゆる無鉄砲なふるまいを示す」と明言した。彼らは、たえず仲間うちでけんかしながらも、誰かが外部の人間から攻撃されると一致団結した。密造酒の蒸留器を差し押さえようとしたことで短刀や煉瓦のかけらでの戦争が引き起こされたが、そうした場合にアイルランド人女性は決して控えめではなかった。マンチェスターのリトル・アイルランドでは、法にもとづく家賃や借金や税金の強制的な取り立てが、まるで戦闘防御態勢を整えた人びとにたいする局地戦のようにしておこなわれた。一八三六年にマンチェスターの治安官代理《デピュティ・コンスタブル》は、「たくさんのアイルランド人が雇われている工場で令状を執行するのはとても危険です。連中は、階段をのぼってくる治安官の頭をめがけて煉瓦や石を投げつけるのです……」と語った。マンチェスター自警隊《ウォッチ》の長官はこう証言した。

……この町のアイルランド人居住区でアイルランド人を一人逮捕するために、われわれは十人か二十人、あるいはそれ以上の自警隊員を連れていかざるをえません。全住民が武器を持って集まってきます。女性でさえ、肌を半ば露わにして、男たちが投げる煉瓦のかけらや石を運びます。男が一人であっても、その友人たちが救出のために集まってくる時間をかせぐために、暴れて抵抗します[65]……。

アイルランド人は愚かではなかったし、野蛮でもなかった。メイヒューは彼らの寛大さ、彼らの「弁説の才と理解の早さ」に言及した。アイルランド人は、イングランド人の職人とは異なる価値体系を信奉していたのである。そして、彼らは多くの場合イングランドの礼儀作法にショックを与えることを楽しんでおり、わざとそうふるまったようにみえる。あるボルトンの弁護士が回想するところでは、しばしば彼らは被告席で道化役を演じ、一群の同郷人を「性格証人」として連れてきたり、法的手続きに関する鋭い知識を披露して、言い逃れたり、お世辞で判事を惑わしたりした。同じく正直さも軽んじていたために、彼らの多くが完璧な乞食となることができた。アイルランド人はお互いに寛容であったから、金を貯めるとしてもそれは何か特定の目的、たとえばカナダへの移民とか結婚とかいった目的があってのことだった。妻や子供、あるいは兄弟や姉妹をイングランドに連れてくるために、何年もの間「半ペニーずつでも貯える」ことはしたが、しかし「自分自身や自分の子供を労役場行きの不名誉から守るために金を貯めようとはしない……」。街頭商人としては、彼らは呼び売り商やぼろ拾いといった最低の等級の商売についていた。彼らの気質は「いちばん安い市場で買って、いちばん高い市場で売る」のに適していない、とメイヒューはありのままに論評した。イングランドの救貧法にたいして、アイルランド人は陽気に略奪を楽しむような態度を維持していた。時代遅れの居住地法を利用して、教区の費用もちであちこち物見遊山し（パディ・マクガイアの出生教区がマンチェスターか否かなど、いったい誰が知っていただろう？）、停車した場所がよさそうに思えると、貧民監督官の馬車からそっと降りてしまった。彼らは教区からの給付を「まったく恥じることなく」(66)受け取るのがつねであった。

アイルランド人は生成期の労働者階級コミュニティにおける不安定要因であった——悪魔の砦の胸壁で配置につく援軍が尽きることなく流入するようにもみえる。いくつかの都市では、彼らは自分たちだけの通りや区域にある程度隔離されていた。ロンドンでは一八五〇年にメイヒューが、ローズマリー小路のはずれにある迷路のような路地でアイルランド人を見つけたが、その袋小路には「裸足で水たまりを走り抜けるぼさぼさの頭のわんぱく坊主や、帽子もかぶらず、ショールを肩にはおって、戸口の側柱に寄りかかる少女」が見られた。マンチェスターやリーズの穴蔵の住居でも、同じような隔離があった。さらに、宗教の隔離もあった。一八〇〇年には、イングランド生まれでカトリックを信奉する労働者はごくわずかだった。カトリック教会は、イングランドに真の信仰を回復しようとする神の企ての証拠をアイルランド人移民に見いだしていた。アイルランド人が行くところにはどこにでも、司祭があとにつづいた。しかも、アイルランドの司祭は、ヨーロッパのいかなる国の司祭よりも貧しく、また貧農により近かった。平均年収は六十五ポンドと推定されているから、彼らは教区民の家で食事をとったりその善意に頼ったりして、文字どおり信徒にすがって生活していた。ウォーターフォードのプロテスタントの主教はこう語っている。「カトリックの司祭」は、

民衆という波の動きに従わなければならない。さもないと、浜辺に取り残されて朽ち果ててしまう。……「私と一緒に、私が暮らしているように暮らしなさい。高慢な学識や教養で私を虐げないでください。私が選んで与えるものを感謝して受け取りなさい。そして、私の政治的な信条ないし行為に従ってそれをもらいなさい」。こうしたものが……アイルランド人の小屋住み農が司祭に語る言葉なのです。

ウォーターフォードのカトリックの司教は、一七九七年に出した聖職者への印象的な訓告のなかで、この事実を確証している。

現世の金持ちの道具にならないようにしなさい。連中は自分たちの世俗的な目的のために、あなた方を貧しい人びとにたいする道具にしようと……するのです。……貧しい人びとはいつもあなた方の友人でした――彼らは、最悪の時期でさえ揺らぐことなくあなた方と自分たちの宗教に忠実でした。彼らは乏しい食事をあなた方や、あなた方の前任者と分かち合いました。……あなた方にドアを閉ざすだけでなく、これまでにもまれで

はなかったことですが、あなた方を野獣のように追い払った金持ちのふるまいを……もし彼らがまねていたなら、私はいまここにいる尊敬すべき聖職者のみなさんにたいし、神聖な権威のもとに話しかけることもできなかったでしょう……。

馬にまたがってウェクスフォードの反逆者たちの先頭に立った司祭がいたり、またイングランドの絞首台の露と消えた司祭（オコイグリ）がいたりする教会は、貧農の民族主義的願望と深いかかわりをもっていた。実際一八一〇年以後三十年間、ダニエル・オコンネルは（主としてカトリック協会《カトリック・アッソシエイション》を通じて）司祭たちを政治運動家の予備軍として使おうと努めたのである。アイルランド人の貧民がイングランドにやってきたとき、司祭たちは信徒への影響力を保持するためにあらゆる手段――（イングランドの聖職者では一人としてたちうちできないほど、自分の教区民をよく知ったうえでの）献身的な礼拝、心理的な脅迫、金銭面での援助と強要、親族への圧力、貧苦のなかの慰め――をもちいた。彼らはプロテスタントの国イングランドで成功しそうな福音主義の唯一の形態、すなわち出生率だけをあてにした。イングランド人の石炭陸揚げ人や土方や呼び売り商の多くは「異教徒」だったが、同じ仕事についているアイルランド人はミサに出席した。司祭は、アイルランド人の労働者が服従する唯一の権威者だった。あるカトリックの司教座聖堂参事会員は、治安判事でさえ鎮圧しえなかったボルトンでの土曜の夜の暴動を鎮めることができた。メイヒューが信徒たちの家を巡って歩く司祭についていったとき、

どこでも、人びとは司祭に会おうと走り出てきた。……女たちは、ただ彼にお辞儀をしようと、戸口の踏み段に押し寄せたり、はね上げ戸を通って穴蔵から這い上がってきた。……司祭が道を歩いているときでさえ、子供たちは全速力で走って追いすがって司祭の髪にさわろうとした[67]……。

実際、移民の多くにとって、司祭の影響力は増大した。根なし草になった彼らにとって、司祭は、彼らの昔か

らの生活様式のなかにある最後の道しるべであった。司祭は、読み書き能力はあるが社会階級としてはかけ離れておらず、またイングランドの雇用主や権威者と同一視されることもなかったし、ゲール語を知っていることもしばしばで、イングランドとアイルランドをひんぱんに往復して故郷のニュースを持ち帰ったり、ときには親戚を連れてきたり、また送金や貯金や伝言を託されたりした。したがって、アイルランドの貧農がイングランドに持ち込んだ文化的伝統のなかで、その第三世代・第四世代にいたるまで長持ちしたのは、半封建的で民族主義的なカトリック教会だったことになる。きわめてみすぼらしい穴蔵住居に入れば、なおローマ・カトリックの呪文や燭台や十字架や、「解放者」オコンネルの版画と並べられた、「けばけばしい色の聖人や殉教者の版画」が見つかったかもしれない。これとは対照的に、膨大な数のアイルランドの歌や民間伝説の遺産は、第一世代とともに滅びてしまうことが多かった。移民は、互いの住まいを訪問しあって「ジグやリール[23]を騒々しく踊ったり」する故郷の村の慣習を、しばらくは守ったかもしれない。しかし、その子供たちは、フィドルや木管楽器《パイプ》やゲール語を忘れ去ってしまった。

　アイルランド人は、一部の都市では隔離されたかもしれないが、決してゲットーに押し込められはしなかった。同じ言葉を話し、アイルランド合同法のもとにあってイギリス国民たる人びとを、従属的な少数民族にすることは難しいことだった。アイルランド人とイングランド人の通婚もたいへん多かった。特筆に値することだが、アイルランド人は摩擦なしに比較的簡単に労働者階級のコミュニティに吸収された。もちろん暴動もたくさんあった。とくに、アイルランド人とイングランド人の不熟練工同士が直接に競合する場合、たとえば建築業や港湾業ではそうであった。一八三〇年代と四〇年代には、死傷者を出すほどの全面戦争が鉄道工夫のあいだで闘われた。とくにロンドンでは、反カトリック、反アイルランド人感情が強く残った。カトリック解放を求める議会での長い論戦（一八〇〇―二九年）のそれぞれの段階には、反教皇の品の悪い瓦版やバラッドがつきものだった。そして、一八五〇年になっても、カトリックの司教が任命されると、司教を模した人形が焼かれたり、「ローマ教皇の侵略だ」の叫び声があがったりした。メイヒューは、「口上香具師」と「楽師[24]」が、上出来の反教皇のしゃべくりなら上出来の人殺しのしゃべくりと同じくらい金になると考えていることを発見した。

坊主や尼さんのまぬけどもが、うようよいる、
おれたちは、教皇教書なんか押し付けられないぞ。
元気を出して、教皇をやじり倒せ、
枢機卿ワイズマンも一緒に。

しかし、メイヒューが記録した歌ないし連禱のどれひとつとして、アイルランド人にふれたものはない。そのほとんどは、スミスフィールドの火あぶり伝説や民族的感情を思い起こさせるもので、「古きイングランド人たるジョン・ブルのローマ教皇の教書への返答」といったたぐいのものであった。ローズマリー小路のはずれの穴蔵住居の住人たちを外国人の侵略という民間伝説に組み入れることなど、ほとんど不可能であった[68]。

これとは逆に、たとえ緊張関係をつねにはらむものだったとしても、イングランドの急進主義ないしチャーティズムとアイルランドの民族主義とは、一致協力すべき多くの理由があった。陸軍や海軍や北部の工場都市では、敵対感情が人種差別のかたちをとることはほとんどなく、いずれの場所においてもアイルランド人は仲間のイングランド人の犠牲者とともに闘い、あるいは肩を並べて働いていた。統一アイルランド人協会の時代――そして棍棒を持ったアイルランド人がトマス・ハーディの家を防衛する手助けをした時代――から、一つの政治的同盟関係が意識的に維持されてきていた。イングランド人の議会改革論者は一般にカトリック解放の大義を支持していた。サー・フランシス・バーデットは、長年にわたって議会におけるその第一の代弁者だったし、コベットは『ポリティカル・レジスター』誌ばかりでなく、『イングランドにおける宗教改革の歴史』(一八二三年)のなかでもその大義を奨励した。この著作は、数々の神話を生み出したが、旧腐敗体制《オールド・コラプション》と「政府《ザ・スィング》」の起源をチューダー王朝による修道院と慈善施設の略奪にまでさかのぼっている。急進派の評論家たちもまた一七九八年の残酷な弾

圧を忘れてはおらず、ホーン、クルクシャンク、ウーラー[25]らは、拷問と鞭打ち刑の共犯者だとしてカースルレイ（「デリー－ダウン－トライアングル」[26]）を容赦なく追及した。ファーガスの父、ロジャー・オコンナーは、バーデットの親友であり、かつてはバーデットの同僚議員として候補にあがったこともある。一八二八年、ロンドン在住の急進派で反オコンネル主義者のアイルランド人は、市民的自由および政治的自由を求める協会を結成した。この協会は、ハントとコベットに支援され、進歩的なイングランドの急進主義者たちと密接な協力関係を結んでいたが、全国労働者諸階級同盟（一八三〇年）の先駆けの一つでもあった――そしてこの同盟自身はといえば、チャーティスト・ロンドン労働者協会（三六年）の直接の前身だったのである。(69)

　したがって、一七九〇年から一八五〇年にかけて、アイルランド人の民族主義とイングランド人の急進主義とのあいだには、オコナー一家の富によってときに活気づけられたり混乱させられたりしながらも、はっきりした同盟関係があった。しかし、ミッドランズや北部におけるアイルランド移民の影響はそれほど明確ではない。一七九八年以降二十年間以上にわたって、アイルランド諸州は土地をめぐる騒乱に次から次へと見舞われた。この騒乱で、さまざまな秘密結社――スレッシャーズ、キャラヴァッツ、シャナヴェスツ、トミー・ダウンシャーズ、カーダーズ、リボンメン、そしてのちには、モリー・マグワイアズ――が、賃借権を守り、地代や物価を低く抑え、十分の一税に抵抗し、あるいはイングランド人の地主を追い出すためにいろいろな形態のテロリズムをおこなった。一八〇六年にはスレッシャーズが事実上カナートを支配していたし、一八一〇年には、互いに反目しあっているキャラヴァッツとシャナヴェスツがティペラリー、ケリー、ウォーターフォードで勢力を張っていた。一八一三年には騒乱はミース、キングズ・カウンティ、リマリックにまで広がっていた。一八二一年と二二年のジャガイモ飢饉の時期には、騒乱はマンスター、リンスター、そしてコノートの一部に拡大していた。銃による統治、対立する双方による処刑のための人質の保持、地域での反目、武器の強奪、強制的な資金集め――溜め込まれた水のような農民の憎しみは、処刑や流刑によってある場所でせき止められても、すぐに別の場所でほとばしりでた。一八一一年にアイルランド司法次官は、農村部では「武装した貧農と非武装のジェントリがもたらす恐るべき帰結」が展開されたと嘆いていた。主席裁判官《ロード・チーフ・バロン》は、やっと十代になったばかりの少年に武器を盗んだかどで死刑を宣告しながら、こう言明した。

　昼間肉体労働についている連中が夜には法を制定すること――昼間土地を耕している連中が、夜には法律を制定してこの国を統治するなどということを、どうして許しておけようか？

たとえばチャーティスト北部政治同盟の書記になったダニゴールのトマス・ドゥヴィルのようなアイルランド人移民は、多くが子供のころ、夜になると村の通りから、「軍隊まがいの隊列をとった」男たちの「重い足音」をよく耳にしたものだった。[70]

　具体的な素性をここに引用することはできない（いったいどんなアイルランド人が、イングランドの法廷で、カーダーズや「水平派」[27]の元メンバーだったと白状するだろうか？）が、しかし、移民たちの一部がこうした秘密結社の伝統を持ち込んだことは疑いない。彼らの影響はやがて、一八〇〇年から〇二年とラダイト運動の時期に示されることになる。[71]夜半に顔を黒く塗った男たちのすばやい動き、武器の強奪、馬や牛の腱の切断――これらのやり方に多くのアイルランド人が熟達していた。さらに、すべての工業都市にアイルランド人の居住地があったことは、迅速な連絡を可能にした。また、それは権利を奪われた者たちの自然な友愛感の醸成にも貢献した。アイルランド人は、けんかっ早いかもしれないが、互いに助け合うのも早かった。

　貧農の多くは革命の遺産を持ち込んだが、司祭団はそうではなかった。教会は、イギリスで数を増しつつあったカトリック少数派に注目を集めたり、その法的無権利状態をいっそう悪化させたりするつもりはなかった。一八三〇年代には、司祭団の政治的関与はオコンネルに忠誠を誓う以上には進まなかった。オコンネルはといえば、アイルランドにおける四十シリング自由土地保有選挙権をカトリック解放と引き換えに放棄し、十時間労働法案に反対の投票をし、さらにはイングランドにいる重要な同国人たちを、自己中心癖や王制支持の言質やウィッグへの付いたり離れたりの行動で混乱させまごつかせたのであって、彼こそはアイルランド人の民族主義とイングランド人の急進主義の同盟関係の最大の弱点をよく示している。だから、イングランドのいろいろな教会のなかでもカトリック教会だけが、全国に広がる急進主義運動で名をあげる「一匹狼」の司祭を一人として生み出すことがなかったのである。そして、アイルランド人労働者はすぐにさまざまな結社に加入したが、彼らのほとんどは組合運動がきわめて弱い不熟練の職種についていた。それゆえ、イングランドの運動では、彼らはこれという指導者をほとんど生まなかった。（ジョン・ドハーティは、労働組合組織にしっかりと注目し、またオコンネルのとった組織の形態を全国労働者保護連盟（一八二九年）に意識的に応用したが、彼は例外だった）。アイルランド人の影響は、コミュニティや職場での反抗的な気質のなかに最もよく表れている。すなわち、権威に挑戦したり、「暴力」を使うぞという脅しに訴えたり、国制擁護主義という抑制による威圧をはねつけたりした。あるカトリックの司祭は一八三六年に、アイルランド人は「イングランド人よりも労働組合や団体や秘密結社に参加しやすい」ことを認めた。もう一人の証人は、「彼らはいつだって演説する側であり、ことの首謀者になる」と主張した。エンゲルスは、「情熱的で、活動的なアイルランド人の気質」が、より規律づけられ控えめなイングランド人労働者を政治行動にかりたてる触媒になったと考えていた。

……わりと軽率で、興奮しやすく、熱烈なアイルランド人の気質が、平静で、理性があり、忍耐強いイギリス人の気質と入り交じることは、結局は双方にとってけっこうなことで、不利なことは少しもないはずだ。浪費的といっていいほど気前がよくひどく感情に支配されやすいアイルランド人の本性が、人種の混交や日常の交際によって入り込み、分別くさい冷静なイングランド人の性格をやわらげることがなかったならば、イングランド人ブルジョワジーの冷酷な利己主義はいまよりはるかに強固に労働者階級をほしいままにしていたことだろう。(72)

「本性《ネイチャー》」や「人種《レイス》」といったエンゲルスの表現には異議を唱えることもできよう。しかし、これらの言葉を取り替えてみても、彼の判断が妥当であることに気づかされるだけである。正確な機械労働とシャベルやつるはしによるトンネル掘りとが並存している時代には、両者のタイプの労働力を利用できることは雇用主にとって有利であった。しかし、洗練された政治的な急進主義と、もっと原始的で興奮しやすい革命主義との合体という代価が支払われなければならなかった。この合体はチャーティスト運動で生じた。そして、ファーガス・オコナーがオコンネルと絶交し、またブロンテア・オブライエンが土地国有化社会主義をイングランドの状況に適用させたとき、それはもっと大きな危険さえもたらしかねなかった。かつて一七九〇年代に、ファーガスの伯父アーサー・オコナーが、オコイグリやビンズとともにメイドストーンで逮捕されたとき、イングランド人のジャコバン主義とアイルランド人の民族主義は共通の革命戦略をとることが可能なように思われた。もし、オコナーがイングランド北部と一緒にやれたようにアイルランドとも一緒にやっていけたなら、チャーティスト運動と「ヤング・アイルランド」運動は共同して体制を転覆する引火点となっていたかもしれない。一方での「穏健派《モラル・フォース》」チャーティストたちの控えめさと、他方でのオコンネルと司祭団の影響力は、「大飢饉」による極度の意気沮喪とともにこうした事態の出現を阻んだ。しかし、これは本書の範囲を超える問題である。

4　永遠なる無数の人びと

ここにきて、十九世紀初期の労働者階級コミュニティをつくりあげている多くの要素をもっとはっきり知ることができるようになったわけだが、「生活水準」論争への明確な解答をわれわれはなお出すことができない。なぜなら、「水準」という言葉の背後には、事実の問題と同様、価値判断がいつもかならず含まれているからである。すでに示してきたつもりなのだが、価値観は決して「計測不可能なもの」ではない。歴史家は、価値観は計測できないのだから、誰の意見もほかの人の意見と同じように妥当なのだと考え、簡単に退けてしまう。そうではないだろう。価値観は、人間の満足感の問題であり、社会変化の方向の問題であり、もし歴史学が重要な人文科学の一分野を占めたいならば歴史家が熟慮しなければならない問題なのである。

歴史家ないし歴史社会学者は、二つの形態の価値判断に関心をもたなければならない。まず第一に、歴史家は産業革命を生きぬいた人びとが実際にいだいていた価値観に関心をもたなければならない。古い生産様式と新しい生産様式はそれぞれ、特有の生活様式を備えた独特なコミュニティを支えている。新旧二つの慣例、そして人間の満足に関する新旧二つの考え方が互いに衝突した。産業革命の結果起こったこの緊張関係を研究したいのなら、史料にはこと欠かない。

第二に、歴史家は、産業革命が引き起こした全過程にたいしてなんらかの価値判断をくだすことに関心をもたなければならない。われわれ自身、この産業革命の最終的産物である。われわれ自身がかかわっていることが、判断をくだすことを難しくしている。けれども、われわれが一定の距離を置くことを助けてくれるものがある。この経験の一部から生じる産業主義への「ロマン主義的」批判であり、またこの経験に対決し、オルタナティヴな文化をしっかり守った手織工や職人《アーティザン》や村の職人《ヴィレッジ・クラフツマン》のねばり強い抵抗の記録である。われわれは彼らが変化するのを知ることで、いかにしてわれわれがいまあるようになったのかを知る。われわれは、何が失われ、何が「非合法《アンダーグラウンド》」に追いやられ、何が未解決のままに残されているのかを、よりはっきりと理解できるのである。

生活の質についてはいかなる評価も当事者である人びとの生活経験総体への、すなわち彼らの多種多様な、文化的かつ物質的な、満足や欠乏への評価を含んでいなければならない。こうした観点からすれば、産業革命を「大変動」とする昔からの見方は、いまでも受け入れられなければならない。物質的な条件のわずかな改善を統計的に示すことはできるとしても、一七八〇年から一八四〇年の時期にイギリスの人は窮乏化を経験した。サー・チャールズ・スノー[28]が、「驚くほど例外なく……貧民たちが土地から立ち去ったのと同じ速さで工場はその貧民たちを雇用することができた」と語るとき、われわれはリーヴィス博士[29]とともに、「まったき人間的問題」の

「現実の歴史」は、「それとは比較にならないほど痛烈に複雑だったのだ[73]」と返答しなければならない。なかには工業都市の華やかさと約束された賃金につられて田舎から出ていった者もいた。しかし、彼らの背後で、昔からの村落経済は崩壊しつつあったのである。彼らは自分の意志でというよりも、疑問を投げかけることもできない外的な強制、すなわちエンクロージャー、対仏戦争、救貧法、農村工業の衰退、支配者の反革命の態度などが命じるところに従って移動したのである。

　工業化の過程には苦痛がつきものである。それに伴って、かならず伝統的な生活の型が蝕まれる。しかし、イギリスでは、この過程は異常な暴力をもって完遂されたのであって、現在民族革命を遂行しつつある国々にみられるような、協同的な努力への国民的参加という意識でやわらげられることはなかった。そのイデオロギーは支配者だけのイデオロギーであった。工業化のメシア的預言者はアンドリュー・ユア博士であり、彼は工場制度こそは「水と陸からなる地球にとっての偉大な文明の聖職者」であり、「いまなお『死の領域と死の影』のなかに横たわっている……無数の人びとに科学と宗教の活力源[74]」をふりまいていると考えていた。しかし、工業化の過程に奉仕した人びとはそうなっていると感じることはなかったし、奉仕された「無数の人びと」も同じだった。窮乏化はさまざまなかたちで彼らを襲った。農業労働者にとっては入会権と村落内民主主義の喪失であり、職人にとってはその熟練の地位の喪失であり、織布工にとっては生計の手段と独立性の喪失であり、子供にとっては家庭での労働ならびに遊びの喪失であり、実質所得が上昇した多くの労働者集団にとっては保障やレジャーの喪失であり、都市環境の悪化であった。R・M・マーチンは、十年間をヨーロッパ外で過ごしてイングランドに戻り、一八三四年の手織工委員会で証言したが、肉体と精神の劣悪化を示す事実に衝撃を受けていた。

　私は、この国の製造業地帯のコミュニティだけではなく、農業地帯のコミュニティでもそれを目にしました。彼らは、生気や快活さや野外での遊びや村のスポーツを失ってしまったように見えました。彼らは、健康も陽気さも喜びもない、薄汚く、不満そうで、惨めで、心配げで、苦しみもがいている人びとになってしまいました。

アシュトン教授が正しくも「退屈な」慣用句と呼んだもの、すなわち、「自然《ネイチャー》」ないし「土地」からの人間の「分離」のなかに説明を求めることは誤まっている。「最後の農業労働者の反乱」以降であっても、「自然」のきわめて近くにいたウィルトシャーの農業労働者たちの状態は、ランカシャーの工場の少女たちよりもはるかに劣悪な状態にあった。この暴力は人間の本性《ネイチャー》にたいしてふるわれたのだ。ある観点からは、こうした暴力は、生産手段の所有者の貪欲が旧来の道徳的拘束から自由になり、しかもまだ新しい社会統制手段に支配されていない時代にあって、利潤追求がもたらす結果だ、とみることもできよう。この意味で、マルクスと同じく、われわれはこれを資本家階級の暴力だと解釈しうる。別の観点からは、これは暴力的な技術革新による労働と生活の差異化と見なすこともできる。

産業革命の時期全般にわたって暗い影を投げかけていたのは、貧困や病気ではなく、労働それ自体であった。この経験をわれわれに伝えてくれるのは、自らも年季を積んだ職人ブレイクである。

そこでユリゼンの息子たちは捨てた、鋤とまぐわ《ハロー》を、織機を、槌とノミを、物差しとコンパスを……。
そして、すべての生の技を彼らは死の技へと変えた。
砂時計が軽蔑されたのは、その単純な働きが
耕す人や溜め池に水を汲み上げる水車の働きと
同じだったからであり、壊されて焼かれたのは、
その働きが羊飼いの働きのようであったからだ。
そして、それらにかえて、入り組んだ車輪が発明され、車輪の外側に車輪が取り付けられ、
世に出たばかりの若者たちをまごつかせ、永遠なる無数の人びとを

夜を日についだ労働に縛り付ける、彼らが何時間も真鍮と鉄に
やすりをかけて磨き上げる、骨の折れる働き、
その用途も知らないまま、彼らは知恵の日々を費やす、
乏しいわずかのパンを得るための悲しい労苦のなかに、
あらゆる素朴な生活のならわしに気づかないまま、
ほんの一部を見て、それが全体だと考え、
それを証明と呼ぶ、人生の単純な掟も知らぬというのに。[30]

これら「永遠なる無数の人びと」は、多くの場合、まるで墓穴にいるように、自分の労働のなかに封じ込められていたように思われる。彼らの生涯にわたる最大限の努力は、自分の属する友愛組合の支援を受けても、彼らが高い民衆的価値を置いていた「まともな葬式」さえ保証することができなかった。新しい熟練が生まれつつあったし、昔ながらの満足感も残っていたが、しかし、究極的にわれわれが感じるのは、厳しい規律のもとで疎外された目的のためになされる満足感のない長時間労働の全体的な圧力である。これこそは、あの「醜さ《アグリネス》」の源泉であり、D・H・ロレンスが書いているように、「十九世紀の人間精神を裏切る」[75]ものだった。ほかのあらゆる印象が消え失せても、この印象だけは残る。そして労働民衆が自分たちの労働と自分たちの雇用主に敵対するなかで自力でつくりあげた結び付きは別として、コミュニティのなかで感じられる結び付きが失われたという印象もまた、残るのである。

第3部　労働者階級の登場

カク命が始まった
だからおいらは家に戻って銃をとり
ウェリントン公を撃ってやるんだ。
――『ベルパーのストリート・ソング』

民衆は芝居じみた喝采を受けるために自発的に反乱を……企てようとはしない。
――ウィリアム・ヘイズリット

第13章　急進的なウェストミンスター

民衆の急進主義は、通信協会が壊滅させられ、人身保護法が停止され、「ジャコバン」を支持する示威行進が全面的に禁止されても、消え去ったわけではなかった。それはたんに統一性を失ったにすぎなかった。検閲と脅迫のために、何年にもわたって意見を表明できなかった。機関紙を失い、組織された意思表示の場を失い、自分たちの方向感覚を失ってしまった。しかし、対仏戦争の全期間を通じて、急進主義は手にふれうるかたちで存在していた。元来、統一性をもって存在しなかったものに統一的な説明をするのは不可能に近いが、なんらかの試みはなされなければなるまい。

ピットによる弾圧が全土に広まった一七九七年、グレイ[1]とフォックスは庶民院に戸主選挙権《ハウスホルド・サフリッジ》を求める動議を再度提出した。その後、フォックスと彼の同志であるウィッグ内「共和派《コモンウェルスメン》」の貴族一派が、人身保護法の停止に抗議し、また戦争に反対して庶民院から離れた。彼らは地元の邸宅にひきこもったり、娯楽や学問に没頭したり、オランダ館やブルックス・クラブでの討議をもっぱらにした。裕福で政治力もある彼らが政界から完全に排斥されることがなかったのは、自らの政治信条に反することではあったのだが、腐敗選挙区をしっかり保持していたためである。(1) 一八〇〇年を過ぎると、いつのまにか彼らは庶民院に戻って議席を回復していた。この一派の大方がもっていた民主主義の信条は、大部分が思弁的なものだったが、個別にはサミュエル・ロミリー、サミュエル・ウィットブレッド[2]、H・G・ベネット[3]のように、政治的自由や社会的権利の擁護のために庶民院で活躍した者もいた。一七九七年から一八〇二年にかけては、フォックスが議会改革に向けての唯一のよりどころになっていたように思われる。そこここで、さまざまなグループがフォックスとグレイに敬意を表して乾杯したり、政治的自由の回復を要求したり、フランスとの講和を請願するために会合を重ねていた。ノリッヂでは、かつてのジャコバン主義者たちがこのようにして集い、一七九九年には「自由の友月例公開集会」を開始するにいたった。(2)

しかし、そうしたグループの存在を示す証拠が少しでもあれば、治安判事はただちに警戒の念を強め、そして反ジャコバン評論家の舌鋒が火を噴いた。そうした評論家のなかで最も辛辣だったのは、新参のジャーナリストであるウィリアム・コベットだった。彼は、反ジャコバン評論家として活躍したアメリカ合衆国から帰ったばかりだったが、彼の愛国主義は戦争大臣ウィンダムから『ポリティカル・レジスター』創刊（一八〇二年）の援助というかたちで報酬を与えられた。しかし、一方で議会改革論者だと公然と名乗る者たちが追い詰められたり地下に潜行したが、一七九九年から一八〇二年にかけて、一般的な不満がしだいに高まっていった。ナポレオンの大陸封鎖のせいでイギリスの産業は停滞し、失業が増大して食糧価格が急騰した。製造業者は講和を請願し、査定税にたいして高まる憤りがそれを援護した。[4] 全土で食糧暴動が発生した。そして体制転覆をもくろんだ地下運動組織の存在を示す史料も存在する。(3)

短命なアミアンの和約（一八〇二年四月―〇三年五月）とともに新しい時代が始まった。ピットはしばらくの間アディントン（のちのシドマス卿）に政権を譲った。アディントンは弱体な総理大臣ではあったが、従前どおり反ジャコバンの弾圧路線を堅持した。戦争が十年近くにもおよんだのだから、民衆は灯火をともして和約を受け入れ、喜んだ。ナポレオンの送り込んだ使者が凱旋したかのようにロンドンの目抜き通りを行進した。『ポリティカル・レジスター』は戦争の継続を支持していたため、コベットの事務所が打ち壊された。物好きなウィッグや議会改革論者は、フォックスも含めて、新しい共和国を見物しようと大挙してパリに押しかけた。（ソーントン大佐は、一七九五年のヨーク「暴動」の際に民衆に向かって軍服を投げ捨てた人物だが、彼は第一統領への贈り物として猟犬、駿馬、一箱のピストルを携えてパリへ赴いた）。

和平後の総選挙では、六つの選挙区でジャコバンに支持された進歩的候補者が目覚ましい成功を収めた。かつて通信協会がメドウェイ川沿いの町々に勢力を誇っていたケントでは、フォックス派のある候補が現職の議員を破った。コヴェントリでは、激しい暴動が起こったのち、急進派がわずか八票差で敗れた。ノリッヂでは戦争大臣のウィンダムが議席を失い、二人のフォックス派の候補がジャコバンの積極的な支持を受けて選出された。ノッティンガムではフォックス派の支配する市自治体と狂喜した群衆の支持を受けて議会改革論者が選出された際に、一種異様な盛り上がりをみせた。勝利のパレードでは楽団が『うまくいくさ』や『マルセイエーズ』[5]を奏で、三色旗が掲げられ、（反ジャコバンのパンフレット作者の言を借りれば）「理性の女神に扮した全裸の女性が異彩を放っていた!!!」。ノッテンガムの群衆は（とコベットが述べている）「どこから見ても……共和主義者、すなわち革命的暴徒」であった。この当選者は、暴徒が有権者を脅迫したことを口実にして、一八〇三年に庶民院の議席を剝奪された。そしてこの事件は、工業地帯の地方治安判事の権限を強める法律が導入されるきっかけになったのである。(4)

しかし、最も世間を騒がせた選挙は、ウィルクスの元選挙区であるミドルセクスのものだった。すでに過去三年の間に、あるスキャンダルが明るみに出ていた。それはエイリス監獄長の独裁下にあったコールド・バス・フィールズ監獄に、裁判なしでとらわれていたロンドン通信協会と統一イングランド人協会の「人身保護法囚人」の処遇に関するものであった。サー・フランシス・バーデットは、当時国会議員でホーン・トゥクの友人だったが、――のちのコベットの説明によれば――それらの囚人たちから、血に浸した木の破片で本の遊び紙に書かれた訴えの手紙を受け取った。彼は、何人かの痩せ衰えた囚人、「たんに骨と皮だけの囚人」を目の当たりにし、これらの事件――とくにデスパード大佐の事件――を庶民院の内外で取り上げた。たちまちバーデットはロンドンの群衆の英雄に祭り上げられ、「バスティーユ[6]はごめんだ！」という怒号が町にあふれた。一八〇二年、彼はミドルセクスで、現職議員のメインウォーリングなる人物に選挙戦を挑んだ。この人物は内閣を支持していて、またエイリス監獄長と結び付いた治安判事でもあった。この選挙運動は全国の関心を集めた。一七九四年にさらし台にさらされたジョン・フロストが、バーデットの選挙活動家の一人だった。ほかに、かつてのジャコバン主義者や政治犯たちが彼の選挙運動を支援した。依然としてトーリーを支持していたコベットは次のように嘆いた。

ピカデリーからブレンフォードの国会議員選挙演壇までの道は混乱と煽動に包まれている。こうしたことは、革命期のなかで最も恐ろしい時期のパリの環境以外では決して目にできなかっただろう。……セント・ジャイルズからの道には……ぼろをまとった貧民が列をなし、「サー・フランシス・バーデット万歳、バスティーユはごめんだ」と叫び声をあげる。そして選挙演壇にはコールド・バス・フィールズ懲治監に収容されていた六人ほどの受刑者が連日登壇しては、メインウォーリング氏に憎悪の言葉を浴びせかけて暴徒を喜ばせるのだ。

バーデットの勝利は、和平の祝賀時に迫る規模で灯火をともす合図になった。「それはきわめて恐るべき結果をもたらすだろう」とコベットは慨嘆した。「途方もなく成長しすぎた放埓なこの首都が備えている無秩序と不誠実の側面に力を与え増長させるだろう」(5)

ランカスターにおいてさえ、一人の婦人が「あるジャコバン派の暴徒」にたいして、「この選挙は木靴を履いている者と革靴を履いている者との、上質のシャツを着ている者と粗末なシャツを着ている者との、富者と貧民との闘いなのです。民衆が自らの権利を擁護することを選ぶなら、民衆が万事を握ることになるのです」(6)と呼びかける、そんな選挙戦が目撃された。一七九二年から九五年の時期よりも力強い運動が成熟しつつあるようにみえた。仮にこの講和が五年間つづいたなら、イングランドの歴史は別の方向に向かっていたかもしれない。だが、すべてを混乱に投げ込むような事件が発生した。一八〇二年十一月にデスパード大佐が「大逆罪」で逮捕され、翌年の一月に処刑された。(7)〇二年から〇三年にかけての冬に、イギリスとフランスの関係は険悪なものになった。〇三年五月、両国はふたたび戦争の火蓋を切った。

しかし、多くの議会改革論者の目には、これは種類を異にする戦争だと映っていた。一八〇二年にナポレオンは終身の第一統領となり、〇四年には世襲の皇帝として王位を受け入れた。真のペイン主義者ならば誰もこれを認めることなどできなかった。かつて穏健な議会改革論者がロベスピエールに狼狽させられたのと同じように、強硬なジャコバンはこのことで深い痛手を負った。それまでもイングランドの議会改革論者はなんとかして断固たる距離を保とうと努めてきたとはいえ、その士気はフランスの運命に大きく左右されていた。イングランドの共和主義はナポレオンの第一帝国によって打撃を与えられ、二度と完全に立ち直ることができなかった。『人民の権利』は、王位や中世的制度、世襲的栄誉をきわめて熱烈に告発してきた。戦争が進展するにつれ、ナポレオンはヴァチカンと和解し、国王を擁立し、そのうえ新たな世襲貴族を創設したが、こうしたことはフランスから革命の最後の磁力を奪い取ってしまった。『うまくいくさ』はノッティンガムの群衆の記憶からさえ消え失せていった。「自由の木」が成長するためには、イングランドの切り株に接ぎ木されなければならなかったのである。

いまや多くの人の目には、フランスは商業上また帝国主義政策上の競争相手を装った、スペイン人民とイタリア人民の抑圧者にほかならないと映っていた。一八〇三年から〇六年にかけて、英仏海峡にはナポレオン軍が制海権を確保すべく行き来していた。アディントン内閣に入閣していたシェリダン[7]は、〇二年十二月に、「ジャコバン主義は殺され消滅させられた。誰によってか？　もはやジャコバン主義の子であり闘士であると呼ぶことのできない男、ボナパルトによってである」と明言した。ノリッヂの選挙で落選してまもないウィンダムは、戦争再開に際し国民の団結を求める驚くべき訴えを庶民院でおこなった。

ジャコバン主義者にたいして、私は、社会秩序や立派な政府ないしは君主制の支持者としてではなく、勇気ある人間として、諸君が自由と呼ぶものを愛する者として、熱くかつ誇り高い血の流れる者として、訴えたい。――諸君はフランスによって軛をはめられ、押しつぶされることに満足するのか、と。[8]

戦争再開を機に志願兵は日曜日ごとに教練を受けた。志願兵は、当時のジャーナリストや愛国的な伝説が示唆するほどの人気はなかったようだ。いずれにしろ「志願兵」というのは間違った呼称である。喜び勇んで進み出たのは将校たちであって、寄せ集めで規律も整わず、どうしようもなく反軍国主義的で、しかも唯一の休日を失うことになる下級兵士ではなかった。しかも、不満分子の手に武器が渡らないようにすることも容易ではなかった。政府を代表してシェリダンはこう言った。「私としてはバーミンガム、シェフィールド、ノッティンガムのような大都市では、上層階級の部隊を、地方や農村では、下層階級の部隊を優先させたい」。一八〇四年、ノリッヂについて『タイムズ』は次のように報じた。

この都市と……近郊の一般民衆《コモン・ピープル》は、志願兵制度をひどく嫌っている。月曜日にはノリッヂの部隊の志願兵の招集を妨害するたくらみが、やつらによって、とりわけ女たちによってなされた。女たちは将校に悪口を浴びせ中傷し、さらには志願兵こそがパン不足と穀物価格高騰の元凶だと批難した。

他方、地主《スクワイア》や法律家や製造業者の子息たちは、着飾って馬に乗ったり、志願兵の舞踏会に参加するのを楽しんだ。中流階級と貴族とのあいだに相互理解が生まれ、のちにピータールー広場での勝利をもたらすことになる団結心《エスプリ・ド・コール》がはぐくまれた。他方、舞踏会では彼らの姉妹は夫を選び、土地所有がもたらす富と商業がもたらす富との異種交配が促進され、これがイングランド産業革命を特徴づけることになった。民衆にとってこのような報酬はほとんどなかったが、ノーザンバーランドのある村では、「志願兵」の比率が高く、「歩兵部隊に十三人、騎兵部隊に二十五人、偵察部隊に百三十人、御者に二百六十人、軍馬係に三百人が応募した」[9]。

しかし、こうした底流の存在にもかかわらず、シェリダンは正しかった。ジャコバン主義は、創造的な刺激をフランスから引き出す一つの運動体としては、死滅したも同然であった。一八〇二年から〇六年にかけて、民衆的な愛国感情の復活がみられたことは確かである。たとえ『ボナちゃん』[8]が称賛されたとしても、「戦士《ウォーリア》」として称賛されたのであって、民衆の権利を具現した者としてではなかった。愛国的な廉価本や瓦版、版画がイギリスにあふれた。ノリッヂの女たちは抵抗し、ノーザンバーランドの村人たちはだんまりを決め込んでいたが、ランカシャーでは数千人の織布工が志願した。[9] ネルソンは、イングランドにおけるドレイク以来の戦争の英雄として人気があった。ネルソンは、民衆の権利に同情的だと考えられていたし、デスパード大佐の助命のために尽力したことも記憶されていたのである。トラファルガー海戦のほろ苦い勝利（一八〇五年）は、たくさんのバラッドに歌われ、居酒屋や小村落での話題になった。〇六年にフォックスは（彼はこの年に亡くなるのだが）、挙国一致内閣――「集才内閣」[10]――に加わり、戦争継続に黙従するにいたった。[10]

　ここでもまた、急進主義は消滅させられることはなかった。しかし、議論の仕方は見る影もなく変わってしまった。かつてのジャコバン主義者は愛国主義者《パトリアット》へと変貌し、ちょうど王党派がナポレオンをブルボン家からの王位簒奪者として批難したのと同じように、ナポレオンを共和制の大義への背教者だと批難するのに忙しかった。（一八〇八年、ロンドン通信協会元書記のジョン・ボーンは、『リーズナー』を発行して、昔の運動を再興しようとする重大な企てを実行した。この雑誌は、戦争と「古参のジャコバン主義者」の多くの要求との双方を支持していた）[11]。ほかの人びとは、たとえばシェフィールドの赤毛のヨークのように、古典的な衝動強迫と自己弁明の欲求にさいなまれていたが、これは近年の、迷いから覚めたロマン派にはおなじみのものである。ヨークが〇四年までには憎悪に満ちた「反ジャコバン主義」評論家になっていたために、コベットは心底嫌気がさして議会改革論者を支持するようになったほどだった。

　急進主義の新しい音色が最初に響きはじめたのは、このまったく予想だにしない一角からであった。まったく同じ要因が、古い型のジャコバン主義を消滅させただけでなく、同時に古い型の反ジャコバン主義からも力の一部を奪ってしまったのだ。もし、ナポレオンが敵であるのはすべての権力を手中にした独裁者であるからだとすれば、ピットをどのように評価すればいいのだろうか。（一八〇四年に政権に復帰し、〇六年に死ぬまで政権を維持した）ピットは、イギリスのさまざまな自由を侵害し、裁判抜きで投獄し、新聞を買収し、自己の権力を強化するために内閣のあらゆる形態の影響力を利用してきたのではないか。コベットはけんかっ早いトーリー派のジャーナリストであり、どんなに想像をたくましくしてみてもジャコバン主義者だと批難されるような人物ではなかったが、〇四年に方向転換をして、内閣に論争を挑みはじめたのだった。

流れは変わり、民衆的熱狂の時代から専制主義の時代へと逆戻りした。ボナパルトが終身統領の座についたことで、人びとの気持ちに一大変化が起こりはじめ、この変化はごく最近のボナパルトの［皇帝への］就任で完結した。それは、以前に懸念されていた自由をよしとする観念が広まる危険を取り除くが、しかし別種の懸念を引き起こす傾向をもっている。われわれが恐れるのは、起債と銀行券発行のシステムにもとづいて内閣が掌握した増大をつづける巨大な影響力のもとで、われわれが名目上はともかく事実として奴隷同然になるかもしれないことだ。奴隷といっても、国王の奴隷ではなく現在の内閣の奴隷にである……。

ナポレオンの専制政治とピットのそれを結び付ける論理は決して明瞭ではない。コベットの議論は細部では説得力をもっていたが、大枠ではしばしば強弁するほかなかった。しかし、彼が力強さを増しながら繰り返し語った、その論旨は明瞭であった。専制政治には、外国でも国内でも闘わなければならないのだ。新聞は買収されていた。内閣は無能で腐敗し、「宮廷のごますり、寄生的存在、恩給生活者、買収された議員、理事、公共事業請け負い業者、政商《ジョバーズ》、金に目のくらんだ貴族、国務大臣」などの群衆《モッブ》を支えていた。公務員給与費は一種の党派的な賄賂であって、過重な課税で取り立てた金を元手にしていた。鼻持ちならない新興成り金《ヌーボー・リシュ》は戦争で肥え太り、国王ならびに人民の自由の権利を脅かしていた。自由なイギリス人だけが外国からの侵略に抗することができる。トーリー主義と急進主義を奇妙に混ぜ合わせて、コベットは、議会改革論者ではなく内閣を批判した。内閣こそが、［民衆の］あいだに不和の種をまき、ふたたび民衆をジャコバンと反ジャコバンに分裂させ、常軌を逸した弾圧の口実を準備し、不満と不忠をつくりだし、戦争の遂行力を弱め、敵の足元にわれわれを屈服させようと画

策している。(12)

このコベットの言葉は、それが発せられた機会に劣らず注目に値する。メインウォーリングは、庶民院へ請願をおこない一八〇二年の選挙結果を無効にしていた。〇四年にミドルセクスで補欠選挙がおこなわれたが、その際に内閣はあらゆる手段を講じて、サー・フランシス・バーデッドを追い出し、メインウォーリングの息子を後釜に据えようとした。バーデットは全国的指導力を発揮しうるような器の議会改革論者ではなかった。彼は意識的にウィルクスの戦術をまねた貴族の急進主義者であり、(13)またソフィア・クーツ嬢との結婚で巨富を得ていた。選挙演壇での芝居がかったふるまいとは裏腹に、バーデットはその後十年から十五年の間に、庶民院における議会改革派の指導者としての力量不足を露呈することになった。とはいえ、ともかくも聞かせるだけの才をもつただ一人の全国的代弁者ではあった。彼は、ホーン・トゥクやアーサー・オコナーとの交友のゆえに張られたジャコバン主義のレッテルをあえて否定しようとはしなかった。〇四年に彼は一歩も譲ることなく、民衆が「バスティーユはごめんだ！」と叫ぶなかで、トーリーにもウィッグにも嘲笑を浴びせたのだった。十五日間にわたって、有権者はメインウォーリングとバーデットとのあいだを揺れ動いた。毎日投票が終了したあとに、バーデットは膨大な数の熱狂した群衆に演説し、ミドルセクスの自由土地保有者層にたいして「独立《インディペンデンス》」のスローガンをもって訴えかけ、「活発に投票依頼活動をおこなうよう」繰り返し熱心に説いた。ミドルセクスの有権者は、「自由で独立した代弁者《ヴォイス》」を有しうるだろうか、それとも「私利私欲にかられた酒造家、酒場の主人、ビール醸造業者、治安判事、公共事業請け負い業者からなる連合体」の支配のもとで議席が永遠に売買されつづけるのだろうか？　毎日投票が終了したあとに、メインウォーリングも選挙演壇上で進み出て群衆に呼びかけたが、ののしり声にやじり倒された。メインウォーリングの支持者は、バーデットと「ジャコバン」のつながりに関する中傷ビラをロンドンじゅうに掲示し、バーデットへの投票者を挑発し、影響力を行使できるすべての有権者——「ウェストミンスターの聖職者、賛美歌斉唱者、鐘楼係」「治安官、政商、泥棒捕縛請け負い業者」——を投票所に連れていった。十五日目すなわち最終日には、バーデットが一票差で勝利したことが判明した。バーデットは二千八百三十三票、メインウォーリングは二千八百三十二票だった。狂喜した群衆は意気揚々と彼をロンドンじゅうひっぱり回した。「華麗な行列行進のあいだじゅう、それはあたかも一本の木が動いているに見えた――馬車も御者も緑の大枝でおおわれていたのだ」。その間、楽団が『イギリスよ支配せよ《ルール・ブリタニア》』を演奏し、バーデットの乗った馬車にはヒュドラを退治するヘラクレスを描いた旗がひるがえっていた。翌朝、州長官《シェリフ》は、投票の終了時間に関する手続きを操作して、選挙結果を逆転させた。しかし、バーデットの道義上の勝利はゆるがなかった。(14)

流れが変わった、というコベットの言葉は正しかった。彼自身がバーデットを支持したこと――二年前には考えられないこと――は、こうした流れの変化の一つのしるしだった。かくも多くの自由土地保有者がバーデット支持を表明したことは、商工業者、専門職業人、小ジェントリ、そして親方職人らがつねになく反抗的であったことを示している。彼らは多くの不満を抱えていた。不満のなかには私心のないもの――「自由《リバティ》」や「独立《インディペンデンス》」といった古くからのスローガンがもつ魅力――もあったが、より自分たちの利害にかかわるものもあった。たとえば、馬車製造や馬具、軍服などをめぐる政府の契約は、少数の大企業や中間業者と結ばれるのが普通であって、より規模の小さい親方や親方職人の一群を素通りしていた。コベットは、一八〇四年から〇六年の時期に、新しい議会改革の流れを指導していたのではなく、その流れに乗っていったのである。その後数年間、彼の『「ポリティカル・」レジスター』はけんかっ早い急進主義の声を断片的に掲載したが、それらの記事は特定の権力濫用を個別に暴露し、それぞれの詳細に立ち入って論じていたので、いっそう手ごわいものであった。コベットは民政および軍事行政の欠陥、公金横領、ヨーク公爵の愛人による官職の販売、陸軍における残忍な鞭打ちなどを暴いたが、それらはさまざまな政治信条をもつ人びとの注意をいやおうなしに引き付ける力をもっていた。というのも、彼らのうちの多くにとって、一七九〇年代の旧来の協力関係が存在意義を失ってしまっていたからである。コベットは、ある面で依然としてトーリーなのであって、富や上流階級を軽蔑するが国制には忠実な、堅実で独立した率直な民衆という感傷的な理想に逆戻りしたのだ。だからこそ反ジャコバンの偏見を免れたし、また議会改革論者を再度結集させることもできたのだった。

とはいえ、バーデットに勝利をもたらしたのは、はるかに急進的なロンドンの群衆の存在であった。一八〇六年に民衆の感情は別のはけ口を見いだし、ウェストミンスターでの選挙の過程で一気に噴出した。ミドルセクスでは自由土地保有者が選挙権をもっていたが、ウェストミンスターは南部イングランドでは数少ない「開放」選挙区の一つであって、多くの親方職人と若干のジャーニーマンが戸主選挙権をもっていて、投票することができた。一七八〇年以降、ウェストミンスターの二議席のうち一つはフォックスが占めていた。ホーン・トゥクはもう一つの議席をめざして立候補し、一七九〇年と九六年にかなりの票を獲得していたが、しかし、議席は暗黙の協定によって政府公認の候補者の手に渡っていた。「ピット派が一議席を獲得し、フォックス派がもう一議席を得た。両派は、本当の選挙がどんなものであるのか、考えようともしなかった。ことは二派の合同会議によって決められていたのだ。あたかも泥棒どもが獲物を山分けするように……」[15]

フォックスの死によって、ウィッグ派に議席獲得の機会が与えられたが、ノーザンバーランド公爵は自分の息子、パーシー卿を指名する権利を不法に手に入れ、その息子は対立候補なしに「選出された」。フランシス・プレイスは、お揃いの衣装を身につけた公爵の奉公人たちがパンやチーズの塊を投げ与え、ビールをふるまい、卑屈な群衆が奪い合うありさまを、うんざりしながら眺めていた[16]。総選挙が近づくと、コベットは四通の公開書簡をウェストミンスターの有権者に向けて発表した。言わんとするところは明瞭だった。

ウェストミンスターの選挙について誰かが話しているのを聞けば、事態の詳細を知らない人でも、こう考えるだろう。ウェストミンスターの有権者というのは、ひと握りの名家の奴隷か、あるいはせいぜい身分の卑しい奉公人にちがいないと。問題は……有権者が誰を選びたいと願っているのかではなく、少数の高貴な人が誰を選ぶのかであるように思われる……。

有権者は独立を主張し、服従心と影響力への恐怖心を捨て去るべきだ。

諸君は数にして二万人に近い。諸君にとって雇用が必要であるのとまったく同じくらいに、雇用主にとっても諸君の職業や職種が……必要なのだ。仮に一つの職場を追い出されても、受け入れてくれる職場はつねにある。一人の得意先を失っても、次の得意先は見つかるのだ……。

とくに「ウェストミンスターの有権者の少なからぬ割合を占めているジャーニーマン諸君は、誘惑を完全に免れているように、私には見える……」。従業員に投票を強要するような雇用主は、「世間の笑いもの」にされるべきだ。「どこかの作業場の職人たちが、親方の命令で選挙演説会場に連れてこられるならば、家畜と同等にまで評判を落とすことになる」。もし誰か独立の候補者が総選挙に出馬しなければ、「ウェストミンスターは、オールド・セイラムやガットン[11]と肩を並べることになってしまうだろう(17)」。

トーリー党はフッド提督[12]を立てた。ウィッグ党はフォックスの古くからの盟友、シェリダンを立てたが、彼は当時、挙国一致内閣の海軍大臣で、六千ポンドの年収を得ていた。コベットやそのほかの議会改革論者は、シェリダンとなんの関係もなかっただろう。ぎりぎりになって一人の候補者が名乗りをあげたが、この人物は急進派陣営の混乱状態を体現していた。ジェイムズ・ポールは、パースの仕立て屋の息子として生まれ、一代で富裕なインド商人に成り上がった男であった。彼はウェルズリ総督[13]への弾劾を支援する目的で一八〇四年にイングランドに戻ってきていた。彼はフォックス派の陣営に受け入れられたが、フォックス派は当時、皇太子の支援を得ていた。ポールは、ピット政権を動揺させかねない人物として、〇五年にワイト島の腐敗選挙区ニュータウンで議席を獲得した。かくしてウェルズリへの攻撃が開始された。しかし〇六年に、フォックス派が挙国一致内閣に加わった際、ポールはこの問題を忘れるか、あるいは少なくとも「棚上げにする」ようひそかに求められた。彼が憤慨して断固拒否すると、議会が解散した際にニュータウンの議席から放逐され、そのうえ自分の使命を心から支持していると無邪気にも思い込んでいた人びとからも見捨てられた。ポールは報復として、ウェストミンスターの選挙演壇に飛び出していったのだ。

ポールは急進主義の歴史を一瞬通り過ぎただけであり、わざわざ彼に関してあれこれ詮索しようとする者はいなかった。個人的な不満を抱えたけんかっ早い小男だったと片づけるのが慣行となっているのである。しかしながら、彼の不満はたんに私的なものではなかった。〔イギリス領インドの〕アウド地方でのウェルズリのふるまいが横暴、野蛮、背信に満ちていたことは明白である。ポールが、インドにおけるこうした「理不尽な暴力と専制の行為」に激しく憤慨し、そうした行為と「われわれが連日批難している」フランスの行為とを比較したのだと想定することは道理にかなっている。ウェストミンスターの有権者にとってこうした問題が切実ではなかったとしても、彼はウィッグとトーリーの双方が沈黙させたがった人物として、いやおうなく尊敬されたのである。のちにコベットはこう書いた。「われらの代表には才能や知識の面で欠けているところがあったが、」

彼はそれを勤勉と勇気で十分に補った。彼は小柄な人物だった。しかし、彼にはすばらしいところがあった。彼は爪先から頭のてっぺんまで勇敢だった。一羽の本物の闘鶏だった。

彼はイングランドの政治についてほとんど知識がなく、演説家としても雄弁ではなかったし、書き手としても説得力に乏しかったが、しかし政治的な抑制心や野心をもってはいなかった。三週間にわたる騒然たる選挙運動の間に、議会改革論者たちの新たな連合が生み出された。すなわち、貴族の急進主義者であるサー・フランシス・バーデットが選挙演説会場でポールを推挙し、経験主義的な議会改革論者のコベットが、彼の選挙運動を指揮し、そして長きにわたって男子普通選挙権を主唱してきたカートライト少佐が、議会改革論者になるという公約をポールから取り付けたのである。

「われわれは選挙区内の党派がもつ権力総体と闘わなければならなかった。連中は団結し、あからさまで精力的でやぶれかぶれの敵意をいだいて、われわれに刃向かってきた」とコベットは回想している。投票期間の最初の四日目まではポールがリードしたので、それまでポールに勝ち目はないと嘲笑していたフッドとシェリダンは結束して敵対してきた。瓦版や諷刺文や歌がロンドンじゅうを飛び交った。

見よ！　腐敗が自由の衣をまとってはびこっているではないか
自由人たちよ！　部隊を組んで結集せよ、そして大いなる戦利品を守れ
諸君の旗印を高く掲げよ、正々堂々たる自由の叫びに応えて――
合言葉を高らかに叫ぼう――独立とポール！

われわれの政治に反対する猟官者連中には大口をたたかせておけ
われわれをジャコバンだとか、裏切り者とか、根拠のない符丁で呼ぶなら呼ぶがいい
われらが国王とわれわれは運命をともにするのだ――
われわれの大義に勝利あれ――独立とポール！

ポールは貧しき者の友であり、人間の自由の友だ
できうるかぎりに速やかにわれわれの税金を軽減してくれる……

反ポール派は、彼の出自の卑しさと彼の外見とを嘲った。

……向こうにいる変な小男は誰だ
池までひきずられていくスリのようなやつは誰だ……

コベットが明言しているように、一方の側には「官吏や恩給生活者の親戚」「収税吏、治安判事、治安官《ポリス・メン》、寄生聖職者」や、シェリダンの個人的な取り巻きである「役者、道具係、照明係、不道徳な職業の者ども」がいた。他方には、職人やジャーニーマンが民主的選挙組織をつくろうと初めて真剣に取り組んだ証拠がある。投票を依頼する教区委員会がつくられ、さらにジャーニーマンである製靴工、印刷工、仕立て工の職種クラブが組織的に支援をしたのだ。夜ごとに群衆は勝利に沸いてポールをひっぱり出し、町じゅうを練り回った。

ジェイムズ・ポールは当選できなかったが、シェリダンに遅れることわずか三百票にすぎなかった。[18] そして、この選挙戦はウェストミンスターを牛耳っていた両党派の支配を打ち壊した。コベットは、「それは真の闘いであり、ウェストミンスターにおける自由の真の勝利であった」と明言した。翌年、実際に勝利を収めたとき、ポールは関与してはいなかった。バーデットは一八〇六年にミドルセクスで落選していた。自由土地保有者たちの一部が彼の過激さに脅威を感じたのである。それでもなお彼は、選挙演壇に歓呼の声で迎えられたし、落選したときも、「ケンジントンやナイツブリッジのほとんどの家に灯火がともされ、全体としてはあたかも勝利したかのような様相を呈していた……」。しかし彼には、別のドン・キホーテ的ともいえる敗因があった。それまでの選挙戦で、彼は昔ながらのやり方で選挙のために巨万の富をふんだんに使い、有権者を大々的に饗応した。おそらくは対立候補に優るとも劣らぬ酒や金《かね》でもって広範囲な買収をおこなった。このとき、バーデットは、贈賄をしているという批難に悩まされた。他方、いまや彼の盟友となったコベットは〇六年の年間を通じて、金をかけない質素な選挙戦を唱えつづけた。〇六年にホニントンでおこなわれた有名な補欠選挙で、コベットは贈賄と接待の絶対禁止を要求し、また選出された場合には官職も公金も受け取らないとの厳粛な宣誓をおこなうべきだと主張した。そこで、バーデットも質素なやり方を採用した。しかし、彼はそれに不満だったから、演壇に毎日のぼって「独立した有権者」に自発的支持を呼びかける以外に何もしようとしなかった。投票依頼はおこなわず、接待もなく、老齢の有権者を投票所に送迎することもなく、組織といえるようなものもなかった。バーデットの支持者が委員会をつくったが、彼は選挙演壇上でそれを拒否し、「誰からも助けを受けないという公共性の原則」に従うよう支持者たちに求めたのである。このやり方で、彼の得票は半減した。

一八〇七年にふたたびおこなわれた総選挙は、議会改革論者にとって好機となった。『ポリティカル・レジスター』で毎週コベットは、ウェストミンスターの有権者への呼びかけの手紙を発表して、警戒を呼びかけた。ポールの支持者は準備を整えた。委員会が結成され、残りの一議席を争うようバーデットに出馬を要請した。しかし、彼はすでに諦めていた。

われわれの敵対者が手にしている、なんでもありの腐敗の手段にたいしては、どんな闘いもすべてむだである。腐敗が腐敗のあらゆる手段を使い尽くすまで、われわれは不正の矯正や刷新を待つべきだ。……そのときがくるまで私があらゆる議会関連活動から身を引くことを許されたい。

一人の使者がバーデットを訪問して、もし彼自身の許可も関与もないままに選出された場合、その議席を受け入れる意思があるのかどうかを尋ねた。バーデットはうんざりしながら承諾した。「私がウェストミンスターの代表として選出されるのであれば……その求めに従わなければなりますまい。……しかし私は、そのような選挙のために一ギニーたりとも使う気はないし、いかなることをする気もありません」。その後、事態はいっそう悪化した。この消極的な承諾を受けて、ウェストミンスター選挙委員会は、バーデットとポールを盟友として擁立して二議席をねらう準備を整えた。しかしバーデットは、庶民出の盟友のポールを追い払いたがっていたように思われる。これにたいして「闘鶏」たるポールは憤激し、バーデットに決闘を申し込み、その決闘で二人とも負傷したのである。ポールは重傷を負ったので、支持者たちは彼の立候補を取り下げなければならなかった。十五日間の選挙投票期間が始まる直前に、議会改革論者は、選挙戦の外部でけんか騒ぎを起こしたり嘲り合っているように見えた。(19) 立候補締め切り寸前になって無名といってもいい急進主義者の海軍軍人コクリン卿が立候補し、かすかな希望をよみがえらせた。しかし投票開始日の午前中に、バーデットの委員会メンバーは、「たいへん重苦しい雰囲気に包まれていた」。

われわれには金がなく、宣伝のための手段もなく、誰もわれわれの仲間に加わってくれなかった。トーリーには軽蔑され、ウィッグには嘲笑された。最悪の影響を与えたのは、笑われるということであった。……のしられることにかなり耐えられる人物でも、笑われることには耐えられないものだ。

しかし、わずか二週間後には、ウェストミンスターの職人と商店主たちはバーデットとコクリンをいすに乗せてかつぎあげ、にぎやかに勝利を祝っていた。バーデットの得票数はほかの候補を大きく引き離し、他方、コクリンはシェリダンに千票ほどの差をつけて二位で当選した。（コクリンはシェリダンを哀れに思ったあまり、投票最終日には自分の投票監視員を引き揚げて、シェリダンが恥ずかしくない負け方をできるよう、同じ有権者が何度も投票するのを見逃してやった）。これ以降、急進主義がウェストミンスターを失うことは一度もなかった（一八一九年の奇妙な出来事は例外として）。国会議事堂が立地し、ロンドンで唯一民衆の多くが選挙権を保持するこの選挙区は、ほとんどすべての新聞が「ジャコバン」だと名ざしした男たちによって占領されたのである。[20]

こうした批難は、一見そう見えるほど的はずれなものではない。ある興味深い事件が一八〇六年に起きている。ポールは、自分の選挙委員会の指導的メンバーであるルメトル氏が、元祖フランスの名うてのジャコバンであることを知らされた。ぞっとしたポールは、ルメトルが委員会室から退去することを望み、コベットにその旨伝えてくれるよう頼んだ。コベットはできるかぎり穏和に解任を告げようとしたが、ルメトル氏が予想以上に意志強固な人物であることを思い知らされた。ルメトルはたしかにかつてジャコバンであった。ロンドン通信協会の活発なメンバーであり、携帯時計の側《がわ》の製作工であったが、一七九四年から九五年に「ポップ・ガンの陰謀」[14]の恐怖が広まったときに逮捕され、九六年にも裁判抜きでふたたび投獄され、九八年から一八〇一年にかけてもう一度拘禁されていた。「十八歳から二十五歳までの時期のほとんどを監禁されて」いたのである。釈放されると、ミドルセクスの選挙でバーデットを支援し、かなりの経験を積んだ。選挙投票期間の三日目にポールの選挙委員会室に入ったとき、ルメトルは「この委員会には選挙運動の実務を調整する計画も方式も存在しない」ことに気がついた。彼は、数日間にわたり朝早くから夜遅くまで働いて、効果的な選挙運動の計画を練り上げた。そして、この計画にコベットの注意を促した。「名誉にかけて言うが、ルメトル君、これは当委員会で私がこれまで見たもののなかで本当に役に立つ唯一のものだよ」とコベットは叫んだ。謝罪がなされ、ルメトルは委員会にとどまることになった。

一八〇七年の勝利はすべてウェストミンスター委員会の活動の成果であった。主要メンバーのうちの数人はロンドン通信協会の元執行委員だった。ルメトルは、街路という街路、路地という路地でおこなう投票依頼の計画を前もって十分に練り上げていた。フランシス・プレイスも、「ブリタニア・コーヒー・ハウスという名称のジン酒場」の三階に詰め、無給で三週間、日の出から夜中まで活動した。出納帳をこまかくつけ、投票依頼の成果を突き合わせ、執行委員会への報告書を準備したのである。もう一人の投獄経験者であるリヒターが、プレイスの片腕として働いた。プレイスはこう書いている。「われわれはみんな無名だった」

……われわれのなかには著名な者も、有権者全体になんらかのかたちで知られた者もいなかった。かくも名のない人間の一団だからこそ、とにかくよく団結して富や地位、名声や権力に対抗するウェストミンスター選挙のような重要な事態に取り組むことができたのだろう……。

彼らは敵方から、「とるにたらぬ者《ノバディ》、どこにでもいる仕立て屋、床屋」だと嘲られた。「ばか者だと笑われ、生意気だと批難された」。原則に従って、また資金も不足していたので、金をかけない質素な選挙がおこなわれた。

……有給の選挙参謀、弁護士、投票監視員、戸別訪問運動員を置いてはならず、賄賂を贈らず、饗応もせず、花形の紋章もつくらず、委員会室の二人の戸口番以外には有給の警備員を置いてはならない……。

金は委員会の決議を経ずしては使われなかった。飛び抜けて大きな経費項目は、（勝利の行進用の旗・帯・リボンがつくられるまでは）ビラやポスターの印刷費だった。プレイスは、戸別訪問するために一回委員会室を留守にしただけで、委員会の天才的オルガナイザーを務めた(21)。

さて、一八〇七年のイングランド急進主義の位置を見定めておかなければならないだろう。まず「急進主義」という用語は、この運動の広がりと不明確さを示唆している。一七九〇年代のジャコバンは、『人民の権利』と誰にも開かれた特定の組織形態を忠実に守ることによって明確に識別された。十九世紀が進むにつれ、「急進主義」はきわめて多様な傾向を含むようになってきた。一八〇七年には、なんらかの教養と同じくらいに、この運動がもつ勇敢さや気分を意味するようになった。それが示唆していたのは、政府への断固たる反対、ウィッグの弱腰にたいする軽蔑、政治的自由の制限にたいする反対、腐敗と「ピット体制」の暴露、議会改革への全面的支持などであった。社会問題や経済問題についての合意はほとんどなかった。最も一貫性のある急進主義はロンドンの庶民のあいだに見られたが、この急進主義はときには製造業者や小ジェントリの不満を取り入れるだけの広がりをもっていた。

混乱していたとはいえ、一八〇六年と〇七年の選挙は真に重要であった。議会改革の大義がもう一度はっきりと表明されたのだ。庶民の有権者に支持されて、二人の過激な急進主義者が庶民院に選出された。天賦の才をもって編集された週刊誌が発行されていたが、政府はとても発禁措置などとることができず、それゆえトーリーやウィッグの威勢にも限度があることを実証した。「議会改革の父」といわれるカートライト少佐さえ名声と人気をしっかりと回復した(22)。初めて名前を耳にする人物もいた。それはジェントルマンの農場経営者ヘンリー・ハントであり、ウイルトシャーの自由土地保有者にウェストミンスターの事例にならうよう呼びかけたのである。

首都そのものでも、新しい形態の選挙組織が構築されていた。またウェストミンスター委員会自体も解散することなく、ナポレオン戦争後の議会改革派組織のはしりとして何年にもわたって存続した。バーデット、カートライト、コベット、ハント、プレイスといった名前は、つづく十五年間にはっきり表現された急進主義の歴史でも傑出している。バーデットは、その後もロンドンの群衆の人気者でありつづけた。カートライトは、千変万化する事態のなかで不変の姿勢を貫き、最初のハムデン・クラブを旗揚げすることになる。コベットは、一歩一歩着実に「独立」の立場を離れ、「旧腐敗体制」はもちろん、バーデットやプレイスのような煮え切らない急進主義者までも徹底的に批難する立場に移行することになる。ハントは、ときにコベットの盟友として、ときにライバルとして、その熟達した雄弁術でコベットの熟達した論争術に対抗することになる。プレイスは改良主義普及政策、そして職人と中流階級との連帯政策を推進し、またベンサム的議会改革論者や労働組合と庶民の討論グループの橋渡し役を演じることになる。

一八〇七年の勝利は、ウィルクスの貴族的手法と、より進んだ民主主義的組織形態との中間に位置していた。その成果は重要だった。「独立《インディペンデンス》」という概念に新しい意味が与えられたのである。それまではこの語は富裕ないし土地所有と同義だった。ウィッグやトーリーの候補者は、多くの場合、保有する富を理由にして選挙演壇上で推挙された。というのも、富のおかげで、大臣や国王のご機嫌をうかがったり官職を世話してもらう必要から「独立」できると考えられていたからである。コベットの独立の概念は有権者の義務を、すなわち有権者が自由土地保有者であれ自営業者であれ職人であれ、ひいきや賄賂や服従などから自ら努力して解き放つ義務を強調していた。ウェストミンスター委員会はもう一歩先を進んでいた。すなわち、自分たちが推す候補者から独立して勝利を手に入れたかぎりにおいて、ウェストミンスターの細民《マニ・ポプル》は自分たちだけで一つの社会勢力として登場したのである。それればかりか、彼らは、候補者の富や権勢ではなく、有権者の自発的活動に依拠する新しい形態の選挙組織が有効であるという顕著な事例を示した。その意味で、ウェストミンスターの民衆は今回の勝利が自分たちのものだと実感することができたのである。

しかし、ウェストミンスター委員会が独立した「人民主義《ポピュリスト》」運動を指導したとか、ましてや労働者階級の運動を指導したなどと考えるならば、それは間違っている。有権者（一八一八年には約一万八千人の戸主からなる）には、多くの独立自営の職人《クラフツメン》と若干の職人《アーティザン》が含まれていた。しかし、その基調はしだいに小親方や商工業者によって決められるようになっていった。[23] これらの集団の急進主義の度合いは、戦後の政治状況を左右する重要な要因だったし、またイングランドの自由の一領域に影響を与えて、当局をたえず悩ませつづけることになった。重要な政治裁判や言論裁判のほとんどはロンドンでおこなわれ、そして陪審員はこの社会環境のなかから選ばれた。商店主や商工業者は一七九〇年代には扱いにくい陪審員となった。陪審員候補者の一覧表が大蔵省法律顧問官の書類のなかに保存されているが、この一覧表は、デスパートやオコイグリの裁判の際に、国王に任命された法務官吏がジャコバンへの同調者を陪審員にさせないためにどんな手を打ったのかを示している。[24] そうした予防措置にもかかわらず当局は、一八一七年から一九年にかけて、ロンドンの陪審員たちの手によって新たな屈辱を味わわされた。[25] それ以降、陪審員はより迎合的になった。一つには、当局が特別陪審制度や「解任」などの手段を新たに精妙に開発したからであり、いま一つには、シティの急進主義（ならびにその代表者だったウェイスマンやウッドのような市議員）がしだいに民衆運動から距離を置くようになっていったからである。

したがって、職人層が大いに貢献したとはいえ、ウェストミンスターの勝利が彼らのものだとはいえない。また、勝利はある面では幻であった。必要な財産要件が候補者の選択を金持ちに限定していたことは別にしても、プレイスの執行部の誰も（とりわけプレイスは）自分たちの仲間の一人を候補者として立てようとは考えなかった。議席はバーデットのものであり、委員会の役割は彼を支援することであった。さらに、委員会には民主的組織として重大な限界があることが後年になるとはっきりしてくる。委員会は、一八〇七年、新たな民主主義の衝動のまっただなかで結成された。しかし後年になると、本質的に一人よがりの団体――あるいはコベットが不満を漏らしているように「幹部会《コウカス》」――に変質してしまい、一部はバーデットに、一部はプレイスのような商工業者や親方の代表に支配されるようになった。ナポレオン戦争が終わるまでに、プレイスはベンサムとジェイムズ・ミルの腹心の友となっていた。彼はますますハントやコベットに敵対的になり、「会員に制限なし」の運動方式にも敵対するようになった。ウェストミンスター委員会は、謹厳で慎重な職人たちの利益になるように用意周到な裏工作を実行するには絶好の場であった。一八一八年、コクリンの議席が空位になったとき、コベットの指名したカートライト少佐は無視され、ベンサム派の急進主義者ホブハウスが支持された。委員会はますますロンドンの労働民衆から離反していった。これと並行して、プレイスの「ひとりよがり《セルフ・アプロベイション》」や、プレイスの示威行進や選挙演説会にたいする嫌悪も強まっていった。(26)

これは一面では、一八〇七年に急進派が置かれた状況の不可避の結果であった。反ジャコバン主義は死んだわけではまったくなかった。コベットが検閲を逃れたのはほとんど偶然にすぎず、それ以外の急進主義の定期出版物はほとんど存在しなかった。(一八一〇年には、コベット自身も陸軍内での鞭打ちの虐待行為を批難した件で二年間投獄された)。ウェストミンスター委員会は選挙組織として存続したが、当局は民衆クラブの新たな成長を許すつもりは少しもなかった。ロンドン通信協会の元指導者ジョン・ゲイル・ジョーンズが、コヴェント・ガーデンそばの「ザ・ブリティシュ・フォーラム」で組織した討論会で慎重さの限度を踏みはずしてしまったとき、庶民院は彼をニューゲイト監獄へ送り込んだ(一八一〇年)。さらに、バーデットがそのやり方は違法だと告発すると、庶民院はそのバーデットをロンドン塔に投獄したのである。ほとんどすべてのロンドンの民衆が、バーデットの肩をもっていたことはまちがいないと思われる。当初、バーデットは、ウィルクスの反抗戦術にならって、庶民院に屈服することを拒絶し、ピカデリーの自宅にバリケードを築いて立てこもった。コクリン卿は貸馬車で駆けつけ、火薬の詰まった樽を戸口から一つ転がし、すべての入り口に地雷を敷設して、武力でバーデットを防御する体制を整えた。人びとが群れをなして近くの街路をうろついていたから、一七八〇年と同じ規模の暴動は避けられないと思われた。プレイス自身も、陸軍の不満は相当高まっているから、なんらかの突発的な反乱が起こりかねないと考えていた。しかしながら、この事件の特徴そのもの、すなわちウィルクスの芝居じみた模倣や急進派指導者間の混乱は、議会改革派の弱点をはっきりと示している。議会改革論者たちは、たとえ反乱の波に乗ったときでさえ、組織も一貫した政策も持ち合わせていなかった。通信協会と公開の政治集会の開催とを禁じた法律が、この運動をばらばらに分断したのだ。であるから、運動の指導者たちの個人主義的でけんかっ早い行動は、オルガイザーというよりも「代弁者《ヴォイスズ》」として置かれた状況に起因するものであった。

急進主義は防衛的な運動に、すなわち広範な民衆の不満に支えられた口達者《アーティキュレイト》な抵抗運動にとどまった。それは、攻撃的な力にはならなかったのである。一八一〇年のバーデットとコクリンの過激主義を理解するには、われわれはバイロンを読みさえすればいい。こうした人びとは権力や富の奪い合いを軽蔑し、自らの階級の偽善や新興成り金の気取りを見くだしていた。失望のなかで、彼らは「旧腐敗体制」の構造全体を打倒する革命的噴出といったものをときおり夢みたのだろう。コベットの怒りを理解するには、彼がいったい何に怒ったのかを考えてみればいい。べらぼうな利益の上がる公共事業の請け負い、王侯貴族の卑劣なスキャンダル、高騰する家賃と租税、農村労働者の窮乏化、新聞への政府からの資金補助、悪弊撲滅協会の密告者たちによる大衆娯楽の破壊。不満がふくれあがる理由は山ほどあった。兵士強制徴募隊への敵意、傷痍軍人の苦情、急成長する軍需生産請け負い企業によって押しのけられた職人の苦情があり、そしてトラファルガー海戦以降には、果てしなくつづく目的もはっきりしないような戦争への厭戦感情もしだいに逆流していった。一八〇八年にシェフィールドの非国教徒の牧師が書いている。

> 大いにありうることだが、剣が鋤の刃に鋳直されるような王国を建設するために人間が自ら団体を結成するときは、いかなる場合であれ……高位の人間たちがこの輝かしい仕事の主要な反対者となるだろう。とくに将軍、提督、請け負い業者、代理商のような者たちからの反対が予測できる。つまり、キリストによる平和な統治を主張する多くの者は、連中の邪悪な手による過酷な処置を待ち受けることになろう。

「キリストの王国」は、「多くの反対と血」のあとにだけ現世に出現することができる。なぜなら「悪魔とその手先」は、王国の到来を黙認したりしないからだ。

私は、貧民の妻や母が、卑劣で情け容赦ない兵士誘拐徴募業者の手から息子や夫を取り戻すために、生活に欠かせない衣料を質入れしたという話をいくたび聞いたことか。ああ、神よ。貧民になんという辛苦を与えられるのか……。

「貧困よ！　汝は許しがたき罪悪である！……汝には、権利も、憲章も、免責特権も、自由《リバティ》も存在しない」

ここに来たれ、老獪なサタンよ、老獪な殺人者よ。汝が私よりもすぐれた者を扱ったように、私も汝を扱うことにしよう。こたびは、汝を「ず抜けて大きく高い山」に連れていき、「キリスト者の世界たる王国すべてとその栄光を見せて進ぜよう」。……ほら、サタンよ、キリスト教世界を見下ろしたまえ、そして人びとの雑多な集団を注視したまえ。聖書を手にする人びと、剣を手にする人びと、教会に群がる人びと、兵舎に群がる人びと――礼拝堂に群がる人びと、砦に群がる人びと――平和の使者たる黒衣に身を包んだ聖職者、赤衣や青衣をまとった兵士たち――救済者として活動するごく少数の人びと。人類の滅亡を体系化し実践することを唯一の仕事にする人間が何百万人もいるのだ。……真の和平の担い手は、軽んじられ、目立たず、無視され、軽蔑されている。

――殺戮の英雄と略奪の英雄がもちあげられ、称えられ、尊敬され、恩給を受け、不朽の名誉を与えられている[27]……。

これはウィンスタンリやバニヤンの古きイングランドからの声だが、この古きイングランドは、すでにコベットを読みはじめていたのである。これはまた、ウェストミンスターの選挙が、シェフィールドやニューカースル、ラフバラにあってはいかに縁遠い出来事であったのかをわれわれに教えてくれる。首都の居酒屋やコーヒーハウスでは、急進主義者は議論のために集まることができたし、また自分たちの人数の強みを実感することもできた。ジャコバンの宣伝活動が最もよく浸透していた地方の大都市のなかで、急進派が選挙の過程を利用できるほどに有権者の範囲が広かったのは、ノリッヂとノッティンガムだけであった。バーミンガム、マンチェスター、リーズなど成長しつつある工業大都市のほとんどは、改革前の庶民院に代表を送り込んではいなかった。こうした工業大都市であれ、また小規模な都市や工業村落であれ、教会と治安判事が「煽動」の兆しが現れるのを見張っていた。コベットの『ポリティカル・レジスター』を購読しているというだけで監視された。議会改革論者は孤立させられていると感じた。「目立たず、無視され、軽蔑されて」いたのである。ウェストミンスターの勝利は、地方の抑圧をいっそう深刻なものにした。

したがって、ミッドランズと北部工業地帯とでは、急進主義運動ははっきり異なるかたちをとった。その相違は半世紀にわたってさまざまの出来事に影響をおよぼすことになった。ロンドンでは中流階級の議会改革論者と労働者階級のそれとのあいだの回路は閉じられてはいなかった。それを組織上よく表しているのが委員会という形式で、そこでは少数の専門職業人が独学で見識を身につけた職人と並んで活動したが、独学の職人たちは不熟練労働者の政治的後進性や、堕落して犯罪に走る貧民をばかにする傾向があった。弾圧が緩和されると、討論集会や討論協会、議論集団が復活した。定期的におこなわれたウェストミンスターの選挙は、少なくとも騒動の安全弁であり、また公認された騒動の機会でもあった。ミッドランズと北部では、急進主義は地下に、すなわち非合法労働組合の世界へと追いやられた。急進主義は工業化による不満や秘密集会や忠誠を誓う儀式などと結び付くようになった。一八一五年までは、バーデットにしろコベットにしろ、産業革命の中心地帯でそれほど意味をもたなかったのである。ウェストミンスター委員会は、ラダイトたちに送るメッセージを何ももっていなかった。トレント川の北側にあったのは非合法の伝統であった。

第14章　世直し軍団

1　黒きランプ

「この売国奴《トレイター》の首を見よ！」。一八〇三年二月、死刑執行人がロンドンの群衆の前に、エドワード・マーカス・デスパードの首を持ち上げた。彼とその六人の仲間は（国王を死にいたらしめる）大逆罪で有罪の判決を受け、全員が毅然として死んでいった。デスパードは自分の無実を主張したが、「貧民と抑圧された人びとの友人」であるという理由で死んだのである。群衆は怒り、哀れんだ。ロンドンの新聞は、もし犠牲者たちが街頭を引き回されて、サザックではなくタイバーンあるいはケニントン・コモンで死刑にされていたならば、それにつづいて暴動と、彼らを救出する試みがなされただろうと震え上がった。処刑を目撃した者のなかに、ジェレマイア・ブランドレスという名前の若い徒弟がいた。十四年後には、ダービー城前の群衆の前に、彼自身の首が高々と持ち上げられることになる。「この売国奴の首を見よ！」

デスパードとブランドレスの間をつないでいるのは非合法の伝統である。この伝統から不明瞭さを払拭することは決してできないだろう。しかしわれわれは、三つの方向からこれに接近してみたい。第一に、一八〇〇年から〇二年の間の「地下活動」に関して現存する史料を考察することによって。第二に、この史料を批判することによって。第三に、準合法的存在だった労働組合の伝統を検討することによって。こうした準備を怠れば、ラダイト運動や、ナポレオン戦争後のペントリッジ蜂起、スパイのオリヴァー事件、そしてカトー街の陰謀事件を理解することはできないだろう。

われわれがすでに確認したように、非合法の伝統の源泉は一七九〇年代末の「統一イングランド人協会」という謎めいた団体にあった。[1] 一八〇〇年と〇一年には、イングランドじゅうに次々と暴動が起こった。そのほとんどは食糧暴動であって、ナポレオンの大陸封鎖期における食糧の不足と価格急騰によって引き起こされた。しかし、細部は不明だが組織が存在したことを示唆する証拠も存在する。いくつかの暴動や消費者の「ストライキ」はビラで事前に告知されたが、その規模は印刷機を利用できる委員会が組織したことを示唆している。一八〇〇年九月にロンドンで発せられたビラに次のようなものがある。

同胞諸君

諸君は、一群の金銭の亡者や政府の金《かね》目当ての手先どもに抑圧され餓死寸前の状態に置かれながら、いつまで黙って意気地なく我慢するのか？　パンが欲しくて子供たちが泣きわめいている一方で、やつらが独占を拡大している現状に、これ以上我慢できるのか？　否！　もはや一日とてやつらを生き延びさせてはならない。われわれは主権者である、しからば無気力を脱して立ち上がれ。月曜に穀物市場に結集せよ。

穀物市場での騒擾は六日間つづいた。十一月にはビラによって、「商工業者、職人、ジャーニーマン、労働者《レイバラーズ》などの諸君、ケニントン・コモンへ結集せよ」と呼びかけられた。この集会は軍隊の力を誇示することでようやく阻止されたのだった。ポーツマスでは、造船所の「職人《アーティフィサーズ》」は価格が下がるまで「バター、クリーム、ミルク、ジャガイモのいかなる使用も控える」と決議した。ノッティンガムでは、ある劇場で観客に『ゴッド・セイブ・ザ・キング』を歌わせようとした陸軍将校たちが、石を投げつけられてたたき出された。さらに、世紀の変わり目においてもなお年中行事として「自由の木《リヴァティー・ツリー》」が植えられていたノッティンガムでは、当局が一通の手紙を押収していた。そこには、食糧暴動の成功が、「火曜日に、地主《ジェントルメン》を驚愕させるほどの不屈の勇気をもって、ヨーマンリからの銃撃に立ち向かった人びとの行動」に熱狂しながらつづられていた。しかし、その手紙の書き手は、意義深いコメントを付け加えていた。もはや群衆は、「ジャコバン」派と「教会と国王」派に分断されてはいない。「地主が最も恐れているのは、諸党派の統一を見ることである。彼らはもはや……ペイン主義者でもなければ、『ゴッド・セイブ・ザ・キング』を歌うこともない」。ここで、大衆の態度に、つまり「暴徒」の準政治的対応に、ある重要な転換がみられるのである。(2)

　その間に、驚くべき報告が内務省に届いていた。最もひどい騒乱の中心地は、ノッティンガム、ランカシャーの工業地帯（そこでは、統一イングランド人協会ならびに統一アイルランド人協会が依然として活動していると噂されていた）、そしてウェスト・ライディングだった。ウェスト・ライディングについて知られていることをつなぎ合わせてみよう。その組織はシェフィールドのジャコバンから外部に拡大していった。一八〇〇年九月、ある工場で、釘で公然と張られた煽動ビラが見つかっている。そこには「K—G—〔ジョージ三世〕と農場経営者は、貧民のからっぽの胃袋に銃剣を詰め込むことに血道をあげている」と書かれていた。十二月にはシェフィールドの治安判事が、夜中に野原で開かれている「ひじょうに大勢の人が参加する」集会を禁止する布告を発する必要があると判断した。州長官であるフィッツウィリアム伯爵のもとにはさまざまな報告が送られていた。そうした集会の一つは、食糧価格を下げる最良の手段について検討すると広告されていたが、あるスパイは槍や武器について話しているのを聞いている。そのスパイは正体がバレて追い払われた。人びとは秘密結社に入会させられていて、一員に加わるための荘厳な宣誓をおこなっていた。「ある組織形態——秘密委員会方式——が機能していて、敵対するための武器が用意されていた」。シェフィールド近郊では集会が頻繁に重ねられていた。

　夜の十時、覆面をした弁士が人びとに熱弁をふるっている。彼は一本のろうそくの灯りのもとで遠方の組織からの手紙を読み、ただちにそれを燃やす。

ぐるりと取り囲んでいる見張り番たちに合言葉を言わないと、誰もその野原に入れなかった(3)。

一八〇一年三月までに、危機感はリーズやハダズフィールドまで広まり、そこの治安判事たちは「下層階級《ロウワー・オーダーズ》が反乱をもくろんでいる」と恐れた。「あらゆる生活必需品の価格を規制し引き下げるために、互いに協力するという宣誓をするように、一生懸命に人びとを説得する者たち」がいた。ランカシャーの二人の治安判事が書いた一通の書簡では、ヨークシャー、バーミンガム、ブリストル、ロンドンの「工作員《エージェント》」たちから構成される、ある種の代表者会議がアシュトン‐アンダー‐ライン近辺で一月に開かれたと主張された。これと同じころ、煽動的集会を禁じたピットの弾圧二法（一七九五年末に成立）が、人身保護法の停止とともに失効した。個々の集団間の組織的な通信はいかなるかたちであれ依然として非合法とされていたが、公開集会の呼びかけは法解釈上ふたたび合法となった。一カ月もたたないうちに、広範囲の別々の場所で、しばしば手書きのビラで抗議集会が呼びかけられた。ヨークシャーでは、シェフィールド、ウェイクフィールド、デューズベリ、ビングリーで集会が呼びかけられた。ビングリーでは、四月初旬にビラが戸別に、あるいは市の売店でひそかに配布され、「自由の友協会」の示威行進へ参加が呼びかけられた。この集会の目的は、法外な食糧価格にたいする反対を訴え、「世襲政府の欺瞞とあらゆるやり口を暴露し、税の重圧を軽減し、無力な子供への教育計画と、高齢で困苦にあえぐ者に対する十分な援助計画を提案し、……戦争という恐るべき所業を根絶する」ことにあった。

諸君は、金に目のくらんだ大多数の手先ども、すなわち政府のひも、穀物商、小役人、恩給生活者、寄生虫などに押さえ付けられて苦しみながら、自らは飢えてパンを求めようというのか。否、もはや一日とてやつらを生き長らえさせるな。われわれこそが主権者だ。……国制を隠されている場所からひっぱり出し、公開して人びとに点検させせよ——大地をその地軸からゆるがせよ(4)……。

庶民院の秘密委員会は、「運動が始まっているように思われる。全国各地で、同日同時刻に、無数の集会が突如呼びかけられている。その規模たるや、もし阻止されなければ、まちがいなく公共の秩序を著しい危険にさらすほどのものである」と報告した。四月末までに、煽動的集会禁止令が再度制定され、人身保護法はさらにもう一年間停止されることになった。

運動はただちにふたたび地下に潜行した。もう一度、ウェスト・ライディングでのその歴史を追ってみよう。一八〇一年の夏の間、主に夜間に集会がつづけられた。バトリー、オセット、サドルワースが中心地の一覧表に付け加えられている。〇一年七月、ハリファクスである種の代表者委員会が開かれ、いくつかの繊維産業都市から代表者が、またシェフィールドから講演者が参加したようである。そこでは宣誓について、あるいは「統一《ユナイテッド・》イギリス人《ブリトンズ》協会」ないし「統一イングランド人協会」――その主な活動拠点はペナイン山脈の向こう側のボルトンにあったようである――への「紛れ込み《トゥイスティング・イン》」について話された。すべての参加者は次の三つの質問にイエスと答えなければならなかった。㈠体制の全面的変革を願っているか？　㈡自分たちの子孫に自由を残す闘いのために自らを危険にさらす意志があるか？　㈢「自由を友とするすべて人びとの間に愛、同胞愛、情愛の精神を創造するために、またあらゆる政治的情報を入手しうるいかなる機会も逃さないために、全力を尽くす意志が汝にあるか……」。八月にリーズから、代表者集会がもう一度開かれると報告された。治安判事によると、それは、「フランス人が上陸するまでは、再度集会を開く必要なし」という決議にもとづいて延期された。ウェイクフィールドのある治安判事も意見を同じくしていた。「……革命こそがやつらの目的であり、また不満分子の蜂起は敵の国内への侵入にもっぱら依存している」(5)

集会はいまや大きな広がりをみせてきていたから、『リーズ・マーキュリー』もそれに注目した。編集者のエドワーズ・ベインズは、かつてプレストンの、ある「ジャコバン」クラブの書記だったが、いまでは「政治目的をもつあらゆる秘密結社」とはまったく無関係であることを示そうと躍起になっていた。その論説によれば、深夜の政治集会が「じつに頻繁」に開催されるようになってきた。そうした集会は「悪だくみ《バッド・デザインズ》」によって動機づけられていて、またおそらくフランスと秘密裡に連絡をとりあっていると想定してもいい強力な根拠があった。ベインズは、議会改革論者が「無法な盗賊どものように、人目につかない穴蔵」に身をひそめていると批判した。ベインズの論説は、ベンジャミン・フラワーからの容赦ない批判を呼び起こした。フラワーの発行する『ケンブリッジ・インテリジェンサー』は（モントゴメリ発行の『シェフィールド・アイリス』と並んで）、十九世紀にいたるまで闘った地方の議会改革派の新聞のなかでも、最後まで闘いぬいた。一八〇〇年十一月にフラワーは、講和のための大衆的示威行進を呼びかけた。人びとは（彼の言うところでは）「あらゆる消費物資の価格騰貴は戦争と課税のせいであるということを知っていて感じ取っている」。そしてフラワーは、ベインズこそが「ご都合主義者」であり、「教会と国王」の宣伝屋を援助していて、また「フランス人と連絡をとりあっている」というでっちあげによって（秘密裡に集会する以外やり方をもたない）議会改革論者を意図的に中傷している、と批難した。さらに、

> ヨーロッパの大部分を荒廃させ、われわれの無数の同胞を殺害し、わが国の人びとからその最も尊い諸権利を奪い、この王国を崩壊の淵に追いやってきた、腐敗し堕落した体制

に慰めを与えている、とベインズを批判したのである。この亀裂、すなわちフラワーのような人びと（彼らは起訴されたり、不満をもつ民衆のなかに入って運動することの危険を恐れなかった）の旧ペイン派急進主義と、ベインズの慎重な「国制擁護主義《コンスティテューショナル》」的ウィッグ派急進主義との間の亀裂は、十九世紀が進むにつれて、大きな意味をもつようになっていった。[6]

一時小康状態があったようにみえるが、それは十月に講和の準備協定《ピース・プレリミナリズ》が批准されて国民的な歓声が沸き起こったからである。その後、一八〇一年から〇二年にかけての冬には、ウェスト・ライディングで「夜ごと」集会が

開かれているという報告や、麦芽税、窓税、自由の制限に反対する抗議があったとの報告がふたたびなされるよ

うになった。〇二年三月に講和が結ばれたが、夜間集会はつづいたし、また懸命の努力にもかかわらず、治安判

事らはその首謀者を一人として特定できなかった。〇二年八月にリーズ市長がフィッツウィリアム伯爵にあてた

手紙は、ある集会の内容を細部にいたるまで説明している。

夜間集会につきましては、現在もつづいておりますが、それが開かれる場所は始まるまで決して部外者に知られることがありません。金曜の晩、深夜ないしは深夜近くに、ある集会が、リーズから六マイルほど、バーストールから二マイルほど離れた谷間といいますか、峡谷で開かれましたが、そこはどの公道からもいささか離れております。絶対に信頼のおける者が請け合いますには、その者は集会に参加しようと試みたのですが、見張りがやや距離をおいて周囲に配置されているのに気がつきました。そしてその最も外側にいる見張りが彼を呼び止め、集会の場所とは別の方向に追い払おうとしたそうです。諦めず粘りつづけましたところ、彼は不揃いに移動する別の見張りの列に出くわしました。その見張りの者たちはなんの用事かと彼に問いかけたとのことです。なおも「黒きランプ」と呼ばれる一団へと近づくと、口笛が鳴らされ、そして彼が目的を放棄せざるをえないような言い回しや調子の声を聞きました。彼らがジェントルメンと呼ぶ特別な人びとが来ると期待されていましたが実際には来なかったことを、その男は道すがら耳に挟んだことから容易に思い起こすことができました。

私の頼りにできます別の情報からわかったことですが、「黒きランプ」を形成している委員会は、金曜の夜には二百人ほどの男が参加していたようですが、まず九人のほかの者と目的について言葉を交わし、そして彼らに宣誓させた人びとから構成されております。そして、その一人ひとりがあらためて、永久に、同等の条件で委員となるのです。「あらゆる課税の廃止、諸権利の完全な享受」が、指導者たちの提示する目的であり、また彼らを結び付ける絆であります。「クリスマスまでには、やつらはこうした目標を達成できるようになっ

ているでしょうし、そしてある晩にあらゆる場所で蜂起が起きるでありましょう[7]」

どんな組織であれ、印刷機を利用することができた。一八〇二年六月、「団結せるイギリス人《ユナイテッド・ブリトンズ》への呼びかけ」と題された八ページの小冊子が、ウェスト・ライディングの治安判事から内務省に送られた。それは、国民の弾圧者を打倒しようとする人すべてに「愛情の鎖」でもって団結するよう訴えたものだった。

賢明な人びとの自律した自由を、彼らは反逆だと見なしている。なぜなら彼らは、罪深き自らの脳天に正義の鉄槌がくだるのではないかとびくびくしているからだ[8]……。

秋には、二人のシェフィールド出身者、ウィリアム・リーとウィリアム・ロンケスリーが秘密の宣誓儀式をとりおこなったかどで裁判にかけられた。訴えによれば、両者は、一八〇一年十月から〇二年八月までの間、千人から構成されるシェフィールドの秘密組織のメンバーだったが、この組織は槍を製造し、また武器を隠した秘密の兵站部を有していた。組織は「指導部《ダイレクターズ・アンド・コンダクターズ》」によって統率され、彼らが構成員への軍事訓練を夜間におこなっていた。組織の目的ははっきりしないが、しかし（リーズ市長がフィッツウィリアムに書き送ったところでは）「ある考えが貧民のあいだで支持されております——税金は払うべからず、という考えであります。……何千もの貧民が、機は熟ししつつあることをひそかに確信し、またそうした希望にのめり込んでおります[9]」。リーとロンケスリーは七年の流刑を言い渡された[10]。

十一月には、デスパードとその一味がロンドンで逮捕された。十二月には、シェフィールドで武装準備が進んでいるという報告が増えてきた。一八〇三年八月になっても、フィッツウィリアムは情報提供者から、宣誓儀式や槍製造がつづいているとの報告を受けていた。彼は元来懐疑的だったにもかかわらず、秘密組織が「わが国の工業地帯の民衆の大部分に浸透している」と国務大臣に書き送った。また、デスパード事件でなされたのと同じ誓いの言葉を、「膨大な数の陸軍や義勇軍の人間が宣誓させられていた」。地域と地域のあいだは特別な使者によって結ばれていた。「文書が利用されることはほとんどないが、仮に利用された場合でも、内容が伝わると文書はすぐに破棄される」。「組織の世話人《マネジャーズ》が自分の町で会合をもつことは決してない。協議の必要が生じたときは町の外に出る」[11]。これ以降、「黒きランプ」は消滅したようである。

同じような報告は、同じ時期に、南部ランカシャーやミッドランズ諸地区からもなされている。なんらかの地下組織があったことは確かであり、そうした組織は物価の急騰や食糧不足にたいする不満を革命路線へ領導することをめざしていた。膨大な証拠があり、しかも多くの独立した史料にもとづいているから、一般に受け入れられている歴史的フィクション、すなわち閣僚や治安判事やスパイの空想以外に「煽動」など存在しなかったとするフィクションを支持することはできない。とはいえ、これ以外には史料は曖昧なことしか語ってくれない。「統一イギリス人協会」は本当に全国的な存在だったのだろうか。デスパード大佐は統一イギリス人協会や、ランカシャーやウェスト・ライディングの地下組織と結び付いていたのだろうか？　フランスや、ダブリンのロバート・エメット[1]との結び付きはあったのだろうか？　一八〇二年以降も地下組織は存続したのだろうか？

デスパード裁判は肝心なことをほとんどあきらかにしてくれないが、多くのことを示唆してはいる。デスパード大佐（一七五一―一八〇三年）はアイルランドの地主一家の出身で、傑出した軍歴を誇っていた。弁護側から裁判に召還されたネルソンはこう述べている。「私は彼と一緒に南アメリカ北部のカリブ海沿岸地方で任務につきました。われわれは幾晩も着のみ着のまま地べたで眠りました。われわれは敵の砦の高さをともに測定したのです。デスパード大佐ほど、われらが国王と祖国を熱烈に愛している者はいないでしょう」[12]。ネルソンは自らの戦友をきわめて高く評価していて、デスパードが陸軍でも卓越した者の地位へ昇りつめると期待していたほどであった。しかしこれは何年も前のことであって、一七八〇年以来彼らは会っていなかった。一七七二年からデスパードは西インド諸島とイギリス領ホンジュラスで軍務につき、九〇年に召還されて休職給を受けることになった。彼は、この時期のきわめて典型的な将校の一人だったようだ。つまり、目をかけてもらうだけの財産も影響力もたず、昇進が騙し取られていることに気づき、無能でも王室にコネがある者に追い抜かれ、競争相手からは不正をはたらいたと批難され、長年権力の回廊で待ちぼうけを食わされていたのだ。(13) われわれがデスパードのなかに見るのは、軍務に服する将校としての個人的不満と、政界の腐敗・不誠実への全般的な反感がない混ぜになった状態であって、こうした混合状態はコクリン卿を急進主義者に変えたものとほぼ同じであった。

けれどもデスパードはまたアイルランド人でもあったから、一七九六年ないし九七年までにアイルランド独立の大義を強く信奉するようになり、ロンドン通信協会の委員会と、統一アイルランド人協会や統一イングランド人協会のロンドンのより怪しげな諸集団の両方で活動していた。彼は、かつてオコイグリが居酒屋ファーニヴァルズ・イン・セラーで連絡をとったことのある組織の一員だった。(14) 一七九八年のはじめに、枢密院はデスパードの活動に関するさまざまな報告を受け取ったが、それによると彼は、エリザベス時代の富貴な軍人のスタイルと十九世紀の革命家のスタイルを奇妙に折衷した地下軍事組織を建設しつつあった。組織の目的はジャコバンふうだったが、同時に、デスパードの軍隊に入隊した者には、成功の暁には高い地位と報酬が約束されてもいた。一七九八年から一八〇〇年にかけて人身保護法が一時停止されているもとで、デスパードは投獄されたのであって、彼の事件は、サー・フランシス・バーデットとロンドンの群衆が繰り広げた「バスティーユはごめんだ」運動のなかで重要な役割を演じた。一八〇〇年に釈放されると、デスパードはふたたび自らの革命軍の建設にとりかかったように思われる。

一八〇二年十一月の最後の週に、彼は、ランベスにある居酒屋オークリー・アームズで、四十人ほどの労働者および兵士と一緒に逮捕された。いくつかの事実が裁判でまちがいないと立証された。デスパードとその仲間は、逮捕までの数カ月間、集会場所を求めてロンドンの労働者階級街にある居酒屋《タヴァーン》を転々と移動していた。ニューイントンの「空飛ぶ馬」、ホワイトチャペルの「二つの鐘」や「馬車と馬」、ヘイマーケットの「村と風車」、セント・ジャイルズの「ヒグマ」や「黒馬」、ハットン・ガーデンの「ケマン草」。こうした場所での集まりにはすべて、アイルランド人の比率の高い不熟練労働者《レイバラーズ》と兵士が参加したし、またなんらかのジャコバン的謀議が論じられたことも確かである。

そのほかに、彼の裁判で提出されたり、同時代の新聞に引用されたりした事実もあるが、より批判的に読み込まれなければならない。たとえば、チャタムならびにロンドンの兵舎にいるジャコバンの近衛兵は、相当数の同調者を擁していて、秘密の宣誓で謀議に加担させていると申し立てられた。逮捕者から発見された文書のなかに、この結社の「憲法《コンスティテューション》」が含まれていた。

イギリス本島《グレイト・ブリテン》とアイルランドの独立、市民的権利・政治的権利・宗教的権利の平等化、闘いに倒れることを余儀なくされる勇者の家族への十分な食糧の供給。

抜きん出た勲功にたいする惜しみない報酬――こうした目的のためにわれわれは闘うのであり、またこれらの目的を実現するために、われわれは団結することを誓う。(15)

兵士たちは、「束縛と隷従の鎖と闘い、それを断ち切るため」に、この「国制協会《コンスティテューション・ソサイアティ》」に参加するよう求められた。この組織は(申し立てによれば)サザックだけで少なくとも七つの支部と八つの副支部を有し、さらにバラ、メリルボーン、スピトルフィールズ、ブラックウォールにも支部をもち、主に「日雇い不熟練労働者、ジャーニーマン、兵卒」、解雇された水夫、アイルランド人沖仲仕からなっていた。それは準軍事組織で、「各中隊は十人で編成され、十一人になると十一人目が新しい中隊を指揮した」。各中隊は「中隊長《キャプテン》」によって指揮され、五個の中隊が集まると「副師団《デプュティ・ディヴィジョン》」になり「大佐」によって指揮される。しかし、これが公認のモデルであったとしても、実際に広く実行されていたようにはみえない。ある証人によると、デスパードは次のように語っていた。

ロンドンに常備組織をもつことは、われわれにとって危険である。政府の目にさらされているからだ。しかし地方には常備組織が必要であり、また私が確信しているところでは、全般的に広がりをみせてもいる……。こうした組織はロンドンでは「まず不可能」だろう。しかし、彼は、リーズ、シェフィールド、バーミンガム、マンチェスター、そしてチャタムを、こうした組織が存在する「地方」の拠点だと述べ、それらと自分は連絡をとりあっていると断言した。

裁判の過程で、それ以外の陳述もなされた。デスパード大佐と彼の革命軍はただちにクーデターを起こす準備をしていたと告発されたのである。ロンドン塔とイングランド銀行が強襲され、兵舎は内部の兵士によって占拠され、監獄は解放され、国王は殺害されるか逮捕される手はずになっていた。デスパードは、「私は心のなかであらゆることを慎重に考えた。神のみぞ知る、私の心は揺るがない」と語ったといわれている。陰謀者たちは、内閣を「人食い人種」と見なしていた。ロンドン塔の占拠や国王の身柄の拘束が、ロンドンの群衆が蜂起するための合図となるはずだった。さらにまた、郵便馬車（すべてピカデリーにある中心地からロンドンを出発する）は、「制止され、それが都市部で反乱が起こったことを地方の民衆へ知らせる合図となるはずだった」。

当時、デスパードの無実が広く信じられていたのは事実だが、デスパードにたいするこの訴訟が「でっちあげ」であることを示唆する確固とした証拠など一つもない[16]。そうした示唆はウィッグ的な歴史学の伝統のなかで言い伝えられてきている。検察側証人が恥ずべき連中であったことはまちがいない。とりわけ、ともに検察側の証人となった、元ジャコバンの時計製造工ジョン・エンブリンと近衛兵の一人はそうであり、しかも後者のごときは証人になることで自分の兄弟の生命を奪ったのだ。これもまた確かなことだが、陸軍内での陰謀に関する証拠のほとんどはデスパード自身がほんの間接的にしか関与していないことを示していて、またその陰謀が彼とは無関係に、いや彼の助言に反してさえおこなわれたのかもしれない。同時に、国王を殺害したりロンドン塔を占拠したりするもくろみについての彩り豊かな詳細は、この機会にでっちあげられたものだったかもしれない。他方、デスパードも彼の弁護士も、デスパードのような地位にある紳士が客としてくることはありそうにない、あやしげなロンドンの居酒屋で頻繁に開いていた会合の目的についてほとんど説明していない。デスパードは、自分と仲間の審理中ずっと沈黙を守っていたが、死刑判決が言い渡されてはじめて沈黙を破った。そしてそれは、説諭しようとするものであった。

閣下は、これらの者たちを煽動した者の役割をこの私に負わせました。だが、この審理であきらかにされたこと、あるいは私には不利なものとして差し出された証拠に、私がこれらの者たちの煽動者であることを証明するものがあったとは思えないのであります。

当時の状況では、これは、ある陰謀が存在したこと、しかしデスパードは陰謀を先導するどころか、それが誰であるのかについて忠実に沈黙を守っているほかの人物によって陰謀にひきずり込まれたことを認めたと受け取られただけだった。

フランシス・プレイス（デスパードとともにロンドン通信協会の委員会で働いたことがある）は、三十有余年後に、「デスパード大佐、彼……はひじょうに温厚な紳士然とした人物であり、ひじょうに思いやりのある人物であった」と、ある手稿に注釈を施した。「雄弁家」ハントがジャコバンの考え方に初めて接したのは（王座裁判所に収監されていた際に）デスパードと会ったときのことだが、彼も同じような調子で「温厚な紳士のごとき人物」と書いている。われわれは、おなじみの説を受け入れなければならないのだろうか。つまり彼の取り巻きたちが「近視眼的」であったとか、「彼の精神が錯乱していたと仮定する以外に彼の策略の愚かさを説明することは不可能に近い」といった説を。(17) 一七九八年のアイルランドの状況は、あらゆるアイルランドの愛国者の精神を錯乱させるに十分なものであった。そして、もしデスパードと彼の同志が統一アイルランド人協会とだけでなく、イギリスのロンドン通信協会のかつての関係者と連絡をとっていて、(18) また彼らとヨークシャーの「黒きランプ」(19) のような組織とのあいだになんらかの緩やかな連携があったと仮定すれば（そしてこの仮定には合理性がある）、この陰謀は重大な企てだったことになる。さらに、艦隊での反乱は、陸軍内部の革命組織なるものが考えられないものでは決してないことを教えてくれる。海軍に劣らず、陸軍でも、給料、食事と住居、扶養家族への配慮、規律と鞭打ち刑にかかわる不満が渦巻いていた。多くのアイルランド人を含む兵士たちは、夜には平服を着用して、ロンドンの居酒屋で不熟練労働者や職人たちと交歓することが許されていた。警備対策はほとんどなかったから、ジャコバンの密使は兵舎内の兵士居住区にやすやすと入り込むことができただろう――やがて一八一七年にバンフォードとミッチェルがそうするだろうように。近衛歩兵第一連隊のある兵士が息子に「ボナパルト」という洗礼名をつけたことなど、こんにちでは考えられないことだろう。しかし、デスパードの仲間は本当にそうしたのである。近衛連隊の第三大隊の少なくとも三百人と第一大隊の三十人か四十人が陰謀に加担していたという検察側の主張はありそうもないようにみえるが、選び出されて裁判にかけられ、デスパードとともに処刑された六人はいずれも近衛兵だった。こうした事例は、この陰謀の広がりが政府をひどく狼狽させたことを示唆している。

全証拠を十分に検討するならば、デスパード事件はイギリス政治史にきわめて重大な意義をもつ事件として位置づけられなければならない。それはアイルランド民族主義者の闘い（デスパードはロバート・エメットと連絡があった）と、ロンドンの不熟練労働者や北部イングランドの剪毛工ならびに織布工の不満とを結び付けたのだ。それは一七九〇年代の古いジャコバン主義の最後の燃焼であり、古いジャコバン主義はデスパードとともにきわめて深刻な敗北をこうむったのである。この事件は、政府の「警鐘《アラーム》」政策ならびに民衆的自由の一時停止政策を正当化したようにみえる。また、ウルトラ・ジャコバン主義者のある小さなサークルにクーデターという戦略（いや、おそらくは、幻想）のきっかけを与えた。クーデターは、カトー街の陰謀事件（一八二〇年）の時期までロンドンのさまざまな小集団の目標でありつづけることになるし、また郵便馬車を止めることで一斉蜂起の合図を伝えるという考え方はチャーティストの時代にも再現することになる。

デスパードは自らの秘密のほとんどを墓場にもっていった。彼が主張したように、たとえ国王や閣僚の暗殺計画の告発について無罪であったとしても、彼は自分の組織の目的に関してそれ以上には弁明しなかっただろう。一説では、彼は絞首台の上で次のように語ったという。

私は知っている。大臣どもが講じている血なまぐさく、残忍で、強圧的で、反国制的な施策に敵対してきたために、彼らが好んで法的口実と呼ぶもののもとで、彼らが私を血祭りに上げようと決意したことを。……わが同志市民の健康、幸福そして繁栄を祈ります。わが身は、神聖なる変革の祝福を体験するまで生きることはできませんが、市民諸君よ、まちがいありません、かならずやそのときはきます、それもすぐに、栄光ある自由の大義が現実に勝利を収めるときが……。

たとえデスパードが近衛兵たちの間に存在した計画の共犯者ではなかったとしても、弁明は、名誉にかけて、できなかっただろう。そうすれば他人を巻き込むことになったからである。しかし、訴追する側もまた抑制した。一定の明白な行為の立証にだけ陳述を限定し、また密告者から得たこの件以外の情報も握っていると主張した。密告者たちは「疑われずにいることが……将来の国家の安全のためになる」という理由で、裁判のなかで正体が明かされることはなかった。裁判がおこなわれていたとき、イギリスはフランスとの和約を維持していたから、フランスの関与を示す証拠は握りつぶされたと噂された。『モーニング・ポスト』が主張するところによれば、デスパードは「次のような見解に感銘を受けていた」。

革命とは大規模な組織によってではなく……捨て身の人間からなる小さな党派によってなしとげられるものだ。そうした人びとは、国王暗殺のような、一つの大きな打撃を与え、都市を驚愕で充満させることによって、何千人もの支持を取り付けるのである。

「貧民は……彼を殉教者であると信じている」。「首なしのデスパードの死体は、あらゆる酒場へと赴き、改宗する者の数を百倍にするだろうか……」[20]

2　不透明な社会

『モーニング・ポスト』が何年にもわたって表明しつづけた警告は過剰だったようにみえよう。地下にもぐった活動がふたたびその姿を現すのは一八一一年になってからのことであり、そのときには暴力的な労働争議のかたちをとった——ラダイト運動である。ラダイトの攻撃は特定の産業上の目標に限定されていた。すなわちランカシャーでは力織機の打ち壊し、ヨークシャーでは剪毛機の打ち壊し、ミッドランズでは掛け枠編み産業における慣習の解体にたいする抵抗などである。こうした行動を説明するためには、直接的な経済的・産業的不満の検討以上のことをする必要があるのだろうか？

われわれは別の解答を提案してみたい。しかし、どのような解答をするにせよ、説明しなければならない史料を解釈するにあたって、歴史家は困難に直面する。一七九〇年代から一八二〇年の時期の史料は、並外れたほどの党派性によってくもらされているのである。

第一に、当局には、ある意図をもった党派主義が存在していた。ピットからシドマスまで、政府は単一の政策を追求した。すなわち不満分子は包囲され孤立させられなければならなかった。さらにそのためには、不満分子にたいして、親ボナパルト的陰謀に加担しているとか、（一八一五年以降には）残忍な反乱をもくろんでいるといった嫌疑をかけることが好都合だっただろう。一連の庶民院秘密委員会（一八〇一年、一二年、一七年）で、反乱のための連絡網に関する、がさつで確証のない陳述がなされた。ある意味で、政府は陰謀家を必要としたのである。全国規模の民衆組織を阻止する弾圧立法の存続を正当化するために。

しかし、すべての議会改革論者をフランスの手先や陰謀家に仕立て上げる神話は、ある奇妙な論理をスタートさせた。この神話によって、議会改革論者が人目につかない秘密裡の活動形態へと追いやられただけではない。当局はこうした活動形態に潜入するために、ほかの時代には見られなかったほどの規模でスパイや情報提供者を雇うようかりたてられたのである。スパイと煽動工作員《エイジェント・プロヴァカトール》との境界ははっきりしていなかった。情報提供者は出来高で支払われた。情報が人騒がせなほど、彼の商売はカネになった。でっちあげられた情報は、神話を広めていた当局に喜んで受け入れられただろう。ある一定の段階までくると、当局の情報提供者がつくりだした陰謀に当局自身がどこまで惑わされているのかを知ることは不可能になる。潜在的な革命家を孤立させ怯えさせるには、意図的に挑発政策をとることが可能であった。この意味で、ピットの政策こそが、通信協会を弾圧するなかで、スパイのオリヴァーと一八一七年のペントリッジ蜂起の双方にいたる論理をスタートさせたのである。この時期は証拠の偽造や脅迫や二重スパイが卑劣な体系をなしておこなわれていたことをあきらかにしているので、この論理がその妥当な結論にいたらずに終わったことは残念でさえある。もしカトー街の陰謀家が閣僚暗殺という目的を達成していたならば、閣僚は自らの弾圧政策が生み落とし、自らのスパイが武装させた陰謀家によって殺害されただろうからである。

したがって一七九八年から一八二〇年の時期に、陰謀家の非合法活動なるものに関して当局側が提出した証拠は疑わしいし、またその一部はまったく価値がない。事実、バーデットやサミュエル・ウィットブレッドなど当時の議会改革論者による反撃の主要な矛先もここに置かれた。一八一七年には、シュールズベリ選出の庶民院議員H・G・ベネットが、秘密委員会の報告書を庶民院の床にたたきつけ、これは「全国民」を中傷する文書であり、「……私の足で踏みつけることがふさわしいとしか考えられないクズ」であると明言する劇的な瞬間があった。後代の歴史家もほとんど同じような見解をいだいてきた。これを促したのは、史料批判の原則への几帳面な配慮、議会改革派への同情、あるいはもっと最近になると、すべての決然とした革命行動は非イングランド的だと調べもしないで一蹴するような怠惰な思い込みだろう。ジャコバン主義的ないしはスペンス主義的な陰謀があったという神話への反発から、歴史家はイングランドの「国制擁護主義《コンスティテューショナリズム》」というもう一つの神話を喧伝しているが、その主要な情報源として大いに依拠しているのは、フランシス・プレイスが収集した文書（手稿や回想録、パンフレット、切り抜きなど）なのである。

これらの文書はきわめて貴重である。しかしプレイスは、あの神話上の生き物すなわち「客観的な観察者」などでは決してなかった。彼もまたきわめて党派的で、一八〇六年から三二年の全期間にわたって急進派同士の内輪もめに深くかかわっていて、したがって敵対する者たちに容赦なかった。たとえばコベットのことを「節操のない臆病ないじめっ子」としかみていないし、雄弁家ハントについては「軽率で、行動だけで、粗野だ」とした。プレイスは、労働者階級の直面する問題に関する事実の発見者として功利主義者から公認されていたから、回想録を執筆する際には、穏健派の果たした役割を強調し、「暴徒の煽動者」の重要性を過小評価しようと躍起になった。それに加えて、彼は先進的な議会改革論者たちから深い疑いの目で見られていた。一八一〇年に、彼はある検屍陪審団の陪審員長を務めたが、その陪審は、自分の家事奉公人を殺害したという十分根拠のある嫌疑がかけられていた、評判の悪いカンバーランド公爵[2]を無実とした。さらに彼には急進派から見て望ましくない人物との付き合いもあった。ベネットとハントの両者から、彼は「スパイ」であると公然と批難されている。この批難はばかげていよう。スパイというものは概してもっとみすぼらしい人種だったのだから。他方、プレイスは——一八一〇年以降は——国制擁護主義的改革の必要性を強く確信していたから、もし反乱の陰謀を示す証拠を握ったならば、おそらく当局者にそれを流していただろう。したがって、われわれは、プレイスの収集した文書を参照する場合には、次のことを銘記しておかなくてはならない。すなわちプレイスは、首都での議会改革運動およびもっと「まともな《リスペクタブル》」労働組合や同職クラブに関しては情報を収集しやすい位置にあったが、彼の情報が当局と同じくらい大ざっぱにとどまる地域もあった。ミッドランズや北部についてプレイスはほとんど知らなかったし、非合法の組合活動についてもほとんど何も知らなかった。多少なりとも真剣な政治的非公然活動がおこなわれていたとすれば、そのオルガナイザーたちはプレイスがその秘密を知ることなど許しはしなかっただろう。(21)

ここで、われわれは問題の核心に近づいている。史料が疑わしい第三の大きな理由は、労働者たちが意図してそうしたということである。「意図」というのは、用語としてはあまりに合理的である。実際には、イングランドには二つの文化があった。産業革命の中心地帯では、新しい制度、新しい態度、そして新しいコミュニティ構造が形成されつつあった。それらは、意識的にせよ無意識にせよ、治安判事や雇用主や教区司祭やスパイの侵入に抵抗するよう設計されていた。新たな連帯とは、ただ相互に結び付く連帯だけではなく、対抗する連帯でもあったのだ。当局者の立場からすると、彼らが直面した問題のうちの三分の二は、信頼できる情報をともかくも入手することにあった。治安判事たちは、自分の執務室からほんの数百ヤードしか離れていない、群衆でごった返す近所に馬車に乗って出かければ、自分たちがまるで敵国人のように見られていることに気づいただろう。治安判事たちが労働組合の集会所を見つけ出すことは、かつてピサロ[3]の略奪部隊がペルーの村々から金杯を見つけ出すことよりもはるかに難しかっただろう。

したがって内務省の文書（われわれの主要な一次史料である）を読み解いていくと、しばしば混乱することになる。土地に不案内な旅行者のように、治安判事や指揮官は自分たちの情報提供者から手玉にとられていた。貧民にとって埋葬の費用がどんなに高いものであるかについて思いおよんだことがない者には、友愛組合は煽動の拠点と映ったことだろう。大声を張り上げる野外説教師は、デスパードの手先のように聞こえただろう。また、雇用主は、組合活動家にたいする厳しい取り締まりを確保するために、ジャコバンがいるという噂話で治安判事の血を凍りつかせたいと望んだだろう。治安判事は密告者（有給の者、匿名の者とを問わず）や、パブの主人、行商人、兵士など雑多な仲介者からどんな断片的な情報でもつかもうとした。こちらでは、ウェスト・ライディングの州統監のもとに、行きつけの散髪屋が朝もってきたゴシップが重々しく届けられる。あちらでは、一八〇二年にバーンズリから送られた手紙があり、「女たち全員がひそひそと何か話し合っております。見張りを厳しくしていますが、彼女たちはそれに気づいていないようです」と語っている。またそちらでは、〇一年に、あるメソジストの聖職者がポートランド公爵へ、ボルトンに拠点を置く革命家たちの一大組織に関する情報を書き送っている。その話は「信頼のおける友人」がシェフィールドの教会で「メソジスト教会の歌い手の指導者」から入手したものだったが、そもそもその指導者もほかの誰かから聞いた話なのであった[22]。

こうした噂話が価値をもたないことはもちろんだ。しかし、ここでわれわれは、密告者の役割をもっと詳しく検討しなければならない。内政問題に関してスパイを雇うことは非イギリス的であって、それはもっぱら「大陸のスパイ制度」のことだというのは、イングランド人お気に入りの信念であった。事実としては、そうしたことは、警察の手法だったばかりでなく、大昔からイギリスの政治技術の一部をなしていた。その歴史は、クリストファー・マーロー[4]がその罠にはまって逮捕された時代よりもはるか昔にさかのぼる。そして、カトリック、共和主義者、ジャコバイトにたいするスパイ活動ならびに逆スパイ活動は、十八世紀にまでつづくのである。それは犯罪取り締まりの手法として維持された（一七八〇年から一八三〇年の五十年間に最も広く活用された）が、その理由はじつにさまざまであった。正規の警察力がまったく不十分だったために、「出来高払い」制度、すなわち有罪をもたらす確実性の度合いに応じて段階的な報奨金（「タイバーン・チケット」[5]と呼ばれた）を支払う制度がつくりだされた。次には、この段階的報奨金制度が忌むべき仲介者をはぐくむことになった。彼らは犯罪を暴くことで利益を上げたのだから、犯罪を誇張したり、でっちあげたりすることが利益になった。十九世紀初頭に、純然たる刑事事件でそうした挑発的手法がもちいられたことが、数件暴露され、人びとをぞっとさせたが、ほかにも表沙汰にならない挑発行為が多数あったことはまちがいない。ラダイトも、こうした犯罪者集団と同じように、有罪をもたらす情報にたいして多額の報奨金を与える制度によって追い詰められたのである。マンチェスターの副治安官、悪名高きジョウジフ・ネイディンは、不正に入手したタイバーン・チケットを売って儲けを上げた疑いがかけられた。また、一八一七年にイングランド銀行は百二十四人を手形偽造と偽造手形行使のかどで訴えたが、急進派の新聞は、報奨金に目がくらんだ密告者が無実の人間に偽造手形を「つかませ」、有罪に陥れて報奨金をせしめた事例をすっぱ抜いた[23]。

だから、政治の伝統と刑事捜査の伝統はともにスパイの雇用を裏書きしている。とくに一七九八年以降、アイルランドの「平定」で得られた経験から、スパイの雇用はいっそう強化されたのである。とはいえ、こうして雇われたスパイたちは玉石混交であった。ごく少数の事例ではあるが、急進的政治運動に対処する際に、当局は、ある程度教育のある有能な人間を選別して送り込むことができた。「市民グローヴズ」はそうしたたぐいの人間であって、一七九四年にロンドン通信協会の中枢部に入り込むことに成功した。しかしながら密告者の大多数は、「犯人通報報奨金《ブラッド・マネー》」を求めて雇われた欲得ずくの人間という伝統を一歩もはみだしていなかった。最近の試みとして、オリヴァーのような古くから酷評されてきた人物の汚名を少しでも晴らすために、彼らは危険ではあるが名誉ある役割をそれぞれの才能に応じて演じる「刑事」だったと主張されているが、誤りである。[24] そうしたスパイ観は戦時あるいは内戦時には妥当かもしれないが、ピットやシドマスが議会改革派にたいして不均衡な力関係のなかで遂行した戦争にはあてはまらない。さらに密告者は二つの集団に分けることができる。第一は、なんらかの仕方で法にふれたが、スパイになることで訴追を免除された（あるいは監獄からの釈放を認められた）集団である。そうしたスパイの募集に最も適した場所は、債務者監獄であった。世紀転換期に、こうして募集されたスパイの、とりわけひどい事例はバーロウなる人物だった。彼は、マンチェスターやシェフィールドの居酒屋兼宿屋に入りびたって（中流階級の議会改革論者を巻き込もうとして）いたが、金を要求する手紙を内務省にあてて哀れっぽく頻繁に書き送った。その金は、当座の経費だけでなく以前の債務の返済にあてるためのもので、（本人の申し立てによれば）雇われる際に約束されていたのである。彼は裁量の限度を超えてしまった。そこで、無心の手紙のうちの一通には、次のような指示事項が書き込まれた（おそらくポートランド公爵によって）。「バーロウを辞めさせるための論拠がもっと必要だというなら、この手紙はたしかにそれを提供してくれる。私は二十ポンドを与えて即刻解雇したい[25]」。政府とカースル、オリヴァー、エドワーズらとの結び付きは「すべてフリート監獄〔債務者監獄〕に端を発していた[26]」（と、あるスコットランド人が書き残しているが、彼自身はそれほど不名誉ではない理由から密告者になり、やがて自分の仕事を恥じるにいたったのである）。

密告者の第二の集団は変節漢から構成されている。かつては熱心な議会改革論者ではあったが、自らの保身あるいは金のためにスパイになった連中である。あるいは、もっと単純にいえば、そのときどきに欲得ずくで自らかってでて、情報を「一件ずつ」切り売りしようとする輩である。どのような集団に属する者であれ、名誉や職業上の義務といった観念はほとんどみられなかった。[27] 他方、だからといって、こうした連中の報告がまったく無価値だったと考えるのは間違っている。悪い人間が悪い大義に従って有用な働きをすることはありうる。[28] きわめて広範囲にわたる書類（報告書、書簡、口述供述書、既決囚の自白書など）のコレクションが内務省や大蔵省法律顧問官や枢密院などの文書のなかに含まれているが、これらから一般論を引き出すとすれば、次のようになるだろう。

一、（ハモンド夫妻らが指摘していることだが）たしかに密告者には自分の情報をセンセーショナルなものにする職業上の偏向があった。動機が金目当てであればあるほど、雇い手が得たがっている情報を提供しようと努めたのである。

二、しかし、雇い手側もみんながみんなかならずしも愚かではなかった――この事実はほとんどの場合見落とされている。彼らはそうした偏りに気づいていた。正確な情報を入手することは治安判事の利にかなっていたのである。治安判事は在りもしない武器庫を探してむだ足を踏んだり、居酒屋でくだを巻く煽動家を確かめに出かけて時間をむだにすることを嫌った。彼らは情報をチェックするための手段としてしばしば（お互い顔見知りではない）二人以上の密告者を雇うという予防策をとった。情報の信頼性についてある種の評価を加えたうえで、内務省に情報を送るというのが治安判事の一般的なやり方であった。

三、にもかかわらず、そうした情報は歪んだ鏡のようなもので、歪んだかたちでしか歴史を映し出さない。というのは、ほとんどのスパイに「無実」の活動さえ犯罪にでっちあげる傾向があっただけでなく、彼らが報告しない情報もあったからだ。情報は、さして政治性もなく無関心な大多数の民衆が抱える懸念や利害を当然カバーしている。しかし、それはまたイギリスの全地域をカバーしてもいる。われわれはスパイの動機だけでなく、スパイを雇った治安判事の動機についても考えなければならない。国立公文書館の史料によれば、一七九〇年代後期から一八二〇年にかけて、ボルトンが反乱の最大の中心地だったようにみえる。しかし、そうみえるのは、ボルトンの人びとが異例なほどの革命的気質を備えていたからなのか、それともボルトンが異常に執念深い二人の治安判事――トマス・バンクロフト師[6]とフレッチャー大佐[7]――に苦しめられていたからなのかは決してあきらかではない。両者はともに異常に大がかりな規模でスパイ（あるいは「使節」）を雇っていたのである。

この点は重要である。この時期の大部分に、イングランドはトーリーによって統治されていた。熱心に内務省に通報する治安判事は、熱狂的な反ジャコバンのトーリーであるか、あるいは何かほかのより個人的な理由から政府の注意を引き付けたい者か、いずれかになりがちであった。同時期のヨークシャーから送られた報告の多くはランカシャーからのそれよりも簡潔だったが、シェフィールドやバーンズリがマンチェスターやボルトンよりも革命的気質に乏しかったと信じるべき理由は何もない。ヨークシャーでは、ウィッグの治安判事がウィッグの州統監（フィッツウィリアム）のもとにあったが、この治安判事はトーリーが自己の業務に干渉することを好まなかった。これと同じ論理が忠誠を誓うのがウイッグであれトーリーであれ、「守旧派」の治安判事の多くにあてはまる。秩序の維持は地方の問題、すなわち地元の貴族の責任であり、したがって内務省に長い書簡を書くことは不必要であり、煩わしくもあり、いくぶんかは屈辱とさえ感じていた。

実際、こうした中央権力への警戒心は、通常は起きえないようなもつれを多数引き起こした。歴代の内務大臣は、熱心さでは折り紙つきの特定の治安判事に頼るようになり、その治安判事たちは自らの行政領域を超えて権限をふるった。高級軍人と治安判事は、互いの活動あるいは怠慢について報告した。ラダイトによる危機の時期に、ストックポートの活動的な法務官ロイド氏にいたっては、その権限をヨークシャーにまで拡大するよう鼓舞されて、検察側の証人をペナイン山脈を越えて連れ去ったほどであった。ナポレオン戦争後、ボルトンのフレッチャー大佐は、多くの場合、マンチェスターの議会改革派に関して当地の裁判官よりも豊かな情報源を握っていた。一八一七年にオリヴァーはシドマスによって直接にミッドランズおよび北部に派遣されたが、彼を本物の革命家だと思った地元の治安判事に一度ならず逮捕されかかったのである。

したがって、内務省文書は、あれこれの特定の部分ばかりでなく、全体として歪んだ見方を生み出すのだということを考慮しなければならない。われわれは、送られた書簡の行間を読み込むばかりでなく、中央には決して送られなかった書簡も読まなければならない。

四、総じて当局が、全国的にも地方的にも、よりうまく侵入することができたのは、非合法の産業組織よりも非合法の政治組織にたいしてであり、また地域《ローカル》の組織よりも地方全体《リージョナル》の組織にたいしてであった。その理由は明白である。密告者は剪毛工や掛け枠編み工になりすますよりも、ジャコバンや急進主義者になりすますほうが簡単だったからである。政治結社は、広い地域そして異なる社会集団から寄り集まった人びとで構成されていた。他方、非合法の労働組合やラダイトの組織は、お互いが顔見知りになっている職場やコミュニティから成長してきた。スパイが最も入り込みやすいと考えたのは、ある町ないし地域がほかの町ないし地域と結び付く連結点であった。

五、以上の論点をすべて念頭に置くと、あと二つだけ考察すべき論点が残されている。一つはごくあたりまえのことであって、それぞれの報告は、通常の史料批判のルールに従って注意深く調べられなければならない。このことを強調する必要があるのは、そうした報告すべてを信頼できないものとして排斥すること、あるいは少なくとも好ましい解釈に合わない報告すべてを捨て去ることが多少ながら流行しているからだ。しかし、批判されるネタを含まない報告などほとんど存在しない。ほかの史料や内部の証拠や固有の蓋然性などによって、確証されることもあれば否定されることもある。ともに一八一七年に生じた二つの事例を取り上げてみよう。一つは、マンチェスターの議会改革論者の演説に関する密告者の報告である。

次に彼は貧民とその子供たちの状態について語った。子供は父親にパンをちょうだいと言うが、父親はパンはないんだと答える。子供は、一つもないの？と尋ねる。父親は、あるんだよ、たくさんね、だけど圧政者や泥棒がいてみんな持っていってしまうんだ、と答える。手を前に差し出してパンを取り戻すのは、あなたがた

（民衆を意味する）なのだよ。(29)

二つ目の事例は、ある刑事法務官《クラウン・ロウヤー》にあてた書簡である。

リッチフィールド殿に申し上げます。すでにお伝ェしたかどうか定カではありませんが、御デン達しておくのが最も適切であると考えました。チ方の各キョ点に政府はたった一騎の兵とともに急送公文書を送っておりますが、それを阻止するためロンドン内外のさまざまなケイ路に小部隊が配チされることになっているのでありまず。……それは若きワトソンやシスルウッドらから提案され、みんなのサン同を得たものであります。(30)

とくに両者の違いを指摘する必要もないだろう。前者の報告は、ほかの未熟な密告者の報告と同じくらいに信頼できるように思われる。あきらかに、この密告者はこの演説のくだりに思わず心を動かされている。そして、急進派の出版物にしばしば掲載される「文学的」に脚色された報告よりも生き生きと、この民主派の演説者の態度を記録している。後者の報告を書いたのは、悪名高い煽動家《プロヴァカトール》ジョン・カースルである。彼は売春宿の女将の「後援者」であって、彼の提出した証拠は一八一七年のワトソン裁判で完膚なきまでに論駁されることになる。たとえそうしたことを知らなくても、彼の文体は一行目から彼の正体を暴き出している。彼は当局にもっと取り入ろうと、必死になって無筆の筆をふるっている。これは、彼の証言の一語一語すべてが嘘であることを意味しているのではない。これは、歴史解釈の対象とする前に、一語一語すべてを批判的に消毒しなければならないことを意味している。

もう一つの論点は次の点である。政府は、一連の詐欺師に踊らされたどころか、一七九二年から一八二〇年にかけて革命の深刻な進展を阻止し、また反乱の謀議に関する信頼すべき情報を着実に収集しつづけることに成功したのであって、その驚くべき手腕には印象づけられる。スパイはロンドン通信協会には首尾よく送り込まれた

（中枢部へは間欠的に送り込まれたにすぎないが）。「統一アイルランド人協会」と「統一イングランド人協会」についてはかなりの部分を把握していた。潜入してデスパードの陰謀を破壊したのもスパイである。スパイはついにはラダイトの地域にも入り込んだ（ただしほんの一部であり、しかもたいへんな労力を払ったのちに）。あとでみるように、ナポレオン戦争後の時期に、政府は、ペントリッジ蜂起で頂点に達する陰謀について、蜂起が起こる前に詳細に掌握していた。またアーサー・シスルウッドは、一八一六年から処刑される二〇年まで、ひそかに見張られつづけていた。マンチェスターでは、「われわれがBという文字で表す人物」が会計係に任命されて、デスパード大佐を弁護するために寄付金を徴収していた。また一二年には、同じ人物あるいは別の「B」なる人物が、ある半ばラダイト的な「秘密委員会」の会計係に任命されている。彼やそのほかの情報提供者は、一六年から二〇年にかけて、ランカシャーにおける事態の展開に十分に精通していた。[31] イギリスの支配階級は伝統的に愚かだったという見解は、内務省文書を見れば一蹴されるのである。

実際、イングランドのジャコバン主義や民衆的急進主義に関する説得力ある歴史は、スパイ活動が運動に与えたインパクトという観点からだけでも書くことができる。ごく初期のロンドン通信協会は、典型的なスパイがとる異常に熱狂的で挑発的な態度に気づいていた。一七九四年に、トッテナムのジョーンズという男が（誤まって）スパイとして告発されたが、それは彼が暴力的な決議を提案をしたからであった。そうした決議は「協会を罠にはめる目的」をもつものだと申し立てられたのである。（真のスパイであったグローヴズが皮肉たっぷりな筆致で報告しているところによれば）ジョーンズは次のように不服を申し立てた。

市民たる人間が、ともかく鼓舞するような動議を出すと、政府から送り込まれたスパイだと見なされてしまう。市民たる人間が、隅っこに座って何も発言しないと、詳しい報告をするために議事の進行を見守っているのだと受け取られてしまう。……市民たるおれたちは、どんなふうにふるまえばいいのかほとんどわからなくなっている。[32]

防衛手段を強化しようとして、ロンドン通信協会は一七九五年に新しい規約を採択した。そこには次のような議事進行規則が含まれていた。

熱意、勇気、そのほかの衝動を示すふりをして議事規則を破ろうとする者は、疑われてしかるべきである。騒々しい気質が勇気の表れであることはほとんどないし、また極端な熱狂は多くの場合裏切りを偽装しているにすぎない。[33]

とはいえ、こうした規則は、いったん作られると、ふるまい方を変えた役者に裏をかかれてしまう。しかもナポレオン戦争後の政治的急進主義は、オリヴァーやカースルの事件に遭遇するまで、立ち直りのきざしをほとんどみせていなかった。戦後の急進主義が分裂したり、組織よりもジャーナリストが信頼された事実についての説明は、必ずここ〔政府のスパイ制度〕に見つかるだろう。[34]

この理由から、秘密の政治的伝統は、一連の大惨劇（デスパード事件、ペントリッジ蜂起、カトー街事件）として現れるか、さもなければあまりに秘密主義的かつ小規模で、しかも猜疑心にとらわれているために、ほとんど影響力をもたないような宣伝活動のかぼそい流れとして現われるのである。例外は、それが秘密の産業的伝統との結び付きをつくりだした地域であった。そのような結び付きはラダイト運動においてつくりだされ、ヨークシャーやノッティンガムではラダイトたちはスパイの侵入防止に驚くべき成功を収めたのである。そこで当局が直面したのは、きわめて不透明な労働者文化であって、（逮捕されたラダイトの誰かが取り調べや縛り首への恐怖に屈しさえしなければ）それは外部からのあらゆる侵入を防止したのである。経験を積んだ二人のロンドンの警察裁判所治安判事は、ノッティンガムに派遣された際に、「町でも田舎でも下層階級の人間のほとんど全員がラダイトに味方している[35]」と内務省に報告している。

ここでわれわれは、とくにラダイト運動の研究に関して、自明な点をいくつか指摘しておこう。当時、地下組織があったとすれば、まさにその性格ゆえに、文書史料を残すことはなかっただろう。機関誌も議事録もなかっただろうし、また当局が郵便物も監視していたから、手紙もほとんどやりとりされなかっただろう。なかには私的な回想を残したメンバーもいるのではないか、と期待する人もおそらくいるだろう。だが、こんにちにいたるまで、ラダイトが書いた正真正銘の一次史料は発見されていない。そもそもラダイト活動家の多くは、読み書き能力をもってはいたが、読んだり書いたりしなかった。それ以上に、われわれは一八一三年以降を見る必要がある。ラディズムは絞首台で終息を迎えたのではあるが、つづく四十年間のいつであれ、自分がラダイトを使嗾した者であったと公言すれば、当局に目をつけられただろうし、処刑された者の親族が存命中のコミュニティにあっては、おそらく仕返しをされただろう。過去を捨てたラダイトたちは、犯罪をおかした若いころを思い起こしたがらない人間と変わりがない。過去を捨てなかったラダイトたちがどうであったかについては、革命と陰謀の潮流が一八一六―二〇年を経て、三〇―三二年に、そしてチャーティストの終期まで流れつづけていたことを銘記すべきである。ミッドランズと北部の労働者階級文化は、一八四八年のチャーティズム実力行使派《フィジカル・フォース》をはぐくんだのだが、生まれのいい取調官たちにとっては、ナポレオン戦争期の労働者階級文化に劣らないほど、不透明なものであった。フランク・ピールは、「命が助かって、国内にとどまっている」ラダイトたちについて次のように書いている。

彼らの多くは、余生のすべてを捧げて、その後のあらゆる政治運動や社会運動に、しかもある程度まで法律で禁じられた運動に参加したが、これは異例なことである。

大多数はコベット、ハント、ファーガス・オコナーの支持者となった。あるラダイト生き残りの老人は（ピールの記憶では）ラダイト運動の秘密をひと言も漏らすことはなかったが、それでももうろくしてからは孫にラダイトの歌を口ずさんだりした。ある者は、ヨークシャーからランカシャーに逃げおおせたが、二十五年以上もたってから、チャーティスト運動に参加した罪で投獄された。また、ある者はラディズムに関しては死ぬまで「不機嫌な沈黙」を守りとおした。(36) ミッドランズの掛け枠編み工村落では、ウェスト・ライディングと同様、深夜集会や軍事教練や反乱について、四十年以上も語られつづけた。ラダイトの武器が一八一二年に埋められ、その後の危機の際に掘り返されたという伝説がある。こうした生き残った記憶が秘密の伝統として受け継がれたのである。

　実際、生存者の話が活字になって発表されはじめたのは一八六〇年代から七〇年代になってからだった。一一年に二十一歳だった者は七〇年には八十歳になっている。ウェスト・ライディングにはこうした生存者が数人いて、彼らの話を地方史家は共感とそこそこの正確さ（一般的に判断してのことだが）をもって収集した。こうした作品は、秘密の口承伝統の最後の文書だから、重要な史料として扱われなければならない。(37)

　ノッティンガムには複雑でこみいった状況があった。掛け枠編み工の指導者たちのうち少なくとも一人は、政治面でも読み書きの面でも非凡な才能をもっていた。グレイヴナー・ヘンソン[8]（一七八五―一八五二年）は、ある意味ではフランシス・プレイスに、別の意味ではジョン・ドハーティに比肩するほどの人物だった。（ある同時代人の筆によれば）「今世紀の最初の四十年間に、ミッドランズの三つの州で結成された労働組合《トレイド・コンビネィション》のうち、ヘンソンがあずかり知らないものは一つもなかった」。一八一二年、彼は掛け枠編み工委員会の隠れた原動力であった。この委員会がラダイト運動のいとこだったことはまちがいない。その後、彼は人身保護法の停止期に投獄され（一七年）、さらにその後、団結禁止法撤廃運動で主導的な役割を果たした。ヘンソンは独学の人で、ずんぐりした体型をしていて、「首が短く、目は小さく鋭く、また頭は下ぶくれで、上方に異常に高くとがっていた」。産業や、職種別の組合運動にかかわる法律にひじょうに精通していて、また『掛け枠編み産業ならびにレース産業の歴史』（三一年）の第一部を刊行し、さらには急進派の新聞や地方新聞に寄稿した。ノッティンガム地区では、彼は、ラダイトであったとか、いや「ラッド将軍」その人であったといった評判につきまとわれた。それはほとんどまちがいなく誤りである。しかし、まちがいなく、ヘンソンはラダイトの歴史の大部分について知っていた。かくも筆の立つ書き手でさえ、晩年近くになっても、ラダイトの詳細に立ち入ることに「断固たる嫌悪」を表明した。じつは、彼はラディズムの秘密を開示した貴重な手稿を、ノッティンガム市自治体当局の「有力者」の手に残したといわれている。「あれこれの関係者が死んで、唯一の障害が取り除かれた暁には公開するという了解のもとで」。そうした手稿はいまのところ見つかっていない——おそらくその「有力者」は墓場に抱えていったほうがいい考えたのだろう。(38)

ヘンソンが事実の公開を「嫌悪」したことは、実際のラダイトの地下活動に関する歴史の値打ちを切り下げるどころか、その値打ちをますます高めるものである。ここで、われわれは史料批判から建設的推論へと進まなければならない。デスパードからシスルウッドへそしてそれ以降に延びている、秘密の歴史の経路がある。ちょうど海底に広がるグウェイラドの大平原のように。できるかぎりの再構成を試みなければならない。

3　団結禁止法

治安攪乱活動の背後にいる「黒幕」の一人として、当局が強く疑ったのはトマス・スペンスだった。スペンス主義者は一八〇〇年と〇一年のパン暴動を煽動したと信じられていたが、スペンス自身が〇一年に裁判にかけられて投獄されたのは、煽動的出版物を罪状にしてであった。一七年に再度、庶民院特別委員会は「スペンス主義博愛者協会」の陰謀をかぎつけた。他方、プレイスは、スペンス主義者とは「まずとるにたらない」、「無害で、単純」な連中であると評した。

一八一六年から一七年の一連の出来事に立ち戻るとしよう。しかし、一四年にスペンスが亡くなるまでは、おそらくプレイスの評価が真実に最も近かったと思われる。スペンスは、本格的な陰謀家にふさわしい分別も実践面の能力も持ち合わせていなかった。他方、彼のグループは、ロンドンの地で、チョークで書き付けたり、粗末なビラを張ったりすることで、いわば埋もれた不満の命脈を保っていた。より重要なことだが、弾圧という状況のもとで、スペンスは中央集権的で規律の厳しい地下運動を信頼していなかった。スペンスの方針は、運動の分散であった。一八〇一年三月、スペンス主義者たちは、組織をできるかぎり緩やかにし、「野外説教師」として活動することを取り決めた。支持者たちは団体を結成し、「規則に縛られることなく、自由で気楽なやり方で」酒場に集まることとされた。その目的は市民スペンスのパンフレットについて論じ、回覧することだった。(「自由で気楽に」と名乗る団体は、一八〇七年の毎週火曜日にリトル・ウィンドミル街の居酒屋ザ・フリースで会合を開いた)。彼らの意図は、当局が組織の中心も組織化の原動力も決して突き止めえないほどに、不平不満を無定形なものにすることにあったと思われる。(39)

これは「黒きランプ」やラディズムの方式ではない。けれども、この分散という方針のなかに、一つの手がかりが与えられている。というのは、一八〇〇年から二〇年にかけて、非合法活動の伝統は決して中心をもたなかったからである。バブーフ主義者[9]による「平等派の陰謀」もなければ、密使を全土に送ったブォナロッティ[10]も存在しなかった。もしわれわれがなんらかの中心を見つけようとするなら、当局と同じ誤ちをおかすことになる。ジャコバン主義が労働者階級のコミュニティに根づいたのは、全国組織の中心と中流階級の支持ほとんどを失ったまさにその時期であった。ジャコバン運動の古くからの中心地——シェフィールド、ノッティンガム、南ランカシャー、リーズ——では、セルウォールの「ソクラテス的精神」が小規模の作業場や工場にすでに根を下ろしていた。ある程度まで、これは自覚された伝統であった。ペイン主義者の集団は、お互いに顔見知りで信頼しあっていたので、秘密裡に集会をもった。そこでは『人間の権利』が手から手へと渡された。ある生き生きとした説明によれば、マーター〔ウェールズの町〕では、

ペインの『人間の権利』や『理性の時代』を高く評価する少数の人びとは、山中の秘密の場所に集い、巨岩の

下などの隠し場所からそれらの本を取り出して、ひじょうに熱中して読むのがつねであった。[40]

メイヒューは、いつも「トム・ペインの本をこっそりと」売っていたロンドンの年老いた書籍商のおやじの様子を書き留めている。

本を一冊買って……付けられた値段の三倍を支払う者には誰であれ、その書籍商は『理性の時代』を進呈した。……書籍商の売り台はじつに信心深いものだったし、たいていは『反ジャコバン評論』が一、二冊置いてあった。……ところが書籍商は『トム・ペイン』を引き出しのなかに持っていた。[41]

シェフィールドでは「ジャコバン野郎《オールド・ジャック》」が集まって、ペインの健康を祝して乾杯し、『神よ、トマス・ペインを守り給え』を歌った。

真実とは反乱だ
それが宮廷や国王のお気に召さないと、
　軍隊が招集される。
兵舎と監　獄《バスティーユ》が築かれ、
罪なき者が罪人にされ、
血がまったく不当に流される
　神々は驚いて立ち上がる[42]……

デスパードの処刑のあと、製造業コミュニティのこうしたペイン主義者の集団は全国的な結び付きを失ってしまった。彼らは自分たちのコミュニティにひきこもり、彼らの威勢は地域における問題や経験によって形成されることになる。大規模な反乱のときにだけ、彼らは、極度の注意を払いながら、まず地域レベルでの接触を、そのあとに全国的なレベルでの接触を求めることになった。しかし、彼らが地域にひきこもるにつれて、彼らの思想は今度はそれぞれのコミュニティの特性を帯びるかたちで形成された。不満の焦点は、経済的・産業的なものに絞られるようになった。たとえばボルトンやリーズでは、政治論議や請願や反乱よりも、パン価格に関するストライキや示威行進を組織するほうが容易だった。ジャコバン主義者やペイン主義者は消えたが、人間的権利の要求はかつてよりも広がりを見せていた。弾圧は、平等主義的なイングランド共和制への夢を砕きはしなかったが、しかし労働者階級と親方のあいだに残っていた忠誠心の紐帯を解体してしまった。その結果、不満は当局が浸透することのできないような世界に拡散したのである。聖職者であり治安判事であったJ・T・ベッチャー師は、憤慨しながら、ラディズムの起源に関する自説を次のように展開した。

私はこの……非道な行為の原因がジャコバン的原理にあると考えている。下層民衆は、ノッティンガムの議会改革論者たちからジャコバン的原理を煽動され吹き込まれてきた。そして、議会改革論者たちは、多くの場合、秘密組織や邪悪なる徒党の標的となっている。だが、こうした組織を、自らの党派的な企図のために、有害な手本や無法な煽動的熱弁や煽動的出版物でもってはぐくんできたのは、当の議会改革論者である。かくして害悪は……あちこちの工業地帯に持ち込まれ、大切に育て上げられて、その社会状況にしっかり組み込まれるようになったのだ。(43)

こうした怒りの爆発の背後には、複雑な憎悪が横たわっている。トーリーとしてのベッチャー(彼自身が教会と国王双方の摂政を兼ねていた)は、ノッティンガムのメリヤス製造工たちが自業自得に陥っていると感じていた。メリヤス製造工のうち、ある者は一七九〇年代には議会改革論者であり、ある者は非国教徒であり、またある者は一八〇一年に和約の請願をおこない、さらに〇二年には、暴動と『うまくいくさ』でもってトーリーの国会議員を罷免する手助けをした。（皮肉にも、当の議員であるダニエル・パーカー・クックは、裁判でウィッグの雇用主よりも掛け枠編み工たちに同情的であることを示して、〇三年に議員に返り咲いた）。彼らが十年前にノッティンガムの市場でまいた紛争の種は、いまや武器を携えて彼らのまわりのいたるところで芽を出していたのだ。ベッチャーが言い当てているように、以前は少数派の運動だったものが、いまや「社会状況にしっかり組み込まれた」のである。ジャコバン主義は、非合法の労働組合という切り株に接ぎ木されたのだ。

ペイン主義者が、熟慮したうえで労働組合や友愛組合に「入り込む」決定をくだした証拠はほとんどない。[44] しかしながら、一八四〇年代以前にはつねに政治的不満と産業組織は切り離されていたと考えるのはまちがいである。友愛組合は、それ自体は合法だったが、地方規模でも全国規模でも連絡組織をつくることを禁止されていたので、多くの場合「政治の持ち込み禁止」の規約が遵守された。設立されて久しい職種クラブのなかにも、これと類似の伝統をもつものがあった。しかし、ほとんどの製造業コミュニティでは、いかなる組織運動であれ、その開始の役割を担うのは少数の活動的人物であることが多い。非合法組合を組織する勇気をもつ人、通信や財務をさばく能力をもつ人、そして議会に請願したり弁護士と協議できる知識のある人なら、『人間の権利』を知らないことはまずありえない。若い世代の労働組合指導者は、成長するにつれて、雇用主や治安判事、さらには無関心ないしは懲罰的な庶民院との対立状況そのものによって、過激な急進主義へと急速に追い込まれることになる。

ピットこそが、団結禁止法を成立させることで、そうとは意図しないで、ジャコバンの伝統を非合法労働組合と結び付けたのである。とりわけランカシャー、ヨークシャーではそうであった。これらの地方では、一七九九年の団結禁止法がジャコバンと労働組合主義者を目ざめさせ、政治的性格と産業的性格を半々にもつ秘密結社を数多く生み出したのである。ある密告者（バーロウ）は次のように報告した。

……その起源はシェフィールドにあります。……かの地の共和主義者の組織に、であります――それはヨークシャーの主要工業都市と結び付いており――この町［マンチェスター］や、ストックポート、そしてとくにベリーと密接に結び付いております。

バーロウがシェフィールドで見いだしたのは、「あの最新の法案があらゆる層の職人のなかに生み出した全般的な不満の精神」であり、「……残念ながら、あの法案は、もしこれがなかったならこの程度だろうと思われる数を超える、多くの団結をすでに生み出しております」という事態であった。彼によれば、組合活動家たちは、団結禁止法が不利な影響を与えると思われる労働者数についての統計表を作成していたが、ランカシャーでは六万、ヨークシャーでは五万、ダービシャーでは三万と算定されていた。新しい組織の秘密委員会は、「共和主義者の統率下に」あった。興味深いことだが、これ以降に北部やミッドランズで生き延びる政治クラブは、「愛国」協会とか「国制」協会といった看板を降ろして、「連合協会《ユニオン・ソサイアティ》」と名乗るようになった。この名称の曖昧さのゆえに、政治クラブは政治的目的と産業的目的の双方を包含することができた。この名称（政治クラブではない）は、ナポレオン戦争後の「連合協会」や「政治連合」のなかに生き残ったのである。(45)

ランカシャーにおける団結禁止法への抵抗はある委員会によって組織されたが、この委員会を構成していたのは、ファスチアン裁断工、綿紡績工、製靴工、機械製造工、サラサ捺染工らの熟練工の組合活動家であった。(46)ヨークシャーでは、継続的に送られた報告によれば、産業上の目的ならびに秘密の目的の双方を有する秘密組織を創設する役割を果たしたのは、服地仕上げ工あるいは剪毛工であった。一七九九年団結禁止法が成立した際に枢密院に提出された覚え書きは、剪毛工だけを名ざしして、「彼らが現実に保有しかつ行使している独裁的権力はほとんど信じられないほどだ」(47)と批難している。ウェスト・ライディングの穏健な州統監であったフィッツウィリアム伯爵は、一八〇二年に内務省に一連の報告を送ったが、そこには、剪毛工の組織と、より一般的な非合法の結社とが分かちがたく混じり合っているように見えると記載されていた。フィッツウィリアムは、深刻な蜂起の陰謀があるとの報告を受け取った際に、当初はかなり懐疑的だった。七月になると、彼は次のように報告するようになった。「規模はともあれ、真にジャコバン的な陰謀が実際に存在すると危惧しております。……本当の秘密はごく少数の者に握られており、ほかの者は尻馬に乗ってるだけだと確信しております……」。ほとんどの夜間集会はたんに「賃上げが目的で、そこには危惧することは何もない」と考えていた。また、そうした集会を武力でもって鎮圧すべしという大製造業者たちの要求に同意することが妥当かどうかについて、彼は慎重だった。煽動的な集会を抑え込む必要があるからといって、この必要性は「賃上げを求めるジャーニーマンの団結をより制限するような法律を制定する」口実にされてはならない。彼らのような男たちには、好況期の「収穫の季節」には分け前にあずかる権利があった。彼らの団結を罰するのは不公平だろう。

国家体制《コンスティテューション》にたいする不満の土壌をわれわれが彼らに与えていないのかどうか、またわれわれが彼らを真のジャコバンに奉仕すべく追い詰めていないのかどうか、しかもわれわれ自身の行為が彼らの行為に正当性を与えていないのかどうか、私には確信がない(48)……。

二カ月たたないうちに彼の見解は変わった。理由は三つある。第一に、彼は「黒きランプ」と秘密の労働組合組織との双方について報告を受けた。その報告は、状況証拠にもとづくものであり、また労働組合が掲げる目的と、革命達成の目的を隠しているという噂とを分離しえないまま混ぜ合わせたものであった。フィッツウィリアム伯爵が受けた報告は次のようである。

……委員会が開催される家屋がリーズに三軒、ウェイクフィールドに三軒ありました。そのうちの一軒はその後しばらくして捜索されることになっておりましたが、実際書類が床の上げ蓋の下と石炭のなかに隠されておりました。組合員は週あたり一ペニーを基金に支払っていました。委員は多数おり、それぞれの委員がさらに十人を勧誘しております……彼らは毎週の会費をリーズに運ぶのです。同じ日の夜に全土で蜂起がおこなわれ、翌朝にはすべてが転覆されることになっております。

第二に、フィッツウィリアム伯爵は内務省から、ヨークシャーの剪毛工ないし剪断工の組織とイングランド西部のそれとのあいだに密接なつながりがあることを明確に示す証拠を受け取った。これらの地域では最近、起毛機が打ち壊されたばかりであった。第三に、彼は、多くの職種において組合運動が成功裡に台頭しているとの各種の報告にしだいに警戒を強めていった。九月初旬、リーズ市長は「ほとんどすべての職種の労働者（とりわけ剪断工）のあいだで、団結の精神が採っている由々しい姿」に狼狽して、フィッツウィリアム伯爵に次のように書き送っている。

特別給付金、特権、労働時間、作業方式、賃金率、誰を雇い入れるべきか、など――いまやすべてがわれわれの労働者の決定次第なのです。どれほど頼んでも変えられません。こうした新しい権力の分け前に与るために、あらゆる部署の労働者が闘争しているのです。煉瓦積み工、石工、大工、車大工などが、リーズやマンチェスターではウェイクフィールド、ヨーク、ハル、ロッチデイルよりも週あたり三シリング多く稼いでいることはいまやゆるぎない事実なのです……。

一八〇二年九月末に、リーズ最大の毛織物業者であるゴットに雇われている剪毛工全員が、承認されている徒弟制への加入年齢（十四歳）を超えた二人の少年の雇用に反対してストライキに入った。（この争点は、ゴットと剪毛工との全面的な対決、ひいては徒弟制問題をめぐる、ウェスト・ライディングの毛織物産業全体の労使対決の引き金となった）。ついにフィッツウィリアム伯爵は、ペラム卿あてに「ジャーニーマンの団結をより厳しく制限する」ことを求める書簡を書いた。

私は次のような確固たる見解をいだかざるをえません。あらゆる集会、また集会と思われるものは、私がいままさにお話しております男たち、すなわち剪毛工の団結に源を発しております。彼らはわが郷土の専制君主です。彼らの権力ならびに勢力は彼らの高い賃金からもたらされております。高賃金であるため金を貯えることができるので、彼らは不法行為がもたらすどんな不都合も恐れぬまでになっているのです。しかしながら、彼らは毛織物製造にとってどうしても必要なたぐいの労働者ではないのであり、したがってもし商人たちが彼らなしですませる断固たる決意をもっていれば、彼らの尊大さは失われ、貯えは底をつき、団結は崩壊して、われわれはもはやどんなたぐいの集会も耳にすることがなくなるでありましょう(49)……。

そうした剪毛工の組合の原動力となった者たちのなかに、五年前にロンドン通信協会に連絡をとった「働く《ワーキング・》職人《メカニックス》」協会のかつての会員がいたかどうかはわからない(50)。しかし、一八〇〇年ごろに、小規模な織物生産者たちが、富裕な織元を介することなく自由に織物を取り引きするための新しい会館をリーズに建て、それが「トム・ペイン会館」として一般に知られていたことはわかっている。ヨークシャーの剪毛工とウェスト・カントリーの剪断工との郵便による連絡を担った中心的な媒介者が、リーズの製靴工であるジョージ・パーマーであったこともまたわかっている。彼がいわゆる急進的製靴工であったとわれわれは断定することができるだろうか？　こうした読み書きができ、熟練職の、ひじょうに有能な人びとのなかに、ペイン主義者がいたと考えるのは理にかなったことである。

さらに、一七九九年と一八〇〇年の団結禁止法がすでに労働組合を非合法の世界へと有無を言わせず追いやっていたが、その世界では当局への秘密主義と敵対はまさに彼らの存在自体に内在するものであった。一七九九年から団結禁止法の撤廃（一八二四―二五年）までの間の組合の位置は複雑であった。われわれはまず、労働組合が大いに発展したのはまさに団結禁止法施行下だったという逆説に向き合わなければならない。はるか十八世紀に起源をもつ組合——梳毛工、製帽工、コードヴァン靴製造工、製靴工、船大工、仕立て工の組合——が団結禁止法施行下のほとんどの年月を多かれ少なかれ無風状態で存続していたばかりではない。数多くの新しい職種に組織が広まった証拠、そして一般労働組合を組織する初めての試みがなされた証拠も存在している。ウェッブ夫妻の判断によれば、大勢のロンドンの熟練職種が「一八〇〇年から二〇年の間の時期ほど……完璧に組織化されたことはかつてなかった」[51]。仕立て工のような多くの熟練職種は、独自のネットワークをもっていた。職種クラブないしは職種集会所、職人宿、会員証明書《チケット》、渡り歩く組合員への支援、徒弟制の維持統制（それによって組合基金に莫大な収入がもたらされる）、諸手当、銀行預金といったネットワーク、さらにときには、親方の同意をとってつくられた公認の価格表さえあった。こうした証拠史料から、団結禁止法はほとんど「死文」であったとする理解や、このような時期になんらかの「自由を抑圧する運動」があったとする見解はきわめて誇張されているといった理解が示唆されてきた[52]。

　こうした理解は、団結禁止法は以前には合法とされていた労働組合を非合法にしたのだという、通俗的な解説にときどき見受けられる解釈同様、真実ではない。じつのところ一七九〇年代以前にも労働組合のほとんどの活動分野を訴追の対象とするに十分な法律が存在していたのである。コモン・ロー上の共謀罪は、契約違反、すなわち労務不履行にたいして効力をもっていたし、あるいは産業ごとに適用される制定法によっても罰せられた。団結禁止法は反ジャコバン主義者と地主からなる議会によって成立したが、その際の彼らの第一の関心事は、議会改革論者を脅迫する既存の法律にもう一つ追加することにあった。団結禁止法はまた、既存の反労働組合法を体系化して、訴訟手続きを簡略化し、二人の治安判事の略式裁判権による訴追を可能にすることを意図していた。団結禁止法の新しさは次の点、すなわちすべての団結を一律に禁止するという包括的な性質、そして以前の温情主義的伝統に立脚した法律とは異なり、補償的な保護条項をまったく含まないという事実にあった。法解釈上は雇用主の団結も禁止してはいたが、団結禁止法は、アスピノール教授が証明しているように、「忌わしき階級立法」であった[53]。

まさにそういうものとして、団結禁止法は二十五年間にわたって労働組合活動家の脅威であったのであり、しかもしばしば適用されたのである。イングランド西部から一八〇二年に内務省の密偵が書き送っているように、「工業都市ではここかしこで、二人ないしはそれ以上の治安判事が毎日顔を合わせています。そして団結禁止法は疑わしい人物を査問したり宣誓のうえ取り調べるためのじつに都合のいい口実を与えてくれるので、私はたえず治安判事の前に立つ容疑者を見ております」[54]。この団結禁止法の包括的性格は、かくも「都合のいい」ものであると判明したのであった。団結禁止法が適用された裁判件数はまだ調べられていないのだが（それには地方新聞を延々と調べる必要がある）、この時代についてよく知っている者なら団結禁止法が一般的にいって禁圧的な効果を発揮したということを疑うことはできない。他方、団結禁止法がなぜ思ったほど広汎には適用されなかったかについては、多くの興味深い理由があった。第一に、同法が絶大な影響力をもっていたにもかかわらず、曖昧な領域が残されていて、ある種の労働組合活動がなお実際には許容されていた。一方で、職種クラブ、たとえばロンドンの熟練職種のクラブなどは、共済組合としての機能を前面に打ち出し、全国的な通信機能や交渉機能をもっていることについては伏せたまま、なんらかの対立やストライキが雇用主や当局を激怒させるまで、何年にもわたって干渉を受けることなく存続しえた。他方では、同一職種のジャーニーマンが――少なくとも複数の都市や地区において――議会請願や、議会の委員会に出席して、自分たちの利害を主張することが合法とされる機会がたびたびあった。さらには、団結禁止法は、賃金紛争にたいする治安判事の仲裁権を認めた、古い、時代遅れの法律に完全に取って代わったわけではなかった。ジャーニーマンが、治安判事や議会に保護を求めて訴える（当局も国制によって認められている不満のはけ口を完全にふさぐことを渋っていた）ということになれば、その代弁者を選んだり、必要経費を集めるためになんらかの組織形成を認めざるをえなかった。

したがって、ここに、合法性の境界線をめぐる論争の余地があったのであり、その重要性はラディズムにいたる歴史のなかであきらかになっていく。しかし、さらに、雇用主が、威嚇以上のものとして団結禁止法を利用することをたびたび躊躇した理由もいくつかあった。仕立て業や靴製造業などのような職人産業では、自分たちの組織をほとんどもたない小親方が大勢いた。ロンドンやバーミンガムでは彼らのうちのかなり多くが急進主義者にほかならず、団結禁止法も含んだ抑圧立法を嫌悪し、そうした法律に訴えることに良心の呵責を感じていた。彼らが雇っているジャーニーマンとの関係は形式的ではなく人格的であることが多かった——長年、職種クラブは当然のものとして受け入れられ、雇用主としての小親方自身が徒弟制をなお好都合《コンヴィニエント》と考えていた。そうした雇用主は自らのビジネスを、事業拡張の見地から眺めるのではなく、ほどほどの生活の糧をもたらしてくれるものと考えていた。それゆえに彼らは、慣習や徒弟制度を無視し、市場の最良の部分だけをかっさらい低賃金労働者を雇用する少数の大規模雇用主にたいしては、自分たちの雇うジャーニーマンと同じ程度に警戒したのだった。したがってこうした職種では、職人の組合は、境界のはっきりしないある寛容の範囲内で存在していた。それらの組合は、いったんストライキ行動や「理不尽な」要求によってこの限度を超えてしまうと、訴追されたり、親方たちの対抗組織がつくられて、自分たちの首を絞めることになった。彼らは団結禁止法の影響を免れなかったが、団結禁止法とうまくやっていくすべをすでに学んでいたのである。

職人の職種以外、つまり北部、ミッドランズ、西部の工業地帯の大部分では、それとは異なる状況が広まっていた。下請けや、工場や、大規模な作業場を基本とする産業では、組合運動の抑圧は格段に厳しかった。事業所規模が大きいほど、また必要とされる技能の専門性が高いほど、資本と労働のあいだの敵意はより先鋭化し、雇用主同士の共通理解がもたらされる可能性も高かった。最も先鋭な対立のいくつかには、特権的な地位を獲得したり保持しようとする、特殊な技能をもった労働者がかかわっていた——綿紡績工、サラサ捺染工、型製造工、水車大工、船大工、剪毛工、梳毛工、ある階層の建築労働者など。そのほかの先鋭な対立には、賃金切り下げや地位の下落に抵抗する、膨大な数の下請け労働者、とりわけ職布工と掛け枠編み工がかかわっていた。

しかし、こうした場合でさえも、かならず団結禁止法が適用されたわけではない。第一に、同法は訴追責任を雇用主に課していた。ところが以前からさまざまな産業で雇用主の団結が数多くみられたにもかかわらず、どの雇用主も競争相手からの敵愾心に悩まされていた。事業規模が大きければ大きいほど、敵愾心も大きくなり、その雇用主の困惑から競争相手が得する可能性も高くなった。（だから、一八〇二年にゴットが剪毛工をたたきのめそうとして失敗したのは、ほかのリーズの製造業者が労働組合の要求に屈服してしまったからである）。第二に、組合が強力である場合には、訴追にはつねに多くの困難が伴った。とりわけ難しかったことは、組合の存在を立証するための二人の証人を労働者のなかから見つけ出すことだった。雇用主は、そんなことをすると、最も腕のたつ職人を大勢失うことになるのがわかっていた。投獄されもせずストライキもしないとすれば、彼らはたんに一人二人と仕事を離れ、作業場なり工場を「ボイコット《ブラック》する」のがつねだった。そのうえ、訴追の結果は、引き起こされた損失に見合ったものではかならずしもなかった。初犯であれば、処罰は三カ月の投獄にすぎなかった。また、たいてい有罪判決がくだされたが、自動的にではなかったのである。雇用主はさらに「四季裁判所へ訴える権限によって」も躊躇させられた。「……その判決が出るまで最長三カ月もかかり、その間ずっと、訴追責任者は事業を継続できない可能性があった。というのも自分の剪毛工場が営業停止命令を受けることがあるからだった」[55]

だから訴追がおこなわれたのは、一七九九年と一八〇〇年の団結禁止法によってではなく、それ以前からの法律、コモン・ロー上の共謀罪や労務未完遂で職場放棄した労働者を処罰するエリザベス朝職人条例（5 Eliz. c.4）によってだった。前者のコモン・ローによる共謀罪の利点は、組合の「指導者」や役員にたいしても適用できること（書類や基金の押収を伴う）、より厳しい処罰を科しうること、訴追責任を負うのは個々の雇用主ではなく当局であることにあった。後者の利点は、ストライキが起きた場合、雇用主はストライキ自体を証拠として略式裁判手続きを進めることが可能であり、訴追の際に正式な労働組合組織の存在を証言する証人を立てる必要がないことにあった。掛け枠編み工たちの指導者であったグレイヴナー・ヘンソンはこう書いている。

団結禁止法で訴追されたケースはきわめて少ないが、しかし、この法令〔職人条例〕によって罰せられたケースは何百件となくあって、この法が改正されなければ労働者は決して自由になることはできない。団結が問題なのではない。脅かして労働者の賃金を低く抑えるために雇用主が利用するのは、労働放棄に関する法律である。[56]

以上のような限定づけは重要である。しかし、それにもとづいて、労働組合主義にたいする当局の態度が穏健なものだったと結論してはならない。組合活動家の見地からすれば、団結禁止法のもとだろうと、コモン・ローのもとだろうと、エリザベス朝職人条例（5 Eliz. c.4）のもとだろうと、後二者がより厳しくより迅速だったことを除けば、訴追されればほとんど違いがなかった。一般公衆にとっては、いずれにせよ、すべてのこうした法律は、「団結を禁止する法律」という総称でくくられるものであった。この法律の効力は、訴追件数ではなく、全般的抑止力によって判断されるべきである。あれこれの法律を使って、運動の決定的な瞬間に、あるいはきわめて重要な展開局面で、組合活動家に打撃が与えられたのである。たとえば、イングランド西部の紡毛労働者（一八〇二年）、ヨークシャーの織元の「学　校《インスティテュート》」（〇六年）、ランカシャーの綿織布工（〇八年と一八年）、『タイムズ』紙の植字工（一〇年）、グラスゴーの織布工（一三年）、シェフィールドの刃物工（一四年）、掛け枠編み工（一四年）、サラサ捺染工（一八年）、バーンズリのリンネル織布工（二二年）などがそうであった。一般に、こうした事例は、組織が拡大し成功を収めている時期か、あるいは秩序攪乱や政府をめぐる「煽動的」運動にたいして政府自身が警戒しはじめた時期に起きている。内務省の通信文書を見ると、そうした全般的な配慮が個々の労働問題に優先していることがわかる。さらに、雇用主に訴追手続きをとらせようとする当局（内務省や治安判事）と政府に責任を押し付けようとする親方とのあいだで、争いが絶えなかったこともあきらかである。[57]かなり大規模な雇用主でさえもしばしば相当な不信をいだいて行動していた。一八一四年、シェフィールドのある雇用主は自分の許嫁の抗議にたいして、「その法は過酷なものです。というのも団結しないで賃金を引き上げることは難しいからです。だから、これほど反抗的でない時期であれば、私はそのような法律を適用しようとはしなかったでしょう」と認めた。[58]ここでふたたび、われわれは、あの境界のはっきりしない寛容の領域を見いだすことができる。それは組合活動家が、不安を引き起こすほどに成功を収めたり、あるいは「反抗的」になったときにだけご破算にされたのである。
それゆえ職人職種には、とりわけロンドンには、半合法の薄暗がりの世界があり、そこではじつに高度の組織がつくられ、相当な基金が貯えられていた。（大工〔委員会〕が一八一二年に二万ポンド持っていたとするトマス・ラージの示唆、そして同じ時期の製靴工に関するダヴンポートの説明についてはすでにみた）。[59] 組合問題を取り上げた最初の定期刊行物はロンドンの職種から生まれた――撰毛工ジョン・ウェイドによって編集された『ゴルゴン』がそれであり、一八一八年に創刊された。しかし、イングランド北部やミッドランズの製造業地域では、団結が広がり戦闘的になっているか、さもなければ無力であるか、二つに一つの状況のもとで、賃金切り下げや見せしめの補助手段として、団結を禁止する法律のあれこれが頻繁に適用され、できてまもない組合をつぶしたり、そのほかの組合を非合法組織へと追いやった。繊維産業での団結禁止法の運用についてグレイヴナー・ヘンソンは次のように述べている。

この地域の職人の首にはとてつもなく重いひき臼石がくくりつけられている。それは彼を意気消沈させ、どうしようもない卑しい身分に彼らをおとしめている。彼が試みるあらゆる行為、賃金を維持したり向上させるために工夫するあらゆる方策はすべて非合法だと告げられているのだ。そして彼は非合法に活動しているという理由で、この地域の市民生活を司る権力や影響力のすべてが彼をつぶすために行使されている。治安判事は、彼らの考えでは、立法府の見解と軌を一にして、賃金を抑え団結を妨げるために行動しており……自分たちの状況を改善しようとする職人たちの側の試みをすべて……煽動ないし政府への抵抗に類するものと見なした。委員会あるいは職人のうちの活動的な人物は、いずれも不穏で危険な煽動者であると見なされ、監視して、できればたたきつぶす必要がある者とされた。[60]

ここで言われているのは、一八一三年のヘンソン率いる掛け枠編み工の組織だが、その会員証には織機をあしらった紋章とハンマーを持つ腕と、「沈黙を守れ」という標語が記されていた。（二四年にヘンソンが語ったところでは）ノッティンガムシャーの掛け枠編み工たちは、団結禁止法を「ひじょうに抑圧的」と考え、「彼らのモットーは、『おまえたちが牢獄を見せるなら、われわれは死体を見せてやる』であった」[61]。ウェッブ夫妻は『労働組合主義の歴史』を書くための史料を十九世紀末に収集したが、古い組合にはいずれも「草創期に関するロマンチックな伝説」があると記した。「野原の片隅における愛国者の深夜集会、埋められた記録文書入りの箱、秘密の宣誓儀式、刑期……」[62]。かくして一八一〇年に結成された鋳鉄工組合は、「ミッドランズ諸州の高地にある山頂や荒野や荒地で暗い夜に」集会を開いたと考えられている[63]。こうした夜間集会が開催された場合には（開催されたことは疑いない）、直接の目的は産業にかかわるものである場合でさえ、全体の雰囲気は革命的な話を促すようなものであった。もっと日常的には、組合に共感する居酒屋の主人の個室で会合が開かれた。組織はスパイの侵入を困難にする形態をとっていた。組織形態には、（メソジストの組織形態にならって）「組制度《クラス》」にもとづいていたり[64]、あるいはジャコバンやアイルランド人の経験のなかにおそらく起源をもち、それを改良したものにもとづくものもあった。だから、作業場から町単位の委員会に代表を送り、そこからまた地域の委員会へ代表を送るという洗練された仕組みによって、役員や委員の名前を組合員からさえ隠してしまうことが可能であった。（役員は委員会の内部での秘密投票によって選出され、その選出された者の名前を知っているのは書記ないし会計係だけという事例もいくつかあった[65]）。それゆえ、当局に組織の一部を知られることになっても、ほかの部分は手つかずのまま残ることができたのである。

　荘厳な宣誓ならびに入会儀式は、たぶんかなり広くおこなわれていた。内外に見張り番を配置し、目隠しをし、死者の絵の前で神聖なる秘密の宣誓をおこなうという梳毛工（それとも建築工か？）の儀式が有名だが、その真正さを疑う理由は何もない。

　神よ、この私の最も神聖なる宣誓を見守りたまえ。希望や恐怖や報酬や処罰を与えられたり、あるいは殺すぞと言われても、私は直接にも間接にも、この支部ないしは当協会に関連をもつ類似の支部でなされることに関する情報を決して口外いたしません。また、紙であれ、木であれ、砂であれ、石であれ、そこから知れ渡るかもしれぬいかなるものにも、そうしたことを書き記したり、あるいは書かせたりすることは決していたしません[66]……。

こうした宣誓には長い系譜があり、一面ではフリーメイソンの伝統に、またある面では古いギルドの伝統に、さらにある面では自治都市の宣誓のようなありふれた市民の儀式にさかのぼる。したがって、十八世紀中葉におこなわれていた「籠製造職人組合に属する自由人」の宣誓は、組合員にたいして、製造技術《ザ・クラフツ》の秘密を「十全かつ誠実に守」り、「同じ技能《サイエンス》を駆使できる者以外の人間には」その秘密を伝授してはならないこと、そして「兄弟となり、自由人となった者がするように、あらゆる形態の義務」を果たすよう義務づけた[67]。フレッチャー大佐が送ったボルトンへの「使　者《ミショナリーズ》」の一人は、もっと恐ろしい宣誓を発見したが、これを持ち込んだのはアイルランドの「リボン団員」だと思われる。

わが兄弟と聖母マリア様の御前にて、神聖なるわれらが宗教を守り支えるため、わが命と財産のつづくかぎり、異教徒を一人残らず殲滅することを誓います[68]。

十九世紀初頭の宣誓は、これら性格を異にする源泉に起源をもっていた。ラダイトたちは大半をアイルランドの伝統から受け継ぎ、労働組合主義者は職種技術上の伝統とフリーメイソンの伝統を受け継いだ[69]。労働組合での宣誓はロンドンの熟練職種や大都市の職人のあいだではかなり早い時期に廃れたようである。しかし、入会儀式や宣誓儀式は、ミッドランズや北部（そしてそのほかの地域）では団結禁止法の撤廃以降も長年にわたっておこなわれた。それは雇用主にたいする防衛手段だっただけではなく、組合の存続になくてはならない道徳の文化《モラル・カルチャー》

——連帯、献身、威圧——の要素になっていたからだ。「大いなる職人協会《オールド・メカニクス》のハダズフィールド支部は、一八三一年の創設時に、一丁のピストルと一冊の聖書と十ヤードのカーテン生地を購入した。あきらかに、組合員の拠出した基金はまず最初に入会儀式用の物品の購入のために使われたのである。[70] 一般労働組合の運動が盛り上がった三二年から三四年の時期に、とりわけヨークシャーにあった、謎の多い「労働組合」では宣誓儀式が復活していたようである。逆説的なことだが、「沈黙を守れ」という伝統は、沈黙からはほど遠い大げさな儀式の最終局面で燃えさかったように思われる。ジェントリたちは、裏切り者や悪辣な親方を殺害するよう労働者に義務を課す「厳粛で恐るべき誓い」の噂に驚愕した。炭坑夫と建築労働者が宿屋に入っていくのが目撃されたが、「そこからは、まるで軍事訓練をしているような物音がした。そして……一晩に四十発か五十発の銃声が響くこともまれではない。宣誓が終わるとただちに、その者の頭上にピストルが発射されるのである……」。[71] この「組合」の指導者であるシミオン・ポラードは、そうした宣誓がおこなわれていることを否定した。しかし一八二五年に梳毛工のストライキを指導したジョン・テスター（のちに労働組合主義に激しく敵対するようになった）は、嫌みたっぷりの筆致で、組合の備品一式——「剣、死者の絵、ガウン、旗、戦闘用斧、および軍隊用の輸送箱のような大きな空の箱」——にかかった費用について書き記した。リーズ近郊のファースリで若いアイルランド人のスト破りが正体不明の加害者に殴られ、それがもとで死んだが、その死因審問の際（一八三二年十二月）に、信頼するにたると思われる詳細があきらかになった。その組合のある支部は「メア湾《ベイ・メア》」という居酒屋に集まり、週三ペンス支払って二階の個室を使用していた。

その部屋のなかでおこなわれていることを盗み聞きされるのを防ぐため、異常なほどの予防措置がとられた。小梁の下側に一インチの厚さの板が打ち付けられ、壁の板と板の間にはおがくずが詰められ、会議が開かれている間はドアの外に見張り番が置かれ、ビールやそのほかの酒はすべて組合員である者によって部屋まで運ばれた。

死んだアイルランド人の父親が、「組合」の行動計画を暴くべく自ら組合に加入した件に関して、雇用主の求めに応じ証言をおこなった。とはいえ、その証言は真実を伝えているように思われる。

組合員として認められる際には、二つある部屋のうちの一つに、支部が招集されます。はじめにおこなわれるのは、入会する者を目隠しすることです。次に、支部の集会室へ二人の組合員に伴われて入ります。そこでは合言葉を言うように求められますが、そのときはアルファとオメガが合言葉でした。入会者は部屋中を歩かされますが、その間鉄板がけたたましく打ち鳴らされ、それから賛美歌が歌われます。彼はなお二回か三回部屋を歩きつづけて、入会の動機にやましいところがないかどうか聞かれます。それから目隠しがはずされるのですが、彼がまず目にするのは、身の丈ほどもある死者の絵です。その絵には、「汝の最期を忘れるな」という銘文が添えられています。絵の上には抜き身の剣がありました――次にふたたび目隠しされ、部屋を歩かされます。そのとき、号令を合図に、その場にいる全組合員が床を踏み鳴らして騒々しい音をたてました。それから彼は机の脇にひざまずくよう命じられ、再度、目隠しがはずされます。大きな聖書が前に置かれており、彼の手は聖書の上に置かれます。……詩篇の九十四章が読まれて、宣誓がおこなわれますが、その趣旨は次のようなものです。すなわち、組合の委員会のどんな命令にも従うこと、いかなる秘密も細部にいたるまで厳守することです。――宣誓の結部には呪いの言葉が含まれていて、宣誓した者は誰であれ、もし宣誓の内容に違反したならば、その霊魂は未来永劫地獄の奈落の底で焼き尽くされるように、と願わされるのです。(72)

われわれの時代は「戦いの神」を忘れてしまっているから、これらの組合活動家が入会者に選んで読んで聞かせた詩篇の幾節かを引用するのがいいだろう。

主よ、報復の神として
報復の神として顕現してください……。
主よ、逆らう者はいつまで
逆らう者はいつまで、勝ち誇るのでしょうか。
彼らはおごった言葉を吐きつづけ
悪をおこなう者はみな、傲慢に語ります。
主よ、彼らはあなたの民を砕き
あなたの遺産を苦しめています。
やもめや寄留の民を殺し
みなしごを虐殺します。……
主はご自分の民を決しておろそかにはなさらず
ご自分の遺産を見捨てることはなさいません。
正しい裁きはふたたび確立し
心のまっすぐな人はみな、それに従うでしょう。
災いをもたらす者にたいして
　私のために立ち向かい
悪をおこなう者にたいして
　私に代わって立つ人があるでしょうか。……
破滅をもたらすだけの王座
掟を悪用して労苦を作り出すような者が
あなたの味方となりえましょうか。

彼らは一団となって神に従う人の命をねらい
神に逆らって潔白な人の血を流そうとします。
主は必ず私のために砦の塔となり
私の神は避けどころとなり
　岩となってくださいます。
彼らの悪に報い
苦難をもたらす彼らを滅ぼしつくしてください。
私たちの神、主よ
　彼らを滅ぼしつくしてください。[73]

居酒屋の奥まった部屋に置かれた死者の絵を前にしたこのような宣誓や詩篇は、依然として迷信に深くとらわれていた人びとにとって決して冗談事ではなかった。彼らのなかには、おそらくジョアンナ・サウスコットに心酔したり、ウェスレー派の信仰復興運動の虜になった者もいたはずである。さらに、人びとは職場だけでなくおそらく居酒屋や教会でも、目を上げるだけで、秘密の誓いを共有するほかの者たちと通じ合うことができた。ドーチェスターの労働者（すなわち「トルパドルの殉教者」）が一八三四年に流刑になったのは、このような宣誓があったためであり、その事件のあと宣誓儀礼は急速におこなわれなくなった。そして、ドーチェスター裁判の判決に抗議するためリーズのハンスレット・ムーアで開かれた大衆集会で、ある有名な議会改革論者は公然と次のように語った。

　このうえもなく道徳堅固な性格を備え、質素な生活を営んでいる労働者を私は知っております。その者たちが同じ宣誓をおこなったのです。大勢の者がそうしているのですから……そうした人びとを選び出して流刑するのであれば、ウェスト・ライディングには人がいなくなってしまうことでありましょう[74]。

しかし非合法活動の英雄時代を脚色しすぎることは慎まなければならない。居酒屋の奥まった部屋でおこなわれたことの多くは平凡なものであった。多くは、共済組合や埋葬互助組合に関する堅実かつ単調な仕事だった。単調な時代においては、最悪の問題の多くは親方によってではなく、組合役員の経験の浅さや無知によって引き起こされた。役員が失踪すると同時に、長い期間にわたって貯えられてきた基金が消え去ってしまい、法に訴えることもできないといった、掛け枠編み工のテュークスベリ支部のような例もあった。そこでは、「有能で、信心深い人物と思われる」一人の書記に、愚かにも基金を委ねてしまったのである[75]。普通役員が無給で仕事をする場合、委員会の会合の際にビールがたっぷりふるまわれ、その代金が組合基金から支払われた。むろん、組合の社交的機能は重要だったが、ジョン・テスターのもう一つの不平不満が根拠のないものではなかったことを示す十分な証拠が、初期の会計簿に残されている。

私は、おそろしい飲み助であるという以外、なんの……資格ももっていないと思われる組合委員をたくさん見てきた。彼らの酒量といったら、底抜けであった[76]。

秘密主義の伝統が荒野での深夜集会と同様、居酒屋にもふさわしくないといった理由はどこにもない。いずれの場所であれ、ジェントルマンが立ち寄ることなどなかったし、またよそ者であれば居酒屋のバーに現れたとたんに気づかれただろう。秘密主義は、宣誓や儀式に関してばかりではない。ナポレオン戦争期ならびに戦後期には、それは行動原則全体に含まれており、組合員の意識形態《モード・オブ・コンシャスネス》といってもよかった。職場では、指導者や代表が労働者の要求をもって雇用主のところに出向く必要はない。監督者が気づくようなあるヒントが与えられればいいし、あるいは無署名の走り書きが雇用主の目につくように置かれるだけで十分だった。要求が容れられなければ、――小さな職場では――正式なストライキを打つ必要はなかった。労働者はただ職場から立ち去るか、あるいは一人ずつ立ち去ることを告げればよかった。また、指導者が誰かはわかってしまうかもしれないが、組合の活動に関する証拠を入手することも不可能だろう。一八〇四年にウェイクフィールドの治安判事はこう書いている。「いまや、やつらはおそろしく慎重で、全面的ストライキも、親方との交渉も必要としていない。親方に十分に理解されるやり方でおこなわれているが、しかし団結を証明する証拠を示すことはできないのである(77)」。その二十年後、プレイスは次のように書き記した。

> 仲間に信頼されている少数の者たちがいる。組合のクラブや別の部屋で、あるいは作業場や中庭で、その職種に関するなんらかの問題が話題となり、その問題が評判になったときに、それら信頼されている労働者たちは何をすべきか指示を出すよう期待されている。そして彼らはまさしく指示を出すのだが――たんにほのめかすやり方でそうするのである。仲間たちはそれに従って行動する。そして一人残らず、解雇されるかもしれない者を支援するのだ。……指示を出す者は、その一団の人びとには知られていないし、おそらく、二十人に一人として指示を出す者が誰なのかを知らないだろう。なんの質問もしないというのが彼らのルールであり、またよく知っている者は質問されても答えないか、あるいは見当はずれの答えを返すという別のルールがある(78)。

さらには、非合法の状況下では、法に訴えたり公式の労使交渉によって取り上げることのできない労働者の要求を実現するために、組合活動家が直接行動に訴えるほかなくなることもじつに頻繁にあった。それにはいろいろなやり方があった。穏健な形態としては、強烈な道徳的圧力をかけるだけというやり方があった。組合の決めた賃金率以下で働く職人はボイコットされた。つまり、「不法な《イリーガル》」労働者は、仕事道具が「なくなって」たり、作業場仲間から「罰金を科され」たりした。スピトルフィールズでは織機に取り付けられた絹糸が切られ、毛織物地域では反物がずたずたにされるのがつねであった。掛け枠編み業では、靴下編み機の重要部分である「ジャック」〔掛け枠に張られているワイヤ〕がなくなってしまった。スト破りや悪質な親方は自分が見張られているのがわかった。窓から煉瓦が投げ込まれたり、夜間に路上で暴行されたのだから。グロースターシャーでは、スト破りの織布工たちは自分自身の織機のビーム〔織った布を巻き取る千巻き〕にまたがされて運ばれ、池に投げ込まれた。ときにはいっそう暴力的な形の脅迫がなされた。グラスゴー、ダブリン、マンチェスター、シェフィールドなどあちこちから、暗殺が実際におこなわれたり未遂に終わったり、硫酸が浴びせられたり、あるいは火薬を詰めた爆発物が作業場に投げ込まれた事件が報告されている。最も衝撃的な事件は広く報道され、同情的な中流階級の人びとの心のなかにさえ秘密主義的組合の暴力的な性格にたいする深刻な恐怖感が芽生えていった。(79)

しかし、たいていの場合、そうした直接行動は、労働コミュニティの道徳の文化が課する限度内に注意深く抑制されていた。しかし、スト破りは、懸命に働く罪のない者の口からパンを取り上げるぞと脅しをかける侵入者だと見なされていた。スト破りが暴行を加えられ、「思い知らされた」としても誰も涙など流さなかったが、殺人や障害を残す行為は道徳的に正当化されなかった。ラディズムはこうしたたぐいの直接行動の延長上にあったが、しかし同じ暗黙の規範内に注意深く抑制されてもいた。サンダーランドやノース・シールズのような炭坑村や港町では、騒々しい示威行進や暴動がより落ち着いた組織形態に先行していたのだが、そこでのもっと乱暴な規範においてさえ、暴力はなお公然と規定されたというよりは感覚的に共有されていた限度内に抑えられていたのである。

逆説的ではあるが、秘密主義やときに起こる暴力行為がやまなかったため、団結禁止法撤廃を求める議論が勢いを増すことになった。フランシス・プレイスの主張はよく知られている。

団結禁止法こそ……がその法律を破りそれを無視するよう〔労働者に〕仕向けているのである。団結禁止法のせいで、労働者は奉仕を申し出る者を疑うようになった。団結禁止法のせいで、労働者は敵意をもって雇用主を憎むようになったが、その敵意は団結禁止法以外のなにものかが生み出したのではない。しかも、団結禁止法のせいで、労働者は同じ階級に属していながら組織に参加しようとしない者に憎しみをいだくようになったのであり、憎しみの強さたるや、組織に参加しない者に災いがおよぶことを心底から求めるほどである。(80)

そして団結禁止法の撤廃運動が成功したことについてのプレイス自身の説明は、あまりに（しかも無批判に）繰り返されてきたため、こんにちでは伝説となっている。その説明によれば、ナポレオン戦争終了後まもなくプレイスは運動を始め、ほとんど独力で議会内外の世論に訴えた。この時点では、プレイスは労働組合活動家自身からほとんど支持を得られないばかりか、かなりの抵抗にあった。

労働者はあまりにもたびたび騙されてきたので、自分たちがよく知らない人物を信頼しようとしなかった。生まれつきずる賢く、自分自身の生活階層よりも上のすべての者を疑っていて、また苦労が軽減されるという期待、ましてや団結禁止法が撤廃される見込みがあるなどという期待をまったく持ち合わせていなかったので、労働者は、私の見解が彼らにとって価値があることを納得できなかった。であるから、自分たちが苦労することになるようなことはしようとしないし、ましてや、いつの日か自分たちに不利になるように使われるかもしれないと考えた情報を差し出そうとはしなかった。私は彼らを完全に理解していたのだから、目的を放棄することも、彼らに腹を立てたりすることもなかった。私は力のおよぶかぎり彼らに奉仕しようと決意した。(81)

結局、プレイスはジョウジフ・ヒューム[11]を見いだし、この十分に有能で、ねばり強く、内閣に信用のある国会議員を通じて、議会のなかで団結禁止法の撤廃をなしとげることにした。議会の特別委員会は撤廃の支持者であふれかえった。議会の外では、プレイスは労働組合運動の恒久的な本部を設置し、特別委員会の最良の証人を揃え、ヒュームに証拠資料を送った。（一八二四年には）「沈黙を守れ」の戦略のもと、一つの法案が議会を通過した。それはたいへん静かにおこなわれたのであって、組合の最も強硬な支持者でさえ声をたてないよう警告されたほどであった。この法案は、じつに醜悪な団結禁止法を撤廃しただけでなく、コモン・ロー上の共謀罪の訴追対象から労働組合を明確に除外した。その結果、労働組合組織が続々と姿を現し、ストライキの波が襲った。そこで、一八二五年には、雇用主と政府がともに反撃に転じ、弾圧立法の復活を勧告すると期待された新しい委員会を設置した。だが、再度、プレイスとヒュームは、そうした法律に抵抗し修正を加えるために、倦むことなく行動した。全国から請願が議会に殺到し、議会のロビーは証言を要求する代表団でごった返した。結局、一八二五年の修正法案は、非組合員への説得や脅迫はいかなるかたちのものでも違法であるというところまで強化されたが、勝ち取られた核心部分はそのまま残された。すなわち、労働組合主義やストライキは、それ自体ではもはや違法ではなくなったのである。(82)

このような説明は真実でないというのではない。プレイスの功績は、巧妙な裏工作と豊富な情報に裏付けられた勤勉な議会へのはたらきかけからなる、驚くべき離れ業にあった。機を見るに敏であり、また危険を一つたりとも見逃すことがなかった。プレイスは、自分が相手にしている議会が、労働組合問題など退屈だと考えている地主《ジェントルマン》であふれかえっているという事実を十全に活用しつくした。地主のある者は製造業の利害に反感を覚えていたし、またある者はレッセ・フェールなどまぎれもないドグマだと決めつけていたが、ほとんどの者はこの問題について混乱していたかあるいは無関心だった。けれども、この説明は、もっと以前に再検討されてしかるべきだった。そして、考慮されてしかるべき論点は次のようである。

第一に、組合活動家がプレイスを信用しないのには根拠があった。彼らの怒りは、団結禁止法によってだけではなく、(おそらくそれ以上にとさえいえるだろうが)彼ら自身の利益を保護してきたあらゆる法律が、同じころに撤廃されたり施行が停止されたことからも生じたのである。(83) しかしプレイスもヒュームも正統的な「政治経済学」の信奉者であり、資本そして労働の「自由」を制限するあらゆる法律の廃止を積極的に支援していた。かくして、一八一二年六月、グレイヴナー・ヘンソンは、掛け枠編み工の保護法案のつつがない成立のために、強い反対に直面しながらも議会へのはたらきかけをおこなっているところだったが、当時、ノッティンガムの組合執行部あてに、悲しげに次のような返事を書き送った。「ヒューム氏は、産業はその自由に任せよというアダム・スミス博士の考えに立脚してわれわれの法案に反対した……」と。エリザベス朝職人条例（5 Eliz. c.4）の徒弟に関する条項の廃止は、プレイスによって積極的に進められた。同条項廃止のための運動（一八一三―一四年）を組織した親方製造業者たちの委員会は、アレグザンダー・ギャロウェイを議長としていたが、彼はかつてロンドン通信協会の副書記長であり、スミスフィールドにあった彼の工場は当時ロンドンにおける主導的な機械工場になっていた。その委員会の書記ジョン・リクターは、長年プレイスの側近の一人であった。この問題は労働組合から激しく反対され、徒弟規制の存続ないしは延長を求める何百という請願が三十万の署名を伴って提出された。労働者（ならびにロンドンの熟練産業に従事する多くの小親方）の反対を、プレイスは「頑迷固陋」であり、「ジャーニーマンたちは自分たちの本当の利害が何であるのかまったくわかっていないことを証明している」として切り捨てたのである。したがって一八二四年に、労働組合主義者がなおもプレイスやヒュームの「意図に疑いをいだいていた」ことは、驚くにはあたらないのである。(84)

第二に、プレイスが「独力で」運動を指揮したというのはまったく真実ではない。現に、グレイヴナー・ヘンソン（とりわけトレント川の北部で、組合活動家のあいだではるかに抜きん出た権威を有していた）は、団結禁止法撤廃法案を起草したという点でプレイスよりもはるかに先んじていたし、一八二三年に法案を提出するコヴェントリ選出の急進派議員ピーター・ムーア[12]の支持を取り付けてもいた。プレイスとヒュームは抜け目なく動いて、ヘンソンの法案を妨害したうえに、自分たち自身の法案を推進した。たいていの場合、プレイスは、ヘンソンの考えが「入り組んでいてばかげている」、「愚の骨頂」だと片づけている。ウェッブ夫妻はより慎重であって、ヘンソンの法案が、団結禁止法を撤廃したうえで「出来高制を規制し労働争議を解決する精緻な機構で置き換える」という「洗練された」ものだったと記している。「これらの提案の一部はのちの工場法を先取りしていて、称賛に値するものだった」と夫妻はつづけ、「しかし、こうした法案にとって機は熟していなかった」と述べている。さらに夫妻は、とりわけ巧妙なフェビアン的手法を駆使してヘンソンやムーアを追い払うことに成功したプレイスの「偉大なる政治的嗅覚」を褒め称えた(85)。

実際、プレイスの「政治的嗅覚」は、団結禁止法が秘密主義や暴動の原因であるばかりでなく、ストライキや労働組合運動そのものの原因であると確信している点にあった。小さな仕立て工場を営んでいた自分自身の経験に影響されて、プレイスは、親方と労働者が完全な自由の状態にあれば、どの親方も自分の雇う労働者と多かれ少なかれ円満にものごとを解決できるし、需要と供給の法則が労働の価格を決めることにもなり、そうでない場合でも治安判事による仲裁が不和を解決するだろう、と考えていた。プレイスは、ムーアを論破するための策をヒュームに授ける際に次のように言った。

ことは実際ごく簡単である。面倒で煩わしい法律はすべて撤廃し、そのかわりにほんの少しだけ立法化せよ。そして労働者と雇用主をできるだけ自由にして、彼らの思うようなやり方で相互に交渉させよ。これが紛争を防ぐ道である……。

一八二五年に彼はバーデットにも書き送っている。

団結禁止法はまもなく廃止されます。労働者は、この法律によって抑圧されてきたという理由だけで、長い間団結してきたのです。これらの法律が廃止されれば、団結は労働者を結び付けてきた根拠を失い、ばらばらになってしまいます。そしてクエーカーでさえ望みえないような秩序が生まれるのです。団結禁止法の抑圧によって恒久的な結社に追い込まれることなく、自分のために自由に行動できるようになったときに、遠い先の疑わしい実験のために、つまり不確かであてにならない利益のためにお金を拠出しつづけようと考えるような労働者などおりましょうか(86)。

「これが紛争を防ぐ道である……」。これが、プレイスの議会へのはたらきかけ総体の基調だった。「政治経済学」の大御所であったマカロック[13]は『エディンバラ評論』に掲載した論文のなかで、似たような主張を展開していたが、この論文が大勢の議員に団結禁止法の撤廃を支持させることになった。ヘンソンは、言うまでもなく、そうした幻想をもたなかった。しかし、自らが下請け労働者だったから、経験をとおして、ヘンソンは、織布工、掛け枠編み工、またそのほかの労働者にとって労働組合主義だけでは十分でないことを知っていた。だから、彼の法案には法令にもとづく保護機構の設置が盛り込まれていた。庶民院は保護機構を認めるほど「熟して」いなかったかもしれないが、下請け労働者は緊急に必要としていたのである。

一八二四年と二五年の事件にたいする労働組合活動家の対応は、いまや、よりいっそう容易に説明できる。彼らの目には、ヘンソンの法案は、以前には組合の要求に敵対し、いまでは政府と折り合いをつけているように見える連中によって裏をかかれた、と映った。だから、初期の段階では支持の表明を断固として躊躇したのである。また実際に支持を表明してヒュームの委員会で証言する際に、プレイスは彼らの全面的な留保の態度に気づかされた。

労働者を御するのはたやすくはなかった。彼らの先入観に火をつけないよう細心の注意、努力、忍耐が必要だった。……彼らは間違った考えにとらわれていて、困窮の原因をことごとく間違ったところに求めていた。……団結禁止法が撤廃されれば、賃金は大幅に一挙に上昇するとみんなが思い込んでいた。賃金と人口の関係についてなんらかの考えをもっていた者は一人もいなかった……。

プレイスが何をしようとしていたのかがわかったとき、労働者はプレイスを支持したが、熱意をもってそうしたのではなく、半塊のパンでも何もないよりましだという原則に従ってそうしたのである。団結禁止法が廃止されてからは、労働者は新たな自由を思い切り利用した。一八二五年に団結禁止法が再制定されそうに思われたときには、あらゆる職種から抗議、請願、集会、代表者による面会要求などが嵐のように巻き起こって、政府までもが揺さぶられた。「油断のならない知性ある労働者」が、議会の審議過程を見守るために、ランカシャー、グラスゴー、ヨークシャー、タインサイドからロンドンにやってきた。ランカシャーの綿紡績工の指導者だったジョン・ドハーティはプレイスへの手紙のなかで、団結禁止法を再制定しようとする動きはどんなものであれ革命的運動を燃え広がらせる結果を招くだろうと指摘した。[87]

プレイスは団結禁止法撤廃の立役者であり、したがって労働組合史に不朽の名を刻まれることになった。彼はそれに値する。しかしこの理由でもって（ウェッブ夫妻のように）組合が「無気力」だったと批判するべきではない[88]し、また当時が度しがたいほどに混乱した時代だったことを過小評価してはならない。プレイスは教条主義者であり、彼が団結禁止法の廃止を願ったのは、それが正しい政治経済学に反しているという理由から（また、労働者への弾圧にはなんであれ憤っていたから）であった。彼は、助言やお互いの合意を通じて労働組合運動に「奉仕する」といった考え方をもたなかった。彼は国会議員を操るように、組合の代表者を操りたいと考えていた。「私にはよくわかっているのだが、もし彼らに奉仕させたいならば、……それは、彼らの同意なしに、彼らの同意に反してなされなければならないのだ[89]」。労働組合活動家も、彼らは彼らで、プレイスという人物を見抜いていた。プレイスが熱心であり影響力をもっていることを認めて、彼らが欲していたのはその法案ではなかったにもかかわらず、プレイスを条件つきで支持したのだ。プレイスは、ヘンソンの法案が通過することはない――それから十年後に織布工の賃金を規制しようとしたマクスウェルとフィールデンの法案が議会を通過しなかったのと同様に――ことをほぼ確実に正しく見抜いていた。他方、プレイスは団結禁止法の撤廃がどんな結果をもたらすかについてまったくの思い違いに陥っていた。そして部分的には（団結禁止法を撤廃したら紛争が防げるという）思い違いの力があったからこそ、ヒュームは無関心ないし敵対的な議会で支持を集めることができたのである。

いったん団結禁止法が撤廃されたあとは、マカロックの「法則」ではなく、ジョン・ガストやドハーティのような人びとの組織が新たな自由の領域に入っていった。ロンドンの組合活動家は、自分たちの理論をプレイスにではなく、トマス・ホジスキンに求めた。短期間ではあるが、労働者と雇用主の利害は共通しているとするプレイスの福音を好意的にとらえた組合もいくつかあった。[90]しかしその階級協調理論は、批判を浴びるようになる前はほとんど取り上げられることがなかったのである。批判は第一に『職種新聞』から、そしてその次にオウエン主義的社会主義者からなされた。[91]特定の熟練組合を除けば、プレイスの協調理論は押し返されたから、十五年間から二十年間にわたって労働組合の発展にたいしてほとんど影響力をもたなかった。フランシス・プレイスが、組合の操り糸の端に彼自身結ばれていなかったかどうか疑われるというものである。

4　剪毛工と掛け枠編み工

以上は、われわれがこれから語ろうとする内容をあらかじめ先取りするものであった。というのは、団結禁止法の撤廃に関する最も説得力に富む議論は、第一に団結禁止法が労働組合運動の成長を阻止する効果をいっこうにもたなかったという議論、そして、第二に、暴力的な労働組合運動――ラディズムに最もよく示される――が広く存在していたという議論だからである。われわれはラダイト運動を三つの方向から詳しく検討しようとしてきた。第一に、政治的「地下運動」というこれまでほとんど知られることのなかった伝統、第二に、史料の不可解さ、第三に、旺盛な非合法労働組合運動の伝統。そしてここでわれわれがつぶさに分析しなければならないのは、ラディズムの生起した産業の状況である。

こうした分析はすでに存在するが、[92]しかし近年日の目を見た資料によって訂正され補足されよう。一八一一年から一七年にかけての時期の、本来のラディズムは、三つの地域と職業に限定されたものであった。すなわち、ウェスト・ライディング（剪毛工）、南ランカシャー（綿織布工）、ノッティンガムを中心としてレスターシャーとダービーシャーの一部を含む掛け枠編み業地域である。

これら三集団のうち、剪毛工ないし剪断工[93]は、熟練をもつ特権的な労働者であり、羊毛業における労働貴族の一員であった。一方、織布工と掛け枠編み工は下請け労働者であり、長い職人的伝統を有するが、その地位は下がりつづけていた。一般的なラダイトのイメージに最も近いのは剪毛工である。剪毛工も雇用主も、機械が剪毛工を放逐してしまうということを完全に了解しており、剪毛工は機械と直接の対立関係にあった。剪毛工の仕事内容については、一八〇六年の議会での「羊毛業に関する委員会」で述べられている。

> 布地労働者の仕事は、市場からくるか、あるいは縮充機からくる、粗毛状態の生地を手に入れることである。まず生地にけばを立てる。その後、良質な製品の場合には、湿らせた状態にしてそのけばを刈り込む。そしてそれを取り出し、けばを立て、列を揃える。けばを立てるというのは、湿らせた状態で剪断したあとに、羊毛地の最下部のすきまをなくすということである。けば立ては、起毛具のついたひと揃いの取っ手をおのおの手で握っておこなう。そして列が揃えられ、テンターに張られ……乾かされる。よりきめのこまかい布地の場合にはテンター張りのあとで乾燥したままの剪断が三回繰り返される……。

その後、布地は裏のけばが切り揃えられ、傷が検査され補修されて、ブラシがかけられ、洗濯され、圧絨され、そしておそらく最後に再度けばが切り揃えられて完成する[94]。布地工ないしは剪毛工はこれらの工程をすべて自分でこなした。洗濯やテンター張り（幅出しともいう）、圧絨を別にすると、剪毛工の熟練が、中心となる工程を支配した。起毛機を使って布地の表面や「けば」をうまく揃える工程や、たいへん重い手動の起毛ばさみ（長さは取っ手から刃の先まで四フィートあり、重量は四十ポンドある）を使っておこなわれる剪断の工程がそうであった。それらの作業には、いずれも経験と熟練が必要だった。しかも、彼らの賃金は仕上げた布地の価格の約五パーセントと慣習で決められていたが、「入念に仕上げれば一反あたり二〇パーセントの上昇が見込め、逆の場合は同じだけ引き下げられた」。そのため彼らの交渉力はひじょうに強かった。[95]

十八世紀末までには、布地の仕上げは高度に専門化された工程になっていた。大規模な製造業者のなかには、すべての工程を一つの「工場」でおこなう者もいた。たとえば、ゴットなる工場主は約八十人もの剪毛工を一つ屋根の下に雇い入れていた。しかし、ほとんどの商人は小規模な織元から未完成の布地を買い取り、それをリーズでは「四十から五十人ないし六十人」の熟練工と徒弟を雇っている作業場に、ウェスト・ライディングの村々においてはわずか五、六人からなる小さな仕上げ作業場に、それぞれ下請けに出していた。ウェスト・ライディングには、一八〇六年の推計では、剪毛工は三千人から五千人以上までさまざまで（五千人以上という推計には徒弟が含まれている）、親方仕上げ工は五百人いたとされている。おそらくはイングランド西部にもその三分の一くらいの数がいたようである。[96]

このように剪毛工は仕上げ工程を統制していた。したがって、梳毛工と同じように、組織をつくるうえでも不熟練工を排除するうえでも、強い立場を占めていた。彼らはウェスト・ライディングの織布労働者の貴族なのであって、十九世紀の初頭には、完全に終業した場合には、多ければ三十シリングも稼ぐことができた。彼らの「独立」し「不服従」な態度、政治意識、陽気な余暇の過ごし方はつとに有名だった。『リーズ・マーキュリー』誌の記者は、「剪毛工は厳密に言えば奉公人《サーヴァント》というようなものではない」と書いた。

そうではなく、彼らは自らを布地労働者だと考え、そう自称している。そして製靴工、指物師、仕立て工らと同じ性質をより多く備えている。……それらの職人と同じように、剪毛工は仕事の多寡に応じて……仕事場に来たり帰ったり、長い時間働いたり、短時間しか働かなかったりする。[97]

別の史料によれば、剪毛工は「居酒屋で、織布工や布地仕上げ工、染色工などと比べて二、三倍の金を使っていた」し、また「この重要な製造業で雇われている労働者のなかで最も扱いづらいことで悪名」[98]が高かった。

しかし同時に、彼らは、機械によって、自分たちの地位が不安定なものにされてしまったことをよく承知していた。機械は、ほとんど一夜にして、彼らをエリートから「必ずしもこの製造業にとって必要とはいえない階層の者」へと変えてしまうことがあった。起毛機は古くからある発明である。事実、ラディズムを引き起こすにいたる紛争の大半は、起毛機を使うことを禁じたエドワード六世の法律をめぐって展開された。起毛機は単純な装置であって、人の手でけばを立てるかわりに、起毛具のついたシリンダーの間に布地を通すことでけば立てをおこなえるようにした。剪毛工は（それに親方仕上げ工も）、上質の布地を起毛機にかけると裂けたりひっぱりすぎたりするので、とりわけ粗い布地以外には使えないと言い張った。しかし、こうした主張自体が、手の熟練が不可欠であることを証明しようとして誇張されていた。起毛機は実際には、仕上げ工程のほんの一部を剪毛工から奪うおそれがあったにすぎない。それに劣らぬ深刻な含意をもつ剪断機が考案されたのはより近年のことだった――それは一台に二つないしはそれ以上の剪断具を備え、布地の表面上を通過させることのできる装置であり、単純に熟練職人を不要にするものだった。

起毛機にたいする闘いは十八世紀にさかのぼる。イングランド西部のごく一部の地域では、古くから雇用されていた布地労働者はその装置の使用を受け入れはしなかった。ウェスト・ライディングの地域では十八世紀の末に少数の起毛機が使われていたが、剪毛工はリーズにそれが入ってくるのを阻止するために妥結した。剪毛工の技術は互換のきくものだったので、長年にわたって彼らはヨークシャーとウェスト・ライディングとを行き来していた。そして一七九〇年代までには、起毛機への抵抗は危機的な点にまで達していた。一七九一年にはリーズの布地商人たちが、この新しい機械を導入する旨の声明文を公表した。その後の十年間に剪毛工が打ち壊したリーズの工場は一つにとどまらなかった。九九年には枢密院に、剪毛工は千ポンドを超える「総基金」をもっているという報告が送られた。彼らはクローズドショップを強制するにたる十分な力があった。しかも――

雇用主が必要とするときに感謝の念をいだいてあえて雇用主に味方する労働者は、排斥されて孤立することになる。中立を誓うか、言われるままに科せられた罰金を払うまでは、労働組合員《チケット・マン》のいるところでは決して働くことが許されなかった。

仕上げ工程のいかなる部分であれ省こうとする親方がいると、剪毛工は自分たちの基金への罰金支払いを主張した。欠陥があるとして親方が仕事を差し戻すと、その一件は労働者の委員会によって裁定された。リーズにおいて、ある起毛機が「何百人」もの目撃者の前で打ち壊されたが、雇用主側が多額の報奨金をはずんだにもかかわらず、剪毛工に不利な証言をする者は一人も見つけられなかった。

一般にそうしたシステムは文書の形態でよりも、彼らの組合の少数のルールにおおまかに同意する形態で存在している。また、およそ有罪判決の可能性を回避するために、いまでは「一般疾病クラブ」を自分たちで組織している。(99)

この疾病クラブはおそらく「ジ・インスティテューション」、すなわち「織元共同体《クロウジアズ・コミュニティ》」（一八〇二年）の元になった組織体である。その本部はリーズに置かれたが、一八〇二年の中心地はウィルトシャーであり、そこでは工場の焼き打ちや暴動が発生した。これはおそらく、剪毛工の強さよりもむしろ絶望感を象徴する事態だった。リーズでは剪毛工は強力に組織されていて、起毛機の導入などまったく考えられなかった。(100)〇二年八月にリーズの市長はフィッツウィリアム伯爵にあてて次のような書簡を発している。

> 商人が布地労働者の規則を破るようなことがあれば、彼らの脅迫はただちに実行に移されるというゆるぎない確信から、私は、この九カ月間、個人的な影響力を使って、起毛機や剪断機の工場への導入を予定している一つないしは二つの業者に当分はそれを控えるよう個人的に説得しております。さもないとウェスト・カント

リーでなされたような、嘆かわしい恐るべき暴動を当地でわれわれが経験すること必定と強く確信しております。(101)

こうした「恐るべき暴動」はすでにウェスト・カントリーでは十八世紀の末年に頂点に達していた。千人あるいは二千人以上の屈強な暴徒の集団が憎むべき工場を攻撃した。また、一七九七年十二月のサマセットシャーでは、フルームから三マイルほど行ったところにある……起毛機を導入した工場に、顔を黒く塗って棍棒で武装した二、三百人の男が押し入り、三十ポンド相当の価値のある剪断機を打ち壊した。(102)

しかしながらウィルトシャーでは、ウェスト・ライディングと比べて布地産業が衰退していたために、剪毛工の力はすでに弱まっていたことを示す史料も見られる。短期間の講和の時期に剪毛工が軍隊から除隊させられたので、失業問題はいっそう深刻化した。「妻と火のついたように泣く子供のもとに帰還した一兵士」が、一八〇二年にブラドフォード(ウィルトシャー)選出の議員にあてた手紙によれば、

工場を所有する者たちが、いかに大勢の貧しい者たちを雇い入れているかを議会のお偉方や大臣たちに述べたてていることは存じております。しかしながら、以前のように機械を使わず人手で製造すればもっと多くの者が雇われることを、連中は忘れているのであります。救貧院はすぐれた可能性を秘めた子供たちであふれかえっております。……私は多くの者から、このままでは革命が起こること、またヨークシャーの通信協会では三千人ほどが活動していることを知らされております。……工場の焼き討ちや私有財産への放火はむろん誰も正しいこととは考えておりません。しかし飢餓は、本能をして本来ならするはずのないことをさせるのです(103)……。

あるグロースターシャーの織元は、次のような警告の手紙を受け取った。

我ワレはお前が剪断機を手に入れたという情報を得ているゾ。二週間以内にそれらを撤去しなければ、我ワレがお前に代わって剪断機をたたき壊す。悪魔のような老いぼれの犬畜生め。全能の神に誓って、どのような剪断機であれ、それらを備える工場はすべて打ち壊す。機械をあえて取り置くのであれば、お前らの呪われた心臓をずたずたに引き裂いてやるし、残ったものは打ち曲げてやる。熱するかそのほかのやり方で割れ目を入れてやる。[104]

起毛機の使用を禁じたエドワード六世期の法律がいかに時代遅れだったとしても、重要なことは、剪毛工がその法令の存在を知っていて、また機械によって仕事が奪われることのないよう保護を受けるのは自分たちの「権利」であるばかりでなく、国制上の権利でもあると考えていたことである。さらに、彼らは、エリザベス朝職人条例（5 Eliz. c.4）には七年の徒弟奉公期間を義務づけた条項が規定されていることや、フィリップならびにメアリーの治世のある条例では一人の親方が使用できる織機の数が制限されていることも知っていた。彼らはそれらの法令を知っていただけではなかった。それらに実効力をもたせようとしたのである。一八〇二年にはウェスト・ライディングで世論に訴えて、ゴットにたいする闘いで多大な共感を獲得した。新しい機械への彼らの反抗は無分別なものでも絶対的なものでもなかったようである。漠然としてはいるが、提案されていたのは、その機械を徐々に導入することであり、同時に、失業者にたいして代わりの働き口を見つけること、あるいは機械で仕上げられた布地一ヤードにつき六ペンスの税金を課して、求職中の失業者にたいする基金として活用することであった。剪毛工は自分たちの職種の内部で全面的な交渉ができるという希望をいだいていたようであり、また剪毛工が主要な憤慨の対象にしたのは、「復讐心と強欲」の念にかられた、そして「法律によって違法な団結を簡単に有罪にできることを承知[105]」しながら自分たちの優位性をうまく利用しようとする、少数の雇用主であった。

ここにおいて、団結禁止法がもつ、むきだしの階級抑圧が彼らにことごとくのしかかってきた。コモン・ロー上の共謀罪やエリザベス朝職人条例（5 Eliz. c.4）が労働組合活動の弾圧に利用されるような時代にあって、労働者の利害に有利な条例を執行させようとする試みは、すべて失敗するか財政的破綻を招くことになった。イングランド西部の羊毛業労働者たちは、起毛機の使用と徒弟未了者の就労に反対する訴訟を起こすため弁護士を雇う寄付を募ったが、ひとつもうまくいかなかった。[106] しかし、雇用主のほうも安穏とはしていられず、羊毛業にかかわるすべての保護立法の廃止を請願する労をとらざるをえなかった。ヨークシャーの羊毛業労働者も、同じ法令をめぐる闘争に引き込まれた。一八〇二年から〇三年には、代理として議会へと出向く弁護団を雇うために、またジャーニーマン側の証人を議会の委員会へ送るために、多額の費用がかかった。雇用主側の法案は、〇三年に審議されたが、議会はおりから再開された対仏戦争に忙殺されていて、成立しなかった。その後何年かにわたり、一年期限の執行停止法案がさしたる議論もなく毎年通過して、労働者に有利な保護法令がすべて放棄される一方、準合法的な「インスティテューション」は雇用主側の攻撃に対抗しようとして莫大な出費を背負い込むことになった。一八〇六年、剪毛工側の証人の一人は、訴訟費用ならびに議会への出席のために、ヨークシャーの剪毛工と織布工だけで過去三年間に一万から一万二千ポンドの基金を集めたと証言した。

そうこうするうちに、気分は高揚し、剪毛工への支持が高まっていった。ヨークシャーでは、「インスティテューション」は手強い組織へと成長した。剪毛工はほぼ百パーセント組織化したと主張した（ある証人は「インスティテューションに所属しない布地労働者はヨークシャーの州内に二十人もいないと思う」と明言した）ばかりでなく、きわめて多くの小親方や織布工が彼らの基金に献金していたのである。一八〇六年に会計簿が押収された際に、ほかの多くの労働者集団が「インスティテューション」に加盟するか、あるいはその基金から助成金を受け取っていることがあきらかになった。そうした労働者集団には、炭坑夫、煉瓦積み工、撰毛工、織元、指物師、製材工、原料リンネル処理工、製靴工、道路通行料取り立て人、家具製造工、型枠製造工、製紙工が含まれていたし、またマンチェスターの綿紡績工とのあいだで、金銭の授受がなされていた。実際、〇六年までに、剪毛工の抱える問題は、労働コミュニティが抱える不満や要求全般の問題に変容していたのである。剪毛工の不満は特殊であり、「いまや起毛機や剪断機はありふれたものとなってきているようだが、もしこのまま野放しにされれば、われわれの大勢がパンを失うことになる」というものであった。織布工の問題は、より広がりをもっていて、時代遅れのエリザベス朝職人条例（5 Eliz. c.4）の徒弟条項を復活することで、不熟練工の大量流入を抑えることができるだろうか、というものだった。すべての職人は、この問題は旧来の保護的ないし仲裁的な労働法典が復権するのかそれとも全面的に廃止されるのかを示すテストケースであると考えていた。この労働法典は、賃金率切り下げと労働希釈の強烈な衝撃から法的に身を守る手段があるのだという希望を、それだけでも与えてくれるものだった。多くの小親方にとっては、家内工業体制そのものが危機にあるように思われた……一八〇五年に三万九千人の人びとが、織機の数を制限し、起毛機の使用を禁止し、徒弟制の強制を認める法案の成立を請願したが、そのなかには何千人もの小親方がいたのである。〇六年、議会で羊毛業の状態を調査する新しい委員会が任命された際には、強力な代表団が出席して、ヨークシャーとイングランド西部の両地域のほとんどの毛織物労働者集団と小親方集団の側の証拠を提出した。証人たちは工場制への全般的な嫌悪の点で一致していた。「証人たちは、この法律［すなわち徒弟制］の存続を望むのは、工場制の存続を妨害しその成長を抑制できるからだということを率直に認めている」と、委員会は報告した。起毛機の脅威は、労働慣行を破壊し、安定した生活様式を混乱させる大規模な雇用主たちにたいする全般的な嫌悪のなかの、一つの要素にすぎなかった。[107]

一八〇六年の委員会で労働者側証人は冷淡な扱いを受けたと言えば、それは嘆かわしいほど控えめな表現だろう。彼らと弁護団は、レッセ・フェールの主唱者や反ジャコバン主義の秩序派から威嚇され脅迫されたのである。請願は陰謀の存在する証拠と見なされた。剪毛工たちは多額な費用をかけて証人たちをロンドンへと派遣したにもかかわらず、委員会はまるで犯罪人でもあるかのように彼らを尋問した（ある剪毛工は「自分の知っているかぎりの真実をお話しするつもりです」といさめた。「この正直さが私の暮らしの糧なのです」）。彼らが自分たちの階層以外からも金を募ったこと、そしてウェスト・カントリーの羊毛業労働者とつながりがあることが、不埒な違法行為と見なされた。彼らは、自分たちの仲間の活動家の名前を公表するように迫られた。会計薄が押収され、金銭出納の内容が詳しく調べられた。委員会は司法の公平性をかなぐり捨て、剪毛工にたいする査問機関に自らを組み替えたのである。庶民院には次のように報告している。すなわち、「委員会としては、言うまでもないことなのですが」

このようなインスティテューションがもつ究極の意図は、経済的観点よりも政治的観点においていっそう警戒すべきであります……。

委員会は、剪毛工の組織には、「体系的で組織立った計画が存在していて、勢力の規模からいっても、またその勢力が容易にかつ秘密裡に行動に移りうることからも、計画はきわめて効率的であると同時に危険である……」とみていた。ここにこそ「議会の最も細心かつ真剣な考慮[108]」が払われるべきであった。

インスティテューションは、もちろん地下に潜行した。つづく二年間、執行停止法案が繰り返し議会を通過した。一八〇八年に剪毛工は請願活動を再開したが、その際に「例の機械の使用に関する大問題は……多くの議会会期において審議されたため、費用が大きくかさんで労働者を苦しめた」と公言した。結局、〇九年に羊毛業のすべての保護法――徒弟制、起毛機、織機の台数にかかわる――が廃止された。いまや工場、起毛機、剪断機、不熟練の若年労働者への道が開かれた。国制上のいかなる矯正策であれ、そこにいたる途はついに閉ざされてしまった。剪毛工のなかに、「国制擁護」派と「ラダイト」派があったとすれば、いまや後者が勝利を収めたのである。すでに〇五年には、王立取引保険会社は次のような匿名の手紙を受け取っていた。

取締役諸氏

わが州（すなわちヨーク）の布地労働者のすべての委員会の議長たちから構成される非公開の総会において、いかなるものであれ布地労働者に取って代わるような機械を使用する工場とは（貴殿自身の利益のために）保険契約を結ばないよう要請する決定がくだされました。というのは、われわれの権利を求めて議会請願を再開することが決定されたからであります。もしやつらがわれわれに権利を与えず、われわれに取って代わる機械の使用を停止しないのであれば、われわれは自らの手で自分自身に権利を与える決意でありますが、しかしそのことによって貴保険会社になんらかの損失が生じることを願うものではありません。

布地労働者の命により(109)

一八〇六年と〇九年以降、羊毛業で働くジャーニーマンが自分たちの地位を守るために議会に頼ることをまがりなりにも認めていた法律は跡形もなく廃棄されてしまった。枢密院令が発給され、停滞と困窮をきわめたこの時期に、大規模雇用主のなかには、急いで新機械を導入し、低賃金労働者を利用して、残存する小生産者を窮地に追い詰めてやれと望む者もいたのだから、ラディズムの出現はほとんど論理必然的な帰結だった。剪毛工にとってネッド・ラッドは古来の権利の擁護者であり、失われた国制の守護者であった。

われわれは、庶民院が民衆にとって有害なあらゆる機械を阻止する法律を制定し、また機械破壊者を処刑する法律を廃止するまで、武器を棄てることは決してない。ともかくわれわれは、もはや請願はしない――そんなことをしても何にもならない――ただ闘うのみである。

世直し軍団の将軍による署名

ネッド・ラッド　秘書

世直し人よ永遠なれ、アーメン(110)。

しかしながら、ラディズムの兆候は剪毛工ではなく、まず掛け枠編み工に見られた。掛け枠編み工の歴史は錯綜している。なぜなら、起毛機のような、反乱の対象になるたった一つの醜悪な機械というものが存在しなかったという事実があるからであり、また彼らにとって国制擁護の戦略とラダイトの戦略は、どちらか一方を選択するものではなく、同時に採用されうる戦術だと思われたからだ。われわれがまず解きほぐすべきは、国制という織り糸である。

ナポレオン戦争の期間中、掛け枠編み工が貧困に陥った全般的な過程は、織布工が窮乏した過程とひじょうによく似ている。しかし、靴下編み機は大半の手織機に比べてはるかに高価であった。靴下編み業は商人であるメリヤス業者によって支配されていた。[111] 製造を担ったのは、自宅や親方靴下編み工の小規模作業場で働く靴下編み工であった。靴下編み工のなかには自らの織機や掛け枠編み機を持っている者もいたが、一八〇〇年以降は、メリヤス商人や独立した投機家がますますそれらの機械を所有するようになった。投資家たちは、織機に大小さまざまな金額を投資し、小屋の所有者が賃貸料を取るのと同じように、織機を貸し出して賃貸料を取ったのである。したがって、賃金カットや労働慣行に関する全般的な不満に、掛け枠編み機の賃貸料にたいする絶えざる不満が付け加わったのである。メリヤス商人には、賃金を引き下げる二つの代替的手段があった。つまり、製品に支払う価格を引き下げるか、あるいは掛け枠編み機の賃貸料を吊り上げるかである。こうして、手織工の場合と同じく、良心のかけらもない親方たちがこの職種全体の労働条件を引き下げたのである。

一八一一年にこの国には、おそらく二万九千台の靴下編み機が存在し、また五万人の労働者がメリヤスおよび関連産業に従事していた。[112] メリヤス産業は、十七世紀の中心地だったロンドンにもわずかながら残っていたが、当時は主としてノッティンガム、レスター、ダービーを結ぶ三角地帯に集中していた。ヨークシャーの羊毛業と同様、少数の大規模作業場や「工場」が成長していたが、ほとんどの靴下編み工たちは、小さな工業村落にある、三、四台の掛け枠編み機を据えた作業場で働いていた。熟練剪毛工とは異なり、掛け枠編み工は下請け労働者であり、搾取にきわめてさらされやすい立場にあった。そして織布工同様に、よき時代をなつかしんだのであった。十八世紀後半の事情は異なっている。一七八五年から一八〇五年までは雇用水準も十分高く、一日あたり十二時間労働で週十四シリングないしは十五シリングの賃金を稼ぐことができたようだ。しかし世紀の変わり目までには、メリヤス産業は困難な再調整の時期を迎えていた。反ジャコバンの重苦しい雰囲気に満ちた当時の社会にあって、革命前の時代にあった豪華な長靴下への需要は落ち込んでいた。とはいえ、ある程度までは、平編み靴下への需要が増えたり、機械織りレースの靴下が徐々に導入されたことで埋め合わされた。自分たちの状態の悪化を経験した靴下編み工は精力的に対応した。織布工の場合と同様、治安判事と雇用主は、彼らの反抗は彼らが以前豊かだったころの「贅沢や放縦」に起因すると考えた。「彼らは週の前半には自らの職業の義務を果たすかわりに、政治談義や有害な賭けごとや居酒屋での気晴らしに費やしている。残りの三日ないし四日間で、当面の生活費を賄うに十分なだけ稼ぐのである」――「下層階級の者はほとんど全員が信じがたい浪費と堕落によって腐敗している[113]……」。

靴下編み工の不満は複雑だから、その十分な理解のためにはメリヤス産業をさらに詳しく検討する必要がある[114]。ミッドランズでは、平織りや装飾付きの長靴下だけでなく、手袋、ズボン吊り、婦人用長手袋、レースのブラウス、パンタロン、ネクタイ、そのほかさまざまの製品が生産されていた。レスターではもっと高級な製品がつくられていて、ラダイトの時代にノッティンガムほどひどい打撃を受けなかった。しかし不満の矛先はすべて、良心のかけらもないメリヤス業者がとったさまざまな手段、すなわち労働を節約したり、生産を安くあげようと画策する手段に向けられたのである。「現物支給《トラック》」があまりに拡大された結果、金銭での賃金支払いにほとんど取って代わった村さえあった。工賃は複雑な出来高制によって決定され、たとえばレースの場合には編み目のこまかさによって決められた。労働者が不満をもったのは、目の粗い製品だということで工賃がつねに切り下げられることや、「ラック」と呼ばれる編み目を測る道具の使用を雇用主が拒んでいることにたいしてであった。靴下編み工は不十分な工賃のなかから、縁レース、針、油、製品の運搬などへの支払い費用を控除しなければならなかった。「袋を持ったメリヤス業者《バッグ・ホウジャ》」と呼ばれる非良心的な中間業者やもぐりの商人が集落を訪れ、不完全就業中の靴下編み工や、ノッティンガムの大メリヤス業者の倉庫まで製品を運ぶむだな時間を節約したがっている靴下編み工を説得して、規定の賃率以下で仕事を請け負わせた。とはいえ、最も深刻だったのは「カット・アップス」や「コウルティング」に関する不平不満であった。

中流階級の急進派新聞『ノッティンガム・レビュー』は、「ノッティンガムにもその近郊にも、労働者が敵意をいだくような新しい機械は存在しない」と書いた。

> その機械、すなわち掛け枠編み機は……新しく考案されたという理由で破壊されているのではない……そうではなく、その機械で作り出される製品が、ほとんど無価値で、人の目を欺き、業界の評判を落とし、したがって破壊の種をはらんでいることの帰結なのである。[115]

カット・アップの靴下（やそのほかの製品）は大きなメリヤス生地からつくられた。まず広幅編み機で編まれ、次に必要な形に裁断されたあと、縫い縁を縫い合わされて製品が仕上げられた。[116] これらの製品は安価であり、また旧来の靴下掛け枠編み機でつくられたものに比べ、量産することができた。しかしメリヤス業界では、それらはさまざまな理由からひどく嫌悪された。労働者は、そして多くの親方たちもまた、その製品の品質がひどく劣っており、そして縫い目がほつれやすいと主張した。素人目には本物の製品と同じに見えるから、「職人的なやり方で」つくられる靴下の価値を引き下げるものであった――この時期には、南アメリカ市場の崩壊と、枢密院令の発給が引き起こした全般的な不況によって、需要が低落していた。しかも「カット・アップス」の劣悪な品質は職人が製品にたいしていだく尊厳をひどく傷つけ、この業界の製品の評判を全般的におとしめることになった。こうした不満はさらに「コウルティング」にたいする不満、つまり不熟練工の雇用や徒弟の過剰雇用にたいする不満と直接結び付いた。安価な生産技術が、安価で不熟練な労働の流入を促したのである。掛け枠編み業は、「卑しい」地位におとしめられつつあった。

剪毛工と同様、靴下編み工も自分たちの労働条件を守るのに、国制に訴える伝統と武力に訴える伝統の双方を古くから兼ね備えていた。ある掛け枠編み工組合はチャールズ二世から特許状を取り付けていた。ただし十八世紀にはミッドランズのこの産業は自ら特許状の規制を回避していた事実があり、それは忘れ去られてしまっていた。一七七八年から七九年にかけて、法定最低賃金を勝ち取るべく断固たる取り組みがなされた。その法案が議会で否決されると、暴動と掛け枠編み機の打ち壊しが起きた。八七年にメリヤス業者と労働者とのあいだで価格表が協議の末結ばれ、その後二十年間ある程度まで効力を保持していた。一八〇七年以降賃金がしだいに下落すると、靴下枠編み工はふたたび国制に訴える運動に依拠するようになった。かつての掛け枠編み工組合が復活し、そこへの加盟にあたってジャーニーマンは入会金として一ポンド十三シリング六ペンスという高額な基金を払い込んだ。そしていくつかの行動が開始された。「コウルティング」に反対する、テストケースとしての試みは成功を収めた。陪審が裁定した一シリングの罰金は、ほかの違反者を思いとどまらせるにはいたらなかった。賃金は〇七年の水準から三分の一も低下した。一一年に、グレイヴナー・ヘンソンが雇用主に対抗する行動に出た。ヘンソンは当時、労働者の傑出した指導者として名をはせており、その行動は団結禁止法のもとでかろうじて記録に残っているものの一つであった。彼はメリヤス業者のなかに賃金切り下げの協定を結んでいる者がいることを示す証拠を提出し、彼らの決議文をノッティンガムの新聞に掲載した。治安判事は彼の訴えを聞くことを拒絶し、市の書記官は逮捕状の発行を拒否した。[117]

剪毛工の場合と同様、掛け枠編み工も、労働者を保護する法令はすべて廃止されるか、無視されていると思っていた。そのうえ組合活動によって権利を行使する試みもすべて非合法とされていた。一八一一年以前には、メリヤス業者のなかには「カット・アップス」や「コウルティング」の禁止を望む者もいたが、月を追うごとに階級的結束が強まるにつれて、政治改革論者の雇用主とそのジャーニーマンとのあいだにかつて存在した友好関係も消えてしまった。しかしながら、一八一一年から一二年にかけて、慣習的賃金を支払い、「カット・アップス」を製造しないメリヤス業者のなかに、ラダイトの手段には賛成しかねるものの、その目的には積極的に共感する者がいたと考えていい十分な根拠がある。というのは、ヨークシャーと同じように、ノッティンガムのラディズムも打ち壊しの対象を綿密に選択していたからである。打ち壊されたのは、安物の製品や「カット・アップス」

製品を製造する掛け枠編み機だけであった。編み機で編まれている途中のものであれ、運搬人の荷車から押収したものであれ、「カット・アップス」はズタズタに切り裂かれたが、正規の織り縁がついたものには手がつけられていなかった。こうした区分けは「ラッド将軍の勝利」という歌のなかで明確になされている。

……罪深き者どもは恐れているだろう。だが復讐の刃は
正直者の命や財産には向けられはしない、
怒りは、広幅編み機と
旧来の価格を切り下げる者だけに向けられる。
諸悪の根源である機械には死が宣告された、
わが職種のすべての者が満場一致で賛成して。
そして敵対する者を一人たりとも許さないラッドは
偉大な執政官となったのだ。

ラッドの法律蔑視を批難する者よ、
汝は一度たりとも省みない輩だ、
不当な押し付けだけが原因となって
こうした不幸な結果を生み出したということを。
これからは横柄な者につつましやかな者を抑圧させないようにせよ
そうすればラッドは勝利の刃を鞘に収め、
彼の不満はただちにあがなわれ
ただちに平和が訪れるだろう。

賢明なる者ならびに偉大なる者よ、助力と助言を与えたまえ、
そして助けの手をひっこめてはならない、
昔からのまっとうな価格のまっとうなる製品が
慣習と法によって確立されるまでは。
そうすれば、この厳しい闘いが終わるときに、われらが職種は
さんぜんたる輝きのうちに頭をもたげ、
そしてコウルティングや価格切り下げやごまかしがもはや
正直な労働者からパンを奪うことはない。[118]

実際、掛け枠編み工は、機械の打ち壊しでさえ、国制にのっとった制裁《コンスティテューショナル・サンクション》であると主張した。チャールズ二世から得た特許状には、掛け枠編み工組合が代表者を任命して、製品を検査したり、粗悪品やまがい物を裁断処分する権限を与える条項が含まれていた。ラダイトはそうした権限をいまや権利としてとらえたのである。彼らの活動に敵対する治安判事の布告にたいし、彼らは対抗「宣言」を出した。そこには、「であるがゆえに」とか「どんな場合にも」などの言葉がちりばめられ、「以下に列挙するまがい物をつくる掛け枠編み機はどんな種類のものもすべて、また雇用主と労働者とのあいだでこれまでに合意された規定価格を下回る支払いしかもたらさない編み機はすべて、打ち壊し破壊する」意思と権利の両方を宣言していた。それには、攻撃の対象となる編み機と仕事上の慣行との一覧表が添えられた。[119]

ノッテンガムシャーのラディズムは、一八一一年三月から一二年二月にかけて重大な局面を迎えた。この期間には二つのピークがあった。三月から四月、そして十一月から一月であり、この時期に編み機打ち壊しがレスターシャーとダービーシャーにも広がった。この局面で、おそらく千台の編み機が打ち壊され、被害額は六千から

一万ポンドにのぼり、また膨大な量の製品が損害を受けた。これらの事件についてはのちに検討することにしよう。ともあれ、ノッティンガムでは、ラダイトの抗議と国制擁護の立場からの抗議とのあいだの興味深い振幅がみられる。双方とも同じ労働組合組織から――少なくとも一八一四年までは――指令されていた可能性があるが、そこではたぶんラダイト派と、（おそらくグレイヴナー・ヘンソンに率いられた）国制擁護主義の改革派はそれぞれの意見を異にしていたと思われる。しかしながら、ラディズムのこの重要な局面は、編み機の打ち壊しを死罪とする法案の通過によって終焉した。「ネッド・ラッド」の「宣言」では、その法律は「空文」にすぎないとされた。なぜなら「最も詐欺的で、私利私欲に左右された、選挙運動まがいのやり方」で実現されたからだ。しかし一二年二月にその法案が通過したときには、掛け枠編み工はひどく驚愕して「掛け枠編み工統一委員会」という準合法組織を緊急につくりあげた。その組織の文書の多くは（一四年に押収され）いまも残っている。

このノッティンガムの委員会がまずおこなったことは、ロンドン、レスター、ダービー、さらにはダブリン、テュークスベリ、グラスゴーとの通信をはじめることであり、また（うまくいかなかったが）彼らの代表の意見を議会で聞いてもらうために、腹立たしい法案の成立延期を確保しようと試みた。通信相手から寄せられた返事は、合法的組織の結成がきわめて困難であることをあきらかにしている。以下は、レスターからの一八一二年二月二十日付の通信文である。

われわれの職種の総会を開くためには……われわれ自身が大きな法律の盾のなかに入って、市の治安判事の賛同を得ることが不可欠であると思われた……。

また、ダービーからの通信（一八一二年三月三日付）はこうである。「この腐敗選挙区の治安判事はわれらの職種が会議を開催することなど容認しないだろう」。わずか百人ほどの靴下掛け枠編み工が仕事をしていたにすぎないロンドンでは、ハットンガーデンの治安判事はより同情的だったが、「議事進行が合法的であることを治安判事に納得させるために、巡査二人が集会に参加した」（三月四日付）。テュークスベリの通信員は、治安判事が集会を妨げ、手紙が開封されたと返信した（三月二日付）。トマス・レイサム（ヘンソンとともに大半の通信のやりとりをとりしきった）は、辛辣な内容の手紙を「テュークスベリ」の市長に送り付けている。

閣下、一般に「猿ぐつわ法」[14]と呼ばれているその法律が、自然死をとげてこんにちにいたっていることをご存じないのですか？

民衆が「自らの権利を行使できないときには、恨みを晴らす目的で、犯罪に手を染めざるをえなくなる」事態に、市長は気づくべきだというのである。こうした困難にもかかわらず、先ほどふれた拠点すべてで労働者の委員会がつくられた。さらに、シェフィールド、サットン・イン・アシュフィールド、ベルパー、ヒーナ、カースル・ダニントン、ガダルミングの靴下編み工との通信もまた維持された。[120]

ノッティンガムの委員会の目的は、議会が靴下編み工を救済する法案を勝ち取ることであった。いくつかの委員会からは最低賃金法案を求める請願をすべきだという提案がなされた。そうした提案にノッティンガムの委員会は反対した。

よく知られているように、政府は、労働の一定の量にたいして支払われるべき賃金の量を規制するような介入はしない。というのは、ある商品にたいする最高および最低の価格を固定することは唾棄すべきやり方になってしまうからだ。それらはわが国の繁栄や不況に応じて変動するのである。……たしかに、ずっと以前には政府が賃金規制の介入をおこなった。しかしアダム・スミス博士の著作は、上流社会層がこの問題にたいしていだく見解を変えてしまった。したがって議会の力を借りて賃金を引き上げる試みは、風を制御しようとするにも似た愚かな企てとなるだろう。

あきらかなことだが、ヘンソンと彼の同志が採った方策は、これとは逆のものであった。（ノッティンガムの委員会が主張するように）彼らが望むような賃上げを実現するには、間接的な賃金切り下げを防ぐ、もっと詳細な法律がつくられなければならない。

委員会は次のような見解をもっている……この町や近郊で最近起きた騒擾の根源は、議会による規制が欠如していたために、メリヤス業者が労働者にさまざまな無理な要求を課したことにある。

そこで、次のような、多くの詳細な条項をもつ法案を起章することが意図された。(一)ジャック（掛け枠に張られているワイヤ）の本数で靴下のサイズを規制する、(二)すべての靴下に印をつけることを義務づけて、品質のいいものを悪いものから区別する、(三)機械編みのレースへの工賃を決める際に「ラック」の使用を義務づける、(四)良質な製品の粗悪な模倣を禁止する、(五)すべての仕事場に賃金率表の掲示を義務づける、(六)掛け枠編み機の賃貸料を規制する権限を治安判事に与える。

こうして「掛け枠編み製造の詐欺と濫用を防止するため」の法案が起草され、そこには「現物支給」の禁止と並んで、右の条項のいくつかが含まれていた。一八一二年三月には寄付金リストと法案を支持する請願書が精力的に配布された。四月末までに一万人を超す掛け枠編み工の署名が集められた（「注意――この職種の男性は誰でも署名できるが、女性はできない」）。

ノッティンガム	二千六百二十九人
ノッティンガム州	二千七十八人
レスター	千百人

レスター州　二千五十七人
ダービー　二百三十九人
ダービー州　千八百九人
テュークスベリ　二百八十一人
ガダルミング　百十四人
ロンドン　九十二人

寄付金リストから、靴下編み工がそれ以外の階層から幅広い支持を受けていたことがわかる。寄付は居酒屋の主人、食糧雑貨商、パン屋、肉屋、粉屋、農民、印刷工、親方メリヤス業者や多くの職人からあった。「疾病クラブ」からは寄付を求める要請文が出された。法案が上程された六月に、一兵士がグレイト・ヤーマスの連隊で寄付を集めることを申し出る手紙を書き送り、さらに「バイロン卿からの気前いい寄付」に委員会は礼を述べた。

四月下旬から七月末にかけて、ヘンソン、ラージ、レイサム、そのほかの代表はたびたびロンドンに滞在し、法案の成り行きを見守った。ロンドンについての彼らの報告には褒め言葉がほとんど見当たらない。熟練工の労働組合活動家の横柄さを見せつけられただけでなく、その組合から与えられた経費もまったく不十分だった。四月二十二日に彼らはこう報告した。第一夜はラッド・レインにある「双頭の白鳥」という名の宿屋に投宿したが、

彼らは、冷えた牛肉の夕食、宿泊設備、給仕と客室係でもってわれわれから二十五シリングをむしり取ろうとした。そのためトミー・スモール［すなわちラージのこと］などは、髪の毛をかきむしりながら、ロンドンは地獄だ!!!と叫んだ。

（五月にノッティンガムに帰ったヘンソンは、「ロンドンの悪臭は改善されたか」どうかを尋ねる手紙を同志に出している）。

この件での費用は巨額だった。議会活動や立法活動にかかる費用で基金の大半は枯渇したが、代表者派遣にかかる交通費（六月中旬にヘンソンはダブリンに急遽派遣された）、派遣される活動家の妻たちへの手当（週十四シリング）、署名集めに専従する委員会メンバーへの追加手当（一日三シリング）もあった。靴下編み工自身の反応は一様ではなかった。レスターでは、梳毛靴下業の業績は悪化していたとはいえ、ノッティンガムの綿業ほどひどくなく、労働者の反応は鈍かった。ラージは四月に、「この町ではよき仲間は六人もいない。そのほとんどはシャーウッドの森の男たちなのだ」[121]と記していた。五月に入ると、委員会のメンバーの一人は、（二本針を使う）平織り業に従事するノッティンガムシャーの村では支持が得られないと、絶望して書き送っている。ノッティンガムの靴下編み工は、その法案が主としてレースと絹製造で働く者を利するものだと見ていたのである。「私は二日間動いたが、結局一ペニーも集まらなかった。私には、彼らは雄牛のようにお人好しに見える」。その後時間が経過するにつれ、ロンドンに派遣されている代表とその妻たちへの手当の支給が問題視されるようになった（初期の労働組合ではどこでも、こうした嫉妬心がかならず引き起こされた）。しかも、委員会は、議会での自分たちの主張にたいする偏見を呼び起こす機械打ち壊しをやめさせようと懸命に働きかけていたが、三月にノッティンガムで七人のラダイトが七年から十四年の流罪判決を受けると、感情は一挙に高まった。委員会のメンバーが七人のラダイトに含まれていなかったとはいえ、委員会は前年のラダイト指導者が誰であるのかをたしかに知っていた。四月にはミッドランズでの騒擾の際に、未遂に終わったとはいえ、暗殺が企てられた。ウィリアム・トレンサムという名のメリヤス業者が自宅の外でけがを負わされたのである。襲撃に先立って、トレンサムが女性に低賃金を支払っていることを批難する「隊　長《ザ・キャプテン》」からの匿名の手紙が送られていた。

> 貴殿は、この不幸な少女たちが困窮のあまり売春婦になる強い誘惑にかられていることにもっと思いを致すべきである。隊長は、私がこう告げるのを認可された。隊長は、こうした人びとが身を守るすべをもたず、その賃金はイングランドで最低だと信じているから、彼女たちをただちに自分の保護の下に入れることを考えて

いる、と。

レスターの地区委員会の書記は困惑し、ロンドンに派遣中の代表に次のような手紙を出している。

私は、月曜日の夜半ノッティンガムのメリヤス業者トレンサム氏が自宅玄関前で狙撃されたと知らされました。報告によると、彼は先週の土曜日に労働者の賃金から一足につき二ペンスずつ差し引いて、ネッド・ラッドのことを白状しろと言ったとのことです。それが事実かどうかは私にはわかりません。確かなことは、いまは、粗野な襲撃でもって公衆の気持ちを刺激するのにふさわしい時期ではないということです。

ロンドンでの事態の進展には一抹の悲哀が感じられる。靴下編み工の代表――とくにヘンソン――は、法案を審議している議会委員会で、自分たちの実情についてきわめて印象深い説明をおこなった[122]。また彼とその仲間は熱心に院外活動を展開し、粗悪品や「カット・アップス」の実例を議員たちに見せ、有力者には最良の製品を贈り物として配った（委員会の基金でまかなわれた）。摂政皇太子には、靴下、絹のヴェール、捺染絹地、ハンカチーフが贈られた。シドマスも代表団を丁重に受け入れ、何足かの靴下と一枚のショールを娘たちのために注文した。代表団は成功を収めたかにみえた。法案の第三読会の前夜、ヘンソンは勝利を予想して次のような書簡をノッティンガムに送っている（一八一二年六月三十日）。

摂政皇太子もまた好意的であられるように思われる理由があります。ただし、A・スミス博士の支持者とだけは対決しなくてはなりません。彼らの原理は国じゅうでひどく嫌われております。

この二日後、彼は意気消沈して手紙をしたためることになる。ヒュームが法案に反対し、その後、議会が休会に入ったのである。「出席した議員は四十人にも満たず、われわれの法案の順番がやってくると、その議員たちもあっというまに議会の外へ逃げ出してしまったのです」。何カ月にもわたる請願と寄付集め、献身と合法的組織化の試み、その結末がこれだった。土壇場になって議会委員会はレスターとノッティンガムの大メリヤス業者から請願と代表を受け入れていた。その結果、議会は、法案からメリヤス業にかかわるすべての条項を削除することにし、レース業と現物支給にかかわる痩せ細った条項だけを残した。この報をヘンソンは手紙にしてノッティンガムに送ったが、そこには容赦ない補足がつけられていた。

追伸。やつらはいまや心ゆくまで、賃金を差し引き、切り下げ、圧縮し、低級綿布をつくり、人を騙し、人のものを略奪し、くすね、抑圧することができる。

法案にいくつかの条項が再度盛り込まれることを期待して、代表団は急進派の指導者を訪ねた。

サー・フランシス・バーデットは、雇用主と労働者のあいだの紛争に議会は決して介入しないものだと語った。……サー・フランシスは議会に出席してわれわれを助けようとはせず、議会から退出した……いまやわれらが法案の擁護者は議会の政府側議員である。

内容を薄められた法案は、野党側のヒュームが再度、長い反対の演説をしたにもかかわらず、六月二十一日についに第三読会を通過した。「内閣が賛成に回り、庶民院には法案が成立したときわずか十二人しかおらず、いつもどおり愛国派はみな退席してしまった」。「政府側」がどういった役割を果たしたのかを理解するのはむずかしい。というのも三日後には法案は貴族院でにべもなく否決されたからである。最も強硬な反対意見を述べたのは(貴族院では法案に賛成する議員は一人もいなかった)シドマス卿であった。彼は、「そのような原理が、いかなる法案のかたちをとろうとも二度と貴族院に上程されることのないよう、神の恵みを願った」[123]。

掛け枠編み工の組織の歴史はこれで終わったわけではない。法案不成立のあとしばらくの間、統一掛け枠編み工委員会は組合の強化に乗り出した。「大工、仕立て屋、製靴工、刃物工がいかに組合を運営しているか」についての調査がなされた。新しい規約が起草され（これにはサー・サミュエル・ロミリーからの助言があったと思われる）、組合の名称としては、「議会による救済を獲得し、熟練工に機械改良を奨励する協会」が採用された[124]。このようにしてこの組織は二年間近く力を持ちつづけた。各種手当や失業給付やストライキ給付が支給され、組合は工場で直接自分たちのメンバーを何人か雇用することに成功し、そしてその活動はラディズムの再生を抑えるに十分な力をもっていた。ところが、一八一四年、掛け枠編み機の打ち壊しがふたたび起こったのである。ヘンソンや「国制擁護」派の意向に反して起きたという説があり、また別の説によれば、組合の実力行使を補足する一形態であり、組合基金から実際にラダイトの小集団にたいして援助が与えられた。ノッティンガムの大メリヤス工場のある作業場がストに入ったのを機会に、メリヤス業者と市当局の「秘密委員会」が活動をはじめた。この委員会は組合の議事録を探るために、ずっと前からスパイを雇っていた。組合役員二人が逮捕されて投獄され、また組合の書類が押収された。掛け枠編み機の打ち壊しは間欠的に一八一七年までつづいた。そしてその間、組合が活気ある地下組織として存続していたことはあきらかである。秘密主義は年を追うごとに、大衆的で規律のしっかりした公然たる示威行進や公の団体交渉へと道を譲っていった[125]。

以上の歴史の大部分はラディズムの余波に属する。しかし、掛け枠編み業の規制を目的とする法案が早産した歴史は、ラダイトの時代を生きた労働組合活動家の苦境を浮き彫りにしている。われわれは織布工や剪毛工の指導者の考えをはっきりと読み取ることのできる史料を持たないが、彼らは一八〇〇年から一二年にかけて議会による救済をめざし、それが成果なく費用の面でも高くつくという経験を共通に味わったにちがいない。すでにランカシャーの綿織布工の歴史にやや詳しくふれる機会がわれわれにはあった。とはいえ、ランカシャーのラディズムが、メリヤス業や羊毛業のそれとまったく同じく、温情主義とレッセ・フェールの対立から生起したものであることは銘記されなければならない。一八〇〇年と〇三年になっても、綿織布工は、激しい運動をとおして、少なくとも綿業仲裁法における法的な保護規定を勝ち得ることに成功した。彼らはグラスゴーの綿織布工とすでに通信のやりとりがあったし、（ボルトンのフレッチャー大佐の見解では）彼らの運動は、「ジャコバン協会に起源をもち、織布工の心のなかに絶えざる発酵作用を維持することを意図していた……」。仲裁法の勝利は幻想であることが判明した。治安判事には、調停する権限と最低賃金を執行する権限が与えられたが、

治安判事は、階層や資産からいって雇用主により近い存在だったし、友好的な面談を重ねるなかで雇用主により親しい存在だったので、この問題をいいかげんな仕方でしか扱わなかった。[127]

最低賃金を求める運動は一八〇七年から〇八年に第一の危機を迎えた。請願、示威行進、ストライキがつづいた結果、ハンソン大佐が投獄されたのである。[128] 組織の指導的役割を担ったと称するスコットランド人の証言によると、〇九年から一二年末まで、グラスゴーに本部を置きスコットランド、ランカシャー、カーライル、北アイルランドに拠点をもつ全国的広がりをもつ織布工組合が存在していた。[129] 一一年に織布工は最低賃金法制定のための活動を再開し、良心のかけらもない雇用主からの保護を求める請願はマンチェスターの四万人の織布工によって署名され、スコットランドからは三万人、ボルトンからは七千人の署名が集まった。一二年には織布工の中枢組織に内部分裂が生じたものと思われる。ランカシャーの織布工は保護法への期待を棄ててラディズムに向かい、他方、グラスゴーとカーライルの織布工は賃金規制と徒弟制を争点に裁判で闘うという、時間も費用もかかるテスト・ケースに乗り出していった。グラスゴーの労働者たちは莫大な費用をかけて上級裁判所に持ち込み、この訴訟に勝利を収めた。しかし、四季裁判所で治安判事が同意した最低賃金の支払いを雇用主がただちに拒否したため、アバディーンからカーライルにかけて、織布工はきわめて規律のとれた、しかも周囲から十分に支持されたストライキを（一二年十一月から十二月にかけて）実施した。（リッチモンドによれば）織布工は、法が認めた賃

金額を「同時になされる一回の道義的行動」によって強制させる決意を固め、また「自らの社会的地位を守る最後の闘いに立つこと」も決意していた。グラスゴーの指導者たち（「とても冷静で有能な人物たち」）は、あらゆる点で弁護団に相談して合法的に活動するよう骨を折ったが、逮捕されて、四カ月から十八カ月の有罪判決を受けた。その二年後にエリザベス朝職人条例（5 Eliz. c.4）の徒弟条項が廃止されたときにも、もう一度（このときはランカシャーの織布工たちから）請願がなされ、そこには「上述の法を撤廃する今回の法案は、筆舌に尽くしがたいほど請願者の気持ちを暗くしており、少しの希望も残さないものである[130]……」と言明されていた。

グラスゴーの織布工の指導者たちにたいする処遇は、当時の労働組合活動家が直面した全般的な苦境のなかで、最も非道な事例であった。そしてこの地点においてこそ、ラディズムを突然引き起こすことになった諸原因に関するわれわれの分析を総合することができるのである。ラディズムはたんに枢密院令の原因であり結果であるとする、無益な「経済学者」的説明に依拠することは、もちろん安直である。ナポレオンの大陸封鎖とそれに報復するための枢密院令がイギリス繊維製品の市場を崩壊させ、そのためにランカシャー、ヨークシャー、ミッドランズの産業が停滞したことは真実である。戦争ならびに打ちつづく凶作が食糧価格を「飢饉」の時期の高さにまで押し上げる要因になった。しかしながら、このことはラディズムの説明としては妥当ではない。それはラディズムのきっかけを説明する助けにはなるかもしれないが、その本質を説明していない。一八一一年から一二年の困窮の時期に、引き続く飢餓という決定的不満が、以前から蓄積していた不満に付け加わったのだ。そのために、良心のかけらもない親方が労働を節約したり、賃金を引き下げたりするために採用した方策（力織機、剪毛機、「カット・アップス」）は、より攻撃的だと受け取られたのである。しかし、ラディズムは、盲目的な抗議の性格や、（多くのほかの地域で実際に起こったような）食糧暴動的な性格をもってはいなかった。と同時に、ラディズムを「原初的《プリミティヴ》」労働組合主義の一形態と位置づけるのも間違っている。すでにみたように、ラディズムを組織し、擁護し、あるいは黙認した人びとは決して原初的ではなかった。彼らは抜け目なく、ユーモラスであった。彼らのなかには、「勤労諸階級《インダストリアス・クラスズ》」のなかでも、ロンドンの職人に次いで、最もはっきりと自らの意見を表明できる者がいた。少数ではあるが、アダム・スミスを読んでいる者もいたし、また多くの者が労働組合法についてなんらかの勉強をしていた。剪毛工や靴下編み工、織布工は、複雑な組織を運営する能力を十分に備えており、会計も組織間の通信もとりおこなっていたし、遠くアイルランドにまで代表を派遣したり、ウェスト・カントリーと定期的に連絡をとっていた。彼らのすべてが、代表を通して、議会とつながりをもっていた。そしてノッティンガムでは、正規の徒弟修業を修了した靴下編み工は市民権と選挙権を有していた。

　ラディズムは、温情主義的法律が廃止され、レッセ・フェールの政治経済学が労働民衆の意志と良心に反して押し付けられた危機的な時点において生起したと見なされなければならない。これは、十四世紀から十五世紀に起源を有し、トーニーの『宗教と資本主義の興隆』でその大半が述べられた歴史の最終章なのである。たしかに、温情主義的立法は、もともと労働者にとって拘束的であっただけでなく、懲罰的でもあった。にもかかわらず、そこには慈悲的な協調組合主義国家《コーポレイト・ステイト》のぼんやりとした像がみられる。そこでは、非良心的な製造業者や不正な雇用主にたいしては道義的な制裁に加えて法律による制裁が科され、また、ジャーニーマンは低いものではあったにせよ、その国の一つの「身分」として承認されていたのである。治安判事は、少なくとも理論的には、いざとなれば仲裁と保護を求めて頼ることができる存在であったし、また実際のやり方から労働者は拒絶の返答しかもらえないと教えられていたとしても、なおこの理論によって治安判事は評価されていたのである。産業の役割は、そこに雇われている人びとに生活の糧をもたらすことにあった。したがって、「その職種《ザ・トレイド》」の利益にあきらかに害をおよぼす慣行や発明は言語道断であった。ジャーニーマンが自分の熟練に誇りをもっていたのは、熟練が労働市場における自らの価値を引き上げるからだけではない。自分が一人前の職人だったからでもある。

　そうした理念は理念以上のものではなかったかもしれないし、十八世紀の末までには色あせていたかもしれない。しかし、ものごとがどうあるべきかという観念において、なお一つの力強い現実性をもっていた。そして職人やジャーニーマンや多くの小親方たちはそれらの理念をよりどころにしていたのである。しかも、理念はより伝統的な製造業コミュニティの道徳的拘束や慣習のなかに生きていた。製靴工の聖クリスピヌス祭や、プレストンの「ギルド」の記念祭、あるいは梳毛工のブレイズ主教祭を挙行する際に、ジャーニーマンはそうした理念を華やかにかつ心から祝っていたのである。草創期の準合法的労働組合は、会員証や組合員証の豪華な装飾のなかにこの伝統を象徴していた。剪毛工の場合なら、正義の像と自由の像の間の上部に、十字に組み合わせた剪断ばさみを配した紋章であり、製靴工の場合には、「クリスピヌスの息子たちの製品よ世界中の人びととともに歩まん」というモットーが刻まれていた。そして、どんな組合でも宣言文や声明文は「当該職種の命令によって」署名されたのである。よくあることだが、そうした伝統は終局を迎えるにつれ、ノスタルジックな光彩でおおわれるようになった。

さらには、温情主義的法律の廃止がきわめて急速だったことが忘れられている。重要なスピトルフィールズ法は、一七七三年になってから制定され、修正を加えられながら五十年間にわたって実効力をもちつづけた。この法によって絹織布工は、ほかの織布工や靴下編み工が激しく求めて得られなかったもの、すなわち法的な最低賃金を確保した。[131]また効力を発揮することのなかった綿業の仲裁法（一八〇〇—〇三年）は、少なくとも保護という観念を存続させる役割を果たした。その後十年間で、温情主義的法典はほとんどが一掃された。一八〇三年から〇八年にかけて、羊毛業にかかわる規制の執行が停止され、〇九年に廃止されてしまった。一三年にはエリザベス朝職人条例（5 Eliz. c.4）の徒弟条項が廃止された。一四年には治安判事に最低賃金を強制執行できる権限を与えている条項も廃止された。（ただし、仕事を完遂しないうちに職場を放棄することを犯罪とする条項は残された）。一四年には刃物業の徒弟数にたいする規制も、シェフィールド刃物工条例によって棚上げされた。この同じ十年間に、直接的組合活動はどんなものでも団結禁止法によって罰せられたので、労働者は廃れつつある法律の執行を求めて法廷に訴えるようになっていったのである。かくして、羊毛業労働者による起毛機や徒弟制に関する訴えや、靴下編み工による「コウルティング」や「現物支給」に関する訴え、綿織布工による徒弟制や最低賃金の強制実施に関する訴え、そして一八〇九年から一三年にはロンドンのさまざまな職種（馬車製造工、錠前工、機械製造工、その他）による同じような問題に関する十二件以上の訴訟が起こされたのである。[132]こうした訴訟の大多数が失敗に終わった。成功した少数の訴訟の場合でも、組合の基金は枯渇し、雀の涙ほどの損害賠償金が得られただけだった。さらにこの十年間に、公開市場で価格を固定するための慣習的ないしは法的統制が最終的に廃止され、また買い占め・売り惜しみに関するコモン・ローの再生も失敗している。

ヘンソンやラージが経費をつぎ込んで議会に出向いた際に味わった苦い経験が百倍にもなった事態を想像してみるべきだろう。労働者は何が起こっているのかをよく知っていた。彼らは二つの砲火に挟み撃ちにされていたのである。一方で彼らは既存の秩序という砲火にさらされていた。州治安判事はもとより、州長官でさえ全員がレッセ・フェールの教条的支持者であったわけではない。そうした人びともときにはジャーニーマンにたいする介入に真の疑問を感じたり、大規模親方のやり方に強い嫌悪の念をもつことさえあった。しかし労働者の不平が声高に効果的にあげられるようになったとき、それはまた秩序の価値観を脅かしてもいたのである。古い考えをもったジェントリは、飢えた靴下編み工が弱々しい原告として彼の家の戸口に現れたのであれば、同情を禁じえなかっただろう。だが、彼は秘密組織や街頭示威行進やストライキや財産の破壊にたいする同情をまったくもたなかった。

他方、労働者は雇用主からの砲火にさらされていた。雇用主たちはレッセ・フェールの信奉者から日々新たな援軍を得ていた。一八一五年の穀物法は、貴族やジェントリがレッセ・フェールの教義にまったく同意していなかったことをあきらかにしている。しかし戦時内閣は、たんなる反革命のご都合主義の立場から、地主よりも労働者階級の利害に不利に作用するかぎりにおいて、「自由競争」の議論を受け入れるほうが都合がいいと判断したのである。事実、一三年に賃金仲裁撤廃の動議を提出した際、シドマスはこの問題を議論する価値があるとはほとんど考えていなかった。

こうしたものごとのあり方が雇用主と奉公人《サーヴァント》、とくに後者にとっていかに有害であるかということに気づくには、みなさんのような啓発された頭脳など必要ありません。したがって、これらの有害な法律は撤廃されることが適当であると、みなさんが確信されているに相違ありません。[133]

剪毛工や掛け枠編み工の代表団は内閣からの拒絶にあったわけだが、ヒュームはもちろんバーデットのような急進派からさえなんの援助も受けられなかった。彼らは一方では秩序の価値観による反対、他方では経済的自由の価値観による反対にあったのである。その中間には、態度を決められない議員が大勢いたが、そのなかには、不公正がまかり通っているという漠然たる罪の意識にかられた者もおそらくいただろうが、最も安易な道を選んだ。「その議員たちはあっというまに議会の外へ逃げ出してしまったのです」

バイロンは、掛け枠編み機の打ち壊しを死刑にする法案に反対する貴族院での有名な演説の際に、誇張した表現をもてあそんでいたわけではない。「諸君は、解放や救済のための提案には躊躇し、長年熟慮を重ね、ぐずぐず引き延ばし、人びとの心情に干渉する。しかるに、死の法案については、結果を考えることもなく、すぐさま成立させなければならないという」。労働者は、たとえ理念ではあっても、自分たちとそれ以外のコミュニティを互恵的な義務と責任において結び付ける紐帯がある、と感じていた。彼らは国制の領域の外へ押しやられつつあった。不満を最も痛切にいだいていたのは、職人としての地位が切り崩されつつあると感じていた織布工や靴下編み工のような人びとである。一八一一年、「ダービーの絹平織り職人」は親方靴下製造業者に次のような訴えをおこなった。

高い価値をもつ素材を扱うべく雇われた実直な職人の集団として、……われわれは自分たちがより高い社会的地位につく権利をもつものと考える。報酬面でも、われわれは第一級の職人と同水準であるべきだ。……団結禁止法に束縛されているので、われわれは公的団体としてあなた方に、賃上げを要求しているのだと言うことができない。ただし、われわれは、超過労働に見合うだけの報酬を受け取るべきことは正義が要求しているのだと言うことはできる。[134]

一八一一年、ランカシャーの織布工の委員会の一人が次のように述べている。「われわれは、あまり重要でない事柄には立法府はこれまでにも干渉してきたと考えている――穀物の価格を規制したり、パンの価格を決定したり、……判事や聖職者の給料を引き上げたりする法律を制定してきたのだ……わが委員会は、これほど困窮した状況のもとで立法府の干渉が不適切とされることに、いかなる公正な根拠があるのか思い当たることがなく、まったく途方に暮れている」

もしあなたが庶民院の議席を得るための選挙で七万票を得ていたとすれば、あなたの請願は、このような無関心でもって扱われただろうか。ましてやぞんざいに扱われることなどあっただろうか。われわれはそうではなかったと考える。(135)

であれば、まず第一に、われわれはラディズムを次のような文脈において理解しなければならない。ジャーニーマンや職人は自分たちから国制上の権利が奪われていると感じていた。そして、これは深く感じ取られた確信であった。ネッド・ラッドは「世直し人」ないし「偉大な執行官」なのであり、「慣習と法によって」深く社会に根づいていた自分たちの権利が、少数の親方あるいは議会によって葬り去られるのを(「わが職種のすべての者が満場一致で賛成して」)防いだのであった。

もう古くさいロビンフッドの歌を歌うのをやめよ
彼の武勇はそれほどのことはないのだ
おれは高らかに歌うぞ、ラッド将軍の偉業を、
そうさ、ノッティンガムシャーの英雄の偉業を……(136)

だが、第二に、靴下編み工や剪毛工が余儀なくされた社会的孤立を誇張すべきではない。ラダイトによる「暴力的侵害」の時期全体にわたって、ミッドランズやウェスト・ライディングでは機械の破壊者は世論の支持を取り付けていた。大規模な雇用主、そして工場制度一般は、何千人もの小親方の根深い敵愾心をあおったのである。一七九五年にはウェスト・ライディングの小親方織元が、「……布地製造を営む最近のシステム全体を復興し保持するための」法案の支持を取り付けるべく熱心に戸別訪問を繰り広げていた。

　最近まで、このシステムのもとで、布地はウェスト・ライディングのあちこちの村に住む人びとによって製造され、その後、リーズにある公共の会館で、布地の製造には携わらない商人に売り渡されていた。
　近ごろでは、商人のなかに布地の製造業者となるものがでてきた。よりよい生産をおこなうため、工場と呼ばれる大きな建物をつくり、そこで布地仕上げ工を奉公人として雇うのである。そのため家族持ちの者は、すでに述べたようにこれまでは家族がばらばらになっていたが、そうした工場と呼ばれる建物の内部に、あるいはその近くに従属した状態で集うことになる。

この法案（公共の会館で布地を買い取ることによって受注を賄うことを、商人製造業者に禁じることを狙った）は、「王国内のほかのどの産業よりも自立的で、裕福で、モラルも高く、それゆえ人びとにより大きな幸福をもたらしてきた一つの職種体系を保持することを意図していた[137]」。

　雇用主の命令と規律に服従する雇われた賃金労働者である「奉公人《サーヴァント》」と、自分の好きなときに「仕事に来たり帰ったりする」職人としての地位とのあいだには地位面でギャップがあった。そのギャップの大きさは、労働者が一方から他方へ甘んじて押しやられるよりも、血を流すことを選択するほどだった。労働者のコミュニティの価値体系に照らせば、地位の低下に抵抗することは道理にかなっていた。一七九七年に、ブラドフォードに蒸気機関を備えた初めての工場が、威嚇し騒ぎ立てる群集の伴奏つきで設立された。ウェスト・ライディングの「零細製造業者」はペナイン山脈一帯に、たくさんの煙突がついたアークライト型工場を目にしたが、それは彼らの家内工業にたいする死刑宣告であった。一八〇二年から〇六年にかけて「インスティテューション」すなわち「織元共同体」を支持した小親方が後ろ盾としたのは、モラル・エコノミーの一般理論だった。

新設の綿工場がいかに評判が悪かったかは、忘れられやすい。そこは搾取の拠点であり、子供たちを閉じ込める巨大な監獄であり、不道徳と労使紛争の中心地であった。[138] そしてなによりも、工場は勤勉な職人を「従属状態」におとしめたのである。コミュニティを支える生活様式が危機にさらされていたのであり、したがってわれわれは、ある特定の機械にたいする剪毛工の敵対について、ある特定の熟練労働者集団による自分たちの生計の擁護以上のものとしてとらえなければならない。これらの機械は工場制度の不法侵入を象徴していたのである。織元のなかにはモラル面の前提を重視する者がいて、労働節約型の発明を意図的に採用しなかった例があるほどだ。またリチャード・オウストラの父親は、一八〇〇年に、機械を採用するよりも、うまくいっている工場を売り払う途を選んだ。彼は機械を「金持ちの側にとっては抑圧の手段であり、貧しい者にとっては抑圧に照応した地位の低下と悲惨をもたらす手段である」と見なしたのである。[139] オウストラの父親のような感情こそが、織元、親方仕上げ工、職人、あらゆる職種の不熟練労働者、そして専門職の者においてさえ、ラダイトに承認を与え、ラダイトを保護させることになったものなのである。グレイ将軍は一八一二年、ウェスト・ライディングで軍隊を指揮した際、困惑しきって次のように述べた。

より立派な部類の住民の意見や要望でさえ、現在の怒りの対象となっている起毛機や剪毛機に関しては、騙されて敵意をいだいている大衆といかに一致していることか。これはまた、同じ製造業部門で異なる種類の機械を使っている工場の所有者にもあてはまる……。[140]

こうした感情はミッドランズにも存在した。そこでは機械の重要な改良は問題となっていなかったのに、である。親方靴下編み工や商工業者、職人、さらには一部のメリヤス業者でさえ全面的に掛け枠編み工を支持する側に立っていた。とくに一八一二年の議会請願のときにはそうであった。掛け枠編み機の打ち壊しを死刑にする法案には、それで得をすると思われるメリヤス業者までが批判に回った。これを考慮すると、機械そのものにたいする盲目的反対という通説的なラディズム像は、ますます支持しえなくなる。問題とされていたのは、それまでの職種慣行を破壊する資本家の「自由《フリーダム》」であった。新しい機械によってであれ、工場体制によってであれ、制限なき競争によってであれ、賃金を引き下げ、競争相手を切り崩し、熟練の水準を低下させる「自由」が問題とされたのだった。われわれは、十九世紀初期に産業が「制限的慣行」から解放されたことは必然であると同時に「進歩的」でもあったという考えにあまりに慣れ親しんでいる。そのために、上述の手段を使って富を築いた「自由」な工場所有者や大規模なメリヤス業者や綿製造業者が、警戒心をもって眺められただけでなく、「不道徳《インモラル》」かつ「不法《イリーガル》」な活動に従事している者と見なされていたことを理解するには、想像力をはたらかせる必要がある。正当な価格とか公正な賃金という伝統は、普通に考えられている以上に長い間「下層階級」の間で生き延びていた。彼らにとってレッセ・フェールとは、自由などではなく、「不当な押し付け」だったのである。彼らは、自然の法則——それによって一人ないしは少数の人間が仲間にあきらかな害をおよぼす活動に従事することができる——など認めることはできなかったのである。

「われらが親愛なる兄弟であり、大将軍であるエドワード・ラッド」にあてられた「特別声明」には、その「職種《トレード》」におけるモラル・エコノミーの考え方すべてが具体的に示されている。

熟練職人《オペラティヴ・メカニクス》の不満を解決するために集まった北部諸州の一般の活動家であるわれわれに申し立てられたところによると、ノッティンガム市のイギリスレース製造業者チャールズ・レイシーは、幾多の詐欺的かつ抑圧的行動をとるという犯罪をはたらいてきている——一本の撚り糸でできた詐欺的な綿製ポイント・ネット〔均等の網目をもつレース状の織物」を製造して一万五千ポンドを稼ぎ……大切なわが同胞七百人を困苦に陥れた。そうして、綿レース業を破滅させ、その結果われらの敬服し愛すべき同胞を破滅させた。同胞の生活の維持と安寧は、綿レース業の存続にかかっていたのである。

かのチャールズ・レイシーは極悪非道の動機にかりたてられていたように思われる。かくしてわれわれは……上述の一万五千ポンドを没収するよう判決をくだす。われわれはここに、……上述の金額を一八〇七年に綿のネットを製造した労働者に均等に分配するよう命じる……。(141)

したがって、この観点からは、ラディズムは産業資本主義の専横にたいする感情の暴力的な爆発だと見なすことができる。そしてその爆発は、廃れつつあった温情主義的規範にさかのぼって依拠しながら、同時に労働者コミュニティの伝統によって承認されていたのである。しかし、こうしたことを聞くと、きわめて安易に「反動的」という用語を口にする者がいる。ラダイトにたいして(当時も後年にも)、新種の機械や「自由」な企業がもたらす便益に関するあらゆる説教が語られたにもかかわらず——ラダイトは十分に知的であって、そうした論法を、自分たちの頭のなかで自分たち自身で慎重に考慮していた——、その短期的効果について最も現実的な評価をくだしていたのは、宗教小冊子作家ではなく機械破壊者だったのである。剪毛工は、文字どおり消滅させられてしまった熟練の最も明白な事例である。

一八〇六年から一七年の間にヨークシャーの起毛機の数は五台から七十二台に増えたといわれている。機械で動く剪断ばさみの数は百台から千四百六十二台へと増えた。そして三千三百七十八人いた剪毛工のうち百七十人以上が失業し、千四百四十五人はただ臨時にだけ雇用されている。(142)

彼らの労働は不熟練労働者と若年労働者によって取って代わられた。一八四一年の史料によれば、一八一四年にリーズには千七百三十三人の剪毛工がいて全員が常雇用されていた。しかしいまや、機械が導入されて以来、すべての布地は……以前よりも少人数で剪毛されている。その内訳は、週賃金が五シリングから八シリングの少年たちと……十シリングから十四シリングの少数の成人労働者である。かつて剪毛工であった者は、ありつける仕事ならどんなことでもやっている。農場の管理人、水運び、くず拾い、あるいはオレンジ、ケーキ、ひもやレース、ショウガ入り菓子パン、靴墨の販売などである。(143)

これは、名誉ある熟練にとって悲しい最期だった。その後の靴下編み工や綿織布工の歴史は、慣習や「制限的慣行」の崩壊が便益をもたらしたとする「進歩的」見解を支持する証拠をほとんど提供してくれない。すでにわれわれは、織布工の生活の破壊に関して十分詳細な検討をおこなった。産業革命期の逸話として、手織工のそれに優る悲惨なものがあるとすれば、靴下編み工のそれである。フェルキンによると、一八一九年までに彼らの大多数の収入は、一日十六時間から十八時間働いて週四シリングから七シリングにまで切り下げられていた。喜望峰への移民だけが唯一の逃げ道だった。一八二〇年代はじめに、機械編みレースの導入（ツィスト・ネットないしボビン・ネットの「大流行」）とともにやや改善がみられたが、当該産業に新たな労働力が流入したため、生計はふたたび悪化していった。ある靴下編み工が四〇年にトマス・クーパーに語ったところによると、「われわれはときには少し楽にはなりますが、またしばらくすれば飢餓状態に戻るのです」（四シリング六ペンスが仕事があるときの「平均」賃金だと見積もられている）。一方での掛け枠編み機の賃貸料、他方でのさまざまの姑息な搾取形態――賃金切り下げ、「賃金の天引き」、罰金、現物支給――の板挟みにあって、「哀れな掛け枠編み工は消耗させられているので、レスターから百マイル離れたところで会ったとしても、その悲嘆と失意の独特の雰囲気から掛け枠編み工だとわかるほどだ」。こうしたことは、蒸気や水力をもちいる機械が導入されなくとも、「自由競争」だけでもたらされたのである。(144)

仮に製品価格の低下を考慮したとしても、当該産業に従事する労働者の生活が二十年ないしは三十年にわたって悪化するような過程を、いかなる意味においてであれ「進歩的」と呼ぶことはできない。そしてこの観点からすれば、ラディズムとは、移行期の紛争の一局面であったと見ることができる。それは、一方で、決して再生されようのない旧来の慣習や温情主義的法制を回顧していたが、他方では、新しい先例を確立するために古来の権利を再生させようと努めていた。時期を異にしながらも、彼らの要求には以下のものが含まれていた。法定最低賃金、女性や若年労働者の「苦汗労働」の規制、仲裁、機械導入によって失業した人に雇用主が責任をもって仕事を探すこと、粗悪品の製造禁止、公に労働組合を結成する権利。これらの要求すべてが、後ろ向きであるの同じくらいに前向きでもあった。それらには温情主義的共同体よりもむしろ民主主義的共同体の、ぼんやりしたイメージが含まれている。民主主義的共同体においては、産業の成長は、倫理面の優先順位に従って規制され、また利益の追求は人間のニーズに従属しなければならないのである。

かくしてわれわれは、一八一一年から一三年を一つの分水嶺と見なければならない。この分水嶺から、一方の流れはチューダー時代にさかのぼり、他方は、その後の百年におよぶ工場法制に流れ込んでいる。ラダイトは、最後のギルド職人に属していたが、同時に、十時間労働運動につながる運動を創始した人びとでもあった。双方の流れのなかには、レッセ・フェールの政治経済学に代替する政治経済学と道徳律が含まれていた。産業革命の危機の時代のあいだじゅう、労働民衆は、歴史上最も人間をおとしめるドグマの一つ、すなわち無責任で無制限の競争というドグマに全面的にさらされ、そして下請けの問屋制家内労働者は何世代にもわたって、このドグマにさらされて死んでいったのである。可決された十時間労働法案（一八四七年）のなかに、「中流階級の政治経済学があからさまに労働者階級の政治経済学に屈服したのは、これが最初だった[145]」という証拠を見つけ出したのは、マルクスだった。ロウフォールズにあるカートライトの工場を襲撃した男たちは、混乱した真夜中の交戦ではあったが、この代替する政治経済学を告知していたのである。

5　シャーウッドの野郎ども

ラディズムとは、無学な手工業労働者が機械に盲目的に反抗して引き起こした、粗野で自然発生的な出来事であったとする考えが人びとのあいだに流布している。しかし、機械打ち壊しには、はるかに長い歴史がある。原料や織機や脱穀機の打ち壊し、坑口への注水や坑道入り口の出炭用歯車の破壊、あるいは悪名高い雇用主の住居への放火や財産の強奪——こうした行動やそのほかの形態の暴力的直接行動が、十八世紀と十九世紀前半にもちいられていた。同時に、「打ち壊し《ラトニング》」はシェフィールドの刃物産業のあちらこちらで、一八六〇年代にもなお蔓延していた。そうした方法はときには、それ自体で嫌悪されるような機械にたいしてもちいられることがあった。しかし多くの場合、スト破りや「不法」就労者や親方を威嚇して、慣習的な労働条件を強制するための手段であり、あるいはストライキやそのほかの「労働組合」活動の（多くの場合効果的な）補助手段であった[146]。

この伝統と関連してはいるが、ラダイト運動は、それとは二つの点で区別されなければならない。第一にその高度な組織力、第二に、ラダイト運動が盛んになった政治的文脈である。これらの違いを一つの特徴に要約することもできる。すなわち、産業にかかわる特定の不満に源泉をもちながらも、ラディズムは、隠された革命目標の寸前につねに踏みとどまっている、準・体制転覆的な運動であった。全面的に意図された革命運動だったと言うのではない。そうした運動に転化する傾向をもっていたのであり、しかもこの傾向こそがしばしば過小評価されているのである。

ランカシャーのラディズムは、最も自然発生的であり最も混乱していたが、同時に最も高度な政治的内実をもっていたことをあきらかにしている。ノッティンガムシャーのラディズムは最も高度に組織化され規律づけられ、また産業上の目的にとくに厳しく限定されていた。ヨークシャーのラディズムは、産業上の目的から隠された目的へと移行していった。これらの相違を分析する前に、事態の経緯を簡単に振り返っておかなければならない。

主要な騒擾が始まったのは一八一一年三月、ノッティンガムでだった。「仕事と、より寛大な価格を声高に求める」靴下編み工の大規模な示威行進が軍隊によって蹴散らされた。その夜、アーノルドという大きな村落で靴下編み機六十台が暴徒によって打ち壊された。反乱者は用心のための変装もせず、群衆から喝采を浴びた。騒擾は数週間にわたって、主に夜に、ノッティンガムシャーの北西部のメリヤス工業を営む村落で起こった。特別治安官や軍隊が村落を巡回したが、一人も逮捕できなかった。

掛け枠編み機の打ち壊しは、おそらくそれまでの三十年間のいかなる時点よりも広がりをみせたが、この三月と四月の最初の蜂起が大騒ぎを引き起こしたわけではなかった。さまざまなかたちの暴動が製造業地区で頻発していて、あらためて言及されることは少なかったのである。しかし一八一一年十一月はじめのラディズムは、はるかに規律の厳しい形態をとっていたように思われた。掛け枠編み機の打ち壊しは、もはや「暴徒」の仕業ではなく、少数の、規律のとれた集団によるもので、彼らは夜間に村から村へとすばやく移動した。それはノッティンガムシャーからレスターシャーやダービーシャーの各所に拡大し、その後中断することなく一二年二月までつづいた。十一月十日には、ブルウェルで深刻な衝突が起こり、ホリングズワースなるメリヤス業者が自分の敷地を防衛していた。銃撃戦があり、ラダイトの一人（ジョン・ウェストリという名のアーノルド出身の靴下編み工）が殺された。彼の遺骸とともに撤退したあと、ラダイトは立ち戻り、入り口をたたき壊して掛け枠編み機を破壊した。三日後には、大規模なラダイトの一団がマスケット銃、ピストル、斧、ハンマーで武装して、サットン・イン・アシュフォードの大規模なメリヤス業者の作業場にあった七十台の掛け枠編み機を打ち壊した。夜ごとの襲撃が三カ月にわたってつづき、ときにはかなり離れた二、三の村で同じ夜に襲撃がおこなわれることもあった。

十二月末までに、『リーズ・マーキュリー』紙のノッティンガムの通信員が次のように明言していた。「先月、わが国が陥れられた反乱状況は、チャールズ一世の騒然とした時代以降の歴史で類を見ないものである」。治安判事や著しく増強された軍隊の活動程度ではラダイトを抑えられなかった。いずれの襲撃も計画にもとづいており、方法が選ばれていた。

彼らは労働者の賃金を切り下げた掛け枠編み機だけを破壊した。賃金を引き下げない雇用主の機械には手を触れなかった。昨夜もある作業場で、彼らは六台のうち四台を破壊した。残る二台は、賃金を下げなかった親方が所有する機械であり、それには手を出さなかった。

ラダイトは覆面をしたり変装したりしていた。歩哨と偵察隊を置き、「連絡を交わすときは合言葉を使い、ピストルないしは銃の発砲はたいてい危険の知らせか、退却の合図だった」。

> 暴徒は、武装集団として、常任の指揮官の指揮のもと、突然姿を現す。総指揮をとるのは、それがなにものであれ、ラッド将軍《ジェネラル・ラッド》と呼ばれる。そして、あたかも彼が専制君主から権威を授けられているかのように、彼の命令にみんなが無条件に従うのである。

ラダイトたちは厳かな宣誓のもとに行動しており、また「将軍」の命令にそむいた場合には死をもって罰せられる、と一般に信じられていた[147]。

同時に、武器の略奪やラダイト支援のための金銭の徴収はもっと広がりをもっていた。アシュオーヴァーからの書簡は、ラダイトが行動の根拠とした権威についてこう記述している。

> 委員会から派遣された視察官と称する二人が当地にやってきました。彼らは靴下編み工の家を一軒残らず回って、彼らが手渡したリストの賃金以下で働いている者を働かせないようにしました。……また彼らはあたかも摂政皇太子から勅令を受けたかのような威厳をもって、靴下編み工全員と、総計で十二人ないしは十四人の

親方編み工をパブに呼びつけました。彼らをここに集めたのは、いまになってわかることですが、掛け枠編み機が打ち壊されて生活の糧を得る手段を奪われている家族を支援するための拠金を募るためでした。また、正規の徒弟奉公を修了していない者や女性が掛け枠編み機を操作しているのを発見した場合には、その者たちに仕事をやめさせました。彼らが仕事をやめると約束した場合には、掛け枠編み機に以下の言葉が書かれた紙が張り付けられたのです――「この掛け枠編み機をそのままにしておけ、不熟練工《コウルト》は取り除かれたのだ[148]」。

（五年後に別の事件で有名になる）ペントリッヂの村では、「彼らは掛け枠編み機とその所有者、およびそれで製造された製品、それら製品の価格について調べ、少しの危害も加えることなく立ち去った……」。同情ないしは自己防衛の動機から靴下編み工の要求した条件を遵守しているメリヤス業者は、機械に、「この掛け枠編み機は十全なる価格の、十全なる品質の製品を製造するものである」と印刷された告示を張り付けた[149]。顕著な成功を収めて、ラダイトの士気は高まった。

いまや執拗な圧迫や、容赦ない威嚇をもってしても
死さえも、その熱誠を抑えることはできない
軍隊が来ようともラダイトは恐れることはない
その成功を阻むことなどできはしない
ラダイトの勝利の知らせがそこここに伝えられ
敵どもはその警報をどう受け止めようか
ラダイトの勇気、不屈の精神は、敵を恐怖で震え上がらせる
彼の全能の腕を敵はひどく恐れるのだから

打ち壊しがおこなわれる場合に
ラダイトは手段を限定しはしない
火や水や手に入るもので破壊する
それら自然の力がラダイトの企てを助けてくれるのだから
街道が兵士に守られようとも
作業場に細心の警備が施されても
ラダイトは夜であれ昼であれ粉砕する
破壊されるべき運命から救うことのできるものなど何もない(150)

ラダイトは、自分たちの秘密を洩らした人物に関する情報を提供した者に大っぴらに「報奨」を出したばかりでなく、ラダイトの名をかたって人里離れた農家から寄金を集めたり強奪をはたらいた偽ラダイトにたいしては脅しをかけた。「ラッド将軍」の規律は、「名も知らぬよそ者」への手紙によく表している。それは、クリフトン（ノッティンガムシャー）におけるある打ち壊しの際に盗まれた物品に添えられていたもので、それら物品は「それぞれの持ち主へ返される」べし、という要求が付されていた。

……痛コンの極みであるが、コレらがいかようにしてわが手に入ったのかをお知らせする。仲間とともに外に出てきたときであったが、それまでまったく面識のなかっタ者数ニンがわれわれに合流した。略奪をはたらいたのはその悪党どもであっタ。いざクリフトンを立ち去ろうとしたトキ、私の部下の一人がやってきて、その者たちがなんのかかわりのない物を持ってきタことはまちがいないというので、私はよく調べるように命じた……。

この手紙は容赦ない内容でしめくくられている。

……その悪党の一人を縛り首にしてシマオウとしていたとき、軍隊が近づいていることを知らされ、ここで退却するがよしと考えタのである。

注意。物品に手を出した者はわれわれの仲間集団とはまったく関係のないよそ者であっタ。いたとすればそれはよそ者である。仲間は決して何モノにも手を触れなかった。そして悪だくみをはたらいた者は処罰された。そのうちの一人を三分間首を吊ってからふたたび下ろしてやった。私は、貧しき者や困窮している者の友であり、抑圧者の敵である。

ラッド将軍[151]

一八一二年二月の第一週に、こうした事態――ミッドランズのラディズムの主要局面――は終焉した。理由は三つある。一つは、部分的にラダイトは成功を収めたからである。つまり、大半のメリヤス業者はより高い価格の支払いに同意し、賃金が全般的に週あたり二シリングほど引き上げられた。第二は、数千人の軍隊が配備され、そのうえ特別治安官や地元の自警団で補完されたからである。第三に、掛け枠編み機の打ち壊しを死罪とする法案が当時、議会に提出され、（すでにみたように）ラディズムは突如、国制擁護の運動に道を譲ったことである――その変わり方はあまりにも突然だったので、新たにつくられた委員会は、かつてのラダイトの方向性の影響を少しも受けていないのだと信じざるをえないほどであった[152]。しかし、ノッティンガムのラディズムが活動を停止したまさにそのときに、ランカシャーとヨークシャーのラディズムが、ノッティンガムを手本にして火を噴いたのである。

ヨークシャーでは、剪毛工がノッティンガムの情報を熱心に集めていて、作業場では伝統に従って『リーズ・マーキュリー』紙の記事が朗読されていた。行動的なラディズムの最初の徴候が見られたのは、一月中旬のことで、顔を黒塗りにした一団がリーズ橋で目撃された。それ以降ラディズムはノッティンガムの規律や戦術をモデルにした、成熟しきった姿で登場した。ただしヨークシャーでは、中央司令部から出されたものもそうでないものも含まれようが、膨大な数の激越な脅迫状が送り付けられた。一月にリーズで唯一設置されていた起毛機のうちの一台が放火された。二月までには、最も多くの起毛機と剪毛機が設置されていたハダズフィールドとスペン・ヴァリー地区で夜襲が繰り返されていた。ある夜襲が成功したのち、

打ち壊しの作業が終わるやいなや、指揮者が仲間を招集し、点呼をとった。各人は名前ではなく特定の番号によって返事をした。それからピストルを発射し……雄叫びをあげ、整然と軍隊式に行進して引き揚げていった。

嫌悪されていた機械以外はなにひとつ破壊されなかった。

……その集団のうち一人が、それら機械の所有者の一人をどうしたものかと指導者に尋ねたら、髪の毛一本たりとも危害を加えてはならないが、しかし、ふたたびその所有者のところに押しかけなければならないような事態になったら、そのときはなんの情けもかけるわけにはいかないと答えた。[153]

ウェスト・ライディングでは、ラダイトは、いくつかの別々の「司令部」をもっていたようである。拠点は、リーズ、ハリファクス、ハダズフィールド、そしてスペン・ヴァリーの小さな織物村にあった。それらの代表団は（クレクヒートン、ヘクモンドワィク、ゴマーサル、バーストール、ミアフィールド、ブリッグハウス、エランドおよび「それ以外の遠隔地」からやってきて）、二月に会合を開き、さらに一、二週間後にもう一度ハリファクスで開かれた会議にも代表団を送ったと推定されている。[154]リーズで配布されたビラは、ノッティンガムのラダイトのどのビラよりも激しく反乱を促す言辞で彩られていた。

すべての剪毛工、織布工など、および一般大衆諸君
寛大なるわが国の諸君

諸君は、武器をとって名乗りをあげ、世直し人を助けて悪を正し、愚かな老人がくくりつけた憎むべき軛を取り払う必要がある。また、その老人のもっと愚かな息子や、悪辣な閣僚ども、すべての貴族や抑圧者は、打倒されなければならない。パリの勇気ある市民の尊い前例にわれわれもつづこうではないか。彼らは、暴虐な三万人の兵隊たちを目にしながら、専制者を打ち倒したのだ。そうしてこそ、はじめて諸君は自分たちの利益を守ることができるのだ。四万人を超える勇者が、古い政府を打倒し、新しい政府を樹立するために、決起する準備をすでに整えている。

世直し軍団の指揮者、ラッド将軍に申し出よ。(155)

ハダズフィールドの製造業者、スミス氏はもっと恐ろしい手紙を受け取っている。

貴殿が不正な剪毛掛け枠編み機を保有しているという情報がたったいま手に入った。私は、貴殿に書状でそれらを打ち壊すというフェアな警告を発するよう同志に要請されている。……もしも次の週末までに機械が撤去されなければ、少なくとも三百人の同志を率いる配下の指揮官の一人を派遣して機械を打ち壊すこと、また貴殿がこれまでのような面倒をわれわれにかける場合には、貴殿の建物に火を放って灰燼に帰することで貴殿の悲運をいっそう大きくすることをしかと心得られよ。恥知らずにも私の部下に発砲した場合には、貴殿の命を奪い、貴殿の家屋を焼き払うよう命じてある。もしも近隣の業者で、すみやかに掛け枠編み機を撤去しない者がいれば、同様な運命が待ち受けていることを、その者たちにお知らせいただきたい……。

スミス氏と彼の「罪深き同胞」は、その後、ハダズフィールドの軍団だけでも「貧困という絆で結ばれた二千七百八十二人の誓いを立てた勇者がいた」が、それはリーズの軍団の二倍近い規模だったことを知らされた。

わが通信員から寄せられた最も新しい書状によれば、次にあげる都市では、製造業者が自らの誤りを正すために決起し、われわれの仲間に加わろうとしているそうである。すなわち、マンチェスター、ウェイクフィールド、ハリファクス、ブラドフォード、シェフィールド、オールダム、ロッチデイル、そしてすべての綿業地域である。そこでは、勇気あるハンソン氏がみなを勝利へと導くことになろう。グラスゴーやスコットランドの多くの地域の織布工もわれわれに加わり、アイルランドのカトリック信者も同志として立ち上がることになっている。したがって軍隊は、ハダズフィールドでは暇を持て余すことなどないだろうし、そのあとには現在は兵士によって守られている地域に災いが訪れよう[156]……。

その十日後（一八一二年三月二十日）、ハダズフィールド地区で最も強硬な治安判事自身が脅迫状を受け取ったが、それはノッティンガムのシャーウッドの森の「ラッド将軍の代理弁護人」を差出人とし、「ノッティンガムのラッドたちの法廷[157]」の判決を伝えると称していた。ミッドランズにつづくヨークシャーのラダイトの成功、軍隊の無能さ、敵対的な世論、これらは小規模な製造業者にはひどくこたえた。とくに、身の毛もよだつような手紙を受け取ったときにはそうだった。彼らの多くは簡単に屈伏し、自ら剪毛機を破壊するかしまい込むかした。ラダイトの軍事教練は、伝統にのっとり夜間におこなわれることが多かった。「マスケット銃をもつ十人が横一列になって先頭に立ち、次の列にピストルを持つ者……第三列に槍や手斧を持つ者、最後衛に丸腰の一団がつづいた[158]」。しかし、民衆伝説のなかで最も名誉ある地位を与えられたのは、「イノック」と呼ばれる巨大な鉄のハンマーをふるって戸口をたたき破り、剪毛機を打ち壊すハンマー工だった。これらの掛け枠編み機（そしてハンマーも）はマースデンのイノック・テイラー[15]によって製造されていた。テイラーは機械製造業者へと転じた鍛冶工であり、ラダイトは、「イノックがつくり、イノックが壊す」と叫んだ。こうした襲撃は剪毛工の歌のなかで称賛され、「真正のバラッド歌いのスタイル」で歌われた。

毎夜毎夜、すべてが静まり返り、
月が丘の後ろに隠れるとき、
われらは志を遂げるべく進軍する
　手斧を持ち、槍を持ち、ピストルを持って！
おお、わが剪毛工よ
おまえたちのたくましい一撃で
剪毛掛け枠編み機はこなごなに砕ける
おお、わが剪毛工よ！

偉大なるイノックはなおも先陣を切るぞ
止めたければ止めてみよ！　止められるものなら止めてみよ！
前進せよ、すべての勇気ある者よ
　斧を持ち、槍を持ち、ピストルを持って！
おお、わが剪毛工よ(159)……

ヨークシャーのラディズムの主要局面は、ほんの六、七週間だけ存在を誇示したあと、四月中旬に危機を迎えた。敵対的な機械をなお使用する小規模製造業者の数は減っていた。それゆえはっきりしてきたのは、ラダイトが成功に満足して矛を収めるか、あるいは依然として屈服していない少数の大規模工場の打ち壊しに走るか、いずれかを選択しなければならないということだった。彼らは、第二の道を選んだ。三月の最終週にリーズ近郊の二つの工場を攻撃し成功を収めた。四月九日には、ウェイクフィールド近郊のホーベリにあるジョウジフ・フォスター所有の「大規模」布地工場が、複数の拠点から集まったと思われる三百人の分遣隊によって襲撃されたあと、略奪され火を放たれた。[160] いまや誰もが予期したことは、二つの大工場の一つに攻撃がかけられるだろうということであった。それらの工場の所有者はラダイトに抵抗する断固たる態度でつとに有名だった。その一人、ハダズフィールドのオッティウェルズ在ウィリアム・ホースフォール[16]は、短気で、攻撃をいまかいまかと待っていた。部下に武装させ、工場には大砲を据え付け、攻撃の隊列を射程にとらえる銃眼をつくらせた。そして、ラダイトの血にまみれた「腹帯の馬に乗って」みたいとまで豪語し、その敵意があまりに異常なので、子供までもが「おれはラッド将軍だぞ！」と街頭で叫んで彼を愚弄する始末だった。もう一人、スペン・ヴァリーのロウフォールズのウィリアム・カートライト[17]は、それよりはおとなしかったが、同じくらいに断固としていた。彼は毎夜（彼自身も寝泊まりしていた）工場の建物に、兵士と武装した労働者を配置し、見張りを立て、（工場の外壁が破られたときのために）釘の出たローラーを階段に、また屋根のてっぺんには硫酸の入った桶を据えて防塞とした。伝統にのっとり、ラダイトはくじでどちらの工場を最初の目標とするかを決めた。くじの結果は、ロウフォールズと出た。

　ロウフォールズ工場への攻撃は伝説になっている。参加したラダイトはおそらく百五十人だった（予定ではそれ以上になるはずだったが、リーズとハリファクスからの分遣隊が予定の時間に着かなかったといわれている）。ハダズフィールド近郊のロングロイド・ブリッジの小さな仕上げ作業場で働く若い剪毛工ジョージ・メラー[18]に率いられて、ラダイトは戦闘態勢をとっていた守備隊と二十分間にわたる銃撃戦を展開した。この銃撃に援護された、ハンマー工と手斧を持った男たちの一団が工場の重い扉を繰り返し打ち壊そうと試みた。この一団はひどい損傷を受けた。少なくとも五人が負傷し、そのうち瀕死の重傷を負っていた二人はラダイトが突如退却した際に見捨てられた。指揮官のメラーは最後まで現場に残ったが、別の負傷者（彼の従兄）を安全な場所に移動させる手助けをしていて、重傷の二人を助けることができなかったといわれている。工場周辺の地面にはマスケット銃、斧、槍、金属製の道具が散乱していた。

この襲撃の委細や後日談は、雇用主側と民衆側双方の伝説になった。ここでちょっと立ち止まって、なぜそうなったのかを検討するとしよう。また同時に、当局のとった措置や手段、一八一二年四月から五月の政治状況、同時期のランカシャーでの出来事についても検討する。

時代背景の一端はシャーロット・ブロンテの『シャーリー』[19]に忠実に描かれている。工場主ジェラード・ムーア（カートライトをモデルにしている）は、半ばウイッグで半ば急進派の中流階級に属する人物として適切に描かれている。それらの人びとの機関紙『リーズ・マーキュリー』は戦争には無関心ないしは反対で、事業に課されたすべての制限の撤廃に力を入れ、政府の政策、とくに枢密院令を厳しく批判していた。軍人気質の聖職者ヘルストン（ハモンド・ロバーソン師をかなり忠実なモデルにしている）は、狂信的な「教会と国王」派トーリーで、『リーズ・マーキュリー』を有害と考えていて、また工場主については不満分子であると同時に自らの難儀を自らつくりだしている者と見なしている。これらはすべて真正である。シャーロット・ブロンテが描くジャコバン派ウィッグの地主ヨーク氏は、自ら属する階級への忠誠心と民衆の困窮にたいする同情心の板挟みになっているが、彼の原型もまた、ラダイトの暴動の時期に奇妙なまでに活動が不活発なままだった複数の治安判事にたどることができるだろう。

『シャーリー』の限界は、もちろん、ラダイトとそれに共感する者たちの叙述にある。しかし、この小説が、中流階級の神話を真に表現したものであることは確かである。一八一二年に、伝統的な階級対立はラディズムの坩堝のなかに投げ込まれた。工場主と地主は、その年、お互いに激しい対立関係に入った。ラダイトが製造業者の脅迫に次々に成功するにつれ、ロバーソン一家の屈辱は増した。そして、ロウフォールズでの不敵な行動によって、カートライトは軍将校だけでなくトーリー派の地主たちからも称えられ謝意を表明されたのである。北部では、二、三週間にわたって、ウェリントンと並び称される英雄であった。ロウフォールズでの銃撃戦は大工場主と当局とのあいだに、感情面での深い和解が成立したことを告げた。経済的利害が勝利した。そして労働者階級のジャコバン主義に直面したときの製造業者の究極の忠誠心が、一回の劇的な事件のなかに示されたのである。

しかし、この事件は、有産階級間に感情的和解をもたらす一方で、有産階級と労働者諸階級とのあいだにいっそう深刻な亀裂をもたらすことになった。ロウフォールズの襲撃についての民間伝説では、ラダイトの英雄的行動と防衛者たちの冷酷さとが強調されている。伝説は事件を手際よく扱っている。特定の危機状況や人物の相互作用を描くのがうまいのだ。ラダイト撤退ののち、カートライトは、瀕死の重傷を負った二人がラダイトの秘密を洩らさないうちは、水や手当てを拒んだといわれている。ハモンド・ロバーソンは二人にたいして、聖職者よりも、審問官のようにふるまったと見なされている。二人が死にかかって横たわっていた宿屋の外の通りには、何百人もの人が押し寄せた。彼らが横たわっていた寝具には硝酸のしみ（それはおそらく焼灼に使われた）がついていて、情報を吐かせようと拷問がおこなわれたと信じられていた。ロバーソンは、二人のうちの一人、イングランド国教会の聖職者の息子で十九歳になるジョン・ブース[20]のベッドの脇から身を乗り出し、臨終の告解を待っていたとされている。臨終の際に、若きブースは「あんたは秘密を守ることができるか」と聞いた。躍起になっていたロバーソンは、「うん、うん、私はできるよ」と答えた。ブースは、「おれもできるんだ」と答え、まもなく死んだ。

当局が押収した一通の手紙がある。それは、ヨークシャーに住んでいるノッティンガムの労働者（おそらくラダイトの逃亡者だろう）が故郷の家族にあてたもので、直後の反響をわれわれに教えてくれる。

> ラダイトと軍隊とのあいダの戦闘がありましたが、ハリファクスのラダイトがヨ定どおりに着かないので、ラダイトは負けてしまいました。十六人がそのゲン場を襲い、そこでうち二人が死に、負傷者は運ばれ、誰も捕まりませんでした。死んだ二人は、先週の木曜日にアザズフィールド［ハダズフィールド］で埋葬されました。遺体は六本のろうそくを灯された暗い部屋に置かれ、そのラダイトの友人たちが付き添っていました。朝

方、みなが黒く縁取られた絹の前だれをつけていました。聖職者は彼らを埋葬するのを拒んだのですが、ラダイトたちはその教会に彼らを埋葬するよう主張しました。そこには大きな墓石もありました。二人のうち一人は連れ去られてから二十時間は生きていたのであり、彼はある教会の聖職者の息子でした。多くの者がその父親を訪ねましたが、いっさいのかかわりを拒否しました。[161]

この襲撃ののちも、民衆の想像力をかきたてるような事件にこと欠かなかった。たとえば、けがをして納屋に隠れていた男たちといった、からくも軍隊の手を逃れた話はたくさんあった。カートライトの工場にいた兵士の小集団には、職務にたいする熱意を著しく欠いた者が一人ならずいて、そのうちの一人は、「自分の兄弟を撃ってしまうかもしれないから」という理由で、事件の起きた二十分間ずっとマスケット銃の引き金を引くのを拒んだ。その兵士（カンバーランドの部隊の所属だった）は不運にも軍法会議にかけられ、三百回の鞭打ちの判決を受けた——死刑に匹敵する判決である。刑はロウフォールズで執行され、カートライトは、その刑の大半の恩赦を取り付けて、世評の支持を一部回復することができた。

カートライトが回復したものはごくわずかだった。しかし中流階級の神話にあっては、カートライトとロバーソンは時代の英雄であるばかりでなく、秩序攪乱の先導者である「悪事を企む者」や、謎めいたスパイや、遠方から送り込まれた活動家のあくなき追跡者でもあった。シャーロット・ブロンテはジェラード・ムーアについて、「労働者の指導者について彼は知らなかった」として、次のように書いている。

> 指導者はよそ者だった。大都市からやってきたスパイである。その大半は労働者階級《オペラティヴ》ではなかった。主として「落ちぶれた大犯罪者」や破産者、つねに借金を抱え、しばしば飲んだくれている者たちだった——失うものは何もなく、性格、現金、清潔さという点で得るものが多い者たち。そうした者たちをムーアはブラッドハウンド犬のように追跡したのである。そう、彼にはその仕事が性に合っていた……彼は布地をつくるよりもそ

れを好んだのだった。

しかしながら民間伝説では、カートライトとロバーソンは「ブラッドハウンド犬」そのものだった。民衆コミュニティはある驚くべきやり方で彼らを拒絶した。ロウフォールズの襲撃まではヨークシャーのラダイトは（ミッドランズのラダイトと同様）掛け枠編み機の打ち壊しに活動を厳しく限定していた。流血の道を最初に開いたのは彼らではなくカートライトだった。ウェスト・ライディングでは、何カ月もの間、四千人の兵士が駐屯して多数のスパイが雇われていたにもかかわらず、ロウフォールズの襲撃者は一人としてはっきり突き止められなかったのである。襲撃した者の一人や二人を知っている者は何千人もいたにちがいなかった。非国教会派の聖職者や医師が情報の提供を拒んだとか、小規模な織元がラダイトの雇用労働者を匿っただとか、兵士が証拠を意図的に見逃したとか、さまざまな伝説が残っている。すべての教区で「警邏」法は機能不全となっていた。次のようなラダイトのバラッドがはやることになった。

君たち、仕事を欲するイングランドの英雄たちよ
　お互いごまかすことなく、恐れることなくやろうぜ
銃剣をつけてもなんの役にも立ちゃしねえ
　ラッド将軍さまの掟をおれたちが守るかぎり(162)

オッティウェルのウィリアム・ホースフォールが暗殺されたとき（四月二十七日）でさえ、予期されたような感情の急変は引き起こされなかった。同じ危機が、「教会と国王」派の人間と『リーズ・マーキュリー』を、すなわちロバーソンとカートライトを連帯させたのと同時に、治安判事や大規模雇用主に反発する民衆感情を強固にしていたのである。(163)

さらに、一八一二年の四月と五月には、ラディズムが、より広がりをもつ（そして混乱した）体制転覆の張り詰めた雰囲気の焦点になった。これはある程度は、一一年から一二年の全般的な経済危機、厭戦気分の蔓延、枢密院令への反対運動によって引き起こされたものである。イギリスとフランスの双方による経済封鎖、およびアメリカ合衆国との通商途絶によって、一八〇七年から一二年にかけて多くの製造業部門――バーミンガム、シェフィールド、リヴァプール、繊維工業地帯――が著しい困難に陥った。さらに凶作が食糧不足と物価の急騰という災難を付け加えた。製造業者はあらゆる不満が戦争の継続に起因すると考えたが、とりわけヨーロッパの大部分を封鎖状態においた枢密院令に原因を求めた。大規模雇用主は経済的困難の時代に付け込んで新たな労働慣行や機械を導入し、大衆の支持を遠ざけてしまったが、そうした産業でラディズムが発生したことが重要である。他方、シェフィールドやバーミンガム、そしてある程度はマンチェスターのような中心地域では、すべての産業が部分的にマヒ状態に陥っていて、雇用主自身が（ブルームの指導のもと、またバーミンガムでは若きトマス・アトウッド[21]の指導のもと）枢密院令に反対する示威行進や請願をはじめていたが、労働者階級の不満は総じて「国制擁護」の範囲内にとどまっていた。[164]

実際、一八一二年までに、旧来の地主階級は、大規模な雇用主の支持なくしては工業地域を統制することがほとんどできなくなっていた。しかし、逆説的ではあるが、雇用主が行政当局に敵対している地域では、秩序問題は少なかった。ラディズムはそうした秩序問題の全体像をあきらかにしてくれる。一二年夏に、騒乱のあった地方に一万二千人をくだらない数の兵士が配備されていた。それは、イベリア半島でウェリントンが指揮した以上の兵力である。しかし、何カ月にもわたってこれら大兵力はまったく無力だった。一つには、一般兵卒のなかに民衆にたいして同情をもつ者が少なくなかったからである。そのため当局は、兵卒たちのあいだに「離反」が広まるのを恐れ、次々と部隊を移動させる必要に迫られていた。また一つには、ラダイトの機密保持能力ならびに連絡能力が見事だったからである。ラダイトは知り尽くした自分たちの領地を音もたてずに移動したが、騎兵隊は村から村へと騒々しく移動した。ウェスト・ライディングでは、乗馬用散歩道や荷馬車道が丘陵を縦横に巡っていたが、ラダイトはなんの苦もなくそれらを越えて移動した。騎兵の動きは「十分に把握され、剣のぶつかる音や、馬のひづめの音は夜間は遠くからでも聞くことができたし、ラダイトにとっては、生け垣に隠れてこっそり立ち去ったり、農地に身をひそめたり、近道をとることも容易だった……」。[165]ラダイトの標的はあちこちの村や散在する工場にいくらでもあった。そうした村々は実質上警察はいないに等しく、軍隊にしても、そうした村に五、六人ずつ分宿させて孤立させるような危険を冒すことを躊躇した。馬に乗って巡回する治安判事は、産業や民衆についてほとんど無知だったので、役に立たなかった。工場主や製造業者だけが、土地建物と賃金台帳によって村を支配することで、統制力を行使することができたのである。したがって、雇用主が労働者の忠誠心を失ったところでは、全体の秩序構造が危機にさらされた。その秩序構造は、ロバーソンではなくカートライトが支配していたロウフォールズでのように、雇用主の権威を補足することによってはじめて修復されえた。しかし、シェフィールドやバーミンガムのように、労働者と雇用主が当局にたいする不満を共有することで互いに結び付いている地域では、秩序の攪乱が発生する危険性は雇用主の統制の下に抑え込まれていたのである。

したがって、ラディズムは治安判事と工場主を連合させただけでなく、行政当局を製造業全体の利害にたいしていやおうなく譲歩させたのである。そうした譲歩は、一八一二年六月の枢密院令の廃止というかたちで勝ち取られた。[166]ラディズムはおそらく、アトウッドやブルームの国制擁護派の運動と同じくらいに、枢密院の廃止を早めるのに寄与した。しかも、廃止は、社会情勢がより緊迫の度合いを強めるなかで実行された。つまり、このときまでに、ヨークシャーやミッドランズのラディズムに、ランカシャーの深刻な秩序攪乱がすでに付け加わっていたのである。

ランカシャーの騒乱がどの程度まで真のラディズムだと記述できるのか、これを知ることはむずかしい。ある面では自然発生的な暴動からなる運動であり、一部非合法的ではあるが政治改革を求める「国制擁護」の運動であり、またある面では煽動家によってつくりあげられた事件であり、さらには真正の体制転覆を準備する運動という側面ももっていた。一八一二年の二月から四月にかけて、少なくとも二種類の「秘密委員会」がランカシャーの多くの都市に存在していた。第一は、織布工の委員会であり、その秘密組織はすでに数年間にわたって最低賃金を要求する運動と請願をおこなってきていた。こうした委員会は、マンチェスター、ストックポート、ボルトン、フェイルズワース、サドルワース、アシュトン・アンダー・ライン、オールダム、ステイリブリッジ、ドロイルズデン、プレストン、ランカスター、ヘンドル、ニュートン、ドリルズデイル、ホリンウッド、ウィリントン、エクルズに四月初旬に存在したと報告されている。(167) 第二は、マンチェスターからストックポートにかけての地域に、そしておそらくそのほかの地域にも、つくられたばかりの秘密の職種評議会（すなわち「職種委員会」）が存在していた。それらは「紡績工、仕立て工、製靴工、煉瓦積み工、ファスチアン織裁断工、指物師、そのほか多くの職種の者」から構成されていた。そのような委員会は団結禁止法が最初に制定された一七九九年にすでに存在していたし、まちがいなくマンチェスターでは、機会あるごとに、公式にあるいは非公式なかたちで、労働組合活動家が会合を重ねていた。

三月二十日、ストックポートでウィリアム・ラトクリフの倉庫が襲撃された。彼は力織機を最初に使用した製造業者の一人である。四月にはたてつづけに事件が起きている。四月八日にはマンチェスターの取引所がお祭り騒ぎの暴動に襲われている。この事件は、少なくとも間接的には、政治的なものであった。摂政皇太子はウィッグの支持者であり、議会改革を支持していると考えられていた。彼はまた、自身の党派的な目的で、戦争の初期にはフォックス派の野党を応援していた。一八一二年早々に彼の権限にたいする制限がついに終焉を迎えたとき、「講和と改革」の内閣がつくられ、グレイ卿と、グレンヴィル卿[22]がそれを主導するという期待がふくらんだ。しかしながら彼は、「わが公的活動の初期の慣行がかたちづくられた際にともにした者たち」に、あらかじめ受け入れられないとわかっている条件で、連立内閣のポストを提示しただけであった。その後の内閣改造で、パーシヴァル[23]のもとにいっそう人気のない内閣ができあがり、外務大臣にカースルレイ、内務大臣にシドマスが（初めて）就任した。民衆の期待は、現時点で想像される以上に、大きくくじかれた。この失望がヨークシャーのラディズムの直接の引き金になったという示唆さえある。(168) マンチェスターでは「教会と国王」派は、民衆感情の判断にゆゆしい過ちをおかした。摂政皇太子がその父である国王ジョージ三世治下の大臣たちを内閣に留任させたことの祝詞を上奏するために、公開集会を取引所でおこなうと呼びかけたのである。それにたいし議会改革派はマンチェスターじゅうに掲示を張り出し、集会に参加して祝詞をとりやめさせようと公衆に訴えた。トーリー支持者たちは譲歩し、会合を中止しようとした。しかしふくれあがった群衆が取引所に殺到し、その多くの者たちは、主に織布工であったが、それから聖アン広場まで行進して、独自の集会を開いた。その間、一部の若者たちが取引所の新聞閲覧室に乱入し、窓が壊され、家具がひっくり返され、ついには全面的な暴動が起きた。それは重要な出来事というわけではなかったが、「民衆の考えの流れが反転したことを示すものだった。それ以前には、『教会と国王』がお好みの雄叫びであり、『ジャコバン』狩りは安心してできるスポーツだった……」。のちにある古参の議会改革論者が回想した。「しかしその後われわれは、『教会と国王』暴徒を見ることもなくなった！」[169]

つづく二週間、はるかに深刻な暴動が、マンチェスター、オールダム、アシュトン、ロッチデイル、ストックポート、マクルスフィールドで起こった。主としてこれらは食糧暴動で、例外的といっていい暴力と広がりをもっていたが、ジャガイモとパンの価格を強制的に引き下げることを目的としていた。同時に、暴徒を煽動し組織しているのが「ラダイト」の活動家なのか「ジャコバン」の活動家なのか、報告は混乱していた。ストックポートでは女装した二人の男が「ラッド将軍の妻」と自称し、反乱者の一団を率いていた。脅迫状が、力織機の所有者だけでなく、改良された布地仕上げ機の所有者にも送り付けられていた。

　人道にかなう正義にかけて、次のように通知申し上げることは、われわれの神聖な義務だと心得る。すなわち、貴殿がもし七日以内にこれらの仕上げ機を撤去しないのであれば……工場とその備品一切に必ずや火が放たれただろう。……貴殿に危害を加えることをわれわれは少しも望んではいない。しかし、所有者が誰だろうと仕上げ機と力織機の両方を打ち壊す決意にゆるぎはない[170]……。

（しかしながらこの手紙は、ラッドではなく、「正義将軍」によって署名されている）。四月二十日にはミドルトンで大騒乱が起こっている。ダニエル・バートンの力織機工場が数千人の暴徒によって襲われたのである。工場は雨霰のような投石によって攻撃され、防衛側はマスケット銃で応戦した。三人が死亡し、さらに多くの者が負傷した。

翌朝、押し寄せる群衆はさらにその人数を増し、正午までに合流したのは、

百人から二百人の男の一団で、そのなかには銃剣を付けたマスケット銃で武装した者や、つるはしで武装した者がおり、「彼らは」隊列を組んで村に進軍し、暴徒に加わった。この武装した無法者たちの先頭には、名高いラッド将軍を模したわら人形が押し立てられ、その旗手は赤旗のようなものを振っていた[17]……。

その工場は難攻不落だとわかったので、暴徒は工場主の住居を焼き払った。その後、暴徒は軍隊に遭遇し、軍の手で少なくとも七人が殺され、さらに大勢が負傷した。

機械への直接の攻撃に関するかぎりでは、これがランカシャーでのラディズムの頂点であった。それはあきらかに織布工の運動という以上の大きな広がりをもっていた。死亡者には、製パン工一人、織布工二人、ガラス工一人、指物師一人が含まれていたし、二日目の攻撃ではホウムフィールドの炭坑夫が目立っていたのである。また、それは、死傷者の数でいうと、全国的にみて最も深刻なラダイト騒擾だった。しかしながら四月二十四日には、やや謎めいた続篇の事件が起こっている。ウェスト・ホウトンのレイ・アンド・ダンクロフの工場が焼き打ちされたのである。事件の謎はその工場が攻撃されたことにあるのではない――それが破壊の目標であることはあきらかだった。それは繰り返し脅迫の対象とされたばかりでなく、工場襲撃が一度ならず試みられてきたが、襲撃を煽動したのはボルトンの「秘密委員会」であり、この委員会をおおむね指揮していたのは、フレッチャー大佐が直接雇った煽動工作員たちだった。謎めいた特徴というのは、これらの煽動がさしたる成果をうまなかっ

たあとになって、スパイの活動とは無関係に（そのようにみえるのである）、攻撃が仕掛けられて成功したことにある。[172]

このラダイトの逸話は、二面性に満ちていて、一筋縄ではいかない複雑さをときほぐして理解するのはほとんど不可能である。しかし、（ボルトンの事件から導かれた）仮説、つまりランカシャーのラディズムはフレッチャー大佐とジョウジフ・ネイディンが飢餓状態にあった織布工をそそのかして起こしたものにすぎないという仮説は、支持しえない。たしかに、ランカシャーの労働者の公然たる行為には、ノッティンガムやウェスト・ライディングでの事件を特徴づけた組織や規律がほとんどみられない。他方、力織機の打ち壊しは、掛け枠編み機や剪毛機の打ち壊しとは異なる秩序問題を提起していた。力織機は高価な機械であり、つい最近になって導入され、蒸気機関を据え付けたごく少数の工場にだけ設置されていたのであって、農村部の小規模作業場に見られるものではなかった。したがってランカシャーでは深夜のゲリラ戦術はほとんど役に立たなかった。いずれの攻撃も、ロウフォールズやバートン事件の規模でおこなわれなければならなかったのであり、軍隊との直接対決の可能性が大いにあった。こうした攻撃は、限定的な戦術としてさえほとんど意味をなさなくなった。同時に、ランカシャーの人びとは、紡績ではすでに数十年前から使われていた蒸気機関とともに生活してきていた。織布工の多く（おそらくは大多数）が新たな機械そのものへの抵抗の有効性を疑っていたに違いない。そしてこのことは、織布工自身の「秘密委員会」内部の深刻な対立に関するさまざまな報告によって裏付けられている。それゆえランカシャーのラディズムは、機械打ち壊しの局面を三、四週間で卒業してしまったのである。しかし工場への攻撃が終焉を迎えるまさにそのころになって、宣誓儀式、武装化、軍事訓練の報告が最も増加したのである。五月から六月にかけて、力織機への攻撃はより深刻な体制転覆の準備へと道を譲った。四月の反乱者にたいする残忍な判決が、一八一二年五月末にランカシャーとチェシャーの巡回裁判所で出されたにもかかわらず、[173]騒擾は秋までやむことがなかった。六月中旬には、最も内情に通じていた情報提供者の一人が、「百人を超えるラダイトの一団が毎夜家屋に押し入って武器を強奪している」と書き送っていた。そうした襲撃は、銃声や烽火や「青花火」を合図に開始され、それは（ある当局者の見方によれば）「じつに驚くべき周到な準備と組織」の存在をあきらかにするものだった。何週間にもわたってランカシャーとヨークシャーの州境のすべての地区が、実質的な戒厳令下に置かれた。とくに一人の軍指揮官は、恐怖支配を確立して、不当逮捕、不法捜査、暴力的尋問、脅迫をおこなった。これに比肩するものを探すとなれば、われわれはアイルランドの歴史をひもとかなければならない[174]。

ラディズムが重大な転換点を迎えたのは一八一二年の初夏だった。ミドルトンやウェスト・ホウトンで事件が起こった週には、全国各地で騒動が相次いだ。ブリストル、カーライル、リーズ、シェフィールド、バーンズリで深刻な食糧暴動が起こった。コーンウォールでは鉱夫がストライキを打ち、食糧価格の引き下げを求め市場町へ行進した。プリマスやファルマスでは騒擾が起きた。これらのうちいくつかの場所で起きた食糧暴動では、民衆の許容できる最高価格を強制するための政治的ないしは市民的行動としてなされる通常の事前計画以上のものが示されている。そしてシェフィールドでは、軍隊の武器庫が襲われたが、その二人の指導者は、参加者の大多数を占めていた飢えた失業者ではなかった。「町で最も有能な二人の機械工」であり、週あたり四ポンド半の賃金を受け取っていたのである[175]。四月二十七日には、ウェスト・ライディングでウィリアム・ホースフォールが暗殺された。五月十一日には、庶民院で首相パーシヴァルが暗殺されている。この日一日、国じゅうが動揺した。民衆の高揚した気分は隠しようがなかった。ボルトンでは、（フレッチャー大佐が不平を述べているのだが）知らせを聞いた「暴徒は歓喜の声をあげた」。ポターリズでは、ある人は、次のようにしてニュースを知った。

一人の男が通りを走ってきて、跳び上がり、帽子を頭の上で振り回しながら、狂喜の叫びをあげた。「パーシヴァルが撃たれたぞ、やった！　パーシヴァルが撃たれたぞ、やった！」

ノッティンガムでも民衆は勝利を祝い、「太鼓を打ち鳴らし、意気揚々と旗を振って行進した」。事件の起きたロンドンでも、報が伝わるとすぐに、庶民院のまわりに群衆が集まり、暗殺者のジョン・ベリンガムが引き立てられていくときには、「無知で恥知らずの群衆から、彼を称える叫びが繰り返しあがった」のである。ベリンナムはたぶん精神錯乱を起こしていて、私的不満の動機から挙におよんだのだというニュースは、ほとんど失望をもって受け取られた。というのも、もう一人の、より成功を収めたデスパードが登場したのだという期待が広がっていたのである。ベリンナムが絞首台に向かったとき、人びとは、「神よ彼を祝福したまえ」と叫んだ。コールリッジは人びとが、「これはほんの手始めだ」と付け加えたのを聞いた。パーシヴァルを公葬するのは状況的に好ましくないと判断された[176]。

純然たる体制転覆的な憤激がこれほど広がったことは、イングランド史ではめったにない。ウェスト・ライディングでは、摂政皇太子の首に百ギニーかけるという告示が数週間にわたって外壁や戸口にチョークで書かれた[177]。五月中旬には、摂政皇太子と彼の私設秘書官が何十通もの脅迫状を受け取ったが、そのうちの一通は「人民の声」と署名され、こう書き出されていた。「食糧を安くしろ――パンか血か――きさまの主君に伝えろ　やつは冷酷な悪党だ[178]……」。とはいえ、ヨークシャーの人びとにとって、摂政皇太子は遠い存在であり、身近な相手は工場主と治安判事だった。ロウフォールズでの敗北のあと、ウェスト・ライディングのラディズムはいっそう絶望的な局面に入った。それは規律においてノッティンガムのラディズムよりもつねに軍隊的性格を強くもっていて、秘密と宣誓に取り巻かれている点でも抜きん出ていた。というのは、ウェスト・ライディングのラディズムは、掛け枠編み機の打ち壊しを死刑にする法律ができたまさにそのときに存在するようになったからである。ホースフォールの暗殺を決定したのは、おそらくヨークシャーの代表者会議ではなく、地区の指導者ジョージ・メラー自身だろう。言い伝えによれば、聖職者の息子だった若きブースはメラーの特別の友人であり弟分であって、メラーはブースの死によってひどく取り乱した[24]。ベンジャミン・ウォーカーは、仲間に不利な証言をした共犯者だが、ロングロイド・ブリッジのジョン・ウッドの作業場で、メラーと彼の仲間の剪毛工が「……カートライトの工場の事件で死んだ者たちのことについて……話をしていた」と証言した。

彼らは、それは手のかかる仕事だと言っていました。メラーは、剪断機の打ち壊しはやめるべきで、そのかわりに雇用主を射殺するべきだと言ったのです。これがだいたい自分が聞いたことでした。自分たちは二人も殺されているのだから、雇用主も殺されて当然だと彼らは言ったのです。

遠く離れた首相の死に狂喜するということはそれとしてある。このことと、ふだん馬に乗って行き来し、また不人気ではあっても、同じコミュニティに「属していた」人間を壁の後ろから冷酷に殺害してしまうこととは、別の事柄である。暴力的な憎悪の感情があったのだと示唆するのは誇張がすぎる。何百人もの人が誰が暗殺者なのかと疑ったにちがいないのだが、何カ月たっても真相はあきらかにならなかった。むしろ真実に近いのは、憎悪の感情をいだいたのは、かつて消極的同情者や傍観者の立場にいた人びとだったということだ。そして同時に、両極にいた者たちに感情の昂ぶりが生じていたのも確かである。ホースフォールの殺された三日後に、ハモンド・ロバーソン師はカートライトに次のように書き送っている。

私の知っているかぎり、この近辺には、わが国の現状に十分通じている者といいますか、軍隊の行動を指揮するべく重要な役割を果たすことのできる者、そしてあえてそうする者は、私以外には一人もおりません。私が私のすべての時間を軍事に捧げることができるのであれば、私は最善を尽くすつもりでおります。(179)

彼らの側から見れば、ラダイトのメンバーは減少しはじめていたので、弛緩しつつある規律を立て直すために強行手段に訴えたということになる。剪毛機の打ち壊しは終息し（警告に従わない工場はそのころにはほとんどなかったのだが）、頻発する武器と金銭の略奪に途を譲っていた。そうした略奪は、ランカシャーでの略奪と同様に、五月、六月、七月、八月、そして九月まで間断なく発生した。ただし、家屋に押し入った一、二のグループがラダイトを装ったことで、全体像は混乱している。略奪のありさまは、敵に占領された地域内でのパルチザン作戦と似かよっている。ある治安判事は、一八一二年七月にクリフトン(ヨークシャー)の村で起きた略奪について次のように言っている。

……武装した盗賊どもが、住民の多い、距離にして一マイル程度の村を、正確、果断、迅速に、規則正しく武器を求めて探索した。そして、ほかの財産には手を付けることなく、六、七個の武器を奪った。家屋や少しでも抵抗しようとする者にたいして繰り返し発砲したが、その迅速さと明確な規律づけはどんな正規軍にもまねできないものだった(180)……。

ヨークシャーのラディズムは、逮捕、裏切り、脅迫、幻滅のまっただなかで、命脈がつきた。ふたたび、その物語は伝説になって受け継がれ、そしてまた一八一三年一月にヨークでおこなわれた公判であきらかにされた。ほかの地区から送り込まれていたスパイがいくつかの発見に成功している。製帽工ジョン・ベインズ[25]を含むペイン主義者の一団が、ラダイトの宣誓儀式をおこなったかどで、ハリファクスで逮捕された。それから、メラーの職場の同僚であり仲間でもあったベンジャミン・ウォーカーが裏切って、ホースフォールの殺害にかかわる秘密を提供した。ほかのラダイトたちも保身のため情報提供者に転向した。ロウフォールズの事件にかかわった者たちの幾人かが突き止められた。バーンズリやホウムファースでもその事件の関係者が逮捕された。十月には、ラダイトの追及にきわめて熱心な治安判事ジョウジフ・ラドクリフが最後の脅迫状を受け取っている。「おれは自分がもう一人のベリンガムとなることを固く心に決めている。おれは、きさまの心臓の血のなかに送り込まれるべき銃弾を作った。教会でおれはそれを実行するかもしれないぞ(181)」。逮捕は十一月までに終了した。一八一三年一月のヨーク特別裁判所で、メラーと同志二人がホースフォール暗殺のかどで有罪とされ、ただちに処刑された。まだほかの者の公判が進行中なのに、である。ロウフォールズ襲撃および武器略奪で、十五人が死刑判決を受け、うち一人だけが終身流刑に減刑された。ハリファクスの民主主義者であるベインズの父親を含む六人が、違法な宣誓儀式をおこなったかどで七年の流刑判決を受けた。この六人も、仮に一八一二年の七月はじめではなく七月末に犯罪をおこなっていたのであれば、死刑に処せられていただろう。

ノッティンガムやそのメリヤス業地域は、一八一二年の春から夏にかけて平穏だった。掛け枠編み工委員会は、議会で自分たちの法案を通過させようと試みている最中だった。一一年から一二年の運動の指導者で訴追された者はまちがいなく一人もいない。一二年から一三年の時期は表面的には平穏だったが、雇用主を靴下編み工の要求に従わせる圧力が、匿名の手紙や行動を再開するぞという脅迫によって維持されていた。

ジョージ・ロウボトムよ、以下のことを通告する。［一八一二年四月のある脅迫状はこうつづけている］アーノルド、ブルウェル、ハックノール、バスフォードには、十全なる価格と様式のもの、また適正な価格と寸法のものでなければ、仕事を請け負う人間は一人としていない。したがって警告しておくが、十全なる様式、十全なる価格、適切な寸法でない製品の仕事をこれ以上持ち込んだりやらせるのであれば、おまえは首に縄をかけられてこの掛け枠編み機[182]で仕事をすることになるだろう……。

その後、一八一二年の十一月と十二月に、ラディズムの小規模な再燃が見られたが、しかし二年間にわたって、メリヤス業労働者は自らの組合活動に信頼を置いていたようにみえる。やがて、散発的な攻撃が（一四年に）再開された。組合の活動を妨害する口実を得るためにメリヤス業者の一部が掛け枠編み機の破壊をそそのかしたこともあったようである。[183]組合が解体され、役員のうち二人が逮捕されると、襲撃はより広がった。一四年九月、バスフォードの靴下編み工だったジェイムズ・タウルがある襲撃に加わったかどで逮捕されたが、（一五年の）春の巡回裁判で無罪放免になっている。一六年夏から一七年の最初の数カ月の時期は、ミッドランズのラディズムの最終局面となったが、それは一一年以降最も激しいものだった。最も話題になった襲撃は、ラフバラにあるヒースコート・アンド・ボーデン社の巨大工場へのものだった。守備兵らはラッパ銃を携え覆面をした者たちに圧倒され、高価なレース編み機械が、「ラッドよ、首尾よく任務を遂行せよ。ここがわれらのウォーターループだ、神にかけて」という叫びもろとも打ち壊された。この一回の攻撃で六千ポンドを上回る被害が出た。ジェイムズ・タウルがふたたび逮捕された。今度は有罪を言い渡され、十一月中旬に処刑された。攻撃はさらに一、二カ月つづいた。一説によると、タウルの兄弟が、「ジェムがいなくてもやることができる」ことを示そうという気概に燃えた一団を率いていたといわれる。また別の説によると、ラディズムのこの最終局面は、一つないし二つの「プロフェッショナル」といっていい集団の仕業であり、非合法で地下にもぐった組合の支部が呼び寄せて金を支払ったといわれている。ジェムは処刑当日の朝の告解で、秘密の宣誓儀式など決しておこなってはいないし、おこなわれたことを聞いたこともないと述べた。

彼らは特別の基金など持たない。ただ、何か行動が決められたり、何かのために資金がいるときには、ちょうどそのとき仕事にありついている靴下編み工やレース工からお金が徴収される。……武器庫などない。多くの仲間は、家に一丁か二丁のピストルを隠し持っている。……行動を起こすことが決められると、三、四人の主だった者がかけずり回り、打ち壊し《ラディング》に乗り気になっている人間のなかから人を集める。

けれども、このタウルの告解は質問者に手がかりをつかませまいと意図されていたのかもしれない。一八一七年早々に彼が属する集団のほかのメンバーが割り出され、一七年四月にレスターで六人が処刑され、二人が流刑を言い渡された。死刑を宣告された一人トマス・サヴェッジは、処刑二週間前の取り調べ調書で、活動の最終局面では「打ち壊し《ラディング》と政治活動《ポリティクス》は密接に結び付いていた」と述べている。また彼は、カレーには亡命したラダイトの居留地があると主張した。[184] 彼は、グレイヴナー・ヘンソンが「全体の首領」として関与していたことを示そうとした（サヴェッジはヘンソンを「ロベスピエールがこれまでにおかした悪事に匹敵する」と批難した）。しかし、サヴェッジの派手で疑わしい説明は、じつのところ、ヘンソン自身がどこかの時点で機械打ち壊しにかかわっていたことを示してはいない。ヘンソンは、一八一六年から一七年の冬のハムデン・クラブの運動へと結実することになった靴下編み工のウルトラ急進主義運動の創始者だったこと、彼が共和主義的革命を志向し、「ノッティンガムの兵舎への攻撃について話していた」こと、それらをサヴェッジは批難したのである。真偽のほどはともかく、ペントリッヂの六月「蜂起」が起きたとき、ヘンソンは共感を示すような余裕と自由はなかったはずである。というのもサヴェッジがヘンソンを批難したまさに同じ週に、ノッティンガムの通信員からシドマスのもとに、死刑を宣告された者たちの助命請願を提出するつもりで、ヘンソン(「思慮深い男で、議論好き」)がロンドン行きの郵便馬車に乗ったという知らせがもたらされている。ロンドンでヘンソンは逮捕され、人身保護法の停止期間中だったため、数カ月間にわたって拘束された。ところが、われわれがここで定義したようなラダイトの運動は、そのずっと前に終幕を迎えていたのである。(185)

6　職種の秩序に従って

「かようにも兵士の行軍が行きつ戻りつするとは!」とバイロンは貴族院で叫んだ。

ノッティンガムからブルウェルへ、ブルウェルからバンフォードへ、バンフォードからマンスフィールドへと! そして、「栄光ある戦いの誇りと堂々たる威儀」をもって、やっと分隊が目的地に着いたときには、すでになされてしまった災厄を目撃するだけなのである……そして老女らの嘲りや子供たちのやじを浴びながら兵舎へと戻るのだ。

絞首台に送られた者のなかにはまちがいなく地元のラディズムの指導者が含まれていた。たしかに、証拠のうえでも、民間伝説でも、ジョージ・メラーとジェム・タウルがラダイトの「首領」だったことが示されている。しかし、こんにちにいたっても、ラディズムはその秘密のすべてを明かすことを拒んでいる。「本当の」煽動者は誰だったのか。そもそも煽動者など存在したのだろうか、あるいはその運動は先例に刺激されてある地域から別の地域へと自然発生的に起こったのだろうか。各地域にはどんな委員会が存在していたのだろうか。それら委員会のあいだで定期的なやりとりがおこなわれていたのだろうか。秘密の宣誓儀式はどの程度まで実際におこなわれていたのだろうか。ラダイトたちはどんな隠された政治的・革命的目標をいだいていたのだろうか。

　これらすべての疑問にたいして、きわめて仮説的な解答しか与えられない。しかしながら、一般に受け入れられている解答は、いくつかの点で証拠と合致していないと言わなければならない。ラディズムについての最も重要な二つの研究はハモンド夫妻とダーヴォールの著作である。『熟練労働者』はすぐれた書物だが、ラディズムを扱っている諸章はときおりウィッグ派野党のために準備した上訴趣意書のように読めるし、運動の陰謀的で革命的な諸側面に関して当局がおこなった誇張された主張の信憑性を失墜させようと意図されている。スパイや煽動工作員の役割が強調されているのは、体制転覆をめざす真の地下組織などなかったことや、組織の代表が諸州を行き来していたことを示す証拠などなかったことを言いたいがためである。宣誓儀式について、ハモンド夫妻は、「公平に解釈すれば、宣誓儀式が広がっていたことを示す証拠も、また、スパイが暗躍していた地域を除けば一度でも宣誓がとりおこなわれたことを示す証拠も存在しない[186]」と断言している。真のラディズムは、隠された目的をもっておらず、自然発生的暴動（ランカシャー）か、あるいは産業上の目的に厳密に限定された行動（ノッティンガム、ヨークシャー）のいずれかだった（と示唆されている）。

　Ｆ・Ｏ・ダーヴォールは、その『摂政時代イングランドの民衆騒擾と公的秩序』で、ハモンド夫妻の歴史解釈の大半を受け継いでいる。彼は次のようにきっぱりと断言している。

　ラダイトの側になんらかの政治的動機があったことを示す証拠はない。ラダイトの攻撃が、親方と職人、労働者と雇用主とのあいだの紛争を超える、より重大な何かを目的としていたことを証明できるような事例は一つたりともない。大逆罪の告発がなされたり、告発が維持されたりした……ラダイトは一人もいなかった。スパイたちはそうした動機を証明しようと必死に努力したにもかかわらず、ほんの少数の、とるにたりない、代表者ではない、無責任な煽動者を除けば、ラダイトが大がかりな、あるいは政治的な戦略をもっていたことを示すものは何もないのである。

「執拗をきわめた捜査にもかかわらず、スパイが言ったような大武器庫などどこにも発見されなかった。不満分子の地域間のつながりをたどることもできなかった……」。ランカシャーの町々にあった秘密委員会は、「真菌類のように急速に成長した」が、スパイや「小ざかしい煽動行為を自らの収入源」とした人物によってあやつられていた。大がかりなラダイトの打ち壊しについても、「そうした大規模な数の暴徒のなかに、自然発生的な学生『騒動《ラグ》』に参加する群衆が持ち合わせている組織以上のものが存在していたようにはみえない」。「ラダイトが秘密ないしは非合法の宣誓儀式をおこなっていたことを証明するものは、確証しがたいスパイの証言以外に何もない」[187]のである。

こちらには無気力な当局者、あちらにはパニック状態の治安判事、さらに別の場所にはスパイによる信じがたいほど歪曲された物語——そうした日誌報告の細部に拘泥すれば、ラディズムの現実をすべて疑ってみることもできる。しかし、そうした細部から一歩退いてみれば、上述の権威ある書物の結論は、ラディズムについての煽情的な陰謀理論と同じくらいに怪しいものであることがわかる。慈善のためのくじ引き行事を主催したり、ダーツの競技大会を組織したことがある者なら熟知していることだが、夜間指定の場所に、異なる地域から何十人も人を集め、変装しマスケット銃やハンマーや手斧で武装させることや、隊列を組ませることや、番号で点呼招集すること、信号の花火や烽火を合図に数マイルも行軍させて首尾よく攻撃をおこなうことなどできはしない——これらすべてが、学生の自然発生的な「騒動」の組織によっておこなわれたというのだろうか。ミッドランズや北部の地理に明るい者は、隣接する三つの州のラダイトのあいだに接触がなかったなどとは信じがたいはずである。アイルランド人の不満分子が大挙してランカシャーに入り込み、人びとが首相の暗殺を歓喜をもって街頭で祝福しているときに、ラディズムを「政治」とはまったく関係のない純粋に「産業上」の活動だとして頭のなかで切り離すには、相当な明敏さが必要である。端的に言って、そうしたラディズム理解は、当局の愚かさ、敵意、煽動的役割をばかばかしいまでに誇張する個別的訴答によってのみ維持されうる。あるいは、民衆的伝統の重みをすべて分離し無視するような、学問的な想像力の欠如によってのみ維持されうる。

現実に、ラディズムの組織に関して、ある程度の「汚点」をもたない史料など存在しない。ハモンド夫妻とダーヴォールが指摘するように、われわれが代表団や宣誓儀式について知るのは、噂や、「スパイ」の話や、治安判事および軍隊や、あるいは死刑を宣告されたり、死刑宣告を恐れたり、また自分たちの命を救おうとしたりする労働者の自白をとおしてだけである。ラディズムの隠された目的の存在についても同様である。しかし、いったいほかにどんな種類の証拠がありうるのだろうか。すべての囚人が自動的に脅迫を受けるのであり、すべての情報提供者がただちに「スパイ」になるのである。

宣誓の事例を考えてみよう。仮にミッドランズのラダイトたちが宣誓儀式をおこなっていた証拠がほとんどないとすると、それには理由があるかもしれない。ミッドランズにおける掛け枠編み機打ち壊しの主要局面は一八一二年二月に終焉を迎えた。掛け枠編み機の打ち壊しが死罪とされるにいたったのはその月になってからのことだった。ヨークシャーとランカシャーのラディズムは、犯人の身元が割れれば即、死刑ということがよく知られているなかで始まった。したがって（スパイや民衆の伝説がともに主張しているように）なんらかの秘密の宣誓がおこなわれていたことは十分ありうる。一八一二年七月には、凶悪犯罪を目的とした宣誓儀式もまた死罪とされるようになった。噂によれば、ヨークシャーでは、その年の末まで、宣誓儀式がおこなわれていた。しかし、一四年から一六年にかけてミッドランズでラディズムがふたたび開始されたとき、それに従事したさまざまな小集団は、追加的な犯罪に伴う死刑という余計なリスクを付け加えたくなかっただろう。

一八一三年一月にヨークの巡回裁判所で裁判にかけられた囚人グループのうちの二つは宣誓儀式をおこなったかどで有罪判決をくだされた。一つはベインズとハリファクスの民主主義者たちの事件だが、きわめて根拠が乏しかった。彼らは二人の職業スパイの証言によって有罪とされたが、連中はたちの悪いことで有名で、その事件の探索のためマンチェスターから送り込まれた者だった。そしてこの事件を「でっちあげ」と見なす根拠は十分ある。ハモンド夫妻とダーヴォールは両者とも、もう一つの裁判――バーンズリの一人の織布工の裁判――について、同様に疑わしいものであり、職業「スパイ」の仕業であると示唆している。(188) しかし、これはまったく事実に反している。密告者であったトマス・ブルートンは、バーンズリの織布工で、フリーメイソンの一員だった。彼は、理由はあきらかではないのだが、情報提供を進んで申し出たのであり、一八一二年八月にシェフィールドの二人の治安判事の前で宣誓供述をおこなっている。それによると、その年のはじめに、彼はバーンズンリの五人の織布工からなる「秘密委員会」に加わった。彼らはバーンズリで二百人を「巻き込んでいた」。そのほとんどは織布工だったが、二人のパブの主人、一人の製帽工、一人の庭師も含まれていた。(アイルランド人の入会は認められなかった)。ブルートンの任務は会議への出席、資金の徴収、ほかの委員会との連絡であった。(ラディズムが起こらなかった) バーンズリは新興の非力な拠点と見なされ、シェフィールドとリーズが主たる拠点とされていた。ラダイトの仲間内では、シェフィールドで八千人、リーズで七千人、ホウムファースで四百五十人を「巻き込んだ」ことが大いに自慢されていた。それらの代表がマンチェスター、ストックポート、アシュトンで開催された会合に派遣された。ハリファクスではラダイトは、「宗教の名を借り非国教徒を装って」集っていた。ラダイトの多くは義勇軍のメンバーでもあった。「それらのラダイトは、最終的には国じゅうに革命を起こすことによって、政治体制を転覆しようと考えている」。ブルートン自身は、アシュトンでの代表者会議に出席したが、ほかのある代表者から、庶民院と貴族院への襲撃が革命の最初の烽火になるだろうと告げられた。この革命が成功すればカートライト少佐とバーデットが革命に加わることが期待された。彼は代表として活動した経費として十シリング十ペンスを受け取った。(189)

ほかの多くの供述と同じように、ここから本物と偽物を選り分けるのはほとんど不可能に近い。ただし、次の二つのことは指摘できる。一つは、ブルートンは誠実な密告者だったように思われる。つまり、真のラダイトであり、そのうえで裏切り者へと転向した人物なのである。第二に、ブルートンの提供した証拠にもとづいてヨークで進められた裁判、すなわちバーンズリの委員会の一員であるジョン・イードンの裁判では、先の供述は一語たりとも引用されていない。検察側は、非合法の宣誓儀式がとりおこなわれたことを証明する証拠を持ち出すことだけを追求したのである。

私は自らの自由意志においてジ発的に、なんらかの発覚につながるような同一の言葉や合図や行動、それらが知れ渡ることになる事柄を、どんな人物にも……決して漏らさないことを宣言し、厳粛に誓います。そんなことをすれば、私が最初に面を合わせることになる同志によってこの世から追放されることになるという掟のもとで、誓います。さらに私は、われわれの仲間から裏切り者が出た場合には必ず死をもってその裏切り者を罰することを堅く誓います。その者が法の庇護の下に飛び込んだ場合には、私は止むことなき復讐心をもって追及することを誓います。すべての仲間との交渉において私は真に謹厳かつ忠実たるものであります。さすれば神よ、この私の宣誓が破られぬままであるようお守りください。アーメン。(190)

表面上、この宣誓は本物の響きをもっている。(191)が、重要なのは当局側の意図をもう少し検討してみることである。イギリスの支配者層は労働民衆にたいして冷淡で無関心だった。しかしイギリスは、「警察国家」ではなかった。たしかにハモンド・ロバーソン師やボルトンのフレッチャー大佐のように、ラディズムにたいして、とりつかれたかのような憎悪をいだく治安判事や軍人がいたし、またマンチェスターの悪名高い副治安官ネイディンのように、有罪判決を勝ち取るためならなりふりかまわず暴力や策略を使う者もいた。しかし、それでもなお別種の世論が存在し、競合していた。ウェスト・ライディングのウィッグ派の州統監だったフィッツウィリアム伯爵は穏健な性格で、後年ピータールー事件に関する公然たる抗議の結果、その座を追われることになるが、その人物が実際に煽動の許可を与えたとは考えられない。また、ミッドランズのラダイト裁判をいくつか担当したベイリー判事は、その寛大な判決のために激しく攻撃された。一八一二年夏のマンチェスターでのいっそう重要な裁判では、ネイディンがラダイトの宣誓儀式の実施を「でっちあげ」ようとした三十八人の急進派に、陪審は、有罪判決を出すのを拒んでいる。司法官吏も有罪判決が自動的にくだされないことをよく知っていた(192)。

しかもこの時期には、政府は労働民衆に憎悪されていただけでなく、中流階級の多くの人びとからもひどく嫌われていた。仮に、ブルートンのような供述にもとづいて大逆罪での起訴が可能だと司法官吏が助言したとしても、そうしたやり方で裁判を進めることは当局の利益にならなかった。当局はもっぱら政治的動機で動いているのではないかという疑念が世論を刺激したのである。当局がなすべきことは訴追の対象を、明白な犯罪行為、すなわち掛け枠編み機の打ち壊しや夜襲、武器の強奪、宣誓儀式に限定することであった。ブルートンの供述書のたぐいは、どのみち法廷ではお粗末な証拠として扱われた。被告側がブルームのような弁護士を雇っている場合には、とりわけそうであった。当局が依拠したのは、革命的言辞についての確証なき報告や、たいていは名乗らなかったり偽名をかたったりするほかの地域の代表者との会合とか、カートライトやウィットブレッドやバーデットが革命を先導しているといった主張のような、あきらかな誇張やまったくありえない示唆だった。

事実、地方当局と内務省とのあいだで、じつに奇妙な争いが生じていた。とくに目立つのは、一八一二年の夏から秋にかけてヨークシャーで生じた争いである。「ロイド氏は、ストックポートのきわめて活動的な弁護士でありますが、全国にスパイを送り込んで情報を収集しようとする政府に雇われております」(あるヨークシャーの治安判事がフィッツウィリアムあての書簡でそう記している(193))。そのロイド氏は、内務大臣の直接の保護を受けて活動し、州の何人かの治安判事が批難するようなやり方で、証拠をつなぎ合わせて完璧な起訴事実をつかもうと画策していた。実際に、鍵を握る証人たちを誘拐し、ペナイン山脈を越えて連れ去り秘密裡に拘束することさえおこなっていた(194)。

アプローチの仕方に、ある相違があったように思われる。一方で、内務省（そのころはシドマスが統括していた）は、戦後にオリヴァー、エドワーズ、カースルらの挑発行動をもたらすことになる政策をすでにとっていた。シドマス、ロイド、ネイディンらはできるかぎり多くの逮捕者と、大仰な裁判、そして死刑を望んでいて、ラダイトと議会改革論者を恐怖で震え上がらせようとしていたのである。したがって、犠牲者が「本物の」ラダイトであるか否か、また証拠を捏造する際にとる手段についても、良心の呵責をほとんど感じなかった。他方、フィッツウィリアムやラドクリフといった人びとは、ラディズムを粉砕しようとする点では人後に落ちないものの、手段についてはより慎重で、たとえばホースフォールの暗殺者やカートライトの工場を攻撃した者といった真の犯罪者を逮捕しようと決意していた。結局、公判に付された主要な事件は（マンチェスターの三十八人を例外として）、特定の犯罪を対象にした、確実に「発見し、有罪にし、罰することができる事例」であり、そこでは政治煽動という大それた告発は背景に退いていた。ハリファクスの民主主義者の事件でさえ、その背後に政治的動機があったことは確かであるにもかかわらず[195]、検察側は、逮捕者の政治的見解については間接的に批難するにとどめ、特定の日時に特定の人物にたいしてとりおこなわれた宣誓儀式という明白な行為の立証によって公判を維持しようと努めた。だから、なぜ大逆罪が適用されなかったのかを問われたなら、その答えは、そうした告発は民衆の不評を買うし、法に照らして疑わしいし、（マンチェスターの事件のように）無罪放免という結果をもたらしかねなかったからということになる。

また、当局は、宣誓儀式の罪ですべての訴追をしようと望んでいたのでもない。当局はただ宣誓儀式をやめさせたかったのだ[196]。そうするために、当局は、最も都合のいい事件を裁判にかけて流刑に処することで、見せしめにしたいと望んだのである。ハリファクスやバーンズリの労働者たちは、それとは異なる理由から見せしめとされた。当局が見込みのあるすべての事件を徹底的に追及する熱情にとりつかれていたと考えると、当時の権力の性格を誤ってとらえることになる。ヨークで「侵害された法律」と秩序の価値観が権威を回復したのは、ホースフォールの殺害者らが有罪判決を受け、数人が宣誓儀式をとりおこなったかどで流刑とされて、十四人が武器強奪と夜襲のかどで死刑に処されることが確定したときだった。それ以上の策を弄すると、世論を刺激して忍耐の限度を超えさせることになり、北部の治安判事や工場主は一人残らず嫌悪すべき状態で生活するはめに陥っただろう。この時点で、訴追は中止され、大赦が発せられた。報復が十分になされたことは確かではないだろうか。

したがって、裁判に付された事件からも、また検察側の提出した証拠からも、ラダイトの組織について論じることはできない。事実、当局は裁判では決して表沙汰にならないような証拠や強い嫌疑にもとづいて行動することが多かった。[197] 当局は、実際には、秘密集会、軍事訓練、宣誓儀式、代表者の派遣などについて多くの証拠を握っていたが、その一部は信頼性に乏しく、また一部はいかがわしい手段で入手したものであり、そして大半は法廷で使いものにならなかった。そこには、多くの匿名の手紙や、密告者からの手紙や供述が含まれていたが、なかには二義的な価値しかないものもあった。たとえば、ラダイトの合言葉の仕組みを記したものがそれである。

右手を右目の上に掲げよ——もしほかにもラダイトがそこに居合わせれば、その者は左手を左目の上に掲げるはずである——しかるのちに右手の人差し指を口の右端につけよ——相手も左手の小指を口の左端につけ、「あなたはどなたですか」と問う。その答えは「決意した者」である。彼は「なんのために」と問う。答えは「縛られぬ自由」である。[198]

言うまでもなく、こうした供述は法廷では証拠としての価値をもたない。しかしながら、ハモンド夫妻やダーヴァールにならって、これらの証拠をすべて事実無根とするなら、[199] われわれはとんでもない立場をとることになる。当局は、自らの工作員を使って陰謀組織を創設し、その後、想像にだけ存在する、あるいは当のスパイの煽動の結果存在するようになった重大犯罪（たとえば宣誓儀式の挙行）を新たに開始したと、われわれは仮定しなければならなくなる。しかも、この推論全体が、地域コミュニティの文脈のなかにラディズムを位置づけられないでいることをあきらかにしている。とりわけノッティンガムやウェスト・ライディングでは、ラダイトの強さは小さな工業村落のなかにあった。そこでは全員が顔見知りであり、同一の親密な血縁関係で結ばれていた。迷信深い人びとにとって、宣誓儀式の拘束力は恐るべきものだったろう。しかし、コミュニティの拘束力のほうがはるかに強力であった。ラダイトの指導者たちはそれぞれの村で人気があった。たとえば、おそらくヨークシャーの秘密委員会の一員だった織布工ジョージ・ハワースは、「若々しい外観をもち、がっしりした体格で、人前で歌うのがひじょうにうまく、典型的な田舎者のように下世話な話もよくした……」。当局にとって、証人として出廷して、隣人の名をあげるよう説得することは至難の業であった。もちろんラダイトからの報復が恐ろしく、口を開かなかった面もある。しかし、それ以上に、密告者の役割を演じることはモラル・エコノミーを侵害することであり、コミュニティからの追放を宣告されることは目に見えていた。地元の治安判事でさえ、共犯者でありながら国側の証人に転じ、メラーにたいして不利な証言をしたベンジャミン・ウォーカーを、ユダを見るような目でしか見なかった。処刑の前夜、メラーは断言した。「ウォーカーは、やつらのために告発者になって、その罪を償うよりも、どんなにひどくとも、自分がそのとき置かれていた状況にとどまるべきであった。自由と二千ポンドを得たとしても、自分が置かれた状況を変えることはできないのだ」。自分の命を守るために当局に証拠を提供したラダイトの状況は、有罪判決を受けた者たちよりもいっそう哀れだった。ヨークでの処刑のあとにウォーカーを訪ねたあるクエーカーは、彼の「顔色は青白く死人のようで、関節はまったくがたがたで、ほとんど身体を支えられないかのようだった」と観察している。実際、支払われるはずの二千ポンドの血にまみれた金を受け取ることもなかった。哀れにも浮浪者として存在しつづけたあげく、ついには物乞いに身を落とした。密告者となった二人のノッティンガムのラダイトは、殺されるのではないかとたえずびくびくし、当局にカナダへの渡航を願い出た。情報を提供した疑いのあるほかの者は、文字どおりの村八分とされた。ヨークシャーのある労働者は、ロウフォールズを襲撃した集団の一員を処刑に導く証拠を愚かにも軽率に提供した妻との同居を拒否した。数年後に、同じようなことで、二人のヨークシャーの密告者が、コミュニティから一生涯にわたって村八分にされた。彼らが人の集まるところやパブに来ると、居合わせた者はとたんに話をやめるか、あるいは立ち上がって出ていったのである。[201]

われわれはコミュニティの連帯と、当局の極度の孤立を想像しなければならない。シャーロット・ブロンテがカートライトやロバーソンを英雄に祭り上げたのは、まさにこれによるものであった。彼女自身がチャーティスト運動の時代にハワースにおいて、同じ孤立を味わったのである。ロウフォールズが襲撃された際、発砲があったにもかかわらず、地元の村人で救援に駆けつけようとした者は一人もいなかった。ラダイトが撤退したあとに、ようやく三人ないし四人の地元の人間が、攻撃された側に味方すると公言した。その者たちとは、ハモンド・ロバーソン師、コックヒル氏（大規模な親方染色工）、ディクソン氏（化学工場の経営者）、クラフという名前の地元の名士である。彼らはすぐさま、負傷したラダイトの側にはっきり肩入れした、ぶつぶつ不満を口にする群衆に取り囲まれた[202]。さらに、裁判と葬式の双方が、民衆の共感を表明する場になった。それはときに威嚇のかたちを、またときには宗教的熱狂というかたちをとった。ノッティンガムで告発されたラダイトの裁判は、威嚇や示威行進がなされるなかで進められたが、一度などは、武器を持った者が交じっていると考えられる満員の法廷でおこなわれた[203]。一八一二年三月、ノッティンガムのある陪審が、ラダイトの襲撃に加担したかどで数人の労働者を有罪にしたが、その陪審長はワークソプに戻っても追及を受けた。

拝啓

ラッド将軍によって発せられた緊急の命令に従って、われわれの大義にたいする貴殿の態度を調べるべく、私はワークソプに来ている。その結果、残念ながら、貴殿の態度と最近貴殿がわれわれにたいして示した行為は同じであることがわかった。忘れないでいただきたい。貴殿のような性格の人間が後悔するときは急速に迫っている。貴殿はまもなく訪問を受けるだろう。忘れないでいただきたい――貴殿は狙われている人物である。

ラッド将軍、

一人の真の人間より[204]。

ヨークシャーでの裁判は、騒動の拠点から三十マイルも離れたヨークで開かれたにもかかわらず、当局は兵士を増強したし、また仲間の奪還が敢行されるのではないかと恐れてもいた。ラダイトの敵対者でさえ、有罪判決を受けた者たちの不屈の精神に敬意を表した。メラーとその二人の同志はいかなる自白も拒んだ。その少しあとに処刑された十四人も同様であった。「これらの不幸な者たちのなかに秘密を保持していた者があったとすれば、彼らは死を賭してそれを守った。あきらかになった秘密の中身は著しく内容のないものだった[205]」と、『リーズ・マーキュリー』紙は書いている。（伝説によれば、このときの裁判長はやや軽薄だった。一本の梁で死刑四十四人全員を縛り首にするのか否かと問われた裁判長は、しばらく考えたのち、「いや、二本のほうが、縛り首になる彼らも快適だろう」と答えた）。最初に刑場に連れてこられた七人は、大群衆の見守るなか、メソジストの賛美歌を歌いながら絞首台に赴いた。

人類の救済者を見よ、
汚れ多き木に釘付けにされている。
その愛の深さを見よ、
私のために血を流し死のうとしている。

よく聞け、彼が苦悶する様子を！　天地はうち震え、
そして堅固なる地軸がゆがむ。
聖堂のおおいはばらばらにちぎれ
堅い大理石が割れて砕ける。

終わったのだ！ 償いはなされた、
「わが魂を受け止められよ」、と彼は叫ぶ。
彼がその聖なる頭を垂れたところを見よ、
　彼は頭を垂れて死ぬ(206)。

われわれの印象では、三つのすべての州において、コミュニティは、実際の暗殺を除くすべてのラダイトの活動を道徳面から積極的に支持していた。当局自身は次のように慨嘆した。

これらの犯罪の道徳的な卑劣さが曖昧にされることで、刺激が与えられた。害悪は宗教的熱狂によって頂点に引き上げられたが、そうした熱狂は、これら人口の多い地域には不幸にも過度に存在しているのである(207)。

民衆の神話がすべての密告者をユダとして描くのと同じように、シャーロット・ブロンテは中流階級の神話に従って、モージズ・バラクラフ[26]という登場人物をつくりあげたが、それは「騒々しい」説教師、「徒党を組んだメソジスト野郎」、偽善に満ちたラダイト煽動者を戯画化したものだった。また彼女は、ジェラード・ムア[27]の暗殺遂行犯にたいしては、旧約聖書の言葉で、「悪しき者が滅びれば歓声があがる。つむじ風が過ぎるように悪しき者は消える……」と言わせた(208)。この点に関する証拠は、いつものことながら、ずさんである。ヨークで処刑された者のなかにメソジストが二、三人いたことは確かだろう。しかし、多くの者がメソジストの文化（あるいはメソジストの喧噪派やサウスコット派といった狂信的な集団）のなかで育ったとはいえ、獄中でさえメソジストの聖職者たち——メソジスムにかけられた共犯の嫌疑を晴らそうと躍起になっていた——は死刑囚にたいしてなんの権威ももつことができなかった。旧約聖書への熱狂は、かのジャベツ・バンティングさえ入り込めない、階級的連帯の一部に同化されていたのである。

ラダイトの葬儀はこのことをよく示している。一八一一年十一月の乱闘で死亡したラダイト、ジョン・ウェストリの葬儀は、ノッティンガムの民衆の共感を誇示する機会となった。「亡骸は、故人のかつてのクラブ仲間によって先導された。彼らは黒い杖を手にし、クレープの紋章をつけていた」

その光景は真に恐ろしいものであった。州長官と副長官、そして六人ほどの治安判事がその場にいて、一群の治安官と三十人ほどの騎兵が付き添っていた……遺体が移動される前に、町のあちこちで暴動取締令が読み上げられた。(209)

ロウフォールズで負った傷がもとで死亡した二人の労働者にも、同様の共感が寄せられた。ハダズフィールドでは多くの民衆が参列する葬儀が中止されたが、それは予定時間に先立って当局がこっそりとブースを埋葬したためだった。ハートリーはハリファクスで埋葬されたが、白いクレープの喪章をつけた何百人もの哀悼者が従った。彼の友人たちはメソジスト流の埋葬を主張したが、バンティングが祈りの言葉の読み上げを拒んだため、怒りで騒然とした。次の日曜日、追悼のために大勢の人が集まった。ジョナサン・サヴィルは、身体に障害をもった地元在住の説教師だが、「ハリファクス教会始まって以来最大の人数が集った」と回想した。

……四方八方から人びとが集まり、死者に哀悼の意を表した。教会の礼拝堂はごったがえし、なかに入れず、戸外に立ったままの者も何百人といた。治安官が騒動を警戒して扉の前を歩いていた。この午後に予定されていた説教師は、ハダズフィールドへ出かけてしまっていた。おそらく、この仕事から逃れるためだろう……。

バンティングはこのときも説教を拒否し、サヴィルに代行を命じた。この身体に障害のある説教師は、信心深い者の死と不信心者の死とを対照した説教をおこなった。

当時、おそらくそれまでになかったほど、下層階級では不信心が広まっていた……「不信心よ、あくまで抵抗するのだな！　死が目前に迫っているのに、降参しないのだな！」と私は叫んだ。その効果は大きかったように思う……。

とはいうものの、人びとの反応はサヴィルが意図していたようなものではなかった。サヴィルは教会堂から出ていくと石を投げつけられたのである。壁とドアにはチョークで「無辜なる者の血には報復を」と書かれていた。この出来事のあと何週間も、バンティングは（脅迫状を何通も受け取っていた）、地方での勤めを果たすために出かける際には、武器を携えた護衛を伴なった。ホウムファースとグリートランド（ハリファクス近郊）でも、ヨークで処刑されたラダイトの埋葬をメソジストの聖職者が拒否したために、同じような騒ぎが起こった。[210]また、一八一六年十一月にノッティンガムでジェイムズ・タウルの葬儀がおこなわれた際にも、民衆による同じような意思表示がなされた。それは、聖職者兼治安判事だったワイルド博士が埋葬式で祈禱文を読み上げることを禁じたためだった。それにもかかわらず、三千人が参列した。あるスパイの報告によると、

ある学校長が賛美歌を提供し、それを六人の若い女性がタウルの家から墓まで斉唱した、と私は聞いています……棺の蓋には星ないし十字架が描かれていました。それが何を意味するかをめぐってさまざまな憶測が呼び起こされました。ある者はそれは、タウルが堂々と最後まで闘って死んだことを意味しているといい、またある者は、彼が絞首刑にされたことを表していると言っています。また、葬儀でお勤めを拒んだワイルド博士にたいする批難を意味しているとする者もいました。……悪質なものは、……ジェムは坊主など一人として望んでいなかったのだから、それは彼にとって何も意味していないのだと言っていました[211]……。

ラディズムの説明として、産業面に限定して解釈するものや、少数の「短気な人物」については語るが、体制転覆の要素を認めないものは、十分ではない。ノッティンガムでは、ラディズムが高度な規律のもとに産業上の利害を追求したが、そこにおいてさえ、掛け枠編み機の打ち壊しと政治的な煽動が結び付いていたことを誰もが認めていた。というのも、掛け枠編み工ばかりでなく「下層階級」の人びとも、メリヤス業者や軍隊や治安判事との抗争においては、全般的にラダイトと共犯関係にあったからである。ランカシャーでは、組織の中核を担ったのは織布工だったが、坑夫や綿紡績工やあらゆる職種の商工業者が騒擾に参加した。ウェスト・ライディングでは、攻撃対象は起毛機や剪毛機だったが、剪毛工だけではなく、「数多くの織布工、仕立て工、製靴工、そのほかほとんどすべての職種を代表する者」がラダイトと結び付いていた。ロウフォールズの襲撃で殺された聖職者の息子、ジョン・ブースは、ある馬具職人の徒弟だった。[212] ヨークで特別委員会の審理に付された被告人には、剪毛工二十八人、農場労働者八人、織布工四人、製靴工三人、炭鉱夫三人、綿紡績工三人、仕立て工二人、布地仕上げ工二人、そして、肉屋、けば立て機製造工、大工、絨毯織工、製帽工、行商人、商店主、石工、船頭、紡毛紡績工が各一人ずつ含まれていた。[213]

ここでラディズムの経過を思い切って説明してみよう。ラディズムは労働者のコミュニティに承認された、「労働組合《トレイド・ユニオン》」による直接的実力行使の一形態として、ノッティンガムで（一八一一年に）開始された。そうしたものだったから、ラディズムは即座に非合法とされ、またそれを取り巻く状況そのものが、ラディズムをより体制転覆的な方向に追いやった。一八一一年から一二年にかけての冬までには、「代表者」が、公式あるいは非公式に、北部のほかの地区へと出向いていったようである。[214] ヨークシャーのラディズムは、より体制転覆的性格をもって開始された（一二年二月）。一方では、剪毛工の長年の不平不満がノッティンガムの事例に触発されて燃え上がった。他方では、民主主義者やペイン主義者らの小規模な集団は、より一般的な革命の機会をそこに見いだした。これら二つの衝動は、一二年三月に出された二通のラダイトの手紙の文言のなかにみてとることができる。第一の手紙は、おそらくハダズフィールドから出されたと思われるが、剪毛工に特有の不満を表明している。

注意せよ……将軍は……私に次のことを貴殿に伝えるよう命じられた。それは、ハダズフィールド地区の布地仕上げ工が、起毛機を剪毛機の使用を禁じた法律を執行させるために、七千ポンドを費やして政府に請願をおこなったが、目的を達成できなかったので、今回はこの方法をもちいるということ、である。また将軍は、この方法が別の目的のために実行されることになるのではないかと貴殿が恐れていることも承知している。しかし、貴殿は心配するにはおよばない。なぜなら、貴殿の忌まわしい機械が停止するか、打ち壊されるかすれば、将軍とその勇敢な部隊はただちに武装を解き、ほかの忠実な臣民と同様に仕事に戻るからだ[215]。

もう一通の手紙は、一週間ほど早く投函されたものだが、「忠実な臣民」からの手紙などとはとうてい言えない代物だった。摂政皇太子が、講和と改革の内閣の形成に失敗したこと（これはのちのマンチェスターの取引所での暴動のきっかけとなった）への失望が、ヨークシャーのラディズムの引き金となったことを示唆している。

われわれが活動を始めた直接の原因は、摂政皇太子からグレイ卿とグレンヴィル卿にあてた悪辣な手紙です。それは、もはやよき方向への変化がまったく期待できないこと、そして、現下の悲惨はことごとくパーシヴァルとその取り巻きに責任があるとわれわれは考えるのですが、そうしたごろつき連中と摂政皇太子が手を結んだことにあるのです。しかしわれわれは、これまで存在したもののなかで最も腐敗し、邪悪で、最も専制的な政府の軛から抜け出すために、かのフランス皇帝の助力に期待するのであります。こうしてハノーヴァーの専制者が倒れ、また大から小まですべての専制者が倒れ、われわれが公正な共和国によって統治されること、そうした幸福な時代をかの全能なる方がただちにもたらすこと、それがこの国の何百万という人民の願いであり、祈りなのであります[216]……。

以上の二つの手紙がともに本物であると考えると、ヨークシャーのラディズムには分断された二つの目的があったことになる。そうであるとすれば、次々に事件が起こるにつれて体制転覆性格が支配的になっていったことになる。フランク・ピールが収集した口承の伝統が多少とも考慮されなければならない。それによれば、ハリファクスの老いた製帽工ベインズは「トム・ペイン主義者」の一団のまさしく中心人物だったが、この集団はハリファクスの居酒屋聖クリスピヌス亭で「民主主義ないしは共和クラブ」の会議を開催していた。この居酒屋で、ある重要なラダイトの代表者会議が三月に開かれ、ベインズは議長を務め、ラダイトの運動を歓迎するあいさつをした。

私は三十年間、この悪に反対して人民が立ち上がるよう力を尽くしてきた……そして私はこうした自説のせいで、身体や家屋に多大な損害をこうむってきた。いまや私は、人生行路の終幕に近づきつつあるが、いままで生きてきたとおりにして死にたいと思う。すなわち、残りわずかな日々を人民の大義に捧げるつもりだ。私は、諸君が圧制者にたいして立ち上がったことを祝うものである。そしてそれが圧制者が一人もいなくなるまでつづくことを願う。私は来たるべき時代の幕開けを長らく待ってきた。老いたりとはいえ、民主主義の輝かしき勝利をなんとしてもこの目で見たいのだ。

同じ口承の伝統によれば、ウェイトマンという名のノッティンガムからの代表もまたこう語った。「われわれの組織は不満のくすぶっているあらゆる拠点の組織と日々連絡をとっていて、五月の一斉蜂起を強くはたらきかけている(217)」

こうした史料の言葉そのものではなく、そこに示されている全般的な傾向が真実であると仮定するだけの理由がある。当局は、配下のスパイからの証拠がほとんど根拠のないものであるにもかかわらず、ベインズを絶対に有罪にしようと決意していた。ある証人によると、ベインズは「私は、貴族制ならびに民主主義という言葉を知らないような人間とは付き合わないことを習慣にしてきた」、と語ったと主張した。そして、判事はこれを、「ベインズが二十三年間にわたって目を見開いてきた[218]」ことの自慢であり、ベインズの犯罪をいっそう悪質化させるものと見なした。これが地方の急進派にたいする「でっちあげ」の一事例にすぎないのか、あるいは彼らが実際にラディズムと連携をもっていたのか、それは別の問題である。しかし、この点について、ランカシャーにおける中心的な密告者「B」の一八一二年三月と四月の報告に解明の糸口がある。「B」は、リーズから派遣されたウォルシュという名の代表者が自分を訪ねてきたこと、そして（四月には）同じリーズのマンという名の代表者からラダイトの成功を知らせる手紙を受け取ったと主張した[219]。ウォルシュが「B」に語ったところでは、リーズの秘密委員会では、「年配のジャック［ジャコバン］たちへの警戒が近年きつくなっているので、誰一人として活動を許されないでいる」。

年配のジャックのなかには活動したがる者もいたが、かつての委員会はあまりに過激に活動したため、慎重さも失われ、成功も収められなかった。だから誰も委員会の一員となることは許されず、舞台裏に退いている。

（ウォルシュが「B」に語ったところでは）、ヨークシャーの組織は「職種委員会《コミッティ・オブ・トレイズ》」によって指導され、その会合は極秘のうちにリーズで開催された。

委員会の会合は決してパブでは開かれなかった。私邸で開かれるか、あるいは天候が許せば夜に野原で開かれることさえあった。以前のように町じゅうに知らせるやり方はとられなかった[220]。

リーズでは「年配のジャックたち」は舞台裏にとめおかれていたが、ハリファクスのラダイトはそれほど用心深くなかった。そしてこのことは、ヨークシャーのラディズムが、ロウフォールズの襲撃が失敗して以降、もっと一般的な体制転覆的反乱のかたちをとりはじめたことを示唆する既存の史料とも合致する。四月までには、ウェスト・ライディングでなんらかの秘密裡の代表者同士の連絡体制が機能していたことは疑いない。ロウフォールズ事件以降、ラダイトの組織は活動の重心を一般的な革命の準備に移していた。四月から九月までの時期に、武器強奪や寄金の徴収が頻繁になされ、宣誓儀式の噂も広まっていた。（銃弾用の）鉛が暖い日に雪が溶けるようになくなり、「ポンプや放水管もしょっちゅうなくなっていた」[221]。さらに、染色用桶や桶材までもが姿を消した。シェフィールドやバーンズリのような、剪毛工もおらず、剪毛機と起毛機もない地域でもこうした謀議は拡大していた。ラダイトは、「組織が全土に拡大し、武器が十分に集まったら、ほかならない政府を打倒するという乱暴な考え[222]」に鼓舞されていたのである。

ヨークシャーのラディズムが、剪毛工の不満にとどまらず、より一般的な革命の目標へ移行したとすれば、ランカシャーではさまざまな不満を一つに結び付ける単一の課題がみられなかった。食糧暴動、煽動的な落書き、政治改革を求める秘密の運動、秘密裡の労働組合委員会、武器の強奪、力織機の打ち壊し、スパイによる挑発、こうしたことが同時に、ときには自然発生的に、しかも相互に直接的な組織的連携をもたずに発生した。「ランカシャーのラディズム」の章は、『熟練労働者』のなかで最も納得のいかない章である。その記述の一部、たとえば、ランカシャーとチェシャーではすべての騒擾が一八一二年五月はじめまでに終息していたといった記述はあきらかに誤っている。ボルトンからのスパイやマンチェスターの「B」がふるったとされる驚異的な影響力などの記述もまた、事実にもとづく話を装ってはいるが、憶測と手前勝手な議論にもとづいたものである。『熟練労働者』の結論部分は、ばかげているといってもいい。そこでわれわれが求められるのは、一八一二年五月にランカシャーで、何千人という特別治安官（ソルフォード地区だけで千五百人）をはじめとして、七十一の歩兵隊と二十七の近衛騎兵および騎兵隊が配備されたのは、「老人S」、「若者S」そして「B」らが蜂起の話で雇用主たちを震え上がらせたためであり、またいくつかの自然発生的な食糧暴動が起こったためだったと信じることである。

ハモンド夫妻の史料の扱いで最も目立つのは、調査を開始する際の著しい偏向であり、そこでは、労働者側に真に蜂起の計画があったことなどとうてい考えられない、あるいはあったとしても、誤った、共感を寄せるに値しないものであって、したがって狂気じみた無責任な分派による仕業だと想定されている。一八一二年に、このように想定すべき理由を見いだすことは難しい。一年間の中断はあったものの、戦争は二十年近くつづいていた。人びとに市民的自由はほとんどなく、労働組合活動の自由はまったくなかった。人びとは歴史的洞察力に恵まれてはおらず、それゆえに二十年後（そのときには彼らの多くは死んでいるだろう）に中流階級が選挙権を獲得することを予見して、慰められることもなかったのである。一二年に、織布工の社会的地位と生活水準は破滅的な下落を経験した。人びとの飢餓はすさまじく、自分たちの命を賭けてジャガイモの荷車を襲うことを辞さなかった。こうした状況のもとでは、革命的蜂起を企てることより、企てないことのほうがむしろ不思議に思われる。また、こうした状況は、自分たちの政治的存在を認めないような国家体制の枠内で活動するような、漸進主義的な国制擁護主義の改革論者の集団をはぐくむものではなかった。

　少なくとも、多くの人が、民主主義的文化というものは、こうした慎重で謙虚な人びとの苦境を研究するものだと考えるだろう。しかし実際はそうではなかった。この時代に関する研究を開拓した歴史家たち（ハモンド夫妻、ウェッブ夫妻、グレイアム・ウォーラス）[28]はフェビアン主義的信念をもっていて、彼らおよび彼女たちは、「労働運動の初期の歴史」を、その後の選挙法改正の成立や、ＴＵＣや労働党の発展の歴史に照らして顧みたのである。ラダイトや食糧暴動の参加者は、「労働運動」の満足できる「先駆者」にはみえないから、共感を示したりこまやかな注意を払うには値しなかった。しかもそうした偏見は、別な方向から、つまり正統アカデミズムの伝統という、より保守的な偏向によって補強された。それゆえ、「歴史」は、トルパドルの殉教者を公平に扱っているし、フランシス・プレイスにも包括的な検討を加えている。しかし、宣誓儀式、ジャコバン派の陰謀、ラディズム、ペントリッヂ蜂起やグレンジ・ムーア蜂起、食糧暴動、エンクロージャー反対暴動、通行料反対暴動、エリ暴動、一八三〇年の「農業労働者の反乱」、そのほか多くの小規模な騒動に参加した何百人もの男たちや女たちは、ほんの少数の専門家以外には忘れられている。仮に忘れられていないとしても、まぬけな者だとか犯罪的な愚考に毒された連中だと見なされている。

しかしながら、歴史を生きぬく人間にとって、歴史は「それより前」でも「それよりあと」でもない。しかも、「先駆者」とはもう一つの過去の後継者でもある。人間にたいする判断は、その人間自身の文脈のなかでなされなければならない。そうした文脈においてこそ、われわれは、ジョージ・メラーやジェム・タウル、ジェレマイア・ブランドレスといった人物を英雄的偉大さを備えた人物としてみることができるのである。

そのうえ、偏見というものは歴史研究のたいへんこまかいところにまで影響をおよぼしている。とくにランカシャーのラディズムの研究でそうである。内務省文書に収められたさまざまの供述記録書の革命的性格にかかわる部分を偽物だと信じる根拠はたった一つしかない。その根拠とは、そうした史料はなんであれ偽物に決まっていると想定することである。いったんそうした想定をするやいなや、ハモンド夫妻は歴史的フィクションの大海へ乗り出すのである。かくして、ラダイト期ならびにナポレオン戦争期のランカシャーで最も頻繁に登場する情報提供者は、「B」と称する一個人であった。この「B」はおそらく、一八〇一年ないしは〇二年から密告者として雇われていて[223]、マンチェスターの過激な急進主義者たちから信任されていた。彼の名はベントといい、小規模商工業者であり、一二年の記録では、「くず綿の売買業者」だとされている[224]。彼は比較的裕福な人物だったから、さまざまな秘密委員会の会計に指名されることが多かった。これはスパイにとっては願ってもない情報収集の役職だった。まさしく、彼は組織内部の情報を提供するうえで、格好の立場にあった。『熟練労働者』では、「B」は繰り返し煽動家や挑発者の役割で登場する。

内務省文書には、彼の無学な通信文がたくさん収められている。それらは、謎の上層階級の人物にたきつけられた下層階級の蜂起が迫っているといったどぎつい暗示に満ちている。国のあちこちで宣誓儀式を経た何千という人びとによる全面的な蜂起というのが、いつもの彼のテーマである。

ランカシャーのラダイトの宣誓は（ハモンド夫妻が断言するところによれば）、『「B」』の多産なる頭脳から生み出された……と想定するのは根拠のないことではない」。ハモンド夫妻はまた、マンチェスターの代表が、ストックポートの織布工の秘密委員会を訪ね、彼らを革命の準備活動に引き込もうとしたという証拠に直面すると、次のような都合のいい説明を見つけている。

さて、この時期の内務省文書に目を通したことがある者であれば、誰もがマンチェスターから派遣された代表者が何を述べたかを記した報告書のなかに、「B」の声を聞き分けることができる……。

この仮説（それは、豊かな学識があるという、ほとんどの読者が疑問視しようとはしない想定によって支えられている）にもとづいて、煽動というフィクションに磨きがかけられる。しかし、数ページあとでは、「B」の情報の別の部分を信用することがこの同じ著者にとって都合がよくなると、夫妻は無頓着に読者にこう述べるのである。「ベントが自分の仲間の労働者に暴力的活動に加わって働くよう熱心に工作していたとは思えない。というのは、さもなければ、ジョン・ナイトのような性格の人物が彼を信用しつづけることなどなかったはずだからである……」。結局、「B」からの報告は、当時の伝説にちょうど適合するような仕方でねじ曲げられるのである。(225)

内務省文書はさまざまに解釈できると考えられるかもしれない。ベントは、挑発者ではなく、たんなる密告者であって、仲間の急進主義者の信頼を保つのに必要な程度に自らの活動を限定していた。彼はどこかまぬけていたようにみえるが、しかし注意深い観察をする人間でもあった。こうした組み合わせは珍しいことではない。だから、彼が自ら参加した出来事について記した場合にだけ彼の証言は信頼できるのであり、反面、隠された目的や彼が直接にかかわりをもつことのなかった地方の組織についての報告では、より激しやすい運動家の自慢話をそのまま伝えたにすぎなかった。ベントがマンチェスターの代表者として、ストックポート委員会を陰謀計画に巻き込んだという見方は、検証に堪えるものではない。[226]

事実、われわれは、煽動という偽りの手がかりを追うことをやめれば、ハモンド夫妻がもちいたのと同じ史料を使って、ランカシャーのラディズムの秘められた歴史に一貫した解釈をつなぎあわせることができる。第一に、ジャコバン主義は、ランカシャーではほかの製造業地帯と比べてより深く根づいていて、しかもアイルランド移民によってとりわけ革命的色彩を帯びていたことを想起しなければならない。ランカシャーでは、ほかではまずみられなかったことだが、一七九〇年代から「統一イングランド人協会」の時代を経てラディズムの時代にいたるまで、公然たる反戦運動ならびに議会改革運動が一貫して存在していた。一八〇八年には、こうした運動の存在がマンチェスターだけでなく、ロイトン、ボルトン、ブラックバーンからも報告されている。ボルトンの織布工たちは、町を見下ろす場所にある居酒屋チャーターズ・モスで二ヵ月間にわたって毎週日曜に示威行進をおこなう旨を公然と語りながら、次のように問うた。

穴蔵に隠れているイギリスの国制をひきずり出し、本来の裸の純潔さを明るみに出し、すべての人びとに祖先が定めた法令を示すときがきたのではないか。[227]

織布工は、最低賃金要求運動が成果を生まなかったために、年々、革命的性格を帯びるか、国制擁護主義の性格を帯びるか、いずれにせよ政治的運動に追いやられていった。

第二に、一八一一―一二年にラディズムが始まったときに、ランカシャーでは非合法の労働組合主義がすでに強力に根を張っていた。マンチェスターでの、職人的職種と綿紡績工の組織化の進み具合や連携の程度についてはすでに指摘した。織布工の組織もまた、おそらくは広い範囲に、しっかりとした基盤をもっていた。ランカシャーでは都市部はもちろん、なかには村落でさえ、なんらかの代表制をとる織布工の「秘密委員会」が存在していて、議会への申請や請願や資金集めなどに関して相互に連絡をとりあうのをつねとしていた。[228]

したがって、ラディズムは、ランカシャーに波及した時点において、真空地帯に入り込んだわけではなかった。マンチェスターやそのほかの主要都市では、すでに職人の組合や織布工の秘密委員会や、新旧のペイン主義急進派の集団が、威勢のいいアイルランド人の分派集団とともに存在していたのである。ランカシャーはスパイや挑発者にとってはやりやすい土地だった。それは出来事があまりに少なかったからではなく、あまりにたくさんあったからである。彼らの報告は矛盾していたが、それは密告者全員が嘘をついていたからではなく、運動そのものに矛盾があったからである。ランカシャーのように、ほかと比較して政治的に洗練された地域では、機械の打ち壊しの意義をめぐって見解が対立するのは当然だった。労働者の評議会におけるこうした対立は、一八一二年二月から四月末の間に大きなあつれきを生み出すようになった。つまり、二月のどこかの時点では、いくつかの町の秘密委員会の代表によって構成される織布工の会議で、ラディズムの方針そのものが承認されていたように思われる。ヤーウッドなる人物はストックポートの秘密委員会の副代表だったが、その供述によると、織布工は一つの組織に結集した（そして宣誓によって「撚りをかけられた」）。この組織の目的は、力織機の打ち壊し、武器に必要な資金集め、武力による武力の撃退であった。一人週一ペンスの寄付金が集められ、ひと月ないしはふた月の間、専従のオルガナイザーが実際に雇われた。それは元「非国教主義の聖職者」、ジョン・バックレイ・ブースであった[229]。しかしながら、この点から、ヤーウッドの証言は曖昧になってくる。ほかの職種、とりわけ紡績工、仕立て工、製靴工がマンチェスターやストックポートの秘密委員会に代表を送っていて、織布工以外の多くの者が「撚りをかけられた」ようである。しかしこれらの委員会の実際の計画は、ヤーウッドにはわからなかった。彼はストックポートの一地区の組織の書記にすぎず、お金を届けたり、ジョン・バックレイ・ブースの指示を受けていただけであった。

しかしながら、ヤーウッド自身の供述やそのほかの史料から、これらの委員会のあいだに対立があったことはあきらかである。はやくも四月五日の時点でマンチェスターの委員会は「ラッド」を拒絶している。

その夜の会合は不協和音ばかりが響いた。各地区組織から集まった金は、秘密委員会がふるまった酒のわずかばかりの代金を払うのにさえたりなかった。

「マンチェスターが足並みを揃えて行動しようとしないことを知らせるために」、ストックポートやボルトンに代表を送る金が必要だったが、その金は（ヤーウッドの提案に従って）「居酒屋プリンス・リージェンツ・アームズでの秘密委員会で会ったことがある……ベント氏」からの借金で賄わざるをえなかった。四月中旬の暴動は、大半が自然発生的なもので、秘密委員会によって促されたものではなかった（または支持されたものでさえなかった）ように思われる。四月末までに、マンチェスターのさまざまな職種（とくに紡績工や仕立て工）はさらなる金の支払いを拒んでいたので、その結果、マンチェスターの代表者（ベントも含まれる）は、五月四日にフェイルズワースで開かれた重要な代表者会議から排除された。

それ以降、ランカシャーには二つの形態の組織が同時に（おそらく重なり合いながら）存在していたようである。一方には、講和と議会改革を求める運動の復活に力を注ぐ運動の流れがあった。ベントによれば、そうした目的の請願を準備するための代表者会議が五月十八日に開かれ、ランカシャーとヨークシャー双方のいくつかの都市から代表が参加した。例によって、ベントは会計係に自分が任命されるように計った。これはジョン・ナイトと「三十八人」の同志がかかわった運動であり、彼らは（ベントの流した情報によって）六月にマンチェスターでネイディンの手によって逮捕され、宣誓儀式をおこなったかどで起訴された。他方、もう一つの運動の流れは、あきらかに体制転覆を準備するものだった。ベントは、すでに三月二十八日に、アイルランド人の陰謀家たちとの会合が開かれたと主張している。彼らは「剛勇をもって鳴る危険な者たちで、彼らのうち少なくとも四人はアイルランドの反乱に参加したことがある」。ベントの報告によれば、四月にアイルランド人の代表者が実際に彼を訪ねてきたが、ダブリン、ベルファスト、グラスゴーをすでに回り、次はダービー、バーミンガム、ロンドンへと旅程を進めることを予定していた。その人物はアイルランドの反乱の将校だったと主張し、パトリック・キャノバンと名乗り、上品な顔立ちで、黒づくめの立派な服装をし、ヘシアンブーツを履いていた。次にベントを訪れたのは、バーミンガムの代表で、マンチェスターを通り、これからプレストンとカーライルを経てグラスゴーへ向かう途中だった。さらにもう一人の代表者が委員会の一人を五月中旬に訪ねてきたが、彼はポタリーズのニューカースルから派遣された者で、地元の地区では数千の人びとが宣誓をしたうえで武装しているが、ロンドンは「ひじょうに遅れていて……予期したほどの高揚はみられない」という情報を携えていた。ロンドンで陰謀に加わっていた者は、「主にスピトルフィールズの織布工と仕立て工」、すなわち「針の騎士たち《ナイツ・オブ・ザ・ニードル》」であった。

こうした地下活動で主たる連絡役を果たしたのは一七九八年のアイルランド人難民だが、この活動に関する物語のなかに、それ自体としてありえない点は何もない。そうはいっても、この構図を、一方の国制擁護主義の改革派と他方の体制転覆を狙うアイルランド人とにはっきり区分してしまうのは間違っている。同様に、洗練された政治改革論者が、自分たちは機械打ち壊し屋よりもずっと真剣な革命家だと自負していたこともありうるのだ。[230]ベントは五月はじめに次のように述べている。

幹部は人びとに、平和的であること、いかなる事情でも治安を乱すことのないよう奨励している――平和を乱す者は撚りをかけられた者ではない……。

ランカシャーの匿名のジャコバン主義者は、五月六日の手紙で「トム・ペイン」という署名を使い、「事実は次のとおりである」としてこう述べている。

恒常的、全般的、進歩的な民衆の組織が成長している。彼らは、ハムデン主義者、シドニー主義者、ペイン主義者などと呼ばれている。何千人という人びとを団結させるのが私の任務である。われわれは――大衆を代表して私は述べるのだが――機械打ち壊し、工場焼き討ち、金銭強奪、私有財産の略奪、暗殺とのかかわりすべてを否定し、否認する。われわれは、人間労働を節約する機械はすべて、われわれも成員の一部である社会に恵みをもたらすことを知っている。われわれが言いたいのは、請願がなんの役にも立たないので、われわれの苦境の根本原因から始めるということであり、またわれわれの苦境が正されることを要求し命じるということである……。

おそらく、一八一二年五月までに、ランカシャーとヨークシャー双方のラディズムはほとんどが革命的組織へと道を譲っていた。それらの組織は、アイルランド人の移民や古参のジャコバン主義者という媒体をとおして、ラダイトの暴動が起きていなかった多くの拠点（シェフィールド、バーンズリ、バーミンガム、ポタリーズ、グラスゴー）との連携を密に保っていた。本来のラディズムのうち、「将軍」の呼称だけが引き継がれたのである。会議への参加を許可する手段として、粗野な手彫り版の会員証や割り符、秘密の合図、合言葉などが使用された。[231]いっそう興味深い証拠は、ウェイクフィールド近郊のホウベリに所在するフォスター所有の工場をラダイトが攻撃した直後に、路上で拾われたといわれる文書である。それは二つの長文の呼びかけからなっていて、美文調の自由論《リバタリアン》のレトリックで書かれていた。そしてそこには、デスパードの共犯者の着衣から発見され、彼の公判で証拠として採用されたものと同じ「規約」と「宣誓」が一緒に添えられていた。[232]なんらかの意図的な「証拠捏造」を想定しなければ（そのように想定する根拠はない）、このことは、一八〇二年の地下活動と一二年のそれとになんらかのつながりがあったことを疑問の余地なく示している。[233]

なんらかの地下組織が存在したことを示すこの種の証拠は、実際、多くのさまざまな史料に見いだすことができるのであり、したがってそれらをすべて無視するということになれば、われわれはいっそうひどく信憑性を傷つけるなんらかの仮説に後退せざるをえなくなる――たとえば、ただ当局の目を眩ますことだけを目的とする、相互補完的な空想を生産する虚言工場が実在していたというような。そういうわけで、まったく別人の密告者である「R・W」と記された織布工が六月初旬に治安判事に語ったところによると、あるランカシャーの代表者会

議がストックポートで開かれ、ノッティンガム、ダービー、ハダズフィールドの代表者が集まった。その代表者たちは、

決起のときが決定される前に、しかも十分に人数が揃い十分に武装し終える前に、暴動に走ってしまったこの地の民衆の性急さ

を批難した。シェフィールドでは、槍の製造が進んでいたと報告されているが、ひじょうにたくさんの小規模な作業場や鍛冶屋がある町にとっては比較的容易なことであった。当時、蜂起は九月下旬か十月の初旬に計画されていると話されていた。深夜集会がディズベリの近くの野原で開かれ、「上品な服装の男」が演説した。そこでは「工場や機械についてはひと言もふれる」ことなく、しかし「部分的」蜂起についてでなく「全面的」蜂起の呼びかけがなされた。演説したのは、「説教壇ないしは酒場で堂々と立ち上がるにふさわしい、イギリスのどこにでもいるような人物(234)」だった。

しかしながら、われわれはこの点で、全国的組織および「上品な」指導者に関する噂に遭遇するが、この噂にはとりわけ慎重に対処しなければならない。明白なことだが、本物の煽動者なら、全国的に支持されると誇大な約束をしたり、あるいは革命を援けてくれると期待しうる人物(カートライト、バーデット、コクリン、ウィットブレッド、ウォドル大佐、など)の名前をあげて、信奉者の士気を鼓舞しようとしただろう。しかしながら、織布工組合や「針の騎士」や旅をつづけるアイルランド人の代表者らの結び付きがどんなに曖昧であったにせよ、ラディズムが全国的な指導者や拠点をもたない運動であり、困窮の共有や政府打倒の願望を超える全国民的な目的をほとんどもたなかったことは確かである。とりわけ、(ベントのような人物が伝えた)ロンドンの「全国委員会」に関する情報は、まったくの幻想であり、また地方の革命家が自分たちの真の苦境を誤解していたことを示してもいる。

メイトランド将軍は、ラディズムには「真の基盤がなかった」と明言したが、それはおそらく正しかった。次の点もそうである。

　現在ではこれらの革命運動はすべて最下層の人びとに限定されている。またその地域も彼らが実際に生活しているところに限られている。日々繰り返される公然たる暴力行為にみられる以上には、なんの協同も、計画も存在しない。[235]

言われていることにこまかく注意を払えば、こうした判断を受け入れることができる。メイトランドほど情報に通じていなかった観察者が恐れおののいたのは、彼らが、組織内部に「悪辣な策謀家」集団を擁しないような「革命運動」を、すなわち貴族ないし中流階級の指導者たちが秘密裡に全体を操作していないような「革命運動」を、思い浮かべることができなかったからである。そうした陰謀家がいないことがわかると、見解は正反対の極へ、つまり指導者がいないのであれば、革命運動などありえないという見解へふれてしまう。剪毛工や掛け枠編み工や織布工が自分たちで体制を転覆しようと企てることなど考えられないのである。[236]「煽動があったことを証明する証拠はなく、陰謀があったことを証明する証拠もないと思われる」。コベットは、一八一二年の庶民院秘密委員会報告に関して、そうコメントした。「そしてこれこそが政府を最も当惑させる状況である。政府は煽動者を見つけることができない。これは民衆自身の運動である[237]」

　しかしながらそれは、二、三カ月にわたって一万二千人の兵士が動員され、一八一二年六月には、ウェスト・ライディングの陸軍小尉《ヴァイス・リュートナント》に、わが国は「公然たる反乱への一本道」を突き進んでいると断言させるような運動であった。

　……兵隊の駐屯地域そのものを除けば、わが国はほとんど無法者の手中にある……不満分子の数は平穏な住

民を何倍も上回っている。(238)

ある面からは、ラディズムは、工業労働者による「農民一揆」に最も近いものと見ることができる。宮殿を略奪するかわりに、抑圧を象徴する最も身近な物——起毛機ないしは力織機——が襲撃された。印刷機も公の集会も実質的に沈黙して二十年にもなろうとしており、ラダイトは、信頼しうる全国的指導者も、自分たち自身の運動と合致するような全国的戦略も知らなかった。だからこそ、それは地域のコミュニティでいつもきわめて強力だったし、また産業上の目的に限定した活動をおこなっていたときに、最も一貫していたのである。

ラダイトは、こうした搾取と工場制のさまざまな象徴を攻撃するなかで、もっと大きな目的に気づくようになってきていて、また彼らを隠された目標に向かわせることのできる一群の「トマス・ペイン主義者」も存在していた。しかしながらここでは、工場や掛け枠編み機の打ち壊しをおこなう統制のとれた組織は、もはや用をなさなかった。彼らのコミュニティには打ち倒すことのできるオールド・セイラムはなく、議会は彼らの手の届くところにはなかったのである。各地のラダイトが連携をとっていたことは確かである。また、ヨークシャーやノッティンガムには、タウルやメラーのような少数の「隊長」しか知らないような、地域レベルのなんらかの指導体制が形成されていたことも確かである。しかしながら、もしアシュトンやストックポートやハリファクスの代表者会議に関する記録が本当だとすれば(おそらく本当だろうが)、それらこそラディズムの最も弱い地域であった——最もスパイに入り込まれやすく、フランス人やアイルランド人、スコットランド人の支援を受けた反乱について空疎なおしゃべりがさかんになされていた地域だった。ようやく一八一二年の夏のさなかに本格的な陰謀組織が出現し、狭義の産業上の不満から距離を置いて、新たな地域に組織を拡大していった。(レインズ隊長の見解によれば)八月までにラダイトは「組織として蜂起するための死にものぐるいの努力をする」べきであり、そうでなければ運動は瓦解することになる。(239)二つの理由でそれは終焉を迎えた。第一は、枢密院令が廃止され、そのため景気が急速に上向いたこと。第二は、当局の弾圧が強化されたことである。兵隊もスパイも増員され、逮捕者が増え、チェスターとランカスターでは処刑がおこなわれた。

　別の面からは、ラダイト運動は過渡的なものだったと見ることができる。われわれは、機械の打ち壊しをとおして、大きなハンマーをふるった人間の動機を見なければならない。「民衆自身の運動」としてのラダイト運動に驚かされるのは、その後進性ではなく、その成熟度の増大である。ノッティンガムとヨークシャーの運動は、「原初的」であることを露呈するどころか、規律ときわめて高度の自己抑制を示した。ラディズムは、労働者階級の文化の独立性と複雑さが十八世紀には見られなかったほどに高まったことの表現であると考えることもできる。一八一一年以前の二十年間にわたる非合法の伝統の時代は、われわれには想像することしかできないが、実りの多い時代であった。とくに労働組合運動においては、新たな試みがなされ、経験と読み書きの能力が深まり、政治意識が高まったことはいたるところで明瞭である。ラディズムは以下のような文化から生じたのである――共済組合、秘密の儀式と宣誓、準合法的な議会請願、職人宿での職人たちの会合の世界である。そしてそれは必然的なもののようにみえる。それは一つの移行期であり、この時期に、団結禁止法によってせき止められていた、自信に満ちた労働組合主義運動が一気にあふれ出て、一つの明白かつ公然たる存在となったのである。それはまた、一方のデスパード事件や「黒きランプ」と、他方のピータールー事件の間の移行期でもあった。一八一二年五月一日、ノッティンガムの（おそらくは権限を与えられていない[240]）「ラッド将軍の秘書」が、ハダズフィールドに「かく伝うるケン限を与えられた」として書き送っている。

　将軍とその部下の見解であるが、ならず者の大酒ぐらいで、売春婦を買う、摂政皇太子と呼ばれる野郎とその奉公人どもが政府に関与しているかぎり、彼らの踏み台のもとにあるわれわれには苦難ばかりがふりかかってくる。さらに、次のことも言っておきたい。貴殿の身体はゴーグ・ゲルフ・ジュナー[29]と同じ物質からできており、穀物とワインが彼へと同様貴殿にも送られたことを記憶しておくよう期待する。

前述の三つの州で、ラディズムが敗北したまさにそのときに、議会改革運動が開始された。ハリファクスでは、ベインズの裁判以前にすでに、最初の議会改革連合の一つが結成されていた。ジョージ・メラーはヨーク城での裁判を前にして、ある友人に次のような手紙を出している。「貴方が、議会改革のための請願をなされていると聞きました。次の者たちの名前も請願者に入れていただきたいと存じます……」。三十九人の仲間の囚人の名前が同封されていた。(「仕事や金よりも大切なものは人の心であることをお忘れなく」と彼は書き添えていた)。そして、仮にこの論理をたどって結論にいたるとすれば、われわれは、以下に引用する一八一七年のダービーシャーの治安判事の憤激した言葉を信用することができよう。

いまや、ラダイトはもっぱら政治活動と密猟に携わっている。彼らは、レスター、ダービー、ニューアークに挟まれた地域のほとんどの村々にいまや創設されているハムデン・クラブの主要な指導者になっている。(241)

第15章　煽動政治家と殉教者

1　人心の離反

暴動の真っ最中に対仏戦争は終わった。戦争は、中休みの期間が一度あったが、二十三年間つづいた。穀物法（一八一五年）が議会を通過する間、議会は脅威を与える群衆から軍隊によって守られた。数千の陸兵や水兵が除隊してそれぞれの村に帰っていったが、そこでは仕事を見つけられなかった。終戦につづく四年間は、民衆的急進主義の英雄時代である。

この急進主義は、（一七九〇年代のそれとは違って）とるにたりない数の組織や物書きたちが参加する少数派の運動ではない。一八一五年以降、『人間の権利』の主張はもはや新奇なものではなかった。それはいまや自明のものととらえられていた。急進主義者のレトリックとジャーナリズムは、そのほとんどが「選挙区売買」や「国債の独占」制度のさまざまな悪弊——課税、国家財政の浪費、汚職、名目ばかりの閑職、聖職者の兼職——を一つひとつ暴露することに関心を寄せていた。また、こうした悪弊は地主、廷臣、官吏からなる打算的で利己的な派閥に起因すると見なされていて、自らが治療法を指し示していた——すなわち、徹底した議会改革である。これが急進主義的プロパガンダ活動の大きなうねりであり、ジャーナリズムの領域でその最も首尾一貫した発言をつづけたのはウィリアム・コベットであり、選挙演説会の演壇でその最も迫力に満ちた発言をしたのはヘンリー・ハントだった。「われわれのこんにちの窮状の原因について言えば」――と、コベットはその有名な「職人《ジャーニーマン》と労働者《レイバラーズ》への呼びかけ」（一八一六年十一月二日）のなかで書いている――「それは膨大な額の税金であり、政府はその軍隊、役人、恩給生活者などを維持するために、また国債の利子の支払いのために、われわれにこの税金を支払うように強制しているのだ」。

「雄弁家」ハントも同じテーマを取り上げた。一八一六年末、ロンドンのスパ・フィールズでの大示威行進で、彼はこう叫んだ。

失業の原因は何か。課税だ。課税の原因は何か。汚職だ。汚職があったからこそ、選挙区売買人は血塗られた戦争を遂行することができたのであり、この戦争の目的たるや、万国の自由を、とりわけわれわれ自身の自由を破壊することにあったのだ。……生活と娯楽にかかわるすべてのものが課税された。パンは課税されなかったか？　ビールは課税されなかったか？　食べたもの、飲んだもの、着たもの、そして話したことにまで、こうしたすべてに課税されなかったか？　……税金は選挙区を買収している徒党の権力によって課せられたのであって、やつらは、民衆を抑圧すること、そして民衆の困窮から搾り取った略奪物で暮らしていくことしか考えていなかったのだ。[1]

急進主義とは自由主義《リバタリアン》的なレトリックが一般化されたものであり、民衆と改革のなされていない議会とのあいだの永続的な闘争であり、この闘いのなかで、もろもろの問題が次々と前面へ押し出されたのである。この闘いの周辺には急進主義者の殉教者列伝が展開されたが（あるいは、コベットがそれをつくりあげたのだ、と人びとは言うだろう）、それ以上にはっきりと発展したのは一つの悪魔学である。この悪魔学では、摂政皇太子、カースルレイ、シドマス、スパイたち（オリヴァー、カースル、そしてエドワーズ）、マンチェスターのヨーマンリ、ピールと紙幣、そしてブルームのようないいかげんでいかがわしい議会改革論者たち、これらの者全員がそれぞれお決まりの役柄を演じたのである。ときには、ほかの人びとの発言が、コベットやハントの発言よりも大きな影響力をもつこともあった。それはT・J・ウーラーと彼の『ブラック・ドウォーフ』であり、ウィリアム・ホーンの諷刺であり、カーライルと彼の『共和主義者』であった。しかし、この一般化された急進主義のレトリックは、これらすべての発言を包括していて、終戦直後の時期に、最も教養のある代表者たち、すなわちバイロンやヘイズリット、ヘンリー・ホワイト[1]の『インディペンデント・ウィッグ』やジョンおよびリー・ハントの『エグザミナー』から、ウルトラ急進主義の定期刊行物、たとえば『メドゥーサ』や『自由の帽子』にまで広がっていたのである。

このレトリックは、ロンドンやそのほかの都市、それに工業地帯の群衆のもっている急進的な気質を反映していたし、またそれによって支えられていた。ロンドンの群衆による反権力的意思表示の伝統は、ほとんど途絶えることなく、ウィルクスの時代から、一七九五年にロンドン通信協会が呼びかけた大示威行動を経て、「バーデット万歳！　バスティーユはごめんだ！」を擁護する運動へ、そして戦後の急進主義の大集会へとつづいていた。一八〇二―〇三年においてさえこの気質はみられたのであって、デスパードにたいする共感だけではなく、無実の兵士に鞭打ちを命令し死にいたらしめた罪で処刑されるウォール監獄長に投げつけられた呪詛の言葉のなかに示されていた。[2]十年後に、理神論者の老出版者イートンがペインの小冊子を『理性の時代』の「第三部」というかたちで出版した罪でさらし台にさらされたときには、この気質がもっと熱狂的に表現された。「私はイートン氏がさらし台に立たされているのをみた」――コベットは数年後に、こう回想している。

その前日に、同じ場所で、ある男が偽証の罪でさらし台にさらされていたのだが、この男は腐ったタマゴを投げつけられ、屠場からもってこられて投げつけられた血と臓物によってほとんど窒息しかかっていた。イートン氏の受けた待遇がなんと違っていたことか。たくさんの群衆が、立たされている間ずっと彼に声援を送っていた。ある人はビスケットを、あたかも彼にプレゼントをするかのように差し出し、ある人はワインの入ったグラスを、またある人は勝利の小旗や花束を差し出した。その間、執行吏と司法役人はやじられていたのだ。まさしくこれこそがさらし台という刑罰を廃止に追いやった真の原因であった。

この群衆は（とコベットは語っている）「ロンドンの断面図のようなもの」だった——「ジェントルマン、商人、あらゆる種類の商工業者、職人《アーティザンズ》と労働者《レイバラーズ》、そしてかなりの数の婦人」。

彼ら〔群集〕はイートン氏がさらし台に立たされた理由をよく知っていた……それでも彼らは見解の相違にたいして刑罰を科すことには同意できなかったのである。[3]

したがって、ロンドンの民衆の急進主義は、決して新しい現象ではなかったが、しかし戦後期には、より自覚的で、組織化され、洗練された形態をとるようになった。新しかったのは、地方の、とりわけ戦時中のミッドランズと北部での、民衆の準政治的な態度にみられる変化である。一七九〇年代には、矯正しえないジャコバン派の拠点と当局が見なしていたのはノリッヂとシェフィールドだけだった。十九世紀のはじめまでには、ノッティンガム、コヴェントリ、ボルトンがこのリストに付け加えられた。ラダイト運動の時代までに、ランカシャーとウェスト・ライディングの町村の大半、同じくミッドランズの多くの町村で「人心が離反していた」。戦争が終わるころまでには、カーライルからコルチェスターまで、またニューカースルからブリストルまで、「群衆」の気質は急進的になっていた。これを逆の面から示す証拠を、われわれは戦時期の大規模な兵舎建設計画のなかにみることができる。一七九二年から一八一五年の間に百五十五の兵舎が建設されたが、その多くは意図的に、ミッドランズ北部の「不穏」地域に配置されていたのである。[4]イングランドは、一七九二年に、合意と服従とによって支配され、さらに絞首台と「教会と国王」を信奉する暴徒によって補完されていた。一八一六年には、イングランドの民衆は力によって押さえ付けられていた。

それゆえ戦後の急進主義はときに、組織された少数者の運動であるというよりもコミュニティ全体におよぶ反応だった。われわれは一八一七年に起きた二つの事例に注目してはどうだろうか。第一の事例はキャッシュマンという水兵の処刑であって、罪状は一六年十二月二日のスパ・フィールズでの集会のあと、銃砲店の襲撃に加わったことであった。(5) キャッシュマンはアイルランドの漁師だったが、「多年にわたって」海戦に従軍し、九度も負傷した。彼自身の説明によれば、海軍当局に五年以上もの未払い給与とかなりの額の報賞金という貸しがあった。貧困にあえぐアイルランドの母親へ渡すように彼が署名した毎月一ポンドのお金は一度も支払われていなかった。終戦とともに、彼は無一文で除隊させられた。そして彼は原状回復を求めたのだが、規則ずくめのお役所からお役所へとたらい回しにされた。暴動当日の朝、彼はもういちど海軍本部に出かけた。その帰り道で「准尉である戦友の水兵」と出会った。キャッシュマンはスパ・フィールズの集会に参加するようにと誘われ、その道すがら火酒とビールをおごってもらった。彼はその集会の目的についてはほとんど理解してはおらず、また起ったことの多くもおそらくは記憶していなかった。

当局は、キャッシュマンほど人気のある犠牲者、キャッシュマンほどロンドンの群衆の全共感と潜在的な急進主義を呼び起こしやすい犠牲者をほかに選ぶことなどできなかっただろう。イギリスの「水夫」(その多くがスパ・フィールズの集会に参加していた)は騒動を起こしやすい気質で有名だった。「彼らはケンカのためであれ、飲むためであれ、踊るためであれ、あるいは大騒ぎするためであれ、……いつも真っ先に姿を見せる」。水兵たちは、対仏戦争についての数々のバラッドに歌われた民衆的な英雄だった。キャッシュマンのような人びとにたいする当局のまったくお粗末な待遇と、閑職保有者や、大臣や指揮官らの親族にたいする気前のいい手当の支給や、ウェリントンにたいする邸宅と領地の購入金四十万ポンドの支給(そのほかに報酬も支給された)、また海軍に所属する不在の軍港監視人や書記たちにたいする手当とは、比べるのが不当なほど対照的だった。キャッシュマン自身はなによりも、裁判での不公平な扱いに憤慨した。彼は荷車で市中を引き回され、「そこいらへんにいる泥棒のようにさらしものにされた」。「こう言うのは臆病のせいじゃない」――と彼は叫んだ。

おれはなにか泥棒でもしたからこんな目にあっているわけじゃない。……もし兵舎であれば、おれは煙で死んだりしない。火事なら死ぬだろう。おれは国王と祖国に害を与えることなどなにひとつしてはいない。彼らのために戦ってきたんだ。

死刑の執行は民衆の大示威行進という性格を帯び、絞首台はバリケードと治安官の「はかりしれない力」によって守られなければならなかった。

執行官が歩み出ると、群衆は最大限の憤激の感情をあらわにした。ののしりとやじが四方八方から巻き起こり、前のほうへ突進しようという試みがなされた。……キャッシュマン……は見物人の心のなかに入っているようにみえ、そして恐るべき叫び声で群衆の大声の抗議に加わった。……「万歳！　大義を同じくするわが仲間たちよ！　成功しよう！　元気を出せ！」

絞首台の上で、国教会の二人の聖職者が告解と懺悔のぞっとするような誘いを試みたが、キャッシュマンははねつけた。「ほっといてくれ。そんなものは無用だ。おれが欲しいのは神の恵みだけだ」。それから群衆に向かってこう語った。「さて、野郎ども、おれが吊り下げられたら、万歳三唱してくれ」。そして死刑の執行官に「さあ、第二斜檣に行かせてくれ」と言った。キャッシュマンは「絞首台の板が彼の足の下からとりはずされた瞬間、歓呼の声をあげていた」。数分間のまったくの静けさのあと、群衆は「人殺し！」「恥を知れ！」と叫んで、「この恐ろしい見世物にかかわったすべての人間にたいして、嫌悪と憤懣の念をふたたび表明した」。人びとが解散するまでには数時間を要した。(6)

もう一つの事例は同月にランカシャーで起こった。ミドルトンの織布工で、地元のハムデン・クラブの書記だったサミュエル・バンフォードは、ジョウジフ・ネイディンと一団の兵士たちによって故郷の村で逮捕された。ただちに群衆がネイディンとその一団のまわりに集まり、救出しようと威嚇した。バンフォードを逮捕した者たちは、彼を竜騎兵が守る馬車のなかに押し込み、さらに何人かの者を逮捕するためにチャダトンへ向かって走りだした。

チャダトン・ホールへの途上で、私は指揮官にたいして、部隊を止めマンチェスターに引き返すように忠告し、今日は私の仲間をもうこれ以上捕まえることはできないことを納得させた。その証拠として、私はチャダトンの丘とその周囲の田園地帯を指さした。そこにはロイトン近辺で馬車をつかまえようとするかのように多くの人びとが狩人のごとく走っていたのである。全人民が立ち上がっているということ、それに彼がつかまえようとしている連中は、彼の来ることをとっくに知っていると私は言った。指揮官は、低いののしり声をあげ、こんなことはいままでに見たことがない、と言った。竜騎兵を指揮している将校は——私が乗せられている馬車の戸の脇を走っていたのだが——アイルランドでこれと似たようなことを見たことがあるが、それ以外のどこでもこんなことは見たことがないと言っていた。(7)

2　指導者の問題

ハムデン・クラブは一八一二年にロンドンで結成された。このクラブは、それ自体として重要な団体だったわけではない。このクラブはウィッグ派の議会改革論者のなかの選り抜き集団であって、不動産からの年収が三百ポンド以上ある人びとから構成されていた。しかし、このクラブは、カートライト少佐にとっては、さまざまの声明を発するための砲座であり、ミッドランズや北部地方で議会改革のための宣伝旅行をおこなう際の基地となっていた。「イングランドのジェントルマンはいつも旅行しているものだ」と、彼の宣伝活動を批判する者たちにたいして返答した。「人びとは湖や山を見物しに行く。飢えた民衆の実状を見るための旅行が許されないということがあるものか」[8]

一八一二年、一三年そして一五年になされたカートライトの福音の旅はきわめて意義深いものであった。十五年の間、この国の議会改革論者たちの小集団には、バーデットとそのウェストミンスター委員会、あるいはコベットの『〔ポリティカル・〕レジスター』によって与えられたものを別にすれば、全国的な指導力や戦略が欠けていた。カートライトもコベットもラディズムのうちにある体制転覆的な側面を忌まわしいものであり不毛なものであると考えていた。しかしまた、両者とも、不穏な状況が伸長しつつあった北部とミッドランズに新しい関心をもって注目していた。「職人と労働者」へのコベットの劇的な転換は一六年になって初めてなされた。ラダイトの地へと入ることを決意したのは、いまや七十歳を超えた不屈の少佐であった。

カートライトの意図は、「労働者階級」の急進的な運動をつくることにあったわけではない。実際彼は、「貧者を刺激して富者の財産を侵犯させようというかなる試み」にも反対することが自分の義務であると考えていた。

貧者の状態が改善されるのは、そうした財産の侵犯によってではなく、……平等な法によってである。

改革のための圧力は、「主として中流階級という手段によって」最も首尾よくかけることができるだろう。彼は体制転覆に向かう不満を国制にかなったかたちに転換させたかったし[9]、また議会にたいして繰り返し請願するような全国民的な運動の基礎をつくりたいと願っていた。ロンドンのハムデン・クラブで、彼は、成人男子選挙権と毎年改選議会という彼の信念をひっこめて、固定資産税納付者だけの選挙権要求と妥協することを余儀なくされた。だが、それでもなお、貴族主義的な議会改革論者たちはカートライトの度を超した見解に不満をもち、毎年恒例のクラブの夕食会に欠席することとさえした。少佐のほうは、臆病な、ウィッグ派の議会改革論者たちを軽蔑していた。彼は依然として「会員に制限なし」の運動に信頼をおいていた。彼は、彼とともに活動している者たちの所得や職業よりも、その人間のもっている思想信条によって大きな関心をもっていた。

この点で、彼は勇敢だった。「私は最近、騒乱地域の関係者たちと連絡をとりました」――と彼は一八一二年の五月に書いている。「不平不満を議会改革にとって好ましい合法的な回路へと転換させるために、彼らはわれわれの組織の助言と援助とを切望しております」。はやくも一二年一月に、彼はダービーとレスターを訪れたし、ラダイト暴動のさなかにあったノッティンガムで議会改革を要求する公開の集会をもとうとした。『ノッティンガム・レビュー』に発表した公開書簡で、カートライトは、自分を支持しなかったジェントルマンの議会改革論者たちの臆病さを批難した。「景気が悪く、労働者たちがパンを得ることができない時節、……紳士諸君、これは集会を開催するのにふさわしい時節ではないでしょうか?」。ジョン・ナイトとその「三十八人組」が一二年の夏にマンチェスターで逮捕されたとき、カートライトはただちに激励の手紙を書き、被告側を支援した。その秋には、彼はふたたび「騒乱地域」に入ることを決意した。

一八一二年の遊説で彼は、レスター、ラフバラ(ここでは六百人が参加した)、マンチェスター、シェフィールド、ハリファックス、リヴァプールそしてノッティンガムで集会をもった。一三年の一月から二月にかけて、彼は二回目の遊説をおこない、三十日たらずの間に、ミッドランズ、北部、西部地方の三十五カ所で集会をもった。[10](この遊説をみると――一八一七年のオリヴァーの遊説もそうだが――鉄道の到来以前のコミュニケーションの難しさをあまりにも安易に強調していることに気づかされる)。これら地域の中心地にはどこでも、改革論者たちの中核というものが存在し、彼らが集会を準備した。彼らがジェントルマンであれ、小商工業者であれ、職人あるいは織布工であれ、カートライトはいつでも彼らの役に立つよう身を供した。カートライトが付き合っている下層民に憤慨するような、熱意の欠けたジェントリやウィッグの大雇用主にたいしては、カートライトは適切にも冷淡な態度をとった。カートライトの古い仲間のワイヴィルでさえ、ある偽名のパンフレットで、ラダイトや放火の煽動者たちを容認しているという理由でカートライトを批難した。カートライトを歓迎する「議会改革友の会」がシェフィールドで夕食会を開催したとき、改革論者を自認していたある製造業者が憤慨したのは、「夕食会のチケットがあまりにも安いので、わずかの例外を除き、出席者が最下層の人びとだった」からである。また「毎年改選議会と普通選挙権を要求する人びと」が大半を占め、「われらが乱暴者の一人」が議長を務めた。[11]

カートライトは、議会改革を請願する二十万人の署名を携えてこの遊説から戻ってきたと主張した。（彼はさらに一八一五年にスコットランドに遊説している）。これらの集会は妨害なしにおこなわれたわけではない。一三年一月二十二日のハダズフィールドの集会（これは十四人のラダイトが処刑されてから、ほんの一週間しかたっていなかった）には軍隊が突入し、書類や請願書は没収され、カートライトと地元の改革論者たち（主として「仕事についている職人《ワーキング・メカニック》」）は逮捕されたのであって、それ以上の虐待を受けずにすんだのはひとえに少佐が国制に関する法律について明瞭な知識をもっていたおかげであった。ボルトン、ロッチデイル、ソルフォードでは、請願の署名を集めていた改革論者たちは監獄に放り込まれたり虐待されたりした。推察してみるに、カートライトは町から町へとあわただしく移動したので、彼が去ったあとに残された生まれてまもないクラブは、自己を維持するのに大いに難儀しただろう。そうしたクラブが工業地帯に根を下ろしたのは、やっと一八一六年になってからのことである。[12]

ジャコバン主義の拠点は職人たちの中心地にあった。一八一五年以降については、はっきりした定義をくだすのは無理である。一五年から三二年にかけてのさまざまな時期に、特定の悪弊——所得税、十分の一税、穀物法、閑職——に反対する運動は国民のきわめて多くの階層のなかに吹き荒れた。職人や労働者と同じく、製造業者、農場経営者、小ジェントリ、専門職業人が、議会改革の要求で一致していた。しかし、改革運動の一貫した推進力となったのは「勤労諸階級」であった。それはすなわち、靴下編み工、織布工、綿紡績工、職人であり、またこれらの人びとと連合するかたちで、小親方、商工業者、パブの主人、書籍商、専門職業人が幅広く存在していた。そしてこれらの集団のなかから、ときとして地方の政治団体の役員が供給されたのである。

議会改革運動の構成は地域によって異なっており、そのため戦略や強調点も異なっていた。対仏戦争終了以前の時期にヘンリー・ハントが運動の見事なスポークスマンを務めていたブリストルでは、職人、とりわけコードヴァン靴製造工とガラス製造工が最も目立つ存在だった。[13] 大製造業者と労働者とのあいだの溝がきわめて深いランカシャー南部では、労働者階級の改革運動は最も「自立的」であり、マンチェスターの行動的な中流階級の改革論者とさえ距離を保っていた。ウェスト・ライディングでは経済的な利害をめぐる裂け目はそれほど大きなものではなかった。手織工が最悪の危機の局面を迎えるのは一八二〇年代末になってのことである。リーズでは、職人の改革論者と中流階級の改革論者とのあいだに一定の協力関係があった。バーミンガムでは、社会的な階層分化がそれほど進行しておらず、職人たちが小親方になれるという希望をまだもちえたが、ここには固有の生きとした急進主義があり、数多くの雇用主によって支援され、またある程度まで中流階級の指導下にあった。

マンチェスター、バーミンガムあるいはリーズの急進主義は、それぞれの地域がもつ社会構造と密接な関係をもっていた。それに比べるとロンドン固有の急進主義を、その産業構造なりコミュニティ特有のあり方から導き出して提示するのはやさしいことではない。急進的な運動を指導したりそれに影響力をもとうと望む人なら誰もがロンドンに支持者をもっていた――コベット、バーデット、カーライル、シスルウッド、ベンサム主義者、ヘンリー・ハント、そしてそのほか多くの人びとがそうだった。ロンドンの出版社からは急進的な新聞や書物が産み出されつづけた。しかしロンドンそのものは、一八三二年の直前までは民衆的な改革組織の全国的な中心地となることがほとんどなかったのである。

この問題の原因は、一つにはロンドンの規模と職業の多様性にあった。製造業の中心地では、コミュニティによく知られ、かつその支援を得られる人物が地元指導者になることができた。ロンドンにはきわめて急進的な地区が数多くあり――とりわけベスナル・グリーン、ランベス、サザック、フィンズベリー、イズリントン――ときとして指導者はそのような地区から登場した。「スペンス主義者」やカトー街の陰謀家たちは、民衆一般の支持、とりわけ建設労働者、沖仲仕そしてパディントン運河を掘っていた「土方」の支持を得ることに関しては確信をもっていた。スピトルフィールズの絹織布工はいつでも急進的な示威行進に馳せ参じるものとあてにできたのであり、他方では、国制擁護主義のウェストミンスターの改革論者たちは、職人たちの職種クラブから一貫した支持を得ていた。だが、ロンドンの実際の指導者は、こうした支持層から直接に引き抜かれるというよりは、むしろそれと重ね合わされる傾向があった。知的な職人たちにとって社会移動の機会は、バーンズリやラフバラよりもロンドンのほうが多かった。地方の工業町や小都市では、二十年間も、あるいはことによれば四十年間も、同じ急進的な指導者たちが職業や地位を変えることなく、その役割を保持しつづけえたのである。

ロンドンの指導部をみてみると、そこには持続性というものがないという印象を受ける。全国的によく知られた人物、弁士、黒幕、ジャーナリストに居酒屋の煽動政治家たち、これらの人びとが交互に民衆の人気を獲得し、そしてまた、しばしば、公衆の面前で辛辣な内輪の論争をおこなった。さらに、ロンドンの急進主義は対仏戦争のなかで形成され、すでにかなり分裂した状態にあった。明白な指導者候補は、旧ウェストミンスター委員会だった。だが、この委員会は当時、職人と中流階級の改革論者たちとのあいだの同盟という方向に断固として突き進んでいた。急進的な意気込みの冷めつつあったバーデットは、一八一六年の四月に、直接税を払っているすべての人びとに選挙権を認めよという運動を開始した。彼はウェストミンスター委員会に支持されていて、この委員会は所得税反対の請願で戦後の運動を開始した（この請願は、直接に有産階級の支持、とりわけウェイスマン参事会議員をスポークスマンとするシティの改革論者の支持を呼びかけていた）。コクリン卿がバイロンふうの愛国主義的革命家として、ウェストミンスターのもう一方の議席を依然として占めていた。しかし彼の名声は株式取引所のスキャンダルによって汚されていたし、政治的な指導者としての才能をほとんど持ち合わせていなかった。彼が（南アメリカでの戦争に民主的略奪者の一人として参加するため）議員を辞職したのち、最終的にはベンサム主義者であるジョン・カム・ホブハウスが取って代わった。ジョン・カム・ホブハウス[2]は、バーデットやプレイスが、成人男子選挙権を唱えた候補者であるカートライトやハントよりも好ましいとした人物だった。[14]

ウェストミンスターのこの転換は偶然ではなかった。フランシス・プレイスとその仲間の職人や小親方たち（そのなかには、アレグザンダー・ギャロウェイのように、いまでは大雇用主となった者もいた）は、ジャコバン的な信条、すなわち成人男子選挙権の要求および制限なしの民衆運動という信条をすでに放棄していた。彼らはロンドンの下層民衆を軽蔑し、その騒乱や暴動に走りやすい性癖を警戒していた。彼らは居酒屋世界と接触することはほとんどなかったが、そこでは新しい世代の運動家が活動しはじめていた。プレイスはのちにこう語っている。コベットは「あまりにも無知であり……この点［すなわち政治組織］に関して、お金と影響力をもっているほかの人びとから激励され支援されないかぎり、一般の人びとが永遠に脆弱で愚鈍なままにとどまらざるをえないことを理解できない」。プレイス自身はベンサムとジェイムズ・ミルの直接的な影響下にあった。彼は貴族的な政府の非効率性と非合理性の軽蔑という点で、また穀物法やすべての抑圧的な立法にたいする憤激という点で、まさしく一人の急進主義者ではあったが、民衆運動や民衆組織という開かれた戦略には根深い敵意をいだいていた。一八一七年の一月三十日、各地のハムデン・クラブの代議員たちがロンドンに集まったとき、プレイスはホーンの『リフォーミスツ・レジスター』に掲載する呼びかけの意見広告を起草したが、それは成人男子選挙権獲得政策の影響から改革運動を救い出すことをはっきりとめざしたものだった。その呼びかけはこう述べている。「ほかの時代もそうであったように、こんにちもなお、イングランド人にとって重要なすべてのものごとの救済は中流階級の手に託されなければならない。……どのような善きことが得られる場合でも、それはこの階級から始まらなくてはならない」[15]

一八一七年までに、コベットはウェストミンスター委員会を「残党」と呼ぶようになっていた。一八二〇年までには、彼はこの委員会を「ウェストミンスターの重大なる政治的出来事に干渉する連中の小集団」、また「議会でシティを代表する議員を選ぶ……という職務を引き受けるほどにご親切な、かわいい小さくこぎれいな一団」として、あるいはまた「ウェストミンスターを、ガットンあるいはオールド・セイラムと同じようなひどい腐敗選挙区にしてしまった、堕落した徒党」として批難していた[16]。一方の側にバーデットとプレイス、他方の側にコベットとハントに分裂して、彼らがこの時期にたがいに投げつけ合った泥の全部をいじくり返しても、ほとんど得るところはないだろう。より重要であるのは、一八一六年に、ロンドンの急進主義者たちのなかで最もよく組織されていたグループの戦略が、地方の運動をハントやコベットの影響から切り離すところにあったということ、また旗頭として売り出し中のヒューム、ホブハウス、そしてブルームら議会における新しい指導者たちに労働者階級の支持を取り付けるところにあったということ、これらに注目することである。

こうした戦略は、ジャコバン的な伝統をもつ最も熱烈な改革論者たちにたいしても、ロンドンの群衆の最も急進的な性癖にたいしても、ほとんど訴える力をもたなかった。だが、ウェストミンスター委員会に取って代わろうと一八一六年に自ら名乗りを上げた唯一の指導部は、小規模な「スペンス主義博愛者協会」だった。トマス・スペンス自身は一八一四年九月に亡くなり、「約四十人の弟子たち」によって「たいへん壮麗に葬られ」[17]たのだが、協会はこの弟子たちによって組織されたものである。その指導的な会員と見なされたのは、ワトソン親子、アーサー・シスルウッド、トマス・プレストン[3]、アレン・ダヴンポート、そしてエヴァンズ親子だった。プレイスの回想録のせいで、彼らは、たいていの歴史書では、奇人、あるいはとるにたらない人間として描かれている。父親のほうのワトソンは「だらしない性癖で……ひどく惨めな貧しい男」として、彼の息子は「粗暴な道楽者」として、また協会の図書係であるエヴァンズは、「協会の集会がもたれていた……居酒屋に向かって、彼の家から、腕に古い聖書を抱えて行進するのをつねとした」奇人として[18]。

スペンス主義者は「とるにたらない連中」である。そしてプレイスはつづけてこう記している、彼らは「無邪気で単純」だ、と。しかしながら、スペンス主義者は一八一六―一七年にはプレイスやウェストミンスター委員会の主要なライバルとしてロンドンの急進主義の指導権を争っていたのだから、プレイスは公平な証人ではない。ベンサム主義者にとって、トマス・エヴァンズの『帝国を救済するキリスト教的政体』(一八一六年)はばかばかしいものとみえたにちがいない。しかし、エヴァンズの農業社会主義はベンサムの快楽計算よりも、より合理的であり影響力も大きかったと言える。スペンス主義の提唱者たちは、もろもろの職種クラブで、とりわけ製靴工のあいだで、ベンサム主義者よりも大きな支持を勝ち取っていた。彼らの政策――「土地についてのいっさいの封建性ないし領主権は廃止され、領地は民衆の共同農場たることが宣言される」――は、職人たちがオウエンの

『新社会観』を受け入れる精神を準備していたのである。[19]

スペンス主義者は「単純」どころではなく、一八一六年に一定の影響力をもっていた。「とるにたらない連中」というプレイスの言い方は、彼らが議会のなかや有力な中流階級のサークルのなかに手づるをもっていないことを意味していた。しかし、プレストンやシスルウッドは、プレイスよりもロンドンの居酒屋世界のことをよく知っていた。対仏戦争中、スペンス主義者たちは「自由と安楽」の政策を掲げ、ランベスあるいはベスナル・グリーンで非公式の集会を催した。議会の秘密委員会は一七年二月の報告で、終戦直後の時期にスペンス協会が職人や製造業者あるいは除隊した陸兵や水兵のあいだに拡大したと語っているが、これは一般に考えられているように杞憂だと見なされてはならないだろう。一六年の末までに、ロンドン通信協会のかつての計画にもとづいてスペンス主義者がさまざまの部署で活動を再編成したという証拠が存在するのである。[20]

さらに、「スペンス主義者」という名称そのものに、おそらくいくらかの混乱がある。エヴァンズは疑いもなくスペンスの弟子であり、当局は彼と彼の息子を異常なほどの執念で追っていたのだが、それというのも彼が勇敢にも土地所有者の財産没収を活字にして唱えたからだった――土地所有者からなる議会にとって、これ以上に犯罪的なことは想像できなかった。彼と彼のサークルは、一八一六年から一七年にかけて、農業社会主義をめざした小規模の哲学的な宣伝活動をおこなった。[21] しかし、ロンドンでより影響力をもっていた政治的指導者たち――ジェイムズ・ワトソン博士、アーサー・シスルウッド、そしてトマス・プレストン――は、おそらく共和主義者あるいはかつてのペイン主義の伝統に立つジャコバン主義者と呼ばれるほうがふさわしいのであって、戦後の失業増大の時期に、飢餓問題の一つの解決策として小農場と「鋤農業《スペード・ハズバンダリ》」への復帰という救済策を支持したのである。[22] ワトソン博士について詳しいことはわからない。彼はおそらく一六年の時点では五十歳であり、彼の裁判記録では「医者および化学者」と記され、貧しく、またおそらく多年にわたって政治上の地下活動に従事してきた。[23] 彼はもう一人のジャコバン主義者、外科医のジョン・ゲイル・ジョーンズの友人であって、ジョーンズはワトソンが議長を務めた集会で演説したことがある。アーサー・シスルウッドは、陸軍の元将校であり、元ジェントルマンの農場経営者だったが、一七九〇年代後期にはフランスに滞在しており、（ある報告によると）革命軍に参加した。プレストンは、ときとして製靴工とされることもあるが、皮革業の小規模な雇用主だったとみられる。「私はスピトルフィールズで多くの悲惨を目撃してきました」、彼は一八一六年の十二月にロンドン市長に語っている。

神よ私を包み込みたまえ、と私は祈りました。私はある美しい少女を知っていますが、彼女は九ヵ月もベッドで寝たことがなかったのです。私自身も破産してしまいました。もう一ポンドも持っていませんでした。私は四十人の人間を雇っていたのです……。

スペンス主義者であれ、デスパードばりの陰謀の伝統のうちにある「古参のジャコバン主義者」であれ、こうした人びとがロンドンのウルトラ急進主義の中核をなしていたのである。彼らの活動の舞台は職種クラブと居酒屋だった。(24) サミュエル・バンフォードと北部のハムデン・クラブから派遣された仲間の代議員たちは、一八一七年のはじめの数カ月ロンドンに滞在していたとき、そのような集会に何度か出席した。(25) これらのグループのほとんどがデスパードの考え、すなわちロンドンはイングランド革命でパリの役割を果たし、その革命はロンドン塔、監獄、そして国会議事堂を目標とする全面的な体制転覆を頂点とする暴動ないしクーデターという方法によって遂行されなければならないという考えを受け継いでいたことだろう。そしてまた、一八一七年あるいは一九年の体制転覆的な運動は——たとえ十分な勢いをもったとしても——一時的にでも成功することなどできなかっただろうと決めてかかることもできない。しかし、このグループのなかのある者たちが、自分たちは勇敢なのだということを示すために嘆かわしい機会をもったとすれば、彼らの行為は未熟だったという批難を免れることはできない。彼らは自らのうぬぼれた美辞麗句の犠牲となったのだ。彼らは手製の手榴弾と槍とによって陰謀を企てたのだが、ロンドンの街路にただの一つの防御バリケードも作ることができなかった。彼らは一度といわずロマンチックな見せかけのポーズに魅せられたのである。彼らが虚勢を張る居酒屋の非合法世界に、シドマスのスパイたちは簡単に浸透することができた。まさしくここにおいて、オリヴァーはミッドランズと北部の改革論者たちの協議に参加する資格を獲得したのである。そしてロンドンにおいて企てられた二つの本物の陰謀（スパ・フィールズの暴動とカトー街の陰謀）にしても、その半分以上はカースルとエドワーズ、つまり政府お雇いの挑発者の仕事ではないのかという疑いがいつまでも消えないのである。

以上のように、ロンドンの改革運動は、一方には慎重な国制擁護主義者たちに、他方には陰謀家たちに分断されるかたちで開始された。これら両極の中間地帯を占めていたのはカートライト、ハントそしてコベットだった。しかし急進的な組織とその指導部が抱える問題の複雑さを全面的に理解するためには、われわれはロンドンの外をみておかなければならないし、そしてまた、一七九九年に通信協会を弾圧した煽動団体取締法のもとで、改革論者たちが置かれていた当時の状況をもみておかなくてはならない。

この取締法によって、いっさいの全国的な政治組織が非合法化された。そのうえまた、全国組織の支部となるような地方団体を結成すること、あるいは中央本部と通信あるいは代議員のやりとりによって交流する地方団体をつくることも非合法とされた。（一八四一年でもなおこの法律は、全国人民憲章協会を悩ませることになった）。改革論者たちがもっていた唯一文句をつけられない権利とは、まず第一に、地域で独立したクラブあるいは討論グループをつくる権利であり[26]、そして第二に、議会や国王に請願する権利、またその目的のために集会をひらく権利であった[27]。

非公式なクラブと居酒屋での集会は民主的手続きの一部となっていて、ロンドンでも、一七九六―一八〇六年の弾圧を越えて生き残った。一八〇二年に『リーズ・マーキュリー』のある通信員が「協会やクラブ」についてふれているが、それによると同業者たちは、

毎夜居酒屋やパブに集まっている。大きな町のほとんどすべての街路には、この種の小さな議事堂がある。そ

して会議に出席し、一杯の黒ビールを手に、国事について議論するという特権は、自由なイギリス人《ブリトンズ》によって昔から要求されてきたことであり、そしてこれまでのすべての行政府が認めてきたことなのである。(28)

このような「協会」で、ビュイクと彼の仲間の急進的な職人たちは、戦時中ニューカースルで集会をもったのである。一八一二年の選挙期間中、ブルームはリヴァプールからグレイ卿にあててこう書いた。

> あなたはリヴァプールの選挙の性質について何もご存じではありません。……人びとは毎晩、さまざまなクラブや共済組合などに出かけなければなりません。そこでは集会が開かれ、演説がおこなわれます。……私は投票間近には九晩もクラブに通いましたし、毎日いつもの演説をしました。私はその時期に、約百六十回もの演説をおこなったのです(29)……。

一八一七年にコベットはこう書くことができた。

> たくさんのクラブがある。ピット・クラブ、ウィッグ・クラブ、悪徳追放クラブ、盗人を探索し罰するクラブ、聖書クラブ、学校クラブ、共済クラブ、メソジスト・クラブ、ハムデン・クラブ、スペンス主義クラブ、陸軍クラブ、海軍クラブ、賭けごとクラブ、食事クラブ、飲酒クラブ、親方クラブ、職人クラブ。そしてそのほか無数のさまざまな種類のクラブや団体がある。(30)

だが、インフォーマルな居酒屋のグループからハムデン・クラブや政治同盟といった公然たる急進派クラブへの道のりは長いものだった。われわれはランカシャーで最初のハムデン・クラブが設立された際になされた興味深い討論の記録をもっている。たとえば、ある密告者の報告があるが、彼は一八一六年の十一月、リトル・ボルトンの居酒屋「犬の跡」でおこなわれた「改革の委員会集会」に参加している。

　ジョン・ケイは会議を始めるにあたって、われわれはこの運動の結果がどういうことになるのか、それを自分自身の心のなかで慎重に考えぬいただろうかと問いかけた。彼は言った。諸君は改革の偉大にして善なる運動のために、迫害をただ一人で、そして諸君自身の力で耐える準備があるか。……われわれの仕事は困難で危険なものである。ここにおられる諸君はまさにそのような仕事に参加することをいとわないか？

　ロブスン・ブラドリーはこう言った。われわれが迫害されることが私にはわかっている。このままいけば、この冬が過ぎ去る前に、そうなるのではないかと思う。われわれの迫害者が、生命も自由もともに大事にとっておく値打ちのほとんどない状況にわれわれを追いやったのだと彼は言った。……ケイは次のように言った。改革という方法で不正を正そうとするのは合法である。しかし議会が開かれれば、やつらは集会を非合法にすることができるし、またやつらが何年にもわたって享受してきた閑職や恩給などをおとなしく放棄することはありそうにない。彼はこうも言った。悪人どもはそうした特権を隠便に放棄するくらいなら、むしろ国民の半分を犠牲にするほうを選ぶ者であるし、もしも彼がそれを放棄するとすれば、それは暴力によってにちがいないし、そして彼らが没落するときには、彼らはわれわれを何千人も殺そうとするだろう……。

ナイト氏（一八一二年の「三十八人組」裁判にかけられたオールダムの古参兵）ならびに「W・コベット氏の所在先」にたいして「家賃と通信費、政治的パンフレットなど……に関する経費をまかなうために戸口でお金を集めるのは合法であるかどうか教えてくれるように依頼する」手紙を書くことが同意された。この問い合わせにたいするジョン・ナイトの返事も保存されている。

　拝啓。つい先ほどあなたの手紙を受け取りました。ご返事いたします。あなた方が政治問題あるいはそのほかの問題を論じ合うという目的で（当局の許可を得ることなく）会場を使用することに問題はありません。ただしその場合、入場料を請求してはならず、またあなた方のいる間は外の戸扉を閉めきってもならず、人びとが好きに出入りできることが必要です。私が昨日ロンドンから受け取ったある手紙では次のようなことが推奨されています。かような集会が公衆一般に周知されること。治安判事にも知らせておくこと。またこれに加えて、秘密の集会は避けるのが賢明であり、集会にはできるかぎり多くの人を集めるべきこと。言葉使いは穏やかで国制擁護的なもの、しかし確信に満ちた明瞭なものであること。私たちはここ［マンチェスター］では千人の人びとを収容できる会場を手配しました。私たちは次の月曜日に集会を開こうと考えてきました。しかし一週間延期すれば上流階級（と彼らは呼ばれています）のたくさんの人びととの参加を得られる見込みがありますので、私たちは集会を延期することに決めました(31)……。

ナイトはカートライト少佐、あるいは彼の副官トーマス・クリアリからの助言を受けていた可能性が高い。ランカシャーとレスターシャーでは、一八一六年から一七年にかけての冬にそれぞれの州内のさまざまなクラブ相互の間で自由な交信がおこなわれ、多くの人びとが参加する代議員集会あるいは州委員会を招集できるほどだった。一七年の一月六日、レスター・クラブの密告者は次のように報告することができた。

代表団がマンチェスターに派遣された。グレイアムとウォーバートンが行った。グレイアムはランカシャーがいかにひどい窮状にあるかについて述べた。貧民の大半はほんのわずかの塩入り水とオートミールしかとることができない——ある者は一日に一回しか食事をとらず、そしてまたある者は三日に一回の食事である。それから彼はダービーからのある手紙を読み上げたが、そこにはマンチェスターの某氏がバーミンガムとブリストルへ向かう途中にレスターのクラブを訪問するだろうと書いてあった。それからカートライト少佐からの手紙が読み上げられたが、そこには一月二十二日のロンドンでの委員会に代表を送る意志をもつ十四の団体から知らせを受け取ったと書かれていた[32]……。

この数週間前には、ランカシャーの改革論者たちがもっと先まで歩みを進めていた。ランカシャーだけでなく、「チェシャーとウェスト・ライディングからの代表」も参加していたミドルトンでの代議員集会で、四人の「使者」が任命された――二人はポタリーズからバーミンガムへと回り、あとの二人はヨークシャーで集会を開くことになっていた。そこでは次のようなことさえも決議された。「全連合王国内のすべての請願団体は……同盟すべての力を一つの見解にまとめあげるために……マンチェスターに一人あるいはそれ以上の代表を……派遣されたい[33]」

こうして、一八一六年の最後の数カ月の間に、地方のハムデン・クラブやユニオン・クラブが著しく伸長した[34]。結成されてから数週間のうちに、これらのクラブは勢力を拡大して地方および全国的なつながりを築こうとしたが、そうしたつながりは煽動団体取締法のもとで非合法とされていた。ある一時点では、マンチェスターが全国的な指導権を握っていたようにみえる。しかし結局のところ、一八一七年一月末、居酒屋「クラウン・アンド・アンカー」で開催されたクラブ代表の大会を招集したのは、カートライトとロンドンのハムデン・クラブだった。この集会には七十人の代議員が出席したが、前述の法律をかわすために公開のかたちで集会をもち、「改革を請願している大都市小都市およびほかの町村の委任を受け、……国制の改革を実現するための最善の方法を……協議するために集った人びと」からなっていると主張した。当局は議事を妨害しなかった。一七九三年にエディンバラで開かれた「イギリス国民公会《ブリティッシュ・コンベンション》」にたいする当局の対応と比べてみると、ここには若干の前進がみられる。しかしまた、この集会は全国的な運動が一貫性を欠いていることも浮き彫りにした。

この集会が開かれた直接の背景にあったのは、コベットの影響力の大衆的な拡大であり、また一八一六年の十一月と十二月にヘンリー・ハントが演説したスパ・フィールズでの一連の大集会だった。バンフォードの説明は周知のとおりである。

この時期、ウィリアム・コベットの著作は突然大きな権威をもつようになった。それは南ランカシャーの工業地帯、そしてレスター、ダービー、ノッティンガムの工業地帯のほとんどすべての家庭で読まれていた。……コベットは読者に苦しみの真の原因は失政であること、そしてその適切な解決策は議会改革であることを明示した。まもなく暴動はほとんどなくなった。……いまやハムデン・クラブが設立された。……労働者は……慎重かつ組織的にものごとを進めることになったのである。(35)

「この近隣の貧民のあいだになんらかの政治的知識、あるいは確固たる政治的原理が根づくようになったのはつい最近のことである」と、あるマンチェスターの改革論者は一八二〇年に書いているが、彼もまたこの変化は、「労働者の生活の安逸を減少させることになる、わが国の財政状況や、租税がもたらす結果についてのコベット氏のすばらしい論評」に負っているとした。

これらの出版物の値段がとても安かったことが、きわめて広く普及することを保証した。そして著者の、力強く、明解で、凝縮され、そして論争的な文体は、幸いにも彼の読者の大多数の属する階級がもっている能力に適合していたのである。(36)

コベットの『ポリティカル・レジスター』は重い印紙税のため一シリング半ペンスの値段だったが、ここ何年かにわたって北部で発行部数を伸ばしつつあった。(37)決定的な変化は一八一六年の十一月の末にようやくやってきた。コベットは印紙税法の抜け穴をみつけて、彼の主論説を独立させ、二ペンスの『ウィークリー・ポリティカル・パンフレット』(「二ペンス雑誌」)として発行しはじめたのである。その最初の小冊子が、彼の有名な「職人ならびに労働者への呼びかけ」である。

友人および同胞諸君

身分や富、あるいは学識へのうぬぼれによって、ある種の人びとが何を信じるようになったとしても、……一国の本当の強さとすべての資源は、その民衆の労働から生み出されてきたし、これからもまたそこから生み出されるにちがいない。……豪華な衣服、壮麗な家具、立派な建物、見事な道路や運河、俊足の馬と馬車、たくさんの頑丈な船舶、商品でいっぱいになっている倉庫、これらはすべて……国の富と資源のしるしである。しかし、これらのものはすべて労働から生み出される。職人と労働者がいなければ、これらのもののどれひとつとして存在しえないだろう。

「傲慢なカネの亡者どもは、諸君のことを暴徒、烏合の衆、屑、豚のような民衆と呼び、おまえたちの発言などとるにたりない、おまえたちが公的な集まりですることなど何もない、と言う……」。コベットは、間接税が民衆に負わせた重荷について、「閑職保有者と恩給生活者」への法外な支払いについて、税金を納めることと代表を議会に送ることとの国制上の関連について、簡明な言葉で説明する。彼は、貧民の苦しみは早婚と子供の生みすぎに原因があるというマルサスの主張を攻撃し（「もしそうなら、赤い頰をした健康な少女と腕を組み合っている若者たちの光景は、悪いことのきざしだということになるにちがいない！」）、そしてまた、失業にたいする唯一の救済策は移民であるという主張を攻撃した。――「税金を納めることによって、連中の生活の維持に貢献している諸君は、連中同様、この国にとどまる立派な権利をもっているのだ！　連中と同じく、諸君にもまた父母が、兄弟姉妹が、子供たちと友人たちがいるのである……」。唯一の真の解決策は議会の改革であった。「われわれは真っ先にそれを手にしなければならない。さもないとわれわれはすっかんぴんになってしまうだろう」

私は諸君にたいして、平和的かつ合法的なやり方で進むことを、しかし同時に、この目標を達成するのだという熱意と決意とをもって進むことを訴える。逃げ腰の連中が諸君に合流しなくとも、「お上品な家庭」の紳士たちが相変わらず冷淡であっても、諸君は自身で前進するのだ。誰でも請願書をつくることができるし、誰でもそれをロンドンに持っていくことができるのである[38]……。

一八一六年の末までに、この「呼びかけ」は四万四千部売れた。――「腐敗した体制がこの事実を消し去ることができるのであれば、やってみるがいい」。一七年の末までには、二十万部が販売されたといわれている[39]。民衆への影響力をこれほどに獲得することができた出版物は『人間の権利』以降なかった。またこれにつづいて週刊の小冊子が公開書簡――あて先は「ハンプシャーの高潔にして誠実なる人びと」、「誠実なる心をもったすべてのイングランド人」、あるいは個々の政治家たちであった――という形式で発行され、そのどれもがよく売れた。だが、コベットは改革運動を組織的な意思表明に変える行動をとらなかった。彼の著作によってハムデン・クラブが育成されたとはいえ、それはしかし彼の意図したことではなかった。一六年の十一月十五日、十二月二日そして十二月十日にスパ・フィールズでおこなわれた改革を要求するロンドンの大示威行進は、一委員会の主導で招集されたものだが、そこでは「スペンス主義者」（ワトソン博士、シスルウッド、プレストン、フーパー）がきわめて強い影響力をもっていた。事実、コベットは、最初の集会で演説してほしいという誘いを断ったのであって、これら三回の集会すべてで中心となった演説者はヘンリー・ハントであった。

ハントは裕福な地主兼農場経営者《ジェントルマン・ファーマー》であり、コベット的気質をもった十年来の改革論者だった。彼が初めて全国に名をとどろかせたのは、一八一二年のブリストルの選挙で急進主義者として堂々たる選挙運動を闘ったときである。バンフォードが彼について記しているところでは――バンフォードの一七年の回想によれば――ハントは美男子で、「その身ぶりと服装は地主らしく、背丈は六フィート以上」あった。

彼の唇は優美に薄く、奥に引いている。……彼の目は青あるいは明るい灰色で、とくに澄んだものでも鋭敏なものでもなく、むしろ哀しげだった。私はのちに、興奮して演説する彼を観察する機会を得たのだが、そのようなとき彼の目はふくらみ、突き出ているようにみえた。そして彼がたいへん立腹して活動しているときには……その目は血走り、ほとんど眼窩から飛び出るかのようだった。そして彼の唇の表情を観察することができたのであるが、穏やかな微笑は変じて嘲笑的に歪むか、怒りとののしりの表情となった。彼が怒鳴っているとき、顔面はふくれ、紅潮していた。握りしめられた手は、あたかもこなごなになるかのように打ち付けられた。そして彼のすべての身ぶりは言葉を発するために苦闘しており、苦しみに満ちた気力を表していた。

ハントの虚栄心は、同じように肥大した自尊心をもっていたミドルトンの織布工とはそりが合わず、またバンフォードのハントに関する最終的な評価は容赦ないものだった。しかしバンフォードはまた重要な譲歩をして、ハントの一面を認めている。ハントは「いつも……最も困難な状況のなかに自分の身を置いた。……彼はいつも、彼自身が、あるいは他人が生み出した大嵐に向かって闘い挑んでいた。したがって彼は、同じ時代の、そして同じ立場の誰よりもより大きな重荷を抱えていたのであって、彼を評価する際にはそれが考慮されなければならない」[40]。これはそのとおりだ。対仏戦争の終結から選挙法改正法案の通過にいたるまでの時期に、一八二〇年代半ばの数年を別とすれば、ハントは改革運動の第一級の著名な街頭演説家だった。一六年、彼はスパ・フィールズで演説した。一七年に人身保護法が一時停止され、コベットがアメリカにひっこむのが賢明だと考えたときにも、ハントは活動をつづけた。彼はピータールーでの主要な演説家であり、その集会で果たした役割のゆえに投獄された。三〇年にプレストンの「分相応の」選挙区から国会議員に選出され、まだ改革されていない庶民院で、労働者階級による議会改革運動のために闘う、ただ一人の英雄だった。三〇年から三二年にかけては成人男子普通選挙権を忠実に要求しつづけ、三二年法案は庶民の改革論者たちにたいする裏切りであるとして攻撃した。その徹底した首尾一貫性とけんか好きが、彼を論争の渦中に置き、悪罵の的にしたのである。

この悪罵はしかしながら根拠のないものではなかった。というのは、ハントは煽動政治家の良いところと悪いところをともに保持していたからである。そうした特徴は、この時期の多くの指導者たちにみられるのであり、われわれはこれをこの時代の運動の特徴として考えなければならない。まず第一に、旧来のウィルクス的な伝統があり、これは緩慢にしか解体していかなかったが、そこでは民主主義的な運動でさえ貴族あるいはジェントルマン層の指導があてにされていた。つまりジェントルマン――バーデット、コクリン、ハント、ファーガス・オコンナー――だけが最上層の政治の様式と言語を知り、選挙演壇に勇敢な姿を見せることができ、大臣たちを特有の言語でやり込めることができたのである。改革運動は平等という言葉を使ったのではあるが、しかし群衆が叫ぶ万歳の声のなかにさえ、古くさい服従を示す多くの反響がみられたのである。労働者が「おのれの分を超えて」上昇していくようにみえるときには必ず、改革運動においてさえ、その人自身の階級に属する多くの人びとからすぐに嫉妬の対象にされた。次に、権力から、あるいは権力をもてるという希望から排除されている民衆運動では避けられないことではあるが、そこには煽動的な要素があり、これがきわめて非建設的な批難のレトリックを奨励することになった。殉教者たちや大胆不敵な自ら買ってでたオルガナイザーと並んで、急進派の運動には、飲んだくれ、金を持ち逃げした会計係、そして一時的なけんか好きのジャーナリストたちもいた――そしてこうした連中が大げさでけばけばしい言葉を使ったのである。何千という無力な人びとが武装した支配層に対抗した民衆運動につきものの欲求不満が、大げさに誇張された言葉のなかに解き放たれた。そしてハントは、改革運動の大集会での演説家として、このような民衆の反応にどう対処したらいいのかを知っていた。彼の演説のスタイルは、彼が呼びかける人びとの欲求不満によって生み出されたものであった。

しかし、そのほかの多くの要因も煽動政治家の台頭を促進した。全国的なレベルでは、急進主義は政治組織の自己規律というものをまったく知らなかった。いかなる政治団体も通信拠点も非合法であり、選出された幹部が政策や戦略を決めるということがなかったので、指導権は必然的に個々の演説家やジャーナリストの手中に落ちた。純然たる政策問題についての不一致が、個人的なねたみの問題に波及した。同じく、その政策が民衆から称賛されている指導者は、そこに彼の個人的な虚栄心を満たすための糧を見いだしたのである。運動を取り巻く条件は争点が人格化してしまうのを助けた。大規模な大衆集会は派手な頭目を必要とした。ハントは白いシルクハットをかぶり、「自由の王者」あるいは（ピータールーのあと投獄されたときには）「イルチェスターの聖ヘンリー」として知られるのを好んだ。ちょうどオウストラがのちに自身を「工場児童労働者の王」と呼び、オコンナーが自分を「自由の獅子」と呼んだのとまったく同じである。

そのうえ、民衆的急進主義とチャーティズムは、かつてセルウォールやゲイル・ジョーンズ、そして一七九〇年代のジャコバンの「護民官」を悩ませたジレンマに、半世紀にわたってつきまとわれた。「穏健派《モラル・フォース》」の改革論者たちと「実力行使派《フィジカル・フォース》」の改革論者たちとの対立はときとしてあまりにも教条的に、あたかもワトソン博士やシスルウッドのような断固たる陰謀家たちと、プレイスやバンフォード[41]のようなまったくの国制擁護派とのあいだを分けるはっきりとした線が引けるかのように描かれている。実際には、急進主義もチャーティズムも、この両極端のあいだのどこかの領域に位置していた。一八三九年以前に本気になって蜂起を準備していた改革論者はほとんどいなかった。しかしまた、専制に直面した場合には反乱に訴えるという民衆の究極的な権利を完全に否認しようなどという人びとはいっそう少なかった。チャーティストのスローガン、「願わくは平和的に、やむをえなければ実力で」もまた、一八一六―二〇年の時期の、また三〇―三二年の時期に急進主義者が共通にいだいていた考え方を表現している。カートライト少佐は市民が武装する権利を強く主張していた。ヘンリー・ホワイトは穏健な『インディペンデント・ウィッグ』誌の編集者だったが、読者に一六八八年の名誉革命の先例を思い起こさせる数多くの急進的ジャーナリストのうちの一人にすぎなかったのである。

> 人びとがいまなお享受することを許されている市民的および宗教的自由のすべては革命のおかげなのであり、そして……不満を取り除くためのすべてのほかの合法的な手段が否認されたとすれば、人びとは結局のところは革命に頼らざるをえないのである[42]……。

ハムデン・クラブという名称は、もっと激烈な歴史の先例を思い出させるものであり、コベットは、革命が善きウィッグの教義であることを骨を折って強調した。抑圧にたいして実力で抵抗するという権利は「イングランドの法と慣習がまぎれもなく要求し、確立したものである」(と彼は書いている)。

私は、この権利がいま全面的に行使されなければならない、と言っているのではない。……したがって、私はこの問題については、ブラクストン判事の語ったことを語ることにしよう。すなわち、抑圧に抵抗する権利はつねに存在する、しかし、抑圧がそうした権利の行使を正当とするほどの高みにまで達するときがいつかの判断は、所与の時点において国民をなしている人びと自身に委ねられなければならない。

この点をこえて、コベットは、ペントリッジ蜂起の擁護に踏み出すことをいとわなかった。「ブランドレスは、名誉革命のときにウィッグがやったこと以上の何をやったというのか?」[43]

コベットは、用心深く、次のような曖昧な言い方を選んでいる。つまり、民衆は反乱の権利をもっている、ただし抑圧がある不定の一線を超えたときに限る、というのである。ウーラーも『ブラック・ドウォーフ』で、これと同じ構えをとった。「抑圧に抵抗する民衆の権利はつねに存在する、そして……これをなすために必要な権力は、つねに民衆の一般意思のなかにある」[44]。ピータールー事件以降、カーライルは『共和主義者』でさらに踏み込んで暴君の殺害を擁護するまでになった[45]。人気のある急進的な雑誌や演説家たちは誰もが、暗にであれ直接的にであれ、反乱の権利について多少とも言及した。実力行使《フィジカル・フォース》という民衆の最後のよりどころについてほのめかし、警告し、がなり立てることは、選挙権を通じて合法的に不正を正す回路を閉ざされている運動にとって、なくてはならないレトリックの一部だった。ヘンリー・ハントがスパ・フィールズでの第一回目の大集会(一八一六年十一月十五日)で演説したとき、彼はほかの多くの演説家たちの先をいっていたというわけではなかったのである。

彼は精神的な力《メンタル・フォース》が実力行使《フィジカル・フォース》よりもすぐれていることを知っていたし、まして、前者が効果のないものとわかるまでは、いささかでも後者に頼ることを勧めはしなかった。実力行使の前に、請願し、抗議し、時宜にかなった改革を求めることが人びとの義務であった。民衆の正当な要求に抵抗する人びとは、混乱と流血の真の友であった。……しかし、もし運命の日の訪れが避けられないものであるとすれば、彼は人びとにこう確信させた。自分自身のなんたるかを知っている者はカウンターの陰に隠れるようなことも後方で身の安全をはかるようなこともないだろう、と。[46]

「運命の日」とか「最後の審判の日」といった表現は、群衆の熱烈な歓呼の声を引き出した。もちろん、われわれはそうしたやり方に伴う悪徳を言いつくろったりしてはならない。それこそが中身のない空疎な急進主義をふりかざす居酒屋の煽動政治屋を育成し、また「演説を一つの商売にし」、「最も過激にして途方もないほら話」にふけることで群衆から喝采を受けようとお互いに競い合い、お金を受け取って巡回する演説家たち（バンフォードは彼らをひどく嫌っていた）をはぐくんだのだ。[47] コベットとウーラーはそのペンの力で、ハントはその雄弁の力で全国的な指導者になったが、彼らは自分たちのレトリックを大逆罪となる一歩手前のところでやめておくことに熟達していた。しかし、彼らは、非合法ないしは大逆罪となりうる行動をとるよう他人をたきつけておきながら、自分たち自身はそれがもたらす帰結から身をかわした、という批難を受けやすいところにいた（オウストラとオコンナーも同じ批難にさらされた）。

これが急進的運動の指導者たちのあいだの一つのけんかの種であった。もう一つの絶えることのない争いの種は、お金の問題だった。コベットとハントの両人がともによく知っていたことだが、急進的運動の指導者であるためには、たいへんなお金がかかった。演説をしたり、出版をしたり、遊説をしたり、通信のやりとりをしたりといった活動に加えて、裁判での弁護活動や選挙運動にもたいへんな費用を要した。コベットは、またハントはさらに輪をかけて、浪費の趣味をもっていた――コベットは冒険的な農業事業をやっていたし、ハントは生活様式全般にわたって贅沢だった。両人ともお金の扱いに関して注意深くはなかった。選挙で選ばれた執行部もおらず、信用できる財政担当者もいない一貫性を欠いた急進的運動は、あれこれの緊急事に際して臨時の委員会が発する資金援助の要請に依存しつづけた。コベットは自分の損失を出版からあげた利益によって回収し、他方ハントは宣伝活動を儲けの機会として利用しようと考え、「急進的朝食パウダー」を売り出した（これはローストした小麦を主体とする調合物で、お茶やコーヒーの代用品として売り出され、また課税されている物品をボイコットする一つの手段として急進主義者に推奨された）。彼らの私的な事業と運動の資金繰りとのあいだにはっきりとした一線を引くことはできない。急進派の資金の使用あるいは信託にかかわる問題、あるいは公的な利害と私的な利害との混同は――オコンナーやアーネスト・ジョーンズにとってもそうなったのだが――人びとによる屈辱的な批難の的になった(48)。

だが、急進派内の不和の最大の原因は途方もない虚栄心にあった。しかし虚栄心は急進派の指導者たちのあいだではあまりにもありふれた病気のようなものだったので、それは不和の原因としてよりも、一貫した組織が全般的に欠落していたことのしるしと見なせよう。改革運動の指導者のほとんど全員が、不和の最初の徴候が表れると、すぐさま自分たちの仲間の動機を疑った。カースル、オリヴァーそしてエドワーズといった煽動家の果たした役割が明るみに出されたことによって、疑心は強まった。一八一七年以降、お互いを「スパイ」だと告発しあう人びとの怨恨のせいで、運動内部の空気は重苦しいものとなった。

民主的な政治組織が欠けていたので、急進派の政治は人物本位になった。一八一六年以降の運動は、一七九〇年代のそれがもつ美徳の多くをもっていたが、しかし平等《エガリテ》という美徳をもってはいなかった。コベットが一つの流行をはじめにつくったのだが、それについて彼を批難するのは公正なことではないだろう。対仏戦争後の自立的な急進派の出版物の出現は、大半が彼の個人的な功績によるものだった。これをなしとげたことについての彼自身の説明（一八一七年と一九年に書かれたもの）は真実に近いものである。

> 何年も前に……私は自分だけを頼りにする政治家として仕事を始めた。私の意見は私自身のものである。私はすべての先入観を打ち砕いた。意見の分かれる問題では、私は誰であれほかの人に追従することを軽蔑した。私の時代までは、才能のある書き手は誰でもなんらかの党派あるいは大臣、またはそのほかの者の傘下に自分自身をおいた。私はそうしたいっさいの縁故から独立していた。……そういうわけだから、多年にわたって、私は権力をもっている連中や、権力をめざしている連中にとって憎しみの的になってきたのである……。

戦争が終わるころまでには、彼は（ヘイズリットの表現では）「この国の政治における、ある種の第四階級」になり、「疑いもなく、こんにちにおける最も力のある政治的著作家」となっていた。「改革論者たちは彼がトーリーだったとき、彼のものを読んでいた。そしていまでは、トーリーの人間が改革論者である彼のものを読んでいる」。一連の法律が、新聞や定期刊行物にたいする税金の引き上げや、煽動的な文書の取り締まりの強化を狙ってつくられたが、これらは大部分コベットその人を狙ったものだった。「私がこう語るなかには、利己主義のかけらもない」とコベットは公言した。そしてこの文書の結論部は、いかにも彼らしい仕方で、自分について語っている。

> その人物が利己主義の罪に問われることはない。その人物の書いたものが普及するのを抑えるために、王国の法律がまったく革命的に変えられてしまったのである。そうした人物は、どうしても、討論や記録の一大主題となる。彼のすべての活動、ふるまい、生活習慣が、そして彼の身体のサイズや髪の毛の色までもがその王国の人びとにとって関心の的になる。

コベットが好んだ話の主題は、実際、ボトリー出身のウィリアム・コベットその人だった。彼の『〔ポリティカル・〕レジスター』は、次から次へと、彼の関与した出来事、自己正当化、議論、感情、ふとした印象、出会いで満たされている。改革の大義は、旧腐敗体制に立ち向かうウィリアム・コベットというかたちで、個人的なものに還元された。カースルレイ、「ボルトン・フレッチャー」、ウィルバフォース、マルサス、ブルーム、バーデットは、彼の個人的な敵であった――あるいは敵とされた。仲間の改革論者たちは、いつ変わるかわからない彼の個人的な是認という温情のなかで、不安な気持ちをもちながら活動した。ヘイズリットが次のように書き記しているが、正しいといっていいだろう。「彼は誰かをちょっとした人気者に仕立て上げるや否や――つまり虜にするや否や、自分自身の創造物とけんかを始める」

われわれは、コベットの悪徳を彼の天才の陰の面として認めなくてはならない。彼の天才は、彼をして、毎週毎週三十年間もの間、イングランド史のいかなるジャーナリストよりも大きな影響力を行使させたものなのである。これらの悪徳がコベットのような優れた才能を伴わずにみられるならば、そうした悪徳は愛嬌のないものとなる。というのも、コベットは、彼の仲間や競争相手が必ずまねしようとする、あるスタイルを確立したからである。すなわち、ハントはイルチェスターの監獄のなかから連載物として公表していた『回想録』で、またカーライルは『共和主義者』で、そしてそのほかの大勢の二流の人物も、コベットのスタイルをまねた。戦争の終結から選挙法改正法案までの歳月は「自分だけを頼みとする政治家たち」の時代だった。すべての急進主義者が政治上のプロテスタントだった。つまり、すべての指導者たちが、いかなる権威への服従も拒否し、ただ自身の判断と良心の権威を頼みとし、自ら個人主義者であると公言した。一八一九年にヘイズリットが書いているが、「改革論者は、生まれながらに矛盾の精神によって律されている」。

彼は、それを使って仕事をしようとしても、うまくいかないような質《たち》の悪い道具である。あるいは、決してぴったりあてはまらないような機械の部品である。彼を調教することなどできはしない。なぜなら、……彼の精神の第一原理は、良心は至上のものであり、私的判断は独立した権利であるという点にあるからだ。……真っ先にまず彼の理性が納得しなければならない。さもないと、彼はこれっぽっちも動こうとはしない。彼はどんなことがあろうと、何かの集団のために自分の原理を放棄することなどできないのだ。もし自由というものが彼自身の流儀にぴったり合致したものでなければ、彼は自由よりもむしろ奴隷となることを選ぶだろう……。改革運動のある指導者が（とヘイズリットはつづける）「苦労して同じオールを漕いでいるほかのすべての改革論者たちと争っている……そして彼は、そうすることで運動によりよく奉仕しているのだと考えている。というのも、自分自身の質の悪いユーモアと身勝手を満足させているのに、彼はそれらを自由への愛や真理への熱情と取り違えているからだ！」。

ほかの人びとは……委員会に入り込み……ほかの派閥と対立して、自分を指導者とする別の派閥を形成する。すなわち、彼らはあらゆる方法でお互いに権力を濫用しあい、中傷しあい、暴露しあい、裏切りあい、仕返しあい、そしてお互いをつぶしあう。そしてこの勝負を共通の敵の手に委ねてしまうのである……。[49]

この手に負えない個人主義がもつ美徳の面は、当局にたいするカーライルの長い闘いにみることができる。[50]しかし、ハントの場合であれ、カーライルの場合であれ、その悪徳は人を不愉快にさせるものであって、改革運動にたいしてどうしようもない打撃を与えることになった。民衆の高まる不安のなかから、大小の指導者たちの虚栄心が湯気のように立ち昇った。プレイスは、彼自身と少数のベンサム主義者を別として、ほかの連中はみんな操作される必要のあるばか者だと考えていた。バンフォードは独学者のもつ自己満足的なうぬぼれの見本である。彼の信念は迫害にたいしては耐えることができたが、しかし、彼の詩篇にたいするシドマス卿からの親切な言葉、あるいはジェントルマンからのお世辞の前に、もろくも崩れ去った。カーライルは徹底した個人主義者であり、自分自身の判断にたいそうな自信をもっていたから、政治的な協議とか組織といった考え方そのものまで否定した。ハントは（仮にバンフォードやジョンソンといった仲間が彼に投げつけた批難のほんの一部しか信用しないとしても）、その虚栄心において軽蔑に値する人間だということがときにはあった。あるとき、ハントと彼の共同被告人たちは、ピータールー事件のあとに、裁判を待っているあいだ、ランカシャーの綿業都市を見て回った。バンフォードはこう回想している。「私のそばでたえず起こったことは、私を恥ずかしくもしたが、楽しませてもくれた」

ハントは御者席に座っていた。……ムーアハウスは、四方の鉄の金具に縛り付けられているロープで身を支えて馬車の屋根の上に立っていた。彼はその姿勢をボルトンからずっと保っていた。……ハントは絶えず帽子をとり、それを控えめに振ってあいさつを送り、優雅におじぎをした。そしてときおり民衆に向かって短い言葉をかけた。しかし、もしも歓声や、あるいは「永遠なれハント」という彼をもっと喜ばせる叫び声がないまま、五分なり十分が過ぎると……彼は席から立ち上がって振り向き、そして全身全霊を傾けて哀れなムーアハウスをののしりながら、こう言うのである。――「どうして君は大声を出さないんだい？　ええ、どうしてなんだい？　連中にかつを入れてやれ。君には連中が疲れていることがわからないのかい？」(51)

われわれがハントやバーデットあるいはオウストラやオコンナーを検討する際に念頭に置かなければならないことだが、彼らの巡行はきわめて人気のある王族のそれに似ていて、そして彼らの外見はオペラのプリマドンナのそれに似ていた。ハントは一八一九年にランカシャーのある村落では道に花を敷き詰めて迎えられた。「バーデット万歳！　バスティーユはごめんだ！」「ハントと自由！」といったスローガンに加えて、次のような歌が歌われた。

ヘンリー・ハントとともにわれらは進む、われらは進む
ヘンリー・ハントとともにわれらは進む
われらは自由の帽子を高く掲げる
ネイディン・ジョーをものともせずに[52]

マンチェスターの急進派の日曜学校では、学級委員たちは十字架の代わりにハントの肖像入りのロケットを首に吊していた[53]。集会のしめくくりには、中心的な演説者の馬車から馬をはずし、人びとがその馬車を意気揚々と町のなかを引いていくのがつねだった。大きな示威運動は儀式のような色合いを帯びていて、演説者は雄弁術と修辞的効果をねらった問いかけに沿って話を進め、民衆の興奮した反応を期待して演技した[54]。カリスマ的な演説者とは、自分を劇中人物に仕立て上げる嗜好をもった人である。二万人もの民衆が喉元から発する称賛の叫び声は、たいていの人間のうぬぼれを高揚させることになる。虚栄心が肥大するにつれ、雄弁家たちは演説会場の下のほうで歓声をあげている群衆の光景と音響とに魅了されるようになる。プレンティスはハントについてこう記している。「彼の食欲はものを食べるにつれて肥大していった」。ハントは競争相手をねたみ、つねに劇的な身ぶりをとる機会を探し回り、重要性で劣る彼の同僚たちを意に介さず傲漫になっていった。その競争相手たちのほうはといえば、民衆に無視され、自分の虚栄心を傷つけられていることに気づいたのである――なぜ「ジョンソン万歳！　自由万歳！」あるいは「バンフォード万歳！　自由万歳！」と叫んでくれないのか、というわけである。

煽動政治家は悪しき指導者、あるいは無能な指導者である。ハントは基本原理を語ることもなければ、よく練られた急進派の戦略について語ることさえなく、ただ運動の情緒を語っただけであった。彼はいつも、ともかく大歓呼を呼び起こすようなことだけを語ろうと努めたのであって、指導者というよりは、群衆のなかの最も不安定な人びとのとりこだった。プレイスによれば、

ハントはこう言っている。自分の行動様式は、話の急所めがけて突進することであり、誰にも気を遣わないことだ。自分はどの委員会とも、どんな徒党とも混じり合うことはしない。自分自身で行動する。自分は誰をも侮蔑するつもりはないが、腹を立てている誰にたいしても気を配るつもりはない。

しかしプレイスはまた、ピータールー事件のあとハントの人気が頂点に達したロンドンでハントが勝利の大歓迎を受けたあと、ハントについて比較的寛容な言葉で（ホブハウスあての手紙に）こう書いた。

しかり、彼はそれ［ロンドンでの歓待］を受けるに値したし、彼が受けたものよりももっと大きな歓待を受ける値打ちをもっているのです。もしも民衆が——私は労働する民衆のことをいっているのですが——ただ一人の人物だけをもたなければならないのだとすれば、彼らはともあれ歓呼の声でこのハントという人物を支持するでしょうし、そうする義務があったのです。そして、民衆が彼とともに、あるいは彼のために闘うべき数多くの課題があるのです。民衆のなかに入っていくよりすぐれた人物がいないのは誰のせいでしょうか？　民衆のせいではありません。民衆は、彼らと一緒に共同の大義をなしとげようとする最良の人物を手放そうとはしないものです。私が働く民衆の一人だったころ、自分がどのように感じていたのかが思い出されます。……ハント以外の人物が現れないとすれば、ハントこそが民衆の願う人物であるにちがいないのです。(55)

3　ハムデン・クラブ

対仏戦争後の急進主義にみられる途方もない乱雑さを理解するためには、個人的な性格と指導者の問題を念頭に置いておかなくてはならない。それは民衆的急進主義の英雄時代だったが、しかし全国的な視野においてみると、その指導者たちが英雄にみえるのはまれであり、ときとしてあほうのようにみえる。一八一五年からチャーティストの時代まで、運動がつねにきわめて活力に満ち、一貫し、健全であったように見えるのは、その基盤だった。とりわけバーンズリやハリファクス、ラフバラやロッチデイルのような地方の拠点ではそうだった。そうした運動の真の英雄は地方の書籍商、新聞の売り子、労働組合の活動家や書記、そしてハムデン・クラブならびに政治同盟《ポリティカル・ユニオン》の演説家たちであって、こういう人びとは、監獄に入った報酬として運動の名誉ある終身恩給生活者になろうなどと望むことのない人びとであり、また多くの場合、あまり目立つことがないので、地方新聞や内務省の書類のなかにわずかにその活動の記録を残しているだけの人びとである。これらの人びとが基盤を提供していたのであって、この基盤なしに、論争好きでプロテスタント的な彼らの指導者たちは何もなしえなかっただろう。そして、彼らはしばしば、指導者たちのあいだの争いを落胆しながらみつめていたのである。

　一八一六年の冬から一七年の春にかけて生じた事態の混乱は、勢力を拡大しつつも全国的な拠点を作りえなかった全国的運動が抱える問題を映し出している。地方のハムデン・クラブの代表者集会は、カートライト少佐の発案によって招集され、（一七年一月に）居酒屋「クラウン・アンド・アンカー」で開催された。それは全国的な請願運動の頂点をなすものだった。この請願運動で、総数についての見積もりはさまざまだが、五十万人から百五十万人の議会改革を要求する請願署名（そのほとんどは毎年改選の議会、成人男子への普通選挙権、そして秘密投票を要求していた）が提出されたのである。

　しかし、カートライトが集会を呼びかける回状を発した時点（一八一六年九月）から、集会が実際に開かれるまでの間に、十二月二日のスパ・フィールズでおこなわれた第二回大集会に関連した暴動が発生した。これらの暴動の原因と重要性については、こんにちでもあまりはっきりとわかっていない。はやくも一六年三月のはじめに、債務者監獄を標的にしたある種のウルトラ・ジャコバン主義者の運動がロンドンにみられた。当局は「拘禁に苦しんでいるわが同胞」にあてられた一通の手紙を途中で押収したが、その手紙は「三色旗委員会」から発すると称し、三月二日に「三色旗」を掲げる旨を告げていた。その日「監獄のドアは開かれ……［そして］諸君たちの高慢なるバスティーユは廃墟となろう」。

諸君に要請する。われわれの計画をロンドンのすべての監獄——ベンチ、フリート、マーシャルシー、ホースモンガー・レインなど——に知らせてほしい。そうすれば同時に諸君全員が行動できるだろう(56)。

こうした運動がまったくありえなかった、というわけではない。戦時需要で仕事をしていたロンドンやバーミンガムの零細な親方たちは、戦後の不況によって最も苦しめられた階層の一つだった。数多くの破産が発生した。戦時中には、こうした小親方の多くは大きな問屋の下請け仕事をし、利潤の大半は後者が取得した。小親方たちはいまや、自分たちの労働のおかげで中間業者が安楽な事業を確立したのに、自分たちは取り残されて税金の重荷と困窮地区の貧民救済の重荷とを背負わされていることを知った(57)。そうした経験が彼らを過激な急進主義のほうへと押しやったのであり、またそれを受け入れる下地は、ロンドン通信協会の宣伝活動や一連のウェストミンスターでの選挙の際の宣伝活動によって以前から準備されていた。債務者監獄は、ときにはスパイとなる者を調達する場所となったにしても、それ以上に急進主義者を養成する教養学校となった点で重要だったのであり、債務法の過酷で厳格な適用のもとで惨めに暮らしていた犠牲者たちは、そこで読んだり、討論したり、知り合いを広げたりすることができた(58)。

一八一六年三月の脅迫はなにひとつ実行されなかった。しかし監獄を攻撃するというテーマは、十二月のスパ・フィールズ事件で再度登場する。われわれはこの事件について、少なくとも三つの、互いに矛盾する見方の間を慎重に進んでいかなくてはならない。三つの見方というのは、すなわち、事件後におこなわれたジェイムズ・ワトソン博士の裁判で検事側が提出したもの、ヘンリー・ハントが二二年に彼の『回想録』のなかで提出したもの、そして弁護側ないしはワトソン自身が差し出したものである。これらの見方のどれも信用できない。検察側の主張は、主として、当局の工作員に転じた共犯者ジョン・カースルの証言にもとづくものである。彼はまったく信用しがたい証人であり、偽証者であり、ある売春宿の「おかみ」の護衛であることも判明した。[59] ハントの証言はカトー街の陰謀のためイルチェスター監獄に収監されていたときに書かれたものであり、またワトソンと決定的な仲たがいをしたあとで書かれたものである。彼自身の事件へのかかわりを最小のものとする証言を提出することが狙いであった。他方、ワトソンは、一八一九年の秋に出版物でなされたハントとの論争で、いまはまだ適当なときではないという理由で事件についての自分の言い分をあきらかにすることを拒んでいた。

真相はおそらくこういうことだろう。一八一六年の秋は困窮と戦後失業とが極度に厳しい時期で、ランカシャー、ヨークシャー、バーミンガムの産業、そしてロンドンは等しく打撃を受けた。首都では、二つの主要産業、時計工業と絹工業が同時に不況に陥った。スピトルフィールズだけで、十一月には四万五千人もの人びとの食糧が不足し、労役所に入れろと騒ぎ立てたといわれている。[60] 同じころ、ロンドンには除隊した陸兵や水兵が殺到した。しかし、きわめて明白になったことだが、ウェストミンスター委員会はぐずぐずしたままで、ロンドンの大衆のあいだに運動を起こすことをいっさい拒絶したのである。選挙期間におけるウェストミンスターでの選挙演説会（そして、大群衆がギルドホールに前に集まるシティの選挙）を別にすれば、一七九五年以来ロンドンでは、急進的な性格をもった完全に「制限なし」の示威行進が呼びかけられたことは一度もなかった。だから小さなウルトラ・ジャコバン主義者の（あるいは「スペンス主義者」の）委員会が結成されたのであって、その最も活動的なメンバーはワトソンとその息子、プレストン、シスルウッド、フーバー、そしてスパイのカースルだった。この委員会は一八一六年十一月十五日にスパ・フィールズで示威行進をやろうという呼びかけをおこない、数多くの指導的な急進主義者にたいして参加するようはたらきかけた。コベットはこれと距離を置き、ハントだけが演説をおこなうことに同意した。ハントは集会の前日になってやっと主催者と会い、委員会が提案していた決議案をもっと穏やかなものに変えさせた。集会そのものについていえば、準備は不十分で適当な演壇さえなかった。しかし、主催者の予想をはるかに超える大群衆が集まり、ハントは彼らにたいし広場を見下ろす窓から演説をおこなった。

集会は十二月二日まで「持ち越された」。ハントの報告によれば、主催者たちは彼らの成功に有頂天になっていて、彼が宿屋に戻るのに同伴し、夕食のあいだじゅう革命の大言壮語にふけっていた。そしてその席で次のような乾杯の音頭をとったのはカースルにほかならなかった。「最後の王が、最後の一人の聖職者のはらわたで絞め殺されますように」(ワトソンとシスルウッドは翌日ハントを訪問して、カースルのふるまいを詫びた!)。ほぼ同じころに、首都ではいくつかの「職種委員会」が結成され、プレストンがそれに積極的にかかわり、またもう一人のスパイ(T・トマス)がまんまと議長に選出された。トマスによれば、プレストンはスピトルフィールズの織布工を組織するのに成功した。そして私的な会話では、すべての地主と国債保有者の一掃を語り、イングランド銀行、ロンドン塔、そして監獄を襲撃する蜂起について論じた。カースルはこれらの提案を熱心に支持し、そして十二月二日にスパ・フィールズに運び込まれた馬車に、実際に少しばかりの武器を積み込んだ。その日の群衆の数は前回よりも多く、また多くの陸兵や水兵が含まれていた。集会で「何か」が「起こる」だろうという噂が広がっており、その噂はイングランドの北部にまで知れ渡っていた。[61] プレストンの見方では、軍隊は反乱寸前の状態にあり、その原因は兵士の不満ばかりではなく、民衆への一般的な共感にあった。[62] スパ・フィールズに掲げられた旗の一つにはこう記されていた。「勇敢なる兵士はわれらが友である、彼らを親切に遇せよ」「……空腹は頭脳の興奮状態をつくりだす……」、あるビラの断片にはそう書かれていた。これは軍隊内で配布するために準備され、スパ・フィールズ事件のあとワトソン博士の自宅で発見されたとされているものである。しかし、十二月二日にみられた最も顕著な頭脳の興奮状態は兵士たちのそれではなく、ワトソン博士の息子のそれだったと思われる。両ワトソンとも(プレストンによると)集会の前に酔っぱらっていたし、息子のワトソンはひどく酔っぱらっていた。彼は早くに会場に到着し、群衆の一部に熱弁をふるっていたのだが、その人びとの多くも(キャッシュマンのように)同様に酔っぱらっているように見えた。それから、彼は馬車を飛び出して、群衆のなかに飛び込み、一団をロンドン塔のほうへと連れていった。ほかの群衆はさまざまな方角へと突き進んだ。

何軒かの銃砲店が襲われた。かなりの暴動参加者がロンドン塔に到達し、ある男（おそらくプレストンかシスルウッド）が壁によじのぼって、民衆に合流するようにと軍隊に呼びかけた。マイノリーズ一帯では、暴動はゴードン暴動を想起させるような規模で何時間もつづき、馬に乗って民衆を率いた男（それが誰であるかは、当局にも暴動関係者にもわかっていない）まで登場した。政府はいくつかの予想される暴動にたいして警告を出し、予防策も講じていた。ハントは「たくさんの数の治安官や警官」がコールド・バス・フィールズ監獄の正面に配置されているのを見て驚いた。しかし、暴動に加わったのは大群衆の一部にすぎなかった。大部分の者はハントの演説を聞くために残っていて、[63]集会を十二月九日まで「持ち越す」ことを再度申し合わせたあと、平穏に解散した。

第三回のスパ・フィールズ集会は、事実、それまでよりもさらに多くの人びとが参加して開かれた。[64]このように混乱した出来事のすべてにぴったり合致するなんらかの説明を選び出すのは容易でない。暴動はたんなる酔っぱらいの暴発ではなく、慎重に計画された挑発でもなく、バスティーユの陥落をまねた明確な試みでもなかったが、しかしある程度まで、これら三つすべての性格を含んでいた。ワトソン博士は、おそらく、示威行進それ自体の効果以上のものを期待してはいなかっただろう。しかし、これと同じくらいありうることは、シスルウッドと息子のワトソンが（カースルにそそのかされて）民衆によるクーデターへの道を開くだろう「自然発生的な」暴動の、その口火を切ろうといういささか漠然とした考えをもっていたことである。青年ワトソンは身を隠し、数カ月後、クエーカーであると偽り、そしてまた、顔を焼灼剤でただれさせて、テムズ河からアメリカ行きの船にもぐり込んだ。[65]ハントはたしかに暴動の陰謀にまったく関与していなかった。しかし、同じように、彼は進んでワトソン博士の裁判で弁護側の証人として立ち、自分がほどほどの影響を与えたことについて証言し、[66]また次の二年間にわたって博士と密接に協働しつづけたのである。

プレイスはスパ・フィールズの騒乱者たちを「ばか者と卑劣漢からなる、軽蔑すべき一団」と呼んだ。しかし、ロンドンっ子の大多数がそうした仕方で彼らをみていたと想定する根拠はない。ロンドンの民衆が素人くさい気取った指導者たちから被害を受けたとしても、それは部分的には、ウェストミンスター委員会がかつてのジャコバン的な原理を真に維持しようとしなかった結果なのであった。しかし、スパ・フィールズの事件は少なくとも三つの重大な結果を招いた。第一に、それは当局にたいし、改革論者を抑える行動が必要なのだという口実を提供した。第二に、対仏戦争後の運動のまさに発端において、この事件は穏健なる中流階級の改革主義者たちを脅やかして、民衆的な急進主義運動から離脱させることになった[67]。第三に、この事件は、ハムデン・クラブの代表者集会が開催される直前の時期に、改革運動の指導者たちを混乱させた。バーデットは、カートライトがロンドンのハムデン・クラブを代表して代表者集会を招集した最初の回状には署名していたのに、レスターの領地にひきこもって「クラウン・アンド・アンカー」での集会には出席しなかった。コベットは、彼自身の説明によれば、集会の前夜までためらっていた。彼は、「このような危機的な状況下で開かれる集会は、腐敗体制という矢にたいして最も望ましい標的を提供することになろう」し、また、代表者たちは、たとえ逮捕されることがないとしても、少なくとも政府のスパイたちの注意を引き付けることになろう、と考えていた[68]。彼はまた政府の挑発体制にたいして、また極端な急進主義者たちを成功の見込みのない体制転覆の行動にかりたてて運動を分裂させようという政府の戦略について、たいていの改革論者たちよりも鋭い洞察力をもっていた。「彼らは陰謀に恋い焦がれている」と、コベットは一八一六年の十二月に書いている。「おお、彼らはなんと恋い焦がれていることか！彼らは動き回り、奴隷のようにあくせく働き、やきもきと気をもんでいる。彼らはいたるところで汗水たらして動き回っている。彼らはまったく死ぬほど陰謀に恋い焦がれているのだ！[69]」。最後の最後で、コベットは（ウェストミンスターの「代表」として）、ハント（ブリストルならびにバースの代表）とともに集会に出席することに同意した。カートライト少佐が落ち着いた様子で議長を引き受けた。「茶色の長いコートと茶色の飾りけのないかつらを身につけて、部屋のなかを歩いていき、静かに議長席に座った[70]」。しかしランカシャーやレスターシャーの活動的なクラブの代表者たちは、集会が始まるや否や論争が始まったことに愕然とした。欠席したバーデットの意向を聞いてみようという試み、そして改革論者たちの要求を戸主選挙権に限定しようという試みがなされた（これらはコベットに支持された）。ハントは成人男子選挙権を主張し、地方の代議員たちがそれを支持した。そのあとコベットは、まったく実際的な理由から自分の主張を撤回すると言明した。(彼の説明によれば)自分が戸主選挙権を支持するのは、ただたんに、「その安全性に関心を有する、定住している目に見える住居をもたない人びとが……正確に選挙人名簿に登録されうる」のかどうか、わからないからであった。

私には、相当数の人びとがある教区からほかの教区へと歩いていき、それによって同じ日のうちに二回も三回も、五人あるいは六人の異なった候補者のために投票することを防止することができるとは思われなかった。

ついに「ある賢明にして控えめな人――その人の名前を残念ながら私は忘れてしまったのだが、ランカシャーのミドルトンから来た人」がコベットの反対論に答えてこう指摘した。軍の法律のもとに点呼名簿というものがあり、そこにはあらゆる教区のすべての男子住人が記載されている。同じ手段が選挙人名簿の作成にも利用できるだろう。「私にとってはこれで十分だった。こうしたことはこれまで思いもつかなかったことであった……」[71]

この「ミドルトンの賢明にして控えめな人」とはサミュエル・バンフォードである。かれは織布工で――いろいろな批判はあるが――十九世紀初頭の急進主義の最良の記録者だった。実際、コベットがバンフォードのような人物に好ましい印象をもったことが、兵士名簿の指摘以上に、コベットを成人男子選挙権の路線へと転換させたのだろう。戸主選挙権と成人男子選挙権とのあいだに引かれた線は、事実上多年にわたって中流階級の改革運動と労働者階級のそれとの分界線だった。だからコベットが後者の成人男子選挙権のほうを支持したことはきわめて重要だった。しかし、彼の支持も、ハムデン・クラブが直面していた組織上および指導者の問題を解決することにはまったくならなかった。コベットはバーデットやウェストミンスターの「残党」の妥協的な政策を嫌っていたし、また同じくらいに、ロンドンの居酒屋クラブの陰謀に満ちた裏世界を嫌ってもいた。コベットが公式に支持した代替的な運動路線は、老カートライト少佐の提案する路線だった。しかし、カートライトの思想はなお、多くの点で、ワイヴィルと彼の率いるジェントルマンの改革論者からなるカウンティ・アソシエーションの時代に属するものだった。もしそれらの地主《ジェントリ》が応じなければ、少佐は喜んで職人や小親方たちと連合しただろう。しかし、彼はなお古い活動スタイル、つまり請願と州集会とに信をおいていた。秘密委員会が現われてはまた消え、人身保護法はひっきりなしに停止された。それでも、カートライト少佐はその職務を離れず、私を拘禁してみろと当局を挑発し、呼びかけ状を発しつづけ、古代の国制の前例(というのは、彼はなおアングロ＝サクソンのお手本の時代に生きていたのだから)や、かろうじて合法的な急場しのぎの打開策に範を求めていた。キャニングは、カートライトは「この国に騒乱の血を送り出す、ロンドンの古い心臓」だと書いて、カートライトに敵意を込めた賛辞を送った。(72) しかし、地方の急進主義者の観点からすれば、バンフォードの賛辞のほうがより的確である。一八一七年に人身保護法が停止されている間(と彼は書いている)、「尊敬すべき老少佐はその職務を離れず、ライオンのように勇敢で、無垢の子供のように晴れやかだった。そしてまた、その時代の大混乱のなかにあって、あまり注目されることもなかった(73)」。

彼にそれ以上を求めることはできない相談だった。しかし、コベットは一八一七年、自分自身の著作のもつ力への絶対的な自信を別とすれば、ほとんど何も付け加えることなく、カートライトの時代遅れの組織観を引き継いだのである。生涯にわたって、コベットはジャコバン組織への恐怖の念をひきずっていた。彼には自分の影響下にないどんな運動にも不満だった。彼は自分の書いた言葉が「公衆」にたいしておよぼす力を過大評価していたし、世論が効果をあげる媒体となる組織というものの重要性を過小評価していた。そのうえ、一七年の初頭に、彼は公的ならびに私的な理由から、格別に注意を払って行動する必要があった。戦時中に監獄に放り込まれ迫害されたことがあるから、彼が警戒したのは当然である。彼はまたその時期に、周期的に彼を襲う切迫した金銭面の窮地の一つに立たされていた。彼にとって、当局の注意をこれ以上引くことを避けることが私的にもぜひ必要なことであった。

個人的な性格ならびにイデオロギーという、この両者にかかわるいっさいの要因を考えに入れることは、なにゆえに――一八一七年一月末にロンドンで開かれたハムデン・クラブの大会から一週間もたたないうちに――急進的運動が混乱のうちに解体してしまったのかを理解する助けとなる。いずれにせよ大会は重要な組織的決定を何もしなかった。一週間の討論ののち、請願書を議会に提出しようというコクリン卿からの嘆願を確認したあと、大会は解散した。一月二十八日の議会の開会式からの帰途、摂政皇太子は群衆に取り囲まれ、彼の馬車の窓が壊された。政府はただちにピットおよび一七九五年の事件から相続した「警戒」装置を発動させ、秘密委員会が任命された。秘密委員会は彼らの考える大逆罪の証拠なるもので「弁護士《グリーン・バッグ》」をふるい落としたが、その一方では、改革論者の大示威行進がコクリン卿を庶民院の議長席につかせることになった。そのコクリン卿の腕には、「どうにかやっと持てる分量の」（ブリストルからの）請願書が抱えられていた。貴族院の秘密委員会は二月中旬に報告書を提出し、そこではスペンス主義者、スパ・フィールズの暴徒たち、そしてハムデン・クラブの活動がきわめてどぎつい言葉で描かれていた。その報告は陰謀の存在を証明する証拠を発見したという。

……反逆の陰謀が首都で企てられてきた。その目的は、全面的な反乱という手段によって、この王国の権威ある政府、法、国家体制を転覆し、そして財産の全面的な略奪と分割とをおこなうことである。また、こうした計画は、……最も人口の密集した工業地帯のいくつかに広範囲に広まった。(74)

二月末と三月に、改革論者を取り締まる一連の法案が議会を通過し、一七九〇年代の弾圧立法が徹底的な過酷さを引き継いでふたたび制定された。人身保護法は一八一七年一月一日まで停止された。(75)煽動集会取締法（一八年七月二十四日まで効力をもつものとされた）の目的は、すべての改革主義的な「協会やクラブ……は、非合法の団体および連合体として、全面的に弾圧され禁止されなければならない」という点を確実にすることにあった。五十人を超えるいかなる集会も事前に治安判事に届けなければ開催できず、治安判事は（治安判事自身の判断で）煽動的な傾向をもつと見なした集会はどんなものであれ解散させることができる権限を与えられた。同じころ、シドマスは内務省から一通の回状を発し、煽動的な文書を配布する疑いのある人間を逮捕する権限が諸君にはある、と治安判事の注意を喚起した。

このときになってコベットは変節した。彼の変節は二重であった。まず第一に、彼は、当局がハムデン・クラブに敵対する行動を開始したときをとらえて、すべての改革論者の組織にたいする包括的な駁論を発表した。

私はわが同胞に忠告する。いっさいの政治クラブ、いっさいの秘密の陰謀団体、いっさいの通信協会と関係をもつことなく、ただ個人的な活動と公開の集会だけを頼みとするようにと。……かようなクラブに属している人びとにはきわめて尊敬すべき、熱心な人がいる。しかし、彼らが最善かつ最も効果的な方法で活動に従事していると信じることは、私にはとうていできかねるのである。

二月中旬のこの警告につづいて二週間後には、いっそう強い否認が表明された。「私が常日頃最大限の熱意を払って公衆にわかってもらおうと努めてきたことだが、クラブはどんな種類のものであっても一般に有害な傾向をもっており、そこから善なるものが生まれることは決してありえないのである」

私が言ってきたように……もしも目的が、一般的で、自由な、打ち解けた、とらわれることのない、公共心の内面的かつ外面的な表現によって達成されないのであれば、その目的は永遠に達成されることはないし、そもそも達成されてはならないものなのである。[76]

民衆的な組織を絶対的に否定するこの見解は、人身保護法が停止されたその週に発表されたのであり、ウーラーをして『ブラック・ドウォーフ』誌上で次のような苦言を述べさせることになった。「いくらなんでも、閣下、有害な影響ばかりを生み出すような忠告でもって、われわれを敵の手中にあずけて裏切るようなことはやめていただきたい」

われわれの敵は、われわれのまわりのいたるところでクラブを形成している。陸軍クラブ、海軍クラブ、そして選挙区を買収する連中のクラブ、これらは腐敗の大義に貢献していないのだろうか?……私はいつも考えてきたのだが、あらゆる種類のクラブは、あなたが最も大事なものだという、一般的で、自由な、打ち解けた、とらわれることのない公衆の声を集めて結集するための最も重要な手段である。……閣下よ、あなたは改革の大義をきわめて有害なかたちでもてあそび、そうすることで改革の敵にたいして、改革に反対する最悪の論拠を与え、承認している。……その人間は、公衆を分断しようとして、実際に人びとの精神を破壊しているのだ。[77]

三月末にコベットの第二の変節がみられた。政府の抑圧的な立法はもっぱら彼自身を狙っているのだと言って、彼は自発的にアメリカに亡命したのである。[78]数多くのほかの雑誌――『ブラック・ドウォーフ』、ホーンの『リフォーミスツ・レジスター』、そしてシャーウィンの[4]『〔ウィークリー・〕ポリティカル・レジスター』――は、コベットの亡命によって生じたギャップを埋めようと努めたし、それらが迫害にたいして首尾よく抗しえたことで、コベットの変節にいっそう暗い影を落とすことになった。しかしコベットの逃走が即座にもたらしたのは、狼狽と士気の減退であった。そして混乱が長引くなかで、改革運動の全国的な拠点が形成されることはなかった。

この迫害と混乱との同時発生こそが、ブランケティアズの行進、オドウィックの陰謀、そしてペントリッジ蜂起といった込み入った物語の背景になった。ミッドランズならびに北部の多くの地域では地元の改革運動は強力だった。堂々たる公開の集会が前年の秋と冬に開催されていた。[79]春のはじめの政治危機は極端な経済的危機と毛織物業と鉄工業における失業、そして物価の急激な上昇――これらはすべて一八一七年の夏の終わりまでつづいた――と符合していた。一六年から一七年にかけての冬に、政治集会や学習や討論の習慣が、たいていの工業地域に広がっていった。レスター、マンチェスター、ノッティンガム、ダービー、シェフィールドそしてバーミンガムといった中心地にある連絡ネットワークが、工業村落の改革派グループへと広がっていった。中核となる組織をつくりだしたこのような大中心地では、改革論者にはたいてい、かなりの数の職人と小規模商工業者、少数の不熟練労働者、そして中流階級の過激な「ハント主義者」が含まれていた。彼らは、自分たちが住んでいる都市部だけではなく、近隣地域の職人や手工業労働者の間でも支持されていた。ひとたび改革の大義が掛け枠編み工、陶工、釘製造工、あるいは手織工の村落に根を下ろすと、地元の町や村にクラブが形成されたが、これらのクラブはほぼ完全にプロレタリア的な性格をもち、ラダイトの活動家たちが勝ち得たのと同じような地域コミュニティの共感を獲得したのである。

われわれがいちばん多くの情報をもっているのはレスターシャーとランカシャーの運動についてである。レスターのクラブは一八一六年の十月に設立された。その会長はある染物屋兼木材商人であり、その副会長は靴直しであり、そして最も活動的な会員は印刷工、機械の台枠製造工、地元の掛け枠編み工の指導者たちであった。ひと月のうちに、(一週間につき一ペニーの会費を払う)会員は五百人以上にもなった。あるスパイは一六年の十一月末に開かれた総会での事態についてこう報告している。二百人以上が出席した。飲んだり、しゃべったり、会費を集めたりするのに一時間以上が費やされた。それからウィリアム・スコットがその晩の議長に選ばれた。彼は機械の台枠製造工であり、一七九〇年代の古参のペイン主義者である。彼は演説をはじめ、裁判の公判日程表の写しを一通取り出し、恩給生活者の名簿を読み上げ、聴衆はそれらについて批難の声をあげたり論評したりした。

ある者はこう言った。われわれはこうした連中にかたをつけさせるために集まっているのだ。……ほかの者が応えた。「目に物言わせて殺《や》ってしまえ」。ほかの者は言う。「やつらをロンドン塔へ送れ」。またほかの者は言う。「二年間だけ待て」。……常備軍が大声で批難された。……ライリーという男がコベットの『〔ポリティカル・〕レジスター』を毎週百部買おうという動議を出した。……その動議は挙手で採択された。

議長への感謝の決議にたいして、スコットは歌で応えた。

彼は、自分が歌うのは、十八年ほど前に無法者たちが居酒屋スリー・クラウンズに押し入ったときに歌っていたのと同じ歌、「民衆よ自由たれ！」だと言った。大歓声が起こった。彼は革命歌を歌った。

一八一六年の末までに、レスターシャーの町や村に三十以上のハムデン・クラブがあったと主張された。クラブは掛け枠編み工の労働組合組織とときを同じくして拡大していると示唆する者がいたので、不安感をもった複数の治安判事は、クラブを「議会改革の運動をラディズムに結び付けようとする試み」と見なした。当局は政治的急進主義が村落に浸透していくのを強い不安感をいだきながら眺めていて、靴下編み工たちは「目標は革命であるという信念にこり固まっており、必要なときには戦闘を開始すべく準備を整えておくこと以外にはなんの関心ももっていない」と言い立てた。人身保護法が停止されると、レスター・ハムデン・クラブは目立った活動をただちに停止したが、これについても同じ当局は（もっともな理由で）、ラディズムの経験を十分に吸収した改革論者たちが秘密の組織形態へと退却した証拠であると解釈した。(80)

ランカシャーの事態にもいくぶん似かよったところがあった。マンチェスターは改革運動の一大首都だったが、ほかの中心地域――オールダム、ストックポート、ボルトン、ロッチデイル――もマンチェスターに取って代わるモデルを提供できるほど大きなもので、マンチェスターの改革論者たちが内紛にあけくれるようにでもなれば、運動を支える用意があった。バンフォードの回想は、一八一六年末の「ランカシャーの指導的な改革論者」を列挙することで始まっている。

マンチェスターの綿製品製造業者、ジョン・ナイト。マンチェスターの凸版印刷工、ウィリアム・オグデン。……マンチェスターの製靴工、ウィリアム・ベンボウ。[5]――マンチェスターの石工、ブラッドベリ。アシュトンの織布工、チャールズ・ウォーカー。モスリーの木靴製造工、ジョウジフ・ワトソン。モスリーの毛織物工、ジョウジフ・ラムズデン。リーズの凸版印刷工、ウィリアム・ニコルスン。オルダムの絹織布工、ジョン・ヘイグ。オールダムの製帽工、ジョウジフ・テイラー。ロイトンの綿製品製造業者、ジョン・ケイ。ロイトンの医学生ウィリアム・フィトン。ベリーの綿織布工、ロバート・ピルキントン。ミドルトンの絹織布工、アモス・オグデン。ミドルトンの綿織布工、ケイレブ・ジョンソン。――そしてミドルトンの絹織布工、サミュエル・バンフォード。その後まもなく、マンチェスターの仕立て工、ジョン・ジョンストンと、リヴァプールの服地屋、ジョウジフ・ミッチェルがわれわれに合流した。(81)

以上に加えて、一八一六年から一九年の間に活躍した著名な人物として、われわれは次のような名前をあげることができる。オールダム出身のジャーニーマンである機械製造工にしてメソジストのユニテリアン教会の平信徒説教師、ジョウジフ・ブローウェ。バンフォードの愉快な友人、床屋にして「いかさま」医者のジョウジフ・ヒーリー。家事奉公人、ジョン・バガリー。そして「ブランケティーアズ」の行進の中核的な組織者たる、ストックポートのサミュエル・ドラモンド。零細はけ製造業者であるマンチェスターのジョウジフ・ジョンソン。一八一九年のはじめに創刊された急進的な『マンチェスター・オブザーヴァー』の周辺にいた一団、とくに、ウォドル、ジェイムズ・ローそしてJ・T・サクストン。これに加えて、オドウィックの陰謀事件において共謀の疑いで逮捕された男たちがおり、そのなかには刃物研磨工、樽製造工、漂白工がいた。

ランカシャーの運動のはじめの数カ月に関する報告として、印刷工ジョウジフ・ミッチェルのいくぶん信頼性の乏しい筆になるものがある。一八一六年のはじめ、彼は主として中流階級の人びとの団体であるリヴァプール同心協会の会員だった。しかし、この協会は一般の人びとへの宣伝活動を拒んだので、彼はこれを嫌悪した。

彼らは上等な夕食のあと、飲み、歌い、タバコをふかし、祝杯を重ね、しゃれを言い、演説をぶつ。そしてブルームやその同類の人びとを大げさに褒めちぎる。……しかし、彼らは民衆の運動のためになるような行動は、一つたりとも起こさないのである。(82)

ミッチェルは仕事を探すために南ランカシャーを旅し、数多くの「自認する」が活動しない改革論者と会い、そして、「道徳的にして政治的な知識を広めるために、民衆のなかに入っていこう」と決心した。彼は自らを政治的伝道師に任じた初めての人物であって、町という町を訪問し、カートライトのパンフレットと、彼自身の『民衆への訴え――政治のいろは』を販売して生活を支えた。一八一六年十一月のはじめ、彼はロンドンのカートライトを訪れ、コベットにも会った。コベットは『ポリティカル・レジスター』のランカシャー地区代理人の地位をミッチェルに与えた（彼はこの地位をベンボウと共有していたようだ）。この時点から、彼の物語はハムデン・クラブのそれと重なることになる。(83)

ランカシャーの運動では、ひと握りの小規模製造業者と専門職業人が活発に活動していたが、これらの人びとは、活動的な中流階級からなるマンチェスターの小さな改革論者集団とは明確に区別されなければならない。後者は自分たちの出版物をもち、また特徴的なベンサム主義イデオロギーをもち、そしてハント主義的な改革論者とは、たとえともに運動に参加したり、（ピータールー事件のあとのように）彼らに重要な手助けを与える場合でさえも、一線を画そうと努めていた。(84) この地方の急進的運動の指導層のなかに綿紡績工ないしは工場労働者がいなかったのは興味深い。紡績工が急進的な運動に共感をもっていたことに疑問の余地はほとんどない。マンチェスターの当局が一八一七年の二月に記しているところでは、改革論者の集会の「参加人数は近隣の紡績工場が終業する時刻から大きく増えはじめる――このことは、紡績工の置かれた状況は相対的にいいのだから、生活に苦しんでいる者だけが政府に不満をもっているわけではないことを示している。紡績工たちは、最近自分たちの基金から、改革論者にたいする援助をおこなった」。(85) この数年賃金を切り下げられてきた紡績工たちは、彼らの労働組合が力を発揮する最初の頂点に向かいつつあった。一八一八年には、紡績工たちの一大ストライキが起こり、また「一般労働組合」の組織化へ向けた最初の力強い試みがなされた。ストライキ期間に治安判事が内務省へ送った手紙には、バガリーやドラモンドのような急進主義者の活動家が織布工と同様に紡績工にたいしてもおよぼしている影響について、多くの不満がつづられている。[86]

このようにランカシャーの紡績工は北部の労働組合運動の中核にいたのであり、また実際、全国的な次元での新しい組織形態を開拓しつつあった。なぜ彼らは著名な改革の指導者を生み出さなかったのだろうか。その理由は一部は状況にかかわるものだったが、一部は政治およびイデオロギーにかかわるものだった。紡績工の組合は(団結禁止法の下にあって)半合法的な団体だった。多年にわたって、紡績工たちは彼らの実際の指導者たちを背後にとどめておくことに熟達していた。彼らは、織布工や職人たちと比べると、雇用主からの迫害にさらされやすかった。またランカシャーの工場主は政治活動家をブラックリストに載せるという伝統をもっていた。[87] この意味では、工場労働者は織布工に比べると「独立性」に乏しかった。たとえ後者が飢餓線上で生活していたとしても、そうだった。さらにまたわれわれは、綿工場では長時間労働がなされていたということを忘れてはならない。バンフォードによって描かれた生活様式によれば、運動の絶頂期には、半就業の状態にあった織布工や職人たちは、代表者集会に出席したり、改革論者の集会で熱弁をふるうために何マイルも歩いて出かけるための休暇をとりえたかもしれないが、そのようなことは成人の綿紡績工たちには許されていなかった。

しかし、なぜ紡績工が改革論者たちのあいだで指導的位置につこうとしなかったのかという理由を示唆することは難しいことではない。コベットやハントの急進主義は、経済的独立という価値を強調し、工場制度にたいしては感情的な憎悪をもち、相互の絆と経済的互恵主義という理想化された過去の視点から現在を批判するものであって、それは工場労働者の苦境を代弁するものではなかった。オウエン主義と労働組合主義が合流しはじめる一八二〇年代まで、綿工場の労働者たちの経験と音程の合った急進主義を見つけ出すことは困難である。とはいえ紡績工の集団がコベットの道徳主義的な『[ポリティカル・]レジスター』よりも、ウーラーとカーライルのよく整理されより功利主義的な訴えを好んでいたという証拠はあちこちに存在する。ハント流の急進主義は、工場改革あるいは社会問題一般を語ることがほとんどなかった。一八一六年から二〇年の工場労働者のエネルギーは彼ら自身の労働組合組織の内部で発露した。そこでは成果はただちに目に見えたし、問題は具体的であった。綿紡績工の大半は急進主義者だった。しかし当局は紡績工が蜂起したり、ロンドンへ行進する恐れをまったく感じなかったのである。

　これに加えて、われわれは、マンチェスターが大都会のもつ強みと同時に弱みをすでにもっていたことを指摘できる。都市の規模の大きさ、職種の多様性、スラム地区の広まり、そして移民のたえざる流出入、これらが高地に位置した町々に比べて、凝集力をより脆弱なものにした。アイルランド系住民はたいへんに多く、彼らは一八一六年から二〇年の運動に共感していたが、運動に統合されることはなかった。さらに、いくつかの綿業都市（とくにボルトン）には熱心な体制支持派の治安判事がいたが、より小さな町の多くはその性格においてほぼ完全にプロレタリア的であり、弾圧を受けることもほとんどなかった。[88] マンチェスターでは副治安官のジョウジフ・ネイディンが、ラダイトの時代に急進主義者狩りの経験を積んでいた。著名な急進的運動の指導者は目をつけられ監視され、スパイたちはたえずマンチェスター国制協会や政治同盟《ポリティカル・ユニオン》に潜入した。マンチェスターでは、一八一七年と一九年には、ネイディンの手下と改革運動の指導者たちが街頭ですれちがう際に、ときには立ち止まって互いにからかったり脅したりすることがあった。一七年三月に逮捕されたウィリアム・オグデンはこう証言した。「かの悪名高きJ・ネイディンは……私を捕える前六週間にわたり、ときおり、もしおまえが公の集会に出席することをやめないならとっつかまえるぞと脅した[89]」。ネイディンはあるおりに次のように言ったが、一人の囚人の士気を鼓舞しただけだった。「いまのおメエはさほど大きくはネェ。しかしおメエがふたたびレイトンに戻ったあとには、おメエはいまよりも少し背がなゲくなるんだぞ。オレたちはそこでおメエを吊すんだからな[90]」。しかし、「田舎の民衆」が彼の荒っぽい注意を引き付けて痛めつけられることはほとんどなかった。

　だから「農村地域の愛国者」は、この時期の改革運動の背骨だった。彼ら自身もそう感じていた。一八一六年十月末のマンチェスターの野外集会のあと、ある密告者が「フェイルズワースの改革主義者の一群と一緒に」戻ってきた。

　彼らは憤懣やるかたない呪いの言葉をぶちまけてマンチェスターの民衆、しかし主として上層階級の人間を批難した。彼らは、親方たちの圧迫のせいでマンチェスターの人びとは欠席したのだと考えることで自分たちを慰めた。……参加した者のうち、半分は田舎から来た人だったと密告者は考えている[91]。

請願書や毛布を持ってマンチェスターを出発し（一八一七年三月）、ロンドンに向かって行進した人びとの大半は田舎の織布工たちであった[92]。

　一八一八年に、かつてメソジストの牧師だったが急進派の演説家および学校教師となったジョウジフ・ハリソン師の指導の下に、ストックポートはこれまでとは違ったかたちの都市型改革運動の重要なモデルを提供したが[93]、一九年にはふたたび「田舎」の人びとが大半を占めるようになった。こうした人びとが夜ごとにおこなっていた軍事訓練――バンフォードが牧歌的であまりにも無邪気な記述を残している――は、ピータールーの前奏曲だった。（マンチェスターの綿工場労働者はそうした準備訓練のための時間をもっていなかったし、ましてそうした訓練をおこなうための人里離れた荒野もなかった）。これらの人びとがまた――リースやサドルワース、ミドルトンやロッチデイル、オールダムやベリーからやってきた――きわめて統制のとれた部隊となって、一九年八月十六日にセント・ピーター広場の大部分を埋め尽くしたのである。そして、地方のより過激な「実力行使派《フィジカル・フォース》」がロンドンの合図を待ち受けていたのとちょうど同じように、高地地帯の多くの織布工もマンチェスターで反乱が開始されるのをいらいらしながら待っていた。怒り、たんに政府当局にたいする怒りだけではなく、おそらくは工場制度という冷淡なバビロンにたいする怒りもまた、一七年、そして一九年にもう一度、「マンチェスターをモスクワに」して反乱を開始するという話を呼び起こしたのである。そして、一九年の末にマンチェスターの運動は個人的な争いと派閥間の衝突という混乱のなかで崩壊しはじめたのだが、マンチェスター政治同盟内部のぞっとするような憎しみ合いと無秩序な集会についてあるスパイが愉快な報告を書いているが、その結論はこうであった。

……そのとき二人の田舎から来た人物が姿を現した。そのうちの一人が立ち上がり、そしてこれが政治同盟《ユニオン》かどうか教えてもらいたいと発言した。――誰かがそれに応えるまでにはしばらくのときが流れた。――ついにある人が、そのとおりだと言った。――よそ者は、自分がフリクストンからやってきたのは、改革の運動がどのように進んでいるかを見るためだと語った。――「ライト判事があんたを送り出したのかい」と誰かが叫んだ。この老人はそれを無視して、こうつづけた。自分の田舎では何百人もの人びとが日々地元の支部に加入しているが、もし自分がこの夜に見たことを伝えれば、彼らはもう決してマンチェスター政治同盟を信頼しなくなるだろう。――何人かの指導者たちが、このよそ者のまわりに集まり、この夜に見たことを知らせないようにと彼らを説得した。(94)

これらの人びとは、もちろん、主として手織工であり、彼らの抱えている問題や生活様式についてはすでに一章をさいて検討した。一八一九年までにランカシャーの織布工のすべてのコミュニティが改革の理念を信奉するようになっていた。そしてこのときからチャーティストの最後の年にいたるまで、織布工と靴下編み工はつねにこの運動の最も忠実にして最も過激な信奉者であった。議会による保護を要求する運動が相次いで失敗したために、彼らは議会の改革、あるいは政府そのものの転覆という問題と直面することになった。彼らは自分たちの境遇を労働組合活動だけで改善できるとは期待しえなかった。そして、なんらかの恒久的な利益を引き出すことをめざしておこなわれた一八一八年の織布工の大ストライキの敗北がそうした教訓を裏打ちした。コベットやハントが唱えた経済的「独立」および不屈の政治的個人主義というイデオロギーは、たとえ工場労働者の経験と音程が合わなかったとしても、織布工たちの経験には手袋のようにぴったり合ったのである。織布工がコベットと共有していたのは、工場の騒音や抑圧にたいするコベットの嫌悪感であり、自分自身の額に汗して、十分な食事、見苦しくない衣服、そして物的な福利を獲得するという万人の権利の強調であり、ロンドン、紙幣、「政府《ザ・シング》」にたいする疑念、さらには功利的な議論よりも道徳的な議論を好むことや、過去のものとなりつつある田園的な価値観への郷愁であった。実際織布工たちは、政治的な協会やクラブにたいするコベットの否定的な態度を別とすれば、一七年当時のコベットのほとんどの見解を熱狂的に迎え入れたのである。

したがって、過激な改革論者たちの拠点はミッドランズと北部地方の手工業者たちの村々にあった。われわれは、こうした工業村落の民衆が「無骨者」ないしは「田舎者」であり、民衆のなかで最も「遅れた」部分に属するといった誤解を一掃することができたと思う。さまざまな都市――ロンドン、バーミンガム、ノリッヂ、シェフィールド、ニューカースル――の職人たちの拠点は、カーライルの理神論とオウエンの社会主義を最も早く支持したが、知性や読み書き能力の程度では、手工業労働者はおそらく彼らに次ぐ位置を占めていて、ほかの工業に従事している集団――製鉄労働者や鉱夫、都市の貧民、肉体労働者、多くの工場労働者――に優っていた[95]。機械による紡績のブームがもたらした産業革命初期における相対的繁栄は、物質的な価値観のみならず文化的な価値観の上昇も引き起こした。手工業労働者たちの抗議にきわめて大きな力を与えたものは、この生活様式の浸食にほかならない。もし急進派の「陰謀」の拠点が、三十年間にもわたって、ペントリッジ、ラフバラそしてバーンズリといった場所にあったとすれば――もし謀略がミドルトンの教会堂、ソーンヒル・リーズの酒場、そしてヘクモンドワイクの砂利採集場で論議されていたとすれば――その理由はこれらの土地が世界の最果てにあったからではなく、これらの町や村の人びとが無計画的な経済的個人主義と古い生活様式とが衝突する中心部にいたからである。織布工と靴下編み工は、自由放任主義《レッセ・フェール》の最大の犠牲者であり、それゆえに彼らはまたシドマス卿とオリヴァーの細心の注目を受けるにふさわしい存在だったのである。彼らは――時代遅れの労働者ではなく――産業革命のこの段階を特徴づける労働者だったのである。

4　ブランドレスとオリヴァー

しかし手工業労働者の一大中心地の数々は、いずれもロンドンから百マイルから二百マイルも離れていた。もしも繊維工業の中心地がエセックスにあり、釘製造業の村落がサセックスにあり、織布工たちが自分たちののぼりをセント・ピーターズ・フィールズではなくスパ・フィールズに掲げて進んでいたとすれば、イングランド史の流れは変わっていたかもしれない。実際には、反乱の感情がペナイン山脈あるいはウォーリックシャーでくすぶっていたとき、それが手近なところに明確な攻撃の対象をもつことは決してなかったのである。ラディズムは一八一七年までにはもうほとんど支持されなくなっていた。地方における圧倒的な感情の重みを、どのようにしたら政府自身に思い知らせることができるのだろうか。ブランケティアズの行進（おそらく、その初期の計画段階では、カートライトとコベットはこれを知っていて、奨励したかもしれない）は、政府に思い知らせるための圧力をかける一つの試みだった。参加したランカシャーの人びとは、途中で集会を開き、支持を集めながら、請願書を携えてロンドンへ向かって平和的に進行しようとしていた。ヨークシャーやミッドランズでほかの行進者集団から支持を得られるという期待が多少あったから、マンチェスターの指導者の一人はこう語ったといわれている。「もしわれわれが諸君をバーミンガムまで連れていくことができれば、すべてはなしとげられよう。というのは、そのときに諸君の数が十万人になっていることは疑いないからだ」(96)。ロンドンで何をしようと意図していたのかということについて、さまざまな噂が流れていた。行進の組織者たちは摂政皇太子に請願書を提出すること以上のことは考えていないと言明していた。しかし、ロンドンの民衆が熱狂的に興奮して行進を歓迎することが予想されたし、マルセイユの人びとが一七九二年にパリで演じたのと同じような役割を行進者たちが演じうるという期待もそれなりにあったことだろう。

われわれが再度問わなければならないのは、何をしようと意図していたのかという問題だけではなく、誰がそれを意図していたのかという問題である。手工業労働者たちの置かれていた地理的な状況は権力の中心地から彼らを孤立させていただけではない。コミュニケーションと組織の決定的な弱さをも生み出していた。われわれはすでに小さな工業コミュニティのもつ凝集力に、そして当局が詮索しようとしてもこれらコミュニティが不透明であったことに注目した。彼らの組織の弱点はきまって彼らと地方の拠点とのつながりであり、とりわけ地方の拠点とロンドンとのつながりにあった。当局にとっては、スパイをマンチェスターの組織、あるいはシェフィールドやノッティンガムの組織にさえ比較的安易に潜入させることができた。そしてこれらのスパイたちは、積極的だったし、また時間をかけて工作することもできたので、たいてい首尾よく地方の委員会へ代表者として派遣された。ロンドンの居酒屋の過激派たちのなかにスパイを送り込むのは何にもまして簡単なことだった。

一八一七年の春と夏の事件について、広く受け入れられている解釈は次のようなものである。

三月に、そして六月にふたたび、治安判事は労働者階級の代表者集会を急襲し、全員を逮捕した。これらの人びとは全面的な反乱計画の作成に従事していたのだと見なされた。しかしカネで雇われたスパイや密告者の提供する証拠を別とすれば、そのような運動があったことを示すものは何もないのである。途方もないおしゃべりがそこでなされたことは疑いえない。しかし組織的陰謀なるものの汚点のない証拠は全然ないのである。[97]

これが一八一七年の出来事に関するウイッグ流の古典的解釈であり、当時の改革論者自身がもちいた自己防衛的主張である。これはハモンド夫婦の『熟練労働者』（第十二章）で学問的な裏付けを得ている解釈であり、またこの本は、悪名高いオリヴァーの経歴を再構成したものとしては、こんにちでも最も権威のあるものである。[98]

しかしながら、ウイッグ流のこの判断は事態を過度に単純化している。何が「汚点のない」証拠を構成するのかについて、われわれの議論をここでふたたびおさらいする必要はない。しかし、「実力行使派《フィジカル・フォース》」のなんらかの陰謀が一八一七年に準備されていたと考えることのできる十二分の理由があるのであり、それは政府側の工作員による対抗的陰謀と複雑に絡み合っていた。はやくも一六年の十二月のはじめには、ロンドンの「ジャコバン」派と地方の過激な改革論者とのあいだに密ではなかったが接触があった。同月のランカシャーで開かれた代表者集会によって任命され、ヨークシャーとミッドランズとを訪問せよという指令を受けた使者のうち少なくとも二人——ウィリアム・ベンボウとジョウジフ・ミッチェル——は、「実力行使派」の人間だった。このとき以来、ミッチェルは（事情に精通しているランカシャーのある治安判事は、彼のことを「この地方全体の頭目のような人物」と記している）[99]、ロンドン、ミッドランズ、そして北部のあいだをさかんに行き来した。バンフォードが一八一七年の一月にハムデン・クラブの「大会」に出席したとき、ミッチェルもベンボウも、ロンドンの人びとと数多くの接触をもった。ベンボウは「まるで式典の主催者であるかのように」ふるまい、そしてミッチェルは、バンフォードと一緒に兵舎を訪問し、そこで（バンフォードの正直とは言えない説明では、間違って）急進派の小冊子を配布した。カートライトやコベット、そしてハントは、組織的な指導力を本格的に示そうとはしなかったので、地方の代議員たちはグラフトン街の居酒屋コックでワトソン博士とその一派とさらなる会合をもち、そこで全国的な通信体制に関する計画、そして（おそらく）秘密組織に関する計画が議論された。[100]

かくして、三月の第一週に人身保護法が停止されたときには、粗雑ではあるがなんらかの全国的な組織体制がすでに存在していたのである。当局の主張によれば、「秘密委員会」によって指導されている組織の拠点が四つあった。すなわち、㈠ノッティンガム、ダービー、そしてレスター。㈡バーミンガムとその周辺地区。㈢ランカシャー。㈣ヨークシャー。疑いもなく、かなりの数の代表者や急進派の文書が行き来していた。ミッチェルはその時期の数カ月について若干の説明を残しているが、それによると彼とベンボウとナイトが当局の追っ手から逃げていたときに、「同じ場所で二夜を過ごすことはほとんどなかった」[101]。バンフォードもまたヒーリーとの「逃亡中」の日々について書いているが、その時期にはランカシャーのある改革論者たちは、「フクロウのごとく日暮れ前には」決して姿を見せようとしなかったし、一方ほかの者たちは、「さまざまな口実をもうけて集会を開いていた」。

集会の名称はときには「共済組合」、またときには「植物同好会」、「投獄されている改革論者の家族を救済するための集い」、あるいは「亡命した改革論者たちを救済するための集い」と名づけられていた。しかし本当の目的は、会を主催した者たちだけに漏らされたのだが、マンチェスターへの夜襲を実行することにあった……。

チャダートンで三月に開かれたこのような集会に出席したある密告者は、ラダイトの時代からチャーティストの時代にいたるまでによく使われた言い回しで、こう報告している。

そのチャダートンの男は、地元の民衆の大半はすでに武装していると語った。約七十丁の火打ち石銃を集めることができると思う、と彼は言った……。金曜日の午後三時にマンチェスターに行き、オドウィック橋の近くの居酒屋ロイヤル・オークに集まり、そこでバーミンガム、シェフィールド、あるいはなんらかの情報が期待できそうなほかの場所からの最新の知らせを聞くことにしよう、ということで意見の一致をみた。チャダートンの男は言った。彼はベリーの副代表に会ったし、ハダズフィールドとリーズにも行ったことがあるし、民衆はラダイトのとき以来隠し持っているたくさんの武器を携えて、いつでも立ち上がる用意が整っていることとまちがいなし、と。(102)

「狼煙を見たら、彼らは進撃することになっていた……」。一八三九年と四八年についての内務省の文書のなかに、ほとんど同じような文言がみられる。実力行使派はつねに、バーミンガム……あるいはロンドン……あるいはニューポートから「送られてくる新しい知らせを聞こうと」待機していた。ある観点からみると、この物語には痛ましいものがある。三月末に、「オドウィックの陰謀」がでっちあげられたが、それは半ダースほどのこの種の会合からつくられたものであって、それを口実に最も活動的なランカシャーの指導者たちが逮捕されたのである。ほかの面からみると、この物語はもっと深刻である。多くの機会に多くの場所で、人びとはミッドランズや北部の村々において、わずかの銃や自家製の武器を持って集会を開き、優柔不断な行動を始めたのだが、そうした決断力のなさは、臆病のためというよりも、裏切りへの恐怖と、自分たちは地理的に孤立しているという感覚のためであった。もし、こうした切迫した状況にあって「新しい知らせ」が届いていたなら、もし、どこかの主要な中心地が革命家たちによって「占拠」されるようなことがあったなら、そのときには反乱はほかの地域にも急速に広がっていただろう。

　五月までに、革命的な気分がいくつかの地域において高まっており、そうした地域のあいだには散発的ながら連絡が取り交わされていた。しかし、責任をもつ組織的拠点は存在しなかった。地方はロンドンで事が起こるのを待っていた。しかし、地方の活動家がたまにしか連絡をとりあっていなかったロンドンっ子はどうかといえば、反乱の行動を開始する能力という点では地方の人びとよりも劣っていたのである。ノッティンガムの針製造工であり、この陰謀に積極的な役割を果たし、その後アメリカに逃亡したウィリアム・スティーヴンスは、のちにこう証言している。人身保護法の停止のあと、「何百という人びとが……また彼〔スティーヴンス〕が信じているところでは、何千という人びとが、……いまや抵抗を始めるときであると語った」。

　……これが一八一七年の三月、四月そして五月における、彼の町の大多数の民衆の考え方だった……。

だが、「抵抗という手段がやきもきしながら求められていたにもかかわらず、……抵抗の計画は五月のある時点まで作られることがなかった」。四月に「ミッチェル氏が……ロンドンへ行く途中、ノッティンガムに立ち寄った」ときにはじめて、それが議題にのぼった。[103]

ミッチェルは「彼固有の領域で活動していて、その範囲は彼自身以外の誰も知らなかった」（とバンフォードは言っている）。四月に、彼はロンドンにチャールズ・ペンドリルを訪ねた。ペンドリルはジャコバン主義者の製靴工で、デスパードのかつての仲間でもあった。デスパードはこの時期には、アメリカへの逃亡の準備をしているところであった。ペンドリルはつい最近、ウィリアム・オリヴァーという名前で彼が知っていた一人の友人を債務者監獄から助けてやったところだった。このことがあってまもなく、オリヴァーは「たいへん熱心に、祖国愛の信仰告白をしはじめ、自分を入れてくれる政治結社がないものかどうか、異常な熱意を込めて知りたがっていた」[104]。オリヴァーの信仰告白は信用され、彼は三月までに、ロンドンの改革論者たちの実力行使派集団に加わることを許された。三月二十八日に、彼はシドマス卿との会見を求めた。四月に、彼はペンドリルとほかの改革論者を介して、ミッチェルに紹介された。ミッチェルはオリヴァーの自宅で待っていたのだが、暖炉の上の「ナポレオンの長大なブロンズ像」や、バーデット、コベット、ホーン・トゥク、そしてフォックスの肖像画に強い印象を受けた。

ロンドンの友人たちの願いは、地方の友人たちと関係をつくることです、と彼は言った。それはまた、地方の人びとも大いに望んでいることです……と私は答えた。

しかし、ミッチェルがロンドンの委員会との会合を要求すると、オリヴァーは、いまは彼らを呼び集めるのにはあまりにも危険な時期だ、と断言した[105]。

オリヴァーはミッチェルに、今度地方に旅行するときには、自分を連れていってくれるようにと頼んだ。この二人は、四月二十三日に旅行に出発した。この旅は（オリヴァーについて言えば）二十三日間にもわたるものであり、オリヴァーがミッドランズや北部の主要中心地の指導的な改革論者たちと顔見知りになる絶好の機会となった[106]。これはスパイ活動の輝かしい大成功であり、シドマスはオリヴァーの報告に大いに助けられた。五月五日、オリヴァーは、ウェイクフィールドでの中央代表者集会に出席したことを報告した。そこにはバーミンガム、シェフィールド、ハダズフィールド、バーンズリ、リーズの代表者、そして北部ミッドランズを代表してトマス・ベイコンが出席していた――それぞれの地域において決起するだろう人数について、各地の代表たちが大げさな約束をした。決起の日は五月二十六日に予定され、オリヴァーも、ロンドンは「準備万端整っているだろう」と確約した。裏では、彼は、これは「脆弱で非現実的な計画であり、もし延期されれば、ひとりでにつぶれてしまうだろう[107]」と報告した。

しかし――おそらく計算違いから――ミッチェルは五月四日に逮捕されてしまい、オリヴァーが独自に「ロンドンの代議員」として仕事をつづけていくことになった[108]。そのあとにはとんでもない状況が残された。つまり、いくつかの地域で反乱の準備が進められていたが、それらの唯一身元の明確なロンドンの仲介者が、政府の手先だったのである。ロンドンでは、ワトソン、シスルウッド、プレストン、そしてフーパーはスパ・フィールズ事件で果たした彼らの役割を問われて大逆罪の裁判をなお待っているところであり、一般に有罪判決が予想されていた。一部の指導的改革論者は地下に潜行し、ほかの者はコベットのあとを追ってアメリカに渡っていた。そしてそれ以外の者はすでに獄中にあった。ここまでは、事態はまったく明瞭にみえる。しかしここから史料はまったく党派的な偏りをもったものとなっている。改革論者たちや、（庶民院のベネットや『リーズ・マーキュリー』のベインズのような）政府にたいするウィッグ派の批判者は、六月九日の事件の主たる煽動者兼組織者はオリヴァーであるということを証明するために、あらゆる証拠を呈示しようと努めた。他方、当局はこう申し立てた。オリヴァーの役割は密告者のそれにすぎない。もしも彼が革命の計画に関与したとしても、その計画を延期させるか、つぶしてしまうためだったにすぎない。破滅的な反乱が避けられたのは、まさしく当局者の用心深い監視のおかげである、と。

おそらく真実は両者の見方よりももっと込み入っている。オリヴァーだけが秘密組織にたいするスパイだったわけではない。ランカシャーとノッティンガムの治安判事たちは彼ら自身の地元の密告者からいつも十分に情報を得ていた。しかし、同時に、革命を煽動した者たちがみなスパイだったというのも正しくない。バンフォードは五月にミドルトンで、オリヴァーではなく、ダービーの代表者たち――トマス・ベイコンとターナー――の訪問を受けた。この二人はペントリッジ蜂起に加担した者たちである。ウィリアム・スティーヴンスはこう証言した。トマス・ベイコンが、ウェイクフィールドでの五月五日の集会の報告をもって北部ミッドランズ委員会に戻ってきたとき、

多くの人びととともに、ブランドレス、ターナーそしてラドラムが出席していた。……五月二十六日の五、六日前ごろに、シェフィールドの友人たちから一通の手紙がノッティンガムに届き、それにはオリヴァーの助言によって蜂起は六月九日まで延期されたとあった。……というのも、そのころなら夜は闇となるだろうし、また、そのときまでには、蜂起が全土でより完全な状態になるだろうからであった。……このため、蜂起の日まで、ノッティンガムとその近隣で、引き続き準備が進められることになった。

オリヴァーはその間に彼の主人たちに報告するためにロンドンに戻ったが、コールド・バス・フィールズ監獄にいた彼の昔からの同志ミッチェルを見舞うことを忘れなかった（そのために、ミッチェルもまたスパイではないかという疑いを長い間受けることになった）[109]。（当局によれば）五月二十三日に、シドマスはミッドランズならびに北部の治安判事たちから、六月九日に反乱が、ロンドンの支援を受けるか、またはそれなしで起こされるだろう、という忠告を受け取った。「彼はオリヴァーを郵便馬車で地方へ送り出した[110]」

だがこの二回目の旅行で、オリヴァーはまったく異なった任務を負った人物のように行動した。彼は今回は、大げさな約束をあますところなく語った。以前には彼はおりにふれて、バーデット、コクリン、ハントあるいはカートライト少佐に「派遣された」と名乗っていた[111]。いまや彼は、ウィードンの兵舎を占拠しようというウルヴァーハンプトンの改革論者たちの計画についての話を付け加えた。すなわち、『ブラック・ドウォーフ』の編集

者であるウーラーは「ロンドンで臨時政府が発布することになる宣言を現在印刷中である」とか、（オリヴァーが言うには）自分はたまたまいまここにいるが、反乱の準備はあらゆる場所で当地よりも進んでいるとか、話したのである。彼はとりわけウェスト・ライディングとノッティンガムに関心を集中していた[112]。

重要なことだが、オリヴァーが選び出した二つの地域は、かつてラダイトの秘密組織が最も強力だったところである。そのうえ、この二つの地域はそれより古い革命的な伝統をもつ中心地だった。シャーウィンが書いているが、「ノッティンガムの民衆は……抑圧にたいする生まれながらの憎悪の感情をもっていて、それはおそらく世界中のどの町にも負けないものであった[113]」。ベンボウははやくも一八一六年十二月にペントリッジで集会を開いていた。その地区の指導的な改革論者のトマス・ベイコンは、おそらく四十歳代で、「古参のジャコバン主義者」の一人であり、バタリー製鉄工場で何年間か鋳鉄の型どり工あるいは仕上げ工として働いたことがあった。（政治活動のゆえに迫害されて、一七年には彼はふたたび掛け枠編み業に戻った）。検察側の用意した起訴状によれば（もっとも、これは結局一度たりとも使用されることがなかったのだが）、彼は一七九一年以来「自由と平等の教義の熱心な支持者、そしてトマス・スペンスの熱心な弟子」だった。彼は、財産は「平等化」され、土地所有は廃棄され、万人に八エーカーの土地が分配されなければならないとした。ベイコンにとっては、コベットの『〔ポリティカル・〕レジスター』もハムデン・クラブも「十分な成果を上げていなかった[114]」。

もう一つの革命の拠点、ウェスト・ライディングについていえば、状況はいくらかより混乱していた。というのは、ウィッグ派の治安責任者フィッツウィリアムとシドマス卿のやり方がしばしば矛盾していたからである。（州統監〔フィッツウィリアム〕自身がオリヴァーの本当の身分と目的とを知らされていなかったということもありうることである）。五月の最後の週に、積極的なシェフィールドの治安判事たちは、彼ら独特の情報にもとづいて行動を起こし、居酒屋「グラインディング・ホイール・オブ・ミスター・チャンドラー」でおこなわれていた「十人の指導者」の深夜の集会を急襲した。「集会は警報を受け、人びとは戸口や窓から飛び出し、森へ駆け込んだ[115]」。この地の指導者の一人であるウルステンホームほか三人が捕まり、その後シェフィールドの運動は混乱に陥った。

こんにちでは、ノッティンガムについて、われわれは二つの独立した史料を対比することができるが、それらにはありがちなことながら対立した傾向をもつ偏向がみられる。第一の史料では、地元の一人の密告者（この人物はオリヴァーの本当の身元を知らなかった）が地元のある治安判事にこう報告している。

私は……この夜の六時から七時の間にジェリー・ブランドレスのところへ行った。……われわれは彼の家を出て……監獄の向かいで彼［スティーヴンス］に会った。われわれはサンディ通りを歩いた。……彼は私に、月曜日の夜にここにいるように、と言った。……彼が言うには、ロンドンでは約七万人がわれわれと一緒に行動できる状態にあり、またバーミンガムでは機はきわめて熟していると報告したロンドンの代表者がいた、とのことである。……その人がどこに住んでいるのかは語ってくれなかったが、しかし彼は信頼のできる友人であり、……水曜日か木曜日にはふたたびここにいるはずだし、そして決定された蜂起の日時を伝えてくれるということだった。[116]

第二の史料では、ほぼ一年後にスティーヴンス自身が供述している。

……六月の一日か二日に、オリヴァーはノッティンガムへ……本証人の家にやってきた。彼は、六月九日に向けての準備はロンドンでは万事順調だと言った。……オリヴァーはそのときわれわれとの会合をもち、その会合にはブランドレスとターナー、そのほかの多くの人びとが出席していた。この会合で、彼は、彼が行動計画と呼ぶ文書をわれわれに提出した……。

こうして、われわれとすべての問題を片づけてしまうと、オリヴァーはヨークシャーで体制を組織するために旅行準備をはじめた。それはロンドンで蜂起が起こった瞬間にヨークシャーで万事がうまくいくようにするためだった。彼の教えてくれたところでは、ロンドンには武装した五万人の人びとがいて、ロンドン塔を占拠することになっていた。

最終的な準備を整えるために、北部の代表者「大会」が六月七日にシェフィールドで開かれることになった。

それが終わると、参加者たちは分かれて、いくつかの大都市におもむくことになっていた。参加者たちがおもむくのは彼ら自身が住んでいるところへではなく、それ以外の場所へであって、それは相互の信頼関係を確立し、真の情報を交換するためだった……。

実際、スティーヴンスは六月七日にシェフィールドに向かって出発したのだが、しかし「ある少年が馬で追いかけてきた」ので、彼はノッティンガムに戻ることになった。

彼が家に戻るとオリヴァーがいて、オリヴァーはそこでこう言った。裏切り行為がヨークシャーで発生した。しかしロンドンでは万事順調だから、ノッティンガムとダービーで約束がしっかりと守られるなら、万事うまくいくだろう、と。そして集会が開かれ、オリヴァーが出席した……。

この集会が終わるとすぐにオリヴァーはロンドンに急使を送った。「地方は熱烈に共闘する、という保証をロンドンの蜂起者に伝え」なければならないから、と説明した[117]。

六月二日から六日までのヨークシャーにおけるオリヴァーの動向についてはかなりのことがわかってきた。デューズベリ近くのソーンヒル・リーズで六月六日に開かれる代表者集会の準備のために、彼は町から町へと慌ただしく動いた。この集会の二日前、彼は北部の軍隊を指揮しているジョン・バイング少将と個人的に会見している。ソーンヒル・リーズの集会は、バイング少将の個人的指揮下にある軍隊によって包囲され、代表者たちが逮捕された(118)。オリヴァーは「逃げる」ことが許されたが、しかし数時間後に（シェフィールド行きの馬車に乗って出発する直前）に、ウェイクフィールド・ホテルでバイング少将の部下と会話しているところをある改革論者に見られ、真相が漏れ出てきた。オリヴァーが七日の夕刻ノッティンガムに到着するまでに、裏切りがあったという噂がすでにその町に届いていた。スティーヴンスが記述している最後の集会では、このスパイへの厳しい追及がおこなわれたが、オリヴァーは幸運にもそれを切り抜けた。ある背の高い男が（とオリヴァーは報告している）彼にこう言った。「ノッティンガムでは、ランカシャーのようにはっきりした理由もなく吊し首にすることは好かれないが、いいかげんにしないと、あんたがどうなるかわからないぜ(119)」

しかし「ジェリー」ブランドレスはこの最後の集会にはいなかった。すでに六月五日に、ノッティンガムの市書記官が彼自身の情報提供者から次のような報告を受けていた。

私はジェリーと彼の家で会った。……私は彼に、あなたたちはロンドンの代表者以外のほかの人びとと連絡をとりあっているのかどうかを尋ねた――私たちはそうしていない、しかしそうしている連中もいる、と彼は言った。……彼はこう教えてくれた。これを最後にペントリッジにおもむき、そこで蜂起する人びとを指揮し、彼らをここに連れてくる、……また、立ち寄るすべての町々から人びとを集めてくるつもりだ、と。

その日遅く、この情報提供者はブランドレスの妻から彼がすでに出発したことを告げられた。「彼女は、ことが始まるまで彼は戻ってはこないだろうと考えていた(120)」。これらの出来事すべてについてシドマス卿は知らされていた。六月七日以降、政府、軍隊、そして治安判事たちは準備を整え、ペントリッジの反乱を待っていた。七日にはノッティンガムの市書記官は、「この町ならびにその周辺で予想される民衆反乱を予防し鎮圧する手段」について、治安判事と終日協議をしていた。九日に市書記官はこう書いた。「わが信頼しうる事務官は、老ベイコンの恐るべき行動の結末を警戒して、ペントリッジの近くで監視にあたっていた。……われわれは夜に入ってしばらく、反乱が始まるのを待ちながら協議をおこなっていた[121]」

「オリヴァーはロンドンへと引き揚げた。あとには彼の用意した罠のなかに次々と落ち込んでいく犠牲者が残されていた。……オリヴァーの主人たちは、一時間もあればこれらの蜂起の準備を完全に停止させ、粉砕することができただろう。……［彼らは］蜂起の行動を防止するのではなく、生み出すことを望んでいた[122]……」。これがコベットの解釈であり、残された証拠からそれ以外の解釈を組み立てるのは難しい。オリヴァーは工作員ではなかったという推測、あるいはそのかわりとして、もし彼がそうだったとしても、彼の行動はシドマスの命令を超え出ていたという推測が近年なされているが[123]、それらは支持できるものではない。また、リヴァプール内閣の構成員が流血という考えを忌み嫌っていた――あるいは実際になんらかの罪の意識をいだいていた――と考える理由もまったくない。「国賊の血を流すことのないかぎり、国王は王冠を手中に収めておくことなどできないのである」と、リヴァプール卿自ら、ネイ司令官の助命のとりなしを断った際に書いているのだ[124]。カースルレイはすでにアイルランドの反乱の鎮圧で修業を積んでいた。大法官エルドン〔6〕は死刑制度を擁護し、ロミリーや刑法改革論者に反対する後衛戦を戦っていた[125]。政府はそのころ、ワトソン博士とその仲間だけではなく、シェフィールドとグラスゴーの改革論者集団をも大逆罪にかけるべく準備をしていた[126]。『アナーキーのマスク』〔7〕は、シェリーのくだした判断が「無知からくる不正義」であることを示しているのではなく[127]、シェリーの同時代の大多数の人びとが共有していた判断を暴露しているのである。政府は血を欲していた――ホロコーストではなく、十分に見せしめとなる程度の血を欲していた。

ペントリッジの経緯はこうである。「ノッティンガムの首謀者」であるブランドレスは、彼が引き受けた役割を演じた。六月九日の二、三日前に、彼は公然たる準備を始め、人員を補充し、ペントリッジのある居酒屋兼宿屋で協議会を開いた。九日の夜に、二百人か、せいぜい三百人の人びとが、ダービーのピーク地方の麓の村々――ペントリッジ、サウス・ウィングフィールド、リプリー――から結集した。彼らは靴下編み工であり、石切り工であり、（バタリー製鉄所の）製鉄工であり、農業労働者であったが、わずかの銃と、多くの槍、草刈り鎌、棍棒を持っていた。ラドラム家、ウェイトマン家そしてターナー家のように、参加者の多くは親戚関係にあった。彼らは途上、農場や家々に立ち寄り、武器と支援とを要求しながら、雨のなかをノッティンガムへの十四マイルの道を行進しはじめた。これらのうちの一軒の農場で、この蜂起での唯一の流血がみられた。ブランドレスは銃があると思われる家に無理やり入ろうとし、窓から銃を発射し、農場の家事奉公人を一人殺した。ブランドレスは、しだいに意気消沈していく（そして人数も減っていく）一団を断固とした決意をもって導いた。彼は繰り返し詩歌を口にしたが、それはその夜の雰囲気をよくとらえたものであった。

一人残らずおのれの腕前をためすのだ
出てこい、尻ごみは許されぬ
血塗られた兵士を恐れるな
出てこい、パンのために戦うんだ
ときがきたことはあきらかだ
政府は倒されん

彼の副官の一人がある参加者にこう確約した。

全国民が立ち上がることになっている日時はもう決まっている、と彼は確信していた。また、今週の半ば前に、何千という人びとが武装する……すでに国じゅうのいたるところに人びとが配置されているとも、彼は確信していた……。

ブランドレスはさらに多くの約束を付け加えたが、それはその時点での士気を、あるいは彼の聴衆を満足させるものだった。すなわち、「ノッティンガムはわれわれが到着する以前に明け渡されるだろう」、「われわれはノッティンガムからロンドンへと進み、国債を帳消しにしなくてはならない」、軍勢が「朝になれば、ヨークシャーから大群となってやってくるだろう」、そしてまた、

……昨日ロンドンからきた手紙によると、ロンドン塔の鍵束がハムデン・クラブに引き渡されるだろうとのことだった。もしかすると、すでに引き渡されているかもしれないが。

いやいやながらに動員された人びとにたいしては、「ロースト・ビーフとビール」、ラム酒、はてはトレント川での遊覧旅行さえもが約束された。「臨時政府」がつくられ、この政府は武器をとって立ち上がった人びとの妻や子供たちのために、国じゅうに救援の手を差し伸べることになろう。彼はいつもこう約束していた。「北部の大群」がやってくるだろう、「北部の人びとは……彼らの前にあるものすべてを一掃するだろう、刃向かう者はすべてその場で射殺されるにちがいない」、と。夜通し、周辺の村々は「銃の発射音、ラッパの響き、叫び声、そのほかの騒音」によって騒々しいものとなった。翌日部隊がノッティンガムに近づき、そこで待機しているはずの支援者がいないのがわかると、男たちはよりいっそう意気消沈し、逃げ出しはじめた。一方でブランドレスはますます専制的になり、脱走する者は射殺するぞとおどかした。ついに彼らは小規模な軽騎兵の軍勢が近づいてくるのを見た。反乱はパニックのうちに幕を閉じ、人びとは武器を投げ捨て、隠れ場所を求めて逃げ出した。騎兵隊は彼らを追いかけ、あるいは二、三日のうちに捕えた[128]。

ペントリッジは六月八日の夜と九日に蜂起した唯一の村落ではなかった。ソーンヒル・リーズでヨークシャーの代表者たちが逮捕されてしまったにもかかわらず[129]、ホウムファースの峡谷の人びとを中心とした数百人の衣料産業労働者たちが、ある指導者のもとでハダズフィールドへ向けて進撃した。その指導者は彼らにこう告げた。

「わが兄弟たちよ、いまや全イングランドが武器をとっている――われわれの解放はまちがいない――金持ちは貧乏人となり、貧乏人が金持ちとなるだろう」。オリヴァーの裏切りがヨークシャーではすでに知られていたにもかかわらず、このような試みがなぜおこなわれたのかという疑問にたいする説明が二人の反乱参加者の証言でなされている。（うち一人の説明では）地元のある指導者が『リーズ・マーキュリー』を読み、そして、「なにもかもおしまいだ、計画が完全に粉砕されたのだからな、と言った。そして、いまことを起こすのか、それともわれわれがみな吊し首にされることになるのか、二つに一つと語った……」。もう一人の説明によれば、ある指導者はこう言っている。「みんな、もうこうなったら言い訳なんかできやしないから、進むしかない。仕事は今夜なされなければならない」――「われわれはみな等しく自由のために戦うと彼は考えていた……」。この事件は、その細部の多くの点でペントリッジの蜂起を再現することになる。しかし「フォーリー・ホール」の蜂起の場合は、反乱者たちはダービーシャーの仲間よりもはるかに幸運だった。小規模な軍隊とのあいだにわずかな銃撃戦が交わされたが、死者は出なかった。軍隊が増強されて戻ってきたころには、反乱者たちは（おそらくハダズフィールドを指揮する革命家たちがいないことに気づき、落胆して）夜の闇のなかに消えていた。首謀者の二人は地下にもぐった。『リーズ・マーキュリー』がオリヴァーの果たした役割を暴露したことによって世評が急変したため、逮捕された人びとはその恩恵にあずかった。すなわち、彼らが七月に裁判にかけられたとき、陪審員たちは有罪判決をくだすことを拒んだのである。(130)

われわれがオリヴァーの物語を長々と語ってきたのは、これがイングランド史の重大な物語の一つであり、ほとんど神話の性質を帯びるようになったからである。オリヴァーは急進派版ユダの原形であり、彼の果たした伝説的な役割は十九世紀の歴史に影響を与えつづけることになった。われわれは、即座の影響と長期的な影響とを区別することができる。密告者を雇うことは、ラダイトの時代に、工業の大中心地の治安判事の側にとって実際にありふれた行為となっていた。一七九〇年代以降ずっと、政府の財政の一部はこのような秘密業務のために充用されていた。しかし、世論の大方は、そうした行為はイングランドの法の精神にまったくふさわしくないものと見なしていた。「予防的な」治安維持活動という考え方はたとえ刑事事件であっても衝撃的なものであり、この考え方を「国内の」政治的信念の事柄にまで拡大することは、生まれながらにして自由なイングランド人という先入観を侮辱することであった。当局に雇われた煽動家としてのオリヴァーの役割を暴露した『リーズ・マーキュリー』の記事は、文字どおり世論を驚愕させた。歴史家ならば、オリヴァーは密告者の一団の最も勤勉で大胆な者の一人にすぎないと見なし、驚くことなく内務省文書のなかにあるオリヴァーの報告を読むのかもしれないが、しかし一八一七年には、そんなことがイングランドでおこなわれようとはつゆも思ったことのない何千という商店主、地方の地主《スクワイア》、非国教派の聖職者、専門職業人がいたのである。

それゆえに、蜂起から一週間もたたないうちに発表された『リーズ・マーキュリー』の暴露記事は政府の評判を破壊する効果をもった。ペントリッジ事件が起こったのと同じ週に、ワトソン博士は大逆罪で裁判にかけられていた。弁護側は検察側の主要証人であるカースルをこっぱみじんに粉砕し、陪審員は評決に入る前にオリヴァーに関する新事実を聞く時間をもった。評決は「無罪」だった。これは裁判における一連の敗北の一つにすぎなかった。グラスゴーとフォーリー・ホールの「陰謀家たち」も無罪判決で釈放されたし、文書煽動罪に問われていたウーラーも、また（十二月には）ホーンも釈放された。一八一七年を通して、多くの改革論者たちが人身保護法の停止下で引き続き獄にとらわれていたとはいえ、「大陸流のスパイ体制」にたいする抗議の声は国じゅうに広がった。「実力行使派」の改革論者たちを孤立させるどころか、オリヴァーの活動にたいする反感は過激派と穏健派とを結び付けたのである。「最も不愉快な行為が歴史に記録された」と、ジョン・ウェイドは『ゴルゴン』に書いた。十年のちにフランシス・プレイスはこう書いた。「私は残念ながら、この並はずれた低劣さ、唾棄すべき破廉恥行為、また等しく愚劣で残忍なる行為について、それを正確にどう考え表現すればいいのか、適当なやり方がわからないのである」

一八一七年に言論弾圧法を、一九年には弾圧六法を議会で通過させた連中はかような悪漢どもであり、もし彼らが良き秩序をもった社会でこんなことをやったならば、全員吊し首にされるだろう[131]……。

コベットの反応は（アメリカにいたので）当然にも遅れた。しかし一八一八年に最初の論評をおこなって以来、ブランドレスやオリヴァーの名前が忘れ去られることを彼は決して許すことがなかった。政府のおこないは、改革論者たちだけではなく、政府の目的はまさしく個人の権利を守ることにあるという古くからの自由主義的国制擁護論の考え方を尊重していたすべての人びとを憤慨させることになった。

政府にたいする人心の離反の深まりは、その後におこなわれたダービーの暴動者にたいする裁判と処刑とによってますます深いものとなるだけだった。ブランドレスの場合は（彼は人を一人殺したのであるから）当然の結果を伴うものだったが、追従した者については暴動に関する告発だけで十分だっただろう。しかし政府は全面的な血の手段を行使しようと決意していた。三十五人は大逆罪で罪状認否を問われた。政府の言いなりになる陪審員団が異常な注意を払って選び出された[132]。弁護側には二人の法律家が選任されただけなのに、検察側には十人が加った。裁判は、十月まで延期され、恐怖政治の雰囲気のなかでおこなわれた。被告人たちは何週間もパンと水しか与えられず、面会は禁止された。（ダービーのオール・ソウルズ教会の壁には「すべてのジャコバンを吊し首にしろ」とチョークで書かれた）。そのうえ、裁判それ自体が奇妙な経過をたどった。国じゅうでオリヴァーのことが語られていたから、当然ながら弁護側はオリヴァーの煽動を証明しようとするだろうと予想された。しかしこのスパイの名前は一度も言及されることがなかったのである。検察側（彼らはオリヴァーを、ダービーの匿名者の下に将来に備えて拘束していた）はその主張を、被疑者たちがとった明白な行為の証明に置いていた。ブランドレス側の弁護人は、「ロウヤー・クロス」という名の人物で、こう主張した。この被告人は――オリヴァーによってではなく――コベットによって、そして急進派の「狡猾にして陰険な出版物」によって煽動され惑わされたのである、と。

私は……これまでイングランドの出版社から刊行されたもののなかで、最も有害で最も邪悪なある出版物……についてふれずにはいられません。……その題名はこうです――『職人と労働者への呼びかけ……』。

これらは「これまで人間の手に渡ったもののなかで最も有害な出版物」とされた。[133] ブランドレスが有罪とされると、弁護側は力点を置き換えて、彼の仲間たちはカリスマ的な指導者の魔力のもとにあったのだと弁護した――デンマンはその際、ノッティンガムの首領をバイロンの『海賊船』になぞらえた。

彼の刺すようなまなざしに面と向かい、
それをものともせずに息のできる者はほとんどいない。
彼の冷笑のなかには悪魔が嘲笑っており、
それは憤怒と恐怖の感情を二つながらに引き起こす……

この弁論は、法曹界でのデンマンの評判を高めたかもしれないが、ダービー事件の陪審員席にいる農場経営者たちの感情をやわらげる答弁としては十分でなかったと思われる。ターナー、ラドラムそしてウェイトマンはみな有罪とされ、死刑を宣告された。古参の改革論者、トマス・ベイコンを含む残りの被告人たちには、命は助けるという了解のうえで有罪の答弁がなされた。オリヴァーの果たした役割については、「とばりが下ろされた」。[134]

これはまったく異常な出来事だった。というのは、地方の改革論者のなかに、自分が罪に問われる危険を冒しても、自発的にダービーへ出かけオリヴァーの活動について証言しようとした人びとがいたから、というだけではない。[135] 弁護側がオリヴァーを召喚しなかったのは、オリヴァーが実際にブランドレスとは関係をもっていなかったからだ、という説明をわれわれは受け入れることができない。まず第一に、両者が関係をもっていたことをわれわれは知っている。第二に、デンマンもそのことを知っていた。裁判が始まる前に、彼はある友人に、

「事件全体」の根底にはオリヴァーがいると信ずべき理由をもっていると書き送っている。一八二〇年、庶民院で自らの行為を弁護しながら、彼はこう言った。「当時、被告人たちを弁護したおりに得た情報から、またそのあと調べ上げた情報から」、蜂起はオリヴァーによって煽動されたものであることに「みじんの疑いもいだいてはいなかった……」。しかしながら彼は、スパイを弁護側の証人として召喚することは賢明なことではないと考えた。その理由は、法的手続きの規則では、自分の側の証人を反対尋問することができなかったからである。「反対尋問ができないとなれば、この証人たちは被告人側に不利となる証言をしゃべりまくったことだろう」。またそこには（おそらくより重要な）もう一つの配慮があった。すなわち、オリヴァーを召喚して、「ブランドレスと何を話し合ったのかを証言させても、反乱の計画が、被告人たちの利益のためにそういうものだとしておいたものよりも、もっと巧妙に立てられていたことを証明するだけだったろう」。こんにちではあきらかなのだが、被告人の弁護のために準備された訴訟摘要書には、オリヴァーの煽動を立証することは「許されないことであり、たとえ許されることだとしても、そのことでもってこの犯罪の悪辣性が軽減されはしない……」という趣旨の注意が書き込まれた[136]。

以上は一応もっともらしい説明ではある。しかし、かくも破廉恥な挑発事件を暴露する、なんらかの手続き面の手段を見つけることができなかったとは信じがたい。オリヴァーによる煽動の立証が、弁護側にとって法的な根拠を構成しないまでも、そうした煽動の疑いが、実際上どれほど強力な効果を生み出すことになるかについては、ロンドンとヨークシャーの陪審員がすでにあきらかにしていた。ほかの説明も考えられる。当局は有罪判決をぜひとも手に入れたかった。（シドマス卿は十月に病床にあったが、「ダービー裁判の結審は、医者が与えうるどんなものよりも回復に役立つ効果を彼に与えた」）。当局もまた、オリヴァーの名前が出されるのを防ごうと尋常ならざる手段を進んで採用した。大蔵省法律顧問官の書類に収められている訴訟摘要書からあきらかなことだが、検察官ははじめ（実際の蜂起には加わってはいなかった）トマス・ベイコンを、大逆罪ならびに反乱罪で裁判にかけようとした。しかし、（摘要書が示しているように）なるほど検察官は、オリヴァーの証言を頼みとすることなしにベイコンにたいする訴訟を起こすこともできただろうが、この古参の改革論者はきっとなんらかの方法でオリヴァーの件を強引に問題にしてしまっただろうし、また自分で自分自身を弁護しとおしたかもしれない。ぎりぎりになって、検察官は戦術を変えた。「われわれは［オリヴァーの］名前が問題として出てくるような起訴はいっさいおこなわないことに決めた」。主要な被告であるブランドレスについては、罪状を明白な反逆行為に限定することが可能だった。

そのうえ、被告人たちは裁判のときまでたがいに隔離されており、おそらくオリヴァーが果たした役割の全容を知ってはいなかった。被告人の親類らは、弁護活動のための資金をひねりだすために、ベッドにいたるまであらゆるものを売り払ったが、なんらかの全国民的な救援活動が始まったのは、ウェストという名の急進主義者のロンドンの針金製造工が弁護委員会を結成した秋になってからだった（また彼は、土壇場で、ダービーでの裁判に出廷するようハントを説得した）。実際、政府が弁護側になんらかの圧力をかけるのは不可能だったわけではない。死刑が執行される場合でさえ、司祭が犠牲者と群衆とのあいだに入ってじゃまをし、犠牲者たちが「最後の言葉」を述べる慣習的な権利の行使を妨害するという手の込んだやり方がとられたのである。検察当局とのあいだに密約が結ばれ、その最も邪悪な動機は「ロウヤー・クロス」の側にあったと、急進派の出版物は少しばかり脚色してて論じ立てた。ブランドレスの裁判は絶望的だった。もしも弁護側がオリヴァーの果たした役割について何もふれなければ、ブランドレスの仲間の何人かの、あるいは全員の命を助けてやってもいいと検察官はほのめかしたのだろうか。あるいは、もしもオリヴァーの証言が要求されるなら、もっと多くの改革論者をまきぞえにしてやるぞと検察当局は脅したのだろうか[137]。

しかし、このような推測をする際には、容易に被告人たちのことを忘れてしまうものだ。ジェレマイア・ブランドレスとはなにものだったのか。ハモンド夫妻は、いかにも夫妻らしく、彼は「半ば飢えた、読み書きのできない、失業した掛け枠編み工」であり、「どんなに無謀であれ、いかなる計画にも……すぐに飛び付く」人物だと述べている。これは侮蔑的な書き方である。われわれは、ブランドレスが読み書きができなかったことを知っている。もし彼が半ば飢えた失業者だったとしても、それは彼の仲間の何百人もの靴下編み工たちもそうであり、とりわけ彼が雇われていた「ダービーシャーの畝模様編み」業界ではそうだった。われわれは、彼がノッティンガムに家を所有していたこと、また彼が逮捕されると、妻は被救済貧民として、サトン・イン・アシュフィールドの彼女の法定居住地へと送られたことを知っている。彼女はそこで、夫から判決のことを教えられて、彼に手紙を書き送った。

……もしあなたが（世間で言われていることですが）悪党のオリヴァーに騙されたのだとしても、彼のことは許してあげなさい。神様と彼自身の良心に彼を委ねなさい。神様はすべての人間に報いを与えてくださることでしょう。もっとも、私がオリヴァーを人間と呼ぶときにも、（姿形はそうでも）彼が人間だとは私にはほとんど考えられないのですが。ああ、私がすべての罪を償い、あなたの命を助けることができればいいのですが。

（この手紙でさえも、看守によって差し止められブランドレスには渡らなかった）。一文なしのアン・ブランドレスは、彼女の夫に別れを言うためにサトンからダービーまで歩いていった。彼女への彼自身の最後の手紙は「明瞭で、平明で、そしてしっかりとした」筆跡で書かれていた。

死の影を通って永遠の生へと渡るにあたって、私はいかなる恐れも感じていません。私たちが天国で会えるように、私がそうしたように、あなたも、あなた自身の魂に、神様への約束をするよう願っています。……愛する人よ……次のものは私があなた送ったものの一覧です——仕事カバン一つ。梳毛の糸玉二つに綿の糸玉が一つ。ハンカチ一枚。古い靴下一足。シャツ一枚。そして私の愛する妹からの手紙[138]……。

われわれは裁判からと同様に、こうした細部からもブランドレスの肖像を再構成しなければならないのであって、それにはある興味深い理由がある。最後まで彼は、「出生地について、人生のさまざまな段階においてどういう仕事をしてきたのかについて、あるいは彼の家柄に関するいかなる事情についても語ること」を拒否した。彼はさまざまな仕事についていたと噂され、またエクスターの出身であるともいわれていた。監獄では、彼は自分のことを「バプテスト」に属すると語った。「厳格で、融通のきかない愛国主義という特質を彼がもっていることについて、いろいろと言われている」と、デンマンは友人に話した。監獄で彼の自白を引き出そうとしたある治安判事にたいして、彼は「悪罵と嘲りを雨霰と」降らせたのだが、しかし別の機会では、彼は奇妙に静かで決然とした態度をとった。[139]

事実、幾人かの歴史家たちがそう描写してきたのとは違って、これら陰謀家たちの誰もが無学の田舎者であったわけではない。[140]彼らの仲間のある者が「臨時政府《プロヴィジョナル・ガヴァメント》」は「食糧《プロヴィジョンズ》」と何か関係があると考えたからといって、彼ら全員の頭がからっぽだったと考える必要はない。多くの者が以前には兵士で、軍役でいろいろなところを旅している。ブランドレスの仲間の一人、四十七歳の石工ウィリアム・ターナーは、義勇軍の一員としてエジプトその他で軍務に服したことがある。[141]ウェイトマンは木工で、「たいへん礼儀正しい品のある性格」をもち、「節度あるおだやかな男」であった。アイザック・ラドラムは「若干の財産をもった人物で」、ダービー近郊の「石切り場の共同所有者であり」、「何マイルも離れた地の人びとにも、メソジストの説教師としてよく知られていた」。[142]監獄では、バクスターの『いまだ改宗せぬ者への呼びかけ』を読んで自らを慰めた。逮捕されたヨークシャーの代表者たちは、主として、上級の職人だったし、[143]フォーリー・ホールの蜂起のあと罪に問われた二十四人のうちの九人は剪毛工だった。

以上のことは、反乱者たちについて別の見方が成り立つということを示唆している。根強くささやかれた噂によれば、ブランドレス自身はかつてラダイトだった――おそらくラダイトの「頭目」でさえあった――とのことである。[144]「フォーリー・ホール」の反乱者たちの故郷であるホウムファースの峡谷は、一八一二年のラダイトの宣誓儀式とつねにかかわりをもっていた地域だった。少なくとも、反乱者の一人は「ラダイトの時代に使用されたと本人がいうところの古い斧槍」を持っていた。ある役人が記しているのだが、行動開始の際に、丘の上に合図の灯りがともされ、合図の銃が発射されていて、「このやり方は、ラダイトのころに実行されたものときわめてよく似ていると思われる」。リーズの剪毛工、ジェイムズ・マンはリーズにおけるラダイト運動の首謀者であったかもしれないし、ソーンヒル・リーズで逮捕された代議員の一人（スモーラー）は「一八一二年のときの悪名高い武器泥棒」にちがいないといわれている。リーズのある治安判事はこう報告している。「八日あるいは九日に蜂起があるということは、その二、三週間前から、剪毛工の仕事場でみんなが語っていたことだった[145]」

したがって、何人かの参加者たちは、騙されて参加した者ではなくて、経験のある革命家たちだったと考えるにたる理由がある。ブランドレスの長い沈黙には、英雄主義がはらまれていたが、その意味はほとんど理解されてこなかった。彼がオリヴァーについて沈黙を守ったのは、自分自身の死が仲間たちの罪のつぐないとなると期待したからだろうし、また仲間の改革論者たちを事件に巻き込むのを防ぐためでもあった。ある説明によると、「ブランドレスは、私の血は流されなければならない、なぜなら私は他人の血を流したからだ、しかし犠牲となるのは私一人であることを望む、と言ったといわれている」。しかし同時に彼は、自らのおかした殺人行為を「悔いてはいなかった」。「なんらかの宗教的な行為には進んで参加する用意があった」が、彼は「悔恨の感情はもつことなく、いっさいの恐怖に耐えた」。妻への手紙で彼はこう書いた。「神は私に大きな幸運を授けてくれたので、裁判で私の精神はもちこたえることができた[146]」

ペットリッジ蜂起は、中流階級のいかなる支援もなく、全面的にプロレタリア的な反乱を組織しようとした史上初の試みの一つだと見なすことができる。おそらく、この革命運動の目的をいちばんよく表現しているのは、ベルパーの街頭歌にある「平等にする《レヴェルーション》革命が始まった……」という言葉である[147]。この蜂起は、北部とミッドランズの労働者たちが戦時中に余儀なくされていた極端な孤立状態に一条の光を投げかけたし、それはまたラディズムと一八一八―二〇年および三〇―三二年の「ポピュリスト」的急進主義とのあいだに位置する転換点を示すものでもあった。たとえオリヴァー独特の煽動活動がなかったとしても、なんらかの反乱が、おそらくより大きな成功の見込みをもって、きっと試みられていたことだろう。[148] 実際、検察官の見るところでは、反乱の中心的煽動者は、オリヴァーでもなければミッチェルでもなく、ノッティンガム、ダービー、ヨークシャー、ランカシャーそしてバーミンガムのあいだを動き回っていたトマス・ベイコンだった。[149]

このことは、現実的政策《レアル・ポリティーク》の観点からは、シドマスと政府の行動にたいしていくぶんかの正当性を与えるものである。なんらかの暴動の勃発は避けられないと考えたので、「下層階層」の怪物じみた反逆を、これを最後に沈黙させうるような恐怖と刑罰の見本を示すという方法で解決しようと彼らは決意したのである。しかしこのことが示唆するのは、一八一七年の状況がいかなるものであっても、労働者階級の反乱になんらかの成功の見込みがあったということではない。反乱の物語のどの細部をみても、革命組織の弱さと、経験に富んだ指導者の不在はあきらかである。（市書記官とシドマスの認知のもとで）挑発行動に従事していたことのあきらかなノッティンガムの密告者の証言は、数多くの工業村落にいる改革論者の立場を浮き彫りにしている。六月六日に彼は（かつてのラダイトの有名な中心地である）アーノルドにチャールズ・スミスを訪問し、「今度の『仕事』について話しはじめ、参加する者がいるのかどうか尋ねた」。

彼はこう語った。もし成功の可能性があるのなら村じゅう準備が整っているが、自分はいまチャンスがあるとは思えない――適切に組織化がなされ、優れた指導者がいないかぎり何もなしえないだろう、と彼は言った。そして彼は私にこう忠告した。いま計画されている試みは多くの人びとが吊し首にされるという結果に終わるだけだろうから、司法当局の手に捕まることのないように、と[150]……。

5　ピータールー

その後数カ月にわたって、チャールズ・スミスのような人びとが何千人もブランドレスの死を嘆き悲しんだ。キャッシュマンを別とすれば、これがこの遭遇戦で流された最初の血であった。心理的な影響は大きく、それ以来、政府も改革論者たちも、問題を純然たる権力闘争の観点からみるようになった。しかしながら、オリヴァー事件の影響を長期的な観点からみれば、それは改革運動で革命派に反対する国制擁護派《コンスティテューショナリスト》を強化することになった。オリヴァーなしの蜂起であれば、中流階級を狼狽させて、政府の側に追いやったことだろう。オリヴァーありの蜂起は、ウィッグおよび中流階級の改革論者に警戒の念を呼び起こした。三年間にわたり、重要な政治闘争の焦点は市民的自由の擁護と、中流階級自身が最も敏感に反応した出版の権利に置かれた。オリヴァー事件は一八一七年以降の労働者階級の改革運動に、断固たる、しかし国制擁護的な態度をとらせることになった。「やむをえなければ実力で」という考え方にたいして、「できれば平和的に」という考え方が優位を占めた。ウーラーやホーン、そしてフォーリー・ホールの反乱者たちの無罪放免、またフィッツウィリアム伯爵やノフォーク選出議員であるコーク[8]といった人びとによる（また多くの出版物による）「スパイ体制」にたいする抗議は、昔ながらの権利の重要性、また国制擁護の伝統の重要性を強調することになった。ペントリッジでの敗北は、陰謀がきわめて危険であることをあきらかにした。唯一ピータールーの衝撃（一八一七年八月）が、運動の一部をふたたび革命的な潮流に投げ入れたが、カトー街の陰謀（二〇年二月）はあらためて、オリヴァーとペントリッジの教訓の重要性を高めるはたらきをした。積極的な反乱の準備こそしないものの、宣伝と抗議のあらゆる手段を利用すること、これが一七年からチャーティストの時代までの、労働者階級の中心的な伝統だった。

さらにまた、穏健な改革論者とウィッグ党支持者は、オリヴァーの教訓を彼ら自身の利益のために迅速に利用した。実際、『リーズ・マーキュリー』は今回暴露されたことから一つの教訓を引き出したが、それは基本的に、労働者階級は自分たちをウィッグ党支持者と中流階級の改革論者の指導と保護の下に自らを置かなければならない、というものであった。ダービー裁判に関する論説のなかで、『リーズ・マーキュリー』は改革論者にこう助言した。

……人びとの心のなかに、反乱のおぞましい種を植え付けようと画策するすべての政治的伝道師たちを諸君の敵として避けよ。……これからは、理性についてではなく、どんなものであれ暴力について語る者はみな、スパイ、密告者、あるいは煽動者ではないかと疑ってかからなければならない[151]……。

ロンドンでは、バーデットびいきの『インディペンデント・ウィッグ』がほとんど同じ教訓を引き出していた。すなわち、ダービーでの犠牲者の一人は、一八一七年のはじめに『ウィッグ』の定期購読を中止し、『ポリティカル・レジスター』の定期購読に切り替えるつもりだと宣言したが、それゆえに、今回の蜂起は、コベットの「有害な教義」が宣伝されたためだと見なされたのである[152]。コベットはコベットで、すべての「クラブと通信団体」にたいする彼の警告の正しさが証明されたと考えており、他方ハントはこれ以降、ワトソン、クリアリ、シスルウッドといった批判者を黙らせるために、一度ならず「オリヴァー」という切り札言葉を口にした。その後四十年間以上にわたって、オリヴァーの名前は実力行使派の急進主義者やチャーティストたちの記憶のなかで鳴り響き、彼らのありとあらゆる決意に致命的な優柔不断さをもたらした。

ペントリッジのあとにピータールーが直接に、また不可避的につづいたのには理由がある。ピータールーは、主として労働者階級的な性格をもった、きわめて強力にして決然とした「国制擁護的」運動が、革命を潜在させている状況のもとで生み出した産物であった。一八一九年に誰の目にもあきらかとなったのは、イングランドにおける「アンシャン・レジーム」の強さではなく、その弱体化の進行であった。分断され、弾圧され、多くの地方の指導者たちが逮捕されていたので、改革運動は、一八年のほぼ全期間をとおして、意思表明を組織することがほとんどできなかった。だが、奇妙なことだが、当局もまた無力だった。政府は政府に敵対的なロンドンにあった。そこでは陪審員たちがウーラーやホーンに有罪を宣告することを拒んだし、グロテスクな版画や諷刺ビラが窓々に張り出され、当局側からみれば煽動的で下劣な出版物が、罰せられもせずに流布していた。当局は、一七年に容疑をかけて逮捕した改革論者たちを順次釈放せざるをえなかった——トマス・エヴァンズ、グレイヴナー・ヘンソン、ナイト、バンフォード、ジョンソン、バガリー、ミッチェル、そのほかの多くの人びとを。釈放された男たちはおとなしくしてはいなかった。彼らは集会で演説し、釈放歓迎の夕食会に出席し、不当逮捕のかどで政府を告発しようと試みた。ランカシャーとミッドランズでは大規模なストライキが発生し、非合法とされていた労働組合が市街を行進した。一七九〇年代の弾圧はジャコバン主義を鎮圧するということで、地主や多くの雇用主のみならず、中流階級と労働者階級をともに含む十分な世論によっても支持されていた。これとは対照的に、一八一七年の弾圧は急進的改革派にたいする支持を強化することになったのであり、大半の中流階級の見解も政府から距離をおいていた。一七九五年にピットは、自分はフランスの侵略からイギリスの国家体制《コンスティテューション》を護るものだと主張することができた。一八一九年になると、リヴァプール、シドマス、エルドン、カースルレイらは、国制上の権利を、専制的な「大陸的」支配に置き換えようと意図する人物とみられていた。

一八一九年は三二年のための予行演習であった。どちらの年でも革命は可能だった（また後者の年にはもう少しでそうなりえた）。というのも、政府は孤立し、支配階級の内部には意見の際立った相違があったからである。また一九年には、改革論者たちは以前のどの時期よりも強力なものとして現れた。なぜなら、彼らは国制擁護の役割を果たしながら進み出たからである。彼らはさまざまな権利を要求したが、そのいくつかは法に照らして拒否することが困難であり、また彼らの要求した権利は「下層階級」への適用を意図したものではまったくなかった。しかし、もしこうした権利が獲得されるならば、それは、遅かれ早かれ、旧体制が終焉することを意味していた。多くの治安判事は、内務省にたいしてほとんど同じ言い回しで、もし集会や組合、あるいは煽動的な文書が許可されるとしても、この動きはどこで止まるのだろうか、と書き送った。というのも、ピットの陣営だけが権力の構造を支えていると考えていたものは誰もいなかったからである。権力の外皮は、農村部でも自治都市でも、服従と恐怖によって構成されていた。たとえ暴動やストライキがときとして避けられないものであるとしても、指導者たちを処罰し見せしめにしてすぐにでも、反抗者を震え上がらせるには、なお服従と恐怖という二つの要件で十分なのである。

一八一七年に、こうした状況は過去のものとなりつつあった。一九年までには、イングランドのすべての地域で、こうした状況は終わりを告げていた。服従を維持する防衛線は、非国教徒と（その自己内部での服従主義にもかかわらず）メソジスムによって弱体化されてきていた。この防衛線はラディズムとハムデン・クラブの挑戦にもさらされてきていた。一九年の五月、シャーウィンはセルウォールの洞察を、製造業が労働者におよぼす影響にまで拡大した。「職業の本性から、労働者は必ずその仲間たちの世界に入っていくものである」。工業地帯では政治討論は避けることはできないし、また労働者たちは資金を出し合う組織的手段をもっている。数は服従の欠落をもたらすのである。

もしある貴族がたまたま街頭で織布工に出会い、後者が帽子をとることをしないとしても、この重要人物にしても織布工をこらしめることはできない。こうしたことから、偉大さや、矮小な専制主義を装うことにたいする軽蔑の念というものが生まれるのであり、われわれはどの工業都市でもそれを目にすることができる。そして、こうした軽蔑が……かの徹底した憎悪の感情へと進行するのであって、われわれはそうした感情を、貴族的な心性をもった人が、工業と政治的情報とが発達しているこの国のさまざまな地域について語るのを聞くときに、観察することができるのである[153]……。

改革論者たちが一八一九年に要求した権利とは、政治結社の権利であり、出版の自由、そして公開集会の自由であった。またこうした三つの権利を超えた、選挙権の要求もあった。われわれはこうした要求を順次みていくことにする。まず第一に、イギリスの労働者階級はすでに――そうした傾向は以後一世紀間もつづくのだが――ヨーロッパでおそらく最も「クラブに結集しやすい《クラバブル》」労働者階級になっていた。十九世紀の初頭に、イングランドの労働者たちが協会をつくる際に示した才能には驚くべきものがある。メソジスムおよび非国教会系教会の影響。友愛組合および労働組合の長年にわたる経験。さまざまな形態の議会制立憲主義《パーラメンタリー・コンスティテューショナリズム》――これは選挙集会の演壇で観察されるし、また、中流階級や独学の改革論者たちによって労働者階級の運動へと伝承された。こうした影響の一切合切が、組織だった国制擁護運動《コンスティテューショナリズム》の形式と正当性への一般的な執着を普及させたのである。しばしば見られることだが、部屋のなかに半ダースほどの労働者が一緒にいると、彼らは議長を任命したり、議事進行上の問題を指摘したり、先決問題の動議を出したりしないではいられないのである。

……「支部の代表以外の者は投票してはならない」という動議が出された。ある紳士が立ち上がり、次のように発言した――議長！　議長!!　議長!!!　会議規則を守らせるという議長としての義務を果たしていただくよう願いたい――彼が何度もこれを繰り返すものだから、私は彼の肺が心配になったほどである。議長は静粛に！静粛に！と叫び、その声は私を震え上がらせるほどのものだった。……それから紳士は話をこう進めた。
――議長、私はわれわれを、議会でわれわれの問題が議論されているのと同じやり方で改革の事業を議論する代議員として、いまこの場所に送られてきているものと見なしております。ここにいるわれわれを私は議会になぞらえるのであります……彼が着席するのと同時に二、三人の者が立ち上がった……彼らのうちの一人が、発言した紳士にたいしてごく簡単に反論すると言った。かの紳士はこの場所を庶民院《ハウス・オブ・コモンズ》、あの腐敗した議院《ハウス・オブ・コラプション》、すなわちコベットが適切にも盗賊どもの住みかと呼んだものになぞらえた。もし、この場がそうした集まりとなんらかの点で同じものであるのなら、私は二度とこの場所にやってくるつもりはない、と[154]……。

以上はマンチェスターからの報告である。だが、もしほかの密告者の報告を信じるとすれば、カトー街の陰謀家たちは、屋根裏部屋で閣僚たちの暗殺の謀議を重ねながら、一方では、そのなかから一人を（地位の象徴として槍を持つ）議長に選出することや、カースルレイの首をはねたり、適当な方法でロンドン塔に火を放つ問題などを取り上げるにあたって、重要動議に関する投票をおこなうことが必要だと気づいていた。

こうした議会ごっこは、組織がもつ創造的な伝統のこっけいな側面にすぎない。織布工や炭坑夫といった人びとにとって、搾取と抑圧とに直面して団結することは、ほとんど本能的といっていい反応だった。彼らは、組織を通じてだけ、自分たちを暴徒から政治運動へと転換させることができるのだ、と自分自身で理解するようになっていた。そのうえさらに、全国的な代表者や全国的な通信協会を禁止するピットの法律がいまだ法令集に残っていたとはいえ、一八一八年に「言論弾圧法」が失効してからは、地方組織をつくる権利を法律で抑え込むことはほとんど不可能になっていた。一八一八年末から一九年はじめの数カ月間に、地方改革協会のモデルが数多く生まれた。ストックポート政治同盟《ポリティカル・ユニオン》、ハルの政治的プロテスタント《ポリティカル・プロテスタンツ》、ロンドンの英国会議《ブリティッシュ・フォーラム》などである。通信協会やハムデン・クラブと比較すると、これらの新しい組織はその開かれた性格において抜きん出ていた。これらの組織は、なによりもまず論争と政治的討議のための拠点であり（ニューカースルでは、これらは「政治的読書協会《ポリティカル・リーディング・ソサイアティーズ》」と呼ばれていた）、また急進的な出版物の販売拠点でもあった。こうしたものであったから、これらの組織はスパイによる挑発にそれほど無防備ではなかった。スパイたちは組織にもぐり込むことができたとしても、いったいそれ以外に何ができただろうか。[155]

全国的な組織が存在しなかったため、地方の協会はその模範を急進派の出版物に求めた。これらの出版物は細胞組織そのものであり、それなしには運動が解体してしまうから、出版の完全な自由の要求が急進主義者の最上位の要求事項の一つとなった。とりわけ、一八一六―二〇年は、民衆的急進主義が手動印刷機と週刊の定期刊行物というかたちでそのスタイルを確立した時期だった。この宣伝活動の手段は完全に平等主義的な段階にあった。蒸気印刷はほとんど普及していなかったのであって（一八一四年に『タイムズ』とともに始まった）、庶民からなる急進主義者集団でも、教会や王たちと同様に、容易に手動印刷を活用することができた。輸送手段もまた、全国紙（あるいはロンドン発行の新聞）が地方紙の立場を弱めるにはあまりにのろいものだったが、しかし、週刊の『ポリティカル・レジスター』や『ブラック・ドウォーフ』が新しい出来事への論評を継続して掲載していくのには十分な速さだった。印刷の経費は、資本や広告収入がものをいうほどには高くはなかった。他方、成功していた急進派の定期刊行物は、編集者にたいしてのみならず、地方の販売代理人や書店、そして巡回小売商にたいしても生計の糧を提供することができたのであり、それによって、はじめて急進主義運動は専従の活動家を経済的に支えることのできる一個の職業として成立したのである。有利な状況にあっては、コベット、カーライル、ウーラー、ウェイドらの出版物の発行部数は、ひと握りの定期刊行物を除いたたいていの既存のそれに匹敵するか、あるいはそれらを凌駕するものであった。[156]

コベットの転向以降、急進派の読者を最も多く獲得したのは『ブラック・ドウォーフ』だった。その編集者であるT・J・ウーラー（一七八六―一八五三年）はヨークシャー生まれの印刷工で、ショーディッチで徒弟修業を終えており、また政治に関する徒弟修業のほうは、（ハックニーの居酒屋マーメイド・タヴァーンで会合をもっていたソクラテス同盟のような）小さな討論クラブや、戦時中の定期刊行物によって修了していた。[157]一八一五年に、彼は『舞台』を創刊したが、その露骨な諷刺と自由主義者ふうの言い回しとの混在は『ブラック・ドウォーフ』の論調にもなった。彼はカートライト少佐の無形の支援を（そして、おそらくは金銭的な支援も）受けていた。そして彼自身は、演説家としても著述家としても卓越した才能をもっていて、場合によっては、印刷用石版に自分の原稿を直接書き付けることもあった。彼は、秘密主義でない、国制擁護型の急進派組織を一貫して提唱していた。

クラブを批難している人びとは、クラブがなしうることを理解していないか、なされることを何も望んでいないかのどちらかである。……クエーカーたちの忍耐強い不屈の決意に注目し、彼らを手本としようではないか。彼らは武器なしに——暴力なしに——威嚇なしに、勝利を得てきた。彼らは、団結によって勝利を得てきたのである。

「政治的プロテスタント」（その最初のクラブは一八一八年七月にハルで設立された）が、ウーラーにとっての優れた組織形態の見本となった。これは（それぞれ二十人以下の）組に分かれ、週一ペニーの会費を集め、そして主要な活動は急進的出版物の販売と、それについての討論にあった。「多人数の集まりは討論にはあまり適していない」。規則によって、いっさいの「秘密の行為」は禁止され、そうしたことを企てたメンバーは批難され、追放されることがあった。「われわれの議事録ならびに会計簿は……いつでも、治安判事の査察にたいして公開されていなければならない」。こうしたやり方にたいしては、「スパイは無用のものとなろう」（と彼は宣言した）。そして、彼特有の大げさな言い方で、こう言った。「シドマスとカースルレイの手先どもは、イヴの耳元でイシューリエル[9]に触られて驚いているしかめっつらの悪魔と同様に、無害なものとなろう[158]」

ウーラーには多くの競争相手がいた。ロンドンには、ヘンリー・ホワイトの『インディペンデント・ウィッグ』があった。これは分厚い週刊誌で、取材範囲の広さは称賛に値するものがあったが、しかし（そのウィッグ的あるいはバーネット的な政治傾向のゆえに）急進派の組織にほとんど関心をもっていなかった。ジョン・ハントの『エグザミナー』は、ヘイズリットを常連寄稿者とし、急進的知識人の週刊誌として卓越していた。ジョン・セルウォールは活動に復帰して、『チャンピオン』の編集をおこなっていた。これらの雑誌はどれも庶民の運動とは距離をとっていた。ジョン・ハントおよびリー・ハントは名前のせいで間違えられることにいらいらし、ともに相手の「俗物性」を嫌っていた。（『エグザミナー』は、スパ・フィールズの第一回集会のあと、その論説で、演説家ハントと袂を分かった——「彼は、聞くに値するようなことをひと言も語らない」——その論説は、気取りと鈍感の双方を特徴としていた[159]）。その数二十ほどの小冊子版の定期刊行物のなかでは、シャーウィンの『〔シャーウィンズ・ウィークリー・〕ポリティカル・レジスター』と『ゴルゴン』が最も強い影響力をもっていた。シャーウィンは、自分はペインの弟子だと公言したために、サウスウェル懲治監の看守職を解雇されていた。彼はまだ十八歳になるかならないかの年ごろだったにもかかわらず、彼の『〔シャーウィンズ・ウィークリー・ポリティカル・〕レジスター』はおそらく、もろもろの定期刊行物のうちで（『ゴルゴン』に次いで）最も説得力に富み、うまく書かれていた。さらに、それは、リチャード・カーライルがシャーウィンと手を結ぶことによって、急進主義理論の歴史のなかに位置を占めることになったのである。カーライルは最初は『〔シャーウィンズ・ウィークリー・ポリティカル・〕レジスター』の発行を、次にはそれの編集を引き受け、ついにはこれを名高い『共和主義者』に転換したのである。(160)ペニー紙『ゴルゴン』の発行部数はあまり多くなく、ロンドンとマンチェスターに限られていた。元ジャーニーマンの撰毛工ジョン・ウェイドが編集する同紙は、知的な観点からいって最も厳格であり世評も高かった。ウェイドはまた、きわめて強烈な印象を与える『ブラック・ブック』の著者だった。議会での汚職、イングランド国教会における閑職の提供や聖職者の兼任および怠慢、またイングランド銀行や東インド会社での縁故採用や浪費についてウェイドのじつによく調べ上げられた証拠が、隔週六ペンスで刊行され、各号につき一万部が販売された。『ゴルゴン』が主として影響を与えたのは、労働者階級の運動理論の形成にたいしてだった。つまり、功利主義者と急進的な労働組合主義者とを接合する機能を果たしたのである。「われわれは望む（とウェイドは宣言した）、われわれもその一員である過激な改革論者や普通選挙制の支持者が、穏健な改革派に歩み寄ることを」。(161)ウーラーやコベットとは反対の陣営には、一ダースばかりの、いずれにせよ短命な実力行使派《フィジカル・フォース》の刊行物があった。そのなかで最も長命だったのは、スミスフィールドの書籍商であるトマス・デイヴィソンが編集していた『メドゥーサあるいは三文政治家』であり、同誌は「現存体制の爆砕」といったテーマの論説を掲げていた。同誌は批判者にたいしてこう警告した。

……樹木や街灯柱、それに端綱《はづな》などは、即決裁判が必要となったとき、頑固で矯正不能な悪漢ども、あるいは財産の大泥棒、小泥棒どもを見せしめにするためにあるのだ。(162)

これらの定期刊行物が、急進主義をロンドンから地方へと放射状に拡大した。そして、その編集者や出版者、書籍商に行商人が、あるいはビラ張り人でさえ、一八一七年から二二年にかけておこなわれた出版の自由のための闘いの最前線に立ったのである。急進主義者たちの主たる仕事は販売部数を伸ばすことにあった。しかし、運動が成長するにつれ、地方の拠点では彼ら自身の出版物を刊行しはじめるようになった。そのなかで最も卓越していたのは『マンチェスター・オブザーヴァー』であり、これは定期刊行物というよりも新聞だったが、その発行部数は一九年の終わりには『ブラック・ドウォーフ』に匹敵するものとなっていた。また同紙はほかの競争誌に比べ、運動の最新動向を伝えるという点で優れていた。『オブザーヴァー』は、もちろん、マンチェスターの政治に深くかかわっていた。地方の政治が地方拠点での雑誌発行の需要を生み出したのである。バーミンガムのジョージ・エドモンズは、先鋭な急進主義運動を展開し、一九年の四月に、バーミンガム貧民救済委員会の委員に選出されることに成功した。彼は一連の『レターズ』で自らの闘いを展開したが[163]、これはのちに『エドモンズ・ウィークリー・レジスター』を生み出すことになった。ノリッヂでは、古参のジャコバン＝ウィッグ連合がまだ多少の現実性をもっており、一八〇二年にウィリアム・スミスをふたたび議会に送り出したが、一八年の総選挙のなかから『ブルー・アンド・ホワイト・ドウォーフ』が創刊された。コヴェントリやダドリで小印刷物が出回ったが、そうした印刷物はほかの地域でも発行されたことだろう。

「掃除人や運搬人が政治的文書を読み、議論している。そして不熟練労働者やジャーニーマン、そして親方連中がみな、不満と反抗の一つの言語を話している[164]」。こうした現象に治安判事や大臣たちが発した警戒の声をここで繰り返し述べるのは冗長というものだろう。ある観察者の目には、出版物の効果は次のように映った。

一本の境界線を社会のさまざまな階級のあいだに引き、労働者階級の心の内に、根深い反感とゾッとするような報復の精神を生み出した[165]。

ホーンとクルクシャンクによる見事な諷刺芸術が絶頂期にあった（『ジャックが建てた政治の家』は十万部売れたと推定されていた）一八一九年の末、エルドンは憤りを込めて語った。

［一七九四年に法務長官として］政府にいたときには、あらゆる村々で配布され、街道でばらまかれ、貧しい家々に持ち込まれる煽動的文書を満載した車のことなど聞いたことがなかった。……いまやわれわれの王国のなかで……瀆神的で煽動的なものばかりを売っている小さな店の存在しない村はほとんどない。(166)

「わが国においては、程度はともあれ煽動的なポスターの張られていない通りや街灯柱はほとんどない」と『ボルトン・フレッチャー』は書いた。刑事訴追の試みのほかに、政府から援助を受けている体制支持派の雑誌で、「コベットをこきおろす」試みが数々なされた。すなわち、メールの『ホワイト・ドウォーフ』、『コベット、ウーラー、シャーウィン、そしてそのほかの民主的で不信心なる著作家たちに関するシャジェットの週刊時評』、マンチェスターの『愛国者』そして、バーミンガムの「金目当ての」下品なパンフレット作家集団などである。（改革派内部の果てしないもめごとは、これらの新聞類に絶好のネタを提供することになった）。

一八一九年の末にみられたパニック状態を示す指標として、これらの出版物の一つを見本として取り上げてみよう。それは偽の『改革論者の手引』である（これは本物の論評であるかのように装われていた）。これはリーズで発行され、その一部が、閣僚であるシドマスの目にとまることを期待して、シドマス卿のもとに鼻高々の著者から送られてきた。

急進的な改革とは完全なる革命を意味する。それは、共和主義の原理にもとづいて、政府を交代することであり、その目的は、人間の権利を新たに修正しなおすことにある。これこそがそれの真の本性であり、その特徴は、略奪、殺人そして虐殺にある。

改革論者は「平等化の原理」に固執した。そして「もし、われわれが他人の財産にたいして平等の権利を有するのであれば、……同じ論理は……彼らの妻や娘たちをおかすことを弁護し、許すことになろう」。

諸君の愚かさに乗じて肥え太る者は誰か？　政治的な出版物を扱う書籍商のところに行きたまえ。……はじめのうちは、ある種の爬虫類のように、彼らは暗い路地裏や穴のなかや隠れ家に住んでいて、そしてあえて這い出してこようとはしなかった……。

しかしこんにち、彼らは民衆の愚かさのおかげで、しこたま儲けている。

諸君に神の慈悲あれ。諸君はそんな不誠実なことはできないし、見せかけだけ不平不満を言うような人物でもない。イングランド人たることに感謝せよ。……聖書を読みなさい。……諸君の妻や娘たちを家から出してはならない[167]……。

国制擁護派の改革論者が一八一九年に主張した第三の権利は、公開集会と屋外での示威行進の権利だった。ロンドン通信協会による最後の示威行進とスパ・フィールズの集会との間には、すでに二十年の歳月が流れていた。この間、選挙のときや、地方のウィッグ派の当局が地元のジェントリを議長とした州集会を招集した場合を除くと、民衆的政治集会はほとんどまったく休止状態にあった。地方では、労働者が、その同じ階級に属する人びとの指揮下にある集会に出席するという考え方は、体制支持派のジェントリからみれば、まさに暴動や反抗と同義であった。一八一七年のはじめ、バーミンガムで開催される改革論者の秩序ある集会を、ある聖職者兼治安判事が阻止しようとしたとき、彼の口をついて出た言葉は、「暴動騒ぎの破廉恥なる議事進行――悪の道に誘われた民衆のばか騒ぎと暴力――騒然たる混乱した議事進行……策略を巡らす少数の指導者たち……邪悪な策謀[168]」だった。初めての屋外での改革派の集会がポタリーズで（一七年の一月にはバーズレムで）開催されたとき、トルボット伯爵、スタッフォードシャー州統監そして治安判事の一群は、自らが直接に乗り込むことが必要であると考えたし、同時に少し離れた見えないところに軍隊を配置した[169]。

国制擁護派の改革論者の示威行進の新しい型が最初に成熟したのは、まずもってランカシャーにおいてだった。はやくも一八一六年十月に、ブラックバーンで整然とした野外示威行進がなされたという記録がある。一七年一月のオールダムでの集会では、それに先立って、楽団を伴った行進が、象徴的なことに、あるクエーカーの薬剤師の指揮のもとにおこなわれた[170]。スパ・フィールズ事件は――そしてペントリッジの経験は――国制擁護派の決意、すなわち自分たちが無秩序で規律のない暴徒であるという告発が誤りであることを示さなければならないという決意をいっそう強化した。ピータールーを準備するにあたってのバンフォードの説明はよく知られている。

今回の集会は道徳的にできるかぎり効果的なものであり、かつ、イングランドではこれまで見たこともないような見世物を上演するのが得策だと考えられた。われわれのみすぼらしく汚い身なりを、……われわれの議事運営の混乱ぶりを、われわれの同志が集う暴徒のごとき群れを（われわれの仲間はこの種の群衆から集められていた）、われわれはしばしば新聞などにおいてなじられてきた……。

『清潔』『節酒』『秩序』、これらが委員会が発した最初の指令であり、のちにハント氏の示唆によって『平和』が付け加えられた」。これらが、一八一九年八月十六日に先立っておこなわれた夜間ないしは早朝の教練の主要な目的だった。これらはまた、マンチェスターに向かう代表たちの一団に見られた規律や華やかさの果たした役割でもあった――百人ごとに一人の指導者（帽子に月桂樹の小枝を付けて区別された）、楽団、刺繡をほどこした大きな旗（この旗は、おごそかな儀式のうちに「女性同盟」から手渡された）、そして「容姿のすぐれた少女たち」の一団が行進の先頭に立った。[171]

しかし、バンフォードはこの規律と見栄えの新奇さを誇張している。というのも、急進主義者たちが採用したそれらの形式にはいくつかの源泉があるからだ。プリミティヴ・メソジストの野外集会がその一つだが、その影響がもっとはっきりとみられるのは北部のチャーティストたちの野外集会である。急進主義者たちの訓練曹長となった軍隊の退役兵たちもまた、貢献した。以上よりさらに多くを、改革論者たちは急進的な政治的伝統に、労働組合に、そして友愛組合に負っている。ウィルクスの時代から、ロンドンの民衆は大きな政治的行事の式典の際にはドンチャン騒ぎをやっていた。プレイスの謹厳なウェストミンスター委員会でさえも、一八〇七年の選挙のあとの勝利集会に際しては、選挙運動全部に使ったよりも多くの金を支出した。[172] それぞれの大きな行事は特別の委員会によって計画され、この委員会は行進の順序や道順、誇示されるのにふさわしいバッジやリボンやスローガン、楽団や旗の配置、こういったものを計画し準備した。ヘンリー・ハントが（ピータールーと彼の裁判開始までの時期にあった）一八一九年の九月十五日にロンドンに凱旋行進をおこなったとき、その日の手はずが小さな出版物の全段に掲載された。「オークやポプラなどの木枝を身に付けた従者、数百人」、「団結の記章――熊手に突き刺した一束の木の枝――を付けた一人の従者……」、「委員会のメンバーは白い職杖を持ち、全員が赤いリボンのひもと月桂樹の葉の付いた帽子をかぶる」、「金文字とアイリッシュ・ハープで飾られた緑の絹の旗」、楽団、騎馬隊、黒字で名前が刻み込まれ、ピータールーの犠牲者に捧げられた「黒のクレープ絹地を上部にいただき、またそれによって縁どられている白い旗」、「『普通選挙権』と書かれた古い赤旗」、ワトソン、シスルウッド、そしてプレストンの諸氏、そしてそのほかのハント氏の友人たちを乗せた馬車、さらに多くの楽団、さらに多くの旗、さらに多くの騎馬隊、ハント氏……など、これらがページを埋めていた。犬でさえ、その首輪に「犬税反対」と書かれた飾りをつけていた。「この様子を詳しく書こうとすると、まる一日かかるし膨大な紙が必要となろう」とキーツは彼の弟ジョージあてに書いた。「イズリントンの居酒屋エンジェルから居酒屋クラウン・アンド・アンカーまでのすべての通りが無数の人びとによって埋め尽くされた[173]」

こうした伝統が北部では強いものでなかったことはあきらかだ。そこにはバーデットもいなければ、ウェストミンスターの選挙もなかったのである。ここ北部で比較的大きな影響力をもったのは友愛組合と労働組合だった。私たちはすでに、プレストンのギルドや梳毛工たちの中世における儀式について記したが、合法だった共済組合はその多くを取り入れていた[174]。戦後期には、「非合法の」労働組合が公然とその力を誇示していたという証拠が目につくようになる。一八一九年には、デューズベリの鉱夫たちは、楽団とともに旗をはためかせて、その町を行進した。一八一九年にノッティンガムでは、掛け枠編み工が整然とした示威行進を展開した。マンチェスターでは、一八年の大ストライキのとき、紡績工が「火曜日にピカデリーを行進し、そこを通り過ぎるのに二十三プン半もかかった」と密告者だったベントが報告している。「おのオノの仕事場から一人の男が、人びとによって選ばりている。彼は人びとに命令し、隊列を組ませる。……人びとは、あたかも兵タイが彼らの上官に服従するかのように厳カクに彼に服従し、あたかも連隊のように、ほとんど私語は聞かれなかった[175]」

「何千人という失業者が、このように平和的なふるまいをするのは自然なことではない」。バイング将軍はその際にこう評した。これはちょっと立ち止まって考えてみるに値する言葉である。改革論者を暴徒だと批難していたジェントリたちは、彼らがそうではないことがわかり驚いたが、なかには恐怖に取り付かれる者もいた。

> ……こうした秩序こそ、彼らが以前には称賛したものにほかならないが
> あとになると、彼らを何万倍もいらつかせた、
> こうした男ども、「急進派のクズども」が、
> 旗を押し立て、平和的に行進するさまを見たときには[176]。

ニューカースルについてのこうした評言は、とりわけマンチェスターによくあてはまる。首席裁判官だったノリ

スは、ピータールーのあと、ハントを裁判にかけた際、ある集会について（おそらく弁解がましく）こう語った。

黒旗や、血塗られた短剣、「平等な代表制、しからずんば死を」といった、そんなしるしを掲げるやり方で会は催された。……彼らは威嚇的なやり方で集まってきた。彼らは死の旗を掲げて結集してきたのであり、それは、彼らが政府の転覆を企てていることを示すものであった。[177]

バンフォードもまた、白いペンキで「愛」という文字が書かれ、がっしり組まれた両手と一つのハートの絵が描かれていたリーズならびにサドルワース同盟の漆黒の旗は、「考えうるかぎりいちばん気味の悪いものの一つ」だったことを認めた。しかし、こうした警戒の念を呼び起こしたのは、そうした旗というよりも、セント・ピーダーズ・フィールズに集まった六万人から十万人にものぼる人びとが示した規律であった。集会に何週間も先立っておこなわれた教練は、ときとして、ウォータールーの古参兵によって指導された――場合によっては、マスケット銃に似せた棒を肩にかつぎ、発砲をまねて手を打ち鳴らしたので、集会は「軍事的なもの」だったという検察側の証言に信憑性を与えることになった。（ハント自身はこの種の「兵隊ごっこ」に反対していた）。しかしながら、この状況判断の根底には、暴徒が規律づけられた階級へ移行したという証拠によって呼び覚まされた、より深い恐怖心があったことをわれわれは理解しなければならない。

中流階級の改革論者でさえも、こうした展開を警戒の目でみていた。「集会を頻繁に繰り返すこと」からくる「ばか騒ぎと時間のむだ使い」、「暴力的な決議」、そして「度を越した熱弁」、これらすべては「甚大なる損害を運動に与えるものであり――穏健な人は一人残らず集会の成功を願わなくなるだろう[178]」。体制支持派の当局にとっては、秩序か、それともいっさいの道徳的権威あるいは物理的権威さえもの喪失か、という二者択一の問題だととらえられた。「閣下、武装か、それとも武装解除か」とヨークシャーのある体制支持者は手紙に書いた。

私は、マンチェスターで開催されたような集会は、いずれにせよ民衆の決起以外のなにものでもないとみております。そして、私は確信しますが、こうした民衆の決起がこのままつづくならば、それは最後には公然たる反乱にいたるでありましょう(179)……。

連続的に展開された示威行進の一つひとつが、改革論者の士気にただちに反映した。服従という壁の一つひとつの裂け目から、不服従の水が流れ出したのである。個々の織布工あるいは製靴工の士気は、参加者数の多さ、華やかな見世物、そして大仰な言い回しに鼓舞されて高揚した。もし民衆の開かれた組織がこうした規模で存続したならば、統御することが不可能となっていたことだろう。ピータールーの前の数週間には多くの小規模な集会がもたれ、また(毎週)各地方の拠点でよりいっそう印象的な示威行進がおこなわれた。六月にはマンチェスターとストックポートで、七月にはバーミンガム、リーズ、そしてロンドンで(180)。開かれた国制擁護の立場に立つ改革という政策は、陰謀と体制転覆の政策よりも、その含意でより革命的なものであることがあきらかとなっていった。ウーラーとハントは、秘密の「通信体制」や代表者体制がなくても、全国的な運動を指令しうるような立場を獲得していた。サー・チャールズ・ウルズリーを、代表をもたない者を代表する「立法機関での代理人」として(七月にバーミンガムで)選出したことは、よりいっそう危険に満ちた展開への道を示していた。すなわち、急進主義者の投票によって任命され、議会に挑戦する、国民代表大会への道である。こうした膨張をつづける勢力に直面して、旧腐敗体制は改革論者に譲歩をもって対処するのか、それとも弾圧をもって対処するのかという二者択一に迫られた。しかし、一八一九年の時点での譲歩とは、労働者階級を主力とする改革運動への譲歩を意味していた。中流階級の改革論者はまだ(三二年にそうであったほどには)強力なものではなく、より穏健な路線を提起するにはいたっていなかったのである。これこそが、ピータールーが起こった理由である。

この点は再度強調しておかなくてはならない。なぜなら、近年の研究では、ピータールーは自然発生的な事件であると同時にマンチェスター固有の社会関係の悪化から生まれた事件であって、政府側の意図的な弾圧政策から生じたものではまったくない、ということが示唆されてきているからである。ドナルド・リード氏のピータールー研究は、事件を地方的な文脈のなかに置くことを重視するものであり、氏は次のような見解を述べている。

内務省の証拠文書が示しているように、ピータールーは、下層階層を抑圧しておくためにとられた血塗られた弾圧行為として、リヴァプール内閣が欲したり、画策したりしたものでは決してない。もしマンチェスターの治安判事たちが内務省の政策の精神に従っていたとすれば、「虐殺」は決して起こらなかったことだろう。

リヴァプールとシドマスが実力をもって集会を蹴散らす決定に加担していたのかどうか、それを確実に決めることは、おそらくできないだろう。(181) しかし、ウォータールーの戦略上の重要性を、その日の戦場や命令といった文脈で理解できないのと同様に、ピータールーのもつ意義をマンチェスターの地方政治という文脈で理解することはできないのである。もし政府がピータールーの知らせを受け取る心構えができていなかったとしても、その事実が発生したあとに、これほど懸命に自らを事件の共犯者に仕立て上げた政府はかつてないのである。二週間のうちに、「公共の治安を維持するための迅速にして断固たる、そして効果的な処置をとったことにたいして」、シドマスの祝辞と摂政皇太子の謝辞が治安判事と軍隊に伝えられた。当事件にたいする議会調査の要求はきっぱりと拒否された。法務長官ならびに法務次官は、治安判事のとった行動の合法性について「完全に確信」していた。大法官(エルドン)は、集会は「明白な大逆罪の行為だった」という「はっきりとした見解」をもっていた。彼は、行く手にあるのは「軍事政権か、無秩序かという恐ろしい選択」だったと考えていた。国家による刑事訴追は加害者にではなく、その日の犠牲者たち――ハント、サクソン、バンフォードなど――に向けられたのであり、彼らを大逆罪で告発しようという最初のもくろみは、しぶしぶ放棄されたにすぎない。マンチェスターの治安判事たちが弾圧政策を開始したとすれば、政府は手持ちのあらゆる手段を使って支援したのである。ハント、カートライト、バーデット、カーライル、チャールズ・ウルズリー、(『マンチェスター・オブザーヴァー』紙の)ロー、

（バーミンガムの）エドモンズ——これらの人びとは、一八一九年の末までに監獄に収容された人びと、あるいは告発された人びとのごく一部である。ヘイは聖職者兼治安判事としてピータールー裁判で主導的な役割を果たし、その褒美としてロッチデイルでの二千ポンドの生活を得た。虐殺に反対したフィッツウィリアム伯爵は州統監の任を解かれた。弾圧六法は八月十六日に着手された事態を確実なものにした。ピータールー裁判の判決は、あらかじめ計画されたものではないとしても、政府が待ち望んでいた合図だったように思われる(182)。

リヴァプール卿は、マンチェスターの治安判事たちのとった行動は必ずしも「思慮深い」ものではなかったが、「だいたいにおいて正しい」ものだった、と語った。「彼らを支持すること以外の選択枝は存在しなかった」。どこかの時点での遭遇戦は不可避であった。しかし、それを「思慮深い」ものにしなかったのは、そこに特徴的にみられる野蛮さであり、この点の説明に関しては、われわれはマンチェスターに固有の文脈に注目しなければならない。マンチェスターの体制支持派と労働者階級の改革派とのあいだには、ほかに例を見ないような敵対関係がつくられていた。一つには、この地の労働者階級の運動が成熟していたことによるが、そのほかにも多くの要因があった——たとえば、大規模な商業ならびに製造業の経営者の多くが体制支持の心性をもっていたこと、彼らの労働組合にたいする敵対心、ラディズムならびに一八一七年の遺産、ネイディンの影響、トーリー派の教会関係者の影響、である。「マンチェスターの義勇軍や治安判事は、あなたが想像する以上に野蛮な者たちの集団です」とプレイスはホブハウスに書き送った。

私はこういう連中の一人を知っているが、彼は「くそくらえ、連中には週七シリングで十分だ」とののしる。そして自分の織布工が仕事場でどのくらい働いているかを見回りに行くときには、彼は栄養状態の良い犬をお供に連れていく。……最近彼が言うには、「このげす野郎どもは、マンチェスターの周囲十マイルの刺のあるイラクサを全部食べ尽くしてしまった。おかげで連中はいまではスープに入れる葉物をまったく得ることができないでいる」。私が憤りを表明すると、彼は言った。「くそくらえだ。どうしてあんたが連中のことを心配する必要があるんだい。もしおれが連中の暮らし向きのことをちょっとでも気にかけたりしたら、どうやっておれはあんたにこんなに安い値段でものを売ることができるっていうんだ」

「彼らは民衆を切り刻み、踏みつぶした。つまり民衆は、共有地のハリエニシダの灌木が切られたり踏みつけたりするのと同じように、一生を終えることになるのだ(183)」。『マンチェスター・オブザーヴァー』のある記者は、ピータールーの前週に、「マンチェスターの当局の紳士諸君」にあてて、こう呼びかけた。「私は、ダーントン、マーラー、ロベスピエールらの血に飢えた徒党に向かって、できるものならもっと専制的で独裁的な連中を送ってみろと挑む者である(184)」。ピータールーの一カ月後、聖職者兼治安判事は裁判官の特権を利用して、被告人たちに向かってこう言った。

お前たちはまったくのごろつきの改革論者だ。お前たち改革論者のうちのある者は吊し首にされるべきであり、またある者はまちがいなく吊し首にされる――すでにロープはお前たちの首の回りに巻き付いてあるのだ(185)……。

ピータールーに関して、近年の研究ではどういうわけか忘れられてきている論点が二つある。第一は、当日実際に起こった流血の暴力である。それは文字どおり虐殺だった。これについて、ここでもう一度、時間の流れに沿って逐一説明する必要はないだろう(186)。しかし、軍事教練を受けた一部の織布工たちが何を考えていたのかにかかわらず、ハント自身は、適切にも事件の前の週に、「静穏と秩序」ならびに「着実で、確固とした、節度あるふるまい」という彼の要望を人びとに守らせようと努めていた。代表団の指導者たちは、いっさいの挑発を無視するようにと参加者に警告していた。たくさんの棒きれ――あるいは「歩行杖」――は背後に置いておかれた。多数の婦人や子供たちが参加していたことは、全イングランドが注視していた（ということを改革派は認識していた）ことは、この集会の平和的な性格を雄弁に物語る証拠である。この一般民衆にたいして、パニックという毒液をもって攻撃が仕掛けられたのである。

しかし、このパニックは、（示唆されてきたような）どじな騎兵隊が群衆に包囲されて陥ったパニックではなかった。それは階級的憎悪のパニックだった。より大きな打撃を加えたのは、正規兵（軽騎兵）よりも義勇軍《ヨーマンリ》――マンチェスターの工場主、商人、パブの経営者そして商店主たちの騎兵――だった。義勇軍のなかには（と、ある中流階級の改革論者は証言した）、「その政治的な憎悪によって完全に正気を失うまでになっている人びと……がいた」[187]。こうした人びとこそ、旗手を追い回し、演説した人物の名前を覚えてそれまでの借りを返そうとした男たちであり、勝利の瞬間に集結して歓呼の声をあげたのであった。ある綿紡績工が証言した。「通りのあちらこちらで弾丸がヒュウヒュウと音を立てて飛び交い、誰かが『お慈悲を』と叫ぶたびに連中は言った、『くそったれ、ここで何をやっているんだ』と」。私たちは以下のような文章から、混乱した戦場の感じをつかむことができよう。

私は自由の帽子を拾い上げた。騎兵の一人が私を追いかけ、それを要求したが、私は手放すことを拒否した。そのときほかの二人の騎兵がやってきて、どうかしたのか、と尋ねた。最初の騎兵が、こいつがこの自由の帽子を渡そうとしないのだと言った。それであとからきた一人が、くそったれ、斬り捨ててしまえ、と言った。これを聞いて、私は逃げ出した。……騎兵の一人がサクストンに斬りかかった。けれど、彼の馬はいうことをきかないようにみえ、彼の剣は的を外れた。そこで彼はもう一人に叫んだ。「サクストンがここにいるぞ。くそったれ、やつを馬で踏みつぶしてしまえ」。その仲間がこう言った。「気が進まねえな。そいつを片づけるのはあんたの仕事だよ」。私がワトソン通りの端に来てみると、そこでは十人か十二人の義勇軍の騎兵と正規の騎兵二人が人びとに斬りつけているのを見た。その人びとはたがいに押し合って身動きできない状態にあった。ある正規軍の将校がやってきて、剣を鳴らしながら部下にこう言った。「くそったれ、いったいいまやっているのはどうことなんだ?」。それから彼は義勇兵に向かってこう叫んだ。「恥を知れ、紳士諸君。何をしようとしているんだ。この連中は逃げることなどできやしないじゃないか」。彼らはしばらくの間は思いとどまったが、その将校がほかの場所に移動するやいなや、またその仕事にとりかかったのである。[188]

これを表現する言葉としては階級戦争以外にない。しかもこれは痛ましいほど一方的な戦争だった。民衆は逃げまどうなかで押し合い、踏みつけ合い、広場の端っこぎりぎりに追い詰められるまで、反撃しようとしなかった。広場の端では、罠にはめられた少数の者――街頭や家々の庭へと追い込まれているのに気づいた――が、追跡者にたいして煉瓦の破片を投げつけた。十一人が殺されたり、あるいは傷がもとで死亡した。その夜、マンチェスターから延びるあらゆる道に負傷者がみられた。ピータールー救済委員会は、一八一九年の末までに、広場で受けた負傷の救済を求める四百二十一件の要望書を認可した(さらに百五十件の事例が調査待ちの状態にあった)。このうち百六十一件はサーベルによる負傷であり、そのほかは群衆の下敷き、あるいは馬のひずめにかけられたことによる負傷であった。負傷者のうち百人以上の者が婦人あるいは少女だった。虚偽の申告者が含まれていたにはちがいないが、他方ではまた、傷がたいしたものではなかったか、あるいは当局の追及を恐れて救済請求を申請しなかった負傷者も多数いたにちがいないのである。[189]われわれはバンフォードの手になる忘れがたい描写をもってこの広場を離れることとしよう。

十分もすると、広場は広びろとした。ほとんど人のいない場所となった。……演壇が残っている。そばには壊れて傷ついた旗竿が数本あり、破れ引き裂かれた旗が一、二本うなだれていた。他方、広場のいたるところに、踏みつけられ、切り裂かれ、血にまみれた縁なし帽子、女性用のボンネット帽子、縁のある帽子、ショールが、そして男物や女物の衣服の切れ端が散乱していた。義勇兵たちは馬から降りていた。ある民兵たちは馬の腹帯をゆるめており、ほかの者は装備を直したり、サーベルを拭っていた[190]……。

ピータールーについての第二の論点は、どういうわけか見落とされてきたものだが、心理的な衝撃およびその後の多岐にわたる影響という観点からみた、事件の規模のひじょうな大きさである。[191] これは疑いなく、イギリスの政治史ならびに社会史に決定的な影響を与えた経験だった。ここでもまた、われわれは、ペントリッジの場合と同様に、短期的な影響と長期的なそれとを区別しなければならない。ピータールーのあと、二日たたずして全イングランドに事件は知れ渡った。一週間のうちに、虐殺の詳細が酒場、教会、作業場そして個々の家庭で話題となっていた。一見しただけでは、なんらかの明確な反応の様式を抽出することは困難である。改革論者とその支持者たちのあいだの基調は、警戒というよりも、憤激、怒り、ないしは犠牲者への同情だったことはまちがいない。すでに広場で、ヘンリー・ハントは（彼は危機の瞬間に最良の行動を示した）、ピータールーは急進主義者にとって道徳的な勝利だと考えていたようにみえる。彼自身も、義勇兵の暴力の犠牲者だった。逮捕されると、彼はこの特殊な治安官たちの列のなかを走らされ、棒で殴りつけられた。クレイ将軍は「ハントが治安判事の建物へつづく階段を上っていたとき、両の手に持った大きな棒で彼の頭を殴りつけた」。この一撃でハントの有名な白い帽子はぺしゃんこになり、「彼の顔にへばりついた」。こうした扱われた方にもかかわらず、彼が建物から出てきたときには（と、ある公平な精神をもった彼の敵が回想している）、

彼の顔面には勝利のほほ笑みが見られるように私には思えた。ある者（ネイディンだったと思う）がハントの腕をとろうとしたが、彼はそれを断り、ささやくように言った。「いや、けっこうです。それはありがた迷惑というものですよ……」[192]

数日間にわたって、ランカシャーでの差し迫った話題といえば報復についてだった。マンチェスターはあたかも戒厳令下にあるかのようだった。複数の暴動が起こったし、「田舎の」人びとが武装して進軍しているという

噂が流れた。バンフォードは大鎌を研いでいる話や、「手斧、……ねじ回し、錆びた剣、槍、そして長い釘」が準備されていたことについて記している[193]。しかし八月の末までに、反乱へ向かう衝動は、全土で圧倒的な道徳的支援がはっきり示されたことによって抑制され、安定に向かった。不作法に嘲笑することを確信してつけられたあだ名——監獄の便所《ピーター゠ルー》——そのものが、ほかのなににもまして、人びとの感情のあり方を示している。これにつづいて何週間にもわたって、急進派の出版物の嵐はクルクシャンクとホーンの啓示的ともいえる諷刺芸術によって力を倍加した。マンチェスターの「虐殺者たち」はハントやウーラーによる堂々たる自由主義的レトリックにさらされただけではなく、辛辣な嘲りにもさらされたのであり、そしてこちらのほうがいっそう耐えがたいものだった。「この者たちは——ずたずたにされ引き裂かれた民衆である」、こう『ジャックが建てた政治の家』は書きだしている。

生まれたその日を呪う者、
担うにはあまりに大きな租税のために、
夜ごと日ごと、救いの祈りを捧げ、
ありとあらゆる請願を虚しくなす者、
改革を願って平和的に集会に集う者、
みな義勇軍の騎兵に斬り殺された。
その義勇兵たちは、その男から感謝された、
その男は、きれいさっぱりとひげを剃り髪を刈り込み、
命令で身を固め——そしてまったく孤独であった。
その六十歳の洒落者は、優雅におじぎし
かつらや首飾り、凝った飾りやモールを好み、

国家とその富を、ペテン師どもやばか者どもに譲り渡している。
そしてイギリスが悲しみに涙しているときに、彼は気が向くままに船遊びに出かける……

摂政皇太子の議会開会演説さえもが別のパロディの材料とされた。

しかし、見よ！
陰謀と大逆が広まっている！
狂気《ルナシャー》の州の
ジェニー紡績機の、紡績巻き取り機の、そして機織機の
子宮から生まれたる、これら暗黒の霊よ——
おお、神よ！
わが主よ、そして紳士諸君よ、なんと多くの恐るべきことがあることか！
改革、改革と、下品な大衆どもは叫んでいる——
もちろん、それは反乱、流血そして暴動を意味している——
ずうずうしい悪党ども！　汝と、わが主と、私は知っている、
おとなしく飢えていることが、連中の義務であることを[194]……

ピータールーは「自由の身に生まれたイングランド人」という信念と先入観をことごとく踏みにじった。すなわち、自由な言論の権利を、「フェア・プレイ」の希求を、無防備な者を攻撃しないというタブーを、踏みにじったのである。しばらくの間は、急進派内部のウルトラ急進派と穏健派とは意見の違いを水に流して共同で抗議運動を展開したのであり、この運動には多くのウィッグ党支持者も進んで合流した。抗議集会が開かれた。スミ

スフィールドでは八月二十九日に、議長にワトソン博士、演説者にアーサー・シスルウッドを迎えて開かれた。九月五日にはもっと大規模な集会がウェストミンスターで開かれ、演説者たちのなかにはバーデット、カートライト、ホブハウス、そしてジョン・セルウォールがいた。[195] ハントが十日後にロンドンに凱旋行進をした際に街頭に押し寄せた人びとは、三十万人にのぼる、と『タイムズ』紙は見積もった。

ピータールーの報道にたいする反応を研究した者であれば、「自由の身に生まれたイングランド人」が単なる観念にすぎないと仮定することなどできはしない。つづく数ヵ月間に、政治的な対立は激化した。誰も中立であるわけにはいかなかった。当地マンチェスターでは、「体制支持派」は極度の孤立状態に置かれたのであって、（大げさな声明を出して）彼らの側についた大衆的な団体はメソジストのそれだけだった。[196] しかし、ピータールーに衝撃を受けたジェントリや専門職業人が数多くいたが、同時にまた彼らは、民衆のもっと巨大な示威行進を呼び出したいと願ってはいなかった。[197] そういうわけで、ピータールー以後の効果的な運動は、「復讐」の叫びから国制擁護の立場からの抵抗という形態へと揺れ戻ったのだが、その起源と本質からいって、主として労働者階級の運動であった。

もしピータールーが公開集会の権利の制限を狙ったものだとすれば、まさしく逆の結果が生まれたのである。憤激の感情はこれまで存在していなかった急進派組織を生み出し、それまで「体制支持派」の呪縛のもとにあった地域でも野外集会が開かれるようになった。ウルヴァーハンプトンの近くのコズリーでは、政治同盟が結成されたが、これはブラック・カントリーでは初めてのものだった。ある地元の治安判事が不満をもらした。

> この近辺では生活苦から民衆の不満が生まれることなど絶対にない。というのも、雇用と賃金についてみれば、鉱山や製鉄所の労働者は、わが王国のほかの部門の労働者階級に比べて、おそらく、より恵まれた状態にあるからだ。[198]

もっとも注目すべきかたちで運動に加わったのはニューカースルであり、ノーザンバーランドとダーラムの坑夫たちだった。この地では――一七九〇年代以来、急進主義の伝統が継承されていたにもかかわらず（ここにはビュウィクと彼の仲間の商工業者や職人がいたし、また強力な友愛組合や労働組合があった）――「教会と国王」派が自治体を支配し、改革派を脅かして公的な組織をつくらせないようにしていた。『インディペンデント・ウィッグ』はこう報じた。「イングランドのこの地方の民衆は完璧に受動的であり、かつ生気を欠いた状態にあるということが、長い間ピット派の誇り」だった。一八一九年の七月と八月に、急進的な「読書協会」から、（『ブラック・ドウォーフ』が推奨するモデルに従った）「政治的プロテスタント」が生まれた。ピータールーのあとは、ここの全地区が改革派に転換したように思われる。野外での抗議集会が（市長の許可を受けて）十月十一日に呼びかけられた。石炭業界が「相対的に安定」していたし、また炭鉱の監督者からは、集会に参加した者は解雇するとの脅しがあったので、集会にはそれほど人が集まらないだろうと予測されていた。だが、実際には、

北から、南から、東から、西から、急進派が六列の隊列を組んで町に行進してきた。

楽団による『ジョニー・コープ、おまえはいまなお歩いているか？』の伴奏つきで。

五万人から十万人もの人びとが、「あたかも魔法にかけられたかのように、集会を始めた」。見物人たちは、恐ろしい炭坑夫ばかりではなく、サンダーランドやシールズからきた船員たちもまた「秩序、忠誠、団結」の指示を遵守しているさまを見て驚嘆した。八マイルを行進したあと、シールズの代表団は、「提供されたビールを飲むこと」さえ断ったのだが、それは「この日の調和を乱すおそれのあることはなんであれ……しないことを決意していた」ためだった。演説者には、織布工、学校長、仕立て工、親方印刷工、書籍商そして靴直しが含まれていた。「急進派の月曜日」（これはニューカースルで「初めて野外で開かれた大衆的政治集会」だと主張された）以降、この市が、三つないし四つの急進派およびチャーティストの拠点都市の一つとしての地位を失うことは決してな

かった。周辺のすべての工業村落および港湾、すなわち、ジャロウ、シェリフ・ヒル、ペンショウ、レイントン、ホートン、ニューバトル、ヘトン、ヘバーン、サウス・シールズ、ウィンレイトン、サンダーランドに、つづく二、三週間のうちに、急進派の「組《クラス》」が信仰復興運動のごとき迅速さで形成された。「出会うほとんどすべての炭鉱夫の帽子のてっぺん」に『ブラック・ドウォーフ』を見ることができた。反逆的な空気がウィアマス司教の坑夫たちにまで広がり、（一人の憤慨した治安判事がシドマスに書き送ったのだが）彼らは「自信があって、坑夫に日用品を供給する商工業者には、急進派として知られている商人を指名せよという要求を出したほどなのです(199)」。

この脅威に対抗して、ニューカースルの体制支持派は「武装協会」をつくった。この武装協会に対抗して、今度は坑夫と鍛冶工の側も武装を始めた。これは内戦の前段階である。われわれはバンフォードの説明、すなわちほんのわずかの性急な人びとは別として、ピータールーにたいしてほとんどの人が冷静かつ抑制された反応を示したという説明に、あまりにも大きな影響を受けてきた。十月と十一月の二カ月間に、急進的な国制擁護の運動そのものが革命の方向に転じた。もしも彼らの敵たちが武装し、国制擁護の精神を無視した行動をとるのであれば、そのときには国制擁護派もまた（カートライト少佐がずっと主張していたように）すべての市民が武装する権利を行使することになろう。もし集会が暴力的につぶされるのであれば、彼らは防衛手段を用意して集会に参加することになろう。そのための主要な手段は槍であり、一方の端に（ポケットに入れて持ち運ぶ）鋭い刀身を差し込むことができる溝のついた頑丈な木の棒だった。ニューカースル、シェフィールド、バーミンガム、そしてマンチェスターには小さな鍛冶屋がたくさんあり、こうした刃物はそこで簡単に作ることができた（一シリングのものから三シリングのものまで、それぞれの改革論者の資力に応じて、さまざまな大きさのものがあった）。こうした仕事にかかわっていたネイアマン・カーターと呼ばれるマンチェスターの「起業家」（片方の目で『ブラック・ドウォーフ』を、もう片方の目で繁盛する市場を見ていた）について、われわれはかなりの情報を手にしている。彼はある男を主要な代理人として雇ったのだが（その仕事は、手織工の村落の宿屋や「無認可居酒屋」周辺で槍の見本を押し売りし、「分割払い」で槍の刀身を買った人から割賦の金を集めることだった）、不注意きわまりないことにこの男は別の仕事にも雇われていた――密告者「Y」として。「Yの」状況証拠にもとづく、またしばしば見当はずれの報告を、作り話として簡単に片づけしまうわけにはいかない。彼が急進主義者の鍛冶屋を訪問したときのことだが、

夫婦げんかの最中だった――私は旦那のほうに、安息日に争うのは愚かなことで、徹底してやりあえる月曜日までけんかは延ばしたほうが賢明だ、と言ってやった。彼の女房が旦那に向かって言った。私はあんたになんかにたたかれやしないよ、槍をつくってたかどであんたを刑事裁判所に訴えてやる、と。彼女がこう言うや否や、旦那はかみさんを突き飛ばし、蹴っ飛ばして部屋からたたき出した……。

しかし、この夫婦げんかの調停というネイアマン・カーターがぶつかった問題は、彼の刃物商売に影響をおよぼすことはなかった。商売は十一月の第一週には繁盛しているところだった。「Y」は彼が持ってきた見本を褒めるたくさんの客を見つけたし、(ある者は) こいつで「皇太子とおべっか使いどもをみんな片づけてやる」と言った。バンフォードはまちがいなく彼のお客の一人だったが、「Y」の報告のなかに描かれているバンフォードは彼自身が二十年後に描いた自画像とはちっとも似ていない。取り引きがおこなわれていたある無認可居酒屋で、バンフォードはこう乾杯の声をあげた。「自由の樹が地獄に植えられ、マンチェスターの血に飢えた屠殺者どもがその果実とならんことを!」。怪しげな空気が立ち込めたとき、彼の仲間の一人はこう語った。マンチェスターの虐殺者どもに「くそ上等の槍を」おみまいしてやるんだ。「で、おれたちは家に戻り、せっせと働くのさ、神が地獄に落としてくれるまで。そのときがきたら、両手をパッと広げ、『ブリタニア』を歌おう。そうすりゃ悪魔がみんなを全部連れていくさ[200]」

こうした感情が工業諸地域では一般的なものだったことに疑いない。バーミンガムから北部に向かって拳銃が「陶器運搬車」でひそかに運び込まれているという噂があった。十月から十一月にかけて、ニューカースル、ウ

ルヴァーハンプトン、ウィガン、ボルトン、ブラックバーンなどの町という町から、武装を始めているとか、軍事教練をしているとか、武装した示威行進があったとかいった報告が届いている。十一月のハダズフィールドでのある集会から戻ったハリファクスのある改革論者の報告によれば、そこでは「八列から十列の集団が音楽とともに、六本ないし七本の旗、そしてろうそくの火を掲げて行進していた。彼らの多くは棍棒を持っていた」。ある地点までくると、彼らは「叫び声をあげ、拳銃を空に向かって多数発射した」。バーンリでは、治安判事が禁止の掲示を張り出したにもかかわらず、一万人あるいは一万五千人の人びとが示威行進に参加した。その先頭には「秩序を乱すな、秩序を乱すな」と書かれた看板を持った人がいたが、しかし、ここでもまた「何十発も拳銃が発射された」。これより前にハリファクスで開かれた集会では、四十一の旗のなかの一枚にはこう書かれていた。「われわれは、重荷に苦しみ、解放されることを待ち望みながら、うめいている。……しかしわれわれは祝典があることを期待して喜んでいる」。(これは予定されていたジョージ三世の祝典のことではない)。ほかの旗にはこう書かれてあった。「人の血を流した者は自らの血を流すことになる」。リポンデンからの代表たちは、仕事場で半ば飢えかかった織布工の絵を持ってきた。そこにはこう書いてあった。「貧民にとって労働は、金持ちにとって財産がそうであるのと同様に、貴重なものなのだ」。シェフィールドでは楽隊を先頭にした巨大な隊列がブロッコに向けて行進したが、その楽隊は『サウルの死の行進』[10]や『ウォーレスと血を流せしスコットランド人よ』[11]を演奏していた(201)。

しかし一八一九年の十二月末までには運動は実質的に崩壊状態にあった。これには二つの理由がある。急進派の指導者たちのあいだの分裂と弾圧六法による弾圧である。前者の物語は複雑にもつれていて、現在にいたってもなお明解な分析に成功していない。すでに指摘しておいたように、ロンドンの急進派の組織はいつも弱体でかつ不定形だった。ロンドンには、一八一八年にも、また一九年の初頭でも、ミッドランズや北部の「政治同盟」や「プロテスタント」のような一貫した中央組織は存在しなかった。さまざまな行動は、しばしば、「ウーラー氏の友人たち」の集い、あるいは居酒屋クラウン・アンド・アンカーでの特別夕食会といったようなその場限りのかたちで呼びかけられた。一八年におこなわれた二回のウェストミンスターの選挙では、バーデットの支持者とそのほかの急進派の集団のあいだに大きな亀裂が生まれた（バーデットは、カートライト、コベット、あるいはハントたちの意見に反対して、第二の候補として、まず彼の友人の銀行家キネアードを、次にジョン・カム・ホブハウスを支持することに固執した）。

スパ・フィールズでの大失敗にもかかわらず、ワトソン博士とシスルウッドは、依然として、ロンドンに民衆的急進主義の組織をつくろうという断固たる試みの中心にとどまっていた。いま一人適所にもぐりこんでいた密告者（ジョン・ウィリアムソン）の報告が信じられるものだとすれば、一八一七年の秋にふたたび、シスルウッドとプレストンは陰謀の源泉をつくりだす試みを開始した。[202] 彼らは、ペントリッジ蜂起の後遺症が残るなかで、そう簡単にいかないことに気づいた。スピトルフィールズ地区の経済的苦境はもうそれほど厳しいものではなかった。（ウィリアムソンによれば）プレストンは九月にこう語っていた。「私は……二、三の旧友を訪ねてスピトルフィールズに行ってみた。そこでわかったことだが、彼らは仕事を得ており、自分のような人物を好ましいとは思っていなかった」。彼の「説教」を聞くために仕事をやめることはせず、彼らは手織機で仕事をつづけた。シスルウッドはあちこちの深夜集会に顔を出した。一七九〇年代のイギリス人亡命者がパリにいて、彼から資金がもらえるのだといった得体の知れない話が語られていた。宣誓がおこなわれていたが、組織は相変わらずとるにたらないものであった。というのも、計画が実行される三時間前になるまでは、「計画がどういうものになるのか、誰も知ってはならないとプレストンが言った」からである。プレストンは（一八一七年の十二月に）短期間バーミンガムを訪問し、その地の人びとは「意気軒昂」だと報告した。ウィリアムソン自身はシスルウッドの命によってある兵営を偵察し、そこに何門の大砲があるかを探るよう送り出された。しかし反乱の幻想を別とすれば、この一団が実際に達成したことはごくわずかのものだった。彼らはシドマス卿に取り越し苦労の警戒をさせ、二、三の居酒屋組織をつくり、そして何度かはロンドンの民衆の示威行進の際にチアリーダーの役割を演じただけだった。[203]

ワトソン博士はなおもシスルウッドと交流していたとはいえ、しかしおそらく彼はこの種の陰謀の企てには参加してはいなかった(204)。一八一八年の二月、シドマスは、裁判に訴えることなくシスルウッドを片づける便利な方法を発見した。シスルウッドは公私の憤懣を混同して公開書簡を発表し、そのなかで彼は内務大臣にたいして「謝罪」を要求した――つまり決闘を申し入れたのである。その結果彼は、治安の攪乱者として王座裁判所の拘置所に収容され、そこでの費用はシドマス卿が自腹を切って支払っていた。一九年にロンドンの急進派はふたたび行動を開始し、多数の居酒屋組織と討論協会（同盟協会《ユニオン・ソサエティ》と呼ばれるものもあった）が結成された。もう一度ワトソンはなんらかの中央組織をつくりあげようと試み、一九年の夏に（すでに釈放されていた）シスルウッドがそれに加わった。シスルウッドは、国制擁護運動の政策を受け入れ、当座は、クーデターの企てを放棄していた（ように思われる）。一九年の夏までに、ロンドン「二百人委員会」がつくられた(205)。六月から十月までの間、ワトソン、シスルウッド、プレストンそしてワディントンが、とりわけ働く民衆のあいだで、最も行動的かつ影響力のあるロンドンの指導者だった。彼らはかつてのジャコバン主義者である雄弁家ジョン・ゲイル・ジョーンズの支持を得ていたし、同じくカーライルの『共和主義者』、『自由の帽子』、そして『メドゥーサ』の支持も得ていた。ピータールー後のロンドンへのハントの凱旋行進を主導し、首尾よく準備したのはこの「二百人委員会」であり(206)、また「博士」自身が歓迎の式典をとりおこなったのだが、その際、ハントの度しがたい傲慢さと政治的な気難しさを前にして、「博士」は見事な自己抑制と臨機応変の才を示したのであった。

一八二〇年に、カトー街の陰謀のあと、ある敵意をいだく観察者が、ロンドンにおける急進派の「地下組織」の拠点の一つと見なされていたウィク通りにある居酒屋ホワイト・ライオンでの「急進派委員会室」の様子についてこう書いている。酒場には、

> 怪しげな、人相の悪い連中の一団が座っていた……右側の小さな木のテーブルに―氏が座っていて、一冊の本といくつかの新聞や印刷ビラが彼の前にあった。明かりといえば―氏の前に置かれた一本のろうそく、あるい

はバーからもれてくる明かりだけで、部屋は薄暗かった。だから、ここに入ってきた外来者はそのあとでどこかでその人たちに出会っても誰の顔も識別できないだろう。右側には……小さなパーラーがある。このパーラーで夕刻に特別委員会が開かれ、ほかの人は誰も立ち入りを認められなかった。ここは最も秘密のやりとりがおこなわれる部屋だった。シスルウッド氏やワトソン博士は絶えず廊下に出てきて、仕事で訪れてきた誰かと話をしている。階上のたいへん大きな部屋には……百人以上もの人相の悪い連中が夕刻に集まってきた。ここでは公開の委員会がもたれ、結社の一般会員が集った。……ここで彼らの示威行進などの打ち合わせがおこなわれ、彼らの旗が……保管されていた。もっと秘密の事柄は階下のパーラーで取り扱われた(207)。

こうした拠点は、当然のことながら、政府のスパイたちがいつも注意を払う対象だった。しかし、だからといって、その一連の活動すべてがばかばかしいものだったということにはならない。ロンドンの「過激な」急進派は、ピータールー以後、非常な窮地に立っていた。「流血なしに改革は不可能である」と、『自由の帽子』は、十月に言明していた。他方、もっと無責任な『メドゥーサ』はこう書いていた。

王国のあらゆる地域からの情報はすべて、つねに武器を携えることの必要性を示す、最新かつ顕著な事例を伝えるものばかりである(208)。

カーライルは(二年後に)この時期に彼が書き表したものすべてが言わんとしていたことを次のように要約した。「改革は、現存の権力がもはやそれを抑え込む力をもたなくなったときに達成されるのであって、それ以前には達成できないのである(209)……」。さらに、ピータールー後の二カ月は、全国的な指導者の弱点をあますところなくさらけ出した。ハントの臆病さはその最悪の状態にあった。ピータールー以降、ハントは舞台の中心にあり、改革派も権力側も等しく彼の一挙手一投足を注視していた。これは彼の虚栄心にとって格好の餌となった。ピータールーは彼にとって個人的な恥辱であったことだろうし、ランカシャーとロンドンでの行進は彼の個人的な勝利だっただろう。彼はワトソンを嫌っていて、ロンドンの示威行進でワトソンと名誉を分かとうとはしなかった。ハントはすでに委員会が決めていた行進の経路に文句をつけ、そのために期待して集まっていた何千というロンドンっ子は半日間待たされた。（いずれにせよハントはロンドンに恨みをいだいていた。というのも、一八一八年のウェストミンスター選挙での演説会のおり、彼は手荒く扱われ、やじられたからである）。彼は、彼の歓迎夕食会のために選ばれた議長ゲイル・ジョーンズをめぐってワトソンとけんかし、ワトソンを公衆の面前で罵倒した。「お前はどうしようもなく出すぎたお節介野郎だ。サー・フランシス・バーデットが彼の行進のあとでそうしたように、おれが議長をするんだ」。それから彼はカネの問題で争いはじめた。彼はランカシャーで、地元のほとんどの改革派指導者たちを怒らせていた。他方で彼は、何千という人びとの葬列が彼の好きだった馬の埋葬のために付き添うことを認めた。彼は、実際、（理由のないことではなかったが）地方での運動に関心を払うことよりも、近づきつつある裁判でいかに有利な位置を獲得するか、その策を弄することに心を奪われていたのである[210]。

　九月までに、改革派は革命派と国制擁護派に分裂していた。ハントとウーラーが推奨した政策とは、ピータールーの加害者にたいする受動的な抵抗、抗議、合法的な行動、そしていっさいの課税されている物品の不買というものだった。八月の時点では、こうした政策は、推奨に十分値したし、運動のすべての分派から忠実に支持されていた。しかし十月までに、それはすり切れたものとなっていた。法律による不正の是正の希望は、とりわけランカシャーにおいては、まったく虚しいものであることが誰の目にもあきらかになっていたし、他方、不買の推奨は北部の織布工には不要となっていた。そのうえ、週ごとに抵抗運動は成長していったというのに、穏健派は、議会が開かれるのを辛抱強く待てということ以外の指示を出さなかった。そのうえ、もしピータールー事件にたいする議会調査がおこなわれなければ、あるいは人身保護法が停止でもされたら、ほかのなんらかの指示を出すだろうというのである。しかし、議会は十一月二十三日まで開かれなかった――ピータールーから三ヵ月以上もあとのことである。「過激な」急進派は、一定の根拠をもって、ハントの方針は地方での運動を弱体化し民衆のイニシアチブを放棄するものであり、結果的に主導権を議会のウィッグに引き渡してしまうものだと主張した。ほかの政治煽動家たちと同様に、ハントもまた、彼自身が呼び出すのに助力した精神に恐怖しているようにみえた。

ほぼ二カ月間待ったあと、「過激な」急進派は代替となる方針を提起し、それをワトソンとカーライルが支持した。その方針とは「王国の全土において、まったく同じ日に……集会」を開くことだった。最初に予定されたのは十一月一日だったが、これはのちに二度にわたって延期された。表面的には、この目的はただ国制擁護の立場の運動を一度高いところに引き上げるというものだったが、本物の陰謀家たち（アーサー・シスルウッドはその一人であった）は同時に開く集会が直接に反乱に転化することを願っていたかもしれない。十月をとおしてこの計画は支持を集め、ニューカースル、カーライル、リーズ、ハリファクス、ハダズフィールド、バーンズリ、マンチェスター、ボルトン、ウィガン、ブラックバーン、バーンリ、ニューカースル・アンダー・ライン、ノッティンガム、レスター、コヴェントリで集会が計画された。同月末までには、ふだんから情報に通じていたバイング将軍は、シスルウッドは、ロンドンの民衆にとっての「偶像という点においてハントを乗り越えた」と考えていた。シスルウッドは先の計画が広汎な支持を得ていたマンチェスターを訪問した（ここではいまや、ハント派の愛国協会と並んで、過激な急進派同盟が結成されていた）。実際、いくつかの集会が開催されたし、さらなる計画が十一月十五日に向けて準備された。しかし、十月の中旬に、ハントは運動が自らの手中から滑り落ちつつあるとみて、ふたたび運動の支配権を獲得しようと動きはじめた。ローの『マンチェスター・オブザーヴァー』（十月十九日付）に発表された「北部の改革論者への手紙」で、彼は集会の同時開催計画を批難した。彼はもう一通の手紙でこの点を追及したが、そこでオリヴァーの名前を想起させて、とくにシスルウッドにスパイの汚名を着せている。

これ以後何週間にもわたって、言論界では、一方におけるシスルウッドとワトソン、他方におけるハントとその支持者たちのあいだで、怒りに満ちた書簡のやりとりが展開された。体制支持派の出版物が、喜んでこのやりとりを「急進派国家文書《ラディカル・ステイト・ペーパーズ》」という冷笑的題名をつけて再掲した。ワトソン博士はハントの歓迎会の勘定不払いの罪で監獄に入れられていたが、ハントはこの支払いのために集められた金《かね》を彼がどうしたのかをごまかして説明しようとした。この論争の多くを、両者とも無責任におこなった。その根底には、ハントがシスルウッドの陰謀の意図に関して根拠のある疑いをもっていたこと、またワトソンについて、政治的リーダーとしてはその見識は弱く、素人的であるという不信感をもっていたことがあるように思われる。他方、シスルウッドは実際に地方で非合法の連絡網をつくりあげることに成功したように思われる。この連絡網は中部と北部の一部地域では、ハントの攻撃を乗り越えて生き残った[211]。マンチェスター政治同盟は、計画されていた集会への支持を「ハントとその私党」が拒否したことで意気消沈していた。計画は練り直され、ロンドン、スコットランド西部、ランカシャー、ヨークシャー、バーミンガム、ポタリーズの「地下組織」の代表が、議会が再開された日にノッティンガムで会合すること、またその会合は、人身保護法が停止されたときに全国同時集会を指令する「執行部」として機能する恒久的な秘密会としてとどまることとされた。ハントが執拗に反対したために、これらの計画は実を結ぶことがなかった[212]。

シスルウッドは、その愚かさのゆえに批難されることがあるかもしれないが（彼はその愚かさと引き換えに自己の生命を犠牲にすることになった）、権力の側の激しい挑発を受けて行動したのである。弾圧六法は十二月に庶民院を大急ぎで通過したが、これにたいする全国的な急進派の指導者たちの反応はひどく弱々しいものだった。十一月のはじめにコベットは亡命先から帰還し、リヴァプールに上陸してランカシャーの民衆から凱旋の歓迎を受けた。亡命後適切な状況判断ができず、また労働者階級の反乱の先頭に立とうという気概をこれっぽっちももたなかったから、彼はまるで頭部のない人間のようだった。リヴァプールで彼は、私はイングランドの偉大な息子の一人であるトム・ペインの骨を持ち帰った、と語った。すぐに（あきらかとなったことだが）、コベットが大切にしようと望んだのはペインの共和主義ではなく、通貨改革についてのペインの考え方だった。彼の『レジスター』は、こけおどし（「大衆は自分たちの防衛のために武装する権利をもっている」）と、「民衆が国債に大いなる信頼を置くようになること、これが私が心から願うところである」といった冷水とを代わるがわる掲載した。この国債という「墓穴掘り」は、民衆運動がなくても、それ自身のはたらきによって「旧腐敗体制」を一掃するだろう。

これこそは最も安全な方法であると同時に最も効果的な方法である。われわれは釣り竿や釣り針を手にしたまま、マスが自分で勝手にくたばるままにしておけばいいのである。

弾圧六法の成立後、コベットは「わが国における権利と自由を求める闘いを前進させる」ために、ある新しい大がかりな提案をおこなった。その提案というのは、約五千ポンドの改革基金の創設であり、これは改革論者や労働組合主義者からの二ペンスの寄付によって集められ、「私の手元に置かれる」というものである。

この基金は「もちろん、私だけが使うことができるものであり、ほかの何人も私の使用を阻んだり統制したりすることはできない。ほかの何人も、私がこの金を何に使おうとするのかを問う権利をもたない……私はこの金をどう使うつもりなのかを誰にたいしても教えないし、どんな質問にも答えない[213]……」。

弾圧六法は一七九五年と一八一七年の法律を集大成し拡充するものとして登場している。第一の法令は教練と「軍事」訓練を禁止した。第二のものは、武器が隠されているという疑いがある場合、令状なしに、家屋に立ち入って調査できる権利を認めた。第三のものは五十人以上の集会を禁止した。ただし、例外条項（州および教区集会）と追加条項（急進派の講演集会の弾圧を意図したもの）を伴っていた。第四のものは（これがその後の十二年間にわたって大きな意味をもつことになった）、定期刊行物にたいする印紙税を六ペンスあるいはそれ以上に引き上げた。第五と第六のものは反政府活動、とりわけ煽動行為と煽動文書発送にたいする当局の権限拡充を意図したものだった。[214] これまであった弾圧策のなかで今回使われなかった唯一のものは、人身保護法の停止だった。これ以降、政府は、イギリス史のなかで最も執念深い起訴活動に乗り出した。一八二〇年の夏までに、ハントならびに四人のマンチェスターの改革論者（ピータールーでの彼らの関与が問題とされた）、ウーラー、バーデット、サー・チャールズ・ウルズリー、J・ハリソン師、ナイト、カーライル、エドモンズ、ロー、ジョンストン、バガリー、ドラモンド、ミッチェル、これらの人びとすべてが監獄に入れられた。大々的な攻撃が「煽動的」で「不敬な」出版物にたいして開始された。出版人や新聞販売人にたいする多くの犯罪訴追が私的な訴追団体を通してなされたり、略式裁判によって処理された。そして、ついにアーサー・シスルウッドは絞首台の上で公衆の前から姿を消したのである。

6　カトー街の陰謀

一七九五年の弾圧二法は、とてつもない規模のいくつもの示威行進を前にじてかろうじて通過したが、これら示威行進へのあいさつをフォックス自身がもったいぶって送っている。一八一九年十二月に、ハント、コベット、ウーラー、あるいはバーデットであれば、ロンドン、ミッドランズ、北部、スコットランドの街頭を示威行進でもって埋め尽くすことができたことだろう。[215] 急進派の指導者自身が、工業の中心地の支持者たちの気質に警戒心をいだいていたと結論をくださざるをえない。ハントは過激派から距離を置くのに忙しく、来るべき彼の裁判で偏見を呼び起こしかねないいっさいの行動を控えていた。コベットは彼の読者たちに、コーヒーの代わりに焙じた小麦を使うように勧め、ワインより水のほうが優れていると説教した。二〇年の一月二十二日に、彼はついに「一つの計画」を公表した。これは「淑女たちへ」あてられたもので、「禁酒と倹約、そして賭けごとにたいする嫌悪を奨励する」ことをめざしていた。[216] 戦後期における運動の最後の特筆すべき出来事が起こったのは、まさしくこうした状況においてだった。

アーサー・シスルウッドとカトー街の陰謀家について、われわれには詳しいことがわかっていない。そのほとんどは自業自得だった（と思われてもいたしかたない）。[217] シスルウッドは紳士であり、数々の不幸な目にあってきたが、大逆罪で一度でも召喚されたことのある人ならば、たいていは、二度も三度も自分から危ないことに首を突っ込もうとはしないものだが、シスルウッドは、一八一七―一八年に、そして二〇年にもう一度そうしたのだった。彼の勇敢さは三回にわたる無鉄砲といってすむものではなかったが、エメットや「一八一六年イースター」の男たちもそうだったのである。彼が死んだ際に口汚くののしった一代記が出版物に掲載されたが、それらはこんにち彼について書かれる際にも依然として残っている一つの伝統を確立した。[218] しかし、控えめに言っても、そうした評価は証明済みというわけではないし、また絞首台での彼の態度と調和するものでもないのである。非合法世界の伝説を郷愁をもって描く傾向があったジョージ・バロウにとって、シスルウッドは「古参の急進主義者」の一人であり、「対仏戦争にあっては将校として決然と任務を果たした勇敢な兵士であり」そして、「ヨーロッパ有数の剣の使い手の一人」だった。彼は「決してむやみに剣を抜くことはなかったが……弱き者や侮辱を受けた者を守るときには剣を抜いた――彼は親切で気さくな人間だったが、少し単純すぎるところがあった……」。「ああ、こういう人物には何か見どころがあるものだ」[219]

彼の敵による評論も、またバロウによるそれも、われわれは無条件に受け入れるわけにはいかない。彼は、たしかに、「古参のジャコバン主義者」だったし、完全な共和主義者であった。あまりにも多くの彼の仲間が印刷物や熱弁にみられる大げさな言葉で共和主義を表明していた時期にあって、相対的に語ることは少なく、実践的な組織を注視したという点に、彼の功績が認められる。しかし、こうした人間が置かれていた窮状というものを正しく認識することのほうがより重要である。十一月のはじめの居酒屋ホワイト・ライオンでの集会で（と、あるスパイがシドマス卿に報告している）、ワトソン博士は委員会にたいして、「私と地方組織との通信は、地方組織がハントの側についてしまったために、途絶えてしまった」と報告した。この時期、シスルウッドはスピトルフィールズで織布工たちと行動をともにしていた[220]。別の見方では、シスルウッド自身は、彼がスパイだというハントの攻撃にいたく傷つけられていて、この中傷をなんらかの大胆な行動によって一掃する決心をかためていた。弾圧六法が議会を通過しようとしていたときに、彼は非合法組織を、とりわけヨークシャーとグラスゴーのそれを再建した[221]。十二月までには、カトー街の陰謀が進行していた。

それは、いくつかの細部までもが、デスパードとスパ・フィールズ事件の繰り返しだった。しかし、今回の事件はより暴力的で痛ましいものだった。シスルウッドは、祖国を苦境から救い出す義務が自分自身に委ねられていると考えていた。最初の一撃がロンドン塔か、イングランド銀行か、議会あるいは国王にたいしてなされさえすれば、その合図が伝わって、スピトルフィールズやマイノリーズ、スミスフィールドが決起する（と彼は確信していた）。「それぞれの地方」もまた、眼前にあるすべてのものを一掃するだろう。さらに、シスルウッドは地方からの密使たちにたいして、ロンドンはかならずやこのように行動すると名誉にかけて誓約していたようである。もし彼が、一八二〇年の一月と二月の段階で正気とはいえない性急な無分別さをもって行動していたとすれば、それは絶望的な無分別だった。彼は不安げに（彼自身極端な貧困状態にあった）、ロンドンの過激な急進派のあいだを動き回っていた。それは理神論者の職人、不熟練労働者、そして商工業者であって、彼らはトマス・デイヴィソンの『メドゥーサ』やショーターの『神学上の彗星』を読み、聖職者や国王の暴力的打倒を心から待望するその主張に賛同していた[222]。

蜂起の思想に賛同した者は大勢いた——とくに、製靴工はいつでも立ち上がる用意があり、彼らの組合は実質的にはジャコバン派の組織だった[223]。他方、「一七九八年のアイルランド人」（統一アイルランド人協会の一七九八年蜂起参加者）が十一月にロンドンに集まり、デイヴィソンの仕事場で会合し、「もう一度、アイルランドの下層階級を反乱に向けて煽動しようと努めている」といわれていた[224]。さらに、どのようにすれば最初の襲撃ができるのかについて構想をもつ者もいた。ジョージ・エドワーズという一応の芸術家は、カーライルのためにペインの胸像を制作した人物であり、スペンス主義者の元書記の兄弟だったが、彼はとくに提案にこと欠かなかった。

死刑判決を受ける前の反抗的な演説のなかでシスルウッドはこう語っている。

彼は庶民院を爆破する計画を提案した。こういうのは私の考え方ではない。私はただ罪人が罰せられることを望むものであり、だからこの提案を退けた。彼は次に、スペイン大使主催の宴会に出席している閣僚どもを襲撃すべきだと提案した。これについても私は断固受け入れなかった……その宴には夫人たちが招待されていたのである——私はまもなく絞首台にのぼる身だが、そうした考え方には恐怖で身の毛がよだつ思いがした。そういう考え方の見本は、すでに政府の手先どもがマンチェスターで示したものなのだ……。

「エドワーズの発案はとどまるところを知らず、ついには、閣僚の夕食会で彼らを襲撃しようと提案した」。カトー街にあるいくつかの部屋や屋根裏で会合がもたれた。なまなましい空想にとらわれやすい肉屋のジェイムズ・イングスは、彼の役割を予想して無我夢中となった。（計画どおりであれば）彼らは建物に進入し、夕食会場の戸口を押し開ける。「そのとき私はこう言うのだ。『閣下、私は本日ここにマンチェスターの騎馬義勇兵に劣らぬ良き人びとをお連れしました——市民諸君、入りたまえ、そして諸君の義務を果たしたまえ』」。カースルレイとシドマスの首が槍に掲げられる——「臨時政府」の宣言が町じゅうに張り出される——小規模な陽動作戦がロンドン塔ならびにロンドン市長公邸にたいして開始される。予定された攻撃の日が近づくと、シスルウッドは一種絶望的な名誉にかけて、それに固執したように思われる。なにごとかが試みられなければならない。「諸君がなそうとしていることを放棄しないことを私は願う」と彼は言った。「もし諸君が放棄すれば、それはデスパードのもくろみの二の舞いとなろう」

この計画は、もちろん、かなり前から、槍に突き刺されて町じゅうを引き回されることが提案されていた首の持ち主たちの知るところとなっていた。『ニュー・タイムズ』に掲載された閣僚夕食会の広告でさえでっちあげだった。陰謀家たちはしかるべく逮捕された。もっとも、こぜりあいがなかったわけでなく、シスルウッドはボウ・ストリート・ラナーズの捕縛者の一人を刺した。逮捕はセンセーションを巻き起こしたが、こうした騒ぎは、政府が弾圧六法を正当化し、また総選挙のあいだじゅう、弾圧六法を利用するために必要だった。[225] 裁判が（四月中旬に）始まり、煽動工作員としてのエドワーズの役割が暴露されると、このセンセーションの波も収まっていった。

裁判ならびに絞首台で、シスルウッドとその仲間たちは勇気をもって、いや虚勢を張ってまで敢然とふるまった。（シスルウッドが唯一幻滅感を感じたのは、裁判の何週間か前に囚人たちがロンドンの市街を通過した際に、ロンドンの民衆が彼らを救出しようとしなかったときだったろう）。デイヴィソンを除くと（彼はジャマイカ出身の「黒人」で、メソジストとつながりをもっていた）、ほかの人びとはみな理神論者だったようで、監獄付きの教戒師による慰めを拒絶した。判決を待っている間に反抗的な詩をつくった被告人は一人にとどまらなかった。

暴君たちよ、お前たちは貧者を恐怖で満たし
　彼らの権利を奪い取る
肉やパンの値段を上げ
　彼らの労働をむだなものにする
お前たちは決して労働せず、煩労に苦しむこともない
　なのにお前たちは飲み食いができる
お前たちは決して大地を耕すこともなければ
　貧者のことを考えることもない……

「私のいとしいシリアよ」とジェイムズ・イングスは彼の妻にあてて書き送った。

私は法に従って死ぬ。お前をこの腐敗した国に置き去りにすることになる。正義と自由は飛び立ち、ほかの土地に去ってしまった。……では私のいとしい人よ、お前には覚えておいてほしい、私が絞首台に送られることになった理由は、純粋な動機から発したものなのだ。私は飢えに苦しむわが同胞たる男たち、女たち、子供たちのためにわが身を捧げなければならないと考えたのだ。

製靴工ジョン・ブラントは、判決が言い渡されるまえの法廷で、「とりわけ大胆かつ決然とした様子で」述べた。

彼は、彼の勤労によって、週にだいたい三ポンドか四ポンドを稼ぐことができていた。この事態がつづくかぎり、彼は政治に首を突っ込むことは決してなかった。しかし、彼の収入が週に十シリングに減ってしまってからは、自分のことを慎重に考えはじめるようになった。……そこでわかったことはなんであったか。なぜ権力の座にある人びとは、この国をいかにして飢えさせ略奪するかを思案するために集まるのか、ということである。彼はマンチェスターで起こったことを最も忌まわしいものと考えた。……彼は公共の善のために陰謀に加わった。彼は途中で放り出してしまうことのできる人間ではなかった。断じてなかった。彼は最後の最後まで突き進んでしまったことだろう。……彼はいにしえのブリトン人の末裔として死に臨む……。

絞首台でシスルウッドは、強いリンカンシャー訛で、こう宣言した。「ここにいるすべての人びとよ、覚えておいてほしい、私が自由のために死ぬことを」。コベットは、感動的かつ簡明な叙述で、サー・トマス・モアの名前を読者に思い起こさせた。死刑の執行を見届けたホブハウスはその日記にこう書いている。

その男たちは英雄のように死んでいった。イングスだったと思うが、度のすぎた騒々しい調子で『死か自由か』を歌っていた。シスルウッドがこう言った。「イングスよ静かにしてくれ。おれたちはそんなふうに騒がずとも死ねるのだ」

民衆は防柵によって絞首台から遠ざけられていて、そのため、どんな救出策も試みようがなかったし、また臨終の告白を聞き取ることもできなかった。犠牲者たちの首が掲げられると、民衆は怒りたけった――「集まった民衆の発する叫び声と罵倒とは想像を絶するものだった」[226]。

こうして「古い急進主義」は終焉した。それは、それなりに、一七九〇年代のジャコバン主義を十九世紀に延長したものだった。（カトー街の製靴工たちは「市民」やそのほかのジャコバン用語をもちいた最後の人びとに属していた）。われわれは、無法者の暴力団という通常もたれてきた彼らにたいするイメージを多少とも是正しようと努めてきた。シスルウッドは、たしかに、その愚かさゆえに罪があった。彼は明々白々な挑発の前に彼の仲間の命を投げ出したのである。（「私はスミスフィールドの市場で売られるために連れてこられたブルドックのようなものだ」、とイングスは裁判で叫んだ。「シドマス卿は今回のことについてすべてくまなく、もう二カ月も前から知っていた」、と）。シスルウッドの計画――大砲と兵器庫を占拠し、兵舎を砲撃し、ロンドン市長公邸に臨時政府を設置する――は幻想以外のなにものでもなかった。古代ローマで専制者殺害を擁護した人びとに言及することで、彼は自らの企ての正当性を主張した。裁判で、彼はこう述べた。

ブルータスとカッシウスは、シーザー暗殺を断固として肯定した。実際、もしもある人物あるいは一味が、自分たちを国の法よりも上位に置くときには、個人の腕力以外に彼らにたいし正義をもたらすことは不可能である。

しかし、仮にカトー街の陰謀のような企てがそのとりあえずの目的を達していたとしても、そのあとに何が起こりえたかを考えるのは難しい。おそらく、数日間は、「ゴードン暴動」がより大規模に、よりたくさんの流血を伴って起こっただろう。そのあとには、十中八九、「白色テロル」がつづき、イングランドとスコットランドの一ダースほどの町々でピータールーが再演されただろう。シスルウッドは、シェイクスピアがブルータスの口を借りて述べた皮肉っぽい評言を見逃していたのだった。

さあ、諸君、ローマ人たち、身をかがめ、
シーザーの血に、両手をこの腕までひたし、剣を真紅に染めよう。
それから広場の中央まで堂々と繰り出していき、
血塗られた剣を頭上に振りかざし、
声を揃えて、叫ぼうではないか、「平和だ、解放だ、自由だ」と。[12]

しかし、シスルウッドとともに刑死した、彼の愚かさを批難するうえで申し分のない権利をもっている人びとにしても、彼にたいしては最大の忠誠心をもっていたように思われる。スーザン・シスルウッドもまた、とるにたりない人物ではなく、一個の自立した気骨あるジャコバン主義者であり、冷静かつ知的な態度をもち、シスルウッドを擁護する積極的な行動をとる用意があったように思われる。(227) カトー街の陰謀が、実際どの程度まで真に全国的な行動計画と結び付いたものだったのかははっきりしない。陰謀者たちが逮捕されてまもなく、蜂起の試みが三つあった——一つはグラスゴーで、あとの二つはヨークシャーで。グラスゴーの近郊で、織布工の小規模ないくつかの集団が四月五日と六日に蜂起した(「自由なるスコットランドか、それとも荒野か」という有名な旗を掲げて)。「ボニーミュアの戦闘」で軍隊との激しい衝突があり、結果として三人が処刑された。そのうちの一人、ジェイムズ・ウィルソンは「古参のジャコバン主義者」であった。ほかの一人はケア・ハーディの祖先である。両者とも、独学で学び、並外れた学識をもっていた。(228) 蜂起した者たちは、自分たちはスコットランド、ヨークシャー、ランカシャー、カーライルでの同時蜂起の計画に参加しているのだと信じていたように思われる。これらの地域はすべて織布工の拠点であった。

その六日前（一八二〇年三月三十一日）に、ハダズフィールド周辺の毛織物工業村落に、ある優柔不断な動きがあった。剪毛工たちが、いつものことだが、これに深く関与していた。ピータールーのあと、たくさんのクラブが設立され、『ブラック・ドウォーフ』や『自由の帽子』それに『マンチェスター・オブザーヴァー』が購読されていた。示威行進に参加したある剪毛工は「ブリトン人よ目を覚ませ、汝らの権利を主張せよ。獅子は危険を察知している」と書かれた旗を持っていた。この人物の証言では、蜂起は十一月に、「マンチェスターでの事件に関するある調査が彼らの希望どおりには進んでいなかったために」、計画された。半分に裂かれたカードが配られ、そこには「デモ」と書かれてあった。もう半分のカード（そこには「クラシー」と書かれてあった）が配布されたときが蜂起の開始の合図であった。蜂起の目的は「自由な政府を樹立する」ことだった。狼煙の合図とともに、槍や熊手や銃を持った二百人の反乱者が集合したが、ほかの集団がやってこなかったので離散した。四月十一日の夜に、バーンズリ近辺のグレンジ・ムーアで最後の試みが企てられた。四十人から五十人の急進派の「組《クラスズ》」が町のリンネル織布工や坑夫たちによって結成されていて、それらは代表者全体委員会によって互いに連絡をとり、そこから七人の秘密委員会へとつながっていった。彼らの会合で討議されていたテーマは以下のようなものだった。

> 貧民にたいする抑圧、課税と国債、および生活必需品に課されるもの……また内閣の腐敗、どれだけ多くの金が一年間にわれわれの稼ぎのなかから奪われ、大臣や年金や各種官職のために使われているか。

バーンズリの急進主義者たちは全北部とミッドランズとが同じ日の夜に蜂起することを期待していた。彼らはグレンジ・ムーアに向けて前進した。そこでほかの分遣隊と待ち合わせてさらに前進することになっていた。

バーンズリからシェフィールドへ、さらにロンドンへ。スコットランドの男たちがわれわれと同時に、あるいは一日以上遅れることなく、リーズに着くはずだった。

おそらく三百人ほどの人間が集まった。彼らは太鼓や武器や（三日間の食糧の入った）雑嚢、そして黒く縁取られた緑の旗を持っていた。そこにはこう書かれてあった。「人を死にいたるまで苦しめる者は、必ず死ぬことになる」。集団は二人の元兵士に指揮されていた。コムスティヴ（「ワーテルローの経験者」の一人であり「すぐれた書き手」でもあった）と、（象徴的な白い帽子をかぶっていた）アディである。彼らは途中で小集団を組み入れながら、グレンジ・ムーアへの十二マイルを重い足どりで歩き、明け方までに待ち合わせ場所に到着したが、そこには誰もいなかった。しばらく待っていたが、政府による陰謀だという噂が兵卒のあいだに広まり、彼らは狼狽して四散した。この二つの企てのために、コムスティヴとアディ、そしてほかの数人が国外流刑に処された。

噂は工業地帯を駆け巡った。「スコットランド人がまもなくイングランドに侵入し、イングランドの急進派と合流するといわれている」と、バーンリのある織布工が日記に記した（四月七日付）。しかし十日後に彼はこう記している。三人の過激な急進主義者が「国を離れた。しかし、彼らがどこにいったのかは秘密である。船に乗ったらしいといわれているが」。四月十四日には、織布工ジョウジフ・タイアスがハダズフィールド近郊で逮捕され、彼の妻の帽子から一通の手紙が発見された。それは彼が「ランカスター・シャーのわが兄弟」にあてて書いたものだった。

われらが愛すべき人よ——

君たちが捕ワレたのには心痛むが、君たちが元気にやってオることを私は願っている。……ヨークシャーのわれわれの音ガクは二回奏でられたのだが、ランカシャーの君たちの音ガクは一度も鳴らないね。君たちの音楽家は病気なのかい？……

憂鬱な、憂鬱な、憂鬱なヨークシャーよ。君たちの改革論者たちは嘘偽りがない。……グレンジ・ムーアの三百人ほどの人びとは夜を徹して行進した。一人ひとりがすゴイ槍やテッ砲を持ち、弾薬は十分に装備されていた。哀れな人びとよ、視野狭き者どもにかくも欺かれようとは。勇敢な人間を見ることは君たちを感動させタことだろう。彼らは十二マイルもの行進のあと、アメの夜を一晩中、武器を持って立っていたのに、誰一人約束どおり彼らと合流しなかったのだ。彼らはいっさいの槍の柄をムーアに捨て、あまりにも固くて取れなかった三つか四つは別として、刀身の部分をもって帰った。この哀れな人びとは、夜明けまで、太鼓や彼らの胸を打ち鳴らして威勢よく立っていたのだ。しかし、ほかの集団は一つとしてアラワれなかったのである。どうしたらいいのか、誰もわからなかった。バーンズリに戻ったが、彼らはどう考えていいのかわからなかった。しかし、もはやなんの展望もないと悟ったとき、彼らは誰もが気も狂わんばかりのサケビ声をあげながら、涙を流した……。

「われわれがいまふたたび一心同体となって出会うことがあるように私は希望する」、とこの手紙は結んでいる。[229]『マンチェスター・オブザーヴァー』はこう忠告した。「何度でも、われわれは、わが……同胞たちに警告する。遠方から派遣されてきた、代表者として権威あるフリをする……見知らぬ者の話に耳を貸さないように、と」[230]。カトー街の出来事は、改革論者たちに、オリヴァーの教訓を、より強い迫力をもって思い起こさせた。集会が禁止され、出版物が攻撃にさらされたため、政治結社は解体しはじめた。こうした事態になったとき、運動の性格と方向とを変えることになる二つの出来事が起こった。一つは、一八二〇年から二五年までつづいた、全般的な好況の時代の開始である。物価の低下と雇用の回復は急進派の怒りの刃を鈍らせることになった。また、同じころに、生き残った急進派のジャーナリストたちは、（ほっとして、と言っていいだろうが）新しい運動に乗り出した。それはカロライン王妃の名誉と王としての権利を擁護する運動だった。ジョージ四世は不品行を理由に彼女を排除しようとしたのであり、彼女は、ある「弁護士《グリーン・バッグ》」の最新の犠牲者だった。この王妃の事件にみられる騙し合いの構図については、ここで詳しく論じる必要はない。ここには、急進派がもっていた（体制支持派も同様だが）悪弊がより大規模なかたちで一つ残らず現れた。この件での（急進派の立場からみた）喜ばしい点は、旧腐敗体制をきわめて滑稽かつ防衛的な立場に置いたことである。この件によって急進派は、名誉、貞節、正義、「王座への心からの愛着」を擁護するとの名目のもとに、演説や批判、抗議、請願をおこなうことができたのである。また、ホーンとクルクシャンクは彼らの最上の諷刺文のいくつかを生み出すことができた。一八二〇年にあっては毎週毎週、コベットが彼の『〔ポリティカル・〕レジスター』を王妃の擁護のために全面的に捧げた。ブルーム、コベット、ウッド市参事会会員はこの王妃問題を取り上げ、（彼ら自身が書くこともあった）演説にたいする彼女の返答を書くほどだった。そのありさまは過激な体制支持派の『ジョン・ブル』が、正当にも、次のように語りうるほどだった。「彼女は、以前にはハントがそうであったように、いまでは急進派の指導者である」

> これらの口うるさい、おしゃべりで、盲目的な、無秩序と暴動への帰依者どもは、ハントにたいしてもそうだったように、王妃のことなどほとんど気にかけてなどいないのだ。彼女は革命の「自由の帽子」を高く掲げるための棒として役立つのである。かつてバーデットがその棒だった……王妃以前にはハントが最後の棒だった。そしてこんにちでは、王妃陛下がこの一派の「真正の母なる赤き帽子」となっているわけだ(231)。

しかし、王妃にかぶせられているのは、もはや「革命的な自由の帽子」などではない。この帽子は、ピータールーとカトー街とのあいだのどこかで失われてしまった。事実、ブルーム、ウッド、ホブハウスらの運動で重要なことは、中流階級の功利主義者や若きウィッグが指導する一八二〇年代の新しい運動形態の前兆だったという点にある(232)。

おそらく、イギリスの政治的伝統に最も永続的な影響をもったのは、カトー街でもなければ弾圧六法でもなく、ピータールーだった。というのは、短期的な反動のあとに、長期的な反応が感じられるからである。まず第一に、ピータールーは、中流階級の改革論者やウィッグ党支持者に、議会に代表をもたない大衆にたいする彼らの影響力がなくなると、どういう結果がもたらされるのかについて注意を払わせることになった。ウィルバフォースでさえ、穏健な改革論者の一部が、おそらく「ハントやシスルウッドたちの手から大衆を救い出すために」行動をはじめなければならないだろうと感じていた(233)。一八一九年の騒動がおさまると、中流階級の改革運動は前よりもきっぱりとした態度をとるようになった。第二に、戦後期の運動の経験はアンシャン・レジームそれ自体の確信を揺さぶった。そして一九年の体制支持派のなかには、二〇年代になって、限定的な譲歩の必要性を認めるようになる者がいた。こうして、マンチェター義勇軍のバーリ大佐でさえ、二〇年代には、議席を腐敗選挙区からマンチェスターに移すことを求める運動をおこなっている(234)。ピールのような人物の心のなかでは、労働者階級に対抗する製造業勢力と地主勢力とのあいだのなんらかの同盟が必要だという信念が高まっていた。

しかし、引き続きみられたピータールーの影響は、その日に起こった恐ろしい出来事に依拠していた。一八一九年に、体制支持派の行動は、彼ら自身の階級のなかに多くの支持者をもっていた。十年後には、それは、ジェントリさえも罪悪感をもって思い出すような事件になっていた。「虐殺」として、「監獄の便所《ピーター＝ルー》」として、それは次の世代へと引き渡された。そして、この事件につきまとう汚名のために、「生まれながらに自由なイングランド人」の年代記で、この虐殺は、なおそれなりに一つの勝利だった。旧腐敗体制でさえ、こういうことはもう二度とすべきではない、と心底から思い知らされた。国民の道徳的な合意は、非武装の群衆を馬で蹴散らしたりサーベルで襲うことは不法行為であるとしたため、その結果として、公開集会の権利が獲得されるということになった。これ以後も、ストライキをする人びとや農業労働者たちが馬で蹴散らされたり、暴力で解散させられるようなことはあった。しかし、ピータールー以降、当局は平穏なイギリスの群衆に向かってピータールーと同等の暴力をあえてもちいることは二度となかったのである。「点火栓引き抜き暴動」（一八四二年）や「血の日曜日」（八七年）に対処する場合でさえ、なるほど暴力が行使されたが、それは注意深く統制されていた。八月十六日の最もゆゆしき出来事は、セント・ピーターズ・フィールズで起こったのではなく、しばらくあとにマンチェスターから外に向かう道路で起こったのである。サミュエル・バンフォードは、心配して彼の妻を捜し回ったあと、家路についたが、そこでは何百人という人びとが混乱状態のまま高台地区に向かって移動していた。ハーパレイで彼はミドルトンとロッチデイルからの大勢の分遣隊に追いついた。

私はわが同志たちにふたたび合流し、うちほぼ千人で縦隊をつくった。われわれは、われわれの唯一のひらめく旗とともに、横笛と太鼓の響きに合わせて出発した。そういうかたちで、われわれはふたたびミドルトンの町に入ったのである。

第16章　階級意識

1　急進的文化

一八二〇年代の十年間は、それに先立つ急進的な時期や、それにつづくチャーティズムの時期と比べるとき、奇妙なほど静穏なものに思われる――穏やかな繁栄に包まれた、社会的平和の高原であるかのようだ。しかし、何年もたってから、ロンドンの呼び売り人はメイヒューにこう警告した。

民衆は、万事が静穏だと、万事が沈滞していると思うものだ。それにもかかわらず、プロパガンダはつづいている。万事が静穏なときこそ、種子の成長するときなのさ。共和主義者と社会主義者は、連中の教説を強力に表明するようになるよ。(1)

この静穏の時期は、リチャード・カーライルが出版の自由のための闘いを繰り広げた時期であり、労働組合が強力になり、また団結禁止法が撤廃された時期であり、そして自由思想や協同組合の実験やオウエン主義の理論が成長した時期だった。それは、すでに叙述した一対の経験――産業革命の経験と、民衆の急進主義が反乱を起こし敗北した経験――を、もろもろの個人や集団が理論化しようとした時期だった。そして「旧腐敗体制」と「改革」との抗争が頂点に達した一八二〇年代の終わりには、働く民衆が一つの階級としてもつ、自らの利害や苦境に関する意識について、新しい仕方で語ることが可能になるのである。

この時期に見られる民衆の急進主義は、ある意味では、一つの知的文化として特徴づけることができる。独学の人びとによって明確に表現された意識とは、なによりも政治意識だった。十九世紀前半は、民衆の大部分が受ける正式の教育が、読み書き算術を教える以外のことは課題としていないような時期だったが、決して知的衰退の時期ではなかった。町はもちろん、村さえも、独学のエネルギーに満ちていた。読み書きの初歩的技法を教えられると、不熟練労働者、職人、商店主、また事務員や学校教師は、それぞれに、あるいは集団で、自らの教育を進めたのである。そして、その際の本や教師は、議会改革の意見を是認していることがよくあった。旧約聖書で学をつけた製靴工なら、次には『理性の時代』に懸命に取り組んだだろうし、ご立派な宗教的説話以外にはほとんど何も身につかないような教育を受けた教師が、ヴォルテール、ギボン、リカードに挑戦しただろう。あちこちで、地方の急進的指導者が、織布工が、書籍商が、仕立て工が、急進的な定期刊行物の棚に群がり、議会報告書の使い方を学んだことだろう。読み書きのできない労働者は、それでも、コベットの論説記事が朗読され、議論されるパブへと出かけたのである。

このようにして、働く人びととは、自分たち自身の経験をもとにしながら、苦労して得た、欠陥だらけの教育に助けられて、社会組織の見取り図をつくりあげた。それはなによりもまず、一つの政治的な見取り図だった。彼らは、自分たち自身の生活を、一方における緩やかに定義される「勤労諸階級《インダストリアス・クラスズ》」と、他方における改革されていない庶民院とのあいだで繰り広げられる闘争の歴史全体の一部としてみることを学び取った。一八三〇年以降は、通例のマルクス主義的な意味において、より明瞭に定義されるような階級意識が成熟しつつあったのであり、この階級意識によって、働く民衆は、引き続きおこなわれている古い闘いと新しい闘いの両方を独自に知覚していたのである。

読み書き能力が、この世紀の早い時期にどれだけ普及していたかについて、概括的に語ることは難しい。一方の極にいる「勤労諸階級」には、百万またはそれ以上の読み書きのできない人びと、あるいは、その読み書きといえば、二、三の単語をつづったり、自分の名前を書いたりするのがやっとといった能力しかもたない人びとが含まれていた。また、他方の極には、相当の学識をもった人びとがいた。読み書きができないということは、（これは記憶にとどめておくべきことだが）政治的な議論をすることを決して妨げはしなかった。メイヒューの時代のイングランドでは、バラッド歌手や「口上香具師《やし》」の仕事がまだ繁盛していて、彼らは街頭狂言や街角での諷刺芸のなかで、民衆の雰囲気に合わせながら、そうした市場の状況に応じて、諷刺のきいた一人語りや歌に、急進的な、または反教皇的な響きをもたせていたのである。(2)読み書きのできない労働者は、急進的な弁舌家の話を聞くために何マイルも歩いて出かけていっただろうし、それは、まさにその同じ人（あるいは別の人）が、教会の説教を聞きかじるために徒歩旅行するのとまったく同じことだった。政治的動乱の時期には、読み書きのできない人びとは、その仕事仲間にもろもろの雑誌を朗読させただろうし、一方、職人宿では新聞が読まれ、政治集会では、さまざまなあいさつ状を読み上げたり、長い決議文を承認したりするために、莫大な時間が費やされた。熱心な急進派は、自分自身の力では読めないようなお気に入りの著作を所有することに、お守り札を持つのと同じようなご利益を見いだすことさえあっただろう。チェルトナムのある製靴工は、毎週日曜決まった時間にW・E・アダムスを訪ねて「ファーガスの手紙」を読んでもらっていたが、それにもかかわらず、コベットの本を数冊所有していることを誇りとしていて、それを使い古された革のかばんに入れて大事に保存していたのである。(3)

最近の研究によって、この時期に労働者階級の読者が置かれていた状態がかなりあきらかになってきた。(4)めんどうな議論を簡略化するなら、この世紀の前半に、おおよそ労働者の三人中二人はなんらかのかたちで読むことができたが、しかし書くことができたのはもっと少なかった。働く民衆自身のあいだでの自己向上の気運の高まりと並んで、日曜学校や一日学級の効果がしだいに現れるようになったので、読み書きのできない人の数は減少した。ただ、最も劣悪な児童労働がおこなわれていた地域では、この減少には遅れが見られた。しかし、読む能力は、ほんの初歩的な技法にすぎない。抽象的で一貫した議論をおこなう能力は、決して生まれつき備わっているものではない。それは、ほとんど圧倒的ともいえる困難——教育面の権利剝奪だけでなく、余暇の不足、ろうそく（あるいはメガネ）の費用——を克服しないと顕在化させることのできないものだった。初期の急進的運動のなかで使われた考え方や言葉は、ある熱烈な信奉者にとっては、あきらかに、合理的な価値というよりは物神的な価値をもつものだった。ペントリッジの反乱者のうちのある者たちは、「暫定政府《プロヴィジョナル・ガヴァメント》」とは、もっと多くの「食糧《プロヴィジョンズ》」の供給を保証するものだと考えていたし、また、一八一九年になされた北東部の坑夫に関する記述を見ると、「彼らの多くは、普通選挙権《ユニヴァーサル・サフレジ》とは、普遍的な苦難《ユニヴァーサル・サファリング》のことだと理解している。……『もし一人の仲間が苦難にあえば、仲間のすべてが苦難にあわなければならない』[5]」。

十九世紀のはじめの二十年間に労働者が身につけていた、読み書きの能力に関するこうした現存の証拠はまさに、一般化することの愚かしさを例証するものである。ラダイトの時代（当時は労働者以外に、彼らの行動を支持した人はごく少数しかいなかった）には、匿名のメッセージは、「彼女の愛らしい気立てを備えた自由」という自覚的な呼びかけから、ほとんど判読できない壁のチョーク文字にいたるまでさまざまだった。これら両種の例をあげてみよう。一八二一年に、バートンの工場を攻撃して撃ち殺されたある男の死体について、「正当な殺人」という判断をくだしたソルフォードの検屍官は、次のような警告を受けることになった。

……この呪われたおべっか使いめ、知るがいい。バートンの恥ずべきおこないが「正当」であるなら、圧制者の法こそが理性の命じるところだということになる。——覚えておけ、覚えておくがいい！　三途の川に一カ月浸かったとしても、この血なまぐさいおこないをおれたちの心から洗い落とすことはできないだろう。そのおこないは、まさに世代を超えてわれわれに憤激をかきたてる原因を追加しただけなのだ[6]。

手紙は、「ラッドは死んだ」、と結ばれている——これは、グラマー・スクールばかりでなく、職人の子供がこうした文を書くに十分なラテン語を修得する私立学校（ほかならないバンフォードが短期間ながら通っていた）が存在することが、マンチェスターの一つの誇りとされていたことの証左である。もう一つの文書は、チェスターフィールド市場で見つかったものである。それは、ほとんど同じ目的で書かれていたものだが、（筆者が教育上恵まれていなかったにもかかわらず）一つのより深い確信を示している。

次のことを知らせたヒ。四ゲツにおまえのところに六千人の人間が向かう。そして出撃して、議シ堂をぶち壊し、ホレたちの前にあるすべてをぶち壊すぞ。働コ人メンはもう我慢できねえ。ちくしょう！　いまいましくもすべてこうしたゴロツキどもがイングランドを支配してやがるのだが、ネッド・ラッドどころではすまないぞ。承諾将軍[1]とその軍隊がきたら、おれたちは大カケ命を起こし、こうしたお偉方全部の首がふっ飛フことになるのだ。

「承諾将軍」が約束するほかの恩恵とはこうだった。「おれたちは、刑務所をとりこワォし、判事を眠っているサイ中に殺すのだ(7)」（批評家がきまって教えてくれることだが）両者の違いは、単なる文体の問題ではない。それは、一つの感性の問題でもあるのだ。第一のものは、おそらくメガネをかけた、白髪の職人――ヴォルテール、ヴォルネイ、ペインなどの本を自分の書棚に持ち、偉大な悲劇作家を趣味とする、一人の靴直し（または製帽工か器具製造工）――によって書かれたと推測できる。ほかに、一八一七年の政治囚のなかにも、ランカシャー出身のこうしたたぐいの人びとがいた。たとえば、ウィリアム・オグデン、七十歳、凸版印刷工。彼は、監獄から妻にあてた手紙でこう書いている。「私は足かせをはめられているけれども、同じ状況にあった偉大なるカラクタクス[2]のように、敵に立ち向かうつもりだ」。またジョウジフ・ミッチェルという別の印刷労働者。彼の娘たちは、ミルティッラ、カロリーナ、コルデリアといったが、彼が監獄にいる間にもう一人の娘が生まれたとき、彼は急いで妻に手紙を書き、赤ん坊の名をポーシャ[3]とするよう書き送った。あるいは、ほかならないサミュエル・バンフォード。妻にたいする彼の指図は、もっと特殊なものだった。「改革論者の妻たるもの、一人のヒロインでなければならぬ」(8)。第二の手紙は、(ほぼ確信できるのだが)炭坑夫か村の靴下編み工のものだ。その手紙は、北東部の炭田にいた、ある坑夫が書いた別のもっと陽気な手紙とほとんど同じ調子のものである。その手紙は、一八三一年に彼が、ストライキ暴動の間に、仲間と一緒に押し入った、炭坑の作業監督者の家に書き残したものである。

ユエベはおマイの家にいて、たいそう快適だったぜ。おマイは、家族もネイのにこの炭坑にたった一人でいて、たくセンの部屋と地下室、そしてそこにたくさんのワインやビール——オリも分けてもらったぜ——をマっているようだな。なんトェことだ。おれは、おれたちナ炭坑に、三ネンか四ネンの若い男やおんネの家族がいても、おマイの地下室の半分もイくないようなヒタツの部屋で暮らしている連中がいるのを知っタいる。おれは多くを知っタいるなどとうそぶきはしねえが、それでもかなりの格差があるにちがいないというのは知っタいる。おれたちナ週末にユケルただ一つの場所は、飲メ屋だけだが、おれたちワそこで一パイント飲むだけだ。おれは、自分が有益な者だなどとうそぶいたりしネかったが、それでもおれは、そしてたくさんのおれナ仲間も、おれたちナしカるベク扱いを受けていないということを知っタいる。そして、ある偉大なテッ学者が言うように、知シキを身につけるということは、自分たちが無知だと知ルことなのだ。でも、おれたちワまさにそれが分ラはじめたのだから、親カタや所有者のおマイたちは気をつけたほうがいいぜ。おマイは、自分自身のいいようにあまり多くを得られなキなり、今度はおれたちナいくらか自分たちの分をいただくつもりだから(9)……。

シャーウィンの記すところでは、「聖書協会や日曜学校協会は、ほかに何もいいことをしてこなかったとはいえ」、「少なくとも一つは有益な結果をもたらした。それらは、数限りない子供たちに読むことを教える機能を果たしたのである」[10]。ブランドレスと彼の妻の手紙、またカトー街の陰謀家たちや、ほかの政治囚の手紙を見れば、熟練職人の習得したものと、かろうじて読み書きができる人びとのそれとのあいだに相当の隔たりのあることがわかる。その両者のどこか中間に位置すると考えられるジョンストン夫人は、ジャーニーマンの仕立て工で収監中の夫（「私の愛しいジョンストン」）にあてて、こう書いている。

……私を信じてください、あなた。とにかく私の心があなたのことを思い煩わないときは、一日たりとも、いえ一日のうちの一時間たりともありません。私は、それが真実であることを全能なる者に訴え、床について休む前には私のあらゆる敵を許し、彼レらの心を変えるよう神に祈るのです……。

このほかに、シェフィールドの指物師、ウルステンホームが彼の妻にあてた手紙をあげることもできる。

おれたちの牧シさんがおれに四カンの伝道者列伝を貸してくれたんだが、おれは、遠くの国で主が恩寵のシゴトをつづけてオコナッているのを目ラれて、トても満足している。

この手紙を書くにはいろいろと苦労があった。というのは、「メガネが壊れてしまった」からである[11]。また、こうした手紙は、めったにない余暇のなかで書かれた。ウルステンホームは苦心して言葉をつづったが、「満足」という言葉をつづる困難を切り抜けるために、筆をおいてもっと「うまく書ける」四人の意見を聞いていたことは、おおむね察することができるのである。ジョンストン夫人は、ほとんどの町や村にいた、一回一ペンスで手紙を適当な形に仕上げる「専門」の代筆屋の一人に相談したかもしれない（しかしたぶん、そうはしなかっただろう）。というのも、読み書きのできる人びとのあいだでも、手紙を書くということは、なみたいていの仕事ではなかったからである。郵送費がかかるということだけでも、ときをおいてまれになされる以外には手紙を書くのをさし控えさせる理由となった。一通の手紙がイングランド北部とロンドンのあいだで配達されるのにかかる費用は、一シリング十ペンスだったと思われるが、ジョンストン夫人もウルステンホーム夫人も、夫の不在によってお金に困っていたことがはっきりしている――ジョンストン夫人の靴はすぐに水がしみこんだが、彼女の夫が逮捕されて以降は、別のものを買うことはできなかったのである。

カトー街事件の被告たちはみな、まがりなりにも書くことができたようだ。製靴工のブラントは、冷笑の響きをもった詩をフランス語でいくらか書きためていたし、ジェイムズ・ウィルソンにはこういう書きものがある。

それは、ブルータスの腕を勇気づけ
暴君を恐怖に陥らせたもの
勇敢なるハムデンを死に追いやり
雄々しきテルを反抗に向かわせたもの
それは、暴君の高慢とおごり。

他方で、別の製靴工リチャード・ティッドは、次のように記すのがやっとだった。「おそれながらおいらワ、カくのが本当にへたなんでございます」[12]。もちろん、こうした人びとを「代表事例」と見なすことはできない。というのも、彼らの政治的活動への関与は、急進的な出版物を読んでいた自覚的な少数派に彼らが属していたことを示唆するからである。しかし、こうした人びとは、実効性のある読み書き能力の普及を過小に評価しないように、われわれに注意を促すという役割を果たしてくれる[13]。職人は、一つの特殊例――労働者階級のなかの知的エリート――である。だがまた、働く民衆のための教育機関は豊富に、イングランド全土にわたって存在していた。もっとも、「協会《インスティテューション》」という言葉は、婦人学校や、不具になった工場労働者や負傷した炭坑夫、また日曜学校自体によって運営された週一ペニーの夜間学校をさすものとしては、かなり形式ばったものではある。ペナインの峡谷地帯では、織布工の子供たちはとても貧乏で、書板や紙を買うお金がなかったが、彼らは砂の書板に指で書くことで文字を習った。多くの者は、大人の生活をするようになったときに、こうした初歩的能力を失っていたとしても、他方では、非国教派教会や友愛組合や労働組合がおこなう業務、また産業それ自体のニーズ、これらすべてが、そうした学習の確立と発展を必要としていた。親方機械工のアレグザンダー・ギャロウェイは、「私の発見したこと」として、一八二四年にこう報告している。

　私は図や文字で書かれた説明書を使って事業を管理しているが、そうするなかで気づいたのだが、読み書きのできない人は私にとってあまり使いものにならない。もし、ある人が仕事に応募してきて、読み書きができないと言ったら、それ以上の質問をしないことにしている(14)……。

職人が営むほとんどの職種で、いくらか読めること、また計算できることは、ジャーニーマンや小親方にとって職業上の要件であった。

　バラッド歌手だけでなく、「続き物売り」や「暦売り」も、労働者階級の居住区を渡り歩いて、チャップブック(15)、暦書、臨終告解集、そして（一八一六年から二〇年にかけて、またその後も間欠的に）急進派の定期刊行物を、呼び売りして回った。（「マンチェスターの煽動的な［すなわちウィッグの］出版者」だったカウドゥリーやブラックの代理人として行商する一人の「暦売り」は、一八一二年に治安判事によって逮捕された。というのは、彼の目録にはこういう文句があったからである。「もののわからぬ国王などいらぬ。——ネッド・ラッドよ永遠なれ(16)」）。ナポレオン戦争後の急進主義にみられた最も印象的な特徴は、こうして獲得した知識を拡大し、政治意識の水準を引き上げようとする努力を継続することにあった。バーンズリでは、いちはやく一六年一月に、織布工たちが急進的な新聞や定期刊行物を買うための月々の会費一ペニーのクラブがつくられた。「ハムデン・クラブ」ならびに「政治同盟」は、「読書サークル」をつくるためにたいへんな努力を傾け、ポタリーズのハンリのようなやや大きな中心地では、常設の新聞閲覧室や読書室が設けられた。ハンリの読書室は、午前八時から午後十時まで開いていた。そうした場所で毒づいたり、品の悪い言葉を使ったり、酔っぱらったりした場合には、罰金が科せられた。毎晩、ロンドンの新聞が「公衆の前で読み上げられる」ことになっていた。ジョウジフ・ミッチェルによれば、一八一八年、ストックポート同盟の部屋では、月曜の夜には各学級の指導者の会合がおこなわれ、火曜に「道徳や政治に関する読書会」、水曜に「団欒ないし討論」がおこなわれ、木曜日には「文法、算数など」が教えられた。土曜は社交の夕べで、日曜は大人と子供揃っての学校の日だった。ブラックバーンでは、「女性のための改革協会」の会員は、「自分たちの子供の心のなかに、眼前の堕落した専制的支配者にたいする深く根づいた憎悪を浸透させるよう、万全の努力を惜しまないこと」を誓った。その一つの方法として使われたのは、「改革派女性の子供のための悪のアルファベット」だった。Bは、聖書 Bible、主教 Bishop、頑迷 Bigotry。Kは国王 King、国王の悪業 King's evil、悪党 Knave、人さらい Kidnapper。Wは、ウィッグ Whig、虚弱 Weakness、日和見 Wavering、邪悪 Wicked。

一八一九年以後の弾圧にもかかわらず、そうした新聞閲覧室（しばしば急進主義者の書籍商の店舗に付設されていた）を提供する伝統は、一八二〇年代を通じてずっとつづいた。ナポレオン戦争のあと、ロンドンでは、コーヒー・ハウスのブームがあって、それらの多くがこの二重の機能を果たした。三三年までに、ジョン・ドハーティがもつマンチェスターの書籍商に付設された有名な「コーヒーと新聞閲覧室」では、九十六紙をくだらない新聞が毎週置かれるようになり、そのなかには非合法の「印紙税不払い紙」も含まれていた。もっと小さな町や村では、読書のグループは比較的不定形なものだったが、しかし、その重要性で劣っていたわけではなかった。彼らは、ときには居酒屋兼宿屋、「無認可居酒屋」または個人の家で落ち合って、ときには作業場で、定期刊行物を読んだり、討論をおこなったりした。当時は「知識税《タックスズ・オン・ノリッヂ》」が最も重かった時期で、定期刊行物にかかる費用がかさんだので、さまざまの小集団がその場限りの無数の取り決めをして、合同で自分たちの選んだ新聞を購入した。選挙法改正運動のあいだ、ナントウィッチの製靴工トマス・ダニングは、彼の仕事仲間や「ユニテリアンの聖職者」と協力して、「……価格が八ペンス半で印紙税四ペンスの『ウィークリー・デスパッチ』を予約購読することにした。それは、一人の低賃金の靴職人にとってはあまりに高かったのだ……[17]」。

急進的出版物の発行部数は、激しく変動した。コベットの二ペンス版の『〔ポリティカル・〕レジスター』は、その絶頂を極めた一八一六年十月から一七年二月の間には、毎週四万部から六万部のあいだを動いていたが、この部数はあらゆる競争紙を何倍も上回るものであった[18]。『ブラック・ドウォーフ』は、一九年には約一万二千部だった。もっとも、この部数は、おそらくピータールーの虐殺のあとにはもっと増えたと思われる。その後、印紙税が課されたことによって（また運動が後退したことによって）、発行部数は著しく減少した。ただし、カーライルの定期刊行物は、二〇年代のほぼ全期間にわたって何千部にも達した。選挙法改正案の運動がおこなわれるようになると、急進派の出版物はふたたび発行部数を増大させた。ドハーティの『民衆の声《ヴォイス・オブ・ザ・ピープル》』や『開拓者《ザ・パイオニア》』は、いずれも一万部以上の発行部数をもち、カーライルの『挑戦《ガントレット》』、ヘザリントンの『プア・マンズ・ガーディアン』、また『破壊者《ディストラクティヴ》』のような十二の小さな定期刊行物は数千の部数だった。印紙税がとりたてられた十年間に、高価になった週刊刊行物（いずれも七ペンスから一シリングした）の売れ行き不振は、かなりの程度安価な本や個々のパンフレットの売れ行きが伸びたことで埋め合わされた。『ジャックの建てた政治の家』（十万部）、コベットの『農業労働者の家政経済《コテージ・エコノミー》』（五万部、一八二二―三八年）、『プロテスタント「宗教改革」史』、『説教集』（二十一万千部、二一―二八年）などがそれである。同じ時期に、ほとんどの大中心地では、公然たる「急進派」ではないが、しかしこの多大な急進的な公衆の要求に応える日刊ないし週刊の刊行物が一つ以上（ロンドンでは十数紙誌）あった。こうしてひじょうに広範なプチ・ブルジョアの読者や労働者階級の読者が増大したことは、影響力のあるもろもろの機関によって、とりわけキリスト教知識振興協会や有益知識普及協会によって認められていた。これらの機関は、読者の注意をより健全な、改良をめざす方向に変えようと、莫大な資金を惜しみなく投じながら努力したのである[19]。

これは、書籍商の店先や居酒屋、そして作業場やコーヒー・ハウスの熱心な討論を伴った文化であり、その文化こそが、シェリーが「イングランドの男に捧げる歌」で称えたものであり、またこの文化のなかでディケンズの天才がはぐくまれたのである。しかし、こうした文化が単一で差異のない「読者公衆《リーディング・パブリック》」から構成されていると見なすのは誤りである。互いに影響をおよぼしあったり、重なり合ったりするとはいえ、異なる原理によって組織された、いくつかの異なる「公衆」がいたと言える。比較的重要なものとして、純粋で素朴な、商業的対象となった公衆がいた。彼らは、急進派が盛り上がった時期に販売対象として利用された（ブランドレスやシスルウッドの裁判は、ほかの「臨終の告解」と同じように注目を集めた）が、彼らに関心が払われたのは、利潤という単純な基準にもとづいてのことだった。教会や職人学校の周辺には、多少なりとも組織されたさまざまな公衆がいた。改良をめざすさまざまな機関が関与したり救済したりしようとする受動的な公衆もいた。そして、弾圧六法と知識税とに直面して自らを組織する、行動的で急進的な公衆がいた。

この最後にあげた公衆を形成し、維持する闘いは、W・D・ウィックワォーの『出版の自由を求める闘い』で見事に描かれている。[20] 出版の権利をめぐる争いが、これほど先鋭的で、しかもこれほど完全な勝利を収め、またここまで特殊なかたちで職人や不熟練労働者の大義と一体化していた国は、おそらく世界のどこにもないだろう。ピータールーの虐殺が、（逆説的な感情によって）公衆の示威行動の権利を確立したとすれば、「出版の自由」の権利は、頑固さ、血の気の多さ、不屈の大胆さにおいてほかに例を見ないような、十五年またはそれ以上にわたる運動のなかで勝ち取られたのである。カーライル（彼はブリキ職人だったが、デヴォンのアッシュバートンでグラマー・スクールの教育を一年か二年受けた）が、一八一九年の弾圧によって急進的運動の支柱が出版の自由になった、と考えたのは正しかった。しかし、コベットやウーラーが、またの機会に闘うべく生き残ることを望んで、弾圧六法に反しないよう自らの論調を修正した（それゆえに発行部数が減ってしまった）のにたいし、彼らとは異なり、カーライルは、徹底的論戦の態度を示す黒旗を掲げて、海賊の小舟のように国家と教会の連合艦隊のただなかへと一直線に帆走していった。ピータールーの虐殺の余波が残っているなか、（ペインの著作を出版したかどで）裁判に付されたとき、急進的な言論界はこぞって彼の勇気に敬意を表したが、彼のことは死んだものと諦めた。何年もの投獄のあと、彼がついに姿を現わすと、連合艦隊は水平線のかなたへとばらばらに蹴散らされた。彼は、政府の弾薬を枯渇させて、職権による訴追請求と特別陪審を嘲笑の的にしてしまった。彼は、貴族や主教やウィルバフォースらの後援と献金によって支えられていた私設の告発協会や国制擁護協会（またの名を「ブリッジ・ストリート・ギャング」）や悪弊撲滅協会をあっさりと海に沈めたのだった。

もちろん、カーライルは独力でこの勝利を達成したわけではない。闘いの第一ラウンドが繰り広げられたのは一八一七年だった。そのときには、刑事裁判担当の法務官吏によって記録されているものとして、文書による煽動および冒瀆にかかわる名誉毀損訴訟が二十六件、職権による訴追請求が十六件あった。(21) この年には、勝利の月桂冠が、ウーラーとホーン、そして有罪宣告を拒否したロンドンの陪審員たちに送られた。ウーラーは、自分で自らの弁護をとりしきった。彼はある程度の法廷経験をもった有能な弁士だったし、大言壮語を駆使する自由主義者の流儀でもって自身を弁護した。彼の二つの裁判（一七年六月五日）の結果は、一つは「無罪」の評決、もう一つは混乱した「有罪」の評決（三人の陪審員は反対）――これはのちに王座裁判所の法廷で覆された――だった。(22) 一七年十二月におこなわれたウィリアム・ホーンの三つの裁判は、記録に残っているなかで最も愉快な訴訟である。ホーンは、貧しい書籍商で、ロンドン通信協会の元会員だったが、教理問答、連禱、信経のパロディーのかたちで、神を冒瀆する文書を出版したかどで起訴された。実際には、彼は、政治的諷刺のとくに機知に富んだ人物にすぎなかったのであり、その政治諷刺の形式は、新聞売りや口上商人のあいだで古くから確立されていたものであり、ウィルクスから『反ジャコバン』の著者たちにいたるまで、すべての党派の人びとによって、より洗練されたかたちで使われていたものだった。実際ホーンは、彼のパロディーが自由を犠牲にするほどの価値をもつとは考えていなかった。一七年二月の弾圧が始まったとき、彼は自分のパロディーをひっこめようとした。それらを再版して政府が手をくだす結末を招いたのはカーライルだった。その一例をあげればこうである。

大蔵省で秘術を使われますわれらがお偉方よ。汝の名がなんであれ、汝の力は拡張され、汝の意志は帝国のいたるところで実現されるでありましょう。議会のどの会期においてもそうであるように。われわれにいつもの賄賂をお与えください。そして、われわれがよく採決に欠席することをお許しください。われわれは、あなたに逆らう採決をする人びとは許さないとお約束いたしますから。われわれをいまの地位から追い立てられることなく、庶民院に、この恩給と豊富の国に住まわせてください。そして、われわれを人民からお守りください。アーメン。

ホーンは、健康を害した状態で五月から十二月まで監獄に入れられた。というのは、千ポンドの保釈金が工面できなかったからだった。彼が自分で自分の弁護をするつもりであることがわかったとき、たいしたことができるとは思われなかった。しかし、ホーンは、監獄での時間を、過去・現在にわたるほかのパロディー作家の事例を収集することで、有意義に費やした。そして彼は、アボット判事を前にした最初の公判で、無罪放免を確実なものにした。つづく二日間は、年老いて病気もちで短気な首席裁判官エレンバラ自身が訴訟指揮に当たった。[4] 裁判記録のどのページも、エレンバラによる妨害、首席裁判官の審理の進め方にたいするホーンの冷静な批判、さまざまなものからとってこられた滑稽なパロディーの朗誦、そして、「笑っている者を見たら」逮捕するという判事の脅しで埋められている。エレンバラの不当な説示(「……良心と神に誓って、彼はこれをきわめて不信心で不敬な文書だと申し渡した」)にもかかわらず、陪審は、さらなる二つの「無罪」の評決をもってこたえた。その結果(だといわれているのだが)、エレンバラは病室にひきこもったきりふたたび現れることはなかった。このときからのち——一八一九年や二〇年においてさえも——パロディーと諷刺はすべて起訴を免れることになった。[23]

嘲笑にたいする迫害は、簡単にはできなかった。実際、この時期の出版をめぐる闘いには、印象的なことが二つある。第一は、ホーン、クルクシャンク、カーライル、デイヴィソン、ベムボウらは、厳粛さではなく、楽しみながら権力を悩ましたということだ。(こうした伝統は、印紙税不払い紙である『プア・マンズ・ガーディアン』の編集長として仕事をした際に、ヘザリントンが、まったく予想だにされないクエーカーに扮して、治安官の目の光るなかを何週間もやりすごしたことなどに受け継がれている)。急進的出版者として投獄されることは、悪評を呼ぶどころか名誉となった。出版者たちは、投獄をも辞さずといったん決心すると、彼らの敵を最も滑稽に描くべく新しい方法を互いに競い合った。イングランドの急進派は、シャーウィンが、『ワット・タイラー』——サウジーの若さがなした共和主義的無分別の産物——を復刊させたことに沸き立った(その歓喜においてヘイズリットをしのぐ者はいなかった)。サウジーは当時、桂冠詩人になっていたので、真っ先に煽動的な出版の自由を制限する雄叫びに加わり、著作権侵害を理由にシャーウィンにたいする差し止め命令を請求した。エルドン卿は差し止め請求を却下した——法廷は、「名誉毀損の出版物の不浄な利益」の所有権について取り上げることはできなかったのである。ヘイズリットは、次のように問うた。「この紳士が、一方で『ワット・タイラー』の著者としての自分自身にたいして差し止め請求をやりながら、われわれに対抗する言論統制法案を推奨しているということ、だからまた彼が力ずくで議論の欠陥を埋め合わせようとしていることは、いささか不思議なことではないだろうか?」(24)。

他方で、カーライル(彼がシャーウィンの事業を受け継いでいた)は、差し止め請求の却下をひじょうに喜んだ。というのは、事業を始めたばかりで彼は困難な時期にあったのだが、その詩の販売が主要な収入源となったからである。「汝に光栄あれ、ああ、サウジーよ!」、と彼は六年後に書いている。「『ワット・タイラー』は、ほかの政治的出版物が全部だめになったときにも、ずっと利益の源だった。世界は、いまもなお、どれだけサウジーに負うているかわからないのだ(25)」

『クイーン・マブ』と『判決の夢』の海賊版の出版は、熱情あふれる同じ戦略の一部だった。イギリスの君主のなかで、最も滑稽に最も憎々しい言葉で描かれたのは、カロライン王妃をめぐる運動の際のジョージ四世だった。とくにこの点は、ホーンとクルクシャンクの『悪政をなす国王の神聖な勝利』『女王陛下の結婚への道』『われは忘れし』『月の人』で著しかった。同じ著者の『ぬかるみのひとはねとブリッジ・ストリート・ギャング』(一八二三年)は、政府が助成していた『ニュー・タイムズ』の体裁で出たが、それには、猫の足のデザインと「彼はすべてを爪にかける」という題字をもつ贋の新聞印紙、贋の広告や贋の出生死亡一覧が付いていた。

衰弱しつつある帝国の専制皇太子は、衰退しつつある至上の遺物嬢、千八百年間の無知と結ばれた。婚礼衣装は、とびきり壮麗なものだった。

カーライルが監獄で闘いつづけていたとき、諷刺家たちは、彼を起訴した者にもれなく機銃掃射を浴びせかけたのである。

第二の点は、自由主義的《リバタリアン》で国制擁護的《コンスティテューショナル》な伝統が、政府による攻撃にもかかわらず、じつに頑強だったということである。それは予期せぬところからの支援――ホーンの予約購読者名簿の筆頭には、ウィッグ派の公爵一人、侯爵一人、伯爵二人の名があったが、これは支配階級自身の内部にあった懸念を示している――があったというだけの問題ではない。刑事裁判担当の法務官吏の報告からあきらかなことだが、すべての政治裁判で、慎重にことが進められた。彼らはとくに、陪審制度が（彼らの目的にとって）頼りにならないことを知っていた。一七九二年のフォックスの「文書による名誉毀損法」によって、陪審員は、出版の事実認定ばかりでなく、名誉毀損に関しても判断をくだすことになった。そしていかに裁判官がこの問題についてふれないようにしようとしても、それは、事実上十二人のイングランド人が「文書による名誉毀損」が投獄に値するほど危険なものかどうかを決定することを意味したからである。国家による一つの政治訴訟の失敗は、三つ成功しないととりつくろうことができないほど、権力側の士気にとって打撃であった。一八一九年から二一年にかけて、政府と「民間の」告発協会がほぼすべての裁判で勝利した[26]（それは、一部は、彼らが法的資源をよりよく利用し、また陪審員に影響力を行使した結果であり、また一部は、カーライルが、ひじょうに挑発的なうえに闘争の場を煽動から神の冒瀆に移したからだった）。それでも、この時期について「全体主義的」または「アジア的」専制を云々することはできない。裁判の記録は広範に出回っており、そこには、被告が刑を宣告される原因となった当の文句を見いだすことができた――実際、ときには本の全文が一冊ならず被告人たちによって法廷で読み上げられたのである。カーライルは、動じることなく獄中から『共和主義者』を編集しつづけた。彼の店員のなかには、自己修業の手段として、獄中で別の刊行物の編集にとりかかった者が実際にいたほどだ。ウーラーの『ブラック・ドウォーフ』は、一八二四年に廃刊となったが、コベットは闘いの場にとどまった。これは本当のことだが、コベットは二〇年代にはかなり落ち込んでいた。彼は、カーライルの共和主義と理神論が、またそれが大都市の職人たちの支持を得ていることが気に入らなかったのだ。そこで彼は徐々に田舎へと身を転じ、労働者階級の運動から遠ざかった。（二一年に彼は、『田園紀行』の創刊号にとりかかった。彼の天才は、そこでついにしかるべき形態と内容を得たように思われる）。しかし、こうして遠く隔たっていても、『ポリティカル・レジスター』はつねに健在で──『共和主義者』と同じように──そのコラムを通じて、ボドミン〔イングランド南西部の市場町〕からベリック〔スコットランド南東部の旧州〕にいたるまで、あらゆる迫害の事例を目にすることができた。

この闘争の名誉は、ただ一つの階級だけに帰属するものではなかった。ジョン・ハントとセルウォール（いまやはっきりと中流階級の穏健派に属していた）は、「ブリッジ・ストリート・ギャング」に悩まされた人びとだったし、サー・チャールズ・ウルズリー、バーデッド、ジョウジフ・ハリソン師は、煽動のかどで投獄された人びとだった。しかし、カーライルと彼の店員たちこそは、反抗を極限まで推し進めた人びとだった。主要な闘いは、一八二三年までには終わっていたとはいえ、二〇年代の終わりと三〇年代のはじめにはまた新たに起訴がおこなわれたし、神への冒瀆をめぐる裁判はヴィクトリア時代に入っても少なくなりながらもなくならなかった。カーライルの最も偉大な攻撃は、トム・ペインの『政治著作集』、さらに『神学著作集』を臆することなく発行しつづけようとしたことだった。その著作集は都市部に散在した「古参のジャコバン主義者」集団のなかで人目を忍んで読まれていたが、一七九二年におこなわれたペインの欠席裁判、および対仏戦争中になされたダニエル・アイザック・イートンの一連の裁判以降、ずっと禁書とされていた。闘争がつづくにつれ、カーライルはさらなる攻撃を積み重ね、自分の立場を理神論から無神論に移しながら、どんな判例からみても起訴を誘い出すような

——たとえば暗殺の擁護といった——挑発をまじえるようになった。彼は不屈の人だったが、人好きのするような人間ではなく、何年もの投獄もこの点を改善することはなかった。カーライルの強さは次の二つの点にあった。第一に、彼は、敗北については、その可能性さえ決して認めようとはしなかった。そして第二に、彼はその背後に職人の文化をもっていた。

　第一の点は、一見そうみえるほど明瞭ではない。決然とした人びとも、しばしば（一七九〇年代にみられたように）沈黙させられ敗北を喫してきた。確かなことは、カーライルがいだいていたようなたぐいの決意（「フリート街の店は、当然のこととして閉じられることはない」）への対応に、当局がとりわけ苦慮したということである。当局は、自分たちに有利な法律をどれほどたくさんもっていようが、とにかく起訴すると必ず不評を買うことになった。しかし、彼らは弾圧六法のもと、カーライルが関与し誇らしげにその事実を認めたような犯罪よりもずっと軽微な犯罪によって、煽動文書の著者を追放する権力を与えられた。弾圧六法のこの条項が一八二〇年においてさえ適用されなかったことは、その時代の微妙な均衡状態、そして国制に関する世論の合意によって権力が制限されていたことを証明している。国外追放は別として、首を斬られるか、あるいはよりありそうなことだが、独房に入れられるかしないかぎり、カーライルが沈黙させられることなどありえなかった。しかし、政府が極端な措置をとらなかった理由は二つある。第一に、すでに二一年までには引き上げられた印紙税が功を奏していたので、そうした措置は以前ほどには必要でないと考えられた。第二に、最初の対決がおこなわれてあきらかになったことだが、もしカーライルが沈黙させられたとしても、半ダースもの新たなカーライルが彼の代わりを務めただろう。この代わりを務めた最初の二人は、実際にカーライルだった。すなわち彼の妻と妹である。その後ろには、彼の「店員」たちがつづいた。ある計算によれば、カーライルは、闘争が終わる前に、百五十人のボランティアに助けられていた。そして彼ら——店員、印刷工、新聞売り——は、全部合わせると二百年の刑期を務めたのだった。ボランティアが、『共和主義者』で募集された——「自由にして有能で、カーライル将軍の軍団で任務を果たす意志のある」者。

これは、とくにはっきりと理解されるべきことだが、思想的原理を普及する活動への熱意、また利得のためにではなく……その目的のために自由を犠牲にする態度……これこそが、こうしたボランティアを奮い立たせる動因でなければならない。なぜなら――R・カーライルは……そうした人びとにたいして自分の力が許すかぎり支援することを誓いはするが――もし多くの人びとが投獄されるようなことになれば、彼は、資産からいっても事業の見込みからいっても、毎週特定金額を約束できるような状況にはないからである(27)……。

このとき以降、フリート街のはずれにある「理性の神殿」は、一日たりとも閑散としていることはなかった。そこに現れる男女は、ほとんど全員、カーライルがまったく知らない人びとであった。彼らは、ロンドンから来た人びとだったり、リンカンシャー、ドーセット、リヴァプール、リーズから馬車で着いた人びとだったりした。彼らは、一つの文化からやってきたのだった。

それは、織布工やイングランド北東部の炭坑夫に見られた「労働者階級」の文化ではなかった。闘いのなかで最も突出していた人びとのなかには、事務員、売り子、農場経営者の息子が含まれていた。製靴工から書籍商に転じたベムボウ。乾物商のところで「乗用馬を管理していた」リーズの倉庫係、ジェイムズ・ワトソン。また、剪毛工から書籍商になった（同じくリーズの）ジェイムズ・マン。その知的な伝統は、部分的には、ジャコバン期に、すなわち、かつてゴドウィンやメアリ・ウルストンクラフトの周囲で行動していた集団、あるいはロンドン通信協会の会員たちに起源をもっていた。そして、このロンドン通信協会の最後の正式スポークスマン、ジョン・ゲイル・ジョーンズは、つねに一貫してカーライルを支持した者の一人であった。また、部分的には、その文化は、新しい流れ、すなわちだんだんと強まってきていたベンサムの影響や、ベンジャミン・フラワー、W・J・フォックスのような「自由思想のキリスト者」や、ユニテリアンなどに負っている。その文化は、日曜新聞の編集者や、『ブラックウッド』ならびに既成文壇がひどく嘲笑していたサリー協会の講師たち、またバイロンやシェリーや『エグザミナー』を読む学校教師、貧しい医学生、公務員、それらすべての人びとの活力あるサブ・カルチャーと隣り合わせていた。そして彼らのあいだでは、ウィッグであるかトーリーであるかではなく、「各人によって別個に熟慮された真偽こそが唯一の流儀だった」[28]。

こうした文化にブルジョア的とかプチ・ブルジョア的とかいうレッテルを張っても、ほとんど意味がない。たしかにカーライルは後者の特徴である（と一般に考えられている）個人主義的性格を人一倍もっていた。しかし、（対仏戦争の時期には）主として急進的なインテリに限られていた合理的啓蒙精神の衝撃が、いまや職人や一部の熟練工（たとえば多くの綿紡績工）をもとらえたと言ったほうが真実により近いだろう。そして彼らは、その啓蒙精神を「無数の人びと」に伝えようとする福音主義的情熱――ベンサム、ジェイムズ・ミル、キーツにはほとんど見られないような伝道者の情熱――をもっていたのである。カーライルの運動を支持する寄付者の名簿で圧倒的多数を占めていたのはロンドンの人びとで、次にマンチェスターやリーズの人びとだった。職人の文化は、なによりもまず、独学の文化だった。ワトソンは、自らの投獄を思い起こしてこう言っている。「この十二カ月間に、私は、ギボンの『ローマ帝国の没落』、ヒュームの『イングランド史』、そして……モスハイムの『教会史』を読んで、深い興味をいだくとともに、大いにためになった」[29]。カーライルの支援する「懐疑家協会」の中核をなしていた職人たち（のちの「ロウタンダ」の中核をもなした）は、自分たちを権力と知識から排除する、そして彼らの抵抗にたいして説教と宗教小冊子で応じる既成文化に深い疑念をもっていた。彼らのところに届いた、啓蒙運動のさまざまな著作は、啓示の力を備えていたのだ。

こうして、読者公衆は、しだいに労働者階級的性格をもつようになって、自分たちを組織化せざるをえなくなった。対仏戦争中およびその直後の時期には、一方に「御用」出版物が、そして他方に急進的出版物があった。一八二〇年代には、中流階級の新聞のほとんどは政府の直接的影響から自由になり、コベットやカーライルが獲得した便宜をある程度利用した。おそらくは、エルドン卿を嫌うのと同じくらい「貧民新聞」を嫌悪した『タイムズ』とブルーム卿は（理由は別々だが）、「急進主義」という言葉にあるまったく異なる意味を――すなわち、自由貿易、安価な政府、功利主義的改革という意味をもたせた。ある程度まで（決して完全にではないが）、彼らは急進的中流階級の共感を得ていた。急進的中流階級とは、たとえば学校長、外科医、商店主であり、その一部はかつてコベットやウーラーを支持していた人びとだった。こうしたわけで、一八三二年までには二種類の急進的公衆が存在していたのである。すなわち、反穀物法同盟の結成を期待する中流階級であり、また、すでにチャーティスト運動を成熟させつつあったジャーナリスト（ヘザリントン、ワトソン、クリーヴ、ラヴェット、ベンボウ、オブライエン）を擁する労働者階級である。二〇年代を通じて、労働者階級の刊行物が、印紙税によって圧倒的な重荷を背負わされながら闘いぬいていたとき、[30]コベットは、中流階級の運動よりも庶民の運動に、確たる考えもなく、気まぐれに関与しつづけていた。これら二つの運動を分ける線は、だんだんと「改革」戦略をめぐる選択ではなくなり（中流階級の改革論者は、まれにではあるが論調の点では労働者階級の改革論者と同じくらい革命的でありえた）、政治経済をめぐる考え方の選択になった。試金石が目に見えるようになったのは、三〇年の農場労働者の「反乱」のときだった。そのとき、『タイムズ』（コベットの言う「血なまぐさく古くさいタイムズ」）は、その暴徒たちを効果的な見せしめにせよという要求を先導したが、他方、コベットとカーライルは、いずれも煽動的な著作活動をしたかどでふたたび起訴されたのだった。

一八三〇年と三一年に、不服従の黒旗がふたたび高く掲げられた。コベットは、法の抜け穴を見つけて『トゥーペニー・トラッシュ』を再開した。だが、今度正面攻撃を先導したのは、一人の印刷労働者、ヘザリントンだった。彼の『プア・マンズ・ガーディアン』は、手動印刷機を紋章とし、また「知は力なり」をモットーとし、さらに次のような表題を掲げていた。「本紙は、『権利』に敵対する『力』の能力を試すために、『法律』に逆らって発行される」。創刊の辞で、彼が反抗しようともくろんでいる、もろもろの法律を逐条的に引用した。

……『プア・マンズ・ガーディアン』は……「ニュース、情報、事件」、「それらに関する論評と意見」、さらには「教会と国家に関する論評と意見」を掲載する。これを通じて、「法によって確立された、わが国の政府と国制にたいする憎悪と軽蔑をかきたてる」こと、そして「宗教の悪用をののしる」ことを決意している……。

それは、印紙税に関する法律のあらゆる条項に、

あるいは、ほかのあらゆる制定法に反抗する。そして、あらゆる「法体系」あるいは暴君や暴君たちの集団の意志と喜びに逆らいながら、また上述のすべてのこと、またほかのどこかで述べるすべてのことに、対立者に逆らいながら、反抗する。

彼の雑誌の第四号に、次のような広告が掲載された。「求む」、本紙を「……貧者や無学な人びとに売ってくれる、リスクを負っても失うものが何もない、失業中の貧しい男、数百人」。ボランティアが求められただけではなかった。ほかにも印紙税を払わない紙誌がたくさん出現した。重要なものとして、カーライルの『挑戦』やジョシュア・ホブスンの『ウェスト・ヨークシャーの声』がある。この闘争は一八三六年までには実質的に終了し、チャーティストの新聞に途が開かれることになった。

しかし、「偉大な印紙税不払い」紙誌は、断然、労働者階級の刊行物だった。『プア・マンズ・ガーディアン』と『労働者の友』は、事実上、「全国労働者諸階級同盟」の機関紙誌だった。ドハーティの『プア・マンズ・アドヴォケイト』は、工場法運動の機関誌であり、ジョシュア・ホブソンは元手織工で、自分の手で木製の手動印刷機をつくったことがあった。また、ブロンティア・オブライエンの『破壊者』は、労働者階級の急進的理論を意識的に発展させようと努めた。こうした、小規模な、ぎっちり詰めて印刷されていたもろもろの週刊誌には、当時の全国一般労働組合運動をめぐる偉大な闘争や、一八三四年のロック・アウトや、トルパドル事件にたいする抗議などのニュース、あるいは社会主義理論や労働組合理論に関する徹底的な討論や解説が掲載されていた。

この時期を考察していけば、われわれは本研究の限度を超えて、労働者階級がもはや形成途上にあるのではなく、すでに（チャーティストという形態で）形成されてしまったような時期にまで踏み込んでしまうことになるだろう。銘記すべき点は、出版の自由をめざす闘いが、形を整えつつあった運動にたいして中心的な影響力を与えた、その度合いである。おそらくは、五百人ほどが「印紙税不払い」紙誌を製作したり販売したかどで起訴された。[31] 一八一六年から（実際には一七九二年から）三六年までの間に、この闘いにかかわった人びとのなかには、編集者、書籍商、印刷工だけでなく、何百人もの新聞売り、呼び売り屋、ボランティアの活動家がいた。[32]

その後も迫害の年代記は何年もつづく。一八一七年には、シュロプシャーでコベットのパンフレットを売った二人の男を、ある聖職者兼判事は、「浮浪者取締法によって逮捕させ……鞭打ち柱に縛り付けて、さんざんに鞭打たせた」。同じ年に、プリマス、エクセター、ブラック・カントリー、オクスフォード、そして北部では、呼び売り屋がやられ、一九年には、デヴォンのある村でピータールーの版画を見せる覗きからくりの行商人さえやられた。投獄は、一年以上になることはほとんどなかった（しばしば新聞売りは、数週間だけ監獄に入れられたあと、裁判なしで釈放された）が、しかし投獄が犠牲者に与えた影響は、より広範に報道された編集者たちの投獄の場合よりも深刻だったろう。人びとは虫のわくような「懲治監」に入れられ、しばしば鎖につながれ足かせをはめられた。しかも、多くの場合、法律に関する知識と防衛の手段ももたなかった。こうした人びととの裁判が、コベットやカーライルや、急進派の誰かの目にとまらなかったなら、彼らの家族はまったく収入なしで放置され、労役場に入ることを余儀なくされただろう。[33] 実際、自由を求める抗争がきわめて激しくおこなわれたのは、小規模な中心地においてであった。マンチェスターやノッティンガムやリーズでは、急進的な小集団が散在し、集会場所もあって、犠牲になった人びとを支援できる態勢にあった。市場町や工業村落では、二〇年代にコベットやカーライルを購読した靴直しや教師は、監視されたり、間接的なやり方で迫害されたりすることを覚悟していた。（しばしば、コベットの『「ポリティカル・」レジスター』が入った包みは、そもそも田舎の予約購読者の手に届かなかった――それらは、郵送中に「紛失」したのである）。戦闘的刊行物の周辺には、配達の全体的なしくみが形成され、それにまつわる民間伝説も生み出された。呼び売り商は（メイヒューに語られたところによれば）、『共和主義者』を「売る」のを避けるために、かわりに麦わらを売り、しかるのちにお客に『共和主義者』をくれてやった。スペン・ヴァリーでは「印紙税不払い」紙誌の時代には、格子のなかに一ペニーを投げ入れると、新聞が「出現した」。別の地方では、人びとは、夜に路地へさっと入り込んだり、畑を横断したりして、約束の場所で落ち合った。「印紙税不払い」紙誌が、自由思想家の敬虔な葬列と一緒に棺に入れられて警察の目と鼻の先を運ばれていったのは、一度だけのことではなかった。

ここで、店員と新聞売りの例を二つあげておこう。一つめの例は、女性店員である。それは、こうした合理主義者やオウエン主義者のサークルのなかで（一七九〇年以来ほとんど沈黙を守っていた）女性たちの権利要求がふたたびなされていたこと、そしてそれが知識人から職人へゆっくりと広がりつつあったことに注意を促してくれる。カーライルの周囲にいて裁判と投獄を経験した女性たちは、信念からというより、むしろ忠誠心からそうした行動をとった。この点で大きく違っていたのは、ノッティンガムのレース直し工ライト夫人だった。彼女は、カーライルのボランティアの一人となり、カーライルが彼一流のやり方で自らの見解を載せた『呼びかけ』を一部を売ったかどで起訴された。

代議制にもとづく統治機構は、教会と礼拝堂を科学の神殿に変え……聖職者ではなく哲学者を大切にするのが適当であることを、じきに理解するだろう。国王の策略と司祭の策略は、社会が破滅する原因だと私は信じている。……これら二つの害悪は、相伴って心身双方の厚生を損なわせるようなはたらきをし、この世における私たちの悲惨に偽りの慰めをもたらす。それは、私たちを永遠の幸福に関する希望でごまかそうとするのだ。

彼女は、長きにわたる自分自身の弁護をとりしきったが[34]、それはめったにさえぎられることはなかった。自らの弁護を終えるにあたり、ライト夫人は、退廷して、泣いている自分の赤ん坊に授乳することを許してほしいと願い出た。許しが出て、彼女は二十分間法廷を離れることになった。カースル・コーヒー・ハウスへの行き帰りに、彼女は集まった多数の人びとの称賛を浴び、大きな声援を受けた。人びとはみな、元気を出して耐えぬくよう彼女を励ましたのだった。

しばらくして彼女は、ある十一月の夜、生後六カ月の赤ん坊と一緒にニューゲイト監獄に投げ込まれたが、一枚のござ以外は何も寝具を与えられなかった。ライト夫人（およびリーズのマン夫人）のような女性は、通例の起訴を受けるだけでなく、激昂した体制支持派の出版物から悪罵とあてこすりを受けなければならなかった。『ニュー・タイムズ』は次のように書いた。「この惨めな恥知らずの女」に、「数人の女」が仕えていた。「こんな状況は、思慮深いすべての人を驚かせずにはおかないのではないか？」。彼女は、一人の「遺棄された生き物《アバンダンド・クリチャー》」（娼婦をさす慣習的な蔑称）であり、「自分の性がもつ独特の羞恥心と恐れと品性を投げ捨ててしまっている」。彼女のような「忌まわしい例」によって、ほかの母親たちの心が堕落させられた。「この女の格好をした化け物どもは、冷酷な顔立ちで歩み出て、白昼堂々と――キリスト教世界で史上初めて――神への粗野で卑俗で忌まわしい冒瀆にたいして、公衆の賛助と支援を得ようとしている」。カーライルは、彼女は「たいへん病弱な人だったが、真に気迫のみなぎった、苦難などものともしない」女性であった、と書いている。[35]

最も長く刑期を務めた新聞売りは、おそらく、マクルスフィールドの製帽工ジョウジフ・スワンだろう。彼は、パンフレットと煽動的な詩を売ったかどで一八一九年に逮捕された。

諸君の足かせを断ち切り、奴隷の軛をはねのけよ。
いまだ、いまでなければ、諸君の鎖は断ち切れない。

だから、即座に立ち上がり、致命的な一撃をくらわすのだ。

拘置所をたらい回しにされ、重罪犯として鎖につながれながら、彼は結局、煽動の陰謀をたくらんだかどで二年、神を冒瀆した文書のかどで二年、そして煽動的文書のかどでさらに六カ月、逐次執行される刑が言い渡された。このとんでもない判決が言い渡されたとき、スワンは白い帽子をかざして治安判事にこう尋ねた。「終わったかい？ これで全部ですかい？ なぜって、おらぁ、あんたが首吊り縄を持ってきて、おれの首をくくると思ってたんだぜ」、と。彼の妻も短期間捕らえられた（引き続きパンフレットを売ったかどで）。彼女と四人の子供たちは教区が与える週九シリングの給付で生き延びたが、カーライルやコベットからの援助もいくらかあった。実際、コベットはスワンの裁判に特別な関心を寄せていて、カースルレイが自殺したときに、勝ち誇った悪口を弔辞の体裁で捧げた相手はまさしくスワンだったのである。「カースルレイは自分の喉をかき切って死んだ！ 土牢の奥深くにいる君の耳にも入れておこう。……そして、君の悩める魂の慰めにしよう」。四年半の刑期を務めたあと、スワンは、「相も変わらぬ不屈な心で……チェスター・カースルの門をくぐった」。そしてふたたび製帽工の仕事を始めた。しかし彼は依然として服役義務から解放されてはいなかった。一八三一年十一月、『プア・マンズ・ガーディアン』はストックポートの治安判事の裁判所における審理のもようを報道した。そこではジョウジフ・スワンが「印紙税不払い」刊行物を売ったかどで起訴されていたのである。裁判長のキャプテン・クラークは、自分の弁護のために何か言っておくべきことがあるか、と尋ねた。

被告人　はい、裁判長。ここしばらく私は失業しています。仕事を見つけることもできません。家族はみな飢えています。……それからもう一つ、いちばん大切な言い分があります。私はそれを、同国人のために良かれと思って売っているのです。そして、彼らの意思が議会に代表されていないことをわからせたいのです……私は、一杯食わされていることを民衆に知らせたいのです……。

裁判官　即刻、話をやめなさい。
被告人　いいえ、やめません！　私は、すべての人にこうした出版物を読んでほしいのですから……。
裁判官　おまえはきわめて傲慢だ。ゆえに、ナッツフォード懲治監に三カ月投獄、重労働に処す。
被告人　くそくらえってんだ。出てきたら、必ずまた呼び売りをやってやるさ。覚えておけ［キャプテン・クラークのほうを見て］、最初に売りに行くのはおまえの家だ……。

それから、ジョウジフ・スワンは、力ずくで被告人席を追い立てられた。(36)

二十世紀における民主主義のレトリックでは、こうした男女のほとんどが忘れられているが、その理由は、彼らが、無作法かつ卑俗で、熱情過多だったり「狂信的」だったことにある。彼らにならって、「向上」の手段として『ペニー・マガジン』と『サタディ・マガジン』が政府の援助を受けて発刊された（これらを売る人びとは誰も起訴されなかった）。さらにその後、もっと大きな財源をもつ商業紙誌ができた。もっとも、それらが急進的な読者公衆を本当にとらえはじめたのは、一八四〇年代、五〇年代になってからだった。（この時期おいてさえ、大衆向けの出版――クリーヴ、ホウィット、チェインバース、レイノルズ、ロイドの刊行物――は、この急進的土壌のなかから生まれたものだった）。この闘いがもたらした二つの結果は、とくに注目されていい。第一の（そして最も明瞭な）結果は、三〇年代に成熟した労働者階級のイデオロギー（そしてそれは、さまざまに変形されながらも、そのとき以来ずっともちこたえてきた）が、出版の自由、言論の自由、集会の自由および人身の自由などの権利に、飛び抜けて高い価値を置くことになったことである。「自由の身に生まれたイングランド人」の伝統は、もちろんはるかに古いものである。しかし、最近のいくつかの「マルクス主義的」解釈に見られるような、これらの要求を「ブルジョア的個人主義」の遺物と見なす考えはほとんど的外れだ。一七九二年から一八三六年にいたる間の闘いのなかで、職人や労働者たちは、この伝統を彼らに特有のものにした。その際に、言論の自由と思想の自由の要求に、彼ら自身の要求、すなわち最も廉価なかたちで、彼らの思想の成果を拘束なしに宣伝するという要求を付け加えたのである。

たしかに、この点で、彼らはこの時代に特有な幻想を共有していて、その幻想を労働者階級の闘争という文脈に無理やりはめ込んでいった。当時の啓蒙家や社会改良家はすべて、理性と知識の普及を妨げているのは手段が不適切だからにすぎないと考えていた。しばしば使われたのは機械へのアナロジーだった。ランカスターとベルの教育法[5]は、子供を教師の補佐として学習効果を安上がりに増幅させる試みだったが、（ベルによって）「道徳世界の蒸気機関」と名づけられた。ピーコックが、ブルームの有益知識普及協会を「蒸気的知識協会」と呼んだのは驚くほど的を射たものだった。カーライルは、「パンフレットを読むことは、人類のなかに偉大な道徳的・政治的変革を必ずもたらす」という絶対の確信をいだいていた。

> 印刷機は、人間精神に適用されうる掛け算表と厳密に呼ばれてしかるべきだ。印刷術は、精神の掛け算である。……パンフレット売りは、改革という名の機械を動かす重要なぜんまいである。(37)

オウエンは、宣伝を手段とする、「新しい道徳世界」の創設をもくろんでいたが、救世的な、しかし機械論的な楽観主義をいだいていた。

しかし、たとえそれが部分的には合理主義者の幻想だったとしても、われわれは第二の――そしてより直接的な――結果を忘れてはならない。すなわち一八一六年から三六年にかけて、この「掛け算」が機能していたように思われるのである。というのは、急進的な、印紙税不払い刊行物のジャーナリストたちが、労働者階級のために掛け算用機械をつかみとろうとしていたからである。そのうえ、国じゅういたるところの人びとが、前世紀末の四半世紀における経験を通じて、当時新たに読めるようになったものを受け入れる心の準備を整えていた。宣伝がどれほど重要だったのかは、急進派の組織が大都市や工業地域から小都市や市場町へと着実に広がっていたことに示されている。一九年の弾圧六法の一つ（武器捜索の認可）は、中部や北部の指定された「騒乱地区」だけに明確に限定されていた。[38] 三二年までには——そしてチャーティスト運動の時期にいたるまで——どの州にも、またきわめて小さな市場町にも、あるいは大きな農村にさえ、急進的な中核分子の存在が認められるようになった。そしてそれはほとんどすべての場合、地元の職人に基盤をもっていた。クロイドン、コルチェスター、イプスウィッチ、ティヴァトン、トーントン、ナントウィッチ、チェルトナムのような中心地には、頑強で戦闘的な、急進派やチャーティストの組織があった。イプスウィッチでは織布工、馬具屋、馬具職人、仕立て工、製靴工。チェルトナムでは製靴工、仕立て工、石工、タンス職人、庭師、左官工、鍛冶工——「真面目で誉れ高い民衆で平均をはるかに超える知性の持ち主」だった。[39] これらの人びとこそが、コベット、カーライル、ヘザリントン、そして彼らの新聞売りがおこなった「掛け算」の産物だった。

「真面目で誉れ高い民衆……」——この独学の文化は、これまで適切に分析されたことがない。[40] こうした民衆の大多数はなんらかの初等教育を受けていたものの、その不十分さは多くの資料のなかで証言されている。

私は、ビングリーで初めて開かれた半日学校のことをよく覚えている。それは、工場の入り口にある小屋だった。先生は、貧しい老人で、週十二シリングの簡単な雑役をしていた人だった。彼は半日だけの生徒を教えることになった。しかしながら、彼は、ひじょうにたくさん教えることになったり、この仕事にかかる費用が過大になったりしないように、授業時間中、大きな台木の上に乗せた金属板を重い木槌でたたいて座金を打ち出さなければならなかった。[41]

これはおそらく、一八三〇年初頭における最悪の「学校教育」だろう。もっといい村の学校、あるいは職人が後援する安い授業料を納める学校も、二〇年代からあった。この時期までには、日曜学校もまた、書き方を教えることに関するタブーから（ゆっくりではあるが）解放されつつあり、初めてのブリティッシュ・スクールやナショナル・スクール[6]が（不十分な点が多かったにもかかわらず）ある程度効果を示しはじめていた。しかし、それ以上の教育を身につけようと思ったら、職人、織布工、紡績工は、自分で学習しなければならなかった。そうしたことがどれだけなされていたかについては、コベットの教育用の著作の売れ行き、とくに一八一八年に出版された『英語の文法』の売れ行き――六カ月間に一万三千部、そしてつづく十五年間に十万部[42]――が証拠となる。そして、定期刊行物の売り上げ部数（または発行部数）から読者数を見積もる際には、同じ本や紙誌が貸し出され、朗読され、多くの人の手を渡っていったことが忘れられてはならない。

しかし、労働者の「二次教育」にはいろいろな形態があり、一人でする私的な勉強というかたちはその一つにすぎない。とりわけ職人たちは、しばしば考えられているような、無知の共同体に根を下ろしていたのではなかった。彼らは、仕事を探して田舎を自由に渡り歩いていた。戦時の強いられた旅行は別として、職人の多くは外国に旅をしたし、またアメリカや植民地に数千また数千というふうに比較的困難なく移民していった（貧困にかりたてられた場合ばかりでなく、人生再出発の機会や政治的自由への渇望によってかりたてられた場合もあった）ことは、社会生活が全般的によどみなく営まれていたことを示している。都会では、活気に満ちた下品な庶民文化が、職人たちのあいだのもっと上品な伝統と共存していた。十九世紀初頭に歌われたバラッドをたくさん集めてみると、体制支持派と急進派との闘いが歌のなかに盛り込まれる際の情熱を示す証拠に出会う。ジャコバン派や一八一六年から二〇年の「旧世代の急進派」の趣味に最も合致していたのは、おそらくメロドラマ的な民衆演劇だった。一七九〇年代の初頭から、ことに地方の中心都市にある劇場は、対立しあう党派が互いに顔を合わせて幕間の「選曲」でお互いを挑発しあう、公開対決の場所だった。「ジャコバン派の革命家で水平派」のある人物は、一七九五年に北部の港の劇場を訪ねたときのことをこう書いている。

……そして、劇場全体が、義勇軍将校が自分たちの作戦を展開する戦場であるかのように……こうした軍の英雄たちは、『ゴッド・セイブ・ザ・キング』を要求し、脱帽して起立するよう聴衆に命じた……私はその軍隊に反抗して帽子をかぶったまま座っていた[43]。

この歌（それにはジャコバン派の「不埒なたくらみ」にたいする批難が込められていた）が「国歌」として『古きイングランドのロースト・ビーフ』に取って代わったのは弾圧の時期のことであった。しかし、対仏戦争がだらだらと長引くにつれ、聴衆は、のちの世代とは違って、たやすく「教会と国王」のごろつきどもに恐れをなさないことを証明した。一八一二年のシェフィールドの暴動は、「南デヴォンの将校が『ゴッド・セイブ・ザ・キング』を歌うようにしつこく迫り、階上桟敷席にいた見物客が断固歌われるべきでないと主張したときに始まったのである。……騒ぎを起こした一人は刑務所送りとなった(44)」。

十九世紀初頭に起きた劇場暴動のほとんどは、単純に一等席と天井桟敷との対立を表すものでしかなかった場合でさえ、急進的な性格を帯びていた。独占的な勅許劇場が、「小喜劇」や「馬、象、猿、犬、剣士、軽業師、綱渡り芸人を取り入れた……恥知らずの(45)」見世物も一緒にやる、商売敵の小劇場にたいしていだいていた嫉妬は、聴衆の危険な熱狂にたいして雇用主がいだいた嫌悪によって強められた。一七九八年に、ロンドンの造船地区近辺の「富裕な商人、造船業者、綱製造業者」などの雇用主たちは、政府に請願書を提出して、ロンドン塔の近くにある「王室劇場」の興行が、「無数の手工業者、労働者、奉公人など」のあいだに見られる「遊興と乱行の習慣」を助長していることに不満を表明した(46)（こうした不満は、二百年以上にわたってつづいていた）。一八一九年に、ロンドン中心部の全域にわたって、毎夜毎夜、何週間も騒動の嵐が吹き荒れた。ドゥルーリー・レインの入場料が値上げされたときに起きた、悪名高い「O・P」[7]暴動である。勅許劇場が、少なくとも四三年にいたるまで独占的な形態で維持されることができたのは、当局側が、劇場で繰り広げられる無秩序と煽動の混交をことさらに嫌悪したからだった。

庶民の劇場の活気は、芸術的価値と調和するものではなかった。急進派の感受性に最も強く訴えたのは、小劇場よりもむしろシェイクスピアの再興だった――ヘイズリットばかりでなく、ウーラーやバンフォードやクーパー、そして独学の急進派やチャーティストのジャーナリストたちは、議論をシェイクスピアの引用で飾るのをつねとしていた。ウーラーは演劇評論で修業を積んだのだし、一方、厳密な意味で労働組合主義的な『職種新聞』が一八二五年に発刊されたとき、それにはスポーツ欄（懸賞ボクシングや「ライオン・ネロと六匹の犬」の闘いに関する記事があった）と並んで演劇批評があったのである。(47) しかし、一七八〇年から一八三〇年までの時期に複雑さと優美さとを極めた一つの民衆芸術があった。政治版画がそれである。

この時代には、まずギルレイ、[8] ローランドソン[9]が、その次にジョージ・クルクシャンクがいたし、そのほかにも多くの諷刺漫画家たちがいて、なかには有能な者もいればかなり粗雑な者もいた。彼らの作品は、なによりもまず大都会の芸術であった。政界諷刺漫画家のモデルたちは、彼らの政治的（または私的）悪事が情け容赦なく諷刺されている版画店を、馬車に乗ったまま通り過ぎるのだった。どちらの側にも、どのような描き方であれ、禁じられてはいなかった。セルウォールやバーデットやハントが体制支持派によって描かれた際、彼らは残忍な放火魔にされていて、片手には火のついたたいまつ、もう一方には銃、そしてベルトには食肉解体用ナイフ、といういでたちだった。かたやクルクシャンクが（一八二〇年に）描いた国王は、酒ビンに囲まれてだらしなくぐでんぐでんに酔っぱらって、サテュロス[10]のいでたちの大きな胸の自堕落な女たちをあしらった屏風の前で王座に座っていた（主教とて、それよりましな扱いを受けたわけではなかった）。民衆版画は、人物の口に添えられた、こまかな文字でいっぱいの吹き出しが証明しているように、決して読み書き能力のない者のための芸術ではなかった。しかし、読み書き能力のない者もこうした文化に加わることができた。彼らは、版画店のウィンドーの前に時間決めで立ち、ギルレイやクルクシャンクの最新作を込み入った細部にまでわたって読み解いた。スウィーティングス小路のナイツ、ラドゲイト・ヒルの脇のフェアバーンズ、フリート街のホーンズでは（サッカレー[11]の思い出によれば）、「……快活に笑う気立てのいい職人の群れが、歌を一字一字読み取って、集まった人びとにそれを大声で読み上げていて、またユーモアの才によって、一同に共感のどよめきを誘った」。ときおり、版画が生む衝撃は世間をあっと言わせた。フリート街が群集で埋まってしまうこともあった。クルクシャンクは、彼の作品『銀行制限券』（一八一八年）が、贋造貨幣使用を理由とした死刑を廃止することになると信じていた。事実、一七九〇年代には、政府はギルレイに金を渡して反ジャコバン的な仕事をさせていたのである。ナポレオン戦争中、版画の主流は愛国主義的で反ガリア主義的だった（ジョン・ブルは、この時期にかの古典的容姿をとるようになった）が、国内問題では版画は野蛮なほどに論争的で、しばしばバーデット派に同情を示していた。戦争が終わると急進的な版画が大量に出回ったが、カロライン王妃問題の運動の最中でもずっと告発を免れていた。というのは、告発しようものなら、いっそう大きな笑いの種になっただろうからである。あらゆる変形をこうむりながらも（また多くの版画家の粗雑さにもかかわらず）、それは高度に洗練された都会の芸術でありつづけた。鋭くウィットに富んでいる場合もあれば、ひどくあけすけで猥褻な場合もあったが、いずれの場合もそれは、流布されたゴシップや、諷刺される対象者の生活習慣や好みに関する詳細な知識を参照枠として成立していた。公の問題での脇役的人物が対象の場合でもそうであった――それは込み入ったほのめかしをのせた聖体皿だったのである。[48]

劇場や版画屋の文化は、急進的な職人の文字文化よりももっと広い意味で民衆的だった。というのも、一八二〇年代と三〇年代初頭に見られた独学文化の主調音は、道徳的な真面目さだったからである。この点は、メソジスムの影響によるものと考えられるのが通例であり、たしかにその影響が直接的にも間接的にも感じられる。ピューリタン的な人格構造が、昼間の労働のあとにろうそくの下で働きつづけることに耐えうる、道徳的真面目さと自己規律の基礎をなしていた。しかし、重大な留保が二つなされなければならない。第一は、メソジスムがきわめて反知性的な影響力をもっていたことであり、イギリスの民衆文化はいまだ完全にはそれを脱していない。ウェスレーがメソジストたちの読書を限定したときの書物の範囲は（サウジーが記すところでは）「きわめて狭かった。彼自身の著作、そして彼自身の一連の要約本が、メソジストの蔵書の主要部分をなしていた」[49]。十九世紀初頭、地元在住の説教師や組指導者たちは、もっとたくさんのものを読むよう奨励された。バクスターの復刻版、メソジスト運動の英雄列伝、あるいは「何巻もの伝道記録」などがそれである。だが、詩は怪しまれ、また、哲学、聖書批判、あるいは政治理論は、タブーだった。メソジストの教えの核心は、神の御恵みは「心の純粋さ」にたいしてもたらされるのであって、決して人びとの地位やおこないにかかわりはない、というところにある。

これによってメソジスト教会は平等主義的精神を訴えることができた。だがそれは、ほとんど読み書きできないことへの俗物的な擁護を（ときにはひどく貪欲に）提供することになった。「それは無知と愚かさへの白紙委任状である」、とヘイズリットは論駁している。

……どんな主題についても一貫した、あるいは合理的な思考ができない人びと、あるいはそれをしたがらない人びとは、信仰と理性とは互いに対立するものだと言われることによって、そうした思考をする責務から即座に解放されたのである。[50]

メソジストの聖職者は、彼らの信者を、ペイン、コベット、カーライルによってもたらされた一連の衝撃から守った。監視されざる読み書き能力は「悪魔の罠」であることを示す証拠がくさるほどあったのだ。

メソジストの主流から分かれたいくつかの分派――メソジスト・ユニテリアン（奇妙な組み合わせである）、またとくにニュー・コネクション――は、もっと知的な傾向をもち、その会衆は古い非国教派教会に似ていた。だが、メソジストの主流派は、啓蒙への渇望に違った仕方で対応した。すでにふれたように、メソジスムと中流階級の功利主義とのあいだには隠れた類似点が見られる。[51] ベンサムと「騙されやすい」迷信にたいする彼の嫌悪を考えると、これは奇妙なことに思われるかもしれないが、当時の時代精神は、二つの伝統を接合するようにはたらいていたのである。メソジストが知的探求を奨励しなかったとしても、有用な知識を獲得することは神にかなうことであり、また利するところも大であると見なされた。もちろん、力点は有用にあった。労働規律だけでは十分ではなく、労働力がより洗練された次元の能力へと進歩していくことが必要だった。古い便宜主義的なベーコンふうの議論――自然は神の法の目に見える証拠なのだから、それを学ぶことはなんら悪ではない――が、いまやキリスト教者の弁明術にも吸収された。こうして、ヴィクトリア朝初期の文化に独特な現象、すなわち、非国教派の聖職者が旧約聖書を片手に持ちながら、顕微鏡をのぞき込むという現象が生じたのである。

こうした接合の影響は、すでに一八二〇年代の労働者階級の文化の内部に感じ取ることができる。メソジストは、科学――植物学、生物学、地質学、化学、数学、そしてとりわけ応用科学――にたいして、それらの探求が政治や思弁哲学と混じり合わないかぎりにおいて好意を示した。功利主義者たちが築きつつあった堅実で統計学的な知的世界は、メソジストの年会にとっても適切なものだった。彼らは、日曜学校の出席統計表をまとめたりもした。そして、労働に耐える強健さをもつ貧民を維持しうる最少限の食事をチャドウィックが計算したのと同じ正確さで精神的な美徳の水準を計算できたら、バンティングは幸福だったろう（と誰もが思うだろう）。だから、非国教派と功利主義者の同盟は、教育上の努力において、そして神の勧めに沿った「向上」をもたらす知識の普及において生じたのである。二〇年代にはすでに、こうしたたぐいの文献はよく見られたのであり、そこには、道徳的訓戒（そして、聖職者が訪れてこない臨終の床で、飲んだくれのドンチャン騒ぎをするトム・ペインの話など）が、ヴェネズエラの植物群に関する短い注釈やリスボン大地震の死亡者の名簿の統計や、ゆで野菜の調理法や、水力学に関する記述と隣り合わせで記載されているのである。

おのおのの種は……異なる種類の食物を要求する。……リンネ[12]は次のように言っている。牛は二百七十六種類の植物を食べ、二百十八種類を拒み、山羊は四百四十九種類を食べ、百二十六種類を拒む。また、羊は三百八十七種類を食べ、百四十一種類を拒み、馬は二百六十二種類を食べ、二百十二種類を拒む。そして豚は、いかなる動物よりも味覚がすぐれているのだが、七十二種類の植物しか食べず、残りはすべて拒む、と。だが、こうしたことは、創造主がその恵み深さによってこれら無数の感覚ある存在すべてに十分に食物を供給し滋養を与えんとする、無限の気前のよさなのだ！　「こうした動物がその目を創造主に向けると、創造主はその手を差し伸べ、あらゆる生き物の欲望を満たしてくださるのだ」[52]

そして、すでに一八二〇年代に、政治経済学は、神によって与えられた不変の需要供給法則に関する説教として、道徳および実用的知識にならぶ第三のパートナーになっていたといえる。資本は、豚よりも趣味が洗練されてさえいるので、勤勉で従順な労働者だけを選び、あとはすべて拒むのである。

このように、メソジスムと福音主義は、労働する民衆が明確に表明した文化にたいして、積極的な知的要素をほとんど与えなかった。もっとも、それらが情報の探求に真剣さを付け加えた、と言うことはできるのだが（アーノルドはのちになって、非国教徒の伝統を、根っから実利主義的で、「優美と明知」に無関心であると見なすようになった）。そして、職人世界の節酒がこうした源泉に由来するとされる場合には、第二の留保が必要となる。道徳的理由による節酒は、実際には急進的で合理主義的な運動そのものの産物であり、また古くからの非国教的ないしはジャコバン的な伝統に多くを負っていることがはっきりしている。これは、酒飲みの急進派や無秩序な示威行進がなかったということではない。ウーラーは、過度に酒瓶を好む急進的指導者のうちの一人にすぎないといわれていた。一方、ロンドンの居酒屋やランカシャーの無許可の居酒屋が重要な会合場所だったことはすでにみた。しかし、急進派は、「暴徒」という汚名を着せられることから民衆を救おうとした。そして、急進派の指導者たちはつねに節酒のイメージを示そうとしたのだった。

彼らがこうしたことに力点を置く動機はもっとほかにもある。「議会改革を求めるバース連合協会」（一八一七年一月設立）の規則の一つは特徴的である。

> 各構成員は居酒屋で金を使わないよう厳粛に勧告される。なぜなら、その飲み代の半分は租税となり、腐敗したうじ虫どもを肥やすことになるからである。[53]

対仏戦争後の時期に、ハントとコベットは、課税されているすべての品物の消費を慎むこと、ことに火酒やビールに比べて水が多くの美徳をもっていることを、声を大にして訴えた。メソジストの真面目さは、コベットがその「宗派」について称賛できるものとした一つの（そして唯一の）特質だった。「私は、酒びたりになることは、社会を悩ましている害悪と悲惨と犯罪の半分以上を生み出す根源だと考える」[54]。コベットの論調がいつもこうだったわけではない。別の機会に、彼は不熟練労働者を思いやって、ビールの値段について嘆いてもいる。だが、全般的な道徳の重視は、ほとんどの場で見られた。とりわけそれは、騒々しく台頭しつつあった不熟練労働者に直面して、自分の立場を守ろうとした職人や熟練労働者がいだいたイデオロギーだった。それは、カーライルが彼の成年期の初期についての説明のなかに見られる。

私は、規則正しく、行動的で、勤勉な人間で、朝早くから夜遅くまで働いていた。……そして、作業場を出れば、妻と二人の子供のいる家ほど幸福に感じられるところは決してなかった。私は、居酒屋をつねに嫌っていた。……私は、人間とは……金を一シリングずつ正しく使うことなどできない愚か者だと考えていた[55]。

彼は、何日にもわたって一食を抜き、「六ペニーする出版物をいくつか家に持って帰り、夜それを読んだ」。こうしたことがきわめて称賛に値する、感動に満ちたかたちで見いだされるのは、ウィリアム・ラヴェットの『生活と闘争――パンと知識と自由を求めて』である。このタイトルはそれ自体で、ここで述べたいことすべてを凝縮したかたちで示している。

この性向は、共和主義者や自由思想家のあいだでは、彼らにたいする攻撃の性格によって強められた。体制支持派の諷刺文や教会の説教壇であらゆる悪徳の見苦しい典型と批難されたので、彼らは、自分たちが異端的な考えをもちつつも、とがめだてのできない性格をもっていることを示そうとした。彼らは、体制支持派が作り上げた革命下のフランスについての伝説、すなわち革命下のフランスは残忍な盗人たちの巣窟であり、理性の神殿は売春宿という表象のされ方と闘っていた。彼らは、性的ふしだら、金銭をめぐる不始末、家族的美徳にたいする愛着の欠如といった批難にたいしては、とりわけ敏感だった[56]。カーライルは、一八三〇年に小さな説教書『道徳家』を出版したが、当時、勤勉、忍耐、独立という同じテーマを扱ったもので、それよりも心温まる読みやすい小冊子はコベットの『若者への助言』だけだった。もちろん、合理主義者たちは、キリスト教への忠誠を拒絶すると、不可避的にあらゆる道徳的抑制がなくなるという批難に論駁することに気を配った。ヴォルネイには、影響力のある『帝国の崩壊』という書物と並んで、翻訳されて小冊子として出回っていた『自然法』という著作があった。それは問答形式で、尊敬すべき美徳はすべての社会的効用の法則に従うかたちで堅持されなければならないことを論じる役割を果たした。

問い　なぜあなたは夫婦愛を美徳だと言われるのですか？

答え　それは和合と統一は、結婚した人びとのあいだで持続する愛情の結果であり、それこそが彼らの家族の内部に、繁栄と保全に貢献する多くの習慣を築き上げるからです……。

こんな問答に、あるページの大部分が費されている。そして、知識、自制、禁酒、清潔、家庭における美徳の諸章を通じてずっとこうした調子なのだが、それは、ヴィクトリア時代の案内書として読むことができる。オウエン主義的な共同社会主義者たちのあいだでなされたように、性関係の問題で異端的見解が出された場合には、一般に、ピューリタン的な節制という熱烈な特徴を帯びていた。[57] 一八二〇年代はじめに、労働する民衆のあいだで相当の勇気をふるって避妊手段の知識を広めていたネオ・マルサス主義者は、「勤労階級」がその肉体や文化の水準を引き上げる唯一の方法は彼らが自分たちの人数を制限することだという確信にもとづいてそうしたのだった。プレイスとその仲間たちは、こうした手段が性的な自由、または個人的な自由に貢献すると示唆されたら、ひどくショックを受けたことだろう。[58]

軽はずみな行為や快楽主義は、メソジストにとってと同様、急進派や合理主義者の性向にとっても疎遠なものだった。そして、ジャコバン派や理神論者が、旧来の非国教派の伝統にどれだけ多くを負っていたかということが思い起こされる。だが、書き残された記録や弁舌家に関する公衆のイメージから、あまりにも多くの判断をくだしてしまうこともありうる。現実の運動においては、ホーンによってばかりでなく、ヘザリントンやラヴェットや彼らの仲間によって、つねに陽気さが持ち込まれていた。彼らは、その師であるカーライルより柔和で、ユーモアに富み、人民にたいしてより敏感で、教師然たるところが少なかったが、しかしその決然たる態度においては劣ることはなかった。カーライルやヴォルネイを模範とする合理主義的な職人が、その対極にいるメソジストと同じ行動様式をとっていたという逆説を提示したいところである。というのも、ある場合には真面目さと清潔さとが神や当局への服従のなかで推奨されたのにたいして、別の場合には、それらは僧侶と国王の悪政を打ち倒す軍隊をつくりあげる人びとに不可欠な美徳とされたからである。彼らの言語を知らない傍観者にとっては、双方の道徳的属性は同じものに見えたことだろう。しかし、そうであるのは部分的にすぎない。たとえばヴォルネイの章のタイトルは、「社会的美徳について、また正義について」とつづけて記されている。人間自身の魂の救済のために推奨される規律と、一つの階級の救済のために推奨される同じ規律とのあいだには、ある深甚な相違があった。急進派で自由思想家の職人は、市民権に伴う行動する義務をきわめて真摯に信奉していた。

　さらに、上述の節酒と並んで、職人文化は知的探求と相互協力《ミューチュアリティ》という価値観をもはぐくんだ。前者の性質が出版の自由をめぐる闘いで示されたことについては詳しく見てきた。独学の人は、しばしば均質ではないが苦労して得た理解力をもっていたが、しかしそれは自分自身の理解力であった。そうした人は、自分の知的流儀を見つけることを強いられてきていたので、ものごとをやみくもに信じることはほとんどなかった。そうした人の精神は、公教育の既成の思考様式の内部で動くことはなかった。彼らの考えの多くは当局と衝突したし、また当局はそれを抑圧しようとした。だから、そうした人は、どんなものであれ新しい反権威的な考えに耳を傾けることをいとわなかった。これこそ、労働者階級の運動、とくに一八二五年から三五年までの時期の運動が不安定であった一因である。またそれは、オウエン主義の広がりが速かったこと、そして提示されたもろもろのユートピア的かつ共同社会主義的な計画のうち、ある計画からほかの計画へと人びとが簡単に乗り換えていったことを理解する助けになる。（こうした職人文化は、ヴィクトリア時代にもまだ影響力をもつ要素として見いだされる。この時代には、独力で身を立てた人や二〇年代の職人の子供たちが、知的生活に活力と多様性を与える役割を果たしていた)。相互協力という言葉が意味しているのは、相互的な学習、討論、向上である。この点については、ある程度までロンドン通信協会の時代にみた。読み書き能力のない人びとのために急進派の雑誌を朗読する習慣は——その必然的帰結として——読むたびごとに、その場その場で集団的な討論を引き起こした。コベットが自分の議論を可能なかぎり平明に示し、そして今度はそれを織布工、靴下編み工、製靴工が議論した。

こういうたぐいの集団のいとこ格として、相互の向上をめざす協会があった。それには、公式のものも非公式なものもあったが、一般的には会員のなかの一人が中心になって、知識を得ることを目的として毎週会合をもった(59)。こうした協会、そして職人学校には、非国教派の教会堂の伝統と急進派の伝統との混合が見られた。だが、両者の共存は、具合のいいものではなく、つねに平和的なものだったわけでもない。一八二三年のロンドン職人学校の設立から三〇年代までの、職人学校の初期の歴史は、イデオロギー対立の物語である。急進的職人や労働組合主義者の立場からすれば、知識を奨励するためのセンターをつくるように彼らを支援したバークベック博士や、何人もの非国教派の聖職者や、ベンサム主義者の専門職業人の熱狂は、大いに歓迎されるべきものだった。しかし、確かなことだが、彼らは無条件でこうした援助をする用意があったわけではなかった。ブルームは、最近のある著作のなかで偉大だが便宜主義的な急進主義者として描かれているが、二三年の「古参の急進派」はまったくそのようにはみていなかった。彼らは、ブルームのことを一七年に(コベットが何度も繰り返した演説のなかで)スパイ制度を弁護した人と考えていた。そして彼らは、ブルームが、カーライルの運動が頂点にあったときに庶民院で立ち上がって「最近のいくつかの裁判の結果に感激」し、その被告人たちのことを「最も粗野で最も罪深いものを大量に」出版した者と見なすと宣言するのを目撃した(60)。職人学校の設立をめざすブルームの熱意は、彼らによってはじめから疑われて当然だった。そこで、プレイスは、ブルーム(プレイスはひそかにブルームを軽蔑していた)とロンドンの職種組合の活動家(彼らはブルームにたいする疑いを隠そうとするところが少なかった)の仲介者としてふるまおうとしたが、このことによっても疑いは晴れなかったようである。決定的紛争が生じたのは、管理の問題、財政的独立の問題、そして職人学校が政治経済学を討議すべきか否か（また、するとしたら、誰の政治経済学を討議すべきか）という問題をめぐってであった。トマス・ホジスキンは、後者をめぐる紛争でプレイスとブルームに敗れた。前者をめぐる紛争では、職人学校の施設拡張のためにお金を集めることに熱心だったバークベックが、やや控えめにことが取り組まれるのであれば職人たち自身が必要な基金を集めて全体を所有するとともに管理することが可能だとする、ロバートソン、ホジスキン、ジョン・ガストの助言を退けてしまった。

こうした二つの敗北と政治経済学に関するブルームの講義の開始（一八二五年）は、主導権が中流階級の手に移り、そのイデオロギーが講義時間割の政治経済学をも支配するようになったことを意味する。二五年までに、『職種新聞』は、ロンドン職人学校の大義は、「立派で富裕な人びと」に依存したために失われた、と見なすようになった。

それが創設されたときには、首都の職人たちのあいだに、それを支持する強烈で全般的な感情が盛り上がったから、そうした感情が鈍ってしまわないかぎり……職人自身が、学校のすばらしい成功を確かなものにするのに不可欠なあらゆる資財を提供したかもしれないし、またそうしたにちがいないとわれわれは完全に確信していた……。

地方では、職人学校の歴史はもっと多様である。リーズでは、（ハリソン博士が解明したように）学校ははじめから中流階級出身の後援者、とくに非国教徒の製造業者によって運営された。ブラドフォードとハダズフィールドでは、それは一定期間急進的な職人によって管理された。一八二〇年代半ば以降は、職人の慣習が比較的下層の中流階級のそれに道を譲り、正統派の政治経済学が講義時間割に入ってくる傾向が一般的になった。だが、三〇年においてもなお、この運動は（その功利主義的な後援者とユニテリアンの後援者のそうそうたる結集が原因で）

多くの国教会やウェスレー派の聖職者を遠ざけておくのに十分なほど異端的に見えた。二六年に、ヨークシャーのある教区主管者代理は、学校が、普通選挙権と「普遍的な自由思想」の推進機関であり、「早晩、ジャコバン派のクラブに変質し、政府への不満の温床になる」と見なした。三〇年代のはじめに、ある副牧師は、レスター職人学校の運営は、「不信心の原理、共和主義的原理、そして平等化の原理を普及する」学校へとそれを悪用するものであると攻撃した。その学校の図書館がとっていた新聞のなかに、カーライルの『挑戦』が含まれていたのである[61]。

これまで、一八二〇年代の職人文化について述べてきた。職人文化は、思いつくかぎりでは最も正確な言葉だが、それでも近似的なものにすぎない。「プチ・ブルジョア的」という（通例軽蔑的な連想を伴う）言葉が意味をなさないことはすでにみた。一方、「労働者階級」文化を語るには、まだ時期尚早だろう。だが、職人という言葉で理解されるべきは、一方の側ではロンドンの造船工とマンチェスターの工場労働者に接し、他方の側では没落した職人や、下請け労働者に接するような環境である。コベットにとっては、これらの人びとが「ジャーニーマンと労働者《レイバラー》」、あるいはもっと簡単に言って「民衆《ザ・ピープル》」を構成していた。彼は、二〇年にランダフの主教にあてて書いている。「私の意見では、閣下は、民衆、またはあなたのお好みの言い方をすれば俗民《ザ・ヴァルガー》が、議論を理解する能力に欠けていると考える点において、まったく欺かれておられます」

私は、閣下に請け合うことができるのですが、民衆はちっぽけな単純な物語を喜びはしません。彼らは、雄弁な言葉、またはいいかげんな主張に喜びを感じませんが、彼らの精神は、ここ十年の間にひじょうに大きな変革を経験しました。

……失礼ながら……こう言うことをお許しください……これらの階級は、私の正確な知識によれば、現代においては社会のほかの諸階級より啓蒙されています。……彼らは、議会や大臣たちよりも将来を見通しています。——彼らの知識の探求には、次のような優位性があるのです。——彼らは答えを出すにあたり、特殊な利害関心をもっていません。ですから、彼らの判断は先入観と利己心で曇らされていないのです。そのうえに彼ら相互の意思疎通は完全に自由です。一人の考えが別の人のなかでほかの考えを生み出すのです。もろもろの観念は、偽りの名誉や優美さが疑いの精神に課している制約から離れて、徹底して議論されます。まさにそうだからこそ、真理へと迅速に到達することができるのです。(62)

しかし、それはどんな議論、どんな真理なのだろうか？

2　ウィリアム・コベット

コベットが影響力をもっていたのは、対仏戦争の終わりごろから、選挙法改正法案が議会を通過するまでの時期である。彼がいかなる意味でも体系的思想家ではなかったことは、コベットが深刻な知的影響力をもった人ではなかったということにはならない。急進的な知的文化を創造したのはコベットだった。そう言えるのは彼がきわめて独創的な考えを提起したからではない。そうではなく、彼が織布工や教師や造船工を共通の言説に参加させることができるような論調《トーン》、文体《スタイル》、議論《アーギュメンツ》を見いだしたという意味においてなのである。不満や利害の多様性から出発して、彼は一つの急進主義的合意を生み出した。彼の『ポリティカル・レジスター』は、いろいろと違った知恵をもつ人びとの経験を相互に交換するための共通の手段となる一つの回覧メディアのようなものだった。

こうしたことがわかるのは、彼の考えに注目するよりも、彼の論調に注目する場合である。そして、後者に注目する一つの方法は、彼のやり方をヘイズリットのやり方と対比してみることだ。ヘイズリットは、中流階級の急進主義者のなかで最も「ジャコバン的」であり、また職人の運動と同じ運動に——長年にわたって——近づいた人物であった。彼は国債投資家や閑職保有者を攻撃して次のように言う。

正統性を有する政府（ごまをすってこう呼ぼう）は、もう一つの異教の神話ではない。そうした政府は、オウィディウスのデルフィン版「変身譚」ほど安上がりでも立派でもない。実際「罰する神」ではあるが、別の点では「人の弱さを体現する者たち」なのである。政府が食べるのは神の食物ではないし、政府が飲むのは神酒ではない。そうではなく、政府は、この世の普通の果実を食べて生きていて、またその果実の最大かつ最良の部分を手に入れる。政府が飲むワインは、ブドウからつくられるし、政府が流す血は、臣民たちが流す血である。政府は自らに反対する法律をつくりはしない。政府は、税金に賛成しておいて、あとでそれを貪り食う。彼らも、われわれと同じ欲求をもっているのだが、彼らは選択の自由をもっているので、まったく当然にも、共同の貯えからまず自分たちの分を取ってしまい、彼らのあとにやってくるほかの人びとのことは考えもしない。……われらが国家お抱えの救済貧民たちは、すべての人の皿に手を出して、毎日贅沢に暮らしている。彼らは、宮殿に住み、馬車にだらしなく座る。マルサス氏の言にもかかわらず、彼らの馬の飼育場はわが国の土地生産物を浪費していて、彼らの犬の飼育場は貧民の子供を養うにたる食物であふれている。彼らの着るものや家具、星章やガーター勲章、青リボン、大十字章、ディナー、朝食、夕食、そしてまた夕食、朝食、ディナーをまかなうために、年々多額の出費をわれわれは強いられている。こうした所得税の英雄たち、王室費の名士たち、王室行事の聖人たちには、この世のほかの人びとと同じように、実子や私生児をもっているが、ただしその代価ははるかに高い。……彼らを養うのは、一カ月よりも一週間のほうが楽なことはおわかりでしょう。だから、その一週間のときが過ぎたら、正統性の甘い夢からさめて、キャリバン〔シェイクスピアの戯曲『テンペスト』の登場人物〕とともにこう言いましょう。「ああ、こんな酒飲み怪獣を神と見なしていたなんて、私はなんという愚か者だったのだ」と。(63)

ヘイズリットは、複雑な称賛すべき感受性をもっていた。彼は、フランス革命の経験から強烈な衝撃を受けた数少ない知識人の一人だったが、また啓蒙主義の無邪気さを拒否しながらも、自由《リベルテ》と平等《エガリテ》の伝統を再確認した人物でもあった。その文体から、彼があらゆる点で、バーク、コールリッジ、ワーズワスに（そしてより直截的には『ブラックウッド』や『クォータリー・レヴュー』に）勝負を挑んでいること、しかしまた、彼らの見解の強みを知っていて、彼らの反応を一部共有していたことがみてとれる。彼がとりわけ入れ込んでいた急進的文筆活動（ここにあげるものはその一例だが）においてさえ、彼は民衆に向けてではなく、当時の上流文化を相手に論争を挑んだ。彼の『政治著作集』はホーンによって出版されたが、[64]それを書いているときに彼が念頭に置いていたのは、ホーンの読み手のことというよりも、むしろサウジーをへこましたい、『クォータリー』を卒中に陥らせたい、そしてコールリッジの筆を執筆の途中でやめさせたいという期待だった。

以上は、批判ではまったくない。ヘイズリットの言及は広範囲にわたっていたし、また庶民的な急進主義者を空間的にも時間的にも地方的なものにしてしまうような歴史的意義をもつ、ヨーロッパ規模の一紛争に全面的に参加しているのだというセンスをもっていた。これは役回りの問題なのだ。コベットは、こうした文章は一文たりとも書くことができなかっただろう。彼は、われわれが（言葉のあやとしてさえ）意図的に正統性にごまをすることもあるなどとは認めることができなかった。彼は、ヘイズリットが「世界」の規範と考えたものを、たとえ懲らしめのためでさえ、受け入れることはできなかった。彼は、「われらが国家お抱えの救済貧民たち」と書くことはできなかった。というのも、彼は、聴衆に、株式仲買人や役人たちをやつらとしてとらえさせることに全力を注いでいたからである。そして、その当然の帰結として、コベットは、距離を置くような含意をもつ「貧民の子供たち」といった書き方はできなかったことだろう。彼なら、（自分の読者にたいして）「あなたがたの子供たち」という言い方をするか、あるいは特定の事例を提示するかしただろう。彼は、「年々多額の出費をわれわれは強いられている」とは言いそうもない。彼なら、たとえでたらめだったとしてもあるはっきりした数字を書くだろう。「こうした所得税の英雄たち」というのは、コベットが使う命名法に近い。[65]しかし、ヘイズリットには、愛国主義的な「民衆の友」が使うゆっくりした語り口がまだ見られる（ウィルクスやバーデットと同じように、庶民院で辛辣な攻撃にさらされたままにそのときの、ささやかな逆襲《ア・ピンチ・オブ・スナッフ》である）。コベットには、皮肉を込めた儀礼の装いは見られない――教区司祭マルサスとか、ボルトンのフレッチャーだとか、それ〔政府をさす〕とかいった名称が出てくるのであり、それはシェリーさえひるませるほどにあけすけだった（「コベットの逆襲《スナッフ》、それは復讐である」）。

これは論調の問題である。だがまたこの論調のなかにこそ、コベットがもつ政治的意義の、少なくとも半分が見られるのである。一様で抑制されたリズムのなかで対照法的に語を運ぶヘイズリットの文体は、この随筆家を取り囲む上流文化に属している。だが、『田園紀行』を書いたとはいえ、コベットが随筆家であると簡単に考えるわけにはいかない。実際、ヘイズリットの創意豊かな比喩と修練をつんだ叙述は、職人たちが手にすることのできない文化に属するものだったから、職人たちの敵意を呼び起こしたとしても不思議ではない。コベットが閑職保有者について書くと、次のような言葉になる。

> こうした官職や恩給には、一年に二十ポンドのものから三万ポンドや四万ポンドに近いものまで、いろいろな規模のものがある！……特別な役人も何人かいて、その一人ひとりが得た利益は千家族を養うことができるだろう。……プレストン氏は、……国会議員であり、また広大な土地をもっているのだが、この問題について次のように言っている。「どんな家族も、最も貧しい労働者の家族でさえ、構成員が五人なら、間接税として少なくとも一年に十ポンド、つまり週七シリングの賃金の半分以上を支払っていると考えられる！」。それでもなお、傲慢な金の亡者は、あなたたちを暴徒、烏合の衆、豚のような群衆と呼び、お前たちの意見などどうでもいいと言うのだ(66)……。

ここではすべてが明確であり、また文壇文化にではなく、誰もが得られる経験に関係づけられている。プレストン氏さえそのように配置されている。コベットは、話のリズムを散文体に戻す。しかしそれは、熱烈に議論を好む、語気の鋭い話し方である。

コベットの得意とした話題、すなわち聖職者たちはその口先によってではなく、彼らの行動によって判断されるべきだという話題について、彼がどう書くかをみてみよう。

国教会とメソジストの教区会議にみられる行動のこのような完全な一致には、最も控えめに言ったとしても具合の悪い点がある。宗教は、抽象的な考えではない。それは、形而上学的なものではない。それは、人びとのおこないに影響を与えるべきものである。そうでなければ、それはなんの役にも立たない。それは人びとの行動に影響をおよぼすべきものである。それは、人びとの営みと生活状況にあるいい影響をおよぼすべきものである。さて、もし国教会の宗教が[67]……。

こうした文章（この例は最初に手にとった『〔ポリティカル・〕レジスター』からとられたものだが、ほぼどの『〔ポリティカル・〕レジスター』にも同じものを見いだせる）のなかで、自分の読者にたいしてコベットがもっている関係は、人が手を伸ばし触れることのできるような明白なものである。それは、一つの議論である。一つの命題が示される。コベットは、「形而上学的なもの」と書いて、自分の読者を思い浮かべ、その言葉が伝達可能なものかどうか考える。彼はその言葉の妥当性を説明する。彼は、その説明を最もわかりやすい言葉で繰り返す。彼は、もういちどそれを繰り返すが、しかし今度は、より広い社会的・政治的含意をもつように定義を拡張する。それから、一連の短い文章を終わらせ、もう一度解説を始める。「さて」、という言葉には「私の言うところをあなた方が全部理解したら、次に一緒に先へ行きましょう……」ということが含意されていると感じられるのである。

コベットがとてもばかげた、また矛盾した考えをいだいていたこと、またときどきもっともらしい議論で読者をやり込めたことを示すのは難しくない[68]。しかし、そうしたことを証明したとしても、読者にたいしてコベットの態度がもっていた深い、本当に深い、民主主義的な説得力が理解されないなら、要点をはずすことになる。

ペインがこうした論調の先駆者なのだが、コベットは、三十年の間こうした調子で読者に語りかけて、ついには人びとが国じゅうでコベットのように話し、議論するようにまでなった。彼は、いかなる市民であれ、すべての市民は理性の力をもっており、ものごとは普通の思慮分別に向けられた議論によって決着をつけるべきである、ということをほとんど証明する必要のないことだと考えていた。ここ十年の間に（彼は一八二〇年にこう書いている）、

私は、成功するために、事実および私が生み出しうる最上の議論とに依拠しないことは、なにひとつ［民衆に］語りはしてこなかった。私が取り上げる問題は、一般にひじょうに入り組んだ性質をもっていた。……私は、好奇心に訴えたり、想像力をうまく利用したりする方法をとったことはない。すべては読者の思慮分別、洞察力、判断力に訴えてなされたのである。

もちろん、コベットが「好奇心に訴える」ような工夫をしなかったというのは真実ではない。彼は読者を対等の者として扱ったが、大臣、主教、貴族についてはやや劣るものとして扱った。（彼はある公開書簡を次のように始めている。「ウィルバフォースよ、君が私の目にとまったのは偽善的なパンフレットのなかでのことだ」）。このほかに、さらに二つの工夫があることを付け加えるべきである。第一は、たいてい田園生活から取ってこられる、ありふれた、実際的な比喩である。彼は、こうした点で、すべての読者が納得できるような経験を嗅ぎ分ける的確な感覚をもっていた。使われた象徴は、彼にあっては装飾的なはたらきをするものでもないし、その場限りの比喩でもなかった。それらは、見つけ出され、手のなかで温められ、熟慮され、また議論を進展させるために意図して配置され、そしてそのあとで書き留められた。コベットがブルームや穏健派の議会改革論者を、かかし、すなわちショイ・ホーイとして描いた有名な叙述を例にとろう。――「さて諸君にわけを教えよう」、

ショイ・ホーイは、麦わらなどの材料でつくられたまがいものの男ないし女で、杭に巻き付けられ……手に棒や銃を持たされて、地面に突き立てられている。こうしたショイ・ホーイは、鳥が穀物や種子を台なしにしてしまわないように、それを追い立てることを目的として、またはときどきは、鳥を驚かしてサクランボなどの果物から遠ざけるために立てられる。民衆は議会の改革を求めている。そして、長い間……議会改革成就の要求を公言する小さな一団が存在しつづけてきた。彼らは、民衆の望みを絶やすまいとする見地から動議を提出し、演説し、採決に持ち込んだ。だからまた、彼らはときおり民衆を静かにさせておくこともできた。彼らは決して成功しようとは欲しなかった。というのは、成功すると自分たちの報酬の望みを断たれるからである。しかし、彼らは民衆に慰めを与えはした。こうした見せかけの努力によって、ひじょうに多くの派閥が、彼らの正体をわきまえているにもかかわらず、彼らの見せかけの努力によって、大いに惑わされた。そして、見せかけの努力は、彼らがすべての人にたいする略奪をほしいままにするのを、いささかも妨げはしなかったのである。これは、畑や果樹園で見られる、鳥とショイ・ホーイの関係とまったく同じである。まず最初、鳥たちはショイ・ホーイを本物の男や女と間違える。こうして間違えている間は、鳥たちは略奪をしないでいる。ところが、抜け目なく鋭い目でしばらくショイ・ホーイを観察し、それが決して手足を動かさないのに気がつくと、鳥たちはそれを全然気にとめなくなる。そして、もはやショイ・ホーイは、ただの支柱であるかのように、鳥にとってじゃまものではなくなってしまう。ここで言う政治のショイ・ホーイもまったく同じなのだ。しかし……彼らは危害をおよぼす。……私は一つの例を覚えている。……それは、こうした政治の詐欺師の役割をひじょうにうまい具合に示してくれる。私がボトリーで播いたカブの種子を、鳥たちがひどく食い荒らしていた。私は自分の農場の管理人に、「ショイ・ホーイを立てたらどうだ」と言った。「そりゃあ役に立ちませんよ、旦那」……と、彼は答えて……こう教えてくれた。その日の朝、隣人モレルの庭でスズメがショイ・ホーイの帽子の上にひとさやのエンドウをくわえて止まり、実際食卓にでもいるかのようにそこでエンドウマメをつついて食べているのをはっきりと見た。不意をつかれるかもしれない地面よりも、まわりが見渡せて敵の接近がみてとれるそこのほうが、より安全にそうやっていられる、と。政治におけるショイ・ホーイの役割は、まさしくそういうことなのだ。農業における……ショイ・ホーイは、ひじょうに短い間ではあるが、畑を荒らす鳥たちを騙す。しかし、政治におけるそれは、朝起きて、略奪者を火薬や鉄砲で反撃することをしない。それどころか、おそまつなショイ・ホーイを立てて信頼している人びとを騙しつづけ、彼らの穀物と種子を失わせてしまうのだ。まさにこうした点で、右の例は、政治におけるショイ・ホーイたち全体のカモになっている人びとについてあてはまるのである。サフォークなどの東部の諸州では、人びとは彼らのことを、売春婦と呼んでいる(69)……。

こうした著述はどう理解されるべきか？　ある観点からすれば、それは天才のなせる想像的な著述である。比喩はやや堅苦しく開始されている。すなわち、政治と農業とが一点に結ばれる方向で書かれているのだが、そのイメージはあまりにこじつけのように思われる。次に、「抜け目なく鋭い目」という句で二つの論点が一つになり、論争のおもしろさが急激な高まりをみせる。コベットは半ばふざけており、そのイメージはシュールレアリスト的な大きさにまで成長する――ブルームは帽子の上にスズメを止まらせており、改革論者たちは火薬と鉄砲、カブの種子を持ち、隣人モレルと一緒にいる（おそらくモレルは二度と登場することはない）。別の観点から眺めると、これは、イングランドの政治的伝統のこの部分がきわめて風変わりであることを示しているのだ。それは論争以上のものである。それは政治理論でもある。コベットは、改革論者による体制順応のきわめてイングランド的な形式の機能を、労働者や職人がよく理解できるような言葉で定義したのである。それにとどまらず、彼は一世紀のときを超えて、ほかの党派の売春婦とほかの時代の売春婦に光を当てている。

すでに述べたそのほかの工夫として(70)、政治問題の人格化、すなわち、ボトリーのコベット自身を中心とする人格化がある。しかし、自分自身を主題にしたとはいえ、コベットはこの主題を並はずれた客観性をもって扱った。彼の自我中心主義はそれ自体を超え出てしまい、読者がコベットの自我ではなく、平明に語られる、事実に即した、観察的な感性を知覚するようなものになっている。そして読者はその感性に自分自身を同一化するよう促される。読者は、コベットを見るのではなく、コベットとともに見ることを要求されるわけだ。こうしたやり方で成功を収めたのが、彼の『田園紀行』である。そこでは、彼の同時代人ばかりでなく、そのあとの世代も、彼が畑で労働者と話し、村じゅうを馬で駆け回り、馬を休めてまぐさを与えたりする姿を目の前の手に取れるような存在として感受してきた。また、彼の憤怒の力は圧倒的だが、それは彼がどんなにささいでも気に入ったものごとにたいして喜びを示すので、なおさらそうなのだ。テンターデンでは——

午後の天気はとても快かったのだが、ちょうど私が丘を登って通りに入ったとき、人びとは教会から出てきた。家路へと向かっているところだった。それは、とてもすばらしい光景だった。身すぼらしい服を着た人びとは教会へは行かないのだ。要するに、私が見たのは、私の眼前にひっぱり出されてきた町の衣装と美しさだった。そして、とてもとてもかわいい乙女をたくさん見かけた。しかも私が見たのは、その美しい彼女たちがこれまた最高の衣装を身にまとっているところなのだった。私は、コー地方〔フランスのノルマンディに位置する〕の乙女たちを思い出し、テンターデン〔ケントの町〕の乙女たちはあの乙女たちに本当に似ていると思った。そうであってならない理由などない。というのもコー地方は、海を渡ってすぐのところで、ちょうどこの地の向かい側にあるのだから。

あるいは、サリーのある村落でのことだが、貧困の不在が、貧困の一般的な発生に反対するための効果的な論点に仕立て上げられている。

私は、アプウォルサムとイーストディーンを結ぶ道を通っていたときに、一人の若者を呼び寄せた。彼は、もう一人のカブ掘り人夫と一緒に垣根の陰に腰を下ろして朝食をとっているところだった。彼は、食べ物を手にしたまま私のところへ走ってきた。そして私は、彼がけっこうな大きさの自家製パンとそれほど小さくないベーコンを食べているのを見て、喜ばしく思った。……彼と別れる際に私はこう言った。「まだこれからいくらかベーコンを食べるのかね？」。「はい、食べますとも、旦那！」。彼はそう言ったが、そのときの語気の強さと頭の揺らし方は、「おれたちはそれを食べなきゃならないし、是が非でも食べてみせるさ」と言っているように思われた。私は、ほとんどの農場労働者の家に豚がいるのを見て、たいへん喜ばしく思った。家は、いい造りで暖かく、また庭は、私が見たイングランドじゅうの庭のなかで最もいいものだった。ああ神よ！　なんたる違いでしょうか！　この地方と、かの腐敗の地グレイト・ベドウィンやクリックレイドの近辺とは、なんたる違いでしょうか。一皿の冷たいポテトだったら、この男はいったい朝食をとったことになるだろうか？　そんな食事しかとらずに働くことができるだろうか？　しかも、雨にうたれて。なんとひどい！　農場労働者が豚のようなありさまで生きている社会は、どんな社会であれ決して存在してはならない。

「コー地方は……ちょうどこの地の向かい側にある」、「この地方」、「この男」――どこに行っても、つねにコベットは、彼が見ている光景の親近性、熟慮と描写の混同、確かな細部、場所がもつ物理的な感じによって、読者が彼自身の立場に同一化せざるをえないように仕向ける。しかも、ここで「立場」というのは、適切な言葉である。というのは、コベットは、自分自身をある物理的環境のなかに――ボトリーにある自分の農場に、またテンターデンに向かう路上に――しっかりと置き、そのあとに彼の感覚が証左するところから一般的結論を導き出すからである。アメリカへの亡命中（一八一七―一九年）でさえ、彼にとってはこうした場の感覚を伝えることは重要なことだった。

私の部屋の片側から農場の庭を見ると、そこはまぐさや牛、羊、豚、そしてさまざまの家禽であふれている。そして、その先に数歩行った庭の向こうにはサスクワハンナ川〔アメリカ合衆国ニューヨーク州から流れる川〕

が流れている。この川は、テムズ川よりも幅が広く、そのなかには、四分の一エーカーの広さのものから五または六エーカーの広さのものまで、数え切れないほどの島がある。私の部屋のもう一方の側から、四十エーカーあるリンゴと桃の果樹園を見やる。それは狭い谷のなかにあり、ちょうど家の棟と同じようで、その切り妻が、川に向かって位置している四分の一マイルぐらいの高さの二つの山に挟まれている。ゆうべは雨が降った。朝方凍るほど寒かったので、木についていた滴が氷になった。そのために、いま、五月のイングランドのようにまぶしく輝いている太陽が、このつららを数え切れないダイヤモンドのきらめきで包んでいる。

だがこの情景は、ブランドレスとその仲間が逮捕されたという知らせによって引き起こされる彼の感情（それはハントにあてた手紙に表れている）をよりいっそう劇的なものにする効果をあげている。

親愛なるハント。私の心の目には、いま、ウォルサム・チェイスとボトリー・コモンの小さなわらぶき屋根の小屋がしっかりと浮かんでいる。そして今日、かつてないほど強くこう感じています。私は、イングランド人の性格を備えていないような、先に述べたすべてのものを実際に所有したり、またそれを上回る上級の職業よりも、最もつつましやかな住居に住んでいても、イングランド人の性格を備えている、最も貧しい住居に暮らす人びとの最も卑しい職業のほうを好んでいる、と。イングランドを去るときに言ったことですが、いまもやはりこう言います。いかなる民衆であれ、私はイングランドの民衆ほどには愛することができない、と。

コベットは、議会改革運動の闘いのなかで、殉教者列伝や仇敵目録を作成したが、彼自身その神話の中心人物だった。しかし、彼を、個人的な虚栄心がすぎると批難することは控えたほうがいい。というのは、その神話は、ウィリアム・コベットを、なんでもないイングランド人、すなわちただならぬ反抗心と忍耐力をもっていたとはいえ、特別な才能をもってはいなかった人と見なすことを要求するからである。彼は、読者が自分もそうなれると考えられるような人、あるいはカブ畑の労働者、また（あれこれと状況が合いさえすれば）サセックスの村にある小さな居酒屋の女主人の息子がなれるような人だった。

その女主人は、自分の息子を私のところへよこしていくらかクリームをくれた。その子は、同じ年齢のころの私そのものだった。着ている服装もちょうど同じ感じになっていて、青い野良着が主な衣装だったが、それは着古されて色があせ、新しい生地の切れ端で繕われていた。……この野良着姿は、私にとってとても懐かしい数々のことを思い起こさせた。私は、この少年は、ビリングズハーストかまたはそこから遠くないところで仕事をするだろう、と言わずにはいられない。もし、偶然事によって私がこれと同じような情景から連れ出されることがなければ、どれほどたくさんの悪党とばかどもが、夜には安らかな眠りにつき、昼には大胆に闊歩することになっていたことだろうか！

彼がいだく貧者にたいする思いやりは、つねに次のような性質を帯びていた――「神の恩寵がなければ、ウィル・コベットもそうなっている」。彼の見せかけは、実際よりももっと「普通のもの」に見える。彼は、かつては鍬を動かし、一兵卒として兵役に服した自分の経歴を読者が忘れることを決して許さなかった。だから彼は、成功を収めたので服装も気取ったものになったが、それはジャーナリストの服装ではなく（彼はジャーナリストではないふりをした）、古風なジェントルマン農場経営者の服装だった。ヘイズリットの描くところによれば、彼は「赤のブロードでできたポケット・フラップのついたチョッキ」を着ていたが、「それは前世紀のジェントルマン農場経営者が習慣としていたものだった」。バンフォードの描くところによれば、彼は、「青いコート、黄色いコットン・ネルのチョッキ、泥色のジャージでできた半ズボン、そして長靴を身につけていた……彼はいつもなりたいと願っていたもの――イングランドのジェントルマン農場経営者を完全に体現していた」。ヘイズリットは、虚栄という点にかかわってコベットを最も正しく特徴づけた人である。

彼の自我中心主義は愉快なものである。というのは、それに虚飾が伴わないからである。彼は、書くべきことがないという理由から自分自身について語るような人ではない。そうではなく、彼が自分自身について語るのは、自分の経験してきた状況こそが、主題を最もうまく説明するものであるし、また彼は、主題について可能な最良の説明を、神経質な繊細さから差し控える人ではなかったからである。彼は、自分自身と自分の抱える主題の双方をひどく好んでいる。彼は、自分自身を主題よりも押し出して、「まず私を称賛せよ」と言ったりはしなかった。そうではなく、彼は私たちを彼と同じ状況に置き、彼のなすことすべてをわかるようにするのである。抽象的で意味のない自己満足は……なかったし、代理を通じて彼自身の人格をこっそり称賛させるようなことはしなかった。すべては飾りけなしで、公明正大なのだ。彼は、自分自身を素顔のウィリアム・コベットとして描き、どんな人にたいしても望むとおりに自分自身をすべてさらけだす――ひと言で言えば、彼の自我中心主義は、個性にあふれたものであって、そこにはほんの少しも虚栄の余地はないのだ。[71]

これは、文壇上の寛大な裁定である。しかし、政治上の裁定となれば多くの留保条件がつかざるをえない。民衆的急進主義の論調と文体に生じた大きな変化――ペインとコベットとの対照関係で例示されるような――を最初に定義したのは（これまた）ヘイズリットだった。

ペインは、自明の真理を公言するために、ものごとを第一原理に還元しがちであった。コベットは、細部や局所的状況以外のことにはほとんどかかずらわなかった。……ペインの著述は新しい計画に関する政治算術への手引といったものだが、コベットは、日記を持ち歩き、一年を通じて生じる出来事とやっかいな問題をすべてそっくり書き留めるのである。

政治を人格化すること――自分の小屋の庭にいるこの労働者、庶民院でのこの演説、あの迫害の事例――は、聴衆に政治意識を覚醒させるだけの実践的手法としてはすぐれていた。だがそれは、ある意味で便宜主義的でもあった。というのは、それは、状況に応じてうつろいやすい事柄や特定の不平に注意を固定することによって、また理論面の絶対的原理を回避することによって、体制支持派や共和主義者や理神論者や国教徒が一つの共通の運動に参加することを可能にしたからである。しかし、この議論は、過大に解釈される可能性がある。すでにペインの『人間の権利』は、文字が読めない読者にも同じ反響を生み出していたし、また民衆の権利に関する、原理的基礎のよりしっかりした理論を奨励してもいた。他方では、より理論的な雑誌が同じ時期に成功していたことは、政治活動を水割りせずに理解できる労働者階級の公衆が広範に存在したことを証明している。コベットは、実際のところ、反知性主義および、イギリスの労働運動の一つの重要な特徴として残ることになった（「実践的」経験主義という仮面をつけた）理論的便宜主義を創出し、助長するのに手を貸したのである。

「私は、母がコベットの『〔ポリティカル・〕レジスター』を読むのを習慣とし、なぜ人びとがそれのことをひじょうに悪く言うのか不思議だと言っていたのを思い出した。彼女は、それに何か悪い点があると思わなかったばかりか、ひじょうに多くのいい点があると思っていた」[72]。ジェイムズ・ワトソンの母は、聖職者の家の家事奉公人で、日曜学校の教師でもあった。ホーンは、一八一七年にこう書いている。

> コベットの『ウィークリー・ポリティカル・パンフレット』は束ねられて、『イングランド史』『天路歴程』『ロビンソン・クルーソー』『若者のための知識の書』と同じ棚に並べられなければならない。それなくしては、この王国の労働者の貧しい住まいや台所の書棚は不完全なのである……。

それは、「家政婦指導法」やブキャンの「家庭常備薬」と同じくらい「ありふれた、親しみ深い」ものだったろう[73]。実際、こうしたことは、いたるところで見られたにちがいない。ウーラーやカーライルなら、もっと洗練された知的なやり方で、都市の職人の急進主義を表現しただろう。しかし、一八一六年に、靴下編み工と織布工とを同じ対話のなかに引き入れることに成功したのは、コベットだけだったのである。

トーリー主義から急進主義へ徐々に移っていったコベットの奇妙な道のりには、ある便宜主義的な立場が伴っていた。彼は、対仏戦争中の反ガリア主義的・反ジャコバン的な偏見にたいしては距離をとることができた。また彼は、フランス革命やトム・ペインと自分との関係を否定することができたが、それは両者の擁護に参加しなかったことによる。結局のところ（彼自身大らかな表現で認めているように）、彼はペインの議論の多くを受け入れるようになった。しかし、彼は、あらゆるかたちの世襲原理を頑固に拒絶するジャコバン派の態度からは、いつも身をそらしていた。こうして彼は、急進的な改革論者であると同時に国制擁護主義者《コンスティテューショナリスト》として自分を表現することができたのである。「職人と労働者への呼びかけ」のなかで、彼は、「ものごとはその真の目的を逸脱してきたのだから、わが国の国制と法律にいいところなどなにひとつないのだと説く」者に警告している。「それなら、ハムデンが戦場で死に、シドニーが処刑台で死んだのは、いったいなんのためだったというのか？」。アメリカの人びとは、イギリスを離れはしても、「マグナカルタ、権利章典、人身保護法」とコモン・ローの主要部を維持しようと注意してきたのだ。

> われわれは大きな改変を求めはするが、決して新しいものを求めはしない。それは、時代と状況に合った改変と修正である。種々の大原則は同じであるべきだし、また同じでなければならない。さもなければ、混乱が生じることになろう。

彼が（生涯の最晩年に）新救貧法にたいして強く抵抗することを人びとに迫ったときでさえ、国制上の権利と慣習上の義務の名のもとにそうしたのだった。合理主義者にたいする彼の態度にも、同じように急進主義と伝統主義が混在していることが示されている。彼は、キリスト教への反対論を公表する権利を懸命に守った。しかし、カーライルがさらに一歩進んで『共和主義者』に「大工の妻の息子の千八百二十二年目に」という日付をつけて、無礼な侮辱行為（コベットの目にはそう映った）におよんだとき、コベットはリンチを引き合いに出したのだった。こんなことがアメリカでなされたなら（と彼はがなり立てた）――

君は……即座にタールと鳥の羽根のコートに身を包まれるだろう。そして、横木の上に尻をむかれまたがらされて、どこかの森か沼のそばで放り出されることになろう。君はそこに取り残されて、真新しい政府と宗教の創造者をでっちあげる叡智について（でっちあげの節度については沈黙したまま）思いを巡らすのだ。(74)

われわれの歴史のなかで、コベットほど、国教会の聖職者（とりわけ田舎の聖職者）を攻撃した文書を、あれほど多量にあれほど効果的に書いた著者はまずいないだろう。にもかかわらず、真剣に理由づけすることなしに、しばしば国王への愛着（彼はカロライン王妃をめぐる運動にあっては、もう少しで国王を打倒するところだった）や国制への愛着（彼の信奉者は一八一九年と三二年に国制をほとんど死滅させるところだった）ばかりでなく、国教会への愛着さえ表明した。彼はときおり、「トルコ人やユダヤ人を忌み嫌うわれわれの義務」について書くことさえあったが、それはキリスト教が「法の本質的部分」をなすからだった。

こうした便宜主義のゆえに、コベット主義からなんらかの体系的な政治理論が発展することは不可能だった。そして、彼の経済学の先入観も、こうしたたぐいの逸脱の一要素であった。彼の展開したものが、政治システムの批判ではなく、また「正統性」の批判でさえなく、まさしく「旧腐敗体制」にたいする激しい批難であったように、彼は経済分析を一定の既得権益集団がもつ寄生性にたいする論難に矮小化してしまった。彼は所有権に焦点を当てた批判を許容できなかった。だからこそ、彼は一巻の仇敵目録を解説した（重複がとても多いのだが）のである。すなわち、民衆の災厄は、課税、国債、そして紙幣制度によって、あるいはこの三つを通じて私腹を肥やしてきた寄生虫の群れ――国債所有者、小役人、株式仲買人、収税吏――によって引き起こされた、というのである。こうした批判が根拠のないものだというのではない。コベットが怒りの炎を燃え上がらせるに十分な燃料は、ひどく収奪的な税制、また東インド会社や銀行の寄生的な活動といったかたちで存在していた。しかし、コベットらしいことだが、彼の先入観は、小規模生産者、商店主、職人、小規模農場経営者、そして消費者の不満と合致していたのである。土地所有者や産業資本家には注意が向けられず、中間業者――市場で買い占めをやり、民衆の困窮から利益を得たり、あるいは土地や産業とはなんの密接な結び付きをもたずに、不労所得によって生活している代理業者――に焦点が当てられた。議論は、経済的であると同時に道徳的なものだった。人間は富を得る権利をもっているが、しかし、それは、労働に精を出していると見なされうる場合だけである。コベットが閑職者の次に嫌いだったのは、クエーカーの投機家だった。

彼は理論において不十分だったので、政治戦略に与える直接的影響が明白に有害であることがときどきあった。他方、彼は、私的あるいは公的な付き合いのなかで、自分が他人に要求したほどには、つねに率直なわけでは決してなかった。だが、政治的指導者としてみた彼の欠点に関する責任が、すべて彼にあるわけではなかった。彼はジャーナリストであって、政治的な指導者や組織者ではなかったし、彼を別の役回りにつくよう強いたものは、（実効性のある政治組織の禁止という）偶然的状況にほかならなかった。しかし、彼は、自ら選んで政治的指導者とならなかったとはいえ、（こうした部類に入るほかの人びとと同じように）自分の処方した方向とは異なる方向に運動が進んでいくのを見るのは気が進まなかった。すべてのこうした――またほかの――欠点を考慮すると、彼のことを郷愁にふけるロマンティスト、あるいは一人のごろつきにすぎないと簡単に過小評価してしまう。

だが、コベットは「正真正銘のトーリー」だったという、しばしばお目にかかるありきたりの裁定は役に立たない。その理由の一つについて、われわれは十分吟味してきた――彼の論調の民主主義的性格である。読者と彼の関係には特有の親密さがあった。彼が自分の読者とつねに話し合いをつづけていたことを忘れてはならない。彼は、改革派の集会で読者に講演した。「講演旅行」もおこなった。アメリカにいるときでさえ、彼の郵便袋は手紙でいっぱいだったし、スコットランドの職人と移民した改革論者の代表団は、サスクワハンナ川の土手で彼を接待したのである。彼が田舎に入っていったのは、人びとが何を考え、何を論じているかを知るためだった。だから、コベットの思想は、宣伝活動家が一方向で流し込んだというよりも、読者と彼自身とのあいだで交互に流れる電気の白熱放射と見なすことができる。「いつも言うのだが、私は、自分が民衆に伝えたものの十倍の光を……民衆から受け取ったのだ」

そうした民衆を教育する仕事に従事する著述家は、民衆から称賛を受けたり、自分の仕事が、効果的に遂行されていると感じ取ることによってだけではなく、彼の考えが民衆の心のなかに生み落とした新しい考えから助けとなるものを引き出しつづけることによってもつねに支えられている。それは、火を起こす、火打ち石と鉄との出合いなのである。(75)

彼自身の考えが形成される過程そのものがもつ弁証法的な性質についてのこうした洞察は、なんと感動的であることか！　これほどまでに自分自身の読者の「声」となった著作家はめったにいない。コベットの天才は、彼が代弁した運動の標識として跡づけることができる。すなわち、危機の時期には、それはまぶしいばかりの白熱を発する。運動の活力がなえると、彼はひじょうに怒りっぽく、また特異な感じになる。彼の文体も、鈍い輝きしか発しなくなるのだ。しかもこうしたことは彼の最晩年にいたるまでつづいた。読者が変わると、それに伴って彼も変わったのだった。

これこそ、レイモンド・ウィリアムズが、コベットのもつ「並みはずれて確かな本能」として見事に描き出したものである。だが、なんのための本能だったのだろうか？　まず第一に、それは変化しつつある生産関係の真の性質を暴く本能だった。彼は、その性質を、一部分、理想化された家父長制の過去に対置しながら、またいくぶんかは、すべての労働者個人が価値をもつという、いかなる意味でも保守的とはいえない主張に対置しながら、判断したのである。第二に、コベットは「自由の身に生まれたイングランド人」を体現していた。彼は、十八世紀の伝統がもつあらゆる活力を一身に集め、力点の置き方を新しくしながら、それを十九世紀へと前進させたのだった。彼の見解は、小規模生産者のイデオロギーに最も近いものであった。彼がその全存在をかけて支持した価値（そして彼がそれを最もうまく描くのは自分の先入観のなすがままに書くときだった）は、頑健な個人主義と自主独立という価値だった。彼が嘆いたのは、小規模農場経営者と小規模商工業者の消滅であり、またこの国の資源があさられて「山積み」にされることであり、そして「自主独立の時代に形成された気さくで慣習にとらわれない性格」が織布工から失われることだった。[76]醸造業者や不在地主の広大な地所に怒りを覚えた小規模農場経営者、工場制度の伸長に反対して請願をした小規模な織元、中間業者が政府の仕事を受注したり市場のいちばんうまい汁を吸い上げていることに気づいた零細な仕立て工や長靴製造工。こうした人びとが当然のことながら彼の読者になった。また、彼らは、「投機」と「営利本位のシステム」にも同じような漠然たる敵意をいだいていたが、しかし（コベットと同じく）所有権にたいするなんらかの根源的な批判をする手前で立ち止まってしまうのだった。

これがすべてだったなら、コベットは小ブルジョアの政治的スポークスマンでとどまっただろう。だが、彼の読者――急進派の運動自体――が彼をもっと先に導いた。「われわれは二つの階級の人間――主人と卑屈な従者――しかいない状態に向かって日々進みつつある」。コベットは、職人や綿紡績工の立場を考える際に、いやおうなく労働者階級へと身を堕さざるをえない小親方の経験から推定した。彼は、マンチェスターの工場プロレタリアートを、新しい型の人間というよりは、むしろ独立性と権利を失った小生産者と見なしていた。まさにそうであるがゆえに、工場の労働規律は、彼らの尊厳の蹂躙であった。彼らが反乱を起こすことは正当だった。同じ立場に置かれたら、コベットも反乱を起こしただろうから。児童労働に関して言えば、それは単純に「異常な」ものだった。

農場労働者にたいする彼の態度はちょっと違っていた。彼は、商工業社会を理解しようと苦心はしたが、彼の頭にある政治経済学の基本モデルは、農業から導き出されたものだった。それゆえ、彼が容認する社会構造では、ある相互的な義務と道徳的拘束によって生産関係と社会関係が統治されるという前提のもとで、地主、勤勉な農場経営者、小土地所有者、そして農場労働者が、みんなそれぞれの役割をもっていた。地主としての自分自身のおこないを弁護するために、彼は、自分がボトリーに農場を手に入れたとき、そこで隠居暮らしをしていた年老いた小屋住み農夫のことを引き合いに出した。

その老人は私に地代を払わなかったが、彼が死んだとき、私は、彼の墓石に、この男は正直で腕のいい勤勉な労働者だったと彫り込ませた。そして私は、ボトリーにいるあいだずっと、彼の未亡人に週一シリングを与えた。(77)

これを見ると、彼は、彼自身がその消滅をしばしば嘆いていた善良な地主《スクワイア》と違いがない。だが、これがすべてではない。次のような居心地の悪くなるような文章もあるのだ。「農業労働者が豚のようなありさまで生きている社会は、どんな社会であれ決して存在してはならない」。どんな社会であれ決して存在してはならない――まさに彼にとっての社会批判の試金石は、労働する民衆の状態にほかならない。農業労働者の反乱の時期や新救貧法の時期のように、彼は、労働者の状態が耐えがたいものであると判断した場合には、一般に受け入れられている社会秩序に挑戦しようとした。

神は、この土地での生活を彼らに与えた。彼らはあなた方と同じく土地にたいする権利をもっている。彼らは、その労働と引き換えに、土地からの産物で生計を立てていく明白な権利をもっている。そして、生活の糧と引き換えに彼らの労働を受け取っているように、自分自身で自分の土地を管理できないのであれば、そんな土地は彼らに譲り渡してしまいなさい(78)……。

これが書かれたのは、彼が亡くなる六カ月足らず前のことだった。

これこそ、コベット（そして彼の友人であり、一八三二年以降はオールダム選出の同志の議員だったジョン・フィールデン）が労働者階級のスポークスマンに近い存在となった理由である。いったん労働する民衆（コベットにとっては農業労働者、フィールデンにとっては工場で働く児童）の実際の状態が、ほかのすべての政治的方策を判断する一つの試金石ではなく、唯一の試金石とされるならば、革命的な結論はすぐそこにある。「貧者の歴史的権利」について、コベット、オウストラ、カーライルはそれぞれ異なるやり方で発言したが、この一見したところ「懐古的」な考えには新しい請求権が隠されていた。すなわち、コミュニティは慈善からではなく権利にもとづくものとして貧乏人や困窮者を援助すべきであるという新しい請求権が成熟しつつあったのである。[79] コベットは、慈善と道徳的救済の「慰めの制度」をひどく嫌ったし、自著『プロテスタント「宗教改革」史』で彼が主として意図していたのは、彼の言う社会的権利の概念に歴史的な裏付けを与えることであった。中世の教会の土地は、貧民に信託されていた。不正に利用されたり分散させられてはいたが、それでも貧者は土地への請求権をもっていた。これは（コベットの見るところでは）旧救貧法による調停を通じて認められていた。そうした法律の破棄は、貧者を騙してその権利を奪ってきた一連の恥ずべき強奪行為のしめくくりなのである。

> この奪われた権利のなかには、われわれが生まれた国で生きる権利、適切かつ正直になされた労働と交換にわれわれが生まれた土地から生活の糧を得る権利、そして病気から生じたものであれ、衰えや老齢から生じたものであれ、職が見つからないことから生じたものであれ、なんらかの困窮に陥ったとき、土地生産物によってわれわれの欠乏を十分取り除かせる権利がある。……千年の年月の間、窮乏は十分の一税にあたる生産物によって取り除かれていた。十分の一税が貴族層によって奪われて、貴族自身のために取っておかれたり、教区司祭にすべて与えられたりしたとき、生活の糧は、奪われたものの代償として土地から与えられた。そうした代償は、救貧法で定められた救貧税というかたちで与えられた。救貧税の破棄は、土地所有者に地代への権利

を認めるかわりに、困窮時には土地生産物の内から救済物資を受け取る権利を与えるという合意を、侵害するものであった(80)。

この歴史的神話は、一方の国教会およびジェントリと他方の貧しい労働者とのあいだになんらかの中世的な社会契約があったと仮定しながら、新しい社会的権利の要求を正当化するためにもちいられている。この用法は、かつてアルフレッド大王の自由なる国制やノルマンの軛といった理論が新しい政治的権利の要求を正当化するためにもちいられたのとほぼ同じだった。この見方に従えば、土地所有者が自分の土地にたいしてもつ保有権は、絶対的な権利ではなく、彼らが社会的義務を果たしているかどうかに依存する。コベットもフィールデンも労働する民衆が土地財産や資本を奪い取るなんらかの権利をもつという仮定から出発したわけではなかった。しかし、両者とも、もし現存の所有関係が、労働者とその子供にとって、人間性の実現に必要不可欠な権利を侵害するものである場合には、たとえ荒療治でも、なんらかの救済が議論されるべきである、ということを受け入れている。(ランカシャーで三番目に大きな「偏屈領主」であるフィールデンにとって、それは、八時間労働日を求めるゼネラル・ストライキを敢行するためにジョン・ドハーティと協働する用意があることを意味した)。

同時に、コベットの試金石は、彼がいだいている政治理論と、中流階級の功利主義者たちがもっているイデオロギーとのあいだに、乗り越えがたい壁となって立ちはだかった。マルサスの結論は、もし移民を説いたり貧民の結婚の制限を説いたりすることになれば、この試金石によって批難された。「スコットランドの感情哲学者」やブルームは、もし旧救貧法下の貧民の権利を破壊したり、織布工を飢えるままにさせたり、工場の小さな子供たちの労働を是認することしかできなかったならば、この試金石によって腹黒いごろつきと宣告された。彼の試金石は、しばしば議論というよりは、一つの断言、一つの呪い、一個の感情の躍動である。しかし、それで十分だったのだ。コベットは、急進主義者とチャーティストを、功利主義者や反穀物法同盟の同調者にならないよう守るという点では、ほかのどんな書き手よりも多くをなしとげた。彼は一つの階級の文化をはぐくんだ。だが、その階級への不当な扱いを感じ取ってはいたものの、その救済策を理解することはできなかった。

3　カーライル、ウェイド、ガスト

それでもなお、コベットの短命な政治的著述がもつ、一貫性の欠如、弱い者いじめ、反知性主義、国王と国教会にたいする忠誠の公言、理論面での便宜主義、紆余曲折を忘れてはならない。こうした弱点は、もっと理路整然としている急進主義者にとって明白どころではなかった。すでに一八一七年に、彼は、ほかの定期刊行物の激しい攻撃にさらされた。二〇年までに、多くの急進的な職人は、コベットを思想家であると真剣に見なすことをやめていた。もっとも、彼らはコベットの途方もない論戦を楽しみつづけてはいたのだが。彼らはコベットを読みつづけたが、別の紙誌も読みはじめたのである。一七年から三二年にかけて、こうしたあまり有名ではない紙誌のなかに、きわめて独創的で質の高い思想が見られたのであり、この思想がやがて三二年以降に〔労働者〕階級の政治意識を形成することになる。このなかから四つの傾向を取り上げよう。すなわち、ペイン‐カーライルの伝統、労働者階級の功利主義者と『ゴルゴン』、ジョン・ガストの『職種新聞』の周囲にいた労働組合活動家、そしてオウエン主義と連携するさまざまな傾向、がそれである。

『人間の権利』に見られるペインの基本的な思想と、それがカーライルによる出版の自由をめざす闘いに大きく貢献したことはすでに検討した。ペインが起源であることは明白である。ペインに負っていることが認められるばかりではなく、ペインの考えは教理上の正説だと主張されている。

唯一、トマス・ペインの著作だけが、急進的改革と呼ぶに値するすべてのものごとの基準をなしている。トマス・ペインの政治原理の全体に達していない人びとは、急進的改革者ではない。……急進的改革は……共和

制形態の政府を欠いてはありえない[81]。

この教理を堅持する気迫と忠誠心は、年老いた鍛冶屋を議長とするチェルトナムのチャーティスト支部の集会についての報告からうかがうことができる。

ある夜……誰かがトム・ペインと呼んだ。議長は跳び上がった。彼はひどく怒って叫んだ。「私は議長役をやめる。かの偉大な方が悪しざまに呼ばれるのを聞いてはいられない。彼が賞金稼ぎのボクサーでなかったことぐらい覚えておきなさい。トム・ペインなどという人物はいない。どうか、トマス・ペイン様と呼んでいただきたい[82]」

世襲原理と「中世的な《ゴシック》」迷信や遺物にたいして妥協の余地なく敵対し、普通の市民の権利を大胆に肯定する――こうしたことが、この教理の美徳である。しかし、イングランドでは、少なくとも一八二〇年代末までには、ペイン‐カーライルの伝統は、何か耳ざわりで非現実的な感じのするものと受け取られていた。「貴族打倒」という叫びは、産業革命が進展し、貴族の特権と商工業の富とが複雑に相互浸透しているイングランドの現実的な権力構造を考えるなら、説得力を失っていったのである。合理主義者の諷刺文は、「聖職者身分」を特権的な雇われ弁護人として、また、民衆を隷属状態にとどめておくために考案された無知の使者として描いたが、どこか見当はずれのものだった。それらは、狐狩りを楽しむ田舎の教区主管者や、聖職者兼治安判事の急所を突いたかもしれないが、しかし、すでにブリティッシュ・スクールやナショナル・スクールなどで活躍していた福音主義者や非国教派の牧師にとっては別段耳の痛いものではなかった。論争は、抽象的に雲散霧消してしまう嫌いがあり、コベットがほとんどつねにおこなっていたようには、ことの核心をついたり、四つに組んで闘うということがなかった。カーライルの描く「牧師」は、「色事……と飲酒にふける」合間に、せわしなく「ひざまずき、十分の一税を集め、行脚し、悪魔払いをし、清めをし、十字を切り、秘蹟をおこない、洗儀式をおこない、割礼をし、わけのわからぬ話をする」人なのだった。[83] カーライルは、ほかのいかなる急進派よりもイングランドの監獄のことを知っていた。とはいえ、彼はそれを、バスティーユと同じだと思いつづけていた。もし、ジョージ四世がランダフの主教のはらわたで締め殺されるようなことがあったすれば、それは一つの勝利ではあろうが、しかし彼の考えている勝利ではなかっただろう。彼はさらに、都市部の最後の市参事会員、田舎の最後の説教師にまで対処しなければならなかったことだろう。

純粋理論家に特徴的なことではあるが、ときおり彼は、現実に操作を加えることによって自分の教説を確証しようとした。彼は、彼を迫害した人にたいして、次のような威勢のいい挑発を仕掛けている。

> 私は、現在の大臣たちの大多数は圧制者であり、この国の民衆の利益と厚生にとっての敵だと考えている。したがってまた、私は、あえてこう公言するものである。彼らの支配のもとで不当な損害を受けたある人が、大臣たちのうちの誰か一人またはもっと多くを殺害するほどに、自分自身の命に頓着しないのであれば、私は、竪琴でその人を称える歌を奏でるだろう。

しかし、そうした圧制者殺しは、もし彼が仲間を求めて実行するなら、「徳の欠如」を示すことになる。彼は、それを一人でなす決意をもたなければならない。「私は、このような目的のための結社《アソシエーション》を批難する」[84]。そして、この文章から彼の別の弱点がわかる。第一に、そこには彼の個人主義の無責任さがみてとれる。こうした文章は一つの煽動であり、彼は（ほかのものを発表した場合と同じように）、その帰結を顧慮することなく、たんに一つの煽動として発表できたのである。考えを一つの正説にまで体系化したほかの人びとがそうであるように、彼は彼の師の考えをただ話し伝えただけだ、というのは真実ではない。彼は師の考えを教理に変えることによって固定化したのである。彼はペインの考えの一部（個人の権利に関する教説）を採用して、ほかの部分は無視した。そして彼は、自分の採用した部分を極端にまで、つまり究極の個人主義にまで推し進めたのだった。

市民はみな、権力にたいする服従義務をもたないし、そんなものは存在しないかのようにふるまうべきだった。そして、そのように彼は自ら実行したし、またその帰結について責任を負う覚悟ができていた。しかし彼は、市民は自分自身の理性にたいしてだけ義務をもつと考えた。彼は、自分の党派の人びとをも含めたほかの人びとに相談をする義務などもたなかったし、ほかの人びとの判断に従うこともなかった。実際、党という考えはじゃまものだった。理性の力こそ、彼が認める唯一の組織者であり、出版物こそが唯一の勢力拡大装置だった。

> トマス・ペインによって主張された政治原理が、大多数の民衆によって十分理解されるならば、それらを実行に移すにあたって必要なことはすべておのずとあきらかになり、したがって策略や代表者集会はまったく不要になる。……わが国の現状では、民衆に課せられている真の義務は、何が自分たちの政治的権利であるかを個々人が自分でよく知ること以外にはない。……当面、個々人は、状況が武装を余儀なくさせる場合に備えて、すでに保持している自由と財産を減少させようとする圧制の企みから防衛するために、隣人との付き合いや隣人との相談なしに、武装した個人として自らを準備し覚悟を固めなければならない。……各人がおのおのの義務を果たそう。しかも、おのおのの隣人がどうするかを顧慮することなく、公然と……。

民衆の知識の力を、彼は「懐疑の原理」と呼んだ。

> それから、知識を深めるよう努力しよう。知識が力であることははっきりと論証されているのだから。内閣と王室の犯罪を抑制するのは知識の力であり、流血の戦争と破壊的軍隊の悲惨な結果を食い止めるのも知識の力にほかならない。[85]

最初の文章は、暗い年だった一八二〇年に書かれたものだが、カーライルは、いくぶんかは、煽動家がいともたやすく浸透してしまう組織から急進派を守ることに躍起になっていた。だが、ここで言われていることには具体性が欠けている――「自由」「知識」「流血の戦争」「内閣と王室」。そして、ここには読者にたいする深刻な誤解もある。「おのおのがおのおのの義務を果たそう。しかも、おのおのの隣人がどうするかということを顧慮することなく……」。労働者階級の急進的運動の真髄が、「隣人と相談」する個々人にあることを彼は知らなかったのだろうか？　こうした相談なしでは、彼の店の店員は売り込もうとはしなかっただろうし、彼を支持する田舎の活動家はその持ち場を守りぬこうとはしなかったろう。こうした彼の盲目状態を解く鍵は、たぶん「すでに保持している自由と財産を減少させようとする圧制の企みから防衛する……」という語句にある。というのも、これはペインにだけでなく、ロックにも見られるものだからである。

ここでふたたび「小ブルジョア個人主義」という言葉が思い浮かぶ。そして、その言葉に伴ういくつかの軽蔑的な連想を払いのける困難な努力を払うならば、われわれは、カーライルの場合にはこの言葉が有用だということが理解できる。彼が思い描いているモデルは、おそらくは小親方、製帽工、ブラシ製造工、書籍商である。われわれは、カーライルのなかに、小ブルジョアの限界ばかりでなく、反乱の時代における小ブルジョアの強みもみてとることができる。ビュイクがもう少し若かったなら、『共和主義者』を読んでいただろう。カーライルが見ていたことは、彼らの政治的権利と所有権を守ることによって、王室の権力にたいするブルジョアの警戒心をつかまえて、それをショーディッチの製帽工やバーミンガムのおもちゃ製造業者とその職人たちに広めることだったのである。

言論・出版の権利に関しては、彼が収めた成果は、コベットの民主主義的な論調と同じくらいに劇的であった。だが、政治理論と経済理論に関しては、彼の立場は不毛であるか妄想的であるかのどちらかだった。ロック主義者のイデオロギーの強みは、ブルジョアとは多くの財産をもつ人びとであるという事実にあった。国家の統制や介入の中止の要求は（彼らにとっては）自由の要求でもあった。しかし、製帽業者はわずかの財産しかもっていないし、彼の職人の財産はもっと少ない。国家による規制を撤廃する要求は、彼らより大規模な競争相手（または「市場の力」）にもっと完全な支配力を与えるだけのことである。そして、このことはあまりにも明白だったから、コベットと同様に、カーライルもまた、閑職者、役人、税金泥棒からなる仇敵目録の作成を余儀なくされた。小親方を苦しめる巨悪は、税制のなかに見つけられなければならない。政府はできるかぎり小さくなければならないし、その小さな政府は安上がりでなければならないのである。

　これは無政府主義に近いが、しかしきわめて消極的で防衛的な意味においてのみそうである。すべての人は、考える自由、表現する自由、営業する自由、銃を持つ自由をもたなければならない。前二者が彼の主要な関心事であって、出版の自由は一つの手段ではなく、それ自体一つの目的と言ってもいいほどだった。だが、『人間の権利』第二部であきらかにされている社会計画の展望は、彼の師の著作のなかで、彼が最も影響されることの少ない部分であった。彼は、独立のたたきあげの人間として、無気力な人びとを軽蔑し、独学の人として、与えられた自己改善の機会を生かさない人びとに我慢できなかった。彼は投獄されて理性の門を開いた。もし労働者が大挙してその門をくぐらないのであれば、それは彼ら自身の過ちであった。「私は、居酒屋が大多数の職人にとって、我慢できないほどの魅力をもっていることを知っている」[86]。彼は、少数派志向の人物だった。

　彼の合理主義は、彼の政治理論と同じく、もろもろの否定から成り立っていた。彼は、聖書のなかのばかばかしい点を並べ立てたり、聖書のなかの卑猥な章句を出版したりすることに喜びを覚えた。彼は、もろもろの美徳について積極的に述べた入門書『モラリスト』を世に問うたが、それは（すでにみてきたように）ブルジョア的家庭人の美徳を、微温的な合理主義者の立場から擁護するものだった。詩（あるいはなんらかの想像的な語句）にたいして彼は、ベンサムと同じように狭量な「一面的見解《シングル・ヴィジョン》」の態度を示した。『カイン』[13]や『判決の夢』[14]から無断借用したけれども、彼がそうしたのは「それらの著作を尊敬していたからではなく、自分の敵がそれらを脅かしていると考えたからなのだ」ということを苦心して示した。彼は『ドン・ファン』の六編分を読んだが、それは「私の意見ではたんなるお涙頂戴ものであり、人類にとってなんら有用たりえないもの」だった。（彼はそれらのどれもが機知にあふれていることには目をとめなかったようだ)。

私は詩人ではないし、散文と同じく詩がもってきただろう性質――人類を有用な知識へと導く力――を超えたところで詩を称賛する者でもない(87)。

「私の意見では……」――こうした言い方から、独学の文化が実利主義的でもありうることが思い起こされる。知性の民主主義がバーソロミュー・フェアのようなものになる危険性があるのだ。そこでは、すべての人が自分の露店を出していいわけで、どの人の意見もほかの人の意見と同じようにいいものであって、最も珍妙なとるにたりない余興――首なし女とかダンスする哀れな年老いた熊――もすべて売り物にされる。職人たちは迷い込んで小銭を払う。彼らは、すぐに自分自身で露店を出してみようかという気になり、商いのためのなんらかの徒弟修業を終える前に、議論や討論をしようとする。これと同じ市場で仕事にとりかかった、もっと堅固な知性の持ち主――ホジスキンやトムソンやオブライエンやブレイ――は、彼らのまわりのいたるところでわめき立てている独断的な呼び売り商人たちを、何度となく呪ったにちがいない。

ところが、こうした批判がすべてなされようが――こうした批判は多かったし、また十九世紀に戦闘的な合理主義の伝統が耳ざわりなものになったことを説明する点で大いに価値がある――こうした批判がすべて語られようが、この市場を設けたのはまさにカーライルその人なのである。これは言葉のあやではない。彼の出版物は一つの市場だった。ペイン、ヴォルネイ、パーマー、オルバック[15]など、多くの人の著作を出版したのは彼だったのである。また、彼は口頭で討論する市場も設けた。一八三〇年に彼はロウタンダを創設したが、ここではロンドンの労働者階級の運動を形成することになる討論がおこなわれた。その議事録は、定期的に彼の『鼓舞者《プロンプター》』で公表された。この雑誌は『興業者《プロモーター》』と名づけられたほうがよかったかもしれない。というのは、カーライルは実際にそうした人物になったからである。彼は、「自由思想の興行師」であり、どんな人よりもそうした役を引き受けるのにふさわしい人物だった。彼は、群衆を必ずや引き込む花形役者を探し求めた。ジョン・ゲイル・ジョーンズ、この古参のジャコバン主義者の外科医は、なお一群のファンを引き付けていた。しかし彼が収めた最高の成果は、ロバート・テイラー師を売り込んだことだった。師は、国教会への背教者であり、また元国王付き司祭だったが――正式の聖職服をまとって――「利己的で邪悪な聖職」を攻撃する無神論的な説教を講じたのだった。テイラーは真面目な学者然とした男で、監獄で務めを果たしたし、「神聖なる女王陛下、すなわち千八百年間の無知」をさらに凋落させるためにも貢献した。しかし、彼の説教は、ヘブライ語の原典に関する言語学的批評を長々と引き合いに出しながらなされるので、聴衆にとっては興味深いと同時に奇妙なもの――首なし女のようなもの――だった。そうしたロウタンダの見せ物はほかにもあった。ザイオン・ウォード[16]という、サウスコット派の後継者がそれであり、彼は、啓示と改革について、人を仰天させるような熱弁をふるって聴衆を魅了した。こうした見せ物にもかかわらず、カーライルは、週に一度の宗教討論の出席者は残念ながら減ってしまったと報告している（一八三一年八月）。そこで、ロウタンダは、毎水曜日の夜、新しい賃借人、全国労働者諸階級同盟によって使われることになった。カーライル（ふたたび投獄されていた）は、この同盟が出版の自由、「印紙税不払い」を求める次の闘いを組織しようと提案していることに、少しばかりいらだちを覚えた。彼はこう書いている。「私はいかなる結社にもかかわりがありません。またいかなるものであれ、そうしたものからの援助を……求めようとは思いません」。ほかの個人主義者と同じように、彼の自己中心主義が運動をほしいままにしてきたので、他人がその運動を自分たちのものとしうるという考えに憤慨したのだった。「政治クラブに注意せよ」、彼は一カ月後にこう書いた。彼は、クラブや団体、労働組合や共済組合にたいしてさえ強力な反感をもっていた。「第一次フランス革命に見られる恐怖は、ほとんどすべて政治クラブに端を発している。……私は、それらはすべて卑怯な結社であり、見下げ果てた、とるにたりない、下劣で無価値なものだと断言する」。選挙法改正案をめぐる抗争が週を追うごとに重大さを増していったころ、彼はバリケードと手榴弾と可燃性酸化物の情報に関する出版物を出した。「各人が自らを組織せよ」。しかし、全国労働者諸階級同盟はロウタンダで会合をもちつづけたし、その最も印象深い指導者――ワトソン、ヘザリントン、ラヴェット、クリーヴ、ヒバート――の多くは、カーライルの伝統のなかではぐくまれた人びとだった。彼らは、とうの昔にカーライルを見捨てていたが、なおカーライルの第一原理を堅持していた――「自由な論議こそは唯一必要な国制なのであり、国制に唯一必要な法なのである(88)」。

ハンナ・モアとランダフの主教、ウィルバフォースとメソジスト年総会による二十年にわたる説教の結果、急進主義者のあいだの反聖職者意識は頂点に達していた。『ゴルゴン』は当然のこととして、こう書くことができた――「柔和で隠やかなモーセが、卑劣で不潔なイスラエル人をエジプトから連れ出した」。

われわれは、モーセのことをマホメット[17]と同じように巧妙で大物の詐欺師だったと言うつもりはない[18]。われわれは、かつてペリゴール・タレーランがボナパルトにとって不可欠[19]だったのと同じく、大祭司アロン[20]がモーセにとって不可欠だったというつもりはない。われわれは、ヨシュアがブリュッヒャーやスヴォーロフと同じほど大物のごろつき軍人だったと言うつもりはない。そしてまた、カナンでおこなわれた残虐行為と虐殺が、フランス革命戦争の二十五年間におこなわれたものより十倍もひどいものだったと言うつもりもない(89)。

にもかかわらず、これこそ『ゴルゴン』がなんとかして伝えようとしたことである。これは、カーライルの伝統にかかわる一つの特徴である。そしてまた、これら二つは、それらが功利主義に似ているという点でも関連している。カーライルの場合、この点は暗黙のうちに語られている。詩でさえ有用で知識を伝えるものでなければならないのである。『ゴルゴン』の知性の歴史はもっと血沸き肉躍るものだった。それは、ベンサム主義と労働者階級の経験を結合させる明示的な試みだった。それは、ただ中流階級の功利主義者の考えを労働者階級の読者に中継する試みではなかった（プレイスが握っていたなら、やりとげていたかもしれないが）。ジョン・ウェイドは元ジャーニーマンの撰毛工で、『ゴルゴン』を（一八一八―一九年に）編集したが、独創力と偉大な応用力の持ち主であり、プレイスの考えを鵜呑みにしなかった。その結果、『ゴルゴン』はそうした功利主義の考えを受容するというよりも、それと格闘しているようにみえる。すなわち、次のような探求がなされている——功利主義は労働者階級の経験という文脈のなかで役立つようにできるのだろうか？

プレイスの影響力は重大なものだったから、その人となりをなるべく詳しく理解しておかなければならない。われわれは本書の研究全体を通して彼に注意を払ってきた。というのも、（ロンドン通信協会やウェストミンスターでの急進主義や団結禁止法撤廃に関する）記録保管係および歴史家としての彼の偏向は、重大な誤解を招いてきたからである。彼は、半ズボンづくりのジャーニーマンから身を立てて、羽振りのいい商店主として人を雇うようになり、ベンサムやミル父子と親しく付き合い、庶民院議員たちの助言者となった。一八〇〇年代のはじめから、彼は職人と中流階級とのあいだを橋渡しする作業に力を注ぐようになった。彼は、ランカスター方式学校の普及運動と職人学校とを援助した。彼は酒を飲まない品行方正な職人に関心をもち、また自己改善に努力を払った。しかし、彼がフェビアン主義の伝統の創始者の一人であることはあきらかなのだから（グレイアム・ウォーラスは無批判にそう見なしている）、彼を中流階級の「虜」にすぎないと見なすことはできないし、また、彼には最も非妥協的な立場をとる能力がなかったと考えるべきでもない。思想と表現の自由の問題について、彼は依然として半分ジャコバン主義者だった。というのは、彼は、イングランドで『理性の時代』の初版を出版する手助けをしたし、またカーライルを「狂信者」と見なすようになったとはいえ、カーライルの初期の闘争には多大な援助を惜しまなかったのである。一八一七年と一九年の弾圧にたいする彼の激怒についてはすでにふれたし、労働組合の権利を要求する活動にその怒りが大いに生かされた点にもふれた。たとえ、組合活動家の運動に向けられた彼の熱意が、マカロックの政治経済学と奇妙な形で混ぜ合わされていたとしても、そうだった。思想上は、彼は一八年までには心底ベンサムの虜になっていた。彼は、ベンサムと父ミルの学説を学んだのであって、それらを探求したわけではなかった。だから、彼が、自らの著述のなかで彼らの学説に付け加えたものは、きわめて勤勉に収集した例証的事実以外にはほとんど何もなかった。しかし、政治的な面では、彼は、まったく独自の一勢力になった。彼は功利主義者たちに、自分で巧妙に操作しうるウェストミンスターの一議席だけではなく、急進的な商工業者や職人の世界との接点も与えたのである。こうした人がイデオロギー面と政治面の双方でそうした役割を演じることができたという事実は、一つの新しい現象だった。

プレイスの『ゴルゴン』への主要な貢献は、ロンドンのさまざまな職種（とくに仕立て工のそれ）に関する実証的資料を集めたことだった。[90] この定期刊行物の論調と力点を決めていたのはジョン・ウェイドだった。ウェイドは（プレイスと並んで）急進主義者のなかで事実の発掘を最も見事にこなす人だった。彼の『黒書《ブラック・ブック》』は、急進派がおこなった同じようなほかのいかなる調査よりもはるかにすぐれている。彼がベンサム主義者に魅せられた理由が、彼らの調査の確かさと、改革の実践的細目——法律や監獄や教育をめぐる——にたいする彼らの熱心な関心にあったことがみてとれる。『ゴルゴン』は当初から、民衆的急進主義に広く見られた修辞法《レトリック》にいらだちを表明していた。一方で、国制上の古事についてのもっともらしい議論を厳しく攻撃した。そうした議論は『ブラック・ドウォーフ』にひっきりなしに掲載され、そこではカートライト少佐がいまだにアングロ＝サクソン時代の議会について書いたり、ノルマンの軛に関する理論を延々とおこなったりしていた。

われわれは、改革の大義を前進させるには、この主題を考察する際に、先行する社会状態への言及をすべて排除するしかないと、心底から考えている……。

「古き良き時代」から引き出される議論は、奇妙にも、労働者階級の改革論者の口から出たと、ウェイドは指摘する。「寄せ集められてきた昔からの伝説」の多くは、労働者に敵対する厳しい弾圧的な立法の根本であった。改革論者の指導者にできることは（と彼は問いかける）、

古くからの腐敗選挙区の売買制度にたいして、かび臭い羊皮紙の文書やゴシック体やラテン語の引用文をぶつ

けること以外、何もできないのだろうか？　現在の金融状況や、現行の時代遅れの紙幣制度や、莫大な数の貧民については、何もないというのだろうか。

しかし、先例にもっともらしく訴えることを拒絶するのであれば、「自然権」を要求するペインの確信をも拒絶することになる。すべての男は投票をおこなう自然の権利をもつと論じるのなら、同じ権利が女にもあることをどうやって否定できるだろうか？　ウェイドにとっては（コベットの場合と同じように）これは背理法であった。狂人と救貧院の収容者が（女性と同じく）選挙権を否定されていることには、社会的効用《ソーシャル・ユーティリティー》という明白な理由があった。そして、この社会的効用こそ、労働者階級の急進派（あるいは少なくともその男性側）がもろもろの要求をおこなうにあたって依拠する最も堅固な基盤だったように思われる。

全体の効用こそは、社会の唯一かつ究極の目的である。だから、われわれは、それに反するような要求は、自然的なものであれ慣習上のものであれ、いかなるものも決して神聖だと見なしたり、価値あるものだと見なしたりはしない。(91)

こうした基盤に立って選挙権の要求を正当化するのは難しいことではなかった。だが、ここに困難が生じる。ウェイドは、すがすがしいほどに、社会改革と労働組合組織に心を奪われていた。もし功利主義が労働者階級のイデオロギーとして拡張されるのであれば、社会構造と政治経済に関するなんらかの理論が必要だった。最大多数の幸福はどのように規定されるべきか、また、雇用主にとって有益なことが労働人民にとって抑圧的であるということはないのだろうか？　ウェイドの社会構造論は、印象主義的で二次的なものだったが、彼は少なくともコベットの「旧腐敗体制」や「選挙区売買制度」という修辞法よりは多くのことを提示した。彼は、社会を寄生的階級と生産的階級に分けた。第一のグループは、(a)教会や法曹界の高位についている人びとや貴族からなる上流階級、および(b)「中間階級《ミドリング・クラスズ》」——忠実な教区司祭、国税管理委員、国税庁官吏。これらを彼は腐敗と見なした。第二のグループには、「生産的階級《プロダクティヴ・クラスズ》」が入る。この用語は、専門職の人びとや雇用主を含むほどに広いが、しかし力点は「自らの労働でコミュニティの基金を増大させる、農夫や職人や不熟練労働者といった人びと」に置かれている。彼は、このグループの下に魅力ある特色をもたない人びと、たとえば貧民や国家への債権者を置いた。

> 勤勉な諸階層《インダストリアス・オーダーズ》は、万物が生起し生産される源である土地に比することができよう。ほかの諸階級《クラスズ》は……土地の表面で滋養物を吸い取る、木やエンドウや雑草や野菜に比することができる……。

人類が「大いなる完成」の状態に達したなら、そのときには勤勉な諸階級しか存在しないはずである。「ほかの階級は、ほとんど現存する悪習と無知のなかで生じてきたものであり……その社会状態では、する仕事もなく、彼らの名前も職場も存在しないのである」[92]

まさにこの点にかかわって、ウェイドはプレイスの助けをあおぎ、『ゴルゴン』は労働者諸階級の状態に関する資料を毎週取り上げはじめたのである。誰の影響が最も強かったのかはあきらかではない。一方では、価値の源泉としての労働がひじょうに強調されているが、この強調はおそらく、前の年に出版されたリカードの『経済学の原理』によって強められたものだろう[93]。『ゴルゴン』にはこう書かれている。「労働は、この国においてはあり余った生産物であり、われわれが輸出する主たる商品である」

> 四つの主要な工業製品、すなわち綿、リンネル、布地、鉄に関して言えば、平均した場合、原料はそれらの価値の十分の一にもならない。残りの十分の九は織布工、紡績工、染色工、金属細工職人、刃物工など、多数の人びとの労働によってつくりだされている。……こうした人びとの労働こそがわが国で取り引きされる主要な商品をなしている。わが国の大商人たちがその富を引き出し、国がその栄光を引き出した根源は、ジャーニ

ーマンやイングランドの労働者の血と骨を商うことにあるのである……。

この言明は、感情に訴えているのであって、正確なものではない。これが思い起こさせるのは、労働がすべての価値の源泉であるという考えが、セルウォールの『自然の権利』だけではなく、一八一六年書かれたコベットの「職人と労働者への呼びかけ」の力のこもった論調にも見られることである。コベットは、物を書きながら、彼自身の農場や農場労働者たち――家畜の世話をしたり、耕したり、建物の修理をしたりするのに忙しい――に自分の心の目を向けているような感じがする。ウェイド（またはプレイス）は、ある形態の原材料を与えられ、自分の労働ないし熟練によってその原材料を加工する職人、下請け労働者、撰毛工、仕立て工に、自らの目を向けていた。原材料には十分一を、あとの残りは労働と熟練に。[94]

しかし、この『ゴルゴン』掲載の同じ論文は、ただちに、労働組合活動家に政治経済学の決まり文句を教授しはじめる。労働にたいする報酬は、需要と供給によって規制されている。「ジャーニーマンの賃金が増大すると、それに比例して親方の利潤が必ず減少する」――すなわち、賃金基金説である。労働の価格が高くなると「当該産業部門から資本を押しのける傾向が生じる」。そして（職人条例の廃止に与したプレイスとまったく同じ言語を使って）――

> 親方とジャーニーマンは、双方とも、すべての場合に個人として行動すべきであり、集団として行動すべきではない。いずれかの主体が不自然なまたは人為的な手段に訴えた場合には、不自然な結果がもたらされる。

自然法ないし自然権の理論は、ウェイドによって正面入り口で閉め出され、裏口から招き入れられた。というのは、この時期までに、マルサスや正統的な政治経済学を考慮せずに中流階級の功利主義について考えることはほぼ不可能になっていたからである。すなわち、効用に関する教説は、人口の「法則」や需要供給の法則を考慮してはじめて解釈されうるのである。功利主義が、もし労働者階級のイデオロギーのなかに入っていくとすれば、そのイデオロギーは雇用主階級の虜になってしまうだろう。

それでもやはり、問題の決着がそうたやすくついたわけではない。『ゴルゴン』は、一八一八年の九月、十月、十一月を通じてずっと、ロンドンのいくつかの職種、すなわち仕立て工、活字鋳造工、メガネ製作工、植字工の状態に関する詳細な調査を掲載した。[95] 同時に『ゴルゴン』は、マンチェスターの紡績工たちを弁護した。紡績工のストライキは体制支持派や新しい文体の中流階級の急進派の新聞（とりわけ『タイムズ』）のひじょうに激しい攻撃を誘発しつつあった。過去二十年にわたって組合が組織されていた職種と組合が組織されていない職種のあいだで賃金率を比較すると、一つの避けがたい結論にいたる。「自然的」であれ「人為的」であれ、団結は次のように機能したのである。

……われわれは、親方と労働者の繁栄は、同時に生じるものであり分離しがたいものだとつねに考えてきた。しかし事実はそうではなかった。そしてわれわれは、躊躇することなく次のように言うことができる。すなわち、労働者をめぐる状況の全般的悪化の原因、また、ジャーニーマンの階層が異なれば悪化の程度も異なる原因は、彼らのあいだに普及しているが法律によって犯罪と宣告されているもの――すなわち団結――の完成度に完全に依存している、と。労働者をめぐる状況は、親方の繁栄や利潤にはまったく依存していないのであって、労働者が自分たちの労働にたいする高い価格を支配する力、いや強要する力に依存しているのだ[96]……。

こうした考えは、プレイスが一八一四年と二四年に採用したと知られている議論に照らせば、まずプレイスのものではありえない。[97] しかし、この作者がウェイドだったとすれば、彼はこの立場を長くは保持しなかったことになる。のちに彼は、中流階級の功利主義のイデオロギーを採用したし、彼のよく知られた『中流階級と労働者階級の歴史』（一八三五年）は、事実のまめな収集を伴った、急進派の政治学と正統派経済学との独特な混合物なのである。しかしそれは、『黒書』の著者であり『ゴルゴン』の編集者から生まれたにしては、期待はずれの著作であった。

ガストの経歴は違っている。彼は、グレイヴナー・ヘンソンおよびジョン・ドハーティと並んで、これら初期に現れたきわめて印象の強い三人の労働組合指導者のうちの一人であった。彼らは、まるで異なる経路をたどった産業の出身者だったから、各人それぞれが特徴の異なる貢献を果たした。ヘンソンは、下請け労働者の闘争の模範事例なのであって、ラダイト運動の周縁部分と接触しながら、下請け労働者の非合法組合を組織し、彼らの進歩した政治的急進主義を共有しながら、自分たちに有利な保護立法を一八二四年にいたるまで強要ないしは制定しようと試みた。綿紡績工を受け持ったドハーティは、労働者が自分自身でその状態を改善する力、あるいは団結の力によって体制全体を変革する力を、もっと強調することができた。彼は、三〇年までに、一般労働組合主義や工場改革や協同組合組織、そして「全国再生」にかかわる、北部の労働者たちの大運動の中枢にいた。ガストは、やや小さめだが、高度に組織化された熟練職種の出身で、ロンドンと全国の多様な職種の組織化や相互支援という問題につねに関心を寄せていた。

ガストは造船工で、ブリストル（一七七二年にここで生まれた）で徒弟を勤め、一七九〇年ごろロンドンへやってきた。彼は、テムズにいた「三十ないし四十」年間のうち、二十八年間をデプトフォートにある造船所で過ごした（と、一八二五年に彼は言っている）。彼はそこでは十六人前後の男をまかされる「作業長」だった。「私はそこで、……商船を除くと、二十から三十をくだらない軍艦の建造を手伝った」。一七九三年に造船工たちはセント・ヘレナ共済組合に組織された。「テムズの河岸で会員でない男は十人といなかった」。この共済組合は失敗したが、一八一二年には造船工のストライキがおこなわれ、またガストが音頭をとってハーツ・オブ・オーク共済組合が形成された。この共済組合はひじょうに成功し、疾病・死亡・事故にかかわる通常の便益を提供しただけでなく、その財源から退職した造船工のために十三の養老院を設立したほどだった。テムズ造船工共済組合が二四年八月に創設されたとき、ガストはその第一書記だった。彼は、このときまでに五十代半ばになっていたはずである。[98]

団結禁止法の撤廃後、造船工たちは雇用主たちと特別に厳しい闘争を繰り広げたが、これらの雇用主は一八二五年に新しい反労働組合法をつくるロビー活動を先導していた連中だった。[99] この闘争で、ガストと彼の組合が有名になった。しかし、彼はそれよりもずっと前に、ロンドンの労働組合仲間から尊敬をかち得ていた。彼が『ゴルゴン』に協力していたことはすでにみたが、彼は同時に、「博愛主義のヘラクレス」、すなわちすべての職種にわたる一般組合を（マンチェスターやロンドンで）初めて結成する試みでも頭角を現していた。[100] あきらかに、一八一八年までにガストは、ロンドンの「さまざまな職種」の一つ以上の委員会の指導的人物となっていた。さらに、一九年から二二年にかけて、ロンドンの労働者階級の急進主義に一つの興味深い転換が起こった。前年には、ある委員会が、ピータールーの虐殺後のハントのロンドン凱旋を準備していた。その委員会では、ワトソン博士やゲイル・ジョーンズ、エヴァンズ、シスルウッドといった主に古参のジャコバン主義者や、専門職や、小親方や、少なからぬ数の職人たちが中心となっていた。ハントが二二年の終わりにイルチェスター監獄から釈放されたとき、彼は「有用諸階級委員会」を代表するジョン・ガストによって、ロンドンに迎え入れられた。[101] これ以降、ロンドンの労働者階級の急進主義は、ある新しい説得力を獲得する。すなわち、その強さがどんな産業から引き出されているかがよりわかりやすくなったのである。ガストの委員会に「労働組合協議会《トレイズ・カウンシル》」の初期の姿を見ることができる。一八二五年には、団結禁止法が廃止され、同時にそれがふたたび押し付けられる恐れがあったが、いくつかの職種は十分強大で、自分たち自身の週刊の『職種新聞』を創刊できたほどだった。[102]

『職種新聞』は「すべての隣人を助ける」をモットーとするが、それが重要である理由は、この時期までは裁判記録や内務省文書の影を通さずには知ることのできない労働組合主義の強さに、あふれんばかりの光を投げかけているからだけではない。[103] それは、一方における中流階級の功利主義と、他方における登場したての「労働組合理論」とが完全に断絶している点を示しているのである。両者の対立は、まったくあきらかだった。それはまるで、『ゴルゴン』の正統的部分がプレイスやウェイドと一緒に過去のものとなり、団結の価値を評価するその非正統的部分要求がガストの新しい冒険の基礎となっているように見える。論争はとくにプレイスに向けられたものがあり、そのやり方は不適当かつ公正さを欠いていた。そして、こうした事情は、ガストやロンドンの組合が、この時期に関するプレイス自身の説明のなかでどうしてあんなに少ししか取り上げられていないのかを理解する助けとなるだろう。論争は実際にはウーラーの『ブラック・ドウォーフ』で前年に始まっていたが、もはやその雑誌の最後の年となっていた[104]。それは、ジェイムズ・ミルの著作のなかでとりおこなわれたマルサス主義と政治経済学との結婚によって触発されたものだった。思い切った言い方をすれば、これは、次のような内容を提起していた。すなわち、失業の問題[105]は人為的な問題ではなく、人口の「余剰」から生じる自然的な問題であり、そうしたものであるかぎり、それは解決不能である。失業は解決不能であるから、賃金を規定する決定的要因である。というのも——熟練集団が自分たちの職種への参入を制限することによって、どれほど特権的な地位をかち得ようとも——労働者の大多数は、需要・供給の自然法則が過剰供給のサーヴィスの価値を引き下げるのを見ることになるのだから、と。

　こうした立場にたいして、コベットは長きにわたって熱のこもった激烈な拒絶の態度をとっていた（「坊主マルサス！　スコットランドの感情哲学者ども！」）。『ブラック・ドウォーフ』はより強力な議論を提出した。彼は、次のように書いている。「雇用の量には限度がない」……

> 世界のあらゆる地域に靴下を供給している、この偉大な工業国のなかで、靴下をはいていない男女が見られる。……もしこの島国のなかだけでも、すべての人が自分の望むとおりにいい服装をしたならば、国内消費は現在の十倍にも拡大するだろう。

彼は（プレイスからの反論に応えて）こう結んでいる。「彼らの人数を減らすことによってではなく、彼らの知性を磨くことによってこそ、人類の状態は改善されるのである[106]」

この議論は『職種新聞』の第一号で再開されたが、その初代編集長は、ロンドン職人学校の先駆者で、トマス・ホジスキンの同僚だった進歩的急進主義者、J・C・ロバートソンだった。[107] その論説は、マカロックがマルサス理論を採用し、「労働者への需要を超える供給を生まないように、自分たちの数を制限しよう」、と労働者に勧めることに異議を唱えた。論説は次のように言っている。「これは、自然と道徳と幸福に逆らう企みである」。こうした制限をするのに有効な手段は、結婚しないこと、または結婚による喜びを断念すること、さもなければ避妊具の使用であった。このときプレイスは、マルサスの立場を断固として支持し、それを労働者階級のあいだに広めることを引き受けたのだった。しかし、労働者が性的禁欲に耐えることを確信できなかったので、彼はそのほかに産児制限の手段に関する情報を提供するビラをひそかに配布することも手伝った。[108] プレイスは、当時『職種新聞』の寄稿欄でマカロックを擁護しようとした。

プレイスが、功利主義的理由づけのなかで最大の誤りを擁護する大胆な行動に加わったことにたいし、『職種新聞』は二つの点で彼を激しく攻撃した。一方においては、プレイスが、あまりにひどいので書き記すのもいとわれるような、「名状しがたい」不道徳な唱道に協力している、ということが遠回しに言われた。（避妊にたいするこうした反応をどの立場の者も共有していたことを忘れてはならないのであり、またガストが真に衝撃を受けなかったと考える根拠はない）。他方では、彼はよりいっそう重要な意義をもつ批判の口火を切った。

もしマルサス・マカロック・プレイス商会を信じるとすれば、労働者階級が自分たちのすべての困難を完全に解決するために考えなければならないことは、どうしたら最も効果的に自分たちの数を制限できるかということだけになる……マルサス商会は……すべてのことを、被雇用者と雇用主とのあいだの問題、職人と穀物生産者や独占者とのあいだの問題、そして納税者と徴税者とのあいだの問題［にではなく］、職人とその恋人ないしは妻とのあいだの問題に還元してしまうのである。[109]

言わんとする点はきわめてあきらかである。ガストとロバートソンは、制約のないままにしておけば、雇用主と被雇用者に同じ有益な作用がもたらされるという「自然」で自己調節的な政治経済モデルを拒絶したのである。根本的な利害対立が前提されており、またその解決や調節は力の問題なのである。資本にとって有用であることが、労働にとって抑圧的であることは十分ありうる。そして、この形成途上の労働者階級の理論にたいして、重大な知的補強がなされることになった。退職して半給を受けていた海軍大尉トマス・ホジスキンが、一八二五年に『資本の要求に抗して労働を擁護する』を（「一労働者」という筆名で）出版したのである。ガスト、ロバートソン、ホジスキンは、すでに職人学校で協力関係にあったが、ホジスキンはこの学校で政治経済学の講義をしていた。二五年の後半に、『労働を擁護する』の大部分が抜粋されて『職種新聞』に公表され、一連の論説が、それにたいして無批判ではないが温かい歓迎の意を示した。ホジスキンの著作からとくに賛意を表して取り上げられたのは、労働価値説の原則であった。「蓄えられると言いうる唯一のものは、労働者の熟練だけである」

ヨーロッパのすべての資本家は、彼らの全流動資本をもってしても、彼ら自身ではたった一週間の衣食をまかなうこともできない(110)……。

ホジスキンの原初的な社会主義理論は、ロンドンのさまざまな職種の経験にとりわけうまく適合するものだった。そしてこのロンドンの経験から、彼の理論の大部分が引き出されたのである。労働組合主義がふたたび法的規制の脅威にさらされたとき、彼は強力かつ常識的な議論で擁護した。「団結そのものが犯罪なのではない。逆に、団結こそはもろもろの社会集団をまとめあげる原理なのである」。彼がとくに怒りの矛先を向けたのは、請け負い業者や中間業者の役割をしている資本家だった。

食品を生産する人と衣服を生産する人とのあいだ、道具をつくる人とそれを使う人とのあいだに、それらをつくりも使いもせずに両者の生産物を自分のものにしてしまう資本家が割って入る。……徐々に、また継続して彼は、両者にうまく取り入って、彼らの増大する生産的労働によって大いに肥え太るとともに、彼らを互いにひどく引き離してしまうので、おのおのは資本家を通じて受け取る供給物の出どころがわからなくなってしまう。彼は双方から略奪するのだが、その際に相手が完全に見えないようにしつらえるので、双方とも、自分たちが暮らしを立てているのは資本家のおかげなのだと信じ込んでしまうのだ。

専門的ないし経営的な活動の役割を担う点では、資本家は生産的と見なされた。こうした役割においては、彼も一人の労働者であり、そうした者として報酬が与えられるべきであるとされた。しかし、中間業者または投機家としては、資本家は寄生的なものにすぎない。

賃金の増大を勝ち取るための、最も効果的で、最も広がりをもつ団結は、利潤や利子で生活していて、慣習という理由のほかにはなんら国民的生産物の分配への請求権をもたない人びとの収入を減少させることができる。これ以外に、団結は、なんら有害な結果を引き起こすことはない。

ホジスキンは（ゴドウィン主義的な意味での全システムの廃棄というほかには）代替するシステムを提示しなかったし、ある意味では所有権の問題を回避した。彼が是認したのは、労働者階級のあらんかぎりの力と知的・道徳的資源を利用して、組織化された圧力を増大させ、もぐり商人としての資本家の巨大な富を差し押さえることであった。こうした資本家と労働との、また「正直な勤勉」と「怠惰な放蕩」の戦争は、労働者が自分の労働のすべての成果を受け取り、また「人間が、自ら踏み固める土くれや自ら操作する機械よりも尊ばれるようになるまでは」終わらないものである。

4 オウエン主義

『労働を擁護する』が刊行され、それが『職種新聞』紙上で紹介されたことは、「労働経済学者」すなわちオウエン主義者と労働者階級の運動の一部がはじめてはっきりした接合点をもったことを示している。[11] とはいえ、当然のことながら、オウエンはホジスキンに先行していた。また、仮にオウエン、グレイ、ペア、トムソンの著作がなかったとしても、ホジスキンの仕事はもう一歩先の問題に行き着かざるをえなかっただろう。すなわち、もし資本が労働にかなりの程度寄生しているのなら、労働は単純に資本なしですましたり、資本を何か新しい制度で代替したりはしないのだろうか、という問題に。さらにもうひとひねりして考えてみると、功利主義もまったく同じ問題にいきつくだろう。つまり、仮に社会制度を判断する際の唯一の基準が有用性であり、しかも社会の大多数が汗を流して働く者であるとすれば、社会慣習や中世的な考えがいかに尊重されていても、それは、自分たちの生産物を交換し享受することのできる最も有用で可能性のある計画を大衆が考案することを止められはしない、という問題に。かくて、オウエン派社会主義は決して完全には融合することのない二つの要素をつねに含んでいたのである。一つは効用と慈善の原則に従って「まったく新しい制度」をつくりだそうという啓蒙思想の博愛主義。もう一つは、オウエン主義のなかから選びとった考えを、自分たちの固有な状況に合わせて適応あるいは発展させていった、さまざまな労働者たちの経験である。

ニュー・ラナークでのロバート・オウエンの物語はよく知られており、伝説にさえなっている。ヨーロッパの王室や廷臣や政府に博愛主義的計画を打診して回った、模範的な温情主義的工場所有者にして、自力で立身出世した人物。丁重に褒め称えられたり実践で失望したときに、一段と激しくなるオウエンの論調。全階級に向けた宣伝や千年王国到来の宣言、そうした彼の考えや約束にたいする一部の働く民衆がいだく関心の増大。オービストンに代表される初期の実験コミュニティの興隆と没落。コミュニティ建設の実験をさらに進めるためのアメリカへの旅立ち（一八二四―二九年）。オウエン不在期間中のオウエン主義への支持の広まり、またトムソン、グレイなどによるオウエン理論の豊富化、そして労働組合主義者の一部によるオウエン主義の採択。ブライトンで『協同組合員』（一八二八―三〇年）を発行するキング博士が口火を切った、協同組合事業の分散的ではあるが広い範囲での実験。一八二九―三〇年にかけて、協同組合原理についての全国的な宣伝活動（「協同組合に関する知識宣伝のためのイギリス協会」）がおこなわれ、ロンドンの一部の職人たち（なかでもラヴェットの名はよく知られている）がそれを主導したこと。オウエンの帰国後、運動が盛り上がり、不本意ながら、全国労働組合大連合の結成へとつながる運動の先頭に立つことになってしまったこと。

驚くべき物語である。だが、そこにはなるべくしてそうなったという部分がある。まず家父長的温情主義者という伝統を入り口にしよう。われわれが理解しておかなければならないのは、ニュー・ラナークでの壮大な実験が労働規律の困難、すなわちルールに従わないスコットランドの労働者を新しい工業労働のパターンに適応させるという困難に対処することから始まったことである。こうした困難は、われわれがメソジスムやユア博士を論じる際に出会ったのと同じものだ。「当時スコットランドの下層階級は……よそ者にたいして強い偏見をもっていて……」、「それゆえこうした仕事に雇用された人びとは新しい管理者にたいする偏見が強かったのである」。

……彼らは社会のほぼすべての悪徳をすでに身につけてしまい、美徳はほとんど身につけていない。窃盗と盗品の受領が彼らの生業、怠惰と飲酒が彼らの習慣、欺瞞とペテンが彼らの流儀、世俗事であれ宗教に関してであれ不服を唱えるのが彼らの日常生活。雇用主にたいして、熱狂的・計画的に反抗するときだけ、彼らは団結する。

『社会にかんする新見解』（一八一三年）から引用したこの文章は、新興の工場所有者や製鉄業者のありふれた経験に合致している。問題は、若者に「集中、敏速、秩序の習慣」を教え込むことだった。オウエンが、自分の目的を達成するために、メソジスムのような心理的脅迫や、監督官による懲罰や罰金というやり方をとらなかったことは、全面的に彼の功績である。しかし、オウエンの後期社会主義にも、出発当時からの刻印が残っていたことをつねに銘記しておかなければならない。彼は社会主義の優しい父親という役を割り当てられていた。すなわち、博愛主義者のオウエン氏は、ナポレオン戦争後の時代に王室や内閣への出入りを許されていた（情け深くも寛容にではあったが、あらゆる既存宗教を有害な非合理主義として排斥するという「過ち」をおかすまでは）。このオウエン氏が、労働者階級から呼びかけられ、また労働者階級に呼びかけを発する「慈悲深きオウエン氏」へと、なんの危機意識もなしに変身するのである。ある観点からすれば、彼は究極の功利主義者であって、社会を一つの巨大な産業版円形刑務所にしようと構想していたといえる。もう一つの、もっと称賛すべき、思いやりのある観点に立てば、彼は産業界のハンウェイであって、子供たちについて心から考えを巡らし、その幸せを願い、実際に彼らへの過酷な搾取にたいして激怒していたのである。しかし労働者階級が自らの活動によって自分たちの目的に向かって前進するという考えは、オウエンにとって無縁のものだった。一八二九年から三四年の間、まさにそうしたたぐいの運動に引き入れられたにもかかわらず、無縁だった。彼のすべての著作の論調に、それがよく出ている。彼は「下層階級をもう一度道徳的にする」（一七年に彼はこう言った）ことを願っていた。初期オウエンの著作で「慈悲深い」という言葉に次いでよく目につくのは「彼らに与える」である。教育は「個人と国家の将来に幸福をもたらすべく、若者たちの思想と習慣に刻印を残さなければならない。若者が合理的な人間になるよう指導することによってのみ、これは達成される」。

第四に、こうした人びととその家族が、心地よくかつ安い費用で、住居を与えられ、食事を与えられ、衣服をもらい、訓練され、教育され、雇用され、統治される最良の環境《アレンジメント》とはどのようなものなのだろうか？[112]

こういう論調は、労働組合運動のみならず、急進主義者とオウエンとのあいだの、ほとんど乗り越えがたい障壁となった。「その時点では、工場労働者や労働者諸階級は、私にも私の意見と意図にも奇異な存在だった」とナポレオン戦争直後、オウエンは（『自叙伝』に）書いている。「民主主義的で誤りだらけの労働者の指導者たちは、私のことを敵であり、統一のとれた相互に協同的な村々で労働者を奴隷に仕立て上げようと望んでいると、労働者たちに教えていた」。しかし当時の状況を考えると、これはそれほど驚くべきことではなかった。ナポレオン戦争後の深刻な不況期に、博愛主義者オウエン氏の名前が指導者たちの頭に浮かんだのである。多くのジェントリが、失業と困窮の広がりのひどさに仰天していたし、同時に失業者たちの反乱的な気質についても心配していた。そのうえ、戦時好景気が終わって農業が悪化している時期に、救貧税の支出額が一気に六百万ポンドを超えてしまったのである。貧民は見苦しいし、犯罪の原因であり、国に大きな負担となり、危険な存在でもあった。さまざまの評論誌は、大幅な経費節約ばかりを目的とする救貧法改正についての論説であふれていた。このとき、オウエン氏（ニュー・ラナークにある彼の広大な所有地は、上流階級の流行の漫遊先に加えられるようになった）が一つの計画を携えて登場してきたが、その計画は実のところ少しもよくなりようのないものであった。彼は「協同の村」に貧民たちを収容するよう提案した。その村では、最初に税金から資本を供与され、やがてその村々は自己経営できるようになり、それとともに、「有用で」「勤勉で」「合理的で」、自己規律を備え、節度のある人間になっていくとされていた。カンタベリー大主教がこの構想を支持し、シドマス卿もオウエン氏にきわめて近い立場でそれを検討していた。「シドマス卿は私を許してくれるだろう」と一八一七年の夏ロンドン新聞に載った貧民救済にかんする公開書簡の一つで、オウエンは書いている。「なぜなら彼は、私に個人攻撃の意図がまったくないことを知っているのだから。彼が温厚で優しい人物であることはよく知られている……」。これが掲載されたのは、ペントリッジ蜂起がなされ、オリヴァーの正体が暴露された二週間後である。

　その計画はマルサスふうであり、すでにチャドウィック流の安上がりな労役場による救済を計画していた治安判事たち（奇妙なことに「ノッティンガムの改革者」という名前をつけられていた）による過酷な実験といった趣があった。仮にオウエン自身が（急進主義者のなかにはそう認める者もいたように）きわめて真剣であり、民衆の貧困に愕然としたとしても、彼の計画は、もし政府によって採用されたなら、そうした方向で実現されたにちがいない。

オウエンの「協同の村」を「貧困者でできた平行四辺形」だとコベットがおとしめたのは「偏見」によるものだ、とあまりに安易な批難がなされてきた。その村が、コベットの嫌いな保護と慈善による「慰めの制度」の臭いを放っていただけではない。彼の直感はおそらく正しかったのである――すなわち、オウエンの構想が、もし一八一七年に当局によって採用されていたならば、労役場制度のもとで「生産的な雇用」を拡大させていただろうという直感である。つまるところ、コベットは急進派の一般的な反応を口にしたにすぎなかった。オウエンの提案した制度は（シャーウィンの記すところでは）「監獄」あるいは「隷属者のコミュニティ」にすぎなかった。

オウエン氏の目的は、私にとっては、国土を労役場でおおいつくし、奴隷のコミュニティを築き上げて、結果的に民衆のなかの労働者層を資産家たちに全面的に依存させることにあるように見える。[113]

オウエンが、急進主義者に自分の提案をわかってもらおうと、居酒屋シティ・オブ・ロンドン・タヴァーンでぎゅうぎゅうづめの集会を開いたとき、急進派の指導者たち――カートライト、ウーラー、ウェイスマン参事会員――は次々に同じような言い方でオウエンに反対した。ゲイル・ジョーンズが、その計画は少なくとも実験してみるだけの価値があると言ったとき、彼は怒号に包まれ裏切り者とののしられた。[114]

そこでの討論は、双方の弱点をはっきりさせるのに役立っただけだった。かたやオウエンの考えには、ほとんどの人間が示すような政治的な反応が欠落していた。『社会に関する新見解』には、摂政皇太子に捧げられている部分もあれば、ウィルバフォースに捧げられている部分もある。十五年後、彼の新聞『クライシス』は、一八三一年と三二年の潮流を太平楽に航行していた。つまり、協同組合会議とスレイスウェイトにある事業店舗のそれぞれに関する報告という積み荷を載せていたものの、国じゅうが現実に革命の危機にあることにはまったく注意を払っていなかったのである。この欠落にはほほ笑ましい面もある。たとえば、オウエン氏は、王室は合理的な制度ではないこと、また主教というのは出費のかさむ不必要なもので中世的無知への尊敬のしるしにすぎないことを思いつくと、なんのためらいもなくそのことを当時の既得権保有者に指摘したが、その際に、彼には「個人攻撃の意図がまったくない」ことを理解して、連中が合理的な説得に素直に従い滞りなく自らの既得権を放棄するだろうと確信していた。しかし、この考えは一八一七年当時の「古参の急進主義者」には少しもほほ笑ましいものではなかった。他方、彼らにしても、建設的な社会理論を何ももたず、かわりに、諸悪の根源は税金と閑職保有者で、改革ですべてが改善されるというレトリックの虜になっている、という弱点をもっていた。

『新見解』については、ヘイズリットの反応が最も入り組んでいて、そこにはバークの力に反対して闘う手負いのジャコバン派としての彼の面目が示されている。「なぜオウエン氏は、自分の改革計画の宣伝文の冒頭に、ドイツ字体を使って『新』と書くのだろうか?」「普遍の慈悲心という教義、真実という全能の神および人間の完全性への信仰、これらは新しくなく、むしろ『古い、古い』ものなのですよ、ロバート・オウエン先生」

> オウエン氏は次のことをご存じないのだろうか。すなわち、まったく同じ計画、まったく同じ原則、そして動機や行動や……善と幸福に関するまったく同じ哲学が、一七九三年にいやになるくらい出回り、当時、海外で騒ぎ立てられ、大っぴらに吹聴され、ひそやかにささやかれ、四つ折り版や四六判や、政治論文や、芝居、詩、歌、空想物語のかたちで出版され、飲み屋での話題となり、教会へひそかに浸透し、演説で取り上げられ、大学で講義されていたことを、……これらの『社会に関する新見解』が詩人の心や形而上学者の頭脳に浸透し、少年や女性たちの心をとらえ、王国のほとんどあらゆるところで人びとを夢中にさせたことを、しかし、そうした見解が決して支配できなかった一つの頭脳があり、その頭脳がもう一度この王国全土の人の考えを一変させてしまったことを……?

このようにして拒絶されたので、（ヘイズリットが嘲ったところによれば）哲学は国じゅうから追い払われたように見えたし、

また、二十年間、ニュー・ラナーク紡績工場に避難し、立派な所有者の黙認を得て、牽引車や紡錘に埋もれて安らかに眠ることを余儀なくされたように見えた。そこからオウエンがわれわれにわからせようとしているのは、哲学が、貴族、ジェントリ、ウィルバフォース氏、摂政皇太子、さらにこうした有力者たちと同様真理という原則と人類の幸福という希望だけによって律せられている人びとの庇護を受けて、満月のときの大潮のようにホワイト・ホールの階段を上昇し、またブルボン家復興のために流された血の上を漂っていることである。こうした自家宣伝が、われわれを魅了することはない。われわれ古狐は罠にかかったりはしないのである……。

ヘイズリットの洞察はきわめて重大である。なぜなら、実際、オウエンは最初の近代的社会主義理論家ではなく（ホジスキンのほうが、はるかにそれに近い存在だった）、最後の十八世紀合理主義者の一人なのだった。彼は、ニュー・ラナークから事業を起こし、「産業革命」の「取締役社長」の座を勝ち得たゴドウィンだった。彼は、実際的かつ飛び抜けた成功を収めた人間であるという新しい面があったため、古い哲学者たちがののしられ拒絶されていたところへも入り込むことができた。「はるばるクライド河の岸からやってきた一人の男は、抵抗不可能な推進力をもっている」

われわれにわかるのは、彼が官僚、議員、貴族、ジェントルマンのところに出入りできることだ。彼は……新しかろうが古かろうが、教会だろうが政府だろうが、あらゆる既成制度をぶち壊わすためにやってくる。……そして、信任状をポケットにしたため静かに支配者たちの家へ歩み入る。それからオウエンは彼らを説

き伏せて、彼らが現在所有する閑職という名の土地に、数え切れないほどの産業という名の家を建てるのである……。

ヘイズリットはつづけて言う。「われわれは、彼が論調を変えることを望んでいるのではない」。しかし、もしオウエンが変えないのであれば、起こることになる結果のいくつかを、彼はひじょうな正確さをもって預言した。

彼の計画がこれまで許容されてきたのは、遠い先の、空想的な、適用不能なものであるからだ。上流社会でも一般社会でも、ニュー・ラナークについて、そこの労働者が床につくとき酔っ払っているのかしらふなのか、また、娘たちが妊娠するのは結婚前なのかあとなのか、ということを気にかける者は一人もいない。ラナークは遠いし、ラナークはとるにたらないのである。わが政治家たちは、オウエン氏の語る完全な改革システムなど恐れてはいないし、それどころか、議会改革に反対する彼の御託は……政治家たちの大好きな気晴らしとなっている。しかし、オウエン氏がどこかの貧しい村でおこなった善行について語り、その善行が世間に広まる危険性があってもそのままにしておこう……そうすれば庇護の引き上げという彼の夢も消えていくだろう……。彼の『新見解』が、『政治に関する正義に関する探求』がそうであったように、多くの信奉者をつくってもかまわない……そして、その流れがどんなふうに変わっていくのか見てみよう……。彼はイギリスのいたるところで、ジャコバン派、水平派、煽動者という烙印を押されるだろう。友人からは嫌われ、敵からはもの笑いの種にされることになるだろう……そして人類に自分の利益とは何かを理解させることや、人類を統治する者に自分自身の利害だけを大事にさせることは、思ったほど、容易でも安全でもないことに気づくだろう(115)。

支援者たちは驚いた（ヘイズリットはある程度見抜いていた）のだが、オウエンにはまぎれもない熱心な宣伝家としての素質があった。カーライルと同様、彼は「理性」は普及という方法で広がっていくと信じていた。彼は国じゅうの有力者に呼びかけ文を送ることに財産の一部を費やし、実験的コミュニティに残りのより多くの財産を注ぎ込んだ。一八一九年までに支援者たちはオウエンに愛想を尽かすようになったし、彼のほうは以前よりももっと労働者階級に特定して呼びかけをおこなうようになっていた。彼は、働く人びとは環境の被造物であるという堅い信念を長らくもっていた。彼は労働者たちの[21]「粗野で狂暴な性格」を嘆いていたし、そうした人間は根絶されるべきとの希求こそが、オウエンが（ショウのように）「社会主義者」となった第一の理由だと思われる。しかし、ここにこそ彼の思想上の転換が生じて、重大な結果がもたらされたのである。もし労働者が環境の被造物であるのなら、シドマス卿や大主教も同じはずだ――この考えは満足のいかない面談のあとで公園を散歩しているときにでも思いついたのだろう。この考えは『労働者階級への呼びかけ』（一八一九年）であきらかにされた。

> 君たちは幼いころから……習慣や言葉使い、感じ方が自分たちと違う人たちを憎んだり軽蔑したりするようにさせられてきた。……そういう怒りの感情は、心の底では君たちの利害を思いやっているなんらかの存在が君たちの手に権力を委ねる前に、撤回されなければならない……。そうすれば、怒りにはなんの合理的根拠もないことがはっきりとわかるだろう。……君たちの統制が少しもおよばない無限に多様な環境が、現在いるような場所に君たちを配置したのだ。……同じようにして、君たちのほかの仲間も、等しく統制しようのない環境によってつくりあげられ、君たちの敵となり鬼のような抑圧者となったのだ。……外見は華麗に見えても、この事態によって彼らが君たち以上に痛切な苦しみにあえぐこともしばしばなのだ。……君たちが彼らの権力、報酬、特権を暴力的に奪おうとする欲求を行為で示すなら――彼らが君たちにたいして警戒心と敵対感をいだきつづけるのはあきらかではないだろうか……？

「金持ちも貧民も、統治者も被統治者も、ほんとうはただ一つの利害しかもっていない」――新しい協同社会の建設という利害である。しかし、金持ちにしても、環境の被造物であるという点では貧民と変わりがないので、自分たちにとっての真の利害がわかっていなかった。（オウエンの書物から「突然射し込んできた強い光」は、彼らの「幼稚な未来構想」を破壊する危険があった）。労働者（もしくは理性の光に目覚めた労働者）は、階級対立から退くべきである。「こんな非合理的で役に立たない争いは停止されなければならない」し、前衛は（モデルとなるコミュニティの創設や宣伝活動によって）労働者階級が金持ちの所有権や権力をたんに無視することのできるような道を切り開くのである。[116]

一人の人間としてはいかに尊敬すべき人物だったとしても、オウエンは本末転倒した思想家であり、また奇人にありがちな勇気をもってはいたが、一人の有害な政治指導者だった。オウエン主義の理論家のなかでは、トムソンがよりまともで深く考えさせるところがあったし、グレイやペア、キング博士などはもっとしっかりした現実感覚の持ち主だった。オウエンの著作には、社会変革がたどる弁証法的な過程、つまり「革命的実践」についての感覚が少しもみられないのである。

　人びとは環境と教育の産物であり、また、人びとの変化は異なる環境と変化した教育の産物であるという唯物論者たちの教義は、環境がまさしく人間によって変えられ、教育者自身も教育されなければならない、ということを忘れたものである。こうしてこの教義は、必然的に社会を二つの部分に分け、その一方を社会に君臨させることになってしまう（たとえば、ロバート・オウエンにおけるように）――。

このようにマルクスの「ルートヴィヒ・フォイエルバッハに関する第三テーゼ」は記している。もし社会的性格が（オウエンの信じるように）自発的意思によらない、「無限に多様な環境」の産物だとしたら、どうやってそれを変えることができるのだろうか？　一つの答えは教育に求められる。オウエン主義者の伝統が最も創造的な影響を与えた分野の一つがここにある。しかし、オウエンは「環境」が変わるまでは、ある世代の人びとに学校教育を受けさせることなどできないことを知っていた。それゆえ、答えは突然の変心、つまり千年王国的跳躍に求められざるをえない。ひじょうに厳格な環境決定論的で機械論的な唯物論ゆえに、オウエンは絶望するか、世俗的な千年王国説を宣言するかのどちらかしかなかったのである。

博愛主義者のオウエン氏は、ジョアンナ・サウスコットのマントを自分の肩にかけたのである。彼の大言壮語ぶりは、ヘイズリットにかぎらずほかの同時代人たちも記録している。シャーウィンの『［シャーウィンズ・ウィークリー・ポリティカル・］レジスター』のある執筆者は、オウエンをジョアンナにたとえてこう言う。

シロの町はもうすぐこの世に実現するとか、平和の王子の旗の下に地球上のすべての国家が統一されるとか、また、……剣は鋤の刃に変えられるだろうなどと語って、多くの人びとをたぶらかしている。(117)

これはエンゲルスとマルクスによってすでに検討されていたのであって、より近年の学界で喧伝されている発見なるものは目新しいものではない。(118) 一八二〇年、オウエンは「国じゅうをあまねく繁栄させる」と約束していたし、自分のコミュニティは「楽園」に優るとも劣らないものであることを請け合っていた。二〇年までにオウエン主義の協会は、大都市にも組織されていたし、その定期刊行物『エコノミスト』を宣伝するチラシにはこんな宣言が載った。

国じゅうが豊かになる！　知識が増える！　美徳が広まる！　幸福が実感され、保証され、享受されるだろう。

オウエンは、産業革命期の生産技術の多大な進歩から引き出した比喩をよく使った。たとえば「現代の発明によって、わずかな蒸気力の助けを借りることで、一人の人間が千人分の労働をできるようになった」ことを忘れている人びとがいる。知識や道徳が同じ速さで向上しないことなどあるだろうか、というように。彼の信奉者も同じ比喩的描写を使った。

……一つの大きな社会的・道徳的な機械の建設は、かつてないほど精密かつ急速に、富と知識と幸福をつくりだすことを目的にしている……。

『エコノミスト』の通信員は「貴誌の文章に満ちあふれている喜びと歓喜の調子は、本当にたいへんな伝染力をもっております」と述べている。

ロンドンの協会の会員たちは、

「現在の住居に……互いに遠く離れて住んでいるかぎり、自分たちの活動はどちらかといえば不完全なものにならざるをえない」ことに気づいた。

そこで初期モラヴィア派を思わせる熱狂をもって、彼らはスパ・フィールズ（もはや集会場所ではなかった）に教室と共同食堂を備えた新しい住宅を何軒か入手した。『エコノミスト』やほかの初期の雑誌には、どうやって資金を調達しうるかをめぐる考察があふれていた――仮に首都に五万の労働者階級家族がいると仮定して（奇妙な仮定である）、彼らが協会に入ったら、一家族平均五十ポンドずつ、あるいは全体で二百五十万ポンドの収入がもたらされる、など。オービストンの共同社会主義者は「神聖啓示協会」に入会していた。アメリカから帰り、自分が大衆運動の指導者となっていることにオウエンが気づいた一八三〇年までには、この種の救世主的な色彩が、世俗宗教としての威力をもつようになっていた。三三年五月一日、オウエンは「全国公正労働交換所」で「世界の旧体制に終わりを告げ、新たな体制の始まりを宣言する呼びかけ」を発表した。利潤動機は協力に置き換えられ、個人主義という悪徳が相互協力という美徳によって取って代わられるにとどまらず、現存するすべての社会構造が農業と工業の混在する村々の連合体に道を譲るとされた。

> 私たちは……［党派的な］利害によってつくりだされたすべての構造、たとえば、大規模な都市、町、村、大学などを廃止する。……
>
> 裁判所、それを支えるもろもろの装置や愚劣な法律は……合理的な社会状態においては存在しえない……。
>
> これまでの世界は「真っ暗闇」のなかにあった。およそ未知の力にたいする儀式的な崇拝は「まったく無用」だった。結婚は「愛情だけによる結合」と見なされるようになるだろう。「男にせよ女にせよ、自然の摂理を超えて独身生活をつづけることはもはや美徳とは考えられず」、「自然にそむく犯罪」と見なされるようになるだろう。新社会では、ギリシャやローマのように、知的労働と肉体労働が、また娯楽と肉体鍛練がうまく調和するだろう。全市民が野心、ねたみ、警戒心、そのほか存在する悪徳のすべてを捨て去るだろう。
>
> それゆえ、私は、合理的な原理と首尾一貫した実践のうえに築かれる約束の千年王国が始まることを、世界に向かっていまここに宣言する。[119]

この宣言は、こんにちの「女性協同組合《ウィミンズ・コーポレイティヴ・ギルド》」の人びとをいささか驚かせるかもしれない。また、それは、労働民衆――その形成期の経験が本研究の主題である――が受け入れそうにないイデオロギーのようにもみえる。それにもかかわらず、もっと注意深くみていくと、オウエン主義の急速な拡大をもたらしたのは、ある種の心理的熱狂や「集団パラノイア」ではなかったことに気づかされる。まず第一に、一八二〇年代後半以降のオウエン主義は、ロバート・オウエン自身の著作や宣言文とは大きく異なっている。にもかかわらず、彼の理論の曖昧さこそが、代替しうる社会体制についての一つのイメージを提供し、また彼の理論を労働民衆のさまざまな集団に適合するものにしたのである。職人、織布工、熟練労働者たちは、オウエン主義者の著作から、自分たちの窮状に最も密接にかかわる部分を選び出し、議論と実践を通してそれを修正した。もしコベットの著作を読者との関係性として見なすことができるなら、オウエンの著作は、労働民衆のあいだにばらまかれ、彼らによって異なる生産物へとつくりかえられるイデオロギー的原料と見なすことができる。

職人たちは最もはっきりした事例である。一八二一年に『エコノミスト』の編集者は、労働者階級のなかに読者がほとんどいないことを認めていた。しかし、われわれは、スパ・フィールズにコミュニティをつくったロンドン「協同倹約協会」の設立メンバーの考えを、彼らが自分たちの製品への賛助を請うために貴族やジェントリに送り付けた回状から知ることができる。彼らが製作を申し出たのは、彫刻と金メッキ、長靴・短靴の製造、金属製品（暖炉やストーブを含む）、刃物製造、服地製造・裁縫・洋服仕立て、家具づくり、書籍販売、水彩画・ビロード絵描き、そして「風景が透かし見える窓用ブラインド」づくりだった。これは、ロンドンとバーミンガムという協同組合の二大中心地に、職人や自営の職人がたくさん住んでいたことを示している。このような試み（きわめてたくさんあったし、なかにはオウエンに先行するものもあった）を支えた精神は、『エコノミスト』に送られた手紙に表現されている。

……労働者階級は、もし自分たちの能力を男らしく断固として発揮しようというのであれば、ほかのいかなる階級からであれ、いささかの援助も受ける必要はなく、逆に彼ら自身のなかに……豊富な人的資源をもっているのである。(120)

これはオウエンの論調ではない。しかし、これはまちがいなく、われわれが職人たちの政治的急進主義を追求する際に繰り返し目にした論調である。個人主義は彼らの見解の一部をなしたにすぎない。というのも、職人たちは、相互協力という長い伝統――共済組合、職種クラブ、読書クラブ、社交クラブ、通信協会ないし政治連盟――を受け継いでいたからである。オウエンは、利潤動機は誤っているし必要ないものだと説いたが、この教えは職人の慣習や公正価格といった感覚に合致していた。オウエンは、コベットやカーライル、ホジスキンも共有する、資本家は主として寄生的な機能しか果たしていないという考えを支持していた。「正しくおこなわれた肉体労働が、すべての富の源泉である」という考えは、職人や零細な職人兼親方が請け負い業者や中間業者にたいしていだく不満と一致した。オウエンは「人間労働の自然的基準」が「実際的な価値基準」とされるべきであり、[121]生産物はそこに体化された労働に応じて交換されるべきだと説いたが、この教えは製靴工や家具製造工、ブラシ製造工のように、同じ路地に住み、ときに労働サービスをやりとりする人びとの見解と合致していた。

実際、オウエンの考えの萌芽は、ほとんどの場合、彼の著作に先行しておこなわれていた実践、あるいは彼の著作とは無関係におこなわれていた実践のなかに見いだすことができる。[122]共済組合がときに活動領域を拡大して、社交クラブや養老院を設立したこともそうだし、オウエン主義以前の多くの労働組合がストライキの際に組合員を雇って自らの製品を販売させた事例もそうである。[123]職人が、自営の人間、あるいは何人もの親方のために働く人間という地位を失っていく過程は、きわめて緩慢に進行した。あれこれの仕事を請け負う際に自分とは異なる技能をもつほかの職人たちの助けを借りることがあっただろう。小さな店がたくさん集まった屋内マーケット、すなわちバザールは、古くからある制度だったが、しかし対仏戦争末期に多くのバザールが新たに開かれて、博愛主義者グループやオウエン主義者グループの注目を集めた。その売り場の一画は（一フィートいくらで）一週間、一日、あるいは時間決めで貸し出された。あらゆるタイプの品物が歓迎されたので――芸術家さえ出品していた――誰もが推察するとおり、「自立」を維持しようと苦闘している熟練職人や「屋根裏親方」が出店した。[124]一八二七年までに、ある新しいバザールが開かれて、ロンドンのさまざまな職種の失業者たちによってつくられた製品が交換される拠点として機能していた――大工、仕立て工、製靴工などが、労働組合の基金で購入された原料を加工したのである。[125]

したがって、一八三二—三三年にロンドンとバーミンガムにできた、労働紙幣と小生産物を交換する「公正労働交換所」は、パラノイア的預言者が空中から魔法のように取り出したものではなかったのである。一八三二年十月、リヴァプールで開かれた協同組合大会に交換用として持ち込まれた商品を列挙してみると、それをつくった人びとの姿も目に浮かぶだろう。シェフィールドからは刃物類とコーヒーポット。レスターからは靴下とレース。ハダズフィールドからはチョッキとショール。ロッチデイルからはフランネル。バーンズリからは菱形模様の布地、ハリファクスからは毛織物、ケンドルの短靴と木靴、バーガーからはプリント地。「バーミンガム公正労働交換所」の広報担当者は、この地域の人びとは「自分たちがつくった鉄、真鍮、鋼鉄、あるいは漆塗りなどの大量の製品をどうしていいのかわかっていなかった」と語った。となれば、なぜそれらとランカシャーの綿製品やレスターの靴下とを交換してはいけないことがあろう。品物をバーミンガム交換所へ持ち込んでくる職人たちの膨大なリストには、（「B［買い手］」の欄に）靴墨製造工、ベル製造工、樺の木ほうき製造工、ボタンならびに装飾製造工、ズボン吊り製造工、真鍮細工師、ブラシ製造工、パン職人、ふいご製造工、寝台製造工、籠製造工が記載されている。「S［売り手］」の欄には、麦わら帽子と縁なし帽子製造工、物差し製造工、暖炉用火床製造工、絹織工、鍛冶屋とブリキ職人、文具製作工、が見られる。ただしボイラー職人、溶鉱炉作業工、建築工、それから船大工、綿紡績工、さらに鉱夫や機械工の名前は見られない（ほとんどありえまい）[126]。

そのリストには零細な親方や職人だけでなく、下請け労働者も記載されていた。彼ら（織布工と靴下編み工）はまったく絶望的な地位に置かれていたから、オウエン主義は一八三〇年代に彼らが見つけた解決方法のほんの一つにすぎなかった。ハダズフィールドやバーンリの周辺では、労働交換所がただちに注目を集めることはなかった。理由は明白であって、この地域では織物が特産物であり、多くの人びとが飢餓賃金で雇用あるいは不完全雇用されて同じ製品を作っていたので、交換の余地がなかったからだ。したがって北部の人びとは、当初から全国的な協同組合計画に取り組まざるをえなかったのである。ハリファックスの協同組合主義者はこう書いている。

「もしバーミンガムの友人たちが、われわれの織物を着ることを約束してくれたら」

彼らのナイフとフォークを使って、われわれの牛肉とプディングを（入手できたときには）切り、彼らのスプーンを使ってスープとオートミール粥をすすることを約束するし、ロンドンの兄弟たちも同じようにしてくれるなら、できるだけ早く、彼らのつくった絹のハンカチーフを首に巻くつもりだ。(127)

ランカシャーとヨークシャーでは、新しい「システム」に関する一般理論が最も急速に展開された。それにもとづいて、全国規模の公正交換所が誕生するとともに、「ユートピア的な」コミュニティ建設の実験のいくつかにたいして最も強力できわめて実際的な援助がなされえた。一八三〇年に創設された「協同に関する知識普及のためのマンチェスターならびにソルフォード協会」は、ただちに援助を受けた。織布工たちは、協同組合のうちに、力織機に対抗する力を見いだすことを願った。『職種連合協同組合誌《ユナイテッド・トレイズ・コーポラティヴ・ジャーナル》』によれば、社会悪の主要な原因は、家庭、社会、経済の関係が誤ってつくりあげられていることにある。そのため、機械が人間と協働するのではなく、人間労働と競合し、しかも敵対して競合するようになっているのである。

「われわれは、社会を苦しめているあらゆる悲惨が大部分富の不公平な配分に由来することを簡単に証明することができる」と『ランカシャーならびにヨークシャーの協同組合主義者』は書いている。(128) これらの地域では、労働組合主義と相互協力の長い伝統があったので、協同組合は、合理主義者とキリスト教徒、急進主義者と政治的な中道派が一緒に取り組めるような運動を提供した。また、この運動は、読書室や学校や巡回講義を開くことによって、自己改善と教育活動の伝統も取り込んだ。一八三二年までに、全国におそらく五百の協同組合組織が存在するようになり、そのメンバーは少なくとも二万人に達した。(129)

オウエン（楽天家ではあったが、オービストンとニュー・ハーモニーでの失敗によっていささか傷ついていた）が、次の実験を失敗の危険にさらしうるだけの莫大な寄付を待っていたのにたいし、ブライトンからバカップにいたる多くの拠点にいた協同組合員たちはそれを待ちきれず、自分たちの努力によってすぐにでも資金を調達しようとしていた。一八三二年のリヴァプール大会の議事録に見られるのは、福音主義的な大演説と次のような割り込み発言とのあいだの対照である。

> ハリファックスからの代議員であるウィルソン氏はこう述べた。一八二九年五月に、彼とそのほか八人が一シリングずつ拠出して……裏庭にある小さな部屋で商売を始めた。仲間は増えていった。……いま二百四十ポンドの基金があり、仲間たちに仕事を提供するようになった（「いいぞ、いいぞ」の声[130]）。

こうした小店舗と千年王国計画の並存が、一八二九年から三四年の時期の、協同組合を取り巻く雰囲気の特徴だった。（これは、ほんのしばらくの間「全国労働組合大連合」という組織を結び付けていた、個別の苦情や組織の多様さにも示されている）。

ハダズフィールドとハリファックスの周辺では、協同組合がかなりの速さで織布工のあいだに広がったので、雇用主を通さずに、店舗が織布工に縦糸と横糸を買い与え、その製品を販売する方式に期待が集まった。また協同組合員たちが週一ペニーの出資金を募って、失業中の組合員を雇うだけの資本金を蓄積することも期待された。だが、こうした多くの動機をもっとはっきり示すには、ペナイン山脈にある織物村落リポンデンで一八三二年につくられたある協会の規約を引用したほうがいいだろう。

> この何年かの間に、労働者階級のなかに生じた驚くべき変化のゆえに……競争と手仕事の座を奪う機械の増加、さらに、これらと結び付いている、いまのところ労働者階級がまったく統制できていないほかの原因のゆえに――考える人びとの思考は、できるものならば彼らの状態を改善するためにどのような計画を採用すべき

かをめぐる、さまざまな提案の迷宮のなかで迷子になっている。……

資本の増加に伴い、団結して仕事に精を出しさえすれば、労働者階級は自らの状態を改善できるだろう。ここで団結とは、賃金のためにストライキや集会をするのではなく、家族の一員のように自分たちのために働きはじめることを意味する……。

われわれが公衆に勧めている協同組合計画は、空想的なものではなく、この王国のさまざまな分野ですでに実行されている。われわれはみな、大地からの産物によって生き、労働と労働を交換している――これこそ、すべての協同組合がめざす目的なのである。われわれ働く者がすべての仕事を担い、生活の快適さのすべてをつくりだしている――そうであるならば、どうして自分たちのために働き、自分たちの状態を改善するために闘ってはならないのだろうか。

基本原理

第一――労働はすべての富の源泉である。したがって労働者階級こそがすべての富をつくりだしているのである。

第二――労働者階級は、富の生産者であるにもかかわらず、社会のなかで最も富める者ではなく、最も貧しい者である。つまり、自分たちの労働にたいする公正な報酬さえ受け取れないでいる。

この協会の目的には、すべての組合員が貧困から互いに保護しあい、「共同資本を使って自立を達成する」ことが含まれていた。そのための手段として、毎週、共同基金へ拠出すること、資本を利用して商売すること、「条件が許すかぎり」組合員を雇用することが含まれていた。そして――

最後に――相互協同、共同所有、能力発揮の平等、快楽の平等の原理に立ち、協力しあって生きていくこと。[131]

これは、オウエンの教義を織物村落向けに焼き直しただけのものではない。これらの考えは織布工たちの経験にもとづいて念入りに磨き上げられてきたものであり、力点も移動している――救世主ふうの耳ざわりな言葉の代わりに、「どうしてだめなのか？」という素直な問いかけがある。ある小さな協同組合雑誌は適切にも『常識《コモン・センス》』と命名され、力点を「商事協会《トレーディング・アソシエーション》」に置いていた。

商事協会の目的は簡単に言えば次のことにある。協会員が日々消費する食糧品のほとんどを供給すること、そして、農耕用の土地を借りたり、そこで協同コミュニティを形成するための資金をためること。

賃金のなかから毎週一定額が、紅茶や砂糖、パン、オートミールを卸しで買うために使用された。[132] ブライトンから出ていたキング博士の『協同組合員《コーポレイター》』は、これを細部にいたるまで支援していた。[133] この考えは、ほかの必要性とも合致していた。すなわち、「トミー・ショップ」（現物支給制のもとで引き換え券で食糧品を渡す雇用主経営の店）や暴利を貪る悪徳商人から逃れる必要性、主要食品を安く買い、世の中にあふれている犯罪的な粗悪品――たとえば「パリのしっくい、焼かれた骨、ダービーシャー・ホワイトと呼ばれる……土壌物質」の混じった小麦粉――をつかまされない必要性。[134]

しかしこの考えは、オウエン主義にたいしてより慎重な態度をとっていた、大規模工業で働く労働組合に組織された熟練労働者の心もとらえたのである。『職種新聞』は一八二五年にオービストンについての記事を載せたが、オウエンのコミュニティ計画については「自由の身に生まれた、独立した人びとは、これを食べなければならない……また、これをしなければならないと口出しされることをいやがるだろうから、実行不可能である[135]」と評価していた。加えて、経済的独立を獲得するという考え方そのものも、ある種の零細な職人や下請け労働者たちを引き付けたが、船大工や大工場労働者には反対意見――協同組合の村がなんの役に立つというのか――を引き起こした。

しかしながら、ガストは一八二〇年代末までにオウエン主義支持を宣言した。もっと重要な支持表明が、二九年の六カ月におよぶストライキのあと、マンチェスター紡績工組合によってなされた。三〇年には、ドハーティが「全国労働者保護連盟」を先導したが、その機関誌名はまもなく『職種連合協同組合誌』から『民衆の声』に変わった。このすぐあと、別の熟練団体である建築工組合――彼らの生産物は「公正労働交換所」に持ってこれないのだが――は、協同組合による直接行動の実験のなかでも最も大がかりな取り組みをすることを決めた。こうした違いは何に起因するのだろうか？

一つの単純な答えは、一八二〇年代末までに、あれこれの型の協同組合理論や「労働」経済理論が労働者階級運動の中核部分をとらえていたというものである。コベットは一貫した理論を示したことがなかった。カーライルの個人主義は不快なものであった。ホジスキンは、成熟した社会主義理論の方向性を含意として示しはしたが、彼の分析はそこに到達する手前で立ち止まってしまったし、またいずれにせよウィリアム・トムソンが示したように、協同組合理論と両立できるものだった。合理主義者が、先行する十年間におこなってきた宣伝は効果をあげた。しかし、それは偏狭で消極的なものだったので、オウエンの千年王国主義によって満たされるような、もっと積極的な道徳原理への渇望を生み出すことになった。オウエンの思想的曖昧さが幸いして、同じ運動のなかでいろいろな知的傾向が共存できた。そしてオウエン主義は、知的な見地からみて、その師の思想よりも健全かつ強靱だったことを、重ねて強調しておきたい。熟練労働者にとっても、一八三〇年に形成されはじめたこの運動は、長年いだきつづけてきた願望――横断的な全国一般労働組合《ジェネラル・ナショナル・ユニオニズム》の形成――を具体化するもののように思われた。一八年の「博愛主義のヘラクレス」から二五年の団結禁止法をめぐるロビー活動にいたるまで、統一行動を拡張する多くの試みがなされた。二五年の夏から秋にかけて『職種新聞』は、ブラドフォードでの梳毛工のストライキの進行局面と、全国いたるところから寄せられたストライキへの支援を報道した。「イングランドの全労働者がブラドフォードのひと握りの親方と対決しているのだ」とその報道は力強く宣言した。[136] ドハーティは、二九年の失敗に終わった偉大なる紡績工のストライキから、次のようなもう一つの教訓を得ていた。「個別の職種だけでは、どうしてもその職種の親方たちの団結の努力に対抗できないことが実証された。だからこそ、すべての職種を団結させる努力が追求されたのだ[137]」。その一つの成果が、「イングランド、アイルランド、ならびにスコットランドの紡績工」組合の結成であった。最初の会合が二九年十二月マン島で開かれたが、それは遠く離れた三つの地域間で統一組織をつくるときに生じる組織的困難を乗り越えようとする感動的な試みだった[138]。この組織を土台として、短期間ではあったが、全国労働者保護連盟に毛織物工、機械工、陶工、鉱夫、建築工など多様な職業の人びとが加盟した。「しかしそれがこの町（マンチェスター）のまわり百マイルほどに渡って広がると、その存在を脅かすような災厄に見舞われた[139]」。その「災厄」は、「紡績工」組合自身のなかにあった分断と不信から生じた。連盟のストライキ基金の使用を求める過大で時期尚早な要求、そして『民衆の声』の事務所をロンドンに移そうとしたドハーティのあさはかな試み、がそれである。しかし、その失敗にもかかわらず、全国連盟は協同組合という考え方に新たな表現法を与えたし、マンチェスターでの運動が批難の応酬の段階に入ったときも、ポタリーズやヨークシャーでの運動は途切れることなく成長をつづけていた[140]。ドハーティは運動を前進させようと急ぎすぎたのだろう。しかしオウエン主義思想の人気が広がるなかに、彼は全国の組織労働者を一つの運動にまとめていく方法を正しく見いだしていた。これ以後は、オウエン主義の歴史と一般労働組合主義の歴史とは重ね合わせて見なければならないのである[141]。

実験コミュニティは、一、二カ所――ロレイン〔アイルランド西海に位置する〕のようなところ――で部分的に成功したが、失敗に終わった。建築工たちが試みたようなきわめて野心的な実験は挫折したとはいえ、もっと小規模な協同組合事業は実際にはなんとか頑張りとおした。一八三〇年代はじめにあった連盟や店舗のほとんどはつぶれたが、数年後にロッチデイル方式で再建されることになった。グレイズ・イン通りの労働交換所、あるいはバザールは、ひどい混乱のなかにあった。とはいえ、このオウエン主義的興奮状態のなかに説明のつかないものなど一つもない。われわれは、職人、下請け労働者、組合活動家がすべてオウエン主義のなかに一つの位置を占める仕方についてはすでにみた。オウエン主義がもつ最も不安定的な千年王国的要素には、主に二つの源泉――慈悲深く他人の幸福を祈る人びとと、極貧にあえぐ人びと――があった。というのも、前者のオウエン主義は（階級対立や財産収用の教義ではないことを明言していたので）かなりの数の博愛主義のジェントルマンや聖職者――ゴドウィン主義者、クエーカー、思想上の反逆者、偏屈な変わり者――を引き付けたからである。そのなかでも、キング博士や、またとりわけ、アイルランドの地主で『富の分配に関する研究』（一八二四年）、『労働は報われん』（二七年）、（アンナ・ウィーラーとの共著である）『女性を政治的、そしてそれゆえ社会的・家庭的奴隷として保有しようとあつかましくも主張する、人類の半分を占める男性に反対する、この世の半分を占める女性の主張』の著者、ウィリアム・トムソンのような人びとは、運動を実り豊かなものにした。そのほかの人びとは、実験を始めるにあたって、欠かすことのできなかっただろう資金を提供した。にもかかわらず、ほとんどのコミュニティに、一人あるいはそれ以上の偏屈なジェントルマンの姿があり、彼らは協同主義的まとまりのなかで行動することに不慣れで、しかもユートピア的な実験主義を信じていたために、オウエン主義の職人たちの激怒を買った。人間は新しい社会をつくらなければならないと宣言することと、望むならどんな種類の新しい体制でもつくりだせると宣言することは別のことだった。かつてはスペンサー主義者だった一人の職人の社会主義者、アレン・ダヴンポートは、ロンドン労働交換所の風景をいささか冷笑を込めてこう書き残している。

この新しく壮大な運動は、みんなの心を完全に魅了した。……大集会室は最初からこのうえなく優雅にしつらえてあって……天井には華麗な浮き彫り、装飾部分には贅沢な金めっきが施され、しかも二千人を収容するにたりる広さだった。しかしこれでも……オウエン氏の美意識を満足させるに十分ではなかった。豪華な演台が一段とせりあげられ、そのうえには最高級の荘厳なオルガンが置かれた。……祭りの夜になると……玄関に通じる並木道は高価なギリシャ・ランプでこうこうと輝いた。十人から十二人もの演奏家たちが雇われて、紳士淑女たちがじつに甘い雰囲気で歌った……。

祭りは、社会愛と分け隔てなき慈善と協同組合の利点を主題とする短い講演で始まった。……講演が終わるとコンサート、コンサートのあとには大舞踏会がつづいた……。

その間まる一週間、交換所に通じる通りという通りは次々とやってくる群衆で文字どおりふさがってしまった。交換所の新奇さに興味をもつ人も、その進展具合を見にきた人もいたし……預託や交換に来た人もいた。しかし悲しいかな！　美しき労働紙幣が……どうあがいてみても世の中で流通しえないことが、すぐにはっきりした。そのため食糧品の供給がうまくいかなくなり、これまで各国で試みられてきたなかで最も壮大な実験は完全な失敗という結果に終わった。しかし、その制度の基礎となった原理は依然として疑われることなく残っているし、公衆の心のなかで大切に育てられるべきものである……。

ここで描かれているオウエンは、ピーコックが『クロチェット城』で冷やかしたあのオウエンである。オウエン主義者の冒険的事業には無鉄砲なものが多すぎたので、浪費と慈悲心と計画のまずさが混ざり合う、こうしたかたちで終わりを迎えた。もしオウエンがオウエン主義の最も偉大な宣伝者だったとすれば、彼はオウエン主義の最悪の敵の一人でもあったのだ。仮に労働交換所がラヴェットのような人の手に委ねられていたら、結果は違っていたかもしれない。(142)

千年王国的不安定さのもう一つの側面は、もっと直接的に、貧民たちの千年至福説から生じていた。フランス革命の時代と同じように、選挙法改正運動が高まり、その余波がつづいている間、救世主信仰の運動が復活した。サウスコット主義の運動から生まれた多くの分派が残っていたが、当時これらの宗派は、おそらく歴史家よりも精神病医のほうが関心をもちそうな、特異で倒錯した形態をとりつつあった。(143)しかし、この途切れることのない千年王国的不安定については、三つの事例をあげておけばいいだろう。

第一は、一八二九年から三六年にかけて、ジョアンナの衣鉢を継いだ者の一人で、足の不自由な製靴工「ザイオン」・ウォードが、数え切れないほどの信奉者を集めた事例である。ウォードはもともと熱心なメソジストだったが、自分こそは、老いたジョアンナがかつて誕生を預言した「シロ」だとする寓話的な軽業を自分自身で確信していた。その直後から、自分はキリストであり（それまでは悪魔だった）、聖書全体が自分のお告げを寓話のかたちで預言したものだと信じるようになった。（キリストの生涯を描いた新約聖書は捏造された記録だった――もしすでに救世主が現れていたのなら、「なぜ人間は救済されていないのか？」）。ウォードの妄想は（そのシュールレアリストふうの唯我論を別にすれば）、次の点で異常だった。第一に、彼が、カーライルや理神論者から受け継いだ議論によって自分の妄想を補強していたこと、そして第二に、自分のメシア的呼びかけを急進主義の核心に向けておこなったことである。彼の信奉者が増加したのは、サザック、ハクニー、ワォルワースであり、またチャタム、ノッティンガム、バーミンガム、ダービー、チェスターフィールド、リーズだった――その多くはかつてのサウスコット主義者の本拠地である。バーンズリで、すべての聖職者は「大主教から最も低い職位にいたるまで偽りを語る人間たちであり、聖書でいうところの偽預言者である」という批判を始めると、彼は嵐のような喝采を呼び起こした。こうした言い方はますます彼の預言の基調となっていった。「聖職者の策略は見抜かれたぞ！その打倒は計画されているのだ！」。国王は「主教たちへの莫大な報酬を取り上げ、それを民の幸福のために使え」。彼は『キリストの審判席』という週刊誌を刊行しはじめた――それはおそらくキリストが、民衆向けの週刊誌の編集作業によってお墨付きを与えられた唯一の機会だった。一八三一年の夏の間、彼は自分の講演に多くの聴衆を集め、カーライルのロウタンダでは二千の座席が埋まることもしばしばあった。

注意。救世主の著作を販売します……場所は、ブラックフリアズ通りのロウタンダ。説教はロウタンダで、毎週、木曜は夜七時三十分そして日曜は午後三時から。

一八三二年初頭、彼はダービーで、神への冒瀆罪で有罪とされ（「主教と聖職者は宗教詐欺師だから、イングランドの法によって体罰に処されなければならない」――どうみても、主張するには危険な意見ではないか？）、仲間の預言者とともに二年間投獄された。病気になって身体の一部が麻痺したにもかかわらず、彼は三七年に死ぬまで伝道をつづけた(144)。

第二の例は、尋常ならざる「サー・ウィリアム・コートニ」（すなわち、J・N・トム）である。一八三二年、彼は、東洋ふうの衣装をまとい大富豪であるという噂とともに色めきたったカンタベリーに到着し、総選挙で四百票のまぐれ票を獲得した。その後、偽証罪で有罪判決を受けてから『ライオン』を出版したが、それにはこう記されていた。

> サー・ウィリアム・コートニ……エルサレムの王、アラビアの王子、ジプシーの王、わが王と国の防人、……いま、カンタベリー市監獄のなか。

トムは、もともとはジョアンナ・サウスコットのいたウェスト・カントリー出身のワイン商で、短期間ながらスペンス主義者だったこともある。彼の『ライオン』は、あらゆる不信心者と聖職者を等しく批難した。

> すべての悪の根元は教会のなかにある！
> 金！　金!!　金!!!
> 神は寡婦も父なし子も困窮者も守ってくださるのだ。

監獄と精神病院から解放されて、彼はカンタンベリ近くの農村に移って、小作農の家で生活しはじめた。一八三八年五月、彼はピストルと剣で武装し、馬にまたがって、棍棒を持った農場労働者五十人から百人の先頭に立って、村の周辺を巡回しはじめた。一斤のパンを先端に付けた棒に、前足を高く掲げたライオンが描かれた青と白の旗がゆわえられていた。そして、トムは、「ヤコブの手紙」第五章から、彼の信者たちに読み聞かせることになっていた。

富んでいる人たち、よく聞きなさい。自分にふりかかっていくる不幸を思って、泣きわめきなさい……。ごらんなさい。畑を刈り入れた労働者にあなたがたが欺いて支払わなかった賃金が叫び声をあげています……。

女性たちはとくに、彼には奇跡を起こす力があると信じていた。ある農場労働者はのちに「自分はサー・ウィリアムを愛していた」と語った。

彼は独特な話し方をしたし、いつでも聖書を読んでいた。だからみんな彼のことを普通の人間だとは考えもしなかったし、彼のためなら喜んで死んだことだろう。

北部にいたオウストラやスティーヴンスと同様、彼も、新救貧法は神の法に反すると批難した。ついに治安官が彼を逮捕しにきたとき、コートニ（すなわちトム）はその治安官を殺してしまった。しかし農場労働者は彼のことを見捨てなかった。五十人以上の労働者が、彼とともにブリーンの森に立てこもり、生い茂った藪のなかで軍隊を待ち受けた。トムは両手と両足にある釘の跡を見せ、万一殺されても私は必ず復活すると宣言した。

今日は審判の日——千年王国の始まりの日である。そして今日、私は王冠をいただく。見よ、サムソンより偉大な人間が汝らとともにあるのだ！

彼は信奉者たちに、土地を与えると約束した——おそらく一人五十エーカーの。兵士たちが近づくと、彼はラッパを鳴らし、この音はエルサレムでも響き、そこでは一万人が私の命令に従おうと待ち構えている、と言った。ついに戦闘が始まった――おそらく一七四五年以後のイングランドで、もっとも絶望的な戦闘といえるだろう。銃と銃剣にたいして、ケントの労働者は棍棒しか持っていなかった。「生まれてこのかた、あんなに断固とした決意は見たことがない」、「人びとがあんなに怒りに燃えたり、気の狂ったようにわれわれを攻撃するのを見たのは生まれて初めてだ」と一人の目撃者は語った。コートニおよび十一人ないし十二人の信奉者が殺されたが、同時に将校も一人殺された。死亡者名簿はペントリッジやピータールーよりも長いものになった。[145]

ブリーンの森事件は、新しい文化パターンというよりは古いそれに属するものだ、それは最後の小作農の反乱だった。興味深いのは、「大声で説教する」ブライアン派やバイブル・クリスチャンズがケントを一つの拠点にしていたことである。そして、人びとの精神世界が地獄の業火と「黙示録」に由来する暴力のイメージで満たされ、またその現実世界が貧困と抑圧で満ちていた時代に、このような反乱がもっとおこらなかったのは驚くべきことである。第三の例は、もっとオウエン主義に近いものであって、一八三〇年代終わりから四〇年代にかけてイングランドの工業地帯で信じられないほどの成功を収めた、モルモン教の布教活動である。数年間に何千人もの改宗者が洗礼を受け、これら何千人もの「末日聖徒」がリヴァプールから「シオンの町」をめざして船出した。初期の改宗者には「製造業者とそのほかには職人が多く……極貧状態で、ほとんどの人が洗礼を受けるための着替えさえ持っていなかった」。多くの人は、渡航費を援助してもらい、カウンシル・ブラフス〔アメリカ合衆国アイオワ州の町〕からソルト・レイク・シティ〔アメリカ合衆国ユタ州の州都で、モルモン教の本拠地〕までの全行程を、手押し車を押しながら徒歩で進んだのである。[146]

これら三つの事例はすべて、一八三〇年代に、イングランドの労働民衆が世俗的イデオロギーにきわめて感化されやすかったと考えるのが早計であることを、はっきり示している。われわれが検討してきた急進主義の文化は、熟練労働者、職人、そして一部の下請け労働者の文化だった。この文化の下方に（あるいはこの文化と共存しながら）、より不明瞭な反応の次元があり、そこからオウストラやオコナーのようなカリスマ的指導者は支持の一部を取り付けたのだった。（チャーティスト運動のなかで、ラヴェットのような人間が、「顎髭とファスチアン織りの背広」を身にまとった北部の連中と共通する見解や戦略を見いだすことはついになかった）。この不安定さがとりわけ露呈したのは、新しい合理主義者の思考様式とより古い流儀のメソジストやバプテストの思考様式が互いに影響しあったり、一人の人間のなかで対立しあったときだった。しかし、非国教派と合理主義は南部の職人たちの気質を統御し飼い慣らしたようにみえるのにたいして、対仏戦争中にメソジスト的な思考様式が支配的だった地方では、感情のエネルギーは蓄積されるか、あるいは抑制されていたように思われる。三〇年代のどの時期であれ、北部の労働者階級文化に鍬を入れると、その土のなかから熱情があふれ出てくるように思われる。

オウエン主義がかき集めたのも、この熱情の一部だった。オウエンとその門下の弁士たちは「繁栄が一挙に開花するだろう」と預言していたから、彼らが「神の選民の子供たち《チルドレン・オブ・イスラエル》」を周囲に集めることは当然だった。共同社会主義への熱望が復活し、合理主義の言語は友愛の言語へと翻訳された。興奮状態の局面ではいつもそうなのだが、アンティノミアニズムも復活した。そしてそれには、オウエン流の共同社会主義者の一部がいだいていた世俗的な性解放思想の神秘化版が伴っていた。たとえばザイオン・ウォードは自分の「礼拝堂」で若者たちにこう語った――「もし互いに愛し合っているなら」、「法律や儀式に縛られることなく、いつでも一緒に行きなさい」と。（ウォードは「世間から逃れたいと思っている人びとが一つの家族のように暮らしていける」田園植民地の計画をもっていた）。それ以上に、オウエン主義は貧民たちの心の奥底にある感性の一つにふれるものだった――すなわち、なんとかして、なんらかの奇跡によって、土地にたいするなんらかの権利を取り戻したいという夢にふれるものだった。

一八三〇年代、イングランドの民衆の大半は、産業資本主義の構造はごく一部しかできあがっておらず、その構造の屋根の部分はまだつくられていないと感じていたように思われる。オウエン主義とは、壮大ではあるが短命に終わった多くの衝動の一つでしかなかった。こうした衝動は、民衆が団結し決意を固めさえすれば、数年あるいは数カ月でつくりあげられるかもしれないまったく異なる構造をビジョンとして提示することで、大衆を熱

狂させたのである。一八三三年に、ブロンテア・オブライエンはこう書いていた。団結の精神が広がりつつあるが、その目的は、

> 考えうるかぎりで最も崇高なものである。すなわち、生産的階級が自らの勤労の成果にたいする完全な支配権を確立することである。……社会の根本的変革――現存する「世の中の秩序」を完全にひっくり返すような変革――を構想するのは労働者階級なのである。彼らは社会の最下層ではなく、最上層に昇ること――いな、むしろ最下層も最上層もなくなるべきことを望んでいるのである。[147]

現在から振り返って、この精神を天真爛漫だとか「ユートピア主義的」だと見なすのは簡単である。しかし、この精神のなかには、われわれが学者的な高みから評価することを許すような要素はまったく存在していない。貧民たちは絶望的に貧しかった。だから、ギリシア＝ローマ時代のように知的文化と肉体的鍛練を調和させうるだけでなく、食べることもできるようなコミュニティの展望は、彼らにとって魅力的だったのである。さらに、オウエン主義は、千年王国の衝動を集約した、もっと以前からある信条と、次のような重要な点で違っていた。オウエン主義者にとって、千年王国とは到来すべきものではなく、自分たちの努力によってつくりだされるべきものだったのである。

ここにおいてこそ、われわれはオウエン主義のすべての潮流を一つに合体することができる。職人たちは市場経済を回避することを夢想し、熟練労働者たちは一般労働組合に向かうことを渇望し、博愛主義の紳士たちは合理的で計画にもとづいた社会を切望し、貧民たちは土地あるいはシオンを夢想し、織布工たちは独立自営になる希望をいだいていた。そしてこれらすべての人びとが、相互扶助が攻撃と競争に取って代わる、友愛に満ちた平等なコミュニティのイメージをもっていた。モーリスは一八三八年にこう書いた。

貧民たちが「私たちもまた環境が最も重要なものであることをすすんで認めるし、不可知なものへの信仰のすべてをすすんで捨て去るし、この世こそ私たちが住まう唯一の家郷とならなければならない」と語るとき、この言説を聞いたものは一人残らず胆をつぶすだろう。……それにもかかわらず……「私たちはすすんで……する」という言説こそが、無味乾燥なオウエン氏の理論に生き生きとした装いを与えたのである。[148]

この「私たちはすすんで……する」は、労働民衆が成熟しつつあり、一つの階級として自分たちの利害や願望を意識しはじめていることの証左である。彼らが資本主義を一つの体制として批判するとき、また代替的でより合理的な体制についての「ユートピア主義的」構想を提示するとき、それらのなかに非合理的で救世主的なものはまったく存在しなかった。「気が違って」いたのはオウエンではない。そうではなく、労苦を担う者の立場からすれば、蒸気力と新型機械が明白に労働者に取って代わり降格させるような社会体制、そして織布工が裸足で織機に向かい、製靴工が上着も着ないで仕事場にいるのに、市場には「物があふれている」ような社会体制こそが「気が違って」いたのである。こうした人びとは、自分たちの経験に照らして、次のような発言をするオウエンがまともであることを知っていた。

……現在の社会編成は、考えうるかぎり、最も反社会的で、非政治的で、非合理的なものである。その影響のもとで、人が生まれながらにもっているすべての長所や価値ある資質が、幼いころから押さえ付けられている。そして、最も不自然な施策がもちいられることによって、このうえなく有害な性向が引き出されている[149]……。

オウエン主義は、決して時代の遅れの見解ではなかった。それは、蒸気力による生産力の拡大と工場が受容されはじめた時代にあって、大衆の想像力をとらえた偉大な社会的教義の嚆矢だった。問題にされたのは、機械ではなくむしろ利潤動機だったし、また産業企業の規模ではなく、その背後にある社会的資本の統制権だった。建築業に従事する職人と小親方たちは、統制権や利益の最大部分が建築請け負い親方や請け負い業者たちの手に渡ることに憤慨していたが、小規模な事業主の数が増えれば問題が解決されるとは考えていなかった[150]。むしろ彼らは、建築に必要とされる熟練の協同が、協同組合的な社会統制のなかで実現されることを望んでいた。その強みの大半を「小ブルジョア」に頼っていたと考えられがちな運動が、歴史上最も熱心に新しい共同社会のあり方を切り開こうと試みたことは、皮肉なことである。ホリヨークは何年もあとにこう書いている。「初期の協同組合の熱心さと真剣さは」、「……コミューン的生き方をめぐるものだった。『社会主義者』は……自由な意思による、自給でき、自己統制された工業都市を創建したいと望んでいた。そこで生み出される富は、自らの労働によってそれを生産した人すべてに公平に分かち合われることになっていた[151]」。こうした実験の失敗に、愚かさの証左だけを見る人びとは、「歴史」はこれらの実験に将来性がないことを証明ずみだ、と過信しているのだろう。

オウエン主義（あるいは通常の侮蔑的な意味での「ユートピア主義者」）のなかの非合理性は、宣伝が性急だったこと、講演やパンフレットによって理性的な考えが広まると信じていたこと、手段についての配慮が不十分だったこと、である。なによりもオウエンにとって致命的だったのは、政治権力という現実問題を避けたことと、所有権の問題を無視しようとしたことであった。協同組合型社会主義は、痛みもなんの衝突もなしに、お手本や教育を通じて、そして資本主義の内部で村、作業場、店舗が成長することによって、資本主義に取って代わるはずだった。『エコノミスト』はなんとかして、協同組合には「平等化をめざす傾向」がないことを、読者に再確認させようとした。その目的は「すべてを向上させる」ことにある。富は現在の所有者から奪い取られるのではなく、「新たに生み出される富」となるだろう[152]。「私たちは……水平派としてここへ来たのではありません」とウォリントンの聖職者は宣言した。「私たちがここに来たのは、いかなる人からもその財産を奪うためではありません[153]」。一八三四年、オウエン主義の運動が最も高揚したとき、「人権憲章」はこう宣言した。

旧社会における慣例や慣行によって取得され所有されている、すべての個人が現有する財産は……それがもはや使用価値も交換価値ももたなくなるまではおかされることがない[154]……。

これこそが、オウエン主義の致命的な弱さである。スペンス主義の博愛主義者による小グループでさえ、対仏戦争末期には、社会主義には大地主からの土地の収奪が必要であることに気づいていた。スペンスは『社会を本来の状態に修復する者』（一八〇〇年）でこう述べた。

小農場を再興したいと望んでも、また貧民たちがめちゃくちゃに締め上げられ踏みつけにされるのをこれ以上見たくないと望んでも、現在の土地所有制度を根底から覆さないかぎり、そうした望みは子供じみたものにすぎない。というのも彼らはすでに、これまで考えられなかったほど完全な抑圧の精神と権力を身につけてしまっているからである。……だから、これらサムソンどもの権力を全面的に破壊するのでなければ……現在の土地所有制度を完全に根絶するのでなければ……生きるに値する世界を取り戻すことは決してできないのである。

これこそがイギリスの支配層を激怒させたのであり、おりしも、シドマス卿が啓蒙家オウエン氏の提案を議論していたそのときに、支配者たちは『キリスト教徒の政体』の著者で穏健なトマス・エヴァンズを、公判なしで一年間拘留したのだった。その年、スペンス主義者の生き残りの一人、ロバート・ウェダバーンという黒人の仕立て工が『奪われた希望』という印刷の出来の悪い小雑誌を出した。

オウエン氏は土地所有者と政府の手先であると、下層階級が確信していることを……オウエン氏は思い知ることになるだろう[155]。

一八一七年当時のスペンス主義者と古参の急進主義者によるオウエン評価が誤っていたことは証明されている。そして、スペンスとエヴァンズの農業社会主義への執着は、工業国イングランドには不適切なものだった。しかし、スペンス主義者は、少なくとも、所有権の問題と階級権力の問題をすすんで提起しようとしていた。

そのどちらの問題にたいしても真正面から取り組もうとしなかったから、オウエンは政治的急進主義に無関心なままでいられたし、しばしば運動を非現実的な方向へ導くこともできたのである。何年もの間、協同組合運動は、博愛主義者と労働者階級の急進主義者が共存しながら、つづけられた。しかし一八三二年までには、ヘザリントン、オブライエン、ジェイムズ・ワトソンらは、まったく異なる点を強調するようになっていたし、またいかなる政治手段も放棄するオウエンを拒絶していた。彼らにとって、オウエン主義はつねに偉大で建設的な影響力をもつものだった。彼らはオウエン主義から、資本主義を個々ばらばらの事象の寄せ集めとしてではなく、一つのシステムとして見ることを学んでいた。彼らは代替的でユートピア的な相互協力の体制《システム》を構想することを学び取っていた。また、彼らは、コベットのように旧来の世界への郷愁を乗り越えて、新しい世界を計画する自信をつかみとっていた。教育の重要性と環境がいやおうなく条件づける力についても理解した。トムソンとアンナ・ウィーラーから、女性の権利についての新しい要求を擁護することを学んでいた。それ以来、資本主義社会には、所与であったり、不可避であったり、「自然」法則の産物であったりするものなどいっさい存在しないと考えられるようになった。ヘンリー・ヘザリントンの「遺言書」にこのすべてが表現されている。

> 競争的で、われがちに奪い合う、利己的な体制での苦しさと楽しさが入り交じった生を終えるにあたり、私の見解と感情をここに述べます。その体制のもとで、最も崇高な人間の道徳や社会的向上心が、絶え間ない労苦と物質的欠乏によって無効にされています。その体制によって、本当に、すべての人間は、奴隷か、偽善者か、犯罪者のいずれかになるように訓練されています。だからこそ私はあの偉大で高潔な人物――ロバート・オウエン――の原理に熱烈に傾倒するのです。

5 「一種の機械」

「これら二人［オウエンとホジスキン］がいくつかの点でもたらした災い《ミスチーフ》は、こんにち計り知れないものがある」、とフランシス・プレイスは書き留めている。[156] この「災い」は、一八三一年から三五年の間に書き留められている。そして、この時点が、本書の研究の達した限界点である。というのは、ある意味において、労働者階級はもはや形成途上《メイキング》にあるのではなく、形成されてしまったからである。三二年と三三年の間にある敷居をまたぐことは、労働者階級の存在が、イングランドのすべての州で、また生活のほとんどの分野で感じられる世界に足を踏み入れることなのである。

労働民衆の新しい階級意識は、二つの面から眺めることができる。一方では、職業や技能レベルが大きく異なる労働者たちのあいだに、利害が同一であるという意識が存在し、この意識は、多くの制度形態に具体化され、また一八三〇年から三四年にかけての一般労働組合主義というかたちで空前の規模で表現された。この意識とこれらの制度は、一七八〇年のイングランドでは、ばらばらのかたちでしか見いだされなかったものである。

他方では、一つの労働者階級としての利害が同一であるという意識、あるいはほかの諸階級の利害に対立する「生産的諸階級《プロダクティヴ・クラスズ》」としての利害が同一であるという意識があった。そして、こうした意識の内部で、現状に取って代わるシステムへの要求が成熟しつつあった。しかし、この階級意識は、かなりの程度、労働者階級の威力にたいして中流階級が示した反応の結果として、最終的な定義を与えられたのである。この一線は、細心の注意を払って、一八三二年の選挙資格のうちに引かれた。イングランドにおける展開の特異な点は次のことにある――通常、われわれは、中流階級の改革運動が労働者階級というしっぽをつけて成長し、その後に初めて労働者階級の独立した運動がつづくと予期するものだが、実際にはこの過程は逆さまだったのである。フランス革命を手本にして、同時に三つの過程が開始された。すなわち、土地貴族と商業貴族の側の、恐怖に起因する反革命的反応。産業ブルジョアジーの側の撤退と、現状への（有利な条件での）順応。そして、民衆の改革運動が急速に急進化し、対仏戦争後まで生き残るほどに頑強なジャコバン派の中核部分を、主として、小親方、職人、靴下編み工、剪毛工、そのほかの労働者が占めるまでになったこと。一七九五年以降の二十五年間は長い反革命の時期と見なすことができるし、またその結果、急進的運動は、理論としては高度に民主的なポピュリズムをそなえ、主として労働者階級的な性格をとどめていた。だが、そうした運動の勝利が、工場主や製鉄業者や製造業者に歓迎されることはほとんどなかった。それゆえに、イングランドの中流階級のイデオロギーは弾圧的で反平等主義的な特徴を帯びることになる（ゴドウィンはベンサムに道を譲り、ベンサムはマルサス、マカロック、ユア博士に道を譲り、そしてこの三人はベインズ、マコーレイ、[22]エドウィン・チャドウィックを登場させることになった）。それゆえまた、旧腐敗体制の明白な非合理性に対抗するための最も穏健な改革の措置でさえ、実際には一方における旧秩序の側からの抵抗と他方における製造業者の臆病とによって遅延させられるという事実も生じたのである。

一八三二年の選挙法改正法案をめぐる危機——または、より正確に言えば、三一年のはじめから三二年の「五月の日々」にいたる一連の危機——は、以上の命題をほとんどすべての点にわたって説明してくれる。この運動は、「民衆」の側から生じたのであり、また「改革」が絶対に必要だという、最も驚くべき見解の一致を急速につくりあげたのである。ある点からみれば、疑いなく、この十二カ月の間、イングランドは革命が起こりうるような危機を経験していたのである。運動が拡大する速さは、さまざまな型の国制擁護の半合法的な運動の経験一つひとつが、どの程度民衆のなかに存在していたのかを示している。

民衆が事を進める際の体系的なやり方、その堅固な忍耐力、その活気と技量は、改革に敵対する者たちの胆をつぶした。ほとんどあらゆる種類の人びとの会合が、都市で、町で、そして教区で開かれた。自分たちのクラブに属するジャーニーマンの職人、そして職種クラブやほかのいかなる種類の結社にも属していない一般の労働者によって……。

プレイスは、一八三〇年の秋についてこう書き、次のように（三一年の二月について）付け加えている。

……なお、同じ地域に属する家々同士のほんのわずかな交流さえまだ見られなかったが、一人ひとりの民衆は何がなされるべきかを理解しているように思われた[157]……。

国王の私設秘書官は一八三一年三月にグレイにたいして次のような不満を表明した。勢いを増していく示威行進に加わった人びとの「大多数」は、「まさに最下層の階級に属する人びとである」、と。三一年秋と三二年五月にバーミンガムとロンドンでおこなわれた十万人を超す巨大な示威行進は、圧倒的に職人や労働者から構成されていた[158]。

「われわれが、改革にたいする熱狂を引き起こしたのではございません」、と少々いらだちながら、グレイは一八三一年三月に国王に書き送った。「われわれが政権についたときには、その騒ぎは絶頂に達していたのでありますす」。そして、別の面から眺めれば、この危機の時期に、なぜ実際には革命が起こりえなかったのかを知ることができる。その理由は、まさに労働者階級の急進的運動が強力だった点に求められる。すなわち、中流階級の指導者だったブルーム、『タイムズ』、『リーズ・マーキュリー』は、ともに、巧みな手腕をもって、この労働者階級の力の脅威を利用して、アンシャン・レジームの最も頑固な擁護者以外であれば誰でも受容できるような撤退ラインを取り決めたのである。また、ブルームやペインズはウィッグ支持者や比較的柔軟なトーリー支持者をただ脅迫していただけなのだが、それでもこれらウィッグ支持者や柔軟なトーリー支持者は、なんらかの妥協が成立しないなら、中流階級の改革論者たちがもはや彼らの背後に急進的運動を押しとどめておくことができなくなるだろうことに気づいていたのである。

産業ブルジョアジーは、革命が起きないことを心底から願っていた。というのは、革命が始まるまさにその日から、劇的な急進化の過程が進行し、ハント派や労働組合活動家やオウエン主義の指導者たちが、ほぼすべての製造業の中心地域で増大する支持をほしいままに取り付けていくだろうことを、彼らは知っていたからである。『「革命」の脅威が中流階級や小親方によって利用されている」、と『プア・マンズ・ガーディアン』は報じた。しかし——

暴力革命は、それが起こるといって脅す人びとの手段にとどまらないというだけではなく、脅す人びとにとって最も警戒すべき対象でもある。なぜなら、革命は、貧民や蔑まれた大衆によってのみ達成されうるのであり、もし彼らが煽動されて革命に踏み出すならば、それを中流階級や小親方の利益になるよう利用するだけでなく、彼ら自身の利益を図るべく利用するかもしれないのであって、そうなれば中流階級や小親方の貴重な所有権が危険にさらされる……ということを中流階級や小親方は知っているからだ。暴力革命が中流階級や小親方にとって大いなる恐怖であることは請け合っていい(159)……。

中流階級の改革論者は、両方の前線で巧みに闘った。一方では、『タイムズ』が大衆運動の実際の組織者として前面に出てきた。「われわれは、改革を要求して集会を開いたり請願を出したりしないような州や町や村は、連合王国のなかに一つもないと信じている……」。それは、民衆に向かって「王国の全土において政治結社へと自らを組織化する荘厳な義務」を強く主張しさえした。それは——エドワード・ベインズがリーズで歓呼の声をあげる群集を前にしてやったように——直接に革命をもたらすような強制的な手段を支持した。すなわち、銀行への取り付け、税金の支払い拒否、政治同盟の会員の武装がそれである。他方では、一八三一年十月にノッティンガム、ダービー、ブリストルで起きた暴動は、バーミンガムをモデルとする政治同盟がもつ二重の機能を浮き彫りにした。

これらの同盟は、改革の大義を促進するためのものであり、徹底的ではあるが不規則に発生する暴徒の狼藉から生命と財産を守るためのものであり、同時に寡頭制の体系的暴力に抗してそのほかの重大な利益を維持するためのものである[160]……。

こうした中流階級の煽動者は、そのナップザックのなかに特別な警棒を携行していた。トーリー党支持者自身が中流階級の煽動者を出し抜きたいと願って、ブルームやベインズが保護を求めて旧腐敗体制に逃げ込むことになるような、厳しく警戒すべき形態をおのずと誇示する、独立した労働者階級の改革運動を助長したこともしばしばあった。「全国労働者諸階級同盟」が、成人男子の選挙権を求め、またウィッグ党の選挙法改正案に抵抗するためにロンドンでの示威行進を呼びかけた際、国王自身が次のように書いた（一八三一年十一月四日）。

朕は、当該集会によって企図されている方策がきわめて暴力的で……異論の余地があることを決して不快に思っているわけではない。というのは、朕は、そうした意図やそうした目的が表明されることによって……政治同盟の前進を食い止める機会がもたらされると信じているからである[161]……。

国じゅうの中流階級と労働者階級の改革論者が運動の主導権を握ろうと画策した。一八三一年夏までの最も初期の段階では、中流階級の急進派が優位を保っていた。その七年前にウーラーは、ひどく幻滅した最後の呼びかけとともに、『ブラック・ドウォーフ』を廃刊していた。（一八二四年には）「議会改革の大義に献身的に執着している公衆」は存在しなかった。かつては、何百、何千という人びとが改革をやかましく要求していたのに、いまやその人びとは「パンをやかましくせがむ」だけになったように彼には思われた。一六年から二〇年の時期の弁士やジャーナリストは、「動揺する社会のなかから浮かび上がってくる泡沫」にすぎなかった[162]。二〇年代後期の労働者階級の指導者の多くは、彼の幻滅を共有していたし、彼らの師であるオウエンの反政治的立場を受け入れていた。三〇年夏に農業労働者の「反乱」とフランス七月革命が起きるまで、民衆の関心が一変して、政治運動に回帰しはじめることはなかった。そして、これ以降、頑迷な保守派（ウェリントン公、貴族院議員、主教）があらゆる改革の措置にたいしてとった、気違いじみて頑強な死力を尽くした抵抗が、一つの戦略をいやおうなく採用させたのである。その戦略（それを中流階級の急進主義は最大限に利用した）によって、背後でグレイやラッセルに支えられ、また大多数の人びとが何も得られないような改革案を、民衆の運動は支持したのである。

かくして、改革を求める民衆の要求が、成人男子の選挙権を求めるカートライト少佐の綱領と同一視されるような、一八一六年から二〇年までの力関係のあり方は破壊された。「この改革が将来の次なる措置につながると考える人がいるとすれば」、とグレイは三一年十一月に庶民院で演説した。

> 彼らは間違っている。なぜなら、毎年の議会改選、普通選挙権、そして無記名投票にたいして、私ほど決然と反対している者はほかにいないからである。私の目的は、そうした望みや企図に味方することではなく、それらに終止符を打つことなのだ。

こうしたことは、より古参の急進派によって十二分に理解されていたのであって、古参の急進派の意見をはっきりと代弁する者たちの大多数は、最後の「五月の日々」までウィッグ党の改革案に軽蔑の言葉を浴びせかけつづけた。マクルスフィールドの一人の急進派はこう言明した。「彼にとって、選挙区売買人によって統治されるのか、売春業者によって統治されるのか、それともチーズ商人によって統治されるのかということは、独占と腐敗の体制が相変わらず維持されるのであればどうでもいいことなのだ」[163]。ハントは、プレストン選出の議員（一八三〇―三二年）という自分の立場から、ほんの少しだけ礼儀正しい言葉で同じ命題を主張した。ジョージ・エドモンズは、バーミンガムで対仏戦争後に初めておこなわれたニューホール・ヒルの示威行進（一七年一月）で議長を務めた人物で、機知に富んだ勇気ある急進派の教師だったが、こう言明した。

私は戸主《ハウス・ホールダー》ではない。——私は、一旦緩急あれば、歩兵銃をかつぐ者《マスケット・ホールダー》となろう。ほかでもないこの法案こそは、ジョージ・エドモンズを市民と認めないのである！　ジョージ・エドモンズは、国民にとっての第一級の強奪者を切り捨てないかぎり、ほかでもないこの法案を嘲笑する。[164]

「全国労働者諸階級同盟」やそのほかの同盟に登録していたロンドンの急進的職人のエリートたちもこうした立場をとった。彼らが一八三一年と三二年に毎週ロウタンダでおこなった討論は、ヘザリントンの『プア・マンズ・ガーディアン』に報じられている——これは疑いもなく、イギリスで（そのときまでに）刊行された労働者階級の週刊紙誌のうちで最もすぐれたものだった。この討論に加わったのは、ヘザリントン自身（獄中にいないときのことだが）、ウィリアム・ラヴェット、ジェイムズ・ワトソン、ジョン・ガスト、才気がありながら運に恵まれなかったジュリアン・ヒバート、さらに（バンフォードやミッチェルの以前の仲間で）「国民大休暇」すなわち一カ月間のゼネラル・ストライキを通じて生産的諸階級が国の政治と資源を支配下に置くという提案を当時力説していた、老ウィリアム・ベンボウだった。[165] 討論は、しだいに階級の定義をめぐって闘わされるようになった。ウィリアム・カーペンターは、「印紙税不払い」紙をめぐる闘争を開始するという栄誉をヘザリントンとともにした人物だが、異論を唱えた。ウィッグ党の改正法案は、一つの「くさび」として支持されるべきだというのである。彼は、『プア・マンズ・ガーディアン』が「中間業者《ミドルマン》」と「中流階級《ミドル・クラス》」という二つの言葉を「互換可能な用語」として使っていることに不満を表明した。実際には、中流階級は「あなた自身の利害と異なる利害をもつ人びとからなる階級ではない。それだけではなく彼らは同じ階級なのである。彼らは、概して言えば、働く人びとないし労働する人びとなのである」[166]。危機が終わるまで、この論争はずっとつづけられた。法案が通過したあと、『プア・マンズ・ガーディアン』はその結論をこう記録した。

選挙法改正案の推進者がそれを計画したのは、現存する貴族的な諸制度を転覆するためではないし、またそれを改造するためでさえなく、中流階級出身の下位貴族を補強することによってそうした諸制度を堅固なものにしていくためであった。……ウィッグ党とトーリー党の唯一の違いはこうだ――ウィッグ党は実体を維持するために幻影を与える。だが、トーリー党は幻影を与えはしない。というのも大衆は愚かであるとはいえ、幻影に立ち止まらずに現実に向かって突き進むからである。(167)

ロウタンダの戦闘的なオウエン主義者が、労働者階級のなんらかの一大集団の意見をどの程度代表していたのかは問題である。彼らは、職人のなかのインテリ層だけを代表するかたちで活動を始めた。だが、彼らはきわめて急速に影響力を増していった。一八三一年の十月までに、彼らは総勢七万人の大衆示威行進を組織できるようになっており、その参加者の多くが成年男子選挙権を象徴する白いスカーフを着けていた。そして、彼らがおこなった三二年三月の「全国断食日」に反対する示威行進には、推定十万人が参加した。プレイスは、ロウタンダ派の人びと（彼らの多くをプレイスは「極悪者」として相手にしなかった）が中流階級の戦略にたいする最大の脅威になっていると考えたから、選挙法改正案をめぐる危機に関する彼の手稿の歴史叙述（歴史家たちはそれに信頼を置きすぎているのだが）の大部分は、ロウタンダ派の影響力を限定し、それを彼のライバルである全国政治同盟の影響力によって置き換えようとする無節操な策略にあてられている。ウェリントン公自身は、抗争が支配者層とロウタンダ派のあいだでなされているものと考え、これらを「対峙する」二つの軍隊になぞらえた。この抗争は彼の軍事的思考を大いに困惑させたのであって、そのことは彼が、これら両軍のあいだに、歩哨と哨所が適切に配置された橋をもつ川を設けることができなかったという点に反映されている。敵は、彼自身の陣営のなかの要所要所に配備されていたのである。(168)

しかし、一八三一年十月の行進は、主に「商店主や上層職人」によって構成されていた（と思われる）。そして、感動的なほどの人数が招集されたとはいえ、もっと少ない人数でバーミンガムでおこなわれた、はるかに壮大な示威行進には遠くおよばなかった。ロンドンの職人たちは、凝集力があり明確に意思表明する指導部の形成にようやく成功したが、彼らとロンドンの不熟練労働者大衆や卑しい職種についている労働者とのあいだには大きな隔たりが残されていた。(この問題はロンドンのチャーティスト運動の歴史のなかで再三ぶり返されることになる)。こうした情勢はエドワード・ギボン・ウェイクフィールドが書いた、口ぎたなく人騒がせな小冊子のなかで戯画化されている。彼は、ロウタンダ派を「無法者」で理想主義者であると見なし、その危険性は、オーチャード街やウェストミンスターやホワイトチャペルのはずれの路地や横丁にうようよしている犯罪階級、すなわち「社会の反面教師たち」の破壊的エネルギーを解き放つかもしれないという事実にあると考えた。そこにいるのは、政治に無縁の(しかし危険な)たくさんの「呼び売り商、家畜商、牛の屠畜業者、廃馬の屠畜業者、死体や犬の肉を扱う業者、町のならず者、煉瓦製造工、煙突掃除人夫、夜警、街路掃除人など」だった。ロウタンダのオウエン主義的社会主義者にたいする彼の態度は曖昧なものだった。一方では、彼らのほとんどは「勤労で生計を立てている分別ある人びと」——すぐれた才能の点で危険な諸階級からはっきりと区別される人びとだとされた。他方では、多くは、「あちこちの下宿で生活するずぼらな独身男で、家にいる無力な家族を気にかけることなくロンドンに火を放ちかねない連中」だとされた。

ふるまいに関して言えば、彼らは粗野というよりむしろ礼儀正しい。だが、彼らのうちの一人の敏感な部分にふれて——自分は富の生産には競争の刺激が不可欠だと思う、と言うだけで——彼は、軽蔑の念をいだいてあなたから顔をそむけるか、あるいは……目をぎらつかせ、あなたに向かって、おまえは政府から金をもらってたわごとをしゃべっているのだ、と言うだろう。妥協に類するものはなんであれ、断固たる反対よりもはるかに彼らをいらつかせるのだ。

彼は（ある程度真実だが）多くの者が「武器を用意している」、と述べた。

もしロンドンの民衆が暴動を起こすならば、彼らは最も危険な部署に姿を現すにちがいない。盗人や烏合の衆を先導し、最も効果的な方策を指示し、巡り合わせによっては、反抗の叫びをあげながら死んでいくだろう。「これらの人びとは、もし革命が起きるとすれば、その革命の戦士となる人びとである」[169]

この描写は誇張されているが、まったく真実を含んでいないわけではない[170]。権力側（ウィッグであれトーリーであれ）の見地からすれば、危険なのは職人の社会主義者と「犯罪的階級」とが結び付く可能性だった。だが、ロンドンの不熟練大衆は、職人とは別の世界に住んでいた――極端な困窮、読み書き能力の欠如、きわめて広範囲にわたる道徳的意気沮喪、そして一八三一年から三二年にかけての冬に突発したコレラに劇的に示されたような疾病の世界である。ここで、われわれは最も古典的な問題、すなわち、急速に人口が増加する時期に移住者でふくれあがった大都市における、その日暮らしの不安定さという問題に出会うことになる[171]。

不熟練労働者は、いかなる代弁者も組織も（友愛組合を除いて）もっていなかった。彼らが、どこかの職人の指導に従うのと同じように、どこかのジェントルマンの指導に従うことも十分ありうることだった。しかし、それでも、一八三一年十月に始まった政治危機は、彼らの生活を閉じ込めていた宿命論や服従や窮乏といった殻を粉砕してしまうように十分なほど深刻だった。その月にダービーで起きた暴動、ノッティンガム城の略奪、ブリストルでの広範囲におよぶ暴動――これらはすべて、社会の基盤で重大な動乱が生じていることを示していて、また同時代の人びとは、ロンドンのイースト・エンドの反乱がこれらにつづくのではないかと懸念した。

「バーミンガム政治同盟」は、ほかならない『タイムズ』でも推奨できるような、許容範囲にあるモデルの一つだった。というのは、その地域の産業状況は、中流階級の統制のもとにしっかりとめおかれるような大衆の改革運動を支持するものだったからだ。バーミンガムの急進主義の歴史は、ミッドランズ北部やイングランド北部地域のそれとは著しく異なっていた。そこの小規模な産業にはラダイト運動の基盤はなかったし、またこの政治同盟の「父」、トマス・アトウッドが公衆のなかで最初に名声を得たのは、一八一二年に枢密院令に反対する親方と職人の統一した運動を指揮したときのことだった。一七年から二〇年にかけて、ブラック・カントリーに「実力行使派」の急進的集団が存在したことは疑いない。だが――運がよかったのか、判断がよかったのか――これらの集団がペントリッジの事件やグレンジ・ムーアの事件のような失敗に終わる運動によって取り沙汰されることは決してなかった。(172) ブリッグズ教授が示したように、トマス・アトウッドは、三〇年にさまざまな「不満の素材」を「調和させ、統一する」ことができたが、それはバーミンガムの産業革命が「既存の事業の規模を拡大するというよりむしろ生産単位の数を増やした」からである。熟練労働が機械に置き換えられることはほとんどなかった。無数の小規模な仕事場が存在していたことは、社会的格差の勾配がより緩やかであり、また職人がいまなお小親方の地位に上昇できることを意味していた。さらに景気後退期には、親方とジャーニーマンが同じように苦しめられた。(173) こうしたことから、階級対立は、マンチェスターやニューカースルやリーズよりもやわらげられていたのである。選挙法改正法案の危機のあいだじゅう、アトウッドはバーミンガム政治同盟を「人柄のよさを示して」統率したので、(のちにオブライエンが回想しているところによれば)「ブラマゲムの労働者は、『改革された』議会のなかに、形式的にはそうでないとしても、実質的には自分たちの代表をもつことができると本当に信じているように思われた」。そして、オブライエンは、かくも厳しい批評家が書いたものとしては印象深い賛辞のなかで、こう言い添えた。

選挙法改正法案の勝利(それはまさに勝利だった)は、ほかのどの団体でもなく、疑う余地なくこの団体によってもたらされた。この団体が力を増していく危機的な時期にあって、その行動がよく秩序づけられ、組織が拡大し、また莫大な数の民衆が集まったことが、この法案を避けがたいものとさせたのだ。(174)

リーズやマンチェスターやノッティンガムのような中心地では、中流階級の改革論者ははるかに不安に満ちた立場に立たされていた。マンチェスターには（ロンドンと同じように）互いに競い合う政治同盟が共存していたが、一八三一年十月以降は、男子普通選挙権をかかげる同盟が先頭に立った。同じ月にボルトンでは、選挙法改正法案を貴族院が否決したことによって、政治同盟内部に亀裂が生じ、その最大の（男子普通選挙権を主張する）分派は、「くたばれ主教！」「貴族院はいらない」といった旗印のもとに総勢六千人のデモを組織した。[175] ミッドランズと北部では、こうした事態が幾度となく繰り返された。「どこの路地であれ居酒屋であれ、多くの労働者が群れをなして集っているところに入ってみれば」、とドハーティは一八三二年一月に書いている。

そして、十分間ほど会話に耳を傾けてみれば……少なくとも十回のうち七回は、討論の主題が、富者の生命あるいは財産を攻撃するのは得策かどうかという、ぞっとする問題にかかわっているのがわかるだろう。[176]

実際、一八三一年から三二年にかけての冬に、『プア・マンズ・ガーディアン』は選挙法改正法案とそれをめぐる議事録にたいして嘲笑を浴びせかけたが、その嘲笑はいくぶん学術的な雰囲気を帯びていた。疑いもなく、ロウタンダ派の人びとが改正法案を罠（そして急進派運動への裏切り）と呼んだことは正しかった。しかし、旧腐敗体制が、ほとんど骨董品並みの頑固さをもっていかなる改革にも抵抗したために、国民がただちにしかもあらかじめ計画することなく、革命のとば口まで踏み込んでいくような状況が生み出されたのである。遅ればせながら、『プア・マンズ・ガーディアン』はその戦術を調整して、マセローニ大佐の『民衆のための防衛教書』（市街戦の手引）からの抜粋を特別付録として出版した。[177] 改正法案が五月に貴族院を最終的に通過する前の、「イングランドにおける憂慮と騒乱の十一日間」、フランシス・プレイスはじっと息をひそめていた。それが通過した日の晩、彼は家に帰ってこう記した。

われわれはもう少しで全面的な反乱が起きる状態にあった。もし、ウェリントン公が政権をつくるようなことにでもなっていたら、政府と民衆《ザ・シング》が争点になっていたことだろう。

「主要都市にはバリケードが設けられ――紙幣の流通は停止される」ことになっていただろう。もし革命が始まっていたならば、それは「これまでに達成された何にもまして規模の大きな、全民衆の行為となっていただろう(178)」。

一八三一年の秋そして「五月の日々」に、イギリスは革命の瀬戸際にあった。それは、一度始まったら、急激な急進化という点で、（協同組合理論と労働組合理論との同時的進歩を考慮すれば）おそらく一八四八年の諸革命やパリ・コミューンの先駆けとなっていただろう。J・R・M・バトラーの『偉大なる選挙法改正法案の通過』は、この危機の重大さがもつ意味をわれわれに教えてくれる。ただし、彼の研究には、全般的情勢が状況次第で変わりうるものだったことに十分気づいていないという弱点がある。これは、次のような（「全国労働者諸階級同盟」に関する）論評にはっきりと示されている。

……分別ある民衆は……その傲慢な愚行に愛想を尽かした。ベスナル・グリーン支部が国王にたいして貴族院を廃止するよう請願したり、フィンズベリー部会が庶民院に百九十九人の貴族の資産を没収するよう迫るような愚行がそれであった(179)……。

もう少し自己満足的ではない評価が必要である。革命が起きなかったという事実の原因の一つは、急進派の伝統(180)のうち、コベット（期待したものの半分であっても、それを受け入れるよう迫った）が代弁者となっていた部分に見られる、根深い国制擁護主義にあった。また、中流階級の急進派は国家と所有権の双方を弱めるのではなく、それらを労働者階級の脅威に対抗して強化していくような妥協案を時宜にかなって提案したが、その巧みさも原因の一つだった。

ウィッグ党の指導者たちは、自分たちの役割は「大衆が財産とよき秩序に愛着をもつようにする」方策を見つけることだと考えていた。グレイはこう言っている。「最大級に重要なのは、中流階層を社会の上級階層に結び付け、この国の制度と統治とにたいする愛情と支持の念をいだかせることである」[181]。この一線が細心の注意を払って引かれたことは、「リーズにおける十ポンド戸主の数と社会的地位」を発見するために、ベインズが一八三一年に実施した調査のなかにはっきり示されている。この調査結果はジョン・ラッセル卿に手紙で知らされたが、この手紙は「選挙法改正法案の危機」に関する古典的な史料の一つと見なされるべきものである。ベインズの調査員たちは、選挙統計学の草分けだが——

> 全員一致してこう語った。十ポンドという選挙資格は、参政権を与えるのが安全でも賢明でもないような人物には一人たりとも選挙権の行使を許すものではない、と。また投票を許される者がかなり少ないことを知って驚いた、と。

十ポンド戸主が残りの人口に占める割合に関するラッセルの質問に答えて、調査員たちは次のように報告した。

> ……主に労働者階級によって占められている地域では、投票権を手にする戸主は五十人に一人にも満たないでしょう。主に商店で占められている町では、ほぼすべての戸主が投票権を手に入れるでしょう。……ホルベックの町区には、若干の製造工場や染物工場や居酒屋や品のいい住居もありますが、主に労働者階級からなる一万一千人の住民がおりますので、投票権をもつのは百五十人にすぎないでしょう。……マーシャル商会の工場で働く百四十人の戸主つまり家長のなかで、投票権をもつのは二人しかおりません。ホルベックのO・ウィラン商会の工場にいる百六十人から百七十人の戸主のうち、投票権を有する者は一人もおりません。テイラ

ー・アンド・ワーズワス商会に雇用されている約百人の戸主――彼らは機械製造工で最上級の職人たちです――のなかで投票権を与えられるのは一人だけであります。労働者階級のなかで、改正法案によって選挙権を与えられることになる人は、五十人に一人を超えないだろうと思われます。

こうした見積もりでさえ過大だったように思われる。一八三二年五月に政府に提出された調査報告書は、リーズ（人口十二万四千人）では三百五十五人の「労働者」が選挙権を認められるが、そのうちの百四十三人は「事務員、卸売商人、作業監督者などである」ことをあきらかにしている。残りの二百十二人は、週に三十ペンスから四十ペンス稼ぐ特権的な地位の人びとだった(182)。

こうした調査が、十ポンドの選挙資格を十五ポンドに引き上げようと企てていた内閣を安心させたことは疑いない。プレイスはこう書いている。「民衆の大部分は、選挙法改正法案が議会を通過するということ、あるいは、もしそれが否決された場合には、そこに盛り込まれていたものより多くのものを、自分自身の暴力によって獲得すべきだということを、確信していた(183)……」。この「より多くのもの」という脅威こそは、一八三二年にトーリー党とウィッグ党の双方にのしかかっていたものであり、またイングランド社会の堅固な基盤をなしてきた土地資産と産業資産のあいだに、特権とマネーのあいだに、あの妥協を成立させたものなのである。ベインズとコブデンの旗には、平等と自由ではなく（ましてや友愛ではなく）、「自由貿易」と「経費節減」が記されていた。ブルームのレトリックは、財産、安全、利益のそれだった。ブルームは、選挙法改正法案の第二読会でおこなった演説のなかで次のように言っている。「一方に暴徒がいるとすれば」、

次のような民衆もまたいるのです。いまここで私が言及するのは、中流階級――品行方正な何十万もの人びとからなる――社会のなかで最も数が多く最も富裕な階層のことであります。というのは、あなたがた貴族のすべての城、領地、狩猟権などが、あなたがたの広大な土地とともに競売に出され、五十年分の地代に相当する

値で売られたとして、中流階級の莫大で堅実な富によって釣り合いがとられるとすれば、その価格は高く跳ね上がるだろうからです。また彼らは、真面目で、理性的で、知性にあふれる正直なイングランド人の精神を純粋に保持している人びとでもあります。……私は、あなたがたにお願い申し上げたい。平和を愛するが、しかし決然たる姿勢をもった民衆の目を覚させないように、と。……あなたがたの友として、わが階級の友として、わが祖国の友として、そしてわが国王の忠実な下僕として、私はあなたがたに忠告するものであります。平和の維持と、国制の擁護と持続のために、最大限の努力をもって助力することを[184]……。

法案が通過したとき、そのレトリックは剝ぎ取られ、中流階級の急進派の要求がベインズの口から飛び出した。

選挙法改正の果実が収穫されなければならない。商業と農業の大独占は廃止されなければならない。教会は改革されなければならない。……非公開株式会社の株は公開されるべきである。経費節減と節約が強化されなければならない。奴隷の足かせは砕かれなければならない[185]。

労働者階級の急進派の要求は、それほど明確には定式化されていなかった。最小限の政治綱領は、ヘザリントンの『共和主義者』の宣言から引用できる。

残忍なる貴族制の根絶。共和国、すなわち普通選挙によって選出された代表による民主主義的政体の確立。世襲の官職・称号・栄典の廃絶。長子相続法の……廃止。……司法行政の費用節減と迅速化。狩猟法の廃止。新聞にたいする極悪非道な課税の廃止……。われわれの同胞市民たるユダヤ人の解放。アイルランドへの救貧法の導入。財産権侵害にたいする死刑の廃止。「信仰の教師」、つまり司教の収入を貧民の扶養に充当すること。十分の一税の廃止。すべての司祭または聖職者の報酬は各宗派が負担すること。「国債」は国民の負債ではないこと。専制政治の機構すなわち軍人の除隊。国民防衛軍の創設。

これは、ジャコバン主義の旧来の綱領であって、一七九〇年代以降ほとんど進歩の跡が見られない。（ラヴェットとジェイムズ・ワトソンが一八三一年十一月に起草した国民同盟の宣言の第一原則は、「すべての（公正に獲得された）財産は、神聖かつ不可侵である」だった[186]）。しかし、これのまわりでは、さまざまな地区や産業のなかに存在する主要な不満にもとづく、そのほかの「より多くの」要求が生み出されていた。ランカシャーでは、ドハーティと彼の支持者たちが、「普通選挙権とは、自分の労働が他人によって貪り食われるのを防ぐために各人に与えられた権力にほかならない[187]」と論じていた。オウエン主義者や工場改革論者、そして手に負えないウィリアム・ベンボウのような「実力行使派」の革命論者たちは、もう一歩先の要求を突き付けていた。しかし結局、この抗争のかけひきは、ブルームやベインズが望んでいる限界の内部に首尾よく封じ込められてしまった。これは（シェリーが一八二二年に預言していたように）「血統と金銭」とのあいだの抗争であり、結果的に、血統が平等《エガリテ》の要求を退けるために金銭と妥協したのである。フランス革命から選挙法改正法案にかけての時期に、中流階級の「階級意識」が形成されたのだが、その「階級意識」は、ほかのいかなる工業国のそれと比べても、より保守的であり、雄大な理想主義的大義をより警戒し（おそらくほかの国民の大義にたいしては違うのだが）、より狭隘な利己心に満ちていた。これ以降、ヴィクトリア朝のイングランドでは、中流階級の急進派と理想主義的な知識人は、「二つの国民」のいずれかの立場をとることを強いられることになった。群衆治安官としてよりも、チャーティストや共和主義者として知れ渡ることを選んだ個人が多数いたということは、名誉に値する。しかし、そうした人びと――ウェイクリー、ニューポートのフロスト、ダンコーム、オウストラ、アーネスト・ジョーンズ、ジョン・フィールデン、W・P・ロバーツからラスキンやウィリアム・モリスにいたるまで――は、きまって政府に不満をもつ個人か、あるいは知的な「発言者」だった。彼らは、決して中流階級のイデオロギーを代表してはいないのである。

エドワード・ベインズは、ラッセルあての書簡のなかで、ほとんど算術的な精密さをもった階級の定義を提示した。一八三二年には、消すことのできない鉛筆で粗雑に、社会意識のなかに選挙資格にもとづく一線が引かれた。さらに、この時期には、才能ある理論家が登場して、労働者階級の状態を定義した。その理論家が、自己のなかで、イングランドのウィッグ党への嫌悪を、イングランドのウルトラ急進主義とオウエン主義的社会主義の経験に結び付ける一人のアイルランド人知識人であらなければならなかったことは、ほとんど必然だったと思われる。ジェイムズ・「ブロンテア」・オブライエン（一八〇五―六四年）は、アイルランドのワイン商の息子であり、ダブリンのトリニティ・カレッジを優等で卒業したが、二九年に「法律と急進的改革を学ぶため」にロンドンにやってきた。

友人たちは法律の勉強をするよう私を送り出してくれたが、私は、自分の意志にもとづいて急進的改革に没頭するようになった……私は、法律に関しては全然上達しなかったが、急進的改革に関しては著しく上達した。その上達たるや相当なもので、明日にも急進的改革を講じる教授職がキングス・カレッジに創設されるとすれば（もっともこれはほとんどありそうもないことだが）、候補として名乗りをあげたいくらいだ……私は、自分の血管のなかの血液の一滴一滴が急進派の血液であるかのように感じる(188)……。

選挙法改正法案の危機のあいだ、彼は『ミッドランズ・リプレゼンタティヴ』を編集していたが、その後ロンドンに移り、『プア・マンズ・ガーディアン』の編集者の地位についた。

彼は、選挙法改正法案について次のように書いている。「われわれは、法案は、結果的に、中流階級の大部分を労働者階級から引き離すだろうと予見していた。中流階級は、その当時、自分たちを排除する貴族とではなく民衆と行動をともにする傾向が強かったのである(189)」。また彼は、ブオナロッティの「平等の陰謀」に関する歴史に寄せた序文のなかで、同じ議論を繰り返している。「ジロンド党は（イングランドのウィッグ党が選挙法改正法案でやったのとちょうど同じように）小規模な中間業者にまで選挙権を拡大したが、それはより効果的に労働者階級を抑圧するためだった」、「あらゆる政府のなかで、中流階級の政府ほど圧制的で無慈悲なものはない[190]」。
これは、彼がしばしば立ち戻る主題だった。彼は、ウィッグ党政府が新しい措置――アイルランド強制法案、十時間労働法案の拒否、労働組合への攻撃、改正救貧法――を打ち出すたびに、怒りを新たにした。彼は、一八三六年に次のように書いている。「選挙法改正法案が通過する前は」、

中流階級は労働者となんらかの共通の感情をもっていると考えられていた。そうした幻想はもはや終わりを告げた。この幻想は、アイルランド強制法案をかろうじて生き延びたが、飢餓法の制定をもって完全に消え去ったのである。労働者の誰一人として、金儲けに躍起になっている立法府に正義や道徳や慈悲を二度と期待しないだろう[191]。

自分自身が中流階級の文化からの逃亡者だったので、彼は、中流階級が客間でする家事奉公人階級に関するおしゃべりをまねた言い回しで、自分の出身階級について書くことに格別の喜びを覚えた。「［中流階級の］仕事と習慣は本質的に卑しいものである。彼らの生活が、卑劣な狡猾さや投機の生活であるのは当然のことなのだ……」

これら二つの階級が利害を共有することは、これまでもなかったし、これからもないだろう。労働者にとっての利益は、できるだけ少ない労働でできるだけ多くの報酬を手に入れることである。中流人間《ミドルマン》の利益は、労働者からできるだけ多くの労働を手に入れ、できるだけ少ない報酬を与えることである。こうした具合だから、それぞれの利益は、二頭の闘牛のように、互いに真っ向から対立しているのである。

そして彼は、並はずれた能力をもって、ウルトラ急進主義の伝統とオウエン主義のそれとを撚り合わせて、一つ

の革命的社会主義をつくりあげようとした。この革命的社会主義の目標は、政治革命、有産階級からの土地・財産の収奪、そしてオウエン主義的コミュニティのネットワークだった。

> われわれが手にすべきものは、サウジーが「革命のなかの革命」と呼んだものであり、一七九四年のはじめにロベスピエールとサン・ジュストがフランスで企てたような革命である。すなわち、富が分配される制度を完全に覆すこと。……所有――所有――これこそわれわれがとりかからなければならない問題である。所有制度の変更なしでは、いかなる進歩も生じえない。

そのような革命は、（彼が期待するところでは）成人男子普通選挙制が達成された直後に、暴力を伴わずに到来するはずのものだった。「少数者の法律から、現存の不平等が生じてきた。多数者の法律によって、それは破壊されることになる[192]」

こんにちの歴史家は、オブライエンが、選挙法改正後のウィッグ党の政府をあまりに粗雑に「中流階級」の利益と同一化している点を容認しないだろう[193]。（旧腐敗体制は、彼が考えたよりも生命力をもっていたのであって、それは穀物法撤廃をめぐる長引く闘争に示されている）。また、この一人の（中流階級を出自とする）理論家を、労働者階級の新しい意識を表現する人物として選び出すのも適切ではない。しかし同時に、オブライエンは運動の片隅にいた一人の奇矯な人物だったわけでもない。『プア・マンズ・ガーディアン』そのほかの紙誌の編集者として、彼は多数の、増大する労働者階級の読者を引き付けていた。そして彼は、のちにチャーティスト運動の「校長」という称号を得ることになる。彼の著作は、一八三〇年代初頭に展開された、ありあまるほどの運動の中心を貫く一本の糸であって、旧来の民主主義的要求、社会運動（新救貧法に反対したり、工場改革を求めたりする運動）、オウエン主義者の共同主義的実験、労働組合のサンディカリズム的闘争、これらに一つの関連性を与えたのである。オブライエンは、ナポレオン戦争後のコベットやウーラーとまったく同じように、彼が生きた時代の真正なる発言者であった。
もちろん、ほとんどの労働者にとって、選挙法改正法案への幻滅はそれほど理論的ではないかたちでやってきた。プディングの味は食べてみなければわからない。どのように食べたのかは、改正後に実施された総選挙における、ある論戦での出来事のなかに縮図的に示されている——それが起きたのはリーズである。ベインズは、すでにブルームをヨークシャー選出議員にするために影響力を行使していたが、リーズでも、最大の雇用主の一人であるマーシャルと、マコーレイ（ベインズはその日記のなかで、ウィッグ党の商店主の末席に座る「マックホーリ氏」と記している）をウィッグ党の利害代表者として推薦した。マコーレイは選挙法改正法案による妥協のイデオローグのなかで最も自己満足的な手合いの一人であって、トーリー党の教義である「実質的な代表」を新しい言葉に置き換えていた。

上流階層と中流階層は、人類の自然な代表である。彼らの利害は、いくつかの事柄で、彼ら自身の同時代人の利害とは対立するかもしれないが、しかし、あとにつづくことになる数え切れないほど多くの世代の利害とは一致しているのである。

彼は次のように嘆いた。「富の分配の不平等はいやおうなくすべての人びとの注意を引き付ける」。他方、「この不平等がすべての階級の幸福にとって必須のものであることを争う余地なく証明する根拠は、同じようには明白でないのである」。マーシャル氏は、理論家としてマコーレーに比肩する人物ではなかった。しかし、もし急進派の選挙向け宣伝物が信頼できるとすれば、彼は、家族をもつ一人の人間にとって十分な賃金は週十二シリングであるという見解をもっていて、労働者階級は移民することでその状態を改善できると考えていた。そして、
マーシャル氏の工場では、九歳の少年が丸裸にされ、鉄柱に縛り付けられて、気絶するまで革ひもで無慈悲に

鞭打たれたのである(194)。

他方、トーリー党の候補者は、十時間労働運動の議会での指導的代弁者であるサドラーであった。オウストラは、その二年前に、時間短縮委員会で児童労働に反対する情熱的な運動を開始していた。また、前年の四月には、目を見張るような「ヨークへの巡礼」が始まっていた。さらに、十時間労働運動は（オウエン主義者の運動と同じように）選挙法改正法案をめぐる危機の時期にもやむことなくつづけられた。だから、こうした論戦のなかにあってオウストラは、『リーズ・マーキュリー』で口先だけの工場主擁護論を展開していたベインズに反対して、サドラー側につくと期待できた。コベットにも同じことを期待できた。実際、彼はベインズについて次のように言及しているのだが、それは当時の文書煽動禁止法の許容程度を思い起こさせてくれる。

この第一級のブルームの嘘つきお追従屋……ブルームは、庶民院の少なくとも一人の議員を手塩にかけ、ほかの五十人の議員よりも大きな災いを公衆の自由にもたらしてきている。この、肥満しきった、貪欲で、破廉恥なお追従屋こそ、ここ二十年間ヨークシャーを欺いてきた輩なのである(195)……。

したがって、トーリー党と急進派の同盟は、サドラーの背後で避けられないものとなっていた。同じく、非国教派の「商店主層」の大部分が「わが同郷人マーシャル氏、スコットランド人たるマックホーリ」（われらが日記作者はそう記した）に投票するのも避けられないことであった。

……サドラーに関して言えば、彼は、まったく何もいいことをしてこなかったし、これからもしないだろう……なぜなら、彼はいつもリーズの町の住民に害をおよぼしがちなことを考え出してきた人だからである……彼は街区改善法《インプルーヴメント・アクト》を先頭に立って推進した人だったが、その法律は住民に多大な負担をかけ、その負担は主に商店主たちと、私が「中流階級の民衆」と呼ぶ人びとにふりかかってきた。……彼はわが市の政権党の一員だが、彼はそれに適してはいない[196]……。

リーズの労働者階級の急進派は、自分たちの独立した刊行物と組織を維持していた。このリーズの男たちは（彼らの言明するところでは）「良い知らせにも悪い知らせにも集まった……ときを選ばずにそうする用意があった」のだが、かつて「五月の日々」に彼らの大集会で演説して「改革か、しからずんばバリケードか」を約束した人びとに、裏切られてしまっていた。

マーシャル、マコーレイ両氏は……教会に関するものであれ国家に関するものであれ、あらゆる種類と規模の改革にたいへん好意的かもしれない。彼らはまた、彼ら自身の独占、つまり工場主や役人に関する独占を除けばすべての独占の廃絶に賛成するかもしれない。しかし、リーズの労働者は、両氏を支持するとすれば、自分たちがなしうることは、自分たちの敵の手に立法権力を渡すことなのだ、ということを忘れてはいない。

それればかりか急進派は、貴族階級が利用してきた、選挙の際の買収と影響力の行使という旧来の形態が、いまや製造業者階級に奉仕する新しい狡猾な形態に変わりつつあると言明した。労働者は投票権をもっていなかったにもかかわらず、選挙演説の際にマーシャルとマコーレイへの支持を表明するよう工場労働者に強要することによって、サドラーに味方する十時間労働運動の効果を相殺しようと、多大な努力が払われた。

われわれは次のような工場の名前を、一ダース以上あげることができる。すなわち、月曜日には中庭に集まって、オレンジ党[23]の候補者に賛成の挙手をせよ……もし背いたときには即刻仕事を奪う、という命令がすべての工員にくだされている工場である。……工員たちは、それぞれ中庭のなかのある場所を割り当てられ、羊の群れのようにそこに閉じ込められ、まわりはすべて職長や事務員やそのほかの下っ端どもに取り囲まれる。その目的は経理課が発した重大な命令を執行することにあった。

結局、選挙演説の場は暴動へと転じ、そこでオウストラと十時間労働運動の活動家たちが、「逃げていくオレンジどもの愚鈍な頭の上に朝の礼拝式の鐘を鳴らした」のだった。サドラーが投票で敗れたときには、マーシャルとマコーレイの人形が町の中心部で焼かれたが、そこは一七九二年にペインの人形が体制支持派によって焼かれたのと同じ場所だった[197]。

リーズでおこなわれたこの一八三二年の選挙は、地方的なものにとどまらない意義をもっていた。それは全国の工場改革運動家の注目を集め、北部のさまざまな都市の何千という署名のついたサドラー応援の呼びかけ文を引き出したのである。まちがいなく、三二年以降、新しい論調が見られるようになった。どの工業地帯でも、多くの経験が新しい階級意識を確たるものにしたが、この階級意識はすでに選挙法改正法案の諸条項によって念入りに輪郭を形づくられていた。まさに「改革された」庶民院こそが、三四年に起きたドチェスターの農業労働者たちの流刑を是認したのであり（「団結した労働者全体に仕向けられた一撃[198]」）、そして庶民院議員は「証拠書類」とロック・アウトによって、いまなおその強度や意義が（政治的な意味でも経済的な意味でも）ほとんど理解されていない職種組合を破壊する闘いに乗り出したのである。親方たちの宣言に対抗して、ヨークシャー職種組合も自分たちの宣言を出した。

　親方たちはたんなる戦争の雄叫びをあげているのではなく、略奪戦争の、自由にたいする戦争の、個人的見解にたいする戦争の、正義にたいする戦争の、そして正当な大義なき戦争の雄叫びをあげているのだ……。

リーズのある組合活動家はこう明言した。「自分たちの目的に役立てることができる間は政治同盟を大事にしてきた当の人びとが、いまでは職種組合を壊滅させようと努力しているのだ」

大勢の労働者が、選挙法改正法案を通過させるために、ウェイクフィールドでのウェスト・ライディング集会へと率いられていったのは、つい先日のことだった。当時は、いま職種組合を弾圧しようとしている当の面々が、数の力を頼りに一つの政治改革を押し通そうとして、職種組合をずらり勢ぞろいさせていた。彼らは、そうしなければわが国の貴族から政治改革を勝ち取れはしないと確信していたのである。彼らにとって、こうして勝ち取られた改革は、腐敗と圧制の権力を強化するきわめつけの手段だったのである。[199]

一八三二年からチャーティズムにいたる道筋は、「政治的」運動と「経済的」運動がでたらめな振り子のように交互に現れるのではなく、一直線に前進するものだったのであり、そこでは関連しながら同時に生起するもろもろの運動がただ一点に収斂していったのである。その一点とは選挙権だった。ある意味で、チャーティスト運動は、三八年の「六項目」の公表からではなく、選挙法改正法案が国王の裁可を得たときから始まっていた。地方の多くの政治同盟は決して解散することなく、即座に「商店主層」の参政権に反対する運動を始めた。三三年の一月、『労働者の友』は、中流階級の急進主義の要塞は急襲されたと発表することができた。すなわち、「……いかいかルンペン商人君主制によるあらゆる抵抗とごまかしにもかかわらず、『ミッドランド労働者階級同盟』が、勇敢ではあるがそれまで誤って導かれてきたミッドランズの人びとによって結成された」。[200]バーミンガム急進主義の特徴的イデオロギーは、雇用主とジャーニーマンを団結させて、貴族制、銀行、国債、そして「紙幣制度」に対抗させたが、やがて分解しはじめた。しばらくの間、アトウッド自身この新しい動きに心を奪われたが、一つには、かつて彼が大きな約束をした多数の人びとにたいする忠誠心からだった。ふたたび、ニューホール・ヒルに巨大な示威行進が集結した（一八三三年五月）。そこには十八万人が参加したと主張されたし、またそこで表明されたのは、……自分たちが力を貸して権力を獲得させたもろもろの政党にたいする、共通の憎悪の念であった。いまや彼らは集会を開き、それらの政党がはっきり示した背信……にたいする反感を表明したのである。

参加者の数は、ウォルソールの炭抗夫や、ウルヴァーハンプトンの製鉄労働者や、ダドリーの下請け労働者によってふくれあがった。バーミンガムをチャーティストの中心地にすることになる急進化の過程はすでに始まっていたのである。[201]

しかし、この再生した運動の中身は、選挙権それ自体には「より多くのもの」が含意されているというものであり、それゆえにこそ選挙権は否定されなければならなかった。（一八三二年のバーミンガムは三一年のバーミンガムではなかった。それはいまや、公正労働交換所の本拠地であり、社会主義者からなる建築労働者同盟の本部があり、『開拓者』の編集部が居を構えていた）。三〇年代と四〇年代の労働者にとって、選挙権は一つのシンボルだった。その重要性を評価することは、われわれの目が一世紀以上にわたる「二大政党政治」のスモッグに曇らされているために、われわれには困難になっている。選挙権が含意していたのは、第一に、平等だった。すなわち、市民権の平等、個人の尊厳の平等、品位の平等である。あるパンフレット作者は、「煉瓦やしっくいや土砂ではなく、人間が代表されなければならない」と書き、多くの「惨めな、いわゆる『自由の身に生まれた』イングランド人が、人類が政治社会のなかで享受することのできる最も価値ある権利から排除されている」のを嘆いた。[202]ジョージ・エドモンズはこう書いている。「われわれ無数の働く民衆は、

> もはや赤ちゃんコンクールや、安っぽい見せ物の市長就任披露行列や、見かけ倒しの戴冠式に出かけるようであってはならない――そうした国民的な愚行に共犯者として出席してはならない。けばけばしい衣装をまとった役者たちが自分たちだけで楽しむのにまかせておけばいいのだ。

「かつての野蛮なアイルランド人と同じように、イングランド民衆は、あまりに長い間、傲慢きわまる仕方で社会的統治の外側に置かれてきた」

私がここで言っているのは、議会に代表をもたないわが同胞たる民衆、野蛮なイングランド人、生まれながらに自由な十九世紀の奴隷たちの思考についてである[203]。

しかし、オウエン主義やチャーティズムの時代の文脈からすれば、選挙権の要求は、それ以上のもろもろの要求、すなわち、労働者が生活条件と労働条件にたいする社会的統制権を獲得する新しい方式を含意していた。まず最初に、労働者階級の排除は、必然的に、それとは逆の拒絶、つまり労働者階級によるあらゆる形態の政治行動の拒絶を引き起こした。オウエンは、政治的急進主義への無関心をもって、その基盤を長年にわたって準備してきた。ただし、一八三二年以降の一般労働組合主義への転換のなかで、こうした反政治的傾向は、静寂主義的な態度ではなく、戦闘隊形をとり、闘争を辞さない、また革命的でさえあるような態度を生み出した。この時期の政治思想の豊かさを考察していくと、われわれは、意図していた限度を超えて、一般労働組合主義の歴史——そして、実際にはチャーティスト運動の初期に踏み込んでしまう。それは、ベンボウが「国民大休暇」〔ゼネラル・ストライキを意味する〕という自説をさまざまな工業地帯で遊説した時期であり、印刷労働者のジョン・フランシス・ブレイが、リーズの職人たちへの講義でホジスキンの考えを発展させた——のちに『労働の窮状とその救済策』として出版されることになる——時期である。また、建設労働者同盟と全国労働組合大連合が形成され衰退していった時期であり、そして、ドハーティとフィールデンが八時間労働日を求めるゼネラル・ストライキという方策を打ち出して「国民再生協会」を創設した時期である。オウエン主義的共同社会主義者は豊かな創意を発揮して、子供の保育、両性間の関係、教育、住宅問題、社会政策などについて、進歩を先取りする考えを提示し、実験をおこなった。こうした考えは、限られた知識人のあいだでだけ検討されていたのではない。建設労働者、陶工、織布工、職人は、短期間ではあったが、すすんで自分たちの生活を賭けて、それらを検証する実験に参加したのである。大量の多様な紙誌が――その多くは読者にたいして厳しい要求を突き付けた――真正の労働者階級の読者向けに発行された。ヨークシャーとランカシャーのあいだに横たわるペナイン山脈の人里離れていた場所にあるコウルデン・ヴァリーの絹工場では、オウエン主義者の雑誌が読まれていた。

　この時期に繰り返し取り上げられたテーマのうち、二つにだけふれておこう。第一は、インターナショナリズムという主題である。これは、まぎれもなく、旧来のジャコバン主義の遺産の一部であり、急進派が決して忘れることのなかった遺産であった。オリヴァーは、リーズの剪毛工であるジェイムズ・マンともう一人の革命家とともに、ソーンヒル・リーズでの（一八一七年の）会合に徒歩で向かっていたとき、彼らの会話から、「ブラジルからの最新ニュースが彼らを喜ばせ、かつてない希望をもたらしたように思われた」と感じた。[204] コベットは、いつも時間をやりくりして、自分の雑誌に最新ニュースを追加した。

> ちょうどおあつらえ向きの余白があったので、ベルギーの民衆、すなわち普通の人びとが、莫大な税金の支払いを強要するために進軍してきたオランダの軍隊を打ち破ったことをお知らせする。これはすばらしいニュースだ。[205]

一八三〇年に起きたフランスの革命は人びとに深い衝撃を与え、ロンドンの急進派だけでなく、都会から離れた工業村落にいる労働者階級の改革論者たちをもいたく感動させた。またポーランドの独立闘争について、労働者階級の新聞は心配げにその推移を報道しつづけた。一方、ジュリアン・ヒバートはロウタンダで、不運な暴動を起こしたリヨンの織布工をスピトルフィールズの織布工になぞらえながら、彼らにたいする同情の決議をおこなった。オウエン主義者の運動では、この政治的伝統が拡延されて、社会的かつ階級的な連帯を包含するようになった。三三年には「グレート・ブリテンとアイルランドの生産的諸階級の宣言」が、「ヨーロッパ大陸と南北アメリカの政府と民衆」に向けて発表されたが、その書き出しは、「人類という大家族をなす人びと」となっていた。同じ年の終わりまでには、イングランド、フランス、ドイツの労働組合主義者たちのあいだで、なんらかの同盟関係を結ぶ問題がすでに討議されていた[206]。

もう一つの主題は産業サンディカリズムだった。マルクスがまだ十代だったころ、イングランドの労働組合主義者の精神をめぐる、資本主義的政治経済学と社会主義的政治経済学との争いには（少なくとも一時的には）決着がついていた。勝者は、ホジスキン、トムソン、ジェイムズ・モリソン、そしてオブライエンであり、敗者は、ジェイムズ・ミルとプレイスだった。「資本とは何か？」、と『開拓者』の一著者は問う。「それは蓄えられた労働だ[207]」、とマカロックが叫ぶ。「……それは誰の、何から蓄えられたのか？　虐げられた人びとの衣服や食糧からだ」。それゆえに、「傲慢きわまる仕方で社会的統治の外側に置かれてきた」労働者は、一歩一歩、サンディカリズムの理論ないし「裏返されたフリーメイソン主義[208]」の理論を発展させていったのである。「労働組合は、より少ない労働と、より多くの賃金を求めてストライキを打つだけではない」、と建築労働者同盟の一組合員は記した。

労働組合は究極的には賃金を廃絶し、自分自身の主人となり、お互いのために働くのだ。労働と資本とはもはや別々のものではなく、働く男と働く女の手のなかでともに固く結び付けられるだろう。

労働組合自体が政治権力の問題を解決できるだろう。勤労階級の「議会」が形成され、直接に作業場や工場から代表を出すことができるだろう。「地方支部は、地方から地域へ、そして地域から全国会議へと代議員を送り出す。ここにおいて、普通選挙制、毎年おこなわれる選挙、財産資格の廃棄が即座に実施される[209]」。このアイデアは、（『開拓者』では）次のような「職種議会《ハウス・オブ・トレイズ》」へと発展させられた。

それは現在の庶民院に代わる地位を占め、それぞれの産業の協同団体を構成するさまざまな職種の意向に従って、この国の商業に関する事柄を管理する。これこそ、われわれが普通選挙制に登りつめるための階段である。それは、われわれの地方支部で始まり、われわれの一般組合に拡大し、事業の経営を掌握し、最終的にはすべての政治権力を飲み込むことになる。(210)

こうした未来構想は、発見されてほとんど間をおかずに、一八三四年と三五年のひどい敗北のなかで失われた。そして、労働者は、息を吹き返すと、政治権力へのもっと実際的な鍵である選挙権へと立ち戻っていった。何かが失われた。しかし、チャーティズムは、この社会的統制への執着を決してすべて忘れ去ったわけではなく、選挙権はそれを達成するための手段と見なされるようになっていた。この時期に、職人に特徴的な見解、すなわち「自らの額に汗して」独立した生計を営みたいという欲求は、より新しい見解、すなわち新しい生産手段を甘受するものへ移行していった。ただし新しい見解は、新しい環境を人間的なものにするために労働者階級の集団的力を行使しようと努めるものであった――あれこれのコミュニティや協同組合、市場経済の盲目的作用にたいする規制、貧民救済のためのあれこれの立法措置や方策によって。そして、つねに明示的だったわけではないが、潜在的には、彼らの見解には危険な信条が見られた。すなわち、生産は、利潤のためではなく、有用性のためのものでなければならない、という信条である。

じつのところ、こうした集団的な自己意識は、産業革命がもたらした偉大な精神面の成果だった。すなわち、産業革命に抗して、旧来の生活様式の解体、そして多くの点で人間としてもっと理解できるような生活様式が対置されなければならないという自己意識である。おそらく、一八三二年のイギリスの労働者階級は、ユニークな形成体だった。資本蓄積がゆっくりと漸次的に増大したことは、産業革命にいたるもろもろの準備段階が数百年の昔にさかのぼることを意味していた。チューダー朝の時代から、この職人の文化は、技術的および社会的な変化の各局面に伴ってより複雑なものに成長してきていた。ディローニーとデッカーとナッシュ、ウィンスタンリとリルバーン、そしてバニヤンとデフォー[24]——彼らは、みなおりおりに職人文化に言及した。これら職人たちは、十七世紀の経験によって栄養を与えられ、十八世紀にはわれわれが描いてきた知的で自由主義的な伝統を堅持しながら、友愛組合や職種クラブのなかで独自の相互扶助の伝統を形成してきたのであって、たった一世代で小作農から新しい工業都市に移行したわけではなかった。彼らは、自分の意思をはっきりと表明できる、自由の身に生まれたイングランド人として産業革命の経験を耐え忍んだ。牢獄に送られた人びとが、裁判官席にいた人びとよりも聖書に詳しいことがあったし、ファン・ディーメンズ・ランドへの流刑に処せられた人びとが、親戚にコベットの『〔ポリティカル・〕レジスター』を送ってくれるよう頼むこともあったのである。

おそらく、この職人文化は、これまでイングランドに存在した民衆文化のなかで最もすぐれたものであった。そこには、金属、木材、織物、陶器といった部門の労働者が備えているおびただしく多様な技能が含まれていた。彼らが受け継いできた「奥義《ミステリーズ》」および素朴な道具を使った卓越した技がなかったなら、産業革命は構想の段階を超えて進展することなどほとんどできなかっただろう。そして、この職人と独学の文化のなかから、ずば抜けた資質を備えた多くの発明家、活動家、ジャーナリスト、政治理論家が生まれ出てきた。こうした文化を、後ろ向きだとか保守的だと評することはきわめて簡単である。職人や下請け労働者の五十年以上にわたる偉大な運動の一つの目標は、プロレタリアートへの転化に抵抗することにあった、というのはまったく正しい。この大義が敗北したことを自覚してもなお、彼らは、一八三〇年代と四〇年代にもう一度努力して、新しい唯一の想像上の社会統制の諸形式を実現しようとした。この時期全体を通じて、彼らは一つの階級として弾圧され、そして彼ら固有のコミュニティに隔離された。しかし、反革命が抑圧しようとしたものは、半合法的な地下組織のなかで、いっそう断固たるものに成長しただけだった。支配者の圧制が緩んだときにはいつでも、人びとは小規模な作業場や織布工の村落から姿を現して、新たな要求をはっきり表明した。彼らは、なんの権利ももたないと聞かされていたが、自由の身に生まれたことを知っていたのである。ヨーマンリが馬に乗って彼らの集会を蹴散らしたが、公の集会を開く権利は獲得された。パンフレット作者は投獄されても、獄中からパンフレットを編集した。労働組合活動家は投獄されたが、楽隊と組合旗を掲げた行列に伴われて下獄した。

このように隔離されて、彼らの組織は独特の頑強さと弾力性を獲得した。「階級」もまたイングランド人の生活のなかに独特の存在意義をもつにいたった。彼らの学校から作業場、そして教会から娯楽にいたるまで、すべてが階級の戦場に変えられた。この刻印は現在も残されているのだが、部外者によってつねに理解されているわけではない。われわれの社会生活のなかに平等の伝統がほとんどないとしても、なお労働者の階級意識のなかに服従の要素はほとんどないのである。「われわれは孤児であり、社会の私生児である」、とジェイムズ・モリソンは一八三四年に書いた。[211] その論調は、諦めではなく、誇りのそれなのである。

この時期の労働者はこのことを繰り返し次のように表明した。「人びとはわれわれを道具にすることを望んでいる」、あるいは「器具」や「機械」にすることを望んでいる、と。議会の手織工に関する委員会（一八三五年）に出席した一人の証人は、選挙法改正法案についての彼の仲間の見解を述べるよう求められた。

問い　労働者諸階級は、改革がおこなわれて以来、国の制度により満足していますか？
答え　彼らは満足していないと思います。彼らは、選挙法改正法案が一つの手段であり、その目的が、中流階級と上流階級を政府に参加させ、政府の意志に沿って作動する一種の機械として彼らを政府の手中にとどめておくことにあると考えています。

こうした人びとは、日常生活のなかで功利主義に直面したが、それを、やみくもにではなく、知性と道徳的熱情をもってはねのけようとした。彼らは、機械とではなく、産業資本主義に内在する搾取的で抑圧的な関係と闘った。同じ時期に、功利主義にたいする重要なロマン主義的批判が、それと並行しながら、しかしまったく別個に展開された。ウィリアム・ブレイク以降、この二つの文化に精通した知性の持ち主は出なかったし、二つの伝統を相互に通訳する天才もいなかった。支離滅裂なオウエン氏は「新しい道徳世界」を開示しようとし、他方、ワーズワスとコールリッジは自らの幻滅の城壁の背後に退いた。それゆえに、この時代に展開されたのは、革命的挑戦ではなく、ロマン主義者と急進的職人の双方が「貪欲人間」[25]の受胎告知に反対する一つの抵抗運動だったように見えることがしばしばある。二つの伝統が合流点にいたることに失敗するなかで、何かが失われた。それがどれほどだったのは、われわれにはわからない。われわれは、失った者の側にいるのだから。

しかしながら、労働する民衆を、永遠に失われた無数の人びととしてだけ考えてはならない。彼らは、五十年にわたって、比類なき不屈の精神をもって自由の木を育てていたのである。われわれは、こうした英雄的文化の時代をもたらした労働民衆に感謝しよう。

一九六八年版へのあとがき

本書の初版の刊行からこの版までの間に五年の歳月が流れたが、大幅な改定を施すにはあまりにも短すぎる。そこで、私は最小限の修正を加えることで満足することにした。いくつかの誤植と不適切な表現を訂正し、余計な文言を少しばかり削り、また「農場労働者」に関する章の議論をわかりやすくしようとした――その主題にとってはなお不適切な章のままなのだが。

もう一つの章、すなわち「生活水準と経験」に関する章は、あきらかに不適切である。この章はある歴史論争、すなわち「生活水準論争」から生み出されたが、近年の歴史学はすでにこの論争を吸収し、乗り越えてしまっている。いまや私には、情報や分析という点で新たにほとんど付け加えることのない、内容の乏しい章のように思われる。人口学はきわめて複雑であり、しかも発展をつづけているが、それへの私のコメントはとるにたらないものだ。読者が人口学について、あるいは衛生・住宅・都市の発展などの諸問題について知りたいならば、ほとんどの場合、本章のなかでその仮定を批判されている経済史家たちの著作に戻らなければならない。しかしながら、経済史のあれこれの確立した学派が経済成長のイデオロギーにどっぷり浸っている実例を依然として耳にする。それはあまりに厚かましく、一つの学問分野を宣伝活動に変えてしまう危険性をもっている。そうであるから、私はこの章を、一つのポレミークとして、そのまま残すことにした。

本書の残りの部分を私は擁護する。もちろん、そこに重大な欠落が数多くあることは認める。私の構図の中心にいるのは職人と下請け労働者だが、しかし構図の両端にいる人物像は不明瞭である。ある批評家は正当にも、私が初期の工場労働者、鉱夫、製鉄労働者、機械製造労働者や、建築労働者、運輸労働者のそれぞれの経験を控えめにしか語っていないと批難している。[1] もう一人の批評家も、同じく正当に、「庶民の心性のなかにある、国旗崇拝や外国人嫌いや貴族尊崇といった側面」にほとんど説明を与えていないと批判している。[2] 私はこれら双方をほとんど扱っていない。第一グループの労働者については、ハモンド夫妻著『熟練労働者』を含め、よりどころとしうる適切な著作があるのにたいし、第二グループについては、いまのところ、ほとんど研究がなされていない。最初期の工場労働者についてほとんど扱っていないだけでなく、イギリス人水夫のあふれるほどの元気や、激しいフランス攻撃のビラの支持者や、大都市の犯罪者のサブ・カルチャーや、小規模で孤立した鉱工業集落の偏狭な地方根性や、田舎のいくつかの地域で見られた権威への心底からの服従についてもほとんど扱っていない。われわれは、これらのすべてについてもっと知る必要がある。しかし、知識が増えたとしても、それが一八三〇年代の階級運動の出現を説明しつくすことはないだろう。もちろん、かくも多くの本質的に異なる要素のなかから、またかくも多くの社会的抵抗にもかかわらず、そうした一つの共通の運動が出現したことは、知識が増えることでこれまで以上に驚くべきものとなろう。

最初に出版されたとき、本書は、学術雑誌から、寛大にしかし批判的に迎え入れられた。批判は三つの領域に向けられた。すなわち、メソジスムの扱い方、一八一一年から一九年の時期の諸事件の扱い方、そして全般的な方法の問題、とくに社会階級の分析にかかわる問題であった。

私のメソジスムの扱い方にたいする批判を斟酌することは、もし批評家たちがもっと正確であったならば、はるかに容易だったろう。R・カリーとR・M・ハートウェルは、有用なことだが、私があげた全国のメソジスト教会信徒数の増加を批判する。そうしておいて次に、彼らは、私がメソジストの信仰復興運動を「反革命の道具」として歓迎しているという戯画へと退行してしまうのだ。両者は（数人の仰天した書評者もそうだったが）「心理的自慰行為」〔本書四三九ページ〕なる比喩にすっかり気を奪われて、苦心して四つの段落のなかでそれを三回も引用しているが、この比喩がもちいられている文脈や、それがあきらかにしようとしている問題（メソジストの週日の規律と、メソジストの回心、説教、愛餐、告白、霊的な雑誌や小冊子などに示されるむきだしの感情表出と

の対照）を指摘してはいない。(3)

チェインバーズ教授もまた、もっと騒々しく荒々しい仕方ではあるが、一人の諷刺漫画家である。教授が描き出すところでは、私はこう主張している。

メソジストの信徒は……じつのところ挫折感をいだいた革命家たちだった。彼らはバリケードの上で死ぬことが妨げられているので、教会に群れ集い、またブルジョアジーの血を渇望してもむだなので、子羊の血を求めることで自らを慰めていたのだ。(4)

じつのところ、メソジスムの直接的な政治への影響は、私にとって第2章と第11章を書く際には副次的な関心事でしかなかった。私がとらえたかったのは、メソジスムの経験――とくに一七八〇年から一八二〇年の時期のそれ――はなにについての経験だったのかということだった。つまり、労働者はもっと合理的な非国教会派の教会を見捨てたり、あるいはそれに抵抗してきていたのに、なぜこの熱狂的なルター主義を受け入れるようになったのか、ということだった。メソジスムに関するほとんどの著作は、われわれがみんなメソジスムのなんたるかを知っているという想定から出発して、その増加率や組織構造に論を進める。しかし、われわれはメソジスト信徒の経験の質をこの種の証拠から演繹することはできないのである。さらに、キリスト教徒の歴史家と非キリスト教徒の歴史家は平静に協力しあって、数量を確定したり、組織を分析したりすることはできるが、他方、諸経験――たとえばジョン・ウェスレーの日誌や無数の告白の小冊子――を評価する段になると、両者の対話ははるかに難しくなる。当然ながら、こうした対話はつづけられるべきである。(5) しかし、最終的には次のように問わなければならない。われわれが研究しているのは本当に霊的経験なのだろうか。それとも、それは別の精神的エネルギーが転移ないし置換されたものとしてはじめて理解されることになるものなのだろうか。

私はこの問いに答える際に、（キリスト教徒ではないので）成熟した産業体制への移行に伴う文化的ショックに注目した。労働規律の伝達者としての機能は、メソジスムだけでなく、福音主義全般にも共有されているが、メソジスムほどこの機能をはっきりみてとれる教会はほかにない。(6) まずウェスレー派が、次にはプリミティヴ・メソジストが、古くからある半異教徒的な民衆文化に、つまりその民衆文化に伴う定期市やスポーツや飲酒やピカレスクふうの快楽主義に、真正面から対決しようと繰り返し試みた。

たしかに、ある偏見はもう一つの偏見をつくりだすものだ。これまでメソジスムについて書かれてきたもののほとんどが、弁護論的であり、あるいは退屈だったので、私が提示した矯正策は厳しすぎたのかもしれない。われわれは、あるメソジスム史研究者とともに、礼拝所での生活は（多くの場所で多くの人びとにとって）「孤独で不安な人にたいして親密な社会関係の包括的なネットワーク」を提供したとする説に同意できる。(7) しかしまた、われわれは、このネットワークのなかで、仲間の「無知や、自分たちと異なる者への憎しみや、不寛容や、説教壇でのいかがわしい山師ふうの手管」によって自分たちが窒息させられていることに気づいた人びとに、発言を許すべきである。(8)

私を批判した幾人かの人びとのコメントは、彼らが、この時期の移ろいやすい感情表出よりも、ヴィクトリア期の商店主たちのウェスレー主義に精通していることを示唆している。かくして、カリーとハートウェルは「信仰復興運動に最も熱心なメソジスト信徒が政治的に最も急進的だった」と言い張っている。私は一八一五年以前にそうした事実を示す証拠をほとんど知らない。コーンウォール地方の錫鉱夫は（あらゆるウェスレー派のグループのなかで信仰復興運動に最も熱心だったが）急進的ではなかったし、また私の知るかぎり、ウェルシュ・ジャンパーズもそうではなかった。さらに、彼らはこう書いている。「メソジスムは『千年王国説的』ではないし、またそうであったこともない」。もちろん、私はそんなことを言いたかったのではない。しかしながら、千年王国的な不安定さは、メソジスト教会のまわりに、モラヴィア兄弟団の時代からザイオン・ウォードの時代にいたるまでたしかに繰り返し見られるのである。

さらに、この不安定さは政治的でもありえた。私は仰天しながら書き記すのだが、「アレヴィ・テーゼ」（メソジスムが革命を阻止した）にならって、「トムスン・テーゼ」（メソジスムの拡大は反革命の帰結だった）なるものが論争に供されているようだ。ヒメルファーブ女史は「有意義な歴史論争の機会が回避されてきた」ことを遺憾だとさえ考えている。E・J・ホブズボーム博士は、「メソジスムが前進したのは、急進主義が前進した時期だった」と提唱したのにたいし、私は「信仰復興運動が優勢になったのは、『政治的』な熱望ないし現世的な熱望が敗北したまさにそのときだった」と考えている。ヒメルファーブ女史は、われわれの論争の控えめな表現のなかに、「共通の敵にたいする統一戦線」をつくりだそうとするマルクス主義者の陰謀をみている。(9)

しかし、われわれが慎重であるのは、イデオロギー的陰謀よりも、もっと単純な理由があるからだろう。すなわち、われわれは二人とも、決定的な史料がないことを承知しているのである。信仰復興運動は、一つの原因だけで一切合切を説明しうるような現象ではない。不安定に向かう傾向が最初に存在したとしても、その傾向は地味な出来事によって勢いづくかもしれないし、劇的な出来事によって勢いづくかもしれないのである――リスボン大地震や、疫病や、飢饉や、国難や、戦争や、ある地域の炭坑事故や、（ある村での）ある人の突然の死といった出来事である。それはよそからやってきた宣教師の福音主義運動によって引き起こされるかもしれない。あるいは教会の内部で、青年層の集団が自分たちの両親の教会に次々に情緒面からのめり込んでいくといった、内部の世代移行形式に従って、信仰復興が周期的に自生的に誘発されるかもしれない。(10)さらに、状況が異なれば、異なる説明方法が必要だろう。メソジスムの歴史はいくつかの異なる時期に区分される。われわれは少なくとも、ウェスレーが牧師の職にあった時期、不安定な戦時期（この時期の特徴のいくつかは、農村地帯や鉱業地帯で、とくにプリミティヴ・メソジストのなかに長く残ることになる）、尊敬と社会的地位が上昇する平穏な時期、一八二〇年代はじめから四九年にかけての宗派内論争の時期を区分しなければならない。

私が関心をもっているのは、とくに中間の時期であり、この時期に「絶望の千年王国説」という名を適用することにした。(11)これはメソジスト教会信徒の増加率が十九世紀で最も高い時期だった。一七九一年から一八三五年の信仰復興運動は政治的動乱と密接に結び付いているようにみえることもあるし、そうでないこともある。コーンウォール地方のメソジストは、チャーティズム運動の時期まで頑強に急進主義に抵抗していたが、[12] 私の「テーゼ」にはあてはまらないようにみえる。すなわち、一八一四年に最高潮に達したその信仰復興運動は、明白な政治的関連をまったくもっていなかったようにみえるのである。[13] 他方、二一年から二二年の工業化されていたシュロプシャーにおける（ウェスレー派やプリミティヴ・メソジストの）信仰復興運動は、「トムスン・テーゼ」にぴったりあてはまるようにみえる。この運動は、シンダーヒル蜂起で頂点に達した政治的・産業的騒乱の直後に生じたのである。この蜂起では二人の炭坑夫がヨーマンリによって殺害され、別の一人は（蜂起参加のかどで）処刑された。[14]

もっと一般的に言えば、われわれはあまりに曖昧模糊とした諸関係――そして心理的動揺――を取り扱っているので、仮説以上には進みようがないのである。さらに、対仏戦争期は、大きな食糧危機が三回起こり、交戦の噂が流れ、王冠を戴いた首がはねられた時期でもあった。[15] 福音主義の偉大な年、一七九八年――信仰復興運動がメソジストの平信徒をはるかに超えて広がった年でもある――は、九五年から九六年の食糧危機と九七年の海軍反乱につづく年であり、またフランスによる侵略の脅威が背景にあった年でもあった。ウェールズにいたある目撃者は、同じ年――ウェルシュ・ジャンパーズがヒステリーの発作に襲われていたとき――に、「アイルランド人がやってきて、角型に固められた塩でわれわれを食ってしまう」という噂が広まったと記している。[16]

しかし、イースト・ミッドランズの一八一六年から一八年のプリミティヴ・メソジストの信仰復興運動は、「ホブズボーム・テーゼ」の証拠になるだろう。一七年六月五日、すなわちペントリッジ蜂起の四日前に、あるノッティンガムシャーの治安判事は、何千人もの「暴民」が共有地や荒蕪地や路地で催した集会について、シドマス卿あてに心配げに書き送っていた。いかなる煽動も公然と話されてはいないが、「しかし、現在彼らの精神は燃え盛った状態にあり、また下層民のあいだに不満があまねく広がっているので、われわれはこうした集会がきわめて危険だと考えざるをえないのであります」。[17] しかしながら、繰り返し決起し、繰り返し敗北した時期にあって、「トムスン・テーゼ」はいったいどの時点で役立つのだろうか。一八一七年の信仰復興運動はその前年から開始されていた。それは、経済恐慌が起こり、人身保護法が停止された年であり、また請願やハムデン・クラブのような「合法的」な表現回路が機能不全に陥り、イースト・アングリアの農業労働者の反乱が鎮圧された年でもあった。そして、ペントリッジ蜂起のあとに、信仰復興運動は規模をはるかに拡大していったのである。

私のテーゼは、決してなんにでもすぐにあてはまるものとして提示されてはいない。この時代を全体として考えると、情緒的な福音主義およびそれに伴う「燃え盛った状態にある精神」は、絶望の千年王国運動と見なすことができると提案しただけなのだ。例外はあるし、また一八三二年以降にはわれわれは別の領域にいるのである。とはいえ、ホブズボームとリューデは三〇年から三一年の農業労働者の反乱の失敗のあとに信仰復興運動が南部と東部で支持を得たという重要な証拠を見いだしている。[18] この場合の信仰復興運動は、「現世」の関心事から天上界のそれへのエネルギーの転移にほかならないと考えていいだろう。しかし、自己規律をもち、服従に抵抗する村の礼拝所は、次の世代の農村の急進主義者と労働組合主義者が生成する温床となった。こうした結果は、その起源に戻って解釈されるべきではない。

カリーとハートウェルは、「民衆は、政治と宗教、つまり社会過程の消極的な極と積極的な極とのあいだを動揺していた」とする私の説は説得力がないと見なしている。

トムスンはこの動揺を定義しないままに残している。人口の全体がまず政治行動に傾き、それが失敗すると、次に宗教に傾いたのだろうか。それとも、人口の一部が政治行動に傾き、この第一グループが失望しているときに、第二のグループが宗教に傾いたのだろうか。……どちらの場合であれ、この動揺はメソジズムになんらかのしるしを残したはずである。

答えは、もちろん両方が起こった、である。きわめて明確に自分の考えを表明したジョウジフ・バーカーやトマス・クーパーといった人びとを含め、動揺した個々人の生活史なら、たくさん引用することができる。しかし、もっと手短かに答えれば、この動揺した人びとは「浮動票投票者」なのであって、いま教会に集ったかと思うと、次にはジャコバン派や急進主義の強硬派に追随したのである。後者の強硬派自身が動揺していた（ウェスレー派メソジストあるいはプリミティヴ・メソジストの平信徒説教師がそうであった）ときには、燃え盛る政治運動と福音主義が合体したのであり、その痕跡は実際にメソジスムに、とくに（この時期の）ウェスト・ライディング地方のそれに残されている。ピータールーのあと、そしてグレンジ・ムーア蜂起の準備期に、不安感を募らせたある聖職者がシドマス卿に書き送った手紙がある。

私の見るところでは、メソジストと呼ばれる人びとの大方は急進派と結託しております。彼らは田舎にあるいくつかの小屋に、毎夕、宗教上の礼拝を装って集まっております。しかし、……この集会ではウーラーやコーベットらの著作を読むのが彼らの習わしです。また、こうした集会では、結社という手段によって、製造業労働者の賃金を引き上げる計画も立てられております。[19]

そうした時期は概して短かった。正統派ウェスレー主義は、異端派を懲らしめたり、信徒を無理やり静寂主義に引き戻す手段にこと欠かなかった。[20]幸運なことに、この時期のメソジスト主流派のはっきりした保守主義は、もはや論争の対象ではない。それでも、ジョン・ケント博士は、メソジスムにたいするある種の批判者の口調が気にいらず、次の所見を確信している。

批判者のなかには、ウェスレー主義は労働者諸階級の大義にもっと共感を示すべきだった……と言う者がいる。多くの場合、そうした批判は、慎み深いキリスト教徒なら誰も一八三〇年代にはトーリー派たりえなかった、と言いたげである。[21]

「慎み深いキリスト教徒」が一八三〇年代に何をなすべきだったか、またどのキリスト教徒が慎み深かったのかについての論争に、非キリスト教徒の歴史家が立ち入るのは無神経というものだろう。

何にもまして疑問視されてきた本書のなかの主題は、一七九〇年代のジャコバン派を一八一六年から二〇年の諸運動に結び付けるような地下運動の伝統が持続していたとする私の見解だった。カリーとハートウェルはこの見解が「証明不能」であると考え、またチェインバーズは私が「妄想」と「空想」の虜になっていると見なしている。じつのところ、いまにして思えば、私はこの地下運動について筆を抑えすぎた。「統一協会会員《ユナイテッド・メン》」は一七九七年から九八年のランカシャーでは、私が推量したよりもはるかに活発だった。また、W・R・ヘイ師は、のちにピータールーでも登場するが、一八〇一年にはジャコバン派の陰謀家たちの大群衆をサドルワースの丘のあたりに追い詰めて、手柄を立てていた。[22]〇一年のランカシャーでの運動は、〇二年のヨークシャーでの「黒きランプ」よりも大規模だった。もちろんこの運動の背景には織布工の団結があったが、表ざたにはならなかった陰謀もまた進行していたのである。「欲求不満に惑わされずに事をなしとげる」ための計画案なるものが広まっていた。それによれば、あらゆる町の議会改革論者が、所定の日の真夜中に鼓手を街路に送り込み、軍隊に向けて太鼓をたたかせる。びっくりした兵隊たちが宿舎から飛び出してきたときに、議会改革論者は彼らを捕らえて武器を取り上げ、次に「各街路の端を確保し、〈自由〉の旗を翻して、[そして]何人といえども人民から略奪してはならないと厳格な命令をくだす[23]」ことになっていた。

ここには空想めいた要素があるが、しかし私のつくり話ではない。デスパードの陰謀事件は（いまにして確信しているのだが）、私が推量していたよりも、もっとしっかりした基礎をもち、またより多くの地域と結び付きをもっていた。[24]一八〇一年から〇二年の陰謀とラダイト運動と一七年とをつなぐか細い結び付きについては、「証明不能」であることはいまだ証明されていない。チャールズ・ペンドリルはそうした結び付きの一つである。彼はロンドン通信協会の委員会のメンバーだったが、一七九八年に逮捕され、[25]短期間ではあるがジョン・ビンズとともにグロースター監獄にとらわれていた。[26]彼はデスパード事件では運よく命からがら逃げ出し、[27]スパ・フィールズ事件に関係し、[28]一八一七年には仲立ちしてミッチェルをオリヴァーに紹介した。[29]実際ペンドリルはオリヴァーにこう語った。「おれはデスパードの仕事には深くかかわった。それでヨークシャーやランカシャーの連中とかなりの知り合いになった。連中自身がおれにそう言ったんだ[30]」

私はこうした結び付きを詳しくは説明しなかった（注意深い読者にはそれとなく示しておいたのだが[31]）。というのは、悲運につきまとわれた反逆者という少数派のか細い伝統を、説明上不可欠の鍵として提示しようとはしなかったからである。全国レベルよりも地域レベルでのほうが、結び付きはずっと重要である。どの町でも、一八一六年の指導的な労働組合員や議会改革論者のなかに、一七九〇年代の旧ジャコバン派のひと握りの生き残りが見つかるだろう。そうであれば、この興味深い歴史問題は陰謀の次元で提起されるべきではない。なぜ、一七九五年には主流から孤立していた人物や思想が、二十年後にはあれほど広く支持されたのだろうか。

この時期についての私の論述にたいする最も実質のある批判は、R・A・チャーチとS・D・チャップマンの論稿、「グレイヴナー・ヘンソンとイングランド労働者階級の形成[32]」であって、ノッティンガムシャーのラダイト運動に関する私の分析を疑問に付したものである。チャーチとチャップマンは、いくぶんイデオロギーで身を守りながらではあるが、重厚な歴史家であり、ノッティンガム地方の史料を申し分なく駆使している。彼らの研究はメリヤス産業とレース産業についての専門的理解を基礎にしており、また一八一七年以後のヘンソンの伝記に、これまで知られていなかった多くのことを付け加えている。しかし、私は彼らが説明するノッティンガムのラダイト運動については納得していないままである。

チャーチとチャップマンは以下の点について私に異議を唱えている。私は次のように主張した（本書六三六ページを参照）。「ノッティンガムでは、ラダイトの抗議と国制擁護の立場からの抗議とのあいだの興味深い振幅がみられる。双方とも同じ労働組合組織から――少なくとも一八一四年までは――指令されていた可能性があるが、そこではたぶんラダイト派と、（おそらくグレイヴナー・ヘンソンに率いられた）国制擁護主義の改革派はそれぞれ意見を異にしていた」。ところが、チャーチとチャップマンはこのきわめて控えめな分析をこう変えている。

それが暗黙に意味しているのは、ヘンソンの組織が昼は国制擁護主義の方向で活動し、夜は産業のサボタージュに従事したということだ。これはあきらかに注意深く吟味されるべき見解である。注意深く吟味すれば、これらが同じ叙述とは言えないことがわかるだろう。人びとが同じ文化を共有し、ある範囲内で同じ利害関係をもったり、戦術を互いに教え合ったり、同じ居酒屋で顔を合わせたり、委員会で席を同じくすることはありうることだ。また、最初は一方の意見が、次には他方の意見が勝利を得るが、お互いへの忠誠の大半は損なわれないままということもありうるだろう。しかし、チャーチとチャップマンはこの仮説も受け入れようとはしない。彼らの考えでは、ラダイトの戦略と国制擁護主義の戦略とは互いに完全に切り離されている。前者は劣悪な条件の周辺の村落に住む労働者に固有だと彼らは考えているのだ。

ラダイトは田舎を地盤としていた。すなわち、アーノルド、バスフォード、ブルウェル、サトン・イン・アシュフィールド、イルクストンといった工業村落であって、そこでは低賃金でありふれた製造業が営まれていた。彼らは、これら村民が粗野で、騒乱に走りやすく、組織性がなく、恨みをいだいた急進派だと考えている。これとは対照的に、ヘンソンと国制擁護主義者は、

ノッティンガムと（それより規模は小さいが）レスターを地盤としていたが、そこでは高賃金で高級なメリヤス工業の諸部門が営まれていた。

そこの掛け枠編み工は穏健な急進的市民であり、「覆面とハンマーの政治運動に頼る」必要はなかった。

……国が戦争状態にあるときの可能な範囲内でではあるが、労働者階級は、同じコミュニティのほかの部分と同様に、自分の見解を表明するはけ口を見いだすことができた。そして、新聞の投書欄をとおして、労働者階級の不満と願望は公論の主題となった。

国制擁護主義と暴力とのあいだになんらかの関係があったとしても、それは計画されたものではなく偶然であった。「その地方の靴下編み工が編み機打ち壊しを始めたのは、その町のヘンソンと彼の仲間の手にあった確固とした指導力が衰えるか、信頼を失ったときだった」

これはまったくもって合理的である。チャーチとチャップマンの歴史観はまったく牧師ふうであって、歴史には自分の知力に応じて自己のベストをつくすような理性的人間ばかりがいるのである。ノッティンガムの掛け枠編み工たちは、団結禁止法によって投獄されたとき、「一時的に自由を奪われた」。また、ヘンソンは、議会改革を求めて人身保護法の停止に反対したとき、「貴族が庶民院の議員を操ることに反対した」のだ。さらに、小親方としてのヘンソンの経験は「彼の政治的視野を広げ」て、「新しい観点」（なかでもチャーティズムへの反対）を与えた。唯一、非理性的な人間がラダイトだった、というわけである。

私は二つの誤解のために誤りをおかしたとされている。それぞれを順次、検討しよう。第一に、私はこう主張した。ラダイト運動は一八一二年二月に、あまりにも突然に掛け枠編み工連盟の合法的な活動に道を譲ったので、「新たにつくられた委員会は、かつてのラダイトの方向性の影響を少しも受けていないのだと信じざるをえないほど」（本書六六二および六三六ページを参照）と。私はこの戦略転換の原因が三つあると考えたが、そのうちの一つは編み機打ち壊しを死刑に処する法案の提出だった。チャーチとチャップマンは、これらの出来事のあいだの関連を見ようとはせず、「組織を形成する決定がなされたのは、一八一二年二月十一日、すなわちこの法案が第一読会にかけられる以前のことだった」と記している。[33] これは真実だが、しかし読者は、彼らの論調および彼らがあげるこの論点に関する情報提示が不十分であるがために、問題になっているのがたった三日間にすぎないとは推測できないだろう。[34] さらに、死刑法案は、彼らの言う合理的な時代にあってさえ、天空から降ってきたわけではない。もしチャーチとチャップマンが議会議事録を参照していれば、リヴァプール卿が二月四日、つまり掛け枠編み工が集まる一週間前に、[35] 差し迫った措置を表明していた（「議会にたいしていくつかの追加的な権限を要請することが必要」だろう）ことに気づくだろう。「追加的な権限」が何を意味するかを知ることは、二十世紀の歴史家を悩ませるかもしれないが、一八一二年の掛け枠編み工を悩ませることはありそうにない。政府は意図する措置について何日にもわたって意見聴取していたのだから、政府の意図が知られなかったとすれば、それこそ驚きだろう。[36] 新委員会がこの法案を遅延させたいと望んでいた事実は彼ら自身の文書から確証されている。[37] また、ラダイト運動の主唱者たちが事態をじっと見守っていた事実も内務省の文書から確証されている。[38]

　したがって死刑法案と新委員会なる組織の関係は、チャーチとチャップマンが求める「吟味」によって確証されているのである。これは、もちろん、国制擁護主義者とラダイトとが相互にじかに協議していたことを証明してはいない。これが私の第二の誤りということになる。ヘンソンと時代を同じくした人びとの多くは、彼がラダイトとかかわりあっていると信じていたが、彼のその後の発言と行動から、そうではなかったことが示されうる。[39] 実際、私はこれと同じ見解に傾いていたのであり、ヘンソンがかつてラダイトだったというのは「ほとんどまちがいなく誤り」だが、（チャーチとチャップマンは言及するのを忘れているが）ラダイトの歴史に精通していたことは疑いない、と述べた（本書五八八―九ページを参照）。

　しかし、この問題はチャーチとチャップマンが考えているよりももっと複雑である。しかも、彼らは、ときに入り組んで混乱した、[40] ときに無邪気な、[41] そしてしばしば無益な[42] 史料の見方をすることによって、自ら問題をいっそう難しいものにしている。ヘンソンが顔を黒く塗りハンマーを持って夜間に外出したなどとは誰も考えないだろう。重要なのは次のことである。いったい彼は（一八一一年から一二年の間ないし一四年に）別の男たちを送り出す合図に同意したのだろうか。彼は彼らのために金を募ったり、自分の戦術を彼らのそれと調整したりしたのだろうか。

私は、彼が——少なくとも一二年二月以降は——自分の影響力を行使して、仲間の掛け枠編み工たちにラダイトの戦術をとらないよう説得したとする見解を、慎重にではあるが、いまも保持している。これこそ彼自身が十二年後に述べていることである。[43] そして、そう述べることは、それ自体、彼が語りかけうる距離にいたと認めていることでもある。たしかに、議会による救済を求める一連のキャンペーンの時期には、「不法行為」の防止は何にもまして重要だった。そして靴下編み工たちの法案が拒絶されたとき（一二年七月）に、彼が編み工たちの心を平静にするために払った努力についてシドマス卿におこなった説明の概要を（この手紙が書かれた状況にもかかわらず）受け入れたいと思う。

私はノッティンガムの公衆の心を静め、やわらげようとしました。……［そして］成功したのですが、しかしそのやり方は一部の親方をいっそう怒らせるものでした。団結して事態を正すよう努力することを労働者に助言したからです。……この計画にはたしかに反対がありましたが、しかしあれほど激しい興奮のまっただなかにあっては、唯一可能な方策だったのです。[44]

この説明は一八一二年六月、つまり法案が拒否される以前の、コールダムの機密報告ともかなりうまく合致する。それに先立つ三月の死刑法案の可決は「われわれの情報経路を枯渇させ、いまだ開いている経路も狭めてしまいました」。

私が信じるところでは、議会に上程される議案［すなわち掛け枠編み工の法案の審議］は掛け枠編み工たちの関心を大いに高めました。また最近まで暴力的な傾向をもっていた人びとは、そしていまでは必要ならもっと

> 恐るべき極端な手段に訴えよう（必要ならば恐怖体制を維持しよう）と考える者もいるのですが、彼らは議会に持ち込まれようと意図されている法案の成功を待つつもりでおります。

しかし、コールダムは、労働者たちが平和を求める大衆的な運動をすぐさま開始するのではないかと恐れていた。

> ところで、私は、ラッド将軍の支持者たち［傍点部の文字は抹消され、「掛け枠編み工」と上書きされている］を称賛せずにはいられません。彼らは、自分たちの苦境の原因のすべてを親方のふるまいや詐欺的な商品のせいにしようとしているのです[45]……。

ヘンソンとコールダムはともに、一八一二年と一三年のきわめて危険な政治的海流を乗り切ろうとしていた。ヘンソンは国制擁護主義者だったとしても、まず第一には掛け枠編み工の指導者であり、国制擁護主義者だったのは二の次だったのである。彼は、もしラダイトを引き留めようとすれば、自分の代替策が成果をもたらしうることを証明しなければならなかった。これこそ彼が法案をもって対処しようとして失敗したことであり、「団結協会《ユニオン・ソサエティ》」の結成が、提案された次の方策であった。しかし、同様に、コールダムも、「国制擁護主義」の戦略が——団結禁止法のもとではいかに違法だろうとも——ラダイト運動にたいする防衛策であることを知っていた。こうした事情だけが、団結協会があれほど成功した理由を説明しうるのである。

とはいえ、ヘンソンの立場には、十分には解明されていないような曖昧さが残されている。チャーチとチャップマンが言及しているように、フランシス・プレイスは、混乱が過ぎ去って久しい一八二四年にヘンソンと話をしたが、ヘンソンが「ラッド国王」だと考えていたように思われる[46]。掛け枠編み工たち（彼らこそが一二年から一四年の時期にヘンソンを専従のオルガナイザーとして実際に雇っていた[47]）が、国制擁護主義という左腕が弱すぎることが判明したときのために、ラダイトによる実力行使という右腕を予備にとっておいたということは、十分にありうることである。たしかに、一七年まで、ヘンソンと代々の彼の委員会が、囚人となったラダイトのために基金を募集し法的援助を確保していたことを示す証拠が少なからずある。(48)チャーチとチャップマンは、もしヘンソンが実際に関与していたならば、その証拠が彼の書簡のなかに見つかるはずだと主張している。(49)しかし、ヘンソンはきわめて抜け目のない男だったから、自分の署名を記入して死罪への共犯者になるようなまねはしなかった。しかしながら、一七年四月に郵送中に横取りされた手紙は興味深い。これはヘンソンの同僚の一人であるアンダーソンが、カレー在住のイングランド人の掛け枠編み工に出した手紙で、「きわめて若い男で……横糸ないしレースにきわめてすぐれた工員」に働き口を勧誘するものだったが、その人物はあきらかに裁判から逃亡したラダイトだった。手紙はこうつづいた。

私はおもしろくない知らせをあなたにツタえなければなりません。私たちは今日もレすターで苦しんでる不運な男たちの命を救うために政府に請ガンを送りました。私たちはグレイヴナー・ヘンソンとウィリアム・ロビンソンを通じてそれを送りました。そして、彼らがそこに着くと、彼らはグレイヴナーを逮捕して、大逆罪のかどで塔に押し込めて、彼にこう言いました。おかげでおまエを捕まえにいく手間が省けた、と……。

あきらかに、この手紙の送り手も受け手も、処刑されたラダイトたち(「戦線離脱したリトル・サム」など)をよく知っていた。そしてこの手紙はこう結ばれていた。「ヘンソン夫妻および一同から、あなたに敬意を表します」(50)

それゆえ、この証拠の「注意深い吟味」は、ヘンソンとラダイトの正確な結び付きについて、どちらとも決めかねる状態にわれわれを取り残す。しかし、この証拠のどこにも、チャーチ＝チャップマン・テーゼ、すなわち田舎の従兄弟たちと対比した場合にノッティンガムの労働者は穏健であり、ラダイト運動にたいして敵意をいだいていたとするテーゼを確証するようなものは見当たらない。彼らは指摘するのだが、この分断の「社会的および政治的意味」は「これまで見逃されてきた」(51)。そうであれば驚くべきことだ。これら二人の歴史家にとって明々白々たることが、当時の多くの治安判事や兵士や観察者によって説明のつかない仕方で見逃されていたということになる。彼らは、ノッティンガムの靴下編み工の連帯や、情報提供の拒絶や、ラダイト運動支援の寄付金集めや、熱狂的な急進主義について、偏見のかかった説明を送りつづけていたというのに。単純な論点を見逃しているのが、チャーチとチャップマンだという可能性もあるのだ。

ノッティンガムで打ち壊された編み機の数は、周辺の村落よりも少ない。というのは、都市部の労働者の組織は田舎のそれよりも強力だったからだ。彼らの仕事と賃金の条件は比較的よかったし、また彼らが要求する条件を、雇用主は比較的すみやかに実現せざるをえなかった。[52] 闇のメリヤス工が操業し、つなぎ合わせた安物の布が生産される周辺の村落と工業化された農村部こそがまさに、彼らの地位への脅威が増大しつつある場所であった。こうした村落は戦場であった。なぜなら、組織の形成と解体がせめぎ合う境界線だったからだ。

ウェスト・ライディングのラダイト運動との類似性が見いだされよう。リーズでラダイトの暴動が生じなかったのは、たんに剪毛工の組織がきわめて強力だったからであり、打ち壊す機械などなかったからである。闘争が貫徹されたのは、またもや農村部、すなわちスペン・ヴァリーとハダズフィールドにおいてだった。闘争は作業場のなかでさえも生じた。ジョージ・メラーが働いていたウッドの作業場にいたベンジャミン・ウォーカー（のちに密告者になった）は、リーズでは働くことを妨げられていたが、その理由は彼が織元「協会」《クロウジアズ・インスティテュート》のメンバーではないからというものだった。しかし、ウォーカーは「ラダイト運動が始まるはるか前から」この協会について知っていた。そこでは「議会での立法のために、多額の金が寄付され、ロンドンで支出されてきた」。他方、ジェイムズ・ヘイはかつて協会に属していたが、しかし先行する四年間はそうでなかった。さらに、この作業場を調査すれば、粗野な経済主義はただちに一掃されてしまう。そうした経済主義は、かつては通俗的なマルクス主義の教科書で目にすることができたし、いまでは正統派経済史家の研究に逃げ場を見つけ出しているが、そこでは、最も賃金が低く最も窮乏している労働者こそが最も戦闘的であるにちがいないと想定されている。実際には、ジョージ・メラーは雇用主の義理の息子であり（「彼は私の目上であって、私とは決して付き合わなかった」とウォーカーは不平を漏らした）、週三十五シリングも稼ぎ、また家族もいないので、百ポンドは蓄えていると噂されていた。[53] 私がこれまで十分に論じてきたように、自分の地位全体が危機に瀕していると考えた特権的な労働者こそが、ラダイト運動の指導者となったのである。

したがって、ノッティンガムのラダイト運動を理解するために、われわれはチャーチ＝チャップマン・テーゼを必要としない。議会へのキャンペーンが失敗した一八一二年夏以降については、彼らのテーゼが助けになろう。都市部の労働者と農村部の組織された労働者との団結はすでに緊張状態にあった。[54] その法案の挫折後、労働組合は新しい形態をとって、都市部の基盤に押し戻されていった。[55]

この運動の失敗は、田舎の労働者をより自暴自棄にするかあるいは敗北主義者にしただろうが、しかし都市部の労働者を穏健にしたという徴候はなんら示してはいない。チャーチとチャップマンは、ヘンソンが「ラダイトの」「進歩した政治的急進主義を」「共有していた」とする私の推量に異論を唱えている。[56] その論拠は（すでにみたとおり）ノッティンガムの市民《バージェス》は、「新聞の投書欄をとおして……はけ口を見いだすことができた」というものである。ここでの歴史的想像力の欠落にはがっかりさせられる。一九六〇年代の大学教授談話室にいる面々なら、『タイムズ』への投書にときおり「はけ口」を見いだして満足しただろうが、一八一一年から二〇年にかけてイングランドの民衆がいだいていた不満はそれほど簡単に解消されるものではなかった。（われらの著者たちがいくらか驚いた様子で認めているように）「何が典型的［労働者の政治的態度として］だったのかは、ときどき考えられているほどには知られていない」のは確かだろう。[57] もし内務省文書のなかにある主要な情報源が無視されるとすれば、われわれは今後はわずかな知識と流行している不可知論に甘んじなければならない。

もちろん、私は、この時期の「動揺している地域」でのポピュリスト的な急進主義が、何かしら経済的に制約された労働者階級に限定されていたとか、ましてや最も窮乏している労働者層に限定されていたなどと述べたことは一度もない。商工業者、小親方、専門職業人そのほかの人びとが、この運動のなかで声を発していた。長い年月がたったのちも、プレイスは、対仏戦争後の行政府の「極悪非道なふるまい」と「卑劣で残忍な行為」について依然として書きつづけていた。[58] さらに、私が苦労して指摘したことだが、ミッドランズのラダイト運動はヨークシャーやランカシャーのラダイト運動よりも産業上の目的に限定されていた。しかし、これは、ノッティンガムのラダイト運動が、急進的な運動と期待を全般的な背景として生じたことを示す圧倒的な証拠をないがしろにするものではない。チャーチとチャップマンが、ノッティンガムの労働者がすでに穏健な国制擁護主義に絡め取られていたと想定している一八一二年五月に、首相暗殺のニュースは「当地の人びとから最大の歓喜をもって受け止められ」、「歓声があがり、たき火がたかれ、国旗を掲げて太鼓を打ち鳴らす……といった狂喜」で迎えられた。[59] この騒動は、軍隊が出動し騒擾取締法が読み上げられて、ようやく鎮静されえたのである。

ヘンソン自身がこの急進主義にかかわっていたことに疑いの余地はない。しかし、彼が一八一六年と一七年に直接関与していたとする証拠はきわめて矛盾しているので、判定がくだせない。彼の周辺には、なんとかして彼を「売ろう《ショップ》」とする中傷文書の書き手たちがいた。そうした書き手の一人は、一七年に、ヘンソンとその六人の「へむでン・クラブの仲間は……うんとムコーみずなブライかんで……追い剝ぎなんぞよりも悪質だ」と密告した。[60] 同じ年に、処刑を待つばかりのラダイトだったトマス・サヴェッジは、ヘンソンに罪を負わせて自分の命を救おうとした（本書六八三―四ページを参照）。しかし彼があげた証拠は、ヘンソンとカートライト少佐、バーデット、ベンボウの結び付きを示すのに役立つにすぎず、また口に合うように高度に味つけされていた（「サヴェッジは、ダービーの兵站部が占拠されるだろうとグレイヴナー・ヘンソンが語っているのを一年半ほどたって耳にした」[61]）。

ヘンソンは監獄から出所したあと、人生経験の面でも政治的価値観の面でも、掛け枠編み工から確実に身を遠ざけていった。チャーチとチャップマンの研究は、この後半生については価値がある。しかし、ある個人の変転がラダイトについての――あるいは労働者階級についての――一般理論を無効にしてしまう（と彼らは信じているように思われる）といったことはありそうにない。見解に関してであれ社会的地位に関してであれ、そうした変転はまったく知られていないわけではない。ヘンソンの変転にはある種の悲哀が漂っている。活動力にすぐれ、たぐいまれな知的能力をもっていた彼は、しばしば仲間たちに我慢ならなくなることがあった。彼は一八一二年五月に仲間の委員会の男にこう書き送った。「この職はいまいましい。やつらは地上で最も遅れた、のろまな、務めを果たそうとしない種族だ。……もしこの職についている男で、この職を復興させるための法律条項をつくる際に自分の義務を果たさないやつがいたら、たちまちに歯をへし折って喉に押し込んでやる」[62]。彼の戦略が失敗したからには、彼は孤立した頑迷な人物、そして「文句ばかりつけるやつ《シー・ロウヤー》」[63]としだいに見なされるようになった。彼は、これまで彼が尽くしてきた人びとから疑いの目で見られていたし、また一八二五年までに彼の影響力はあきらかに失墜していた。おそらくは、こうした拒絶が、若い世代の急進派やチャーティストの指導者たちにたいする彼の批判を強めさせることになったのだ。

　私はここまでチャーチとチャップマンを、彼らの議論にぴったりと沿って追ってきたが、それには理由がある。ハモンド夫妻は、生涯にわたって、夫妻にたいする批判を甘受して、上品に沈黙を守ることがあまりにも多かった。そして、結局そのまま、夫妻は亡くなってしまった。二十年以上にわたって、歴史学のイデオロギー学派は、なんの罰を受けることもなく、論文やセミナーで「センチメンタリスト」を殴りつけることができた。沈黙をもってしか迎えられたことがないので、彼らは不注意になってきている。ある専門家ふうのしかめ面、つまりセンチメンタリズムに反対する厳格さをほのめかすことが、学問上の空隙を埋めるのに役立ってきたのだ。

　しかし、私は上品ではないし、いまのところまだ死んでもいない。私が語気荒く反論してきたとしても、それは歴史それ自体の利益のためなのだ。ぜひとも論争を進めることにしよう。しかし論争は、あらかじめ存在するイデオロギー的な前提を擁護するためではなく、実際に存在する歴史の証拠についてなされるようにしたいものである。ヘンソンの問題は、ある論点についての史料の複雑さを例示している。本書でふれたような、同じように複雑な多くの論点を扱うにあたって、私がつねに真実を解明したなどと、私は決して考えていない。私は公文書館にある無数の文書の一部を抽出したにすぎないのであり、したがって残されたさまざまな論点は、私がふれたことのない地域史料を研究したあとに、はじめてあきらかになるだろう[64]。いかなる歴史家であれ、たった一人で、この領域のすべてを詳細に解明しようと望むことはできない。より十分に理解するためには、利用しうる史料をすべて検討する、もっと辛抱強い綿密なたくさんの研究――「グレイヴナー・ヘンソンとイングランド労働者階級の形成」といった表題を有する研究――を待たなければならないのである。

チャーチとチャップマンは、数々のイデオロギー的な法話で私を粉砕しようとする作業を、次のように締め括っている。

……一部の労働史家が「労働者階級《ザ・ワーキング・クラス》」、その規範と価値観について書くとき、彼らは、故意にか無意識にか、労働者諸階級のうちで無関心ではいられなかった一部の者の行動と態度を労働者諸階級全体にもあてはめている。かくして「労働者諸階級」は「労働者階級」と同一視される。少数派のごく一部がいだいていたと実証された見解を、無関心でもの言わぬ大衆にもあてはめることが正当化されるのかどうかを問うことは、理に適っている(65)……。

(私はとりわけ「故意にか無意識にか」と、それにつづく「理に適っている……」という警察裁判所ふうの響きが気に入っている)。そのほかの批評家たちも同じような意図をもって、こうした全般にかかわる領域を行ったり来たりしているので、締め括りとしてここで、カテゴリーと方法の問題にふれることにする。

彼らは、私が一個の「多元的な社会《プルーラル・ソサエティ》」を観察するのではなく、階級概念を史料に押し付けていると不満を口にする。カリーとハートウェルは、私が一つには民衆運動の規模を過大視することで、そうした押し付けをおこなっているとほのめかしている。

たとえば、彼は一八三二年にバーミンガムのニューホール・ヒルで開かれ、「十八万人が参加したと主張された」(トムスン氏は正しいかどうか疑っていない)集会を引き合いに出している[本書九九二ページを参照]。参加者が「ウォルソールの炭坑夫や、ウルヴァーハンプトンの製鉄労働者や、ダドリーの下請け労働者によってふくれあがった」ことを認めたとしても、この人数は法外である。三一年に、バーミンガム、ダドリー、ウォルソール、ウルヴァーハンプトンの総人口は、十四万人足らずだった。トムスン氏があげる民衆集会の人数の多くも、同じように誇張されている……。

彼らは誇張のほかの例をあげていないから、われわれはこの集会をみることにしよう。けれども、この（一八三二年ではなく三三年の）集会は、簡単にふれただけのとるにたらない事象なのであって、発表された人数に異議を唱えたり確認したりしようとは思わなかった。私が利用した国勢調査は、ナッフィールド・カレッジ所蔵の国勢調査とは違っているようだ。私の利用した国勢調査では、三一年のバーミンガムの人口は十四万人を超えている。バーミンガム、ダドリー、ウォルソールの各自治都市と、ウルヴァーハンプトンの町を合わせると、二十万九千八百二十七人になる。これら中心都市の救貧教区連合《プア・ロー・ユニオンズ》を合わせると、二十八万四千八百六十三人になる。ウェスト・ブロムウィッチ（ウェンズベリを含む）とストーブリッジ（ヘイルズオウエンとティプトンを含む）の教区連合——新聞報道によれば、両地域からたくさんの人が参加した——を付け加えると、三十六万三百九十人になる。これらの地域は一般民衆が集会に参加しうる距離のなかにあるのである。さらに周辺の地域も付け加えることができよう（新聞はコヴェントリ、ウォーリック、レミントン、テュークスベリなどからの派遣団についても報道している）。

そうであったとしても、十八万人ないし当該地域の人口の半数が参加するといったことはありそうにない。だが、もしカリーとハートウェルがかなり軽蔑している「文学的」な史料をもっと綿密に取り扱っていたならば、それほど「法外」とは思えなかっただろう。この集会（目的の一つは大臣たちの解任を要求することであった）は国民の関心の中心であり、また政府からは不安の念をもって監視されていた。それはバーミンガム同盟がすでに組織した経験をもつ、十分に計画され宣伝も行き届いた集会の一つだったのであり、演壇の上には観覧席と足場が組み立てられ、近隣からの派遣団が騎手のあとに従って進行係に付き添われて行進した。一般民衆にとって、それは見せ物でありお祭りでもあった。『タイムズ』の記者が語るところでは、ニューホール・ヒルはさながら「大定期市《ア・グレイト・フェア》」だった。「疑いなく、バーミンガムとその周辺の善良な人びとは、この集会が、仕事を休む格好の……言い訳になると考えていた」。集会の周辺には、ジンジャー・ビール、テーブル・エール、オレンジ、ビスケットなどの軽い飲食物の屋台が立ち並んでいた。どの記事も（とりわけ敵愾心をいだく新聞は）おびただしい数の女性や子供がいたと特筆している。すべての現場からの報道は、『アリスズ・バーミンガム・ガゼット』から『タイムズ』にいたるまで、集会が「巨大」だったと判断しているが、しかし明確な人数の見積もりは満足のいくものではない。議会改革派は二十三万人にものぼると発表した。『タイムズ』は、敵対的であり懐疑的でもあったが、こう書いている。その場所全体は十五万人から二十万人は楽々と収容できるだろうが、丘は「いたるところ」が「密集した群集」と「人間の広大なる海」で埋め尽くされていた、と。そして、参加者数を七万人から八万人と見積もったが、この見積もりに女性と子供が含まれているのかどうか明言していない。

十八万人でも相当な数だが、しかし「法外」な数ではない。もちろん、集会の主催者が規模を誇張しがちであり、反対派が規模を小さく見積もろうとしがちであることは真実である。もし私の批評家たちが彼らの見積もりに引き上げの余地を認めるのであれば、私も民衆の側から引き下げの余地を認めることに異存はない。しかし、実質的な論点は、少数者だけが関心をもっていたような民衆運動の射程を誇張する一方で、「無関心でもの言わぬ大衆」がその外部にとどまっていたのかどうかである。ここで私は、カリーとハートウェルがきわめて制度化された政治運動の様式に慣れ親しんでいるために、当時のまったく異なる様式、そして運動が最高潮に達したときに沸き起こった大衆の支援を評価しえないのではないかと疑っている。そうしたときには、きわめて多数とは言えないまでも、数百人、ときには数千人が弁士（あるいは福音伝道者）の話を聞くために何マイルも歩くことをいとわなかったのである。一八〇一年に、ヘイは、バックトン城すなわち「きわめて高地にあり、ランカスター、ヨーク、チェスター、ダービーの各州が交わる場所」に数千もの人びとがいたとしている。そのなかには、午前四時から、マンチェスター（十二マイル）やストックポート（九マイル）といった遠隔地から歩きつづけてきた者もいた。[66] 一七年には、何千人もの織布工と紡績工がマンチェスターからロンドンまで行進する用意をしていた。何千もの人びとがオウストラの「巡礼」に従ってヨークまで行進したことは、十分に立証されている。ランカシャーとヨークシャーのチャーティストは、あらゆる大都市から遠く離れたブラックストーン・エッジで野外集会を開催した。興奮の絶頂期に、人口の稠密な地域で開催される野外集会——ニューホール・ヒルの集会や三九年のピープ・グリーンでのチャーティストの野外集会——の場合、参加者数はたしかに「莫大」だった。こうした形式に匹敵するものを見たければ、近年のアフリカやアジアの民族主義者の野外集会に目を向けるべきである。

これは、議会改革論者が一貫して着実に民衆から支援されていたことを意味してはいない。ある指導者は一夜にして見捨てられることがあった（ヘンソンがそうだった）。四十年間にわたって運動をつづけてきた誠実なジョン・ガストでさえ、一八三〇年代の初頭にはこう爆発したほどであった。「イングランド人は胃袋をとおしてしか頭を使わない。……バークがやつらを豚のような群衆と呼んだとき、そう間違っていたわけではなかった。というのは、豚というのはじょうずに餌をやれば、どうにでもすることができるのだから」。[67] これはまたW・W・ロストウや『エコノミック・ヒストリー・レヴュー』への一部の寄稿者たちのイングランド民衆史観でもあるが、それがすべての真実であるわけではない。この時期からチャーティズムにかけて、民衆の政治的願望の水準は上昇をつづけていた。カリーとハートウェル、そしてそのほかの批評家たちは、私が証明したのは一つの階級の運動ではまったくないのであって、「労働貧民」とは共通点をほとんどもたない少数の職人の急進化にすぎないと考えている。[68]「トムスン氏の労働者階級は……八五〇ページを超えてもなお、一つの神話、すなわち断固たる想像力と理論的前提による構築物にとどまっている」

そうであるのかどうかは、読者によって判断されなければなるまい。私は異なる集団——職人、下請け労働者、不熟練労働者——の経験を区別しようとしたし、またどのようにして彼らが権威への服従や偏狭な閉鎖性といった旧来の様式ではなく、階級的に行動したり、思考したり、感じたりするようになったのかを証明しようとしてきた。カリーとハートウェルは何かもっと明確なもの、一つの階級の会員証といったものを要求しており、それがなければ納得しないのだろう。階級関係や階級意識は文化的な構成体なのであって、そうした明確ななにものか、あるいは「純然たる事実」では決してないのだ。また歴史に終着点があるわけでもない。この「形成《メイキング》」期の結果は、本書の範囲を超えるチャーティストの時期にある。その時期に、これらいくつかの集団は共通の制度、綱領、行動形態、思考様式を見つけだした。とはいえ、各集団の物の見方の相違がなくなることはなかったし、さらにそうした相違は、一八三九年になっても、共通の運動の内部においてある緊張関係として感じ取られていたのである。チャーティズムの失敗とともに（またその失敗に寄与しながら）これら集団はふたたびばらばらになり、そして階級関係と階級制度の新しい局面が開始されたのである。[69]

この「形成」期に二つのことが生じた。第一に、民衆の気質《ディスポジション》が転換したが、それは前衛にいた少数派ばかりでなく、背景全体でも生じたのである。活発な少数派（主として職人と下請け労働者だということは確かである）は、もはや「教会と国王」の乱暴者たちに取り囲まれたり、あるいは無関心な大衆にのみ込まれたりしなくなったことに気づいた。このような転換は一度に生じて一変したのでも、あらゆるところで生じたのでもない。それはロンドンでは一七九五年までに、[70]ノッティンガムでは九六年に、[71]バーミンガムでもほぼ同じころに観察された。[72]ニューカースルではおそらく一八一九年まで遅れたが、[73]他方マーサーではこうした変化は三一年に最高の盛り上がりを見せながら生じた。[74]

第二に、一八一六年以降、当初は少数の場所でだけ、そして少数の者の精神のなかで、しかしすぐに頻度と多様性を増しながら、理念が組み立てられ、行動がとられ、組織についての実験がなされた。これは一八三〇年代の展開を予示していて、また労働者がほかの社会集団とのかかわり方に新しい態度をとりはじめ、新しい連帯をはぐくみつつあったことを証明している。

これはある程度まで士気の問題である。最も単純なレベルでは、それは、個々の労働者が――散発的な群衆騒乱の感覚だけでなく――彼ら自身の階級的目的をめざす運動に持続的に関与するという感覚をもちうること、そして彼らが敵対者の物的・精神的資源に立ち向かいうるのだと確信しうるということを意味していた。一八一七年三月に、ロンドンへ向かう途上にあったブランケティアの若者が、ダービーシャーのアシュバーンで捕らえられたが、彼のポケットから次のような手紙が見つかった。

父上様、母上様

僕は今晩この町に着きました。この町にひと晩泊まりたいと思います。すべてが混乱しています。やつらは、僕らのある者が町に入ることを認めますが、ある者には締め出しをくわせています――ここに来る途中、僕らはずっと兵隊たちに見ハラレてきたし、またひじょうにたくさんの人がふたたびモドっていきました……やつらが僕たちを断固として阻止したいことは、とてもハッキリしています。ひじょうにたくさんの仲間が、通りスギてきたほとんどすべての町で監獄に入れられました――やつらの剣が僕らの頭のまわりをひらめきます。これが実情なのです……。

この手紙は次のように結んであった。「みんなに伝えてください。僕ハいつもと変わらず元気です。いまから十プン以内に監獄に入れられること以外にはどうなるかわかりませんが、僕ハまだシンの議会改革論者です。そしてそれを知っている人がいるかどうかはどうでもイイことなのです」(75)。これこそが、私の考えている、階級の新しい確信ということである。

階級の理論的定義については、私が別のところで書いたことを繰り返すだけにしておこう。

社会学者はタイム・マシンを停止させ、こけおどしの概念をたくさん携えて、機械室に降りていって調べてきたが、われわれに教えてくれたことは、彼らが階級をどこにも位置づけられなかったし、どこにも分類もできなかったということである。彼らが発見できるのは、さまざまな職業、所得、身分階層などの、おただしい数の人びとだけである。もちろん彼らは正しい。というのは、階級は機械のあれこれの部品ではなく、一度動きはじめたときの作動している機械の動き方――あれこれの利害ではなく、利害間の摩擦――であり、運動それ自体であり、熱であり、轟くばかりの騒音なのである。階級は社会的・文化的構成体（しばしば制度として体現される）なのであって、抽象的にあるいは独立させて定義することはできず、ほかの諸階級との関係の見地からのみ定義されうる。究極的には、階級の定義は時間――すなわち行為と反動、変化、対立――を媒介にしてのみくだされうるのである。われわれが一つの階級について語るとき、われわれが考えているのは、同じ一群の利害や社会経験や伝統や価値体系を共有しているような、そして一つの階級として行動する気質、すなわちほかの人間集団との関係において行動と意識の面で自分たちを階級的な仕方で定義する気質を有しているような、緩やかに定義された人間集団である。しかし、階級それ自体はもの《ア・シング》ではなく、こと《ア・ハプニング》なのである。

本書は、こうしたこと、すなわち自己発見と自己定義の過程を叙述する試みなのである。(76)

一九六八年五月、ウォーリック大学にて

文献に関する注記

私は手稿の史料を選択的に利用した。通説を再検討することが望ましいと思われた論点については、とりわけそうであった。国立公文書館 Public Record Office に収められている最も有益な史料は次のものであった。すなわち、「内務省文書（H.O.）」、とくにその40系列と42系列。「枢密院文書（P.C.）」のうちの、ロンドン通信協会や食糧暴動などに関する雑多な文書類。そして、「大蔵省法律顧問官文書（T.S.）」であり、ここには国事犯にたいする国側の弁論趣意書を準備するための証拠が含まれていることがある。大英博物館 British Museum〔現在は、大英図書館 British Library〕の「プレイス文書」（Add. MSS.）も利用したが、そのなかで最も有用だったのは、プレイスの「自伝」、ロンドン通信協会の議事録と書簡録、ロンドン通信協会の歴史の諸側面に関するハーディ、リクター、ルメトル、オクスレイドの覚書である。そして、全国労働者諸階級同盟の歴史に関するラヴェットの覚書が有益だった。プレイスの残した史料を注意して扱うことが望ましい理由については、本文のなかで説明したとおりである。

「フィッツウィリアム文書」は、現在では、シェフィールド市立図書館 Sheffield Reference Library に保管されている膨大なウェントワースの史料の一部となっている。ここには、フィッツウィリアム伯爵がウェスト・ライディングの州統監だった時代の、彼の公務に関する書簡の一部が、ヨークシャーの治安判事やそれ以外の情報提供者からの報告とともに収められている。私は、F. 44, 45, 52 系列を利用したが、これらが興味深いのは、一七九〇年代はじめと一八〇一―〇三年の時期、そしてラディズムについてである。そのほかの二つの史料もラディズムにとって有益だった。「ラドクリフ文書」には、サー・ジョウジフ・ラドクリフが保存していた書簡が含まれている。彼は、ハダズフィールドの異常に活動的な治安判事であり、ヨークシャーのラディズムの指導者たちを裁判にかけた功績を認められて爵位を授かっている。これらの手稿は、彼の子孫で、ハロゲート市のラディング・パークに住むJ・B・E・ラドクリフ大尉のもとに保管されている〔現在は、ウェスト・ヨークシャー州立文書館に保管〕が、イギリス史に関する国立史料情報センター National Register of Archives によって目録がつくられている。「掛け枠編み工委員会文書」は、一八一四年に押収されたものだが、現在はノッティンガム市立公文書館に所蔵されている。この文書は、一八一二—一四年の時期のものだが、見事に選択された史料群が *Records of the Borough of Nottingham, 1800-1832* に所収されて公刊されている。以上が、私の主要な手稿の史料である。

　本書に引用されている希少なパンフレットや定期刊行物のほとんどは、大英博物館〔現在の大英図書館〕ないしはジョン・ラインズ図書館（マンチェスター市）で見つけられる。私の叙述が扱っている五十年間の新聞および雑誌を網羅的にたどることはできなかったので、ここでも選択的に新聞および定期刊行物を調べ、特定の問題と時代に光を当てようと試みた。私が頻繁に参照したのは、コベットの *Political Register; The Times; Leeds Mercury; Nottingham Review* だが、ときにはほかの地方紙も参照した。ジャコバン、急進派、労働組合主義者、オウエン主義者の定期刊行物のなかで、私が参照したのは以下のものである。

　一七九〇年代に関しては、イートンの *Politics for the People; The Patriot* (Sheffield)、セルウォールの *Tribune; The Cabinet* (Norwich); *Argus; The Philanthropist; The Moral and Political Magazine; The Cambridge Intelligencer; The Sheffield Iris* である。（しかし、一七九〇年代の最も興味深い著述が存在するのは、定期刊行物よりもパンフレットという形態のなかである）。

　対仏戦争期と一八一六—二〇年に時期に関しては、フラワーの *Political Review; The Alfred; The Independent Whig*、ホーンの *Reformist's Register*、シャーウィンの *Republican*、シャーウィンの *Sherwin's Weekly Political Register; The Black Dwarf; The 'Forlorn Hope'; The Axe Laid to the Root; The People; The Political Observer; The Legislator; The Briton; Duckett's Despatch; The Gorgon; The Black Book*（オリジナルは、定期刊行物として分けて出版された）; *The Examiner; The Champion; The Cap of Liberty; the Medusa; The Manchester*

Observer; The White Hat; The Theological Comet, or Free-Thinking Englishman; The Blanketteer、カーライルの*Republican; The Birmingham Inspector; Hunt's Addresses to Radical Reformers*である。

一八二〇年代と三〇年代初期に関しては、*The Economist; The Mechanic's Magazine; The Trades Newspaper; The Artizan's London and Provincial Chronicle*; カーライルの*Prompter*、コベットの*Two-Penny Trash; The Devil's Pulpit; The Voice of the People*、キング博士の*Cooperator; Common Sense; The Union Pilot; The Lancashire and Yorkshire Cooperator; The Poor Man's Guardian; The Working Man's Friend; The Radical Reformer; The Cosmopolite; The Cracker; The Christ; The Destructive; The People's Conservative; The Man; The Pioneer; The Herald of the Rights of Industry* である。また（これ以降の時代に関しては）*Bronterre's National Reformer; The Social Pioneer; The Ten Hours' Advocate; The Labourer; The Northern Star; Notes to the People* がある。

第1部の扉にあるのは、ロンドン通信協会が発行した記念硬貨のうちの一枚の両面を複製したものである〔第2、3部ともに本書では省略〕。こうした硬貨はたくさん発行され——ハーディ、トゥク、セルウォール、そしてダニエル・アイザック・イートンを無罪放免とした陪審を讃えて鋳造された——さらにトマス・スペンスがほかの多くの記念硬貨を鋳造した。第2部の扉にあるのは、粗雑な木版印刷のカードである。おそらく、ランカシャーで開催されたラダイトの秘密集会（一八一二年）への入場券としてもちいられたものだろう。第3部の扉は、ピータールーの戦勝者を顕彰すると見せかけて嘲笑ったもので、ウィリアム・ホーンとジョージ・クルクシャンクの *At Slap at Slop* (1812) からとられている。

最後に、いくつかの二次文献の名前をあげておく必要がある。というのも、私は（この時代を研究する者すべてがそうであるように）それらの文献に大いに恩恵を受けてきたからである。A. Aspinall, *The Early English Trade Unions* (1949) は、団結禁止法が施行されていた時期の内務省文書のなかから見事に精選された史料を提供するものである。G. D. H. Cole and A. W. Filson, *British Working Class Movement: Select Documents* (1951) は、史料選択の範囲をもっと広げたものであり、M. Morris, *From Cobbett to the Chartists* (1848) は、選択の範囲を絞ったものである。コベットの*Political Register*を利用できない人には（彼の*Rural Rides*はEveryman版で入手可能である）、G. D. H. and M. Cole, *The Opinions of William Cobbett* (1944) およびW. Reitzel, *The Progress of a Ploughboy* (1933) の手際よく編集された史料選集がある。H. L. Jephson, *The Platform* (1892) とG. Wallas, *Life of Francis Place* (1898) は双方とも、プレイスの手稿から広範囲かつそのままに引用しているが、〔史料〕批判が欠如していることがあまりにも多い。ハモンド夫妻の著作のうち、*The Skilled Labourer* (1917) は卓越した重要性を保っているし、*The Village Labourer* (1911) も重要性は少しも劣らない。（それに比べると、*The Town Labourer* (1917) は印象主義的な著作である）。M. D. George, *London Life in the Eighteenth Century* (1930); J. H. Clapham, *Economic History of Modern Britain* (Cambridge, 1927); S. and B. Webb, *History of Trade Unionism* (1894; revised 1920); I. Pinchbeck, *Women Workers and the Industrial Revolution* (1930) は、すべて参考文献としてのふさわしい地位を占めている。それらに匹敵するほどの重要性をもった、初期の民衆および急進派の歴史に関する著作は存在しない。おそらく最良の入門書は、依然としてG. S. Veitch, *The Genesis of Parliamentary Reform* (1913) だろう――とはいえ、Veitchの描くイングランドのジャコバンたちは、あまりに敬虔的かつ国制擁護主義的な信念の持ち主である――またこれにつづく時代については、W. D. Wickwar, *The Struggle for the Freedom of the Press* (1928) およびJ. R. M. Butler, *The Passing of the Great Reform Bill* (1914) だろう。（S. Maccoby, *English Radicalism, 1786-1832*〔1955〕は興味深い著作だが、概して議会での事態の推移に過度に注目しているため、本書で検討した類の問題に光を当てていない）。サミュエル・バンフォードの*Passages in the Life of a Radical* (Heywood, 1841) およびウィリアム・ラヴェットの*Life and Struggles in Pursuit of Bread, Knowledge, and Freedom* (1876) は、ともに版を重ねてきたが、すべてのイングランド人にとって必読書である。この歴史をもっと広い枠組みのなかに位置づけたい学徒は、E. Hobsbawm, *The Age of Revolution* (1962) にヨーロッパ規模の参照の枠組みを、Asa Briggs, *The Age of Improvement* (1959) にイギリス的な参照の枠組みを見いだされよ

う。他方、E. Halévy, *England in 1815* (1924) は、十九世紀初頭のイギリス社会についてのすぐれた全般的サーヴェイとしての地位を保っている。

きわめて広い時期ときわめて多くのテーマを扱っているような本で十全な文献リストを作成しようとする企ては、不遜あるいは不完全と思われるにちがいない。本書の各章で私は、最も関連が深い二次文献を苦労して脚注に記載してきた。また、同じく脚注で、私は主要な一次文献を十分に記載したと思いたい。という次第で、私は読者の寛大を請い、弁解の代わりに、スピトルフィールズのある絹織布工の結びの句（Samuel Scholl, *Historical Account of the Silk Manufacture* (1811)）を読者に送ることで筆をおくほかないのである。

私の織機はまったく形が崩れ、
私の糸巻きの芯は虫に喰われしまっている。
私の締め具と踏み板は棍棒で壊され、
一往復たりとも動きはしない。
私の縦糸は埃におおわれ
私の大ばさみと毛むしり機は錆だらけだ。
私のおさと綜絖《そうこう》通糸《つうし》はすり切れ
私の紡ぎ車は糸巻きを回転させられない
私の杼《ひ》は折れ、私の砂時計は時を刻み終えた。
私の織機ビームは使いものにならない——私の綜絖はもうおしまいだ！

謝辞

私に手稿史料からの引用を許可してくださった公的機関と図書館に感謝を捧げなければならない。国立公文書館が所蔵し、国が著作権をもつ未公刊の史料は、政府刊行物発行所の管理者の許可のもとに転載された。ウェントワース・ウッドハウス記録保管所の史料（フィッツウィリアム文書）は、シェフィールド市立図書館の好意によって、フィッツウィリアム伯爵およびフィッツウィリアム伯爵不動産管理会社の許可のもとに転載された。また、大英博物館手稿保管係（プレイス文書）、ノッティンガム自治体（掛け枠編み工文書）、ノッティンガム公立図書館、リーズ市立図書館、戦功十字勲章受章者であるJ・B・E・ラドクリフ大尉に謝辞を述べなければならない。さらに、以上すべての機関の司書ならびに職員の方々の助力に、同じくマンチェスターのジョン・レイランズ図書館、マンチェスター市立中央図書館、ノリッチ市立中央図書館、ブラザトン図書館（リーズ大学）、ブラドフォード、ハリファクス、ウェイクフィールドの各公立図書館、そしてハダズフィールド市のトルソン記念博物館の司書および職員の方々にも感謝したい。第2部扉に転載したラダイトの「入場券」は、国が著作権をもっていて、政府刊行物発行所の管理官の許可のもとに転載された。

また、以下の出版社から、それぞれが著作権をもつ著作から文言を引用する許可を与えられた。George Allen & Unwin Ltd (*The Protestant Ethic and the Spirit of Capitalism* by M. Weber, 1930); the Cambridge University Press (*Economic History of Modern Britain* by Sir John Clapham, 1929, Volume I, and *The History and Social Influence of the Potato* by R. N. Salaman, 1949); the Clarendon Press, Oxford (*Wilkes and Liberty* by G. Rudé, 1962); Longmans, Green & Co. Ltd (*The Town Labourer*, 1917, and *The Skilled Labourer*, 1919, both by J. L. and B. Hammond); the Manchester University Press (*Primitive Rebels* by E. J. Hobsbawm, 1959); and the Oxford University Press (*The Industrial*

Revolution by T. S. Ashton, 1948). 欽定訳聖書の原本の著作権は国がもっており、本書で使用した引用は許可を得て転載されている。

原注

序文

（1）本書の対象とする時期を扱っているこうした方法の一つの実例は、タルコット・パーソンズ教授の同僚の次の仕事に見ることができる。N. J. Smelser (1959).

（2）R. Dahrendorf (1959), pp. 148-9.

第1章

（1）T. Hamdy (1832), p.16.

（2）*Tribune* 4 April 1795. 枢密院自身による次のセルウォール尋問記録と比較のこと。「枢密院の書記官に名前のつづりを尋ねられて――答えた。いかなるたぐいの質問にも返答しないという彼自身の認識力を鑑みれば、彼は名前をつづれるのだろう……」。T.S. II. 3509f. 83.

（3）*Morning Post*, 16 May 1794.

（4）のちに、ジャコバン派であるジョン・ビンズが裁判なしでグロースター城に投獄されていたとき、内務大臣とその妻、そして彼らの娘二人が、社交目的で見舞った。

（5）A. S. P. Woodhouse (1938), p. 53 以降を参照のこと。

（6）C. Robbins (1959) を参照のこと。

（7）C. Wyvill to John Cartwright, 16 December 1797, in C. Wyvill (1804), V, pp. 381-2.

（8）Ibid., V, p. 23.

（9）G. Rudé (1959a) を参照のこと。

第2章

（1）F. Peel (1891), p. 136.

（2）A. Lincoln (1938) と、R. V. Holt (1938) を参照のこと。より簡略なサーヴェイとしては、C. Robbins (1959), ch.7 と H. W. C. Davis (1929), pp. 49-58 を参照のこと。

（3）D. Bogue and J. Bennet, (1809), III, p. 333 は、一七六〇年には、あらゆる多様な非国教徒の「主要勢力」は、商工業者やいくつかの地方の農場経営者にあったが、「あらゆる職種の職人が都市における会衆の大部分を、また農業労働者が田舎《いなか》の会衆の大部分を構成していた」と推定している。

（4）Ibid., IV, p. 319.

（5）J. Ivimey (1830), IV, p. 40.

（6）A. C. Underwood (1947), pp. 84-5.

（7）G. Huehns (1951), p. 146.

（8）G. Winstanley (1650), pp. 30-1.

（9）R. M. Jones (1921), I, p. 315.

（10）Q. D. Leavis (1932), ch. 2 を参照のこと。

（11）R. M. Jones (1923), p. 418. また、J. Lindsay (1937) も参照のこと。

（12）M. Weber (1930), pp. 109-10, 227. また、A.Kettle (1951), pp.44-5 も参照のこと。

（13）E. Halévy のすぐれた要約、E. Halévy (1937), III, pp.28-32, 40-8 を参照のこと。

（14）D. Bogue and J. Bennet (1809), III, pp. 332-3; J.Ivmey (1803), III, pp. 160 ff.

（15）ジョン・ウェスレーは、『日誌』（一七六六年七月三十一日）に、「最初カルヴァン主義者に、次に再洗礼主義者になった裏切り者のメソジストが、ヘプトンストールにおいて混乱をつくりだした」と記している。

（16）エラストス主義〔教会問題で、国家権力が教会よりも優先するとする説〕にたいする非国教徒の言葉が、なによりも教皇とローマ教会をさす言葉である。しかし、しばしば、イングランド国教会、もしくはその精神的な美徳を国家や世俗的権力の論理に売り渡していると批難されたすべての教会にたいしてもつけられた。コベットは、「教皇は巨大な女性であり、恐ろしい長衣をまとっていて、それはプロテスタントの血におかされて赤く染まっていると、子供のころは信じて疑わなかった」と回顧している。*Political Register*, 13 January 1821.

(17) D. Bogue and J. Bennet (1809), IV, pp. 107-24. サンデマン派は、厳格であったにもかかわらず、いくつかの社会儀礼に関しては、ほかの非国教徒よりも頑迷であるところが少なかった。そして、劇場を承認していた。

(18) R. Southey (1890 edn), p. 545.

(19) Ibid., pp. 382, 545.

(20) W. E. H. Lecky (1891), III, p. 582-8 を参照のこと。二十世紀に書かれたすべてのものをもってしても、メソジズムの問題については、レッキーとサウジーの記述が必読であることに変わりない。

(21) ウェスレーの政治的偏向についての簡明な注釈に関しては、M. Edwards (1933) を参照のこと。

(22) E. Halévy (1937), III, p. 49 に引用されている。彼は、「そのような指導があきらかにしていることは……ジャコバン主義の諸原則の不人気が、メソジストの宣伝に損害を与えなかったということである」との注釈を加えている。しかし、一七九二年にはジャコバン主義の諸原則が民意を獲得しつつあったのだから（本書一二一―三三ページを参照のこと）、メソジストの宣伝はこれらの諸原則を不人気にするように計画され、これがイングランドの民衆の自由にたいする障害となった、とするほうが真実に近い。同様に、ホブズボームのアレヴィ批判、E. J. Hobsbawm (1957a) を参照のこと。

(23) R. Southey (1890), p. 571.

(24) J. H. Whiteley (1938), p. 328 に引用されている。

(25) W. H. Reid (1800), pp. 45-8.

(26) A. Kilham (1795).

(27) 以下を参照のこと。A. Kilham (1796); E. R. Taylor (1935), ch. 2; W. J. Warner (1930), pp. 128-31.

(28) キラムの支持は、シェフィールド、ノッティンガム、マンチェスター、リーズ、ハダズフィールド、プリマス・ドック、リヴァプール、ブリストル、バーミンガム、バースラム、マクルスフィールド、ボルトン、ウィガン、ブラックバーン、オールダム、ダーリントン、ニューカースル、オルンウィック、サンダーランド、リボン、オトリー、エプワース、チェスター、バンベリで強力だった。E. R. Taylor (1935), p. 81; J. Blackwell (1838), pp. 290, 343 を参照のこと。

(29) J. Blackwell (1838), p. 339; E. R. Taylor (1935), p. 85; J. Wray (*c.* 1835), J. U. Walker (1836), pp. 216-23.

(30) J. L. Hammond (2nd edn, 1925), p. 270 に引用。

(31) 本書第11章を参照のこと。

(32) E. J. Hobsbawm (1959), p. 146.

(33) W. H. G. Armytage (1961), I, chs. 3 and 5.

(34) C. W. Towlson (1957); W. H. G. Armytage (1961), I, ch. 6; J. Lawson (1887), ch. 15; C. Driver (1946), pp. 15-7.

(35) E. D. Andrews (1953), p. 6.

(36) ウェスレー主義については、R. Southey (1890), p. 367; J. Nightingale (1807), pp. 443ff.; J. E. Rattenbury (1948), p. 249 を参照のこと。スウェーデンボルグ主義については、D. Bogue and J. Bennett (1809), IV, pp. 126-34; R. Southey (1808), III, pp. 113ff. を参照のこと。十七世紀の千年王国説の目的については、C. Hill (1958) を参照のこと。十八世紀の諸伝統を示すものについては、W. H. G. Armytage (1961), I, ch. 4 を参照のこと。

(37) N. Cohn (1957), p. 312.

(38) K. Mannheim (1960), p. 193. 本書の一三七—四一および四五五—六三ページを参照のこと。

(39) W. H. Reid (1800), p. 90.

(40) D. V. Erdman の *Blake, Prophet against Empire* (1954) は、ブレイクをこの状況で理解するのを助けてくれる。またそうすることで、ロンドンのジャコバン主義者の知的生活に多大な照明を当てたのである。また、(ブレイクの「ランティング」および、マグルトン主義の祖先については) A. L. Morton (1958) も参照のこと。

(41) T. Walker (1794), p. 125.

(42) E. J. Hobsbawm (1959), p. 128.

第3章

（1）P. Colquhoun (1797), pp. vii-xi; P. Colquhoun (1796), Appendix; P. Colquhoun (1806), pp. 38-43.
（2）*The Diary of Frances Lady Shelley* (1912), pp. 8-9.
（3）A. Young (1799), p. 439.
（4）V. Kiernan (1952) の挑戦的な分析も参照のこと。
（5）J. Marsden (n.d. 1812?). 十八世紀の船員に関する異なる見解については、R. B. Rose (1958) を参照のこと。
（6）G. Wallas (1918), p. 195.
（7）ウィンダムは、牛掛けに関する論議で言及している。またこの問題については、まちがいなく、ほとんどのメソジストとジャコバンとが団結していた。L. Radzinowicz (1948-56), III, pp. 205-6 を参照のこと。
（8）Serjeant P. Swanston (n.d.).
（9）流刑者に関する口承の伝統について洞察したものとしては、R. Ward (1958), ch. 2 を参照のこと。
（10）L. Radzinowicz (1948-56), I, Parts 1 and 2 を参照のこと。ラジノウィッチ博士は、一七四九年から五八年の間にロンドンとミドルセクスで死刑を宣告された五百二十七人のうち、三百六十五人が処刑されたことを示している。ところが、九〇年から九九年には七百四十五人が刑を宣告されたが二百二十人しか処刑されていない。したがって、宣告された者にたいする処刑者の比率はおおまかにいって三人に二人から三人に一人へと下落している。そして一八〇〇年代まで下落しつづける。一方、処刑の大多数は財産にたいする犯罪という理由だった。たとえば、一七八五年にはロンドンとミドルセクスで九十七人が処刑されたが、殺人罪は一人だけで、四十三人が押し込み、残りが財産にたいする犯罪（文書偽造、馬泥棒、など）である。彼は、こうした数字は全国的な傾向を示していること、また「一七八五年には、死罪は経済的犯罪にほぼ限られて科された」と結論している。
（11）暴動の発生範囲については、R. F. W. Wearmouth (1946) を参照のこと。
（12）コーンウォールの「採炭夫」や「坑道掘り」は、直契約の労働者たちであり、そのごく一部の者はなお十八世紀後半にあってニシン漁や、（ヨークシャーの鉛坑夫たちがそうだったように）小自作農地での耕作などのさまざまな仕事に携わっていた。J. Rowe (1953), pp. 26-7 を参照のこと。

（13）この複雑な事態については、C. R. Fay (1932), ch. 4 を参照のこと。

（14）「トーマス・某」からのもので、Skurray to H.O., 25 March 1912, H.O. 42.121 に同封。

（15）J. Blackner (1815), pp. 383-4.

（16）R. B. Rose (1959), p. 435 を参照のこと。

（17）T.S. II 3707.

（18）H. L. Roth (1906), p. 108.

（19）R. B. Rose (1959) を参照のこと。

（20）J. F. Sutton (1880), p. 286.

（21）ノッティンガムについては、J. F. Sutton (1880), p. 207 を、グロースター、ウィズベック、カーライルについては、H.O. 42.35 を、ニューカースルについては、E. Mackenzie (1827), p. 72 を、コーンウォールについては、J. Rowe (1953), pp. 104-5 を、またコーンウォールでのその後の行動については、同書 pp. 142, 158-62, 181-4 を参照のこと。また、W. P. Hall (1912), pp. 202-15 も参照のこと。

（22）P.C. A.56/8; H.O. 42.35/7.

（23）古来の法律は一七七二年と九一年に廃止されたが、九〇年代に存在していた複雑な状況については、C. R. Fay (1932), ch. 4 と D. G. Barnes (1930), ch. 5 を参照のこと。

（24）C. R. Fay (1932), p. 44; Leeds petition to Duke of Portland, 20 July 1795, H.O. 42.35.

（25）C. Gill (1952), I, p. 128; R. Southey (1808), III, pp. 179-81; *Alfred,* 25 October 1811.

（26）たとえば H.O. 42.35 所収の、買い占めや、買い占めによる市場売買の妨害を告発すると脅しているグロースターの有力住民たちの委員会決議（一七九五年六月二十六日）や、G. C. Miller (1951), pp. 23, 60-3 に収められている、*Blackburn Mail,* July-September 1795 からの抜粋を参照のこと。

（27）C. R. Fay (1932), p. 55; D. G. Barnes (1930), pp. 81-3; J. Ashton (1906), pp. 240-1; W. Smart (1910), I, pp. 5-6; G. C. Miller (1951), pp. 94, 103; J. A. Langford (1868), II, pp. 101-2 を参照のこと。そしてとくに、J. S. Girdler (1800), pp.

209-15 を参照のこと。治安判事に穀物価格を固定する権限を与えるという、貴族院で不成功に終わった決議を提出したウォーリック伯爵は、その前数カ月間に「買い占め、買い占めによる市場売買の妨害、独占によって、少なくとも四百件の有罪判決が出ている」と述べた (*Parliamentary History*, XXXV〔1800〕, p. 839)。

（28）J. Wesley (1749), I, pp. 438-44, 455; *Some Papers giving an Account of the Rise and Progress of Methodism at Wednesbury* (1744), p. 8.

（29）G. Rudé (1959a), p. 237.

（30）G. Rudé (1962), pp. 50, 173.

（31）Ibid., p. 181.

（32）プロクターについては、G. Rudé (1962), pp. 59-60 を参照のこと。リューデ博士はこの重要な分野を開拓した第一人者なのだから、彼の分析の欠陥を示唆するのはおそらく不遜なことである。しかし、ロンドンの職人の非国教主義的伝統に彼がなんの関心も示していないこと、群衆にとって知的かつ組織的な核となっただろう討論クラブや居酒屋に集うさまざまな協会にもほとんど関心を払っていないこと、また、バラッド売りや「大道商人」たちの裏街道の政治力学にたいしても関心を払っていないことは書き留められなければならない。ロンドンの庶民政治についてのさらなる考察は、G. Rudé (1959b); L. S. Sutherland (1959) と L. S. Sutherland (1956) を参照のこと。居酒屋世界については、M. D. George (1928), ch. 6 を参照のこと。

（33）G. Rudé (1956) と C. Hibbert (1958) を参照のこと。リューデ博士は、ヒバート氏ほどには、犯罪者と売春婦が暴動の最終段階に関与していた程度を強調してはいない。リューデ博士は裁判所にひったてられた被告人（大半が賃金労働者）の例を分析していて、ヒバート氏は暴動の目撃者の証言に多く依拠している。J. P. de Castro (1926) も参照のこと。

（34）以降の説明については、R. B. Rose の決定版といえる研究、R. B. Rose (1960), pp. 68-88 に依拠した。

（35）R. B. Rose (1960), p. 84.

（36）もう一つの類似の特徴として、「恐怖で仰天し」、軍隊を派遣することを拒否した治安判事によって群衆に与えられた、また「国王と改革」と歓呼して群衆のなかに馬で乗り込んだ人道的な指揮官ブレルトン中佐によって群衆に与えられた、許可という感覚があげられる。J. Eagles (1832) を参照のこと。

(37) *Bristol Times*, 30 October 1831 の目撃者による説明。

(38) 本書一三二ページ以降を参照のこと。

(39) J. Binns (1854); T. Hardy (1832), pp. 85-6.

(40) G. D. H. Cole (1924), p. 76. 戦争は、コベットも全面的に支持するなか、一八〇三年五月に始まった。

第4章

(1) Add. MSS. 27850 ff., pp. 19-20: 27838ff., 19-20; G. D. H. Cole and A. W. Filson (1951), pp. 79-80. 本書第13章を参照のこと。

(2) T. A. Ward (1909), p. 192.

(3) *Anti-Jacobin*, 1 January 1798.

(4) M. Wollstonecraft (1790), p. 23.

(5) E. Halévy (1937), I, pp. 193-212 を参照のこと。

(6) 本書一四六ページ以降を参照のこと。証拠はコウバーン卿の博識でかつ生き生きとした Lord Cockburn, *Examination of the Trials of Sedition ... in Scotland* (1888) で十分に議論されている。

(7) Anon., *Letters on the Impolicy of a Standing Army in Time of Peace, and on the unconstitutional and illegal Measure of Barracks* (1793). J. Trenchard, *History of Standing Armies in England* (1698) は三一年、三九年、八〇年、ならびにジャコバン派の *Philanthropist* (1795) で再版されている。

(8) G. Rudé (1962), p. 14; S. Maccoby (1955), p. 91 を参照のこと。「極悪女」と知られた売春婦たちは、男たちをその家に誘い込み、そこで男たちは力ずくで「徴用された」と語られていた。これについては、H. M. Saunders (1794) を参照のこと。

(9) *Records of the Borough of Nottingham*, VIII (1952), p. 152.

(10) J. P. Smith (1812).

（11）*The Times*, 31 January 1823: L. Radzinowicz (1948-56), III, pp. 354-64 を参照のこと。

（12）T. Walker (1794), p. 87.

（13）カートライト少佐は秘密投票を提唱するようにもなったが、六番目のチャーティスト条項である、国会議員になるための財産資格廃止の提唱者ではなかった。

（14）私はここで H. Jephson (1892) の用語を使っている。彼の二巻からなる歴史研究 *The Platform* は、いまだなおこの制度に関する唯一の体系的な研究である。

（15）A. Briggs (1959a), pp. 88 ff.を参照のこと。

（16）C. Wyvill (1804), V, pp. 389-90, 399-400.

（17）国制協会は一七八〇年代後半には活動停止状態になったが、しかし、中心メンバーであるホーン・トゥクとともに、九〇年以降最も活動的になった。

（18）J. Saville (ed.), (1954) の、とくに四二―五四ページ。

（19）このレトリックはとうてい考えられないようなところに登場する。十八世紀末のある広告は「最も古い、国家に忠実で、民族的で、国制に合致した、合法的な娯楽が、熊掛けである」と宣伝している。地方のジャコバン協会は、一七九二年から九六年の間、通常は自らを「国制を擁護する」ないしは「愛国的」だと記した。ジョン・セルウォールの未亡人は、自分の夫の伝記を編纂しながら、彼が「サクソン家の子孫」であったと記述することに骨を折った。一方ジョウジフ・ジェラードは、国民公会という危険な手段を提案したとき、その先例として「われらがサクソンの先祖」たちの「民会」を引き合いに出した。

（20）アースキンはペインの欠席裁判で、ブラクストンの文章を盾にとって自らのペイン擁護をおこなった。一方、シェフィールドの議会改革論者であるヨークは、大衆示威行動でロックからの抜粋を読み上げた。Student in the Temple (1794), p. 108.

（21）E. Burke (1790), pp. 58-9, 62, 166.

（22）ペインは一七八七年にイングランドに戻り、橋梁建築の実験に没頭していた。『人間の権利』の第一部は一七九一年に刊行され、第二部は九二年である。最も新しいペインの伝記――A. O. Aldridge (1960) ――は、詳細だがつまらない。ペインのイングランドへの影響や関連について新たな知識を与えてくれないのである。生き生きとしているが偏ったM・D・コンウェイの*Life* (1892)、あるいはH. N. Brailsford (1913) での簡潔な描写と比較して読まれるべきである。

(23) これら最後の三つの文章は、T. Paine (1792), pp. 19, 26, 69 からとったものである。そのほかは、T. Paine (1791, 1792) からとった。

(24) イートンは一八一一年に「第三部」を出版し、一二年――六十歳のとき――に、さらに八カ月間の投獄とさらし台送りの刑を宣告された。T. B. Howell (1811-26), XXXI, pp. 927 ff.

(25) 本書第11章を参照のこと。

(26) ゴドウィンの哲学的アナーキズムが労働者階級の公衆に達したのは戦後になってからのことにすぎない。それも主に、Richard Carlile が出したシェリーの *Queen Mab* (1813) の海賊版での注記をとおしてのことである。

(27) とくに、本書九二五ページ以降のウェイドと『ゴルゴン』についての議論を参照のこと。

(28) Citizen Randol (1795), p. 8.

第5章

(1) さまざまな民衆協会については、G. S. Veitch (1913); W. D. Hall (1912); P. A. Brown (1918) を参照のこと。また、J. Dechamps (1949); H. Collins (1954); W. A. L. Seaman (1954) も参照のこと。

(2) もちろん、より緊張度の高い形式で、アイルランド独立とスコットランド民主主義を求める運動があった。H. W. Meikle (1912); R. B. Madden (1842-6) を参照のこと。

(3) A. Aspinall (1949a), pp. 4-5 に引用されている。

(4) R. I. and S. Wilberforce (1838), II, p. 2.

(5) Powditch to Pitt, 3 November 1792, H.O. 42.22.

(6) R. I. and S. Wilberforce (1838), II, pp. 1-5.

(7) 内務大臣ヘンリー・ダンダス。

（8）バーミンガム暴動は、バーミンガムの急進主義運動のあとの展開を妨げたという点で、さらなる重要性を保持している。もし暴動がなかったとすれば、バーミンガム――群小の親方と職人でいっぱいだった――は、ノリッヂやシェフィールドと並んで主導的なジャコバン派の拠点となったかもしれないのである。

（9）A. Aspinall (1949a), p. 1.

（10）これは、地方支部をもたなかったロンドンないしは全国規模の国制知識普及協会である。（シェフィールドやマンチェスターやダービーにあったような）国制協会は、ロンドンと、――さらに、しばしば、国制協会ばかりでなくロンドン通信協会とも――通信のやりとりをしていたが、設立と運営は別個だった。

（11）G. Lefebvre (1962), pp. 274-83 を参照のこと。

（12）バークの『フランス革命の省察』は三シリングで売られ、最初の二年間で三万部がはけた。『人間の権利』の第一部も三シリングで一七九一年に五万部売った。一八〇二年までに、ペインは第二部も合わせて四十万か五十万部出回ったと主張した――そして〇九年までには百五十万部だと――。しかし、これは莫大なアイルランドでの売り上げとヨーロッパでの翻訳版を含めてのものである。R. D. Altick が「いかなる流行作品も……こんな発行高に達したことはない」とわれわれに警告してもなお、私は、一七九一年から九三年の間にイングランド、ウェールズ、スコットランドで二十万部売れたという主張（第一部と第二部の両方を、また地方クラブで発行された簡約版も勘定に入れて）を受け入れたい。R. D. Altick (1957), pp. 69-73 を参照のこと。

（13）W. Roberts (1834), II, pp. 424-5.

（14）J. Massey, 22 November 1792, H.O. 42.22; F. Knight (1957), p. 117.

（15）'Memorandum on Clubs' October 1792, in H.O. 42.22. ウェールズのジャコバン主義については、D. Davies (1926) と M. P. Jones (1909-10) を参照のこと。

（16）Benjamin Vaughan, 30 November 1792, H.O. 42.22.

（17）一七九二年から九三年の冬において。A. Aspinall (1949b), pp. 152-3 を参照のこと。

（18）T. Paine (1792), p. 56. 『手紙』を発刊したイートンは、起訴されたが友好的な陪審によって（このときは）無罪とされた。

（19）すべてもれなくJ. Gurney (1793) に公にされている。

（20）C. Wyvill (1804), III, Appendix, pp. 154-5.

（21）Ibid., III, Appendix, pp. 67-8. ワイヴィルがペインのいかなる訴追にも反対したということは、彼の名誉となるものである。

（22）Ibid., V, pp. 1, 23-4, 51.

（23）F. Knight (1957), pp. 63-4 に引用されている。

（24）B. Jerrold (1874), p. 41.

（25）T. Walker (1794), p. 55. F. Knight (1957) での卓越した説明、ならびにA. Prentice (1851), pp. 419 ff. も参照のこと。

（26）J. H. Priestley (1949).

（27）F. Peel (1893), pp. 307-8.

（28）*Stamford Mercury*, 8 December 1792, 11 January 1793. この参照は、Rex Russell 氏に教えていただいたものである。

（29）G. Lefebvre (1962), p. 187.

（30）F. Knight (1957), pp. 101, 105.

（31）T.S. 11.3510 A (3); A. Prentice (1851), pp. 7-8. レスターの居酒屋兼宿屋の主人に反対する同様の行動については、T. Patterson (1954), p. 71 を参照のこと。地方における犯罪訴追手続きについては、R. Phillips (1793a and 1793b) とD. Holt (1794) を参照のこと。

（32）P. A. Brown (1918), p. 85.

（33）この段落のなかの事例のいくつかは、匿名のパンフレットである *Peace and Reform; against War and Corruption* (1794) からの抜粋である。(「ジョブ・ノット」を含む) 反ジャコバン的出版物については、R. K. Webb (1955), pp. 41-51 とM. J. Jones (1952), ch.6 も参照のこと。

（34）S. Bamford (1893a), p. 55-6.

（35）J. Binns (1854), pp. 47-8.

（36）C. Roth (1933); G. R. Balleine (1956), ch. 4; R. Southey (1808), III, pp. 223 f. を参照のこと。

（37）G. Turner (1800). ジョアンナ・サウスコットについては、本書四五六―六四ページを参照のこと。
（38）S. Fisher (1798b and 1798a).
（39）T.S. 11.3035 所収の覚え書き。ウォーカーの共同被告には、これらの協会からきた熟練工らが含まれていた――壁紙工のウィリアム・ポール、製帽工のジェームズ・チーザム、織布工のオリヴァー・ピアソールである。さらに、J. Gurney (1794), Appendix, pp. 122-6. を参照のこと。
（40）T.S. 11.3510 A (3).
（41）*Reports of the Committee of Secrecy* (1794), p. 140.
（42）Ibid., p. 150. ここで言う「南」とは「フランス」をさす。
（43）ある密告者の報告（T.S. 11.3510 A〔3〕所収）は、一七九三年四月に二十九の支部を列挙している。そのうち少なくとも十六の支部は署名集めに積極的に携わっていた。
（44）*Reports of the Committee of Secrecy* (1794), pp. 152, 154; A Student in the Temple (1794), pp. 142, 144; F. Knight (1957), p. 134.
（45）*Reports of the Committee of Secrecy* (1794), pp. 148-57; ロンドン通信協会の議事録（Add. MSS. 27812）。
（46）*D.N.B* に記載。J. Binns (1854), p. 42; M. Roe (1958), p. 68.
（47）J. Gerrald (1793), pp. 111 ff. および H. Collins (1954), pp. 117-8 を参照のこと。セルウォールについては、本書一八三―八ページを参照のこと。
（48）一七九二年五月二十一日、フォックスの文書名誉毀損法が貴族院の第三読会を通過し、同日にそれは布告として煽動的な書物にたいして発布された。大法官サーロー卿は、「イングランドの法律の混乱と破壊」を預言した。
（49）Cockburn (1888), I, p. 175 ff. また、H. W. Meikle (1912), ch. 6; *The Life and Trial of Thomas Muir* (1919) も参照のこと。
（50）*Reports of the Committee of Secrecy* (1794), pp. 160-5.
（51）起訴によれば、別の状況下にいたった場合のなかに、イギリスへのフランス軍の上陸も含まれていた。'A Member', (1794), pp. 24, 34, 45; H. W. Meikle (1912), ch. 7 も参照のこと。

(52) Cockburn (1888), II, p. 25. 過度に芝居じみたマーガロットの性格は、彼のその後の動向から確認できるように思われる。スピッドヘッドの牢獄船のなかで移送待ちをしている間に、彼はノリッヂにはなはだ無配慮な一通の手紙を書き送った。「噂では……海上にフランスの船舶七十隻が停泊しているらしい。もしそうであれば、……急襲されればおそらく重大な事態となるだろう。——わが尊敬すべき友らに幸あらしめたまえ！ 気を抜くなかれ……」(10 March 1794, *Committee of Secrecy*, p. 81)。マーガロットは、脱走の途中で仲間の囚人たちとけんかとなり、彼に容疑がかけられた。彼は帰還できた——一八一〇年のことだが——ただ一人の犠牲者だった。その後一五年に死亡するまで、彼は急進主義的な政治活動をふたたびおこなった。M. Roe (1958) を参照のこと。

(53) Cockburn (1888), II, pp. 41-3.

(54) *Trial of Joseph Gerrald* (1794), pp. 197-8, 241. ジェラードは、一七八〇年代にペンシルヴァニア裁判所で経験を積んでいたのかもしれない。*Trial of Gerrald* (1835), p. 4 を参照のこと。

(55) ジェラードは、ニューゲイトや別のロンドンの監獄に一年以上も拘留されていた。彼が自らの主義主張を捨てるのなら、彼は恩赦を受けただろうと推測される理由がある。

(56) この論争についての卓越した要約が、またしても Cockburn (1888), II, pp. 133-49 に見られる。

(57) *Reports of the Committee of Secrecy* (1794), pp. 185 ff.; J. Gerrald (1793), P. 59; *London Corresponding Society* (1794). ジョン・マーティンはエディンバラの刑務所にいるマーガロットに「協会は志気も会員数ともに急成長していて、金持ちもいまではわれわれのなかに入ってきて、革の前かけをした正直な人間のあいだに喜んで腰を下ろしはじめている」と手紙を書いた（一七九四年一月二十二日）。T.S. 11.3510 (B).

(58) *Reports of the Committee of Secrecy* (1794), pp. 185-9; *An Account of a Meeting of the Constitutional Society* (1794); P. A. Brown (1918), pp. 111-7; A. T. Patterson (1954), p. 74.

(59) Add. MSS. 27814. これらの集会は、重要な先例を確立する手助けをした。というのは、権力をもたない平民による公的な集会——すなわち、議会に請願するという特定の目的をもたない集会——は、合法性が疑わしかったからである。H. Jephson (1892), I, p. 277 を参照のこと。

(60) *Trial of Hardy* (n.d.), *passim*; *Trial of Henry Yorke* (1795), pp. 26, 80-1; *Trial of Robert Watt* (1795), p. 353; H. W.

Meikle (1912), pp. 150-3; R. Watt (1795), p. 76.

（61）ロンドンの議会改革派の逮捕の状況については、本書二三—五ページを参照のこと。

（62）[J. Parkinson] (1795), pp. 1-6: The *Times*, 5 September 1794.

（63）W. Gardiner (1838), I, p. 222.

（64）F. D. Cartwright (1826), I, p. 312; J. Blackner (1815), pp. 396-401; J. F. Sutton (1880), pp. 193-9.

（65）B. Brierley (1895), p. 14.

（66）T.S. 11.3510 A (3) 所収の、とくに「タウンの東方の果ておよびシティ」に見られる一七九四年五月六日付の通信協会に関する覚え書き。これによると、シェフィールド、ブリストル、ならびにノリッヂは、同時期に同様の拡大がみられる。

（67）G. Wallas (1918), p. 21. プレイスの手稿「歴史」は、いくつかの条件付きで取り扱わなければならない。それは事件後かなりたってから書かれたもので、そのとき彼は熱心とはいえない功利主義的議会改革論者だった。一部は個人的な「弁明」であり、そこでは、（たとえばフランシス・プレイスのような）「理性的に思考する人間」がもちあげられ、節度を欠いた者は中傷されていた。セルウォールの講演は、「当時の一般大衆のあらゆる偏見をもてあそんだ」、「まとまりのない大演説」として記述されている。以上のような判断が偏向したものであることは、*The Tribune* にざっと目を通してみるだけであきらかになる。

（68）「秘密執行委員会」の議事録ならびにグローヴズの報告書の双方は、T.S. 11,3510 A (3) に保存されている。グローヴズの報告書は、一七九四年の五月から十月半ばにおよぶ。報告が途絶えた理由を私は見いだせずにいる——おそらく、正式に無罪となったにもかかわらず、彼はもはや「裁判」のあとは信用されなくなったのだろう。グローヴズの観察眼のある報告の事例として、本書一八二—三ページを参照のこと。スパイに関するもっと一般的な問題については、本書五七九ページ以降を参照のこと。

（69）J. Thelwall (1795), p. 9.

（70）たとえば、リーズのジェームズ・ヒンドレイは、煽動的な文書を販売したため、一七九四年に二年間の投獄を言い渡された。レスターではジョージ・バウンが九四年に逮捕されたが、裁判を受けずに数ヵ月後に釈放された。シェフィールドではジェームズ・モントゴメリーが九五年に二度（三カ月間と六カ月間）投獄された。彼はより用心深く『［シェフィールド・］アイリス』を出版することで、ジョウジフ・ゲイルズの仕事を引き継ごうとしていた。このような地方レベルの訴追の程度についての体系的な研究は存在していない。

（71）T. Hardy (1832), pp. 42-3; M.Wilks (1795); J. Thelwall (1796c), Letter I, pp. 40, 56-7; S. Wilks (1821), pp. 78-9; E. Burke (1796).

（72）*The Correspondence of the London Corresponding Society* (1795), pp. 4, 20-1, 26, 42-3; T. Hardy (1832), *passim*; P. A. Brown (1918), pp. 142, 151; J. Baxter (1795); [T. Spence] (1795). スペンスについては、本書一八八—九〇ページを参照のこと。

（73）[J. Parkinson] (1794). 力強く表明されている穏健なジャコバン主義者の諸要求の称賛すべき事例が、G. D. H. Cole and A. W. Filson (1951), pp. 48-52 のなかに記されている。

（74）G. Wallas (1918), pp. 24-5.

（75）J. Binns (1854), p. 45.

（76）一七九四年から九五年の冬にかけて、また別の「大逆罪」の脅しがあった。それは、三人の協会のメンバー——スミス、ヒギンズ、ルメトル——が、毒矢の入った空気銃で国王の暗殺を謀ったという告発にもとづいて拘留されたのである。この告発は、敵意をもった密告者から出されたのだが、被告人らは裁判もなく釈放された。J. Smith (1795); P. T. Lemaitre (1795); P.C. A.35/6 を参照のこと。

（77）*The Correspondence of the London Corresponding Society* (1795), pp. 4-5 *et passim*; *Tribune*, 20 June 1795; Add. MSS. 27808; *History of Two Acts*, pp. 91 ff.

（78）*The Correspondence of the London Corresponding Society* (1795), pp. 4-5, 29, 35; J. G. Jones (1796), p. 33; Mrs. Thelwall (1837), p. 367.

（79）*Proceeding of the Public Meeting*...(1795).

（80）*The Correspondence of the London Corresponding Society* (1795), pp. 27-8, 63-4; *Cabinet* (1795); S. Wilks (1821).

(81) 一七九五年の暴動については、本書七九―八一ページを参照のこと。スタッフォードシャーの国民軍が「全員……一人の人間として民衆に加担した」ときのオーカンプトン（デヴォン）での「暴動」を報告している、*Morning Post*, 20 May 1795 も参照のこと。
(82) *Tribune*, XXIX, 23 September 1795.
(83) プレイスは、全般的に、レトリックに満ちた主張を割り引くのに熱心であり、彼は政治的な煽動活動の広範な経験を（一八二四年に）書き終えていた。そういうプレイスだったから、十五万人という数は「誇張されているものだろう」と語るしかなかったのである。
(84) London Corresponding Society (1795); Add. MSS. 27808; J. Thelwall (1796a), p. 8; Mrs. Thelwall (1837), pp. 379 ff.; *History of Two Acts*, pp. 97 ff.
(85) *Truth and Treason!...* (1795).
(86) 実際には、ロンドン通信協会が発行したある「報告書」は、「三十万人以上」のブリトン人がいると主張した！
(87) *The Farington Diary* (1922), I, pp. 118-9.
(88) R. I. and S. Wilberforce (1838), II, pp. 112-33; C. Wyvill (1804), V, *passim*.
(89) プレイスの手稿のなかには、一七九八年五月に押収された「ジョン・オックスレイドの物語」がある。彼はロンドン通信協会の会員だった。そこでは、絶頂期（一七九八年から一八〇〇年）には約四十人のロンドン通信協会の会員ならびに約三十五人の統一イングランド人協会の会員が裁判なしに拘禁されたと推断されていた。P.C. A.158. 所収の「容疑者のリスト」も参照のこと。
(90) G. Wallas (1918), p. 25.
(91) J. Binns (1854), pp. 63-4; J. G. Jones (1796), pp. 27, 81; Wallas (1918), pp. 27-8.
(92) J. Binns (1854), *passim*; J. Thelwall (1796b); C. Cestre (1906), pp. 127-9.
(93) 一七九五年から九六年の全体委員会への（またときおり執行委員会でも）選任を確実にしたもう一人のスパイのジェイムズ・パウエルは、九五年九月二十四日に以下の報告をした。「一通の書状が朗読された。それは協会に所属するメソジストが大勢参加した集会から出されたもので、無神論者および理神論者の協会からの除名を訴えるものだった」と。メソジストの決議が否決されると、彼らは分派「信教および市民的自由の友」を結成するために脱退した。パウエルは、六つの支部すべてと数百人の個人会員が彼らに追随したと考えた。P.C. A.38.

(94) W. H. Reid (1800), pp. 5, 9-12, 22-3.

(95) Fitzwilliam Papers (Sheffield Reference Library), F.44 (a); C. Wyvill (1804), V, pp. 43-50; H. McLachlan (1920), p. 132; *A Complete Refutation...* (1793); *Reports of the Committee of Secrecy* (1794), pp. 85, 116, 119; W. A. L. Seaman (n.d.), pp. 215 ff.

(96) A. Aspinall (1949b), pp. 4-5.

(97) D. Read (1861), pp. 69-73; また、F. Knight (1957), p. 72 ならびに J. Taylor (1939) も参照のこと。

(98) Fitzwilliam Papers, F.44 (a).

(99) より十全な説明は、H. Collins (1954), p. 110 を参照のこと。また、議事手続きの完璧な研究は、シーマン博士の未発表の学位論文を参照のこと。会則がたびたび変更された。上記の説明は、主としてはじめの二年か三年間の議事録から得た印象にもとづいている。

(100) P.C. A.38 所収の支部別記録、ならびにパウエル報告; 'Examinations before the Privy Council', T.S. 11.3509; T.S. 11.3510 (A) 所収の Grove; Add. MSS. 27808 所収のプレイスの説明; J. Binns (1854), pp. 45-6; A Member (1790), p. 40; *The Correspondence of the London Corresponding Society* (1795), pp. 29, 35. 一七九五年六月から十一月の間に二千六百人が新会員となった。

(101) ロンドン通信協会の議事録、Add. MSS. 27812; J. Binns (1854), p. 36.

(102) Add. MSS. 27808; G. Wallas (1918), p. 22; R. Birley (1924), Appendix II, p.5.

(103) P. A. Brown (1918), p. 73; W. H. Reid (1800), p. 8. プレイスの説明は、セントラル・ロンドンの職人と小商工業者を記述したものといえるかもしれない。イースト・ロンドンとサウス・ロンドンの各支部については別の説明がある。

(104) P.C. A.38.

(105) T.S. 11.3510 A (3).

(106) A. Soboul (1958), Book II, および R. Cobb (1959) における諸派の社会的基盤に関する有益な討議を参考のこと。

(107) C. Cestre (1906), pp. 74 ff. を参照のこと。

(108) *Tribune*, 25 April, 23 May 1795; C. Cestre (1906), p. 173.

(109) 団結禁止法は一七九九年になって初めて成立したが、これは労働組合を標的にした既存の法律を強化したにすぎない。

(110) *Tribune*, 3 Volumes, *passim*; C. Cestre (1906), pp. 175 f.; J. Thelwall (1796c), Letters I and II.

(111) プレイス・コレクション Add. MSS. 27808 所収のスペンスの生涯に関する資料; O. D. Rudkin (1927); A. W. Waters (1917); A. Davenport (1836); T. Spence (1797); T. Spence (1801); G. D. H. Cole and A. W. Filson (1951), pp. 124-8; T. Evans (1816), pp. 14, 33; T. Evans (1821).

(112) Add. MSS. 27808. プレイスは、一七九六年の夏に執行委員会を、九七年三月に全体委員会を辞任し、ついに九七年六月にロンドン通信協会を脱退した。パウエルの報告（P.C. A.38）によると、二法の通過後の新会員の受け入れはほとんどなされなかった。十六支部が、九六年一月には会合を開いていない。二月には千九十四人がなお各支部で定期的に会合していたが、三月には八百二十六人となり、五月には六百二十六人となり、六月には四百五十九人となり、ついに十一月には二百九人だけだった。プレイスは、九六年十二月ではまだ副書記に任命されていた。

(113) J. Binns (1854), p. 44; D. V. Erdman (1954), p. 272.

(114) 一七九七年二月にフランス軍は、実際にペンブルックシャーの沿岸のフイッシュガード付近に少数だが上陸した。E. H. S. Jones (1950a) を参照のこと。

(115) J. Thelwall (1801), pp. XXX, 129; C. Cestre (1906), p. 142 ff.; H.O. 42.41; E. Blunden (1934).

(116) C・J・フォックスの五千百六十票と、サー・A・ガードナーの四千八百十四票（当選）。ジョン・ホーン・トゥクの二千八百十九票（落選）。

(117) J. Thelwall (1796c), Letter I, pp. 25-9. ノリッヂでは、H・フォバート閣下の千六百二十二票と、W・ウィンダムの千百五十九票（当選）。バートレット・ガーニの千七十六票（落選）。ノッティンガムでは、キャリントン卿の千二百十一票とD・P・クックの千七十票（当選）。クロンプトン博士の五百六十票（落選）。

(118) *Moral and Political Magazine of the L. C. S.*, November 1796; P.C. A.38; H.O. 65.1; L.C.S. Letter-book, Add. MSS.

27815; W. H. Reid (1800), pp. 17-20.

(119) G. E. Manwaring and B. Dobrée (1937), esp., pp. 200, 246, 265-8. この説明は、艦隊でのジャコバンの影響に関する証拠を割り引いている。これについては、C. Gill (1913) でより詳しく検討されている。

(120) C. Gill (1913), pp. 301, 319, 327, 339 など、および Appendix A。またワトソンについては、P.C. A.152 のなかのヘンリー・ヘイスティングスの寄託文書、ならびに *D.N.B.* の項目。光明主義 illuminism とジャコバン主義フリーメイソンによる全ヨーロッパ規模の秘密の陰謀に関する煽動的な物語は、イングランドとの関連では根拠がないように思われる。しかしながら、アイルランドのもろもろの事件に関与していたということはあるかもしれない。A. Barruel (1798), IV, pp. 529 f. を参照のこと。

(121) 非合法な宣誓を禁じるこの法律が、まさにラダイトたちと「トルパドルの殉教者」に適用された。

(122) 一七九八年五月に尋問されたある被告人は、マンチェスター協会は「協会に属していたジェントルマンと協会の職人間の反目のため」、一七九六年にはかなり衰退していたと供述した。職人たちは統一イングランド人協会の支部を組織しはじめていたようである。そのうちの二十九支部が、H.O. 42.45. 所収の別の供述録取書に記載されている。

(123) *Report of the Committee of Secrecy* (1799), *passim*; T.S. 11.333 の多様な出典、ならびに4406; P.C. A.152, A.158, A.161; H.O. 42.43/6.

(124) *Report of the Committee of Secrecy* (1799), *passim*; T.S. 11.333; P.C. A.152; J. Binns (1854), ch. 4-6.

(125) H. Collins (1954), p. 132; R. Hodgson (1798); *Report of the Committee of Secrecy* (1799), Appendix, pp. 70-3; H. C. Davis (1929), pp. 92-3 を参照のこと。

(126) Add. MSS. 35142 ff. 62-6. 地下組織はその性質からいって文書をほとんど残していないため、おそらくプレイスの説明が受け入れられているのだろうが、それゆえに、歴史家にとっては実在したという現実が見いだせないままなのである。

(127) ジョン・ターンブリッジおよびジェントによる報告、P.C. A.144.

(128) *Report of the Committee of Secrecy* (1799), p. 74.

(129) J. R. Western (1956), p. 603. また、義勇軍の欠点については、J. L. Hammond (1917), pp. 87-9 を参照のこと。

（130）P.C. A.152のなかの多様な文書; Meikle (1795), pp. 171, 191-92; *Clef du Cabinet des Souverains*, 2 Frimaire, an VII; *D.N.B.*

（131）デスパードについては本書五六七—七五ページを参照のこと。

（132）G. Sangster to Sidmouth, 13 April 1817, H.O. 42.163.

（133）P.C. A.152; J. Binns (1854), pp.140-1.

（134）T. Evans (1816), p. iv; *Reasoner*, 26 March 1808; 'Narrative of John Oxlade', Add. MSS. 27809; P.C. A.161.

（135）T.S. 11.5390.

（136）H.O. 119.1; H.O. 65.1.

（137）G. Wakefield (1798), p. 36.

（138）セルウォールは、隠者らしからず、急進派政治に踏みとどまっていた。戦時中は雄弁術の師として生計を立てていたが、一八一八年十一月にウェストミンスターの急進派の演説会にふたたび登場した。彼のことが『ゴルゴン』に「仲間の驚きは少なからず」、「死の淵からよみがえった人間のようだ」（一八年十一月二十一日）と書かれた。その後、彼は『チャンピオン』を編集したが、告発協会の活動に苦しめられた。さらに、三一年から三二年の選挙法改正の運動に参加した。しかし、彼はこの新しい動きと歩調が合わず、彼の仕事には初期の独創性と挑戦意欲が失われていった。

（139）L.C.S. Letter-book, Add. MSS. 27815.

（140）一七九〇年代初頭の議会改革論者と製造業者の利害との関係についての研究は、E. Robinson (1953-55), p. 351; W. H. Chaloner (1958), p. 25を参照のこと。

（141）J. Thelwall (1796c), Letter I, p. 20.

（142）彼らの側の最も納得のいく二冊のパンフレットは、J. Gerrald (1793) とT. Cooper (1792) である。クーパーのアメリカへの移住については、D. Malone (1926) を参照のこと。

（143）F. E. Mineka (1944).

（144）これらの移住者のうち本国へ戻ったのは、イートンだけだった。本書七一九ページを参照のこと。パリにもイングランドのジャコバン主義亡命者の小居留地が存在した。ここには、反ピットの『アルゴス』*Argus* を発行したサンプソン・ペリー、アシュリー、ゴールドスミス、マックスウェル博士、ジョン・ストーンズが含まれていた。そして、彼らのほとんどがナポレオン流の独裁政治に深く幻滅を覚えるようになった。S. Perry (1796), p. 257; J. G. Alger (1889) を参照のこと。

(145) ゲイル・ジョーンズとジョン・フロストに影響された者のなかに、フロストと同名のニューポートの前市長がいて、彼がウェールズにおける一八三九年のチャーティストの反乱を指揮した。D. Williams (1939), pp. 13-14 を参照のこと。

(146) A. T. Patterson (1954), pp. 70, 74; J. F. C. Harrison (1959a), p. 132; G. Bown (1848).

(147) T. Bewick (1961), pp. 146-8, 153.

(148) 本書四九八—五〇一ページを参照のこと。

(149) 本書五九三—五ページを参照のこと。

(150) *Poor Man's Guardian*, 17 November 1832 から引用。そこには、（恐怖時代の思い出としては）「エリオット氏のものとは別にひじょうに多くの例証がある」と付記されている。

(151) J. Thelwall (1796c), II, p. 32.

(152) W. A. L. Seaman (1954), p. 20 には、イングランドとスコットランドの百カ所以上の協会の史料が記述されている。

(153) E. Sloane (1849), pp. 61 ff.

(154) E. Robinson (1853-5), p. 355.

(155) J. F. Sutton (1880), p. 212.

(156) J. W. Cartwright to Duke of Portland, 19 June 1798, H.O. 42.43.

(157) C. Gill (1913), p. 300.

(158) J. Thelwall (1796c), I, pp. 21, 24.

第6章

(1) *Torrington Diaries* (1936), III, pp. 81-2.

（2）Gaskell (1833), p. 6; A. Briggs (1960), p. 63.

（3）W. C. Taylor (1842), pp. 4-6.

（4）産業革命における綿工業の抜きん出た優越性についての論拠を見事に再述したものとしては、E. J. Hobsbawm (1962), ch. 2を参照のこと。

（5）一八三三年の連合王国の全繊維産業工場の成人労働力は、十九万千六百七十一人と推定されている。綿の手織工の数は、二十一万三千人。本書三五〇ページ以降を参照のこと。

（6）E. J. Hobsbawm (1962), ch. 2を参照のこと。

（7）この論争に関する要約が、E. E. Lampard (1957) に所収されている。またE. J. Hobsbawm (1962), ch. 2も参照のこと。

（8）M. D. George (1930), p. 210に引用されている。

（9）W. W. Rostow (1948), とくにpp. 122-5を参照のこと。

（10）ここで概観した諸見解のなかには、T. S. Ashton (1948) およびA. Radford (2nd edn 1960) で暗示されたり明示されているものがある。社会学的な見解は、N. J. Smelser (1959) で展開されている。また、それらを荒々しく大衆化したものとしてはJ. Vaizey (W.E.A., n. d.) がある。

（11）E. E. Lampard (1957), p. 7を参照のこと。

（12）*Balck Dwarf*, 30 September 1818.

（13）S. Pollard (1958), pp. 215-26を参照のこと。

（14）T. Bewick (1961), p. 151.

（15）H.O. 42.160. また、J. L. Hammond and B. Hammond (1925), p. 303, ならびに本書三五二―三ページの手織工についてのオウストラの証言も参照のこと。

（16）この議論のある意味での無益さは、異なったデータ系列がとられれば異なった答えが得られるという事実で指し示すことができよう。一七八〇年から一八三〇年は「悲観論者」にとって都合がよく、一八〇〇年から五〇年は「楽観論者」にとって都合がいいのである。

(17) 引用の傍点は私による。T. S. Ashton (1954b), pp. 127 ff.; E. J. Hobsbawm (1957b).

(18) 読者が歴史家をあまりに厳しく裁断しないように、この選択の原理が史料を整序した手法に関するサー・ジョン・クラパムの説明を記しておこう。「無意識のうちにこうするのはきわめて容易なことである。三十年前、私はアーサー・ヤングの『フランス旅行記』を読み、印をつけ、そしてこの印をつけた部分から教えられた。五年前、私はもう一度通読し、ヤングが哀れなフランス人について語っている箇所にはつねに私は印をつけ、彼が幸福だったり豊かだったりするフランス人について言及している多くの箇所には印をつけないままでいたことに気づいた」。この十年から十五年の間は、たいていの経済史家がこのテクストの幸福で豊かな史料に忙しく印をつけていたのではないかと疑いたくもなる。

(19) T. S. Ashton (1954a), p. 41. アシュトン教授の論文 'The Standard of Life of the Workers in England' はこの論集に再録されているが、初出は、*Journal of Economic History*, 1949 である。

(20) A. J. Taylor (1960) のなかで、この論争についての最も建設的な評価がなされている。

(21) これらの集団が選ばれたのは、彼らの経験がこの世紀の前半の労働者階級の社会意識を最も特徴づけていると思われるからである。炭坑労働者と金属労働者はこの世紀の後半になるまでその影響力を十分に知らしめることはなかった。そのほかの重要な集団——綿紡績工——は、T. L. Hammond and B. Hammond (1920) の見事な研究の主題となっている。

第7章

(1) 一八三一年の国勢調査によると、九十六万一千世帯が農業に従事し、それはイギリス本島 Great Britain の全世帯の二八パーセントにあたる。

(2) 本書二四二ページを参照のこと。全国「平均」は州「平均」にもとづいて算出されているが、州「平均」自身にまさに同じ批判があてはまる。さらに、それらは労働者の証拠ではなく雇用主の証拠から構成されている。

(3) J. Clapham (1926), p. 126.

(4) クラパム自身が賃金や生計費におけるパーセンテージの変動を算出する際に、彼は自分自身のデータのなんらかの配列にではなく、ほかの学者、とくにシルバリング——彼の生計費の系列は最近になって厳しい批判にさらされているが——の仕事に依拠していたということは重要である。たとえば、以下を参照のこと。T. S. Ashton (1954b). 一般化の難しさに関するさらなる注意については、J. Saville (1957), pp. 15-17 を参照のこと。

（5）Board of Agriculture (1816), p. 162. リンカンシャーからの返事は、小屋住み農としてある地所に拘束されている状態と、おのおのの労働者に地主がジャガイモ畑一エーカーと乳牛一頭の飼育のために四エーカーを貸し与えている地所とを対比している。

（6）A. F. J. Brown (1952),p. 39.

（7）A. Somerville (1852), p. 262.

（8）この点やそのほかの関連する問題については、O. R. McGregor の Ernle (1961) への優れた序論、とくに pp. cxviii-cxxi を参照のこと。

（9）最もすぐれた全般的な解説書はやはり、J. L. Hammond and B. Hammond (1911)、Ernle (1961)、そして（衣食住については）G. E. Fussell (1947) である。

（10）Rennie, Brown and Shirreff (1799), p. 25.

（11）最近の研究の説得力ある要約としては、J. D. Chambers and G. E. Mingay (1966), ch. 4 がある。W. E. Tate (1967), chs. 8-10, 16 も参照のこと。さらに *The Times Literary Supplement*, 16 February 1967 での前者にたいする私の書評も参照のこと。その批評から、私はいくつかのパラグラフを本書のこれ以降に引用した（このペンギン版に挿入した）のだが、そこで私は、これらの権威によってあまりにもぞんざいに検討されたように思われるエンクロージャーの社会的な帰結について若干の疑問を提起した。個々のエンクロージャーについての研究の数が増えるなかで、*The Enclosures of Barton-on-Humber and Hibaldstow* (n.d.)；*The Enclosures of Scartho and Grimsby* (1964)；*The Enclosures of Bottesford and Yaddlethorpe, Messingham and Ashby* (n.d.) といった R. C. Russell による一連の出版物に最も有益なものを見いだした。ラッセル氏の各研究は、開始から裁定にいたる実際の手続きをきわめて詳細にフォローしている。

（12）J. D. Chambers and G. E. Mingay (1966), p. 97.

(13) J. D. Chambers (1952-3), p. 336.
(14) 27 February 1799, in H.O. 42.46.
(15) 農民の騒乱についての一つの重要な研究がいまでは存在する。A. J. Peacock (1965) である。
(16) J. D. Chambers and G. E. Mingay (1966), pp. 84-5 は、エンクロージャーがおこなわれた最盛期には、エンクロージャー後の地代は平均二倍になったと推計している。また、F. M. L. Thompson (1963), p. 222-6 も参照のこと。
(17) 小農の土地所有の減少の事例については、W. G. Hoskins (1957), pp. 265-8 を参照のこと。
(18) R. Brown, and Shirreff (1799), Appendix, p. 13.
(19) T. Bewick (1961), pp. 27 ff.
(20) A. Young (1799), pp. 223, 225, 437.
(21) *Commercial and Agricultural Magazine*, July, September, October 1800.
(22) Ibid., October 1800.
(23) I. Pinchbeck (1930), pp. 57 ff.
(24) W. Cobbett (1953 edition), I, p. 174.
(25) Board of Agriculture (1816), p. 25.
(26) *First Annual Report of Poor Law Commissioners* (1836), pp. 313-4; W. Dodd (1842), pp. 246-7. また、A. Redford (1926), ch. 6 も参照のこと。
(27) *First Annual Report of Poor Law Commissioners* (1836), p. 212. 同じジョークは一八四五年にウィルトシャーで「よく理解されていた」――しかし「穴」がそこでは労役所となっていた。A. Somerville (1852), p. 385.
(28) A. Redford (1926), pp. 58-83 を参照のこと。また、架空の過剰人口については、*First Annual Report of Poor Law Commissioners* (1836), pp. 229-38; W. T. Thornton (1846), pp. 231-2 を参照のこと。
(29) W. Cobbett (1953 edition), II, pp. 56-7.
(30) W. Belsham (1795), p. 5; D. Davies (1795), p. 2.
(31) Moody to Sidmouth, 13 May 1816, H.O. 42.150. に同封。

（32）H.O. 42.149/51. イースト・アングリアの農業労働者集団については、W. Hasbach (1908), pp. 192-204 を参照のこと。

（33）A. W. Wellesley (1867-80), VIII, p. 388, H. W. C. Davis (1929), p. 224 に引用されている。

（34）A. Prentice (1851), p. 372. 結局は、九人の農場労働者が絞首刑に、四百五十七人が流刑に処され、さらに約四百人が投獄された。J. L. Hammond and B. Hammond (1911), chs. X and XI を参照のこと。

（35）A. Somerville (1852), pp. 262-4.

（36）E. J. Hobsbawm (1952), p. 67 を参照のこと。

（37）ケントのある農業労働者が、「今年は穀物の山積みと脱穀機を壊してやる。来年は、教区司祭どもに仕返ししてやる。再来年は、政治家相手に戦争するつもりだ」と言っていると大きく報告された。H.O. 40.25 所収のビラを参照のこと。

（38）J. Hughes (1954) を参照のこと。

（39）一八三三年にジェイムズ・ワトソンは、全国労働者諸階級同盟のメンバーに農業労働者の支部を組織するため格別の努力をするように懇請した。*Working Man's Friend*, 3 August 1833. *Radical Reformer*, 19 November 1831 も参照のこと。

（40）*Political Register*, 4 December 1830.

（41）リチャード・ホガートは、田舎の記憶が一九三〇年代のリーズの労働者階級に生き残っていたと証言している。R. Hoggart (1957), pp. 23-5 を参照のこと。

（42）W. M. Gurney (1817a), I, p. 70.

（43）F. O'Connor (1844), pp. 15, 41-2, 56.

（44）*The Labourer* (1847), p. 46.

（45）R. J. White (1957), pp. 40-4.

（46）Rev. Edwards to Sidmouth, 22 May 1816, H.O. 42.150 に同封。

（47）H.O. 52.7. 所収の Rev. W. M. Hurlock, 14 December 1830 および Very Rev. D. Wood, 29 November 1830 に同封。

第8章

（1）メイヒューは、あとになってこの職業統計を「粗雑で、理解不十分で、しかも本質的に非科学的」だと記した。その報告書の「不適切さは、われわれにとって国民的不名誉である。というのは、そこでは職人階級と労働者階級がひじょうに混乱を招くやり方で混同されていて、まったくの初心者でも恥ずかしくなるような方法で職業が分類されているからである」。

（2）これらの数字については、*Parliamentary Papers*, 1833, XXXVII; J. Clapham (1926), とくに pp. 72-4 と ch. 5; R. M. Martin (1833), pp.193, 256 を参照のこと。

（3）G. Sturt (1923), chs. 10, 37.

（4）W. B. Adams (1837), cited in E. Hobsbawm (1960), p. 116.

（5）「貴族」という用語の初期段階における別の使われ方は、*First Report of the Constabulary Commissioners* (1839), p. 134 に見られる。その文脈では、それが当時広範囲で使われていたことが示されている。

（6）十八世紀の「貴族」については、M. D. George (1930), ch. 4 を参照のこと。

（7）本書六三六—四三ページを参照のこと。

（8）*Records of the Borough of Nottingham* (1952), VIII, Thomas Large to Framework-knitters Committee, 24 April 1812.

（9）*Gorgon*, 17 October, 21 and 28 November 1818, 6 February and 20 March 1819.

（10）*Trades Newspaper*, 1825-6, *passim*.

（11）J. A. Langford (1868), I, p. 272; C. Gill (1952), I, pp. 95-8; R. Southey (1808), Letter XXVI.

（12）S. Timmins (1866), p. 110 *et passim*; H. D. Fong (1930), pp. 165-9.

（13）S. Webb and B. Webb (1950), pp. 45-6.

（14）W. M. Stern (1960).

（15）H. Mayhew (1862), III, p. 243. この記述に反するものとして、メイヒューの著書のなかの一人の清掃夫の陳述、「私は政治がどうなってもかまわない。それでも、私はチャーティストである」が記されるべきである。

(16) 友愛組合の社会的構成に関しては、P. H. J. H. Gosden (1961), pp. 71 ff. を参照のこと。
(17) E. J. Hobsbawm (1950-51), p. 313.
(18) H. Mayhew (1862), I, p. 351.
(19) W. Cobbett (1953), II, p. 294. この説明に反するものとして、北東部の炭坑地帯における過激な諸事件が記されるべきである。——一八三〇年から三二年のヘップバーンの組合の勃興と解体が、R. Fynes (1923), chs. 4-6 ならびに J. L. Hammond and B. Hammond (1920), chs. 2 and 3 のなかで詳しく述べられている。
(20) T. S. Ashton (1928), I, pp. 325, 331, 334 を参照のこと。
(21) T. S. Ashton (1948), p. 158.
(22) T. S. Ashton (1954b), p. 146.
(23) *Black Dwarf*, 9 September 1818. とはいえ、疾病クラブ(そしておそらくは労働組合)の入会金が必要「経費」とされていることはやはり生活水準の改善を示すものである。
(24) G. W. Hilton (1960), pp. 81-7 *et passim*.
(25) *Pioneer*, September 1833, cited in R. Postgate (1923), p. 93.
(26) P.C. A.158 所収の「ジャーニーマンである水車大工に関する諸事実について」によると、水車大工は一七七五年に日当二シリング六ペンスから三シリングに、七九年には日当四シリング六ペンスに賃金を引き上げた。ジャーニーマンである水車大工は小親方のもとで働いたが、その小親方自身が「醸造業者や製粉業者やそのほかもろもろの製造業者」に雇われていた。彼らの作業場はいかなるストライキによっても停止させられた。したがってストライキ中の熟練工は、自分の親方をさしおいて製造業者と直接契約することができたのである。
(27) ギャロウェイの証言を参照のこと。「われわれの職業は六種ないし八種の異なった部門で構成されている。われわれが型製造工と呼んでいる木材を扱う労働者がいるが、彼らは有能な家具製造工、建具工、水車大工、さらにそのほかの木材を扱うもろもろの職種からなっている。また、鉄鋳造工と真鍮鋳造工、鍛冶工と火夫と鍛造工、……万力工とやすり工、そして真鍮施盤工と鉄施盤工、ろくろ工というように、その職種はまったく多様だった」
(28) イギリスの工業上の覇権を保護するための努力として、熟練労働者が国を出ることは多くの職種で違法とされていた。

（29）*The Book of English Trades* (1818), pp. 237-41; J. Nicholson (1829), J. B. Jefferys (1945), pp. 9-18, 35 ff.; *First Report from the Select Committee on Artizans and Machiner* (1824), pp. 23-7; J. Clapham (1926), I, pp. 151-7, 550; T. Wood (1856), p. 12 *et passim* を参照のこと。また、W. H. Chaloner (1957) も参照のこと。ところがそこには、ヒバート・アンド・プラッツ社の熟練工の良い労働条件のほうが、手織工の悪い労働条件よりも「四〇年代」の典型だったと無分別にも示唆されている。

（30）F. Peel (1884).

（31）B. Wilson (1887), p. 13. '*barer in the delph*' とは採石夫である。

（32）H. Mayhew (1862), II, p. 338. 私が次の数ページでかなり広範囲に引用したメイヒューの著作の各箇所には、*Morning Chronicle*, (1894) のなかの仕立て工ならびに長・短靴製造工の彼による説明と、さらに H. Mayhew (1862), II, pp. 335-82, III, pp. 231 ff. が含まれている。

（33）H. Mayhew (1862), II, pp. 364-5. *Mechanics Magazine*, 6 September 1823 の、「なぜわれわれの半分には仕事がなく、もう半分は働くべき分量の二倍働いているのかその理由はあきらかだ」を参照のこと。

（34）メイヒューがほかで提示した証拠から、家具製造工と仕立て工に関しては、この数字は誇張されているように思われる。おそらく、五分の一あるいは六分の一がより妥当な数字だろう。

（35）W. Lovett (1920), I, pp. 31-2. 「仲間入り footing」や「最初の心付け maiden garnish」（新入りの職人や徒弟は仕事場に酒を買っていかなければならない）という古い慣習については、J. D. Burn (n.d.), pp. 39-40 を参照のこと。

（36）H. Mayhew (1862), III, p. 231 によると、六百―七百人が組合員で、四千―五千人が非組合員だった。

（37）T. K. Derry (1931-32), p. 67 を参照のこと。また、本書六一五ページも参照のこと。

（38）ドロシー・ジョージ博士は、時計製造工と製靴工の「屋根裏親方」と「部屋親方」に注目している。D. George (1930), pp. 172-5, 197-8; また、E. W. Gilboy (1934) も参照のこと。

（39）*Gorgon*, 21 November 1818.

（40）J. Clapham (1926), I, pp. 167-70; M. D. George (1930), pp. 195-201; A. Fox (1958), pp. 12, 20-3 を参照のこと。一八

〇三年の長靴や短靴製造工ジャーニーマンの規約については、A. Aspinall (1949a), pp. 80-2 を参照のこと。

(41) ダヴンポートの *Life* (1836) は、*National Co-operative Leader*, 1861 に再録されている。ロイドン・ハリスン氏のおかげで私はこの史料に注目することができた。

(42) *Trades Newspaper*, 10 September, 10 December 1826.

(43) ナントウィッチでの組織化については、本書五〇七ページを参照のこと。

(44) プレイスは、仕立て工の団結を「いかなる団結のなかでもはるかに完璧なもの」と見なしている。しかし、当然ながら、彼は仕立て工の秘密を知る例外的な機会を得ていた。

(45) 新聞に掲載された以下のような広告を参考のこと。「建築業のいかなる仕事も管理できる有能な方は下記の職人宿にお問い合わせください……」(ジャーニーマンである大工による *Trades Newspaper*, 17 July 1825 への広告)。

(46) *Gorgon*, 26 September, 3 and 10 October 1818; *Select Committee* (1824a), pp. 45-6; G. D. H. Cole and F. W. Filson (1951), pp. 106-7; [T. Carter] (1845), pp. 122-4. 一八三四年のストライキについては、G. D. H. Cole (1953) を参照のこと。組織化された製帽工と卑しい「零細親方」とのあいだの敵対関係については、J. D. Burn (n.d.), pp. 41-2, 49-50 を参照のこと。

(47) J. Wade (1835), p. 293.

(48) この第二期の最良の説明――いまだに不完全ではあるが――は、G. D. H. Cole (1953a) に見られる。

(49) J. Clapham (1926), I, p. 174.

(50) T. A. Ward (1909), pp. 216 ff.; S. Pollard (1959a), ch. 2; J. Clapham (1926), I, p. 174.

(51) *New Monthly Magazine*, 1 July 1819, S. Maccoby (1955), p. 335 に引用。また、T. S. Ashton (1926-9), I, pp. 131 ff. も参照のこと。

(52) J. Prest (1960), chs. 3 and 4 のすぐれた説明を参照のこと。

(53) J. Clapham (1926), I, p. 179.

(54) F. A. Hayek (1954), pp. 27-8 and T. S. Ashton (1954a), p. 36.

(55) オウエン主義に関する議論については、本書九三四―六七ページを参照のこと。

（56）*Trades Newspaper*, 24 July 1825. W. H. Warburton (1931), pp. 28-32 も参照のこと。
（57）しかしながら、本書五一〇—一二八ページのアイルランド人労働者についての議論を参照のこと。
（58）W. Lovett (1920), I, pp. 25-6.
（59）H. Mayhew (1862), I, p. 452.
（60）Ibid., I, p. 461. 戦後数年間は、正真正銘の退役水兵がロンドンの乞食の最大集団をなしていた。*Fourth Report of Society for the Suppression of Mendicity* (1822), p. 6.
（61）H. Mayhew (1862), I, p. 465.
（62）J. D. Marshall (1961) を参照のこと。
（63）一八三四年以降の労役所での貧民の生活状態は、院外の最悪な労働者の生活状態よりも「不適切」になるよう意図されていた。
（64）ケイ博士の証拠は、G. C. Lewis (1837), pp. 34-5 に所収。一八三八年の労役所の被収容者の統計は、*Fifth Report of Poor Law Commissioners* (1839), pp. 11, 181 に所収。産業不況における院外救済の必要に直面した際の、チャドウィックの「狂気の」指示通達の事例は、マンスフィールドの貧民救済委員との往復文書、*Third Annual Report of the Poor Law Commissioners* (1837), pp. 117-9 ならびに *Tenth Annual Report of the Poor Law Commissioners* (1844), p. 272 に所収。救貧法に関する多量の文献のなかでも、北部における抵抗について明確な説明をしている C. Driver (1946), chs. 25 and 26 は推奨されるべきものである。

第9章

（1）W. Gardiner (1838), I, p. 43. また、M. D. George (1953), p.63 も参照のこと。
（2）T. Exell については E. A. L. Moir (1957), p. 247 に引用されている。T. Exell, *Brief History of the Weavers of Gloucestershire.*
（3）E. Tennant, M.P. for Belfast, in House of Commons, 28 July 1835. また、本書一六七—八ページの（スピトルフィールズの絹織布工についての）セルウォールの説明も参照のこと。

（4）F. Engles (1958), p. xiv 所収の W. O. Henderson と W. H. Chaloner による序文。

（5）E. A. L. Moir (1957), p. 226 に引用。イングランド西部の産業については、D. M. Hunter (1910) ならびに J. de L. Mann (1960) も参照のこと。

（6）リーズ・レファレンス・ライブラリー所蔵の手稿は、F. B. によって *Publications of the Thoresby Society*, XLI, Part3, No. 95, 1947, pp. 275-9 に活字化されている。また、H. Heaton (1920), pp. 344-7 に抜粋がある。ヒートン教授の著書は、十八世紀のヨークシャーの家内工業についての標準的な信頼できる典拠となっている。

（7）F. Peel (1884). ピールは、正確な仕事をする地方史家で、親方―織元が最も長く残存したウェスト・ライディングの一地域の一八三〇年代について記述している。

（8）A. P. Wadsworth and J. de L. Mann (1931), p. 348 を参照のこと。

（9）Ibid., pp. 366-7.

（10）W. Radcliffe (1828), p. 65.

（11）J. Aikin (1795), p. 262. これは「労働者階級」という用語の早い時期の使用であることに注目したい。

（12）W. Radcliffe (1828), p. 167.

（13）S. J. Chapman (1904), p. 40 を参照のこと。一七九七年ごろに広範な変化が始まったことを示す諸指標がある。ボルトンに拠点を置く、ある綿織布工連合は、賃金が一七九七年から九九年の間に三分の一に下落したと主張した：Rev. R. Bancroft, 29 April 1799, P.C. A.155; A. Weaver (1799); W. Radcliffe (1828), pp. 72-7. しかし、賃金は一八〇二年にブラックバーンで週四十五シリングから五十シリングのピークに達したようである。*Blackburn Mail*, 26 May 1802.

（14）J. Smith (1747), II, p. 308.

（15）A. P. Wadsworth and J. de L. Mann (1931), pp. 387 ff. を参照のこと。

（16）A. Aspinall (1949a), p. 271.

（17）最低賃金法を支持する一八〇七年の織布工の請願は十三万人の綿織布工によって署名されていたと主張されている。J. L. Hammond and B. Hammond (1920), p. 74.

(18) Howell (1811-26), Vol. XXXI, pp. 1-98; A. Prentice (1851), p. 33.
(19) ラディズム（一八一二年）を導いた諸事件については本書六四四ページを参照のこと。
(20) J. L. Hammond and B. Hammond (1920), pp. 109-21. ハモンド夫妻の引用している内務省の一八一八年のストライキについての報告書は、こんにちではA. Aspinall (1949a), pp. 246-310 に全文を見ることができる。
(21) 同様の過程は、なんらの動力も関係していなかった十八世紀のスピトルフィールズの絹織物産業にも見受けられる。M. D. George (1930), p. 187 を参照のこと。
(22) J. L. Hammond and B. Hammond (1920), p. 123. また、J. L. Hammond and B. Hammond (1925), pp. 298-301 の一八二三年のマンチェスターの織布工の印象深い陳述も参照のこと。
(23) 本書六二二―六ページを参照のこと。
(24) *Book of English Trades* (1818), p. 441.
(25) 本書五〇五―六ページを参照のこと。
(26) ストライキの説明については、J. Burney (1889), pp. 166 ff.; J. James (1857), pp. 400 ff.; *Trades Newspaper*, June-September 1826; W. Scruton (1888), I, pp. 67-73 を参照のこと。
(27) W. Scruton (1897), pp. 95-6.
(28) F. Peel (1884). 一八四〇年代の梳毛工の窮状については、Burney (1889), pp. 175-85 に記述がある。一八四〇年代終わりにブラドフォードでの梳毛機械の改良による梳毛工の突如とした絶滅については、E. Sigsworth による記述が C. Fay (1952), pp. 123-8 にある。一八五六年のハリファクスでの梳毛工の絶滅については、E. Baines (1871), II, p. 145 を参照のこと。
(29) W. Cudworth (1887) に引用されている。
(30) *Political Register*, 20 June 1832.
(31) W. B. Crump and G. Ghorbal (1935), pp. 120-1.
(32) これは、技術的に難しい議論である。「手織工の請願に関する特別委員会」*Select Committee on Hand-Loom Weavers' Petitions*（一八三四年）の証人たちは、力織機と手織機の平織り綿布の産出比が三対一と評価されるべきか五対一と評価されるべきかについて意見が一致しなかった。dandy-loom は、手織機の一種だが織機を通る布の動きに関するかぎりでは、機械的に作動する。それにたいして織布工は手動の杼の動作を早めて機械のタイミングに合わせなければならず、力織機と同じ速さであり、織布工の健康をたいへん損なうものであると主張された。梳毛産業では、J・ジェームズが、一八三八年にブラドフォード地区に推定一万四千台の手織機があったのと比べて、三五年にはウェスト・ライディングに二千七百六十八台の力織機があると推定した。四一年までに、ウェスト・ライディングの力織機は一万千四百五十八台になった。*Leeds Times* (28 March, 11 April 1835) での見積もりでは、梳毛産業の力織機の織布工（普通少女か成人女性で、一人で二台の番をした）は、手織工の二・五倍から三倍の生産を上げた。しかし、つづく十五年間に six-quater loom の杼の動作スピードは二倍以上になった（H. Forbes (1852), p. 318）。一八五一年に特許を取得した Crossley Carpet Power Loom は、手織機の十二倍から十四倍の速さで織ることができた（'Reminiscences of Fifty Years by a Workman', *Halifax Courier*, 7 July 1888）。

（33）*Select Committee on Hand-loom Weavers' Petitions* (1835), p. 148 (2066) を参照のこと。
（34）Ibid., (1835), p. 60 (465-6).
（35）「低価格労働と呼ばれた不当事態」への抵抗におけるノリッチ織布工委員会の強靭さについての説明は（親方の立場からのものだが）、*First Report of the Constabulary Commissioners* (1839), pp. 135-46 にある。また、J. H. Clapham (1910) も参照のこと。
（36）*Leeds Times*, 7 March 1835.
（37）R. Howard (1844).
（38）J. Lawson (1887), pp. 26-30.
（39）R. Howard (1844), *passim*.
（40）J. Greenwood (1909); J. Hartley (1903); W. Scruton (1897), p. 92.
（41）J. F. C.Harrison (1961), p. 45 を参照のこと。さらに、スピトルフィールズの織布工については、M. D. George (1930), p. 188 を参照のこと。こうした伝統はまた、ウェスト・カントリー、ノリッチ、そして最も著しくスコットランドの織布工に見いだせる。スピトルフィールズの絹織布工は、数学、歴史、園芸、昆虫学、朗誦、音楽の各協会を支えていた。G. I. Stigler (1949), p. 26.

（42）J. Harland (1865), pp. 223-7.

（43）S. Law (1772). Samuel Law はトドモーテン近郊のベアワイズ出身のランカシャーの織布工である。

（44）W. Heaton (1857), pp. xxiii, xix.

（45）メソジスムと織布工については、第11章を参照のこと。戦後の政治上の急進主義については、本書七六五—七〇ページを参照のこと。

（46）ジョン・フィールデンは、一八三五年の特別委員会で次のように言明した。「私は、少なくとも私が住んでいる近隣の製造業者の四分の三は貧困な状態に転落したと考えている」

（47）ラシュトンについては、本書四七九—八〇ページを参照のこと。アシュトンについては、Barnsley Reference Library にさまざまな史料がある。ピリングについては、*Chartist Trials* (1843) を参照のこと。スケヴィントンについては、J. F. C. Harrison (1959a), pp. 130-3 を参照のこと。ホワイトとライダーについては、J. F. C. Harrison (1959b), pp. 70 ff. を参照のこと。

（48）W. Radcliffe (1828), p. 107.

（49）*Halifax Guardian*, 8 April 1848.

（50）G. H. Wood (1910), p. 112 によれば、綿業の織布工の平均要求額は、十八シリング九ペンス（一七九七年）、二十一シリング（一八〇二年）、十四シリング（〇九年）、八シリング九ペンス（一七年）、七シリング三ペンス（二八年）、六シリング（三二年）というように幅がある。これらはたぶん没落を過小評価している。週平均四シリング六ペンスがたしかに三〇年代までは多くの地域で見られた。梳毛業や紡毛業の大部分の部門での没落はよく似ていて、やや遅れて始まり、ひどく低いところまで下落することはめったになかった。統計に関心のある者は、特別委員会や補佐委員の報告にある膨大な証拠を見られたい。利用価値のある図表が、*Select Committees on Hand-loom Weavers' Petitions* (1834), pp. 432-3, 446 および J. Fielden (1834), pp. 27-30 にある。

（51）イングランドの綿力織機の数は次のように推定されている。一八二〇年に一万二千百五十台、二九年に五万五千台、三三年に八万五千台。消費された撚り糸の重量は、二〇年に八百七十億九千六百万ポンド、二九年に千四百九十五億七千万ポンド。連合王国の綿手織工の数は、○一年に十六万四千人、一○年に二十万人、二○年に二十四万人、三○年に二十四万人、三三年に二十一万三千人、四○年に十二万三千人と推定。N. J. Smelser (1959), pp. 137, 148-9, 207 を参照のこと。

（52）梳毛業が主流のハリファクスの教区では、羊毛の消費量は一八三○年の三百六十五万七千重量ポンドから五○年の千四百四十二万三千重量ポンドへと跳ね上がった。同じ時期を通じて、梳毛の力織機は、数百台から四千台へと増加した。ブラドフォードの梳毛業では、三六年の力織機の手織機にたいする比率はいまだにおよそ三千台対一万四千台だった。

（53）*Select Committee on Hand-loom Weavers' Petitions* (1834), p. 381 (4901), p. 408 (5217).

（54）*Select Committee on Hand-loom Weavers' Petitions* (1835), p. 188 (2686).

（55）*Select Committee on Hand-loom Weavers' Petitions* (1834), pp. 283-8.

（56）J. Harland (1865), pp. 259-61.

（57）N. J. Smelser (1959), p. 247 を参照のこと。スメルサー教授にたいする公正さを欠かないように、以下の点を付け加えなければならない。彼の著書は、全体的にはひどく鈍感な議論がなされているが、綿工業労働者の家族関係におよぼした技術的変化の結果についての価値ある洞察が含まれている。

（58）*Select Committee on Hand-loom Weavers' Petitions* (1835), p. xv. 私は、この報告書のこの節を N. J. Smelser (1959), pp. 263-4 や J. Clapham (1926), I, p. 552 の不正確な説明を正す目的で引用した。

（59）*Journals of House of Commons* and *Hansard, passim*; *Report of Hand-Loom Weavers' Commissioners*, 1840, Part III, p. 590; A. Briggs (1959b), pp. 8-9.

（60）W. Bennett (1948), III, pp. 379-89 のなかの織布工 W. Varley の日記を参照のこと。「病気や不健康な状態が蔓延している。そして驚くべきことではないが、貧民たちは、飢えて苦しみ、きつい仕事をこなしている……。水痘やはしかが一家族で二人か三人の子供の命を奪っている」(February, 1827)

（61）*Select Committee on Hand-loom Weavers' Petitions* (1834), pp. 456-60.

（62）J. H. Clapham (1926), I, p. 552.

(63) *Reports and Resolutions...* (1835).

(64) *Leeds Times*, 25 April 1835.

(65) *Select Committee on Hand-loom Weavers' Petitions* (1834), pp. 293 ff. 証人 R. M. Martin は、*Taxation of the British Empire* (1833)の著者だった。

(66) E. Elliot (1834), I, p. 72.

(67) *Halifax Guardian*, 8 October 1836.

(68) *Committee on the Woollen Trade* (1806), p. 111 *et passim*.

(69) T. W. Hanson (1916).

(70) J. Harland (1865), p. 253.

(71) マンチェスターの織布工の証言（一八二三年）を参照のこと。「工場生活の悪いところは、数え切れない。そこには無知で慎みのない若者が親の監視もなく男女一緒にいる。……健康を害する人工的な熱のなかに閉じ込められている。その精神は崩壊にさらされ、その生命と手足は、四十歳という年齢で六十歳の体質になるほど機械に酷使されている……」(J. L. Hammond and B. Hammond (1925), p. 300.)

(72) *Select Committee on Hand-loom Weavers' Petitions* (1834), p. 428 (5473), p. 440 (5618), p. 189 (2643-6).

(73) E. Waugh (1869), p. 128.

(74) J. Harland (1865), p. 253.

(75) A. Ure (1835), p. 481; J. James (1857), pp. 619-20; J. James (1866b), p. 227. 報告書はしばしば未成年労働力を過小評価している。

(76) A. Ure (1835), p. 474.

(77) J. Fielden (1836), p. 68.

(78) ここで示されている賃金は、マンチェスター商業会議所によって一八三二年に平均賃金としてリストアップされたものである。*First Annual Report of the Poor Law Commissioners* (1836), p. 331 および *British Almanac* (1834), pp. 31-61 を参照のこと。

(79) J. Lawson (1887), pp. 89-90.
(80) J. H. Clapham (1926), I, p. 565; F. A. Hayek (1954), p. 28; R. M. Hartwell (1961).
(81) J. H. Clapham (1926), I, p. 179.
(82) T. S. Ashton (1948), p. 117.
(83) K. Marx (1938), p. 465.
(84) J. Lawson (1887), p. 91.

第10章

(1) R. N. Salaman (1949), とくに pp. 480, 495, 506, 541-2. *The Englishman's Food* (1939) の歴史を書いた J. C. Drummond and A. Wilbraham もこれを1つの低落期と考えている。
(2) H. Mayhew (1862), II, p. 368.
(3) *Examiner*, 16 August 1812.
(4) E. Waugh (1869), pp. 128-9.
(5) J. Burnett (1959), pp. 104-7.
(6) J. Lawson (1887), pp. 8, 10.
(7) *Agricultural State of the Kingdom* (1816), p. 95.
(8) ここで問題としている論点のいくつかを示すものとしては、先に引用した T. S. Ashton, R. M. Hartwell, E. Hobsbawm, A. J. Taylor らの生活水準に関する論文を参照のこと。
(9) G. C. Holland (1843), pp. 56-8.
(10) T. S. Ashton (1954a), pp. 43-51.
(11) *Fifth Annual Report of the Poor Law Commissioners* (1839), p. 170. さらに *Fourth Annual Report of the Poor Law Commissioners* (1838), Appendix A, No. 1 も参照のこと。
(12) 以下の文献を参照のこと。M. D. George (1930), ch. 2; George (1953), p. 72; J. L. Hammond and B. Hammond

(1925), ch. 3 and Preface to 2nd edition; Dr. R. Willan (1800), p. 299.

(13) G. C. Holland (1843), p. 46 *et passim*. 十九世紀半ばのリーズにおける労働者の都市環境に関するすぐれた説明は、J. F. C. Harrison (1961), pp. 7-20 にある。

(14) R. M. Hartwell (1961), p. 413.

(15) G. C. Holland (1843), p. 51; W. C. Taylor (1842), pp. 12-3, 160.

(16) とくに、J. T. Krause (1958) ならびに J. T. Krause (1959b) を参照のこと。

(17) J. T. Krause (1959a) を参照のこと。

(18) K. H. Connel (1958).

(19) T. McKeown and R. G. Brown (1955). また、J. H. Habakkuk (1953); G. K. Clark (1962), ch. 3 も参照のこと。さらに、一地域の経済と人口に関するデータの綿密な調査として、J. D. Chambers (1957) を参照のこと。

(20) T. Thackrah (1832), p. 24.

(21) こうした史料の読み方を支持しているのは、W. H. Hutt (1926), pp. 166 ff. にみられる、児童労働に関する医学的史料についてのきわめて不十分で印象的な議論だけのようである。本書四〇〇ページを参照のこと。

(22) G. C. Holland (1843), ch. 8; J. P. Kay (1832); *First Annual Report of the Registrar-General* (1839), *passim*; Redford (1926), p. 16.

(23) W. C. Taylor (1842), p. 261.

(24) リーズの S. Smith, *Poor Man's Advocate*, 5 May 1832 所収の証拠を参照のこと。シェフィールドで出産時の妊婦の死亡率が低いのは、一日十時間から十四時間立っていることが求められる職業に雇用されている少女が比較的少ないという事実におそらく関連している。

(25) W. Dodd (1842), p. 149.

(26) Ibid., pp. 112-3.

(27) T. Thackrah (1832), とくに pp. 27-31, 146, 203-5.

(28) W. Dodd (1842), p. 113.

（29）G. C. Holland (1843), pp. 114-5.

（30）*Report on the Sanitary Conditions* (1842), p. 153; G. C. Holland (1843), p. 128; ハリファクスについては、W. Ranger (1851), pp. 100 ff. に引用されているアレグザンダー博士を参照のこと。その後の数値については、J. Hole (1866), pp. 18 ff. を参照のこと。

（31）G. C. Holland (1843), p. 124.

（32）M. D. George (1930), ch. 5 を参照のこと。

（33）G. F. French (1859), pp. 58-9, 72; また、B. Brierly (1886), p. 49 も参照のこと。

（34）*Commitee on the Woollen Trade* (1806), p. 49.

（35）*Children's Employment Commission. Mines* (1842), p. 43.

（36）Ibid., pp. 71, 80.

（37）マルクスの『資本論』が引き合いに出している最悪の事例の一部は、一八六〇年代の児童雇用委員会で取り上げられたものだという点に注目すべきである。

（38）H. L. Beales (1928), p. 60.

（39）W. H. Hutt (1926).

（40）W. H. Hutt (1954), pp. 165-6. ハット教授は、たとえば、ジョン・ドハーティがある女性にたいして「卑劣な暴行」をしたかどで有罪となったとする根拠のない批難のような、工場主やユア博士の噂話を繰り返してさえいる。

（41）*The Voice of West Riding*, 1 June 1833 を参照のこと。「リーズの男たち――労働者諸階級――は、立派にその責務を果たした。彼らは、仮にその連中に一抹の誠意があったとしても、憤然として、暴虐な工場主のあくどい仕事に加担した一味に協力することを拒んだ……」。また、ibid., 15 and 22 June 1833 および C. Driver (1946), ch. 19 も参照のこと。

（42）N. J. Smelser (1959), とくに chs. 9 and 10.

（43）われわれは、こうした出来事を、対仏戦争期に成人の熟練工が被救済貧民の徒弟にふるった、ぞっとするようなサディズムの報告と比較しなければならない。J. Brown (1832), pp. 40-1 を参照のこと。

(44) P. Gaskell (1833), p. 7.
(45) F. A. Hayek (1854), pp. 18-9; T. S. Ashton (1954a), pp. 35-6.
(46) E. Strauss (1951), p. 80 を参照のこと。ストラウス氏のコメント——「事実についての無知は、十九世紀におけるアイルランドの窮乏の原因の一つではなかった」。
(47) J. L. Hammond and B. Hammond (1925), pp. 176-93 を参照のこと。
(48) *Children's Employment Commission. Mines* (1842), p. 80.
(49) J. L. Hammond and B. Hammond (1925), p. 190 の引用から。
(50) *Monthly Magazine*, 1 November 1799. この引用は、Dr. D. V. Erdman に負っている。
(51) T. Cooper (1794), pp. 77-8.
(52) R. Southey (1829), I, p. 711; A. Ure (1835a), pp. 277-8. また、R. Williams (1916a), pp. 39 ff. も参照のこと。
(53) MS. Diary of Robert Ayrey, Leeds Reference Library.
(54) C. Driver (1946), pp. 327-8.
(55) R. H. Tawney (1938), p. 239.
(56) 多くの工場主が、労働者から取り立てた罰金で特別の基金をつくり、それを慈善や教会建設の目的に使ったと信じられてきた。デューズベリの、ある大きな教会は、いまでも古い世代の人びとのあいだでは、切れた糸にたいして取り立てられた罰金にちなんで、「切れた横糸教会 (brokken shoit chapel)」として知られている。
(57) 工場労働者だった G. Crabtree (1833); *Voice of West Riding*, 20, 27, July 1833; *Account of a Public Meeting Held at Hebden Bridge* (1833).
(58) しかし、プリミティヴ・メソジストがしばしばリチャード・オウストラに教会を貸したとする、C. Driver (1946), p. 110 の指摘は興味深い。
(59) *Manchester and Salford Advertiser*, 29 November 1835.
(60) E. Hodder (1887), pp. 175, 378.
(61) R. M. Hartwell (1959).

第11章

(1) E. Halévy (1937), III, p. 53 に引用されている。この時期のメソジスムの政治的立場を説明したものとして、E. R. Taylor (1935) と、R. F. Wearmouth (1937) のとくに「メソジスト派の忠誠心」と「メソジスト派の中立性」の各章を参照のこと。さらに、J. L. Hammond and B. Hammond (1925) の十三章「貧民の擁護」も参照のこと。

(2) 本書四六五ページを参照のこと。

(3) T. P. Bunting (1887), p. 338.

(4) Ibid., p. 11. リーズの織元だったオウストラの父もメソジストであり、「トム・ペイン主義者」だったことは興味深い。オウストラが成人してからのメソジスムに関する意見は、コベットの意見とそれほど変わらず否定的だった。

(5) J. Wray, 'Facts Illustrative of Methodism in Leeds', [MS], Leeds Reference Library.

(6) T. P. Bunting (1887), pp. 527-8.

(7) Ibid., pp. 295-7, 312-4, 322-3; S. Bamford (1893a), pp. 100-1. 公平のために注記しておけば、イングランド国教会もほかの非国教会系の宗派も日曜日に書き方を教えることを禁じていた。

(8) バンティングのようなメソジストらが一貫して支持した、唯一の人道主義運動は、反奴隷制運動だった。しかし、ときがたつにつれて、またこの問題が何度も得々として持ち出されたため、この大義を支持しているのは、わずかに残った社会的良心からではなく、批判をかわすためだと疑われるようになってきた。

(9) L. Tyerman (1870), III, p. 449. また、J. Sutcliffe (1805), p. 37 も参照のこと。

(10) W. J. Warner (1930), pp. 168-80.

(11) R. H. Tawney (1938), pp. 227 ff.

(12) M. Weber (1930), とくに、pp. 54, 60-7, 160-1, 178; E. Fromm (1960 edn), p. 80.

(13) このような労働規律は、いかなる意味においてもメソジスムにだけ限定されるものではなかった。ここでわれわれがメソジスムを論じるのは、産業革命期の福音主義および大半の非国教会系の宗派の歴史にもあてはまる展開の主要事例としてである。

(14) M. Weber (1930), pp. 66-7, 282; R. H. Tawney (1938), pp. 198 ff. バクスターの著作は、初期のメソジストのあいだで好んで読まれ、十九世紀はじめの時期にはしばしば復刻された。

(15) *Report of the Society for Bettering the condition of the Poor* (1798), I, pp. 238 ff. これは、ブリッジウォーター公の炭坑夫たち（マンチェスター付近）についての記述である。公の炭坑夫の「道徳」は、大方の炭坑夫よりも高いと考えられていて、また「公の代理人のなかには、宗教心をもち、日曜学校を設立した者もいる……」。

(16) A. Redford (1926), pp. 19-20. 一八三〇年代になっても、サミュエル・グレッグは、「一カ所に落ち着かず移動しようとする精神は、製造業で働く人びとに特有の性質の一つだ」と不満を述べていた。

(17) V. W. Bladen (1926-9), I, p. 130. さらに、N. McKendrick (1961), p. 30 も参照のこと。ウェッジウッドの目的は、「人間という機械が過ちをおかさないようにする」ことだった。

(18) R. Guest (1823), pp. 38, 43.

(19) 十七世紀に、ピューリタンの宗派は多くの織布工信者を抱えていたが、このような伝統は——イングランド西部を別とすれば——十八世紀初頭にはほとんど残っていなかった。

(20) A. Ure (1835b), pp. 13-21. またその二三ページの次の記述も参照のこと。「実際に、あらゆる機械の改良がつねに目的とし、またそうする傾向があるのは、機械が人間の労働に完全に取って代わるか、あるいは男性の勤労を女性や子供の勤労で置き換えて労働コストを抑えるか、あるいは修業を積んだ職人を普通の労働者の勤労で置き換えるか、そのいずれかである」。工場主の意思の表明としてみると、この発言は興味深いし、また、繊維産業にもあてはまる。しかし、マルクスやエンゲルスは、資本主義発展の「法則」の表現として、ユアの主張をおそらく全面的に信用しすぎていた。

(21) Ibid., III, chs. 1 and 3. 強調は著者による。

(22) D. H. Lawrence (1949) を参照のこと。「彼らは炭鉱や作業場を自分たちに合うように変えるのではなく、むしろ自分たちを炭鉱や作業場に合うように変えなければならないと考えている。そのほうが簡単なのだ」

(23) A. Ure (1835a), pp. 423-5.

(24) ウェーバーは、『プロテスタンティズムの倫理と資本主義の精神』でメソジズムを簡単に論じる際に、その神学のカルヴァン主義的要素を過大視し、したがってプロレタリアートの宗教としての特殊な順応性を見逃している。かくして、彼は、ウェスレー主義者のあいだでの「召命（天職）」の意味を、とくに労働者の「召命（天職）」に適用しようとする際に、極端に強調している。それは、イングランドでは、従順や服従の意味ほどには重要でない教理なのである。

(25) J. Bunting (1813), p. 11. バンティングの比喩的な描写は、この同じ年（一八一三年）の一月にラダイトの一部の者が絞首台で「死刑という結末」を被り、残りのラダイトたちが十四年の流刑に「慈悲深く軽減」されたことを、われわれに思い起こさせる。

(26) ウェーバーとトーニーは、もちろん、ピューリタンの教義と功利主義の教義が平行して発展したことに真正面から注意を払っている。R. H. Tawney (1938), p. 219 を参照のこと。「この功利主義者の身につけている鎖帷子のいくつかの環は、十七世紀のピューリタン神学者たちによって鍛えられたものである……」。しかし、プロレタリアートに固くとめられた功利主義の鎖の最後の環を鍛えたのは、メソジズムだった。

(27) もちろんバプテスト――とくにウェールズの――は例外である。

(28) この小冊子からの一事例としては、本書七〇一一ページを参照のこと。

(29) この言葉（「誘惑」）は、多くの場合、「罪」の実在の構成要素が自慰行為だったことを示唆している。これはおそらく次の三つの事実から演繹しうるだろう。(1)悔い改めの自己陶酔の内向的性格、(2)性器官の罪深さについてのメソジストの偏執狂的な教え、(3)メソジストの子供たちが思春期に罪の意識をもつよう期待されていた事実。この時期の当該問題における文献の増大については、G. R. Taylor (1958), p. 326 を参照のこと。

(30) J. Marsden (n.d. 1812?), *passim*.

(31) Ibid., pp. 104, 111.

(32) J. Nightingale (1807), pp. 203 ff.

(33) R. Southey (1890), pp. 381 ff.

(34) J. E. Rattenbury (1948), p. 240.

われらはわれらの罪をその火に投げ入れる

火は汝の生け贄を焼き尽くし
あらゆる卑しく虚しい欲望を
日々はりつけの刑に処する

（35）W. Hazlitt (1817), IV, pp. 57 ff.

（36）M. Weber (1930), p. 53.

（37）Ibid., pp. 158-9.

（38）こうした妄想がどの程度までイギリス文化——とくに労働者階級の文化——に浸透するようになったのかを理解してはじめて、ロレンスが『チャタレイ夫人の恋人』を書かざるをえなかった理由を理解できよう。

（39）R. A. Knox (1950), pp. 408-17; G. R. Taylor (1958), pp. 166-7 を参照のこと。

（40）J. E. Rattenbury (1948), p. 132.

（41）Ibid., pp. 109-11, 202-4, 224-34; さらに J. E. Rattenbury (1941), p. 184. この問題には新たな、そしてもっと専門的な注意が払われるべきである。G. R. Taylor 氏の *The Angel-Makers* (1958) の研究は、示唆に富んでいるが、しかし歴史変化の「性による」説明を父親と母親による子供の教育のなかに見つけ出そうとする試みが、こっけいなほど推し進められている。

（42）The Editor of the Examiner [Leigh Hunt] (1809), とくに pp. 54-64, 89-97. さらに、この言葉は、愛餐や除夜の集会や信仰覚醒運動の熱狂が乱交の場となったという嫌疑をメソジストたちにかけるものであった。冷静な批評家のなかでは、ナイティンゲールがこのような告発を割り引いて考慮し、リー・ハントが告発を支持し、サウジーは判断を留保した。このような烏合の衆については、A Professor (1810) を参照のこと。

（43）W. E. H. Lecky (1891), II, p. 585.「[メソジストの説教師が]たえず呼び起こす死人のイメージは、彼らの想像力を害し、衰弱したり憂鬱になったときにはいつも現れ、世界についての彼らのあらゆる判断を色あせさせ、さらに墓場の暗闇に十倍の恐怖を付け加えた」

（44）W. E. H. Lecky (1891), III, pp. 77-8.

（45）W. Wilberforce (1797), p. 437 を参照。「忘れるな。われわれはすべて堕ちた被造物であり、生まれながらに罪人であり、本性から堕落しているのだ。キリスト教は、いかなる心の純潔も善良さも認めないのだ」のこと。

（46）この時期は、ジャベツ・バンティングとその仲間たちが勃興し優勢になった時期と重なっている。一八三〇年以後、メソジスト・コネクション派の内部ではリベラル化の傾向がはたらいていたことがわかる。バンティングは断固たる抵抗をしたが、四〇年代までに、メソジズムは新しい、やや穏やかな段階に入った。一方で、第二世代・第三世代の工場主や雇用主のなかにはイングランド国教会の社会的地位を求めてメソジストを離れた者がいた。他方、メソジズムは、小商店主や事務員や下級管理者集団——そこではやわらげられた急進主義が「自助」のイデオロギーと結び付けられた——の真正なる世界観になった。E. R. Taylor (1935), chs. 5, 6 および W. J. Warner (1930), pp. 122-35 を参照のこと。

（47）R. Southey (1890), p. 561. われわれは、たとえばバンフォードの一七九〇年代の回想録やトマス・クーパーの『人生』*Life*（一八二〇年代にメソジストの学校教師だったとき、彼は生徒たちを殴らないことを恩寵の徴と見なしていた）から、ウェスレーの教えが十八世紀後半から十九世紀はじめの後継者の多くによって人間味のあるものに変えられていたことを知ることができる。しかし、Jabez Bunting (1805) の正統派的な功利主義の擁護も参照のこと。

（48）*History of John Wise* (1810).

（49）G. R. Taylor (1958).

（50）R. Williams (1961b), pp. 135-6.

（51）J. L. Hammond and B. Hammond (1939), p. 74 の引用から。

（52）T. Cooper (1872), p. 37.

（53）現在、コミュニケーション・メディアの商業的濫用から生じる人間性の低劣化を正しくも暴いている著述家たちが、過去の時代における大衆の教化の規模と性格を見過ごすならば、問題の位置づけに適切さを欠くことになるように私は思う。

（54）Rev. Thomas Bancroft, 12 February 1798, P.C. A.152.

（55）D. Read (1957), pp. 51 ff. および本書八五八ページを参照のこと。

（56）初期のメソジスト教会の仲間意識は、L. F. Church (1948) で共感をもって表現されている。また、言うまでもないが、とりわけウィアマス（Wearmouth）博士の著作を参照のこと。

（57）R. Southey (1890), pp. 382 ff.

（58）R. A. Knox (1950), pp. 520-35 の「熱狂的信仰」の議論を参照のこと。

（59）F. A. West (1844).

（60）W. M. Stamp (1841), p. 85.

（61）F. W. Bourne (1905), pp. 36-42.

（62）K. Mannheim (1960 edn), pp. 192-6.

（63）一八〇一年三月にフィッツウィリアム伯爵は、ザコウス・ロビンソンが率いる、ブラドフォードのブラザーズの信徒たちの動きを調査していた。ロビンソンは織布工で、「長年にわたる有力なメソジストであり、この地では組指導者と呼ばれている」。Fitzwilliam Papers, F. 45(a).

（64）T. A. Ward (1909), pp. 188-9; Eben-Eser (1811).

（65）R. Wedgwood (1814).

（66）*Alfred*, 24 August 1811 の引用から。また悪魔に取り付かれた女性と「自分がキリストだと宣言した」女性の記事については、F. W. Bourne (1905), pp. 55, 64-5 を参照のこと。

（67）R. Southey (1808), III, p. 238.

（68）Ibid., III, p. 232.

（69）この最後の文章は、ジョアンナのものではなく、彼女の信奉者の一人である「きわめて尊敬されている紳士」の「考えのほんの一部」である。そのほかの文章は、ジョアンナの以下の著作からのものである。以下の文献を参照のこと。J. Southcott (1801), 5th Book, p. 235; 6th Book, p.275; J. Southcott (1802), pp. 15, 48-9; J. Southcott (1803a), p. 17; J. Southcott (1803b), p. 32; J. Southcott (1804c), p. 31, 45; J. Southcott (1804d), p. 8; J. Southcott (1804a), p. 49; J. Southcott (1804b), pp. 44-5; J. Southcott (1805), pp. 20-1; J. Southcott (1809), pp. 20, 39. さらに、G. R. Balleine (1956), chs. 1 to 7; J. Sharp (1806) を参照のこと。

（70）この教団の信奉者は、髭を蓄えることを義務づけられていた。サウスコット主義の北部への浸透については、J.

Crossley (1806); G. Turner (1807); W. C. Taylor (1842), p. 230; F. Peel (1891), pp. 187-8 を参照のこと。

（71）G. R. Balleine (1856), chs. 8 to 14; H. G. Armytage (1961), pp. 274-6. また、本書九五七―六一ページを参照のこと。

（72）J. Southcott (1809), p. 33.

（73）Halifax Theatre Royal の芝居ビラ、1793.

（74）*Political Register*, 12 June 1813.

（75）*Census 1851* (1853), p. lxxviii. 一八一五年に千人以上のメンバーのいる正統派ウェスレー主義の巡回教区は、次のところだったと主張された。ロンドン、ブリストル、レドルース、セント・アイブス、バーミンガム、バーズレム、マクルスフィールド、マンチェスター、ボルトン、リヴァプール、コウン、ノッティンガム、シェフィールド、リーズ、バーストール、ブラドフォード、ハリファクス、マン島、サンダーランド、ウェイクフィールド、デューズベリ、エプワース、ヨーク、ハル、ダーリントン、バーナード、カースル、ニューカースル、シールズ。M. E. Edwards (1934), p. 244 を参照のこと。

（76）E. J. Hobsbawm (1959), pp. 129-30.

（77）E. J. Hobsbawm (1957a), p. 124.

（78）たとえば、The Editor of the Examiner [Leigh Hunt] (1809), p. xiv を参照のこと。

（79）H. B. Kendall (1919), pp. 7-8, 31. 信仰覚醒運動の役割は、ケンドールが記録している伝説めいた事件によって確定されるだろう。それは、一八一七年に、ある「ラダイト」が暗殺を企んでいたが、その任務の途中で襲われて、教会に連れ込まれた事件である。

（80）同様に、アーミティジ教授は、一八四〇年代に工業地帯からモルモン教の町シオンへの移住が最高潮に達した年に、チャーティストが不活発だったとしている。本書九六一ページを参照のこと。

（81）T. Cooper (1872), pp. 85-6.

（82）これらの言葉は、急進派の小冊子 *A Dialogue* (1819) によると、あるメソジストの説教師が語ったとされているが、それは、当時のメソジストの説教を忠実に表している。

（83）*Political Register*, 3 January 1824.

（84）E. Fromm (1960), pp. 99-101.

（85）R. F. W. Wearmouth (1937), p. 61; Ezekiel, XXI, 25-8. このテキストがイングランドの水平派《レヴェラーズ》によっても使用されていたという記述は興味深い。G. Winstanley (1650) を参照のこと。「汝、この世を力で封じ込め……忘れることなかれ。汝が打倒し、崩壊させ、滅亡させしものの報いがあることを……」。ほかの事例については、本書六〇八―九ページを参照のこと。

（86）H. Kelly (1821), p. 13; H. Kelly (1824).

（87）原著者の所有するプラカード。「エレミア書」で読むのを勧めたい箇所は次のところである。「災いだ、恵みの業をおこなわず自分の宮殿を、正義をおこなわずに高殿を建て、同胞をただで働かせ、賃金を払わない者は」（「エレミア書」二十二章十三節）

（88）B. Gregory (1903), pp. 126-9.

（89）「この年会のメンバーはキングズ・ウッドに学校をもっていて、そこでは彼らの息子たち（彼らの会衆の息子たちではない）が教育を受けているのだ！……これもまた会衆の経費で維持されている。……この息子たちは、このように教育されて、やがて旅立ち、ジェントルマンになる。すなわち、消費税やそのほかの税の徴税吏や、いろいろな種類の役人になるのだ」。*Political Register*, 27 January 1820.

（90）Ibid., 3 January 1824.

（91）Ibid., 23 July 1803.「デスパードとともに処刑された六人の反逆者のうち……三人はメソジストであり、彼らの最後の瞬間にはメソジストの教師が付き添った。……この宗派は、主として大都市や工業地帯の内外にいる野卑な恥知らずで構成されている……」。T. E. Owen (1802) を参照のこと。

（92）*Political Register*, 27 January 1820, 13 January 1821.

（93）J. F. Wilkinson (1952), pp. 21-32. また、同じ著者によるウィリアム・クラウズの伝記も参照のこと。

（94）E. J. Hobsbawm (1959), ch. 8 を参照のこと。プリミティヴ・メソジスト信徒の数は、一八一一年に二百人、二〇年には七千八百四十二人だった。H. B. Kendall (1919), p. 31 を参照のこと。

（95）*A Letter to a County Gentleman* (1805).

(96) B. Wilson (1887), p. 3; *Halifax Guardian*, 25 May 1839. ハンソンは、この演説のせいでメソジストによって追放された。
(97) *National Chartist Hymn Book*.
(98) *Halifax Guardian*, 21 April 1848. また、本書八二七ページの一八一九年のスローガンも参照のこと。
(99) F. Peel (1893), pp. 317-9.
(100) *Commonwealth*, 16 November 1866; *People's Paper*, 2 July 1853; *History of Luddenden Dean Chapel* (1928), p. 5. 同じような影響力と誠実さをもった、プリミティヴ・メソジスト出身の人物、ラフバラのジョン・スケヴィントンについては、J. F. C. Harrison (1959a), pp. 70 ff. を参照のこと。

第12章

(1) H. More (1799), p. 44.
(2) R. C. Russell (1960), pp. 5, 7.
(3) W. Wilberforce (1797), pp. 405-6.
(4) L. Radzinowicz (1948-56), III, pp. 504-6, and Parts 3 and 4 *passim* を参照のこと。また、G. R. Taylor (1958), p. 36の以下の記述も参照のこと。「……モラルが決定的に変化した時期は、ヴィクトリア女王の即位のときではなく、あるいは十九世紀ですらなく、……一七九〇年から一八〇〇年にかけての十年間であった」
(5) *Gorgon*, 24 April 1819.
(6) T. Moore (1825), p. 217.
(7) 読者は、ハーディのウェセックス地方の小説を思い起こすだろう。一八三〇年代の定期市についての記述としては、*First Report of Constabulary Commissioners* (1839), pp. 30-42 を参照のこと。
(8) Beswick MS. Diary. これは、G. R. Taylor (1958), p. 16 に引用されている。
(9) B. T. Barton (1881), I, p. 263.
(10) *Trades Newspaper*, 11 September 1825.

（11）*Sherwin's Weekly Political Register*, 15 September 1817.

（12）S. Bamford (1893a), chs. 13-16.

（13）J. Lawson (1887), *passim*.

（14）コベットのことがすぐに頭に浮かぶ。しかし、おそらく彼よりも古い慣習を記録することに貢献したウィリアム・ホーンは、ストラットの *Sports and Pastimes* に劣らずすぐれた、*Date Book* や *Every-Day Book* や *Table Book* を出版した。これらはいずれも一八二〇年代に出版されている。

（15）J. L. Hammond and B. Hammond (1947), ch. 6を参照のこと。

（16）護教論者たちが困惑したのは、「伝道の書（コヘレトの言葉）」のなかで「踊る時期」が言及されていたからであった。しかし、「踊るときに男性と女性が身体を密着させた事例は聖書にまったく記録されていない」のだから、一方の性のメンバーが（他方の性から隔離されて）神聖な行事の際に週日の昼間に踊ることだけが許されると論じられていた（そのような機会についての記録は一つもない）。A. Young (n.d.); R. Southey (1808), pp. 546-9を参照のこと。

（17）J. Wood (1799), *passim*.

（18）「ウェイク」は親族の重要な行事であり、町の住人が田舎の親族を訪ねたり、「結婚した娘が子供を連れて実家にやってきたりした」。ハウィットは、ウェイクは「さもなければ、いつまでもつづく労役制度の一時的な中断」であると表現したが、村の老人たちが町に住む息子や娘について尋ねられると、「ええ、そうとも、ウェイクには会えるよ」と答えるのがつねだったことを詳しく述べている。規律にうるさいウェッジウッドでさえ「ウェイク」には勝てず、「世界がこれとともに終わろうとも、遵守しなければならない」と述べた――R. E. Leader (1876), pp. 200-2; R. E. W. Howitt (1838), I, p. 59, pp. 245-54; N. Mckendrick (1961), p. 46.

（19）W. Lovett (1920), I, p. 8.

（20）R. Guest (1823), pp. 38-9.

（21）G. Wallas (1918), pp. 145-6.

（22）P. Gaskell (1833), p. 64.

（23）W. Dodd (1842), p. 194. マーガレット・ヒューイットはその証拠のいくつかを、主として一八四〇年以後の史料によりながら、M. Hewitt (1958), とくに ch. 5 のなかで論じている。

（24）W. Paley (1809), p. 68. また、T. Gisborne (1797), とくに pp. 226-9 を参照のこと。

（25）*Black Dwarf*, 9 and 30 September 1818. カーライルとオウエン主義者については、本書第16章を参照のこと。

（26）ナポレオン戦争期における女性織布工の人数の増加については、I. Pinchbeck (1930), pp. 164-6 を参照のこと。

（27）S. Bamford (1893b), pp. 141-2.

（28）J. Wade (1835), pp. 570-1.

（29）もう一つの伝統が始まったことが、マンチェスター政治同盟についてのある密告者の報告（一八一九年十一月十七日）に書き留められている。「この同盟は惨めなほど貧しく、女性同盟から援助を仰がなければならず、自力でやっていくことが不可能である」（H.O. 42.198）

（30）*Political Register*, 23 October, 29 December 1819; *Courier*, 15 July 1819.

（31）A. P. Wadsworth and J. de L. Mann (1831), pp. 345-7.

（32）労働者は葬式に途方もなく高い価値を付与していた。救貧民としての葬式は最大の社会的恥辱だった。葬式は民衆の習俗のなかで大きな位置を占めていて、とくに死に直面している人びとにとっては最大の関心事だった。死刑判決を受けたあるラダイトはこう書き記した。「願わくばジョン・ローソン、ジョン・ロバーツ、ジョン・ローパーに私の棺をかついでほしい。愛する妻よ、もう三人はおまえが選んでくれ」（*Surprising* (n.d.), p. 239）

（33）*Laws and Orders of the Friendly Society*... (1795), p. 11; *Rules and Orders...Maltsters* (1796), p. 6; *Articles...Glass-makers Friendly Society* (1800), pp. 5, 11,15; *Articles...Watermen* (1804), p. 11; *Articles of the Unanimous Society* (1804), p. 11; *Articles...All Trades* (1804), p. 9; *Articles...Cordwainers* (1806), p. 8; *Rules...Philanthropic Society of House-Carpenters and Joiners* (1812), p.7; *Articles...Miners Society* (1817).

（34）*Short Account of the Benevolent Society*... (1816).

（35）この時代の友愛組合の法的地位については、P. H. J. Gosden (1961), p. 5 を参照のこと。シェフィールドにおける友愛組合の社会階層構成については、G. C. Holland (1843), ch. 17 を参照のこと。

（36）T. A. Ward (1909), p. 78. また、J. H. Priestley (1943) を参照のこと。

(37) ストライキの際に、友愛組合が組合員に基金の引き出しを許可することにたいして、当局は常日頃から不満だった。マクルスフィールドは一八一二年に、「不法な結社の温床であり」、「革命の芽となる、疾病組合や葬儀組合がはびこっている」と記述した。C. S. Davies (1961), p. 180.

(38) E. C. Tuffnell (1834), pp. 42 ff.

(39) *Rules...Sociable Society* (1812); *Articles...West Bolton* (1811); *Rules of the Good Intent Society* (1815); *Articles of the Unanimous Society* (1804). また、メソジストの影響を受けた規約については、H. J. Maltby (1933) も参照のこと。

(40) R. Williams (1961a), pp. 312-4.

(41) W. C. Taylor (1842), pp. 37-9. テイラーは、一八四二年の綿業不況の時期にこれを書いていた。

(42) G. Wallas (1918), p. 146.

(43) A Member of the Manchester Committee for relieving the Sufferings of the 16th of August, 1819 [J. E. Taylor] (1820).

(44) 本書二八二―三ページを参照のこと。

(45) *Trades Newspaper*, 11 September 1825.

(46) 代表を送った同業組合には、皮なめし工、皮加工工、手袋製造工、コードヴァン靴製造工、大工、肉屋、ブドウ酒商、仕立て工、鍛冶工、織物商、衣類小売商が含まれていた。*Leeds Mercury*, 4 September 1802 を参照のこと。

(47) J. James (1866a), pp. 164-7; J. Burnley (n.d.), pp. 165-75.

(48) 一七八〇年から一八四六年にかけての「中流階級意識」の形成については、同じ題名をもったブリッグス教授の論文 A. Briggs (1956) を参照のこと。ラダイト運動における「当該職種《ザ・トレイド》」という観念の重要性については、本書六四六―五〇ページを参照のこと。

(49) *Trades Newspaper*, 14, 21, 28 August 1825. 船舶漏水防止工は約三百人、ロープ製造工は二百人、船大工は千五百人いた。

(50) 'Reminiscences of Thomas Dunning' (1947). こうしたきらびやかな力の誇示がなされたあと、一八三四年の組合にたいする一斉攻撃のなかでナントウィッチの執行委員たちが逮捕された。

(51) 職人文化のさらに立ち入った検討としては、本書八四九―九一ページを参照のこと。

（52）あるボルトンの雇用主の証言。*Select Committee on Hand-loom Weavers' Petitions* (1834), p. 419.

（53）Engels (1958), pp. 125-6; W. C. Taylor (1842), pp. 153-5; *Newcastle Chronicle* (1850), pp. 32, 56. また、W. Dodd (1842), pp. 181, 186 も参照のこと。

（54）R. Fynes (1923), p. 19; T. Burt (1924), p. 34; T. A. Devyr (1882), pp. 184-5.

（55）一八二一年の第一回国勢調査によれば、六百八十万三千人だった。

（56）T.S., 11.3510A(2); *Trail of the Rev. Wm. Jackson* (1795), pp. 80-1.

（57）E. H. S. Jones (1950b) を参照のこと。

（58）十八世紀ロンドンでの大規模なアイルランド人居住区については、M. D. George (1930), pp. 113 ff. を参照のこと。

（59）*Boston Gazette*, in *Alfred*, 21 September 1811.

（60）この移民全般については、A. Redford (1926), pp. 114 ff., 移民の経済的社会的原因のすぐれた要約としては、E. Strauss (1951), esp. chs. 9, 10 を参照のこと。

（61）*Third Report of the Commissioners for Inquiring*... (1836), p. 3.

（62）*Report on the State of the Irish Poor*... (1836), p. vii.

（63）Ibid., pp. v, vii-ix, xxx-xxxi; E. Strauss (1951), ch. 14, 'The Irish in Great Britain'; *First Annual Report of the Poor Law Commissioners* (1836), pp. 305-6; G. C. Lewis (1837), p. 24; J. Wade (1835), pp. 242-3; Sir G. Head (1835), pp. 190-1.

（64）*Report on the State of the Irish Poor*... (1836), p. ix, xxx-xxxi.

（65）Ibid., pp. x, xvi-xvii, x; *First Report of the Constabulary Commissioners* (1839), pp. 167-9.

（66）H. M. Richardson (1885), pp. 129-31; H. Mayhew (1862), I, pp. 109, 121.

（67）Ibid., I, p. 12; E. Wakefield (1812), II, p. 557; E. Halévy (1937), III, pp. 93-5; Dr. Hussey (1797).

（68）H. Mayhew (1862), pp. 243, 252-3.

（69）たとえば、シャーウィンの *Sherwin's Weekly Political Register*, 19 and 26 July 1817; ホーンの *Reformists' Register*, 19 July 1817; コベットの *Political Register*, 17 January 1818; *Cap of Liberty*, 8 September 1819; G. D. H.

Cole (1924), pp. 308-9; D. Read and E. Glasgow (1961), pp. 12-4, 19 を参照のこと。ロジャー・オコナーとイングランドの運動との関係は、合法的なアイルランド王になると彼が主張したことで紛糾した（この主張はファーガスに引き継がれた）。国会議員に立候補しようとしたロジャーの申し出は、以下のような理由でコベットによって無効にされた。「だめだ。われわれは王室を増やしたくない。良心のすべてを失わないためには、国を満足させることのできる王室は一つもてば十分である」

（70）E. Halévy (1937), II, pp. 28-30; E. Wakefield (1812), II, pp. 763 ff.; E. Strauss (1951), pp. 88-9; キャラヴァッツとシャナヴェスツの裁判については、T. B. Howell (1823), XXXI, pp. 419, 423, 464; T. A. Deyr (1882), pp. 93, 101 を参照のこと。

（71）本書のとくに七〇九―一二ページを参照のこと。

（72）*Report on the State of the Irish Poor...* (1836), p. xxiii; E. Strauss (1951), pp. 125-30; F. Engels (1958), p. 124. さらに、R. O'Higgins (1961), pp. 84-5 も参照のこと。

（73）C. P. Snow (1959); F. R. Leavis (1962).

（74）A. Ure (1835), pp. 18-9.

（75）D. H. Lawrence (1950), pp. 119, 122.

第13章

（1）この時期の最も奇怪なアイロニーの一つは、一八〇〇年にホーン・トゥクがオールド・セイラムという最も腐敗していた選挙区から議員に返り咲いたことである。彼は、元国教会牧師だという手続き上の問題を理由に議席を剥奪された。

（2）One of the People (1799).

（3）本書五六〇―七五ページを参照のこと。

（4）J. Bowles (1802), pp. 3-4; J. Bowles (1804), p. 141. 改革論者たちは、全裸の女性云々についてのボールズによる申し立ての偽りを怒りを込めて立証した。それについては、*Ten Letters* (1803), pp. 24-5; J. F. Sutton (1880), p. 244 を

参照のこと。これを解く鍵は、おそらく行進のなかの、「サケ色すなわち肌色の衣装をまとった」女性に関する指摘のなかにひそむものと思われる：*Letters to John Bowles* (1803), p. 9.

（5）当選したのは、ビング（ウィッグ派）、三千八百四十三票、バーデット（急進派）、三千二百七票である。落選したのは、メインウォーリング（トーリー派）、二千九百三十六票だった。*Political Register*, 10, 17, 24 July 1802; J. G. Alger (1904); J. Dechamps (1949), ch. 5; M. W. Patterson (1931), chs. 4 and 7.

（6）J. Bowles (1802), p. 63.

（7）本書五六七―七五ページを参照のこと。

（8）*Parliamentary Debates*, II, Supplement, 1667, 1752.

（9）Ibid., IV, 1191, 1362; *The Times*, 5 November 1804. 志願兵として地主階級と商業階級とが和解した点に関する同時代の記録として、Ward (1909) および Jane Austen の著作を参照のこと。

（10）民衆レベルの愛国主義に関する文献として、Klingberg and Hustvedt (1944) を参照のこと。ジョン・セルウォールでさえ *Poem and Oration on the Death of Lord Nelson* (1805) を寄稿していた。

（11）この立派な名前をもつ定期刊行物は支持を失い、失敗に終わった。*Reasoner*, 16 April 1808 を参照のこと。

（12）*Political Register*, 1 September 1804.

（13）バーデットは一八〇四年の選挙演壇で、「〔ウィルクスの発行した『ノース・ブリトン』〕第四十五号および自由が、後世に伝わるよう全力を尽くすつもりである」と述べた。

（14）*Political Register*, 25 August 1804.

（15）十二年後の *Political Register*, 17 January 1818 に記載された、一八〇六年の選挙に関するコベットの解説を参照のこと。

（16）本書九一―二ページを参照のこと。

（17）*Political Register*, 9 August, 20 and 27 September 1806.

（18）フッド、五千四百七十八票、シェリダン、四千七百五十八票、ポール、四千四百八十一票だった。

（19）この事件については、*Annual Register*, 1807, pp. 425-8, 632-9; M. D. George (1947), VIII, pp. 528-9 を参照のこと。

(20) コクリンは一八一八年まで議席を保持していたが、その年、南アフリカの共和主義を支援するために議員を辞職した。バーデットは三七年までウェストミンスター選挙区の議席を保持した。三七年に、彼は最後の派手な活躍をみせた。庶民院の議場を横切って他党に転じ、議員を辞職し、保守党候補としてふたたび闘い、かろうじて当選した。それにたいし、ポールは不遇だった。その後一年と少しの間(選挙の)果たし合いから生き延びていたが、一八〇八年、自殺してしまった。

(21) この一八〇六年から〇九年の選挙についての説明の大部分は、以下の史料にもとづいている。*Political Register*, 1806 and 1807, *passim*; Ibid; 17 January 1818; *Flower's Political Review*, May 1807; Place's reminiscences, in G. Wallas (1918), pp. 41-7, and in G. D. H. Cole and A. W. Filson (1951), pp. 79-81; Anon. (1807), pp. 15, 36-7, 145, 157, 345, 379, 437; Westminster Committee (1807). さらに、M. W. Patterson (1931), 1, ch. 10; G. D. H. Cole (1924), chs. 9 and 10; C. Lloyd (1947), Part II, ch.1; S. Maccoby (1955), pp. 207-8 を参照のこと。コベットの解説はすべて正しいというわけではないが、プレイスによる(それはあまりに無批判に受け入れられているのだが)、一八〇二年から〇四年のミドルセクスの選挙の重要性を無視し、ポールを嘲笑し、しかも〇七年の成功を唯一プレイス自身の天才的組織能力にだけ帰する説を修正するものである。

(22) ポールとバーデットに支持を寄せるとともに、カートライト自身も、一八〇六年に、地元のボストンで立候補し、そのときは、当選した候補者の二百三十七票にたいし、五十九票を得た。

(23) *Gorgon*, 4 July 1818.

(24) こうしたリストの一つでは、陪審員候補者の名前の欄に、G(良 good)、B(不良 bad)、D(疑わしい doubtful)という印がつけられていた。Bランクには、はかり職人、ガラス店主、食糧品店主、帆製造職人、醸造業者などの商工業者が多かった(あるサザークの醸造業者は、「ひじょうに不良」very B と記録されていた)。T.S. 11.333.

(25) スパ・フィールズ暴動(一八一七年)でワトソン博士が果たした役割を無罪とした陪審員は、陪審長に富くじ事務所の所長がなり、ほかのメンバーはボタン製造業者、錨鍛冶、羊毛服地屋、かつら製造職人、金物屋、銀細工師、呉服商、製靴工、運送業者、薬屋からなっていた。*People*, 21 June 1817.

(26) ウェストミンスター委員会がどのように機能していたのかについての洞察は、Aspinall (1925) を参照のこと。

(27) G. Beaumont (1808). この著者は、おそらくバプテストの聖職者だろう。戦争反対を訴えたキリスト教急進主義者による同様の手記については、*Cambridge Intelligencer* ならびに *Tyne Mercury* 所収の、たとえば一八〇八年一月五日付書簡を参照のこと。

第14章

(1) 本書一九八―二〇五ページを参照のこと。
(2) H.O. 65.1; J. Ashton (1906), p. 19; D. V. Erdman (1954), pp. 317-9; J. L. and B. Hammond (1920), p. 291.
(3) Fitzwilliam Papers, F.44 (d), (e).
(4) Ibid., F.45 (a).
(5) Ibid., F.45 (a), (d).
(6) *Leeds Mercury*, 1 August 1801; E. Baines (1851), p. 51; *Cambridge Intelligencer*, 15 November 1800, 8 August 1801.
(7) H.O. 42.66 所収だが、Aspinall (1949a), pp. 52-3 に全文掲載されている。オリジナルは、Fitzwilliam Papers, F.45 (d) に所収。
(8) R. Waker to H.O. 28 June 1802 (enclosure), H.O. 42.64.
(9) J. Dixon, 17 July 1802; W. Cookson, 27 July 1802; J. Lowe, 3 December 1802. これらはみな、Fitzwilliam Papers, F.45 (d) に所収。
(10) L. T. Rede (1831), pp. 198-201.
(11) Fitzwilliam Papers, F.45 (e). フィッツウィリアムは、その密告者は「沈着で、勤勉な、若くない人間であり、むだ口をたたくようなくだらん駄弁者だと見なす理由はない……」と、補足している。
(12) *London Gazette*, 18 July 1780 を参照のこと。「砲撃されたことはほとんどなかったが、腹心、すなわち機関長であるデスパード大佐を従えたネルソン艦長によって指揮されていた……」となっている。
(13) デスパードの初期の経歴については、Sir Charles Oman (1922); J. Bannantine (1799) を参照のこと。
(14) 本書一九八ページを参照のこと。

（15）同一の史料が一八〇二年、ヨークシャーでも発見された。Fitzwilliam Papers, F.45 (d) に所収。
（16）たとえば、Mortimer (1803) を参照のこと。そこには、「マタイによる福音書」二十八章十二節の「彼らは兵士たちに多額のお金を渡していた」などが引用されている。
（17）G. D. H. Cole and R. Postgate (1961), p.163; H. W. C. Davis (1929), p.95 を参照のこと。
（18）少なくともその陰謀家の一人であるチャールズ・ペンドリルは、以前、ロンドン通信協会の指導的一員だった。一七九八年から一八〇〇年に、グロースターの監獄にビンズとともに収監されていた彼は、トゥーレイ街のジャーニーマン製靴工（元は親方）だった。彼は、陰謀のリーダーの一員として裁判で召喚されたが、デスパードとその一派が処刑されたあと、大赦のもと釈放された。同様の陰謀へのかかわりがふたたび発覚したのは、一八一七年になってからのことである。本書七七八ページを参照のこと。
（19）一八〇一年、ボルトンで「統一イングランド人協会」の数人が検挙された。そのうちの一人、キャラントはのちに忠誠心のある兵士たちを巻き込もうとした罪で処刑された。W. Brimelaw (1882), I, p.14; G. C. Miller (1951), p.404.
（20）デスパードの陰謀事件に関するこの説明は、次のものによる。J. H. Gurney (1803)、とくに pp. 33, 36, 44-5, 72-3, 79, 115, 127, 137, 174, 269; T.S. 11.332; T.S. 11.333; 'Narrative of John Oxlade' (annotated by Place) in Add. MSS. 27809; *Leeds Mercury*, 27 November 1802; *Morning Post*, 22 February 1803; *State Trials at Large* (1803), p.78. 十五年後、スパイのオリヴァーは、主な陰謀家の一人であるチャールズ・ペンドリルと交わした会話を報告している。「ペンドリルは兵士たちが陰謀にかなり深くかかわっていたこと、さらに彼らがひじょうに忠実であったことを認めた」。あるときは、約二百人の武装した兵士がロンドン塔付近の人家に結集し、「政変」を企てようとしたことがある。ペンドリルは、確信をもって次のように言ったとされる。「兵士が確固とした意思をもって結集していれば、ロンドン塔はそのとき簡単に占拠できただろうに。結局、彼らに手を引かれてしまった。ともかく、実際に集まった兵士の数が少なすぎたんだ」。この点については、Narrative of Oliver, H.O. 40.9 に所収。
（21）Add. MSS. 27809 ff. 16, 17; W. E. S. Thomas (1962), p. 61 も参照のこと。
（22）Fitzwilliam Papers, F.44(a), 45 (d) ; R. F. Wearmouth (1946), p.60. T. A. Abdy to Duke of Portland, 20 December 1795 と比較のこと。それは、「立場上、私よりずっと多くの情報を得る機会にあった、その点ではほぼ治安判事に匹敵す

る、私のところの猟場番人から」もたらされた情報であった (H.O. 42.37)。

(23) 刑事事件の情報収集体制の全体像ならびにその体制の濫用については、L. Radzinowicz (1948-56), p. 333 ff.; Southey (1808), I, p. 173; Hazlitt (1932), Ⅶ, pp. 208 ff. を参照のこと。ネイディンについては、D. Read (1957), p.65 を参照のこと。銀行券偽造事件については、*Black Dwarf*, 1816-18, *passim*; *Duckett's Dispatch*, 9 February 1818; H. Hunt (1822a), Ⅲ, p.483 を参照のこと。

(24) たとえば、A. F. Fremantle (1932), p. 601; R. J. White (1957), ch.13 を参照のこと。

(25) Barlow, 16 November 1799, P.C. A.164. バーローは、この時点で実際には解雇されていない。(おそらく彼は風向きを肌で感じ取ったのだろう)。彼は非合法の団結の存在についての長くて詳細な報告書の送付にとりかかっていたからである。

(26) A. B. Richmond (1825), p. 159. さらに、(オリヴァーにたいする) チャールズ・ペンドリルの供述書については、*Political Register*, 16 May 1818 も参照のこと。

(27) 一般的な政治的スパイ体制については、F.O. Darvall (1934), chs. 12 and 14; J. L. and B. Hammond (1920), ch. 12; Chandler (1933); Fitzpatrick (1892) を参照のこと。

(28) フィッツウィリアムは、ペラムに出した書簡で、あるスパイについて、次のように述べている。「……本当に途方もないやつで、あんな悪い輩は見たこともない……とるにたらんやつだが、不満分子の内情を探る手先としては最悪とはいえないかもしれない……」25 September 1802, Fitzwillam Papers, F.45 (d).

(29) Report of speech of Bugguley, in H.O. 40.4.

(30) John Castle, 6 March 1817, T.S. 11.351.

(31) T.S. 11.333 および、本書七〇五—六ページを参照のこと。

(32) Groves, 21 July 1794, T.S. 11.3510 A(3).

(33) Add. MSS. 27813.

(34) 本書これ以降、とくに七四六—八ページを参照のこと。

(35) Reports of Conant and Baker, 26 January 1812, in H.O. 42.119 (その写しがノッティンガム公立図書館にもある)。

(36) F. Peel (1895), pp. 269-70.

(37) ほとんどがラダイトの「反対」陣営のものだが、それらの史料については、シャーロット・ブロンテの『シャーリー』で多少ふれられている。そのほか、A. L. (1870) ; D. F. E. Sykes and G. Walker (n.d.) ; F. Peel (1880). ピールの著書の一九六八年の復刻版に付した私の解説を参照のこと。

(38) W. Felkin (1867), pp. xvii, 240-1; *Nottingham Review*, 19 Novemver 1852; W. H. Wylie (1853), p.234. 一説によると、その有力メンバーに、参事会員のジョン・ブラッドレーが含まれていた。その手書きの原稿が発見されれば、ひじょうに興味深いものとなるだろう。

(39) O. D. Rudkin (1927), pp. 122-3, 146-7; Add. MSS. 27808.

(40) C. Wilkins (1867). 同じ説明によれば、「T・Pという形になるように並べた釘を長靴のなかに入れている宗教心の篤い者がいた。彼らは象徴的にトム・ペインを踏みにじっていたのだろう」。

(41) Mayhew (1862), I, p. 318.

(42) J. Wilson (1862), pp. 56-7. B. Brierley (1895), pp. 14-6 を参照のこと。

(43) Aspinall (1949a), pp.170, 174. 傍点は筆者による。

(44) W. H. Reid (1800), p.20 は、「その会員たち」は「あらゆるタイプの社交を旨とする協会に取り入ることを自らの任務としていた」と考えていた、と明言している。とりわけ共済組合にたいしてそうだった。

(45) P.C.A. 161,164. ちょうどそのころ、カートライト少佐は、「いくつかの団体の初期の形成過程でしばしば相談に乗っていた」。その団体は、統一協会と呼ばれていた。F. D. Cartwright (1826), I, p.243.

(46) T. Bayley to H.O.,6 November 1799, in P.C. A.164.

(47) 'Observations on Combinations among Workmen', in P.C. A.152. 本書六二二ページを参照のこと。

(48) Aspinall (1949a), pp. 41, 45-6.

(49) Ibid., pp. 53-64. また、Hammonds (1920), pp.174-8 も参照のこと。

(50) 本書二〇七ページを参照のこと。

(51) S. and B. Webb (1895), p. 83. さらに本書二九五ページ以降も参照のこと。

（52）M. D. George (1936), pp. 172 ff. を参照のこと。団結禁止法以前および同法制下の法律上の事態についての有益な概要は、Aspinall (1949a), pp. x-xxx を参照のこと。

（53）Aspinall (1949a), pp.xvii.

（54）Hammonds (1920), p. 176.

（55）Beckett to Fitzwilliam, 28 January 1803, Fitzwilliam Papers, F.45(e).

（56）M. D. George (1936), p. 175 に引用。

（57）最適な事例として、当時法務長官だったスペンサー・パーシヴァルの一八〇四年十月五日の見解を参照のこと。「政府が長・短靴製造工の要求に耳をかたむければ、同じような要求がすべての職種で起こるにちがいない。だから、そうなると考えれば、訴追を苦痛に思う一雇用主の責任ではなく、政府の責任と考えるようになるにちがいないのである」。以上、Aspinall (1949a), pp. 90-2.

（58）T. A. Ward (1909), pp. 216-9.

（59）本書二八一―二および二九八―九ページを参照のこと。

（60）[G. White and G. Henson] (1823), p. 86.

（61）*Fourth Report from the Select Committee on Artizans and Machinery* (1824c), p. 281.

（62）Webbs (1895), p. 64.

（63）R. W. Postgate (1923), p. 17.

（64）R. F. Wearmouth (1946), Part Ⅲ, ch. 2.

（65）A. B. Richmond (1825), p. 77 を参照のこと。

（66）[E. C. Tuffnell] (1834), p. 67.

（67）大英博物館所蔵の Rules, press-mark L.R. 404.a.4 (52). また、さまざまな宣誓のやり方については、*The Book of Oaths* (1649) も参照のこと。

（68）H.O. 42.119.

（69）フリーメイソンの伝統と、そのしきたり、入会儀式の役割全般については、E. J. Hobsbawm (1959), ch. 9 を参照のこと。

（70）J. B. Jefferys (1945) の二〇ページに面しているファクシミリを参照のこと。

（71）手稿「アン・リスターの日記」（ハリファクス、バンクフィールド博物館所蔵）一八三二年八月三十一日、九月九日を参照のこと。

（72）*Leeds Mercury*, 15 December 1832. さらに、ibid., 4 August, 8 December, 22 December 1832 ならびに（テスターについては）、Leeds Times, 7 and 14 June 1832 を参照のこと。私はこの部分を長々と引用してみたが、それは、ほかの点では申し分のない Cole (1953a), chs.7 and 16 の説明を修正するものだからである。

（73）そのほかの宣誓は、「エゼキエル書」二十一章（本書四六九ページを参照のこと）および、「民数記」三十章二節、「申命記」二十三章二十一―三節に依拠したものだった。Jones (1926-29), I, pp.389-91 も参照のこと。

（74）*Leeds Times*, 19 April 1834. 議長のトーマス・バーローはこのように付け加えた。「諸君が宣誓儀式をとりやめてずいぶんになると聞いてうれしい」

（75）Nottingham City Archives, 3984 I, 22 June 1812.

（76）*Leeds Times*, 7 June 1834. 事例については、Postgate (1932), pp.21-2 を参照のこと。

（77）Aspinall (1949a), p. 93.

（78）Webbs (1950), pp. 86-7.

（79）この根深い恐怖の感情のまたとない事例は、ギャスケル女史の共感に満ちた *Mary Barton* (1848) のなかでの組合の取り扱い方によく表れている。

（80）G. Wallas (1918), p.239.

（81）Ibid., p. 204.

（82）プレイスのこの見解全文については、Wallas (1918), ch. 8; Webbs (1950), ch. 2; Postgate (1923), ch. 2 を参照のこと。

（83）本書二九七ページ、ならびに（剪毛工と靴下編み工については）本書六四七―八ページを参照のこと。

（84）*Records of the Borough of Nottingham*, VIII, p. 156; Webbs (1950), pp. 61-2; Derry (1931-2), pp. 77, 85.

（85）Wallas (1918), pp. 207-10; op. cit., p. 100. n. 1. ムーアの法案（ならびにヘンソンの法案）はたしかに煩雑で、戦術的にも無思慮だった。それは、四百近い数の法律と法の条項の廃止を提案していた（そのなかには、団結禁止法撤廃後も長年適用されつづけた悪名高き主従法も含まれていた）。制定しようとした法は、㈠賃金・労働条件を明記した証書を、雇用主が労働者に渡すことを義務づける、㈡時間外労働の規制、㈢現物給与制度の廃止、㈣労働者が雇用主に賃金の取り戻し求めるのを容易にする、㈤仲裁機関の設立、である。そのほか、年季契約、原料、道具の横領などに関するこまかな条項も含まれていた。*Parliamentary Papers* (1823), II, pp. 253 *et. seq.*; *Hansard*, new series, Ⅷ, 366.

（86）Wallas (1918), pp. 210, 217.

（87）Ibid., pp. 213-4, 228; Webbs (1959), pp. 106-7; *Reports of Select Committee on Artizans and Machinery* (1824), *passim*.

（88）早くも一八二四年一月に、『ブラック・ドウォーフ』誌は、団結禁止法の撤廃を支持する請願をアピールする声明を発表した。職種クラブからのそうした請願は、二四年の前半には、全国のいたるところで数え切れないほどに達した。（ハスキッソンのような）内閣の閣僚にとって、ピーター・ムーアの法案を葬り去るためヒュームの法案をやむをえず支持したというが、それがどの程度そうだったかを十分吟味することは興味深い事柄である。*Black Dwarf*, 17 January 1824; *Mechanics' Magazine*, 24 January, 7 February 1824; *Journals of the House of Commons*, LXXIX, 1824 を参照のこと。一八二三年五月二十七日のハスキッソンの演説については、*Hansard*, new series, Ⅷ, 1823 を参照のこと。

（89）Wallas (1918), p. 204.

（90）シェフィールドの刃物工は、プレイスに立派な贈り物を届けた。また、ランカシャーの綿紡績工は、ホブハウス、ヒューム、プレイスを称える夕食会を催し、またそこでは、「マンチェスターの綿製造業者にたいして、また彼らと労働者との平穏と協調が末長くつづくことを願って……」、祝杯があげられた。*Trades Newspaper*, 24 July 1825 を参照のこと。

（91）本書第16章を参照のこと。

(92) Hammonds (1920) は、いまでもラディズムの背景について説明した最良の文献である。同書の第四章「綿工業労働者」、第六章四節「剪断工もしくは剪毛工」、第八章「掛け枠編み工」、さらにノッティンガムとヨークシャーのラディズムについては、第九・十章を参照のこと。F. Peel (1880) は、きわめて臨場感に富む地域研究書（とくにヨークシャーについて）である。F. O. Darvall (1934) は内務省文書に広汎に依拠しているが、想像力に欠けている。

(93) この二つは同じ意味で使われていた。ヨークシャーでは、一般に「剪毛工」croppers を、ウェスト・カントリーでは、「剪断工」shearmen が多く使われる。ときにはこれらはもっと包括的に、「布地仕上げ工」cloth-dressers とか「布地工」cloth-workers の意味で使われることもある。

(94) *Committee on the Woollen Trade* (1806), p. 269. この工程の明瞭な説明は、W. B. Crump (1931), pp. 38-51 を参照のこと。

(95) 'Observations on Combinations' 1799, P.C. A.152.

(96) *Committee on the Woollen Trade* (1806), pp. 239, 289, 297.

(97) *Leeds Mercury*, 15 January 1803.

(98) *Manchester Exchange Herald*, 21 April 1812. F. O. Darvall (1934), pp. 60-1, 106 に引用。

(99) 'Observations on Combinations', P.C. A.152. そのほか、*Committee on the Woollen Trade* (1806), とくに pp. 235, 264-5, 369; W. B. Crump (1931), pp. 46, 317-8, 327; Hammonds (1920), pp. 171-80; Aspinall (1949a), pp. 40 ff. も参照のこと。

(100) しかしながら、ハダズフィールドの近郊では、すでに二十年前から起毛機が使われていた。ただし、一八〇二年には、「労働者のあいだの決定」で「まったく使われなくなった」。Cookson to Fitzwilliam, 30 August 1803, Fitzwilliam Papers, F.45(d).

(101) Aspinall (1949a), p. 52; Fitzwilliam Papers, F.45(d).

(102) Bowen to Duke of Portland, 20 December 1797, H.O. 42.41.

(103) Hammonds (1920), pp. 172-3.

(104) D. M. Hunter (1910), p. 21.

(105) 興味深い書簡として、*Leeds Mercury*, 15, 22, 29 January 1803 に掲載されている 'A Looker On' と 'A Merchant' を参照のこと。

(106) E. A. L. Moir (1957), pp. 254, 258-9; W. E. Minchinton (1951), pp. 126 *et seq.*; *Rules & Articles of the Wollen-Cloth Weavers* (1802) を参照のこと。

(107) *Committee on the Woollen Trade* (1806), pp. 232, 239, 277, 347, 355, Appendix 13; Hammonds (1920), pp. 180-6; Aspinall (1929a), pp. 66-7.

(108) *Committee on the Woollen Trade* (1806), p. 244, Appendix, pp. 17-8.

(109) Ibid., p. 312. この手紙は、たしかに本物だが、インスティテューションの承認を得ていたという証拠はない。

(110) W. B. Crump (1931), p. 230.

(111) 靴下編み工と掛け枠編み工は同義語と考えていい。

(112) Nottingham Archives 3984, II, f.29 の詳細な説明によると、当該産業には二万九千三百五十五人の職人がいた。W. Felkin (1867), pp. 239, 437 によると、一八一二年には、枠編み機二万九千五百八十台、掛け枠編み工五万人が存在したとされる。

(113) Hammonds (1920), pp. 222-6; Darvall (1934), pp.28-34 を参照のこと。

(114) 最もわかりやすい要約は、Darvall (1934), ch. 2 ならびに A. T. Patterson (1954), ch. 3 がある。また、F. A. Wells (1935) も参照のこと。

(115) *Nottingham Review*, 6 November 1811.

(116) 広幅織機それ自体にたいする反対については、*Leicester Journal*, 13 December 1811 ならびに *Derby Mercury*, 19 December 1811 掲載の書簡を参照のこと。

(117) Hammonds (1925), p. 66; Hammonds (1920), p. 227; Darvall (1934), p. 43; *Committee on Framework-Knitters' Petitions* (1812); J. D. Chambers (1929).

(118) その写しが、H.O. 42.119 に所収（旋律は 'Poor Jack'）。

(119) Conant and Baker to H.O. 49.119. この一部が、Darvall (1934), p.170 に再録。

(120) Nottingham Achives および *Records of Borough of Nottingham* (1952), Ⅷ, p. 139.
(121) すなわち、ラダイトのこと。
(122) *Committee on Framework-knitters' Petitions* (1812), esp., pp. 38-46. 掛け枠編み工側の証人の一人、ジョン・ブラックナーの証言を参照のこと。彼はノッティンガムの地方史家で、一七八〇年以来、掛け枠編み工であった。
(123) Nottingham Achives 3984 I & II, *passim*; *Records of Borough of Nottingham* (1952), VIII, pp. 139-62; Hammonds (1920), pp. 229, 270.
(124) *Articles and General Regulations* (1813) の写しが、Nottingham Archives 3984 II, f.126 にある。
(125) Hammonds (1920), pp. 229-54; W. Felkin (1867), p. 238; A. T. Patterson (1954), chs. 6, 7; Darvall (1934), pp. 139-50, 155-9; Aspinall (1949a), pp. 169-83, 230, 234-42, 320-28 を参照のこと。ヘンソンが組合に専従で雇用されていたのは短期間である。彼は、一八一六年に、現物支給法にふれたメリヤス商人を訴追するのに二度成功している。一七年には、有罪判決を受けたラダイトの助命のための請願活動のさなかロンドンで逮捕されている。そのときは、人身保護法の停止期間中だったため、起訴なしで十八カ月間拘留された。
(126) Hammonds (1920), p. 67 および、(仲裁法については) 同書の pp. 62-9, 72 ff. を参照のこと。
(127) One Who Pities the Oppressed (1812), pp. 100 ff.
(128) 本書三二八ページを参照のこと。
(129) A. B. Richmond (1825), pp. 14-28.
(130) Ibid., pp. 29-40 ならびに、リッチモンドの証言、*Second Report from the Select Committee on Artizans and Machinery* (1824b), pp. 59 ff.; Hammonds (1920), pp. 85-8; Aspinall (1949a), pp. 137-50 の、とくに、J. J. Dillon to Sidmouth, pp.143 ff. を参照のこと。
(131) スピトルフィールズ法の運用実態については、M. D. George (1930), ch. 4; Hammonds (1920), pp. 209 ff.; J. H. Clapham (1916) を参照のこと。
(132) T. K. Derry (1931-32), pp. 71-2 を参照のこと。
(133) Hammonds (1920), p. 87 を参照のこと。

(134) *Nottingham Review*, 20 December 1811.

(135) H.O. 42.117. この注目すべき史料からとった抜粋の全文は、Hammonds (1920), pp. 84-5 を参照のこと。

(136) *General Ludd's Triumph* in H.O. 42.119.

(137) 手稿 'Heads of Proposed Bill ...'（ハリファクス参考図書館所蔵）

(138) トーリー派コベットの見解については、*Political Register*, 23 July 1803 を参照のこと。「日曜日には、子供たちは、工場と呼ばれた有害な牢獄から……解放される。そして、縮こまった手足を伸ばすことができるのだ」。このコベットの見解と、リベラル派の『リーズ・マーキュリー』誌（一八〇二年三月六日）の、「この町やそのほかの町の大工場は、あらゆる種類の世俗さと忌まわしさの温床になっている。……この観察の真実性は疑いえない」という見解を比較のこと。

(139) Driver (1946), pp. 17-8.

(140) Darvall (1934), p. 62.

(141) 「声明」は、上等の銅版に刻まれ、一八一一年十一月と日付が付され、さらにここには、不履行の場合には、エドワード・ラッドに「死刑を科す」権限を付与し、その執行人には五十ポンドを支給する、と記されていた。J. Russell (1906), pp. 53-62.

(142) E. Lipson (1921), p. 181.

(143) W. Dodd (1842), p. 15.

(144) Felkin (1867), pp. 441 ff.; T. Copper (1872), pp. 137-42. また、J. F. C. Harrison (1959a), pp. 121-9 も参照のこと。

(145) K. Marx (1942), II, p. 439.

(146) E. J. Hobsbawm (1952), pp. 57 ff.

(147) Darvall (1934), pp. 67-70; Hammonds (1920), pp. 261-5; Leeds Mercury, 7, 14, 21 December 1811.

(148) Aspinall (1949a), p. 118.

(149) Alfred, 9 December 1811.

(150) *General Ludd's Triumph*, H.O. 42.119.

(151) *Leeds Mercury*, 15 February 1812; *Nottingham Review*, 7 February 1812.

(152) ヘンソンは、ラディズムに代わるものとして職種クラブの結成を提案したと主張した。*Fourth Report from the Select Committee on Atizans and Machinery* (1824c), p. 282.

(153) *Leeds Mercury*, 18 January, 29 February 1812; F. Peel (1880), p. 17.

(154) F. Peel (1895), pp. 44 ff. ピールの見解が、細部でも概して正しいことが確認できる点に留意すべきである。

(155) W. B. Crump (1931), p. 229.

(156) Ibid., pp. 229-30. ハンソン氏とは、おそらく、一八〇八年に織布工を支持して投獄されたハンソン大佐のことである。

(157) A. Briggs (1958), p. 9.

(158) A. L. (1870), p. 112.

(159) F. Peel (1893), p.242.

(160) *Leeds Mercury*, 11 April 1812; Darvall (1934), p. 114.

(161) Radcliffe MSS., 126/32. この手紙の執筆者は、じつのところ、ジョン・ブースの葬儀にかかわる詳細について混乱をきたしている。ブースは、弔問と称して大規模な集会が開かれるのを恐れた当局によって、いち早くハダスフィールドで埋葬されたのである。もう一人の、ハートリーの葬儀は、ハリファクスでおこなわれた。以上については、本書六九七―八ページを参照のこと。

(162) 訴訟事件摘要書 *Rex.* v. *Milnes and Blakeborough*, T.S. 11.2673.

(163) ラディズムにかかわる「民間伝説」は、A. L. (1870) ; F. Peel (1880) (1893) ; Sykes and Walker (n.d.) に収められている。こうした見解については可能なかぎり、『リーズ・マーキュリー』やその後の裁判記録の説明と照合してチェックした。また、兵士の襲撃や「反逆」について記述したカートライトの手紙は、Hammonds (1920), pp. 305-6 ならびに H. A. Cadman (1930), pp. 114-6 に収められている。

(164) A. Briggs (1959a), pp. 164-6; A. Prentice (1851), pp. 41-7; C. New (1961), chs. 4 and 6 を参照のこと。

(165) D. F. E. Sykes (1906), p. 309.

(166) さらに、一八一三年および一四年に、エリザベス朝職人条例(5 Eliz. c. 4)も廃止された。

(167) これらの町や村からさまざまな秘密集会に代表が派遣されたことが、ヤーウッドの陳述や一八一二年四月の「B」(ベント)の報告でふれられている(H.O. 40.1 所収)。また、トマス・ウィッテイカーの証言記録(H.O. 42.121 所収)によれば、「よきサマリア人の」祭礼の日である三月二十五日のソルフォードでの集会には、十五マイルから二十マイル以内のほとんどの町から、代表が派遣されていた。これらの報告の信憑性については、本書七〇五ページ以降を参照のこと。

(168) 本書七〇一ページを参照のこと。

(169) A. Prentice (1851), pp. 48-52; Darvall (1934), pp. 93-5.

(170) 匿名の手紙、19 April 1812(H.O. 40.1 所収)。

(171) ミドルトンからの報告、*Leeds Mercury*, 25 April 1812.

(172) 「オールドS」や「ヤングS」についてのむごたらしい話は、Hammonds (1920), ch. 10; Darvall (1934), chs. 5 and 14; Prentice (1851), pp. 52-8; Anonym (1839) を参照のこと。

(173) ランカスターでは、五十八人の被告人のうち二十八人が有罪――八人が死刑、十三人が流刑だった。チェスターでは、四十七人の被告人のうち、二十九人が有罪、うち十五人が死刑(二人しか絞首刑にされなかったが)で、八人が流刑だった。

(174) Lloyd to H.O., 17 June 1812, H.O. 40.1; F. Raynes (1817), pp. 20-1 *et passim*.

(175) *Leeds Mercury*, 2 May 1812; T. S. 11.5480.

(176) H.O. 40.1; Prentice (1851), p. 46; *Leeds Mercury*, 16 May 1812; Peel (1880), pp. 156-7; Briggs (1959a), p. 157.

(177) Radcliffe MSS., 17 March 1812, 126/26.

(178) *London Gazette*, 19 May 1812; H.O. 42.123.

(179) A. Briggs (1958), p.12 を参照のこと。

(180) Fitzwilliam Papers, F.46 (g).

(181) Radcliffe MSS., 126-91. ラドクリフは、さらに数年間こうした脅迫にさらされた。一八一五年三月にも、匿名の通信で、「ラディズムがここで再開されようとしています」という警告を受けている。剪毛工は、「最初に狙うのは、old Bellsybob と呼ばれているあなたであると誓った」という（126/136）。

（182）ここには、「この枠編み機は、十全なる価格と十全なる様式で動く」という、ぞっとする注意書きのつけられた絞首台が素描されていた。H.O. 42.112 に所収。

（183）C. Gray (1960), p. 165 を参照のこと。

（184）これはありえないことではない。カレーにはイギリス人の枠編み工の居留地があった。*Fourth Report from the Select Committee on Artizans and Machinery* (1824c), p. 274 に所収のヘンソンの証言 H.O. 79.3 f.31 を参照のこと。

（185）W・バートンの供述は、H.O. 40.4 に所収。サヴェッジの証言は、H.O. 40.163 に所収。そのほかは、H. W. C. Davis (1929), p. 172; Darvall (1934), pp. 144-9, 155-9; Hammonds (1920), pp. 238-42 を参照のこと。

（186）Hammonds (1920), p. 339. 傍点は著者による。

（187）Darvall (1934), pp. 174-96.

（188）Hammonds (1922), pp. 314, 325.

（189）証言記録書、Fitzwilliam Papers, F.46 (g) 所収。

（190）*Rex* v. *Eadon*, Howell (1823), XXXI, 1070.

（191）煽動工作員によってでっちあげられた宣誓文は、通常はもっとぞっとするような内容だった——裏切り者とその家族全員の首と腕をはねるという誓約も含まれている。

（192）このような理由から、主たるラダイトにたいする裁判は、特別任命でおこなわれたのである。

（193）Fitzwilliam Papers, 9 July 1812, F.46 (g).

（194）この興味深い事態については、Hammonds (1920), pp. 315 ff.; Darvall (1934), pp. 125-33 を参照のこと。

（195）大蔵省法律顧問官の *Rex* v. *Baines* に関する訴訟事件摘要書は、次のような文言で始まる。「ベインズの兄は製帽工で、政府にはとても評判のよくない人物であった」。T.S. 11.2673 所収。

（196）F・レインズの『大衆に訴える』（一八一七年）での証言が、この点を曇りなく証明している。レインズ大尉は、内部に侵入し、ラダイトの煽動者を特定するため、特殊な責務を負った部隊を指揮した。それは、ランカシャーでは、一八一二年六月から九月、ウェスト・ライディングでは、同年九月から十二月におこなわれた。後年、彼は個人的不満から、当時自分の果たした職務の内容を、上級官吏との書簡と合わせて公開した。ニュートンをはじめランカシャーのさまざまな地区では、宣誓が、「製造業に従事する下層階級のあいだではほぼどこでもおこなわれていた」。彼の部下が、労働者間の陰謀に潜入することに一度ならず成功していた。それによると、（自分たちの身元が割れたことを察知した）ラダイトたちは、すぐに最寄りの治安判事のもとに出頭し、忠誠の宣誓をおこなうことによって自らの「撚りをほぐした」——これはレインズをひどくいらだたせた。この小冊子を注意深く読めば、宣誓儀式の一般化は疑いない事実であることがわかるだろう（この小冊子は、マンチェスター市立図書館に所蔵）。

(197) この点は、さらに、デスパードやブランドレスの事例にかかわるいくつかの混乱を説明する手助けとなるので、詳細に述べてきたのである。大蔵省法律顧問官文書のなかの現存する訴訟事件摘要書は、政府の司法官が立証が容易な彼らの明白な所業に関する証拠を細心の注意を払って精選していたことがあきらかになった。オコイグリの事例（本書一九九—二〇〇ページ）のときでさえ、政府の訴訟事件摘要書には、「アイルランド侵略のことについて言及すべきか?」という注釈が付記されている（T.S. 11.333）。トマス・ベイコンの事例については、本書七九三ページを参照のこと。

(198) Fitzwilliam Papers, F.46(g).

(199) 軍事訓練、代表派遣、革命的野望についての、この種の証言は、内務省文書に大量に残っている。ダーヴォールは、こうしたものをなにひとつ引用することなく、簡単に議論をすませている。さらに、すべての事例を、想像力に長けた、あるいは私利私欲で動いた密告者の活動だとして、憎しみをあらわにした脚注で退けている。

(200) F. Raynes (1817), pp. 114-5.

(201) *Historical Account of the Luddites* (1862), p. 79; Peel (1895), p. 278; Peel (1893), pp. 261, 264; Hammonds (1920), pp. 241-2; Sykes and Walker (n. d.), p. 335. ナポレオン戦争終結後は、労働者階級の密告者には、当局が、植民地への渡航費用を支給することが慣例化していた。Hammonds (1925), pp. 259-61 を参照のこと。

(202) Peel (1893), pp. 255-6.『リーズ・マーキュリー』（一八一二年五月九日）では次のように報じられている。「……われわれは、下層階級の人たちのなかにはこうした組織にかかわった人びとに賛同の意を示すだけでなく、そのなかで活動している人びとを見るだけで自己満足するようなひじょうに一般的な傾向があると確信する。それが、ラダイトの強さであり、結社の生命の源泉となっているのである」

(203) Bailey (1855), IV, p. 280.

(204) H.O. 42.122.

(205) 処刑を目撃した一人の将校は、ラドクリフに次のように知らせてきている。「八人が真のラダイトで、……九人が時代の風潮に便乗した泥棒［すなわち押し込み強盗］であると私は考えます」。彼は、「真のラダイト」はいかなる自白も拒否した者であることを、教戒師から聞いていた。「彼らは自分たちのしたことがたとえ違法行為だとしても、それはたいした行為ではないと考えていたと私は確信してます」とも言っている。そして、「彼らは全員がメソジストだと確信します」と付け加えている。Colonel Norton to Radcliffe, January 1813, Radcliffe MSS., 126/114.

(206) *Proceedings under the Special Commission* (1813), pp. 67-9; Hammonds (1925), p. 332; Clarkson (1887), p. 40.

(207) Authorized introduction to York trials, in Howell (1811-26), XXXI, 964.

(208) Bronte (1908), chs.8, 30.

(209) *Leeds Mercury*, 23 November 1811; Bailey (1855), IV, p. 247.

(210) J. U. Walker (1836), p. 255; E. V. Chapman (1952), p. 35; West (1844), pp. 24-5.

(211) Hammonds (1925), p. 239.

(212) Peel (1880), pp. 6, 18.

(213) *Report of Proceedings under Commissions of Oyer & Terminer*... (1813), pp. XIV-XIX. ただし、これらの者のなかには、押し込み強盗で訴えられた偽ラダイトが相当数いたことを述べておかなければならない。一方で、製帽工、製靴工、けば立て機製造工はハリファクスの民主主義者だった。ロウフォールズの事件にかかわり起訴された者は、ほとんどが剪毛工だった。T.S. 11.2669 も参照のこと。

(214) たとえば、ヨークシャーの通信員がノッティンガムに住む自分の兄弟にあてた手紙で、当局に横取りされたものがある。それは、彼らのところに滞在していたノッティンガム出身の人物に関する手紙だった。それによれば、「われわれは、……彼を君に紹介された友人として受け入れている。彼がそうであると信用しよう、一緒にビールを飲んで騒ぐこともあるし、彼はラッドの歌も歌う」。19 April 1812, Radcliffe MSS., 126/32.

（215）Radcliffe MSS., 126-7.

（216）W. B. Crump (1931), p. 230.

（217）Peel (1880), pp. 23-6. この書物の一八八八年の第二版での序文で、ピールは、この伝統がいかに保持されていたかをあらためて述べている。

（218）*Reports of the Proceedings*... Oyer & Terminer (1813), pp, 124, 207.

（219）ジェイムズ・マンはリーズの剪毛工で、一八一七年には人身保護法の停止のもとで拘禁され（本書七九六ページ）、その後リーズで最も急進的な書籍商となった。この二人の「マン」という人物が同一人物であるかどうかは興味深い問題である。

（220）Reports of 'B', 25 March, 18 April 1812, H.O. 40.1.「かつての委員会」「以前のようなやり方」とは、おそらく一八〇一年と〇二年の陰謀をさしている。本書五六三―七ページを参照のこと。

（221）*Leeds Mercury*, 6 June 1812.

（222）Peel (1880), p. 9.

（223）Hammonds (1920), pp. 67, 73 および本書五八四―五ページを参照のこと。もう一人の「B」――たとえば、バーロー――は雇われていたので、この二人の「B」が同一人物であるとは言い切れない。本書五八〇ページを参照のこと。

（224）Deposition of H. Yarwood ,22 June 1812, H.O. 40.1. またベントは「立派な綿糸商人」であるとされていた。*Trial at Full length of the 38*... (1812), p. 137 を参照のこと。

（225）Hammonds (1920), pp. 274-5, 297, 336-7.

（226）一八一二年の早春を通じて「B」は、定期的にかつ冗舌的に報告していた。ハモンド夫妻は、二月のストックポートの会合に関する説明を、トマス・ウィッティカーの自白（H.O. 40.1 所収）に依拠して導いている。しかしながら、「B」は、まもなく入会を許されると期待していたのだが、三月二十五日には、いまだに秘密委員会の内部にもぐり込めないでいると報告している（H.O. 40.1 所収）。四月に入り、織布工の会合にいくつか出ることに成功した。しかし、五月になると、金銭をめぐる紛糾があり、ある重要な会合から締め出されている（deposition of Yarwood, H.O. 40.1）。
（227）Aspinall (1949a), pp. XXIII, n.2, 98-9, 100-1, n.2 を参照のこと。
（228）本書六四四ページで引用されているA. B. Richmondsを参照のこと。Fitzwilliam Papers, F.46 (g) のなかにも、正体のはっきりしない「織布工組合」に関する証言録取書が全文記載されている。この「織布工組合」は、「ロンドンからノッティンガムまで、さらにマンチェスターからカーライルまで」拡大していたといわれる。それらは、地域によって組織化の程度も異なり、宣誓の厳しさも異なったが、強固な秘密主義を義務づけられ、文書の送付にあたっても極度の注意が払われていた――文書の受け渡しは夜間に荒野でおこなったり、あるいは、決められた野原のはずれにある内部が空洞の枝のなかに文書を入れたり、など。
（229）おそらく、地元の説教師だろう。
（230）ホースフォールの暗殺にたいするハリファクスの民主主義者たちの反応についての、ピールの解説を参照のこと。「旧民主主義者であるベインズには、暗殺を支持したり、擁護する様子は見られなかった」Peel (1880), p. 164.
（231）たとえば、本書二一九ページの図版を参照のこと〔本訳書では、著作権の関係上、図版を割愛した〕。
（232）Enclosures in Rev. W. R. Hay, 16 May 1812, H.O. 41.
（233）オリヴァーは、ウェスト・ライディングの代表者会議（一八一七年四月二十八日）について、次のように報告している。「私は、そこで、多くの者たちが、一八〇二年にデスパードとその同志とも周到に準備を進めていたのに、同志間の緊密な情報交換の保持を怠った者が少なからずいたために、なにもかもが台なしになってしまった、とためらいもなく話しているのを耳にしました」Oliver's 'Narrative', H.O. 40.9.
（234）ランカシャーのラディズムに関するここでの議論は、ベント、ヤーウッド、ウィッテイカー、「R・W」の証言と、治安判事の報告書、匿名の書簡におおかた依拠している。これらは、H.O. 40.1, 42.121 and 42.123 に所収。
（235）Darvall (1934), p. 175. Beckett to Maitland, 29 August 1812 を参照のこと。そこでは、「彼らはなんらかの深刻な災いに恐れをいだく必要が出てくる前に、現在していることに、もっと同時的な協同性をもたせたり、もっと計画性をもたせたりしなければならない」と述べられている。H.O. 79.2 所収。

(236) *Historical Account of the Luddites* (1862), p. 11 を参照のこと。「それらのいきすぎた行動にかかわった人びとのなかには、革命的手段をもちいたり、政府の転覆を企図しようとした者もいたという見方が一般的である。しかし、そうした見方は、満足のいく証拠づけがなされていないように思える。さらに、暴動の指導者はたいへんな力をもってはいたが、みんな労働者階級の出身だったということは誰もが認めていることである」

(237) Cole (1924), p. 180.

(238) Darvall (1934), p. 310.

(239) F. Raynes (1817), p. 58.

(240) 真のラダイトの集団から発せられたと思われる手紙のほかに、この時期は、手紙を書くという自由な進取の気性にあふれていた。私が気づいただけでも、次のような著者があげられる。「ミスター・ピストル」「ラッド夫人」「ピーター・プラッシュ」「トマス・ペイン」「真実の男」「エリザ・ラッド」「国王はいらない」「ラッド国王」「正義の将軍」「煽動者ジョー」などである。それらに、「ロビンフッドの洞穴から」とか、「シャーウッドの森から」という住所が添えられることもあった。

(241) Radcliffe MSS., 126/46, 126/127A; *Appeal to the Nation* (1812) : Lockett to Beckett, 12 January 1817, H.O. 40.3.

第15章

(1) *Examiner*, 17 November 1816.

(2) *Political Register*, 6 February 1802. イングランド古来の制度のうちで最も憎まれていたのは、兵士強制徴募隊の次は、おそらく鞭打ちだった。コベットは鞭打ちの濫用を批難したために一八一〇年に投獄されたが、このことによって、彼は一般民衆のあいだで絶大なる人気を得る土台をつくりあげたのである。ウォールについては、Southey (1808), Letter 9 を参照のこと。

(3) *Political Register*, 27 January 1820.

(4) Halévy (1937), I, p. 104; Hammonds (1925), p. 85 を参照のこと。

(5) 本書七五六―七ページを参照のこと。

（6）*Courier*, 12 March 1817; *Weekly Political Pamphlet*, 15 March 1817; *Black Dwarf*, 19 March 1817.

（7）S. Bamford (1893b), p. 77.

（8）F. D. Cartwright (1826), II, p. 45; E. Halévy (1949), pp. 11 ff.

（9）カートライトのトマス・ハーディへの手紙（一八〇一年一月五日付）。「多くの人々は、公衆の心を革命へとかりたてるのではなく、改革のところで踏みとどめるには、いまではもう遅すぎると考えているようだが、私はそうは思わない。……フランスの事例は、われわれがまったく新しい土台の上にものごとを築こうと考えることを妨げるようにたしかに作用している」F. D. Cartwright (1826), I, pp. 292-3.

（10）ラターワース、ヒンクレー、レスター、ラフバラ、チェスターフィールド、シェフィールド、ハダズフィールド、ブラドフォード、ウェイクフィールド、リーズ（Leeds）、プレストン、ウィガン、リヴァプール、ボルトン、マンチェスター、リーズ（Lees）、ストックポート、ニューカースル、バーミンガム、ウースター、テュークスベリ、グロースター、ストラウド、バース、シェプトン・マレット、ブリッジウォーター、トーントン、ウェリントン、ブリストル、カーン、マールバラ、ニューベリ、ハンガーフォード、アビンドン、レディング。

（11）F. D. Cartwright (1826), I, p. 243, II, pp. 17, 21, 31-55, 110; H.0. 42.119; *Nottingham Review*, 27 December 1811, 3 and 17 January 1812; Ward (1909), p. 191.

（12）F. D. Cartwright (1826), pp. 47-55; Fitzwilliam Papers, F.46 (g); Radcliffe MSS., 126-117.

（13）H. Hunt (1822a), III, pp. 7-12.

（14）先進的な急進主義者たちのほとんどがこの候補選出に反対だった。Wallas (1918), p. 138を参照のこと。

（15）Add MSS. 27809 ff.16, 17, 51. ホーンがプレイスの編集方針に従わなかったことは述べておかなければならない。

（16）*Political Register*, 9, 16 December 1820.

（17）ジェイムズ・ワトソン（急進的な出版者で、カーライルとヘザリントンの仲間）と混同してはいけない。

（18）Add MSS. 27809 ff.72, 99.

（19）エヴァンズの『キリスト者の政体』については、本書一八九―一九〇ページを参照のこと。

（20）O. D. Rudkin (1927), pp. 146-9; A. W. Waters (1917b); A. Davenport (1836); W. M. Gurney (1817a), I, p. 45;

Address of the Spencian Philanthropists (1816), p. 4.

（21）ロバート・ウェダバーンの編集した小定期刊行物である *The 'Forlorn Hope'* および *The Axe Laid to the Root* を参照のこと。ともに一八一七年刊行。彼は、（スコットランドのジェントルマンとジャマイカ人の奴隷のあいだに生まれた）黒人であり、「頑固な」仕立て屋だった。エヴァンズ親子は、一八一七年から一八年の人身保護法の（第二回目の）停止期に監獄に入れられ、彼らの裁判は民衆の大きな同情を集めた。

（22）スパ・フィールズでのワトソン博士の演説からの抜粋を参照のこと。本書二七一ページ。

（23）メイジャー卿の面前でおこなわれたトマス・プレストンへの尋問（一八一六年十二月四日）を参照のこと。「私はかねがね、両ワトソンを――その二人とも――イングランドにおいて最も勇敢な人物であると考えてきました。……彼らは外科医だと思います」。T.S. 11.203. さらにD.N.B. 所収の記載事項も参照のこと。

（24）「プレストンは、喫煙・飲酒《フリー・アンド・イージー》の自由な音楽クラブが、［スピトルフィールズで］人びとを集める方法としていちばんいい方法であると語っていました」Desposition of J. Williamson, 24 September 1817, T. S. 11.197.

（25）Bamford (1893b), pp. 25-6.

（26）地方の数人の治安判事は、これを「権利」としてほとんど認めず、勝手に集会に介入し、それをつぶした。リーズのハムデン・クラブは、治安判事の介入によって解散させられた。

（27）最悪の弾圧の時期においてさえ、政府自らこの「不可侵の」権利を尊重する姿勢をみせていた。P. Fraser (1961) も参照のこと。

（28）*Leeds Mercury*, 6 March 1802.

（29）Brougham (1871), II, p. 62.

（30）*Weekly Political Pamphlet*, 1 March 1817.

（31）H.O. 40.3, cited in H. W. C. Davis (1926), pp. 21-2.

（32）H. W. C. Davis (1929), p. 181.

（33）H. W. C. Davis (1926), pp. 27-8.

（34）ランカシャーとレスターシャーを別にすれば、ハムデン・クラブの主要なセンターは、ノッティンガムシャー、ダービーシャー、バーミンガム、ノリッヂ、そしてウェスト・ライディングの一部にあった。

(35) Bamford (1893), pp. 11-2.

(36) [J. E. Taylor] (1820).

(37) 一八一〇年のはじめ、シェフィールドにおいて「コベットの『〔ポリティカル・〕レジスター』を購読していたクラブ」である「コベット・クラブ」については、T. A. Ward (1909), p. 163 を参照のこと。

(38) この「呼びかけ」は大部分が G. D. H. and M. Cole (1944), pp. 207-17 に再録されている〔邦訳は、「イングランド、ウェールズ、アイルランドの職人・労働者に宛てて」見市雅俊訳〔都築忠七編『資料イギリス初期社会主義』所収、平凡社、一九七五年〕を参照のこと)。

(39) W. H. Wickwar (1928), pp. 52-4 を参照のこと。

(40) Bamford (1893), pp. 19-20.

(41) バンフォードは、一八三九年に書いた『ある急進主義者の人生のあゆみ』(*Passages in the life of a Radical*)のなかで、自分は真面目な国制擁護の立場に立つ改革論者だったと語っているのだが、この本の著者(彼は運動家としての過去とはうってかわって、チャーティストに反対する特別治安官として仕えることをいとわないような人間になってしまっていた)が、改革運動の陰謀的側面に自ら関与していたことを隠蔽しようと苦労していることを示すものは多々ある。

(42) *Independent Whig*, 27 July 1817.

(43) *Political Register*, 4 April, 6 and 20 June, 26 December 1818.

(44) *Black Dwarf*, 30 December 1818.

(45) 本書九一五ページを参照のこと。*Sherwin's Weekly Political Register*, 23 May 1818 も参照のこと。

(46) *Examiner*, 16 November 1816.

(47) Bamford (1893b), p. 36.

(48) たとえば、ピータールーの事件のあと、ハントは彼の仲間の改革論者であるマンチェスターのジョウジフ・ジョンソンと公然と長期にわたって争いを展開した。その結果、相互の歓待に要した経費、クリーニング代、ハントの馬への飼料（オート麦）代、宿屋の部屋係のメイドに渡した（あるいは、渡さなかったかもしれないが）チップの代金など、これらすべてが、公衆の面前にさらされることになった。

（49）W. Hazlitt (1932b), pp. 13-7.

（50）本書九一三―二一ページを参照のこと。

（51）Bamford (1893), p. 200.

（52）J. Harland (1865), p. 262.

（53）D. Read (1957), p. 54.

（54）たとえば、ロッチデイルにおけるサクストンの演説。「国中がまさに団結されなければならない……自由たるべき人間としての権利を要求しなければならない。さもなくば、戦いのなかで雄々しく死のうではないか――（大きな喝采）」*Sherwin's Weekly Political Register*, 7 August 1819.

（55）Wallas (1918), pp. 120, 146.

（56）T.S. 11.203; H.O. 40.7/8.

（57）これが、イースト・エンドで、救貧税を課せられていた小親方や熟練工がいつも感じていた不満の種だった。たとえば、（一七九〇年代の）不況期には、救貧税率はスピトルフィールズとマイル・エンドでは一ポンド五シリングから十シリングだったが、ウェスト・エンドでは二シリングから二シリング六ペンスにすぎなかった。A Magistrate (1797) ; W. Hale (1806) ; T. F. Buxton (1816) ; *Trades Newspaper*, 15 October 1826 を参照のこと。

（58）一七九七年と一八〇一年に破産法が議会を通過したとはいえ、これらの法律は小債務者を救済するものではなく、彼らは引き続き監獄に置かれることを余儀なくされた。さらに、監獄における拘束費用も彼らの債務に加算された。J. Neild (1802), pp. 301, 335-7 を参照のこと。一八一六年と一七年の内務省文書のなかには、債務者たちからの哀れをさそう嘆願書が数多く残されている。

（59）本書五八〇および五八四ページを参照のこと。

（60）とくに、*People*, 19 April 1817; F. T. Buxton (1816) を参照のこと。

（61）十二月三日、マンチェスターでは、周辺のハムデン・クラブの代表者たちのグループが、期待に胸をふくらませて、ロンドンからの知らせがくるのを待っていた。シェフィールドでも同様の期待があった。

（62）プレストンはこう語っている。「兵士たちの状態は職人たちよりも恵まれている——しかし、彼らの友人や親族の惨めな状況が彼らの心を重くしているのである」（T.S. 11.203.）。事実、一八一五年の穀物法暴動のおりに軍隊が招集されたとき、その軍隊には、著しく忠誠心が欠けていることがあきらかとなった。Hammonds (1925), p. 86.

（63）ワトソン博士はまた、自分は後方にとどまり、群衆を静めようとしていたのだ、と主張した。*Independent Whig*, 3 August 1817 を参照のこと。

（64）（弾圧二法が制定され、また人身保護法が停止されたあとの）一八一七年の二月と三月に、いま一度スパ・フィールズで示威行進実施の試みがなされたが、成功しなかった。本文でのこの部分の記述は、主として以下の文献から引用。W. M. Gurney (1817), esp. I, pp. 45-51, 56-61, 73, 531, II, p. 190; Hunt (1822a), III, pp. 329, 344, 369-72, 447; examination of Preston by the Lord Mayor, 4 and 5 December 1816, in T.S. 11.203 ; T. Thomas to Sir N. Conant, 9 and 27 November 1816, in H.O. 40.4 ; Papers in H.O. 40.3 and 7 ; *D.N.B.*

（65）*Independent Whig*, 27 July, 12 October 1817.

（66）ワトソン博士が大逆罪裁判で無罪放免されたとき、祝宴がもたれたが、そのときにもハントは司会を引き受けた。Ibid., 3 August 1817.

（67）Halévy (1937), pp. 18-22 を参照のこと。

（68）*Political Register*, 11 April 1818. 一八一八年四月十八日付の同紙の次の文章も参照のこと。「そういうことをすれば、その結果はといえば、無防備な人びとの一団を腐敗の毒牙にさらすことになるだけだ、と私はいつも［バーデットに］言ってきた」

（69）*Political Register*, 14 December 1816. また、Cole (1924), p. 216 も参照のこと。

（70）Bamford (1893b), p. 20.

（71）*Weekly Political Pamphlet*, 22 February 1817.

（72）R. J. White (1957), p. 134.

（73）Bamford (1893b), p. 44.

（74）Report of House of Lords Committee, Hansard, 1817, XXXV, p. 411. シドマスはハムデン・クラブを、たんに、「議会改革という仮面の下で、公共社会の混乱と革命をもくろんでいる結社」としてしか見ていなかった。Sidmouth to Fitzwilliam, 10 December 1816, Fitzwilliam Papers, F.45(g).

（75）人身保護法停止法は一八一七年三月四日に通過し、七月に再度制定され、一八年の一月まで効力をもった。プレイスの計算によると、一七年の秋までに、イングランドでは九十六人、スコットランドでは三十七人が大逆罪で拘束された（その大半の者はその後裁判にかけられることもなく釈放された）。しかし、H.O. 42.172 所収のイングランドに関する集計によると、拘留者数はわずか四十三人である。この時期の弾圧の概要については、H. Jephson (1892), I, pp. 399-434 を参照のこと。

（76）*Weekly Political Phamphlet*, 15 February, 1 March 1817.

（77）*Black Dwarf*, 5 March 1817.

（78）コベットは、一八一九年の末まで戻ってこなかった。しかし、しばしの休止期間のあと、彼はふたたび『〔ポリティカル・〕レジスター』の発行を開始し、イングランドの出来事について離れた場所から評論しはじめた。それはときとして事が起きてから五、六カ月後になされることもあった。こうして、ダービー裁判での判決の執行（一七年十一月七日）についての彼の評論は、一八年四月十一日付の『〔ポリティカル・〕レジスター』に掲載された。だが、彼の評論は概して正確なものだった。それは彼がイングランドとよく連絡をとりあっていたこと、またアメリカへ亡命してきた改革論者たちの報告を受けていたことによる。

（79）たとえば、一八一六年の九月と十月には、ノッティンガム、ボルトン、そしてシェフィールド（八千人が参加）で、また、一七年の一月にはバーミンガムで、改革派の集会が開催された。*Nottingham Review*, 27 September, 4 and 11 October 1816; J. A. Langford (1868), II, pp. 414-16.

（80）H.O. 40.3; A. T. Patterson (1954), pp. 107 *et. seq.*; Davis (1929), pp. 180-83.

（81）Bamford ([1840]), p. 9. ある治安判事が一八一六年に書いているところでは、ナイトは「財産も特徴もない男」であり、ケイとフィットンは織布工である。ミッシェルはジャーニーマンの印刷工であり、彼の妻は反物の商いをしていた(H. W. C. Davis (1926), p. 24)。

(82) 同心協会については、B. Whittingham-Jones (1959), p. 129 を参照のこと。

(83) *Blanketteer*, 27 November 1819; *Address to the People* (1816), in H.O. 40.9.

(84) 中流階級の改革論者については、A. Prentice (1851), pp. 73-4; D. Read (1957), ch. 5 を参照のこと。

(85) H. W. C. Davis (1926), p. 30.

(86) Hammonds (1920), ch. 5; Aspinall (1949a), ch. 7; Cole (1933a), ch. 2. 一八一八年に『ブラック・ドウォーフ』に掲載された、ある綿紡績工の印象深い手紙については、本書二三三―六ページを参照のこと。

(87) 一八〇〇年代のはじめ、ランカシャーの工場主たちは、ジャコバンの疑いのある者は解雇するように奨励されていた (Aspinall (1949a), p. xxiii)。一八一六年の十月、「専制的な所有者たち」は、急進派の集会に参加した労働者を解雇した (H.O. 40.9)。三〇年でも、オウエン主義を支持する工場労働者は追放された。G. Simmons (1849), p. 70.

(88) A・T・パターソンは、レスターシャーについて同様のことを指摘している。当時、ラフバラでは地元在住の治安判事はたった一人しかいなかった。また、パターソンは、北部レスターシャーの村落の「実力行使派」の伝統と、レスターそのものの法律順守の気質とを (比較しながら) 区別している。A. T. Patterson (1948), p. 172 を参照のこと。

(89) *Political Register*, 16 May 1818.

(90) Bamford (1840), p. 174.

(91) Davis (1926), p. 24. この集会ではマンチェスターの中流階級の改革論者たちにたいして、議長となるようにという要請が何度となくなされたのだが、その要請は拒まれた。この点については注意しておく必要がある。

(92) 逮捕された者のリスト (H.O. 42.172 所収) を見ると、織布工が圧倒的に多い。四十八人の被告人からなる一団のなかで、二十九人は織布工、二人は紡績工、二人は不熟練労働者、そして以下の職業の者がそれぞれ一人ずついた。家具製造工、製材工、製本工、指物工、機械製造工、獣脂ろうそく製造工、染色工、製靴工、ロープ製造工、「カレンダー・マン」。百七十三人からなるほかの一団の被告人たちについて見れば、そこにはより多くの紡績工、梳毛工、漂白工、糸継ぎ工などがいたが、しかし大半は織布工だった。

(93) ストックポート同盟協会については、D. Read (1957), pp. 47 ff. および本書八五八ページを参照のこと。

(94) H.O. 42.198. これの全部が D. Read (1957), Appendix B, p. 221 に引用されている。

(95) R. K. Webb (1950), pp. 333 ff. を参照のこと。そこでは、一八四〇年における手織工の読み書き能力の水準は(近年低下したという不満が引き続きあったにもかかわらず)、ほかのグループに比べると相対的によかったという証拠があげられている。
(96) H. W. C. Davis (1926), p. 31. スタッフォードシャーの鉱夫たちは、一八一六年に最初に試みられた「飢餓行進」という先例をつくった。「ブランケティアズ」の行進は、実際には、軍隊によって阻まれ、二百人以上の人びとが逮捕され、リークから先に進んだものは少数だった。
(97) Cole and Postgate (1961), p. 217.
(98) フリマントルの論文〔A. F. Fremantle (1932), pp. 601ff.〕は、ホワイトが近年彼の著作〔R. J. White (1957), ch. 13〕でペントリッジ蜂起を考察した際に主として依拠したものである。しかしながら、両者の分析とも、ハモンド夫妻のものより劣っている。
(99) H. W. C. Davis (1926), p. 28 を参照のこと。
(100) Bamford (1893b), pp. 21, 32-3; H. Hunt (1819), P. 9.
(101) *Blanketteer*, 23 October 1819.
(102) Bamford (1893b), p. 44; H. W. C. Davis (1926), p. 35.
(103) *Political Register*, 16 May 1818 での証言。
(104) *Political Register*, 16 May 1818 でのペンドリルの証言。ペンドリルは、一八一一年からオリヴァーのことを知っていた。ペンドリルはその当時は大工の職長だった。オリヴァーの職業についてはさまざまな記述があり、建築業者だとか大工だとか経理士だとかいわれてきている。しかし本当は彼は、上級事務員あるいは簿記係であり、そして測量技師だった。
(105) *Blanketteer*, 23 October 1819.
(106) オリヴァーの旅程は次のとおり。四月二十四日、ロンドンを出発。二十五日、バーミンガム。二十六日、ダービーを経てシェフィールド。二十七日、二十八日、ウェイクフィールド、デューズベリ。二十九日、リーズ。三十日、マンチェスター。五月一日、二日、リヴァプール。三日、マンチェスター。五日、ウェイクフィールド。六日、ハダズフィールド。七日、ウェイクフィールド。八日、ハダズフィールド。九日、バーンズリ。十日、オシット。十一日、スペン・ヴァリー。十二日、ブラドフォード。十三日、リーズ。十五日、ロンドン。バーミンガムとリーズ間の旅のとき、「馬車の馬が替えられているあいだに」、ミッチェルはダービーの指導的な改革論者にオリヴァーを紹介した。H. Hunt (1819)。さらに、'O's Tour' と題した文書（T.S. 11.351）、オリヴァーの 'Narrative' と題した文書（H.O. 40.9）、そして手紙（H.O. 40.10）も参照のこと。

（107）H. Hunt (1819) ならびにスティーヴンズの証言。

（108）ある情報によると、ミッチェルは偽名で旅をし、織布工のようにファスチアン織の衣服とエプロンを身につけていた。T. W. Tattie to Fitzwilliam, 22 January 1820, Fitzwilliam Papers, F.52 (c).

（109）『リーズ・マーキュリー』でオリヴァーの素性を暴露したベインズは、またミッチェルも攻撃した。ミッチェルは素人の愚かな陰謀家だったが、しかしスパイではなかった。ジョーンズ・バーデットが指揮した急進派による公式の調査によって、ミッチェルへの疑いは一掃された。バンフォードは、一章をあげてミッチェルを擁護していて、大文字で書かれた結論部はこうである。「もし、彼がスパイだったならば、裏切りにあっていない人びとも裏切られていたことだろう」。これはオリヴァーが知っていた以上になんらかの計画があったということを認めたものだった。ミッチェルが出獄したとき、カートライト少佐は、もし彼が誠実な人間であれば、公的生活から退くべきであると忠告したのだが、ミッチェルはそれを無視し、急進主義の政治活動に復帰した。彼はベインズの批難に抗して、『ブランケティア』において自己の名誉を弁護した。リーズでは石を投げつけられ、運河に放り込まれた。そして一八二〇年には、文書煽動罪で投獄された。Bamford (1893b), chs. 12, 26; Baines (1851), p. 109; *Blanketteer*, 23 October to 20 November 1819; Fitzwilliam Papers, F.52 (c); L. T. Rede (1831), p. 630.

（110）H. Hunt (1819) を参照のこと。

（111）たとえば、スコールズの証言（*Leeds Mercury*, 21 June 1817）、および（ダービーの）W・クリフの証言（*Duckett's Dispatch*, 9 December 1818）を参照のこと。

（112）'O's Tour' と題した文書（T.S. 11.351）には以下のような旅程の記載がある。五月二十三日、ロンドン出発。二十四日、バーミンガム。二十五日、ダービー。二十六日、ダービー。二十七日、ノッティンガム。二十八日、ノッティンガム近郊の村。二十九日、シェフィールドからウェイクフィールドへ。三十日、ブラドフォードおよびハリファクス。三十一日、マンチェスター。六月一日、リヴァプール。二日、マンチェスターからウェイクフィールド。三日、ウェイクフィールド。四日、山岳営舎（ウェイクフィールド近郊にあるバイング将軍の司令部）。五日、リーズ。六日、デューズベリ近郊のソーンヒル・リーズ。ノッティンガムに向けて郵便馬車で出発。七日、ノッティンガム。ロンドン行きの郵便馬車で出発。バンフォードとプレンティスによると、ランカシャーでは、中流階級と労働者階級の改革論者はともに、すでにオリヴァーを疑っていて、彼の計画について警戒の声を発していた。*Sherwin's Weekly Political Register*, 15 November 1817, 14 February 1818. オリヴァーの『物語』と手紙（H.O. 40.9/10）。ブラッドリおよびディケンソンの証言（H.O. 42.165 and 167）。

(113) *Sherwin's Weekly Political Register*, 21 June 1817.

(114) *Rex* v. *Thomas Bacon*; brief in T.S. 11.351.

(115) Parker to Fitzwilliam, 29 May 1817, Fitzwilliam Papers, F.45 (i).

(116) ある密告者（ブルウェルのH・サンプソン?）の報告（Enfield to Sidmouth, 1 June 1817, H.O. 40.6 に同封）。

(117) ウィリアム・スティーヴンスの証言録取書（*Political Register*, 16 May 1818）。A・F・フリマントルとR・J・ホワイトは、オリヴァーは、ブランドレスといかなる関係ももっていないと示唆しているが、スティーヴンスの証言はそれらと対立する。また、*Nottingham Review*, 7 November 1817 を参照のこと。

(118) シドマスあるいはバイングはこうした逮捕を意図していなかったが、ある熱心な治安判事のために、そうせざるをえなくなった。Hammonds (1920), p. 358 を参照のこと。

(119) この数日間のことについては、H.O. 40.9 および *Leeds Marcury*, esp. 21 June 1817 を参照のこと。

(120) H.O. 40.6.

(121) D. Gray (1960), p. 169; S. Maccoby (1955), p. 352.

(122) *Political Register*, 16 May 1818.

(123) A. F. Fremantle (1932) and R. J. White (1957) を参照のこと。

(124) R. J. White (1957), p. 95; E. P. Thompson (1957-1958).

(125) たとえば、一八一三年に、彼は大逆罪にたいする中世的な刑罰を残しておこうと努めた。L. Radzinowicz (1948-1956), I, pp. 519-20 を参照のこと。

(126) 五月の末、シェフィールドの六人の労働者が逮捕され、大逆罪で告発されたが、裁判にかけられることはなかった。その理由は、一部には、ヨークシャーの世論――数多くのジェントリのそれを含む――がオリヴァーの行為が暴露されたことで、当局に激怒していたからである。二月には、グラスゴーの多くの改革論者が逮捕されたが、検察側の主要な証人の勇気ある発言のおかげで、七月に無罪放免された。

(127) R. J. White (1927), p. 70.

(128) W. B. Gurney (1817b), I, pp. 87, 152, II, pp. 398, 420, 443, 450. 反乱者たちが通過した村の一つは、イーストウッド――D・H・ロレンスの「古き粗野なイングランド」――だった。

(129) これらの（リーズ、ウェイクフィールド、デューズベリ、ホウムファース、ハダズフィールド、ブラドフォード、そしてスペン・ヴァリーの）代表者たちは、オリヴァーが集会に出席するように誘った労働者階級の改革論者にすぎなかったかもしれない。しかし、少なくともそのなかの一人のリーズの剪毛工のジェイムズ・マンは地方の改革運動の一指導者であり、のちにリーズにおける急進派の指導的な書籍商となった。彼らは事実、まぎれもなく「代表者」だったと十分言えそうである。*Leeds Mercury*, 14 and 21 June 1817.

(130) *Leeds Mercury*, 14 and 26 July 1817; D. F. E. Sykes (1908), pp. 292-4; despositions of John Buckley and John Langley, in Fitzwillwam Papers, F.45 (k) ; T.S. 11.3336 and 4134 (2).

(131) *Gorgon*, 27 June 1818; Wallas (1918), p.123.

(132) Hammonds (1920), pp. 366-8 を参照のこと。

(133) W. B. Gurney (1817b),I, pp. 198-200.

(134) ウェイトマンの死刑の執行は停止され、国外に追放されたほかの十三人のなかに加えられた。

(135) *Sherwin's Weekly Political Register*, 15 November 1817 を参照のこと。

(136) Arnold (1873), I, P. 116; *Parliamentary Debates* (New Series), I, 267; R. J. White (1957), p. 173. また、*Nottingham Review*, 8 August 1817 も参照のこと。

（137）T.S. 11.351; H. Hunt (1819), III, pp. 499-502; *Black Dwarf*, 12 November 1817; *Political Register*, 25 April 1818; Hammonds (1920), p. 368; R. J. White (1957), p. 172; E. P. Thompson (1957-1958), pp. 73-4.

（138）Hammonds (1920), p. 358, Arnold (1873), p. 116; *Political Register*, 25 April 1818.

（139）*Leeds Mercury*, 8 and 15 November 1817; Arnold (1873), p. 115.

（140）ダービー裁判に召喚された三十五人のうち、掛け枠編み工十三人、不熟練労働者七人、炭坑夫五人、石切り工二人、農場経営者二人。以下の職業の者がそれぞれ一人。石工、鋳造工、鍛冶工、機械工、製材工、仕立て工（T.S. 11.351）。

（141）*Independent Whig*, 23 October 1817.

（142）*Leeds Mercury*, 30 October 1817. これは次の週に「訂正の要請」があって否定された。しかし、ラドラムはメソジスト分離派の団体の一つ――「ニュー・コネクション」か「プリミティヴ・メソジスト」――に属していたものと思われる。さらに、B・グレゴリーの証言、本書四七二ページも参照のこと。

（143）剪毛工二人。織元三人。以下の職業の者がそれぞれ一人。製靴工、大工、織布工、けば立て製造工、居酒屋の主人。*Leeds Mercury*, 14 June 1817.

（144）たとえば、*Legislator*, 1 March 1818 ならびに、Lord G. Cavendish to Fitzwilliam, 25 August 1817, Fitzwilliam Papers, F.45 (k) を参照のこと。さらに注目すべきことは、ブランドレスはデスパードが処刑されたとき、その場にいた――大逆罪における処刑の方法を説明しようとしたとき、自分はデスパード大佐の事件のおりにそれを見たことがあるので、説明は無用だ、と彼は言ったのである（*Independent Whig*, 9 November 1817）。当時のほかの二人の陰謀家――ペンドリルとウェイクフィールドのスコールズ――は、デスパード事件に関与していた。さらに、オリヴァーの証言、本書第14章原注（233）も参照のこと。

（145）Wood to Fitzwilliam, 6-7 and 9 June 1817; desposition of John Buckley; Capt. J. Armytage to Fitzwilliam; all in Fitzwilliam Papers, F.45 (i) and (k). マンについては、本書七〇二ページを参照のこと。

（146）*Independent Whig*, 9 November 1817; *Nottingham Review*, 24 October 1817.

（147）B. Gregory (1903), p. 129. ペントリッジの蜂起者たちは、自らのことを「革新者 Regenerators」と呼んでいた。

（148）こうした行動に深く関与した者の一人、ジェイムズ・バーキンの証言録取書を参照のこと。彼は、反乱はオリヴァーの関与がなくても、「ノッティンガム、ヨークシャー、ランカシャー、そしてスタッフォードシャーのさまざまな場所で」勃発しただろうことを少しも疑っていない（H.O. 42.172)。

（149）*The King* v. *Thomas Bacon*, brief in T.S. 11.351; Lord G. Cavendish to Fitzwilliam, 25 August 1817, Fitzwilliam Papers, F.45 (k).

（150）H.O. 40.6. この一週間前に、スミスはこの密告者にこう語っている。「私は多くの革命について学んだが、有力者の協力なしに成功したものは一つもない。そして思うに、現在進行中の状況を支援してくれる者は、誰もいないのだ……」

（151）*Leeds Mercury*, 30 October 1817.

（152）*Independent Whig*, 23 October 1817.

（153）*Sherwin's Weekly Political Register*, 24 May 1817.

（154）H.O. 42.198. これは、D. Read (1957), pp. 219-20 に全文が再掲されている。

（155）印象的なストックポート・モデルの説明については、本書八五八ページを参照のこと。「政治的プロテスタント」については、Wearmouth (1937), pp. 88 ff. ならびに Halévy (1937), pp. 59-60 を参照のこと。

（156）この点については、本書八五九ページ以降を参照のこと。

（157）*D.N.B.* の記載事項を参照のこと。

（158）*Black Dwarf*, 9 September 1818.

（159）*Examiner*, 24 November 1816.

（160）最初の数週間、シャーウィンの『レジスター』〔*Sherwin's Weekly Political Register*〕はこのタイトルをつけていた。シャーウィンについては、Wickwar (1928), pp. 69 ff.、また、カーライルについては、本書八六〇―九ページを参照のこと。

（161）*Gorgon*, 25 July 1818. また本書九二五ページ、および Wickwar (1928), pp. 60-1, 67 も参照のこと。

（162）*Medusa*, 1 and 29 May 1819. また、Wickwar (1928), pp. 63-4 も参照のこと。

（163）G. Edomonds (1819). また、反エドモンズ派のパンフレットのコレクション（Brtish Museum, 8135 cc.6);

Birmingham Inspecter (1817) も参照のこと。

（164）R. K. Webb (1955), p.47 et seq.

（165）A. B. Richmond (1825), p.54.

（166）Wickwar (1928),pp. 135 et seq.

（167）*Reformers Guide or The Rights of Man Considered* (1819).

（168）G. Edmonds (1817), p.15.

（169）H.O. 40.4. しかしながら、トールボット伯爵は、三千人の群衆の秩序正しい行動にいい印象をもち、シドマス卿にたいして、（集会の権利ではなく）ハムデン・クラブを禁止すべきである、と勧告した。

（170）H.O. 40.4.

（171）Bamford (1893), chs. 24, 25.

（172）本書五五三ページを参照のこと。

（173）*Cap of Liberty*, 15 September 1819; *Independent Whig*, 19 September 1819; J. Keats (1911), V, p. 108.

（174）本書五〇五—七ページを参照のこと。

（175）デューズベリについては、Aspinall (1949a), p. 341 を参照のこと。ノッティンガムについては、前掲 p. 320 を参照のこと。マンチェスターについては、Hammonds (1920), p. 100 を参照のこと。

（176）'Bob in Gotham' (1821), p.4.

（177）An Observer (1819), p. 46.

（178）*Manchester Gazette*, cited in D. Read (1957), p. 71.

（179）A Yorkshire Freeholder (1819), p. 8.

（180）Halévy (1937), pp. 62-3.

（181）D. Read (1957), p. 207. リード氏は、ピータールーの十二日前にシドマスが書いた手紙に大きな比重をおいている（一二〇ページ）。そこではマンチェスターの治安判事に向けて、「群衆を解散させようとしてはいけない」と勧告している。しかし、たとえ「ピータールーについての決定」がシドマスと治安判事たちによってなされたとしても、それはあくまでも私的に、集会の前週になされていただろう。そして、のちの調査に資するようななんらかの記録が公的な内務省文書にそのまま残されたとはとても考えられない。ホブハウスとバイングとノリスのあいだの「私的で内密な」往復書簡（H.O. 79.3）は、奇妙なことに曖昧である。いくつかの手紙は（これは「記録として」残されたという感じがするものだが）、群衆にたいする「性急な」あるいは暴力的な行動に反対している（folios 479, 480, 483）。だが、前例のない事態を予想させるような雰囲気があった。ノリス（マンチェスター裁判官団の議長）にたいしては、通信用の私的あて先が伝えられていた（folios 489）。また、ピータールーから二日後のホブハウスの記録によれば、シドマスは、「あなたがやろうとしていた――私もそれを知っていたが――プランに従って、レストランジ大佐が前衛にヨーマンリを起用した」判断に満足していた（folio 510）。この問題についての私の考えは次のとおりである。(a)マンチェスターの当局は、たしかに暴力の行使を意図していた。(b)シドマスは、集会の最中にハントを逮捕し、群衆を解散させるというマンチェスター当局の意図を知っていたし、それに同意していた。しかし、彼は実際にふるわれた暴力にたいしてする予測はできていなかったのである。

（182）とりわけ、C. D. Yonge (1868), II, p. 378, 409, 419-22, 432; H. Twiss (1844), II, pp. 337-40; Wickwar (1928), pp. 129-31 *et passim*; G. Pellew (1847), pp. 283 ff.

（183）Wallas (1918), p. 141.

（184）*Manchester Observer*, 7 August 1819.

（185）*The Times*, 27 September 1819.

（186）以下を参照のこと。Bamford (1893), Prentice (1851), J. E. Taylor (1939) の説明。『タイムズ』のタイアスによる当時の記事。『リーズ・マーキュリー』のベインズの記事。シャーウィンの『ポリティカル・レジスター』〔*Sherwin's Weekly Political Register*〕におけるカーライルの記事。『ヘンリー・ハントの裁判』〔*Trial of Henry Hunt and … etc.* (1820)〕の証人ならびに関係者の証言。オールダムの『ジョン・リーズ審判』〔*Inquest on John Lees* (1820)〕ならびにバーレイ大佐への反対行動。F. A. Bruton (1919), F. A. Bruton (1921), and (in defence) [F. Philips] (1819).

（187）J. E. Taylor (1939), pp. 175-6. ハントは八月十六日に実際に参加したヨーマンリの職業リストを公表した。そこには以下のような職業の息子たちがいた。酒場の主人、製造業者、ワイン商人、仲買人、ダンス教師、チーズ屋、肉屋など。*Radical Reformers* (1822), pp. 13-6. また、D. Read (1957), p. 18 も参照のこと。

(188) *Inquest on John Lees* (1820), pp. 70, 180.『タイムズ』でのタイアスの論評と比較のこと。「二人のヨーマンリが馬でサクストンに近づいた。『ここに、くそったれのサクストンがいるぞ。……おまえがこいつの身体を踏みつぶしてみるかい』。『いや、いいよ』ともう片方の男が答えた。『気が進まねえな。あんたにまかせるとしよう』。するとすぐさまその男は、サクストンに向かって突進していった」

(189) J. E. Taylor (1939), p. 170.

(190) Bamford (1893), p. 157.

(191) しかし、ピータールーの余波については、Read (1957), chs. 9-14 での有益な議論を参照のこと。

(192) F. A. Bruton (1919), pp. 20-21, 68.

(193) Bamford (1893), p. 163 ならびに *Independent Whig*, 22 August 1819 も参照のこと。

(194) W. Hone (with Cruikshank), 1819.

(195) *Independent Whig*, 29 August, 5 September 1819.

(196) H.O. 42.198. マンチェスターの日曜学校委員会は、白い帽子をかぶったり急進派のバッジを付けて登校した子供全員を排除すると（一八一九年九月二十四日に）決議した。しかし、メソジストの団体内での意見の対立については、D. Read (1957), p. 203 を参照のこと。

(197) 例外はある。たとえば、ヨークシャーとノフォークでは、ウィッグの賛同のもとに抗議集会が開かれた。

(198) H.O. 42.98. この委員会は以下の者で構成されていた。二人のパン屋、各一人の鍛冶工、炭坑夫斡旋業、鍛造工、炭坑夫、小規模農場経営者、製靴工。

(199) *A Full Account of...* (1819)；'Bob in Gotham' (1821)；*Black Dwarf* and *Newcastle Chronicle*, passim; *Durham Advertiser*, quoted in *Political Observer*, 19 December 1819; H.O. 42.198; *Independent Whig*, 17 October 1819; R. G. Wearmouth (1937), pp. 102-3. 本書四二〇―一および四六九―七〇ページを参照のこと。

(200) 'Y's' verbal desposition to Manchester Boroughreeve, 6 and 8 November 1819 in H. O. 42.198.

(201) 'Papers relative to the Internal State of the Country', *Parliamentary Debates*, XLI (1820), passim（治安判事の報告

からの、いくぶんセンセーショナルな選択）；H.O. 42.198; J. E. Taylor (1939), pp. 102-34; Briton, 11 November 1819; *Independent Whig*, 10, 17, 31 October 1819; Halévy (1937), p. 66.

(202)『〔シャーウィンズ・ウィークリー・〕ポリティカル・レジスター』（一八一七年九月十三日）によれば、当局は、反乱がバーソロミュー・フェアに合わせて計画されているという噂でパニック状態となった。四つの騎兵連隊が招集された。ロンドン市長は、「カキを入れた桶、ソーセージ売りの屋台、そしてショウガ入り菓子パンのバスケット」のなかまで武器がないか探し回った。この陰謀の詳細については、H.O. 40.7 and 8 を参照のこと。

(203) たとえば、ウィリアムソンの証言（一八一七年十二月十八日）を参照のこと。シスルウッドは、こう語っている。「カーライルは、明日裁判にかけられる。彼の希望なのだが、できるだけ多くの人を連れてきてくれ。そして、彼のために万歳三唱してくれ」T.S. 11.197.

(204) 同上（一八一七年九月二十七日）。「シスルウッドは、ワトソンが来たあとはあまりしゃべらなくなった。私が思うに、彼はワトソンを好きではないのだ」。さらに、H.O. 40.9 所収の証言（一八一八年二月十一日）も。

(205) *Medusa*, 31 July 1819.

(206) 二つの準備委員会があった。一つはワトソン博士のそれ、いま一つは競合する委員会で、後者にはトマス・エヴァンズ、ギャロウェイ、そしてカーライルが含まれていた。しかし、両者はワトソンの議長のもとに合体した。*Independent Whig*, 12 September 1819 を参照のこと。

(207) G. T. Wilkinson (1920), pp. 56-7.

(208) *Medusa*, 9 October 1819.

(209) R. Carlile (1821), p. 10.

(210) An Observer (1819), p. 72; Bamford (1893), pp. 247 ff.; *Cap of Liberty*, 15 September 1819; J. Johnson (1822), *passim*. ハント、ワトソン、そしてシスルウッドの書簡が、一八一九年十月と十一月に一般紙のなかで取り交わされた。

(211) 二百人委員会が十一月の第一週に招集したスミスフィールドでの集会への参加者は、わずか二千人から三千人程度であり、シスルウッドとプレストンが演説した。しかし、参加者が少なかったのは、二週間前からのハントの攻撃のためなのか、それとも悪天候のためなのかは定かではない。*Independent Whig*, 7 November 1819.

(212) この説明は以下にあげるさまざまな資料に依拠している。H.O. 42.198 and 199; A. B. Richmond (1825), pp. 181-4; J. E. Taylor (1939), p. 134; *Cap of Liberty*, 13 October and 15 December 1819; *Republican*, 12 November 1819; General Byng to Wellington, 28 October 1819, in Wellesley (1867-1880), I, p. 84. さらに D. Read (1957), pp. 147-50, 155-8 も参照のこと。ウルトラ急進主義のマンチェスター政治同盟の秘書、W・C・ウォーカー――彼はその悪名高い性格や「二人の妻」をもっていたことで、ある集会でひと騒動を引き起こした――は、マンチェスターの有給治安判事であるノリスによって「この地区のシスルウッド」と見なされていた。しかし、ボルトンのフレッチャー大佐やシドマス卿は事情をもっとよく知っていた。内部証拠からみれば、ウォーカーは（彼はノッティンガムの「執行部」へ派遣された代表者の一人だったが）、フレッチャー大佐に雇われていた「アルファ」という人物にほかならないと思われる。ウォーカーは（「アルファ」はいくぶんの自己満足を込めて、フレッチャーにこう報告した）、「可能なかぎり最高に有用な人脈をつくり、警察のずる賢い策略に動じないことを示してみせていた」。'Alpha' to Fletcher, 15 and 17 November 1819, in H.O. 42.198 を参照し、D. Read (1957), pp. 157, 218-23 と比較すること。

(213) *Political Register*, 6 November, 5 December 1819, 6 January 1820. その基金はわずか数百ポンド集まったにすぎず、その大半はコベット自身が一八二〇年のコヴェントリでの彼の選挙立候補の際に使ってしまった。この政治不信を招くような出来事は、Cole (1924), p. 242 ではやや糊塗されている。

(214) 有用な要約としては、以下を参照のこと。Halévy (1937), pp. 67 ff.; H. Jephson (1892), II, pp. 502 ff.; S. Maccoby (1955), ch. 20. 出版界にたいする訴追については、本書八六〇―七ページを参照のこと。

(215) Union (1831), (John Rylands Lib. R.106147) のなかの以下の論評を参照のこと。「政府は、一八一九年には、ハント氏の忍耐のおかげで安全を保持することができた」

(216) *Political Register*, 4 December 1819, 22 January 1820.

(217) まだよくわからないことがたくさんある。ジョン・スタンホープの『カトー街の陰謀』〔J. Stanhope (1962)〕は、おなじみの「推理小説」の手法で楽しませてくれる。これは、H.O. 44.4/6 の記録にもとづいて、エドワーズの煽動工作員としての役割をなんら疑う余地を残さず確立している。しかしながら、それは陰謀を文脈のなかでとらえていないし、伝記的詳細は、主として、敵意ある新聞報道やG・T・ウィルキンソンの裁判報道に依拠している。「シスルウッド文書」を裏付けるような多くの記録文書は、H.O. 42およびH.O. 40.7/10にあるが、それらは今後なお調べる必要がある。

(218) たとえば、R. J. White (1957), p. 199を参照のこと。ここでは、彼は「乱暴者の浮浪児」の助けを得た「原爆のような反逆者（atom-bomb traitor）」にたとえられている。また、スタンホープによれば（pp. 28, 57）、彼は「神経衰弱」にかかった「精神異常人格」である。しかし、あきらかな事実として、医学的正確さから見ると、こうした症状をもっていたと見なすことができる唯一の人物は、一八一九年から二〇年においては、カースルレイ卿だけである。H. M. Hyde (1959)を参照のこと。

(219) G. Borrow (1857), Appendix, ch. 10. バロウはまたこうも言っている——シスルウッドが財産をなくしたのは、（口ぎたない説明でいわれるように）ギャンブルによってではなく、友人に無分別な融資をしたためである。

(220) H.O. 42.198. Report of 'I. S.', 10 November 1819.

(221) とくに、A. B. Richmond (1825), pp. 183-4を参照のこと。一八一九年の十二月二十三日に、ランカシャーの地下組織の代表九人が逮捕されたが、それはおそらく、「アルファ」の密告によるものである。*Independent Whig*, 1 January 1820を参照のこと。

(222) たとえば、*The Theological Comet*, 28 August 1819を参照のこと。「マンチェスターの血に飢えた猟犬たちへ」——「君たちは、極悪非道な虐殺者モーゼの野蛮と大虐殺を喜んで楽しむほど宗教的な人間であるのか……?」

(223) 製靴工にみられるジャコバン派の伝統は、トマス・ハーディとジョン・アシュリー（両者はともにロンドン通信協会の書記長）から、チャールズ・ペンドリル（とデスパードの別の仲間）、ダヴンポート、スペンス主義者を経て、ウルトラ急進主義者のプレストンとウォディントンへ及んでいる。カトー街事件の陰謀家の大半は長・短靴製造工であり、その中央および西部ロンドン支部は、彼らを守るためにおのおの五十ポンドを拠出していた（*Independent Whig*, 12 March 1820）。

(224) Reports of 'I. S.', 15 November 1819, H.O. 42.198.

(225) S. Maccoby (1955), p. 366.

(226) シスルウッド、イングス、ブラント、さらにデイヴィッドソンは、五月一日に処刑された。ほかの五人は流刑とされた。ここでの叙述は、以下の文献に依拠している。G. T. Wilkinson (1820), passim; H. Stanhope (1962), ch. 6（エドワーズの役割について）; *Political Register*, 6 May 1820; R. F. Wearmouth (1937), p. 71; *Independent Whig*, 7 May 1820; Broughton (1909), II, p. 126; E. Aylmer (1820).

(227) G. T. Wilkinson (1820), pp. 73-4; *Political Register*, 6 May 1820; Bamford (1893), p. 299.

(228) P. Mackenzie (1832a), pp. 71-232 and (1832b) ; A. B. Richmond (1825), p. 184.

(229) T.S. 11.4131 and 3573; Peel (1893), pp. 262-4 and (1888), pp. 313-319; Bennet (1948), III, p. 380; H.O. 40.11/12.

(230) *Manchester Observer*, 15 April 1820.

(231) *John Bull*, 24 December, cited in Maccoby (1955), p. 354.

(232) カロライン王妃事件に関しては、以下を参照のこと。C. New (1961), ch. 13; Halévy (1949), pp. 80-106; S. Maccoby (1955), ch. 20; Cole (1924), ch. 16.

(233) Wilberforce (1838), V, p. 37.

(234) D. Read (1957), ch. 11.

第16章

(1) Mayhew (1862), I, p. 22.

(2) とくに、Ibid., pp. 252 ff. を参照のこと。

(3) W. E. Adams (1903), I, p. 164.

(4) とくに、R. K. Webb (1955) ; R. K. Webb (1950) ; R. D. Altick (1957), esp. chs. 4, 7, 11; J. F. C. Harrison (1961), Part One を参照のこと。

(5) *Political Observer*, 19 December 1819.

(6) もう一通の手紙（'Eliza Ludd' to Rev. W. R. Hay, 1 May 1812）は、次のような書き出しになっている。「あなたがアメリカの政治史にたいへん精通していらっしゃることは疑いありません」。どちらも H.O. 40.1 に所収。

（7）H.O. 40.121.

（8）H.O. 42.163; *Blanketteer*, 20 November 1819.

（9）R. Fynes (1923), p. 21.

（10）*Sherwin's Weekly Political Register*, 17 May 1817.

（11）H.O. 42.172. 拘留からの解放をいまかいまかと待ちながらこのような手紙を書いた人びとは、自分たちの手紙が監獄長に読まれるのを知っていた。それゆえ、そうした手紙には、寛大さや神の恩寵や読解力の向上に関するくだりが差し挟まれる傾向がとくに強かった。

（12）J. Stanhope (1962), pp. 161-7を参照のこと。

（13）最初期に書かれた労働組合の書状のうち、現存しているいくつかのもの——ノッティンガム市文書館所蔵の掛け枠編み工のもの——を見ると、読み書き能力をひじょうに広範な人びとがもっていたことがわかる。本書六三六—四三ページを参照のこと。

（14）*First Report... on Artizans and Machinery* (1824a), p. 25.

（15）Catnach's 'Trial of Thurtell' が五十万部（一八二三年）、'Confession and Execution of Corder' が百十六万六千部（二八年）。

（16）H.O. 40.1.

（17）急進派の読書室については、Aspinall (1949b), pp. 25-8, 395-6; Wearmouth (1937), pp. 24-5, 88-9, 97-8, 111-2. ダニングについては、'Reminiscences' (1947), p. 97 を参照のこと。ストックポートについては、*Blanketteer*, 27 November 1819 ならびに D. Read (1957), pp. 48 f を参照のこと。ブラックバーンについては、W. W. Kinsey (1927), p. 667 を参照のこと。

（18）一八二二年には、最有力日刊紙『タイムズ』の販売部数は五千七百三十部で、『オブザーバー』（週刊紙）は六千八百六十部だった。

（19）急進派の出版物を安全で自己向上目的のものに代替しようとする試みについては、R. K. Webb (1955), chs. 2, 3, 4 ならびに Harrison (1961), chs.1, 2 を参照のこと。

（20）一八一七年から三二年までを対象とした彼の叙述は、主に闘いの最初の部分に関するもの——出版の権利——で、とりわけリチャード・カーライルに関連した叙述である。第二部では、とくにカーペンター、ヘザリントン、ワトソン、クリーヴ、ホブソンといった名がかかわった「偉大なる印紙税不払い紙 Great Unstamped」（一八三〇年から三五年）の闘いであったが、この闘いについて研究する歴史家はまだ現われていない。しかし、C. D. Collett (1933), ch. 2 と A. G. Barker（出版年不祥）を参照のこと。

（21）Wickwar (1928), p. 315. さらに、同書 pp. 38-9 も参照のこと。ここには、迫害のひじょうに不当な訴訟手続き、すなわち、事実上裁判なしで投獄することを認めた職権による訴追請求について書かれている。

（22）*Two Trials of T. J. Wooler* (1817).

（23）*Second Trial of William Hone* (1818), pp. 17, 45; ホーンのための寄付金集めのための *Proceedings at the Public Meeting* (1818), F. W. Hackwood (1912), chs. 9-11; Wickwar (1928), pp.58-9. ある老いた口上香具師は、メイヒューに次のように話した（Mayhew〔1862〕, I, p. 252）。無罪放免になったにもかかわらず、ホーンのパロディーで町で「仕事をする」のは難しかった。「たくさんの役人と治安官がいて、おれたちの仲間をとがめだてようと構えており、……お偉い名士たちを喜ばせたい治安判事殿は、パロディーをやめさせるためのなんらかの方法を見つけようとしていたんだ……」

（24）Hazlitt (1930-34), VII, pp. 176 ff. ヘイズリットは、次のように考えていた。「サウジー氏は、『ワット・タイラー』にたいする差し止め請求をするかわりに、『クーリア』で彼の弁護にあたったコールリッジ氏にたいする差し止め請求をしたほうがよかったのに」

（25）Sherwin's *Republican*, 29 March 1817; Carlile's *Republican*, 30 May 1823.

（26）この三年間に、百十五件の起訴と四十五件の職権による訴追請求があった。

（27）Wickwar (1928), p. 231.

（28）Keats to his brother George, 17 September 1819, Keats (1901), V, p. 108. 手紙は次のようにつづけている。「こうしたことから私は、カーライルがしている書籍商の経営をひじょうに重要だと考えるようになったのです。彼は、理神論的なパンフレットをずっと売ってきたし、トム・ペインなどの、迷信的な恐怖によって出版が差し控えられてきた多くの著作を再版してきました。……が結局は、人びとは起訴されることに恐れをなしています。いうなればカーライルを弁護するのが怖いのです。それは、あらゆる新聞を通じて、帝国全体に公表されることになるからです。人びとは、このことにおののき震えています。裁判によって燃え上がった炎は消すことができないでしょう。こうしたことは重要なことだと思いませんか？」

（29）W. J. Linton (1880), p.19.

（30）一八三〇年には、これらの税は、新聞や週刊紙誌にたいして四ペンスの印紙税、一つの広告について三シリング六ペンスの税、小額の紙税、さらに文書誹毀罪にたいする起訴に備える多額の保証金からなっていた。

（31）マンチェスターの書籍商、エイベル・ヘイウッドは、その数を七百五十人だと主張した。

（32）「真に有用な知識」普及協会が創設されたのは、「印紙税不払い紙」を支援するためだった。*Working Man's Friend*, 18 May 1833 を参照のこと。

（33）Wickwar (1928), pp. 40, 103-14; *Second Trial of William Hone* (1818), p.19. チェスター城に拘禁されたロバート・スウィンデルズの場合、彼の妻と赤ん坊は放置されたすえに死亡し、生き残った子供は救貧院に送られた。プレストン監獄に重罪犯として十九週間投獄されたウォリントンのメラーとピリングの場合、彼らは、ロンドンの王座裁判所での裁判に送られ、――そこまで彼らは二百マイル歩かなければならなかった――、そして裁判がランカスターに移され（二百マイル逆戻りした）――、そのあとで彼らは釈放された。以上については、*Sherwin's Weekly Political Register*, 14 March 1818 を参照のこと。

（34）カーライルの店員の大半には、彼の書いた長文の弁護文書が用意されたので、彼女の場合もおそらく同じだろう。

（35）Wickwar (1928), pp. 222-3; *Trial of Susannah Wright* (1822), pp. 8, 44, 56; *New Times*, 16 November 1822.

（36）Wickwar (1928), pp. 105-7; *Independent Whig*, 16 January 1820; *Political Register*, 17 August 1822; *Poor Man's Guardian*, 12 November 1831; A. G. Barker (n.d.), pp. 12-3.

（37）Wickwar (1928), p. 214 を参照のこと。

（38）ランカスター、チェスター、ウェスト・ライディング、ウォーリック、スタッフォード、ダービー、レスター、ノッティンガム、カンバーランド、ウェストモーランド、ノーザンバーランド、ダーラムの諸州と、コヴェントリ市、さらにニューカースルとノッティンガムの地方自治都市がこれにあたる。

（39）Adams (1837), p. 169. イプスウィッチに関する情報は、A・J・ブラウン氏に負っている。さらに、サマセットとイースト・アングリアのチャーティズムについては、*Chartist Studies* (1959) も参照のこと。

（40）J. F. C. Harrison (1961) における説明は称賛すべきものだが、それは一八三二年以前の急進的文化の活力を過小評価する傾向がある。当事者自身による最良の説明は、ウィリアム・ラヴェットの自叙伝にある。また（チャーティストの時期については）、T. Frost (1880) を参照のこと。

（41）T. Wood (1956). また、An Old Potter (1903), ch. 1 も参照のこと。

（42）M. L. Pearl (1953), pp. 105-7. 海賊版もたくさんあった。

（43）*Philanthropist*, 22 June 1795.

（44）T. A. Ward (1909), p. 196. さらに、本書五六一―二ページのノッティンガムの事例も参照のこと。

（45）一方のコヴェント・ガーデンやドゥルーリー・レインと、もう一方の「違法な」小劇場とのあいだでなされた批難の応酬については、H.O. 119.3/4 を参照のこと。

（46）H.O. 65.1.

（47）*Trades Newspaper*, 31 July, 21 August 1825 et seq. その編集長は、懸賞試合や動物掛けの記事を掲載したことについて謝罪する必要があると感じていた。しかし、紙面はロンドンのさまざまな職種の組合からなる委員会によってとりしきられていたので、会員たちの要求をのまざるをえなかった。

（48）こうした作品がもつ複雑さについての考え方は、おそろしく深い学識のある D. George (1947), volumes 7, 8, and 9 and 10 から得ることができる。さらに、B. Jerrold (1894), ch. 4 も参照のこと。

（49）Southey (1890), p. 558.

（50）Hazilitt (1930-1934), IV, pp. 57 ff., from Hazilitt (1817).

（51）本書四三五ページを参照のこと。

（52）T. Dick (1833), p. 175. また、p. 213 も参照のこと。そこでは、「数学、代数学、幾何学、円錐曲線論などの数学の分野」は、「永久不変の真理を含むものであるがゆえに」、特別に神聖な研究科目だと論じられている。

(53) H.O. 40.4.

(54) *Political Register*, 13 January 1821. 禁酒運動は、対仏戦争後のこの節制運動にその由来を求めることができる。

(55) Wickwar (1928), p.68 を参照のこと。

(56) T. Frost (1880), p. 20 (三〇年代の反オウエン主義宣伝について論じている) を参照のこと。「窃盗や妻の遺棄あるいはほかの罪状で告発された人間のほとんどについて、『あいつは社会主義者だ』というのが告訴人や証人に共通したやり口だったが、すべてそうした場合の報告には、『オウエン主義の影響』という脇見出しがつけられた……」

(57) たとえば、*Social Pioneer*, 20 April 1839 (*et passim*) を参照のこと。「閣下、[結婚] 問題に関する私の意見を述べさせていただきます。……男女が同等の権利を得るまでは男も女も幸福ではありえないし、しばしば現状に見られるように、男女がお互いに家のために結婚することは、人身売買であり、最悪の部類の奴隷売買です……私はすべての結合が愛情だけにもとづいてなされるべきだと思います。愛情がなくなっても結婚をつづけることは完全な……『売春』です」

(58) Wallas (1918), pp. 166-72; N. Himes (1926-9), I, pp. 459-62; M. Stopes (1923) ; N. Himes (1927) ; M. St. J. Packe (1954), pp. 56-9 を参照のこと。さらに本書九三一ページも参照のこと。

(59) Harrison (1961), pp. 43 *et. seq.* を参照のこと。

(60) Wickwar (1928), p. 147. さらに、プレイスの「よくやった、偽善者よ。あなた自身クリスチャンでもないくせに」という批評を参照のこと。

(61) とくに、J. F. C. Harrison (1961), pp. 57-88, 173-8; *Mechanic's Magazine*, 11 and 18 October 1823; T. Kelly (1957), chs. 5 and 6 ; E. Halévy (1956), pp. 87-91; C. New (1961), ch. 17; *Trades Newspaper*, 17 July 1825; F. B. Lott (1935) ; M. Tylecote (1957) を参照のこと。

(62) *Political Register*, 27 January 1820.

(63) Hazlitt (1819), in Hazlitt (1930-4), VII, p. 263.

(64) ホーンは、自ら書いた広告でこう述べている。「版元は、良心をもって断言する。本巻には、現存するほかの著者のいかなる著作よりも創造的で、正しい考えが、輝かしく表明されている」

（65）コベットの「撚り糸の領主、ジェニー紡績機の主権者、紡ぎ糸の偉大なヨーマン」を参考のこと。

（66）「職人と労働者への呼びかけ」*Political Register*, 2 November 1816.

（67）Ibid., 27, January 1820.

（68）王党派の新聞は、コベットの自己矛盾の一覧表を嬉々として公表した。こうしたことは、彼に反対するウルトラ急進派という逆の側からもおこなわれた。破壊的影響力をもった G. Jones (1823) を参照のこと。

（69）*Political Register*, 1 September 1830. G. D. H. and M. Cole (1944), pp.253-4 を参照のこと。

（70）本書七四六ページを参照のこと。

（71）*Political Register*, June 1817, 11 April 1818, 2 October 1819; Cobbett (1830), *passim*; Bamford (1893b), p. 21; Hazlitt (1821).

（72）W. J. Linton (1880), p. 17. T. Frost (1880), p. 6 を参照。「父の家で私がこれまでに見たことのある本といえば、聖書と数冊の教科書のほかには……コベットの『〔ポリティカル・〕レジスター』の不揃いの何冊かだけであった」

（73）コベットのアメリカへの出発については、ホーンの*Reformist's Register*, 5 April 1817 を参照のこと。しかし、ウーラーの怒りの応答も参照のこと。「われわれは、コベット氏が……下働きの女中たちや皿洗いの男たちだけしか欺かないような主題に限定して執筆することを望みたいほどだ」*Black Dwarf*, 9 April 1817.

（74）*Political Register*, 2 February 1822.

（75）Ibid., 27 January 1820.

（76）Ibid., 30 January 1832. さらに、R. Williams (1961a), pp. 32-4 も参照のこと。

（77）*Twopenny Trash*, 1 October 1830.

（78）*Political Register*, 28 February 1835.

（79）A. Briggs (1961), p. 235を参照のこと。

（80）Cobbett (1833) で、Reitzel (1933), pp. 224-5 に引用されている。

（81）R. Carlile (1821), p. 7.

（82）W. E. Adams (1903), I, p. 169.

（83）Philanthropus (1822), p. 4, 6.

（84）*Republican*, 19 January 1821. カーライルは、Sexby の 'Killing No Murder' も再刊した。

（85）*Ibid.*, 4 October 1820, 26 April 1822. Wickwar (1928), pp. 213-5 を参照のこと。

（86）*Ibid.*, 23 August 1822.

（87）Wickwar (1928), p. 272 を参照のこと。

（88）*Republican*, 11 July 1823; *Devil's Pulpit*, 4 and 18 March 1831; *Prompter* 30 August, 31 September, 15 October 1831; *Radical*, 24 September 1831; H.O. 40.25.

（89）*Gorgon*, 24 April 1819. シェリーは、一八一八年から一九年にかけて書かれた『自由の身となったプロメーテウス（Prometheus Unbound）』のなかで、革命の神を『デモゴルゴン』と名づけた。考えのうえでなんらかの結び付きがあったのではないだろうか。

（90）本書三〇〇―一ページを参照のこと。プレイスの覚え書きをウェイドが送られるままに掲載したのか、それともウェイドがそれらを思いのままに編集したのかははっきりしない。プレイスは、『ゴルゴン』を支援してはいたが、彼はウェイドとは一度も会っていないし、さらに彼は、その新聞は「あらゆる点で私が好みとしていた出版物だったわけではない」と述べている。Wallas (1918), pp. 204-5 を参照のこと。

（91）*Gorgon*, 20 June, 18 July, 22 August 1818.

（92）Ibid., 8 August 1818 および *The Extraordinary Black Book* (1831), pp. 217-8. さらに、A. Briggs (1960), p. 50 も参照のこと。

（93）リカードは、*Gorgon*, 26 September 1818 に引用されている。

（94）Ibid., 12 September 1818. この章で簡潔かつ不十分なかたちでふれられた労働価値論の諸原理については、G. D. H. Cole (1953b)、A. Menger (1898)、R. N. Meek (1956) を参照のこと。

（95）この調査結果の一部については、本書二九八ページを参照のこと。

（96）*Gorgon*, 21 November 1818.

（97）プレイスは、職人と機械に関する特別委員会でこう報告している（*First Report from the Select Committee...*

[1824], p. 46)。「最もうまくできた経済学の原理［は］、次のような賃金に関する原理である。すなわち、それは、賃金の増大は利潤からもたらされる、というものである」

(98) *Trades Newspaper*, 31 July 1825.

(99) Hammonds (1925), pp. 138-40を参照のこと。

(100) Ibid., p. 311; Webbs (1894), pp. 85-5; Wallas (1918), p. 189; G. D. H. Cole (1953a), pp. 81-2.

(101) H. Hunt (1822b).

(102) この新聞は、「団結禁止法に関する最近の調査の進展を見守るためにロンドンに集まった都市および農村の諸職種の代表」によって計画された。新聞の創刊にあたって、各職種組合自らが千ポンドを寄付した。そして、船大工のほかに、製材工、剪毛工、大工、女性製靴工、船舶漏水防止工、絹織工がただちに加わっていたようである。新聞は諸職種の委員会の一つが管理していた。

(103) 本書二八二ページを参照のこと。

(104) 一八二三年十一月十二日に始まり、後続の号で引き続きおこなわれた人口に関する論争を参照のこと。P・M・ジャクソン氏は、マルサス主義的立場の執筆者「A. M.」がジョン・スチュアート・ミルだと確認できる証拠を（プレイス・コレクションのなかに）発見したと私に教えてくれた。

(105) 一八二〇年代の語義の枠組みのなかに「失業」は入っていなかった、という伝説が流布している。おそらくそれは、G・M・ヤングの『ヴィクトリア時代の英国』（オックスフォード、一九三六年）の二七ページにある、次のような思慮不足の叙述に由来するものだろう。「失業は、ヴィクトリア時代初期の改良主義者がいだいていたいかなる考えの範囲にも入っていなかった。その原因の大部分は、彼らがそれを示す言葉をもっていなかったことによる」。そのうえさらに、脚注という権威が付け加えられる。「私は六〇年代より前にそれを見いだしたことはない」。実際には、（こうした語義の「時期判定」の場合にしばしばそうであるように）この見解は誤っている。（カッコウは、『タイムズ』で報じられる数週間前に、わが国のあちこちにやってきている）。「失業した」、「失業者」、そして（頻度は少ないが）「失業」といった言葉はすべて、二〇年代、三〇年代の職種組合や急進派やオウエン主義者の著書のなかに見ることができる。「ヴィクトリア時代初期の改良主義者たち」がその言葉の使用を差し控えたことについては、何か別のかたちで説明がなされるべきである。

（106）*Black Dwarf*, 3 and 31 December 1823.

（107）アイオワース・プロザロー博士は、この新聞の初期の論説を書いたのがガスト（私は本書の初版でそれらのコラムを彼のものだとしていた）ではなく、J・C・ロバートソン（彼は一八二六年まで新聞を編集していた）であることを示す証拠に私の注意を向けさせてくれた。ただし、ガストは、組合を統率する委員会の議長として、新聞の政策と管理に多大な影響力をもっていたことは疑いえない。

（108）F. Place (1822) を参照のこと。さらに、本書第16章の原注（58）も参照のこと。

（109）*Trades Newspaper*, 17, 24, 31 July, 11 September 1825. プレイスは、『職種新聞』の競争相手で成功を収めなかった、*Artizan's London and Provincial Chronicle* (1825) を支援していたようである。

（110）*Trades Newspaper*, 21 and 28 August 1825 *et. seq.*

（111）このあとにつづくページのなかで、オウエンや「労働経済学者」の思想について再検討するつもりはない。私の目的は、理論がどのように労働者階級の経験に影響を与えたのかや、その過程のなかで新しい観念がどのように選択され変化させられたのかについて、いくつか例証することである。すなわち、私は、そうした思想のアイデンティティというよりもむしろ、このような思想の社会学により関心をもっている。ホジスキンについては、G・D・H・コールの編集した *Labour Defended* (1922) と Halévy (1956) を参照のこと。オウエンと労働経済学者に関するわかりやすく簡潔な議論については、H. L. Beales (1933), chs. 4 and 5、またより完全な要約としては、G. D. H. Cole (1953b) および M. Beer (1929), part III を参照のこと。

（112）R. Owen (1963), pp. 74, 260.

（113）*Sherwin's Weekly Political Register*, 26 April, 9 August, 20 September 1817.

（114）*Independent Whig*, 24 August 1817を参照のこと。一八一七年から一八一九年に、オウエンを好意的に扱っていたと思われる唯一の急進派の新聞は、短命だった『ピープル』と、記者をニューラナークに派遣していた『インディペンデント・ウィッグ』だった。

（115）*Examiner*, 4 August 1816; Hazlitt (1930-34), VII, p. 97 *et. seq.*

（116）R. Owen (1963), pp. 148-55を参照のこと。
（117）*Sherwin's Weekly Political Register*, 20 September 1817.
（118）しかしながら、エンゲルスは、*Anti-Dühring* (1936 edn), pp. 287-92において、オウエンに惜しみない賛辞を示している。「天真爛漫なまるで子供のような性格の男で、同時に天性の指導者だった」
（119）*Economist*, 4 August, 20 and 27 October 1821 *et passim*. 千年王国の宣言については、B. O'Brien (1836), pp. 438-45に追加説明されているものを使用した。
（120）*Economist*, 13 October 1821, 9 March 1822. スパ・フィールズの試みについての簡潔な説明は、Armytage (1961), pp. 92-4を参照のこと。
（121）R. Owen (1963) 所収の‘Report to the County of Lanark’(1820), esp., pp. 261-2を参照のこと。
（122）イギリス友愛組合（British Fraternal Society）の創設という、一七九六年の早々になされた一つの試みがあった。それは、共済組合の財源を統一し、通信協会を受け継ぐ組織形態をもつものだった。スピトルフィーズの織布工が始めたものだったが、高齢者および失業者への手当の支給義務や、協会が失業中の協会員を雇い入れることや、絹織布工や仕立て工や製靴工らの製品の相互交換が提案された。A. Larcher (1795) とA. Larcher (1796) を参照のこと。
（123）たとえば、一八一八年から一九年の冬期に起こった十一週間ストライキのあと、「ジャーニーマン・タバコパイプ製造工協会」は、メイズやバラで自主製造を始めた――「二人の友人」が「われわれに工場を周旋してくれた」。*Gorgon*, 6 and 13 February 1819を参照のこと。
（124）J. Nightingale (1816). ソーホー・スクエアの五番地にその年にオープンしたニュー・バザールがとくに人気があった。また、ホルボーンにあったビーハイブ・バザールについても言及している。
（125）*Cooperative Magazine* (1827), pp. 230-1, cited in S. Pollard (1960), p. 87.
（126）*Crisis*, 30 June, 27 October, 8 and 15 December 1832.
（127）*Lancashire and Yorkshire Cooperator*, No. 2.（日付確定できず）
（128）Ibid., 6 March 1830; 26 November 1831. A. E. Musson (1957) を参照のこと。
（129）S. Pollard (1960), p. 86.

（130）*Crisis*, 27 October 1832.

（131）J. H. Priestley (1932), ch. 4. このような規定が一八三三年のものなのか、三九年のものなのか日付ははっきりしていない。

（132）*Common Sense*, 11 December 1830.

（133）S. Pollard (1959b) を参照のこと。

（134）*Trades Newspaper*, 31 July 1825. 一七九五年の飢饉といっていい状況の結果設立された準協同組合の製粉工場については、G. H. Holyoake (1891), ch. 11 ならびに、J. A. Langford (1868), II, pp. 157-160 を参照のこと。「協同組合協会に関する覚書および観察報告」という手書き文書のなかには、ラヴェットが、数多くの協会が存在したこと、とりわけ消費者グループが、対仏戦時下に存在したという記録を残している。さらに、彼は、スピトルフィールズの織布工についても言及している。Add. MSS., 27, 791 ff. 245, 258.

（135）*Trades Newspaper*, 14 August 1825.

（136）Ibid., 11 September 1825.

（137）Hammonds (1925), p. 312.

（138）*Report of the Proceedings of a Delegate Meeting of Cotton Spinners* (1830).

（139）*Union Pilot and Cooperative Intelligence*, 24 March 1832.

（140）ドハーティの『プア・マンズ・アドヴォケイト』（一八三二年一月二十一日付）を参照のこと。「［全国協会］の運用は、ヨークシャーの元気で有能な労働者の手に委ねられた。そして、われわれは、ここの協会のすばらしい影響力を大々的に消沈させるような嫉妬や内紛を引き起こす精神が除去されることを望んでいる」

（141）とくに、G. D. H. Cole (1953a) ; Postgate (1923), chs. 3-5; W. H. Warburton (1931), chs. 2-4 を参照のこと。全国労働者保護連盟につきまとった「運命」についての詳細は、D. C. Morris (1952) を参照のこと。

（142）トムソンについては、R. Pankhurst (1954) を参照のこと。労働交換所の説明については、R. Podmore (1906), II; G. D. H. Cole (1930), pp. 260-6 および Lovett (1920), I, pp. 43 ff. を参照のこと。ダヴンポートの説明は、*National Cooperative Leader*, 15 March 1861 にある。

(143) T. Fielden (1850) を参照のこと。これには、敬虔な婦人伝道会の手による入会の「秘儀」と規律とについての詳細が記述されている。「その婦人はかがみ込む姿勢をしている男の男根を手に取る……一方の手で男を握りながら、もう一方の手で強く叩く……」

(144) G. R. Balleine (1956), ch. 11; H. B. Hollingsworth (1899), I, pp. 300 ff.; Z. Ward (1831).

(145) P. G. Rogers (1961), pp. 4, 96; *An Account of the Desperate Affray in Blean Wood* (1838) ; *Essay on the Character of Sir William Courtenay* (1833) ; *The Lion*, 6 and 27 April 1833; *Globe*, 1 June, 10 August 1838.

(146) Armytage (1961), part III, ch. 7, 'Liverpool: Gateway to Zion' ; P. A. M. Taylor (1965) を参照のこと。

(147) *Poor Man's Gaurdian*, 19 October 1833. M. Morris (1948), p. 87 を参照のこと。

(148) F. D. Maurice, *The Kingdom of Christ*, cited in Armytage(1961), p. 85.

(149) R. Owen (1963), p. 269.

(150) Postgate (1923), pp. 72-3 を参照のこと。

(151) S. Pollard (1959b), p. 90.

(152) *Economist*, 11 August 1821.

(153) A. E. Musson (1957), p. 126.

(154) O'Brien (1836), p. 437.

(155) The '*Forlorn Hope*', *or a Call to the Supine*, 4 and 11 October 1817.

(156) Add. MSS. 27,791 f.270.

(157) Add. MSS. 27,789. こうした自発的組織の容易さの一事例として、Prentice (1851), pp. 408-10 を参照のこと。

(158) Jephson (1892), II, ch. 15.

(159) *Poor Man's Guardian*, October 1831.

(160) *The Times*, 1 December 1830, 27 October 1831. Jephson (1892), II, pp. 69, 107 を参照のこと。ブリストルの暴動の際には、治安当局は秩序回復のために、ブリストル政治同盟の指導者を呼び出さなければならなかった。*Bristol Mercury*, 1 November 1831; Prentice (1851), p. 401 を参照のこと。

(161) Jephson (1892), II, p. 111 に引用。全国同盟の示威行進は、実際に煽動的であり禁止されている部類のものであると公言されていた。それはやってみるにはあまりに危険な賭けだった。

(162) Final Address, prefacing *Black Dwarf*, XII (1824).

(163) *Poor Man's Guardian*, 10 December 1831.

(164) G. Edmonds (1831), p. 5. エドモンズは、チャーティスト運動のなかでつづけて積極的な役割を果たした。

(165) A. J. C. Rüter (1936), pp. 217 et seq を参照のこと。

(166) W. Carpenter (1831). さらに、『プア・マンズ・ガーディアン』で引き続きおこなわれた論争も参照のこと。

(167) *Poor Man's Guardian*, 25 October 1832; A. Briggs (1959a), p. 258.

(168) J. R. M. Butler (1914), pp. 292-3, 350; Add. MSS., 27, 791 f.51. Memorandum on 'Measures to be taken to put an End to the Seditious Meetings at the Rotunda', *Wellington Despatches*, second series (1878), VII, p. 353.

(169) E. G. Wakefield (1831?).

(170) ラヴェットとその仲間たちは実力行使にまではいたらずに最大限の圧力をかけうると信じていたが（そしてプレイスと一定の関係を維持していたが）、ベンボウとヒバートを含むほかの人びとは武装闘争の準備をしていた。

(171) プレイスは、ロンドンの大衆がそのふるまいや道徳の点で改善されたと頻繁に主張しているが、それがどれほど真実を表しているものなのか、あるいは、熟練工と不熟練工とのあいだの広がりつつあった溝を表しているものなのか、プレイス自身の経験の範囲が縮少していることを表しているものなのか、シティの中心部から東部や南部へと貧困が広がっていることを表しているものなのか、を考えてみるだけでも興味深い。大都会の成長とその道徳的退廃（そしてその「生物学的」基盤）という問題全体については、Chevalier (1958) を参照のこと。それは、ロンドンの状態を研究するための多くの新しい方向を示唆するものである。

(172) バーミンガムの契約に関するオリヴァーの状況把握（H.O. 40.9 所収の供述）を過小評価することは難しい。さらに、H.O. 40.3 and 6 にある証拠も参照のこと。

(173) コベットの次のような怒りのこもった論評を参照のこと。「大製造業者、大商人、そして銀行家が、人民の権利を愛するように改心したという理由から、改革の要求を叫んでいるなどということが想像できるか！ ばかな！ ……

［金融上の諸要因が］彼らをして賃金の上昇をもたらしめた。しかし、彼らはそれらを支払うこともできないし、十分の一税も税金も支払うことができない。……彼らは、こうした理由から改革論者になっているのだ。そしてそれゆえ、彼らは、その頑健な腕を女神の腰に巻き付けているのだ」*Political Register*, 17 October 1831.

（174）*Destructive*, 2 February and 9 March 1833; A. Briggs (1952), p. 293 and A. Briggs (1959a), p. 247.

（175）W. Briemlow (1882), I, p. 111.

（176）*Poor Man's Advocate*, 21 January 1832.

（177）*Poor Man's Guardian*, 11 April 1832.

（178）Add. MSS., 27,795 ff.26-7.

（179）Butler (1914), p. 303.

（180）グラッドストンの次の論評を参照のこと。「私は、一人の労働者に向かって……改革は革命なりという言い古された金言について長々と話した……そして私は、『そうだね、じゃあ外国の革命を見たまえ』と言った。もちろん、フランスやベルギーのことを言ったのである。するとその男は、私をじっと見つめてこう言った。……『外国なんぞみんなくそくらえだ。古きイングランドが外国になんの関係があるっていうんだ』、と。私が下賤な人びとから貴重な教訓を学び取ったのは、このときだけのことではなかった」J. Morley (1908), I, p. 54.

（181）A. Briggs (1960), p. 56.

（182）Baines (1851), pp. 157-9.

（183）Add. MSS., 27790.

（184）J. R. M. Butler (1914), pp. 284-5 を参照のこと。

（185）Baines (1851), p. 167.

（186）Lovett (1920), I, p. 74を参照のこと。

（187）Briggs (1960), p. 66.

（188）*Bronterre's National Reformer*, 7 January 1837. オブライエンは、実際にダブリン弁護士会の弁護士資格をもっていた。

(189) *Destructive*, 9 March 1833.

(190) O'Brien (1836), pp. XV, XX. オブライエンについては、G. D. H. Cole (1941), ch. 9; T. Rothstein (1929), pp. 93-123; Beer (1929), II, pp. 17-22 を参照のこと。

(191) *Twopenny Despatch*, 10 September 1836.

(192) *Destructive*, 9 March, 24 August 1833; *People's Conservative*; and *Trade's Union Gazette*, 14 December 1833.

(193) オブライエン自身、一八四〇年代にチャーティストと中流階級の一部とに、同盟を結ぶ機会が到来したときに、「中流階級」全体を猛烈に退けたことを後悔するようになっていた。Beer (1929), II, p. 126 を参照のこと。

(194) J. R. M. Butler (1914), pp. 262-5; *Cracker*, 8 December 1832.

(195) *Political Register*, 24 November 1832. コベットが想起していたのは、先のヨークシャー州の議員、ウイルバフォースである。

(196) MS Letterbook of Ayrey (Leeds Reference Library).

(197) *Cracker*, 8, 10, 21 December 1832. さらに、A. Briggs (1952), pp. 311-4; E. Baines (1851), pp. 164-7; C. Driver (1946), pp.197-202 も参照のこと。

(198) リーズのラシャ織布工で、のちに傑出したチャーティストの指導者となったウィリアム・ライダーの演説。*Leeds Times*, 12 April 1834.

(199) *Leeds Times*, 12, 17, 24,May 1834.

(200) *Working Man's Friend and Political Magazine*, 5 January 1833.

(201) *Report of the Proceedings of the Great Public Meeting & c.* (1833).

(202) 'I.H.B.L.' (1832).

(203) G. Edmonds (1831), pp. 5, 8.

(204) オリヴァーの話（H.O. 40.9 所収）。

(205) *Two-Penny Trash*, 1 October 1830.

(206) たとえば、*Destructive*, 7 December 1833 を参照のこと。

(207) *Pioneer*, 13 October 1833.
(208) *Man*, 13 October 1833.
(209) Ibid., 22 December 1833.
(210) *Pioneer*, 31 May 1834.
(211) Ibid., 22 March 1834; A. Briggs (1960), p. 68.

一九六八年版へのあとがき

(1) J. D. Chambers (1966), p. 187.
(2) G. Best (1965), p. 278.
(3) R. Currie and R. M. Hartwell (1965).
(4) Chambers (1966), p. 186.
(5) 文芸評論のうちにも、なんらかの共通の立脚点が見つかるだろう。
(6) この問題について、私はE. P. Thompson (1967) で、もっと広範囲に論じている。
(7) J. Walsh (1965), p. 311.
(8) A. Mathews (1838), I, p. 39. この問題のこうした立場についての資料はかなり多いので、もしそれを示せといわれれば、私はもっと提示するつもりである。もっと陽気な反メソジスムの文献を一瞥したものとして、A. M. Lyles (1960) がある。
(9) G. Himmelfarb (1968), pp. 292-9.
(10) ニューヨーク西部の熱狂的宗教を研究したR. Cross (1950) は、比較研究の目的からして有益である。誘発された信仰復興運動についての最新の、憂鬱な気分にさせられる説明は、E. J. Thompson (1935), ch. XI でなされている。
(11) R. Currie (1967), p. 66 を参照のこと。
(12) B. Harrison and P. Hollis (1967), p.508 を参照のこと。
(13) 十九世紀初頭に展開した信仰復興運動にウェスレー派が公式に反対したのは、それがもたらす政治的帰結からというよりは（それはまだはっきりしていなかった）、「信仰復興運動の精神が遠心力を発達させて、キリスト教教会をこなごなの断片にして空中に放り出す恐れがあった」からである。M. S. Edwards (1964) を参照のこと。コーンウォール地方のメソジスムに関する多くの情報と洞察については、サザンプトン大学のジョン・G・ルール氏に負っている。

（14）B. Trinder (1967), pp. 3-5.

（15）D. J. Jeremy (1966), pp. 63-84 を参照のこと。非国教主義（主としてインディペンデント派だが、メソジストおよびバプテストを含む）は一七九七年から九年のウィルトシャーで「めざましい勢いで爆発的に」増加した。新規に登録された礼拝所はこの三年間にウィルトシャーとバークシャーで百十五カ所だったが、これに先立つ六年間には八十カ所だったし、またこれにつづく八年間には百十二カ所だった。

（16）W. Sampson (1817), V, pp. 57-9.「政治 politics」は、この時期の期待と苦悩を表す言葉としてはあまりにも狭すぎる。だから、デスパードが一八〇二年に逮捕されたあと、ウェスト・ライディングで騒動がつづいた期間に、ある者が女性たちについてこういう見方をしている。「……彼女たちは、それがなんであるかは知らないままに、漠然と何かを期待している。キリストの再臨のような、そのときが近づいており、その日が間近である、といったように」Fitzwilliam Papers, J. Beckett, 22 November 1802, F.45(d).

（17）Thomas Beaumont to Sidmouth, 5 June 1817, H.O. 42.166.

（18）E. J. Hobsbawm and G. Rudé (1968).

（19）Rev. T. Westmorland, Vicar of Sandal, nr. Wakefield, 10 December 1819, H.O. 42.200.「フォーリー・ホール」蜂起の参加者の一人であるリチャード・リーにたいする弁論趣意書が示唆するところでは、彼は「教会堂が解き放たれたとき」——すなわち男たちが出てきたとき——に革命への参加者を募った。一般に信じられていたことだが、「ランターズ」は一八一九年に「共通の世俗的なことすべて」を享受するよう説教していた。*Champion*, 25 July 1819.

（20）しかし、特記しておくべきことだが、ウェスレー派の増加率は一八一六年から一七年に低下しはじめた。そして、一九年から二〇年にウェスレー派は信徒の絶対数を減少させたが、これと並行してプリミティヴ・メソジストやそのほかの分派は増加していった（R. Currie (1967), pp. 70-1）。信仰復興運動の宗派が最も急進的だったとするカリー＝ハートウェル説は、この時点以降については、おそらく正しいだろう。

（21）J. Kent (1966), p. 133.

（22）W. R. Hay, 4 May 1801, H.O. 42.62.

（23）Ibid., folios 214, 298. こうした「計画」のそのほかの実例は、ヨークシャーにも見つけられる。

（24）アルフレッド・コバーン教授は、亡くなる直前に、リューデ教授に助言されて、デスパード事件に関する彼自身のファイルを私に手渡してくれたが、このファイルは陰謀の存在を確証することに大いに役立つものである。これらの資料をいずれ出版したいと願っている。

（25）P.C. 1.43. A 150.

（26）*Leeds Mercury*, 27 November 1802.

（27）彼はオリヴァーに、逃げ出せたのは兵隊たちの連帯感のおかげだと語った。彼が兵隊たちと一緒に枢密院に召還されたとき、「彼を実際に知っている者は、自分たちの知るかぎりでは、彼を見たことなどまったくないと明言した」。narrative of Oliver in H.O. 40.9.

（28）Examination of Robert Moggridge, May 1817, in H.O. 40.10. これはペンドリルがスペンス主義者だったことを示唆している。

（29）本書七七八―九ページを参照のこと。

（30）Examination of Oliver by Ponsonby and Bathurst, 15 June 1817, H.O. 42.166. スパイのサングスターは、一八一七年のシドマスあての手紙のなかで、ペンドリルを「ガイ・フォークスみたいな」男だと書いている。

（31）本書五七四、七〇一―二、七一一―二および七九六ページ以降を参照のこと。

（32）R. A. Church and S. D. Chapman (1967).

（33）Ibid., p. 135, note 6.

（34）「靴下編み機ないしレース編み機を打ち壊したり傷つけたりする者どもに、もっと見せしめになる刑罰を加える」法案を提出する認可は二月十四日に与えられた。同日に第一読会に提出された。二月十七日に委員会で審議され、十八日に報告され、二十日に第三読会にかけられ、三月二十日には（貴族院で修正されたあと）国王の裁可を受けた。*Journals of House of Commons*, LXVIII.

（35）*Hansard*, XXI, cols. 602-3, 671. 掛け枠編み工委員会の最初の公式声明が発表されたのは二月十四日の『ノッティンガム・レビュー』であり、グレイヴナー・ヘンソンが署名していた。

（36）かくしてニューカースル公すなわちノッティンガムシャーの州統監は、二月五日に、編み機打ち壊しへの刑罰を死刑に定めようとする政府の意図は「まことに歓迎すべき」ものであると書いていた。Newcastle to Ryder, H.O. 42.120.

（37）この委員会が最初に受け取った手紙のうちの一通は、ノッティンガム選出の庶民院議員のパーカー・コークからの、委員会の要請にたいする返書であって、委員会が証拠を提出できるようにするために、なんとかして議事の進行を十日間から十二日間引き延ばしてみるとするものだった。*Records of the Borough of Nottingham* (1952), VIII, p. 138.

（38）たとえば、letter of General 'E. Ludd', dated Shirewood Camp, 22 February 1812 in H.O. 42.120 を参照のこと。この手紙の冒頭にはこう書かれていた。「私は、議会がどんな仕方であれ苦境を軽減するために、なんらかの手段を講じるのかどうかを確かめようと、辛抱強く待ちつづけてきた。しかし、和解の手はひっこめられ、貧しく苦難にあえぐ私の地域は希望の光がないままに放置されている」

（39）チャーチとチャップマン（Church and Chapman (1967), p. 138, note 2）は、ヘンソンがラダイト運動に参加していなかったとするフェルキンの見解の引用を省略することで、私が証拠を偽っているとほのめかしている。私がそれを引用しなかったのは、それがそこでの文脈にかかわっていなかったからであり、またヘンソンの複雑さに関する「意見」を引用しようとすれば、参加説にせよ不参加説にせよ、膨大なものになるからである。私はまったく引用しないことに決めたのである。

（40）彼らは、一八一二年にノッティンガムを訪れた二人のロンドンの治安判事の証言を使って、一一年から一七年の時期のあらゆる町と州の治安判事の証言に疑問を投げかけている。ノッティンガム市書記官にして、靴下編み工の「秘密委員会」の書記だったコウルダムの証言を、「彼は靴下編み産業のなんの経験も有していない」という理由で、彼らは信頼できないとしている（pp. 138-9, note 5）。彼らの治安判事にたいする判断は妥当でない。ヘンソンを「分別ある男で話好きだ」と評した「ロンドンの治安判事」（p. 134）は、じつはノッティンガムの靴下編み業者のジェイムズ・フーリーなのであって、彼はヘンソンが反逆行為に関与していたとする供述に偽りがないと宣誓しようとしていた。Hooley to Sidmouth, 8 April 1817, H.O. 42.163.

(41) 彼らはラダイトとの結び付きの否認をすべて額面どおりに受け取っているようにみえる。ヘンソンが監獄からシドマスに手紙を送って釈放を請願したときにさえ、そうである (p. 140)。もしそうした結び付きがあったとすれば、彼はいったい何を語ったのだろうか？

(42) ヘンソンの失われたラダイトの歴史が出現するまでは、ノッティンガムのラダイト運動の主要な史料は公文書館の膨大な文書のなかにしかない。しかし、チャップマンとチャーチがこれらの文書に言及する場合、すべて二次文献――ハモンド夫妻、ダーヴォル、パターソン、そして私の文献――に依拠している。

(43) Church and Chapman (1967), p. 140 を参照のこと。

(44) Henson to Sidmouth, Cold Bath Fields, 10 June 1817, H.O. 42.166.

(45) Coldham, 2 June 1812, H.O. 42.123.

(46) British Museum, Add. MSS, 27, 809, f. 17-18.

(47) J. T. Becher, 24 May 1814, H.O. 42.139.

(48) A letter of H. Enfield, 21 October 1816, H.O. 42.154 が示唆するように、現物給与の親方を起訴することは（チャーチとチャップマンが示唆しているような［p. 136］）ヘンソンの「個人的」な運動ではなかった。委員会が、寄付金集めを組織し、その金を労働組合の目的や親方の起訴やラダイト運動の逮捕者の弁護に振り向けたのである。

(49) Church and Chapman (1967), p. 140.

(50) J. Anderson to Wood (of Calais), 16 April 1817 in H.O. 42.163.

(51) Church and Chapman (1967), p. 140.

(52) J. L. Hammond and B. Hammond (1920), pp. 262, 264-5 を参照のこと。

(53) Examinations of Walker and Haigh before Joseph Radcliffe in K.B. 8. 91, folios 11, 153, 192, 198.

(54) 本書七一四―五ページおよび *Record of the Borough of Nottingham*, VIII, p. 148 を参照のこと。

(55) 法案成立を求める運動の期間中、地方ではこの請願はかなり支持された。署名の数はノッティンガム市で二千六百二十九、ノッティンガム州部では二千七十八にのぼった。しかし、一八一三年の「団結協会 Union Society」の第一回全国集会では地方の支持は大きく減退した。参加者数は、ノッティンガム千四百五十五人、ランブリー五十九人、バスフォード七十二人、イルクストン九十五人、サトン・アンド・マンスフィールド七十九人（州部総計三百五人）だった。H.O. 42.139.

(56) Church and Chapman (1967), p. 137. 私は実際にはこう述べている（本書九二八ページ）。ヘンソンは「下請け労働者の闘争の模範事例なのであって、ラダイト運動の周縁部分と接触しながら、下請け労働者の非合法組合を組織し、彼らの進歩した政治的急進主義を共有しながら、自分たちに有利な保護立法を……制定しようと試みた」。「彼ら」がさしているのはあきらかに下請け労働者なのであって、ラダイト運動ではない。

(57) Church and Chapman (1967), p. 161.

(58) British Museum Add. MSS. 27, 809 ff., 69-70.

(59) Coldman, 14 May 1812, H.O. 42.123.

(60) Anon. (Sam Weller?), dated Nottingham, 15 June 1817, H.O. 42.166.

(61) サヴェジの証言録取書をとった治安判事は、彼が「分別あるいい教育を受けた男であり……自ら働く製造業者の委員会の指導者としてふさわしい」と考えた。彼の録取書で名前のあがった人びとの一部は、じつのところハムデン・クラブの男たちだった。しかし、そうした自白がなされた絶望的な環境を考えると、自白の内容はきわめて疑わしい。deposition of Savage, 8 April 1817, and 17 April 1817, H.O. 42.163. また H.O. 40.10 も参照のこと。

(62) *Records of the Borough of Nottingham* (1952), VIII, p. 147.

(63) ノッティンガムの掛け枠編み工の野外集会に関する、あるスパイの一八一九年五月四日付の報告を参照のこと。「グレイヴナー・ヘンソンがそこにいました。――彼らの一部の者は、ほかの仲間に、彼が裏切り者かもしれないという疑惑をひそかに伝えました。彼らはこう言いました。『注意しておくが、彼が［スパイの］オリヴァーみたいになることはない』と」H.O. 42.187.

(64) こうした地域研究の称賛すべき事例は、ペントリッジ革命百五十周年記念委員会の活動である。この委員会で、図書館司書、記録保管所員、歴史家はこの事件に関する重要な史料を発見し収集した。

(65) Church and Chapman (1967), p. 165.
(66) W. R. Hay, 4 May 1801, folios 11-5, H.O. 42.62.
(67) Gast to Place, British Museum Add. MSS. 27, 829 f.20.
(68) Currie and Hartwell (1965), pp. 638-9. 私が「職人を嫌っている」などとなぜ彼らが考えたのか、理解に苦しむ。
(69) 私は、E. P. Thompson (1965), especially pp. 357-8 で、この点についてもっと全面的に論じたし、また私の「階級」概念を明確にしようと試みた。
(70)『ブレイズン・トランペット The Brazen Trumpet』の記者は、一七九八年三月十七日にこう書いている。「……勝手気儘で、怠惰で、横柄な聖職者たちの連合は、〔一七九二年とは違って〕いまでは自分たちの目的に群衆 mob を動員することはできない」「暗黒時代はしだいに遠ざかっていく」
(71) J. F. Sutton (1880), p. 212.
(72) ローズの周到な研究（R. B. Rose〔1965〕, pp. 6-14）および *Victorian Coutry History* (1964), pp. 284-5 を参照のこと。
(73) 本書八二四ページを参照のこと。私は、マコードの議論（N. McCord〔1967〕, pp. 91-111）、すなわち炭坑夫が「急進派の月曜日」を支持した証拠はほとんどないとする議論を受け入れない。彼の証拠の扱い方はきわめて偏狭であり、また証拠をかなり選択的に取り扱っている。私は先にこれに反する証拠の一部を引用した。
(74) G・A・ウィリアムズのすぐれた研究（G. A. Williams〔1965〕, pp. 222-243）を参照のこと。
(75) Jonathan Hutton, 11 March 1817, H.O. 40.5.
(76) E. P. Thompson (1965), p. 357.

訳注

序文

［1］ジャコバン派 Jacobin

フランス革命時の過激急進主義派の政治結社ジャコバン・クラブに由来する語で、イギリスでは、フランス革命に共鳴した急進主義者をさして使われた。政府は、トマス・ペイン Thomas Paine やロンドン通信協会 London Corresponding Society を、イギリスでジャコバン主義を広めるものとして弾圧した。

［2］メソジスト教会 Methodist Church

もともとメソジスト Methodists（格式主義者）とは、ことこまかに規律だった実践をおこなっていたオクスフォード大学のホーリー・クラブ Holy Club の構成員にたいする蔑称であった。この団体の主要メンバーには、メソジスムの創始者であるジョン・ウェスレー（本書第2章の訳注［19］を参照のこと）やジョージ・ホワイトフィールド George Whitefield が含まれていた。メソジストはイングランド国教会内にとどまって活動をつづけていたが、ウェスレーの死後の一七九五年に公式にイングランド国教会から分離独立し、そのあとはトムスンが第2章で述べているように数多くの分派が生まれた。イングランド国教会に無視された社会の底辺の人びとに布教し、十八世紀なかごろ以降に福音主義的な信仰復興（覚醒）運動を興し、伝統的な非国教派の勢力拡大に少なからず貢献した。また、野外集会の開催、福音主義的熱狂、個人の救済と神の愛の重視、巡回説教、組 class を最小単位とした信仰活動、聖なる生活と社会的義務の規律ある実践などがメソジスムの特徴とされる。十九世紀イングランドの労働者階級と社会を急進的な改革から遠ざける安全弁としての役割をメソジスムが果たしたか否かをめぐって、トムスンをはじめとする歴史家のさまざまな議論がある。

［3］ラディズム Luddism

イングランドの繊維産業地域で一八一一年から一七年にかけて起こされた、機械打ち壊しをはじめとする一連の実力行使を伴う労働者の「暴動による団体交渉」collective bargaining by riot をさす。雇用主にあてられた脅迫状にしばしば

「ラッド将軍」General Ludd と署名されていたことから、こう呼ばれるようになった。機械の導入それ自体や技術革新そのものに反対したわけではなく、労働・賃金・徒弟制など職種上の慣行や伝統を遵守しない雇用主にたいしてだけ暴力的実力行使がなされたといわれている。

［4］フェビアン Fabian

一八八四年に設立されたフェビアン協会 Fabian Society のメンバーや、その支持者をさして呼ぶ。フェビアン協会は、進歩的改革と漸進的社会主義を掲げた知識人中心の組織で、革命的マルクス主義を否定した。国家介入による上からの社会改革を唱え、エリート主義・テクノクラート主義的傾向が強いとされる。労働党の前身である労働代表委員会Labour Representation Committeeを支えた中核組織の一つでもあった。

［5］フランシス・プレイス Francis Place

Place, Francis (1771-1854). 急進派の政治家、活動家。革製半ズボン製造工ジャーニーマンだったが、ストライキを組織したため解雇され、仕立て屋を開業する。ロンドン通信協会の中心人物の一人。一八一六年から二三年にかけては、政府の公債返済のための償還基金に反対して運動した。さらには団結禁止法の撤廃運動に取り組み、二四年にその廃止を勝ち取った。労働組合運動に道を開いた開拓者として一般的に知られているのはそのためである。議会では急進派のジョウジフ・ヒューム Joseph Hume と共闘した。功利主義者ジェレミー・ベンサム Jeremy Bentham の友人でもあったプレイスの社会改革観は、中流階級と組織された労働者階級との連携の橋渡し役を果たしたといわれる。第一次選挙法改正法案の成立（一八三二年）にも積極的にかかわり、のちにはウィリアム・ラヴェエット William Lovett が人民憲章 People's Charter を起草する手助けをしたが、チャーティズムにたいしては、基本的に共感をいだいていなかったといわれている。

［6］『天路歴程』'Pilglim's Progress'

『天路歴程』*The Pilgrim's Progress from This World to That which is to Come* はジョン・バニヤン（本書第2章の訳注［27］を参照のこと）の主著で、一六七六年に獄中で書かれたものと見なされていて、一六七八年が初版刊行年とされている。「来るべき世」を探し求める主人公クリスチャン（キリスト者）の巡礼物語である。その生き生きとした人物描写によって多くの読者を獲得し、英語で書かれた本のなかでも最も広く読まれてきたものの一つといわれている。クリスチャンの妻であるクリスチャーナが子供とともに夫を追って巡礼する続篇が第二部として一六八六年に刊行されている。

邦訳には、『天路歴程』（「バニヤン著作集第2」、高村新一訳、山本書店、一九六九年）、『続天路歴程』（「バニヤン著作集第5」、高村新一訳、山本書店、一九六九年）や、『天路歴程 正篇』『天路歴程 続篇』（池谷敏雄訳、新教出版社、一九七六年）などがある。

［7］ジョアンナ・サウスコット Joanna Southcott

Southcott, Joanna (1750-1814). 狂信的宗教家。家事奉公人だった一七九一年にメソジスト組織に加盟し、九二年には自分がヨハネの「黙示録」十二章に登場する女性であると主張した。一人あたり十二シリングから二十一シリングの料金を取って、総計で十四万四千人を神に選ばれた者として認定したといわれている。彼女の果たした役割については、本書第12章でトムスンが詳しく論じている。浜林正夫「産業革命と神秘主義——ジョアンナ・サウスコット」（浜林正夫／神武庸四郎編『社会的異端者の系譜』所収、三省堂、一九八九年）を参照のこと。

［8］カルヴァン主義はメソジスムとまったく同じものではない Calvinism was not the same thing as Methodism

イングランドではメソジスムが民衆政治運動に大きな影響を与えたといわれているが、スコットランドではカルヴァン主義的な長老派教会が強い影響力をもったことをさしている。

［9］クリストファー・ヒル氏 Mr Chirtopher Hill

Hill, John Edward Christopher (1912-2003). ヨークの裕福なメソジストの家庭に生まれ、マルクス主義史家となる。オクスフォード大学ベイリアル・カレッジで学んだあと教壇に立ち、その学寮長となった。十七世紀イングランドの宗教的・政治的な反体制主義の歴史研究者として知られる。『十七世紀イギリスの宗教と革命』（小野功生訳、法政大学出版局、一九九七年）ほか多数の邦訳がある。

［10］エイサ・ブリッグズ教授 Professor Asa Briggs

Lord Briggs, Asa (1921-). ヨークシャー生まれの社会史家。オクスフォード、リーズ、サセックスの各大学で教鞭をとり、ヴィクトリア朝以降の労働史・都市史・コミュニケーション史などの分野を中心に膨大な著作がある。*A History of Broadcasting in the United Kingdom*, 5 vols (1961-95) は、公認のイギリス放送協会（BBC）史でありながら、優れた二十世紀イギリス社会史となっている。邦訳として、『ヴィクトリア朝の人びと』（村岡健次／川村貞枝訳、ミネルヴァ書房、一九九五年：*Victorian People*, 1954）などがある。

［11］ペリー・アンダーソン氏 Mr Perry Anderson

Anderson, Perry (1938-). イギリス新左翼のマルクス主義理論家、歴史家。一九六二年以来二十年間、『ニュー・レフト・レヴュー』誌の編集長を務めた。アンダーソンは一九六〇年代前半からトム・ネアン Tom Nairn とともに、イングランドのブルジョワジーは十七世紀に市民革命を完遂することもなく、近代イギリス社会は一貫して貴族によって支配されたのであり、革命を担いうる労働者階級も形成されなかったとする諸論考を発表してきた。アンダーソンは、構造主義的な理論的マルクス主義の立場からトムスンの「文化主義的」マルクス主義歴史学を批判し、両者は歴史の主体や歴史研究の方法などをめぐって激しく論争してきた。アンダーソンの *Arguments within English Marxism* (1980) は、トムスン歴史学の急所を最も鋭く突いたものといわれている。トムスンは、マルクス主義理論、構造主義的なイギリスの歴史分析、第三世界の分析を中心にし、社会的・文化的課題を排除するアンダーソンの『ニュー・レフト・レヴュー』誌編集方針にも強く反発した。邦訳のある著作に、『古代から封建へ』(*Passages from Antiquity to Feudalism*, 1974: 青山吉信／尚樹啓太郎／高橋秀訳、刀水書房、一九八四年)、『ポストモダニティの起源』(*The Origins of Postmodernity*, 1998: 角田史幸／浅見政江／田中人訳、こぶし書房、二〇〇二年)、『西欧マルクス主義』(*Considerations on Western Marxism*, 1976: 中村実訳、新評論、一九七九年)などがある。

［12］ドロシー・トムスン夫人 Mrs Dorothy Tompson

Tompson, Dorothy Katherine Gane (1923-). ケンブリッジ大学のガートン・カレッジで学ぶ。戦後まもなくE・P・トムスンと結婚、子育てをしながら、ヨークシャーで成人教育の講師を務めたり、各種社会調査に従事する。一九七〇年にバーミンガム大学の専任講師となり、八七年に退職。チャーティズム研究者として知られる。『チャーティスト』(古賀秀男／岡本充弘訳、日本評論社、一九八八年)は、主著 *The Chartists: Popular Politics in the Industrial Revolution* (1984) の翻訳である。

一九八〇年版への序文

［1］リチャード・ブラザーズ Richard Brothers

Brothers, Richard (1757-1824). 十八世紀末に千年王国幻想を説いた狂信的宗教者。カナダのニューファンドランドに生まれ、幼少時に渡英し、十四歳で王立海軍に入る。一七八三年に半給を受けて海軍を辞めたが、九〇年には休職給を受けるのに必要な宣誓を拒否するようになり、家賃の支払いが滞ったことから労役所に入れられることになった。自分が神の使命を受けていると考えるようになったのは、このころからだといわれている。詳しくは本書第5章以下を参照のこと。

［2］カロライン王妃事件 the Queen Caroline affair

Caroline Amelia Elizabeth of Brunswick-Wolfenbuttel (1768-1821). ドイツのブラウンシュワイク王家出身。一七九五年に皇太子プリンス・オブ・ウェールズと結婚するが、翌年に女子を出産してまもなく別居。一八一四年以降は大陸で暮らしたが、二〇年、ジョージ三世の死去の際に帰国した。皇太子はただちに、妃の不義密通を理由に貴族院に離婚を認めるよう求めたが、民衆のあいだに妃への強い同情がみられたため成案とはならなかった。カロライン王妃は、二一年のジョージ四世戴冠式への出席を女王の権利として要求したが果たせず、まもなく他界した。八月の葬儀の際にも同情した群集による暴動が起こり、二人が死亡している。

［3］ジョン・ガスト John Gast

Gast, John (1772-1837). ブリストルに生まれ、徒弟修業を終えて船大工となる。一七九〇年代末にロンドンに移り、熟練職人の労働組合活動家として指導的な役割を演じた。本書第16章3節でトムスンが詳述。

第1章

［1］ロンドン通信協会 London Corresponding Society

フランス革命に共鳴したイングランドにおける急進主義団体としては最も重要な存在で、一七九二年に設立された。職人による職人のための民主主義団体。普通選挙権、毎年改選議会、公共経済政策などを主唱。最盛期には約五千人の会員がいたと推定されている。九三年の対仏戦争開始後は、王室支持の風潮の蔓延と当局による法的弾圧によってしだいに打撃を受け、九九年に団結禁止法が成立するまでには衰退した。

［2］トマス・ハーディ Thomas Hardy

Hardy, Thomas (1752-1832). スコットランドのスターリングシャーで生まれる。父は商船船員だったが、一七六〇年に死亡。経済的困窮から、母方の祖父のもとで学校に通って読み書き算術の教育を受けたあと、祖父の生業である靴製造を教わる。七四年にロンドンに上京する以前には、短期間ではあるが、後出のキャロン製鉄工場で煉瓦積み工として働いた経験をもつ。一八一五年の夏に靴屋経営から引退し、晩年は、サー・フランシス・バーネット Sir Francis Burnett やフランシス・プレイス Francis Place の経済的援助によって暮らした。ハーディは自伝『回想録』Memoir（一八三二年）で、ロンドン通信協会は全体として穏健な改革をめざしたのであって、武装蜂起などによる非合法的な改革を唱えたメンバーはいずれも政府のスパイだったと述べている。

［3］商工業者、商店主、あるいは職人であるわれわれ we, who are Tradesmen, Shopkeepers, and Mechanics

tradesman は、現在では商売に従事する者、とりわけ自分の店を構えて商品売買をする者をさしていうことが多いが、十八世紀には主として、各種商工職種につく職人ならびに親方 master で自ら製造した商品を小売販売する者をさした。tradesmanは、shopkeeper とともにハノーヴァー朝中流階級の最下層に分類することもできるが、親方仕立て工などは富裕な顧客を得意先として豊かであったのにたいし、製靴工などは概して貧しく、貧富に大きな格差があった。十八世紀における消費の拡大に合わせて、いずれもその数は増大したといわれている。本書では tradesman を、主に「商工業者」と訳したが、「自営業者」、「小売商人」と訳した場合もある。

また、ここで「職人」と訳しておいた mechanic という用語だが、これはアイオワース・プロザロー教授によれば、職種団体に属した、徒弟修業を終えたより裕福な職人 better-off journeyman、すなわち熟練職人 skilled artisan をさすものであるという（Iorwerth Prothero, *Artisans and Politics in Early Nineteenth-Century London*, 1979, pp. 4-5.）。それにたいして、本書でやはり職人と訳した artisan は、旧来の専門的で急激に機械化されることのなかった、広い意味ででではあるが一定の熟練を必要とする手工業の職種に従事する者（ここには、自ら腕をふるって労働する親方職人も含まれた）をさす言葉であり、社会的地位をはっきりと示す言葉だったという。本書で「ジャーニーマン」とした journeyman は、一般に伝統的な熟練職種で徒弟制度を経てその仕事を学んだ賃金労働者のことをさし、そこに親方職人は含まれない。序列としては、徒弟 apprentice に始まり、職人 journeyman、親方 master と上がっていく。「ジャーニーマン」については本章の訳注［14］を参照のこと。そのほかに craftsman, handicraftsman, artificer, workman, tradesman も「職人」をさして使われる用語である。いずれにせよ、トムスンが指摘しているように、shopkeepers, tradesmen, mechanics は重なり合う部分が少なからずあった。プロザローはまた、artisan は歴史家がよく使う言葉ではあるが、当時の人びとにはあまり使われず、journeyman や mechanic という言葉のほうがよく使われたと記している。なおトムスンは、artisan と journeyman をほぼ同義に取り扱っている。

［4］キングズ・メッセンジャー King's Messenger

国王ないしは枢密院付の公文書送達担当官吏だが、当時はまだ国事犯の逮捕をその職務の一つとしていた。ハーディは自らの回想録で、この逮捕の様子を詳しく記している。このときのキングズ・メッセンジャーは John Gurnel という人物だったが、ハーディーを取り押さえ、逮捕状を示し、家宅捜索をはりきっておこなったのは Mr. Lazun という同名のキングズ・メッセンジャーの息子だった。このときの活躍が認められて、Lazun はのちにメッセンジャー見習い assistant messenger に登用されたという。

［5］ボウ・ストリート・ラナーズ Bow Street Runners

犯罪者の探索と逮捕をおこなう職業捕縛者集団で、一七四八年にロンドンのボウ街 Bow Street の治安判事となった著述家ヘンリ・フィールディング Henry Fielding とその跡を継いだ弟のジョン John らによって確立された。

フィールディングもボウ・ストリート・ラナーズも、報酬を受け取って職務を遂行した。報酬を受け取る治安判事 trading justice と捕縛者 thief-taker は腐敗・堕落の代名詞のように当時から批難されてきたが、フィールディングらは概して清廉に職務を遂行したようである。ちなみにイングランドでは一八二〇年代になってもなお、フランスで確立していたような中央集権的な国家警察組織はイングランドの自由の伝統への脅威だと見なされていた。また、ボウ・ストリート・ラナーズが発展して近代的な警察制度である首都警察 Metropolitan Police が一八二九年に確立されたといわれることが多いが、後者は前者に並行したかたちで設立されたのであり、その構想と実際の機能の面での両組織の共通性はむしろ小さかったといわれている。

［6］内務大臣ダンダス Home Secretary Dundas

Dundas, Henry, 1st Viscount Melville (1742-1811). 一七七四年に庶民院議員に当選。以来、小ピットの側近として主要大臣ポストを歴任。一八〇五年、海軍大臣時代に公金不正使用の追及を受けて最終的に辞任に追い込まれ、政治生命を終えた。内務大臣の任にあったのは、一七九一—九四年。選挙や官職・恩給の配分における采配はずば抜けていたといわれている。

［7］ジョン・セルウォール John Thelwall

Thelwall, John (1764-1834). 民衆の友協会 Society of the Friends of the People やロンドン通信協会で活動したイングランドのジャコバン主義者。言論の自由を求める運動の最前線に立った。絹織物商の息子として生まれ、学校教育を受けた期間は短かったが、生涯にわたって神学、哲学、詩、政治、法律を勉強しつづけたといわれている。フランス革命の影響で政治改革のための言論の自由に強い関心をもつようになり、一七九〇年のウェストミンスターでの選挙では、ジョン・ホーン・トゥク John Horne Tooke について活動した。言語障害をもっていたにもかかわらず、雄弁な演説家となり、九二年にはロンドン通信協会に参加する。すべての改革派団体が参加する大公会の実施を最初に提案したのは、セルウォールだったという。晩年も急進主義者であることをやめなかったが、革命家ではなく、ジャコバン主義のそうした側面については否定的だったといわれている。また、セルウォールは雄弁術の教育に成功を収め、言語障害の矯正法の確立にも努力していた。

［8］首相（ピット）Prime Minister (Pitt)

Pitt, William, the younger (1759-1806). 大ピットの次男で、大蔵大臣としての、また演説家としての名声が高い。一七八三年に弱冠二十四歳で首相になってから、さまざまな貿易改革と財政改革に取り組んだ。議会改革やアイルランド問題では改革に失敗したが（対仏戦争下にアイルランドを併合したが、その後、カトリック解放法案が国王ジョージ三世に妨害されたため一八〇一年に首相を辞任）、ピット独特の保守主義と改革主義の混交は、のちのイギリス政治の展開に長く影響を与えたといわれている。

［9］「教会と国王」暴徒 'Church and King' mob

一般には、イギリスの国制のかなめである「教会と国王」支持をスローガンにした愛国主義者の暴徒をさしているが、ここでは、ロンドン塔にハーディが幽閉されてから二週間としないうちにハーディの自宅を襲ったロンドンの暴徒をさしている。それは、海軍提督ハウ卿に率いられたイギリス軍が勝利を収めた、フランス革命戦争時（一七九三―一八〇二年）の海戦「栄光の六月一日」the Glorious First of June（一七九四年）を祝う人びとによって引き起こされた。フランス軍の全面的優勢という情勢にあった当時、この勝利は愛国的イギリス人にとっての唯一の慰めであった。

［10］ホーン・トゥク Horne Tooke

Horne Tooke, John (1736-1812). イングランドの急進派政治家、語源学者。本来の名前は Jone Horne だったが、のちに友人 William Tooke の名を加えた。ジョン・ウィルクス John Wilkes の支持者で、ともに「権利の章典支持協会」Society for Supporting the Bill of Rights を組織したが、のちに仲たがいし、ホーン・トゥクは「国制協会」Constitutional Society をつくる。激越なパンフレット作家として知られた。レキシントン（現在のマサチューセッツ州にある町で、一七七五年にアメリカ独立戦争の最初の戦闘がおこなわれた）で殺害されたアメリカ植民者にたいする支持を公にし、彼らの独立のための募金集めを提案したために、七七年に治安攪乱の文書誹毀罪で有罪判決を受けた。本文中にあるこの九四年の有名な裁判では、イングランドに革命をもたらそうとする民主主義団体のネットワークを組織する役割を担ったかどで大逆罪に問われた。

語源学者としての最初の仕事でも、裁判所が接続詞の正しい用法を理解していさえすれば自分の文書誹毀罪は無罪となっていたと主張し、論議を呼んだ。著書 *The Diversions of Purley* (1786-1805) では、政治学や思弁哲学の形而上学的な抽象を批判し、哲学用語の語源学的理解の有用性を説いた。哲学ではジェームズ・ミル、文学ではコールリッジ、自然科学ではエラスムス・ダーウィン（進化論を唱えたチャールズ・ダーウィンの祖父）に、ホーン・トゥクの影響が見られるといわれている。

［11］トム・ペインの『人間の権利』Tom Paine's *Rights of Man*

ペイン Thomas Paine (1737-1809) は、イングランド生まれのアメリカ革命論者。一七七六年に刊行した *Common Sense*（『コモン・センス』小松春雄訳、岩波文庫、一九七六年）では、植民者にイギリスからの独立を訴え、フランス革命については、それがイギリスの市民革命やアメリカ革命が大陸にまでおよんだものとして歓迎した。フランス革命を批判したエドマンド・バークへの反論として、*Rights of Man*, 1791-92（『人間の権利』西川正身訳、岩波文庫、一九七一年）を刊行し、フランス革命の正当性とイギリスの公的世界の偽善性をあきらかにしようとした。そこで提唱された社会福祉政策は、私有財産権への攻撃だと見なされた。一七九二年にフランス公会のメンバーに選出されたが、ルイ十六世の処刑に反対したため恐怖政治下では投獄されている。つづく *The Age of Reason*, 1794-95（『理性の時代』渋谷一郎監訳、泰流社、一九八二年）では、無神論にたいして理神論を擁護したが、正統派キリスト教にたいする過激な攻撃は支持者からも大きな反発を招いたとされている。

［12］キャロン製鉄工場 Carron Iron Works
スコットランドの製鉄工場で、後述のロウバックを含む三人の実業家によって、水力、炭鉱、鉄鉱などが入手容易な場所に建設された。一七六〇年に生産開始。大砲が主たる生産品だったが、農業機器や家事用品も生産、九二年には二千人を雇用していたといわれている。アメリカ独立戦争、ナポレオン戦争期には兵器生産で著しい利潤をあげたが、その後も東インド会社や軍との兵器製造契約で利益を確保した。

［13］製鉄業者であるロウバック ironmaster Roebuck
Roebuck, John (1718-94). バーミンガムの物理学者で、その化学知識を応用して、バーミンガムでおもちゃ製造業に使用されていた金や銀の精製法の改良を図った。キャロン製鉄所の設立者の一人。一七六八年にはジャイムズ・ワットと共同で事業を始めたが、不況のあおりを受け、七三年に破産した。

［14］ジャーニーマン journeymen
一定の手工業職あるいは熟練職種で徒弟修業を終えた雇われ身分の職人で、トムスンが指摘しているように、やがては職人や徒弟を雇って仕事をする独立自営の親方になることを期待していた。ジャーニーマンは、社会的地位や収入などの点で、labourers（熟練を必要としない仕事に従事する不熟練労働者をさすが、農業労働者 agricultural labourers をさすことも少なくない）や unskilled factory workers（不熟練工場労働者）のはるか優位に立っていた。しかし、小規模親方 small masters とジャーニーマンとのあいだの心理的ないしは経済的な格差は、ジャーニーマンと熟練職種に参入できなかった labourers（不熟練労働者）との格差よりも小さいものだったともいわれている。

［15］ウィリアム・シャープ William Sharp
Sharp, William (1749-1824). 彫版画師。徒弟修業後、バーソロミュー小路 Bartholomew Lane に店を構えたあと、ヴォークスホール Vauxhall へ移り、最後にはチズウィック Chiswick に落ち着いて生涯を終えた。欧州大陸での名声はきわめて高く、ウィーンのインペリアル・アカデミーやミュンヘンのロイヤル・アカデミーの名誉会員に選ばれている。
青年時代のシャープは共和主義者で、トマス・ペインやホーン・トゥクの友人だった。「国制知識普及協会」Society for Constitutional Information の会員だったため、ホーン・トゥクの訴追事件に巻き込まれ、枢密院で大逆罪容疑で査問を受けたが、害なき熱狂者として放免されている。つづいて、初めて医術に催眠術を使用したといわれているオーストリアの医師メスマー Mesmer や、スウェーデンボルグ Swedenborg の主張に共鳴したのち、ヤコブ・ブライアン Jacob Bryan やリチャード・ブラザーズ（本書一九八〇年版への序文の訳注［1］を参照のこと）の宗教的見解に熱中した。ブラザーズが狂人として幽閉されると、今度はジョアンナ・サウスコット（本書序文の訳注［7］を参照のこと）の断固たる信奉者となり、エクスターからロンドンへとスコットを連れてきて長期にわたって彼女の生活の面倒をみた。スコットの死についても最後まで認めようとせず、彼女の宣教の正しさと復活を信じつづけた。

［16］ウィリアム・ブレイク William Blake

Blake, William (1757-1827). 詩人、画家、彫版画師、神秘論者。書籍の彫版画師として出発し、詩に版画や絵を合体させて表現する独特の手法をもちいた作品を残した。ブレイクにとって、芸術と想像力と霊感とは分かちえないものだったという。一七九四年に刊行された *Songs of Experience*（『経験の歌』）には、社会的不正義にたいする激しく抗議した詩篇「ロンドン」が含まれている。ブレイクの急進的な哲学、物質主義の断固たる拒否、正統派キリスト教への激しい反発、独自の神秘論や預言的な想像力を絵や詩によって表現するたぐいまれなる才能は、後世の精神分析家やマルクス主義者、革命家、自由思想家などに大きな影響を与えてきた。E・P・トムスンの死後まもなく刊行された著作（*Witness Against the Beast: William Blake and the Moral Law*, 1993）は、近代社会の飽くなき批判者たるブレイクをその歴史的背景とともに論じたものである。

［17］水平派 Levellers

議会軍の急進的一派で、新型軍 New Model Army の下層兵士たちから強い支持を受けた。ジョン・リルバーン John Lilburne に率いられ、階級差別にたいして反対して運動したところからこの名がついた。王室と貴族制を廃止し、普通選挙によって選ばれた議会主権を主張した。また、宗教的寛容と国教会体制の解体も唱えた。クロムウェルによって一六四九年に弾圧されたあとも、急進主義思想に影響をもちつづけた。

［18］クロムウェル Cromwell

Cromwell, Oliver (1599-1658). 地主階級の出身で、ケンブリッジ在学中にピューリタン思想の影響を受ける。ケンブリッジ市選出の議員として長期議会に議席を確保し、急進派として知られた。市民戦争が始まると、軍事面での才能を発揮して新型軍 New Model Army を組織し、市民戦争に最終的に勝利する。ちなみに宗派的には新型軍は、末端の会衆集団の自律性を主張したプロテスタント系独立派 Independents が主流だったといわれている。クロムウェルは、のちのアイルランド征服戦争（植民地化戦争）で無差別の大量虐殺をおこなったことで悪名高い。

［19］パトニーにおける重要な論争 the crucial debate, at Putney

Putney Debates (Oct-Nov 1647). 新型軍の評議会がパトニー教会でおこなった討論。各部隊から二人の将校と二人のアジテーター（一六四七年に各部隊によって選ばれた兵士の代表で、経済的見返りがないままでの武装解除を拒否した）が出席。討論では、クロムウェル、アイアトン側と、急進的な改革を求めるアジテーターたちとのあいだに、本書に記してあるような埋めがたい溝が存在することがあきらかになった。

［20］レインバラ大佐 Colonel Rainborough

Rainsborough, Thomas (?-1648). Rainborow ないしは Rainborowe ともつづられる。市民戦争では、最初はアイルランド義勇兵がイングランド北部の国王軍に参加するのを防ぐための海軍に従軍。のちに陸軍に移って、数々の戦功をたてた。一六四六年には庶民院議員に選ばれるにいたる。しかし水平派に同調して議会に反発、パトニー討議では、多くの水平派が要求していなかった普通参政権まで主張した。彼の戦死は、四九年の水平派の蜂起失敗の大きな要因の一つとなったといわれている。

［21］アイアトン将軍 General Ireton

Ireton, Henry (1611-51). 議会軍の指揮官で、オリヴァー・クロムウェルの娘婿。国王チャールズ一世を処刑するにいたる過程で主導的役割を演じた。クロムウェルのアイルランド征服戦争では第二の指揮官の地位にあったが、遠征中に熱病によって死亡した。

［22］国制 Constitution

一つの民族や国家や政体が構成され統治される際の、根源となる諸原理の体系をさす。日本語では「憲法」と訳されることが多いが、「憲政」「国体」「国家原理」「国家体制」などとも訳される。アメリカ合衆国や一七九〇年以降のフランスや近代以降の日本の場合は文書として正式に採択されたものだが、周知のとおり、イギリスにはそのような明文化された憲法は存在しない。British Constitution とは、統治者側がおこなってきた一連の譲歩に体現されているということができ、それは長年にわたって受け入れられてきた諸立法に反映され、また諸先例によって徐々に確立されてきているとされる。

したがって本書では、「憲法」ではなく、主に「国制」という訳語をあてた。

十八世紀および十九世紀初頭のイングランド史で constitution という言葉がどのような役割を担ったのかについては、本書第4章でトムスンが詳述しているが、簡単に言えば、なによりも Glorious Constitution（「名誉ある国制」）を意味した。この明文化されなかった国制は、古代の自由と諸制度という遺産によって構成されることをその本義としたが、その最大の成果は、議会の国王にたいする優越が名誉革命以後徐々に確立していった点にあった。すなわち、この mixed constitution（「混合国家体制」）ないしは constitutional monarchy（通常「立憲君主制」と訳されるが、国王の権力の濫用を制限する国制に準じた君主制統治であり、limited monarchy とも表現されるので本書では「制限君主制」とした）という国制こそ最高の統治形態だとする愛国主義的認識が、トムスンが随所で論じているように十八世紀のイングランドでのコンセンサスだったと言えるのである。したがって、国制擁護主義 Constitutionalism とは、国制 Constitution に訴えて自らの政治行動を正当化するレトリックであり、急進派から体制墨守派まで政治的立場を超えて幅広く共有されたが、だからこそ、時代と状況によって、変化すると同時にその帰属が激しく争われた言葉でもあった。

なお、constitutional は、文脈によって「国制に関する」「国制を支持する」「国制擁護」などとし、constitutional reform は「国制改革」、Constitutional Society は「国制協会」、Society for Constitutional Information は「国制知識普及協会」とするよう努めた。また、constitutionalism は「国制擁護主義」ないしは「国制原理の擁護」としたが、必ずしも統一しえてない。一方 constitutionalist とは、十八世紀末にはアメリカ合衆国憲法の支持者やフランス共和制憲法の擁護者をさし、loyalist（王室と国教会の支持者で、財産権にもとづいた伝統的な社会秩序を擁護して急進主義に反対した）と対置して使われることが多かったとされている。

［23］セクスビー Sexby

Sexby, Edward (?-1685). 議会派に属し、クロムウェル軍に参加。パトニー討議に参加したアジテーターの一人であり、フランスとスペインへ外交使節団として派遣された。クロムウェルによる護国卿政治に反対し、王党派によるペンラドックの蜂起（一六五五年三月）に参加するが、ただちにクロムウェルによって鎮圧され、フランスのフランダースへ逃亡する。五七年に帰国して逮捕され、ロンドン塔で獄死。

［24］サー・ルイス・ネイミア Sir Lewis Namier

Namier, Sir Lewis Bernstein (1888-1960). ワルシャワ近郊のユダヤ系ポーランド人家庭に生まれる。二十歳のときにオクスフォード大学ベイリアル・カレッジに入り、抜きん出た成績を残し、一九一三年にイギリス国籍を取得した。その後実業界に入り、第一次世界大戦中には外務省諜報部に勤務したが、そのかたわらで十八世紀イギリス政治史研究を継続。一時期ベイリアル・カレッジで教壇に立つが、実業界に戻ったあと、『マンチェスター・ガーディアン』紙の特派員の仕事をする。経済的には決して恵まれていたわけではなかったが、一九二四年から二九年にかけて歴史の調査研究に専念した。アカデミズムに定席をもたなかったネイミアの *The Structure of Politics at the Accession of Goerge III* (1929) が刊行されたとき、それは歴史学界に大きな衝撃を与えた。歴史家としてのネイミアの名は不動のものとなり、以後、「ネイミア以前」のやり方で十八世紀の政治史を書くことは不可能になったといわれるほどである。戦間期にはシオニズム運動に共鳴してかかわり、三一年から五三年に退職するまでマンチェスター大学で近代史を講じた。

歴史の細部の重要性に過剰といっていいほどに固執したネイミアは、前出の *The Structure of Politics* で、一七六一年当時の国会議員一人ひとりの日常生活、職歴、人間関係などを徹底的に調査したうえで、当時の政治家の行動や政界の動きを説明しようとした。これはいわゆる人物研究 prosopography の手法を徹底的にイギリス政界に適用したものといわれているが、歴史を利己的人間の野心と行動の集合体にだけ還元してとらえるフロイト心理学に強く影響されたその手法は少なからぬ批判を浴びてきた。社会のエリートだけを研究対象にして十八世紀政治史を論じるネイミア流の歴史学に、また政治においてはバークの保守主義の系譜にあって文化というものにたいする関心をほとんどもたなかったといわれるネイミアその人とその歴史学に、トムスンが激しく反発したことは言うまでもない。

［25］ジャコバイト Jacobites

ジャコバイトとは、ジェームズ二世が一六八八年の名誉革命によって追放されたあとも、彼とその後継者を支持し、カトリックを信仰するスチュアート王朝の復活を望んだ人びとをさす。ジェームズのラテン語形 Jacobus からジャコバイトと呼ばれた。一六六〇年代後半になってジェームズ二世はカトリック教徒となり、八五年に王位について以降は親カトリック政策を強行した。名誉革命は、王室と国政のカトリック化に危機感を募らせたプロテスタントであるイングランド国教派の政治家たちによって準備された。ジャコバイトの運動は、一七四五年の蜂起失敗後は急速に途絶えていった。

［26］バーク Burke

Burke, Edmund (1729-97). アイルランド人の哲学者、政治家、演説家。父はプロテスタントで母はカトリック。アメリカ、アイルランド、インドなどにたいするイギリス政府の腐敗した植民地政策を厳しく糾弾し、多くの政敵をつくることになった。政治と行政の腐敗とむだの改革や、奴隷貿易の廃止も訴えた。責任ある貴族による統治をよしとしたバークは、初期のフランス革命にたいするイギリスでの熱狂的な歓迎の風潮を、一七九〇年に刊行された *Reflections on the Revolution in France*(『フランス革命の省察』半澤孝麿訳、みすず書房、一九七八年)で激しく批判し、それまで属していたウィッグ党とも袂を分かった。この最も有名なバークの著作は、前述のトマス・ペインの『人間の権利』やメアリ・ウルストンクラフトの *A Vindication of the Rights of Men* (1790) など、多くの反論を引き起こすことになる。本書第2章の訳注 [13] も参照のこと。

[27] クリストファー・ワイヴィル師 Reverend Christopher Wyvill

Wyvill, Christopher (1740-1822). イングランド国教会の聖職者で、貴族や労働民衆からではなく、「カウンティ(州)の中間層の人びと」the middling people of the county からなる政治改革を求める結社運動をヨークシャーで組織して指導した。北米植民地独立の危機に際しての本国政府の失策は腐敗した選挙制度によって国会議員が選出されていることに起因するとし、その腐敗は国制によって保証されている自由を脅かすものであるとした。ワイヴィルが取り組んだヨークシャーでの結社運動が全国的に知られるようになったのは一七七九年以降のことだった。国制の礎はカウンティとそこを拠点とする大小の独立した自由土地保有農にあるとする伝統的な国制観をもち、その再興にはカウンティごとに委員会をつくり、請願や示威行動などによって恒常的に国王や政府に圧力をかけることのできる議会外運動をおこなう必要があるとした。自治体 borough 選挙区の議席売買によって選出された貴族議員が支配する政府を糾弾し、カウンティ選挙区選出議員を増やすことでより公正な議席配分と選挙制度の改革を求めたこの運動の理念は、やがては一八三二年の第一次選挙法改正に生かされることになった。

[28] ピータールー事件 Peterloo

Peterloo massacre 一八一九年八月十六日、議会改革を求める民衆集会が野外で開かれた。この集会は、ナポレオン戦争後の不況で苦しむランカシャーの手織工が中心となってマンチェスターのセント・ピーターズ・フィールズで開かれたもので、五万人から八万人の人びとが集まったといわれている。集会開始後になって危機感を募らせた治安判事が地元のヨーマンリ軍を出動させたが、騒乱状態のなかで軍隊はサーベルを振りかざしたために、十一人が死亡し、多数の負傷者が出た。この事件は、イギリスをはじめとする連合国軍がナポレオン軍を降伏させた一八一五年の「ウォータールーの戦い」battle of Waterloo にちなんで逆説的に命名されたもので、以後「ピータールーの虐殺」として抑圧の象徴として人口に膾炙する。事件の詳細は、本書第15章5節で論じられている。

［29］ジョージ・リューデ George Rudé

Rudé, George (1910-93). イギリスの代表的なフランス革命史家、イギリス・フランス民衆史研究者。ノルウェーの裕福な銀行家の父とイングランド人の母のもとに生まれ、九歳のときにロンドンへ移住。ケンブリッジのトリニティ・カレッジで学び、一九三二年にはソ連を訪問、以来共産主義者となる。パブリック・スクールの教員となってフランス語やドイツ語などの現代語を教えたが、第二次大戦下では詩人のスティーヴン・スペンダー Stephen Spender らとともにロンドン消防隊で働き、その間に歴史への関心をしだいに深めていったという。その後ロンドン大学にパート・タイムの歴史学専攻の学生として在籍し、フランス革命時の都市における群集蜂起についての調査・研究を始めた。史料調査のためのパリ滞在中のリューデは、リチャード・コッブ Richard Cobb ならびにアルベール・ソブール Albert Soboul と「三銃士」的な親交を結んだという。

一九四九年には、その社会主義的信条のためにパブリック・スクール（ロンドンの St. Paul's School）を追われたが、博士号の学位取得（一九五〇年）後も指導教官による冷遇ならびに冷戦構造の犠牲となって、生涯にわたってイギリス本国内の大学の職にはつくことができなかった。五十歳からの学究生活はオーストラリアやカナダでなされ、多くの研究成果を残した。その著作には、フランス革命時の都市民衆を論じた *The Crowd in the French Revolution* (1959) や、十八世紀のイギリスの都市群集を扱った *Wilkes and Liberty* (1962)、十九世紀イギリスの農場労働者の反乱を対象とした *Captain Swing* (1969) などがあるが、最も有名なのは *The Crowd in History 1730~1848*, 1964（『歴史における群集』古賀秀男／志垣嘉夫／西島幸右訳、法律文化社、一九八二年）である。

十八世紀と十九世紀のイギリス・フランス史で、革命や都市蜂起にしばしば登場する無名の民衆とはいったい誰であり、何を考え、どう行動したのかをリューデは問いかけた。トムスンよりも一世代年長の世代に属するが、いわゆる「下からの歴史」history from below の開拓者の一人であって、両者の問題意識は重なるところが多い。左翼知識人同士のセクト主義的な対立や論争を嫌い、一九五九年にはスターリニズムに幻滅して共産党を離党しているが、最後までマルクス主義の信条を捨てることはなく、ユーモアある温厚な人柄で愛されたという。

［30］非国教派 Dissent

しばしばノンコンフォーミスト（非信従者、不遵奉者）Nonconformist と同義とされるが、十七世紀初頭での本来のノンコンフォーミストの意味は、イングランド国教会に属しながらその儀礼や儀式に従わなかった者をさした。一六六二年の礼拝統一法 Act of Uniformity 以降になると、王政復古後に再興されたイングランド国教会と教義を異にし、イングランド国教会式の礼拝をおこなわないさまざまなプロテスタント宗派を含めて、ノンコンフォーミストないしはディセンター Dissenter と呼ぶようになった。

十八世紀初頭の主たる非国教派としては、プレスビテリアン（長老派）Presbyterians、独立派 Independent（しだいに会衆派 Congregationalist と名乗るようになる）、バプテスト Baptist があげられよう。十九世紀になると、メソジスト Methodist やクエーカー Quakerをはじめとするプロテスタント諸派も、ノンコンフォーミストと見なされるようになる。イングランドとウェールズでは、十八世紀初頭で非国教派全体の総人口に占める割合は一〇パーセント未満だったと推定されているが、十九世紀初頭にはおよそ二〇パーセントだったとする推計がある。製造業や商業や熟練職種に携わる都市住民のあいだで、とりわけ非国教派の占める割合は高かったとされる。

王政復古後に制定されたクラーレンドン法のもとで非国教派は迫害されつづけていたが、一六八九年の寛容法 Toleration Act によって独自の礼拝所や説教師をもつなどの自由を許され、スコットランドでは九〇年に長老派（プレスビテリアン）が国教として確立した。しかし、イングランドでは、公職にはつけないなどの差別が形式的にも完全に払拭されたのは、審査法ならびに自治体法 Tests and Corporation Acts が撤廃された一八二八年になってからのことである。

非国教派のなかで十八世紀にしだいに顕著になった傾向としては、第一に、神とキリストと聖霊の一体を神と見なすトリニテリアン説（三位一体説）から、神だけが唯一の実在であるとするユニテリアン説 Unitarianism への移行、第二に、個々人の信仰と救済、聖書の重視、霊的覚醒体験を強調する福音主義 Evangelicalism の浸透があげられるといわれている（本書第2章の訳注［9］を参照のこと）。前者の傾向は長老派に、後者は一七九五年にイングランド国教会から分離独立した非国教派であるメソジストに典型的に見いだされるが、これらの傾向については、非国教派ならびにその伝統を詳細に論じた本書第2章でトムスンが確認しているところのものでもある。

第2章

［1］クエーカー Quakers

一六四七年にジョージ・フォックス George Fox (1624-91) によって創始された非国教派セクトで、キリスト友会 Society of Friends（「真理の友」を意味する）のこと。議会が「神を前にして崩れ落ちる」というフォックスの警告から Quaker（震撼させる人）と名づけられたが、集会の際に信者が、霊的震撼による忘我をしばしば体験して体を震撼させたためにその名は広く知られるようになった。各人の内面にあって霊的に人を導くとされるキリストの光 Inner Light の直接性を主張して、内的かつ個人的な啓示に価値を置き、洗礼や正餐、礼拝、聖職者の意義を否定した。一六五五年ごろまでにはブリテン島とアイルランド島に広まった。宣誓の拒否、十分の一税の支払い拒否、権威者への不服従などのために、八九年の寛容法の成立以前には迫害されたが、その後は奴隷制反対運動をはじめとするさまざまな人道主義的活動を活発に展開した。信徒や牧師の活動や規律の問題を扱う月例集会 Monthly Meeting、カウンティ（州）単位で開かれる四季集会 Quarterly Meeting、ロンドンで開かれる年会 Yearly Meeting をもつ。武器の所有を否定し、普遍的な友愛を説き、現代では徴兵拒否運動や平和活動や国際援助活動で広く知られている。

［2］バプテスト Baptists

幼児洗礼を認めず、信者の意識的な選択による洗礼をおこなう。象徴的に額に聖水を撒布する洗礼式ではなく、全身を実際に浸礼する洗礼式をおこなうことからこの名がついた。多くの信者は幼児期にすでに洗礼をすませていたことから、もともとは再洗礼派 Anabaptists と呼ばれていた。

イングランドでは、一六一二年に亡命先だったオランダから帰国した信徒たちによって創始された。神学上より寛容なアルミニウス主義 Arminianism の傾向をもつジェネラル・バプテスト General Baptists と、厳格なカルヴァン主義的信仰をいだくパティキュラー・バプテスト Particular (or Strict) Baptists に分かれた。十七世紀には急進的な霊的ならびに政治的傾向が顕著だったが、王政復古後は長老派や独立派 Independents と似た傾向をもつようになり、三大プロテスタント非国教派の一つに数えられるようになった。ジョン・バニヤンはバプテストだった。

［3］執事 Deacon
キリスト教聖職者の位階を示す用語で、主教 bishop や牧師 priest に次ぐ立場にある。プロテスタント教会では、教会堂を構える責任者にたいして付される名称。
［4］「イザヤ書」四十五章 45th Isaiah
「イザヤ書」は旧約聖書に含まれ、神が、キュロス Cyrus を助けて選ばれたるイスラエルの民を救い、ほかの諸国の民をイスラエルが征服することが記されている。
［5］同信オバデヤ brother Obadiah
ヘブライ語で「神のしもべ」を意味する。オバデヤは、旧約聖書の一つ「オバデヤ書」Book of Obadiah の著者で、十二人いた小預言者 Minor Prophets の一人。最後の審判の日に、エサウ Esau の子孫たるエドム人が滅亡させられ、ヤコブ Jacob の子孫たるヘブライ（イスラエル）の独立がなされその領土が回復されることが預言されている。ちなみにエサウとは、イサク Isaac の双子の息子の一人だが、弟ヤコブに一杯のスープと引き換えに生得権 birthright すなわち長子としての家督相続権を譲り渡してしまったことから、転じて、目先の利益に目が眩んでしまった愚か者をさすという。
［6］カルヴァン主義者 Calvinists
ルターに次ぐフランスの第二の宗教改革者、ジョン・カルヴァン John Calvin (1509-64) が創始した非ルター派教会の信者をさす。ルター派とは聖書を唯一の信仰の源とする点、アダムの追放以降の人間の自由意志の否定、信仰によってだけ人はその原罪を許されるとする点では共通しているが、教会に関する考え方の点で異なるといわれる。さらにカルヴァンは三位一体説を受け入れ、恩寵の不可抗力、人間の運命の神による絶対予定（救済される者と地獄に落ちる者の運命は神によって永遠に決定されているとする救霊予定説）、国家の神への絶対従属などを説いた。救霊予定説が主張されたのは、それが、迫害されたカルヴァン派信者たちの最終的な救いを約束するものと考えられたからだといわれている。なお、カルヴァンの救霊予定説に異議を唱えた神学者としては、アルミニウス Arminius (1560-1809) がよく知られている。
［7］ジョウジフ・プリーストリ Joseph Priestly
Priestley, Joseph (1733-1804). 科学者、哲学者、長老派の牧師。一七七四年に酸素の存在を発見。功利主義的な社会・政治思想をもつ、傑出したユニテリアン。フランス革命を支持してバーミンガム暴動の際の標的となり、九四年には北ア

メリカへ移住するにいたった。プリーストリとその時代背景を詳説した日本語文献としては、杉山忠平『理性と革命の時代に生きて』（岩波新書、一九七四年）がある。

［８］審査法ならびに自治体法 Test and Corporation Acts

自治体法 Corporation Act (1661) とは、クラーレンドン法典の一部で、地方都市自治体の公職につく者は、イングランド国教会の聖餐を受け、国王への忠誠と無抵抗を誓い、国王の絶対性を承認し、一六四三年の厳粛同盟 Solemn League and Covenant（スコットランド、アイルランド、イングランドにおける長老派教会の存続を確約した、イングランドとスコットランド両議会間の協定）を拒否することを要求された。その後、この規制は、審査法 Test Act (1673, 1678) によって、地方および中央すべての公職にまで適用されることになった。本来はローマ・カトリック教徒が文官ならびに武官に就任できなくすることを意図してつくられた法律だが、プロテスタントである非国教派もあわせて排除されることになった。官職にある者は、イングランド国教会の聖餐を受け、国王に忠誠を誓い、イングランド国教会の長としての国王の絶対性を承認し、ローマ・カトリック教会の化体説（パンとブドウ酒が完全にキリストの体と血に変わるとする説）を否定しなければならない、とした。非国教徒はしばしばこの法をくぐり抜けて公職についたといわれているが、正式に撤廃されたのは一八二九年になってからのことである。

［９］アリウス派やソッツィーニ派といった「異端」を通じてユニテリアンに魅せられていった gravitated through Arian and Socinian 'heresy' towards Unitarianism

アリウス派の創始者は、エジプト北部の港町アレクサンドリアの「異端」の聖職者であったアリウス Arius (255-336)。アリウス派とは一般に、神の子キリストは父なる神が人間世界を創造するためにつくりだした被造物にすぎないのであって、父なる神の下位に位置するものとする人びとをさして呼ばれる。ソッツィーニ派とは、L・ソッツィーニ Lelo Sozzini (1525-62) とその甥であるF・ソッツィーニ Fausto Sozzini (1539-1604) が創始したイタリアのプロテスタント宗派で、三位一体説（唯一の神が、互いに別個でありながらも等しい位格を有する、神なる父、キリストである子、聖霊の三者から成り立っているとする）、キリストの神性、原罪などのキリスト教原理を否定した。十七―十八世紀には、イングランド国教会の自由主義者（Latitudinarian、広教会派とも訳される）に影響を与えた。

ユニテリアンとは、一言でいえば反トリニティ主義 antitrinitarian である。すなわち、父なる神と神の子キリストと聖霊とを三位一体（トリニティ Trinity）の神と見なすことに反対し、父なる神が唯一の存在であることを主張した。また、キリストの十字架による死は、人間の贖罪を果たしたものであるとする考えも否定した。アリウス派もソッツィーニ派も三位一体説を否定した点ではユニテリアンだが、ソッツィーニ派はキリストの神性やキリストの先在をいっさい否定した点でアリウス派とは異なるとする論者もいる。イングランドでは十七世紀から十八世紀にかけて、アリウス派にソッツィーニ派の影響が見られるといわれている。

イングランドでは十七世紀なかごろに最初のユニテリアンの秘密集会がもたれたというが、ユニテリアン教会がイングランド国教会から分離独立して旗揚げされたのは一七七四年のことであった。前出のJ・プリーストリの時代には、ユニテリアンはしばしば政治的急進主義と同一視されるようになり、ロンドン、レスター、マンチェスター、リヴァプールといった都市部の中流階級の社会的エリート層を強く引き付けた。こうして十九世紀のイングランドでは多くの知識人がユニテリアンだったりその影響を強く受け、数々の社会改革や政治改革の進展に少なからぬ影響を与えた。

［10］理神論 Deism

一般に、理性ないしは知識による宗教信仰を旨とし、神の啓示や三位一体説を疑い、倫理的な徳を重視し、宗教上の非寛容および迷信を拒絶した。そのようなさまざまな傾向を含めてさす用語であって、特定の宗派の教説をさすものではない。また理神論者は、神の存在については受け入れるが聖書や聖職者の権威を疑うのであって、無神論者ではない。十七世紀後期から十八世紀初頭のイングランドと十八世紀のフランスで最も大きな影響力を誇った。後出のヴォルテールやルソーはフランスの理神論者である。理神論は十八世紀に、聖職者の権威と国家による正統宗教の強制を掘り崩すのに最も大きな役割を果たしたといわれている。

［11］ヴォルテール Voltaire

Voltaire, François Marie Arouet de（1694-1778）．フランスの作家であると同時に、正義と宗教上の寛容を訴えた啓蒙時代を代表する思想家として知られる。イングランドで二年間の亡命生活（一七二六―二八年）を送り、アンシャン・レジームを激しく批判したその著書『随想録』には、イングランドにおける思想と行動の自由度がフランスより大きいことが記されている。

［12］ロビン・フッド討論協会 Robin Hood debating society

職人や自営業者を中心とした会員組織で、ロンドンのブッチャーズ・ロウ Butchers' Row にあった居酒屋ロビン・フッドで会合を開いていた。ブッチャーズ・ロウは、テムズ河近くの有名な表通りストランドの裏にあった通りの名で、屠場があったことからこう呼ばれていたが、十九世紀はじめの大がかりな貧民街撤去事業の対象となった。

［13］プライス博士Dr Price

Price, Richard（1723-91）．ウェールズ出身の非国教派牧師、政治哲学者。数学と物理学に明るく、エコノミストとしても国家負債の解消策などを論じてピットの財政政策に貢献したといわれている。その最もよく知られた著作は、自然権理論にもとづいてアメリカ独立戦争で植民地側を支持した *Observations on the Nature of Civil Liberty*（1776）と、ごく初期段階にあったフランス革命を支持した説教を活字にした *Discourse on the Love of our Country*（1789）である。前者はジョン・ウェスレーの反論を呼び起こした。またバークの最も有名な著作『フランス革命の省察』は後者への反論として書かれたものである。他界した同じ年に「ユニテリアン協会」Unitarian Society に加入したが、アリウス主義にとどまってキリストの先在を信じ、ソッツィーニ主義や友人でもあったジョウジフ・プリーストリ流の功利主義的な考えを共有することはなかったといわれている。

［14］トマス・クーパー Thomas Cooper

Cooper, Thomas（1759-1839）．法と医学を修め、ジョン・ロックとトマス・ペインの信奉者を自認していたクーパーは、一七八〇年代にマンチェスター地区（ボルトンBoltonはマンチェスター北部近郊に位置する都市で、綿紡績を主要産業としていた）で事業投資をおこなったが、その間に中流階級の急進主義団体である「マンチェスター文芸哲学協会」Manchester Literary and Philosophical Society に加盟したり、「国制協会」のマンチェスター支部を結成している。こうして、八〇年代から九〇年代はじめには、奴隷貿易廃止運動や、審査法ならびに自治体法の撤廃運動などの活動に精力的に取り組んだ。その後一七九二年にはフランスに渡って革命の指導者たちと面談したが、極左派のロベスピエールとの口論ののちには難を逃れるため帰国している。友人だったホーン・トゥクやトマス・ハーディらが大逆罪に問われるなどの反動的な時代風潮を前にして、ついに九四年、クーパーはアメリカへと移住した。

［15］ウィリアム・フレンド William Frend

Frend, William（1757-1841）．中流階級の急進的政治改革主義者で、数学者でもあった。ケンブリッジ大学のクライスト・カレッジで学び、ジーザス・カレッジの専任研究員およびチューターとなるが、ユニテリアン主義信仰のため一七八八年にその職を追われている。ロンドン通信協会の会員で、投獄された同志のための資金集めに奔走し、十九世紀に入ってからは、トムスンが第13章以下で詳述しているウェストミンスター選挙区でのフランシス・バーデットの選挙支援活動に献身した。ケンブリッジでの苦い体験をもつフレンドは、一八三六年に新設されたロンドン大学の運営に参加、宗派に無関係な教育の必要を訴えた。

［16］長老派 Presbyterians

プロテスタントの一派で、主教らによる監督制度に代わって、聖職者と、平信徒の年長者から選ばれた者が同等の身分で教会の管理・運営をおこなうとされている。長老派教会を国教として定めているのは、世界で唯一スコットランドだけである。信仰と実践は究極的に聖書にもとづくとされ、その教説は本質的にはカルヴァン主義である。イングランドにおける長老派教会は、一七三〇年代以降は代表的な長老派の聖職者はアリウス主義に転向し、十八世紀末までにはほとんどがユニテリアンになっていたといわれている。

［17］独立派 Independents

末端の各会衆の独立と自治を主張したことからこう呼ばれた。会衆派 Congregationalists とも呼ばれる。イングランドではクロムウェルの新型軍の中核をなした。一六六二年の礼拝統一法 Act of Uniformity によって非国教派とされたが、八九年の寛容法によって信仰を許された。現在は合同改革派教会 United Reformed Church として知られる。

［18］教会会議と幹部会、宗教会議と宗教会議決定条文集 synod and session, council and canon

synod と council はいずれも、主教などの教会の代表が集まって教説や規律問題を協議する、最高の権威をもつ公式の会議をさす。一般に session とは、長老派教会の末端の決定機関のことをさす。canon とは、ここでは教会生活の規則や規律を定めた教会法ないしは教会法令集をさすものと思われる。

［19］ジョン・ウェスレー John Wesley

Wesley, John (1703-91). イングランド国教会の福音主義聖職者でメソジスト派の創始者。イングランド国教会の聖職者を父にもち、正しい子育てへの道は身体懲罰によって「子供の意志をくじく」ことにあると確信していた厳格な母の強い影響を受けて育った。ウェスレーは、アメリカ植民地ジョージアでの布教活動に従事するが、あまりに厳しい信仰生活を要求したため信者から強い反発にあって帰国した。その際に接触したモラヴィア兄弟団の信仰に強い影響を受け、一七三八年にロンドンで決定的な回心を経験、以後福音主義的な巡回説教活動をイギリスとアイルランドで精力的におこなった。メソジストが正式にイングランド国教会から分離独立したのは、ウェスレーの死後、一七九五年のことである。

宗教的寛容を説いたが自らはイングランド国教会内にとどまることを望み、カトリックにたいしては非寛容であり、トーリー党に共感をもっていた。野外集会を開き、平易な言葉で熱狂的に貧しい聴衆に福音を説き、民主主義的要素を強くもっていたとされるメソジズムだが、ウェスレーは自らを「会衆全員の主教であり監督者である」とし、何を着るのか、どのように身を清め髪を整えるのか、いつ起床するのか、食事は何度すべきなのか、そして何を考えるべきなのかということまで信徒たちに教示した専制君主だったといわれている。布教活動のほかに、監獄や精神病院の人道主義的改革に取り組んで成果をあげ、奴隷貿易の廃止運動も熱心に支持した。初期のメソジズムは、イングランド国教会が省みるところの少なかった労働民衆を対象に布教活動をおこない、ウェスレーの死んだ一七九一年には七万人の信者がイギリスにいたという。

［20］ジョン・ネルソン John Nelson

Nelson, John (1707-74). ヨークシャー、ウェスト・ライディングに生まれる。トムスンが後段でふれているように、ネルソンは一七三九年にロンドンでウェスレーの説教を聞いて回心した。翌年末に故郷に戻って自ら説教を始める。ウェスレーはネルソンの熱意と力量を目の当たりにし、一般の在俗説教師の活動の有用性を認めるにいたったという。

［21］福音主義的熱狂 evangelistic zeal

福音の語源は「よき知らせ」を意味するギリシャ語で、キリストによって世界にもたらされ、使徒たちによって説かれた救いの告知を意味する。宗教改革以降、福音主義 Evangelical という用語は、新約聖書に含まれる福音書 Gospel を信仰の基盤として教えを説いたプロテスタント教会全般をさして使われるようになった。ドイツやスイスではとくにルター派のプロテスタント教会をさして使われるが、その際にはカルヴァン派の改革派教会と対照的であることが強調されているという。

イングランド国教会では、信者個々人の回心の体験と信仰による救済をとくに強調する人びとをさして福音主義者 Evangelists という。福音主義的信仰復興（覚醒）運動 Evangelistic (Evangelical) revival は、十七世紀後半以降のイギリス社会に見られた軽薄や不道徳の風潮の高まりや、十八世紀のイングランド国教会の実利主義的な堕落と腐敗への抗議として、またそれに伴う合理的で自由主義的な神学の敷衍といった状況に対抗して、国教会内部から始まった。メソジストの信仰復興運動はそうした潮流の、おそらく最も重要な一つである。福音主義的信仰復興運動は、奴隷貿易および奴隷制廃止運動に取り組んだトマス・クラークソン Thomas Clarkson やウィリアム・ウィルバフォース William Wilberforce、歴史家トマス・バビントン・マコーレー Thomas Babington Macaulay ら、当時の社会改革派エリートを大勢巻き込んで展開された。彼らは貴族と民衆双方の、しかしとりわけ下層階級の悪弊撲滅の運動に邁進し、飲酒、性的放縦、残忍なスポーツなどを批難し、ヴィクトリア期中流階級のリスペクタビリティ respectability を体現することになる謹厳清廉な生活態度を推奨した。

［22］ジェネラル・バプテスト General Baptists

カルヴァン主義的神学を信仰するパティキュラー・バプテスト Particular Baptists と対照的に、ジェネラル・バプテストはアルミニウス主義神学を信仰し、長老派教会に似た組織体制をもつ。本章の訳注［2］、［37］、［38］を参照のこと。

［23］第五王国派 the Fifth Monarchy Men

十七世紀市民革命期のイングランドで活動した過激なピューリタンの一派。アッシリア、ペルシャ、ギリシャ、ローマの王政につづいて、「ダニエル第二書」で預言されているキリストと聖者が支配する第五王国が間近に迫っているという信念をもっていたことからこう呼ばれた。クロムウェルの護国卿体制に反旗を翻したが、二度の蜂起（一六五七年と六一年）が失敗に終わったあとには消滅した。

［24］アンティノミアニズム Antinomianism

キリスト者は神の恩寵によっていかなる道徳的な戒律からも自由であるとする見解一般をさす。グノーシス派 Gnostic sects は、肉体的緒活動は霊的なものの対極にあるから、放蕩も許されるとした。

［25］ディガーズであるジェラード・ウィンスタンリ Gerrald Winstanley, the Digger

Winstanley, Gerrald (1609-76?). ロンドンの衣料業界で事業に携わるが、一六四三年に事業に失敗してからは農場労働者となって生活した。四八年に啓示を受け、農本主義的な共産主義世界観をあきらかにした。すなわち、私的土地所有が廃止され、すべての人間が耕地でともに働き、賃金労働に従事するものが一人もいなくなったとき、はじめて人間は自由になれるとしたが、そのきわめて重要な社会思想は二十世紀に入って再発見されるまでまったく省みられることがなかった。ウィンスタンリはマルクス主義的共産主義思想の先駆者としてではなく、R. B. Schlatter が記しているように(*Biographical Dictionary of British Radicals in the Seventeenth Century*, vol. III, p. 332)、ミルトンやブレイクといったイングランドの急進的預言者の系譜に連なる宗教的神秘家ととらえられるべきだろう。

ウィンスタンリは宗派を結成することはせず、共鳴したわずかな隣人たちとともに一六四九年に荒廃地や共有地の耕作を始めたが、迫害され、運動はまもなく消滅した。ウィンスタンリのその後もあきらかではない。

［26］リルバーンやフォックス、ペン Lilburne, Fox and Penn

いずれもクエーカー（本章訳注［1］を参照のこと）。リルバーンJohn Lilburne (1614?-57) は、水平派の指導者として知られる。一六三八年にピューリタン主義を訴えるパンフレットをイングランドに密輸入したとして投獄された。釈放後は市民戦争で議会側に立って闘うが、議会と軍への批難をやめなかったためたびたび投獄される。最後にはクエーカーとなる。フォックス George Fox (1624-91) は、フレンド協会の創始者。レスターシャーの織布工の息子として生まれ、真理は魂に語りかける内なる神の声にあるという教えを説き、しばしば投獄された。ペン William Penn (1644-1718) は、六五年に聴いた説教をきっかけにしてクエーカーとなる。その信仰のためにロンドン塔に投獄されるが、その間に『十字架ならびに国王不要論』*No Cross, No Crown* (1669) を執筆し、八二年にはクエーカー主義にもとづいてアメリカに植民地州ペンシルヴァニアを建設した。

［27］バニヤン Bunyan

Bunyan, John (1628-88). ピューリタンを信奉する著述家で、『天路歴程』（本章序章の訳注［6］を参照のこと）の著者。貧困家庭に生まれ、議会軍側について市民戦争に参加し、その後バプテストの説教師となったということ以外、その人生については多くがあきらかになっていない。王政復古後は十二年の長期にわたって獄中にあり、その間に多くの著作をあらわす。バニヤンにとって、俗世界とは霊的な戦いの場以外ではありえず、魂の救済以外は何も意味をなさなかった。

［28］チャーティストのトマス・クーパー Thomas Cooper, the Chartist

Cooper, Thomas (1805-92). 一八〇五年にレスターで、独立自営の染色工の息子として生まれる。最初はプリミティヴ・メソジストに帰属したが、その後ウェスレー派メソジストに回心した。さらにその後、ウェスレー派を脱退し宗教から離れジャーナリストとなるが、レスターの靴下編み工の惨状を目の当たりにし、チャーティストとなる。一八四二年にチャーティスト騒動を煽動したとの理由で、翌年から二年間投獄された。一八五六年に突然世俗主義を離れ、やがてバイブル・クリスチャンとなり、一八五九年にはバプテストに所属するようになった。

[29]「ヘシュボンの池」the fishpools of Heshbon

「目が『ヘシュボンの池』のようになるでしょう」とは「涙があふれる」の意（前掲『続天路歴程』一〇九ページ）。旧約聖書で言及されている（「雅歌」七章四節）。

[30] アポルオン Apollyon

「破壊者」The Destroyer を意味するギリシャ語で、底なしの淵（地獄）の使い。新約聖書で言及されている（ヨハネの「黙示録」九章十一節）。

[31] 噴き出していた……。

前掲『天路歴程』八九ページ。

[32] 求めないのです。

同書一五四―五ページ。

[33] ウェーバー Weber

Weber, Max (1864-1920). ドイツの社会学者・経済学者で、その著書『プロテスタンティズムの倫理と資本主義の精神』（梶山力／大塚久雄訳、岩波文庫、一九八八年、ほか）は、戦後日本の社会科学研究にも、大塚史学などをとおして多大な影響を与えた。

[34] バンフォード Bamford

Bamford, Samuel (1788-1872). 織布工、労働者詩人。マンチェスター近郊のミドルトン Middleton の熱心なメソジスト一家に生まれる。織布工であった父は、時間をみつけて学校教員をしたり宗教歌を作曲する労働者知識人でもあった。聖書と並んでバニヤンの『天路歴程』が一家の精神的支柱であるような家庭だったといわれている。父はまもなくトマス・ペインの思想に共鳴してウェスレー派教会と縁を切るが、バンフォードは厳格なウェスレー派メソジストの親類宅に預けられて育つ。学校教育を受けたバンフォードは、多岐にわたる労働生活に入ったのちもミルトンやシェイクスピアで独学をつづけたという。バンフォードのあらわした『一急進主義者の歩んだ人生』(*Passages in the Life of a Radical*, 1839-41）と『若き日々』(*Early Days*, 1848-49）は、トマス・クーパー、トマス・ダニング、アレグザンダー・サマヴィル、ウィリアム・ラヴェットらの自伝と並んで、工場制以前の時代のイングランド労働者階級の生活を等身大で記録した自伝として名高い。

一八一六年には、「ハムデン改革クラブ」Hampden Reform Club のミドルトン支部の書記となって政治改革運動に参加するが、「ピータールーの虐殺」で暴動教唆の共謀罪に問われて投獄されてからは、急進主義運動から離れた。非合法の暴力行為を嫌って直接行動には参加しなかった。また、階級や地域性の差異から、ロンドンの著名な急進派指導者たちとも真に連帯することはなかった。

［35］魂の都シオン a spiritual City of Zion

神と聖徒の居住地である聖都（天国）をさす。

［36］アレヴィ Halevy

Halévy, Elie（1870-1937）. パリの高等師範学校で学び、二十二歳のときにイギリスに渡り、近代において革命を回避しえたイギリスの発展の過程をどう説明するのかという課題に取り組みはじめる。一九一二年からパリで刊行されはじめた著書 *Histoire du peuple Anglais au XIXe siecle*（『十九世紀におけるイングランド国民の歴史』）では、十九世紀のイングランドの社会的・政治的安定は、強烈な宗教感情、とりわけメソジスムの影響を受けた宗教感情の浸透によって説明できるとした。英訳普及版が刊行されたその著作は、イギリスでも広範囲の読者を獲得した。一九八九年からは高等政治科学院で教壇に立った。

［37］「アルミニウス派」のジェネラル・バプテスト 'Arminian' General Baptists

オランダの改革教会派の神学者であるヤコブス・アルミニウス Jacobus Arminius (Jakob Hermans or Harmens, 1560-1609）は、カルヴァン派の救霊予定説を否定し、神権の絶対性と人間の自由意志との両立を主張したり、キリストは選ばれた人びとのためだけにではなく万人のために死んだとした。一六一九年の教会会議で断罪され、多くのアルミニウス派の信者が追放されたり処刑されたりしたが、厳格なカルヴァン主義と異なる自由主義的な立場に立ち宗教的寛容を訴えたため、近代的なプロテスタント神学に多大な影響をおよぼすことになった。イングランドでは、ロード大主教(1573-

1645)、ジョン・ミルトン、ジョン・ウェスレーに強い影響を与えたため、近代イギリスの神学は多かれ少なかれアルミニウス主義の影響下にあるといわれている。とりわけジェネラル・バプテストは、メソジストと並んで神学的にはアルミニウス主義の立場に立つ。

［38］パティキュラー・バプテスト Particular Baptists

カルヴァン主義的神学を信奉するバプテストの一派。一六三三年にロンドンのカルヴァン主義的な分離派によってつくられた。もう一つの主要バプテストであるジェネラル・バプテストに比べて厳格で、厳格バプテスト Strict Baptists とも呼ばれた。

［39］ダン・テイラー Dan Taylor

Taylor, Dan (1738-1816). ジェネラル・バプテストのニュー・コネクションの創始者。ヨークシャー、ウェスト・ライディングの炭鉱夫の息子として生まれた。二十歳になるまで学校に通ったことはなかったが、読書好きで、炭鉱のなかにまで本を携えていったといわれている。十五歳からメソジストの影響を受けて説教師となるが、一七六三年にジェネラル・バプテストへ転向する。しかし三位一体説を否定する傾向にあった南部のジェネラル・バプテストに反対して、ニュー・コネクションを結成した。

［40］バプテスト・ニュー・コネクション Baptist New Connexion

十八世紀後半には多くのジェネラル・バプテスト教会がユニテリアン主義へと傾斜したため、一七七〇年、それに反発する一派がバプテスト・ニュー・コネクションを創始した。一八九一年にパーティキュラー・バプテストと合同。

［41］ホワイトフィールド Whitefield

Whitefield, George (1714-70). カルヴァン主義的メソジストの福音主義者。グロースター出身で父親の職業はパブの主人だった。オクスフォード在学中にジョン・ウェスレーと親交を結び、彼らとともに一七三八年に北アメリカ植民地ジョージアへ布教活動のため渡航した。メソジスト説教の一つの特徴といえる野外説教は、ジョージアから帰国したホワイトフィールドが始めたものである。カルヴァン主義の救霊予定説を信奉したホワイトフィールドは結局、万人の救済を信じたウェスレーと教説上決裂した。一七五三年にロンドンのムアフィールズに礼拝所を開設。ちなみに、イギリスの偉大なる諷刺画家・彫版画家であるウィリアム・ホガース William Hogarth が、その熱狂的な説教光景を素材にしたイギリス社会にたいする痛烈な諷刺作品である『図解宗教的熱狂』（*Enthusism Delineated*, 1761）を残している。ホガースの図像学については、D・ダビディーン『大英帝国の階級・人種・性』（松村高夫／市橋秀夫訳、同文舘出版、一九九二年）を参照のこと。

［42］再洗礼派 Anabaptists

幼児洗礼を無効とし、内的回心した成人信者の洗礼を実施した諸宗派の総称で、十六世紀前半にヨーロッパ各地で台頭した。イングランドでは、一五三四年にすでに存在し、初期の分離派 Separatists に影響を与えたといわれている。

［43］モラヴィア兄弟団 Moravians

Moravian Brethren. 一七二二年に始まったとされるプロテスタント教会だが、その前身はボヘミア兄弟団 Bohemian Brethren で、きわめて敬虔主義的で、ルター派教会と密接なつながりをもつ。布教活動に熱心な組織で、三二年には西インド諸島の黒人を対象にした布教活動を始めている。メソジストの創始者ジョン・ウェスレーにも多大な影響を与えた。

［44］グラス派ないしサンデマン派 Glasites or Sandemanians

ジョン・グラス John Glas とその娘婿であるロバート・サンデマン Robert Sandeman にちなんで名づけられた少数派集団。スコットランドのダンディー近郊で牧師生活を送っていたグラスは、スコットランドの国教会たる長老派教会の組織形態は、聖書上の根拠がないのではないかと疑い、また国教会というあり方は反聖書的であるとした。一七三〇年に追放され、会衆派的原則に立った共同体を築いた。その後、グラス派の指導権はサンデマンに移り、数々の風変わりな儀式をとりおこなったといわれている。

［45］トマス・スペンス Thomas Spence

Spence, Thomas（1750-1814).「スペンス計画」Spence's Plan と称した土地の共有区分所有を唱えた書籍商、著述家。この思想は、対仏戦争時にはロンドンの急進派諸協会に大きな影響力をもち、一八一六年と二〇年の未遂行に終わった反乱計画を準備した暴力革命派組織のイデオロギー的支柱だった。ニューカースル-オン-タインで生まれ、スコットランドからの移民でグラス派の宗教心の篤い父の影響を強く受けて育った。また、トマス・モアらのユートピア思想にも独学で親しんだ。これらが、千年王国的な終末論的イメージとユートピア的イメージの横溢するスペンス思想の源になったといわれている。さらには、ニューカースル自治体当局が一七七一年に、財政確保のため市の沼沢地を囲い込もうとしたことで、土地問題に強い関心をもつようになったといわれている。ここでトムスンがふれている演説は、十一月八日におこなわれた。

［46］旧非国教派　Old Dissents

長老派、バプテスト、会衆派（独立派）、クエーカーといった、すでに確立された長い伝統をもっていた非国教派をさす。

［47］トーニー　Tawney

Tawney, Richard Henry (1880-1962). カルカッタに生まれ、オクスフォードのベイリアル・カレッジで学ぶ。成人教育の運動に献身し、一九〇五年以来四十二年間、「労働者教育協会」Workers'Educational Association の役員を務める。第一次世界大戦に従軍したのち、ロンドン・スクール・オブ・エコノミクスで教壇に立った。ここでトムスンが念頭に置いているトーニーの著作は、十六世紀から十七世紀にかけての資本主義的な経済実践とそれを支えた道徳原理との関連を検討した *Religion and the Rise of Capitalism*, 1926（『宗教と資本主義の興隆』出口勇蔵／越智武臣訳、岩波文庫、一九五六―五九年）である。そのほかの歴史的著作としては、十七世紀のイングランド市民戦争をもたらした経済的基盤を考察した論文 'The Rise of the Gentry', *Economic History Review* II (1941), pp. 1-38（『ジェントリの勃興』浜林正夫訳、未来社、一九五七年）が有名で、一九五〇年代から六〇年代にかけていわゆる「ジェントリ論争」を引き起こした。

歴史研究や教育問題のほかにも、政治や現代社会の諸問題を広く論じた。*The Aquisitive Society*, 1921（「獲得社会」『イギリスの社会主義思想』〔世界思想教養全集17〕所収、山下重一訳、河出書房新社、一九六三年）や *Equality*, 1931（『平等論』岡田藤太郎／木下建二訳、相川書房、一九九四年）がよく知られている。労働党にも大きな影響力をもち、たとえば一九二八年総選挙の際の労働党基本政策文書は、大部分トーニーによって起草されたといわれている。恵まれた家庭で育ったが、特権を嫌い、爵位などの名誉や地位の申し出には生涯これを拒否した。

［48］プリミティヴ・メソジスト　Primitive Methodists

一八〇〇年ごろ、スタッフォードシャーでヒュー・ボーン Hugh Bourne が正式のメソジスムの教会活動とは別に始めた福音主義的運動に端を発している。のちにアメリカ生まれのメソジストであるロレンゾ・ダウ Lorenzo Dow が、まる一日かけておこなう「野外集会」Camp Meeting を実施し、それを歓迎したボーンらは一八一〇年にメソジスト教会から除名された。こうして一一年に結成されたのが、プリミティヴ・メソジスト教会 Primitive Methodist Church である。女性の説教権も含む平信徒による説教を重視するなど、聖職者を尊重する権威主義的なウェスレー派に比べ、民主主義的だったとされる。

［49］正統派ウェスレー主義 orthodox Wesleyanism

一七九五年にイングランド国教会から分離独立したメソジスト教会はその後分離独立が相次いだ。九七年にはメソジスト・ニュー・コネクション Methodist New Connection、十九世紀初頭にはプリミティヴ・メソジスト教会、バイブル・クリスチャンズ Bible Christians、ウェスレー派メソジスト連合 Wesleyan Methodist Association、ウェスレー派リフォーマーズ Wesleyan Reformers が分離独立した。ここで正統派ウェスレー主義とされているのは、諸派が分離独立したのちに残った主流派である、いわゆるウェスレー派メソジスト教会 Wesleyan Methodist Church をさす。なおこれら諸教会は、その後合同を繰り返したあと一九三二年に統合を果たし、イギリス・メソジスト Methodist Church in Great Britain としてこんにちにいたっている。

［50］タイバーンの時代 the century of Tyburn

現在のロンドンのハイド・パーク北東端にある凱旋門マーブル・アーチに近い丘の名。十六世紀初頭から一七八三年まで、ロンドンを含むミドルセクスの州での公開絞首刑は主としてこのタイバーンで執行された。死刑執行日は公休日となり、大群衆が見物に出かけ、かならずや暴動が引き起こされたといわれている。同時代の画家・彫版画家ウィリアム・ホガース William Hogarth (1697-1764) の連作彫版画作品『勤勉と怠惰』*Industry and Idleness*, 1747 の第十一図にその様子が描かれている。トムスンは、群集の騒乱や騒動がつきものだったスペクタクルが大衆的人気を博した十八世紀という意味で「タイバーンの時代」と書いたのだろう。

［51］組会 class meetings

メソジストのそれぞれの会衆ごとに開かれる最末端の集会。通常毎週開かれ、その場で献金が集められると同時に、各信者の行動や信仰がどれほど深まっているかについての調査がなされた。

［52］サウジー Southey

Southey, Robert (1774-1843). ワーズワス、コールリッジとともに、急進派「湖畔詩人」三巨頭に数えられている詩人、歴史家、時評家。ブリストルのリネン服地商の家に生まれる。当初はフランス革命を熱狂的に称賛したが、その後一七九三年に始まった恐怖政治には幻滅し、pantisopcracy と名づけた理想の共同体をアメリカに建設する幻の計画をコールリッジとともに練っている。自由への侵害という理由からフランス革命政府との戦争に反対していたが、そのまったく同じ理由から、ナポレオンのイベリア半島侵略以降には熱狂的な対仏戦争支持者となって、全面戦争を支持するトーリー党の *The Quarterly Review* の主たる寄稿者にまでなった。

こうして急進派からますます距離を置くようになったサウジーは、民主主義者や功利主義者の主唱する諸改革に断固反対したが、伝統的なトーリー党の政治にたいしても批判的でありつづけた。宗教面では、イングランド国教会に一定の批判をもちつつもカトリック解放には反対であり、メソジスムにいたってはその熱狂主義的傾向を政治改革者の熱狂主義同様に危険視した。自由主義市場経済と民主主義的改革の双方に反対しながら、労働者階級のよき生活を願う、慈善的な温情主義者として、サウジーはその後半生を送ったという。

［53］ムアフィールズ Moorfields

ロンドンのシティの東部に位置し、もともとは沼沢地だった。アイルランド系の移民やフランス系移民が多く住んでいた。

［54］「ランターズ」'Ranters'

アンティノミアン派の熱狂的な一宗派の名で、一六四五年ごろに台頭したとされている。キリストの内面的経験を主張し、聖書や信経 Creed や聖職者の権威を否定した。また、十九世紀初頭に起源をもつプリミティヴ・メソジストも、集会後に道すがら歌をうたいながら帰宅したことなどから、「ランターズ」と呼ばれた。

［55］絶対権威 Authority

キリスト教では、神によって啓示された真実にもとづくものを権威と呼ぶ。一般に、啓示はキリストを通じて与えられ、その啓示は最終的なものである。そしてキリストの教えは絶対的権威をもつ。カトリックでは教会と教皇も権威とされるが、プロテスタントでは一般に権威は聖書に限定されている。

［56］コベット Cobbett

Cobbett, William (1762-1835). ジャーナリスト、急進主義運動家。コベットは一八〇二年に政治評論誌『ポリティカル・レジスター』*The Political Register* を発行し、翌年には、近・現代のイギリス史研究には欠かせない議会討論の記録である『パーラメンタリー・ディベイツ』*Parliamentary Debates* を発行しはじめた。一八〇五年以降、反体制の急進主義者へと転じたが、トーリー主義的立場に立つ民主主義者であり工業化以前のイングランドを理想化しつづけた点は変わらなかったといわれている。一〇年から一二年には、民兵への鞭打ち刑に反対したために投獄されている。ナポレオン戦争終結後の時代の議会改革運動の指導者の一人であり、一五年から二一年の間には庶民院での野党陣営のリーダーを務めた。一七年には渡米し一九年に帰国している。二一年に発表しはじめた *Rural Rides* では、一八二〇年代のイングランドの農業労働者の悲惨をなまなましく描写したことで知られている。労働者階級の生活状況に多大な関心を寄せ、三三年の工場法を支持し、児童労働にも反対した。また、イングランド国教会の聖職者の腐敗ぶりを厳しく指弾したことでも有名。本書第16章2節を参照のこと。

［57］リー・ハント Leigh Hunt

Hunt, (James Henry) Leigh (1784-1859). 貧しい聖職者の息子として生まれたハントは陸軍省の事務職につくが、兵士への鞭打ち刑などに反対して政府の緒政策を批判したため、一八〇八年には辞職に追い込まれている。同年には、党派に肩入れしない独立の立場を貫いた政治評論誌『エグザミナー』*The Examiner* を編集して発行、その後も各種の政治評論誌、文芸評論誌の編集に携わった。その多くは失敗に終わったが、奴隷貿易の廃止、過酷な刑罰の人間化、出版・言論の自由、カトリック解放などを訴えた『エグザミナー』は、ウィリアム・コベット編集の『ポリティカル・レジスター』に比肩する評論誌として急進派のあいだで大きな影響力をふるった。『エグザミナー』誌でおこなった、摂政時代のジョージ四世（「摂政皇太子」Prince Regent と呼ばれた）を批判したために投獄されている。パーシー・シェリー、ウィリアム・ヘイズリット、バイロン卿といった詩人や文人と親交を結び、詩や戯曲作品を発表したが、その評価は高くはない。

共和主義者ではなく穏健な人道主義的な改革の志をもっていたといわれるが、過激な土地改革主義者だったアーサー・シスルウッドから功利主義者であるジェレミー・ベンサムにいたるまで、真摯に改革を訴える改革派であれば区別なく共感を示した。晩年には保守の大御所であるトマス・カーライルとも交友を深めている。

［58］ヘイズリット Hazlitt

Hazlitte, William (1778-1830). ジャーナリスト、時事・文芸評論家で、ユニテリアンの国教会聖職者の息子としてケントに生まれる。ジョウジフ・プリーストリの創設した「ハックニー新ユニテリアン・カレッジ」で学んだが、このカレッジは反ジャコバン派からは異端であり治安攪乱的だと見なされていた。ヘイズリットは、政治腐敗や人権の侵害や貧者への抑圧にたいして激しい政治批判をおこなったが、その際に改革主義者、トーリー支持者、ウィッグ支持者らを区別したことはまったくなかった。ヘイズリットをいずれかの党派的立場に押し込めて論じることは困難なのである。フランス革命を自由の幕開けであるとして支持し、対仏戦争遂行に必要な重税導入に反対して対仏講和を主張したばかりか、「人間は自由であるという抽象的権利にたいする王たちの偉大なる陰謀」の勝利だとして、その敗退後もナポレオン・ボナパルトを称賛しつづけた。またバークの保守主義にたいする熱狂も保持したといわれている。*The Spirit of Age; or Contemporary Portraits*, 1862（『時代の精神』神吉三郎訳、講談社学術文庫、一九九六年）がその主著といわれている。日本では「ハズリット」と表記されていることが多い。

［59］トルパドルの殉教者、ジョージ・ラヴレス the Tolpuddle martyr, George Loveless Loveless, George (1979-1874). ドーセットのトルパドルの農場労働者の息子として生まれる。幼少から農場で働き、メソジストの巡回説教師となった。本文でふれられている「小さな神学図書室」とは、ラヴレスの所持していたわずかな蔵書をさす。農業地帯での労働者反乱が鎮圧された一八三〇年に、ドーチェスター周辺の農場労働者の賃金を上げさせようとして失敗したラヴレスは、雇用主や治安判事やイングランド国教会教区主任牧師らに正義を求めてもむだだとして、三三年にトルパドルで「農業労働者キリスト友会」を結成した。ラヴレスの思想は、穏健な、反国教会的急進主義だったといわれている。

一八三三―三四年に労働運動が勢いを盛り返すと、それが農村地域に飛び火することを恐れた当局は、この小さなメソジスト団体を槍玉にあげることで、すでに廃止されていた団結禁止法（労働組合の結社を禁止したもので、二四―二五年に廃止された）の実質的復活を狙ったといわれている。三四年、ラヴレスは非合法の宣誓儀式を入会に際してとりおこなったとして裁判にかけられた。法的には無罪となりえた事件だったが、経験の浅い裁判官によって七年間の流刑判決を受けたラヴレスほか五人の仲間は、オーストラリアへと送られた。ただちにこの「トルパドルの殉教者」たちを擁護する大示威運動がロンドンで組織され、三七年には恩赦されて帰国したが、四六年にはカナダへ移住して生涯を終えた。十九世紀末になって労働者階級の英雄としてラヴレスらの名声は復活し、その受難は労働組合運動史上の感動的な一幕として語り継がれてきている。

［60］メソジストの年会 Methodist Conferences

メソジスト教会の組織構造は長老派のそれと酷似している。最高権威は「年会」the Conference にあり、それは同数の牧師と平信徒から構成され、毎年開かれた。最初の年会が開かれたのは一七四四年のことであった。メソジスト教会信徒は、「組名簿」Class Book に登録し、「組指導者」Class Leader のもとに置かれ、「季節会員券」Quarterly Ticket of Membership を受け取ることになっている。

［61］ウィアマス博士の興味深い著書 Dr Wearmouth's interesting books

Robert F. Wearmouth, *Methodism and the Working-class Movements of England, 1800-1850*, 1937（『宗教と労働者階級』岸田紀／松塚俊三／中村洋子訳、新教出版社、一九九四年）をはじめとする著書をさす。

［62］ハンティングダン伯爵夫人 Countess Huntingdon

Huntingdon, Salina (1709-91). ジョン・ウェスレーなどイングランド国教会内の福音主義派聖職者と並んで、十八世紀のイングランド国教会の実利主義的な堕落傾向に反対する福音主義的信仰復興運動の一翼を担い、ウェスレーと親交の深かったインガム師の創始したインガム派（本章の訳注［84］を参照のこと）を熱心に支持したメソジスト。彼女は、自らの属する上流階級に福音主義復興の必要を呼びかけて運動し、教会堂や聖職者育成のためのカレッジを私費を投じて設立した。彼女がとりしきった信徒集団は「ハンティングダン夫人派コネクション」Lady Huntingdon's Connexion と呼ばれたという。

［63］スモレット Smollett

Smollett, Tobias George (1721-71). スコットランドの地主の家に生まれ、グラスゴー大学で学んだあと外科医の修業をしたが、金銭にこと欠く生活を送った。詩でそれなりの成功を収め、小説も書き、セルヴァンテスの小説を英訳した『ドンキホーテの歴史と冒険』*History and Adventure of Don Quixote* も出版されたが注目されなかったという。一七五七―五九年に出版された『イングランド全史』*Complete History of England* は商業的な成功を収めることができた。ここでトムスンが言及している御者ハンフリー・クリンカーは、スモレットの死の直前に刊行された小説 *The Expedition of Humphry Clinker*, 1771（『ハンフリー・クリンカー』全二巻、長谷安生訳、あぽろん社、一九七二年）の主人公であり、ロンドンの街頭や監獄でメソジスムを説教している場面が出てくるのである。この書簡体小説は、一般にスモレットの最高作品と見なされている。スモレットの小説には卑しい暴力的な場面設定が多く、その作品はしばしば「ピカレスク（悪漢物語）」と見なされてきている。

［64］リンカン主教 the Bishop of Lincoln
イングランド、リンカンシャー Lincolnshire にある州都の主教をさす。

［65］アレグザンダー・キラム Alexander Kilham
Kilham, Alexander（1762-98）．メソジスト。イングランド国教会からの完全独立を要求したために、一七九六年に年会で除名され、一七九八年にメソジスト・ニュー・コネクションを創始した。

［66］メソジスト・ニュー・コネクション Methodist New Connexion
ウェスレー派メソジスト教会から分離独立した最初のメソジスト分派で、前述のA・キラムによって率いられた。ウェスレー派とは、教説ではなく教会統治の問題で意見が対立したといわれている。

［67］正統派コネクション the orthodox Connexion
メソジスト教会の主流であるウェスレー派メソジストをさす。

［68］ホブズボーム博士 Dr Hobsbawm
Hobsbawm, Eric（1917-）．イギリスのマルクス主義歴史家のなかで、おそらく世界的に最もよく知られた人物。ウィーンとベルリンで幼少期を送り、一九三二年に渡英。数カ国語を理解し、その知的関心ならびに研究対象地域がコスモポリタンである点で、ほかのイギリス人の自国史研究者とは別格であるといわれている。一九四七年以来ロンドン大学バークベック・カレッジで教鞭をとり、七六年にはイギリス学士院のフェローに選ばれている。
労働者階級の歴史と未来に関心を寄せているホブズボームは、十九世紀から二十世紀までの歴史・政治・文化の広い領域にわたって膨大な数の著作を残している。ヨーロッパを中心とした研究が多いが、ラテン・アメリカの匪賊を論じた *Bandits*, 1969（『匪賊の社会史』斎藤三郎訳、みすず書房、一九七二年）もある。また、ペンネームで出したジャズの社会文化史研究 *The Jazz Scene*, 1959（『抗議としてのジャズ』山田進一訳、合同出版、一九六八年）もある。ホブズボームはイギリス共産党員でありつづけたこともあって、労働者階級の歴史と文化についての研究と叙述のスタイルは冷徹でアカデミックすぎるとの批判があるが、労働者文化を決して称揚することがないといわれるその研究にはイギリスの労働者文化についての貴重な論点が含まれていることも忘れてはならないだろう。

［69］……攻撃だと見なされた。

この部分の引用は、『若き日々』の最近のリプリント版でも確認できる。W. H. Chaloner ed., *The Autobiography of Samuel Bamford, Volume One, Early Days*, New York, 1967, p. 126.

［70］旧腐敗体制 Old Corruption

寡頭政治体制を維持するためにウィッグ党がもちいたさまざまな政治操作の手段をさして、十八世紀後期に使われるようになった用語。腐敗した政治操作の手段・方策には、不正な選挙工作をおこなったり、買収行為や恩給資格の恣意的授与、そうした工作資金を捻出するための高い税金の賦課、選挙法改革への不支持、などが含まれていた。一八一〇年代になって選挙法改革運動がふたたび勢いを得て以降は、ウィリアム・コベットの『ポリティカル・レジスター』誌上でこの用語はよく使われるようになったが、一八三二年以降、選挙法が改正されて議会改革が進むにつれ、この用語は廃れていった。

［71］リヴァプール卿 Lord Liverpool

Liverpool, Robert Banks Jenkinson, 2nd earl of (1770-1828). 一八一二年から二七年まで首相を務める。一七九〇年にトーリー党議員として庶民院に当選、一八〇三年に貴族院議員となる。外務大臣を務めたあと内務大臣となる（一八〇四―〇六年、〇七―〇九年）。「ピータールーの虐殺」事件にたいしては、五十人以上の集会を禁じたり新聞税を引き上げるなどした「弾圧六法」Six Acts (1819) を成立させるなどして対処した。頑迷な反革命の保守主義者として知られた。

［72］スパイ・オリヴァー Oliver the Spy

改革運動を崩壊させるために政府によって送り込まれたスパイであり工作員だったウィリアム・オリヴァー William Oliver（生没年不詳）のこと。本名は、ウィリアム・リチャード William Richard。負債者監獄から出る際に助けを受けた製靴工をとおして労働者の政治結社に加入し、ミッドランズやイングランド北部の指導的立場にある改革主義者と会ってそれをシドマス卿 Lord Sidmouth に報告していた。ノッティンガムに送り込まれたオリヴァーは、ジェレマイア・ブランドレス Jeremiah Brandreth 率いる労働者組織に加盟して情報を政府に送りつづけたが、『リーズ・マーキュリー』誌によってその正体を暴露された。この経緯については、本書第15章4節でトムスンが詳細に論じている。

［73］カミザール Camisards

フランスの狂信的なカルヴァン派のプロテスタントで、一七〇二年にルイ十四世によって過酷な弾圧を受けたときに反乱に立ち上がり、十年以上にわたって抵抗した。カミザールとは、夜間の戦闘の際に仲間を識別するため白いシャツ（camiso）を着たことからこう呼ばれるようになったといわれている。

［74］「マザー・アン」と一小集団がアメリカ合衆国に最初のシェーカーの共同体をつくるために出発した…… in the departure, in 1774, of 'Mother Ann' and a small party to found the first Shaker communities in the United States

共同社会主義的な平和主義の集団で、一七四七年のクエーカーの復興運動から派生したといわれている。やがて「マザー・アン」として知られるアン・リー Ann Lee が指導者となり、七四年にはアメリカ合衆国へと渡った。

［75］ロバート・オウエン Robert Owen

Owen, Robert（1771-1858）. ウェールズのニュータウンに生まれる。十八歳でミュール紡績機の販売製造に共同で取り組み、二十歳でマンチェスターの紡績工場支配人となって五百人の労働者を監督して成功した。二十八歳でスコットランドのニュー・ラナークの綿紡績工場の出資者兼支配人となり、二千人の労働者を雇用した。「科学的な」労務管理や労働者教育をおこなって高い生産性をあげることに成功した。『社会にかんする新見解』*A New View of Society*, 1813-14（『オウエン／サン・シモン／フーリエ』〔世界の名著42〕所収、白井厚訳、中央公論社、一九八〇年）で、人間の性格は外的環境によって形成されるという性格形成原理を説き、共同社会建設の実験や労働組合運動の実践に取り組んだ。オウエンについては本書第16章4節でトムスンが詳述している。

［76］リチャード・オウストラ Richard Oastler

Oastler, Richard（1789-1861）. ヨークシャーで、十時間労働法の制定と、新救貧法に反対して活動した「トーリー党を支持する急進派」Tory radical で、議会改革や普通選挙には反対し、階級社会とイギリス国教主義と君主制からなる伝統的な家父長社会を理想とした。貴族の所領地の管理・運営を任されていた熱心なウェスレー派のトーリー党支持者の父のもとに生まれ、その仕事を引き継いだ。一八〇七年以降熱心な奴隷制反対論者となったオウストラだったが、三〇年に友人の大梳毛製造業者を訪ねたときに、黒人奴隷制には反対だといっているがヨークシャーの工場労働者の奴隷制についてはどう思っているのかと問われて以来、とりわけ工場での児童労働条件改善のため十時間工場労働法の制定運動に奔走するようになった。さらに新救貧法の北部での実施を阻止するための運動にも取り組み、ストライキなどの直接行動さえ主張するようになった。こうした運動への献身や、管理を任されていた所領地経営の失敗から地主貴族に裁判に訴えられ、四〇年から四年間を債務監獄で暮らすことになり、その時点でオウストラの活動家として役割は実質上終わったといわれている。

［77］ジェイムズ・モントゴメリー James Montgomery
Montgomery, James (1771-1854). モラヴィア兄弟団に属するアイルランド人聖職者を父にもつが、聖職には関心をもたなかった。パン屋の徒弟を経て、一七九二年に急進派新聞『シェフィールド・レジスター』紙の事務員として働きはじめる。当局の弾圧によって『シェフィールド・レジスター』は廃刊に追い込まれたが、ただちに後継の新聞『シェフィールド・アイリス』が発行され、モントゴメリーは一八二五年までその編集発行人を務めた。しかしその間にモントゴメリーはしだいに保守派へと転向していき、地元の名士として生涯を終えた。詩人、賛美歌作家、文芸批評家としても知られる。

［78］ヨハネの「黙示録」Book of Revelation
新約聖書巻末の書で、キリストの再来、神の国の到来、そして地上の王国の滅亡が預言されている。聖ヨハネによって書かれたとされている。

［79］マグルトン派 Muggletonians
ジョン・リーヴ John Reeve (1608-58) とそのいとこロドウィック・マグルトン Lodowicke Muggleton (1609-98) の信者をさしていう。ともにピューリタンで、リーヴはランターとなり、マグルトンは公の場での礼拝をすべてとりやめるようになった。啓示を受けて回心したリーヴは、自分が神命の最後の使者であり、マグルトンはその「口」mouth であるとした。マグルトン派の教説には、次のようなものが含まれる——物質は永遠であり神から独立している。地球は宇宙の中心であり、太陽と月は天空に固定されている。神は単一であり（三位一体説を否定）、人間より大きな物質的身体をそなえ、水晶のごとくすきとおっている。その唯一の神がイエスとして受肉しているあいだ、天の統治はエリヤ Elijah（紀元前九世紀のヘブライの預言者）に任せられる。一九七九年に最後のマグルトン派信徒が死んだといわれている。ちなみにE・

P・トムスンは、生前のあるインタヴューで、自分はマグルトン派のマルクス主義者だと述べたことがある。

［80］マザー・ジェイン・ウォードリ Mother Jane Wardley

Wardley, Mother Jane (?-?). ジェイン・ウォードリは、仕立て工の夫ジェイムズ・ウォードリ James Wardley とともに、十八世紀半ばにシェーカーズを創始した。二人ともクエーカーだったが、「フランスの預言者」たるカミザールの影響を受けて脱退し、当時「キリストの第二の降臨を信じる者の連合協会」United Society of Believers in Christ's Second Coming と呼ばれていたシェーカーを旗揚げした。

［81］スウェーデンボルグ派の新エルサレム教会 Swedenborgian Church of the New Jerusalem

スウェーデンボルグ Emanuel Swedenborg (1688-1772) は、スウェーデンの科学者、神秘思想家で、もともとは鉱山技師だった。科学的手法を使って、宇宙が本質的には霊的構造をもつことを主張するようになった。五十歳代の後半になって霊界との直接的な交流体験を意識するようになり、その教説を世界に広めるべく責務を感じるようになった。既存教会と別個に教会をつくるのではなく、彼の教説を受け入れる者の全員の霊的友愛によって成立する「新教会」New Church を唱えた。その教説は汎神論と神智学であるといわれている。スウェーデンボルグ派の「新エルサレム教会」は、かつてウェスレー派の説教師だった者たちによって、一七八七年にロンドンで正式に旗揚げされた。トムスンが近代批判の第一人者として高く評価するウィリアム・ブレイクにも、スウェーデンボルグの思想は多大な影響を与えた。

［82］「列王記」Book of Kings

旧約聖書に含まれる二書で、ダビデ王の死後のイスラエルとユダヤの王の歴史を叙述したもの。ヘブライ語で書かれた原著は一巻本だが、ギリシャ語の翻訳書で二書となった。邦訳ではそれぞれ「列王記・上」「列王記・下」とされている。この直後の引用は、「列王記・上」十二章、十六章、十九章。

［83］ウィリアム・ゴドウィン William Godwin

Godwin, William (1756-1836). イングランドの政治哲学者、小説家。非国教派の聖職者として出発するが、やがて無神論と合理的啓蒙を説くようになる。真理の至高性と人間の完全性を主張した *Enquiry concerning Political Justice*, 1973（『政治的正義』白井厚訳、陽樹社、一九七三年）で、アナキストの哲学者としての名声を得た。一七九四年には、大逆罪の嫌疑をかけられたロンドン通信協会の会員たちを擁護する小冊子 *Cursory Strictures* を刊行した。*A Vindication of* the Rights of Women, 1798（『女性の権利の擁護』白井尭子訳、未来社、一九八〇年）の著者であるメアリ・ウルストンクラフトとは一七九七年に結婚している。ロマン派の詩人シェリーと結婚し、怪奇小説『フランケンシュタイン』の作家として知られるメアリ・ウルストンクラフト・シェリーは、二人の娘である。

［84］インガム派 Inghamites

メソジスト派の創始者であるウェスレー兄弟とオクスフォード大学時代に親友だったベンジャミン・インガム師 Rev. Benjamin Ingham (1712-72) が始めた。一七三五年にイングランド国教会の牧師に任命されロンドンなどで活動をするが、農村部の人びとへの布教を自らの天職と考え、ヨークシャーやランカシャーで布教活動を始めた。献身と平信徒にたいする責任とを強調したその教えは異端視され、ヨーク主教区内の教会での説教を禁止されたが、私邸や野外で説教をつづけた。メソジストだったハンティングダン伯爵夫人はインガム派の最も熱心な信者であり、その義理の姉妹であるマーガレット・ヘイスティングス Margaret Hastings とインガムは結婚している。「協会」society と呼ばれたグループを八十から九十ほど結成し、礼拝所をヨークシャーやランカシャーの各地にもうけるまでにいたった。

［85］コールド・バス・フィールズ Clod Bath Fields

ロンドンのファーリングダン通り Farringdon Road 沿いの地名で、コールド・バス・フィールズ懲治監 Cold Bath Fields House of Correction があった場所。この懲治監は、厳しい規律を課すことによって凶悪犯や常習犯が更生しうるか否かを実験するため建設された。懲治監の庭に掘られた井戸の冷水にちなんでこう呼ばれるようになったという。

［86］ウェールズから来たカルヴァン主義メソジストの移民 Calvinist Methodist immigrants from Wales

ウェールズでは、イングランドとは異なる信仰復興運動がメソジストによって担われた。それは神学的にはカルヴァン主義の立場に立ち、福音主義的な熱狂をもち、長老派的な教会組織を堅持した。またウェールズにおけるメソジスト聖職者は大半がイングランド国教会の聖職者だったが、イングランド国教会から完全に分離独立したのは一八一一年のことだった。このメソジストの信仰復興運動はウェールズのほかの伝統的な非国教派も活気づけ、十九世紀にウェールズは宗教上ほぼ完全に非国教派となった。

［87］スコットランドの契約派 Covenanting sects of Scotland Covenanters

宣誓をおこなうことで自分たちの信仰を保とうとするスコットランドの長老派の緒集団をさす。すでに十六世紀半ばには、さまざまな信仰誓約が取り交わされていた。

［88］アレグザンダー・サマヴィル　Alexander Somerville

Somerville, Alexander (1811-85). 荷馬車の御者の息子としてスコットランドのイースト・ロウジアン　East Lothian に生まれ、まもなく牛飼いになる。困窮から一八三二年にある連隊に入隊し、議会改革暴動の前夜のバーミンガムに配置された。暴徒たちがロンドンに向かって行進することが予想されていて、連隊は剣を使った徹底弾圧命令を受けたが、サマヴィルはその命令への抗議行動の先頭に立った。おそらくそれも災いして、のちに百回の鞭打ち処罰を受けて入院したが、サマヴィルは屈せずに事態の調査を要求した。調査の結果、鞭打ちを命じた者は譴責処分を受け、サマヴィルは英雄扱いを受けた。しかし、過激な政治運動には反対して参加せず、のちに社会・経済問題を得意とするジャーナリストとなって、反穀物法同盟のための調査活動などをおこなった。

［89］アンチ‐バーガー派　Anti-Burgher

スコットランドの分離教会　Secession Church（スコットランド国教会である長老派教会から一七四〇年に分離独立）の信徒で、一七四七年にバーガー派　Burghers と袂を分かった一派をさす。バーガー派と異なり、アンチ‐バーガー派は「市民の宣誓」Burgess Oath をおこなうことの合法性を認めなかった。

［90］……ザカライア・コールマンという印刷労働者もいる。彼は『タナー小路における革命』で見事に再創造された英雄……...the printing worker, Zachariah Coleman, beautifully re-created hero of *The Revolution in Tanner's Lane*...

『タナー小路における革命』は、十九世紀非国教派の精神世界を描いた作家として名を残しているマーク・ラザフォード Mark Rutherford (1831-1913: 本名ウィリアム・ヘイル・ホワイト William Hale White) が一八八七年に発表した小説の題名。十九世紀初頭の非国教派や急進主義運動や労働者の生活が、共感をもって描かれている。ザカライア・コールマンはその小説の主人公。独立派の執事で、政治的には断固たる急進派。読書家でとりわけバニヤンとミルトンを愛読。ちなみに著者ホワイト自身は、非国教派の家庭に生まれて聖職を志したが、教義上の疑義や教師への失望などからそれを放棄して国家公務員となった。

［91］バーデット　Burdett

Burdett, Sir Francis (1770-1844). 政治家でロンドンの急進主義運動の指導者。トーリー主義急進派で、一七九六年に庶民院議員となり、対仏戦争下における人身保護法の一時停止や団結禁止法の制定に強く反対し、議会改革やカトリック解放に取り組んだ。群集に人気があり、群集を議会への圧力手段として使って政治腐敗を断固糾弾したが、民主主義者ではなかったといわれている。一八一〇年に庶民院を攻撃する出版物を擁護して逮捕された際には、暴動が起こって軍が出動している。カートライトとともにハムデン・クラブ（本書第4章の訳注［17］を参照のこと）を結成。「ピータールーの虐殺」では政府を激しく批難し、二〇年に再度投獄された。

［92］カートライト Cartwright

Cartwright, John (1740-1824). ノッティンガムの大地主の子として生まれる。海軍に入って将来を嘱望されるが、イギリス政府に反対するアメリカ植民地側を支持して海軍を去った。カートライト少佐 Major Cartwright と呼ばれるのはこの経歴のためである。その後一七七六年に *Take Your Choice!*（『資料イギリス初期社会主義』〔都築忠七編、平凡社、一九七五年〕に抄訳が「選択せよ！」として所収）を出版。この小冊子は古代イングランドのアングロ＝サクソン憲法を現在の導きとした政治理論書だが、その後のイギリスの急進主義運動のよりどころとなったきわめて重要な文献で、普通選挙権、秘密投票、毎年改選議会などが主張されている。一七八〇年に中流階級の議会改革団体である国制知識普及協会 Society for Constitutional Information を結成し、一八一〇年代には中流階級と労働者階級双方の改革派を結集することを意図した議会改革団体ハムデン・クラブの創設に尽力した。しかし、カートライト自身はあくまで中流階級による改革を信じ、伝統と秩序を重んじたのであって、労働者階級の実際の経済的・社会的困窮への共感や理解は小さかったといわれている。

［93］…カエサルの月桂樹の冠からとられた …came from Caesar's laurel crown.

「［ピカリング稿本］」からの詩『無垢の占い』」、『ブレイク全著作』所収、梅津濟美訳、名古屋大学出版会、一九八九年、七八二ページ。

［94］ランダフの主教 Bishop of Llandaff

一七八二年からウェールズのカーディフ近郊にある聖堂町ランダフの主教となったリチャード・ウォトソン Richard Watson (1737-1816) のこと。ペインの宗教観の批判者。アメリカの独立戦争への敵対者として知られたが、教会歳入の再分配などの急進的な教会改革を唱えたため、政府の評判はよくなかった。

［95］キリスト者であるように思われる。
「ウォトソンの『バイブルの弁護』にたいする書き込み」、前掲『ブレイク全著作』所収、七一五ページ。
［96］トマス・ウォーカー Thomas Walker
Walker, Thomas (1749-1817). 有数の木綿商人であり、一七九〇年代のマンチェスターの急進主義運動の指導者。小ピットの「ファスティアン税」やアイルランド貿易政策に反対する議会外運動で成功を収め、一七八八年には国制知識普及協会や革命協会の会員となった。奴隷貿易廃止の熱烈な運動家でもあって、九二年にはマンチェスターで二万人分の署名を集めたほどだった。イングランド国教会の信徒でありながら、宣誓法ならびに自治体法の撤廃運動に取り組む非国教派を支持し、さらには、非国教派の運動の不成功を祝ってマンチェスターで「教会と国王クラブ」Manchester Church and King Club が結成された際には、非国教派の平等な市民権と議会改革を要求して結成された対抗団体「マンチェスター国制協会」Manchester Constitutional Society の会長職を引き受けて対抗した。しかしながら、マンチェスターでの知識人の支持は少なく、マンチェスター文芸哲学協会は、九一年のバーミンガム暴動の犠牲者ジョウジフ・プリーストリへの同情メッセージ送付さえ拒否し、ウォーカーら数人の会員は脱会。また、急進派にたいする反動も強力に組織され、当局の黙認のもと「教会と国王」を支持する暴徒に自宅を襲われたり、当局の陰謀による大逆罪容疑の裁判闘争を余儀なくされ、事業も破綻に追い込まれた。
［97］世俗主義 secularism
キリスト教神学にとらわれることのない、非宗教的で自由な倫理的信念や実践によって社会の諸問題を考察していこうとする思想上の立場。ここでいう世俗主義そのものは理神論の立場に立つトマス・ペインに始まったが、組織的な世俗主義運動はジョージ・ヤコブ・ホリヨークによって牽引されたといわれる。一八五〇年代末には運動の指導権は若き闘志チャールズ・ブラッドロウへと移り、六六年には全国世俗協会 National Secular Society が設立された。
［98］ホリヨーク Holyoake
Holyoake, George Jacob (1817-1906). バーミンガムの銀メッキ職人の子として生まれ、職人学校に通うなかで無信仰を自認するようになる。当初はロバート・オウエンのもとで活動するが、やがて『リーズナー』Reasoner 誌を編集しながら「世俗主義」と名づけた独自の運動を組織した。一八五〇年代には国際社会主義運動にも関与したが、その後は消費者

組合運動に精力を傾け、多数の著作を残した。

［99］ブラッドロウ Bradlaugh

Bradlaugh, Charles (1833-91). 共和主義者、自由思想家。ロンドン郊外で弁護士事務員の息子として生まれる。「世俗主義」の運動に参加し、一八八〇年には国会議員に当選した。無神論者として宣誓を拒んだため、たびたび庶民院から排除された経験をもつ。君主制、帝国領土の拡大、社会主義、国家による労働条件の規制などに反対し、自由党の急進派に属して自由放任主義を信奉した。アイルランド自治やインドの植民地状況の改善も訴えた。産児制限の提唱者でもあった。

［100］リーズの印刷工であるブレイ Bray the Leeds printer

Bray, John Francis (1809-97). アメリカ合衆国のワシントン生まれ。父はイングランドのリーズ出身のコメディアン、母はアメリカ人ダンサー。リーズに戻って印刷・製本の徒弟修業をし、一八三〇年代にリーズの労働運動に参加するようになる。チャーティズムの指導者としても活躍するが、武力行使主義には反対で、生活苦もあってアメリカに一八四二年に帰国して労働運動をつづけた。

［101］ブランドレス Brandreth

Brandreth, Jeremiah (1790-1817). 掛け枠靴下編み工で、政府の転覆を狙った一八一七年のペントリッジ蜂起 Pentridge Rising の首謀者とされている。この蜂起と蜂起への政府のスパイ工作員の関与については、本書第15章でトムスンが詳しく論じている。炭坑夫、製鉄労働者、掛け枠編み工、農場労働者ら数百人がダービーシャーのペントリッジに集結してノッティンガムへと向かったが、途中で軍に阻まれ、ブランドレスとほかに三人が処刑された。なおブランドレスは、一八一一年にはラダイト運動にも加わっていたとされている。

第3章

［1］ゴードン暴動 Gordon Riots

一七八〇年六月二日から九日にかけてロンドンで起きた大暴動。それは、カトリックに一定の市民権を認めたカトリック救済法 Catholic Relief Act (1778) の撤廃を求めるプロテスタント協会 Protestant Association の会長だったジョージ・ゴードン卿 Lord George Gordon (1751-93) が群集を率いておこなった、カトリック容認反対の議会請願行動が端緒となった。暴動はしだいに激化し、カトリックの商店や教会堂が襲われ、治安判事だったマンスフィールド卿やサー・ジョン・フィールディングの私邸が破壊されたほか、イングランド銀行や多数の監獄が襲撃・解放された。陸軍が出動して暴動は鎮静化したが、全体で少なくとも四百五十人の死者が出たといわれている。二十一人が処刑され、ゴードン卿は八カ月間ロンドン塔に幽閉されたが、彼が暴動を認可した証拠はなく、トマス・アースキン（本書第4章の訳注［18］を参照のこと）が弁護し、マンスフィールド卿が裁判長を務めた裁判で無罪となった。この十八世紀イギリスにおける最大の都市民衆暴動は有産階級を震撼させ、議会外民衆運動への恐怖を植え付ける結果となった。カトリックの政治的権利の公式承認の実現したのも、カトリック解放法の成立した一八二九年になってからのこととなった。

［2］パトリック・カフーン Patrick Colquhoun

Colquhoun, Patrick (1745-1820). グラスゴーで役人の息子として生まれる。実業界で成功を収めたのち、一七八九年にロンドンへ移住、九二年に内務大臣ヘンリー・ダンダスの力添えのもとにロンドンの一治安判事に任命された。彼の提案をもとに一八〇〇年にはテムズ河水上警察が組織され、西インド商船の利害の防衛と政府の関税増収に貢献して成功を収めた。犯罪や暴動の抑止に必要な効率的な首都警察の確立の必要を訴えたほか、貧民問題をはじめとする社会悪の除去に多大な関心を示し、その種のものとしては初めての試みだといわれている貧民へのスープ供給所設立などの人道・慈善活動に精力的に取り組んだ。

［3］メイヒュー Mayhew

Mayhew, Henry (1812-87). 体系的な社会調査のパイオニアとして知られるジャーナリスト。ロンドンに弁護士の息子として生まれ、一八四一年に週刊諷刺漫画誌『パンチ』の創刊に参加。一八四九年からは『モーニング・クロニクル』紙の全国貧困調査の一部として、ロンドンの貧民に関する調査結果を発表しはじめた。彼の名を後世にとどめることになったこの調査が *London Labour and the London Poor* として四巻の単行本のかたちに初めてまとめられたのは、一八六一から六二年にかけてのことだった。彼自身は、*The Criminal Prisons of London and Scenes of Prison Life* (1862) に集大成された社会批判の仕事を最も重要視していたという。

［4］ハワード Howard

Howard, John (1726?-90). 慈善家。一七五〇年代後半からベドフォードシャーのカーディントン Cardington で、労働者向けの小住宅を建て、子供たちに初等教育を授け、村民の勤労を奨励するようになる。非国教徒だったが、一七七三年にベドフォードシャーの州長官に任命されてから、監獄改革者としての生涯を歩みはじめた。国内の監獄という監獄をほぼくまなく訪問したといわれるが、その結果を報告書にまとめたヨーロッパ各国の監獄も多数視察・調査し、その結果を報告書にまとめた。（その抄訳が『十八世紀ヨーロッパ監獄事情』〔川北稔／森本真美訳、岩波文庫、一九九四年〕として刊行されている）。ハワードは、看守が囚人から受け取る手数料によって暮らしを立てていることに起因する悪弊にとくに衝撃を受け、看守には固定給が支払われるべきことや、衛生面での囚人にたいする処遇改善などを訴えた。そのいくつかの改善策は法律化された（Penitentiary Houses Act of 1779）が、改革を実行に移した監獄はほとんどなく、本格的な監獄改革は一八四〇年代にようやく着手された。

［5］ハンウェイ Hanway

Hanway, Jonas（1712-86）. 旅行家、慈善家。海軍の従軍酒保商人だった父のもと、軍港町ポーツマスに生まれる。ハンウェイの慈善活動は、一七五〇年代に始まる。五六年にはサー・ヘンリー・フィールディングらとともに、海軍への船員補充を主事業とする海兵隊協会 Marine Society を設立、五八年にはロンドンの貧窮児養育院ファウンドリング・ホスピタルの理事長となった。貧窮児童の教区における処遇改善の活動に従事したほか、年端のいかない煙突掃除少年の保護を訴えたり、日曜学校の設立に奔走した。

［6］クラークソン Clarkson

Clarkson, Thomas（1760-1846）. 反奴隷制運動家。クラークソンの奴隷制反対運動へのかかわりは、ケンブリッジ大学時代に、奴隷制ならびに奴隷売買を主題にしたラテン語論文を書いたことに始まる。その英訳を出版するにいたる過程で、すでに反奴隷制の活動に取り組んでいた人びとと知り合い、奴隷貿易廃止委員会を結成した。設立メンバーの大半はクエーカーだったが、クラークソン自身は義務の強い観念をもったイングランド国教会信徒としてとどまった。クラークソンはイギリスじゅうを回って情報を収集し、各種反奴隷制パンフレットを出版して世論を喚起する運動の先頭に立ち、ついにはアフリカ貿易の現状を調査する委員会が枢密院に設置されるにいたった。以後、議会内で反奴隷制運動を主導したウィリアム・ウィルバフォースと協力しながら、紆余曲折を経ながらも一八〇七年には奴隷貿易廃止法が、三三年には奴隷制廃止法が成立した。

［7］サー・フレデリック・イーデン Sir Frederick Eden

Eden, Sir Frederick Morton (1766-1809). 貧しい労働者の生活に関する詳細な社会的・経済的調査をおこなった。一七九四年と九五年の食糧価格の高騰がきっかけとなってこの調査を実施するようになったという。調査結果はいわゆる『イングランド貧民の状態』全三巻（*The State of the Poor; or an History of Labouring Classes in England*, 1797）にまとめられた。

［8］フランセス、すなわちシェリー夫人 Frances, Lady Shelley

Shelley, Frances Winckley (1787-1873). 詩人シェリーとは縁戚関係にあった。

［9］ハンナ・モア Hannah More

More, Hannah (1745-1833). 宗教作家、慈善家、福音主義者。ブリストル近郊生まれ。娘たちが自立した生活を送ることを望んだ教育熱心な父母をもつ。劇作家ギャリックやジョンソン博士など、ロンドンの文人たちと親交をもつと同時に評価を受け、劇作家として成功した時期もあったが、しだいに社会全般の宗教と道徳の問題に強い関心を寄せ、ウィルバフォースらとも知己になり福音主義的慈善活動に専念するようになる。日曜学校運動に取り組み、奴隷制に反対し、社会の宗教と道徳の向上を意図した本や小冊子を多数あらわした。しかし、モアの社会観や教育観はきわめて保守的なものだった。貧民にたいしてばかりでなく上流階級にたいしても道徳と宗教心の向上を強く訴えたが、それは後者が社会の基調となる道徳的規範を示すべきだからであった。貧民にたいしては聖書と教理問答は教えたが、文字を書く能力は不必要だとし、貧民も教育を受けることで学者や哲学者になりうるとする考えには断固反対した。フランス革命にも反対だった。

［10］バーリントン主教 Bishop Barrington

Shute Barrington (1734-1826). ウェールズのランダフ、イングランドのソールズベリ、ダーラムの主教を歴任。福音主義に理解を示し、ウィルバフォースとその反奴隷制運動に共鳴したが、非国教派を激しく批判して宗教上の正統を擁護し、社会の道徳の防衛も強く主張した。

［11］ウィリアム・ウィルバフォース William Wilberforce

Wilberforce, William (1759-1833). 政治家、慈善家。イングランド北部の港町ハルの名家に生まれる。ケンブリッジで教育を受け、十八世紀末期以降のイギリスにおける宗教ならびに道徳改革の主導者で、ロンドンのクラッパムに拠点を置く「クラッパム・セクト」と呼ばれた、最も有名なイングランド国教会福音主義一派の代表的人物。一七八〇年に庶民院議員に初当選。八五年に回心して、厳格な宗教的生活を実践することを決意したといわれている。八七年には「奴隷貿易の弾圧と生活態度の改革」を人生の二大課題であると自らの日記に記し、その実践に乗り出した。いわゆる「悪弊撲滅協会」The Society for the Suppression of Vice を結成し、「教会伝道協会」The Church Missionary Society、「聖書普及協会」The Bible Society、「貧民の生活環境を改善し安寧を増加せしむる協会」The Society for Bettering the Conditions and Increasing the Comforts of the Poor などにもかかわったが、ウィルバフォースの政治活動の大半は奴隷貿易ならびに奴隷制の廃止運動に費やされたといえる。そしてその精力的な議会活動は、一八〇七年の奴隷貿易廃止法として、また彼の死の直前に成立した奴隷制廃止法として結実した。

一方で、政治的には保守主義者だったウィルバフォースは、国内の労働者による下からの急進主義的政治改革運動には断固反対し、たとえば言論の自由と集会の自由を制限した一七九五年の「弾圧二法」Two Acts の成立や、労働者の団体交渉権を封じた九九年の「団結禁止法」Combination Act の成立を強く支持した。九二年にはペインらと並んでフランス市民の地位をフランス革命政府から与えられたが、ジャコバン主義にはあくまで反対した。ウィルバフォースはフランス革命を機に道徳的にたがの緩んだイギリスに急進主義が広がるのではないかとの恐怖を覚え、イギリス国民全体の道徳向上の必要をいっそう痛感したといわれている。

［12］ジョン・バウドラ博士 Dr John Bowdler

Bowdler, John, the elder (1746-1823). 著述家。一七九〇年代半ばに、高騰する食糧価格問題に関心を寄せ、道徳や宗教の問題を省みない聖職者や政治家を強く批判した。ウィルバフォースとともに、十八世紀末の福音主義的信仰復興運動を担った。

［13］悪弊撲滅ならびに宗教奨励協会 Society for the Suppression of Vice and Encouragement of Religion

福音主義運動家だったウィルバフォースやバウドラ博士らが一八〇二年にはじめた団体。国民の生活態度の改善を推進する団体の結成を決意したウィルバフォースは、C・ワイヴィル師の協力を得て、一七八七年に「慈悲と徳を奨励し、悪弊と冒瀆と不道徳を防止する」王室布告を取り付け、これを執行する「布告協会」Proclamation Society against Vice and Immorality を発足させた。協会は、神への冒瀆や猥褻出版物の摘発のほか、安息日の遵守の押し付けや「ウェイク」といった奔放粗野な祝祭の撲滅など、民衆的娯楽世界の弾圧を試みた。布告協会を一部引き継ぐかたちで一八〇二年に立ち上げられたいわゆる「悪弊撲滅協会」は、金持ち向けの賭博場には手をつけないといったように富者の悪徳を黙認しながら、飲酒、放蕩、動物いじめといった残忍なスポーツなど、貧民の楽しみを撲滅することに力を注いだ。安息日不遵守者の刑事告発に加えて、入場料二ペンスのダンス「トゥペニー・ホップス」twopenny hops、猥褻画、裸体での海水浴なども告発された。国民道徳の改造・改良だけがフランス革命のような社会悪からイギリスを救う唯一の方法だと考えるような、社会変化への恐怖が協会参加者のあいだにはみられたという。このように下層階級にたいするさまざまな規律の押し付けが極端な福音主義者によって試みられたが、トーリー党支持者にはこの種の熱狂主義を嫌った者が少なくなかったといわれている。

［14］農法宣伝家のアーサー・ヤング Arthur Young, the agricultural propangadist

Young, Arthur (1741-1820). 農業書と紀行書の作家。自らの農業実践と調査旅行によってイングランドとウェールズの農業問題に関する著作を次々に発表して、農業理論家として知られるようになった。たとえば『アイルランド紀行』*A Tour in Ireland*, 1780 は、彼の才能が農業分野に限定されないことを示した著作として知られていて、また一七九二年に単行本になった『フランス紀行』*Travels in France*, 1792 は、フランス革命前夜のフランス農業の惨状を告発した書として一級の歴史的史料だとされる。九三年にはイングランド農業省の初代長官となり、各地の農業事情について報告書を執筆した。進歩への情熱をもって技術革新の宣伝に熱心であり、科学的であると同時に商業的にも成り立ちうる農業的実験と実践の普及に努力し、イングランドの農業の発展に大きな貢献をなしたとされている。

［15］サー・サミュエル・ロミリー Sir Samuel Romilly

Romily, Sir Samuel (1757-1818). 法改革者。法曹界で学び、イングランドならびにヨーロッパ大陸の刑法に関して比肩しえない知識を習得したといわれている。法改革の歴史でのロミリーの重要性は、彼が情熱的な理想主義者であるばかりでなく、学識豊かな法律家であり、現実の政治家でもあった点にある。万引きをはじめとする小窃盗や、兵士や船員が許可証なしに物乞いすることなどに死刑を科す法律の廃止に努力したが、一八一八年に万引き法の廃止法案が再度貴族院によって退けられ、まもなく妻が死去すると鬱の発作にとらわれて、自殺してしまった。彼の刑法改革の意志が徐々に実現されていったのは、死後のことだった。

［16］コウバーン卿 Lord Cockburn

Cockburn, Henry (1779-1854). スコットランド人の裁判官。急進派のウィッグ支持者で、議会改革を支持し、スコットランドにおける議会改革法案作成で中心的な役割を果たした。

［17］ウェイク wakes

もともとはなんらかの祭日、とりわけ教区教会献堂記念祭の前日の徹夜勤行をさし、それはアングロ＝サクソン時代までさかのぼることができるという。しかしこの決まりが廃れたあとも徹夜の宵祭りは残り、やがて前夜だけでなく祭り日も含む祭事期間全般をさして使われるようになり、教会の境内にテントを建てて人びとに食事をもてなす祭りを記念する祝宴ごとなどもさすようになった。また、トムスンは、親族の里帰りや集まりの重要な機会だったことも記している（本書第12章の原注（18）を参照のこと）。こんにちではその名は、イングランド北部やミッドランズの町や村が地域ごとにとる年次休暇をさす言葉であって、宗教的な意味はほとんどない。スコットランドやアイルランドでは、葬儀の通夜をさす言葉でもある。

［18］ウィンダム Windham

Windham, William (1750-1810). ピットとダンダスのもと、一七九四年から一八〇一年まで戦争大臣を務めた。ウィッグ党で、フランス革命にはバークとともに反対の立場をとり、急進派にたいする政府の弾圧立法を強く支持した。ジョンソン博士の近しい友人で、コベットとも親交があった。

［19］ブレヒト流の価値観 Brechtian values

Eugen Berthold Friedrich Brecht (1898-1956). ドイツの劇作家、詩人、演劇活動家。初期には表現主義的でアナーキスト的な立場の戯曲作品を書いていたブレヒトは、やがてマルクス主義的な立場や新しいドキュメンタリー様式の芸術表現に多大な影響を受けるようになり、それは彼独自のいわゆる「叙事的演劇」の理論と実践に結実する。ナチスの国家反逆者リストの五番目にあげられていたブレヒトは、一九三三年にナチスが政権につくと亡命生活を余儀なくされ、最終的にアメリカ合衆国のカリフォルニアで第二次世界大戦後まで仕事をした。戦後の合衆国における反共ヒステリーのなかで非米活動委員会の査問を受けたブレヒトは四九年に東ベルリンに戻るが、五三年に東ドイツで起こった労働者蜂起の際には当局寄りの立場をとったとして西側では批判されてきた。

以上のようなブレヒトの生涯は、そのインディペンデントな反核運動によって西側当局からも東側当局からも批難されたトムスンの生涯を想起させるところがある。またブレヒトは、演劇の教育的側面に可能性をみて労働者教育のためのワークショップ的な演劇空間創出の試みをおこなったが、この点もトムスンの成人教育実践を思い起こさせてくれる。ブレヒトの芝居は民衆のずるがしこさや負の面を切り捨てることなく観察記録し、そこから社会変革へとつながっていく道筋を見据えようとしたものであり、そうしたものをトムスンはここで「ブレヒト的価値観」と呼んでいるのである。ブレヒトの戯曲『コミューンの日々』をテキストに、演技行為と民衆蜂起の相互連関を論じた喜安朗のスリリングな論考「民衆蜂起のダイナミズム」(『新日本文学』四六六号所収、一九八六年)を参照のこと。また、斬新な社会理論としても読めるブレヒトの演劇理論のエッセンスは、『今日の世界は演劇によって再現できるか』(千田是也訳、白水社、一九九六年)にみることができる。

[20] ディケンズ Dickens

Dickens, Charles (1812-70). 小説家、ジャーナリスト。一八三〇年代後半に発表された喜劇小説『ピクウィック・ペーパーズ』や感傷的な犯罪小説『オリヴァー・ツイスト』で有名になり、イギリスだけでなく、アメリカ合衆国やヨーロッパ各国でもひじょうな人気を博するようになった。ディケンズのその膨大な作品群は十九世紀の民衆生活のじつに多彩な側面を取り込んだものであり、そのイメージはわれわれを強くとらえて離さない。そのためこんにちわれわれが理解する十九世紀の生活が、じつはディケンズの小説の登場人物とイメージによって形成されているということも少なくない。

[21] ハーディ Hardy

Hardy, Thomas (1840-1928). 詩人、小説家。*The Return of the Native* (1878) などに行商人が登場する。

[22] ブライドウェル監獄 the Bridwells

もともとは宮殿だったが、十六世紀に懲治監 House of Correction として王室からロンドン市当局へと委譲された。乞食や労働可能な者はすべて麻を打つ作業を強いられ、罪状に応じて鞭打ちによる矯正が加えられ、これらは公開された。その様子は、ウィリアム・ホガースの連作彫版画作品『娼婦一代記』*A Harlot's Progress*, 1732 の第四図になまなましく描写されている。このロンドンのブライドウェル監獄は一八五五年に閉鎖された。各地の労役所や監獄も「ブライドウェル」と呼ばれたことから、それらを含めてここでは the Bridewells とされている。

〔23〕ラジノウィッチ教授 Professor Radzinowiczk

Radzinowicz, Sir Leon (1906-99). ポーランド生まれの犯罪学者。第二次世界大戦前夜に渡英し、ケンブリッジで研究生活を開始した。戦後はイギリスにおける犯罪学研究の権威となり、その見解は犯罪政策立案にも多大な影響を与えるようになった。とりわけ、死刑制度と凶悪犯罪者の監獄処遇に関する論議で中心的な役割を果たした。ここで言及されているのは、全五巻の主著 *A History of English Criminal Law and its Administration from 1750*, 5 vols (1948-86) である。

〔24〕ゴールドスミス Goldsmith

Goldsmith, Oliver (1730?-74). 作家、編集者、ジャーナリスト。サミュエル・ジョンソンのサークルに属した文人で、小説、詩、劇、ノンフィクションと、多彩なジャンルで作品を残した。トムスンが引用しているのは、土地の商業化による農村の荒廃を描写した「旅人」*The Travellar* (1764) の一節である。この詩は、同種の主題を扱った「廃村」*The Deserted Village* (1770) とともに有名。小説の代表作は、社会批評を随所にちりばめた *The Vicar of Wakefield* (1776)(『ウェークフィールドの牧師』神吉三郎訳、岩波書店、一九三七年、ほか)。

〔25〕ニューゲイト Newgate

ロンドンのシティにある刑務所で、一七八三年から二十世紀冒頭まではここで処刑が執行された。現在の中央刑事裁判所オールド・ベイリー Old Bailey がある場所。

〔26〕「タイバーン・フェア」'Tyburn Fair'

タイバーンでの公開絞首刑の場がまるで見世物市のようであり、周辺には市もたったことからこう呼ばれたのだろう。

〔27〕ワイヴィル Wyvill

Wyvill, Christopher (1740-1822). 議会改革と宗教上の寛容を求める運動とに取り組んだ地主、イングランド国教会聖職者。植民地アメリカの独立をめぐる政治的危機を背景にして、国制改革を求める議会外圧力団体組織、ヨークシャー連合 Yorkshire Association を一七七九年に立ち上げた。貴族ではなく独立の土地保有ジェントリが国制を支える根幹であるという古来の伝統に訴え、より穏健な議会改革運動に取り組んだ。一七九〇年代には、政府の反ジャコバン立法や反逆罪裁判を批判した。議会外からの自発的な結社団体による政治改革運動のモデルとなって、イギリスの政治と経済の民主化を促進する役割を果たしたといわれている。

［28］ウィルクス運動 Wilkes agitation

ジョン・ウィルクス John Wilkes（1727-97）の逮捕など議会の弾圧に抗議するかたちで、彼を支持する民衆たちによって繰り返し引き起こされた街頭行動の総称。スコットランド人嫌いのウィルクスは、熱烈な愛国主義者の立場からイングランドにおける個人と言論の自由を擁護し、自ら発行する政治週刊誌『ノース・ブリトン』*The North Briton* で首相ビュート（スコットランド人）や国王ジョージ三世を激しく諷刺し、攻撃した。一九六三年四月二十三日に発行された第四十五号は煽動的文書誹毀罪にあたるとされたが、このときの逮捕状は、逮捕者の氏名を明記していない一般令状 general warrant であった。ウィルクスは裁判闘争によってその違法性を明確にし、無罪を勝ち取ったが、議会から議員資格を剝奪されて亡命生活を余儀なくされる。一七六八年に帰国し、ミドルセクス選挙区で庶民院に選出されるが議会はこれを認めず、ウィルクスは逮捕・投獄され、さらなる三度の再選をも議会は無効だとした。一七七〇年にようやく釈放され、七四年にはロンドン市長となり、あわせて庶民院にも選出されて、九〇年まで議員を務めた。

［29］ブリストル暴動 Bristol Riots

議会改革問題をめぐって一八三一年に起こった暴動。議会改革に反対する記録官がブリストルに新たに着任したことがきっかけとなって、数々の公的施設が破壊された。四人の暴徒が処刑され、二十二人が流刑にされた。本章第3章八九ページを参照のこと。

［30］バーミンガムのブル・リング暴動 Birmingham Bull Ring riots

ブル・リングで開かれていた国民代表大会に集まったチャーティストたちを解散させるため、バーミンガム市当局がロンドンの警察官を導入、その結果引き起こされた暴動。

［31］イースト・アングリア暴動 East Anglian Riots

本書第7章二六六ページを参照のこと。

［32］「最後の農業労働者の反乱」'Last Labourer's Revolt'

本書第7章二六七―七〇ページを参照のこと。

［33］リベカ暴動 Rebecca Riots

一八四二年から四四年にかけてウェールズで起きた暴動。女性に扮装した暴徒たちが、農具や動物を運ぶ際に課せられた高い通行税に抗議して、通行料取り立て所やその門を破壊した。リベカとは、「あなたの子孫が敵の門を勝ち取るように」(「創世記」二十四章六十節)という旧約聖書にあるリベカへの祝言からとられたものである(リベカはイサクの妻であり、エサウとヤコブの母)。この暴動の基底には、救貧法改正法にたいする抗議があったといわれている。

[34]「点火栓引き抜き」暴動 Plug Riots

一八四二年の二度目のチャーティスト請願が拒否されたあとに労働者が起こした。イングランド北部とミッドランズのストライキ中の労働者たちが、ボイラーのプラグを蒸気機関から引き抜くことで機械の作動を不可能にした。このためこの労働争議は「プラグ策略」Plug Plot として知られるようになった。政府は軍隊を送り込み、暴動は鎮圧された。

[35] モラル・エコノミー moral economy

たとえばトムスンは、一九七一年に発表した論文 'The Moral Economy of the English Crowd in the Eighteenth Century', republished in his *Customs in Common* (1991) で、次のように記していた(pp. 188-9)。

> 十八世紀イングランドにおける食糧暴動は、直接的民衆行動の高度に複雑な一形態であり、規律化され、明確な諸目的を擁していた。……暴動が、高騰する価格によって、取引業者の不法行為によって、あるいは空腹によって引き起こされたというのは、もちろん正しい。しかし、こうした不満は、市場取引や製粉やパン焼きなどの行為で何が合法行為であり、何が非合法行為であったのかに関する民衆的合意の枠内で機能したのである。これはひるがえって、社会規範や社会的義務に関する一貫した伝統的見解や、地域共同体内における諸集合体の適切な経済的機能に関する一貫した伝統的見解に依拠していたのであり、それらは、ひとまとめにすると、貧民のモラル・エコノミーを構成していたものであると言える。こうした倫理的な諸前提に結び付いている激怒が、実際の貧窮にまったく劣ることなく、直接行動の契機となることはよくあったことなのである。
>
> このモラル・エコノミーは、高度な意味で「政治的」と記述することはどうみてもできないけれども、非政治的と記述することもやはりできないのである。というのも、そこには、明確で、熱情的に保持された、公共の福利 common weal という観念が前提とされているからである――この観念は、事実、当局の温情主義的な伝統によって支持されてもいた。そして今度は民衆がこの観念を声を大にしてオウム返しにしたのだから、ある程度は、当局は民衆の捕囚でも

あったのである。したがって、このモラル・エコノミーは、十八世紀の統治と思想のすみずみに多大な影響をおよぼしていたのであり、騒擾の際にだけしゃしゃり出てきたわけではなかった。「暴動」という用語は、これらすべてを包摂するには小さすぎる。

なお、「モラル・エコノミー」に対立する概念としては、「ポリティカル・エコノミー」「フリー・マーケット・エコノミー」などがあげられよう。

[36] トマス・スペンサー Thomas Spencer

Spencer, Thomas (17??-83). ハリファクスの贋金づくり。スペンサーが属していた贋金づくり集団はコルダー・ヴァリー Calder Valley に拠点を置き、総勢七十人ほどだったといわれている。その指導者はデイヴィッド・ハートリー David Hartley で、「デイヴィッド王」の名で知られていた。デイヴィッドが逮捕されると、弟のイサック・ハートリー Issac Hartley からの依頼で、スペンサーは仲間のマシュー・ノーミントン Matthew Norminton とロバート・トマス Robert Thomas にはたらきかけて、贋金づくり集団を追跡していた税徴収官ウィリアム・デイトン William Deighton を殺害させた（一七六九年十一月）。実行犯の二人は、一度は無罪判決を受けていたが、のちにスペンサーの自白があったため、あらためて追いはぎ罪をもって処刑とされた。ここでふれられている食糧暴動は一七八三年六月に起き、スペンサーは同八月に絞首刑にされた。ちなみに、コルダー川が流れるウェスト・ヨークシャーのハリファクス周辺の峡谷地帯をコルダー・ヴァリーという。ケルト語に起源をもち、冷たい川、荒れる川、森を抜ける川などの意味があるという。

[37] 高等法院王座部首席裁判官（ケニョン）Lord Chief Justice (Kenyon)

Lloyd Kenyon, first Baron Kenyon (1732-1802). 一七八八年に首席裁判官に任命され、一八〇〇年まで在職。

[38] 一七九五年のスピーナムランド決議 Speenhamland decision of 1975

農業労働者の賃金を、パンの価格と家族人数に応じて教区の救貧税から補うシステムで、バークシャーの治安判事が一七九五年のスピーナムランド（ニューベリ）での会議で採用することを決議した。一部地域を除いてイングランドとウェールズで広く採用されるようになったこの院外給付方式（救貧院に対象者を収容せずにおこなう貧民救済）は、意図に反して農場経営者によって賃金を低く押さえておくために利用され、農場労働者のさらなる貧困化を招くと同時に救貧税の引き上げをもたらした。一八三四年の救貧法改正によって廃止。

［39］一六八八年体制 the 1688 settlement

カトリック化を進め、独裁的で、親フランス的なジェームズ二世は議会の反発を買い、一六八八年の名誉革命によって、王の長女でプロテスタントのメアリ二世とその夫オレンジ公ウィリアム三世に取って代わられた。この一六八八年から一七〇一年の間になされたさまざまな国制改革によって確立された体制を革命体制 the Revolution Settlement といい、議会主権を認めた制限君主制の樹立をさすが、トムスンが「一六八八年体制」と呼ぶものもほぼこれと同じだろう。

［40］州長官ハーリー Sheriff Harley

Harley, Thomas (1730-1804). 一七六一年にロンドン市選挙区から庶民院に当選。六三年にはロンドンおよびミドルセクスの州長官に選出された。議会の命令によって州長官として『ノース・ブリトン』第四十五号の焼却を実行しようとした際に、群集が州長官の部下と衝突し、ハーリーの公用馬車の窓が壊された。

［41］ビュート卿 Lord Bute

Bute, John Stewart, 3rd Earl of (1713-92). スコットランド人貴族で、ジョージ三世に信頼され、その父親的存在となった。一七六二年に首相となり、七年戦争後のパリ和平条約（六三年）の取り扱いや消費税の拡大をめぐって批難を浴びて六三年に辞職、政界を去った。ビュートに反対する議員や言論界にはスコットランド人への嫌悪が強くあり、彼への批判のなかには不当なものも少なくなかったといわれている。ウィルクスの『ノース・ブリトン』の誌名は、スコットランド人、すなわちビュート卿をさす。

［42］エグリモント卿 Lord Egremont

Wyndham or Windham, Sir Charles, 2nd Earl of Egremont (1710-63). 政治家。『ノース・ブリトン』第四十五号事件の際の国務大臣で、もう一人の国務大臣だったハリファクスとともにウィルクスの起訴にあたった。エグリモント卿は、名前の明記されていない逮捕状を持ったメッセンジャー（捕縛役人）に、逮捕する相手はウィルクスであり、真夜中であっても家に押し入って逮捕し文書もすべて押収してくるよう、口頭で命じたという。二人の国務大臣はウィルクスを取り調べたが、ウィルクスは不敵な態度で応じて少しも譲らなかったといわれている。

［43］「ブーツとペチコート」Boot and Petticoat

「ブーツ」はビュート卿、「ペチコート」はジョージ三世の母（Augusta, Princess Dowager）の象徴にほかならない。ウィルクスは『ノース・ブリトン』第四十五号で、ビュートがジョージ三世の母親の愛人であることをほのめかしていた。群集は『ノース・ブリトン』第四十五号を焼き払おうとした州長官とその部下を追い払い、かわりにこのブーツとペチコートを燃やした。

［44］ラトラル大佐 Colonel Luttrell

Luttrell, Henry Lawes, 2nd Earl Carhampton（1743-1821）. 軍人、政治家。一七六八年にウィルクスの政敵であるビュート卿の力でコーンウォールの一選挙区から庶民院に当選した。六九年四月のミドルセクスの選挙でウィルクスの対抗馬として出馬し、千百四十三票対二百九十六票で敗北するが、庶民院での決議によって当選とされた。投票日にはウィルクスの友人たちに身の安全を守ってもらわなければならず、その後は何カ月にもわたって街頭に出るのを避けたといわれている。

［45］サンドウィッチ卿 Lord Sandwich

Montagu, John, 4th Earl of Sandwich（1718-92）. 政治家。一七六三年から六五年まで外務担当の国務大臣の任にあったときにジョン・ウィルクスの訴追を強引に推し進め、数々の不名誉な業績を残した。ウィルクスとはかつての放蕩仲間だったため、裏切り者との誹りも免れなかった。ちなみに現在の「サンドイッチ」という食べ物の名称は、食事時間を惜しんでカードをつづけるために、賭博テーブルに着いたままトーストにコールド・ビーフを挟んだものをサンドウィッチ卿が食べていたことからきたといわれている。

［46］バーリントン卿 Lord Barrington

Barrington, William Wildman, 2nd Viscount（1717-1793）. 陸軍大臣（一七五五―六一年）や大蔵大臣（六一―六二年）などを歴任。

［47］国会議員選挙演壇 hustings

選挙での投票は、口頭で、選挙演壇上またはその近くに設営された投票用の仮設小屋でなされた。ここで選挙演壇とした hustings は「演台」の意味だが、実際の投票行為のほかに、候補者の指名、候補者による演説、選挙結果の発表がそこでおこなわれた。転じて、選挙集会ないしは候補者指名集会を hustings と呼ぶこともある。

［48］プロクター Proctor

Proctor, Sir William Beauchamp (?-?). 一七六八年三月二十八日にミドルセクスでおこなわれた選挙でのウィルクスの対抗馬の一人。選挙結果は、ウィルクス千二百九十二票、ジョージ・クック八百二十七票、プロクター八百七票だった。

［49］マンスフィールド高等法院王座部主席裁判官 Lord Chief Justice Mansfield

Mansfield, William Murray, 1st Earl of (1705-93). スコットランド貴族の出身で、一七五六年から八八年まで首席裁判官を務める。八一年のゴードン卿にたいする裁判をしきった際には、ゴードン暴動で自宅が襲撃されたにもかかわらず、被告に有利な論点にくまなく言及した。六八年には、技術的な法的根拠にもとづいてウィルクスにたいする法的保護剥奪命令を撤回したが、一方で煽動的文書誹毀罪の適用については陪審の権限を制限して裁判官の権限を強めており、保守的な面も強かった。また、七二年にイングランドにおける奴隷制を非合法だとする判決をくだしたことでも知られている。

［50］ヨーク大主教 Archbishop of York

イングランド国教会にはカンタベリーとヨークの二つの教会管区があり、大主教がそれぞれの長である。両者のうちではカンタベリー大主教が上位に位置し、イングランド国教会全体の最高責任者。

［51］フォックス Fox

Fox, Charles James (1749-1806). 政治家。アメリカ独立戦争時にはアメリカの独立を支持し、以来、生涯のほとんどを野党ウィッグの指導者としてすごした。議会改革や経済改革を支持し、市民的権利や宗教的寛容などを擁護し、フランス革命を支持し、対仏戦争時には一貫して交渉による和平締結を主張した。急進主義的政治運動が弾圧された一七九〇年代にはイングランド人の自由の擁護者として首相ピットに敵対したが、政治的にはそれまで以上に少数派としてとどまった。

第4章

［1］ノーザンバーランド公爵 Duke of Northumberland

Percy, Hugh, second Duke of Northumberland of the third creation (1742-1817). 陸軍軍人。一七六三年に庶民院議員に選出され、八六年には公爵位を継承。地主としては、週に二度盛大な娯楽の集いを催し、商工業者や非国教派の牧師を招待したといわれている。

［2］コクリン卿 Lord Cochrane

Cochrane, Thomas, tenth Earl of Dundonald (1775-1860). 海軍軍人。一八〇七年から一八年までウェストミンスター選出の庶民院議員を務めたが、その急進主義は原理原則にもとづくものではなく、汚職をはじめとする政治や海軍の腐敗への激しい嫌悪にもとづく独自のものだったといわれている。

［3］ワーズワス Wordsworth

Wordsworth, William (1770-1850). イギリスロマン派の詩人。青年時代にはフランス革命を熱烈に支持したが、後年には反動政治と愛国主義を公然と支持する保守派に転向した。

［4］……流れ」となって…… unwithstood,' …

ワーズワスの詩 'It is not to be Thought of' からの引用で、初出は *Morning Post*, April 16, 1803.

［5］メアリ・ウルストンクラフト Mary Wollstonecraft

Wollstonecraft, Mary (1759-1794). 著述家、フェミニスト。フランス革命思想に共鳴し、バークの『フランス革命の省察』に対抗して『人間の権利の擁護』*A Vindication of the Rights of Men*, 1790 をあらわしたが、最も有名なのは『女性の権利の擁護』*A Vindication of the Rights of Women*, 1792 である。本書第2章の訳注［83］を参照のこと。

［6］ロック Locke

Locke, John (1632-1704). イギリス経験哲学を代表する哲学者。私的財産の所有権に基礎を置く市民社会を主張し、宗教的寛容と議会民主主義を擁護した。

［7］ブラクストン Blackstone

Blackstone, Sir William (1723-80). 法律家、政治家。四巻からなる主書『注解イングランド法』(*Commentaries on the Laws of England*, 4 vols., 1765-69) は、十八世紀のイングランド法の構造を、歴史や自然法や神的秩序といった壮大な枠組みから総合的に論じ、その後長年にわたってイングランド法解釈の決定版と見なされるようになった。ブラクストンは一六八八年体制にもとづくイングランド国制の絶賛者と見なされ、J・プリーストリやジェレミー・ベンサムら後世の著名な議会改革派から批判にさらされた。一七六一年から七〇年まで国会議員を務め、六九年のウィルクスの議会からの追放を支持した。

［8］ビンズ Binns

Binns, John (1772-1860). ジャーナリスト、政治家。ダブリンの製鉄商人の息子として生まれる。一七九四年に兄に伴って上京した際にロンドン通信協会の会員となる。治安攪乱罪などを理由に繰り返し逮捕されたが、いずれも無罪となった。一八〇一年にアメリカへ移住し、新聞人として活躍した。

［9］ミュア Muir

Muir, Thomas (1765-99). グラスゴー生まれ。両親はカルヴァン主義者。貧民の側に立つ弁護士として知られるようになり、フランス革命の影響を受けて議会改革をめざす「民衆の友協会」が各地に結成された際には、後出のスカーヴィングとともに「スコットランド民衆の友協会」を創設した。スコットランド人とアイルランド人とによる議会改革運動を唱え、究極的にはイングランドからの独立をめざした。治安攪乱罪で繰り返し逮捕され、ついには流刑の判決を受ける。「スコットランドの殉教者」と呼ばれ、議会でも判決の不当性が批難されたが、一七九四年にオーストラリアへ流刑され、九九年に革命の英雄として迎え入れられたフランスで死去した。鈴木亮「議会改革にかけた夢――トマス・ミュア」(浜林正夫／神武庸四郎編『社会的異端者の系譜』、三省堂、一九八九年所収)を参照のこと。

［10］ジェラード Gerrald

Gerrald, Joseph (1763-96). 裕福なプランテーション地主の息子として、西インドのセントクリストファー島に生まれる。アメリカでトム・ペインと会い、その影響を強く受けて一七八八年にイングランドに移って議会改革運動に参加するようになった。九二年にはロンドン通信協会に加入。治安攪乱の罪で起訴され、ミュアと同じくオーストラリアへの十四年間の流刑を言い渡され、九五年に流刑地に到着するがすでに健康状態は悪く、翌年死去した。

［11］スカーヴィング Skirving

Skirving, William (?-1796). スコットランドの富裕な農場経営者の息子として生まれる。一七九二年に結成されてまもない「スコットランド民衆の友協会」の書記となり、九三年にエディンバラでの集会でジェラードらとともに逮捕された。ミュア、パーマーとともに「スコットランドの殉教者」と呼ばれ、オーストラリアに流刑され、結核で死亡した。

［12］パーマー Palmer

Palmer, Joseph Fyshe (1747-1802). ベドフォードシャーの地主の息子として生まれる。イングランド国教会の牧師補となるが、非国教派牧師ジョウジフ・プリーストリの影響を受け、スコットランドのモントローズに移り、そこでユニテリアンの一団に加わった。宗教的寛容を求め、議会改革や普通選挙権を主張するパンフレットをあらわした。ダンディーの「民衆の友協会」を組織して改革運動に取り組んだが、「スコットランドの殉教者」の一人として九四年にオーストラリアへ流刑された。

［13］ベンサム Bentham

Bentham, Jeremy（1748-1832）. 法律家の息子としてロンドンに生まれる。トーリー党支持の家柄だったが、非国教派牧師プリーストリや哲学者ヒュームの著作に影響を受け、原罪や未来永劫の罰といった教義を否定し、個人の意識と理性を人間の正しい行動の指針とした。サー・フランシス・バーデットやコベットら急進主義者から称賛を受け、ジョナサン・ウーラーは、『ブラック・ドウォーフ』にベンサムの著作からの抜粋を掲載している。一八二四年には、ジェイムズ・ミルらとともに哲学的急進主義派の雑誌『ウェストミンスター・レヴュー』を創刊。功利主義哲学にもとづき、政治改革は最大多数の幸福を推進するような体制であるべきだとして、普通選挙権、毎年改選の議会、秘密投票を支持し、王室や貴族院や国教会の廃止を主張した。

［14］リーヴスの「反ジャコバン協会」Reeves' Anti-Jacobin Society

王室と国制を擁護し、フランス革命の影響の広まりを阻止するために、John Reeves（1752?-1829）の主導で一七九二年十一月二十日に創設された「共和主義者と水平派に反対して自由と財産を守る協会」Association for the Preservation of Liberty and Property against Republicans and Levellers をさす。議会外圧力団体だが、あらかじめ政府閣僚と相談ずみだった。二週間とたたないうちに国じゅうに支部がつくられ、九三年までには一万五千人の活動家を擁していたとされ、その広がりは急進主義諸協会のそれを上回ったとされている。主要な支持者は中流階級の商人や専門職業人で、地主も参加し、イングランド国教会聖職者が積極的に活動した。リーヴスは、法律史家で膨大な著作を残したほか、各種の官僚ポストや治安判事を経て、欽定訳聖書と祈禱書の印刷許可をもつ欽定印刷所長 King's Printer に任命されている。

［15］リチャード・カーライル Richard Carlile

Carlile, Richard（1790-1843）. 急進主義派の出版人、自由思想家。ブリキ職人としてロンドンで雇用されていた際に労働時間を減らされ生活の困難を感じたカーライルは、初めて政治集会に参加してヘンリ・ハントの演説を聞いたり、トマス・ペインの著作にふれて刺激を受け、雇用主から借りたお金をもとに『ブラック・ドウォーフ』などをロンドンじゅうで売って歩くようになった。一八一七年には出版人となり、『シャーウィンズ・ウィークリー・ポリティカル・レジスター』*Sherwin's Weekly Political Register* という名の急進主義新聞を刊行し、大成功を収める。シャーウィンについては、本書第15章の訳注［4］を参照のこと。ピータールーの虐殺を自ら目の当たりにしたカーライルはそれをただちに報じ、当局の捜索を受けると今度は『共和主義者』*Republican* と名称変更して、虐殺の詳細をその第一号で報じた。一九年には不敬罪と治安攪乱の文書誹毀罪で有罪判決を受け、その後も政府の弾圧がつづき、合わせて九年の監獄暮らしにもかかわらず、カーライルは出版の自由のために妥協することなく闘いつづけた。

［16］『ニューゲイト・カレンダー、あるいは凶悪犯罪人の血にまみれた記録簿』*New Gate Calendar: or Malefactor's Bloody Register*

ニューゲイトとは十八世紀のロンドンにあって最も有名な監獄。この監獄は、本来的にはオールド・ベイリーで判決を待つ重罪犯の拘置所であり、一七八三年以降はタイバーン刑場にかわってニューゲイト監獄の壁の外側がロンドンの公開処刑の場となっていた。カレンダーとは裁判にかけられる予定の被疑者リストのことで、被疑者とその犯罪の詳細があわせて記載され、起訴状とともに法廷に提出された。十八世紀初頭以来、裁判と処刑の経過説明や、処刑者にたいしておこなった説教や犯罪者の生涯などについての記録を、監獄付の牧師が定期的に刊行するようになり、これが十八世紀の第四四半期までには半公式の記録としてロンドン市長らによって公認されるようになった。そして同じころ、商売熱心な印刷業者が、悪名高い犯罪者の経歴を集めた一般向けの印刷物を『ニューゲイト』の名で発行するようになった。一冊の『ニューゲイト・カレンダー』というものがあるわけではないが、いずれも同じような犯罪者の物語を集めたものだったという。アーサー・シスルウッドら、処刑された急進主義者の経歴も収められた。

［17］ハムデン・クラブ Hampden Club

中流階級の穏健改革派と労働者階級の急進派とを連帯させる目的で、カートライト少佐が一八一二年にロンドンに創設した。一六年以降、ランカシャーを中心に各支部がつくられ、当局の弾圧の対象とされた。「ハムデン」の名の由来については、本書第5章の訳注［26］を参照のこと。

［18］アースキン Erskine

Erskine Thomas, first Baron Erskine (1750-1823). 弁護士、政治家、急進主義諸協会のメンバー、大法官。スコットランド人貴族。一七八三年に政界入りしたウィッグ派であり、フォックスらと親しく、当初はウェールズ皇太子のお気に入りだった。しかし彼の名は、文書誹毀罪や大逆罪と闘う弁護士、言論の自由および市民的自由の擁護者として記憶されている。八一年にはゴードン卿の弁護を成功させた。九二年にはペインの法廷での弁護を不成功に終わったが受諾し、そのほかにも多くの急進主義者の弁護をおこなった。なかでも有名なのは、ハーディ、ホーン・トゥク、セルウォールらの九四年の裁判での弁護と勝利であり、ロンドン民衆の熱烈な支持を受けた。「出版の自由の友協会」Society of Friends of the Liberty of the Press の創設メンバーの一人でもあった。議会内では、フランス革命を擁護してジャコバン派弾圧法の制定を批難し皇太子の不興を買ったが、ピットの死後グレンヴィル内閣で大法官に任命された。一度はペインの著作の出版者を起訴するなど、アースキンの政治信念は一貫しておらず、急進主義者としての歴史的評価は高いとはいえないが、市民的自由の拡大に大きく貢献した。

[19] ジェブ博士 Dr Jebb

Jebb, John (1736-86). 神学や哲学などを研究、のちに医学博士となる。宗教の自由と、財産の有無に規制されない国民大衆参加の政治を主唱した。ジョン・カートライトとともに議会改革や普通選挙権を求めて運動した博識かつ高潔な急進主義者で、国制知識普及協会の創設メンバー。議会改革は議会外全国組織の運動によってだけもたらされると主張し、その組織化にも取り組んだ。

[20] ケイパル・ロフト Capel Lofft

Lofft, Capel (1751-1824). 著述家。急進的ウィッグ派で、アメリカとの戦争に反対し、奴隷貿易廃止運動や監獄改革運動に参加し、バークのフランス革命批難を攻撃し、議会改革を唱えた。ジェブ博士の教え子で、国制知識普及協会の創設者の一人。

[21] …本当のところだ。The plain truth is that...

トーマス・ペイン『コモン・センス』小松春雄訳、岩波文庫、一九七六年、三六―三八ページ。

[22] ヘンリー・ヨーク Henry York

Yorke, Henry Redhead (1772-1813). シェフィールド国制知識普及協会の代表的メンバーで、大衆演説家として抜きん出た才能を発揮した。一七九五年に陰謀罪で逮捕され、有罪判決を受けて投獄される。その際に仲間が減刑の約束と引き換えにヨークに不利な証言をおこない、それにひどく幻滅したヨークは自ら進んで転向し、出所したときには反革命の体制擁護者となっていた。一八〇二年には政府の支援を受けていたといわれている右翼新聞『トゥルー・ブリトン』の編集者となった。

［23］…パートナーシップ」'partnership... and those who are to be born'

エドマンド・バーク『フランス革命についての省察』上巻、中野好之訳、岩波文庫、二〇〇〇年、一七八ページ。

［24］「豚のような群衆」'the swinis multitude'

同書一四五ページ。

［25］…そう遠いことではない。The time is not very far...

トマス・ペイン『人間の権利』第二部、西川正身訳、岩波文庫、一九七一年、三七五ページ。

［26］…と答えるのだ。If I ask him...

トマス・ペイン『人間の権利』第一部、西川正身訳、岩波文庫、一九七一年、一六一ページ。

［27］…消費するだけの者である……。but are the mere consumers of the rent...

前掲『人間の権利』第二部、三一二ページ。

［28］…考えしことありや？　have ye thought of these things?

同書三四八―四九ページ。

［29］ウーラー Wooler

Wooler, Thomas Jonathan（1785 or 86-1853）．ジャーナリスト、印刷出版業者、政治活動家。ナポレオン戦争後の政治弾圧を諷刺的に攻撃した定期刊行誌『ブラック・ドウォーフ』を一八一七年から二四年にかけて編集・出版したことで最もよく知られている。治安攪乱につながる名誉毀損の嫌疑で、『ブラック・ドウォーフ』の出版をめぐって二度起訴されたが、いずれも無罪となった。ジョン・カートライト少佐が『ブラック・ドウォーフ』の中心的な支援者であり、ウーラーも少佐のハムデン・クラブ運動を支持して活動した。

［30］ヘザリントン Hetherington

Hetherington, Henry (1792-1849). ロンドンの仕立て屋の息子として生まれるが、印刷業の徒弟として仕事を始める。ロバート・オウエンの影響を受け、協同印刷業者組合に参加し、急進改革協会 Radical Reform Association で活発に活動するようになった。一八三〇年代には『プア・マンズ・ガーディアン』（一八三一—三五年）など一連の急進主義新聞を発行し、一八三三年には週二万二千の発行部数を誇ったといわれている。たび重なる罰金、二度の投獄、印刷機などの没収・破壊という激しい弾圧を受けたが、新聞や雑誌への課税撤廃運動に力を入れただけでなく、児童労働や一八三四年の救貧法や政治腐敗に反対する運動も展開し、チャーティスト運動の主導的人物となった。

[31] ワトソン Watson

Watson, James (1799-1874). 急進派出版人。ヨークシャー生まれ。コベットとカーライルに影響を受けて、自由思想と急進主義に目覚めた。その後、ロンドンのカーライルのもとで出版活動に従事し、投獄されている。しかし、その後も出版の自由のために闘い、印刷業者ならびに出版業者として独立してからもペインの著作などを廉価で刊行しつづけた。アーサー・シスルウッドとともにスペンス派の革命協会「スペンス派博愛主義者協会」Society of Spencean Philanthropists を指導した同名の人物、James Watson (1766-1838) とは別人。

[32] レナルズ Reynolds

Reynolds, George William MacArthur (1814-79). 著述家、政治家。十代に大陸を広く旅行し、とりわけフランスの同時代文学に造詣を深めた。一八四六年に『ロンドン・ジャーナル』の編集者になるが、類似内容の刊行物 *Reynolds's Miscellany* の刊行も同年に始めた。大陸の革命運動への共感をあからさまに表明した記事をロンドンの『デスパッチ』に掲載し、四八年には政治指導者として大衆集会の場にも登場するようになって、チャーティストの指導者としても受け入れられた。後半生はジャーナリスト活動に専念し、五〇年に一部四ペンスの *Reynolds's Weekly Newspaper* を刊行しはじめ、たちまち共和主義と労働者階級の意見を表明するメディアとしての名声を確立した。

[33] ブラチフォード Blatchford

Blatchford, Robert Peel Glanville (1851-1943). ジャーナリスト、著述家、社会主義者。ブラシ製造工として徒弟生活に入るが、二十歳で逃亡し、入隊する。除隊後、ジャーナリストになり、マンチェスターのスラム街を取材するなかで社会主義者になった。社会主義週刊紙 *Clarion* を刊行しはじめた。発行部数は三万四千部程度だったが、ブラチフォードの社会主義論集『メリー・イングランド』*Merry England* がベストセラーになったのちには六万部にまで達した。ちなみに『メリー・イングランド』は、全世界で二百万部以上売れたといわれている。

［34］ロイド・ジョージ Lloyd George

Lloyd George, David (first Earl Lloyd George of Dwyfor, 1863-1945). 自由党政治家、一九一六年から二二年まで首相。ウェールズ人の父母のもと、マンチェスターに生まれる。第二次ボーア戦争時（一八九九―一九〇二年）に、ボーア人の独立を支持する、歯に衣着せない天才的な演説によって有名になった。社会主義や労働党の台頭のまえに、蔵相時代には、ニュー・リベラリズムとして知られている急進的な社会改革を推進した。

［35］ボウピュイ Beaupuy

Beaupuy, Michel (1755-1796). 貴族の出身だったが、啓蒙思想の影響を受けて革命に共鳴していたといわれている。

［36］…もたらされるのだ。…whence better days / To all mankind.

William Wordsworth, *The Prelude or Growth of a Poet s Mind* の 'Book Ninth, Residence in France' からの引用（『ワーズワス・序曲――詩人の魂の成長』岡三郎訳、国文社、一九八〇年新装版、三四八―四九ページ）。*The Prelude* は、一七九九年から一八〇五年の間に書かれた。

［37］ホウルクロフト Holcroft

Holcroft, Thomas (1745-1809). 俳優、劇作家、小説家、パンフレット作家。十代には馬屋番、製靴工として働き、一七七〇年以降に演劇や文筆の世界に入った。国制知識普及協会の会員で、九四年にはトマス・ハーディらとともに大逆罪の容疑で起訴されて罪を自ら認めるが、ハーディらの無罪確定によって八週間の投獄ののちに放免された。友人でもあったウィリアム・ゴドウィンとともに、個々人が道徳的に改心し努力することによって社会は進歩するという立場をとった。

［38］ヘンリー・ジョージ Henry George

George, Henry (1839-97). アメリカ生まれの経済学者、社会改革論者。独学で学び、事務員から、船員、印刷業者、出版業者になった。アメリカ市民戦争後のカリフォルニアでの異常な土地投機を目の当たりにし、土地価格の上昇の説明に専念するようになる。万人が土地にたいする権利をもつとし、土地私有の害を説いた。税は土地だけに課せられるべきであり、すべての家賃収入は税とされるべしと主張した。著書『進歩と貧困』*Progress and Poverty* の成功から、多大な影響力をもった「単一税」運動が進み、アメリカ合衆国じゅうに「土地と労働クラブ」が結成された。イギリスやオーストラリアでも大きな関心を呼んだ。

［39］ダニエル・アイザック・イートン Daniel Isaac Eaton

Eaton, Daniel Issac (1751-1814). 政治活動家、文具商、急進主義パンフレットの印刷・出版業者で、出版の自由を求めて終生闘った。フランス革命への初期の熱狂のなかでロンドン通信協会に加入し、ペインの著作の出版活動を始める。一七九二年以降ピット政権による改革運動への弾圧は苛烈になるが、独立の印刷・出版人としてそれに反対した。九四年のトマス・ハーディら急進主義者一斉検挙の際には真っ先に事務所や住居の家宅捜索を受け、不在だったイートンの代わりに十四歳の息子のヘンリー・イートンが枢密院でピットらによる尋問を受けている（本書第1章を参照のこと）。九五年には二つの時事週刊紙『トリビューン』*Tribune* と『博愛主義者』*The Philanthropist* を刊行した。また、トマス・ペインの著作の事実上の公式出版者としての地位も確立し、以後もたびたび政府の迫害を受けた。

［40］…決して育てあげることはできないだろう。…never make them grow.

前掲『理性の時代』一九九ページ。

［41］…百人ばかりあげることができる。…I could name an hundred such.

「ウォトソンの『バイブルの弁護』にたいする書き込み」、前掲『ブレイク全著作』所収、七〇四ページ。

［42］ギボン Gibbon

Gibbon, Edward (1737-94). 啓蒙主義時代のイングランド人歴史家。キリスト教に疑念をもち、歴史を世俗的かつ哲学的に考察した。宗教的には急進的であり、啓蒙主義者との親交も多くもったが、政治的には保守的で、フランス革命を民主主義ないしは専制政治にいたるものとして嫌悪した。著書『ローマ帝国衰亡史』*The History of the Decline and Fall of the Roman Empire* (1776-87) は、英語で書かれた歴史書のなかで最も有名なものとさえいわれている。

［43］…誰が彼女を信じるだろうか。…would she be believed?

前掲『理性の時代』一七六、二〇九ページ。

［44］「伝道の書」the Book of Ecclesiastes

旧約聖書中の一書で、「コヘレトの言葉」とも訳される。

［45］ドルバック D'Holbach
d'Holbach, Paul-Henri Thiry, Baron (1723-89). 百科全書派を代表する一人。無神論の物質主義の立場を体系的に擁護した。政府の正統性は国民の幸福に依存し、その役割は社会的協調を促進することにあるとした。絶対王政、世襲による特権、キリスト教を幸福への障害だとして認めなかった。

［46］ヴォルネイの『帝国の廃墟』 Volney's *Ruins of Empire*
Volney, Constantin-François de Chasseboeuf (1757-1820). 歴史家、哲学者。ここで言及されている『帝国の廃墟』は彼の主書『廃墟、あるいは諸帝国の革命概観』(*Les Ruines, ou méditations sur les révolutions des empires*, 1791) の英訳廉価版で、十八世紀の理性主義の立場に立つ歴史・政治思想を体現した代表作。ドルバックとも親交があった。市民社会の起源とそれが崩壊した原因を探求し、革命は、自然法・宗教・平等・自由の諸原理を放棄した結果である、と見なした。

［47］コールリッジ Coleridge
Coleridge, Samuel Taylor (1772-1834). ロマン派の詩人、批評家、哲学者。一七九一年にフランス革命の影響を受けて改革運動に参加するようになる。

第5章

［1］ヴァルミーにおけるフランス軍の勝利 the success of the French armies at Valmy
一七九二年九月、フランス北東部のこの村の近辺で、フランスとプロシアとの間でフランス革命戦争の最初の重要な戦いがおこなわれた。決定的な勝敗はつかなかったが、フランス砲兵隊の優位があきらかになったといわれている。

［2］バークの『省察』 Burke's *Reflections*
Edmund Burke, *Reflections on the revolution in France, and on the proceedings in certain societies in London relative to that event : in a letter intended to have been sent to a gentleman in Paris* (London, 1790). 翻訳は、『フランス革命についての省察』など複数ある。本書第1章の訳注［26］を参照のこと。

［3］民衆の友協会 Society of Friends of the People

一七九二年四月、議会改革を支持するウィッグ派議員の一団にチャールズ・グレイ Charles Grey が加わって結成された。リチャード・シェリダンやトマス・アースキン、ジョン・カートライト少佐をはじめ、三人の貴族院議員と二十八人の下院議員が参加した。同年十一月までに八十七の支部がイギリスじゅうにつくられている。グレイは、九二年四月に国政改革を求める動議を提出して否決されたが、九三年五月にふたたび議会改革法案を提出し、参政権のない政府によって統治されたり課税されたりしてはならないと主張した。しかし、フランス革命の脅威の前に、下院はこれを二百八十二対四十一で否決し、民衆の友協会は解散した。

［4］ゲルフ氏 Mr Guelph

ゲルフ家 Guelphs は、ヨーロッパの古い王家の一つで、ハノーヴァー家はその末裔にあたる。ここでのゲルフ氏とは、ハノーヴァー家の王でもあったイギリス国王ジョージ三世をさす。

［5］ジョン・フロスト John Frost

Frost, John (1750-1842). ロンドン通信協会の書記で、弁護士。一七八二年には居酒屋サッチド・ハウスで会した国制改革協会の一員。フランス革命勃発時には共和主義を熱烈に唱え、ロンドン通信協会の創立に参加した。国制協会の代表の一人として九三年にはフランス公会に出席し、国王の裁判を傍聴した。国王必要なしとする平等主義を口にしたとの理由で九三年二月に治安攪乱罪で逮捕され、アースキンの弁護にもかかわらず懲役六カ月の有罪判決を受け、弁護士資格を剝奪された。

［6］「ガイ・フォークス」タイプ 'Guy Fawkes'-type

一六〇五年に国王のいる議会を爆破しようとしたローマ・カトリック派の火薬陰謀事件首謀者の一人ガイ・フォークス (1570-1606) の逮捕を祝い、イギリスには、毎年十一月五日に、彼を模した人形を引き回して焚き火の上に乗せて焼き捨てる慣習がある。現在では「焚き火の夜」Bonfire Night と呼ばれ、政治的・宗教的意味はなく、誰もが参加するお祭りとなっている。

［7］ジョルジュ・ルフェーヴル Georges Lefebvre

Lefebvre, Georges (1874-1959). フランス革命史研究の第一人者。数量史的分析にすぐれていると同時に、小農民の経験からフランス革命を論じて「下からの歴史」研究を進めた。マルクス主義の影響を受けたが、実証的な研究をおこなった。主著は *La Révolution Française* (rev. edition, 1951)。翻訳に『1789年——フランス革命序論』（高橋幸八郎ほか訳、岩波書店、一九七五年）などがある。

［8］ウィリアム・ウインターボウタム Rev. William Winterbotham

Winterbotham, William (1763-1829). 非国教派の牧師で、政治犯として服役。カルヴァン主義メソジストに参加したのち、バプテストになって説教をおこなう。一七九二年におこなった政治的説教のため治安攪乱罪に問われ、四年間投獄された。獄中では、詩人サウジーと知己になり、繰り返し訪問を受けた。

［9］バーンズは書いた Burns had written

Burns, Robert (1759-96). スコットランドの詩人。小規模農場経営者の息子として生まれ、厳格なカルヴァン主義の環境に育つ。詩人としての名声も博したが、苦しい農場経営から離れることなく、三十七歳で死去。フランス革命には大いなる共感を示したが、スコットランドとその民衆を愛する農村詩人であった。この引用はバーンズの詩 'For a' That and a' That' の末尾からのもので、初出は *The Glasgow Magazine* (August 1795)。

［10］生存することはできない…… By Brotherhood'

一八〇四年刊行の『エルサレム』からの引用（前掲『ブレイク全著作』一三四六ページ）。

［11］手を取り合って…… hand in hand.

同じく『エルサレム』からの引用（前掲『ブレイク全著作』一一七五ページ）。

［12］モーリス・マーガロット Maurice Margarot

Margarot, Maurice (1745-1815). ウィルクスを支持する急進的なワイン輸入商の息子として生まれる。ジェノヴァ大学で学び、滞仏中にフランス革命が起きる。帰国してロンドン通信協会に参加し、一七九二年五月に議長に選ばれた。同年九月にはハーディとともにパリのフランス公会に出席してアメリカ・フランス・イギリスの民衆同盟を主張し、その後エディンバラでの国民公会参加のためスコットランド入りするが、九三年に逮捕、十四年間の流刑の判決を受けた。急進主義派議員による「スコットランドの殉教者」救援運動にもかかわらず、オーストラリア送りとなった。一八一〇年に自由の身になって帰国し、議会改革運動をつづけたが、このときすでにほかの五人の「スコットランドの殉教者」はみな他界していた。

［13］ サミュエル・パー博士 Dr Samuel Parr

Parr, Samuel (1747-1825). 教育者。当時の主たる議会改革主義者の多くと親交をもった。母校だったパブリック・スクール、ハーロー校で教鞭をとったのち、スタンモア校を創立。以後もさまざまな学校で教壇に立った。政治的にはウィッグを支持し、ピットとトーリーに反対したが、ペイン流の共和主義者や民主主義を支持することはなかった。ベンサムとも知己で、刑法改革にも尽力した。トーリーを支持したと見なされているサミュエル・ジョンソンとの対比で「ウィッグ・ジョンソン」とも呼ばれた。

［14］ フォックスの「文書名誉毀損法」Fox's Libel Act

一七九一年にC・J・フォックスが提出した法案で、九二年に成立。名誉毀損裁判での陪審の権限を強化するもので、出版の自由を守る重要な後ろ盾になった。

［15］ スコットランド最高裁判所副長官のブラクスフィールド

Macqueen, Robert, Lord Braxfield (1722-99). スコットランド人の裁判官。一七八八年にスコットランド最高裁判所副長官の地位につき、「スコットランドの殉教者」裁判をとりしきった。被告たちにきわめて過酷なその判決は、議会に激しい反発と批判を引き起こしたが、ブラクスフィールドはひるむところはまったくなかった。

［16］「プレイヤー」'player'

playerには、競技者、賭博師、（クリケットなどの）プロ選手、奇術師、俳優、演奏者、などの意味がある。

［17］ フッカー Hooker

Hooker, Richard (1554-1600). イングランドの神学者、聖職者。生存中には五巻までしか刊行されなかった『教会統治の諸原則』*The Laws of Ecclesiastical Polity*（全八巻）は、アングリカニズムの思想的根拠をあきらかにするのに貢献したものだが、理性にもとづく統治理論にも広く影響を与えたとされている。

［18］ ラフバラ Loughborough

Wedderburn, Alexander, first Baron Loughborough and first Earl of Rosslyn (1733-1805). 大法官。エディンバラに生まれ、イングランドの弁護士界入りしたのち、一七六一年に庶民院に当選。一度はウィルクスを支持し、ノース率いる政府を激しく批判したが、転向。ピットのもとで九三年に大法官の地位を得て、種々の治安攪乱罪裁判では情けのない強硬な立場をとったことで知られる。

［19］サーロウ Thurlow

Thurlow, Edward, first Baron Thurlow (1731-1806). 大法官。法律家として成功を収め、一七六五年に政界入りした。アメリカ植民地問題をめぐりジョージ三世とノース卿を支持し、七八年に爵位と大法官の地位を得た。議会改革や奴隷貿易の廃止など諸改革に反対した。

［20］ド・クインシー De Quincey

De Quincey, Thomas（1785-1859). イングランド人の随筆家。国書刊行会から『トマス・ド・クインシー著作集』全四巻（一九九五年）が刊行されている。

［21］ヘッセン人やハノーヴァー人 Hessians and Hanoverians

ドイツ中部に住むヘッセン人は、アメリカ独立戦争時にイギリスの傭兵として働いた経緯がある。ハノーヴァーは、ドイツ北西部に位置し、ハノーヴァー朝時代のイギリスとは一七一四年から一八三七年までの間、同君連合の関係にあった。

［22］ロバート・ワット Robert Watt

Watt, Robert（?-1794). 革命の陰謀を企てた大逆罪で処刑された政府のスパイ。いわゆる「スコットランドの殉教者」事件以後の時期に、スコットランドで武装反乱を企てていた少数派集団の指導者として一七九四年に逮捕された。ワットが真に革命主義者となったのか、政府に再度取り入ろうとして画策したのかは不明確なままである。この事件でスコットランドの改革運動は大打撃を受け、改革運動にたいする政府のさらなる弾圧行為を許すことになったといわれている。

［23］ジョウジフ・ゲイルズ Joseph Gales

Gales, Joseph（1761-1841). ジャーナリスト。一七八七―九四年の間『シェフィールド・レジスター』を編集・執筆し、地方ジャーナリズムに新しい道を開いた。シェフィールド独自の地域問題を急進的労働者の視点から幅広く報じ、同時にロンドンのニュースもいち早く入手して保守派のライバル紙『シェフィールド・アドヴァタイザー』と渡り合った。印刷業界で徒弟修業したあと、印刷業者、書籍商、競売人として事業を展開し、八七年六月に『シェフィールド・レジスター』の発行をはじめた。ユニテリアンだったゲイルズは、非国教派の地位改善や奴隷貿易廃止運動などを支持したが、フランス革命後は議会改革運動を後押しした。トマス・ペインの『人間の権利』の六ペンス廉価版を初めて刊行し、ロックの『市民政府論』の簡約版も出版して、政府権力は民衆の意思に従属するものであることを訴えた。ロンドン通信協会より数カ月先立って発足したといわれるシェフィールド通信協会の設立にも関与し、シェフィールドの急進主義運動を支えた。しかし、ピット政権の弾圧が強まるなか、九四年にアメリカに亡命する道を選んだ。

［24］制帽工リチャード・ホジソン Richard Hodgson, a hatter

Hodgson, Richard (?-?). ロンドンのウェストミンスターの制帽工で、ロンドン通信協会の創立時からの中心的活動家。一七九四年に逮捕されるが、ハーディらの無罪放免後に釈放されている。九八年にふたたび逮捕され、人身保護法の停止によって裁判を受けぬまま拘束されつづけた。

［25］書籍商ジョン・ボーン John Bone, a bookseller

Bone, John (?-?). 書籍商。一七九〇年代にロンドン通信協会の一支部の指導者となるが、協会の理神論への傾斜や革命志向に反対して、自ら率いた支部を協会から離脱させた。しかし、通信協会と断絶することはなく、九七年には短期間だが書記を務め、その後はほかの指導者とともに逮捕され投獄されている。その後も宗教的・道徳的な社会改革をめざして諸活動に従事した。

［26］ハムデン Hampden

Hampden, John (1594-1643). チャールズ一世は、戦時にイギリス海軍の費用を負担させるために、沿岸や港湾地帯の住民に課す船舶税を一六三四年に復活させた。下院議員ジョン・ハムデンはその支払いを拒否して、チャールズ一世に反対した。船舶税は四〇年に廃止されたが、チャールズは四二年に反対派の議員の逮捕を試み、それがイングランド市民戦争をもたらすことになった。本書第4章の訳注［17］も参照のこと。

［27］シドニー Sidney

Algernon, Sidney (1622-83). 政治家。イングランドの市民戦争時に議会軍として参加したが、クロムウェルの独裁には反対した。王政復古時には海外にいて、帰国後はチャールズ二世に反対して蜂起計画に加わっていたことが発覚し、治安攪乱罪で処刑された。*Discourses Concerning Government* (1698) にあらわされた自由主義的な思想は、十八世紀の政治思想、とりわけアメリカ植民地での思想に大きな影響を与えたといわれている。セルウォールは、長男を Algernon Sydney Thelwall と命名している。

［28］狩猟法 Game Laws
広大な土地所有を狩猟権の前提とした狩猟法 Game Act が一六七一年に制定され、さらにハノーヴァー朝時代に罰則および関連追加法制が強化されるにつれ、地主と密猟者とのあいだの対立は深まった。十八世紀全般および十九世紀初頭にかけて、密猟のあらゆる要素が非合法とされていく事態となり、とりわけ一七三二年の Black Act（顔を黒塗りにして密猟行為をはたらいたことに由来する命名）は、それまでは軽犯罪にすぎなかった密猟関連の約五十の諸行為を死刑の対象にしたもので、最も過酷なものと見なされている。トムスンはのちにこの問題を研究対象とした *Whigs and Hunters: The Origin of the Black Act* (1975) を刊行している。

［29］兵士強制徴募隊 press-gang
イングランドでは、強制徴募はアングロ＝サクソン時代から始まり、エリザベス一世やオリヴァー・クロムウェルの治世には広範囲に実施されていたという。十九世紀に入ると、イングランドでの強制徴募は海軍に限定されるようになる。ナポレオン戦争下では、海軍力補強の必要から強制徴募のためにしばしばアメリカ船も拿捕されることになり、これが一八一二年の英米戦争の主要原因の一つとなった。三五年以降、こうした強制徴募はイングランドではしだいにおこなわれなくなっていく。

［30］ゲイル・ジョーンズ［ジョン・ゲイル・ジョーンズ］Gale Jones
Jones, John Gale (1769-1838). ロンドン通信協会の主要会員で、一八〇六年に「イギリス・フォーラム」British Forum を創設した急進主義者。一七九六年に治安攪乱の言葉を口にしたとの理由で逮捕されたが、アースキンらが弁護し、処罰なしの有罪が確定した。ちなみに、一七九〇年代に有罪判決を受けたロンドン通信協会の会員は、ジョーンズだけである。イギリス・フォーラムは、一シリングで誰もが参加して発言できる討論協会であって、討論議題ならびに投票による決議事項をプラカードにしてロンドンの街頭に掲示するというユニークな民衆メディア機能をもっていた。出版の自由や報道の自由にたいする議会の攻撃を討論の議題とすることを告知した掲示がもとで、ジョーンズは庶民院によって査問され、庶民院はニューゲート監獄送りを決議した。これは、庶民院が裁判機能をもつか否かの議論に発展し、数カ月後には釈放されることになった。一八一〇年にはふたたび犯罪的誹毀行為で有罪判決を受けて投獄された。改革主義者のなかでは後世の評価は高くはないが、ジョーンズの一連の活動と逮捕事件は、言論の自由や裁判権の濫用などの問題の再考に少なか

らぬ貢献をなしたといわれている。

［31］ホウカムのクック Coke of Holkham

Coke, Thomas William of Holkham, Earl of Leicester (1752-1842). 一七七六年にノフォーク選挙区からウィッグ派議員として無選挙で当選。フォックスの揺るがない支持者で、議会改革を支持した。七六年と一八〇六年の二度にわたる貴族爵位の授与を拒否したが、一八三七年にレスター伯爵となった。

［32］マンチェスターの歴史家プレンティス the Manchester historian Prentice

Prentice, Archibald (1792-1857). ジャーナリスト、著述家。倉庫業の共同経営者としてマンチェスターに移ったのち、ジャーナリズムの世界に入る。一八二一年に刊行された議会改革派の新聞『マンチェスター・ガーディアン』に飽きたらず、より積極的な急進派新聞として *Cowdroy's Gazette* を買収してその編集人となった。まもなくして *Manchester Times* に吸収されたのちもその編集をまかされた。マンチェスターの反穀物法同盟の結成の糸口をつくり、運動に奔走した。五七年に結成されたマンチェスター禁酒同盟の収入役を務めた。著書には *Historical Sketches and Personal Recollections of Manchester* (1851) と *A History of the Anti-Corn-Law League* (1853) が含まれ、後者は長らくその権威を保った。

［33］ウィリアム・フレンド William Frend

Frend, William (1757-1841). ユニテリアンの議会改革主義者、著述家、数学者。ケンブリッジ大学ジーザス・カレッジの研究員およびチューターとなるが、ユニテリアン思想にもとづく国教会や議会批判のために大学を追われ、ロンドンに移った。ロンドン通信協会のメンバーで、逮捕者への資金援助活動もおこなっている。ロンドン大学の監査役も務め、国教会の影響を受けない教育制度の必要を訴えた。

［34］「ビリー・メン」'Billy-men'

billy には、粗紡機の意味がある。

［35］スピットヘッドおよびノーアの海軍反乱者 naval muniteers at Spithead and Nore

対仏戦争下の一七九七年、イングランド南岸ポーツマス沖合いの停泊地にいたイギリス海峡艦隊 Channel Fleet で、規律の変更、よりよい賃金支払い、食事や衣服や医療ケアの改善、港湾での行動の自由を要求したストライキが起こった。

政府は、多くの処遇改善を海軍全体で実施すること、反乱者を罪に問わないことを約束し、この反乱は終結した。しかしこの反乱は、ノーアと呼ばれるテムズ河口に停泊中の北海艦隊 North Sea Fleet にすでに飛び火しており、その三つの戦艦が自らを「海上の共和国」と名乗るにいたっていた。より政治色の濃かったこのノーアの反乱では、鎮圧後に首謀者が処刑されている。

〔36〕タイジングス tythyings

もともとは戸主十人からなる隣組で、村落の最も小さい構成単位。

〔37〕ベンジャミン・フラワー Benjamin Flower

Flower, Benjamin (1755-1829). ジャーナリスト、編集者。議会改革、宗教的寛容、戦争反対の論陣を張った。一七九三年に自由主義的な週刊紙である『ケンブリッジ・インテリジェンサー』の編集者となり、九九年には、ランダフ主教だったリチャード・ワトソンへの名誉毀損罪で貴族院に召喚され、半年の投獄と罰金刑に処せられている。

〔38〕トマス・エヴァンズ Thomas Evans

Evans, Thomas (1763-?). 急進的政治活動家、著述家。一七九七年にロンドン通信協会の指導者が逮捕され、書記職についた。九八年に逮捕され、当局は人身保護法の停止を利用して三年間エヴァンズを拘束した。釈放後はスペンス協会 Spencean Society の会員となり、トマス・スペンスの死後には、政治的により急進的な「スペンス派博愛主義者協会」Society for Spencean Philanthropists の指導者となった。一八一七年に再度逮捕・拘束されているが、翌年には釈放されている。

〔39〕ジョン・ラヴェット John Lovett

Lovette, John (1777-1816?). 政府のスパイだったことはほぼ間違いとされるロンドン通信協会のメンバー。一七九四年にほかの指導的活動家とともに逮捕されるが、ただ一人起訴を免れ、その後、姿を消してニューヨークに渡っている。

〔40〕コシチューシコ Kosciuszco

Kosciuszco, Tadeusz (1746-1817). ポーランド人将校、愛国者。一七七七年、アメリカ革命戦争下にアメリカに渡って植民地独立のために戦い、帰国後はポーランド独立のために戦った国民的英雄。九三年にロシアとプロシアによる第二次分割がなされると、翌年コススコは民族蜂起を指導するが失敗し、七五年にはロシア、プロシア、オーストリアによってポーランドはみたび分割されることになった。

［41］デスパード大佐 Colonel Despard

Despard, Edward Marcus（1751-1803）．一八〇三年に大逆罪で処刑。アイルランドに生まれ、一七六六年に入隊。海外の戦線で数々の功績をあげ、南米ユカタン半島でのイギリス人による木材切り出しの監督をまかされるようになるが、先に移住していた住民による反目から九〇年には本国に召還された。明確な罪状がないままに失業状態がつづいたデスパードは、その補償を九二年以降執拗に要求するが、人身保護法の停止下で、九八年以降には繰り返し身柄を拘束され留置されるようになる。ついには、イングランド銀行の占拠と国王暗殺を共謀したとされ、一八〇二年に逮捕、政府のスパイの証言によって大逆罪で翌年処刑された。

［42］ポートランド公爵 Duke of Portland

Portland, 3rd Duke of (William Henry Cavendish Bentinck)（1738-1809）．二度首相を務めた、十八世紀後半の自由主義的なウィッグ派貴族の典型的人物。一七六一年に政界入りし、以後、議会の権利を擁護し、ウィルクスを支持、ノース卿のアメリカ政策を批判し、アメリカ独立戦争の継続に反対し、経済改革を主張した。フランス革命を機に転向し、ピットを支持するにいたった。

［43］オコイグリ神父 Father O'Coigly

O'Coigly, James（1761/62-98）．ローマ・カトリック教会の神父。アーマー州のキルモア出身。オコナー、ビンズのほか、ジョン・アレンJohn Allenとジェレマイア・ラーリー Jeremiah Leary が裁判にかけられたが、オコイグリとオコンナー以外は釈放され、うちオコイグリだけが有罪になって処刑された。

［44］アーサー・オコナー Arthur O'Connor

O'Connor, Arthur（1763-1852）．ジャーナリスト、著述家。コーク州の地主の息子として生まれる。一七九六年に統一アイルランド人協会に加盟、九七年には逮捕されて六カ月間投獄されている。九八年に逮捕されたときには、彼の鞄のなかから九百ポンドの大金と革命制服と暗号化された通信文が見つかった。最終的には無罪になるが釈放されず、別件で逮捕されて、裁判を受けることなくつづく五年間を拘束されることになった。一八〇三年にフランスへの国外追放のかたちで自由の身となり、のちに啓蒙思想家コンドルセの娘と結婚、生涯をフランスで送った。

［45］ワトソン博士 Dr Watson

Watson, James (1766-1838). スペンス主義者で、ナポレオン戦争後一八一〇年代後半のロンドンにおける革命主義集団の指導者の一人。エディンバラで医療技術を学んだと推測されているが、運動に参加するようになるころには医療実務にはすでに携わっていなかった。ワトソンの革命運動への関与については、本書第15章でトムスンが詳述している。

［46］シドマス卿 Lord Sidmouth

Addington, Henry, first Viscount Sidmouth (1757-1844). ピットとは幼なじみの間柄にあり、この交友関係から法曹界から政界へと転身したといわれている。一七八四年に国会議員となり、首相となる（一八〇一—〇四年）が、やがてナポレオンとの対決姿勢を崩さないピットと袂を分かつようになる。内務大臣時（一二—二一年）には、ラダイトをはじめとする政府批判運動を徹底的に弾圧した。一七年の皇太子襲撃事件後には、秘密委員会を設置し、人身保護法の停止、治安攪乱集会の禁止、出版・言論弾圧などを、ときに自らの権限をはるかに超えるかたちで実施したが、ウィリアム・ホーンの無罪裁判など屈辱的な敗北も喫している。一九年のピータールーの虐殺事件をもたらした責任はかなりの程度シドマスにあるとされているが、虐殺後ただちに治安判事と軍隊に政府の感謝の意を表し、まもなく弾圧六法を制定するなど、事件後の対応も国内の大きな反感を買った。カトリック解放および議会改革にも、もちろん反対していた。

［47］……耕地でなのだ ...bread in vain.

「四人のゾアたち」、前掲『ブレイク全著作』所収、五〇七ページ。

［48］ギルバート・ウェイクフィールド Gilbert Wakefield

Wakefield, Gilbert (1756-1801). 著名なユニテリアン学者、古典学者。ケンブリッジ大学を優等生次席で卒業して、国教会牧師となるが、三位一体説を否定して国教会と袂を分かつ。特定の団体に所属することはなかったが、急進的な政治信念をもって著作活動をおこなった。ワトソン主教の『聖書擁護論』を批判した *A Reply to Some Parts of Bishop of Llandaff's Address to the People of Great Britain* (Hackney, 1789) は、一七八九年から九九年に治安攪乱の文書誹毀罪で裁判となり、二年間の懲役判決を受けた。

［49］ワトソン主教 Bishop Watson

Watson, Richard (1737-1816). 一七八二年にランダフの主教に任命される。一七八〇年代には短期間だがワイヴィルのヨークシャー連合Yorkshire Associationに積極的にかかわり、基本的にはフォックス派ウィッグの立場だったといえる。しかし同時に、フランス革命には反対し、トマス・ペインの思想も受け入れなかった。議会改革を唱えてはいたが、その主眼は国王の影響力を減らすことにあったのであって、民衆の権利を増大させることには反対だった。ここで引用されているブレイクの注記は、前掲『ブレイク全著作』六九二ページに訳出されている。

［50］……私は自分自身にひきこもったのだ。...I retire into myself

ワーズワスの『逍遥篇』第三書の「落胆」'Despondency'からの引用。

［51］ウェッジウッド

Wedgwood, Josiah (1730-95). 陶器の世界的ブランド「ウェッジウッド」の創業者。製陶業者の家に生まれ、徒弟修業を経て独立し、一七六三年ごろまでには事業を成功裡に進めることができていた。積極的な研究・実験・開発、そしてマーケティングによって、製陶業地としての地元スタッフォードシャーの名を世界に知らしめた。八二年には誰よりも早く蒸気機関を自工場に備え付けてもいる。労働者の労働条件や教育の改善を進め、アメリカの独立を支持し、奴隷貿易には反対し、フランス革命にも共感をもっていたといわれるが、実際の行動には多大な矛盾が見られ、ウェッジウッドの急進主義は、温情主義的でレッセ・フェール的な自由主義を超えるものではなかったといえよう。

［52］ボウルトン Boulton

Boulton, Matthew (1728-1809). エンジニア。バーミンガムで銀貨製造工の息子として生まれる。一七七三年にジェイムズ・ワットと共同事業者となり、蒸気機関の発明に資金提供をおこなった。八八年には自身の硬貨鋳造工場に蒸気エンジンを取り付け、植民地や外国の硬貨の製造もおこなった。科学への関心をジョウジフ・プリーストリやウェッジウッドらと共有し、王立協会の研究員およびバーミンガムの名高い科学協会であるルナー協会の会員でもあった。

［53］ウィルキンソン Wilkinson

Wilkinson, John (1728-1808). 南スタッフォードシャーの鉄鋼業の父と呼ばれる。蒸気機関に必要な品質をもつ鉄鋼部品を供給して、ボウルトン＝ワットの蒸気エンジンの発明に貢献した。イギリス最初の鉄橋は、一七七九年にウィルキンソンが中心となって鋳抜いたとされている。J・プリーストリとは義理の兄弟関係にあって、プリーストリの家屋が焼かれたときには多額の援助をおこなっている。ウィルキンソンは、無心論者でトマス・ペインの弟子とも評判されていたという。

［54］W・J・フォックス

Fox, William Johnson (1786-1864). 説教師、政治家、作家。小農の息子としてサフォークに生まれる。両親とも厳格なカルヴァン主義者であった。事務職についたあと独学で勉強に取り組み、地元新聞などに文章を書きはじめ、その後独立のカレッジに進学し、ユニテリアンの牧師となった。ユニテリアンの代表的定期刊行物だった『マンスリー・レポジトリー』の編集者となり、一八三一年にはそれを買い取り、それまでの神学誌から、文芸評論も含む政治改革ならびに社会改革の月刊誌へと変えた。しだいに政治改革の指導者として頭角を現し、野外集会での演説もおこなった。穀物法反対運動に参加し、その結果四七年にはオールダム選挙区から議会にも当選した。

［55］トマス・ビュイク Thomas Bewick

Bewick, Thomas (1753-1828). イギリスの木版画師、挿絵画師で、動物や鳥の版画で有名。荒廃する農村を描いたオリヴァー・ゴールドスミスの詩「旅人」'The Traveller' (1764) や「廃村」'The Deserted Village' (1770) にも挿絵を描いている。

［56］「穀物法詩人」エビニーザ・エリオット

Elliott, Ebinezer (1781-1849). チャーティストで、その穀物法に反対する詩によって穀物法詩人と呼ばれている。農村の貧困も題材とした。独学し、飾らない直接的な詩を書いた。生涯にわたってシェフィールドの製鉄業に従事。

［57］デイアー卿 Lord Daer

Douglas-Hamilton, Basil William, Lord Daer (1764-94). スコットランド貴族で、自由主義的な傾向をもち、のちにフランス革命の称賛者となる。民衆の友協会の会員でもあり、議会改革の主唱者でもあった。

［58］息子のほうのジェイムズ・ワット James Watt the younger

Watt, James (1736-1819). スコットランド人科学機器製作者、発明家。すでに存在していた蒸気機関の画期的な改良を成功させた。キャロン製鉄所を経営するジョン・ローバックと共同で、小規模の実験的な蒸気機関を組み立て、一七六九年には特許をとっている。のちにボウルトンとの共同事業として開発した蒸気機関は、工場での使用に耐えるものとなり、いわゆる産業革命に大きく貢献したと見なされている。父 (1698-1782) も同名で、科学機器製作のほか、さまざまな工学関連の仕事に携わっていた。

第6章

［1］ナッパ・ホールズ Nappa Halls

ヨークシャーのウェンズデイル地方のエイスガース教区にある大地主メトカーフ家（Metcalfe）の邸宅の名前。

［2］ピーター・ギャスケル Peter Gaskell

Gaskell, Peter (1806-41). 医師、社会改革家で、その著書 *The Manufacturing Population of England: Its Moral, Social, and Physical Conditions, and the Changes Which Have Arisen From the Use of Steam Machinery; With an Examination of Infant Labour*, 1833 は、産業革命期における工場労働者の窮状を記したもので、一八四四年に刊行されたF・エンゲルスの『イギリスにおける労働者階級の状態』（上・下、一条和生／杉山忠平訳、岩波書店、一九九〇年、ほか）に大きな影響を与えた。

［3］クック・テイラー Taylor, W. Cooke

Taylor, William Cooke (1800-49). アイルランド出身の著述家。ダブリンのトリニティ・カレッジを卒業し、一八二九年にロンドンへ移住。政治的にはウィッグを支持し、四二年の経済危機ののちにランカシャーを訪問し、その工業と労働者の調査をおこなった。その成果が、*Notes of a Tour in the Manufacturing Districts of Lancashire: Letters to the Archbishop of Dublin*, 1842 である。

［4］ジュピターの頭から現れたミネルヴァ

ジュピターはローマ神話の最高神であり、ミネルヴァはローマ神話で手工芸および芸術の女神。ギリシャ神話では、ジュピターはゼウス Zeus であり、ミネルヴァはアテナ Athene である。ギリシア神話によると、ゼウスは女神メティス Metis を誘惑したが、生まれてくる息子が自分に反旗をひるがえすことが預言されたため、メティスを生きたまま飲み込んだ。すると激しい頭痛に見舞われ、ヘパイトス Hephaestus（鍛冶の神、工芸家の主）がゼウスを助けるために頭を割った。すると、ゼウスの頭から武装した姿の女性が誕生した。それがアテナである。アテナは、戦争神であると同時に平和の女神であり、ローマ神話のミネルヴァ同様、糸紡ぎと織布をはじめとする手工芸・諸芸術のパトロンだった。知恵の女神としても知られ、アテナイの守護神でもあった。

［5］「暗い、悪魔の工場」dark, Satanic mill

ブレイクの彩飾本『ミルトン』*MILTON a Poem in 2 Books*, 1804 の序に収められた詩の一部。イングランドの工業化を批判し、「緑の愉しい地」としてのイングランドに理想社会を建設するまで闘いつづけることを訴えている。この詩にはのちにイギリスの作曲家パリー Hubert Parry (1848-1918) が曲をつけ、『エルサレム』Jerusalem という題名の歌としてよく知られるようになり、各地の教会などで歌われてこんにちにいたっている。

［6］「イングランドの状態」問題

社会小説や各種議会調査などで言及されたり表現された、一八三〇年代および四〇年代イングランドの工業都市における社会問題や社会不安をさす言葉で、保守派の時評家・歴史家トマス・カーライル Thomas Carlyle (1795-1881) が発表した *Chartism* (1839) が、「イングランドの状態問題」を論じた最初の著作。第一章が「イングランドの状態問題」と題されているその小冊子では、労働者階級の疎外、社会秩序の崩壊、革命勃発の危険、頼りにならない支配階級などを批判し、「現金支払い」Cash Payment に頼る人間関係は社会の礎にはならないとして自由放任主義を批判した。また、類似の問題を論じた *Past and Present* (1843) では、中世社会と対比しながら、黙示録的な隠喩を駆使して現代のイングランド社会を批判している。カーライルは議会制民主主義を嫌悪し、有能な英雄的指導者による強力かつ温情主義的な統治が必要との信念をもっていた。*Past and Present* を称賛したエンゲルスが『イギリスにおける労働者階級の状態』を刊行したのは、翌一八四四年のことであった。

また、労働者階級の困窮を描き、中流階級に共感に満ちた対応を訴えた一群の「イングランドの状態問題」小説と呼ばれているものには、本文でもふれられているE・ギャスケルの *Mary Barton*, 1984（『メアリ・バートン』松原恭子／林芳子訳、彩流社、一九九八年、ほか）やC・ディケンズの *Hard Times*, 1854（『ハード・タイムズ』山村元彦／竹村義和／田中孝信訳、英宝社、二〇〇〇年、ほか）のほかに、C・キングスレー Charles Kingsley (1819-75) の *Alton Locke*, 1850（『愛の社會主義』高谷實太郎訳、早稲田大學出版部、一九二二年）、C・ブロンテの *Shirley*, 1849（『シャーリー』上・下、都留信夫訳、みすず書房、一九九六年）、のちに二度にわたって首相を務めたB・ディズレーリの *Sybil, or, The Two Nations*, 1845 などがある。

［7］ユア博士 Dr Ure

Ure, Andrew (1778-1857). グラスゴーの裕福な家庭に生まれ、グラスゴーのアンダーソン・カレッジの化学および自然哲学教授となる。のちに、イギリス政府や私企業から依頼を受けて実験をおこなう化学者となった。一八三四年にイギリスの工場地区を回り、翌年その成果を *The Philosophy of Manufacturers: or, An Exposition of the Scientific, Moral, and Commercial Economy of the Factory System of Great Britain* としてまとめた。そのほかにも *A Dictionary of Chemistry* (1821) など、多数の著作を残した。

［8］フィールデン Fielden

Fielden, John (1784-1849). 政治家・実業家。労働者から身を起こして、ヨークシャーのトドモーデン Todmorden で木綿工場を経営して成功し、一八三二年選挙法改正法の結果、下院議員に当選した。議会では、労働者保護の立場から、一日十時間労働運動の指導者の一人になり、三三年や四七年の工場法の成立に尽力した。とくに「十時間労働法」として知られている四七年の法は、彼の名を冠してフィールデン法とも呼ばれている。代表的著作は、*The Curse of the Factory System* (1836)。

［9］『マイケル・アームストロング』『メアリ・バートン』『ハード・タイムズ』*Michael Armstrong or Mary Barton or Hard Times*

『マイケル・アームストロング』*The Life and Adventures of Michael Armstrong, the Factory Boy*, 1840 は、ヴィクトリア時代の先駆的「工業小説」の一つで、トロロープ夫人 Mrs Frances Trollope (1780-1863) によって書かれた。夫の経済的失敗を機にアメリカに渡るが、その経験を書いた旅行記が五十二歳のときベストセラーとなり、以後家庭の負債を返済すべく二十五年間で四十冊の本を執筆した。ヴィクトリア朝中流階級を題材に小説を書いたアンソニー・トロロープ Anthony Trollope (1815-82) は息子。

一八四八年に書かれた『メアリ・バートン』は、いわゆる「飢餓の四〇年代」を背景に書かれた。困窮に苦しむ工場労働者の生活を同情をもって描いた作品。著者はエリザベス・ギャスケル Elizabeth Gaskell (1810-65) で、マンチェスターの牧師と結婚し、この最初の小説で文壇に知られるようになった。*Cranford*, 1853（『女だけの町——クランフォード』小池滋訳、岩波書店、一九八六年、ほか）では、小さな町の人びとの生活を生き生きと描き、ジェーン・オースティンにも比較される。

『ハード・タイムズ』(1854)は、小説家、ジャーナリストのチャールズ・ディケンズ Charles Dickens (1812-70)によって書かれた（本書第10章の訳注［10］を参照のこと）。少年時代、下級役人の父が破産して投獄されたため、靴墨工場で働き辛酸をなめたが、その経験が作風に強く影響したといわれる。彼の作家としての地位は、*The Posthumous Papers of the Pickwick Club*, 1836-37（『ピクウィック・クラブ』北川悌二訳、筑摩書房、一九九〇年、ほか）によって決定的なものとなる。以後発表した多数の小説では、ヴィクトリア朝イギリスにおける工業化の進展に伴う社会悪や偽善をあばき、救貧法や教育制度の不合理を指摘して、イギリス写実主義文学の代表とされる。住宅問題をはじめ下層民の窮状の改善を訴え、公開処刑廃止など社会改革も主張した。

［10］一九六〇年代のコヴェントリの自動車工場の労働者

イングランド中部地方ミッドランズにある工業都市コヴェントリは、賃金水準の高い熟練工場労働者の町として知られた。当時、時事評論家や社会学者たちを中心に、労働者の中流化の是非をめぐっていわゆる「豊かな労働者」論争があり、コヴェントリの労働者はそうした「豊かな労働者」の代表事例のひとつと見なされていたわけだが、彼らをもってイギリスの「平均的労働者」とするわけにはいかないことは言うまでもない。

［11］労働者階級としてのある感受構造

トムスンと並んでイギリス新左翼第一世代の代表的論客の一人として知られたレイモンド・ウィリアムズ Raymond Williams (1921-88)は、すでに一九六一年に刊行された *The Long Revolution*（『長い革命』若松繁信ほか訳、ミネルヴァ書房、一九八三年）のなかで、「感受構造」という概念について言及している（訳書第2章「文化の分析」を参照のこと。訳書では「感覚の構造」とされている）。トムスンが、ウィリアムズがもちいたこの概念を念頭に置いていたことはまちがいないだろう。「感受構造」という概念の具体的な適用例については、*The Country and the City*, 1973（『田舎と都会』山本和平ほか訳、晶文社、一九八五年。訳書では「感情構造」と訳されている）を、その概念規定については *Marxism and Literature* (1977)を参照のこと。ウィリアムズについては、本書第12章の訳注［19］を参照のこと。

［12］アーノルド・トインビー Arnold Toynbee

Arnold Toynbee (1852-83). 経済史家、哲学者、社会運動家。オクスフォード大学ベイリアル・カッレジを一八七八年に卒業し、チューターとなるが、慈善組織協会 Charity Organisation Society の活動や協同組合運動 Cooperative Movement などにも積極的にかかわった。労働者と資本家の利害は協調にあると信じ、マルクス主義に反対した。一八八一年の産業革命に関する講義 *Lectures on the Industrial Revolution of the 18th Century in England*, 1884（『英國産業革命史』塚谷晃弘／永田正臣訳、邦光堂、一九五一年）は、産業革命が労働者階級におよぼした影響について悲観論を展開した最初のものといわれている。没後の八四年、セツルメンツ運動の拠点としてロンドンのイースト・エンドに建設されたトインビー・ホールは、彼の名をとったものである。

［13］ウェッブ夫妻 Webbs

十九世紀末から二十世紀初頭にかけて活躍した社会主義理論家と政治活動家のカップル。社会主義経済学者だった Beatrice Webb (1858-1943) は、チャールズ・ブースのロンドン労働調査に参加し、一八九一年には *Cooperative Movement in Great Britain*（『消費組合發達史論——英國協同組合運動』久留間鮫造訳、同人社書店、一九二一年）を刊行した。九二年に官僚だったシドニー Sidney James Webb (1859-1947) と結婚し、以後異色の協同作業をつづけた。二人はフェビアン協会の指導的立場にあり、労働党の創設にも大きな役割を果たし、シドニーは一九二二年に国会議員となって商務局長官や植民地省大臣を歴任した。二九年にシドニーは男爵位を授与されるが、ビアトリスはこの爵位を妻として共有することを拒絶している。共著に、*The History of Trade Unionism*, 1894; rev. ed., 1920（『労働組合運動の歴史』荒畑寒村監訳、日本労働協会、一九七三年）や、*Industrial Democracy*, 1897（『産業民主制論』高野岩三郎監訳、法政大学出版局、一九九〇年、ほか）がある。一八九五年には London School of Economics の設立に尽力し、一九一三年には左翼時事評論誌 *New Statesman* を創刊した。

［14］ハモンド夫妻 Hammonds

Hammond, John Lawrence Le Breton (1872-1949); Lucy Barbara Bradby (1873-1961). 夫ローレンスは、ヨークシャーの牧師の息子として生まれ、オクスフォードのセイント・ジョンズ・カレッジを卒業し、ジャーナリストとしての道を歩んだ。一九〇一年にオクスフォード大学のレイディ・マーガレット・ホールを卒業した才媛バーバラと結婚、以後ともに、産業革命期の社会史研究を精力的におこなった。二人とも、労働党に共感をいだいてはいたが、社会主義者ではなく、国家による社会改革の必要を主張した「ニュー・リベラリズム」の立場に立つ自由主義者だった。彼らの三部作（*The*

Village Labourer, 1760-1832, 1911; *The Town Labourer*, 1760-1832, 1917; *The Skilled Labourer, 1760-1832*, 1919）は、産業革命に関する悲観派の代表的な、古典とされる社会史研究である。産業革命をはじめとする種々の近代化の進歩的役割を認めながらも、それが一般の労働者の生活に与えた否定的な影響を、バーバラによるていねいな史料調査とローレンスによる柔軟な筆致で描いた。

［15］サー・ジョン・クラパム Sir John Clapham

Clapham, Sir John Harold (1873-1946). 経済史家。ケンブリッジで教鞭をとる。代表作に、三巻で構成される *An Economic History of Modern Britain* (vol. 1 *The Early Railway Age*, 1820-1850; vol. 2 *Free Trade and Steel*, 1850-1886; vol. 3 *Machines and National Rivalries (1887-1914) with an Epilogue (1914-1929)*, 1931-38) や、*The Bank of England*, 1944（『イングランド銀行』英国金融史研究会訳、ダイヤモンド社、一九七〇年）がある。

［16］ドロシー・ジョージ博士 Dr Dorothy George

George, M. Dorothy (?-1971). ヴィクトリア期終わりのロンドンで子供時代を過ごし、ケンブリッジ大学のガートン・カレッジで学んだ。歴史研究に魅せられ、長年大英博物館で諷刺画のカタログ編纂に従事した。著書に *Hogarth to Cruickshank: Social Change in Graphic Satire*, 1967 や、現在も再版が入手可能な *London in the Eighteenth Century*, 1925がある。

［17］アシュトン教授 Professor Ashton

Ashton, Thomas Southcliffe (1889-1968). マンチェスター大学を卒業後、各種の教員生活を経験後、母校に上級専任講師として着任。一九四四年にR・H・トーニーの後継者としてロンドン大学の経済史教授となった。生活水準論争では一貫して楽観派の立場にあった。代表作に *Industrial Revolution, 1760-1830*, 1948（『産業革命』中川敬一郎訳、岩波書店、一九七三年版、ほか）。

［18］ブルーム卿 Lord Brougham

Brougham, Henry Peter, Baron Brougham and Vaux (1778-1868). 大法官。エディンバラの地主の息子として生まれる。十九世紀の代表的な政治評論誌となった『エディンバラ評論』*Edinburgh Review* を一八〇二年に友人とともに創刊。その後上京し、急進的弁護士として活動、〇七年の総選挙ではウィッグ党の広報活動を担った。一〇年に下院議員に当選。

弁護士活動としては、一二年に労働組合活動を理由に起訴された三十八人の手織工を弁護して全員の無罪を勝ち取り、ピータールーの虐殺事件ではトーリー党政府とマンチェスターの地方判事たちを激しく批難した。一八二〇年にはカロライン王妃の主任弁護を引き受けて国王側の訴えをくじいている。ウィッグ党グレイ内閣のもとで大法官になって（三〇—三四年）、三二年の第一次選挙改正法や三三年の奴隷制廃止法の成立に大きく貢献。そのほか、有用知識普及協会 Society for the Diffusion of Useful Knowledge の創設（二五年）やロンドン大学の創設（二八年）など教育改革にも取り組んだ。

［19］シェリー Shelley

Shelley, Percy Bysshe (1792-1822). ロマン主義の代表的叙情詩人。一八一〇年オックスフォード大学に入学したが、翌年、『無神論の必然性』*Necessity of Atheism* と題する小冊子を発表して大学から除籍された。同年十六歳のハリエット・ウェストブルック Harriet Westbrook と駆け落ちして結婚するが、シェリーはウィリアム・ゴドウィンとメアリ・ウルストンクラフトの娘メアリ Mary Woolstonecraft Godwin と関係をもつようになり、一六年にハリエットは自殺した。メアリと再婚してイタリアに移住。二二年、航海中に溺死した。無神論者であり、アナキストであり、自由恋愛の主唱者としてのシェリーの作品には、人類の解放を歌った詩劇『解放されたプロメテウス』*Prometheus Unbound* (1820)、風という自然の威力を政治革命の隠喩としてもちいて一九年に書かれた「西風に寄せるうた」'Ode to the West Wind'、ピータールーの虐殺に触発され、圧制者の打倒を訴えて同じく一九年に書かれた *The Mask of Anarchy* がある。一五年以降は祖父の遺産で生活した。

［20］ピーコック Peacock

Peacock, Thomas Love (1785-1866). 諷刺家、随筆家、詩人。文人としての生活が可能になるのにちょうど十分な遺産を受け継いだ。シェリーと親交をもった。散文形式の諷刺作品 *Headlong Hall* (1816)、*Melincourt* (1817)、*Nightmare Abbey* (1818) は、同時代を急進的立場から論じたものである。

［21］トムソン Thompson

Thompson, William (1775-1833). 無神論者の地主で、R・オウエンと並ぶ初期協同組合運動の指導者。アイルランドの第二の都市コークに生まれ、所有する土地を協同組合的なかたちで経営し、理想コミュニティの建設に打ち込んだ。オウエンと異なり、温情主義者でも専制的でもなく、平等を強く志向した初期イギリス社会主義者と評価されている。

［22］ホジスキン Hodgskin

Hodgskin, Thomas (1787-1869). 労働組合の正当性を初めて経済面から論じた政治経済学者。主著 *Labor Defended Against the Claims of Capital: or the Unproductiveness of Capital Proved with Reference to the Present Combinations amongst Journeymen*（『労働擁護論』松浦要／川尻武訳、鬼怒書房、一九四九年）は、すべての価値の源泉として労働を位置づけ、労働者は生産手段から切り離され、資本家がその富を盗み取っていると論じている。ホジスキンの理論はリカード経済学に由来するが、それを労働者を擁護する理論に転倒した。マルクスにも影響を与えたとされるが、ホジスキンは反資本主義者ではなく、国家を嫌悪し、小規模生産者の自由な競争からなる経済社会を構想した。

［23］ソロード・ロジャース Thorold Rogers

Rogers, J. E. Thorold (1823-90). 経済史家。主著は全七巻の *A History of Agriculture and Prices in England from 1259 to 1793* (1866-1902)。政治史も研究し、自由貿易主義者で反穀物法同盟の指導者であるR・コブデンの支持者だった。

［24］F・A・ハイエク教授 Professor F. A. Hayek

Hayek, Friedrich August von (1899-1992). 自由市場の役割を重視し、国家による経済政策の有効性を主張していたケインズを批判した。一九七四年には、経済学の分野でノーベル賞を受賞した。福祉国家を解体し、各種の規制緩和を実施しようとした元イギリス首相のマーガレット・サッチャー氏は、ハイエクの自由市場主義論の熱烈な信奉者だった。

第7章

［1］農業労働者 agricultural labourers

本書では、field labourers を農場労働者、agricultural labourers を農業労働者と訳し分けてあるが、トムスンが厳密な区別をして使い分けているわけではない。農業に関連する文脈での labourers も、農業労働者と訳した。

［2］「農業組織」と「工業組織」に関する章 chapters on 'Agrarian Organisation' and 'Industrial Organisation'

J. Clapham, *An Economic History of Modern Britain, vol. 1, The Early Railway Age, 1820-1850* (1939 edition) の四章と五章をさす。クラパムについては、本書第6章の訳注［15］を参照のこと。

［3］グラモーガンでの「愛の刈り入れ」や、ラドローでの半エーカーの庭 'love reapings' in Glamorgan and half-acre gardens in Ludlow

クラパムによれば、「愛の収穫」とは、ウェールズ南西部における収穫期の賃金形態の呼び名。農場経営者が収穫日を告げると、それに応えて働く労働者とその家族全員が参集して収穫に従事する。ほかにも、馬を借りるなどして農場経営者に借りのある者もこの収穫日に働き、労働でその返済をする。なかには、収穫のごちそうにありつくために働きにくる者もいた、という。このような家父長的温情主義の労働慣行が「愛の収穫」と呼ばれていたということらしい。また、「半エーカーの庭」とは、農業労働者が住む小屋に隣接した庭をもち、そこで自家用に耕作したり豚の飼育をしていたことをさす。ラドローはウェールズだが、コベットによればこうした光景はイングランド各地で見られたこともクラパムは指摘している。J. Clapham, *An Economic History of Modern Britain, vol. 1, The Early Railway Age, 1820-1850* (1939 edition), pp. 120, 126-7.

［4］チェインバーズ Chambers

Chambers, Jonathan David (1898-1970). ロンドン大学で博士号を取得後、母校ノッティンガム大学の研究員や成人教育の講師を務めたのち、経済史講座を担当し、一九六四年に教授職を退任。著書に *The Workshop of the World: British Economic History from 1820 to 1880*, 1961（『世界の工場——イギリス経済史 1820-1880』宮崎犀一／米川伸一訳、岩波書店、一九六六年）がある。

［5］ミンゲイ Mingay

Mingay, Gordon Edmund (1923-). ケント大学の農業史講座教授を経て、現在は同名誉教授。

［6］地主オリヴァー・クロムウェル Oliver Cromwell, Esquire

Cromwell, Oliver (1742?-1821). 伝記作家。一六四〇年代の内戦時の議会派軍の指導者でのちに護国卿となったオリヴァー・クロムウェルの直系の子孫で、長年事務弁護士として活動したが、ハートフォードシャーのチェスハント・パークの領地を所有することになった。晩年に *Memoirs of the Protector, Oliver Cromwell, and of his sons, Richard and Henry* (third edition, 2 vols. 8vo, 1823) を刊行した。

［7］バイロン Byron

Byron, George Gordon, 6th Baron (1788-1824). ロマン派の代表的詩人。『チャイルド・ハロルドの巡礼』*Childe Harold's Pilgrimage* (1812) によって一夜にして文壇で名をなした。義理の姉妹との不義というスキャンダルのあと、イングランドを去る。古代ギリシャ文化を愛し、一八二三年、トルコ支配にたいするギリシャ人の独立戦争に参加したが翌年病死。『青銅の時代』*The Age of Bronze* は、二三年の作。

［8］「ラウンズマン」制度 'roundsman' system

スピーナムランド制度と並行ないしは代替してもちいられた貧民救済制度の一つ。一七九五年にバークシャーの村スピーナムで始まったスピーナムランド制度は、そのときどきのパン価格および扶養家族の人数にもとづいて最低生活費を定め、その最低生活費と賃金との差額を救貧税から補塡するという院外救済制度だった。人口増大と対仏戦争などによってもたらされたといわれている食糧不足と食糧価格の騰貴によって、農村労働者の困窮が極度に悪化したことへの対症療法で、イングランド南部を中心に広範囲で採用された。ラウンズマン制度は、労働可能な身体をもつ失業者がローテーションで就労する制度。農場に送られた失業者は、農場経営者から賃金の一部を受け取り、教区から差額を受け取った。

［9］ワーテルローの戦いの勝者 the victor of Waterloo

ウェリントン公爵 Wellington, Arthur Wellesley, 1st Duke of (1769-1852) をさす。ウェリントンは陸軍軍人、首相（一八二八—三〇、三四年）。ワーテルローの戦い（一八一五年、ベルギーでの戦闘）でナポレオンを破った。のちにトーリー党の政治家となり、首相も務めた。議会改革などには反対した。

［10］ジョウジフ・アーチ Joseph Arch

Arch, Joseph (1826-1919). 農業労働組合指導者、政治家。九歳で農場での鳥の追い払いの仕事を始め、その後、生垣造りや芝刈りなどの技術を学んだ。メソジストの説教師になり、しばしば農業労働者の経済的な困難を説教の題材とした。請われて労働運動に参加、一八七二年には全国農業労働者組合 National Agricultural Labourer's Union を組織し、その代表になった。農業労働者全体の十分の一を超える九万人弱を組織化し、賃金引き上げのためのストライキを展開した。七三年にカナダとアメリカ合衆国を訪問し、のちにイギリスからの農業労働者の移住を助けた。農業労働者の選挙権獲得の運動もおこない、一八八五—八六年と九二—一九〇〇年には、自由党の下院議員を務めた。

［11］ハント Hunt

Hunt, Henry (1773-1835). 地主農場経営者、演説家。自らの裁判で弁護を引き受けてくれた急進派の弁護士をとおしてプレイス、ハーディ、ホーン・トゥクなどと知り合い、急進主義運動にかかわるようになる。公開集会での演説にすぐれた才能を発揮したハントは、「演説家」ハント 'Orator' Hunt として知られ、数万人規模の集会でたびたび演説した。ピータールーの虐殺事件が始まったのは、まさにハントが演説をしはじめようとするときだったといわれている。ハントは治安攪乱罪などに問われて有罪となり、二年半の投獄生活を送った。一八三〇年にはプレストン選出の国会議員となるが、労働者階級男子への普通参政権を認めない三二年の第一次選挙改正法案に反対したため、一部急進派の支持も失い、三三年には落選した。

［12］ファーガス・オコナー Feargus O'Connor

O'Connor, Feargus Edward (1794-1855). アイルランド人政治家でチャーティスト運動の指導者。一八三二年から三五年までコーク選出の下院議員を務め、のちにチャーティスト運動の指導者となって急進主義新聞『ノーザン・スター』*Northern Star* を編集した。五二年には精神異常をきたしたとされた。

［13］ジェイン・オースティンの小説の世界 the world of Jane Austen's novels

オースティン Jane Austen (1775-1817) の小説はいずれも、中流および上流階級の日常生活や人生を、皮肉も交えてはあるが穏やかな遊び心ある視点で描いている。学校へは行かず、教育は家庭で受けて、生涯独身を通した。*Emma*, 1816 (『エマ』工藤政司訳、岩波書店、二〇〇〇年、ほか)、*Pride and Prejudice*, 1813 (『自負と偏見』中野好夫訳、新潮社、一九九七年ほか) などの小説作品がある。

第8章

［1］ジョージ・スタート George Sturt

Sturt, George (1863-1927). 教員として生活を始めるが、手仕事をめぐるラスキンの論考に影響を受けて、一八八四年にロンドン郊外のファーナム Farnham にあった車大工の作業場を父から引き継いだ。『車大工の作業場』*The Wheelwright's Shop* (1923) は、八五年から一九二〇年までの家業の年代誌である。機械化される前の車大工の仕事と精神世界をたくみに描いた作品として高く評価されている。トムスン自身が序文を寄せた再版が一九九三年に Cambridge

University Press から出版されている。

［2］「職人にとっての大陸巡遊旅行」'the artisan's equivalent of the Grand Tour'

パリやアルプスやローマなどを巡る、ときに数年もかかったこのヨーロッパ大陸巡遊旅行は、とくに十八世紀では、上流階級のイギリス人の若者にたいする教育の一環と見なされていた。

［3］ブースやラウントリー Booth and Rowntree

ブース Charles Booth (1840-1916) は、船舶会社経営者、社会調査者。ビアトリス・ウェッブの助けを借り、ロンドンの貧困に関する膨大な統計的社会調査をおこない、貧困問題の範囲や原因を示そうとした。その集大成が *Life and Labour of the People in London*, 17 vol. (1889-91, 1892-97, 1902) である。高齢者問題にも関心をもって取り組んだ。ラウントリー Benjamin Seebohm Rowntree (1871-1954) は、ココアやチョコレートなど嗜好品を製造する大会社の経営者、社会調査者、慈善家。貧困問題への取り組みを義務と考えていた父が一八六〇年代におこなっていた貧困調査や、ブースのロンドン貧困調査に触発されたラウントリーは、自らヨークの貧困調査に取り組んだ。その成果が *Poverty, A Study of Town Life* (1901) である。ロイド＝ジョージが大蔵大臣時に成立させた老齢年金法（一九〇八年）や国民保険法（一九一一年）は、自由党の熱心な支持者だったラウントリーの強い影響が背景にあったといわれている。その後もヨークで貧困調査をおこなったが、第二次世界大戦後の第三次調査 *Poverty and the Welfare State* (1951) では、労働党下の福祉国家の成立で貧困の最悪の局面は大幅に減少したと記録している。労働者の賃金や福祉の向上は生産性の上昇につながるとも主張していたラウントリーは、自ら経営する会社で賃金の引き上げや企業年金制度や週五日間労働の導入をおこなった。

［4］ウィリアム・ラヴェット William Lovett

Lovett, William (1800-77). コーンウォールのペンザンスで船乗りの息子として生まれる。ロープ製造業の将来性に疑問をもったラヴェットは、その徒弟から大工業へと移って、上京。当初はペンザンスで受けた徒弟修業が認めてもらえず、ロンドンの家具製造工組合Cabinet Makers Societyへの入会を認められたのは一八二六年になってからのことだった。ロンドン職人学校の夜間クラスに参加し、そこでさまざまな急進主義者、社会主義者、協同組合主義者と出会うようになる。議会改革運動やチャーティスト運動に指導的人物として参加した。四二年に政治活動から引退して以降は、労働者教育に人生を捧げた。

［5］「屋根裏親方」'garret-master'

garret とは屋根裏部屋のことだが、*O.E.D.* によれば、garret-master とは、家具製造工や錠前工をはじめとする職人で、製造品を自ら直接業者に売って自営で仕事をしている者のことをさした。

［6］ジョン・ウェイド John Wade

Wade, John (1788-1875). ロンドン生まれのジャーニーマン撰毛工として働き、フランシス・プレイスやジョン・ガストら、急進主義者と知己を得た。プレイスの紹介でジェレミー・ベンサムとも知り合っている。彼らの援助を受けて新聞『ゴルゴン』が発行されることになり、ウェイドがその編集の任についた。一八一八年から一九年にかけて発行された『ゴルゴン』は、ウェイドの確かな調査と具体的な事実にもとづく分析・報道から、大きな影響力をもったとされている。ジョージ王朝時代の政治の数限りない不正と腐敗を暴いた *The Black Book, or Corruption Unmasked! Being an Account of Persons, Places, and Sinecures* (1820-3, 2 vols) は、議会改革熱の高まりとともに大きな反響を呼び、その三二年版ではすでに一万四千部売れたことが記載されている。改題および改定されながら、三一年、三二年、三五年と再版が出されている。ウェイドのもう一つの代表作は、*History of the Middle and Working Classes* (1833)。ウェイドについては、本書第16章3節でトムスンが詳しく論じている。

［7］ロンドンは職人にとってのアテナイ London was the Athens of the artisan

アテナイが古代ギリシャ文明の中心地だったことから、ここではロンドンが職人文化の中心地であるとの意。

［8］「部屋親方」'chamber-master'

chamber-master とは、自宅で仕事をし、商店と自ら契約して直接商品を卸していた製靴工のことをさした。

［9］「過重労働を強いられる作業場」'strapping-shops'

O.E.D. に引用されているメイヒューの説明によれば、監視を強めることで、通常の労働時間内に、労働者により多くの労働をさせる制度が実践されている作業場が、strapping-shop と呼ばれた。それを強いた親方が strapping-master と呼ばれた。

［10］エドウィン・チャドウィックやケイ博士 Edwin Chadwick and Dr Kay

Chadwick, Edwin (1800-90). 社会改良家。マンチェスターの実業家の家に生まれる。父はチャドウィックに、トマス・

ペインやジョウジフ・プリーストリの著作を読むよう勧めたという。ロンドンで弁護士になる勉強中にユニリテリアン協会 Unilitarian Society に入り、ベンサムやフランシス・プレイスらと知り合って効率を追求する社会改革の実践に取り組んでいく。救貧法の改革では、院外給付制度を廃止した張本人として労働者の反発を買っている。都市衛生の改革問題でも名をはせるが、その厳格さや独善ぶりは多くの不評を買った。

Dr Kay は、Kay-Shuttleworth, Sir James Phillips (1804-77) で、イングランドの初等公立教育制度の考案者。マンチェスターで医師として仕事を始めるが、貧者の存在に目を向け、衛生問題と教育問題の改革に関心をもった。チャドウィック同様、政府の救貧法委員会の一員として報告書の執筆をおこなっている。なお、原著の索引は、James Phillips を John と間違って記述している。

［11］クラッブ Crabbe

Crabbe, George (1754-1832). 詩人。その代表作品である *The Village* (1783) は、農村の貧困と労苦を陰鬱に描いたもの。農村を郷愁を込めて理想化するところがこの詩にはまったくないことが特徴とされ、その点でゴールドスミスの「廃村」に対抗する意図があったといわれている。また、自らの故郷を素材にした『自治都市』*The Borough* (1810) は、残虐な漁師ピーター・グライムズの物語を含んでおり、これをもとにイギリス二十世紀の作曲家ベンジャミン・ブリテンは歌劇を創作している。

第9章

［1］九柱戯の木柱 ninepin

現在のボーリングのもとになったゲーム「九柱戯」で使われた九本の木柱。

［2］サイラス・マーナー Silas Marner

ジョージ・エリオット George Eliot (1819-80) の小説『サイラス・マーナー』*Silas Marner*, 1861（土井治訳、岩波文庫、一九八八年、ほか）の主人公。窃盗の濡れ衣から所属していた小さな宗教共同体を追われ、ミッドランズのある農村に逃れて、以後自ら選んで孤立した生活を送るようになった織布工の物語。エリオットの小説は、道徳上や感情面での人間的経験に関する深い洞察や、イングランドの地方社会の豊かな表象といった点で高く評価されているが、一九八〇年代以降のフェミニスト批評でも重要な女性作家として頻繁に取り上げられてきた。本名は Mary Ann Evans で、そのほかの代表的な小説としては、『ミドルマーチ』*Middlemarch*, 1871-72（工藤好美／淀川郁子訳、講談社文芸文庫、一九九八年、ほか）や『アダム・ビード』*Adam Bede*, 1859（阿波保喬訳、開文社出版、一九七九年、ほか）がある。

［3］代理の業者 factor or agent

ファクター factor ないしはエージェント agent と呼ばれたが、同義である。本訳書では「代理の業者」または「代理業者」とした。

［4］クラーク kulak

ロシアの比較的富裕な農民で、農場を所有し、労働者を雇用し、高利貸しもおこなうことができた。十九世紀の農奴解放以降台頭し、革命後もその地位を維持したが、スターリンの集団農場化政策への抵抗は失敗に終わり、何百万人もが逮捕、シベリア送り、あるいは処刑され、階級としてのクラークは崩壊したといわれている。

［5］ネイディン Nadin

Nadin, Joseph（1765-1848）. 紡績工ののち、成果に応じて支払われていた窃盗犯捕縛業に転じるが、無実の者を逮捕することで悪名をはせた。ネイディンは、有罪となった凶悪犯一人あたり二ポンドとタイバーン・チケット Tyburn ticket を報酬として受け取った。タイバーン・チケットの保有者は、居住地での公務を免除されたため、ネイディンはこれを売って十ポンド以上の収入を得たといわれている。タイバーン・チケットについては、本書第14章の訳注［5］を参照のこと。彼の成果に目をつけたマンチェスター当局は、一八〇三年にネイディンを副治安官 Deputy-Constable に任命したが、売春宿の所有者から賄賂を受け取るなどその腐敗ぶりに評判が立った。マンチェスターで増大しつつあった社会騒擾の弾圧にも力を入れ、一二年には三十八人の織布工を逮捕し、地元の急進主義者の憎悪の的となった。一九年のピータールーの虐殺事件にもネイディンは深く関与しているが、そもそも、その集会で演説することになっていた代表的急進主義者ヘンリ・ハントの逮捕を治安判事から要請されて、軍隊の支援なくしてそれは不可能だと返答したのはネイディンだったのである。この事件の詳細については、本書第15章5節を参照のこと。

［6］「博愛主義のヘラクレス」'Philanthropic Hercules'

一八一八年にマンチェスターで結成された一般労働組合運動の組織名は、「博愛主義者協会」Philanthropic Society であり、そこから一部を拝借した「博愛主義者のヘラクレス」という名称が最初に使われたのはロンドンでだった。

［7］ジャカードの原理 Jacquard principle

フランスの発明家 Joseph-Marie Jacquard (1754-1834) によって発明された、紋様布地を織る自動機械の原理をさす。

［8］ベンジャミン・ゴットの工場 those of Benjamin Gott

世界最大規模の羊毛工場であったアームリー・ミルズ Armley Mills のこと。ゴット Benjamin Gott (1762-1840) は、リーズの織物商だったトマス・ロイド Thomas Lloyd が所有していたこの工場を一八〇四年に買収している。翌年焼失するが、再建。ゴットは一七九九年には市長となり、リーズの市政にも名をとどめている。

［9］ブレイズ主教を祝う祭り the festival in honour of Bishop Blaize

羊毛梳きの発明者として、教会暦に名をとどめている。シバスト Sebaste（現在のトルコ中部の都市シヴァース Civas の古代における呼び名の一つ）の主教で、紀元三一六年に殉教したとされている。ブレイズ主教を称えて七年ごとにブラドフォードでとりおこなわれていた祝祭は、ここで記されている一八二五年二月を最後に途絶えている。

［10］補佐委員 Assistant Commissioner

手織工の状態に関する王立調査委員会 Royal Commission の補佐委員。その報告はさまざまなかたちでまとめられて刊行されているが、地域ごとに補佐委員が詳細な調査をおこなっており、ウェスト・ライディングも調査対象の一つだった。その報告書は、*Reports from Assistant Hand-loom Weavers Commissioners. – Part 3 : Report by H. S. Chapman on the West Riding of Yorkshire* (1840) である。

［11］トムソンの『四季』Thomson's *Seasons*

スコットランド生まれの詩人ジェイムズ・トムソン James Thomson (1700-48) によって書かれた四編の無韻詩で、一七二六年から三〇年にかけて出版された。そこには、ローマの詩人ウェルギリウス (70-19B.C.) やミルトンなどさまざまな作品の影響が見られ、扱われている対象も、自然、社会道徳、歴史、産業、宗教、農村生活など多岐にわたっている。農業労働者が自然の風景とともに絵のように描かれ、イギリスの商業と工業の優越を謳ったこの詩篇は、英文学でいう「文芸黄金時代」――ドライデンからポープまでのアン女王時代（一七〇二―一四年）――の楽観主義を表象するものとの評価を受けている。

［12］ウェルギリウス、オウィディウス、ホメロス Virgil, Ovid and Homer

ウェルギリウスはローマの詩人で、トロイの勇士イニーアス Aeneas の冒険と古代ローマの建国譚である叙事詩「イニーアド」*Aeneid*（『アエネーイス』上・下、泉井久之助訳、岩波文庫、一九七六年）の作者として知られる。オウィディウス（43B.C.-A.D.17?）もローマの詩人。代表作に『恋の技法』*Ars Amatoria*（樋口勝彦訳、平凡社、一九九五年）、『変身物語』*Metamorphoses*（上・下、中村善也訳、岩波文庫、一九八一—八四年）。ホメロスは、紀元前九世紀のギリシアの叙事詩人で、トロイの攻防を謳った叙事詩『イリアス』*Iliad*（上・下、松平千秋訳、岩波文庫、一九九二年）やその後の冒険譚を描いた『オデュッセイア』*Odyssey*（上・下、松平千秋訳、岩波文庫、一九九四年）の著者として知られている。

［13］プーレット・トムソン Poulett Thomson

Sydenham, Charles Edward Poulett Thomson, Baron (1799-1841). 政治家。ジェレミー・ベンサムの支援を受けて、自由党議員として一八二六年に庶民院入りした。自由貿易と財政改革を主張し、植民地改革の指導的論者でもあった。一八三四年に商務省長官となり、三九年にはカナダ総督に任命された。四〇年に上院入りを果たしている。

［14］エドワード・ベインズ Edward Baines

Baines, Edward (1774-1848). イングランド北部の繊維産業都市プレストンに生まれる。十六歳で地元の印刷業者兼ジャーナリストのもとで働きはじめるが、リーズに移って『リーズ・マーキュリー』の出版者だったビンズやブラウンとともに仕事をはじめた。一八〇一年に同紙を買い取り、一七年には、リヴァープール卿政権が煽動工作員を活用していたことをスクープしている。厳格なメソジストで、奴隷貿易廃止運動にも深くかかわったが、工場法の制定には反対した。政治改革にも賛成だったが、労働者階級の参政権獲得には反対で、この点でリーズの急進主義者のあいだではひどく評判を落とした。ピータールーの虐殺事件の際には、同名の息子が、集会の主催者と騎馬隊の双方を批難する記事を『リーズ・マーキュリー』に書いている。第一次選挙改革ののちには、リーズから自由党代議士として庶民院入りし、非国教徒の運動を推進したが、一方で工場法や普通選挙権や国家による教育への介入に反対した。著書に、工場での児童労働の制限に反対する主張をおこなった *History of the Cotton Manufacture in Great Britain* (1835) がある。

［15］『国会議事録』*Hansard*

Hansard は、イギリス国会議事録 *The Official Report of Parliamentary Debates* の呼称で、議会および議会委員会での発言の記録報告書。一七七四年に庶民院の日録を初めて印刷して刊行したLuke Hansard の名前から、あるいは十九世紀に庶民院の議事録の刊行をおこなっていた T. C. Hansard の名前からそう呼ばれるようになったといわれている。議会報告が公式になされるようになったのは一八〇三年からで、いわゆるハンサード形式の報告は、ウィリアム・コベットの『ポリティカル・レジスター』を始まりとする。ハンサード一家は一一年、コベットからすべての権利を買い上げている。また、議事録が一字一句発言されたとおりに、庶民院自身によって印刷されるようになったのは一九〇九年からのことである。なお、議事録とは別に発行されている『庶民院日録』*Journal of the Commons* は、庶民院での議事進行や投票結果を報告したものである。現存している最も古い日録は、一五四七年の議会のもの。

［16］ナッソー・シニア Nassau Senior

Senior, Nassau (1790-1864). 一八一九年に法曹界に入るが、代表的な古典派経済学者になり、オクスフォードの政治経済学教授となる。生産費用や地代の概念など経済理論の展開に貢献したが、政界にも影響力をもった。ウィッグ党の顧問を務め、三二年には救貧法調査委員会の委員になって、E・チャドウィックとともに三四年の救貧法修正法案を準備した。その後、ここでトムスンが言及している手織工に関する王立調査委員会の委員に就任している。その最終報告書は、四〇年ではなく四一年に刊行されている（*Final Report of the Handloom Weavers' Commission*, 1841）。シニアはまた、メルバーン卿政権時代にも顧問を務め、労働組合に反対する助言をおこなっている。

第10章

［1］サラマン氏 Mr Salaman

Salaman, Redcliffe Nathan (1874-1955). ジャガイモに関する権威で、ケンブリッジ大学に籍を置く研究者でもあった。ジャガイモに関連する遺伝子研究やウィルス研究で知られているが、彼のおもな関心は社会学的および経済学的な観点からみたジャガイモにあり、その集大成がここで引用されている *The History and Social Influence of the Potato* (1949) である。

［2］『古きイングランドのロースト・ビーフ』the Roast Beef of Old England

当時の流行歌のタイトル。歌詞は以下のように始まっている。「ずっしりしたロースト・ビーフがイングランド人の食い物だった時代には、そいつがおれたちの脳みそを気高きものにし、おれたちの血に精をつけてくれた。われらが兵士たちは勇敢で、われらが宮廷人はすばらしかった／おお、古きイングランドのロースト・ビーフよ、古きイングランド人のロースト・ビーフよ／ところが空威張りばかりのフランスから、やつらのシチューの食い方とダンスの踊り方を覚えてからは、中身のないお愛想振りばかりでうんざりだ／おお、古きイングランドのロースト・ビーフよ、古きイングランド人のロースト・ビーフよ……」。この歌のタイトルを拝借したW・ホガースの有名な愛国的絵画『古きイングランドのロースト・ビーフ、あるいはカレー門』（一七四八年）では、精進スープをすする痩せこけたフランス人兵士の前を、イングランドの伝統的食べ物とされていた大きな牛肉の塊がイングランド人客に饗されるために運ばれていく様子が描かれている。うわべだけの気遣いのもと貧困と奴隷制と傲慢が蔓延しているのがフランスだという偏見が、物質的に豊かで、中身のある食事をし、庶民が自由を謳歌しているイングランドと対照的に表象されている。

［3］ブラック・プディング black pudding

豚の血と脂と穀物とを混ぜて、茹でるか揚げて作った巨大な黒いソーセージのこと。イギリスでは、イングランド北部で人気のある食べ物。

［4］サウスウッド・スミス博士 Dr Southwood Smith

Southwood Smith, Thomas (1788-1861). 内科医でJ・ベンサムの友人。ベンサムは、自らの遺体をサウスウッド・スミスに託したが、解剖されたあとベンサムの指示に従ってその骨はワックス人形のなかに埋め込まれ、ベンサムが実際に着用していた洋服を着せられてガラス・ケースに収められた。このベンサムは、現在もロンドン・ユニヴァーシティ・カレッジの回廊に置かれ、誰でも見学することができる。ベンサムについては、本書第4章の訳注［13］を参照のこと。またサウスウッド・スミスは、一八三〇年には『高熱性疾患論』*Treatise on Fever* をあらわし、貧民が高熱性疾患によって苦しめられているが、高熱は予防可能であることを主張した。これは、E・チャドウィックのその後の活動にも影響を与えたといわれている。

［5］アンコーツ Ancoats

アンコーツは、マンチェスターの中心地近くに位置する産業革命期の一大工場地区で、アイルランド移民やイタリア移民も多く居住し、リトル・イタリアと呼ばれる街区もあった。南側に隣接する地区がオードウィック Ardwick である。

［6］「籠運び」hurryers

石炭搬出用に使う柳籠を、坑口から、垂直に掘り下げられた坑道の最底辺まで運ぶ労働者をさす。通常は hurriers とつづる。

［7］ピーター・グライムズのような漁師 a Peter Grimes

サフォークの港町であるオールドバラの環境と社会生活を詳細に描写したジョージ・クラッブの詩篇 *The Borough* に登場する漁師の名前。彼のもとで働く徒弟たちを過酷に扱って死にいたらしめ、周囲から憎まれ孤立するようになる。罪と後悔の念にかられて発狂し、ついには海で自殺する。ベンジャミン・ブリテン Benjamin Britten (1913-76) は、これをもとに二十世紀のイギリス・オペラのなかで最も有名な『ピーター・グライムズ』（一九四五年）を書き上げた。ブリテンはオールドバラに住み、一九四八年には、毎年夏に開かれるオールドバラ音楽祭を確立した。クラッブについては、本書第8章の訳注［11］を参照のこと。

［8］ハット教授 Professor Hutt

Hutt, William Harold (1899-1988). ロンドンの労働者階級に生まれ、ロンドン・スクール・オブ・エコノミクスを卒業した。ここでトムスンが言及している論文 'The Factory System of the Early Nineteenth Century' (1926) を刊行したあと、一九二八年に南アフリカのケープ・タウン大学にポストを得た。この論文が再収録された『資本主義と歴史家たち』*Capitalism and the Historians* (1954) は、ハイエクが編集したものである。ハットの専門は理論経済学で、ケインズに批判的で、オーストリア学派と共鳴する立場にある。一九三〇年に刊行されて評判を呼んだ *The Theory of Collective Bargaining* は、七五年と八〇年に再刊行されている。それと同じテーマを扱った *The Strike-Threat System* を七三年に刊行し、労働組合およびそれを保護する法律を批判し、組合は資本家ではなくほかの労働者を犠牲にして利得を得るものであり、総生産を減少させると強く主張した。言うまでもなく、ハットの立場は、二十世紀第四四半期にイギリスで隆盛したマネタリズムやサッチャリズムと共鳴しあう。

産業革命の悲観的解釈に真っ向から対立するハイエクやアシュトンやハットら楽観派は、劣悪な住宅状況の持続など、インフラストラクチャーの整備が産業革命の進行よりも遅れたのはやむをえないこととし、その改善は時間の問題にすぎなかったとする。また、悲観派は十八世紀の農村貧民の真に悲惨な生活状況に目を向けないために産業革命のもたらしつつあった改善を把握しそこねているのだとも批判した。

［9］ドハーティ Doherty

Doherty, John (1798-1854). アイルランドのアルスター地方のドニゴールに生まれ、ほとんど教育を受けないまま十歳で紡績工場で働きはじめる。十八歳でイングランドに渡り、マンチェスターで職を得て、マンチェスター紡績工組合に加入した。一八一八年のストライキで逮捕され、無実のままに二年間の重労働の刑を受けたことから急進化し、その後、団結禁止法や反穀物法運動にかかわるようになる。児童労働に反対し、二八年には「綿工場における児童労働者保護協会」Society for the Protection of Children Employed in Cotton Factories を結成し、工場法の改革に取り組んだ。この組織は三一年に「マンチェスター労働時間短縮委員会」Manchester Short Time Committee となって活動をつづけた。その後のストライキでの敗北の経験から、全国組織「イギリス紡績労働者全国一般組合」Grand General Union of Operative Spinners of the United Kingdom や、労働争議中の労働組合を支援することを目的とした「諸職種一般組合」General Union of Trades を結成した。後者の組織は三〇年に『諸職種連合協同ジャーナル』の刊行を始めている。その後さらに、「全国労働者保護連盟」National Association for the Protection of Labour を結成し、ランカシャー、ミッドランズ、スタッフォードシャーを中心に十万人を超える組合員を擁するにいたった。一八三二年には印刷所と書籍商を開き、その翌年には自ら発行する『民衆の声』を含む九十六の新聞の閲覧できるコーヒー・ハウスも開設した。その後も多彩な社会活動をつづけて生涯を閉じた。

［10］グラッドグラインド氏 Mr Gradgrind

一八五四年のチャールズ・ディケンズの小説 *Hard Times*（前掲『ハード・タイムズ』）に登場する人物で、功利主義の主唱者の一人であるジェームズ・ミル James Mill (1773-1836) がモデル。舞台となる町コークタウンは、北部工業都市プレストンをもとにしたといわれている。お金と所有こそが人生のすべてだと信じ、自分の子供たちには魂や感情の問題など無視するよう教えて破滅を招く。マコーレー Thomas Babington Macaulay (1800-59) は、この小説を「陰鬱な社会主義」と批難したが、二十世紀に入ってバーナード・ショウ George Bernard Shaw (1856-1950) や、リーヴィス Frank Raymond Leavis (1895-1978) が高く評価した。

［11］ピールの一八〇二年の法律 Peel's Act of 1802

The Health and Morals of Apprentices Act (1802). 最初の工場法と見なされているこの法律は、木綿工場および羊毛工場で働く救貧徒弟の労働時間を一日十二時間（夜間労働の禁止を含む）に制限したものである。この法律で定められているそのほかの事項には、徒弟への衣服の提供、工場の定期的石灰消毒の実施、基礎的な読み・書き・算術教育の提供、一定基準を満たす男女別の就寝施設の提供、などがあった。法律の施行は地元の治安判事の手に委ねられたが、効果はほとんどなかったといわれている。

［12］シャフツベリー Shaftesbury

Shaftesbury, Lord (Anthony Ashley Cooper), 7th Earl of Shaftesbury (1801-85). 二十五歳で一族が統制するウッドストック選挙区から下院議員に当選。『タイムズ』紙に掲載されたマイケル・サドラー委員会調査の報告に衝撃を受け、以後、議会での工場法改革を推進する中心人物として活動する。政治的には保守で、福音主義運動の信奉者でもあった。一連の工場法改革運動のほかに、労働者階級教育やスラム改善の運動にも取り組んだ。

［13］小説『シビル』や、ハモンド夫妻のシャフツベリー伝や、セシル・ドライヴァーの感銘深いオウストラ伝 Cecil Driver's impressive life of Oastler

小説『シビル』*Sybil, or The Two Nations* (1845) は、ディズレーリ Benjamin Disraeli の小説。地主と実業家が自らの利益のために国を支配していることを示したこの小説は、トーリー党の改革をめざした「ヤング・イングランド」運動の一環でもあった。ハモンド夫妻のシャフツベリー伝とは、*Lord Shaftesbury* (1923)、セシル・ドライヴァーのオウストラ伝は、*Tory Radical : the Life of Richard Oastler* (1946)。

［14］ジョウジフ・レイナー・スティーヴンス Joseph Raynor Stephens

Stephens, Joseph Rayner (1805-79). 正しくは、Joseph Rayner Stephens とつづる。メソジストの牧師の息子に生まれ、メソジスト聖職者の道を歩むが、教会と国家との分離を唱えたことから一八三四年にはチェルトナムのウェスレー派教会から追放された。スティーヴンスはその後、木綿産業が隆盛していたランカシャーのアシュトン-アンダー-ラインに移り、独自に教会を始めて工場改革運動にかかわるようになる。リチャード・オウストラやジョン・フィールデンと協働するようになったスティーヴンスは、三四年の新救貧法にたいする反対運動もおこない、治安攪乱罪で有罪判決を受けて投獄された。四〇年の釈放後も、繊維工場における児童労働の禁止を求めた運動や失業者のための活動など、生涯急進的社会運動に携わりつづけた。

［15］「フィクスビー・ホール協定」'Fixby Hall Compact'

フィクスビー・ホールとは、イングランド北部ハダズフィールド近郊にあってトマス・ソーンヒル Thomas Thornhill が所有していた大領地の館で、当時オウストラが執事として統括していた。現在フィクスビー・ホールは、すでに百年以上の歴史をもつハダズフィールド・ゴルフ・コースのクラブハウスとして使われている。

［16］ブル Bull

Bull, George Stringer (1799-1865). アフリカのシエラ・レオンでの布教活動に従事したあとに帰国し、ブラドフォード近郊のバーリー Bierly の牧師補となる。福音主義者で、禁酒運動と児童教育に情熱を傾け、バーリーの工場における児童労働問題への関心からオウストラらと協働を始めた。

［17］フランセス・トロロープの『工場少年労働者マイケル・アームストロング』Frances Trollope's *Michael Armstrong, The Factory Boy* (1840)

第6章の訳注［9］を参照のこと。

［18］ホブハウス法案 Hobhouse's Bill

ホブハウス John Cam Hobhouse (1786-1869) は、社会改良家として知られたウェストミンスター選挙区選出の急進的国会議員で、宗教の自由を強く主張したユニテリアン。ピータールーの虐殺事件については独自の私的調査をおこない、議会で当局側の対応を厳しく批判した。議会改革と工場法改革の議会における中心人物になって活動した。一八三一年にホブハウスは、九歳以下の児童の工場労働の禁止や、十八歳以下の児童労働者の労働時間を一日十二時間に制限することをうたった、児童労働制限法案を議会に提出した。これがいわゆるホブハウス法案である。これをきっかけにイングランド北部のハダズフィールドやリーズで労働時間短縮委員会が自発的に結成され、数カ月のうちに主要な繊維産業都市に広まった。繊維産業労働者だけでなく、労働時間の短縮を支持する商店主らも委員会に加わり、集会や署名運動をおこなってホブハウス法案を後押しした。この法案は修正され、三一年、木綿工場にしか適用されない、しかも強制力を欠いた法案として通過した。ホブハウスに失望し、成立した法に満足しなかった労働時間短縮委員会は、シャフツベリー卿を議会の指導者に代え、四七年に工場法が成立するまで活動をつづけた。

［19］アグル Agur

旧約聖書「箴言」三十章の言葉を残したが、どのような人物なのかは不明。

第11章

［1］ピューリタニズム——ディセント——ノンコンフォーミティ

Puritan は、エリザベス朝国教会体制に不満をもち、カルヴァンの教えに従い、さらには聖書に依拠しない堕落した教会の浄化 purification を主張した。ピューリタンの多くは、カトリックを信仰したメアリ一世時代に大陸に亡命してエリザベス一世の治世に帰国した者たちである。しかし、女王は包括的な教会体制の維持を主張し、教会儀式に残ったとされる「不純」impure なカトリック的要素に一部少数の聖職者が強固に反対することになった。こうして彼らは政府から「ピューリタン」と呼ばれ、迫害されるようになった。dissent は、イングランド国教会に信従・遵奉しないことをさして使われたが、通常そこにカトリック信者は含まれず、プロテスタントの非信従を意味した。ノンコンフォーミティは、ディセントとほぼ同義に使われてきている。第1章の訳注［30］を参照のこと。

［2］マーク・ラザフォード Mark Rutherford

本書第2章の訳注［90］を参照のこと。

［3］ジャベツ・バンティング師 Reverend Jabez Bunting

Bunting, Jabez (1779-1858). ウェスレー派のメソジスト牧師。マンチェスターに生まれ、一七九八年にメソジストの宣教師として説教活動を開始した。メソジスト教会の要職を歴任してウェスレー派のトップに立ち、メソジスム第二の始祖とまで呼ばれた。

［4］「テント・メソジスト」や、バイブル・クリスチャンズすなわちブライアン派 'Tent Methodists' and Bible Christians, or Bryanites

「テント・メソジスト」の「テント」とは、野外で説教などをおこなう際に建てられたテントをさすものだと思われる。したがって「テント・メソジスト」とはおそらく、テントを張って野外説教をおこなうことで布教活動を進めたメソジストの一派をさすものだろう。バイブル・クリスチャンズは、ウェスレー派メソジスムに異議を唱えたウィリアム・オブライアン William O'Bryan (1778-1868) によってデヴォンで創始された。聖書に指針を仰ぐことを旨とした信仰生活を実践していたためにバイブル・クリスチャンズと呼ばれた。その熱烈な福音主義と、女性説教師の積極的な登用によって知られ、一八二〇年ごろまでにはその拠点になったイングランド南西部ばかりでなく、チャネル諸島やケントにも使節団を持つにいたった。十九世紀半ば以降にはカナダやオーストリアやニュージーランドにも海外使節団を確立し、一九〇七年には、合同メソジスト自由教会 United Methodist Free Churches および メソジスト・ニュー・コネクションと合同して合同メソジスト教会を結成した。その際には、三万四千六百四十人の信徒がいたといわれている。

［5］リチャード・バクスター Richard Baxter

Baxter, Richard (1615-91). イングランドのピューリタン聖職者、著述家。市民戦争では議会派を支持し、従軍牧師を務めた。のちには王政復古に多大な貢献をしたが、ヘリフォードの主教職の申し出を拒絶し、一六六二年版のイングランド国教会祈禱書 *The Book of Common Prayer* の公認および独占使用を拒絶して教会を追われ、非国教派聖職者になってチャールズ二世およびジェームズ二世の迫害を受けた。

［6］ファイヴズ fives

二人ないしは四人のプレーヤーが、三面の壁のいずれかにたいして球を手で打ち、次のプレーヤーの失策を招くようにそのボールを跳ね返らせることを目的とするイギリスのゲーム。なぜファイヴズと呼ばれるようになったのかは諸説あるが、定かでないという。

［7］マニ教的な罪悪感 Manichaean sense of guilt

ペルシアのゾロアスター教を基本としたキリスト教の異端という見なされ方をされているが、一貫した教義と厳格な組織体形をもっていて、独自の宗教ととらえるのが適切との見方もある。三世紀にペルシア人マニ Mani が創始した。ゾロアスター教の圧迫でマニは磔刑に処せられたが、十三世紀に衰亡を始めるまで東西において信仰は拡大した。その核心にあるのはグノーシス主義 Gnosticism で、現世における生は耐え難く苦痛であり根源的に邪悪であるとし、秘教的知識・霊智 gnosis による救済を説いた。善・光明・精神、悪・暗黒・物質という二元的自然観を教理の根本とし、菜食主義や不淫戒や断酒などを実践して、死における現世の邪悪からの永遠の脱却すなわち楽園への帰還をめざした。

［8］ミトラ教 Mithraic blood-sacrifice
ミトラは、ペルシャ神話に起源をもつ光と真理の神。ミトラ教では、雄牛が生け贄とされる。

［9］埋葬された魂とそのすべての宝石の上に The buried Soul and all its Gems
この段落のブレイクからの引用は、*The Everlasting Gospel*（c. 1818）からのものである。前掲『ブレイク全著作』一三七一、一三八一ページ。

［10］アイザック・ワッツの『子供の聖歌』*Isaac Watts' Divine Songs of Children*
Watts, Isaac（1674-1748）．イギリスの賛美歌作家、詩人。また彼の子供向けの歌は、ウィリアム・ブレイクのそれを先取りしたものだともいわれている。

［11］ランカスター方式の慈善学校運動 Lancastrian charity school movement
Joseph Lancaster（1778-1838）．ロンドンの下町サザックで生まれ、非国教派牧師を志したが、クエーカーのフレンド会 Society of Friends に参加し、教育運動にかかわるようになった。二十歳のときに自宅などで貧しい少年たちの教育を始めるが、まもなく生徒数が千人を超えるようになり、年長の教え子たちが各地に学校を開くまでになった。学んだ年長生徒が今度は年少者を教えるという生徒監督方式を体系化して、成功を収めた。ランカスター方式の学校は非国教徒やウィッグ貴族に支持され、一八〇八年には支持者たちによってランカスター協会 Lancaster Society（のちの「イギリスおよび外国学校協会」British and Foreign School Society）がつくられた。こうしてランカスター学校は拡大したが、ランカスター自身は破産して渡米した。かの地では支持者も少なく、貧しいままニューヨークで事故死している。

［12］チャールズ・キングズリー Charles Kingsley
Kingsley, Charles（1819-75）．小説家、牧師。初期の作品では、キリスト教社会主義の理想を説いたが、後年になって執筆した歴史冒険小説である *Westward Ho!*（1855）や、児童文学の古典ともいえる *The Water Babies*（1863）の作者として知られている。労働者階級の苦難に関心を払った小説『仕立て屋詩人オルトン・ロック』（前掲『愛の社會主義』）は、一八五〇年に刊行されている。現在では、ヴィクトリア時代のパラドックスを反映した人格をもつ代表的人物としても関心を集めている。すなわち、動物を愛護した熱烈なスポーツマンであり、黒人を嫌悪した労働者階級の英雄であり、帝国主義時代における男らしさを称揚する「筋骨たくましいキリスト教徒」muscular Christian であると同時に、妻にたいす

る過度ともいわれた肉体的愛情をはばかることなく示し、身体の勇猛を称賛しながらも、自らは吃音者でありしばしば精神衰弱にも陥った人物であったという。

［13］カール・マンハイム Karl Mannheim

Mannheim, Karl (1893- 1947). ハンガリー生まれの哲学者で知識社会学の祖とされている。ルカーチ率いる日曜サークルに参加したのち、政治哲学に代わる理論的社会科学の構想に取り組む。理論の役割は、社会について諸仮説を構築することではなく、人びとが社会について考えているところを理解することにあるとの立場に立った。ここで引用されている『イデオロギーとユートピア』（鈴木二郎訳、未来社、一九六八年）のほかにも、多くの翻訳がある。

［14］サンフォードの幽霊 The Samford Ghost

一八一〇年から三年間にわたってデヴォンのサンフォードで起きた「ポルターガイスト」現象のこと。

［15］……私の贖いの年が来たからだ」...the year of my redeemed is come.

この孫引き部分は、「イザヤ書」六三からとられている。エドムとは古代パレスチナに隣接した死海とアカバ湾とのあいだの地域。その住民であるエドム人は、旧約聖書によれば、スープと引き換えに相続権を双子の弟ヤコブに売り渡したエサウの子孫である。こうして、ヤコブの子孫であるイスラエルは、エドムを支配する権利があるとされる。ボツラは、エドムの主要都市で、現在ヨルダンにある死海南東の Busayra (Jordan) ではないかと考えられている。

［16］オフィル Ophir

聖書に登場する地名およびその地に住む人びとをさすが、その地理学上の位置については定かでなく、アラビア南部ないしは南東部、アフリカ南東海岸、インドなど諸説ある。金、白檀《びゃくだん》、宝石などがオフィルからソロモン王に運ばれた。

［17］私がニネベ、ソドム、ゴモラについて語ったこと、私がティルスとシドンについて語ったこと、私がガリラヤ人について語ったこと What I said of Nineveh, Sodom and Gomorrah, what I said of Tyre and Sidon, what I said concerning the Galileans

ニネベは、古代アッシリアの首都で、イラク北部のティグリス川岸に位置した。ナホムの託宣（「ナホム書」二章二―三節、十九章）では、殺戮と淫行の町ニネベ滅亡の様子が描かれている。ソドムとゴモラは、性的不道徳・性的倒錯などの住民の罪ゆえに天からの火によって滅ぼされた町（「創世記」十三章十―十三節、十八章二十―三十三節、十九章二十四―八節、「ユダの手紙」七章)。ティルス(テュロス、またはツロとも訳されている)とシドンは地中海に面する古代フェニキア(現レバノン)の港町(「エゼキエル書」二十六章二―五、十五節、二十七章三節、「アモス書」一章九節、「マタイによる福音書」十一章二十一―二節、「ルカによる福音書」十章十三―四節など)で、罪悪の町として描かれている。ガリラヤは、イスラエル北部の地域名で、イエスの聖職活動の拠点。ガリラヤ人は、しばしばキリスト教徒と同義で使われる。

[18] イゼベル Jezebel

フェニキアの王妃で、イスラエルの王アハブ Ahab と結婚。自然の生産力を象徴した古代セム人の神であるバアル神の信仰を奨励し、ヘブライの預言者を迫害した。アハブ家の滅亡をもたらした反乱の際には、宮殿の窓から放擲されて犬の群れの餌食となった(「列王記」上十六章三十一節、二十一章一―二十九節、「列王記」下九章三十―三十七節)。邪悪な女性の代名詞である。

[19] ファラオ Pharaoh

古代エジプト王。エジプト人はイスラエルの民たるヘブライ人を奴隷として酷使したが、イスラエル人の人口拡大からその反乱を恐れたファラオは、イスラエルの男子新生児の皆殺しを命じた(「出エジプト記」一章一―二十二節)。

[20] エインシャント・ピストル Ancient Pistol

シェイクスピアの戯曲『ヘンリー五世』第二幕第一場に登場する血の気の多い兵隊の名前。

[21] ヘテ人 Hittites

ここまでの引用部分で言及されている固有名詞は次のとおり。ロト Lot は、アブラムの甥。ロトの妻はソドム滅亡のときに、一族がその地から逃げる途中で振り返り、塩の柱にされた(「創世記」十九章十二―二十九節)。ツォアル Zoar は、ロトたちが逃げた先の町の名で、「小さい」の意。ベル Bel は、古代バビロニア人およびアッシリア人の大地の神。オグ Og は、イスラエル人に占領されたバシャン Bashan(ヨルダン川東方)の巨人王。アガグ Agag は、アマレク人 Amalekite の王で、サムエルに殺された(「サムエル記」上十五章一―三十三節)。エリコ Jericho は、死海の北方にあるパレスチナの古代都市。一九六七年以降はイスラエルによって占領されている。「ヨシュア記」によれば、ヨシュア Joshua の率いるイスラエル人がカナン人からエリコを奪い、滅亡させた(「ヨシュア記」六章一―二十六節)。エフライム Ephraim はエジプトの大飢饉を救ったヨセフ Joseph の次男（「創世記」四十一章五十二節）。カレブ Caleb はヘブライ人の指導者で、モーセによってカナン Canaan（ヨルダン川、死海、地中海に挟まれた地域の古代名で、主がユダヤ人の祖アブラムに約束した土地）の偵察のため派遣された（「民数記」十三章六節）。聖書に登場する「乳と蜜の流れる土地」に住むヘト人 Hittites とは、ヒッタイト人のことで、現在のトルコ、アナトリアからシリア北部に住んで、小アジアおよびシリアに強大な帝国を築いた古代民族（「出エジプト記」三章八節）。

［22］「エゼキエル書」Ezekiel

旧約聖書の預言書の一つ。

［23］ジョージ・ハウエル George Howell

Howell, George (1833-1910). 建設業を営む父のもとサマーセットで生まれ、煉瓦積み工となる。一日十二時間働いたが、日曜は読書に費やし、バニヤンの『天路歴程』などを愛読した。重労働を嫌ったハウエルは、徒弟製靴工となり、一八四八年にはチャーティスト運動に参加。製靴工仲間にはメソジストもいて、その影響で在俗説教師にまでなり、禁酒運動にも積極的に取り組んだ。一八五四年にロンドンに上京するが、製靴工の仕事が見つからず、煉瓦積み工に戻る。数々の政治集会に参加し、カール・マルクスやチャールズ・ブラドロウらと面識をもった。五九年には煉瓦積み工協会 Operative Bricklayers Society に参加し、九時間労働を要求する労働争議に参加するなどし、以後五年間ブラックリストに載り失職。六一年にはロンドン労働組合評議会 London Trades Council に参加して書記長となる。その後は普通選挙権運動にかかわり、失望することにはなったが、六七年の第三次選挙法改正にあたって大きな役割を果たした。七一年には新たに設立された労働組合評議会の書記長になり、八五年にはイースト・エンドのベスナル・グリーン選挙区からリブ・ラブ候補として国会議員に当選している。

［24］ベン・ラシュトン Ben Rushton

Rushton, Benjamin (1785-1853). ハリファクスの代表的チャーティスト。工場に雇われた織布工で、労働者の権利と正義のために精力的に活動し、運動の先頭に立った。黄疸を患って死んだが、その葬儀には一万人が参会したといわれている。

［25］ジョン・スケヴィントン John Skevington

Skevington, John (?-1850). ラフバラのチャーティスト指導者、協同組合主義者、メソジスト説教師。

［26］オールド・ハンドレッド Old Hundredth

旧約聖書の「詩篇」百章に由来するといわれている十六世紀半ばに確立された賛美歌で、「地上のすべての者が良く過ごし、喜びの声で主に歌わん」で始まる主を称える歌。

［27］アーネスト・ジョーンズ Ernest Jones

Jones, Ernest (1819-69). 軍人の息子として生まれ、弁護士資格をとる。一八四四年に遺産相続するが、事業に失敗して破産する。一八四六年にチャーティスト運動に参加し、ファーガス・オコナーに高く買われて『ノーザン・スター』のジャーナリストとなる。弁論家、オルガナイザー、文筆家としての才に長けていた。四八年には治安攪乱の演説を理由に逮捕され有罪判決を受け、獄中での虐待によって健康を著しく害した。五〇年に出獄したのちも急進的ジャーナリズム活動をつづけ、マルクスも寄稿した社会主義新聞 *The People's Paper* など多くの新聞を発行した。G・D・H・コール『チャーティストたちの肖像』（古賀秀夫／岡本充弘／増島宏訳、法政大学出版局、一九九四年）の第十二章「アーネスト・ジョーンズ」を参照のこと。

［28］ガメイジ Gammage

Gammage, Robert (1820?-88). ノーザンプトンの労働者階級家庭に生まれるが、両親は揺るぎない保守党支持者だった。四輪馬車の仕上げ工として十二歳で働きはじめ、トマス・ペインの『コモン・センス』を読んで急進主義者になったという。地元でオルガナイザーとして活動するが、その後イギリス各地を渡り歩き、各地域のチャーティストと接触し、政治演説をしながら活動をつづけた。一八五二年にはチャーティスト運動の全国指導部に選出されるが、実力行使によるチャーティスト運動には反対し、ファーガス・オコナーやアーネスト・ジョーンズとは対立した。

第12章

［1］「靴直しの月曜日」'Cobbler's Monday'

トムスンがここで念頭に置いているのは、十九世紀初頭にヨークシャーの織物村であるパドシー Pudsey の事例である。パドシーでは、靴直しは月曜日にはめったに働かなかったことからそう呼ばれていたと、ジョウジフ・ローソンは記している（*Progress in Pudsey*, 1887, reissued in 1978 by Caliban Books, Firle, p. 76）。ローソンによれば、ウェイク（祭り日）ばかりでなく、土曜の夜や月曜日にも、しばしば女性がリングを仕立てるのを手伝い、一方が果てるまでの拳闘試合がおこなわれていたという。こうした、月曜日に仕事をしない、あるいは遅く仕事に出たり、短時間で切り上げてしまうといった労働者の「聖月曜日」の慣習は、イングランドだけでなくフランスやベルギーなどヨーロッパ各地やメキシコでも見られた。イングランドでは、地域によってはこの慣習が、十九世紀後半から二十世紀に入ってさえも残っていたことをトムスンは指摘している（'Time, Work-Discipline and Industrial Capitalism', reprinted in his *Customs in Common*, 1991）。

［2］レバーストン娯楽大会 Lebberston Sport

レバーストンは、イングランド北東部の北ヨークシャーに位置する町。ここでは、スポーツを娯楽大会と訳した。*O.E.D.* によれば、sport の語義は、pleasant pastime; entertainment or amusement; recreation, diversion である。

［3］モリス・ダンス Morris Dance

もともとは剣舞だと見なされている民衆舞踊の名称。杖ないしはハンカチを持った男性が、五月祭（五月一日）に踊ることが多い。

［4］動物掛けとか拳闘 animal baiting and pugilism

動物掛けには、牛掛け bull-bating、熊掛け bear-bating、穴熊掛け badger-bating などがあった。たとえば牛掛けでは、鎖につながれて行動範囲を限定された牛にたいして犬を放ち、牛と犬とを闘わせるもので、賭けが伴った。拳闘は、十八世紀にしだいに専門化が進んだとされ、同じく賭博興行の対象となった。これらの「血なまぐさいスポーツ」bloody sportsについては、松井良明『近代スポーツの誕生』（講談社現代新書、二〇〇〇年）を参照のこと。

［5］バーソロミュー・フェア Bartholomew Fair

イングランドで最も有名だといわれた市で、ロンドンのウェスト・スミスフィールドで開かれていた。もともとは衣類市だったが、一一一三年には勅許状を受け、十七世紀までには衣類よりもそこで提供される娯楽のほうが重要になっていたといわれている。一八五五年には、放埒と喧騒を理由に閉鎖されている。

［6］（イースターのときの）「卵集め」や、「ライディング・ザ・ブラック・ラッド」'pace-egging' (at Easter) or 'Riding the Black Lad'

「イースター」Easter は、もともとは夜明けと春をつかさどるアングロ＝サクソンの女神であり、またその祭りをさすものだった。冬のあとにくる春の生命力を祝うこの異教の祭りは、その後キリストの復活と結び付いて現在にいたり、こんにちでは復活祭と訳されることが多い。イースターは、さまざまな楽しみごと、娯楽が催され、「卵集め」や「ライディング・ザ・ブラック・ラッド」もそうした慣習の一つだった。たとえばランカシャーでは、子供たちが小さな籠を持って各戸を回り、「イースターの卵」pace egg を求める慣習があり、男性の若者による劇の上演もおこなわれたという。イングランド北西部では、黒服を着せた人形を馬に乗せて引き回して燃やし、冬の破壊を表象した。これがライディング・ザ・ブラック・ラッド（あるいはブラック・ナイト Black-Knight）と呼ばれる儀礼である。いまでも、地域のカーニヴァルにかたちを変えてこの仮装行列はおこなわれている。

［7］シュローヴ・タイドや「シンベリンの日曜日」や八月の「ラッシュベアリング」Shrove-Tide, ‘Cymbalin Sunday’, and ‘Rushbearing’ in August

キリスト教では、イースターまでの四十日間を四旬節 Lent と呼び、イースターにそなえる断食と改悛の期間とされている。その四旬節の始まりの日が、灰の水曜日 Ash Wednesday だが、シュローヴ・タイドとは、灰の水曜日 Ash Wednesday 直前の三日間をさし、その期間には告解と赦罪がなされたことからそう呼ばれた。「シンベリンの日曜日」は、四旬節の中間にあたる日曜日をさし、ランカシャーなどではシムネル Simnels と呼ばれたケーキ菓子をつくって食べたとされる。「ラッシュベアリング」は、北部でおこなわれる毎年の祭りのことで、井草と花輪を教会に運び、床にまいたり壁に飾ったりした。一般には、献堂祭と訳されている。

［8］「悪ふざけの夜」‘Mischief-neet’

mischief night のことで、もともとは四月三十日、現在は十一月四日の夜。迷惑行為にふけることが子供たちに許されると見なされた日で、北部に広くみられた。家屋を破壊するなどの行為もなされたという。

［9］木球打ちや「ダック・ノップ」や路上でのフットボール Knur and Spell, ‘duck knop’, and football through the streets

木球打ち Knur and Spell は、単純に球などのモノを打ってできるだけ遠くに飛ばすことを競う遊びの一つ。Knur は、固いゴルフボールほどの大きさの球。レバーを踏むか叩くかすると垂直に空中上方に球が飛び出す仕組みをもつ道具が

Spell。飛び出した球を trippitt と呼ばれるゴルフクラブに似た道具で打って競う。ダック・ノップは、若者男子のゲームで、大きな石の上に小さな石を置き、それを誰かが石を投げて崩し、ほかの誰かがそれを元どおりに積み上げる。その積み上げる前に番人役にさわられたら、その人が次には番人役になる、というかたちで展開した（Joseph Lawson, *Pudsey in Progess*, 1978, p. 77）。路上でのフットボールとは、村同士の対抗試合のことで、ゴールは互いに数キロほど離れていることもあり、一日で決着がつかないことも少なくなかったという。

［10］「ティム・ボビン」'Tim Bobbin'

本名は John Collier (1708-86)。マンチェスター郊外で生まれ、徒弟織布工を経て教師になるが、諷刺画家およびランカシャー方言でのストーリー・テリングの名手である「トム・ボビン」として名を知られた。「ランカシャーのホガース」とも呼ばれ、パブなどの看板書きとしても活躍、ストーリー・テリングにおける世相諷刺や学者批判も有名だったという。

［11］「レヴェルズ」（イングランド西部）Revels

物騒な浮かれ騒ぎ、お祭り騒ぎのことで、暴動騒ぎになることもあった。

［12］鉄輪投げ Quoits

粘土板から突き出た突起に鉄製の輪を投げ入れるパブのゲーム。

［13］捕虜取り Prison-bars

男子の遊びで、二組に分かれて、「基地」「家」「巣窟」などと呼ばれる陣地をそれぞれ決める。そこから飛び出した相手に触って捕虜にするゲーム。

［14］サトゥルナリア祭 Saturnalia

農神サトゥルヌス Saturn を祀り、古代ローマで十二月におこなわれた祭りで、誰もが制限されずに浮かれ騒ぐことを許されたという。クリスマスの起源ともいわれる。

［15］アンナ・ウィーラー Anna Wheeler

Wheeler, Anna Doyle (1785-?). アイルランド国教会聖職者の娘として生まれる。ロバート・オウエンを介してロンドンでウィリアム・トムソンと知り合い、*An Appeal of One Half the Human Race, Women, against the Pretensions of the Other Half, Men, to Retain Them in Political, and thence in Civil and Domestic, Slavery* (1825) を共同執筆した。ウィ

ーラーは、Vlastaという筆名でオウエンの機関紙に執筆していた。

［16］『コテッジ・エコノミー』*Cottage Economy*

農村労働者に「ビールの醸造とパンづくり、そして、牛、豚、ミツバチ、山羊、家禽、ウサギの飼育」技術などを教授すると同時に、家族の幸福の基礎たる自給自足について論じた著作で、こんにちでもエコロジストのあいだでは評価が高い。一八二一年初版。

［17］ドラフト draught

八行八列の市松模様の盤の上に、赤・黒各十二個の丸い駒を相対して並べ、斜め前に一つずつ進んで相手の駒を飛び越して取り合う。アメリカ合衆国ではチェッカーと言い、日本でもチェッカーとして知られている。

［18］ホランド博士 Dr Holland

Holland, George Calvert (1801-65). シェフィールドに生まれ、十六歳から独学でラテン語、フランス語、イタリア語を学び、詩を地元の新聞に発表しはじめる。その後エディンバラ大学に入学し、一八二七年にエディンバラ大学を医学博士号を取得して卒業、シェフィールドの王立診療所 Royal Infirmary に勤務した。シェフィールドの職人図書室 Mechanics' Library や職人学校 Mechanics' Institute にかかわったほか、シェフィールド文学・哲学協会 Sheffield Literary and Philosophical Society の会長も務めた。ここでトムスンがふれているのは、ホランドがシェフィールドの町とその住民の諸側面について詳述した *The Vital Statistics of Sheffield* (1843) である。しかし彼は晩年、地元の鉄道建設プロジェクトが原因で破産状態となり不遇だった。

［19］レイモンド・ウィリアムズ氏 Raymond Williams

Williams, Raymond Henry (1921-88). 文芸批評家、小説家。ウェールズとイングランドとの境界にあるウェールズの村パンディ Pandy で、鉄道信号手の息子として生まれる。グラマー・スクールからケンブリッジのトリニティ・カレッジに進学し、七四年にはケンブリッジの演劇講座の教授となった。「リーヴィス左派」的な立場から文学・文化理論を探求するが、独自のマルクス主義的な立場から文学および文化と社会との関係を論じた批評活動を展開するにいたる（リーヴィスについては、本章の訳注［29］を参照のこと）。その主要著作には、*Culture and Society 1780-1950*, 1958（『文化と社会』若松繁信／長谷川光昭訳、ミネルヴァ書房、一九六八年）、*The Long Revolution*, 1961（『長い革命』若松繁信／

妹尾剛光／長谷川光昭訳、ミネルヴァ書房、一九八三年）、*The Country and the City*, 1973（『田舎と都会』山本和平ほか訳、晶文社、一九八五年）がある。また創作には、自伝的小説 *Border Country*, 1960（『辺境』小野寺健訳、講談社、一九七二年）などがある。

一般に、E・P・トムスンは、ウィリアムズやリチャード・ホガートとともに、イギリス新左翼第一世代の代表的論客と見なされているが、この三人をひとくくりにして「文化主義」culturalism とするレッテルを張るのには無理がある。たとえばトムスンには、ウィリアムズのように、教育活動や文化活動にたいする過剰な期待は見られないし、洗練された文化理論探求の強い志向もみられない。本章からもわかるように、むしろ、教育や文化の革命という考え方に、トムスンは懐疑的な立場にあると言えよう。本書第6章の訳注［11］も参照のこと。

［20］クリスピヌス王 King Crispin

聖クリスピヌス Crispin は聖人で、ローマの貴族出身の靴職人で兄弟の聖クリスピニアヌス Saint Crispinian とともに二八七年ごろに殉教したとされる。靴職人や皮革業者の守護聖人。

［21］ドッド Dodd

Dodd, William (1804-?). イングランドのカンブリアの自治都市ケンダルの貧困家庭に生まれ、五歳で梳き櫛づくりに出され、翌年には繊維工場でピアサー piercer として働きはじめた。ピアサーは、紡織機の動きに合わせて歩き、切れた糸を発見して紡ぎ合わせることを仕事とし、たいていは児童労働によって担われた。ドッドは一日十八時間働き、右足の膝などの関節を激しく痛めて身体障害を抱えるようになり、毎晩寝るときには神様が夜が明ける前に自分を召してくれるよう祈ったという。一八一九年には監督労働者になり、夜学に通って読み書きを覚え、工場の事務仕事もするようになった。身体障害がひどくなったドッドは工場を辞めてのちにロンドンに移住して、臨時職を転々とした。右腕切断の手術後に児童労働の経験を書き、原稿を工場法改革の議会での指導者だった第七代シャフツベリー伯に送った。それが *A Narrative of the Experience and Sufferings of William Dodd a Factory Cripple* (1841) である。シャフツベリー伯に雇われたドッドは児童労働の調査報告書を刊行したが、下院で批判を浴び、ついにはアメリカ合衆国に移住して執筆活動をつづけた。

［22］ウィリアム・ジャクソン William Jackson

Jackson, William (1737?-95). ダブリン生まれ。ロンドンに渡ったのち、イングランド国教会の聖職者となる（トムスンが「アイルランド国教会の聖職者」と記しているのは間違いだと思われる）が、急進的ジャーナリストとしても知られるようになる。一七九二年末に首相ピットの密命を受けてフランスに渡ったとされるが、九四年、ジャクソン師はフランス政府の密使として、フランス軍侵攻にたいするイングランドおよびアイルランドでの支持の広がりを確かめるためにロンドンに戻っている。ダブリンに渡って統一アイルランド人協会の指導者たちと会うが、友人だった弁護士の裏切りで大逆罪によって逮捕された。獄中で *Observations in Answer to Mr. T. Paine's Age of Reason* (1795) を執筆。翌年大逆罪での有罪となり、服毒自殺した。

〔23〕ジグやリール jig and reel

ジグは、動きのすばやく激しいダンス。リールも動きの早いスコットランドやアイルランドのダンスで、通常二組ないしは四組のカップルで踊る。

〔24〕「口上香具師」と「楽師」‘patterers’ and ‘chaunters’

メイヒューの観察によれば、「書簡・文房具、印刷・出版物、美術品の街頭商人」は、「かつては‘mouthbanks’と名づけられ、こんにちでは‘patterers’として知られている街頭演説家階級を主として構成する」のであり、それは、「真実や礼儀などほとんど無視した仰々しい演説でもって商品を売り飛ばそうと精を出す人間である」。具体的には、街頭書籍商、歌売り、バラッド売り、芝居ビラ売り、新聞の二版売り、定期刊行物のバックナンバー売り、暦売り、各種文具売り、版画売り、楽譜売り、などが含まれていた。さらにこの「街頭演説家階級」の同類として、占い師、奇術師、芸人、興行師、そして多彩な物売りたちがいるとメイヒューは述べている。なお、‘patter’とは、「話す」の俗語だという（Mayhew, *London Labour and the London Poor*, 1851; 1968 Dover edition, vol. I, pp. 3, 213ff.; ヘンリー・メイヒュー著、ジョン・キャニング編『ロンドン路地裏の生活誌』〔上・下、植松靖夫訳、原書房、一九九二年〕上巻一―二ページの簡潔な記述も参照のこと）。口上香具師の代表としてメイヒューは、殺人をはじめとする犯罪や恋愛を素材にした小印刷物を数人で組んで売り歩く「移動口上香具師」running patterers をあげているが、歌を歌ったりフィドルを弾いたりしてそれを引き立てたのが「楽師」chaunters である。‘chaunter’とは、chanter のことで、聖歌を詠唱する人、歌手、楽士、あるいは文言を繰り返し唱える人、などの意味がある。

〔25〕ホーン、クルクシャンク Hone, Cruikshank

ホーンWilliam Hone (1780-1842) は、熱心な会衆派信徒である中流階級家庭に育ち、早くして政治意識に目覚め、十六歳ですでにロンドン通信協会の会合に参加するようになっていたという。出版業界で仕事をするようになり、いくつかの失敗を経て、政治パンフレットの出版を始めた。若かったクルクシャンク George Cruikshank (1792-1878) を挿絵画家として雇い、自らそれにテキストをつけて成功を収めた。クルクシャンクは、のちにディケンズの挿絵も描くようになったヴィクトリア時代のイギリスを代表する挿絵画家、諷刺画家。

ホーンとクルクシャンクは、一八一九年のピータールーの虐殺事件を受けて二十四ページの小冊子『ジャックが建てた政治の家』*The Political House That Jack Built* を同年末に刊行した。ホーンの手になる韻を踏んだ政府批判の文言とクルクシャンクの挿画十二枚からなるこの政治パンフレットは、数カ月で十万部を売ったといわれ大成功を収めた。'Political House That Jack Built' というのは、王と両院議会の三本を支柱として、自由の女神を戴いた簡素な建造物で、その画には「古の時代は、どこにこの国制が存立しているのかと尋ねる」と記されている（本書第15章八二五―六ページを参照のこと）。

[26] カースルレイ（「デリー - ダウン - トライアングル」）Castlereagh ('Derry-Down-Triangle')

The Political House That Jack Built で、「デリー - ダウン - トライアングル」として登場するのがカースルレイである。鞭打ちの際に縛り付けられる三角形の枠からつけられたあだ名だが、それは、一七九八年のアイルランドでの反乱鎮圧の際に、カースルレイがこの処罰法を熱心に採用したとされていることからきている。

[27] カーダーズや「水平派」Caders or 'Levellers'

十八世紀末から十九世紀初頭にかけて、アイルランドでは農村部を中心に多数の秘密結社が存在して、反乱と抗争を繰り返した。農村部の不満を基盤にしたそうした集団の一つが「水平派」Levellers だった。最も悪名の高かったのが「カーダーズ」Carders で、羊毛用の梳き櫛 card に使うワイヤー・ブラシで犠牲者の背中を切り裂いたことからそう呼ばれた。

[28] サー・チャールズ・スノー Sir Charles Snow

Snow, Charles Percey, Baron (1905-80). イギリスの小説家だが、スノーを一躍有名にしたのは、一九五九年のリード講演「二つの文化と科学革命」である。西欧、ことにイギリスにおける科学的文化と人文的文化の隔絶と対立が、文化は言うまでもなく、正常な社会の進歩をも阻害しているとして、伝統的な教育制度の抜本的改革を断行すべきことを訴えて大きな議論を呼んだ。次項で述べるリーヴィスが辛辣に批判し、論争になった。邦訳は『二つの文化と科学革命』（松井巻之助訳、みすず書房、一九九九年新装版）。

［29］リーヴィス博士 Dr Leavis

Leavis, Frank Raymond (1895-1978). イギリスの文芸批評家、ケンブリッジ大学フェロー。文芸批評誌 Scrutiny を一九三二年に創刊して大きな影響を与えた。ロレンスを称賛し、ディケンズの再評価に大きく貢献した。主著に、*The Great Tradition*, 1948（『偉大な伝統』長岩寛／田中純蔵訳、英潮社、一九七二年）、*The Common Pursuit* (1952) などがある。

［30］……人生の単純な掟も知らぬというのに。……blind to all the simple rules of life.

草稿として残されたブレイクの長篇叙事詩『四人のゾアたち』The Four Zoas の「ヴァラ　第七夜」VALA Night the Seventh からの引用。一七九五年から一八〇四年の間に執筆されたのではないかといわれている。「四人のゾア」とは、旧約聖書「エゼキエル書」一章五節および新約聖書ヨハネの「黙示録」四章六節で言及されている「四つの生き物」に由来し、ブレイクでは人間の四つの側面、すなわち肉体、理性、感情、想像力を表象する。引用中のユリゼン Urizen は、理性の表象。また、ヴァラVala とは自然の女神を表象する。この四要素の再統合がイギリス Albion の救済をもたらすとされる。引用部分の日本語訳は、前掲『ブレイク全著作』五九九ページを参照のこと。

第13章

［1］グレイ Grey

Grey, Charles Grey, 2nd Earl (1764-1845). ウィッグ派の庶民院議員、首相（一八三〇―三四年）。一七九三年には議会改革を求める「民衆の友協会」の創設に参加し、普通選挙権には賛成しなかったが、改革の必要を強く感じていた。フォックスの友人で、一七九〇年代にはピットの外交および内政に強く反対した。九二年、九三年に議会改革法案を提出。九四年には人身保護法の停止に、翌年には治安攪乱集会法案に反対した。一八〇〇年にはアイルランド併合にも反対している。〇六年には集才内閣 Ministry of All the Talents の海相になり、フォックスの没後に外相になる。しかし、カトリック解放法案導入を阻止したジョージ三世の行為を国制に反するとして辞職、以後一五年には対仏戦争の再開に反対し、一七年の言論弾圧法の法制定も厳しく批判した。三〇年、議会改革に理解のあった新国王ウィリアム四世に請われて首相になり、翌年には改革法案を導入、否決されると総選挙に訴えて再選された。再度提出された改革法案は庶民院を通過するが貴族院で否決。貴族院での法案成立のために必要な数の新貴族をつくるというウィリアム四世の約束を取り付け、三二年の第一次選挙法を成立させた。そのほかにも、一八〇七年の奴隷貿易廃止法や、首相在任中の工場法や奴隷制廃止法の成立など、重要な改革法案の成立に貢献した。

［2］サミュエル・ウィットブレッド Samuel Whitbread

Whitbread, Samuel (1758-1815). ビール醸造業者の息子として生まれる。チャールズ・グレイの生涯にわたっての友人で、その妹と結婚。一七九〇年に庶民院議員に選出され、フォックス派に属した。宗教上の権利と市民的権利の拡大、奴隷貿易の廃止、無料教育制度の確立など、各種の自由主義的な改革を主張して支持した。九二年にはグレイとともに「民衆の友協会」の創設に参加。急進派議員として活動をつづけるが、一八一五年に鬱病にかかり、自殺している。

［3］H・G・ベネット H. G. Bennet

Bennet, Henry Grey (1777-1836). 改革主義者、法律家。当時賭博場として名をはせていた Brooks's Club に所属し、庶民院ではウィットブレッドに従った。宮廷を攻撃する処女演説をおこない、安価かつ改革された議会を要求して軍事予算、王室費、課税を批判した。さらには、市民的権利の制限を批判し、カロライン王妃を擁護し、刑法や刑罰の徹底改革を要求した。

［4］査定税 assessed tax

こんにち、査定税 assessed taxes（自動車免許証など特定の活動にたいする課税）とは、関税 customs、特定物品税 excise（ガソリン、タバコ、アルコール飲料などへの製造時における課税）、消費税 value-added tax、などと並んで、イギリスの間接税を構成するものだが、十九世紀前半の査定税には、居住家屋、男子奉公人、馬車、馬、犬、馬の販売業者、頭髪用パウダー、紋章付き物品、窓などが含まれていた。

［5］『うまくいくさ』や『マルセイエーズ』 *Ca Ira* and the 'Marseillaise'

『うまくいくさ』はフランス革命歌で、一七八九年に群衆がヴェルサイユ宮殿に向かったときに歌われはじめたといわれている。『マルセイエーズ』はフランス国歌で、一七九二年の対オーストリア宣戦布告の際に作曲されたといわれている。

［6］メインウォーリング氏 Mr Mainwaring

Mainwaring, Rowland (1783-1862). 海軍司令官。対仏戦争に従軍。

［7］シェリダン Sheridan

Sheridan, Richard Brinsley (1751-1816). アイルランド出身の劇作家、国会議員、演説家。一七八〇年、フォックスの支持者として政界入りし、摂政皇太子とも親交を結んだ。劇作には、喜劇 *The School for Scandal*, 1777（『悪口学校』菅泰男訳、岩波書店、一九八一年）などがある。

［8］『ボナちゃん』'Boney'

船頭歌の題名で、別名『ボナちゃんは戦士だった』'Boney Was A Warrior'。「ボナちゃん」とは、ナポレオン・ボナパルトNapoleon Bonaparte (1769-1821) のことである。「ボナちゃんは戦士だった」で始まり、「ボナちゃんは失意のうちに死んだ」で終わるものなどがあった。

［9］ネルソン Nelson

Nelson, Horatio, Viscount Nelson, Duke of Bronte (1758-1805). イギリスの提督。ナポレオン戦争初期一八〇五年のトラファルガー海戦で、ネルソン率いるイギリス海軍がフランス・スペイン連合軍を破ったことでその名は最もよく知られているが、ネルソン自身は致命傷を負った。

［10］「集才内閣」'Ministry of All-the-Talents'

All the Talents, Ministry of (Feb 1806 - March 1807). グレンヴィル内閣（本書第14章の訳注［22］を参照のこと）の別称で、主としてチャールズ・ジェイムズ・フォックス（一八〇六年に死去するまで外相）の支持者で構成された。

［11］オールド・セイラムやガットン Old Sarum or Gatton

イングランド南部のウィルトシャーにある丘。いわゆる「腐敗選挙区」の一つで、ひと握りの選挙人が二議席を自由にしていた。ガットンとは、実質はロンドン南方に位置する州サリー Surrey にある広大な私有地庭園 Gatton Park のことで、最悪の「腐敗選挙区」の一つとされていた。選挙区の役所 town hall で投票することが必要とされるようになったときには、天蓋と柱だけからなるかたちばかりの建造物を建ててこれを town hall（役所）と称していた。

［12］フッド提督 Admiral Hood

Hood, Samuel, 1st Viscount (1724-1816). アメリカの独立戦争下の一七八二年にドミニカ沖でフランス軍を破る功績を残した。フランス革命戦争では、九三年にフランス南東の軍港トゥーロン Toulon を占拠し、その翌年にはコルシカ島の防衛を撃破した。

［13］ウェルズリ総督 General Wellesley

Wellesley, Richard Colley Wellesley, 1st Marquess (1760-1842). イギリスの植民地官僚で、首相となったウェリントン公爵 Arthur Wellesley, 1st duke of Wellington の長兄。一七八四年にイギリス政界入りし、ピットを支持、九七年にインド総督の任についた。武力によってフランス支配を一掃して、有力インド人支配層の力を弱め、イギリスのインド支配拡張に成功した。しかし、その軍事支出や支配のため助成金政策が本国で批判を浴びるようになり、一八〇五年に召還されている。本国議会でのウェルズリ追及は不成功に終わったが、不満の収まらないウェルズリは、閣僚のポストを拒絶して〇九年にスペイン大使として赴任した。しかし、翌年には外相として内閣入りし（一八一〇―一二年）、その後は二度にわたってアイルランド総督を務めた。カトリック解放を強く主張した。

［14］「ポップ・ガンの陰謀」'Pop-Gun Plot'

一九七四年に噂になった国王ジョージ三世の暗殺計画。毒を塗ったダーツをポップガン（空気銃）から撃ち、劇場で観劇中の国王を暗殺するという計画だったといわれ、こう呼ばれた。ロンドン通信協会の会員は拘束され、枢密院などで査問を受けた。そのなかには、通信協会をはじめとする急進主義政治団体の会員で、パーキンソン病の名でこんにちも知られているイギリスの医師ジェイムズ・パーキンソン James Parkinson (1755-1824) も含まれていた。

第14章

［1］ロバート・エメット Robert Emmet

Emmet, Robert (1778-1803). 外科医の三男として生まれ、トリニティ・カレッジに進学。熱烈なナショナリストで、不成功に終わった一七八九年の革命蜂起の際には、フランスに亡命中だった。一八〇二年にはナポレオンに面会し、イングランド侵攻の約束を得るが、エメット自身はフランスからの支援が実現するとは考えていなかったといわれている。〇三年七月にエメットが率いた蜂起は、デスパードのロンドンでの蜂起計画と酷似していたことから、両者はなんらかのつながりをもっていたのではないかと見なされている。この無謀で統率のとれていなかった蜂起はたやすく鎮圧され、エメットは八月二十五日に逮捕され、九月に死刑判決を受けてその翌日に処刑された。しかしエメットは、その後のアイルランド独立運動の指導者たちから英雄扱いを受けるようになった。

［2］カンバーランド公爵 Duke of Cumberland

Ernest Augustus, Duke of Cumberland and King of Hanover (1771-1851). ジョージ三世の五男。対仏戦争に従軍して勇敢に戦い、名声をはせた。貴族院議員としても、トーリーを支持して大きな影響力をふるい、カトリック解放や議会改革に強く反対した。そのため、ウィッグの指導者や急進的活動家、ジャーナリストからは反感を買っていた。一八一〇年五月、頭部に重傷を負った公爵が発見されたが、まもなく喉を切られた近侍の奉公人が寝室で発見された。公爵の暗殺を計ったあとの自殺との判決がくだったが、急進派ジャーナリズムは、公爵が近侍を殺害したとの噂を報じてはばからなかった。

［3］ピサロ Pizzarro

Pizarro, Francisco (1476-1541). ペルーを征服し、植民地を建設したスペイン軍人。野心に満ち貪欲だったといわれ、最後には暗殺された。

［4］クリストファー・マーロー Christopher Marlowe

Marlowe, Christopher (1564-93). エリザベス朝を代表する劇作家の一人で、シェイクスピアにも多大な影響を与えた。代表作に、「フォースタス博士」(『マルタ島のユダヤ人／フォースタス博士』所収、小田島雄志訳、白水社、一九九五年、ほか) など。

［5］「タイバーン・チケット」Tyburn tickets

有罪となった重大犯罪の告発には、報奨金や「タイバーン・チケット」が与えられた。「タイバーン・チケット」とは、それを保有する者に、教区における煩わしく負担の多い公務を生涯免除する特権を与えた。街道強盗、贋金づくり、押し込み強盗などの重大犯罪には報奨金が出たが、同じ死刑に該当する犯罪でも、馬泥棒などの場合には報奨金は出ず、「タイバーン・チケット」だけが与えられた。「タイバーン・チケット」の価値は、地域によってさまざまに異なった。本書

第9章の訳注［5］も参照のこと。

［6］トマス・バンクロフト師 Rev. Thomas Bancroft

Thomas Bancroft (1756-1811). マンチェスター近郊の町ボルトンの教区司祭。マンチェスター・グラマー・スクールに六歳で入学を認められ、オクスフォードのブレイズノーズ・カレッジを卒業。その後オクスフォードでの研究員生活に失望したバンクロフトは、マンチェスター・グラマー・スクールに戻って副校長として勤務する一方、ボルトンの教区祭司をつづけた。

［7］フレッチャー大佐 Colonel Fletcher

Fletcher, Ralph (?-?). ピータールーの虐殺事件当日に任務に従事していたマンチェスター治安判事の一人。石炭産業で財産を築いた家系に生まれた。ボルトン義勇軍の少佐であると同時に、ボルトン教会と国王クラブの創設メンバーでもあった強硬なイングランド国教会信徒だった。マンチェスターでは、産業革命期に多くのオレンジ党員が職を求めてアイルランドから移住し、イングランド人プロテスタントも参加するイングランド・オレンジ党が結成されるようになったが、一八〇八年にマンチェスターで結成されたオレンジ党イングランド総本部の副代表 Deputy Grand Master についたのも、このフレッチャーであった。

ちなみに、治安判事は州統監の推薦によって王室が任命することになっていたが、所有資産から年間百ポンド以上の収入を得ていた者だけが治安判事となることができた。マンチェスターの治安判事は、全員がイングランド国教会信徒だった。治安判事の権限には常備軍の招集が含まれ、また、地域における政治活動について政府に報告する責任があり、急進派の情報を得るためにスパイも雇った。

［8］グレイヴナー・ヘンソン Gravener Henson

Henson, Gravener (1785-1852). ノッティンガムに生まれ、靴下編み産業で徒弟修業に入るが、能力を認められてその後レース編み産業に移動。独学による教養と地元産業に関する豊かな知識を持ち合わせ、リーダーシップを発揮する能力を備えたヘンソンは、一八一〇年代はじめに、おそらくは史上初めてといわれる専従の組合活動家になった。しかし、三〇年代に入ると労働者階級だけの運動に失望し、雇用主との協調路線を唱えるようになり、チャーティズムも否定した。

［9］バブーフ主義者 Babouvist

バブーフ Francois Noel Babeuf (1760-97) は、フランスの革命家、共産主義者。一七九六年にバブーフが指導したのが「平等派の陰謀」である。

［10］ブォナロッティ Buonarroti

Buonarroti, Filippo Michele (1761-1837). バブーフの「平等派の陰謀」の中心人物だったミケランジェロの兄弟。

［11］ジョウジフ・ヒューム Joseph Hume

Hume, Joseph (1777-1855). 政治家。一八一二年にウェイマス選挙区を二期にわたって買収して政治家としての人生を歩みはじめる。議会では当初、トーリー政府を支持し、製造業者の利害に背くことになる掛け枠編み工法案に反対したが、やがて政府の財政浪費を暴き、さまざまな改革法案を支持し推進するようになる。軍隊における鞭打ちの廃止、海軍への強制徴募の廃止、負債による投獄の廃止なども求めた。団結禁止法の廃止を達成し、カトリック解放、宣誓および自治体法の撤廃、議会改革を強く主張した。

［12］ピーター・ムーア Peter Moore

Moore, Peter (1753-1828). 政治家。東インド会社の仕事で富を築き、帰国後はバークやシェリダンに重要情報を提供し、彼らのおこなっていたウォーレン・ヘイスティングス弾劾に貢献した。こうしてウィッグ党の急進派議員のとりまとめ役のような立場を担うようになったムーアは、一八〇三年にはコヴェントリ選挙区選出議員となり、改革派議員として活動した。

［13］マカロック M'Culloch,

M'Culloch, John Ramsay (1789-1864). 経済学者、統計学者。一八一七年からスコットランドの新聞などに政治経済問題についての論評を執筆しはじめる。『エディンバラ評論』への最初の寄稿は、リカードの経済学原理に関するもので、一八一八年に発表されている。二八年にロンドン大学の政治経済学教授に任命され、以後ロンドンに居を構えた。政治的にはウィッグを支持した。

［14］「猿ぐつわ法」'The Gagging Act'

一般に、猿ぐつわ法 gagging acts とは、一七九〇年代から一八一九年の弾圧六法 Six Acts までにいたる、急進的民衆運動を統制しようとした一連の法律の総称としてもちいられる。それらの法律には、反逆行為法 Treasonable Practice

Act of 1795、団結禁止法 Combination Acts of 1799 and 1800、治安攪乱集会法 Seditious Meeting Act of 1819、弾圧六法 Six Acts of 1819 などが含まれる。一八一七年にも、摂政皇太子の馬車にミサイルのようなものが投げつけられたのをきっかけとして、一七九五年法をより厳しくした言論および集会を弾圧する法律が成立している。結社の禁止、人身保護法の停止、集会を禁止、治安攪乱的な文書誹毀罪の容疑のある者にたいする逮捕権の治安判事への付与、などがこれら一連の法律の中身である。ここで特定されている the Gagging Act とは、一七九五年の反逆行為法ないしは団結禁止法のことだろう。

［15］イノック・テイラー Enoch Taylor

Taylor, Enoch (?-?). ハダズフィールドの南西に位置するヨークシャーの町マースデンで、兄弟で大規模な機械製造業を営んだ。兄弟は、ラダイトが襲撃した剪毛機だけでなく、ハンマーの製造もおこなっていた。兄弟自身の工場は襲撃を受けなかったが、それは彼らが剪毛工の立場に同情していたからだともいわれている。

［16］ウィリアム・ホースフォール

Horsfall, William (17??-1812). オッティウェルズ工場の所有者で、剪毛機を導入。一八一二年四月、帰宅途中に四人の武装男性に銃で襲われて死亡。犯人とされたジョージ・メラー George Mellor、ウィリアム・ソープ William Thorpe、トマス・スミス Thomas Smith は処刑され、残りの一人ベンジャミン・ウォーカー Benjamin Walker は報奨金を受け取って国側証人へと転じた。

［17］ウィリアム・カートライト William Cartwright

Cartwright, William (17??-18??). ロウフォールズ工場の所有者。

［18］ジョージ・メラー George Mellor

Mellor, George (17??-1812). ハダズフィールドの剪毛工。ハダズフィールドのラダイト運動の指導者で、ロウフォールズ工場への襲撃を仲間と組織したが、ウィリアム・ホースフォール殺害の罪で処刑された。

［19］シャーロット・ブロンテの『シャーリー』

シャーロット Charlotte Brontë (1816-55) は、小説家であり詩人でもあった三姉妹の長女。一八四七年に『ジェーン・エア』を発表、ラダイトとナポレオン戦争末期を時代背景にした社会小説『シャーリー』（都留信夫訳、みすず書房、一九九六年、ほか）は、四九年に刊行された。階級対立を中心とした社会問題を主題にした四〇年代と五〇年代の社会小説の代表的作品の一つだが、女性の職業をめぐる諸問題もシャーロットは取り上げている。シャーロットは、サッカレーやエリザベス・ギャスケルと親交をむすび、五四年に結婚するが、その翌年に産褥熱で死亡した。

［20］ジョン・ブース John Booth

Booth, John（1793-1812）．牧師の息子で、ハダズフィールドの馬具製造工の徒弟だった。ジョージ・メラーの影響を受け、ロウフォールズ工場襲撃に参加して負傷、ロバートタウンにあったスター・インで息を引き取った。もう一人の死亡者の名は、サミュエル・ハートリー Samuel Hartley。暴動の再発を恐れた当局は、ハダズフィールドで予定されていたブースの葬儀の前夜から早朝にかけて、秘密裏に埋葬をすませた。本書六九七―八ページ参照のこと。

［21］トマス・アトウッド Thomas Attwood

Attwood, Thomas（1783-1856）．銀行家。炭鉱、製鉄、銀行業と手広く事業展開していた実業家の息子に生まれる。東インド会社の貿易独占に反対する運動に参加したあと、一八一五年には、通貨改革によって失業を減らす経済政策を提言した。バーミンガムでは支持を得たが、政府はこれを拒否した。実業界での経験と知識をもつ国会議員の増強を痛感したアトウッドは、バーミンガムなどの製造業都市からの議員選出を要求するようになり、バーミンガム政治同盟を創設し、議会改革運動の中心的人物となっていった。三二年の第一次選挙法改正のあと、アトウッドはバーミンガム選出の初代議員二人のうちの一人となったが、さらなる議会改革を求めて三七年にバーミンガム政治同盟を復活させ、労働者階級の穏健派とも連帯して運動した。

［22］グレンヴィル卿 Grenville

Grenville, William Wyndham, 1st Lord (1759-1834)．一七八二年に政界入りし、いとこにあたるウィリアム・ピットのもとで内務大臣、外務大臣などを歴任した。しかし、ジョージ三世によるカトリック解放拒絶の撤回をあくまで求めたグレンヴィルは、一八〇四年にピットが首相に返り咲いたときにも運命をともにせず、以後フォックス派ウィッグと連携するようになり、〇六年から〇七年には「集才内閣」（本書第13章の訳注［10］を参照のこと）の首相を務めた。ただしこの内閣は、グレンヴィル自身が使命と感じていた奴隷貿易の廃止以外には、さしたる成果を残すことができなかったと見なされている。このあと十年間は、フォックスの後継者であるグレイとともに野党を率いたが、かならずしも満足のいく連

携とはならなかった

［23］パーシヴァル

Perceval, Spencer (1762-1812). 弁護士を生業とし、一七九六年にノーザンプトン選挙区から政界入りした。福音主義者で、カトリックや非国教徒の信仰は認めたが、公職への門戸を開くことには強く反対した。トーリーの指導的政治家としてウィッグ内閣の倒閣に貢献し、一八〇九年には首相に就任した。経済不況下で産業不安が増しつつあるなか、政府は機械打ち壊しを極刑とする Frame-Breaking Act など、ラダイトを弾圧する法制定をおこなった。一二年、カースルレイと誤認した商人によって、庶民院で暗殺された。

［24］ベンジャミン・ウォーカー

Walker, Benjamin (17??-18??). ウィリアム・ホスフォール殺害の共犯者だったが、二千ポンドの報酬と引き換えに検察側証人となり、処刑をまぬかれて生き延びた。

［25］ジョン・ベインズ

Baines, John (1778-18??). 父ならびに兄弟とともに、一八一二年の居酒屋兼宿屋セイント・クリスピン・インでのラダイトの集まりで非合法の宣誓儀式をとりおこなった罪で起訴され、七年間の流刑に処せられた。

［26］モージズ・バラクラフ

ブロンテ『シャーリー』に登場するメソジスト伝道師で、ラディズムの煽動者・指導者として描かれている。

［27］ジェラード・ムア Gërald Moore

Robert Gërald Moore とは、シャーロット・ブロンテの『シャーリー』に登場する工場主で、労働者の反対にもかかわらず、断固として新しい機械を導入しようとする。一方、労働者は、工場の破壊とムアの殺害を企てる。トムスンが述べているように、ムアは、ロウフォールズの工場主だったウィリアム・カートライトをモデルにしているとされている。

［28］グレイアム・ウォーラス

Wallas, Graham (1858-1932). 政治心理学者。オクスフォード大学を卒業し、一八八六年にフェビアン協会に加入するが、一九〇四年にはチェンバレンの関税改革支持に反対して脱会。ロンドン・スクール・オブ・エコノミクスの創設にも貢献し、一四年には政治学の講座主任となる。著作には、*The Life of Francis Place* (1898) や、*The Great Society*, 1914

（『社會之心理的解剖』大鳥居棄三訳、大日本文明協會、一九二一年）がある。

［29］ゴーグ・ゲルフ・ジュナー Gorg Guelps Juner

George Guelph Junior のこと、すなわち、摂政皇太子ジョージ四世をさす。ゲルフはドイツの王家で、イギリスでは、一七一四年から一九〇一年までイギリスに君臨した王室ハノーヴァー家として知られている。

第15章

［1］ヘンリー・ホワイト Henry White

Henry White (1758-1828). 新聞編集者。ナポレオン戦争期に、急進派ジャーナリズムおよび出版の自由のための闘争を復活させるのに大きな役割を果たした。『インディペンデント・ウィッグ』*Independent Whig* は一八〇六年一月に創刊され、当初は週あたり二千四百部、〇八年には四千二百部の発行部数を誇った。明確に急進主義的立場をとった日曜新聞で、コベットやトマス・ハーディの称賛を受けた。〇八年から三年間は名誉毀損罪で投獄されるが、その間も息子が『インディペンデント・ウィッグ』の刊行をつづけた。釈放後まもなくしてふたたび名誉毀損罪で訴えられたが、無罪を勝ち取り、それは出版の自由の勝利として迎えられた。サー・フランシス・バーデットが議長を務める集会で、ホワイトの経済的支援のために寄付金募集が始まり、千ポンドに近い額の寄付が半年ほどで集まった。戦後『インディペンデント・ウィッグ』は比較的穏健路線をとり、二二年には新聞名を『サンデー・タイムズ』*Sunday Times* とし、翌年には版権を売り払っている。

［2］ジョン・カム・ホブハウス John Cam Hobhouse

Hobhouse, John Cam (1786-1869). ホブハウスの父は、ブリストル選出の政治家でユニテリアンでもあった。ケンブリッジのトリニティ・カレッジに進学し、学位取得のためイングランド国教会に帰依したが、ブリストルのユニテリアンとの接触はつづいた。バイロンとは在学中に知り合っている。ピータールー事件後の政府の抑圧的対応を厳しく批判し、議会は一八一九年十二月に侮辱罪でホブハウスを投獄した。国王の死去によって議会が解散となり、ホブハウスは自動的に釈放された。その後の国政選挙でウェストミンスター選挙区から当選し、トーリー政府の批判をつづけたが、彼の急進主義は体制変革ではなく、あくまで体制内改革をめざしたものだった。

［3］トマス・プレストン Thomas Preston

Preston, Thomas (1768-1850). 出生などプレストンの背景は不詳。「靴直しプレストン」として知られていたという。スペンス主義者で、ナポレオン戦争以後のロンドンにおける革命家集団の一員で、少数精鋭集団による革命志向をもち、カトー街の陰謀の際にはその首謀者の一人となった。

［4］シャーウィン Sherwin

Sherwin, William T. (1799-?). 急進派ジャーナリストで、ナポレオン戦争後の一八一七―一九年に、安価な政治的刊行紙誌の発展に大きく貢献した。サウスウェル懲治監の監督官の子に生まれ、父の死後に十四歳でそのあとを継いだ。しかし、トマス・ペインなどの急進主義的な政治動向に興味を示したため、治安判事によって職を解かれ、ロンドンに上京。まもなく急進主義出版活動に没頭するようになった。その最初の刊行物が一七年二月に刊行された『共和主義者』*Republican* である。つづく八月には『ポリティカル・レジスター』*Sherwin's Weekly Political Register* を刊行、以後の発行者となったリチャード・カーライルと協働して数多くの刊行物を出版した。一九年の夏に急進主義運動から手を引いた。

［5］ベンボウ Benbow

Benbow, William (1784-1841). 実力行使派の革命主義者。ベンボウの急進主義運動への最大の貢献は、ゼネラル・ストライキを提案した彼の『グランド・ナショナル・ホリデー』*Grand National Holiday* (1832) という小冊子だったといわれている。非国教徒の説教師から製靴工にいたるさまざまな職に従事し、四度の逮捕経験をもつ。民衆主権を主張し、労働を富の源泉であるとし、民衆主権確立のためには暴力革命が必要との立場をとった。

［6］大法官エルドン Lord Chancellor Eldon

Scott, John, first Earl of Eldon (1751-1838). ニューカースル-オン-タインの石炭商の息子として生まれる。一七八三年に王室弁護士になるに加えて、政界入りする。九三年には法務長官に任命され、以後、反逆や陰謀などにたいする政府の弾圧政策の中心的人物の一人として数々の法案を成立させ、イングランドで最も憎まれる存在となった。彼の成立させた弾圧法には、Traitorous Correspondence Act of 1793, Habeas Corpus Suspension Act of 1794, Treasonable Practices and Seditious Meetings Acts of 1795, Newspaper Proprietors' Registration Act of 1798 などがあったほか、職権で入手した名誉毀損にかかわる情報の濫用や、法定大逆罪 constructive treason の濫用なども目にあまるものがあったといわれている。一八〇一年に大法官に就任。内務大臣シドマスと一体となって、国政改革や民衆運動に敵対する立場をとった。

［7］『アナーキーのマスク』*The Mask of Anarchy*

ピータールー虐殺の責任がカースルレイ、シドマス、エルドンにあることを名ざしで激しく批難した詩で、ロマン派の詩人シェリー (Percy Bysshe Shelley, 1792-1822) の作品。シェリーは、オックスフォード大学在学中に急進主義者の著作にふれるようになり、急進派の書籍販売商であるダニエル・アイザック・イートンや、急進派の出版人であるリチャード・カーライルを擁護する論文を書いた。また、小冊子『理神論の必要』*Necessity of Atheism* をあらわして一八一一年には退学処分にあっている。急進派の定期刊行物『エグザミナー』の編集人だったリー・ハントと親交があり、理神論、共和主義、菜食主義、自由恋愛を称賛したシェリーの長篇詩『クイーン・マブ』はハントによって刊行された。一方でシェリーは『エグザミナー』に、政府によるスパイ工作を批難する論説を寄稿している。シェリーは、ピータールーの虐殺事件をイタリアで知り、ただちに *The Mask of Anarchy* (1819) をあらわした。

［8］ノフォーク選出議員であるコーク Coke of Norfolk

Coke, Thomas William of Holkham, Earl of Leicester (1752-1842). 一七七六年に父のあとを継ぐノフォーク選出議員として政界入りした。ウィッグ派に属し、フォックスの断固たる支持者だった。議会改革に賛成したが、地主だったコークは農業の保護にも熱心で穀物法を擁護した。

［9］イシューリエル Ithuriel

ジョン・ミルトンの『失楽園』に登場する天使の一人。『失楽園』のエデンの園では、ヒキガエルの姿をした魔王サタンが、眠っているイヴの耳元に誘惑の言葉をささやいていた。その声を耳元で聞いていたイヴは忌まわしい夢をみることになった。ガブリエルの命を受けてサタンを探しにきた天使イシューリエルがサタンを見つけ、サタンを槍で触れると、サタンは本来の姿に戻った。サタンの計画はじゃまされ、ガブリエルによってエデンの園を追放されることになったが、サタンがささやきかけた言葉はイヴの心に悪の種を植え付けてしまうことになった。ジョン・ミルトン『失楽園』第四巻(平井正穂訳、岩波文庫版、一九八一年、ほか)。

［10］『サウルの死の行進』'Dead March in Saul'

ヘンデルのオラトリオ『サウル』（一七三九年作曲）からとられた葬送行進曲の通称で、君主の葬儀などでもよく演奏される。

［11］『ウォーレスと血を流せしスコットランド人よ』'Scots wha hae wi Wallace bled'

スコットランドの詩人バーンズ（本書第5章の訳注［9］を参照のこと）が古いメロディーに合わせて書いた詩で、*The Morning Chronicle* (May 8, 1794) に掲載された。エドワード一世のイングランドとスコットランド貴族とのあいだのスコットランド王位継承をめぐって争われた独立戦争（一二九七―一三〇六年）が主題。ウォーレスとは、スコットランド人の騎士ウィリアム・ウォーレスのことで、彼は、イングランドからのスコットランド独立のための戦争の指導者であり、スコットランドの英雄である。ウォーレスは処刑されたが、彼の殉教はその後のスコットランド・ナショナリズムにいっそうのインスピレーションをもたらすことになった。以下はその冒頭の一部（『バーンズ詩集』〔中村為治訳、岩波文庫、一九二八年〕一七九ページを一部変更）

ウォラスと血を流せし者よ、
ブルースのしばしば統いし者よ、
歓び迎えよ血染めの床を、
然らずば勝利を。
いまぞその日よ、その時よ、
戦雲漲る陣地を見よや！
誇るエドワード軍の近づく見よや
鎖と奴隷ぞ！

［12］「平和だ、解放だ、自由だ」と

ウィリアム・シェイクスピア『ジュリアス・シーザー』（小田島雄志訳、白水社Uブックス版、一九八三年）九二ページから引用。

第16章

［1］承諾将軍 general nody

うなずいて承諾する、命令する、を意味するnodからきている造語だろう。

［2］偉大なるカラクタクス Great Caractacus

紀元四三年にローマ人がブリテン島を侵略したときに、人びとを率いて抗戦したブリトン人の王。カラクタカスは破れ、ウェールズで捕まり、ローマに連れていかれて紀元五四年ごろ死去したとされている。

［3］ポーシャ Portia

シェイクスピアの『ベニスの商人』に登場する女性の主人公の名で、法学者になりすます。

［4］首席裁判官エレンバラ Lord Chief Justice Ellenborough

Law, Edward, first Baron Ellenborough (1750-1818). イングランド高等法院王座部の首席裁判官。一七八〇年に弁護士資格を取得し、八七年には、ウィッグ的信念の持ち主だったにもかかわらず王室弁護士となることを認められた。フランス革命の展開に危惧をいだいたロウはウィッグ党を離れ、九三年にはトーリー党内閣によって法務長官に任命された。一八〇二年にケニョン卿のあとを襲って首席裁判官に就任し、エレンバラ男爵となる。エドワード・マーカス・デスパード少佐の大逆罪裁判、『エグザミナー』の編集人だったハントの裁判、コクリン卿の裁判などをとりしきった。健康をひどく害していたエレンバラがとりしきったホーンの第二および第三裁判（一八一七年十二月）では、彼の意にそむいて陪審はいずれも無罪を言い渡し、エレンバラは深い屈辱を味わったとされ、辞職の意向をシドマス卿に伝えることになった。

［5］ランカスターとベルの教育法 the educational method of Lancaster and Bell

ランカスター Joseph Lancaster (1778-1838) については、本書第11章の訳注［11］を参照のこと。ベル Andrew Bell (1753-1832) は、スコットランド出身で、セント・アンドリュー大学に学ぶ。一七八九年にインドのマドラス男子孤児養護施設 Madras Male Orphan Asylum の責任者となり、優秀な生徒にほかの生徒の教育を受け持たせる方法でアルファベットを教えることに成功し、そこから生徒相互による教授＝学習方法を発展させていった。九六年に帰国後、ベルの教育方法は徐々に諸学校で取り入れられるようになっていった。同時期に類似の教育方法を考案していたといわれるクエーカーだったランカスターとは、相互影響および競合関係にあった。ワーズワスやコールリッジ、サウジーらもベルを支持したという。しかしその死後には、ベル方式には多くの欠陥があったことが指摘された。本章の訳注［6］をあわせて参照のこと。

［6］ブリティッシュ・スクールやナショナル・スクール British and National schools

ブリティッシュ・スクールとは、ランカスターの影響を受けた非国教徒によってつくられたランカスター協会が前身となった「イギリスおよび外国学校協会」British and National School Society が開いた、貧民の子供のための学校。そこでは、ベル発案とされる監督制度が採用され、年長者などがほかの子供たちを教えた。ナショナル・スクールは、一八一一年に設立された「国教会の諸原則による貧民教育のための全国協会」The National Society for the Education of the Poor in the Principles of the Established Church の学校で、ベルの監督制度を採用し、ベルがその会長となった。ベルの存命中に、学校数は一万二千を数えるようになったとされている。ブリティッシュ・スクールは、聖書にもとづいた宗派にとらわれないキリスト教教育をおこなったが、ナショナル・スクールはイングランド国教会の宗教教育をおこなった。両者とも、一八三三年以降、政府の補助金を受けるようになった。本書第11章の訳注［11］も参照のこと。

［7］「O・P」暴動 'O.P' riots

「旧価格暴動」'Old Price Riot' の略だが、一般にこの名で知られている最も有名な暴動は、一八一九年にドゥルーリー・レイン劇場で起こったものではなく、〇九年にコヴェント・ガーデン劇場で起こったものである。新しいコヴェント・ガーデン劇場が〇九年に開館したとき、天井桟敷席や平土間などへの入場料の割り引き措置が撤廃された。以後三カ月にわたって毎晩つめかけた群集は「O・P」(「元の値段」)と叫び、支配人はついに譲歩を余儀なくされたという。

［8］ギルレイ Gillray

Gillray, James (1756-1815). イングランドの諷刺画家。ロンドンに生まれ、厳格なモラヴィア派の家庭で育った。アメリカ独立革命時代に、軍隊や政府や王室を諷刺の対象として描く独自の作風を確立したといわれる。一七九七年には恩給を受けて体制側に転向したが、ギルレイの急進派にたいする諷刺はなおしばしば当局や王室の諷刺とも読みうる両義性をはらんだものだったといわれている。イギリスにおける政治諷刺漫画のその後の発展に大きな影響を与えた。

［9］ローランドソン Rowlandson

Rowlandson, Thomas (1756-1827). イングランドの諷刺画家。ロンドンの富裕な商工業者の家に生まれ、パリの王立学院で絵を学んだ。肖像画家として出発したが、鉛筆やペンから水彩画まで、多様な技術を使うことができた。彫版画にも長け、野心に満ちた猥褻画も残している。諷刺画家としては、政治諷刺ではなく、社会・風俗諷刺をもっぱらにした。

〔10〕サテュロス satyrs

ギリシア神話に登場する、酒神バッカス Bacchus に従う森の神。半人半馬、あるいはヤギの姿で表わされ、酒飲み騒ぎと好色で知られている。

〔11〕サッカレー Thackeray

Thackeray, William Makepeace (1811-63). ヴィクトリア時代を代表する小説家。収税吏の息子として生まれ、法律を学ぶ。一八三〇年代後半に小説を書きはじめ、名を知られるようになった。上層中流階級や上流階級を対象に、その見栄、不道徳、不正直などを諷刺する小説作法を確立した。

〔12〕リンネ Linnaeus

Carl von Linne (1707-78). スウェーデンの植物学者。

〔13〕『カイン』*Cain*

一八二一年に刊行されたバイロンの三幕からなる詩劇。地球誕生の解釈や、カインとカインによって殺されたその弟アベルの比較解釈などをめぐって、神の冒瀆だとの批判が集中した。

〔14〕『判決の夢』*The Vision of Judgement*

一八二二年に発表されたバイロンの諷刺詩。一八二一年にサウジーによって公にされた『ある判決の夢』*A Vision of Judgement* にたいするバイロンの返答であった。サウジーは、バイロンを詩の「悪魔学派」として激しく批判したが、バイロンの詩はサウジーの作品を逆手にとって滑稽化したもので、サウジーは国王、トーリーともに諷刺の対象となっている。

〔15〕オルバック Holbach

本書第4章の訳注〔45〕の d'Holbach と同一人物。

〔16〕ザイオン・ウォード Zion Ward

Ward, John Zion (1781-1837). 偽預言者。幼年時代をアイルランドで過ごし、聖書の地獄の苦しみの描写に恐怖を覚え、強い罪の意識をもつようになったという。一七九〇年にブリストルに来て船大工としての徒弟修業に入るが、不良仲間に入り、さらに罪の意識を強めた。ロンドンで靴製造を学び、結婚するが、精神的にも肉体的にも落ち着きがもてなかったという。最初にメソジスト、次にバプテスト、さらにはサンデマン派に入るが、最終的にサウスコット派に魅せられ、自分はジョアンナ・サウスコットの子供であると同時に、神であり、キリストであり、悪魔でもあると主張して信奉者を集めるようになった。「ザイオン」(ユダヤの理想郷「シオン」を意味する)は、霊的な存在として自ら命名したものである。

［17］ペリゴール・タレーラン Perigord Talleyrand

Talleyrand, Perigord (1754-1838). フランスの司教、外交官、政治家。ウィーン会議のフランス代表。

［18］アロン Aaron

ヘブライ人の伝統では、アロンは、ヘブライの指導者でイスラエル人のエジプト脱出を指揮し、カナンの地へ導いたモーセ Moses の兄。モーセの助手に任命され(「出エジプト記」四章十四節)、のちに大祭司となる(「出エジプト記」二十八章、四十章十三―十六節)。

［19］ヨシュア Joshua

イスラエル民族の指導者モーセの後継者(「申命記」三十一章十四、二十三節、三十四章九節、「出エジプト記」十七章九―十四節)。

［20］ブリュッヒャーやスヴォーロフ Blucher or Suvaroff

ブリュッヒャー Gebhart Leberecht von Blucher (1742-1819) は、プロシアの陸軍元帥で、一八一五年にウォータールーの戦いでウェリントン公率いるイギリス軍とともにナポレオン軍を破った。スヴォーロフ Suvorov, Aleksandr Vasilevich (1729-1800) はロシアの陸軍元帥で、一七九九年、対仏戦争で北イタリア、スイスに遠征し、革命フランス軍を破る。その功によって大元帥、公爵に叙せられた。

［21］ショウ Shaw

ジョージ・バーナード・ショウ George Bernard Shaw (1856-1950)。アイルランド人の劇作家、批評家、社会主義者。一八七六年、母と二人の姉妹を追ってダブリンを離れ、ロンドンに移住。小説と社会主義の布教を実践する。八四年にフエビアン協会の会員となり、演劇や美術や音楽の批評活動も始める。一九二五年にノーベル文学賞を受賞。

［22］マコーレイ Macaulay

Macaulay, Thomas Babington, 1st Baron (1800-59). 歴史家、政治家。著名な福音主義者で反奴隷制運動家として活躍した Zachary Macaulay の息子で、ウィッグを支持する演説家として名声を博し、のちには『エディンバラ・レヴュー』の代表的寄稿者となる。政治家としては、ウィッグ党議員として、陸軍大臣、大蔵省主計長官などを務めた。歴史家としての主著は、ウィッグ的歴史解釈の代表作としてその後二十世紀中葉まで大きな影響力をもった *History of England* (1848-62)。

［23］オレンジ党 Orange

オレンジ党は、プロテスタントの国制と、オレンジ公ウィリアムとして知られるウィリアム三世の「名誉ある不滅の記憶」との維持を目的として、一七九五年にアイルランド北部で組織された秘密結社 Orange Society のこと。Orange Order としても知られている。オレンジ公の名にちなんでオレンジ色のリボンを記章とした。アイルランド東部のボイン川の戦い（一六九〇年）でカトリックのジェイムズ二世を破ったウィリアム三世の勝利を祝う、毎年七月十二日におこなわれるオレンジ党員による街頭行進は、こんにちもなお北アイルランドでの重大な争点の一つである。

［24］ディローニーとデッカーとナッシュ、ウィンスタンリとリルバーン、そしてバニヤンとデフォー Delaney, Decker and Nashe: Winstanley and Lilburne: Bunyan and Defore

ディローニー Thomas Deloney (1543?-1600) は、バラッド作者、パンフレット作家、物語作家。生業は絹織布工。Delaney と原著で記されているのは誤植だろう。デッカー Thomas Dekker (1570-1639) は、劇作家、パンフレット作家。ナッシュ Thomas Nashe (1567-1601) は、諷刺作家、パンフレット作家。ウィンスタンリとリルバーンについては、それぞれ、本書第2章の訳注［25］と［26］を参照のこと。バニヤンについては、本書第2章の訳注［27］を参照のこと。デフォー Daniel Defoe (1660-1731) は、ジャーナリスト、小説家。

［25］「貪欲人間」Acquisitive Man

アメリカ合衆国の経済学者ロバート・ハイルブローナー Robert L. Heilbroner (1919-) の著書 *The Quest for Wealth : a Study of Acquisitive Man* (1956) や、トーニー R. H. Tawney (1880-1962) の *The Acquisitive Society*, 1921（山下重一訳

「獲得社会」として、『イギリスの社会主義思想』(関嘉彦ほか訳、河出書房新社、一九六六年)に抄訳が所収)を念頭に置いたものと思われる。

訳者解題

市橋秀夫

本書は、E・P・トムスンの主著、*The Making of the English Working Class* (Harmondsworth: Penguin Books, 1980 edition) の全訳である。初版は同じ題名で一九六三年にゴランツから刊行されていて (London: Victor Gollancz, 1963)、六八年にその最初の改訂版がペンギンのペリカン・ブックスとして刊行された。本書が定本とした一九八〇年のペリカン版では、六八年の改訂版にさらに新しい序文が付け加えられた。初版と改訂版との異同については、ペリカン版に新たに付された「あとがき」で著者自身がふれている部分を参照されたい。翻訳にあたっては、ほかに、フランス語訳 (*La formation de la classe ouvrière anglaise*, Paris: Gallimard/Le Seuil, 1988) およびドイツ語訳 (*Die Entstehung der englischen Arbeiterklasse*, Frankfurt am Main: Suhrkamp, 1987) を適宜参照した。なお、原注の引用・参照文献の表記は、参照の便宜も考え、ペリカン版のほかに、ドイツ語訳のズーアカンプ版を参照した。ペリカン版にはない文献一覧を新たに作成して収録したのも、ズーアカンプ版にならった。

著者エドワード・パーマー・トムスンは、一九二四年二月三日、インドや中東で布教活動に従事した経験をもつメソジスト宣教師だった父母の次男として、オクスフォード近郊に生まれた。トムスン誕生時には、父はすでに布教活動を離れオクスフォード大学の研究員として学究生活を始めていたが、リベラルな家庭環境で、インド独立後の初代首相となったJ・ネルーを含むインド独立運動の活動家と親しい交流があった。メソジスト系のキングスウッド・スクールを経てケンブリッジ大学のコーパス・クリスティ・カレッジに入学したが、在学一年の四二年、十八歳で第二次世界大戦に召集された。北アフリカおよびイタリア戦線で戦車部隊を率いる准大尉として従軍し、四五年にケンブリッジに復学している。

トムスンが共産党に入党したのは、召集前、ケンブリッジ在学中であった。トムスンの左傾化には、兄フランク（William Frank Thompson, 1920-44）の大きな影響があったといわれている。フランクはオクスフォード在学中に入党し、すでに一九三九年には志願兵となっていたが、四四年、ブルガリアでパルチザン支援の作戦を展開中に捕まり処刑されている。二十四歳だった。

復学したケンブリッジで知り合った同志であり生涯の伴侶となったドロシー・タワーズ（Dorohty Towers, 1923-）とともに、一九四七年、トムスンはユーゴスラヴィアの鉄道建設にイギリス旅団のリーダーとして参加している。歴史学以上に文学に関心をいだき、研究生活ではなく活動家生活を優先し、職業歴史家ではなく自由な発言者たることを選び、首都ロンドンではなく地方を生活と活動の拠点に選んだといわれるトムスンは、四八年には、イングランド北部のリーズ大学の成人教育学部にチューターとなってウェスト・ライディング一帯のあちこちの夜間学級で教鞭をとりはじめた。五五年に初めての著作となるウィリアム・モリス研究 *William Morris, Romantic to Revolutionary* を共産党系出版社から刊行するが、フルシチョフのスターリン批判へのイギリス共産党の対応や、その後のソ連のハンガリー侵攻を批判して翌五六年に離党。その後は、党内討論誌として出発した『ニュー・リーズナー』*New Reasoner* の発行に継続して携わったのち、『ニュー・レフト・レヴュー』*New Left Review*（『ニュー・リーズナー』と『ユニヴァーシティーズ・アンド・ニュー・レフト』Universities and New Left とが合体して一九六〇年に創刊）の創刊メンバーとしてイギリス新左翼の代表的論客となっていった。しかし、はやくも六二年には、トムスンらの民衆的主体を重視する文化的・人間主義的マルクス主義を批判して構造主義的マルクス主義の立場をとった若い世代の編集部と対立し、トムスンは『ニュー・レフト・レヴュー』からも距離を置くにいたる。本書 *The Making of the English Working Class* が刊行されたのは、その翌年の一九六三年のことだった。ちなみに本書は、彼の教え子だった二人の無名の労働者学生、ドロシーおよびジョウジフ・グリーナルドに捧げられている。

本書の刊行後、しばらくトムスンはアカデミズムに身を置くことになる。一九六五年には、ミッドランズに位置するウォーリック大学 University of Warwick のリーダー（准教授）として迎えられ、大学院研究センターである社会史研究所を設立した。以後、十八世紀イングランドをフィールドにして、慣習、犯罪と法、権力闘争などの課題を研究した、いずれも記念碑的社会史研究となった諸論考を七〇年代に次々と発表。ウォーリック社会史研究所は、イギリス社会史・労働史研究の拠点として世界的に知られるようになった。しかしその一方で、学生および教員の政治活動にたいする大学当局の秘密裏の監視活動への抗議運動にも加わって、産学癒着による教育や研究の自由の侵害に抗議して大学当局を告発した『ウォーリック大学株式会社』（*Warwick University Ltd.: Industry, Management and Universities*, Harmondsworth, 1970）をペンギンから刊行、七二年には大学の職を辞した。ただし、アカデミズムからの撤退を、トムスンはこの事件以前にすでに決めていたといわれている。パートナーのドロシーによれば、彼がつねに望んでいた職業は大学研究者のそれではなく、「フリーランス・ライター」のそれだったという。辞職が可能になった背景には、ドロシーがバーミンガム大学に常勤の歴史学研究職を得たこともあった。

ホブズボームが言うように、イギリスのニュー・レフトは、一つの政治勢力としては影響力をもつには至らなかった（E. J. Hobsbawm, 'Edward Palmer Thompson 1924-1993', *Proceedings of the British Academy*, 90, 1996）。トムスンがふたたび政治活動の表舞台に登場するようになるのは、歴史形成における人間主体の役割を否定したアルチュセールの構造主義的マルクス主義を激しく批判した論文「理論の貧困」'The Poverty of Theory or An Orrery of Errors', in Thompson's *Poverty of Theory and Other Essays*, 1978 の発表後、核兵器廃絶運動という市民運動においてだった。一九七〇年代末から八〇年代半ばまで、歴史研究を棚上げして、当時急速にエスカレートしていた軍拡競争に反対するヨーロッパ規模の平和運動（END: European Nuclear Disarmament）に参加、その代表的なスポークスマンとなっていった。精力的に講演・執筆活動をおこない、マスメディアで頻繁に報道され幅広く名を知られるようになったトムスンは、当時のイギリスの世論調査で、女王、皇后、サッチャー女史に次いで最も尊敬される人物に選ばれたこともあったという。日本でも、翻訳の点数などからいって、おそらくトムスンの名は歴史家というよりも非核運動家としてよく知られているように思われる。世界的規模で展開していったこの核兵器廃絶運動への献身は、結果的にトムスンの心身を極度に消耗させることになり、一九八七年からは入退院を繰り返すほどになった。一九九三年八月二十八日、文学研究と歴史研究における未完のプロジェクトを多く残したまま、トムスンは六十九歳で他界した。

本書『イングランド労働者階級の形成』は最初、トムスンが一九五〇年代に教えていた労働者学生や労働組合活動家向けのテキスト・ブックとして構想されていた。出版社の当初の要請は、一八三二年から一九四五年までのイングランド労働運動の歴史的概説テキストを、というものだった。トムスンはまず、出発点を第一次選挙法改正がなされた一八三二年ではなく、一七九〇年にまでさかのぼるよう出版社を説き伏せたが、著者三十八歳のときに完成した八五〇ページにもなる初版は、当初構想された概説書の第一章となるべきはずのものだったという。トムスンは、「すぐれた社会人学生」を念頭に本書を執筆したと言っている。そして彼自身の回想によれば、本書の史料集めと執筆を始めるにあたっては、アカデミズムにおける問題関心についてはほとんど考慮しなかったという。

しかしながら、ホブズボームが学術文献の引用頻度番付 *Arts and Humanities Citations Index and Social Sciences Citations Index* を引き合いに出しながら歴史家としてのトムスンのいちばんの貢献として指摘しているように、本書をはじめとするトムスンの著作群は、アカデミックな人文および社会科学研究に多大な影響を与えてきた。わずかな例をあげるにすぎないが、たとえば、歴史学や社会学分野では、本書刊行以降、トムスン的「階級」および「階級意識」概念をふまえずしてそれらについて議論することは不可能になったといっても過言ではないし、本書ではごく控えめに使われているにすぎないが、その後のトムスンの論文で正面から取り上げられることになった「モラル・エコノミー」概念は、歴史学はもとより人類学、民俗学、社会学など多岐にわたる学問領域に新たな研究視角をもたらすことになった。「モラル・エコノミー」には、日本史研究者も早くから注目していた。日本民衆運動史を専攻する若い世代の研究者たちの自主的な研究会で、トムスンの「モラル・エコノミー」論文 'The Moral Economy of the English Crowd in the Eighteenth Century', *Past and Present*, no. 50, 1971 が熱心に読まれていると訳者が聞いたのはもう二十年も前のことになる。こんにちのグローバル経済のあり方を批判的に捉えるうえでもこの概念は有用かもしれない。

イギリス近・現代史研究に即して言えば、第一に、イングランド労働者階級の形成やその再編成の時期確定をめぐって、活発な論争と多くの研究成果がもたらされることになったことをあげなければならないだろう。レジャーやスポーツの社会史研究の確立に本書が果たした役割についても、どんなに評価しても評価しきれないといえる。そのほかにも、生活水準論争、民衆暴動や食糧暴動、ラダイト運動、民衆宗教、民衆文化と労働者階級文化などに関して、さまざまな先行研究を批判的に総合しながら、独特の論調で新しい読み替えの視点を提出してその意義を再検討したのが本書だった。一九七〇年代にイギリスで始まった「ヒストリー・ワークショップ」という地域の民衆史掘り起こしの運動や、オーラル・ヒストリー（聞き書きによる歴史研究）の発展に、ビラや脅迫状やバラッドなどの口承的史料を駆使して民衆世界を再構成した本書が重要なインスピレーションを与えたことも疑いえない。学界への貢献の認知ということでいえば、蛇足かもしれないが、七九年にはアメリカ合衆国の学士院会員に、九二年にはイギリスの学士院会員に選ばれている。

しかし、トムスンの本書執筆の第一の動機はあくまでアクチュアルなものであって、すなわち活動家のそれであって、社会変革の担い手としての民衆が、自らの生活や労働の経験にもとづきながら主体的に立ち現れるダイナミクスと歴史的条件を探ることにあった。保守党が長期にわたって政権を維持し、「豊かな社会」の到来が喧伝された一九五〇年代末から六〇年代初頭に、旧来の社会主義的な社会変革の可能性に代わる、下からの社会変革の展望を歴史に探ろうとしたのが本書の隠れた問題関心だっただろう。

原著刊行から、すでに四十年が経過した。言うまでもないことだが、原著刊行直後から、実証面でも、理論面でも、多種多様な批判が本書には寄せられてきた。それら諸論点をめぐるその後の議論の展開についてここに書き記す能力を訳者は持ち合わせないが、あまりに主体的な階級概念、当時の民衆的急進主義を階級闘争概念で把握することの無理、ジェンダーの視点の欠如、民衆文化がもつ負の側面についての認識不足、イングランドのエリート支配層の革新性や状況への適合性の過小評価、イングランド民衆の愛国主義や保守主義の過小評価、労働者階級内部の格差や重層性の過小評価、あるいは史料の大胆すぎる解釈、などについて批判と議論がなされてきている。そうした批判の一部については、トムスン自身が本書の「一九六八年版へのあとがき」で言及し、反批判をおこなっている。

トムスンが本書で扱った一七九〇年代から一八三〇年代のイングランドは、たしかに、政治・社会・経済・文化の一大転換期にあった。この時代の特徴は、どう把握したらいいのだろうか。サッチャー時代の一九八〇年代には、トムスン的な急進的改革運動の英雄時代としてではなく、反対に、国民意識の愛国的で保守的な再編成にさらされた時代としてこの時代を解釈する見解が有力になっていたように思われる。革命や急進的改革の成立の余地はなく、改革の性格を規定しそのテンポを握っていたのは民衆や労働者ではなく支配層であった。しかし近年では、急進と愛国・保守とを対立的にとらえるのではなく、両者がいわば弁証法的関係にあって、そこから独自のイギリス的な民主主義体制のかたちがもたらされたのだとする見方が出されてきているようだ。たとえば、民主的な政治体制を求める声はすでにアメリカの独立革命以来大きくなっていたし、人道主義的な社会改革や宗教改革への動きも一七八〇年代には顕著になってきていたが、フランス革命の過激化にたいする危機意識に端を発し、その後の対仏戦争の展開に伴ってイギリス国内で急速に醸成されたさまざまな一七九〇年代以降の愛国的反革命の動きもまた、民主主義的改革への動きを止めるどころか結果的に促進したものであることが、近年の研究では示唆されている。支配層は急進主義のイデオロギーからも運動からも身を守って生き残ったが、思うままにそうできたのではなかった。革命の可能性は消え去りはしなかったし、民衆の保守主義や体制擁護の声も無条件に期待できたわけではなかった。トムスンが本書でていねいに示しているように、国制擁護主義は全面的な政府批判へと転化する可能性をつねにはらんでいたし、愛国主義とてそうだった。

逼迫する戦時経済のもと、政府は効率的な行政や財政制度のそれまで以上の迅速な確立を余儀なくされることになり、またかつてない規模での戦争への民衆動員の見返りとして、政府は国民、とりわけ労働民衆の声に耳を傾けざるをえなくなった。民衆の声は、議会に代表を送るというかたちではなく、多種多様な議会外のアソシエーション組織やその運動という世論によって担保されていた。そしてこれが、やがては地主貴族が支配してきたイギリスの政治文化の性格を根本的に変えていくものとなる。反革命の戦争こそが、極端な軍事＝財政国家こそが、平等化と民主化をさらに引き寄せたのであり、そこには新しいイギリス・ナショナリズムのアイデンティティ形成が伴っていたという視点である。

十八世紀末から十九世紀初頭のイングランドは、政治的にも文化的にも、じつに「多声的」である。産業革命期などという言い方では、この時代の百花斉放、百家争鳴ぶりはとらえきれない。乱立する民衆宗教や社会構想、横溢する活字文化と視覚文化、世論を形づくる力をもちつつあった新しい教養中流階層の台頭と、それとは対照的な、地方特有の民衆文化や慣習、労働慣行の根強い存在、消費者意識や納税者意識にもとづいた種々の社会運動の存在。自己意識に富み、多様な文化的革命が起こったとされるこの「ロマン主義の時代」は、日本では十分に歴史的検討の対象とされてきたとはいえないが、それはトムスンが本書に書き記した多くの異質な声に耳を傾ける必要を、つい最近まで安定的経済成長を遂げてきた日本社会の状況が必要としなかった（ほんとうは必要だったのだが）からではないだろうかという気がする。その意味で、原著刊行からすでに四十年の歳月がたってしまったが、いまこそ本書は広く読まれてしかるべきときだと考えたい。

以下にあげるトムスンの著作は、ドロシー・トムスン編の『E・P・トムスン必携論集』（*The Essential E. P.*

Thompson, edited by Dorothy Thompson, New York: The New Press, 2001）の末尾に掲げられている、本書以外のトムスンの主要単著一覧から作成したものである。いずれも、イギリスにおける初版時の出版情報だけを記載した。

William Morris: Romantics to Revolutionary (London: Lawrence and Wishirt, 1955); *Whigs and Hunters: The Origins of the Black Act* (London: Allen Lane, 1975); *The Poverty of Theory and Other Essays* (London: Merlin Press, 1978); *Writing by Candlelight* (London: Merlin Press, 1980); *Zero Option* (London: Merlin Press, 1982.『ゼロ・オプション――核なきヨーロッパをめざして』河合秀和訳、岩波書店、一九八三年), *Double Exposure* (London: Merlin Press, 1985); *The Heavy Dancers* (London: Merlin Press, 1985), *The Sykaos Papers* (London: Bloomsbury, 1988); *Customs in Common* (London: Merlin Press, 1991); *Witness Against the Beast: William Blake and the Moral Law* (Cambridge: Cambridge University Press, 1993); *Alien Homage: Edward Thompson and Rabindanath Tagore* (Delhi and New York, Oxford University Press, 1993); *Persons and Polemics: Historical Essays* (London: Merlin Press, 1994); *Beyond Frontiers: The Politics of a Failed Mission*, edited by Dorothy Thompson (Woodbridge, Merlin Press, 1994); *The Romantics: England in a Revolutionary Age* (Rendlesham: Merlin Press, 1997); *Collected Poems*, edited by Fred Inglis (Newcastle-upon-Tyne: Bloodaxe Books, 1999).

日本語訳のある編著書には、右記のほかに、E・P・トムスン編『新しい左翼――政治的無関心からの脱出』（福田歓一ほか訳、岩波書店、一九六三年：*Out of Apathy*, London: Stevens and Sons, 1960）、E・P・トムスン／D・スミス編『世界の反核理論』（丸山幹正訳、勁草書房、一九八三年：*Protest and Survive*, Harmondsworth: Penguin, 1980）、E・P・トムスン編『スターウォーズSDIとは何か――戦略的、経済的意味』（小川明雄訳、朝日新聞社、一九八六年：*Star Wars*, Harmondsworth: Penguin, 1985）などがある。初期の『ニュー・レフト・レヴュー』誌に発表されたトムスンの時評や文化批評を収録した興味深い訳書として、『現代革命へのアプローチ』と『文化革新のヴィジョン』（いずれも、田村進編、合同出版社、一九六二年）がある。歴史研究論文の翻訳には、「一七九〇年以前のイギリスにおける社会運動」（'English Trade Unionism and Other Labour Movements before 1790', *Bulletin of the Society for the Study of Labour History*, 17, 1968: 近藤和彦訳、『思想』六百六十三号、一九七九年、所収）；「民俗学・人類学・社会史」（'Folklore, Anthropology, and Social History', *Indian Historical Review*, III (2), 1977: 近藤和彦訳、『思想』七百五十七号、一九八七年、所収）；「『ラフ・ミュージック』：イギリスのシャリヴァリ」（'Rough Music: le charivari anglais', *Annales ESC*, 27, 1972: 『魔女とシャリヴァリ』相良匡俊訳、二宮宏之／樺山紘一／福井憲彦責任編集、新評論、一九八二年、所収）がある。また、自らの歴史研究について語ったインタヴューが、『歴史家たち』（*Visions of History*, New York: Pantheon Books, 1983: 近藤和彦／野村達朗編訳、名古屋大学出版会、一九九〇年）に近藤和彦訳で収録されている。トムスンの生涯を振り返りながら彼の歴史研究の意義と魅力について論じた同氏の「トムスン」（樺山紘一ほか編『20世紀の歴史家たち 4』所収、刀水書房、二〇〇一年）も、ぜひ参照されたい。イギリスの労働史や社会史研究におけるトムスンの位置づけについては、松村高夫「イギリスにおける社会史研究とマルクス主義史学」（『歴史学研究』五百三十二号、一九八四年）をまず参照されたい。

また、本書の「序文」は、「モリス主義者」を自認していた英文学者である小野二郎編集長時代の『新日本文学』に初訳されていることを記しておきたい。それを教えてくれたのは、『花田清輝全集』の編集などで知られる傑出した編集者だった、いまは亡き久保覚氏であることも。

本書に関連するテキスト・ブックとして参照いただきたいものとしては、原注や訳注であげられているもののほかに、邦訳のあるものとして以下のものがある。A・L・モートン『イングランド人民の歴史』（*A People's History of England*, London: Lawrence and Wishart, 1968：鈴木亮／荒川邦彦／浜林正夫訳、未来社、一九七二年）、ロイ・ポーター『イングランド18世紀の社会』（*English Society in the Eighteenth Century*, London: revised Penguin Books edn, 1990：目羅公和訳、法政大学出版局、一九九六年）、そしてなによりも、リンダ・コリー『イギリス国民の誕生』（*Britons: Forging the Nation, 1707-1837*, New Haven: Yale University Press, 1992：川北稔監訳、名古屋大学出版会、二〇〇〇年）。

本書の翻訳の話があったのは、一九八七年に、青弓社が当時刊行していた『クリティーク』の七号で「労働

——解放と軛の狭間で」という特集を芳賀の責任編集で組んだあとのことだった。専門はさまざまに異なるが、労働問題や社会運動の過去と未来に関心をもっていた関係者が集まって翻訳を始めることになった。まず、序文、一九八〇年版への序文、第10―12章、一九六八年版へのあとがき、を芳賀健一、第1―5章を市橋秀夫、第6―9章を小倉利丸（富山大学）、第13―14章を富田義典（佐賀大学）、第15章を堀川哲（札幌大学）、第16章を浅見克彦（北海道大学）、がそれぞれ訳し、原注の訳と整理については遠藤美幸（神田外国語大学非常勤）が担当した。福田英子氏（コロンビア大学大学院）にはいくつもの訳語の吟味をしていただき、齋藤健太郎氏（慶応大学GSEC研究員／埼玉大学非常勤）には一部の下訳をお願いした。最終的には、諸事情から、芳賀と市橋が全文を検討しながら自由に手を入れることで了解いただき、作業を進めた。訳者として二人の名前が記されているのはそのためである。

読み流していたときはよかったが、いざ一字一句を日本語に置き直すとなると、容易には解決できない数々の問題に直面することになった。関連分野のさまざまな訳書や先行研究を参考にさせていただいたことは言うまでもないが、人名辞典をはじめとする各種の専門辞典、そして職場の同僚にもたいへんお世話になった。それでも不明な箇所はいくつも残り、地方の慣習などに関しては、インターネットによる検索でようやく情報を得ることができたものもある。専門外の読者に本訳書を内容をつかみながら読み通してもらうには、多数登場する無名に近い活動家や、民衆宗教や、儀礼や慣習などに関する訳注がどうしても必要だと思われ、市橋がそれを作成した。いろいろ努力はしたつもりだが、その訳注部分も含めて、誤解や思い違いからくる誤訳、不適訳が少なからずあることは免れないと思う。また、訳語の表記の不統一が残っているかもしれない。読者諸賢のご指摘をお願いしたい。

訳者の一人である市橋は、ウォーリック大学社会史研究所に留学中の一九九一年九月に、トムスン夫妻を訪ねたことがある。体調がよくないようだという話は聞いていたが、日本語訳が進行中であることを伝えようと、気軽に連絡をとり、家族でウースター近郊の自宅をうかがって夕食をご一緒させていただいた。ソ連でクーデターが起こった直後でもあり、クーデターの失敗は歓迎していたが、その後のポピュリスト・ナショナリズムの台頭には大きな懸念をいだいていた。延ばし延ばしになっていた論文集 *Customs in Common* もようやく書店に並ぶとうれしそうに話し、その後はブレイクを論じる著作にとりかかると言って意気軒昂だった。日本語の翻訳作業の遅れについて話をすると、フランス語版が出るまでには十五年かかった、イタリア語版は膨大な質問表が届いたがそのあと音沙汰がない、と言って笑っていた(イタリア語版も現在は出版されたと聞く)。肺ばかりでなく、背骨の具合も悪いとのことで、荒い息遣いがひどく気になったが、日本語版への序文も年内に書きましょうと言ってくれた。しかし結局それもかなわぬまま、それから二年とたたないうちにトムスンは亡くなってしまった。もう少し早くできなかったかと、翻訳の遅れを嘆くばかりである。

最後になったが、青弓社の矢野恵二氏と、辛抱強く編集の労をとってくださった歴代の編集者、とりわけ吉原香、林桂吾、加藤泰朗の諸氏に心からお礼申し上げたい。

二〇〇三年二月

文献一覧

A．手稿文書

Add. MSS. : Place Collection (British Museum)
Diary of Anne Lister (Blankfield Museum, Halifax)
Diary of Robert Ayrey (Leeds Reference Library)
Fitzwilliam Papers (Sheffield Reference Library)
H.O. : Home Office Papers (Public Record office)
Letterbook of Ayrey (Leeds Reference Library)
Papers of the Framework-Kitters'Committee (Nottingham City Archives)
P.C. : Privy Council Papers (Public Record office)
Radcliffe Papers
T.S. : Treasury Solicitor's Papers (Public Record office)
Wray, J., 'Facts Illustrative of Methodism in Leeds' (c.1835) (Leeds Reference Library)

B．定期刊行物

Alfred
Annual Register
Anti-Jacobin
Artizan's London and Provincial Chronicle
The Axe Laid to the Roots
Birmingham Inspector
Black Dwarf
Blackburn Mail
Blanketteer
The Brazen Trumpet
Bristol Mercury
Bristol Times
British Almanac
Briton
Bronterre's National Reformer
Cambridge Intelligencer
Cap of Liberty
Carlile's Republican
Champion
Clef du Cabinet des Souverains, 2 Frimaire, an VII
Cobbett's *Weekly Political Pamphlet*
Commercial and Agricultural Magazine
Common Sense

Commonwealth
Cooperative Magazine
Courier
Cracker
Crisis
Derby Mercury
Destructive
Devil's Pulpit
Duckett's Dispatch
Durham Advertiser
Economist
Examiner
Flower's Political Review
The Forlorn Hope', or a Call to the Supine
Globe
Gorgon
Halifax Courier
Halifax Guardian
Hone's *Reformist' Register*
Independent Whig
Journals of the House of Commons
John Bull
The Labourer
Lancashire and Yorkshire Cooperator
Leeds Mercury
Leeds Times
Legislator
Leicester Journal
The Lion
London Gazette
Man
Manchester Exchange Herald
Manchester Gazette
Manchester Observer
Manchester and Salford Advertiser
Mechanics' Magazine
Medusa
Monthly Magazine
Moral and Political Magazine of the L.C.S
Morning Chronicle
Morning Post
National Co-operative Leader
Newcastle Chronicle
New Monthly Magazine
New Times

Nottingham Review
The Observer
People's Conservative
People's Paper
Philanthropist
Pioneer
Political Observer
Political Register
Poor Man's Advocate
Poor Man's Guardian
Prompter
Radical
Radical Reformer
Reasoner
Republican
Sherwin's Weekly Political Register
Social Pioneer
Stamford Mercury
The Theological Comet : or Free-Thinking Englishman
The Times
Trades Newspaper
Trade's Union Gazette
Tribune
Twopenny Despatch
Twopenny Trash
Tyne Mercury
Union Pilot and Cooperative Intelligence
Union : Prospective of a New Publication [1831]
Voice of the West Riding
Working Man's Friend and Political Magazine

C．議会関連刊行文書、各種報告書など

Board of Agriculture, *Agricultural State of the Kingdom* (1816).
Children's Employment Commission. Mines (1842).
Committee on Framework-Knitters Petitions (1812).
Committee on the Woolen Trade (1806).
First Annual Report of the Poor Law Commissioners for England and Wales (1836).
First Annual Report of the Registrar-General (1839).
First Report from the Select Committee on Artizans and Machinery (1824).
Fifth Report of the Poor Law Commissioners (1839).
First Report of the Constabulary Commissioners (1839).
Fourth Report from the Select Committee on Artizans and Machinery (1824).
Fourth Report of the Poor Law Commissioners (1838).
Fourth Report of the Society for the Suppression of Mendicity (1822).

Parliamentary Debates
Parliamentary History
Parliamentary Papers
Report of Hand-Loom Weavers' Commissioners (1840).
Report of Proceedings under Commissions of Oyer & Terminer...for the County of York (Hansard, 1813).
Report of the Committee of Secrecy (1799).
Report of the Proceedings of a Delegate Meeting of Cotton Spinners, & c. (Manchester, 1830).
Report of the Proceedings of the Great Public Meeting, & c. (20 May 1833).
Report of the Society for Bettering the Condition of the Poor (1798).
Report on the Sanitary Conditions of the Labouring Classes (1842).
Report on the State of the Irish Poor in Great Britain (1836).
Reports and Resolutions of a Meeting of Deputies from the Hand-Loom Worsted Weavers residing in and near Bradford, Leeds, Halifax, & c. (1835).
Reports of the Committee of Secrecy of the House of Commons, on the papers belonging to the Society for Constitutional Information, and the London Corresponding Society.... (1794).
Second Report from the Select Committee on Artizans and Machinery (1824).
Select Committee on Hand-Loom Weavers' Petitions (1834).
Select Committee on Hand-Loom Weavers' Petitions (1835).
Tenth Annual Report of the Poor Law Commissioners (1844).
Third Annual Report of the Poor Law Commissioners (1837).
Third Report of the Commissioners for Inquiring into the Condition of the Poorer Classes in Ireland (1836).

D．1850年以前の刊行物

Account of a Public Meeting Held at Hebden Bridge, 24 Aug. 1833.
Adams, W. B., *English Pleasure Carriages* (1837).
Address of the British Fraternal Society (1796).
Address of the Spencean Philanthropist (1816).
Address to the People (1816).
Agricultural State of the Kingdom (1816).
Aikin, J., *A Description of the Country...round Manchester* (1795).
An Account of a Meeting of the Constitutional Society of Halifax (Halifax, 1794).
An Account of the Desperate Affray in Blean Wood (Faversham, 1838).
An Appeal to the Nation (Halifax, 1812).
Anon., *Letters on the Impolicy of a Standing Army in Time of Peace, and on the unconstitutional and illegal Measure of Barracks* (1973).
Anon., *Peace and Reform; against War and Corruption* (1794).
Anon., *Truth and Treason! or a Narrative of the Royal Procession* (1795).
Anon., *History of the Westminster and Middlesex Elections* (1807).
Anon., *The Blackfaces of 1812* (Bolton, 1839).
Anon., *History of Two Acts* (n.d.).
Articles, Laws and Rules of the Friendly Society of All Trades (Newcastle, 1804).
Articles, Laws and Rules of the Society of Cordwainers (Hexham, 1806).

Articles and General Regulations (Nottingham, 1813).
Articles, Laws and Rules of the Glass-makers Friendly Society (Newcastle, 1800).
Articles, Laws and Rules of the Miners Society (Newcastle, 1817).
Articles of the Unanimous Society (Newcastle, 1804).
Articles, Laws and Rules of the Friendly Society of Watermen (Newcastle, 1804).
Articles of the Friendly Society at West Boldon (Sunderland, 1811).
Aylmer, E., *Memoirs of George Edwards* (1820).
Bannantine, J., *Memoirs of E. M. Despard* (1799).
Barker, A. G., *Henry Hetherington* (n.d.).
Barruel, Abbé, *Memoirs Illustrating the History of Jacobinism*, translated and annotated by Hon. R. Clifford (1798).
Baxter, J., *Resistance to Oppression* (1795).
Baxter, J., *New and Impartial History of England* (1796).
Beaumont, G., *Minister of the Gospel of Peace, The Warrior's Looking-Glass* (Sheffield, 1808).
Belsham, W., *Remarks on the Bill for the Better Support...of the Poor* (1795).
Blackner, J., *History of Nottingham* (Nottingham, 1815).
Blackwell, J., *Life of Alexander Kilham* (1838).
Blake, W., *A selection of poems and letters,* ed. by J. Bronowski (Harmondsworth, 1958).
'Bob in Gotham', *Radical Monday* (Newcastle, 1821).
Bogue, D. and J. Bennet, *History of Dissenters* (1809).
The Book of English Trades (1818).
The Book of Oaths (1649).
Bowles, J., *Thoughts on the late General Election, as demonstrative of the Progress of Jacobinism* (1802).
Bowles, J., *Salutary Effects of Vigour* (1804).
Bown, A., *Physical Force* (Leicester, 1848).
Brown, J., *Memoir of Robert Blincoe* (Manchester, 1832).
Brown, R., and Shirreff, *General View of the Agriculture of the West Riding* (1799).
Bunting, J., *Sermon on a great work described* (1805).
Bunting, J., *Sermon on Justification by Faith* (Leeds, 1813).
Burke, E., *Reflections on the French Revolution* (1790; Everyman edn, 1953 :『フランス革命についての省察』上・下、中野好之訳、岩波文庫、2000年).
Burke, E., *Two Letters adressed to a Member of the Present Parliament, & c.* (1796).
Burke, E., *General View of the Agriculture of the County of Lincoln* (1799).
Burn, J. D., *A Glimpse of the Social Condition of the Working Class* (n.d.).
Burnley, J., *Yorkshire Stories Retold* (Leeds, n.d.).
Buxton, T. F., *The Distress in Spitalfields* (1816).
Cabinet (Norwich, 1795), 3 vols.
Carlile, R., *An Effort to set at rest some little disputes and misunderstandings between the Reformers of Leeds* (1821).
Carpenter, W., *An Address to the Working Classes on the Reform Bill* (1831).
Cartwright, F. D., *Life and Correspondence of Major Cartwright* (1826).
Chartist Trials (1843).
Citizen Randol of Ostend, *A Political Catechism of Man* (1795).
Cobbett, W., *The Progress of a plough-boy to a seat in Parliament as exemplified in the history*

of the life William Cobbett, member for Oldnam, ed. by William Reitzel (1933).
Cobbett, W., *Rural Rides* (1930; Everyman edn, 1953).
Cobbett, W., *Tour of Scotland* (1833).
Colquhoun, P., *Observations and Facts Relative to Public Houses* (1796).
Colquhoun, P., *Treatise on the Police of the Metropolis* (1797).
Colquhoun, P., *Treatise on Indigence* (1806).
A Complete Refutation of the Malevolent Charges Exhibited against the Friends of Reform in and about Sheffield (Sheffield, 1793).
Cooper, T., *Reply to Mr. Burke's Invective against Mr. Cooper and Mr. Watt* (Manchester, 1792).
Cooper, T., *Some Information Respecting America* (1794).
The Correspondence of the London Corresponding Society (1795).
Crabtree, G., *Brief Description of a Tour through Calder Dale* (1833).
Crossley, J., *Remarks and Inquiries on a Sermon Preached by the Rev. J. Cockin* (Leeds, 1806).
Davenport, A., *The Life, Writings and Principles of Thomas Spence* (1836).
Davies, D., *The Case of the Labourers in Husbandry* (1795).
A Dialogue between a Methodist Preacher and a Reformer (Newcastle, 1819).
The Diary of Frances Lady Shelly, 1787-1817, ed. by R. Edgcumbe (1912).
Dick, T., *On the Improvement of Society by the Diffusion of Knowledge* (Glasgow, 1833).
Dodd, W., *The Factory System Illustrated* (1842).
'A Citizen' [John Eagles], *The Bristol Riots* (Bristol, 1832).
Eben-Eser, *The Little Book* (1811).
The Editor of the Examiner [Leigt Hunt], *An Attempt to Shew the Folly and Danger of Methodism* (1809).
Edmonds, G., *Letter to the Inhabitants of Birmingham* (1817).
Edmonds, G., *Letters to the Parishioners of Birmingham* (1819).
Edmonds, G., *The English Revolution* (1831).
Elliott, E., *The Splendid Village, & c.* (1834).
Engels, F., *Condition of the Working Class in England in 1844* (1958 : 『イギリスにおける労働者階級の状態』上・下、一條和生／杉山忠平訳、岩波文庫、1990年、ほか).
Essay on the Character of Sir William Courtenay (Canterbury, 1833).
Evans, T., *Christian Polity the Salvation of the Empire* (1816).
Evans, T., *Life of Spence* (Manchester, 1821).
The Farington Diary, ed. by J. Greig (1922).
Fielden, J., *National Regeneration* (1834).
Fielden, J., *The Curse of the Factory System* (1836).
Fielden, T., *An Exposition of the Fallacies and Absurdities of that Deluded Church generally known an Christian Israelites of 'Johannas'*... (1850).
Fisher, S., *The Christian's Monitor* (Wisbech, 1798a).
Fisher, S., *Unity and Equality in the Kingdom of God* (Norwich, 1798b).
A Full Account of the General Meeting of the Inhabitants of Newcastle (Newcastle, 1918).
Gardiner, W., *Music and Friends* (1838).
Gaskell, Mrs. [E.C.] *Mary Barton* (1848 : 『メアリー・バートン』、松原恭子／林芳子訳、彩流社、1998年、ほか).
Gaskell, P., *The Manufacturing Population of England* (1833).
Gerrald, J., *A Convention the only Means of Saving Us from Ruin* (1793).

Girdler, J. S., *Observations on the Pernicious Consequences of Forestalling, Regrating, and Ingrossing* (1800).

Gisborne, T., *Enquiry into the Duties of the Female Sex* (1797).

Guest, R., *A Compendious History of the Cotton Manufacture* (1823).

Gurney, J., *Proceedings on the Trail ... against Tom Paine* (1793).

Gurney, J., *The Whole Proceedings on the Trial ... of T. Walker and Others* (1794).

Gurney, J. H., *The Trial of Edward Marcus Despard* (1803).

Gurney, W. B., *Trial of James Watson* (1817a).

Gurney, W. B., *Trials of Jeremiah Brandreth & c.* (1817b).

Hale, W., *Letter to S. Whitbread on the Distresses of the Poor in Spitalfields* (1806).

Hansard's Catalogue and Breviate of Parliamentary Papers 1696-1834 (1953).

Hardy, T., *Memoir of Thomas Hardy... Written by Himself* (1832).

Hazlitt, W., 'On the Causes of Methodism', *The Round Table* (1817), in his *Works, IV* (1930-34).

Hazlitt, W., 'On the Spy System', in his *Works, VII* (1932).

Head, Sir G., *A Home Tour of Great Britain* (1835).

The History of John Wise, a Poor Boy intended for the Instruction of Children (Halifax, 1810).

History of Luddenden Dean Chapel (1928).

Hodgskin, Thomas (A Labourer), *Labour Defended Against the Claims of Capital* (1825), in *Labour Defended*, ed. by G. D. H. Cole (1922：『勞働擁護論』鈴木鴻一郎訳、日本評論社、1947年).

Hodgson, R., *Proceedings of General Committee of L.C.S.* (Newgate, 1798).

Holland, G. C., *The Vital Statistics of Sheffield* (1843).

Holt, D., *Vindication of the Conduct and Principles of the Printer of the Newark Herald* (Newark, 1794).

Hone, W., *The Man in the Moon* (1819).

Hone, W., *Date Book.*

Hone, W., *The Every-Day Book and Table Book*, 3 vols. (1831-1826-1831).

Howard, R., *History of the Typhus of Hepstonstall-Slack* (Hebden Bridge, 1844).

Howell, T. B., ed., *A Complete Collection of State Trials and Proceedings for High Treason*, 34 vols. (1811-26).

Howitt, W., *Rural Life of England* (1838).

Hunt, H., *The Green Bag Plot* (1819).

Hunt, H., *Memoirs* (1822a).

Hunt, H., *Address to the Radical Reformers* (1822b).

Hussey, Dr., *Pastoral Letter to the Catholic Clergy* (Waterford, 1797).

'I. H. B. L.', *Ought Every Man to Vote?* (1832).

Inquest on John Lees (1820).

Ivimey, J., *History of the English Baptists* (1830).

Johnson, J., *A Letter to Henry Hunt* (Manchester, 1822).

Jones, G., *Vindication of the Press, against the Aspersions of William Cobbett, including a Retrospect of his Political Life and Opinions* (1823).

Jones, J. G., *Sketch of a Political Tour through Rochester, Chartham, Maidstone, Gravesend ...* (1796).

Kay, J. P., *The Moral and Physical Condition of the Working Classes employed in the Cotton Manufacture of Manchester* (1832).

Kelly, H., *The Stone Cut Out of the Mountain* (Newcastle, 1821).
Kelly, H., *An Impartial History of Independent Methodism* (Newcastle, 1824).
Kilham, A., *The Progress of Liberty Amongst the People Called Methodists* (Alnwick, 1795).
Kilham, A., *An Appeal to the Members of the Methodist Connexion* (Manchester, 1796).
Larcher, A., *A Remedy for Establishing Universal Peace and Happiness* (Spitalfields, 1795).
Larcher, A., *Address to the British Fraternal Society* (1796).
Law, S., *A Domestic Winter-piece : or, A Poem, Exhibiting a Full View of the Auther's Dwelling Place in the Winter-season* (Leeds, 1772).
Laws and Orders of the Friendly Society who meet at the House of Mr. W. Forster ... (North Shields, 1795).
Lemaitre, P. T., *Narrative of Arrest* (1795).
A Letter to a County Gentleman on the Subject of Methodism (Ipwich, 1805).
Letter to John Bowles (Nottingham, 1803).
Lewis, G. C., *Remarks on the Third Report of the Irish Poor Inquiry Commissioners* (1837).
The Life and Trial of Thomas Muir (Rutherglen, 1919).
London Corresponding Society, *The Address published by the L.C.S. ... 22 Jan. 1794* (1794).
London Corresponding Society, *Accounts of the Proceedings of a Meeting* ... (1795).
Mackenzie. E., *Descriptive and Historical Account of Newcastle-upon-Tyne* (Newcastle, 1827).
Mackenzie, P., *An Exposure of the Spy System Pursued in Glasgow* (Glasgow, 1832a).
Mackenzie, P., *The Trial of James Wilson* (Glasgow, 1832b).
Madden, R. B., *The United Irishmen* (1842-46).
A Magistrate, *An Account of a Meat and Soup Charity in the Metropolis* (1797).
Marsden, J., *Sketches of the Early Life of a Sailor*... (Hull, n.d. 1812?).
Martin, R. M., *Taxation of the British Empire* (1833).
Mathews, A., *Memoirs of Charles Mathews, Comedian* (1838).
'A Member', *Account...of the British Convention* (1794).
Moore, T., *Life of Sheridan* (1825).
More, H., *Strictures on the Modern System of Female Education* (1799).
Mortimer, C. F., *A Christian Effort to Exalt the Goodness of the Divine Majesty, even in a Memento, on Edward Marcus Despard, Esq. And Six other Citizens, undoubtedly now with God in Glory* (1803).
National Chartist Hymn Book
Neild, J., *Account of the Society for the Relief of Small Debtors* (1802).
Newcastle Chronicle, *Inquiry into the Condition of the Poor* (Newcastle, 1850).
Nicholson, J., *The Operative Mechanic and British Machinist* (1829).
Nightingale, J., *Portraiture of Methodism* (1807).
Nightingale, J., *The Bazaar* (1816).
An Observer, *Peterloo Massacre* (Manchester, 1819).
O'Brien, B., ed., *Buonarrotti's History of Babeuf's Conspiracy for Equality* (1836).
O'Connor, F., *The Employer and the Employed* (1844).
One of the People, *The Thirty-Sixth of a Letter to the Society which Met at The Angel ... to Celebrate the Birth-Day of C. J. Fox* (Norwich, 1799).
One Who Pities the Oppressed, The Beggar's Complaint against Rack-Rent Landlords, Corn Factors, Great Farmers, Monopolizers, Paper Money Makers, and War... (Sheffield, 1812).
Owen, R., *A New View of Society and other writings* (Everyman edn, 1963 : 『新社会観』楊井克巳

訳、岩波文庫、1954年、ほか).
Owen, T. E., *Methodism Unmasked* (1802).
Paine, T., *Common Sense* (1776 :『コモン・センス』小松春雄訳、岩波文庫、1976年).
Paine, T., *Rights of Man*, 2 vols. (1791, 1792 :『人間の権利』西川正身訳、岩波文庫、1971年).
Paine, T., *Letter Adressed to the Adressers* (1792).
Paine, T., *The Age of Reason* (Paris, 1794 :『理性の時代』渋谷一郎監訳、泰流社、1982年).
Paine, T., *Agrarian Justice* (1797).
Paley, W., *Concise Admonitions for Youth* (1809).
[Parkinson, J.], *Revolutions without Bloodshed* (1794).
[Parkinson, J.], *A Vindication of the L.C.S.* (1795).
Pellew, G., *The Life and Correspondence of the Right Hon. Henry Addington, first Viscount of Sidmouth* (1847).
Perry, S., *Argus* (1796).
Philanthropus, *The Character of a Priest* (1822).
[Philips, F.], *An Exposure of the Calmnies & c.* (1819).
Philips, R., *Original Papers Published in the Leicester Herald & c.* (Leicester Gaol, 1793a).
Philips, R., *Account of the Trial of Alexander Whyte, Baker* (Newcastle, 1793b).
Place, F., *Illustrations and Proofs of the Principle of Population* (1822).
Proceedings at the Public Meeting, December 29, 1817... (1818).
Proceedings of the Public Meeting on Crooke's Moor at Sheffield (Sheffield, 1795).
Proceedings under the Special Commission at York (Leeds, 1813).
A Professor, *Confessions of a Methodist* (1810).
Radcliffe, W., *Origin of the Power Loom Weaving* (Stockport, 1828).
Raynes, F., *An Appeal to the Public* (1817).
Rede, L. T., *York Castle in the Nineteenth Century* (1831).
Reformer's Guide or The Rights of Man Considered (Leeds, 1819).
Reid, W. H., *The Rise and the Dissolution of the Infidel Societies of the Metropolis* (1800).
Rennie, Broun and Shirreff, *General View of the Agriculture of the West-Riding* (1794).
Richmond, A. B., *Narrative of the Condition of the Manufacturing Population* (1825).
Roberts, W., *Memoires of ... Mrs. Hannah Moore* (1834).
Rules and Orders of the Brotherhood of Maltsters (Newcastle, 1796).
Rules of the Good Intent Society (Newcastle, 1815).
Rules of the Philanthropic Society of House-Carpenters and Joiners (Newcastle, 1812).
Rules ... of the Sociable Society (Newcastle, 1812).
Rules & Articles of the Woollen-Cloth Weavers' Society (Gloucester, 1802).
Sampson, *William, Memoirs* (Leesburg, 1817).
Saunders, H. M., *The Crimps* (1794).
Second Trial of William Hone (1818).
Selections ... from Gerrard Winstanley, ed. by L. Hamilton (1944).
Sharp, W., *An Answer to the World* (1806).
A Short Account of the Benevolent Society ... at Messrs Angus Manufactory (Newcastle, 1816).
Simmons, G., *The Working Classes* (1849).
Sloane, E., Essays, *Tales and Sketches* (1849).
Smith, J., *Memoirs of Wool* (1747).
Smith, J., *The Conspirators Exposed* (1795).

Smith, J. P., *An Account of a Successful Experiment* (1812).
Some Papers giving an Account of the Rise and Progress of Methodism at Wednesbury (1744).
Southcott, J., *Strange Effects of Faith* (1801).
Southcott, J., *A Continuation of Prophecies* (1802).
Southcott, J., *A Word in Season* (1803a).
Southcott, J., *A Word to the Wise* (1803b).
Southcott, J., *Copies and Parts of Copies, & c.* (1804a).
Southcott, J., *Letters and Communications* (1804b).
Southcott, J., *Sound an Alarm in My Holy Mountain* (1804c).
Southcott, J., A *Warning to the World* (1804d).
Southcott, J., *Answer to Five Charges in Leeds Mercury* (1805).
Southcott, J., *Divine and Spiritual Communications* (1809).
Southey, R., *Letters from England by Don Manuel Alvarez Espriella* (1808, 2nd edn).
Southey, R., *Sir Thomas More : or, Colloquies...* (1829).
Southey, R., *Life of Wesley and the Rise of Methodism* (1890 edn).
[Spence, T.], *The End of Oppression* (1795).
Spence, T., *Pig's Meat : The Right of Infants* (1797).
Spence, T., *The Restorer of Society to its Natural State* (1801).
Stamp, W. M., *Historical Notices of Wesleyan Methodism in Bradford* (1841).
State Trials at Large, The Whole Proceedings at the Trials of Colonel Despard (1803).
Strutt, *The Sports and Pastimes of the People of England* (1830).
A Student in the Temple, *Trial of Thomas Hardy* (1794).
Proceedings at the Public Meeting to form a Subscription for Hone (1818).
The Surprising ... History of 'General Ludd' (Nottingham, n.d.).
Sutcliffe, J., *A Review of Methodism* (York, 1805).
Swanston, Serjeant P., *Memoirs of ... a Soldiers Life* (n.d.).
[Taylor, J. E.], *Notes and Observations Critical and Explanatory on the Papers relative to the Internal State of the Country ...* (1820).
Taylor, W. C., *Notes of a Tour in the Manufacturing Districts of Lancashire* (1842).
Ten Letters on the Late Contested Election at Nottingham (Nottingham, 1803).
Thackrah, T., *The Effects of Arts, Trade, and Professions on Health and Longevity* (1832), ed. by A. Meiklejohn (1957).
Thelwall, J., *Poems Written in Close Confinement in the Tower and Newgate, under a Charge of High Treason* (1795).
Thelwall, J., *An Appeal to Popular Opinion against Kidnapping and Murder* (1796a).
Thelwall, J., *Narrative of the Late Atrocious Proceedings at Yarmouth* (1796b).
Thelwall, J., *The Rights of Nature* (1796c).
Thelwall, J., *Poems Chiefly written in Retirement* (Hereford, 1801).
Thelwall, J., *Poem and Oration on the Death of Lord Nelson* (1805).
Thelwall, Mrs., *Life of John Thelwall* (1837).
Tornton, W. T., *Over-Population* (1846).
The Torrington Diaries, ed. by C. B. Andrews (1936).
Trial of Hardy (n.d.).
Trial of Henry Hunt and S. Knight for an alleged conspiracy to overturn the government ... by threats and force of arms, etc. (1820).

Trial of Henry Yorke (1795).
Trial of Joseph Gerrald (Edinburgh, 1794).
Trial of Gerrald (Glasgow, 1835).
Trial of Mrs. Susannah Wright (1822).
Trial of the Rev. Wm. Jackson (1795).
Trial of Robert Watt (Edinburgh, 1795).
The Trial at Full Length of the 38 men from Manchester (Manchester, 1812).
[Tufnell, E. C.], *The Character, Objects and Effects of Trades' Union* (1834, 1933 edn).
Turner, G., *A Vindication for the Honour of God* (Leeds, 1807).
Turner, G., *A Call to All the World* (Leeds, 1800).
Twiss, H., *Life of Lord Eldon* (1844).
The Two Trials of T. J. Wooler (1817).
Ure, A., *The Philosophy of Manufactures* (1835).
Volney, C. F. *The Ruins, Or, Mediations on the Revolution of Empires* (Paris 1802).
Wade, J., *History of the Middle and Working Classes* (1835, 5th edition).
Wakefield, E., *An Account of Ireland* (1812).
Wakefield, E. G., *Householders in Danger form the Populace* (n.d.; 1831?).
Wakefield, G., *Reply to the Bishop of Llandaff* (1798).
Walker, J. U., *History of Wesleyan Methodism in Halifax* (Halifax, 1836).
Walker, T., *Review of some Political Events in Manchester* (1794).
Ward, Zion, *A Serious Call: or The Messiah's Address to the People of England* (1831).
Watt, R., *The Life and Character of Robert Watt* (Edinburgh, 1795).
Weaver, A., *Address to the Inhabitants of Bolton* (Bolton, 1799).
Wedgwood, R., *The Book of Remembrance* (1814).
Wesley, J., *Journal* (Everyman's Library edn, 1906).
West, F. A., *Memoirs of Jonathan Saville* (1844).
Westminster Committee, *An Exposition of the Circumstances which gave rise to the Election of Sir F. Burdett, Bart ...* (1807).
[White, G. and G. Henson], *A Few Remarks on the State of the Laws at present in Existence for regulating Masters and Workpeople* (1823).
Wilberforce, R. I. and S. Wilberforce, *Life of William Wilberforce* (1838).
Wilberforce, W., *A Practical View of the Prevailing Religious System of Professed Christians* (1797).
Wilkinson, G. T., *The Cato-Street Conspiracy* (1820).
Wilks, M., *Athaliah : or the Tocsin Sounded* (Norwich, 1795).
Wilks, S., *Memoirs of the Reverend Mark Wilks* (1821).
Willan, Dr R. 'Observations on Disease in London' , *Medical and Physical Journal*, 1800.
Winstanley, G., *Fire in the Bush* (1650) in *Selections ... from Gerrard Winstanley*, ed. by L. Hamilton (1944).
Wollstonecraft, M., *A Vindication of the Rights of Men* (1790).
Wood, Rev. J., *An Address to the Members of the Methodist Societies* (1799).
Wyvill, C., *Political Papers* (York, 1804).
A Yorkshire Freeholder, *A Letter to S. W. Nicholl, Esq.* (1819).
Young, A., *General View of the Agriculture of the County of Lincolnshire* (1799).
Young, A., *A Time to Dance* (Glasgow, n.d.).

E．1850年以降の刊行物

Adams, W. E., *Memoirs of a Social Atom* (1903).
Aldridge, A. O., *Man of Reason* (1960).
Alger, J. G., *Englishmen in the French Revolution* (1889).
Alger, J. G., *Napoleon's British Visitors and Captives* (1904).
Altick, R. D., *The English Common Reader* (Chicago, 1957).
Andrews, E. D., *The People Called Shakers* (New York, 1953).
Armytage, H. G., *Heavens Below* (1961).
Arnold, J., *Memoir of ... Lord Denman* (1873).
Ashton, J., *The Dawn of the 19th Century in England* (1906).
Ashton, T. S., 'The Domestic System in Early Lancashire Tool Trade', *Econ. Journal* (Suppl.), I, 1926-29.
Ashton, T. S., 'The Coal-Miners of the Eighteenth Century', *Econ. Journal* (Suppl.), I, 1928.
Ashton, T. S., *The Industrial Revolution, 1760-1830* (1948 :『産業革命』中川敬一郎訳、岩波文庫、1953年).
Ashton, T. S., 'The Treatment of Capitalism by Historians', in *Capitalism and the Historians*, ed. by F. A. Hayek (1954a).
Ashton, T. S., 'The Standard of Life of the Workers in England, 1790-1830', in *Capitalism and the Historians*, ed. by F. A. Hayek (1954b).
Aspinall, A., 'The Westminster Election of 1814' in *Eng. Hist. Rev.*, XL, 1925.
Aspinall. A., *The Early English Trade Unions* (1949a).
Aspinall, A., *Politics and the Press* (1949b).
Bailey, T., *Annals of Nottinghamshire* (1855).
Baines, E., *Life of Edward Baines* (1851).
Baines, E., *Yorkshire Past and Present* [1871, 77].
Balleine, G. R., *Past Finding Out* (1956).
Bamford, S., *Early Days* (1893a edn).
Bamford, S., *Passages in the Life of a Radical* (3rd edn, Heywood, [1840]).
Bamford, S., *Passages in the Life of a Radical* (1893b edn).
Barnes, D. G., *History of the English Corn Laws* (1930).
Barton, B. T., *Historical Gleanings of Bolton* (Bolton, 1881).
Beales, H. L., *The Industrial Revolution* (1928).
Beales, H. L., *The Early English Socialists* (1933).
Beer, M., *A History of British Socialism* (1929 :『イギリス社会主義史』大島清訳、岩波文庫、1950-75年).
Bennett, W., *History of Burnley* (Burnley, 1948).
Best, G., 'The Making of the English Working Class', *Historical Journal*, VIII (1995).
Bewick, T., *A Memoir*, ed. by M. Weekly (Cresset, 1961).
Binns, J., *Recollections* (Philadelphia, 1854).
Birley, R., *The English Jacobins* (1924).
Bladen, V. W., 'The Potteries in the Industrial Revolution', *Econ. Journal* (Suppl.), I, 1926-29.
Blanchard, J., *George Cruikshank* (1894).
Blunden, E., ed., *Coleridge Studies* (1934).

Borrow, G., *The Romany Rye* (1857).
Bourne, F. W., *The Bible Christians* (1905).
Brailsford, H. N., *Shelly, Godwin and their Circle* (New York 1913, 1951).
Brierly, B., *Home Memories* (Manchester, 1886).
Brierly, B., *Failsworth, My Native Village* (Oldham, 1895).
Briggs, A., 'The Background of the Parliamentary Reform Movement in Three English Cities', *Cambridge Hist. Journal*, 1952.
Briggs, A., 'Middle-Class Consciousness between 1780 and 1846', *Past and Present*, April 1956.
Briggs, A., *Private and Social Themes in Shirley* (Brontë Society, 1958).
Briggs, A., *The Age of Improvement* (1959a).
Briggs, A., 'The Local Background of Chartism', in *Chartist Studies*, ed. by Asa Briggs (1959b).
Briggs, A., 'The Language of "Class" in Early Nineteenth-century England', in *Essays in Labour History*, ed. by Briggs and Saville (1960).
Briggs, A., 'The Welfare State in Historical Perspective', *Archiv. Europ. Sociol.*, II, 1961.
Brimelow, W., *Political History of Bolton* (1882).
Brontë, C., *Shirley* (1893 :『シャーリー』上・下、都留信夫訳、みすず書房、1996年).
Brougham, H. Lord, *Life and Times* (1871).
Broughton, Lord, *Recollections of a Long Life* (1909).
Brown, A. F. J., *English History from Essex Sources* (Chelmsford, 1952).
Brown, P. A., *The French Revolution in English History* (1918).
Bruton, F. A., *The Story of Peterloo* (1919).
Bruton, F. A., *Three Accounts of Peterloo* (1921).
Bunting, T. P., *Life of Jabez Bunting, D. D.* (1887).
Burnett, J. 'History of Food Adulteration in Great Britain in the Nineteenth Century', *Bulletin of Institute of Historical Research*, 1959.
Burney, J., *History of Wool and Woolcombing* (1889).
Burt, Th., *Autobiography* (1924).
Butler, J. R. M., *The Passing of the Great Reform Bill* (1914).
Cadman, H. A., *Gomersal : Past and Present* (Leeds, 1930).
Castro, J. P. de, *The Gordon Riots* (Oxford, 1926).
Census of Religious Worship, England and Wales, 1851 (1853).
Cestre, C., *John Thelwall* (1906).
Chaloner, W. H., *The Hungry Forties : A Re-Examination* (Historical Association, 1957).
Chaloner, W. H., 'Dr. Joseph Priestley, John Wilkinson, and the French Revolution', *Trans. Royal Hist. Soc.*, 5th series, VIII, (1958).
Chambers, J. D., 'The Framemork-Knitters, Company', *Economica*, Nov. 1929.
Chambers, J. D., 'Enclosure and Labour Supply in the Industrial Revolution', *Econ. Hist. Rev.*, 2nd series, V, 1952-53.
Chambers, J. D., 'The Vale of Trent, 1670-1800', *Economic History Society, Suppl.* (1957).
Chambers, J. D., 'The Making of the English Working Class', *History*, Jan. 1966.
Chambers, J. D. and G. E. Mingay, *The Agricultural Revolution, 1750-1880* (1966).
Chandler, F. W., *Political Spies and Provocative Agents* (Sheffield, 1933).
Chapman, E. V., *John Wesley & Co.* (Halifax, 1952).
Chapman, S. J., *The Lancashire Cotton Industry* (Manchester, 1904).
Chartist Studies, ed. by Asa Briggs (1959).

Chevalier, L., *Classes laborieuses et classes dangereuses à Paris pendant la première moitié du XIXème siècle* (Paris, 1958：『労働階級と危険な階級』喜安朗／木下賢一／相良匡俊共訳、みすず書房、1993年).
Church, L. F., *The Early Methodist People* (1948).
Church, R. A. and S. D. Chapman, 'Gravener Henson and the Making of the English Working Class', in *Land, Labour and Population in the Industrial Revolution*, ed. by E. L. Jones and G. E. Mingay (1967).
Clapham, J. H., 'The Transference of the Worsted Industry from Norfolk to the West Riding', in *Econ. Journal*, XX, 1910.
Clapham, J. H., 'The Spitalfields Acts', in *Econ. Journal*, Dec. 1916.
Clapham, Sir J., *Economic History of Modern Britain* (1926).
Clark, G. K., *The Making of Victorian England* (1962).
Clarkson, H., *Memories of Merry Wakefield* (Wakefield, 1887).
Cobb, R., 'The People in the French Revolution', *Past and Present*, XV (April 1959).
Cockburn, Lord, *Examination of the Trials of Sedition ... in Scotland* (Edinburgh, 1888).
Cohn, N., *The Pursuit of the Millenium* (1957：『千年王国の追求』江河徹訳、紀伊國屋書店、1978年).
Cole, G. D. H., *Life of William Cobbett* (1924).
Cole, G. D. H., *Life of Robert Owen* (1930).
Cole, G. D. H., *Chartist Portraits* (1941：『チャーティストたちの肖像』古賀秀男／岡本充弘／増島宏訳、法政大学出版局、1994年).
Cole, G. D. H., *Attempts at General Union* (1953a).
Cole, G. D. H., *History of Socialist Thought, I, The Forerunners* (1953b).
Cole, G. D. H. and A. W. Filson, *British Working Class Movements* (1951).
Cole, G. D. H. and M. Cole, *The Opinions of William Cobbett* (1944).
Cole, G. D. H. and R. Postgate, *The Common People, 1746-1946* (1961).
Collett, C. D., *History of the Taxes on Knowledge* (1933).
Collins, H., 'The London Correspondence Society', in *Democracy and the Labour Movement*, ed. by J. Saville (1954).
Connell, K. H., 'The Land Legislation and Irish Social Life', *Econ. Hist. Rev.*, XI, 1. Aug. 1958.
Conway, M. D., *Life* (1892).
Cooper, T., *The Life of Thomas Cooper* (1872).
Cross, W. R., *The Burned-Over District* (Cornell University, 1950).
Crump, W. B., *The Leeds Woollen Industry, 1780-1820* (Leeds, 1931).
Crump, W. B. and G. Ghorbal, *History of Huddersfield Woollen Industry* (Huddersfield, 1935).
Cudworth, W., *Condition of the Industrial Classes of Bradford & District* (Bradford, 1887).
Currie, R., and R. M. Hartwell, 'The Making of the English Working Class?', *Econ. Hist. Rev.*, 2nd series, XVIIII, 3 December 1965.
Currie, R., 'A Micro-Theory of Methodist Growth', *Proceedings of the Wesley Historical Society*, XXXVI, Oct. 1967.
Dahrendorf, R., *Class and Class Conflict in Industrial Society* (1959：『産業社会における階級および階級闘争』富永健一訳、ダイヤモンド社、1966年).
Darvall, F. O., *Popular Disturbances and Public Order in Regency England* (1934).
Davies, C. S., *History of Macclesfield* (Manchester, 1926).
Davies, D., *The Influence of the French Revolution on Welsh Life and Literature* (Carmarthen,

1926).
Davis, H. W. C., *Lancashire Reformers, 1816-17* (Manchester, 1926).
Davis, H. W. C., *The Age of Grey and Peel* (Oxford, 1929).
Dechamps, J., *Les Iles Britanniques et La Révolution Française* (Brussel, 1949).
Democracy and the Labour Movement, ed. by P. Saville (1954).
Derry, T. K., 'Repeal of the Apprenticeship Clauses of the Statute of Apprentices' , *Econ. Hist. Rev.*, III, 1931-32.
Devyr, T. A., *The Odd Book of the Nineteenth Century* (Now York, 1882).
Driver, C., *Tory Radical* (Oxford, 1946).
Drummond, J. C. and A. Wilbraham, *The Englishman's Food* (1939).
Edwards, M., *John Wesley and the Eighteenth Century* (1933).
Edwards, M. S., *The Divisions of Cornish Methodism, 1802 to 1857* (Cornish Methodist Historical Association, 1964).
Engels, F., *Anti-Dühring* (1878; Lawrence & Wishart, 1936 :「オイゲン・デューリング氏の科学の変革（反デューリング論)」村田陽一訳、『マルクス＝エンゲルス全集』第20巻所収、大月書店、1968年).
Erdman, D. V., *Blake, Prophet against Empire* (Princeton, 1954).
Ernle, Lord, *English Farming, Past and Present* (1961 edn).
Fay, C. R., *The Corn Laws and Social England* (Cambridge, 1932).
Fay, C., *Roundabout Industrial Britain, 1830-1850* (1952).
Felkin, W., *History of the Machine-Wrought Hosiery and Lace Manufactures* (1867).
Fitzpatrick, W. J., *The Secret Service under Pitt* (1892).
Fong, H. D., *Triumph of Factory System in England* (Tientsin, 1930).
Forbes, H., *Rise, Progress, and Present State of the Worsted Manufactures* (1852).
Fox, A., *History of the National Union of Boot and Shoe Operatives* (Oxford, 1958).
Fraser, P., 'Public Petitioning and Parliament before 1832, in *History*, XLVI, 158, Oct. 1961.
Fremantle, A. F., 'The Truth about Oliver the Spy' , *Eng. Hist. Rev.*, XLVII, 1932.
French, G. F., *Life of Samuel Crompton* (1859).
Fromm, E., *The Fear of Freedom* (1960 edn).
Frost, T., *Forty Years Recollections* (1880).
Fussell, G. E., *The English Rural Labourer* (1947).
Fynes, R., *The Miners of Northumberland and Durham* (1923 edn).
George, M. D., *London Life in the Eighteenth Century* (1928 and 1930).
George, M. D., 'The Combination Acts' , *Economic History Review*, 1936.
George, M. D., *Catalogue of Political and Personal Satires in the British Museum* (1947).
George, M. D., *England in Transition* (Penguin edition, 1953).
Gilboy, E. W., *Wages in Eighteenth-Century England* (Cambridge, Mass., 1934).
Gill, C., *The Naval Mutinies of 1797* (1913).
Gill, C., *History of Birmingham* (Oxford, 1952).
Gosden, P. H. J., *The Friendly Societies in England* (Manchester, 1961).
Gray, D., *Nottingham Through 500 Years* (Nottingham, 1960).
Greenwood, J., 'Reminiscences' , *Todmorden Advertiser*, 10 Sept. 1909.
Gregory, B., *Autobiographical Recollections* (1903).
Habakkuk, J. H., 'English Population in the Eighteenth Century' , *Econ. Hist. Review*, VI, 2, 1953.
Hackwood, F. W., *William Hone* (1912).

Halévy, E., *A History of the English People in the 19th century : England in 1815* (Penguin edn, 1937).
Halévy, E., *The Liberal Awakening* (1949).
Halévy, E., *Thomas Hodgskin* (1956).
Hall, W. P., *British Radicalism 1791-1797* (New York, 1912).
Hammond, J. L. and Hammond, B., *The Skilled Labourer 1760-1832* (2nd edn, 1920).
Hammond, J. L. and Hammond, B., *The Village Labourer 1760-1832* (1911).
Hammond, J. L. and Hammond, B., *The Town Labourer 1760-1832* (2nd edn, 1925).
Hammond, J. L. and Hammond, B., *Lord Shaftesbury* (Harmondsworth, 1939).
Hammond, J. L. and Hammond, B., *The Bleak Age* (West Drayton, New York, 1947).
Hanson, T. W., 'Diary of a Grandfather' , *Trans. Halifax Antiq. Soc.*, 1916.
Harland, J., *Ballads and Songs of Lancashire* (1865).
Harrison, B. and Hollis, P., 'Chartism, Liberalism and the Life of Robert Lowery' , *Eng. Hist. Rev.*, LXXII, 1967.
Harrison, J. F. C., 'Chartism in Leicester' , in *Chartist Studies*, ed. by A. Briggs (1959a).
Harrison, J. F. C., 'Chartism in Leeds' , in *Chartist Studies*, ed. by A. Briggs (1959b).
Harrison, J. F. C., *Learning and Living* (1961).
Hartley, I., 'Memorabilia' , *Todmorden and District News* (1903).
Hartwell, R. M., 'Interpretation of the Industrial Revolution in England' , *Journal of Econ. Hist.* XLX, 2 June 1959.
Hartwell, R. M., 'The Rising Standard of Living in England, 1800-1850' , *Econ. Hist. Rev.*, 2nd series, XIII, April 1961.
Hasbach, W., *History of the English Agricultural Labourer* (1908).
Hayek, F. A., 'History and Politics' , in his *Capitalism and the Historians* (1954).
Heaton, H., *Yorkshire Woollen and Worsted Industries* (1920).
Heaton, W., *The Old Soldier* (1857).
Hewitt, M., *Wives and Mothers in Victorian Industry* (1958).
Hibbert, C., *King Mob* (1958).
Hill, C., 'John Mason and the End of the World' , in his *Puritanism and Revolution* (1958).
Hilton, G. W., *The Truck System* (Cambridge, 1960).
Himes, N., 'J. S. Mill's Attitude toward Neo-Malthusiamism' , *Econ. Journal*, Suppl. 1926-29.
Himes, N., 'The Birth Control Handbills of 1823' , *The Lancet*, 6 Aug. 1927.
Himmelfarb, G., *Victorian Minds* (New York, 1968).
An Historical Account of the Luddites (Huddersfield, 1862).
Hobsbawm, E. J., 'The Tramping Artisan' , *Econ. Hist. Rev.*, 2nd series, III, 1950-51(「遍歴職人」、『イギリス労働史研究』所収、鈴木幹久／永井義雄訳、ミネルヴァ書房、1968年).
Hobsbawm, E. J., 'The Machine-Breakers' , *Past and Present*, 1 Feb. 1952 (「機械破壊者たち」、前掲『イギリス労働史研究』所収).
Hobsbawm, E. J., 'Methodism and the Threat of Revolution' , *History Today*, Feb. 1957a (「メソディズムとブリテンにおける革命の脅威」、前掲『イギリス労働史研究』所収).
Hobsbawm, E. J., 'The British Standard of Living, 1790-1850' , *Econ. Hist. Rev.*, X, Aug. 1957b (「ブリテンの生活水準、1790－1850」、前掲『イギリス労働史研究』所収).
Hobsbawm, E. J., *Primitive Rebels* (1959 :『素朴な反逆者たち』水田洋ほか訳、社会思想社、1989年).
Hobsbawm, E. J., 'Custom, Wages and Work-load in Nineteenth Century Industry' , in *Essays in*

Labour History, ed. by A. Briggs and J. Saville (1960 :「十九世紀の産業における慣習、賃金および労働負担」、前掲『イギリス労働史研究』所収).

Hobsbawm, E. J., *The Age of Revolution; Europe 1789-1848* (1962 :『市民革命と産業革命――二重革命の時代』安川悦子／水田洋訳、岩波書店、1968年).

Hobsbawm, E. J. and Rudé, R., *Captain Swing : the Agricultural Labourers' Rising of 1830* (1968).

Hodder, E., *Life of Shaftesbury* (1887 edn).

Hoggart, R., *Uses of Literacy* (1957 :『読み書き能力の効用』香内三郎訳、晶文社、1974年).

Hole, J., *The Homes of the Working Clsses* (1866).

Hollingsworth, H. B. ed., *Zion's Works* (1899).

Holt, R. V., *The Unitarian Contribution to Social Progress in England* (1938).

Holyoake, G. J., *Self Help A Hundred Years Ago* (1891).

Hoskins, W. G., *The Midland Peasant* (1957).

Huehns, G., *Antinomianism in English History* (1951).

Hughes, J., 'Tried Beyond Endurance' , *The Landworker*, Nov. 1954.

Hunter, D. M., *The West of England Woollen Industry* (1910).

Hutt, W. H., 'The Factory System in the Early Nineteenth Century' , *Economica*, March 1926; reprinted in *Capitalism and the Historians*, ed. by F. A. Hayek (1954).

Hyde, H. M., *The Strange Death of Lord Castlereagh* (1959).

James, J., *History of the Worsted Manufacture* (1857).

James, J., *History of Bradford* (1866a).

James, J., *Continuation of the History of Bradford* (1866b).

Jefferys, J. B., *The Story of the Engineers* (1945).

Jephson, H., *The Platform* (1892).

Jeremy, D. J., 'A Local Crisis between Establishment and Nonconformity' , in *Wilts. Archaeological and Nat. Hist. Magazine*, LXI, 1966.

Jerrold, B., *The Original* (1874).

Jones, E. H. S., *The Last Invasion of Britain* (Cardiff, 1950a).

Jones, E. H. S., *The Invasion that Failed* (Oxford, 1950b).

Jones, E. J., 'Scotch Cattle and Early Trade Unionism in Wales' , *Econ. Journal, Suppl.*, I, 1926-29.

Jones, M. J., *Hannah More* (Cambridge, 1952).

Jones, M. P., 'John Jones of Glan-y-Gors' , *Trans. Cymmrodorian Society* (1909-10).

Jones, R. M., *The Later Periods of Quakerism* (1921).

Jones, R. M., *Studies in Mystical Religion* (1923).

Keats, J., *Works* (Glasgow, 1901).

Kelly, T., *George Birkbeck* (Liverpool, 1957).

Kendall, H. B., *History of the Primitive Methodist Church* (1919).

Kent, J., *The Age of Disunity* (1966).

Kettle, A., *Introduction to the English English Novel* (1951).

Kiernan, V., 'Evangelicalism and the French Revolution' , *Past and Present*, I, Feb. 1952.

Klingberg, F., and S. Hustvedt, *The Warning Drum : the British Home Front Faces Napoleon : Broadsides of 1803* (Berkeley, 1944).

Knight, F., *The Strange Case of Thomas Walker* (1957).

Knox, R. A., *Enthusiasm* (Oxford, 1950).

Krause, J. T., 'Changes in English Fertility and Mortality, 1781-1850, *Econ. Hist. Rev.*, 2nd series, XI,

No.1, Aug. 1958.
Krause, J. T., 'Some Implications of Recent Work in Historical Demography' , *Comparative Studies in Society and History*, I, 2, Jan. 1959a.
Krause, J. T., 'Some Neglected Factors in the English Industrial Revolution' , *Journal of Econ. Hist*. XIX, 4 Dec. 1959b.
L. A., *Sad Times* (Huddersfield, 1870).
Lampard, E. E., *Industrial Revolution* (American Historical Association, 1957).
Land, Labour and Population in the Industrial Revolution, ed. by E. L. Jones and G. E. Mingay (1967).
Langford, J. A., *A Century of Birmingham Life* (Birmingham, 1868).
Lawrence, D. H., *The Rainbow* (Harmondsworth, 1949).
Lawrence, D. H., 'Nottingham and the Mining Country' , *Selected Essays* (Penguin edn, 1950).
Lawson, J., *Letters to the Young on Progress in Pudsey* (Stanningley, 1887).
Leader, R. E., *Reminiscences of Old Sheffield* (Sheffield, 1876).
Leavis, F. R., 'The Significance of C. P. Snow' , *Spectator*, 9 March 1962.
Leavis, Q. D., *Fiction and the Reading Public* (1932).
Lecky, W. E. H., *History of the English People in the Eighteenth Century*, III (1899).
Lefebvre, G., *The French Revolution* (1962).
Lincoln, A., *Social and Political Ideas of English Dissent, 1763-1830* (Cambridge, 1938).
Lindsay, J., *John Bunyan* (1937).
Linton, W. J., *James Watson* (Manchester, 1880).
Lipson, E., *The History of the Woollen and Worsted Industries* (1921).
Lloyd, C., *Lord Cochrane* (1947).
Lott, F. B., *Story of the Leicester Mechanic's Institute* (1935).
Lovett, W., *Life and Struggle in Pursuit of Bread, Knowledge, and Freedom* (1920 edn).
Lyles, A. M., *Methodism Mocked* (1960).
Maccoby, S., *English Radicalism 1786-1832* (1955).
McCord, N., 'Tyneside Discontents and Peterloo' , *Northern History*, II (Leeds, 1967).
McKendrick, N., 'Josiah Wedgwood and Factory Disciple' , *Hist. Journal*, IV, I, 1961.
McKeown, T. and Brown, R. G., 'Medical Evidence Related to English Population Changes in the Eighteenth Century' , *Population Studies*, Nov. 1955.
McLachlan, H., *Letters of Theophilus Lindsay* (1920).
Malone, D., *The Public Life of Thomas Cooper* (New Haven, 1926).
Maltby, H. J., 'Early Bardford Friendly Societies' , *Bradford Antiquary*, VII, 1933.
Mann, J. de L., 'Clothiers and Weavers in Wiltshire during the Eighteenth Century' , in *Studies in the Industrial Revolution*, ed. by L. S. Presnell (1960).
Mannheim, K., *Ideology and Utopia* (1960 edn :『イデオロギーとユートピア』鈴木二郎訳、未来社、1968年).
Manwaring, G. E. and Dobrée, B., *The Floating Republic* (Penguin edn, 1937).
Marshall, J. D., 'The Nottinghamshire Reformers and their Contribution to New Poor Law' , *Econ. Hist. Rev*., 2nd series, XIII, 1961.
Marx, K., *Selected Works* (1942).
Marx, K., 'Inauguraladresse der Internationalen Arbeiter Assoziation' (1864), in MEW, Bd. 16 (Berlin, 1975 :「国際労働者協会創立宣言」村田陽一訳、『マルクス=エンゲルス全集』第16巻所収、1966年).

Marx, K., *Capital* (1938 edition :『資本論』第1巻〜第3巻、岡崎次郎訳、大月書店、1968年).
Mayhew, H., *London Labour and the London Poor* (1862).
Meek, R. N., *Studies in the Labour Theory of Value* (1956 :『労働価値論史研究』水田洋／宮本義男訳、日本評論新社、1957年).
Meikle, H. W., *Scotland and the French Revolution* (Glasgow, 1912).
Menger, A., *The Right to the Whole Produce of Labour* (1898 :『労働全収権史論』森田勉訳、未来社、1971年).
Miller, G. C., *Blackburn : The Evolution of a Cotton Town* (Blackburn, 1951).
Minchinton, W. E., 'The Beginnings of Trade Unionism in the Gloucestershire Woollen Industry' , *Trans. Bristol and Glos Archael. Soc.*, LXX, 1951.
Mineka, F. E., *The Dissidence of Dissent* (1944).
Moir, E. A. L., 'The Gentlemen Clothers' , in *Gloucestershire Studies* (Leicester, 1957).
Morley, J., *Life of Gladstone* (1908).
Morris, M., *From Cobbett to the Chartists* (1948).
Morton, A. L., *The Everlasting Gospel* (1958 :『ブレイクとランターズ』松島正一訳、北星堂書店、1996年).
Musson, A. E., 'The Ideology of Early Cooperation in Lancashire and Cheshire' , *Trans. Lancs. & Cheshire Antiq. Soc.*, LXVII, 1957.
New, C., *Life of Henry Brougham* (Oxford, 1961).
O'Higgins, R., 'The Irish Influence in the Chartist Movement' , *Past and Present*, XX, Nov. 1961.
'An Old Potter' , *When I was a Child* (1903).
Oman, Sir C., *The Unfortunate Colonel Despard* (1922).
Packe, M. St. J., *Life of John Stuart Mill* (1954).
Pankhurst, R., *William Thompson* (1954).
Patterson, A. T., *Radical Leicester* (Leicester, 1954).
Patterson, A. T., 'Luddism, Hampden Clubs and Trades Unions in Leicestershire' , *English Historical Review*, LXIII, 1948.
Patterson, M. W., *Sir Francis Burdett* (1931).
Peacock, A. J., *Bread or Blood. The Agrarian Riots in East Anglia : 1816* (1965).
Pearl, M. L., *William Cobbett* (1953).
Peel, F., 'Old Cleckheaton' , *Cleckheaton Guardian*, January-April 1884.
Peel, F., *Nonconformity in Spen Valley* (Heckmondwike, 1891).
Peel, F., *Spen Valley : Past and Present* (Heckmondwike, 1893).
Peel, F., *The Risings of the Luddites* (1880 and Heckmondwike, 1895).
Pinchbeck, I., *Women Workers and the Industrial Revolution, 1750-1850* (1930).
Podmore, R., *Robert Owen* (1906).
Pollard, S., 'Investment, Consumption, and the Industrial Revolution' , *Econ. Hist. Rev.*, 2nd series, XI (1958).
Pollard, S., *A History of Labour in Sheffield* (Liverpool, 1959a).
Pollard, S., *Dr. William King* (Loughborough Cooperative College Papers, 6, 1959b).
Pollard, S., 'Nineteenth-Century Cooperation from Community Building to Shopkeeping' , in *Essays in Labour History*, ed. by Briggs and Saville (1960).
Postgate, R., *The Builder's History* (1923).
Prentice, A., *Historical Sketches of Manchester* (1851).
Prest, J., *The Industrial Revolution in Coventry* (1960).

Priestley, J. H., *History of Ripponden Cooperative Society* (Halifax, 1932).
Priestley, J. H., 'Ripponden Female Society' , *Trans. Halifax Antiq. Soc.*, 1943.
Priestley, J. H., 'John Howarth, Lawyer' , *Trans. Halifax Antiq. Soc.*, 1949.
Radford, A., *The Economic History of England* (2nd edn, 1960).
Radzinowicz, L., *History of the English Criminal Law* (1948-56).
Ranger, W., *Report on ... Halifax* (1851).
Rattenbury, J. E., *The Evangelical Doctrines of Charles Wesley's Hymns* (1941).
Rattenbury, J. E., *The Eucharistic Hymns of John and Charles Wesley* (1948).
Read, D., *Press and People* (1861).
Read, D., *Peterloo* (Manchester, 1957).
Read, D. and Glasgow, E., *Feargus O'Conner* (1961).
Records of the Borough of Nottingham, 1800-1835 (1952).
Redford, A., *Labour Migration in England, 1800-1850* (1926).
Reitzel, W., ed., *The Autobiography of William Cobbett* (1933).
'Reminiscences of Thomas Dunning' , ed. by W. H. Chaloner, *Trans. Lancs. & Cheshire Antiq. Soc.*, LIX, 1947.
Richardson, H. M., *Reminiscences of Forty Years in Bolton* (Bolton, 1885).
Robbins, C., *The Eighteenth-Century Commonwealthman* (Harvard, 1959).
Robinson, E., 'An English Jacobin : James Watt' , *Camb. Hist. Journal*, XI (1953-55).
Roe, M., 'Maurice Margarot : A Radical in Two Hemispheres' , *Bulletin of the Institute of Historical Research*, XXXI (1958).
Rogers, P. G., *Battle in Bossenden Wood* (1961).
Rose, J. H., *William Pitt and the Great War* (1911).
Rose, R. B., 'A Liverpool Sailor's Strike in the 18th Century' , in *Trans. Lancs. and Chesh. Antiq. Soc.*, LXVIII, 1958.
Rose, R. B., '18th Century Price-Riots, the French Revolution, and the Jacobin Maximum' , *International Review of Social History*, IV, 1959.
Rose, R. B., 'The Priestley Riots of 1791' , *Past and Present* (Nov. 1960).
Rose, R. B., 'The Origins of Working-Class Radicalism in Birmingham' , *Labour History* (Canberra), Nov. 1965.
Rostow, W. W., *British Economy in the Nineteenth Century* (1948).
Roth, C., *The Nephew of the Almighty* (1933).
Roth, H. Ling, *The Yorkshire Coiners* (Halifax, 1906).
Rothstein, T., *From Chartism to Labourism* (1929).
Rowe, J., *Cornwall in the Age of the Industrial Revolution* (Liverpool, 1953).
Rudé, G., 'The Gordon Riots' , *Trans. Royal Hist. Soc.*, Fifth series, vol.6 (1956).
Rudé, G., *The Crowd in the French Revolution* (1959a).
Rudé, G., 'The London "Mob" of the Eighteenth Century' , *Historical Journal*, ii (1959b).
Rudé, G., *Wilkes and Liberty* (Oxford, 1962).
Rudkin, O. D., *Thomas Spence and his Connections* (1927).
Ruter, A. J. C., 'Benbow's Grand National Holiday' , *International Review of Social History* (Leiden), I, 1936.
Russel, J., 'The Luddites' , *Trans. Thoroton Society*, X, 1906.
Russell, R. C., *History of Elementary Schools & Abult Education in Nettleton and Caistor* (Caistor, 1960).

Russell, R. C., *The Enclosures of Scartho and Grimsby* (Grimsby, 1964).
Russell, R. C., *The Enclosures of Barton-on-Humber and Hibaldstow* (Barton, n.d.).
Russell, R. C., *The Enclosures of Bottesford and Yaddlethorpe, Messingham and Ashby* (Sounthorpe, n.d.).
Salaman, R. N., *The History and Social Influence of the Potatoes* (Cambridge, 1949).
Saville, J., ed., *Democracy and the Labour Movement* (1954).
Saville, J., *Rural Depopulation in England and Wales* (1957).
Scruton, W., 'The Great Strike of 1825', *Bradford Antiquary*, I, 1888.
Scruton, W., *Bradford Fifty Years Ago* (Bradford, 1897).
Seaman, W. A. L., 'Reform Politics at Sheffield', in *Trans. Hunter Arch. Soc*. VII (n.d.).
Smart, W., *Economic Annals of the 19th Century* (1910).
Smelser, N. J., *Social Change in the Industrial Revolution* (1959).
Snow, C. P., *The Two Cultures* (1959 :『二つの文化と科学革命』松井巻之助訳、みすず書房、1991年新装版).
Saboul, A., *Les sans-culottes parisiens en l'an II* (Paris, 1958 :『フランス革命と民衆』井上幸治監訳、新評論、1983年).
Somerville, A., *The Whistler at the Plough* (Manchester, 1852).
Stanhope, J. [J. Langdon-Davis], *The Cato Street Conspiracy* (1962).
Stern, W. M., *The Porters of London* (1960).
Stigler, G. I., *Five Lectures on Economic Problems* (1949).
Stopes, M., *Contraception* (1923).
Strauss, E., *Irish Nationalism and British Democracy* (1951).
Sturt, G., *The Wheelwright's Shop* (1923).
Sutherland, L. S., 'The City in Eighteenth-Century Politics', in *Essays presented to Sir Lewis Namier*, ed. by R. Pares and A. J. P. Taylor (1956).
Sutherland, L. S., *The City and the Opposition to Government, 1768-1774* (1959).
Sutton, J. F., *Date-Book of Nottingham* (Nottingham, 1880 edn).
Sykes, D. F. E., *History of the Colne Valley* (Slaithwaite, 1906).
Sykes, D. F. E., *History of Huddersfield* (1908).
Sykes, D. F. E. and Walker, G., *Ben o'Bill's, The Luddite* (Huddersfield, n.d.).
Tate, W. E., *The English Village Community and the Enclosure Movements* (1967).
Tawney, R. H., *Religion and the Rise of Capitalism* (Harmondsworth, 1938 :『宗教と資本主義の興隆』出口勇蔵／越智武臣訳、岩波文庫、1956-59年).
Taylor, A. J., 'Progress and Poverty in Britain, 1780-1850', *History*, Feb. 1960.
Taylor, E. R., *Methodism and Politics, 1791-1851* (Cambridge, 1935).
Taylor, G. R., *The Angel-Makers* (1958).
Taylor, J. E., 'The Sheffield Constitutional Society', *Trans. Hunter Arch. Soc.*, V., 1939.
Taylor, P. A. M., *Expectations Westward* (1965).
Thomas, W. E. S., 'Francis Place and Working Class History', *History Journal*, 1962.
Thompson, E. J., *Introducing the Arnisons* (1935).
Thompson, E. P., 'God and King and Law', in *New Reasoner*, 3, 1957-58.
Thompson, E. P., 'The Peculiarities of the English', *Socialist Register*, 1965.
Thompson, E. P., 'Time, Work-Discipline, and Industrial Capitalism', *Past and Present*, Dec. 1967.
Thompson, F. M. L., *English Landed Society in the Nineteenth Century* (1963).
Timmins, S. ed., *Birmingham and the Midland Hardware District* (1866).

Towlson, C. W., *Moravian and Methodist* (1957).
Trinder, B., *The Methodist New Connexion in Dawley and Madeley* (Wesley Historical Society, West Midlands, 1967).
Tyerman, L., *John Wesley* (1870).
Tylecote, M., *The Mechanic's Institutes of Lancashire and Yorkshire before 1851* (Manchester, 1957).
Underwood, A. C., *History of the English Baptists* (1947).
Vaizey, J., *Success Story* (W.E.A., n.d.).
Veitch, G. S., *The Genesis of Parliamentary Reform* (1913).
Wadsworth, A. P. and J. de L. Mann, *The Cotton Trade and Industrial Lancashire* (Manchester, 1931).
Wallas, G., *Life of Francis Place* (1918).
Walsh, J., 'Methodism at the End of the Eighteenth Century', in *A History of the Methodist Church in Great Britain*, eds. by R. Davies and G. Rupp (1965).
Warburton, W. H., *History of T.U. Organization in the North Staffordshire Potteries* (1931).
Ward, R., *The Australian Legend* (Melbourne, 1958).
Ward, T. A., *Peeps in to the Past*, ed. by A. B. Bell (1909).
Warner, W. J., *The Wesleyan Movement in the Industrial Revolution* (1930).
Waters, A. W., *Trial of Spence in 1801, & c.* (Leamington Spa, 1917).
Waters, W., *Spence and his Political Works* (1917b).
Waugh, E., *Lancashire Sketches* (1869).
Wearmouth, R. F., *Methodism and the Working Class Movements of England, 1800-1850* (1937 : 『宗教と労働者階級』岸田紀／松塚俊／中村洋子訳、新教出版社、1994年).
Wearmouth, R. F. W., *Methodism and the Common People of the Eighteenth Century* (1946).
Webb, R. K., 'Working-Class Readers in Early Victorian England', *English Historical Review*, LXV, 1950.
Webb, R. K., *The British Working Class Reader 1790-1848* (1955).
Webb, S. and Webb, B., *The History of Trade Unionism* (1950 edn : 『労働組合運動の歴史』上・下、飯田鼎／高橋洸／荒畑寒村訳、日本労働協会、1973年).
Weber, M., *The Protestant Ethic and the Spirit of Capitalism* (1930 : 『プロテスタンティズムの倫理と資本主義の精神』大塚久雄訳、岩波文庫、1989年).
Wellesley, A. W., *The Despatches, Minutes and Correspondence of Field Marshall Arthur, Duke of Wellington* (1867-80).
Wells, F. A., *History of the Midland Hosiery Trade* (1935).
Western, J. R., 'The Volunteer Movement as an Anti-Revolutionary Force, 1793-1801', *Engl. Hist. Rev.*, 1956.
White, R. J., *From Waterloo to Peterloo* (1957).
Whiteley, J. H., *Wesley's England* (1938).
Whittingham-Jones, B., 'Liverpool's Political Clubs', *Trans. Lancs. & Cheshire Hist. Soc.*, 1959.
Wickwar, W. H., *The Struggle for the Freedom of the Press, 1819-1932* (1928).
Wilkins, C., *History of Merthyr Tydfil* (1867).
Wilkinson, J. T., *Hugh Bourne, 1772-1852* (1952).
Williams, D., *John Frost* (Cardiff, 1939).
Williams, G. A., 'The Insurrection at Merthyr Tydfil 1831', *Trans. Hon. Soc. of Cymmrodorion*, 1965.
Williams, R., *Culture and Society* (Harmondsworth, 1961a : 『文化と社会』若松繁信／長谷川光昭

訳、ミネルヴァ書房、1968年).
Williams, R., *The Long Revolution* (1961a :『長い革命』若松繁信/妹尾剛光/長谷川光昭訳、ミネルヴァ書房、1983年).
Wilson, B., *The Struggles of an Old Chartist* (Halifax, 1887).
Wilson, J., *The Songs of Joseph Mather* (Sheffield, 1862).
Wood, G. H., *History of Wages in the Cotton Trade* (1910).
Wood, T., *Autobiography* (Leeds, 1856).
Woodhouse, A. S. P., *Puritanism and Liberty* (1938).
Wylie, W. H., *Old and New Nottingham* (1853).
Yonge, C. D., *Life of Lord Liverpool* (1868).
Young, G. M., *Victorian England* (Oxford, 1936).

F. 未刊行学位論文

Edwards, M. E., The Social and Political Influence of Methodism in the Napoleonic Period (London, Ph.D. Thesis, 1934).
Kinsey, W. W., 'Some Aspects of Lancashire Radicalism' (M.A. Thesis, Manchester, 1927).
Morris, D. C., 'The History of the Labour Movement in England, 1825-51' (Ph.D. Thesis, London, 1952).
Seaman, W. A. L., 'British Democratic Societies in the French Revolution' (unpublished Ph.D. Thesis, London, 1954).

索引

ア

アークライト，リチャード Arkwright, Richard 225, 372, 428-9
アースキン，トマス Erskine, Thomas 101, 146, 159-61, 1045, 1202, 1219-20, 1226, 1231
アイルランド人（ならびにアイルランド） Irish（and Ireland） 15, 56, 77, 128, 145, 150, 167, 203, 227, 270, 333, 337, 341, 372, 383, 386, 393, 406, 472, 482, 488, 508, 510-28, 562, 568-70, 572-3, 579, 585, 604-7, 644, 646, 665, 678, 687-8, 714, 721, 723, 785, 955-6, 983, 985-6, 994, 996, 1006, 1046-7, 1056, 1068, 1078, 1091-2, 1109, 1116, 1163, 1167, 1170, 1173, 1175, 1179, 1188, 1195, 1200-1, 1206-7, 1217, 1234, 1238, 1244, 1248, 1256, 1258, 1270, 1273-4, 1274-5, 1277-80, 1292-3
　移民労働者としての as immigrant workers 251, 263, 309, 327, 343, 359-60, 370, 377, 510-24
　とジャコバン主義者 and Jacobins 90, 157, 191, 195-201, 527-8
　とデスパード and Despard 569-72
　とナポレオン戦争後の急進主義 and post-war Radicalism 769, 837
　とラディズム and Luddism 526-8, 605-6, 688, 707-12
悪弊撲滅協会 Society for the Suppression of Vice 98, 481-2, 557, 861, 1205-6
アシュトン - アンダー - ライン Ashton-Under-Lyne 494, 563, 674, 1259
アシュトン，ウィリアム（バーンズリの織布工） Ashton, William（Barnsley weaver） 348, 350
アシュトン，T・S Ashton, T.S. 229, 243, 245, 248, 286-7, 294, 372, 382, 405, 531, 1060, 1243, 1257
アシュリー，ジョン（ロンドンの製靴工） Ashley, John（London Shoemaker） 182, 203, 1058, 1132
アディ，リチャード（グレンジ・ムーア蜂起参加者） Addy, Richard（Grange Moor rioter） 844
アトウッド，トマス Attwood, Thomas 672-3, 978, 992, 1283
アレヴィ，エリー Halévy, Elie, 44, 52, 56, 376, 418, 1039, 1183
安息日厳守主義 Sabbatarianism 422, 481-3, 489-90
アンティノミアニズム Antinomianism 38, 45, 468, 471, 962, 1180

イ

イースト・アングリア East Anglia 35, 75, 173, 192, 227, 261, 266-7, 270, 475, 1007, 1063, 1137, 1210
イードン，ジョン（バーンズリのラダイト） Eadon, John（Barnsley Luddite） 689
イートン，ダニエル・アイザック Eaton, Daniel Isaac 115, 146, 152, 166, 211, 224, 718, 865, 1030-1, 1046-7, 1057, 1224, 1287
居酒屋 Taverns と Inns を併記 23, 27, 58, 64, 70-2, 98, 121, 125, 132, 134-8, 142-3, 153, 155, 158, 162, 166, 169, 174, 181, 189, 198, 202, 205, 208, 211-2, 215, 265, 298, 327, 382, 483-4, 491, 498-9, 501,

541, 559, 569, 572-3, 580-1, 590, 604, 606, 609-10, 621, 631, 639, 701, 707, 709, 728-35, 737, 745, 753, 759, 765, 774-6, 781, 785, 804, 811, 825-9, 836, 858-9, 884-5, 902, 918, 938, 979, 981, 1011, 1043, 1048, 1125, 1177, 1226, 1284
移住／逃亡／亡命（アメリカへの） Emigration（to America） 156, 211, 291, 337, 513, 777-9, 900, 907, 961, 1057, 1175, 1177, 1217, 1247, 1272
いす張り職人 Upholsterers 182, 283
イプスウィッチ Ipswich 135, 267, 877, 1137
イングス，ジェイムズ（カトー街事件陰謀家） Ings, James（Cato Street Conspirator） 838-41, 1133
イングランド国教会 Church of England 37, 47, 72, 82, 105, 418, 480, 669, 806, 1038, 1079, 1083, 1156, 1170, 1172, 1175-6, 1178-80, 1187-92, 1197, 1200, 1203, 1205, 1209, 1215, 1217-8, 1261-2, 1272, 1280, 1285, 1290
印刷工（印刷労働者、植字工） Printers（printing workers, compositors） 27, 63, 66, 134, 183, 226-7, 278, 282, 549, 602, 639, 764-6, 804, 824, 853, 866, 869, 871, 927, 994, 1119, 1198, 1201
印紙税（出版物への） Stamp Duties（on press） 738, 834, 858-9, 862, 866, 869-72, 874, 876, 920, 974, 1135, 1136
インターナショナリズム Internationalism 117, 120, 186, 214, 995-6

ウ

ウィーラー，アンナ Wheeler, Anna 493, 956, 967, 1270
ウィズベック Wisbech 79, 140, 167, 191, 1042
ウィットブレッド，サミュエル Whitbread, Samuel 535, 576, 690, 712, 1276
ウィルクス，ジョン Wilkes, John 75, 83-6, 90, 92, 95, 98-100, 102, 124-5, 159, 204, 214, 230, 537, 543, 554, 556, 719, 742, 811, 861, 893, 1093, 1164, 1210, 1213-6, 1227-8, 1234
ウィルクス，マーク（ノリッヂ在） Wilks, Mark（of Norwich） 159-61
ウィルソン，ジェイムズ（カトー街事件陰謀家） Wilson, James（Cato Street Conspirator） 842, 856, 951
ウィルトシャー Wiltshire 35, 135, 265, 270, 531, 623-4, 1062, 1150, 1277
ウィルバフォース，ウィリアム Wilberforce, William 69, 98, 100, 122-3, 125, 132, 152, 170-2, 311, 322, 481, 748, 847, 861, 896, 921, 938, 940, 1180, 1203-5
ウィンダム閣下，W Windham, Hon. W. 71, 194, 482, 536, 539, 1056
ウーラー，T・J Wooler, T. J. 112, 524, 719, 744-5, 762, 768, 781, 789, 798, 800, 802, 805-6, 808, 814, 821, 827, 831, 835, 860-1, 865, 869, 879-80, 884, 904, 930, 938, 972, 987, 1008, 1139, 1218, 1221
ウェイク Wakes 70, 316, 364, 1088, 1205, 1207, 1268
ウェイク，キッド（ゴスポートの製本工） Wake, Kydd（Gosport bookbinder） 205-6
ウェイクフィールド Wakefield 154, 563-4, 595-6, 611, 665, 711, 779-80, 992, 1085, 1114, 1121-5, 1235
ウェイクフィールド，エドワード・ギボン Wakefield, Edward Gibbon 976
ウェイクフィールド，ギルバート Wakefield, Gilbert 205-6
ウェイスマン参事会員 Waithman, Alderman 555, 728, 938
ウェイド，ジョン Wade, John 301, 494, 603, 789, 804, 806, 921, 923-7, 929, 1046, 1140, 1250
ウェイトマン，ジョージ（ペントリッジの） Weightman, George（of Pentridge） 701, 786, 791, 795, 1124

ウェーバー，マックス Weber, Max　43, 47, 423-6, 440, 1080-2
ウェスト・ホウトン West Houghton　337, 360, 676, 678
ウェストミンスター委員会 Westminster Committee　552, 554-6, 558-9, 724, 728-30, 755, 757, 811, 1094
ウェストリ，ジョン（アーノルドの靴下編み工）Westley, John（Arnold stockinger）658, 697
ウェスレー，ジョン Wesley, John　36-7, 44-50, 52-6, 58-9, 77, 82, 87, 326, 418-21, 423, 428, 432-4, 436, 439-42, 444, 447, 451, 453-4, 464, 466, 468, 472, 474, 480, 488, 494, 514, 609, 881, 890, 1003-6, 1008, 1038-9, 1040, 1081, 1083, 1085, 1149-50, 1156, 1177-9, 1181-2, 1184-5, 1187, 1191-2, 1194, 1196-7, 1259, 1261-2
ウェダバーン，ロバート（スペンス主義者）Wedderburn, Robert（Spencean）966, 1115
ウェッジウッド，ジョサイア Wedgwood, Josiah　209, 427, 1080, 1088, 1236
ウェッブ，シドニーならびにビアトリス Webb, Sydney and Beatrice　228, 284, 598, 604, 615, 618, 704, 1242, 1249
ウェルズリ，アーサー（ウェリントン公）Wellesley, Arthur（Duke of Wellington）266, 672, 973, 975, 1278
ウォーカー，トマス（マンチェスター在）Walker, Thomas（of Manchester）65, 89, 114, 131-4, 141, 146, 153, 1049, 1200
ウォーカー，ベンジャミン（密告者）Walker, Benjamin（informer）679, 681, 693, 1017-8, 1282, 1284
ウォード，「ザイオン」Ward, "Zion"　920, 957-8, 962, 1004, 1291
ウォール監獄長 Wall, Governor　719, 1113
ヴォルネイ，コント・ドゥ Volney, Comte de　117-9, 853, 886-7, 919
ウッド参事会員 Wood, Alderman　555, 846
ウルヴァーハンプトン Wolverhampton　304, 780, 823, 826, 993, 1022
ウルステンホーム，J（シェフィールド在）Wolstenholme, J.（of Sheffield）781, 855
ウルストンクラフト，メアリ Wollstonecraft, Mary　94, 112, 190, 210, 493, 867, 1170, 1197, 1216, 1244
ウルズリー爵，チャールズ Wolseley, Sir Charles　814-5, 835
運送人 Porters　181, 183, 284, 294, 310

エ

エイリス監獄長 Aris, Governor　204, 537
エセックス Essex　35, 230, 251, 270, 275, 773
エディンバラ Edinburgh　147-9, 155, 159, 1050, 1217, 1227-8, 1235, 1243, 1271
エドモンズ，ジョージ（バーミンガムの学校教師）Edmonds, George（Birmingham Schoolmaster）807, 816, 835, 973-4, 993, 1146
エドワーズ，ジョージ（密告者）Edwards, George（informer）580, 691, 718, 733, 746, 837-9, 1131, 1133
エヴァンズ，トマス（スペンス主義者）Evans, Thomas（Spencean）182, 189-90, 195, 200-1, 204, 730-1, 800, 929, 966, 1114-5, 1130, 1233
エリオット，エビニーザ（「穀物法詩人」）Elliott, Ebenezer（"Corn Law Rhymer"）213, 362, 377, 1058, 1237
エリ暴動 Ely Riots　暴動 Riots を見よ
エルドン大法官 Eldon, Lord Chancellor　785, 800, 808, 815, 863, 868, 1286-7
エンクロージャー（囲い込み）Enclosures　73-5, 176, 186, 248-59, 261, 265, 272-5, 415, 704
エンゲルス，フリードリッヒ Engels, Frederic　223, 225, 317, 401, 428, 494, 508-9, 527-8, 1080, 1143, 1238-9

オ

オウエン主義 Owenism　59, 65, 92, 114, 174, 224, 272, 285, 289, 307-8, 349, 366, 411, 468, 493, 503, 508, 619, 768, 849, 872, 886-7, 913, 934-5, 943-4, 946-9, 953-7, 961-7, 971, 975-6, 984-7, 989, 994-5, 1030, 1067, 1089, 1120, 1138, 1141
　と急進主義（1816－20年）and Radicalism 935-43
　と協同組合事業 and co-operative trading 951-6, 965
　と千年王国主義 and Millenarianism 943-6
オウエン，ロバート Owen, Robert　39, 58, 112, 222, 225, 240, 272, 508, 730, 772, 876, 934-48, 950, 953-4, 956-7, 962, 964-8, 973, 994, 1000, 1142-3, 1194, 1200, 1222, 1244, 1270-1
オウストラ，リチャード Oastler, Richard 58, 97, 172, 272, 341, 352-3, 359, 394, 401-2, 407-8, 411-3, 415-6, 496, 652, 743, 745, 750, 911, 960-1, 984, 989, 991, 1024, 1059, 1078-9, 1194-5, 1259-60
オールダム Oldham　243, 291, 323, 325, 485, 665, 674-5, 735, 765-6, 770, 810, 911, 1040, 1129, 1239
沖仲仕（ならびに河岸／港湾労働者）Dockers（and waterside workers）27, 157, 173, 288, 294, 310, 515-6, 523, 570, 727
オグデン，ウィリアム（マンチェスターの印刷工）Ogden, William（Manchester printer）765-6, 769, 853
オコイグリ神父 O'Coigley, Father　199-200, 202-3, 522, 528, 555, 569, 1109, 1234
オコナー，アーサー O'Connor, Arthur　200, 543, 1234
オコナー，ファーガス O'Connor, Feargus 272, 476, 525, 528, 587, 961, 1248, 1267
オコナー，ロジャー O'Connor, Roger　1092
オコンネル，ダニエル O'Connell, Daniel 522-3, 526-8
オブライエン，ジェイムズ・ブロンテア O'Brien, James Bronterre　528, 869-70, 919, 963, 967, 978, 985, 987, 996, 1147-8

カ

カースル，ジョン（密告者）Castle, John（informer）580, 584, 586, 690, 718, 732, 746, 755-7, 789
カースルレイ卿 Castlereagh, Lord　525, 674, 718, 748, 785, 800, 803, 805, 838, 874, 1132, 1274, 1284, 1287
カートライト，ウィリアム（ロウフォールズ在）Cartwright, William（of Rawfolds） 667-71, 673, 679-80, 691, 694, 1282, 1284
カートライト少佐，ジョン Cartwright, Major John　63, 75, 97, 99, 101-2, 104, 112, 130, 547, 553-4, 556, 656, 688, 690, 712, 728, 743, 773, 825, 923, 938, 973, 1019, 1045, 1094, 1098, 1106, 1114, 1122, 1199, 1219-21, 1226
　とナポレオン戦争後の急進主義 and post-War Radicalism　723-6, 733, 736-7, 753, 758-60, 767, 775, 780, 804, 815, 823, 828
　とラディズム and Luddism　723-6
ガーニ，バートレット Gurney, Bartlett 166-7, 194, 209, 1055
カーペンター，ウィリアム Carpenter, William　974, 1135
カーライル Carlisle　79, 644, 678, 710, 832, 843
カーライル，リチャード Carlile, Richard 98, 112, 115, 210, 224, 240, 410, 493, 508, 719-20, 727, 744, 748-9, 768, 772, 804, 806, 815, 829-30, 832, 835, 837, 849, 859-74, 876-7, 882, 885, 887-8, 890, 904, 906, 911, 913-5, 917-22, 941, 948, 954, 958, 1031, 1042, 1089, 1112, 1114, 1126, 1128, 1130, 1135-6, 1140, 1218-9, 1222,

1286-7
カーン Calne 1114
海軍下級兵の反乱（スピットヘッドならびにノーアにて）Naval Mutinies（at Spithead and Nore） 173, 195, 1232
買い占め Forestalling（and Regrating） 77, 80-1, 186, 239, 648, 907, 1042-3
街頭商人／路上売り Street-sellers 68, 310, 393, 520, 976, 1273
家具製造工 Cabinet-makers 181-2, 278, 295-6, 504, 948, 1065-6, 1120, 1249-50
掛け枠編み工 Framework-knitters 96, 182, 217, 240, 281, 305, 314, 406, 466, 583, 588, 593, 600-4, 610, 614, 617, 619-20, 629-30, 632-3, 635-6, 638, 643, 649, 653, 655, 682, 699, 713, 764-5, 793, 812, 1012-6, 1019, 1030, 1034, 1102-4, 1125, 1134, 1152, 1154, 1201, 1281 ハムデン・クラブならびにラディズムも見よ
鍛冶工（鍛冶工ならびにブリキ職人）Smiths（black- and white-smiths） 215, 278, 280, 284, 289, 504, 665, 860, 877, 1065, 1090
家事奉公人 Domestic Servant 54, 84, 91, 136, 157, 233, 246, 277, 371, 419, 459, 577, 766, 786, 904, 986, 1158
ガスト，ジョン Gast, John 19, 507, 618, 889, 913, 928-32, 954, 974, 1024, 1142, 1160, 1250
課税 Taxation 63, 114, 183, 261, 361-3, 382, 542, 565-6, 717-8, 746, 831, 843, 858, 884, 983, 1222, 1226, 1276
家族経済 Family Economy 237, 397, 399, 403, 409, 495
型製造工 Pattern-makers 600, 626, 1065
活字鋳造工 Type-founders 282, 297, 927
カトー街の陰謀 Cato Street Conspiracy 561, 573, 576, 586, 727, 733, 755, 798, 803, 829, 835-8, 841-2, 845-6, 855-6, 1131-2, 1286
カフーン，パトリック Colquhoun, Patrick 67-8, 70, 1202
ガラス工 Glass-workers 82, 182, 289, 392, 498, 676, 727, 1094
カルヴァン主義 Calvinism 16, 34, 36-7, 39, 43-4, 46, 48, 63, 417, 432, 434, 440, 463, 1038, 1081, 1158, 1173-4, 1178-80, 1183-4, 1197, 1217, 1227, 1237
カロライン王妃 Queen Calorine 19, 845, 863, 881, 906, 1133, 1160, 1244, 1276
皮なめし工 Tanners 278, 504, 1090
監獄（ならびに懲治監）Prisons（and Bridewells） 25, 39, 69, 73-4, 85, 87, 89, 121, 143, 153-4, 173, 204-6, 234, 266, 272-3, 313-4, 359, 410-1, 491, 537-8, 556, 571, 580, 591, 652, 726, 732, 748, 753-7, 760, 778, 780, 782, 795, 806, 816, 821, 833, 835, 839, 847, 853, 862, 864, 871, 873, 875, 915, 920, 923, 929, 938, 959, 1019, 1026, 1050, 1096, 1115, 1117, 1153, 1179, 1192-3, 1195, 1197, 1202-3, 1208-9, 1219-20, 1231, 1286
カンタベリー Canterbury 959, 1215

キ

キースリー Keighley 340, 343, 402, 419
機械打ち壊し Machine-breaking 73, 267, 269, 304, 575, 622, 624, 633, 635-6, 640, 643, 649, 653, 657-8, 662-3, 671, 677, 679-80, 683, 687, 690, 699, 703, 708, 710, 714-5, 1012, 1151-2, 1156, 1284 ラディズム Luddism も見よ
機械工 Engineers 226, 289-91, 303, 306, 309, 311, 369, 373, 509, 517, 649, 678, 726, 857, 949, 955, 1125
ギャスケル博士，ピーター Gaskell, Dr Peter 222-3, 225, 317, 325, 405, 412, 492, 1100, 1238-40, 1283
キャッシュマン（スパ・フィールズ在）Cashman（of Spa Fields） 721-2, 756, 798
キャラント（ボルトンの殉教者）Callant

(Bolton Martyr) 1096
ギャロウェイ，アレグザンダー Galloway, Alexander 182, 189, 204, 210, 290-1, 615, 857, 1065, 1130
急進主義（1816－32年）Radicalism 14, 19, 26-8, 32, 38-9, 45, 66, 86, 88-9, 92-3, 98, 102, 111-5, 119, 184, 186, 205, 211, 213, 224, 226, 266, 269, 271-2, 285, 299, 307, 326, 328, 348-9, 366, 379, 410-1, 419, 451, 456, 465-6, 469, 471, 475, 488, 495, 503, 524-5, 527-8, 535, 541-4, 547, 550-1, 553-7, 559, 565, 569, 583, 585-6, 593, 600, 684, 705-6, 717-21, 727-30, 732, 740, 742-3, 745-6, 748, 752-5, 758-60, 765, 768, 793, 796, 799, 803-4, 806-7, 811, 814, 820, 824, 826, 828, 836, 841, 843-4, 849-50, 857-8, 868, 888, 891, 893, 903, 905, 912-3, 921-3, 928-9, 931, 937-9, 947, 950, 958, 961, 967, 973, 977, 985-6, 992, 994, 1005-8, 1017-9, 1047, 1050, 1072, 1083, 1095, 1114, 1116, 1122, 1131, 1154, 1156, 1160, 1163, 1166, 1168, 1176-7, 1183, 1188-90, 1198-1200, 1205, 1215-6, 1218-20, 1222, 1224, 1227, 1230-1, 1236, 1248-50, 1252, 1254, 1267, 1278, 1285-7, 1300
　と劇場 and theatre 878-80
　と出版 and press 857-76
　と節酒 and sobriety 71, 810-1, 824, 884-5
　とその指導部 and leadership 727-33, 739-40, 762-3, 775, 827-31
　とその組織 and organisation 733-40, 745-7, 760-5, 775-6, 801-7, 827-9
　と練り歩き and pageantry 810-4
　と民衆文化 and popular culture 849-60, 867-91
救貧院（「バスティーユ監獄」）Workhouses (“Bastilles”) 121, 165, 227, 313-5, 624, 924, 1136, 1212
救貧法 Poor Laws 111, 162, 252, 261, 263, 386, 476, 520, 530, 905, 911-2, 937, 983, 1068, 1194-5, 1211, 1213, 1222, 1241, 1251, 1255, 1259
救貧法改正法案（1834年）Poor Law Amendment Bill (1834) 97, 264, 313-4, 343, 359-60, 411, 910, 986-7, 1255
「教会と国王」“Church and King” 「暴動」Riots を見よ
教練 Drilling 188, 202, 539, 588, 665, 810, 813, 817, 827, 834
共済組合 Benefit Societies 194, 280, 494, 500, 507, 599, 610, 715, 734, 776, 812, 921, 928, 948, 1098, 1143
キラム師，アレグザンダー Kilham, Rev. Alexander 55-7, 419, 472, 474, 1039, 1192
規律 Discipline 14, 45, 47-8, 57, 70, 77-8, 85, 89, 132, 162, 195, 208, 225, 232, 237, 245, 258, 287, 310, 314, 322, 334, 363, 366, 401, 404, 418, 420, 423, 425-7, 429-31, 435, 439-40, 446, 448, 471, 474, 480-3, 488-90, 493, 495, 497-9, 503, 507, 509, 514, 517-9, 527, 532, 540, 573, 590, 643-4, 651, 657-8, 661, 663, 677, 679-81, 699, 715, 742, 810-1, 813, 881-2, 887, 909, 935, 937, 1002, 1004, 1007, 1079, 1088, 1145, 1156, 1173, 1178, 1197, 1206, 1211, 1232
キング博士，ウィリアム（ブライトン在）King Dr. William (of Brighton) 934, 943, 953, 956, 1031
金属労働者 Metal-workers 280-3, 285, 289, 304-5, 373, 1060

ク

クーパー，トマス（ボルトン在）Cooper, Thomas (of Bolton) 35, 131, 210-1, 410, 1177
クーパー，トマス（チャーティスト）Cooper, Thomas (Chartist) 40, 450, 466-7, 655, 879, 1007, 1083, 1181, 1183

クエーカー Quakers 33, 38-9, 44, 48, 58, 175-6, 194, 464, 616, 693, 757, 804, 862, 907, 956, 1172-3, 1181, 1186, 1194, 1196, 1203, 1263, 1289
釘製造工 Nail-makers 232, 305, 314, 764
鎖製造工 Chain-makers 283, 305
靴下編み工 Stockingers 15, 167, 182, 228, 232, 278, 281, 316, 349, 471, 630-2, 637, 639-41, 646-9, 651, 653, 655, 658-60, 682-4, 726, 765, 771-2, 785, 794, 854, 888, 905, 949, 969, 1012, 1014, 1017, 1100, 1103, 1151-2, 1182 掛け枠編み工 Framework-knitters を見よ
クラウズ，ウィリアム Clowes, William 474, 1086
グラスゴー Glasgow 88, 512, 602, 612, 618, 636, 644-5, 665, 709-11, 785, 789, 837, 842, 1124, 1191, 1202, 1217, 1240
グラス派（あるいはサンデマン派）Glasites (or Sandemanians) 45, 63, 1039, 1185, 1292
クラッブ，ジョージ Crabbe, George 313, 1251, 1257
クラパム，サー・ジョン Clapham, Sir John 228, 242-3, 248-50, 271, 278, 303, 305, 360, 371, 1060, 1243
クリアリ，トマス Cleary, Thomas 736, 799
クリーヴ，ジョン Cleave, John 869, 875, 921, 1135
クルクシャンク，ジョージ Cruickshank, George 525, 808, 821, 846, 862-3, 880, 1031, 1273-4
車大工 Wheel-wrights 278-80, 596, 1248
グレイ伯爵 Grey, Earl 535-6, 674, 700, 734, 934-5, 943, 970, 973, 981, 1226, 1244, 1275-6, 1283
グレンジ・ムーア蜂起 Grange Moor Rising 704, 843-5, 978, 1008
グローヴズ，「市民」（密告者）Groves, 'Citizen' (informer) 157-8, 179, 182
グロースター Gloucester 79, 204, 267, 1009, 1037, 1042, 1096, 1114, 1184
グロースターシャー Gloucestershire 35 79, 316, 612, 624
クロスフィールド博士，R・T Crossfield, Dr. R. T. 200-1
クロムウェル，オリヴァー Cromwell, Oliver 28-30, 85, 255, 1166-8, 1178, 1180, 1230-1, 1246
軍隊（ならびに兵舎など）Military Forces (and Barracks, &c.) 28, 86, 96-7, 118, 120-1, 135-6, 153, 162, 167, 185, 197-8, 301, 310, 355, 363, 377, 481, 510, 526, 558, 561, 569-71, 573, 591, 606, 624, 652, 658, 660, 662, 665, 669-70, 673, 676-80, 684, 687, 699, 717-8, 720, 722, 726, 756-7, 775, 780, 783-4, 788, 810-1, 815, 841-2, 853, 878, 887, 916, 960, 975, 995, 1009, 1019, 1043, 1118, 1121, 1171, 1211, 1235, 1252, 1281, 1290

ケ

警察 Police 48, 68, 73, 82, 97, 310, 361, 406, 579, 586, 673, 689, 872, 1021, 1131, 1162, 1202
ケイ，ジョン（ロイトン在）Kay, John (of Royton) 735, 766, 1119
ケイスター Caistor 133, 480
ケイ博士，ジョン（ケイ - シャトルワース）Kay, Dr. John (Kay-Shuttleworth) 310, 313-5, 390, 435, 515, 1068, 1250
ゲイルズ，ジョウジフ（『シェフィールド・レジスター』の編集者）Gales, Joseph (editor of *Sheffield Register*) 156, 177, 1052, 1229
下水道／公衆衛生 Sanitation 341, 381-3, 387, 390, 487
月曜日（「靴直しの月曜日」，「聖月曜日」）Monday ('Cobbler's M.', 'Saint M.') 168, 364, 483, 487, 824, 1155, 1267-8
健康 Health 187, 245, 263, 315, 334, 342,

359, 363, 375, 382-3, 385-7, 391, 393, 516, 530, 574, 591, 739, 862, 1071, 1073-4, 1217, 1267, 1289
建築労働者 Building Worker　27, 211, 237, 285, 288-9, 303, 310, 369, 382, 600, 604, 606, 949, 954-5, 964, 996, 1001
ケント Kent　35, 71, 173, 200, 537, 899, 961, 1063, 1189, 1246, 1262
現物給与制 Track System　237, 288, 631, 655, 1101, 1153

コ

コヴェントリ Coventry　144, 225, 239, 305, 537, 615, 720, 807, 832, 1022, 1131, 1136, 1241, 1281
工場制度 Factory System　222, 225, 227, 232, 363, 365, 368, 398, 400-1, 409-10, 413, 428-9, 431, 492, 530, 627, 651-2, 714, 768, 770, 909, 1183
鉱夫 Miners　47, 49, 69, 76, 79, 82, 84, 88, 216, 232, 278, 285-6, 379, 392, 424, 454, 469, 476, 504, 510, 678, 699, 772, 812, 949, 954, 1001, 1004, 1121, 1184
功利主義 Utilitarianism　66, 70-1, 97, 406, 435, 451, 480, 577, 768, 806, 846, 869, 882-3, 889, 912-3, 921-4, 926-7, 929, 931, 934, 936, 999-1000, 1051, 1081, 1083, 1157, 1174, 1177, 1188-9, 1218, 1258
コードヴァン靴製造工 Cordwainers　166, 181-2, 499, 598, 726, 1090
コートニ，サー・ウィリアム Courtenay, Sir William　J・N・トム J. N. Tom を見よ
ゴードン暴動 Gordon Riots　暴動 Riots を見よ
コールリッジ，サミュエル・テイラー Coleridge, Samuel Taylor　119, 183, 192-3, 206-7, 409, 679, 893, 1000, 1135, 1164, 1187-8, 1225, 1290
コーンウォール Cornwall　76, 79, 127, 310, 512, 678, 1004-5, 1041-2, 1150, 1214, 1249
国制協会 Constitutional Society　122, 124, 126, 130-1, 134, 141-3, 148, 153-6, 161, 211, 503, 769, 1045, 1047, 1164, 1168, 1177, 1200, 1226　国制知識普及協会 Society for Constitutional Information を見よ
国制知識普及協会 Society for Constitutional Information　102, 114, 127, 148, 1047, 1165, 1168, 1199, 1200, 1220, 1223
穀物法 Corn Laws　63, 213, 270, 362, 377, 408, 648, 717, 726, 729, 869, 912, 987, 1118, 1198, 1232, 1237, 1245, 1258, 1287
コクリン卿 Cochrane, Lord　92, 550-1, 556-7, 569, 712, 728, 742, 761, 780, 1094, 1216, 1289
乞食 Beggars　87, 310-1, 474, 482, 520, 1068, 1208
ゴット，ベンジャミン Gott, Benjamin　331, 596, 601, 621, 625, 1253
ゴドウィン，ウィリアム Godwin, William　63, 117, 119, 131, 166, 190, 205, 210, 867, 933, 940, 956, 969, 1046, 1196, 1223, 1244
コベット，ウィリアム Cobbett, William　39, 52, 58, 90, 97, 112, 186, 215, 240, 257, 259, 261-2, 264-5, 268-72, 274, 277, 286, 321, 335, 349, 362, 377, 380, 386, 411, 464, 467, 472-4, 476, 485, 491, 495-6, 504, 524-5, 536-8, 541-2, 554-9, 577, 587, 713, 717-20, 724, 727, 729-30, 733-5, 737-41, 744-8, 755, 758-60, 762-4, 767-8, 771-3, 775, 778-9, 781, 785, 790, 799, 802, 804, 806, 808, 828, 833-5, 840, 846, 850-1, 859-60, 865, 868-9, 871, 874, 877-8, 882, 884, 886, 888, 890-1, 893-6, 898-909, 911-4, 917-8, 924, 926, 930, 938, 947-8, 954, 967, 980, 987, 989, 995, 998, 1030-2, 1039, 1044, 1079, 1088, 1091-4, 1105, 1112, 1116, 1119, 1131, 1139, 1146, 1148, 1188-9, 1193, 1207, 1218, 1222, 1246, 1255, 1285

コムスティヴ，ウィリアム（グレンジ・ムーア蜂起参加者）Comstive, William (Grange Moor rioter) 844
コルダー・ヴァリー Calder Valley 78, 341, 367, 1212

サ

「最後の農業労働者の反乱」'Last Labourers' Revolt' 暴動 Riots を見よ
債務者 Debtors 74, 143, 580, 753-4, 778, 1117
サウジー，ロバート Southey, Robert 48, 53, 207, 216, 283, 409-10, 440, 453, 457, 863, 881, 893, 987, 1039, 1082, 1135, 1187-8, 1227, 1290-1
サウスコット，ジョアンナ（ならびにサウスコット主義者）Southcott, Joanna (and Southcottians) 15, 19, 139, 208, 456, 460-1, 463, 478, 609, 696, 920, 944, 957-9, 1049, 1084, 1158, 1166, 1292
サクストン，J・T（『マンチェスター・オブザーヴァー』の）Saxton, J. T. (of *Manchester Observer*) 766, 818, 1117, 1129
サクラー博士，ターナー Thackrah, Dr. Turner 387, 392
サドラー，マイケル Sadler, Michael 63, 343, 401-2, 404, 408, 411, 988-91, 1259
サドルワース Saddleworth 335, 341, 367, 494, 564, 674, 770, 813, 1009
サマヴィル，アレグザンダー Somerville, Alexander 63, 251, 267, 1183, 1198
サマセット Somerset 35, 45, 80, 205, 392, 624, 1137
サラサ捺染工（ならびに型製作工）Calico-printers (and pattern-drawers) 281, 284, 291, 306, 594, 600, 602
サンダーランド Sunderland 122, 227, 286, 507, 612, 824-5, 1040, 1085
サンデマン派 Sandemanians グラス派 Glasites を見よ

シ

シェフィールド Sheffield 23, 26, 58, 90, 92, 104, 111, 121-3, 130-1, 141-2, 145, 148-50, 155-6, 161, 166, 174-8, 183, 208-9, 213, 283-4, 304, 325, 382-4, 388-90, 392, 394-5, 419, 422-3, 451, 489, 499-500, 540-1, 557-8, 562-5, 567, 571, 579-80, 582, 590-1, 594, 602, 612, 637, 647, 657, 665, 672-3, 678, 688, 703, 711-2, 725-6, 763, 772, 774, 776, 779-81, 783-5, 825, 827, 844, 855, 879, 949, 1029, 1034, 1039, 1045, 1047, 1051-2, 1076, 1085, 1089, 1101, 1114, 1116, 1118-9, 1121, 1123-4, 1195, 1220, 1229-30, 1237, 1271
ジェラード，ジョウジフ Gerrald, Joseph 95, 143, 145, 147, 149-53, 173, 180, 184, 210, 1045, 1050, 1217
シェリー，パーシー・ビッシュ Shelley, Percy Bysshe 190, 210, 240, 493, 785, 860, 868, 894, 984, 1046, 1140, 1189, 1197, 1204, 1244, 1287
シェリダン，リチャード・ブリンズリー Sheridan, Richard Brinsley 539-40, 546, 548-9, 551, 1093, 1226, 1277, 1281
志願兵／義勇軍 Volunteers 135, 192, 201-2, 328-9, 539-40, 1093
シスルウッド，アーサー Thistlewood, Arthur 203, 584-5, 589, 717, 730-1, 740, 743, 755-7, 779, 799, 811, 823, 828-30, 832-3, 835-42, 847, 860, 929, 1130-3, 1189, 1219, 1222
シスルウッド，スーザン Thistlewood, Susan 842
下請け sub-contracting 226, 232, 238, 251, 271, 277, 283, 295, 298, 300, 303-7, 309, 313, 317-9, 321, 323, 327, 331-2, 340, 348, 371, 373, 393-4, 396, 400, 427, 431, 600, 617, 620-1, 630, 656, 754, 890, 926, 928, 949, 953, 955, 961, 993, 998, 1001, 1022, 1024-5, 1154

仕立て工 Tailors　11, 27, 40, 54, 181-2, 234, 277-8, 280, 282, 295, 298, 300-2, 306, 309, 318, 369, 384, 392, 419, 504, 549, 598, 616, 621, 674, 699, 708, 710, 766, 824, 850, 855, 877, 909, 923, 926-7, 948, 966, 1066-7, 1090, 1125, 1143, 1161, 1196
失業 Unemployment　68, 111, 148, 162, 241, 271, 273-4, 286-7, 293-5, 300, 303, 305, 310, 327, 341, 351, 358, 360, 363, 393, 398, 498, 502, 536, 624-5, 643, 654, 656, 678, 718, 731, 739, 755, 763, 793-4, 812, 870, 874, 930, 937, 948, 951, 1141, 1143, 1234, 1247, 1260, 1283
児童労働 Child Labour　237, 241, 363, 386-7, 396-400, 403, 405, 407-8, 411-2, 414-6, 423, 450, 492, 743, 851, 909, 989, 1076, 1189, 1195, 1222, 1254, 1258, 1260, 1272
シドマス卿 Sidmouth, Lord　203, 536, 575, 580, 582, 641-2, 648, 674, 684, 691, 718, 733, 749, 761, 772, 778, 780-1, 784-5, 792, 797, 800, 805, 808, 815, 825, 828-9, 836, 838, 841, 937, 942, 966, 1006, 1008, 1014, 1119, 1123, 1127-8, 1131, 1151, 1153, 1193, 1235, 1287, 1289
シャーウィン，T Sherwin, T.　763, 781, 801, 805-6, 808, 854, 863, 938, 944, 1030, 1091, 1126, 1128, 1219, 1286
シャープ，ウィリアム（彫版画師）Sharp, William（engraver）　27, 139, 457, 1165
ジャコバン主義、イングランド人の Jacobinism, English　183-90, 202-3, 212-4, 226, 536-43, 551-3, 573, 585, 590-3, 702, 731-2, 836-7, 841　通信協会 Corresponding Societies も見よ
十時間労働運動 Ten Hours Movement　66, 224, 237, 363, 366, 387, 401, 413, 488, 656, 986, 989-91, 1196, 1242
出版 Press　民衆的自由 Popular Liberties を見よ
狩猟法（ならびに密猟）Game Laws（and Poaching）　72, 162, 222, 252, 261, 265-6, 270, 475, 716, 983, 1231
商店主 Shopkeepers　24, 26-7, 37, 68, 166, 172, 179, 183, 192, 195, 277, 280, 382, 384, 395, 411, 434, 505, 510, 551, 555, 699, 789, 818, 850, 869, 907, 922, 975, 988-90, 992, 1004, 1083, 1161, 1261
ジョーンズ，ジョン・ゲイル Jones, John Gale　164-5, 170, 173, 182, 193, 211, 556, 731, 743, 829, 831, 867, 920, 929, 938, 1058, 1231
職人 Artisans　15, 19, 24, 26-7, 32, 45, 54-5, 60, 62-3, 65-6, 76, 84, 99, 102, 108, 111, 117-8, 122, 125, 131, 136, 141, 143, 145, 147, 149, 156-7, 164-8, 172, 174, 176, 179, 181-3, 186-7, 192, 206-8, 210-4, 224, 226, 233, 235-6, 240, 245, 247, 251, 262-3, 271, 273, 277-85, 288-9, 292, 294-5, 297-8, 300, 302-9, 317-9, 324-6, 329, 332, 337, 349, 367, 369, 377, 383-4, 387, 394, 425-6, 428, 431, 438, 473, 485, 492-3, 497-500, 503-4, 506-7, 509-10, 512, 514, 517, 519-20, 529-31, 544-6, 549-50, 554-7, 559, 561, 573, 594, 597, 599-601, 603, 605-6, 611, 615, 620-2, 627, 632, 639, 645-6, 649-53, 656, 685, 599, 707-8, 715, 718, 720, 724-8, 730-1, 734, 738-9, 760, 764, 768, 772, 790, 795, 824, 837, 850, 852-3, 855-7, 859-60, 865-6, 868, 872, 875, 877-8, 880-1, 884-5, 887-91, 894, 898, 905-7, 909, 913, 917-9, 922-6, 929, 931, 935, 947-9, 953, 955-6, 961-3, 965, 969-70, 974-8, 982, 994-5, 997-8, 1000-1, 1024-5, 1038, 1043, 1047, 1054, 1056, 1066, 1080, 1090, 1094, 1103, 1116, 1118, 1139-40, 1155, 1160-1, 1165, 1177, 1200, 1218, 1249-50, 1271-2
　とオウエン主義 and Owenism　307-8, 946-9, 955-7
　と「卑しい」状態 and ‘dishonourable’ conditions　295-308

職人 Mechanics 職人 Artisans を見よ
職人学校 Mechanic's Institutes 297, 860, 888-9, 922, 931-2, 1200, 1249, 1271
職人条例 Statute of Artificers（5 Eliz., c.4） 290, 297, 302, 324, 601-2, 615, 625-7, 645, 647, 926, 1107
職人宿 Houses of Call 264, 281, 285, 300-1, 598, 715, 851, 1067
織布工（手織工）Weavers（hand-loom） 11, 15, 20, 27, 40, 44, 47, 55-6, 58, 62, 78, 83, 111, 124, 147, 156, 166, 168, 181-3, 195, 214, 225-6, 232, 244, 246-7, 272-3, 278, 282, 293, 297, 305-6, 308, 316-9, 321-32, 334-52, 354-67, 369-74, 378, 381-2, 392-3, 398, 404, 406, 422, 424, 427-8, 454, 467, 469, 474, 476-7, 479, 485, 487-8, 497, 504, 508, 512, 514, 529-30, 541, 573, 602, 612, 617-21, 626-7, 630-1, 643-7, 649-50, 655, 664-5, 674-7, 688, 693, 699, 704, 706-8, 710-3, 722, 725-7, 741, 756, 759, 764, 766, 768, 770-3, 801, 803, 814, 816-7, 824-5, 827, 831, 837, 842-4, 850, 857, 867, 870, 877-8, 888, 891, 905, 909, 912, 925, 947, 949, 950-1, 953, 963-4, 995, 998-9, 1009, 1024, 1033, 1049, 1059, 1066, 1068-74, 1080, 1084, 1089, 1106, 1111-2, 1119-22, 1125, 1143-4, 1148, 1170, 1181-2, 1244, 1251-3, 1255, 1266, 1270, 1293
　カーペット Carpet 335-6, 699
　絹 Silk 83, 167-8, 181-3, 278, 283, 306, 351, 611, 647, 710, 727, 1033, 1068, 1071, 1141, 1143, 1293 スピトルフィールズ Spitalfields も見よ
　リンネル Linen 316, 471, 602
　リボン Ribbon 239, 305
　とオウエン主義 and Owenism 949-53
　と「黄金時代」and "golden age" 316-8, 322, 325-7, 340-1, 349
　と家内工業制度 and domestic system 318-24, 331, 397-9
　と急進主義 and Radicalism 326, 328-9, 348-9, 366, 726-8, 764-6, 770-2
　と賃金カット and wage-cutting 326-7, 334-9, 350-3, 358, 1069
　と「問屋制家内工業」制度 and "putting-out" system 325-6, 331, 338-40
　と読み書き能力 and literacy 343-8
女性（産業に従事する）Women（in industry） 232, 235-6, 261, 266, 277, 303, 311, 334, 338-9, 367, 372, 391, 393, 492-5
女性の権利 Women's Rights 94, 112, 166, 190, 492-6, 500, 811, 858, 872-3, 924, 956, 967, 1198, 1218
ジョンストン（マンチェスターの仕立て工） Johnston（Manchester tailor） 766, 835, 855-6
ジョンソン，ジョウジフ（マンチェスター在） Johnson, Joseph（of Manchester） 750, 766, 800, 1116
人口 Population 36, 68, 127, 223, 225, 228, 230-1, 238, 242, 252, 254, 260-1, 264, 274, 283, 287, 317, 325, 335, 343, 375, 378, 381, 383, 385-7, 390, 393, 395, 407, 510-1, 617, 696, 761, 926, 930, 977, 981-2, 1001, 1007, 1022, 1024, 1062, 1076, 1141, 1171-2, 1247, 1265
審査法ならびに自治体法 Test and Corporation Acts 34, 65, 124, 1172, 1175, 1177
人身保護法 Habeas Corpus 95, 150, 156, 164, 172, 188, 215, 535, 537, 563-4, 569, 588, 684, 741, 760-2, 765, 775, 777, 789, 831, 833, 835, 905, 1007, 1012, 1104, 1111, 1115, 1118-9, 1199, 1230, 1233-5, 1275, 1282
真鍮鋳造工 Brass-founders 283, 289, 1065

ス

水車大工 Mill-wrights 289-90, 309, 474, 504, 517, 600, 1065
水平派 Levellers 28-9, 31, 37, 82, 132,

526, 878, 941, 965, 1086, 1166-7, 1181, 1218, 1274
スウェーデンボルグ主義 Swedenborgianism 60, 63, 1040, 1166, 1196
スカーヴィング，W Skirving, W. 95, 149-50, 152, 1217
梳き櫛製造工 Card-setters 291-3, 400, 494
スタッフォードシャー（ならびにポタリーズ） Staffordshire（and Potteries） 127, 298, 300, 304, 308, 325, 394, 399, 474, 485, 489, 518, 710-1, 737, 810, 833, 857, 955, 1053, 1121, 1126, 1186, 1236, 1258
スティーヴンス，ウィリアム（ノッティンガムの針製造工） Stevens, William（Nottingham needle-maker） 777, 780, 782-4, 1123
ストックポート Stockport 144, 191, 234, 430, 451, 480, 509, 582, 594, 674-5, 688, 690, 706, 708-9, 712, 714, 765-6, 770, 803, 814, 858, 874, 1024, 1111, 1114, 1120, 1126, 1134
スト破り Blacklegs 299, 503, 510, 606, 612, 657
スパイ Spies 58, 95, 97-8, 134, 142-3, 155, 158-9, 161-2, 172, 178-9, 181, 184, 191-2, 198-9, 202, 207, 418, 467, 561-2, 568, 576-86, 604, 643, 670-1, 676-7, 681, 685-8, 690, 692, 698, 701, 703, 705, 708, 714, 718, 733, 746, 754-6, 758, 769, 771, 774, 778-80, 784, 789-90, 792, 798-9, 803, 805, 830, 832, 836-7, 888, 1051, 1053, 1096-7, 1122, 1151, 1154, 1161, 1193, 1201, 1229, 1233-4, 1280, 1287
スパイのオリヴァー（W・J・リチャーズ） Oliver the Spy（W. J. Richards） 58, 158, 561, 576, 580, 582, 586, 691, 718, 725, 733, 746, 772, 774, 778-85, 788-94, 796-9, 832, 845, 937, 995, 1010, 1096-7, 1112, 1121-5, 1146, 1148, 1151, 1154, 1193 ベント Bent, カースル Castle, エドワーズ Edwards, グローヴズ Groves も見よ
スピーナムランド制 Speenhamland 81, 167, 260, 263-4, 335, 359, 386, 1212, 1247 救貧法も見よ
スペン・ヴァリー（ヨークシャー） Spen Valley（Yorkshire） 33, 36, 331, 478, 663, 667, 872, 1017, 1122, 1124
スペンス主義者 Spenceans 188-90, 195, 203, 298, 576, 589-90, 727, 730-2, 734, 740, 755, 761, 837, 959, 966-7, 1132, 1151, 1185, 1222, 1233, 1235, 1286
スペンス，トマス Spence, Thomas 45, 162, 166, 188-90, 205, 271, 493, 589-90, 730-1, 781, 966-7, 1031, 1052, 1055, 1185, 1233
スミス，アダム Smith, Adam 324, 329-30, 615, 637, 641, 646
枢密院令 Orders in Council 239, 629, 632, 645, 668, 672-3, 714, 978
スワン，ジョウジフ（マクルスフィールドの製帽工） Swann, Joseph（Macclesfield hatter） 873-5

セ

製靴工 Shoemakers 24, 26, 182-3, 203, 211, 215, 226, 234, 268, 278, 282-3, 298-9, 302-4, 321, 369, 384, 504, 507, 549, 594, 597-8, 603, 621, 626, 643, 646-7, 674, 699, 708, 730, 732, 765, 778, 814, 837, 840-1, 850-1, 856, 858, 867, 877, 888, 948, 957, 964, 1066, 1094, 1096, 1110, 1120, 1125, 1129, 1132, 1141, 1143, 1161, 1193, 1223, 1250, 1266, 1286
性行動 Sexual Behaviour 365, 394, 481-3, 486-9, 491-3, 498, 885-6, 946, 1082
製材工 Sawyers 504, 626, 1120, 1125, 1141
製鉄工／製鉄労働者 Iron-workers 285, 772, 786, 823, 993, 1001, 1022, 1201
製パン工 Bakery workers 182, 278, 392, 676
製帽工 Hatters 157, 182, 282, 504, 598,

681, 688, 699, 701, 766, 853, 873, 874, 917, 1049, 1067, 1108, 1110
製本工 Bookbinders　182, 205, 282, 1120
製籠工 Basket-makers　205
石工 Stonemasons　48, 278, 282, 289, 515, 596, 699, 765, 795, 877, 1125
石炭運搬人 Coal-heavers　54, 84, 91, 183, 198, 311, 516
石炭陸揚げ人 Coal-whippers　288, 379, 522
摂政皇太子ジョージ（「貪欲な英王室郎党」）Prince Regent（'Gorg Guelps Juner'）546, 641, 674-5, 679, 700, 715, 761, 815, 822, 826, 845, 915, 938-40, 1160, 1189, 1277, 1282, 1285
セルウォール，ジョン Thelwall, John　24-6, 95, 145, 153, 155, 157, 160, 164-5, 167-70, 173, 178-9, 182-7, 191-4, 206-7, 209-10, 213, 217, 221, 410, 590, 743, 801, 805, 823, 865, 880, 926, 1030-1, 1037, 1045, 1049, 1051, 1057, 1068, 1093, 1163, 1220, 1230
繊維産業 Textile Industries　237, 251, 261, 277, 291, 316, 398, 564, 603, 1080, 1156, 1254, 1260
　ウェスト・カントリー West Country 316, 319, 426, 599, 602, 612, 626
　ノリッヂ Norwich　317, 337
　ベルファースト Belfast　316
　ヨークシャー Yorkshire　316-23, 331-44, 360-70, 602, 626
　ランカシャー Lancashire　316-8, 323-30, 337, 340-54, 359-69, 602, 673-4
船員（ならびに水夫）Sailors（and seamen）70-2, 84, 122-4, 183, 191, 227, 288, 311, 424, 436, 570, 721, 824, 1002, 1041, 1160, 1203, 1206, 1223
選挙法改正法案（1832年）Reform Bill（1832）266, 270, 411, 704, 741, 748, 858-9, 891, 920, 957, 969, 972, 975, 978-90, 992, 999, 1057, 1157, 1170, 1193, 1240, 1266, 1283, 1298
全国労働者諸階級同盟 National Union of Working Classes and Others　525, 870, 920, 972, 974, 980, 1029, 1063
全国労働者保護連盟 National Association for the Protection of Labour　527, 954-5, 1144, 1258
染色工 Dyers　182, 283, 506, 621, 694, 925, 1120, 1181
宣誓 Oaths　39, 136, 198-9, 469, 549, 562-4, 566-8, 570, 599, 604-7, 609-10, 659, 677, 679, 681-3, 685-93, 703-6, 708-11, 715, 795, 828, 1056, 1099-100, 1108-9, 1112, 1152, 1160, 1173, 1190, 1197-8, 1200-1, 1281, 1284
剪断工 Shearman　291, 596-7, 620, 1102
　剪毛工 Croppers を見よ
船頭 Watermen　498, 699
千年王国運動 Millenarial Movements　37, 40, 59-62, 130, 137, 140, 207-8, 212, 446, 455, 457, 460-1, 465, 467-8, 934, 943-4, 946, 951, 954, 956-7, 960, 963, 1004-5, 1007, 1040, 1143, 1159, 1185
船舶漏水防止工 Ship's Caulkers　282, 506, 1090, 1141
剪毛工 Croppers　15, 217, 291-2, 331-2, 573, 583, 594, 596-7, 600-1, 619-30, 632-3, 643, 646-7, 649-50, 652, 654-5, 662, 664, 666-7, 679, 699, 703, 713, 795-6, 843, 867, 969, 995, 1017, 1100, 1102, 1108, 1110-1, 1124, 1125, 1141, 1282　ラディズム（ヨークシャー）Luddism（Yorkshire）も見よ
撰毛工 Wool-sorters　506, 603, 626, 806, 921, 926, 1250

ソ

ソーンヒル・リーズ Thornhill Lees　772, 783-4, 787, 796, 995, 1123
粗紡工 Slubbers　393, 404
梳毛工 Woolcombers　291-3, 305-6, 332-4, 344, 349, 392, 463, 500, 504-6, 598, 600,

604, 606, 621, 647, 812, 954, 1070, 1120

タ

ターナー, ウィリアム Turner, William 780, 782, 786, 791, 795
ダービー Derby 26, 89, 141, 144, 155, 167, 191, 200, 395, 413, 456, 466, 471, 489, 560, 620, 630, 635-6, 639, 649, 658, 709, 712, 716, 725, 736, 738, 763, 775, 780, 783, 785, 788, 790-5, 797, 799, 958, 971, 977, 1019, 1023, 1026, 1047, 1115, 1119, 1121-3, 1125, 1136, 1201
タイアス, ジョウジフ（ハダズフィールドの織布工）Tyas, Joseph 844, 1128, 1129
大工ならびに指物師 Carpenters and Joiners 27, 181-2, 234, 278, 280, 289, 295, 303, 308, 373, 382, 474, 499, 504, 596, 603, 621, 626, 643, 674, 676, 699, 855, 906, 948, 1067, 1090, 1121, 1125, 1141
タイバーン刑場,「タイバーン・フェア」Tyburn, "Tyburn Fair" 47, 73-4, 95, 98, 120, 491, 560, 579, 1187, 1209, 1219, 1252, 1279
タウル, ジェイムズ Towle, James 682-3, 685, 698, 705, 714
ダヴンポート, アレン Davenport, Allen 298, 730, 956, 1067, 1132, 1144
団結禁止法 Combination Acts 212, 231, 280-2, 290, 300, 308, 332, 504, 506, 588-9, 593-4, 597-605, 612-9, 625, 633, 647, 649, 674, 715, 768, 849, 922, 929, 954, 1012, 1015, 1031, 1055, 1099, 1101, 1157, 1160, 1190, 1199, 1205, 1258, 1281-2
団結禁止法の撤廃 Repeal 308, 504, 506, 588, 612-9, 929
炭坑夫 Colliers 44, 79, 82, 116, 178, 286, 288, 308, 312, 397, 399, 426-7, 498, 606, 626, 676, 854, 856, 867, 1006, 1022, 1080, 1125, 1129, 1155, 1201 鉱夫 Miners を見よ
ダンダス, ヘンリー Dundas, Henry 24, 128, 152, 159, 1046, 1162, 1202, 1207

チ

治安判事 Magistrates 41, 50, 72, 74, 80-2, 87, 90, 97, 110, 117, 123, 125, 128, 132, 135, 137, 145, 161, 169, 172, 176, 191, 194, 204, 217, 222, 231, 236, 244, 260, 264, 266, 327-8, 379, 420, 481, 484, 497, 499, 522, 536-7, 543, 549, 559, 562-4, 566-8, 578, 581-2, 586, 592-3, 598-9, 602-3, 611, 616, 631, 633, 635-8, 644, 646-8, 658, 665, 668, 671, 673, 679, 681, 686-90, 692-3, 697-9, 711, 716, 736, 761-2, 765, 768-9, 774-5, 779-80, 781-2, 784, 788, 795-6, 800, 805, 807, 809-10, 815-7, 820, 823, 825, 827, 857, 874, 914, 937, 1006, 1017, 1029, 1043, 1096, 1109, 1112, 1115, 1119-20, 1123, 1127, 1129, 1131, 1135, 1152, 1154, 1162, 1170, 1190, 1202, 1212, 1218, 1237, 1255, 1261, 1282, 1283, 1284, 1286
チェスターフィールド Chesterfield 853, 958, 1114
チェルトナム Cheltenham 877, 914, 1259
チャーティズム Chartism 187, 211, 214, 224, 226, 366, 419, 471, 476, 524, 587, 743, 877, 992, 994, 997, 1006, 1012, 1024-5, 1137, 1157, 1159, 1201, 1280
チャタム Chatham 167, 173, 197, 570-1, 958
チャドウィック, エドウィン Chadwick, Edwin 310, 313, 315, 410, 435, 883, 937, 969, 1068, 1250-1, 1255-6
仲裁（賃金の）Arbitration（wages） 599, 616, 627, 644, 646-8, 656, 1101, 1104
長・短靴製造工 Boot-and-Shoemakers 27, 166, 181-2, 295, 298-9, 300, 304-5, 499, 598, 727, 766, 909, 1066-7, 1090, 1099, 1132 製靴工 Shoemakers を見よ

ツ

通信協会（地方組織）Corresponding Societies（Provincial）
ウィズベック Wisbech 167, 191
ギリンガム Gillingham 173
グレイヴズエンド Gravesend 173
コヴェントリ Coventry 144
シェフィールド Sheffield 26, 121-3, 127, 131, 141-2, 145, 148, 155-6, 161, 166, 174-8, 183, 208-9, 1051, 1230
ストックポート Stockport 144, 191
ダービー Derby 26, 141, 144, 191, 200
チャタム Chatham 167, 173, 197
テュークスベリ Tewkesbury 144
ニューカースル Newcastle 154, 212
ノッティンガム Nottingham 141, 144, 157, 167, 194, 200, 216-7
ノリッヂ Norwich 131, 141-2, 145, 148, 156, 159-61, 166-7, 173, 178, 194, 208-9, 1051
ハートフォード Hertford 144
バーミンガム Birmingham 136, 143, 148, 167, 173
ハリファクス Halifax 154
ブラドフォード Bradford 154
ブリストル Bristol 154, 1051
ポーツマス Portsmouth 167, 172, 197
マンチェスター Manchester 26, 131, 134, 141, 144, 1056
メイドストーン Maidstone 167, 173, 197
ヤーマス Yarmouth 167, 173, 191
リーズ Leeds 143, 148, 167, 207
リン Lynn 167, 191
レスター Leicester 134, 141, 155, 211
ロイトン Royton 137, 154, 199
ロウストフト Lowestoft 167
ロチェスター Rochester 167, 173
ロッチデイル Rochdale 199
ロンドンについては，ロンドン通信協会 London Corresponding Society を見よ
通信協会（スコットランドの）Corresponding Societies（Scottish） 145-53, 155-6
土掘り人夫 Spademen 309, 370, 373

テ

デイヴィソン，トマス（『メドゥーサ』編集者）Davison, Thomas（Editor of *Medusa*） 806, 837, 839, 862
デイヴィソン，リチャード Davison, Richard 155-6
定期市 Fairs 70, 72, 133, 483-5, 487, 1004, 1023, 1087
ディケンズ，チャールズ Dickens, Charles 72, 312, 399, 406, 860, 1208, 1239, 1241, 1258, 1274-5
ティッド，リチャード（カトー街事件陰謀家）Tidd, Richard（Cato Street Conspirator） 856
テイラー師，ロバート Taylor, Rev. Robert 508, 920
テイラー，W・クック Taylor, W. Cooke 223, 252, 502, 508-9, 1090, 1238
テイラー，ダン（バプティストの説教師）Taylor, Dan（Baptist preacher） 44-5, 47, 1184
デヴォンシャー Devonshire 35-6, 76, 456, 474, 871
テスター，ジョン Tester, John 606, 610, 1100
デスパード大佐，エドワード Despard, Colonel Edward 198, 201, 203-5, 472, 537-8, 541, 560, 567-75, 578, 585-6, 589, 591, 679, 711, 715, 719, 732, 778, 837-8, 1009-10, 1057, 1086, 1095-6, 1109, 1112, 1125, 1132, 1150-1, 1234, 1279, 1289
テュークスベリ Tewkesbury 144, 610, 636, 1022, 1114
デューズベリ Dewsbury 402, 404, 563, 783, 812, 1078, 1085, 1121, 1123-4
『天路歴程』*Pilgrim's Progress* 15, 39, 43,

61, 128, 215, 468, 904, 1157-9, 1181-2, 1266

ト

統一アイルランド人協会 United Irishmen 145, 150, 195, 198, 510, 524, 569, 572, 585, 1234, 1272
統一イングランド人協会 United Englishmen 198-9, 201-2, 204, 451, 510, 537, 561-2, 564, 569, 588, 706, 1053, 1056, 1096
トゥク, J・ホーン Tooke, J. Horne 26, 95, 98, 125-6, 130-1, 153, 159-61, 184, 194, 210, 537, 543, 545, 778, 1031, 1045, 1055, 1092, 1163-5, 1177, 1220, 1248
陶工 Potters 69, 127, 237, 280, 308-9, 424, 504, 764, 955, 995
ドーセット Dorset 35, 267, 314, 475, 867, 1190
トーニー, R・H Tawney, R. H. 47, 412, 423-5, 646, 1081, 1186, 1243, 1293
土方／肉体労働者 Navvies 227, 309, 373, 514-7, 522, 727
独学（ならびに読書グループなど）Self-education（and reading-groups, etc.） 27, 71, 114, 164, 174, 180-1, 214, 344, 346, 348, 559, 588, 749, 802, 842, 850, 858, 868, 877, 879, 881, 887, 918-9, 998, 1182, 1185, 1223, 1237, 1271, 1280
独立派教会 Independent Churches 33, 35, 49, 63
時計製造工 Watch and Clock Makers 181-2, 278, 283, 571, 1066
床屋 Barbers 182, 309, 487, 552, 766
塗装工 Painters 280, 289
徒弟制 Apprenticeship 231, 281, 283, 290, 297, 302-3, 323-4, 326, 331-2, 413, 596, 598, 600, 627-8, 644, 647, 1157, 1161
トドモーデン Todmorden 340, 346, 357, 360, 470, 1240
ドハーティ, ジョン Doherty John 404, 416, 512, 527, 588, 618, 858-9, 870, 912, 928, 954-5, 979, 984, 994, 1077, 1144, 1258
トム, J・N（「サー・ウィリアム・コートニ」）Tom, J. N.（“Sir William Courtenay”） 959-61
トムソン, ウィリアム Thompson, William 240, 493, 919, 934-5, 943, 954, 956, 967, 996, 1144, 1244, 1270
「トルパドルの殉教者」“Tolpuddle Martyrs” 52, 267, 271, 302, 471, 609, 704, 870, 991, 1056, 1190

ナ

ナイト, ジョン（オールダム在）Knight, John（of Oldham） 706, 709, 725, 735-6, 765, 775, 800, 835, 1119
ナポレオン戦争 Napoleonic Wars 14, 20, 88, 92-3, 98, 100, 119, 189-90, 208, 210, 224, 229, 238, 242-3, 284, 327, 386, 418, 453-5, 464, 498-9, 507, 512, 554-5, 561, 582, 585-7, 594, 610, 613, 630, 705, 857-8, 881, 936-7, 987, 1089, 1109, 1165, 1170, 1189, 1221, 1231, 1235, 1277, 1282, 1285-6
ナントウィッチ Nantwich 507, 858, 877, 1067, 1090

ニ

日常食 Diet 235, 243-6, 287, 310, 314, 337, 340-3, 361-2, 375-80, 389, 487, 514, 953
日曜学校 Sunday School 61, 68, 117, 326, 340, 343, 412, 414, 416, 422, 430, 447, 449-52, 470, 480-1, 504, 508-9, 751, 851, 854, 856, 877, 882, 904, 1080, 1129, 1203-4
荷馬車の御者 Carters 249, 274, 294, 310
ニューカースル‐オン‐タイン Newcastle-on-Tyne 45, 48, 420, 469, 494, 498-9, 504, 507-9, 734, 824-6, 1185, 1286
『人間の権利』*Rights of Man* 26, 31, 39,

45-6, 53, 56, 65, 69, 88, 103, 105-7, 110-1, 114-5, 119, 124-8, 130-5, 142, 162, 169, 174, 186, 188, 196, 210, 214-5, 231, 465, 512, 590, 593, 717, 740, 904, 913, 918, 1045, 1047, 1164, 1170, 1221, 1229

ヌ

布地仕上げ工 Cloth-dressers 123-4, 331, 594, 699, 1102 剪毛工 Croppers を見よ

ネ

ネイディン, ジョウジフ Nadin, Joseph 328, 579, 677, 689-91, 709, 723, 769, 816, 820, 1097, 1252
ネルソン, ジョン（ウェスレー派の説教師） Nelson, John（Wesleyan preacher） 37, 48-50, 54, 82, 441, 478, 1179

ノ

ノーザンプトンシャー Northamptonshire 35, 44, 135, 298, 300, 304
ノース・シールズ North Shields 122, 420, 507, 612, 824
ノッティンガム Nottingham 45, 77-80, 88-9, 141, 144, 157, 167, 194, 200, 216-7, 466, 537, 539-40, 559, 561-2, 586, 588-90, 592-3, 604, 614, 619, 630-3, 636-8, 640-3, 646, 650, 653, 657-8, 661-3, 665, 669, 677-9, 682, 684-5, 693-4, 697-9, 701, 712, 714-5, 720, 725, 738, 763, 774-5, 777, 779-87, 791, 794, 797, 812, 832-3, 871-2, 958, 971, 977, 979, 1006, 1010-2, 1014, 1016-9, 1025, 1030, 1034, 1039, 1042, 1055, 1085, 1097, 1102, 1104, 1110, 1112, 1115, 1119, 1122-3, 1126-7, 1131, 1134, 1136-7, 1152-4, 1193, 1199, 1201, 1246, 1280
ノフォーク Norfolk 248, 269, 275, 314, 798, 1129, 1232, 1287
ノリッヂ Norwich 90, 111, 131, 140-2, 145, 148, 156, 159, 161, 166-7, 173, 178, 183, 194, 208-9, 226, 267, 317, 323, 337, 536-7, 539-41, 559, 720, 772, 807, 1047, 1050-1, 1055, 1071, 1116
「ノルマンの軛」"Norman Yoke" 103, 912, 923

ハ

パーカー, リチャード（ノーアの「海軍元帥」 Parker, Richard（'Admiral' of the Nore） 195-7
バーク, エドマンド Burke, Edmund 31, 35, 69, 86, 93, 99, 105-10, 119, 124-5, 130-1, 161, 184, 194, 893, 939, 1024, 1047, 1164, 1169-70, 1177, 1190, 1192, 1207, 1212, 1216, 1220-1, 1225, 1281
パーシヴァル, スペンサー Perceval, Spencer 674, 678-9, 700, 1099, 1284
バース Bath 74, 203, 262, 385, 758, 884, 1114
バーズレム Burslem 810, 1085
ハーディ, トマス Hardy, Thomas 23-7, 32, 36, 62, 72, 90-1, 95, 102, 121, 131, 142-3, 145, 147, 149, 153, 155-9, 161, 163, 176, 179, 184, 209-10, 214, 497, 524, 1029, 1031, 1087, 1114, 1132, 1160-3, 1177, 1208, 1220, 1223-4, 1227, 1230, 1248, 1285
バーデット, サー・フランシス Burdett, Sir Francis 63, 92, 97, 204, 210, 524-5, 537-8, 543-5, 547, 549-52, 554-7, 559, 569, 576, 616, 642, 649, 688, 690, 712, 719, 724, 727-9, 742, 748, 750, 758-9, 778, 780, 799, 812, 815, 823, 828, 831, 835, 846, 880-1, 893, 1019, 1093-4, 1118, 1178, 1198, 1218, 1285
パー博士, サミュエル Parr, Dr. Samuel 145, 173, 1228
パーマー師, T・F Palmer, Rev. T. F. 147, 149-50, 152, 177, 1217
バーミンガム Birmingham 34, 60, 65, 75, 80-1, 87-90, 92, 125, 132, 136, 143, 148,

167, 173, 208, 283, 297, 304, 307, 325, 373, 394, 456, 508, 515, 540, 559, 563, 571, 600, 672-3, 709-11, 727, 736-7, 754-5, 763, 772-3, 775-6, 779, 782, 797, 807-9, 814, 816, 825-6, 828, 833, 917, 947, 949, 958, 970-1, 973, 976-8, 992-3, 1021-3, 1025, 1039, 1047, 1085, 1114, 1116, 1119, 1121-2, 1146, 1159, 1165, 1174, 1198, 1200, 1210, 1236, 1283, 1297
バーミンガム政治同盟 Birmingham Political Union 975-6, 978, 992
バーンズリ Barnsley 348, 350, 512, 578, 582, 602, 678, 681, 688-9, 691, 703, 711, 728, 753, 773, 779, 832, 843-5, 857, 949, 958, 1122
バーンリ Burnley 329, 827, 832, 844, 949
売春 Prostitution 38, 40, 46, 50, 67-8, 70, 310, 417, 462, 493, 496, 584, 640, 715, 755, 885, 898, 973, 1043-4, 1138, 1252
陪審員 Juries 110, 129, 146, 555, 577, 788-92, 800, 861, 864, 1094
パイプ製造工 Tobacco-pipe makers 282, 1143
バイブル・クリスチャンズ〔メソジスト派の分派〕 Bible Christians 420, 455, 464, 466, 474, 961, 1182, 1187, 1261-2
バイロン卿, ジョージ・ゴードン Byron, Lord George Gordon 257, 557, 639, 649, 684, 719, 728, 791, 867, 1189, 1246, 1285, 1291
バウン, ジョージ（レスター在）Bown, George（of Leicester） 211, 1051
バガリー, ジョン（マンチェスター在） Bagguley, John（of Manchester） 766, 768, 800, 835
「博愛主義のヘラクレス」 'Philanthropic Hercules' 329, 929, 954, 1252-3
バクスター, ジョン（ロンドンの銀細工職人） Baxter, John（London silversmith） 102-5, 145, 162, 182, 204
バクスター, リチャード Baxter, Richard 426, 431, 440, 488, 514, 795, 881, 1080, 1262
馬具製造工 Saddlers（and harness-makers） 226, 278, 1285
馬車製造工 Coach-makers 178, 280, 303, 647
ハダズフィールド Huddersfield 36, 56, 154, 331, 335, 340-1, 360, 407, 563, 606, 663-5, 667, 669, 697, 699-700, 712, 715, 726, 776, 779, 787-8, 827, 832, 843-4, 889, 949, 951, 1017, 1029, 1034, 1039, 1102, 1114, 1121-2, 1124, 1260, 1282-3
フォーリー・ホールの蜂起 Folley Hall Rising も見よ
罰金 Fines 154, 288, 296, 327, 415, 427, 498-9, 611, 623, 633, 655, 858, 936, 1078, 1222, 1233
パドシー Pudsey 58, 339, 370
バニヤン, ジョン Bunyan, John 39-44, 47, 50, 63-4, 215, 228, 488, 558, 998, 1157-8, 1173, 1181-2, 1198, 1266, 1293
バプテスト教会 Baptist Churches 33, 35, 37-40, 44, 87, 140, 166, 453, 962, 1180, 1184
ハムデン・クラブ（ならびに政治同盟、1816－20年）Hampden Club（and Political Unions, 1816-20） 100, 224, 453, 502, 554, 684, 716, 722-4, 729, 732, 734, 737-8, 740, 744, 752-3, 758-62, 765-7, 775, 781, 787, 801, 803, 857, 1007, 1115, 1117, 1119, 1127, 1154, 1199, 1219, 1221
ウェイクフィールド Wakefield 779
オールダム Oldham 765, 770, 810
コズリー Coseley 823
サドルワース Saddleworth 770, 813
シェフィールド Sheffield 763, 779
ストックポート Stockport 765, 770, 803, 814, 858
ダービー Derby 736, 763, 775
ニューカースル Newcastle 803, 812, 824-6

ノッティンガム Nottingham　763, 775
ノリッヂ Norwich　1116
バース Bath　758
バーミンガム Birmingham　737, 763, 775-6, 779, 814
バーンズリ Barnsley　779
ハダズフィールド Huddersfield　779
ハル Hull　803, 805
ブラックバーン Blackburn　810, 858
ブリストル Bristol　736, 758
ポタリーズ Potteries　737, 857
ボルトン Bolton　734, 765, 1119
マンチェスター Manchester　736-7, 763, 767-70, 776, 1117, 1131　ピータールー Peterloo も見よ
ミドルトン Middleton　737, 759, 770, 848
リーズ Leeds　779, 814
リーズ Lees　770, 813
レスター Leicester　736, 758, 763-5, 775
ロッチデイル Rochdale　765, 770, 848
刃物工／刃物製造工 Cutlery-workers　127, 176-7, 283-4, 304, 392, 602, 647, 1101
ハモンド夫妻 Hammonds, J. L. & B.　228-9, 242-4, 248, 253, 259, 267, 342, 383, 396, 401-2, 408, 581, 668-9, 680, 685, 687-9, 692, 694, 704-7, 774, 793, 1002, 1020, 1032, 1070, 1111, 1121, 1153, 1242, 1259
バラッド（ならびにバラッド歌い）Ballads (and ballad-singers)　72, 74, 81, 93, 156, 310, 345, 393, 482-3, 523, 541, 666, 671, 721, 851, 857, 878, 1043, 1273, 1293, 1299
針金製造工 Wire-workers　182, 282, 793
ハリソン師，ジョウジフ Harrison, Rev. Joseph　401, 451, 770, 835, 865, 889
ハリファクス Halifax　17, 56, 78, 86, 154, 321, 331, 335-6, 340, 348, 395, 399, 420, 423, 476-7, 480, 564, 663, 665, 667, 669, 681, 688, 691, 697-8, 701-2, 714, 716, 753, 827, 832, 849, 1034, 1070, 1073, 1077, 1085, 1100, 1105-6, 1110, 1112, 1123, 1212-3, 1266
版画 Prints　182, 523, 540, 871, 880-1
反穀物法同盟 Anti-Corn-Law League　377, 408, 869, 912, 1198, 1232, 1245, 1258
犯罪（ならびに犯罪者）Crime (and Criminals)　67-8, 72-4, 80, 84-5, 87, 98, 111, 147, 152, 169, 224, 310-1, 358, 384, 475, 481, 493, 503, 514, 559, 579, 581, 587, 627, 637, 647, 653, 670, 682, 687, 690-2, 696, 702, 705, 731, 792, 835, 866, 885, 916, 927, 932, 937, 946, 953, 967, 976-7, 1002, 1041, 1043, 1048, 1162, 1202, 1208-9, 1219, 1231, 1273, 1279, 1297
ハンソン大佐，ジョウジフ Hanson, Colonel Joseph　328, 476-7, 644, 665, 1087, 1106
バンティング師，ジャベツ Bunting, Rev. Jabez　419-24, 432-3, 446, 451, 468, 471, 473-4, 479, 494, 696-8, 883, 1079, 1081, 1083, 1261
ハント，ジョン Hunt, John　805, 865
ハント，ヘンリー（「演説家」）Hunt, Henry ('Orator')　271-2, 525, 553-4, 556, 572, 577, 587, 717-9, 727-30, 733, 737, 740-6, 748-52, 754-8, 764, 767-9, 771, 775, 780, 793, 799, 810-1, 813-5, 817, 820-1, 823, 828-33, 835-6, 846-7, 880, 884, 901, 929, 971, 973, 1116, 1118, 1128, 1130-1, 1218, 1247-8, 1252
ハント，リー Hunt, Leigh　52, 444-5, 719, 805, 1082, 1189, 1287, 1289
バンフォード，サミュエル Bamford, Samuel　43, 57, 66, 88, 137, 325-6, 348, 379, 422, 471, 485-6, 488-9, 494, 573, 684, 723, 732, 737, 740-1, 743, 745, 749-51, 759-60, 765-6, 768, 770, 775, 778, 780, 800, 810-1, 813, 815, 819, 821, 825-6, 848, 853-4, 879, 902, 974, 1032, 1083, 1116, 1122-3, 1182-3

ハンプシャー Hampshire　35, 267, 379, 740

ヒ

ピーコック，トマス・ラヴ Peacock, Thomas Love　240, 876, 957, 1244
ピータールー Peterloo　32, 58, 224, 328, 355, 377, 421, 467, 476, 491, 540, 690, 715, 741, 743-4, 750, 752, 767, 770, 798-9, 810-1, 813-7, 819-20, 822-5, 829-31, 835, 843, 846-7, 859-60, 871, 929, 961, 1008-9, 1031, 1116, 1127-9, 1170-1, 1183, 1193, 1199, 1219, 1235, 1244, 1248, 1252, 1254, 1260, 1274, 1280, 1285, 1287
ピール，サー・ロバート Peel, Sir Robert　407, 423
皮革工 Curriers　280, 282
皮革仕上げ工 Leather-dressers　283, 504
非国教徒 Dissenters　34, 36, 40, 42, 100, 120, 124, 134, 142, 172, 192, 412, 415, 420, 424, 428, 432, 468, 511-2, 557, 592, 688, 801, 884, 889, 1038-9, 1175, 1203, 1254, 1263, 1284, 1286, 1290
ピット，ウィリアム Pitt, William　24-5, 96, 122, 125-7, 131, 149, 152, 156-7, 159-60, 169-72, 180, 184-6, 208, 216-7, 230-1, 481, 535-6, 541-2, 545-6, 553, 563, 575-6, 580, 593, 761, 800-1, 803, 824, 1058, 1162-3, 1177, 1200, 1207, 1215, 1220, 1224, 1228, 1230, 1232, 1234-5, 1273, 1275, 1278, 1283
ヒバート，ジュリアン Hibbert Julian　921, 974, 995, 1043, 1146
秘密委員会 Committee of Secrecy　156, 198, 562, 585, 594, 643, 673, 676-7, 686, 688, 693, 702, 705-9, 775, 843, 1111, 1152, 1235
　庶民院 House of Commons
　（1794年）　24, 161
　（1799年）　195, 201-2
　（1801年）　564, 575
　（1812年）　575, 713
　（1817年）　575-6, 589, 731, 760-1
　貴族院 House of Lords （1817年）　761
ビュイク，トマス Bewick, Thomas　211-2, 239, 258, 734, 917, 1237
ヒューム，ジョウジフ Hume, Joseph　613-8, 641-2, 649, 730, 868, 1101, 1157, 1218, 1281
ピリング，リチャード Pilling, Richard　349, 1072, 1136
ピルキントン，ロバート（ベリーの織布工） Pilkington, Robert（Bury weaver）　766
ビングリー Bingley　563, 877
ビンズ，ジョン Binns, John　95, 138, 145, 164, 168-9, 172-3, 178-80, 182, 191, 193-5, 198-200, 204, 209, 211, 528, 1009, 1037, 1096, 1217, 1234, 1254
ビンズ，ベンジャミン Binns, Benjamin　195, 198

フ

ファスチアン織裁断工 Fustian-cutters　291, 305, 594, 674
フィールデン，ジョン Fielden, John　225, 340, 356-8, 360, 369, 401, 403, 412, 618, 911-2, 984, 994, 1072, 1240, 1259
フィッツウィリアム伯爵 Fitzwilliam, Earl　562, 566-7, 582, 594-6, 623, 691, 781, 798, 816, 1029, 1034, 1084, 1095, 1097
フィリップス，リチャード（レスターの書籍商） Phillips, Richard　134, 141
ブース，ジョン（ヨークシャーのラダイト） Booth, John（Yorkshire Luddite）　669, 679, 697, 699, 708, 1106, 1283
フェロウズ，ヘンリー（メイドストーン在） Fellowes, Henry（of Maidstone）　197
フォーリー・ホールの蜂起 Folley Hall Rising　788-9, 795, 798, 1150
フォックス，チャールズ・ジェイムズ Fox, Charles James　86, 146, 152, 167, 170, 172, 193-4, 205, 209, 482, 535-7, 541, 545-6, 674, 778, 835, 864, 1049, 1055,

1215, 1220, 1228, 1232, 1275, 1277, 1283, 1287
福音主義 Evangelicalism 37, 43-4, 46-7, 54, 67, 419, 445-7, 450-1, 468, 474, 480, 482, 491, 507, 522, 868, 884, 914, 951, 1004-8, 1079, 1156, 1172, 1178-80, 1184, 1186, 1191, 1197, 1204-6, 1259-60, 1262, 1284, 1293
服従（あるいはその欠如）Deference（or absence of） 11-2, 39, 43, 47, 52, 68, 74, 117, 214, 231-2, 234-5, 237, 256, 314, 332, 411, 418-9, 423, 430-2, 437, 440, 446, 449, 475, 481, 493, 504, 522, 546, 554, 621, 651, 720, 742, 748, 801, 812, 814, 869, 887, 916, 977, 999, 1002, 1007, 1024, 1081, 1173
不熟練労働者 Labourers 54, 123-5, 131, 167, 179, 182-3, 187, 206, 212-3, 227, 244, 283-4, 287-90, 294, 297, 303-4, 309-10, 314, 327, 349, 369-70, 373, 377-8, 392, 498, 510, 515, 523, 527, 559, 570, 573, 621, 627-8, 632, 652, 654, 660, 764, 807, 837, 850, 860, 885, 925, 976-7, 1024, 1120, 1125, 1146, 1165
都市 urban 284, 294, 309-10, 369-71, 373-4, 393-4, 514-8, 527-8, 699, 722, 975-7, 1120 土方／肉体労働者 Navvies も見よ
農業 agricultural 231-2, 242-4, 248-76, 371, 378-9, 398, 455, 475, 512-3, 530-1, 909-12, 959-61
船大工 Shipwrights 278, 282, 303, 309, 504, 507, 598, 600, 949, 953, 1090, 1141, 1160, 1292
プライス博士，リチャード Price, Dr Richard 35-6, 45, 52, 124-5, 130, 134, 1177
ブラウン，M・C（シェフィールド在）Browne, M. C.（of Sheffield） 148, 156, 176
ブラザーズ，リチャード Brothers, Richard 19, 137-9, 455, 457-8, 465, 1159, 1166
ブラックバーン Blackburn 494-5, 707, 810, 827, 832, 858, 1039, 1069, 1134
ブラドフォード（ウィルトシャー）Bradford（Wilts） 624
ブラドフォード（ヨークシャー）Bradford（York） 58, 154, 331-4, 338, 340, 344, 360, 383, 419, 455, 504-5, 651, 665, 889, 954, 1073, 1114
フラワー，ベンジャミン Flower, Benjamin 177, 210, 565, 867, 1030, 1233
ブランケティアズ Blanketeers 328, 763, 773, 1121
フランス革命 French Revolution 32, 35, 46, 52, 62-3, 68-9, 75, 86, 88, 93, 100, 102-3, 105, 124-6, 133, 183, 185, 191, 207, 209, 215, 230-1, 242, 258, 262, 418, 465, 482, 493, 511, 892, 905, 920-1, 957, 968, 984, 1047, 1156, 1160, 1163-4, 1170-1, 1174, 1177, 1188, 1190, 1204-7, 1215-8, 1220-1, 1224-7, 1229, 1234, 1236-7, 1276, 1278, 1289, 1300
ブラント，ジョン（カトー街事件陰謀家）Brunt, John（Cato Street Conspirator） 840, 856, 1133
ブランドレス，ジェレマイア Brandreth, Jeremiah 66, 560, 705, 744, 773, 780, 782, 784-7, 790-6, 798, 855, 861, 901, 1109, 1123, 1125, 1193, 1201
プリーストリ，ジョウジフ（ヘクモンドワイク在）Priestley, Joseph（of Heckmondwike） 33-4, 36, 48
プリーストリ博士，ジョウジフ Priestley, Dr Joseph 34-5, 88-9, 93, 478, 1174-7, 1190, 1200, 1216, 1218, 1236, 1251
フリーメイソン主義 Freemasonry 199, 605, 688, 996, 1056, 1099
ブリストル Bristol 48, 60, 74-5, 89, 154, 192, 203, 453, 457, 463, 513, 563, 678, 720, 727, 736, 740, 758, 761, 928, 971, 977, 1039, 1051, 1085, 1114, 1145, 1160,

へ

478, 694-9, 1081, 1110
と労働者階級組織 and working-class organisation 52-5, 194-5, 420-1, 453, 467, 471, 501-2, 604, 801-2
と労働規律 and work-discipline 412-4, 423-31, 435, 438-41, 446
メソジスト諸宗派 Methodist Sects
インディペンデント・メソジスト Independent Methodists 464, 469
ウェルシュ・ジャンパーズ Welsh Jumpers 464
クエーカー・メソジスト Quaker Methodists 464
テント・メソジスト Tent Methodists 420, 464
ニュー・コネクション New connexion 55-7, 419, 451, 472, 474, 476, 882
プリミティヴ・メソジスト Primitive Methodists 47, 57, 349, 464-6, 474-5, 811
マジック・メソジスト Magic Methodists 464
メソジスト・ユニテリアン Methodist Unitarians 882
バイブル・クリスチャンズ Bible Christians も見よ
メラー，ジョージ（ヨークシャーのラダイト） Mellor, George（Yorkshire Luddite） 667, 679-81, 685, 693, 695, 705, 714, 716, 1017, 1136, 1282-3
綿工場 Cotton-mills 225-6, 232-3, 274, 324, 366, 368, 393, 427, 498, 512, 519, 652, 768, 770, 1240
綿紡績工 Cotton-spinners 232-3, 237, 241, 281, 288, 329, 391-3, 429, 594, 600, 618, 626, 699, 707, 726, 767-9, 818, 868, 909, 928, 949, 1060, 1101, 1120

モ

モア，ハンナ More, Hannah 68-9, 127, 166, 419, 480, 496, 921, 1204
モラヴィア兄弟団 Moravian Church 45, 50, 58-9, 63, 440-2, 502, 945, 1004, 1179, 1185, 1195, 1290
モリソン，ジェイムズ Morrison, James 996, 999
モルモン教 Mormonism 961, 1085
モントゴメリー，ジェイムズ（『シェフィールド・アイリス』の編集者）Montgomery, James（editor of *Sheffield Iris*） 58, 422, 451, 1052, 1195

ヤ

ヤーウッド（ランカシャーの密告者） Yarwood（Lancashire informer） 708-9, 1107, 1112
ヤング，アーサー Young, Arthur 69, 254, 258, 1060, 1206

ユ

ユア博士，アンドリュー Ure, Dr. Andrew 225, 368, 410, 428-31, 435, 438-40, 451, 530, 935, 969, 1077, 1080, 1240
友愛組合 Friendly Societies 212, 227, 284-5, 289, 497-502, 504, 506, 532, 578, 593, 802, 811-2, 824, 857, 977, 998, 1065, 1089, 1090, 1143 共済組合 Benefit Societies を見よ
ユニテリアン教会，ユニテリアン Unitarian Churches, Unitarianism 34-7, 63, 87, 131, 147, 177, 210, 456, 766, 858, 867, 882, 889, 1172, 1174-8, 1184, 1189, 1218, 1229, 1232, 1235, 1237, 1260, 1285

ヨ

ヨーヴィル Yeovil 266
ヨーク York 107, 171-2, 176, 322, 536, 596, 681, 688-9, 691, 693, 695-6, 698-9, 716, 989, 1024, 1085, 1158, 1249
ヨークシャーの諸職業組合 Yorkshire Trades Union 606-9, 991
ヨーク，ヘンリー・「赤毛の」York, Henry

"Redhead" 104, 155-6, 161, 176, 541, 1045, 1220-1
余暇 Leisure 180, 186, 237, 245, 316, 326, 480-3, 488, 621, 852, 855
呼び売り商人 Costermongers 169, 296, 310, 483, 520, 522, 849, 857, 871-2, 919, 976 街頭商人／路上売り Street sellers を見よ
読み書き能力 Literacy 135, 176, 256, 265, 326, 343, 487, 523, 587-8, 597, 715, 772, 793, 850-2, 880, 882, 888, 977, 1121, 1134, 1160, 1272

ラ

ラージ，トマス Large, Thomas 281-2, 295, 603, 639-40, 648
ライト，スザンナ Wright Susannah 872-3
ラヴェット，ウィリアム Lovett, William 112, 295-6, 307, 310, 490, 869, 885, 887, 921, 935, 956, 962, 974, 984, 1029, 1032, 1137, 1144, 1146, 1183, 1249
ラヴレス，ジョージ Loveless, George 52, 269, 1190
ラシュトン，ベンジャミン（ハリファクスの織布工）Rushton, Benjamin (Halifax weaver) 348, 476, 478-9, 1072, 1266
ラッセル卿，ジョン Russell, Lord John 981, 985
ラディズム Luddism 14, 20, 75, 216, 226, 292, 587-90, 592, 599, 612, 619, 622, 629, 633, 635-6, 643-6, 650, 653-4, 656-8, 662-3, 666, 668, 672-4, 676-9, 681-9, 691-2, 699-705, 707-8, 711-6, 724, 765, 773, 796, 801, 816, 1029, 1070, 1102, 1106, 1108, 1112, 1156, 1284
　ミッドランズにおける Midlands 587-8, 633-6, 640-2, 653, 657-62, 682-7, 697-701
　ヨークシャーにおける Yorkshire 586, 588, 628-9, 657, 662-73, 679-81, 687-9, 691-703, 711-2
　ランカシャーにおける Lancashire 643-4, 657, 672-8, 685-7, 702-12, 1108-9
ラドクリフ，サー・ジョウジフ Radcliffe, Sir Joseph 681, 691, 1029, 1107, 1110
ラドラム，アイザック（ペントリッジ在）Ludlam, Issac (of Pentridge) 780, 786, 791, 795, 1125
ラフバラ Loughborough 349, 476, 559, 682, 725, 728, 753, 772, 1087, 1114, 1120, 1267

リ

リー，ウィリアム Lee, William 567
リーヴス，ジョン Reeves, John 98, 126, 132-3, 136, 161, 1218
リー，「市民」Lee 'Citizen' 166, 210
リーズ Leeds 16, 33, 52, 56, 66, 81, 98, 123, 125, 132, 139, 143, 148, 154, 167, 207, 212, 263, 313, 321, 331, 337, 339, 341, 349, 361, 367, 381, 383, 387, 394-5, 402, 411, 420, 423, 508, 521, 559, 563-4, 566-7, 571, 590, 592, 595-7, 601, 606, 609, 621-3, 651, 655, 663, 665, 667, 678, 688, 702, 726, 766, 776, 779, 796, 808, 813-4, 832, 844, 867-8, 871, 873, 889, 958, 971, 978-9, 981-2, 988-91, 994-5, 1017, 1034, 1039, 1051, 1063, 1076-7, 1079, 1085, 1111, 1114-5, 1121-4, 1148, 1158, 1201, 1253-4, 1260, 1296
リヴァプール Liverpool 45, 56, 74, 140, 198, 383, 395, 419, 422-3, 510, 513, 516, 518, 672, 725, 734, 766, 785, 800, 815-6, 833, 867, 949, 961, 1039, 1085, 1114, 1121, 1123, 1176
力織機（ならびに力織機による織布）Power-looms (and power-loom weaving) 100, 223, 239, 328-9, 335-6, 343, 347, 349-50, 354, 358, 360-1, 363, 365-7, 372-3, 575, 645, 674-7, 703, 708, 714, 950, 1070-3
リクター，ジョン Richter, John 615, 1029

理神論（ならびに自由思想）Deism（and free-thought） 34, 63-6, 89, 115, 117, 120, 165, 172, 174, 194, 210, 411, 468, 480, 482, 508-9, 719, 772, 837, 839, 849, 865, 867, 872, 885-7, 890, 904, 919, 958, 1053, 1135, 1164, 1166, 1176, 1200-1, 1218, 1222, 1230, 1287 リチャード・カーライル Richard Carlile も見よ
『理性の時代』*Age of Reason* 64, 115-7, 141, 174, 197, 215, 590-1, 719, 850, 922, 1164, 1224
リポンデン Ripponden 132, 413, 827, 951
リンカンシャー Lincolnshire 44-5, 100, 156, 205, 258, 269, 480, 513, 840, 867, 1061, 1193

ル

流刑 Transportation 65, 146-7, 150-2, 261, 267, 269, 348, 567, 609, 681, 1041, 1063, 1081, 1107, 1133, 1190, 1210, 1217-8, 1227, 1284
ルター（ならびにルター主義）Luther（and Lutheranism） 47, 432-3, 440, 468, 1003, 1174, 1179, 1185
ルメトル，ポール（ロンドンの時計製造工）Lemaitre, Paul（London watch-maker） 551-2, 1029, 1052

レ

レスター Leicester 65, 134, 141, 155, 167, 211, 240, 333, 630-1, 636, 638, 640-2, 655, 683, 716, 725, 736, 738, 758, 763-5, 774, 832, 890, 949, 1011, 1048, 1051, 1114, 1120, 1136, 1176, 1181-2
煉瓦製造工 Brickmakers 289, 377, 976
煉瓦積み工 Bricklayers 26, 82, 182, 282, 284, 289, 370, 382, 515, 596, 626, 674, 1161, 1266

ロ

ロウタンダ Rotunda 868, 919-20, 958, 974-6, 979, 995
労働規律 Work-discipline 14, 70, 245, 287, 322, 423, 425-6, 435, 440, 446, 448, 480, 498, 514, 882, 909, 935, 1004, 1079 規律 Discipline, メソジスム Methodism を見よ
労働組合主義 Trade Unionism 115, 208, 213, 216, 270-1, 280-3, 291, 295-303, 332-3, 351, 411-2, 467, 500-1, 593-619, 645, 707, 715, 732-3, 768-9, 806, 834, 880, 888, 928-9, 932, 935, 950, 955, 968, 994, 996, 1007, 1030
　と一般労働組合主義 and general unionism 244, 302-3, 870, 934-5, 954-5, 991-7
　と職人学校 and Mechanic's Institute 888-90
　とその儀礼 and ceremonial 332, 497, 502-8, 604-9, 646-7, 715, 810-2
　と農村労働者 and rural workers 267-71
　共済組合 Benefit Societies, 団結禁止法 Combinatoin Acts も見よ
ロウフォールズ Rawfolds 656, 667-71, 673, 677, 679, 681, 693-4, 697, 699, 702-3, 1110, 1282-4
ロー，ジェイムズ（『マンチェスター・オブザーヴァー』の）Wroe, James（of the *Manchester Observer*） 766, 816, 832, 835
ロープ製造工 Ropemakers 283, 295, 506, 1090, 1120
ローマ・カトリシズム Roman Catholicism 31, 437, 512, 523, 1175, 1226, 1234
　とアイルランド人 and Irish 510-3, 521-4, 526-7
ロック，ジョン Locke, John 95, 105, 109, 151, 917, 1045, 1177, 1216, 1229
ロッチデイル Rochdale 199, 325, 340, 485, 596, 665, 675, 726, 753, 765, 770, 816, 848, 949, 955, 1117
ロバーソン師，ハモンド Roberson, Rev. Hammond 668-71, 673, 680, 689, 694
ロバートソン，J・C Robertson, J. C. 889,

931-2, 1142
ロベスピエール，マキシミリアン Robespierre, Maximilian 153, 166, 183, 185-6, 210, 539, 683, 817, 987, 1177
ロミリー，サー・サミュエル Romily, Sir Samuel 69, 535, 643, 785, 1206
ロレンス，D・H Lawrence, D. H. 468, 471, 532, 1082, 1124, 1275
ロンケスリー，ウィリアム（シェフィールドの）Ronkesley, William（of Sheffield） 567
ロンドン London 26-8, 378, 387, 394, 484, 535-59, 563, 636-41, 949-50, 974-7, 1146
とウェストミンスター選挙 and Westminster elections 92, 210, 545-8, 550, 552, 558-9, 754, 812, 828, 831, 1094, 1163, 1178, 1260, 1285
と住宅 and housing 383
と職人 and artisans 279-80, 283-310, 506-7, 599-600, 603, 605
とデスパード and Despard 569-75
とナポレオン戦争後の急進主義 and post-war Radicalism 226-7, 718-21, 727-33, 752-5, 777-9, 811-2, 827-31
と犯罪 and crime 70-5, 310-3, 484, 1146
と非国教派 and Dissent 35-6, 45, 62-6
と「暴徒」and ‘Mob’ 25, 81-6, 89-90, 718-22
ロンドン諸地区 London-districts
イズリントン Islington 54, 168, 194, 727, 811
ウェストミンスター Westminster 83, 91-2, 193-4, 210, 534, 543, 545-8, 550-6, 558-9, 724, 728-30, 754-5, 757-9, 811-2, 823, 828, 831, 922-3, 976, 1057, 1094, 1163, 1178, 1216, 1218, 1230, 1260, 1285
クラーケンウェル Clerkenwell 96
ケニントン・コモン Kennington Common 560-1
サザック Southwark 27-8, 560, 570, 727, 958, 1263
ショーディッチ Shoreditch 96, 102, 202, 804, 917
スパ・フィールズ Spa Fields 54, 271, 718, 721, 733, 737, 740-1, 744, 753-8, 761, 773, 779, 805, 809-10, 828, 837, 945, 947, 1009, 1094, 1115, 1118, 1143
スピトルフィールズ Spitalfields 27, 83, 124, 142, 167-8, 183, 282, 306, 313, 317, 570, 611, 647, 710, 727, 755-6, 828, 836-7, 995, 1033, 1068, 1070-1, 1104, 1115, 1117, 1143-4
スミスフィールド Smithfield 524, 615, 806, 822, 837, 841, 1130, 1268
ハックニー Hackney 54, 147, 155, 194, 205, 804, 1190
フィンズベリー Finsbury 727, 980
ベスナル・グリーン Bethnal Green 194, 202, 296, 395, 727, 731, 980, 1266
ホクストン Hoxton 63, 174, 194, 202
ホルボーン Holborn 96, 182, 198, 298, 1143
ホワイトチャペル Whitechapel 86, 569, 976
マイノリーズ Minories 757, 837
ムアフィールズ Moorfields 49, 142, 174, 1184, 1188
ランベス Lambeth 569, 727, 731
ロンドン塔 Tower 571, 732, 756-7, 787, 837
ロンドン通信協会 London Corresponding Society 23, 26-8, 90, 98, 102, 114, 131, 134-5, 138-9, 142-5, 147, 150, 153-8, 161-2, 164, 167-70, 172-4, 178, 180, 188, 190, 193-5, 197-8, 200-1, 203-4, 207, 290, 537, 541, 551-2, 556, 569, 572, 580, 584-6, 597, 615, 719, 731, 754, 809, 861, 867, 888, 922, 1009, 1029, 1031, 1047, 1049, 1053-5, 1096, 1132, 1156-7, 1160-1, 1163, 1178, 1196, 1217, 1224, 1226-7, 1230-3, 1274, 1278

解散まで Last Years　172-4, 194-204, 207, 572
その結成 Formation　23-8, 32, 178
1792－94年 1792～94　98, 134-5, 138-9, 142-5, 153-9, 162-3, 179, 184-5
1795－96年 1795～96　90, 163-70, 178-85, 188-95

ワ

ワーズワス，ウィリアム Wordsworth, William　93, 112-3, 119-20, 183, 192, 206-7, 258, 409-10, 893, 1000, 1187, 1216, 1223, 1236, 1290
ワイヴィル師，クリストファー Wyvill, Rev. Christopher　32, 75, 100-1, 122, 130, 160, 171, 175, 209, 214, 230, 258, 725, 759, 1048, 1170, 1205, 1209, 1235
ワット，ジェイムズ（息子のほう）Watt, James（the younger）216, 1237
ワット，ロバート Watt, Robert　156, 159, 1229
ワトソン，ジェイムズ（ロウタンダの）Watson, James（of the Rotunda）112, 115, 867-9, 904, 921, 967, 974, 984, 1063, 1222
ワトソン博士（ワトソン博士の子息）Watson, Dr.（the younger）730, 755-7
ワトソン博士，R（ジャコバン主義者）Watson, Dr. R.（the Jacobin）197, 203, 1056
ワトソン博士，ジェイムズ（スパ・フィールズ在）Watson, Dr. James（of Spa Fields）203, 271, 584, 730-1, 740, 743, 754-7, 775, 779, 785, 789, 799, 811, 823, 828-33, 836, 929, 1094, 1114-5, 1118, 1130, 1235
ワトソン博士，リチャード（ランダフの司教）Watson, Dr. Richard（Bishop of Llandaff）64, 206, 482, 890, 915, 1233, 1235

［著者略歴］
エドワード・P・トムスン（Edward Palmer Thompson）
1924年、イギリス・オクスフォード近郊に生まれる
『ニュー・レフト・レヴュー』の創刊メンバーとしてイギリス新左翼の活動に従事。65年にウォーリック大学のリーダー（准教授）になるが、72年に辞職
1970年代末から80年代半ばまでは、急速にエスカレートした核兵器による軍拡競争に反対する市民運動に参加、その代表的なスポークスマンとなって核戦争の危機の回避に多大な貢献をした。文学研究と歴史研究における未完のプロジェクトを多く残したまま、93年8月26日に死亡
著書に『新しい左翼』『ゼロ・オプション』（岩波書店）ほか

［訳者略歴］
市橋秀夫（いちはし・ひでお）
埼玉大学助教授、専攻はイギリス社会史
訳書に『「障害者」を生きる』（青弓社）、『フェア・トレード』（共訳、新評論）、『大英帝国の階級・人種・性』（共訳、同文舘）ほか

芳賀健一（はが・けんいち）
新潟大学教授、専攻は経済政策論・金融論
著書に『市場経済の神話とその変革』（共著、法政大学出版局）、『分断されるアメリカ』（共訳、シュプリンガー・フェアラーク東京）ほか

イングランド労働者《ろうどうしゃ》階級《かいきゅう》の形成《けいせい》

発行　2003年5月30日　第1刷
定価　20000円＋税
著者　エドワード・P・トムスン
訳者　市橋秀夫／芳賀健一
発行者　矢野恵二
発行所　株式会社青弓社
〒101-0061 東京都千代田区三崎町3-3-4 巴ビル
電話 03-3265-8548（代）
ホームページ http://www.seikyusha.co.jp
印刷所　倉敷印刷／フクイン
製本所　大口製本

ISBN4-7872-3213-4